ein Ullstein Buch

Ullstein Buch Nr. 3008
im Verlag Ullstein GmbH,
Frankfurt/M – Berlin – Wien

Umschlagentwurf:
Kurt Weidemann
Alle Rechte vorbehalten
© 1974 by Verlag Ullstein GmbH,
Frankfurt/M – Berlin – Wien
Printed in Germany 1979
Gesamtherstellung:
Ebner Ulm
ISBN 3 548 03008 4

Karl Marx
Friedrich Engels

Staatstheorie

Materialien zur
Rekonstruktion der
marxistischen Staatstheorie

Herausgegeben und eingeleitet
von Eike Hennig, Joachim
Hirsch, Helmut Reichelt
und Gert Schäfer

ein Ullstein Buch

INHALT

Vorwort	IX
Helmut Reichelt: Zur Staatstheorie im Frühwerk von Marx und Engels	XI
Eike Hennig: Lesehinweise für die Lektüre der »politischen Schriften« von Marx und Engels	LIX
Gert Schäfer: Einige Probleme des Verhältnisses von »ökonomischer« und »politischer« Herrschaft	XCIII
Joachim Hirsch: Zum Problem einer Ableitung der Form- und Funktionsbestimmung des bürgerlichen Staates	CXXXIX
Karl Marx/Friedrich Engels: Staatstheorie. Materialien zur Rekonstruktion der marxistischen Staatstheorie	1
I. Die Staatstheorie im Frühwerk von Karl Marx und Friedrich Engels	3
Erläuterungen zur Auswahl und Anordnung der Textauszüge	3
Karl Marx: Artikel in (Nr. 179) der »Kölnischen Zeitung« (1842)	5
Karl Marx: Debatten über das Holzdiebstahlsgesetz (1842)	6
Karl Marx an Arnold Ruge (1842)	12
Karl Marx: Über die ständischen Ausschüsse in Preußen (1842)	12
Karl Marx: Kritik des Hegelschen Staatsrechts (1843)	16
Karl Marx an Arnold Ruge (1843)	74
Karl Marx: Zur Judenfrage (1844)	76
Karl Marx: Zur Kritik der Hegelschen Rechtsphilosophie. Einleitung (1844)	93
Karl Marx: Kritik der Hegelschen Dialektik und Philosophie überhaupt (1844)	108
Karl Marx: Kritische Randglossen zu dem Artikel »Der König von Preußen und die Sozialreform. Von einem Preußen« (1844)	111
Friedrich Engels: Fortschritte der Sozialreform auf dem Kontinent (1843)	118
Friedrich Engels: Die Lage Englands (1844)	119
Friedrich Engels/Karl Marx: Die heilige Familie (1844)	129

Friedrich Engels: Rede in Elberfeld (1845)	135
Friedrich Engels: Deutsche Zustände (1846)	138
Friedrich Engels: Das Fest der Nationen in London (1846)	142
Karl Marx/Friedrich Engels: Die deutsche Ideologie (1845/46)	143
Karl Marx: Die bürgerliche Gesellschaft und die kommunistische Revolution (1846)	220
Karl Marx: Aus I. Feuerbach (1846)	221
Friedrich Engels: Die preußische Verfassung (1847)	222
Friedrich Engels: Der Status quo in Deutschland (1847)	223
Karl Marx: Das Elend der Philosophie (1846/47)	234
Friedrich Engels: Die Kommunisten und Karl Heinzen (1847)	240
Karl Marx: Die moralisierende Kritik und die kritische Moral (1847)	240
Friedrich Engels: Grundsätze des Kommunismus (1847)	249
Friedrich Engels: Der Schweizer Bürgerkrieg (1847)	252
Karl Marx/Friedrich Engels: Manifest der Kommunistischen Partei (1847/48)	253
Friedrich Engels: Der Anfang des Endes in Österreich (1848)	259
Friedrich Engels an Karl Marx (1853)	260
Karl Marx an Friedrich Engels (1854)	261
Karl Marx an Joseph Weydemeyer (1852)	262
Friedrich Engels: Zur Wohnungsfrage (1872)[1]	263

II. Staat und Ökonomie 265
  1. *Zur Einführung* 265
    Karl Marx: Zur Kritik der Politischen Ökonomie. Vorwort (1858/59) 265
    Friedrich Engels: Ludwig Feuerbach und der Ausgang der klassischen deutschen Philosophie (1886) 267
  2. *[Friedrich Engels:] Der Ursprung der Familie, des Privateigentums und des Staats* (1884) 270
  3. *[Karl Marx:] Formen, die der kapitalistischen Produktion vorhergehen* (1857/58, 1850–59) 317
  4. *[Karl Marx:] Die sogenannte ursprüngliche Akkumulation* (1872) 362

5. [Karl Marx:] Tausch, Arbeitslohn, Freiheit und
   Gleichheit (1857/58) 379
6. [Karl Marx:] Der Kampf um den Normalarbeitstag
   (1872) 438
7. [Karl Marx:] Herrschaft und Arbeit der Oberaufsicht
   (1872, 1899) 456
8. [Karl Marx:] Allgemeine Bedingungen der Produktion
   im Unterschied von den besonderen (1857/58) 466
9. [Karl Marx:] Aufhebung der kapitalistischen
   Produktionsweise innerhalb der kapitalistischen
   Produktionsweise selbst (1857/58, 1872, 1894) 477

III. Politische Schriften 511
   Auswahlkriterien 511
   Zur Einführung 519
       Friedrich Engels: Zum Tode von Karl Marx (1883) 519
       Karl Marx/Friedrich Engels: Rezensionen aus der
         »Neuen Rheinischen Zeitung. Politisch-ökonomische
         Revue« 520
       Karl Marx: Kritik des Gothaer Programms (1875) 521
       Karl Marx an Nikolai Franzewitsch Danielson (1879) . 525
   *Arbeiterklasse und bürgerlicher Staat (zu berücksichtigen
   sind auch die Arbeiten über die Pariser Commune)* 528
       Karl Marx an Friedrich Bolte (1871) 528
       Friedrich Engels: Die Trade-Unions (1881) 529
       Friedrich Engels: Über die politische Aktion der
         Arbeiterklasse (1871) 531
       Karl Marx/Friedrich Engels: Resolutionen des
         allgemeinen Kongresses zu Haag vom
         2. bis 7. September 1872 532
       Friedrich Engels: Die europäischen Arbeiter
         im Jahre 1877 (1878) 533
       Karl Marx an François Lafargue (1866) 538
   *Zur Klassen- und Staatsanalyse in bezug auf Frankreich
   (Bonapartismus, Commune)* 539
       Karl Marx: Die Klassenkämpfe in Frankreich von
         1848 bis 1850 (1850) 539
       Karl Marx: Der achtzehnte Brumaire des Louis
         Bonaparte (1852) 542

Karl Marx: Der Bürgerkrieg in Frankreich (1871) 553
Karl Marx: Der achtzehnte Brumaire des Louis
   Bonaparte (1852) 553
Karl Marx: Erster Entwurf zum »Bürgerkrieg in
   Frankreich« (1871) 573
Karl Marx: Die Herrschaft der Prätorianer (1858) 576
Karl Marx: Die französische Abrüstung (1859) 577
Karl Marx: Der französische Crédit mobilier (1856) 578
Karl Marx: Zweiter Entwurf zum »Bürgerkrieg in
   Frankreich« (1871) 581
Karl Marx: Zweiter Entwurf zum »Bürgerkrieg in
   Frankreich« (1871) 585
Karl Marx: Der Bürgerkrieg in Frankreich (1871) 589
Karl Marx: Erster Entwurf zum »Bürgerkrieg in
   Frankreich« (1871) 603

Zur Klassen- und Staatsanalyse in bezug auf Deutschland 614
Friedrich Engels: Die deutsche Reichsverfassungs-
   kampagne (1850) 614
Karl Marx/Friedrich Engels: Die Bourgeoisie und die
   Konterrevolution (1848) 614
Karl Marx/Friedrich Engels: Der Prozeß gegen den
   Rheinischen Kreisausschuß der Demokraten.
   Verteidigungsrede von Karl Marx (1849) 617
Karl Marx/Friedrich Engels: Ansprache der Zentral-
   behörde an den Bund vom März 1850 619
Friedrich Engels: Revolution und Konterrevolution
   in Deutschland (1851) 628
Friedrich Engels: Die preußische Militärfrage und die
   deutsche Arbeiterpartei (1865) 636
Friedrich Engels: Vorbemerkung [zur 2. Auflage
   »Der deutsche Bauernkrieg«] (1870) 652
Friedrich Engels: Zur Wohnungsfrage (1872/73) 659
Friedrich Engels: Vorbemerkung [zur 3. Auflage
   »Der deutsche Bauernkrieg«] (1874) 661

*Zur Analyse der englischen Bourgeoisie und
Arbeiterklasse* 668
Karl Marx: Die Wahlen in England – Tories und
   Whigs (1852) 668
Karl Marx: Die Chartisten (1852) 669

Stichwortverzeichnis 673

VORWORT

Angesichts der »unerhörten Verbreitung, die die Entstellungen des Marxismus gefunden haben«, bemerkte Lenin am Vorabend der Revolution, »besteht unsere Aufgabe in erster Linie in der *Wiederherstellung* der wahren Marxschen Lehre vom Staat«. War »das Hauptsächliche, das Grundlegende in der Lehre des Marxismus vom Staat« nicht nur »total *vergessen*«, sondern auch »direkt *entstellt* worden« – nämlich die »äußerst genaue, bestimmte, praktisch-greifbare Schlußfolgerung«: »alle früheren Revolutionen haben die Staatsmaschinerie vervollkommnet, man muß sie aber zerschlagen, zerbrechen« – so erschien ihm der »Kampf um die Befreiung der werktätigen Massen vom Einfluß der Bourgeoisie im allgemeinen und der imperialistischen Bourgeoisie im besonderen ... ohne Bekämpfung der opportunistischen Vorurteile in bezug auf den ›Staat‹ unmöglich«.[1]

Die heutigen Bemühungen um »Rekonstruktion«, um eine Wiederherstellung zunächst der Marxschen Kritik der politischen Ökonomie und zunehmend auch des Staates[2] entsprechen einer anderen konkreten gesellschaftlichen Situation. Dennoch blieben die von Lenins Wiederherstellung und Interpretation aufgeworfenen Fragen materialistischer Staatstheorie von zentralem Interesse, ob es sich um die allgemeine Bestimmung des Staates als besonderer politischer Institution der Klassengesellschaft, seinen Konstitutionsprozeß auf der Basis kapitalistischer Produktionsweise, das Zerbrechen der »bürokratisch-militärischen Maschinerie« und die Aufhebung »des Staats als Staat«, oder um den Prozeß handelt, der sich Lenin als Entwicklung zum staatsmonopolistischen Kapitalismus – für ihn sichtbar der Übergang zu einer höheren Gesellschaftsformation – darstellte. Jede marxistische Theorie (und Praxis) bliebe heute freilich Stückwerk, wenn sie nicht die »Kritik« jener Probleme und Erfahrungen in sich aufnähme, welche die historische Entwicklung der »sozialistischen Staaten« mit sich brachte.

---

1 W. I. Lenin: *Staat und Revolution*. Die Lehre des Marxismus vom Staat und die Aufgaben des Proletariats in der Revolution, Berlin (DDR) 1967, S. 6 ff., S. 30; vgl. L. Colletti / L. Libertini / L. Maitan und L. Magri: *Über Lenins ›Staat und Revolution‹ heute*, IMD 2, Berlin 1970
2 Wir möchten besonders auf die Beiträge in »*Probleme des Klassenkampfs*«, Zeitschrift für politische Ökonomie und sozialistische Politik, 1971 ff., verweisen.

Der vorliegende Band muß sich darauf beschränken, verstreute Texte von Marx und Engels zusammenzufassen, sie zu kommentieren und Grundfragen einer materialistischen Staatstheorie an Hand dieser Texte zu formulieren. Dabei zeigt sich, daß ein unvermitteltes Anknüpfen an den Arbeiten von Marx und Engels insgesamt kaum möglich ist; im strengen Sinn kann daher auch von einer Rekonstruktion marxistischer Staatstheorie nicht gesprochen werden. Im ersten Teil der *Einleitung* werden die in den »Frühschriften« (bis zur »Deutschen Ideologie« vor allem) enthaltenen Ansätze einer Staatstheorie vor dem Hintergrund der Entwicklung des Marxschen Materialismusbegriffs bis zur Kritik der politischen Ökonomie untersucht. Das Resultat dieser Analyse läßt es problematisch und fragwürdig werden, die Formulierungen der Frühschriften unkritisch zu betrachten, da ihnen eine noch idealistisch zu nennende Position zugrunde liegt.

Bekanntlich kam Marx später nicht mehr dazu, seinen Plan zu verwirklichen, das Verhältnis von ökonomischen Strukturen und Staatsformen systematisch darzustellen (eine Aufgabe) die noch aussteht). Er äußerte sich nur noch gelegentlich und in jeweils verschiedenen Zusammenhängen zur Staatstheorie. Im zweiten Teil (Staat und Ökonomie) werden wichtige Gesichtspunkte erörtert, die sich auf das Verhältnis von »ökonomischer« und »politischer« Herrschaft und das Problem der Ableitung von Form und Funktion des bürgerlichen Staates beziehen. Im dritten Teil kommt an den politischen Schriften erneut das Verhältnis von »kategorial-logischer« und »historisch-empirischer« Betrachtungsweise zur Sprache. Zugleich kann der differenzierte Reichtum der Darstellung in diesen Schriften vor Augen führen, wie wenig sich konkrete Geschichte durch den einen oder anderen Schematismus begreifen läßt, und wie wenig der marxistische Begriff gesellschaftlicher Totalität mit einem solchen Schematismus zu tun hat.

Das Buch enthält Materialien für eine materialistische Staatstheorie, nicht diese selbst. Sie gibt es heute, unserem Urteil nach, erst in Ansätzen, die weiterentwickelt werden müssen. Auf diese konnten wir in der Einleitung nicht ausdrücklich eingehen, doch haben wir ihnen viel zu verdanken.

Wir möchten auf das Stichwortverzeichnis dieses Bandes besonders hinweisen. Erstellt wurde es von Cristina Pennavaja und Gerd Koenen.

HELMUT REICHELT: ZUR STAATSTHEORIE IM FRÜHWERK VON MARX UND ENGELS

Die meisten Hinweise zur Staatstheorie finden sich in den frühen Schriften von Marx. Gleichwohl blieb neben der Tatsache, daß sie von Marx insgesamt als »Abstraktionen« verstanden wurden (darauf soll später genauer eingegangen werden), bisher weitgehend ungeklärt, inwieweit nicht selbst noch Momente einer bürgerlichen Position in diese Äußerungen eingegangen sind. Der allgemeinen Einschätzung zufolge, die sich meist an Hinweisen von Engels orientiert, markieren insbesondere die Schriften *Zur Judenfrage* und *Kritik der Hegelschen Rechtsphilosophie Einleitung* den Marxschen Übergang von radikaldemokratischen Vorstellungen zum konsequenten Sozialisten [1]. Die ein gutes halbes Jahr später entstandene Polemik gegen die »Heilige Familie« der Junghegelianer ist nach Marxens eigenem Zeugnis als erste vorläufige Formulierung der materialistischen Auffassung zu sehen, wenngleich sich Marx nachträglich über gewisse Unzulänglichkeiten amüsiert. Anläßlich eines Besuchs bei Kugelmann in Hannover schreibt Marx an Engels: »Er besitzt eine viel bessere Sammlung unsrer Arbeiten, als wir beide zusammengenommen. Hier fand ich auch die *Heilige Familie* wieder, die er mir geschenkt hat und wovon er Dir ein Exemplar schicken wird. Ich war angenehm überrascht, zu finden, daß wir uns der Arbeit nicht zu schämen haben, obgleich der Feuerbachkultus jetzt sehr humoristisch auf einen wirkt« [2]. Engels wiederholt viele Jahre später diese Einschätzung dieser Schrift in *Ludwig Feuerbach und der Ausgang der klassischen deutschen Philosophie:* »Aber der Schritt, den Feuerbach nicht tat, mußte dennoch getan werden; der Kultus des abstrakten Menschen, der den Kern der Feuerbachschen neuen Religion bildet, mußte ersetzt werden durch die Wissenschaft von den wirklichen Menschen und ihrer geschichtlichen Entwicklung. Diese Fortentwicklung des Feuerbachschen Standpunkts über Feuerbach hinaus wurde eröffnet 1845 durch Marx in der *Heiligen Familie* [3]«. Was

---

1 So zum Beispiel W. I. Lenin im Literaturverzeichnis zum Lexikonartikel »Karl Marx« für Granats Lexikon 1915, in: Werke, Bd. 21. Und: Georg Lukács, »Zur philosophischen Entwicklung des jungen Marx (1840—1844)«, in: Deutsche Zeitschrift für Philosophie, Jg. 2, Heft 2, Berlin 1955. Wiederabdruck unter dem Titel: Der junge Marx, Neske Pfullingen 1965, vgl. dort S. 41.
2 Marx an Engels am 24. 4. 1867, in: MEW, Bd. 31, S. 290.
3 MEW, Bd. 21, S. 290.

dieser Kultus des abstrakten Menschen für die Staatstheorie bedeutet, ist bis heute nicht untersucht worden und es muß ein wesentlicher Bestandteil eines Rekonstruktionsversuchs der Marxschen Staatstheorie sein, diesem Hinweis nachzugehen und eventuell als Restbestandteil bürgerlichen Denkens in den zu dieser Zeit verfaßten Schriften aufzufinden. Das würde auch noch die *Deutsche Ideologie* betreffen, die von Marx nachträglich als ein Stück Selbstverständigung gedeutet wird, als eine Abrechnung mit ihrem ehemaligen philosophischen Gewissen, wie er es nennt. Gerade in der *Deutschen Ideologie* werden noch einmal Theoreme vorgetragen, die in den vorhergehenden Schriften entwickelt wurden und die nachher vollständig verschwinden. Es betrifft dies insbesondere den in letzter Zeit immer häufiger hervorgehobenen Aspekt der Verdoppelung in der Staatstheorie, bei dem sich die Vermutung aufdrängt, daß es sich um einen letzten Ausläufer bürgerlichen Denkens bei Marx handelt. Dementsprechend können wir uns kaum auf Autoritäten verlassen und uns mit dem Hinweis auf den Übergang vom radikalen Demokraten zum Sozialisten in den erwähnten Schriften beruhigen und die nachfolgenden Bemerkungen als authentische Äußerungen der materialistischen Position akzeptieren. Wir müssen vielmehr im einzelnen untersuchen, wie sich der Übergang zum Materialismus vollzieht, und ob er sich hinsichtlich aller Aspekte der Theorie gleichmäßig und parallel vollzieht.

Wie nachhaltig die frühe Marxsche Kritik von Feuerbachs Denken beeinflußt ist, läßt sich insbesondere an der ersten systematischen Auseinandersetzung mit staatstheoretischen Fragestellungen erkennen, die Marx – nach der Kontroverse mit der *Allgemeinen Augsburger Zeitung* – im Sommer 1843 in Kreuznach aufnahm [4]. Auffallend ist hier die unmittelbare Parallelisierung religionskritischer Motive mit der Kritik der Hegelschen Staatstheorie. Wenngleich er später erhebliche Einwände gegen Feuerbach geltend machen wird, geht er hier noch, wie er das einige Zeit darauf in *Zur Kritik der Hegelschen Rechtsphilosophie. Einleitung* ausdrücklich anmerkt [5], davon aus, daß die entscheidenden Schlachten auf diesem

---

[4] Vgl. das Vorwort der Schrift *Zur Kritik der Politischen Ökonomie* aus dem Jahre 1859, in MEW, Bd. 13, S. 8 [hier S. 265—266]*.
[5] MEW, Bd. 1, S. 378 [S. 93].

* [Alle eckig eingeklammerten Seitenverweise in den ›Einleitungen‹ verweisen auf diese Ausgabe. (Die Red.)]

Feld bereits geschlagen sind und er lediglich an vorformulierte Positionen anzuknüpfen hat: die Kritik besteht darin, daß ein Objektives als Subjektives durchschaut wird, daß der Mensch das göttliche Wesen, das ihn beherrscht, als sein indirektes Selbstbewußtsein erkennt, als sein eigenes, ihm unter fremder Gestalt gegenüberstehendes Wesen; daß der Mensch sich seine eigene innerweltliche Ohnmacht unter verkehrter, indirekter Form, aber eine von ihm selbst hervorgebrachte, ins Jenseits projizierte Gestalt – als göttliche Macht – gegenüberstellt. Dieses religionskritische Argument wird nun systematisch erweitert und in einer Konstruktion über den weltgeschichtlichen Entwicklungsgang der Menschheit vorgetragen, welche wir als ersten Versuch einer materialistischen Wendung der Hegelschen Philosophie des Absoluten deuten können: ist es dort noch der absolute Geist, der sich im Nachhinein als die eigentlich treibende Kraft ausmacht, sich in einer Dialektik des Bewußtseins als Subjekt erkennt, das ein gigantisches Spiel mit sich getrieben hat und sich unter anderen Formen (und diese verschiedenen Gestalten des Sich-nicht-völlig-gegenwärtig-seins *ist* es jeweils) immer nur selbst begegnet und zum Gegenstand hat, so ist es beim jungen Marx die Gattung Mensch, die endlich zu sich findet. Wiewohl der Gedanke abschlußhafter, erst im Nachhinein möglichen Kritik das gesamte Werk von Marx beherrscht – in der Kritik der politischen Ökonomie wird das Verhältnis von Lohnarbeit und Kapital als nicht mehr zu überbietende Form der Entfremdung zum Angelpunkt des Denkens – wird er hier noch in einer Weise artikuliert, die der spätere Marx selber noch der Naturähnlichkeit zurechnen würde, in der sich die geschichtliche Menschheit auch ihre letzte Emanzipationsschwelle (zumindest in ihrer ersten Phase) ins Bewußtsein zu heben sucht. Schlüsselcharakter hat hier das humanistische Prinzip der Demokratie, eine nicht weiter ausgeführte Vorstellung von der erst kurz vor ihrer Herstellung sich befindenden wahrhaften Einheit des Allgemeinen und Besonderen, einer sich selbst bewußten, sich selbst mächtigen Gattung Mensch. Wie später eine vernünftige Organisation der Arbeit, ohne daß sie positiv ausgemalt wird, in die Kritik der verkehrten Welt des Kapitals in konstitutiver Weise eingeht, so hat hier auch der Demokratiebegriff eine kritisch-systematische Funktion, insofern er als »Gegenbild«, als bestimmte Negation, der kritischen Bewältigung der Hegelschen Darstellung des modernen Staates zugrunde liegt, wie sich umgekehrt nähere Bestimmungen dieser neuen, erst herzustellenden Verfassung aus dem ergeben, was Marx an allen nicht-demokratischen Staatsformen als Unwahres kritisiert. Demokratie wird also noch keineswegs als letzte Form der Entfremdung in ihrer politischen Verlängerung aufgefaßt, in der die Klassenkämpfe definitiv auszutragen seien, sondern durchaus positiv akzentuiert. So erklärt sich die vergleichsweise dürre Kritik an einer entscheidenden Einsicht Hegels in die starre, dinghafte Objektivität der neuzeitlichen Gesellschaft in der Auseinandersetzung mit einem der ersten Paragraphen des Staatsrechts. Hegel hebt hier hervor, daß die »besonderen Geschäfte und Wirksamkeiten des Staates ... *ihm eigen*« seien und an »die *Individuen,* durch welche sie gehandhabt und betätigt werden, nicht nach deren unmittelbarer Persönlichkeit, sondern nur nach ihren allgemeinen und objektiven Qualitäten geknüpft und daher mit der besonderen Persönlichkeit als solcher äußerlicher- und zufälligerweise verbunden. Die Staatsgeschäfte und Gewalten«, so schließt Hegel den § 277, »können daher nicht *Privateigentum* sein.« Dieser letzte Satz ist für Marx nicht mehr als eine Tautologie: wenn Staatsgeschäfte Staatseigentum sind, können sie eben kein Privateigentum sein – das geht aus der Trennung von Staat und Gesellschaft von selbst hervor. Und Hegels Vorwegnahme einer materialistischen Thematik, die prinzipielle Äußerlichkeit und Gleichgültigkeit der gesellschaftlichen Lebensformen gegenüber den Individuen, erscheint ihm hier noch, gemessen an seiner Vorstellung vom wahren Wesen des Menschen, als schierer Unsinn: Die Geschäfte und Wirksamkeiten des Staates sind an die Individuen geknüpft (der Staat ist nur wirksam durch die Individuen), aber nicht an das Individuum als *physisches,* sondern als *staatliches,* an die *Staatsqualität* des Individuums. Es ist daher lächerlich, wenn Hegel sagt, *sie* seien »mit der besonderen Persönlichkeit *als solcher äußerlicher- und zufälligerweise* verbunden«. Sie sind vielmehr durch ein *vinculum substantiale,* durch eine wesentliche Qualität desselben, mit ihm verbunden. Sie sind die natürlichen Aktionen seiner wesentlichen Qualität. Es kommt dieser Unsinn dadurch herein, daß Hegel die Staatsgeschäfte und Wirksamkeiten abstrakt für sich und im Gegensatz dazu die besondere Individualität faßt; aber er vergißt, daß die besondere Individualität eine menschliche und die Staatsgeschäfte und Wirksamkeiten menschliche Funktionen sind; er vergißt, daß das Wesen der »besonderen Persönlichkeit« nicht ihr Bart, ihr Blut, ihre abstrakte Physis, sondern ihre *soziale Qualität* ist, und daß die Staatsgeschäfte etc. nichts als Daseins- und Wirkungsweisen der sozialen Qualität des Menschen sind. Es versteht sich also, daß die Individuen, insofern sie Träger der Staatsgeschäfte und Gewalten sind, ihrer sozialen und nicht ihrer privaten Qualität nach betrachtet werden [6]. Dieses Wesen des Menschen hat sich bislang nicht realisiert, oder anders: der Mensch hat bisher in Verhältnissen gelebt, die seiner eigentlichen Bestimmung, seiner sozialen Natur, zuwiderlaufen. Hier zeigt sich ein Grundmodell der Kritik, dem wir ebenfalls im späteren Werk von Marx immer wieder begegnen. Kritisiert er in der *Deutschen Ideologie* paradigmatisch die von den Junghegelianern praktizierte gedankliche Identifizierung von Privateigentum und Persönlichkeit, von Bourgeois und Individuum [7], im ökonomischen Werk die Identifizierung der gesellschaftlichen Formbestimmtheit der Produktion mit ihren Naturmomenten als abstrakteste Form bürgerlicher Methodik mit der Konsequenz, daß jegliche historische Dimension vorab eliminiert wird, so lebt auch die Kritik in dieser frühen Auseinandersetzung mit Hegel von der Dechiffrierung einer unstatthaften Identifizierung: nämlich der des Wesens mit der verkehrten Existenz. »Hegel ist nicht zu tadeln, weil er das Wesen des modernen Staats schildert, wie es ist, sondern weil er das, was ist, für das *Wesen des Staates* ausgibt [8].« Dieses Wesen ist vielmehr die von Marx antizipierte Demokratie, das Resultat der weltgeschichtlichen Entwicklung, durch die hindurch sich erst die Einsicht in die Borniertheit vergangener Staatsformen eröffnet. Die Demokratie ist »das aufgelöste Rätsel aller Verfassungen«, die »Demokratie ist die Wahrheit der Monarchie, die Monarchie ist nicht die Wahrheit der Demokratie. ... Die Monarchie kann nicht, die Demokratie kann aus sich selbst begriffen werden ... [9].« In politischen Kategorien formuliert hier Marx den vom späten Engels dann sehr viel allgemeiner gefaßten Sachverhalt: daß es nur die Menschen selbst sind, die ihre Geschichte gemacht haben, wenngleich immer nur bewußt und nicht selbstbewußt. Das selbstbewußte Stadium, in dem sich die Menschen rückwärtsblickend als Schöpfer ihrer eigenen Geschichte erkennen, erscheint beim jungen Marx als Demokratie, in der die Menschen ihre politische Verfas-

---

6 MEW 1, S. 222 [23/24].
7 MEW, Bd. 3, S. 210 und 211.
8 MEW, Bd. 1, S. 266 [39].
9 MEW, Bd. 1, S. 230 [25].

sung als ihr eigenes mit Bewußtsein hervorgebrachtes Produkt wissen. Von diesem Zustand her lassen sich dann die anderen Staatsformen als das »An-sich-sein« der Demokratie deuten, als Formen, die – obzwar ebenfalls nur das Produkt menschlicher Tätigkeit – noch nicht *als solche* gewußt werden. Analog einer Passage in der Erstauflage des *Kapitals,* wo er das Geld, die allgemeine Form des Wertes, ausdrücklich mit einem nicht-verstandesmäßigen Allgemeinen vergleicht, das selbst besondere Existenz gewinnt, – »... Es ist als ob neben und außer Löwen, Tigern, Hasen und allen anderen wirklichen Tieren ... auch noch *das Tier* existierte, die individuelle Inkarnation des ganzen Tierreichs ... [10]«, also die Einheit, die Gattung selber in besonderer Form existiert und damit erst die anderen besonderen Formen *als besondere* erscheinen können (indem die Waren einen Preis haben, erscheinen sie allererst *als* Waren, als besondere Momente der gesellschaftlichen Einheit), – so wird auch die Demokratie als Verfassungsgattung in besonderer Existenz aufgefaßt, durch die hindurch erst die anderen Formen als beschränkte erscheinen: »Hier ist die Verfassung nicht nur *an sich,* dem Wesen nach, sondern der Existenz, der Wirklichkeit nach in ihren wirklichen Grund, den *wirklichen Menschen,* das *wirkliche Volk,* stets zurückgeführt und als sein eigenes Werk gesetzt. ... sie verhält sich zu den übrigen Verfassungen, wie die Gattung sich zu ihren Arten verhält, nur daß hier die Gattung selbst als Existenz, darum gegenüber den dem Wesen nicht entsprechenden Existenzen selbst als *besondre* Art erscheint [11].«

Wie sieht nun der durch dieses »aufgelöste Rätsel aller Verfassungen« erst einsehbar gewordene Entwicklungsgang der Menschheit aus? Die Demokratie zeichnet sich durch zwei wesentliche Bestimmungen aus, einerseits ist erst sie die wahrhafte wirkliche Einheit des Allgemeinen und Besonderen, andererseits weiß hier das Volk die Verfassung als sein eigenes selbstbewußtes Produkt, als ein von ihm gesetztes. Bleiben wir bei der ersten Bestimmung: ist die Demokratie als wirkliche Einheit dieser beiden Momente, des Allgemeinen und Besonderen zu begreifen, so sind umgekehrt die vorangehenden Verfassungen als verkehrte Formen dieser Einheit zu deuten. Ausgangspunkt der Entwicklung ist dann

---

10 Erstauflage des Kapitals, zitiert nach: Marx-Engels-Studienausgabe der Fischer Bücherei, Bd. 2, S. 234.
11 MEW, Bd. 1, S. 231 [25/26].

die verkehrte Einheit in der Form der Unmittelbarkeit, die dann aufbricht und in einem Prozeß durch die Extreme hindurch sich den Weg zur wahrhaften Gestalt bahnt. Unter diese Konstruktion wird die Hegelsche Darstellung subsumiert, die Marx als einigermaßen hinreichende Beschreibung einer empirischen Faktizität, nämlich des spezifisch neuzeitlichen Verhältnisses von bürgerlicher Gesellschaft und politischem Staat, akzeptiert (wenngleich eben nur als Beschreibung, und nicht als Nachzeichnung der »Logik der Sache« selbst), eine Struktur, die sich aus einer Form herausbildet, die durch die Einheit von Politik und Privatsphäre charakterisiert war. Diese erscheinen noch nicht in getrennter Form, sondern gehen unmittelbar ineinander über: »Im Mittelalter gab es Leibeigene, Feudalgut, Gewerbekorporation, Gelehrtenkorporation etc., d. h., im Mittelalter ist Eigentum, Handel, Sozietät, Mensch *politisch*; der materielle Inhalt des Staates ist durch seine Form gesetzt; jede Privatsphäre hat einen politischen Charakter oder ist eine politische Sphäre, oder die Politik ist auch der Charakter der Privatsphären [12].« Noch ganz Junghegelianer in seiner Formulierungsfreude (die allerdings geradezu von der kritischen Grundfigur der gleichsam spiegelbildlich verkehrten Verdopplung provoziert wird und eine Organisation sprachlicher Wendungen fördert, deren Ernsthaftigkeit nicht immer völlig auszumachen ist und sich oft die Vermutung aufdrängt, daß ein der kritischen Intention zuwiderlaufendes und sie bei weitem überschießendes Moment an sprachspielerischer Verselbständigung vorliegt) schließt Marx die allgemeine Charakteristik mittelalterlicher Verhältnisse mit der auf den kürzesten Begriff gebrachten Formulierung: »Im Mittelalter ist die politische Verfassung die Verfassung des Privateigentums, aber nur, weil die Verfassung des Privateigentums politische Verfassung ist [13].« Entsprechend dem »aufgelösten Rätsel aller Verfassungen« als dem vollendeten Zustand der Freiheit, der geläuterten Einheit des Allgemeinen und Besonderen, wird das Mittelalter als Freiheit in der Form der Unmittelbarkeit gedeutet, als borniert-naive Form des Wesens selbst: »Das Mittelalter war die *Demokratie der Unfreiheit* [14].« Diese Einheit bricht auf und weicht einer Trennung beider Momente. Mit der Verselbständigung von Handel und

---

12 MEW, Bd. 1, S. 233 [28].
13 MEW, Bd. 1, S. 233 [28].
14 MEW, Bd. 1, S. 233 [28].

Grundeigentum sondert sich zugleich das Allgemeine ab und bildet sich zum Staat aus, der nun erst *als Staat*, als politischer Staat, selbständige Form annimmt. Die Genesis des einen Moments ist nicht abzutrennen von der Genesis des anderen. »Die Abstraktion des *Staats als solchen* gehört erst der modernen Zeit, weil die Abstraktion des Privatlebens erst der modernen Zeit gehört. Die Abstraktion des *politischen Staates* in ein modernes Produkt [15].« Die innerhalb dieses Trennungsprozesses auftretenden Formen, Republik und Monarchie, werden umstandslos als verschiedene Gestalten des abstrakten Staates charakterisiert, deren Unterschieden nicht allzuviel Beachtung zu schenken ist. »Der Streit zwischen Monarchie und Republik ist selbst noch ein Streit innerhalb des abstrakten Staates [16].« In beiden Fällen handelt es sich ja schließlich nur um eine unwahre Einheit dieser Momente, es sind letztlich nur Modifikationen einer – wenn auch verkehrten – äußerlichen Form eines ihr nicht wesentlichen Inhalts: »Das Eigentum etc., kurz der ganze Inhalt des Rechts und des Staats, ist mit wenigen Modifikationen in Nordamerika dasselbe wie in Preußen. Dort ist also die *Republik* eine bloße Staats*form* wie hier die Monarchie. Der Inhalt des Staats liegt außerhalb dieser Verfassungen. Hegel hat daher recht, wenn er sagt: Der politische Staat ist die Verfassung, d. h., der materielle Staat ist nicht politisch. Es findet hier nur eine äußere Identität, eine Wechselbestimmung statt [17].«

Wenden wir uns dem zweiten Aspekt zu. Der Übergang zur letzten Form, der Demokratie, erfolgt nach dem Muster der von Feuerbach beschriebenen Emanzipation. Ein Objektives wird in ein Subjektives verwandelt, das indirekte Selbstbewußtsein in ein direktes – der machthabende Gott wird (als sich bislang selbst nicht durchsichtige unbeherrschte Herrschaft über sich selbst unter der Form einer abstrakten Allgemeinheit) seiner Macht enthoben! Der Übergang zur Demokratie ist verbunden mit einer Emanzipation von jeglicher Vorherrschaft eines falschen Allgemeinen, das – ursprünglich nur besonderes Moment – sich zur verkehrten Macht, zu einem Ersten aufgebläht hat. In der Demokratie ist die Verfassung als eine vom Volke gesetzte immer auch als solche präsent: »In der Monarchie z. B. hat dies Besondre, die politische Verfas-

---

15 MEW, Bd. 1, S. 233 [28].
16 MEW, Bd. 1, S. 232 [27].
17 MEW, Bd. 1, S. 232 f. [27].

sung, die Bedeutung des alles Besondren beherrschenden und bestimmenden *Allgemeinen* [18].« So herrschte in allen von der Demokratie unterschiedenen Formen der »Staat, die Verfassung, das Gesetz«, aber es herrscht nur solange, wie sich die Menschen diese Herrschaft gefallen lassen. Die geschichtliche Entwicklung besteht demnach darin, daß die Menschen immer neue Formen der Objektivierung *als* Objektivierungen durchschauen, bis schließlich auch die letztmögliche Form der Entfremdung abgeworfen wird: »Von den verschiedenen Momenten des Volkslebens war es am schwersten, den politischen Staat, die Verfassung herauszubilden. Sie entwickelte sich als die allgemeine Vernunft gegenüber den anderen Sphären, als ein Jenseits derselben. Die geschichtliche Aufgabe bestand dann in ihrer Revindikation, aber die besonderen Sphären haben dabei nicht das Bewußtsein, daß ihr privates Wesen mit dem jenseitigen Wesen der Verfassung oder des politischen Staates fällt, und daß sein jenseitiges Dasein nichts andres als der Affirmativ ihrer eigenen Entfremdung ist. Die *politische Verfassung* war bisher die *religiöse Sphäre,* die *Religion* des Volkslebens, der Himmel seiner Allgemeinheit gegenüber dem *irdischen Dasein* seiner Wirklichkeit ... [19].«

Wir haben diese frühe, noch durchaus idealistische Geschichtskonstruktion etwas ausführlicher referiert, weil nur vor diesem Hintergrund die einzelnen Detailkritiken und zum Teil langatmigen Auseinandersetzungen voll begreifbar sind. Es kann hier nicht der Ort sein, um nun diese einzelnen Punkte aufzugreifen; was uns hier vordringlich interessiert ist die Genesis von Begrifflichkeiten, denen wir dann in der von Marx selbst als materialistisch bezeichneten Geschichtsauffassung begegnen, ohne daß dort näher darauf eingegangen wird, ob sich diese Begriffe angesichts der präzisierten materialistischen Position in dieser Form noch halten lassen. Das bezieht sich nun insbesondre auf den Begriff der Verdopplung und den Aspekt der illusorischen Gemeinschaftlichkeit. Von beiden ist in der *Deutschen Ideologie* wörtlich die Rede.

Für Marx ist es geradezu das »Rätsel des Mystizismus«, wenn Hegel dort, wo ihm das Staatsbewußtsein in seiner wirklich empirischen Form, als öffentliches Bewußtsein, begegnet, nur ein Potpourri von »Gedanken und Ansichten der Vielen« sieht. Hier treibt

---

18 MEW, Bd. 1, S. 232 [26].
19 MEW, Bd. 1, S. 233 [27].

Hegel die Interpretation einer ohnehin schon verkehrten Welt auf die Spitze: was – so fragt sich Marx und entwickelt dabei einige nähere Bestimmungen des »Wesens aller Verfassungen«, seines demokratischen »Gegenbildes«, das er der Hegelschen Auffassung konfrontiert – kann der Staat anderes sein als die »allgemeinen Angelegenheiten« des Volkes, also die Sache eines jeden. Sein staatliches Dasein, das hörten wir schon, ist ein bestimmtes Moment der sozialen Qualität des Menschen; und zwar ein wesentliches, das an seiner »natürlichen Aktion« zu behindern gleichbedeutend wäre mit dem Ausschluß des Menschen aus der menschlichen Gesellschaft: »In einem vernünftigen Staat gehört eher ein Examen dazu, Schuster zu werden, als exekutiver Staatsbeamter; denn die Schusterei ist eine Fertigkeit, ohne die man ein guter Staatsbürger, ein sozialer Mensch sein kann; aber das nötige ›Staatswissen‹ ist eine Bedingung, ohne die man im Staat außer dem Staat lebt, von sich selbst, von der Luft abgeschnitten ist [20].« Da es eine seiner bewußten sozialen Funktionen ist, versteht es sich von selbst, daß er als Staatsmitglied nur durch Beraten und Beschließen an den allgemeinen Angelegenheiten teilnimmt, denn nur dieses Tun ist die »Effektuierung des Staats als *wirkliche Angelegenheit*«. Mit anderen Worten: die Form, in der die allgemeine Angelegenheit erst wirklich ist, ist nicht vom Inhalt abzutrennen. Da das Volk selbst, der Gattungswille, die allgemeine Angelegenheit ist, ist dieser erst wirklicher Gattungswille, wenn er in selbstbewußter allgemeiner Form existiert. Doch wie stellt Hegel diesen Sachverhalt dar? Marx kritisiert die von Hegel durchgeführte Trennung zwischen Substanz und Subjekt, dem »Ansichsein« und dem »Fürsichsein« der allgemeinen Angelegenheit als abstrakten Mystizismus. Für Hegel existiert die allgemeine Angelegenheit bereits als Geschäft der Regierung, in der Form des Ansichseins, zu der die Form des Fürsichseins äußerlich hinzutritt. »Das *ständische* Element«, so heißt es im § 301 der *Rechtsphilosophie,* »hat die Bestimmung, daß die allgemeine Angelegenheit nicht nur *an sich,* sondern auch *für sich,* d. i. daß das Moment der subjektiven *formellen* Freiheit, das öffentliche Bewußtsein als *empirische Allgemeinheit* der Ansichten und Gedanken der *Vielen,* darin zur Existenz komme.« Gemessen an der Marxschen Vorstellung des wahren Staates stellt Hegel den Vorgang gerade verkehrt dar (wenn-

---

20 MEW, Bd. 1, S. 253.

gleich er dem tatsächlichen Sachverhalt eben deswegen um so näher kommt): nicht die Subjekte, die einzelnen Mitglieder des Volkes vergegenständlichen sich in ihren allgemeinen Angelegenheiten, bestimmen sich selbst, sondern die an sich fertigen allgemeinen Angelegenheiten »kommen zum Subjekt«, bedürfen seiner aus gleichsam logischen Gründen, damit sie eben nicht nur in dieser Form existieren, sondern auch in der anderen.

Diese verkehrte Hegelsche Darstellung des Wesens bzw. diese richtige Darstellung dieser unwirklichen Existenz des Wesens wird von Marx einer exzessiven Kritik unterworfen, in der das »junghegelianische Sprachspiel« ausgiebig durchexerziert wird: »Hegel idealisiert die Bürokratie und empirisiert das öffentliche Bewußtsein. Hegel kann das wirkliche Bewußtsein sehr à part behandeln, eben weil er das à part Bewußtsein als das öffentliche behandelt hat. Er braucht sich um so weniger um die wirkliche Existenz des Staatsgeistes zu kümmern, als er schon in seinen soi-disant Existenzen ihn gehörig realisiert zu haben meint [21].« Im Mittelpunkt der Kritik steht der Gedanke, der von der Äußerlichkeit der Form gegenüber dem Inhalt auf den Inhalt zurückschließt. Ist die Form *nur* formell, existiert der Inhalt bereits auch schon in anderen Formen, so heißt dies umgekehrt, daß jene Form, die für die wirkliche Form des Inhalts gelten soll, gerade nicht diesen wirklichen Inhalt zu ihrem Inhalt hat. Bleiben wir beim ersten Aspekt, der uns die ursprüngliche Fassung des späteren Begriffs der illusorischen Gemeinschaftlichkeit in der *Deutschen Ideologie* zu sein scheint. Die allgemeine Angelegenheit ist ohne Tun des Volkes zustande gekommen, sie existiert ja schon als Geschäft der Regierung. Wenn daher die fürsichseiende Form, das ständische Element, hinzutritt, so ist dies eine reine Scheinform: »Das ständische Element ist die *illusorische Existenz* der Staatsangelegenheiten als einer Volkssache. Die Illusion, daß die *allgemeine Angelegenheit* allgemeine Angelegenheit, öffentliche Angelegenheit sei, oder die *Illusion,* daß die Sache des Volkes allgemeine Angelegenheit sei ... Das *ständische Element* ist die *politische Illusion de*r *bürgerlichen Gesellschaft* [22].«

Das Beraten und Beschließen der Subjekte, das Vertreten der Ansichten und Gedanken der Vielen in der ständischen Versamm-

---

21 MEW, Bd. 1, S. 263 [37/38].
22 MEW, Bd. 1, S. 265 [39].

lung ist also seiner reinen Form nach die existierende Täuschung, da sie an ihr selbst vorgibt, die Volkssache als eine allgemeine Angelegenheit zu verhandeln, als ob die Sache des Volkes überhaupt in dieser Form verhandelt werden könnte. Und damit kommt Marx zum zweiten Aspekt dieser Kritik. Ist diese Form selbst nur die formelle Existenzweise eines ihr äußerlichen Inhalts, so kann auch dieser fertige, bislang nur in ansichseiender Form existierende Inhalt nicht die allgemeine Angelegenheit sein. Die Äußerlichkeit der Form gegenüber dem Inhalt muß selbst noch in einer wesentlichen Beziehung zum Inhalt stehen, sie muß in dieser bestimmten Form selbst noch Ausdruck des Inhalts sein. »Der moderne Staat, in dem die ›allgemeine Angelegenheit‹ wie die Beschäftigung mit derselben ein Monopol ist und dagegen die Monopole die wirklichen, allgemeinen Angelegenheiten sind, hat die sonderbare Erfindung gemacht, die ›allgemeine Angelegenheit‹ als eine *bloße* Form sich anzueignen. (Das Wahre ist, daß nur die *Form* allgemeine Angelegenheit ist.) Es hat damit die entsprechende Form für seinen Inhalt gefunden, der nur scheinbar die wirkliche allgemeine Angelegenheit ist [23].« Würde man nicht an die Kontroverse denken, die Marx zu dieser erneuten Beschäftigung mit Hegel veranlaßt hat, oder an seine Berichte von den Debatten über das Holzdiebstahlgesetz im rheinischen Landtag, so läge es in der Tat gerade hier nahe, ein Moment an sprachspielerischer Verselbständigung zu vermuten. Doch schon einige Seiten weiter wird kurz darauf hingewiesen, daß die Besitzlosigkeit, der Stand der unmittelbaren Arbeit weniger einen »Stand der bürgerlichen Gesellschaft als deren Boden bildet, auf dem ihre Kreise ruhen und sich bewegen« [24]. Die eigentümliche Dualität von Form und Inhalt in diesen spezifischen Formulierungen läßt sich also schon sehr wohl als bewußte, wenn auch abstrakteste Widergabe einer Struktur deuten, in der der politische Staat in der Form der Abgehobenheit von der bürgerlichen Gesellschaft nicht nur auf die bestimmte Struktur dieser Gesellschaft selbst zurückzuführen ist, sondern gerade in dieser spezifischen Form Klassenstaat ist.

Bevor wir uns der Marxschen Darlegung dieses Sachverhalts unter dem Aspekt der Verdopplung zuwenden, müssen wir noch einmal auf die Geschichtskonstruktion eingehen, denn gerade die-

---

23 MEW, Bd. 1, S. 268 [41].
24 MEW, Bd. 1, S. 284 [53].

ser Aspekt läßt sich kaum vom Idealismus derselben abgelöst diskutieren. Hier zeigt sich am deutlichsten die Tragweite des von Marx selbst als »Kultus des abstrakten Menschen« apostrophierten Vorgehens, und zugleich wird auch einsehbar, warum gerade dieses Moment der Staatstheorie in den späteren Schriften nicht mehr auftaucht. Das läßt sich schon an der Sprache nachweisen. Daß Marx bis in die *Heilige Familie* hinein ungebrochen von *dem Menschen* spricht, ist ein sicheres Indiz, daß er sich nach wie vor in den Bahnen des Feuerbachschen Denkens bewegt. Der abstrakte Mensch, das ist dieses sich gleichbleibende, identische Wesen, und als treibende Kraft des geschichtlichen Prozesses wird nicht, wie dann später, der Widerspruch zwischen Produktivkräften und Produktionsverhältnissen angesehen, sondern jener zwischen diesem Wesen und der jeweiligen unangemessenen Existenzweise des Menschen, die aber in ihrer Bestimmtheit selbst das (wenn auch ihm nicht als solches durchsichtige) Produkt dieses Menschen ist. Was immer wir an Organisationen und Institutionen vorfinden, es sind also Vergegenständlichungen *des* Menschen. Wie schon erwähnt, übernimmt Marx die Hegelsche Darstellung der Selbstzerrissenheit *des* modernen Menschen, wobei er wiederholt (und im Gegensatz zu Hegels Äußerungen) insistierend darauf hinweist, daß es sich hier nicht um eine gedachte, sondern wirkliche Zerrissenheit handelt. Wenn das Denken, das bei Abstraktionen stehenbleibt, als ein oberflächliches denunziert wird, so kann das getrost zurückgewiesen werden: das Denken kann nur so gut oder schlecht sein wie diese Wirklichkeit selber: »Daß aber die ›Bestimmung, Mitglied des Staates‹ zu sein, eine ›*abstrakte*‹ Bestimmung ist, ist nicht die Schuld dieses Denkens, sondern der Hegelschen Entwicklung und der wirklichen modernen Verhältnisse, welche die Trennung des wirklichen Lebens vom Staatsleben voraussetzen und die Staatsqualität zu einer ›abstrakten Bestimmung‹ des wirklichen Staatsmitglieds machen[25].« Das Auseinandertreten von Staat und Gesellschaft ist daher nur ein anderer Ausdruck für die Spaltung *des* Menschen: »Am Einzelnen erscheint hier, was das *allgemeine Gesetz* ist. Bürgerliche Gesellschaft und Staat sind getrennt. Also ist auch der Staatsbürger und der Bürger, das Mitglied der bürgerlichen Gesellschaft, getrennt. Er muß also eine *wesentliche Diremption* mit sich selbst vornehmen. Als *wirklicher Bürger* findet er sich in einer

---

[25] MEW, Bd. 1, S. 321 [68].

doppelten Organisation, der *bürokratischen* – die ist eine äußere formelle Bestimmung des jenseitigen Staats, der Regierungsgewalt, die ihn und seine selbständige Wirklichkeit nicht tangiert – der *sozialen,* der Organisation der bürgerlichen Gesellschaft [26].« Der Mensch, das menschliche Wesen, existiert unter der Form der Entfremdung, einerseits unter der bürokratischen der Regierung, andrerseits unter der sozialen der bürgerlichen Gesellschaft.

Ein weiterer Aspekt kommt hinzu. Vorangetrieben, das wurde erwähnt, wird der geschichtliche Prozeß durch den Widerspruch zwischen Wesen und unangemessener Existenz. Der Widerspruch als treibende Unruhe verschwindet von selbst, wenn beides, Wesen und Existenz, in der Demokratie gleichsam zur Deckung gelangen. Wir haben bisher konstatiert, daß von der Demokratie her, als der wahren Einheit des Allgemeinen und Besonderen, die vorhergehenden Staatsverfassungen als bornierte und beschränkte Gestaltungen dieser Verfassungsgattung einsehbar werden: das Mittelalter, als die unmittelbare Einheit beider Momente, wird dann konsequent als »Demokratie der Unfreiheit« bezeichnet; die moderne Verfassung als eine Extremalsituation, durch die hindurch der geschichtliche Prozeß seinen Weg nehmen muß, um dann auf einer höheren Stufe die fürsichseiende Einheit zu erreichen. Diese Konstruktion müssen wir nun noch etwas genauer betrachten. Wenn die Demokratie als die adäquate Existenzweise des menschlichen Wesens gilt, in der das Allgemeine des Menschen, was er mit jedem Menschen gemeinsam hat, sein Gemeinwesen, seine ihn mit allen andern verbindende Einheit, nun auch direkt und bewußt zum Gegenstand wird, so ist das Mittelalter demgegenüber als das absolute Gegenteil zu betrachten. Hier ist der Mensch von seinem Wesen (insofern es ihm gegenständlich wird) völlig getrennt, eben weil es in unmittelbarer Einheit mit dem Besonderen existiert: »Die *ständische Verfassung,* wo sie nicht eine Tradition des Mittelalters ist, ist der Versuch, teils in der politischen Sphäre selbst, den Menschen in die Beschränktheit seiner Privatsphäre zurückzustürzen, seine Besonderheit zu seinem substantiellen Bewußtsein zu machen und dadurch, daß politisch der Ständeunterschied existiert, ihn auch wieder zu einem sozialen zu machen [27].« Der Einzelne ist völlig eingebunden in Korporationen, Ständen und anderen Verfestigungen überindividueller Art,

---

26 MEW, Bd. 1, S. 281 [49].
27 MEW, Bd. 1, S. 285 [54].

er ist ein »festgestelltes«, mit einer Bestimmtheit zusammenfallendes Individuum, das Marx, im Anschluß an die Hegelsche Unterscheidung zwischen menschlichem und tierischem Dasein, als tierisches Dasein der Menschheit bestimmt: »Nicht nur basiert der *Stand* auf der *Trennung* der Sozietät als dem herrschenden Gesetz, er trennt den Menschen von seinem allgemeinen Wesen, er macht ihn zu einem Tier, das unmittelbar mit seiner Bestimmtheit zusammenfällt. Das Mittelalter ist die *Tiergeschichte* der Menschheit, ihre Zoologie [28].« Dagegen ist die »moderne Zeit, die *Zivilisation*«, ein großer Fortschritt. Denn die Diremption des Menschen bringt ihn seinem allgemeinen Wesen näher, oder anders: er nähert sich seinem Wesen – wenngleich in einer verkehrten, selbst noch abstrakten Form. Das zuerst notwendig abstrakte Dasein des Einzelnen ist eben die einzig mögliche Gestalt, in der sich der Mensch von seiner falschen Wirklichkeit befreien kann: »In seiner politischen Bedeutung macht sich das Glied der bürgerlichen Gesellschaft los von seinem Stande, seiner wirklichen Privatstellung; hier ist es allein, daß er als *Mensch* zur Bedeutung kommt, oder daß seine Bestimmung als Staatsglied, als soziales Wesen, als seine *menschliche* Bestimmung erscheint [29].« Erschien uns in der oben skizzierten Deutung das politische Dasein der bürgerlichen Gesellschaft, das ständische Element, ausschließlich unter einem negativen Aspekt, so wird in dieser Betrachtung das immanent-positive, das sich selbst undurchsichtig Emanzipatorische hervorgehoben. Marx argumentiert so: die unmittelbare Einheit beider Momente wird aufgebrochen zugunsten einer Diremption, die aber keineswegs sofort in ihrer abschlußhaften Form existiert. Die Regierung, die Bürokratie, die wir schon als das »Ansichsein« der allgemeinen Angelegenheiten kennengelernt haben, ist eine Zwischenstufe zum »Fürsichsein« derselben: »Die bürgerliche Gesellschaft bewerkstelligt hier innerhalb ihrer selbst das Verhältnis des Staates und der bürgerlichen Gesellschaft, welches andrerseits schon als *Bürokratie* existiert [30].« Das »Fürsichsein« der allgemeinen Angelegenheit, also die ständische Versammlung, kann jedoch nur in Existenz treten, wenn sich der Bürger von seiner empirischen Wirklichkeit losreißt und so zum Staatsidealisten wird: »In den ständischen Element wird

---

28 MEW, Bd. 1, S. 285 [55].
29 MEW, Bd. 1, S. 285 [54].
30 MEW, Bd. 1, S. 281 f. [50].

das Allgemeine wirklich *für sich,* was es *an sich* ist, nämlich *Gegensatz* zum *Besondern.* Der Bürger muß seinen Stand, die bürgerliche Gesellschaft, den *Privatstand,* von sich abtun, um zu politischer Bedeutung und Wirksamkeit zu kommen; denn eben dieser Stand steht zwischen dem *Individuum* und dem *politischen Staat* [31].« Staatsidealist ist also der sich von der bürgerlichen Organisation trennende Einzelne deshalb, weil er alle seine Besonderheit abwirft; alles, was seine empirische Wirklichkeit charakterisiert, läßt er hinter sich – was übrig bleibt, ist die nackte Individualität: »Um also als *wirklicher Staatsbürger* sich zu verhalten, politische Bedeutsamkeit und Wirksamkeit zu erhalten, muß er aus seiner bürgerlichen Wirklichkeit heraustreten, von ihr a b s t r a h i e r e n (von mir gesperrt, H. R.), von dieser ganzen Organisation in seine Individualität sich zurückziehn; denn die einzige Existenz, die er für sein Staatsbürgertum findet, ist seine pure, blanke *Individualität* [32].«

Wenn eben das gesamte bisherige Dasein den ganzen Umkreis seiner besonderen Existenz umfaßte, er in verschiedenen Gemeinschaften existierte, so kann diese neue Form der Gemeinschaft nur noch den Menschen in seiner Individualität einbeziehen (dieser Aspekt der »freigesetzten« Individualität wird uns dann wieder in der *Deutschen Ideologie* begegnen – die zukünftige Gesellschaft zeichnet sich dadurch aus, daß jetzt zum ersten Male die Individuen *als Individuen* miteinander in Verbindung treten). Doch noch existiert sie nicht, noch ist sie nicht wirklich. Da *der* Mensch in der bürgerlichen Organisation seine gegenständliche Wirklichkeit hat, kann sein im emphatischen Sinne wirkliches menschliches Wesen ebenfalls nur erst in beschränkter, bornieter Form erscheinen, unter der Form des abstrakten politischen Daseins: »Da in der modernen Zeit die Staatsidee nicht anders als in der *Abstraktion* des *nur* politischen Staates oder der *Abstraktion der bürgerlichen* Gesellschaft von sich selbst, von ihrem wirklichen Zustande, erscheinen konnte, so ist es das Verdienst der Franzosen, diese *abstrakte Wirklichkeit* festgehalten, produziert und damit das politische Prinzip selbst produziert zu haben. Was man ihnen als Abstraktion vorwirft, ist also wahrhafte Konsequenz und das Produkt der, wenn auch erst in einem Gegensatz, aber in einem notwendigen Ge-

---

31 MEW, Bd. 1, S. 282 [50].
32 MEW, Bd. 1, S. 281 [50].

gensatz, *wiedergefundenen Staatsgesinnung* [33].« Formulierungen wie »wiedergefundene Staatsgesinnung« sind Ausdruck einer noch in idealistisch-geschichtsphilosophischer Form entworfenen Subjekt-Objekt-Konzeption der sich von ihren eigenen zur Objektivität erstarrten Verhältnissen emanzipierenden Menschheit; doch dieser »Kultus des abstrakten Menschen« verschwindet bei Marx, sobald er die Bedeutung des Arbeitsprozesses für die Selbstkonstituierung der menschlichen Gattung erkennt. Gleichwohl ist hier eine der entscheidenden ideologiekritischen Einsichten enthalten, die im späteren Materialismus wesentlich sein werden: wird, so würde der reife Marx sagen, die bürgerliche Existenzform zur Naturform verkehrt, so bleibt dem Theoretiker der Zugang zu den Formen des Überbaus unzugänglich; er versperrt sich die Einsicht in die Genese aller bürgerlichen Formbestimmtheiten, wenn er die zentrale Verkehrung an der Bais nicht *als* diese erkennt.

Vor diesem Hintergrund ist die Marxsche Kritik am § 308 zu sehen. Hegel weist die Forderung, daß »Alle einzeln an der Beratung und Beschließung über die allgemeinen Angelegenheiten des Staats Anteil haben sollen, weil diese Alle Mitglieder des Staats und dessen Angelegenheiten die Angelegenheiten aller sind«, als eine Vorstellung zurück, die das »*demokratische* Element *ohne alle vernünftige Form* in den Staatsorganismus, der nur durch solche Form es ist«, einsetzen möchte. Dem hält Marx sinngemäß entgegen, daß unter gegenwärtigen Bedingungen dieses demokratische Element allerdings nur in unvollkommener Form in den Staatsorganismus aufgenommen werden kann, da dieser ja bereits ohne dieses demokratische Moment existiert. Das Ziel muß jedoch sein, daß dieses demokratische Element adäquate Wirklichkeit erlangt, »das sich in dem *ganzen* Staatsorganismus seine *vernünftige Form* gibt« [34]. Marx kann daher auch die Frage, ob »Alle einzeln« an der gesetzgebenden Gewalt teilnehmen oder sich durch Abgeordnete vertreten lassen, nur als eine Problemstellung auffassen, die, wird sie in dieser Alternative diskutiert, eine Diskussion innerhalb des abstrakten politischen Staates ist: »es ist eine *abstrakte* politische Frage« [35]. Denn unter den gegebenen Voraussetzungen kann der Mensch nicht anders als in dieser Abstraktheit staatsbürgerliches

---

33 MEW, Bd. 1, S. 319 [66].
34 MEW, Bd. 1, S. 321 [68].
35 MEW, Bd. 1, S. 322 [69].

Dasein erlangen: die demokratische Vorstellung ist selbst noch borniert, selbst noch bürgerlich, insofern die bürgerliche Welt als die einzig gegenständliche Wirklichkeit des Menschen in diese Forderung eingeht. Das wird an dieser Stelle noch nicht weiter ausgeführt, aber gemeint ist – auch in Hegels Zurückweisung – die gleichsam politische Verlängerung der abstrakten Rechtsperson, des von aller Besonderheit gereinigten Mitglied der Sphäre der Zirkulation, das den radikal-demokratischen Vorstellungen zugrunde liegt. Es ist eine sich selbst widersprechende Forderung, insofern sie eine andere Welt des Menschen will, einen anderen Staat, aber zugleich den bürgerlichen Menschen verabsolutiert, *diese* Demokratie also nur das Sollen selbst ist, da in die Formulierung der Aufhebung des zu Verändernden eben dieses zugleich als ein Nicht-zu-Veränderndes eingeht. Ob die bürgerliche Gesellschaft an der gesetzgebenden Gewalt teilnehmen soll, indem sie entweder durch Abgeordnete in das politische Leben eintritt oder »Alle einzeln« daran teilnehmen, ist nur ein anderer Ausdruck der Frage: tun es die Einzelnen Alle oder tun es die Einzelnen als Wenige, als Nicht Alle – und dies ist letztlich ein unwesentlicher Unterschied der Zahl. Denn das Wesen des Subjekts, des abstrakten Einzelnen, der Einzelheit, wird nicht dadurch verändert, daß alle einzelnen sich staatsbürgerlich betätigen.

In dem erst herzustellenden Staat hingegen, in welchem das demokratische Element dann auch erst wirklich vernünftige Form angenommen haben wird, könnte es, wie Marx sagt, gerade anders aussehen: »Es *sollen* nicht *Alle einzeln* an der Beratung und Beschließung über die allgemeinen Angelegenheiten des Staates Anteil haben, denn die »Einzelnen« haben als »Alle«, d. h. innerhalb der Sozietät und als Glieder der Sozietät, Anteil an der Beratung und Beschließung über die *allgemeinen Angelegenheiten*. Nicht alle einzeln, sondern die Einzelnen als Alle [36].« Diese abstrakte Konfrontation des aller Besonderheit entledigten, auf die nackte Form der Einzelheit reduzierten – genauer: des unter dieser selbstzerrissenen Form erscheinenden – Subjekts mit dem alle seine Momente *als seine* wissenden und beherrschenden Wesen im Zustand der *als* Vernunft existierenden Vernunft wird noch etwas präzisiert: nämlich bei der Darstellung des Übergangs von der bürgerlichen Gesellschaft zum neuen demokratischen Gemeinwesen – und unter die-

---

36 MEW, Bd. 1, S. 322 [69].

sem Aspekt ist allerdings der Unterschied in der Zahl der »am Staate Anteilhabenden« von erheblicher Bedeutung. Denn der politische Staat ist in seiner Totalität die gesetzgebende Gewalt, die im Zustand (und als Ausdruck) der Trennung von politischem Staat und bürgerlicher Gesellschaft nur repräsentative Gewalt sein kann. Die bürgerliche Gesellschaft *kann* nur durch Abgeordnete am politischen Staat Anteil nehmen. Infolgedessen ist die Forderung, daß »Alle einzeln« an der gesetzgebenden Gewalt Anteil haben, nicht innerhalb dieser Voraussetzungen zu realisieren. Vielmehr ist sie Ausdruck des Willens aller Mitglieder der bürgerlichen Gesellschaft, sich in wirkliche Staatsbürger zu verwandeln, also sich von ihrer Wirklichkeit in der bürgerlichen Gesellschaft zu emanzipieren und das politische Dasein zu ihrem wirklichen Dasein zu machen. Damit aber verändert sich zugleich der Gesamtzustand – werden alle zu Gesetzgebern, so muß die Trennung des Staates von der bürgerlichen Gesellschaft verschwinden; der Staat, der nur getrennt von der bürgerlichen Gesellschaft a l s politischer existiert, verliert seine spezifische Qualität des P o l i t i s c h e n, die bürgerliche Gesellschaft die Form des B ü r g e r l i c h e n. »In diesem Zustand verschwindet die Bedeutung der gesetzgebenden Gewalt als einer repräsentativen Gewalt gänzlich. Die gesetzgebende Gewalt ist hier Repräsentation in dem Sinne, wie jede Funktion repräsentativ ist, wie z. B. der Schuster, insofern er ein soziales Bedürfnis verrichtet, mein Repräsentant ist, wie jede bestimmte soziale Tätigkeit als Gattungstätigkeit nur die Gattung, d. h. eine Bestimmung meines eignen Wesens repräsentiert, wie jeder Mensch der Repräsentant des andern ist. Er ist hier Repräsentant nicht durch ein anderes, was er vorstellt, sondern durch das, was er ist und tut [37].« Die ständische oder parlamentarische Tätigkeit ist als »Fürsichsein« der allgemeinen Angelegenheit, die in der Regierung und Bürokratie bereits »an sich« existiert, in dieser Gestalt zugleich wieder die sich selbst nicht durchsichtige Befassung mit den wirklich allgemeinen Angelegenheiten, wiederum deren »Ansichsein«, das in der Demokratie die Form des »Fürsichseins« gewinnt. Die demokratische Forderung nach umfassender Beteiligung aller Mitglieder der bürgerlichen Gesellschaft an dieser entfremdeten Form der Beschäftigung mit den allgemeinen Angelegenheiten ist daher zugleich die »In-Frage-Stellung des

---

[37] MEW, Bd. 1, S. 325 [72].

repräsentativen Prinzips innerhalb des repräsentativen Prinzips, innerhalb der Grundvorstellung des politischen Staates« [38]. Es ist die sich selbst noch nicht durchsichtige Forderung nach Aufhebung der Trennung von Staat und Gesellschaft, die sich selbst noch undurchsichtige Artikulation einer neuen Einheit des Allgemeinen und Besonderen. In dieser Weise interpretiert Marx den Kampf ums allgemeine Wahlrecht: »Die *Wahl* ist das *wirkliche Verhältnis* der *wirklichen bürgerlichen Gesellschaft* zur *bürgerlichen Gesellschaft* der *gesetzgebenden* Gewalt, zu dem *repräsentativen Element*. Oder die Wahl ist das *unmittelbare,* das *direkte,* das nicht *bloß vorstellende, sondern seiende* Verhältnis der bürgerlichen Gesellschaft zum politischen Staat. Es versteht sich daher von selbst, daß die *Wahl* das hauptsächliche politische Interesse der wirklichen bürgerlichen Gesellschaft bildet. In der unbeschränkten sowohl aktiven als passiven *Wahl* hat die bürgerliche Gesellschaft sich erst *wirklich* zu der Abstraktion von sich selbst, zu dem *politischen* Dasein als ihrem wahren allgemeinen wesentlichen Dasein erhoben. Aber die Vollendung dieser Abstraktion ist zugleich die Aufhebung der Abstraktion. Indem die bürgerliche Gesellschaft ihr *politisches* Dasein wirklich als ihr *wahres* gesetzt hat, hat sie zugleich ihr bürgerliches Dasein, in seinem Unterschied von ihrem politischen, als *unwesentlich* gesetzt; und mit dem einen Getrennten fällt sein Andres, sein Gegenteil. Die *Wahlreform* ist also innerhalb des *abstrakten politischen* Staats die Forderung seiner *Auflösung,* aber ebenso der *Auflösung der bürgerlichen Gesellschaft* [39].«

Bei näherer Betrachtung dieser frühen Hegelkritik zeigt sich also, daß die Marxsche Staatstheorie (wenn man hier schon von einer solchen sprechen will) mehrere Aspekte aufweist, die sich als ineinandergreifende Momente einer in sich geschlossenen Konstruktion deuten lassen, deren Geschlossenheit allerdings erkauft ist um den Preis des Idealismus. Wir wollen nun nicht die weitere Entwicklung in allen Details verfolgen, sondern lediglich auf einige Stellen in den folgenden Schriften erläuternd hinweisen. Völlig ungebrochen reproduziert Marx diese idealistische Geschichtsauffassung in dem berühmten Brief an Arnold Ruge, wo er das der ganzen Geschichte zugrunde liegende abstrakt-menschliche Wesen als Vernunft identifiziert, die immer schon existiert habe, »nur nicht immer in der

---

38 MEW, Bd. 1, S. 324 [71].
39 MEW, Bd. 1, S. 326 [74].

vernünftigen Form«. Unter dieser Voraussetzung kann dann die Kritik auch an jede Gestalt der unwahren Wirklichkeit anknüpfen, da sie sich in der Kritik als sich selbst undurchsichtige Existenzweise des wahrhaft menschlichen Zustandes erweisen muß. Da sich die Geschichte als Abfolge verschiedener Verstellungen des Bewußtseines »erweist«, ist auch die Form der Praxis vorgeprägt: »Unser Wahlspruch muß also sein: Reform des Bewußtseins nicht durch Dogmen, sondern durch Analysierung des mystischen, sich selbst unklaren Bewußtseins, trete es nun religiös oder politisch auf. Es wird sich dann zeigen, daß die Welt längst den Traum von einer Sache besitzt, von der sie nur das Bewußtsein besitzen muß, um sie wirklich zu besitzen [40].«

Und auch in der Abhandlung *Zur Judenfrage* bleibt Marx noch völlig im Bannkreis der Hegelkritik. Die Feudalität wird ebenso gedeutet wie in der *Kritik des Hegelschen Staatsrechts* – als *alte* bürgerliche Gesellschaft, die durch eine unmittelbare Einheit des politischen und bürgerlichen Lebens charakterisiert ist. Erst die politische Revolution hob den politischen Charakter dieser feudalen Gesellschaft auf, indem sie den politischen Staat schuf. »Sie zerschlug die bürgerliche Gesellschaft in ihre einfachen Bestandteile ... Sie entfesselte den politischen Geist, der gleichsam in die verschiedenen Sackgassen der feudalen Gesellschaft zerteilt, zerlegt, zerlaufen war; sie sammelte ihn aus dieser Zerstreuung, sie befreite ihn von der Vermischung mit dem bürgerlichen Leben und konstituierte ihn als die Sphäre des Gemeinwesens, der allgemeinen Volksangelegenheit in idealer Unabhängigkeit von jenen besonderen Elementen des bürgerlichen Lebens ... [41].« Marx wiederholt hier lediglich Theoreme, die wir schon kennen, allerdings ohne den Hinweis, daß diese alte bürgerliche Gesellschaft in dieser spezifischen Gestalt der unmittelbaren Einheit der beiden Momente nur durch die entfaltete Form hindurch sich dem Blick erschließt. Die Darstellung des Auseinandertretens hebt hier fast ausschließlich den emanzipatorischen Aspekt hervor: die Konstitution des politischen Staates als Emanzipation des Menschen unter der – noch – bornierten Form des Politischen. »Die feudale Gesellschaft war aufgelöst in ihren Grund, in den *Menschen*. Aber in den Menschen, wie

---

40 MEW, Bd. 1, S. 346 [76].
41 MEW, Bd. 1, S. 368 [91].

er wirklich ihr Grund war, in den *egoistischen* Menschen [42].« Da jetzt erst der bürgerliche Mensch freigesetzt ist, kann sich die menschliche Emanzipation nur in dieser spezifisch politischen Form vollziehen – Marx deutet den »Idealismus des Staates« hier völlig im Sinne des sich selbst noch nicht durchsichtigen demokratischen Gemeinwesens. »Der wirkliche Mensch ist erst in der Gestalt des *egoistischen* Individuums, der *wahre* Mensch erst in der Gestalt des *abstrakten citoyen* anerkannt [43].« Die wirkliche Emanzipation des Menschen kann nur in der Weise erfolgen, daß er sich von seiner bürgerlichen Wirklichkeit selbst befreit und damit zugleich auch die politische Form des Gemeinwesens auf die wahre Gestalt zurückführt. »Erst wenn der wirkliche Mensch den abstrakten Staatsbürger in sich zurücknimmt, in seiner individuellen Arbeit, in seinen individuellen Verhältnissen *Gattungswesen* geworden ist, erst wenn der Mensch seine forces propres als *gesellschaftliche* Kräfte erkannt und organisiert hat und daher die gesellschaftliche Kraft nicht mehr in der Gestalt der *politischen* Kraft von sich trennt, erst dann ist die menschliche Emanzipation vollbracht [44].« Marx geht hier, wie erwähnt, nicht über die in der Hegelkritik entwickelten Gedanken hinaus, außer mit dem Hinweis, daß die wirkliche Emanzipation den Arbeitsprozeß einzuschließen hat. Für die nächstfolgenden Schriften ist das eigentümliche Changieren verschiedener Ansätze charakteristisch. Einerseits wird der menschliche Arbeitsprozeß für die Selbstkonstitution der Menschheit immer mehr in den Vordergrund gerückt und damit implizit der Feuerbachsche »Kultus des abstrakten Menschen« verlassen; andrerseits wird die Staatstheorie noch in idealistischen Formulierungen dieses »Kultus« vorgetragen, zugleich aber eine wesentliche Modifikation eingeführt: wird jetzt vom Wesen des Staates gesprochen, so ist nicht mehr die Demokratie als die wahre Einheit des Allgemeinen und Besonderen gemeint, sondern der moderne demokratische Repräsentativstaat, durch dessen Form hindurch – wie vorher bei der Demokratie – die anderen Gestalten erst in ihrer spezifischen Qualität erkennbar werden. So heißt es in der *Heiligen Familie:* »Weit entfernt, das Wesen der politischen Emanzipation kritisiert und sein bestimmtes Verhältnis zum menschlichen Wesen ergründet zu

---

42 MEW, Bd. 1, S. 369 [92].
43 MEW, Bd. 1, S. 370 [93].
44 MEW, Bd. 1, S. 370 [93].

haben, wäre sie (die junghegelianische Kritik, H. R.) erst bei dem *Faktum* der politischen Emanzipation, bei dem entwickelten modernen Staat angelangt, also erst da, wo die Existenz des modernen Staates seinem Wesen entspricht, wo daher auch die nicht nur relativen, sondern absoluten, die sein Wesen selbst konstituierenden *Gebrechen* angeschaut und charakterisiert werden können [45].«

Dieses unvermittelte Nebeneinander verschiedener Ansätze, die sich nicht mehr in ein einheitliches Konstrukt zwanglos integrieren lassen, ist auch noch in der *Deutschen Ideologie* vorhanden. Der Prozeß der Auseinandersetzung zwischen Mensch und Natur ist jetzt in seinen einzelnen Momenten soweit begrifflich fixiert, daß dieser Aspekt zur Grundlage einer materialistischen Geschichtsschreibung werden kann. Schon in der *Kritik des Hegelschen Staatsrechts* wird die bürgerliche Existenzweise als – aufzuhebendes – Prinzip des Individualismus apostrophiert, dem alle Tätigkeit, alle Arbeit, aller Inhalt lediglich als Mittel seiner eigenen Durchsetzung erscheint – eine Existenzweise also, in der die menschliche Arbeit der gesellschaftlichen Daseinsform äußerlich ist. Doch daraus den Schluß zu ziehen, daß eben aus diesem Grunde auch bei der theoretischen Verarbeitung der geschichtlichen Entwicklung der Menschheit vom Arbeitsprozeß abstrahiert werden könne, hieße diese Äußerlichkeit lediglich zu verdoppeln und sich letzten Endes den Zugang zur wirklichen Geschichtsschreibung versperren. Die Ausblendung des Arbeitsprozesses führt notwendig zum Idealismus: »Die ganze bisherige Geschichtsauffassung hat diese wirkliche Basis der Geschichte entweder ganz und gar unberücksichtigt gelassen oder sie nur als Nebensache betrachtet, die mit dem geschichtlichen Verlauf außer allem Zusammenhang steht. Die Geschichte muß daher immer nach einem außer ihr liegenden Maßstab geschrieben werden; die wirkliche Lebensproduktion erscheint als urgeschichtlich, während das Geschichtliche als das vom gemeinen Leben Getrennte, Extra-Überweltliche erscheint. Das Verhältnis des Menschen zur Natur ist hiermit von der Geschichte ausgeschlossen, wodurch der Gegensatz von Natur und Geschichte erzeugt wird. Sie hat daher in der Geschichte nur politische Haupt- und Staatsaktionen und religiöse und überhaupt theoretische Kämpfe sehen können und speziell bei jeder geschicht-

---

45 MEW, Bd. 2, S. 121 [130].

lichen Epoche die *Illusion* dieser *Epoche teilen* müssen ... [46].«
Dieser Zirkel, in dem Gesellschaftliches selbst noch als Bornierung des Bewußtseins in die Theorie eingeht, wird nur überwunden, wenn diese der bügerlichen Daseinsweise wesentliche Äußerlichkeit des Arbeitsprozesses auch als eine dieser Existenzform wesentliche Äußerlichkeit dechiffriert wird und vom Theoretiker in dieser spezifischen Formbestimmtheit bewußt in die Konzeption des geschichtlichen Verlaufs aufgenommen wird. Das tut Marx in der *Deutschen Ideologie,* so daß sich abstrakt zwei Momente unterscheiden lassen: einmal die menschliche Geschichte als eine permanent wechselnde Subjekt-Objekt-Konstellation innerhalb des Naturganzen, in der beide Pole im Arbeitsprozeß miteinander vermittelt werden und sich jeweils in anderer Gestalt darbieten. Indem die Menschen die Natur bearbeiten, verändern sie sich selbst mit der sie umgebenden Natur. Es ist dies die abstrakteste Formulierung für den komplexen Begriff der menschlichen und natürlichen Produktivkräfte als dem eigentlich treibenden Prinzip der geschichtlichen Entwicklung. Das zweite Moment ist die besondere, dieser Subjekt-Objekt-Konstellation korrespondierende gesellschaftliche Existenzweise der Menschen, die Marx mit jenen Kategorien zu fassen sucht, die sich ihm aus den zuvor geführten Auseinandersetzungen ergaben. Es ist daher nicht verwunderlich, wenn er zuerst einmal den Begriff der bürgerlichen Gesellschaft in einer schon fast frühbürgerlichen, die gesamte zivilisierte Welt einbegreifenden Weise überdehnt: »Die durch die auf allen bisherigen geschichtlichen Stufen vorhandenen Produktionskräfte bedingte und sie wiederum bedingende Verkehrsform ist die *bürgerliche Gesellschaft.* ... Es zeigt sich hier, daß diese bürgerliche Gesellschaft der wahre Herd und Schauplatz aller Geschichte ist, und wie widersinnig die bisherige, die wirklichen Verhältnisse vernachlässigende Geschichtsauffassung ... ist [47].« Zugleich ist sich Marx der Problematik dieser Überdehnung bewußt und weist darauf hin, daß es ihm vorwiegend um ein strukturelles Prinzip geht, das er mangels anderer Terminologie nur mit diesem Namen bezeichnet hat: »Die bürgerliche Gesellschaft als solche entwickelt sich erst mit der Bourgeoisie; die unmittelbar aus der Produktion und dem Verkehr sich entwickelnde gesellschaftliche Organisation, die zu allen Zeiten die Basis

---

46 MEW, Bd. 3, S. 39 [161].
47 MEW, Bd. 3, S. 36 [158].

des Staats und der sonstigen idealistischen Superstrukturen bildet, ist indes fortwährend mit demselben Namen bezeichnet worden [48].« So changiert die Begriffsbildung und es ist nicht immer zweifelsfrei auszumachen, ob Marx den Begriff gleichsam als ein methodisches Organisationsprinzip gebraucht oder aber in der Weise, wie das etwa in der *Kritik des Hegelschen Staatsrechts* oder der Abhandlung *Zur Judenfrage,* wo die mittelalterliche Gesellschaft als alte bürgerliche Gesellschaft bezeichnet wird. Jedenfalls formuliert Marx die schon in der Hegel-Kritik angedeuteten Gedanken hier ausdrücklich mit Hilfe dieses Begriffs als materialistische Geschichtsauffassung: »Diese Geschichtsauffassung beruht also darauf, den wirklichen Produktionsprozeß, und zwar von der materiellen Produktion des unmittelbaren Lebens ausgehend, zu entwickeln und die mit dieser Produktionsweise zusammenhängende und von ihr erzeugte Verkehrsform, also die bürgerliche Gesellschaft in ihren verschiedenen Stufen, als Grundlage der ganzen Geschichte aufzufassen und sie sowohl in ihrer Aktion als Staat darzustellen, wie die sämtlichen verschiedenen theoretischen Erzeugnisse und Formen des Bewußtseins, Religion, Philosophie, Moral etc. etc., aus ihr zu erklären und ihren Entstehungsprozeß aus ihnen zu verfolgen . . . [49].« Wir wollen an dieser Stelle die Marxschen Vorstellungen nicht im einzelnen nachvollziehen, sondern auf ein zentrales methodisches Prinzip hinweisen, das in der *Deutschen Ideologie* zum ersten Male erörtert wird: die Unterscheidung zwischen Abstraktion und Darstellung. Daß Marx gerade in der *Deutschen Ideologie* diese Unterscheidung einführt, ist jedoch keineswegs zufällig. Wird der Prozeß der Auseinandersetzung der Menschen mit der Natur in seinen einzelnen Momente fixiert und zur Grundlage der materialistischen Deutung des geschichtlichen Verlaufs, so drängt sich diese Differenzierung von selbst auf. Soll nämlich der Entwicklungsprozeß der Menschen in seinem wirklichen Ablauf geschildert werden, so müssen die verschiedenen Momente, die sich als eine Vielfalt von Produktivkräften begreifen lassen, in ihrer jeweiligen Bestimmtheit empirisch erforscht werden – oder aber man bleibt bewußt bei einer »Abstraktion« dieses Geschichtsprozesses stehen. Das tut Marx in der *Deutschen Ideologie:* »Da, wo die Spekulation aufhört, beim wirklichen Leben, beginnt also die

---

48 MEW Bd. 3, S. 36 [158/159].
49 MEW, Bd. 3, S. 37 [160].

wirkliche, positive Wissenschaft, die Darstellung der praktischen Betätigung, des praktischen Entwicklungsprozesses der Menschen. ... Die selbständige Philosophie verliert mit der Darstellung der Wirklichkeit ihr Existenzmedium. An ihre Stelle kann höchstens eine Zusammenfassung der allgemeinsten Resultate treten, die sich aus der Betrachtung der historischen Entwicklung der Menschen abstrahieren lassen. Diese Abstraktionen haben für sich, getrennt von der wirklichen Geschichte, durchaus keinen Wert. Sie können nur dazu dienen, die Ordnung des geschichtlichen Materials zu erleichtern, die Reihenfolge seiner einzelnen Schichten anzudeuten. Sie geben aber keineswegs, wie die Philosophie, ein Rezept oder Schema, wonach die geschichtlichen Epochen zurechtgestutzt werden können. Die Schwierigkeit beginnt im Gegenteil erst da, wo man sich an die Betrachtung und Ordnung des Materials, sei es einer vergangenen Epoche oder der Gegenwart, an die wirkliche Darstellung gibt. ... Wir nehmen hier einige dieser Abstraktionen heraus, die wir gegenüber der Ideologie gebrauchen, und werden sie an historischen Beispielen erläutern [50].« Was wir in der *Deutschen Ideologie* vorfinden, sind also lediglich Kurzfassungen der materialistischen Geschichtsauffassung, recht eigentlich Anweisungen zum wirklichen Studium der Geschichte, deren Darstellung. Man sollte das nicht aus dem Auge verlieren, um die vielen Hinweise und Bemerkungen, die zum Teil Wiederholungen der sich nun als Abstraktionen erweisenden Gedankengänge aus den früheren Schriften sind, nicht überzubewerten und als ganze Wahrheit zu nehmen. Oft sind sie in polemischer Absicht hingeworfen, und der Materialismus geht darin nur soweit, wie er »benötigt« wird, um die idealistische Geschichtsauffassung der Junghegelianer zurückweisen zu können. Gleichwohl wollen wir den Versuch unternehmen, die *Deutsche Ideologie* unter dem Aspekt zu untersuchen, ob sich Hinweise finden, in welcher Form die in der *Deutschen Ideologie* noch nicht durchgeführte Darstellung zu erfolgen hat und welche Elemente der Staatstheorie, wie wir sie bisher kennengelernt haben, wiederholt werden, umformuliert werden, welche neu hinzukommen, und welche verschwinden.

Bleiben wir vorerst bei den die Methode betreffenden Fragen. Marx hält Hegel in der Kritik des Staatsrechts wiederholt vor, daß er unkritisch das empirisch Gegebene aufnehme und unter ein fer-

---

50 MEW Bd. 3, S. 27 [148/149].

tiges kategoriales Gerüst subsumiere und womöglich noch zurechtstutze. Soweit Hegel lediglich beschreibend verfährt, akzeptiert ihn Marx, sobald er den Anspruch einer streng methodischen Entwicklung und Ableitung erhebt, kritisiert er ihn. Hegel »entwickelt sein Denken nicht aus dem Gegenstand, sondern den Gegenstand nach einem mit sich fertig und in der abstrakten Sphäre der Logik mit sich fertig gewordnen Denken« [51], nicht »die Logik der Sache, sondern die Sache der Logik ist das philosophische Moment. Die Logik dient nicht zum Beweis des Staates, sondern der Staat dient zum Beweis der Logik« [52]. Aus den zitierten Passagen geht zugleich hervor, daß Marx eine immanente Gesetzlichkeit der Sache unterstellt, der sich die Methode gleichsam anzuschmiegen hat. Doch welche Sache ist es, und in welcher Weise erfolgt deren Entwicklung und Ableitung, wie Marx sie – mit denselben Worten – bei Hegel fordert? Wie wir gesehen haben, ist die Hegelsche Rechtsphilosophie für Marx unter dem Aspekt empirischer Geschichtsschreibung völlig unproblematisch. Er übernimmt deren Beschreibung der Trennung von Staat und Gesellschaft als korrekte Wiedergabe der Empirie und scheint keinen Gedanken über die Methodik der Nachzeichnung dieser Form der Diremtion zu verschwenden. Aber so scheint es nur. Bei genauerer Betrachtung zeigt sich, daß Marx seine eigene Geschichtskonstruktion als theoretischen Ausdruck der »Logik der Sache« konzipiert, im Widerspruch zwischen Wesen und Existenz der Staatsverfassung das treibende Prinzip sieht, das die Geschichte bewegt. Ableitung oder Entwicklung kann dann aber nur Nachzeichnung der Veränderung des Bewußtseins heißen. Die staatsbürgerliche Tätigkeit des Einzelnen, die von Marx als einzig mögliche Form menschlicher Emanzipation gedeutet wird angesichts der Tatsache, daß die ganze gegenständliche Wirklichkeit in der bürgerlichen Gesellschaft liegt, ist die sich selbst undurchsichtige, unter abstrakt-politischer Form praktizierte Vorwegnahme des wahren Gemeinwesens. Der öffentliche Mensch, der citoyen, ist der sich von der schlechten gegenständlichen Wirklichkeit der bürgerlichen Welt emanzipierende Mensch, der *als* diese sich selbst unbewußte Vorwegnahme der wahren Einheit des Allgemeinen und Besonderen im Gegensatz und Widerspruch zur bürgerlichen Gesellschaft steht. Wenn wir daher in der *Kritik des*

---

51 MEW, Bd. 1, S. 213 [23].
52 MEW, Bd. 1, S. 216.

Hegelschen Staatsrechts Formulierungen finden, die auf den Widerspruch zwischen privater und öffentlicher Existenz hinweisen und die Ausbildung des politischen Staates auf diesen Widerspruch zurückführen, so sind sie ausnahmslos vor diesem Hintergrund zu lesen.

Wie stellen sich nun methodische Probleme in der *Deutschen Ideologie* dar, der theoretische Nachvollzug der Konstitution eines von der bürgerlichen Gesellschaft unterschiedenen politischen Staates, wenn die idealistische Prämisse wegfällt angesichts der Präzisierung des Arbeitsbegriffs und der damit einhergehenden Formulierung des Widerspruchs zwischen Produktivkräften und (damals noch) Verkehrsformen als Motor der geschichtlichen Entwicklung, selbst wenn diese in Begriffen zu fassen versucht wird, die sich fast ausschließlich dem Studium der neuzeitlichen bürgerlichen Gesellschaft verdanken? Grundsätzlich ist festzuhalten, daß Marx bei manchen Bemerkungen über den Staat nicht wesentlich über das hinausgeht, was wir schon aus seiner Kritik des Hegelschen Staatsrechts kennen. So zum Beispiel im Feuerbachkapitel: »Durch die Emanzipation des Privateigentums vom Gemeinwesen ist der Staat zu einer besonderen Existenz neben und außer der bürgerlichen Gesellschaft geworden [53].« Es wird auf die gleichzeitige Genesis beider hingewiesen: mit dem reinen Privateigentum, das »allen Schein des Gemeinwesens abgestreift«, hat, nimmt das Gemeinwesen des Privateigentums, die gemeinschaftlichen Interessen der Privateigentümer, eine von der bürgerlichen Gesellschaft unterschiedene Gestalt an, die »aber weiter Nichts (ist) als die Form der Organisation, welche sich die Bourgeois sowohl nach außen als nach innen hin zur gegenseitigen Garantie ihres Eigentums und ihrer Interessen notwendig geben« [54]. Die Explikation des Klassencharakters des Staates, auf den schon damals hingewiesen wurde und nicht völlig einsehbar mit der Konzeption des (an Feuerbachs Philosophie orientierten) menschlichen Wesens vermittelt war, wird jetzt in den Vordergrund gerückt: der bürgerliche Staat ist in dieser spezifischen Form der Trennung von der Gesellschaft Klassenstaat. Politischer Staat ist er nur vermöge des Ausschlusses eines Teils der Gesellschaft von der staatsbürgerlichen Tätigkeit. Mit der Verallgemeinerung des Wahlrechts, daran hält

---

53 MEW, Bd. 3, S. 62 [180].
54 MEW, Bd. 3, S. 62 [180].

Marx fest, wie das aus einem Hinweis im Notizbuch aus jener Zeit hervorgeht, verschwindet der Staat und damit zugleich auch die bürgerliche Gesellschaft [55]. Weiterhin heißt es: »Diesem modernen Privateigentum e n t s p r i c h t (von mir gesperrt, H. R.) der moderne Staat ... [56].« Ebenfalls eine Formulierung, die wir kennen: »Der moderne Staat, in dem die ›allgemeine Angelegenheit‹ wie die Beschäftigung mit derselben ein Monopol ist und dagegen die Monopole die wirklichen allgemeinen Angelegenheiten sind, hat die sonderbare Erfindung gemacht, die ›allgemeine Angelegenheit‹ als eine b l o ß e Form sich anzueignen. (Das Wahre ist, daß nur die F o r m allgemeine Angelegenheit ist.) Er hat damit die e n t s p r e c h e n d e (von mir gesperrt, H. R.) Form für seinen Inhalt gefunden, der nur scheinbar die wirkliche allgemeine Angelegenheit ist [57].« Daß es sich bei dieser von der bürgerlichen Gesellschaft getrennten selbständigen Form des Staates gleichwohl aber um keine Selbständigkeit des Staates handelt im Sinne einer über der Gesellschaft stehenden, von ihr unbeherrschten Institution, wird ausdrücklich hervorgehoben. Es ist dies höchstens der Fall in einer Konstellation, in der die alte ständische Gesellschaft noch nicht völlig verschwunden und die neue kapitalistische noch nicht völlig zur Herrschaft gekommen ist: »Die Selbständigkeit des Staates kommt heutzutage nur noch in solchen Ländern vor, wo die Stände sich nicht völlig zu Klassen entwickelt haben, wo die in den fortgeschrittneren Ländern beseitigten Stände noch eine Rolle spielen und ein Gemisch existiert, in denen daher kein Teil der Bevölkerung es zur Herrschaft über die übrigen bringen kann. Dies ist namentlich in Deutschland der Fall. Das vollendetste Beispiel des modernen Staats ist Nordamerika. Die neueren französischen, englischen und amerikanischen Schriftsteller sprechen sich Alle dahin aus, daß der Staat nur um des Privateigentums willen existiere, so daß dies auch in das gewöhnliche Bewußtsein übergegangen ist [58].«

Von dieser wirklichen Selbständigkeit des Staates ist die scheinhafte Selbständigkeit zu unterscheiden, die Täuschung über den wirklichen Charakter des Staates. Die Marxsche Kritik hinsichtlich

---

55 MEW Bd. 3, S. 537 [220/221].
56 MEW, Bd. 3, S. 62 [180].
57 MEW, Bd. 1, S. 268 [41].
58 MEW, Bd. 3, S. 62 [180], vgl. auch S. 178 [200] und 345 [216].

dieser »verkehrten Vorstellung« setzt in der *Kritik des Hegelschen Staatsrechts* ein und bleibt sich strukturell gleich bis hin zu den späten ökonomiekritischen Werken. So heißt es in der Kritik des Staatsrechts: »Welches ist also die Macht des politischen Staates über das Privateigentum? Die eigne Macht des Privateigentums, sein zur Existenz gebrachtes Wesen. Was bleibt dem politischen Staat im Gegensatz zu diesem Wesen übrig? Die Illusion, daß er bestimmt, wo er bestimmt wird [59].« Die Ursache dieses verkehrten Bewußtseins, dieser Illusion, sieht Marx in der dem Theoretiker selbst nicht bewußten Verkehrung des Privateigentümers zum natürlichen Menschen schlechthin, die theoretische Rücknahme einer wirklichen Verkehrung an der Basis selbst; das sagt er dort noch mit anderen Worten: »Das Privateigentum ist nicht mehr ein bestimmtes Objekt der Willkür, sondern die Willkür ist das bestimmte Prädikat des Privateigentums [60].« Da der Privateigentümer (für den bürgerlichen Denker) mit dem natürlichen Menschen unmittelbar zusammenfällt, muß er sich zugleich über den Charakter des Staates täuschen: dieser kann ihm nur noch als ein Selbständiges und Selbst-setzendes erscheinen, das die Zielsetzungen seiner Tätigkeit »aus sich selbst schöpft« oder sich an Bestimmungen dieses natürlichen Menschen orientiert. Die prätendierte Überzeitlichkeit und Allgemeinheit von bestimmten Normen läßt sich hier schon als Ideologie in einem strengen Sinne abstrakt entlarven, indem ihre Genesis aufgewiesen wird: dieser Nachweis besteht darin, daß gezeigt wird, wie sich dem Theoretiker der bürgerliche Mensch zum Menschen schlechthin verkehrt, und ihm deswegen alle Bestimmungen dieses spezifisch geschichtlichen Menschen unableitbar werden. In der Abhandlung *Zur Judenfrage* wird dieses ideologiekritische Theorem ebenfalls expliziert. Nachdem Marx ausführlich dargelegt hat, daß keines der »sogenannten Menschrechte« über den egoistischen Menschen der bürgerlichen Gesellschaft, den auf seine Privatwillkür, sein Privatinteresse zurückgezogenes Individuum hinausgeht, bezeichnet er es als »rätselhaft, daß ein Volk, welches eben beginnt, sich zu befreien, ... ein politisches Gemeinwesen zu gründen, daß ein solches Volk die Berechtigung des egoistischen ... Menschen feierlich proklamiert« [61]. Wie erwähnt, fällt

---

59 MEW, Bd. 1, S. 304 f. [59].
60 MEW, Bd. 1, S. 305.
61 MEW, Bd. 1, S. 366 [89].

für den Marx der *Judenfrage* die Konstitution des politischen Gemeinwesens unmittelbar zusammen mit dem Akt der menschlichen Emanzipation unter borniert er, eben der politischen Form, sodaß diese Proklamation nur als Rückschritt in der Geschichte der Menschheit erscheinen kann. Noch einen Schritt weiter in dieser verkehrten Welt gehen die »politischen Emanzipatoren«, wenn sie dieses politische Gemeinwesen zum Mittel für die Erhaltung der Menschenrechte herabsetzen und damit den emanzipierten Menschen zum Diener des Bourgeois machen: »Also selbst in den Momenten seines noch jugendfrischen und durch den Drang der Umstände auf die Spitze getriebenen Enthusiasmus erklärt sich das politische Leben für ein bloßes Mittel, dessen Zweck das Leben der bürgerlichen Gesellschaft ist [62].« Doch das ist die Theorie – die revolutionäre Praxis steht dazu im Widerspruch. Die Sicherheit, ein Menschenrecht, wird verletzt, indem die Verletzung des Briefgeheimnisses auf die Tagesordnung gesetzt wird; die Pressefreiheit, eine Konsequenz des Menschenrechts, wird vernichtet. Allgemein: das Menschenrecht hört auf, ein Recht zu sein, sobald es mit dem politischen Leben in Konflikt gerät. Das politische Leben wird zum Zweck, das bürgerliche erscheint als Mittel. Doch diese Praxis ist die Ausnahme, bei deren Betrachtung gleichwohl zu klären bleibt, warum »im Bewußtsein der politischen Emanzipatoren das Verhältnis auf den Kopf gestellt ist und der Zweck als Mittel, das Mittel als Zweck erscheint. Diese optische Täuschung ihres Bewußtseins wäre immer noch dasselbe Rätsel, obgleich dann ein psychologisches, ein theoretisches Rätsel [63].« Die Antwort kennen wir: »Der wirkliche Mensch ist erst in der Gestalt des egoistischen Individuums, der wahre Mensch erst in der Gestalt des abstrakten citoyen anerkannt [64].« Da es uns hier lediglich auf eine ideologiekritische Argumentation als eines besonderen Aspekts der Staatsheorie ankommt, wollen wir an dieser Stelle nicht weiter untersuchen, inwiefern die Marxsche Formulierung des gesamten Sachverhalts nicht selbst noch durch den Idealismus seiner eigenen Geschichtskonstruktion beeinflußt ist.

In der *Deutschen Ideologie* geht Marx ebenfalls, wenn auch nur

---

62 MEW, Bd. 1, S. 367 [89].
63 MEW, Bd. 1, S. 367 [90].
64 MEW, Bd. 1, S. 370 [93].

mit wenigen und zudem dunklen Sätzen auf dieses verkehrte Bewußtsein und seinen Ursprung ein. Sie sind letztlich nur verständlich vor dem Hintergrund der oben angedeuteten und in der *Deutschen Ideologie* nicht immer explizit entwickelten Konzeption. Zugleich sind diese Hinweise in der *Deutschen Ideologie* als implizite Kritik an seiner eigenen, noch vor kurzer Zeit vertretenen Auffassung zu begreifen, die davon ausgeht, daß das Volk von der Verfassung, dem Gesetz, also abstrakten Allgemeinheiten beherrscht wurde. Diese Auffassung ging, wie wir sahen, mit einer idealistischen Geschichtsauffassung einher, und wird jetzt als Formulierung des objektiven Scheins zurückgewiesen: »Alle Verhältnisse können in der Sprache nur als Begriffe ausgedrückt werden. Daß diese Allgemeinheiten und Begriffe als mysteriöse Mächte gelten, ist eine notwendige Folge der Verselbständigung der realen Verhältnisse, deren Ausdruck sie sind. Außer dieser Geltung im gewöhnlichen Bewußtsein erhalten diese Allgemeinheiten noch eine besondere Geltung und Ausbildung von den Politikern und Juristen, die durch die Teilung der Arbeit auf den Kultus dieser Begriffe angewiesen sind und in ihnen, nicht in den Produktionsverhältnissen, die wahre Grundlage aller realen Eigentumsverhältnisse sehen [65].«

In der *Kritik der politischen Ökonomie* wird dieser verkehrte Schein nun explizit im Rahmen der systematischen Behandlung des Fetischproblems entwickelt. Vorstellungen, wie sie sich im Römischen Recht oder ausdrücklich juristischen Geldtheorien finden, werden von Marx nicht abstrakt zurückgewiesen, sondern selber noch in seiner Theorie »aufgehoben«. So stellt er in der *Kritik der politischen Ökonomie* aus dem Jahre 1859 die erste Funktion des Geldes dar bis hin zur begriffslos sachlichen, einfach gesellschaftlichen Form des Geldnamens und entwickelt in diesem Zusammenhang das Einsetzen staatlicher Tätigkeit: »Da die Bestimmung der Maßeinheit, ihrer aliquoten Teile und deren Namen einerseits rein konventionell ist, andererseits innerhalb der Zirkulation den Charakter der Allgemeinheit und Notwendigkeit besitzen muß, mußte sie gesetzliche Bestimmung werden. Die rein formelle Operation fiel also den Regierungen anheim [66].« Wird die Regierungstätigkeit nicht in dieser Erhebung eines naturgemäß konven-

---

65 MEW, Bd. 3, S. 347 [217].
66 MEW, Bd. 13, S. 56.

tionellen zu einem Allgemeinen innerhalb dieser notwendigen Fortentwicklung des Geldes zum Geldnamen gesehen, so entsteht allerdings die Illusion, als ob das Geld selbst durch den Staat geschaffen wird, wie es sich etwa bei A. H. Müller darstellt, den Marx zitiert: »Nach unseren Vorstellungen hat jeder unabhängige Souverän das Recht, das Metallgeld zu ernennen, ihm einen gesellschaftlichen Nominalwert, Rang, Stand und Titel beizulegen [67].« Analoges kritisiert bei Marx bei der Entwicklung der nächsten Geldfunktion. Die Darstellung der immanenten Gesetzlichkeit der Warenzirkulation ist nicht abzutrennen von der Darstellung des bürgerlichen Verkehrungsprozesses auf einer konkreteren Ebene: »Wenn der Formwechsel der Waren als bloßer Stellenwechsel des Geldes erscheint, und die Kontinuität der Zirkulationsbewegung ganz auf die Seite des Geldes fällt ... so scheint die ganze Bewegung vom Gelde auszugehen ... Das Geld scheint also die Waren zu zirkulieren, indem es ihre Preise realisiert ... Die Formbewegung der prozessierenden Waren erscheint daher als seine eigene, den Austausch der an sich bewegungslosen Waren vermittelnde Bewegung. Die Bewegung des Zirkulationsprozesses stellt sich also dar in der Bewegung des Geldes als Zirkulationsmittel – im Geldumlauf. ... Wie die Warenbesitzer die Produkte ihrer Privatarbeiten als Produkte gesellschaftlicher Arbeit darstellten, indem sie ein Ding, Gold, in unmittelbares Dasein der allgemeinen Arbeitszeit und darum in Geld verwandelten, so tritt ihnen jetzt ihre eigene allseitige Bewegung, wodurch sie den Stoffwechsel ihrer Arbeiten vermitteln, als eigentümliche Bewegung eines Dings gegenüber, als Umlauf des Goldes [68].« Diese Verkehrung, als nichtdurchschaute schließlich in quantitätstheoretischen Formulierungen zum Ausdruck gebracht, potenziert sich bei der Ersetzung des Goldgeldes durch Papiergeld mit Zwangskurs. Da im Zirkulationsprozeß das Geld ausschließlich als Realisierer des Preises funktioniert, kann sich das funktionelle Dasein des Geldes gegenüber seiner Metallgestalt verselbständigen und sich (in einem Prozeß der Idealisierung, wie Marx ihn in der Kritik der politischen Ökonomie nennt) zum abstrakten Wertzeichen fortentwickeln. Da nun das Geld in dieser zweiten Bestimmung selbst nur das beständige Verschwinden ist, Zeichen seiner selbst, so kann es scheinen, daß der Tauschwert nur

---

67 MEW, Bd. 13, S. 56.
68 MEW, Bd. 13, S. 81.

als gedachter existiert und keine eigene Wirklichkeit außer den Waren selbst besitzt. »Es scheint daher, als ob das Wertzeichen den Wert der Waren unmittelbar repräsentiere, indem es nicht Zeichen von Gold, sondern als Zeichen des im Preis nur ausgedrückten, aber in der Ware allein vorhandenen Tauschwerts sich darstellt. Dieser Schein ist aber falsch [69].« Das Wertzeichen, so führt Marx aus, ist unmittelbar nur Goldzeichen und auf diesem Umweg Zeichen des Werts der Ware. Hinsichtlich der umlaufenden Geldmenge bedeutet dies, daß die Quantität der Papierzettel bestimmt ist durch die Quantität des Goldgeldes, das sie in der Zirkulation vertreten. Angesichts dieser objektiven Scheinhaftigkeit, die mit den Gesetzen der Warenzirkulation verbunden ist, können sich verkehrte Vorstellungen über die Reichweite und Macht staatlicher Tätigkeit entwickeln: »Die Einmischung des Staats, der das Papiergeld mit Zwangskurs ausgibt ... scheint das ökonomische Gesetz aufzuheben. Der Staat, der in dem Münzpreis einem bestimmten Goldgewicht nur einen Taufnamen gab, und in der Münzung nur seinen Stempel auf das Gold drückte, scheint jetzt durch die Magie seines Stempels Papier in Gold zu verwandeln. Da die Papierzettel Zwangskurs haben, kann niemand ihn hindern, beliebig große Anzahl derselben in Zirkulation zu zwängen und beliebige Münznamen ... ihnen aufzuprägen ... Indes ist diese Macht des Staates bloßer Schein. Er mag beliebige Quantität Papierzettel mit beliebigen Münznamen in die Zirkulation hineinschleudern, aber mit diesem mechanischen Akt hört seine Kontrolle auf. Von der Zirkulation ergriffen, fällt das Wertzeichen oder Papiergeld ihren immanenten Gesetzen anheim [70].« Marx zitiert in diesem Zusammenhang aus Mandevilles Voyages and Travels, der diesem Schein vollständig aufsitzt: »Dieser Kaiser (von Cattay oder China) kann so viel ausgeben, wie es ihm beliebt, ohne Beschränkung. Denn er ist nicht abhängig und macht Geld nur aus bedrucktem Leder oder Papier ... [71].« Wir wollen uns an dieser Stelle mit diesen Hinweisen begnügen. Systematisch entfaltet, hätte dieser verkehrte Schein hinsichtlich der Macht des Staates bei jeder einzelnen ökonomischen Kategorie entwickelt werden müssen.

Wir wenden uns einem weiteren Aspekt der Staatstheorie zu,

---

69 MEW, Bd. 13, S. 95.
70 MEW, Bd. 13, S. 98.
71 MEW, Bd. 13, S. 97.

jenem, der in den nach der *Deutschen Ideologie* verfaßten Schriften völlig verschwindet, und bei dessen Behandlung zu diskutieren ist, ob er nicht als idealistischer Rest in die erste konsequentere Formulierung der materialistischen Geschichtsauffassung hineinragt. Marx spricht mehrere Male von der »illusorischen Gemeinschaftlichkeit«, den »Surrogaten der Gemeinschaft, dem Staat« [72] von der »den Individuen gegenüber verselbständigten scheinbaren Gemeinschaft (Staat, Recht)« [73] und aus dem Gesamtzusammenhang geht sehr deutlich hervor, daß nur der Verdopplungsbegriff der früheren Hegelkritik (und wie er in der *Judenfrage* ausschließlich vorgetragen wurde), gemeint sein kann, ohne daß die Frage gestellt wird, inwiefern dieses Theorem aufrechterhalten werden kann unter der – neuen – Voraussetzung des Widerspruchs zwischen Produktivkräften und Produktionsverhältnissen als Motor der geschichtlichen Bewegung. Gerade in diesem Zusammenhang muß jedoch darauf hingewiesen werden, wie uneinheitlich die *Deutsche Ideologie* insgesamt ist. Wir haben schon oben darauf aufmerksam gemacht, daß Marx den geschichtlichen Prozeß in Kategorien der bürgerlichen Gesellschaft zu fassen versucht, doch bleibt der in diesem Kontext eingeführte Widerspruch zwischen Produktivkräften und Verkehrsformen durchaus auf der Ebene reiner Versicherung. Marx sieht dies letztlich selbst, wenn er eingesteht: »Wir gingen bisher von den Produktionsinstrumenten aus, und schon hier zeigte sich die Notwendigkeit des Privateigentums für gewisse industrielle Stufen. In der Industrie extractive fällt das Privateigentum mit der Arbeit noch ganz zusammen; in der kleinen Industrie und aller bisherigen Agrikultur ist das Eigentum notwendige Konsequenz der vorhandenen Produktionsinstrumente; in der großen Industrie ist der Widerspruch zwischen dem Produktionsinstrument und Privateigentum erst ihr Produkt, zu dessen Erzeugung sie bereits sehr entwickelt sein muß. Mit ihr ist also auch die Aufhebung des Privateigentums erst möglich [74].« Insbesondere aus dieser Passage geht hervor, daß Marx von einem bestimmten geschichtlichen Resultat her argumentiert, das er seinerseits wieder mit der uns schon bekannten Konzeption des geschichtlichen Verlaufs als einer Aufeinanderfolge von Emanzipationsschwellen ver-

---

72 MEW, Bd. 3, S. 74 [193].
73 MEW, Bd. 3, S. 73 [191].
74 MEW, Bd. 3, S. 66 [184].

koppelt, die in ihrer Gesamtstruktur erst vom Endpunkt der Geschichte einsehbar wird. Wurde in der Kritik des Hegelschen Staatsrechts die abstrakt politische Emanzipation als ein Vorgang gedeutet, in welchem sich die Individuen in der einzig möglichen Form von ihrer bornierten gegenständlichen Wirklichkeit, ihrer Besonderheit in der bürgerlichen Gesellschaft befreien und zu einer, wenn auch beschränkten Gestalt demokratischer Gemeinschaft zusammenschließen können, sich ihrem wahren Gemeinwesen »nähern«, in welchem sie dann auch *als* Individuen zu ihrem Recht kommen, so wird dieser Gedankengang jetzt auf die Gestalt des Reproduktionsprozesses übertragen und die große Industrie als Produktionsweise gedeutet, in der die Individuen sich von der vorangegangenen Beschränktheit der Produktionsinstrumente emanzipiert haben (eine Beschränktheit, die als entsprechende Verkehrsform das Privateigentum notwendig hervorbrachte) und nun zum ersten Male frei von aller bornierten Besonderheit miteinander verkehren können: »In keiner früheren Periode hatten die Produktivkräfte diese gleichgültige Gestalt für den Verkehr der Individuen *als* Individuen angenommen, weil ihr Verkehr selbst noch ein bornierter war. Auf der andern Seite steht diesen Produktivkräften die Majorität der Individuen gegenüber, von denen diese Kräfte losgerissen sind und die daher alles wirklichen Lebensinhalts beraubt, a b s t r a k t e (gesperrt von mir, H. R.) Individuen geworden sind, die aber dadurch erst in den Stand gesetzt werden, als Individuen miteinander in Verbindung zu treten [75].« Ebenso wie eine bestimmte Emanzipationsschwelle in den früheren Schriften zum Angelpunkt der Gesamtkonstruktion wurde, wird in der *Deutschen Ideologie* diese letzte, dem kapitalistischen Produktionsprozeß eigentümliche Trennung der Produzenten von den Produktionsmitteln zum entscheidenden Ausgangspunkt der Interpretation des vorangegangenen geschichtlichen Verlaufs: die bestimmte Form der Produktionsinstrumente geht einher mit einer bestimmten Verkehrsform der Individuen, innerhalb deren sich die Individuen in ihrer Auseinandersetzung mit der Natur weiter entfalten können, bis ihnen diese Form des Verkehrs zur Fessel wird, von der sie sich durch gesellschaftliche Eruptionen befreien müssen, um einer neuen Form Platz zu machen, die ihnen nun als ein Zustand der Freiheit erscheinen muß. Diese muß ihnen solange als ein Zustand

---

[75] MEW, Bd. 3, S. 67 [185].

der Freiheit erscheinen, solange er der Entwicklung ihrer Persönlichkeit angemessen ist – mit der weiteren Entfaltung der Produktivkräfte wird auch diese neue Form mehr und mehr als Fessel empfunden und schließlich abgestreift. Der Prozeß endet mit jener Produktionsweise, in der die Produktionsinstrumente derartigen Umfang angenommen haben, daß sie nur noch gesellschaftlich eingesetzt werden können und deshalb auch das Privateigentum als Ausdruck und notwendige Verkehrsform des kleinen, nicht gesellschaftlich anwendbaren Produktionsinstruments verschwinden muß. Diese Geschichtskonstruktion mit dem realen geschichtlichen Verlauf zu vermitteln, fällt Marx in der Tat nicht leicht, und wir wollen hier auf den Versuch verzichten, die Marxsche Konkretion nachzuvollziehen. Wesentlich ist uns hier, wie sich Marx den Übergang aus einer zur Fessel gewordenen Form des Verkehrs in eine neue, dem Entwicklungsstand der Individuen angemessenere Form vorstellt; denn das ist der Schlüssel zum Verständnis des Begriffs der »illusorischen Gemeinschaft« in der *Deutschen Ideologie*: der den Produktivkräften angemessene und von den Individuen als Freiheit empfundene Zustand ist der Staat, der von der beherrschten Klasse, dem jeweiligen Träger der sich weiter entwickelnden Produktivkräfte, seinerseits als Fessel aufgefaßt wird: »Erst in der Gemeinschaft mit Andern hat jedes Individuum die Mittel, seine Anlagen nach allen Seiten auszubilden; erst in der Gemeinschaft wird also die persönliche Freiheit möglich. In den bisherigen Surrogaten der Gemeinschaft, im Staat usw. existierte die persönliche Freiheit nur für die in den Verhältnissen der herrschenden Klasse entwickelten Individuen und nur, insofern sie Individuen dieser Klasse waren. Die scheinbare Gemeinschaft, zu der sich bisher die Individuen vereinigten, verselbständigte sich stets ihnen gegenüber und war zugleich, da sie eine Vereinigung einer Klasse gegenüber einer andern war, für die beherrschte Klasse nicht nur eine ganz illusorische Gemeinschaft, sondern auch eine neue Fessel. In der wirklichen Gemeinschaft erlangen die Individuen in und durch ihre Assoziation zugleich ihre Freiheit [76].«

Angesichts dieser kaum vermittelten, noch durchaus mystischen Fassung der Beziehung zwischen Produktivkräften und Produktionsverhältnissen mit der Abfolge von Emanzipationsstufen stellt sich allerdings das Problem, ob die Frage nach einer methodisch

---

[76] MEW, Bd. 3, S. 74 [193].

strengen Ableitung dieses schillernden Begriffs des Staates als einer von der bürgerlichen Gesellschaft unterschiedenen Form der Organisation noch ernsthaft diskutiert werden kann. Würde Marx in den *Grundrissen* nicht explizit die Analogie zwischen der Ableitung der Geldform und der Form des Staates erwähnen, und damit implizit daran erinnern, daß die spezifische Ableitungsform in der Geldtheorie auch im Hinblick auf die Staatstheorie von Bedeutung sein könnte, würde man die wenigen Hinweise in der *Deutschen Ideologie* kaum unter diesem Aspekt lesen. So heißt es beispielsweise: ».. . und eben aus diesem Widerspruch des besonderen und gemeinschaftlichen Interesses nimmt das gemeinschaftliche Interesse als *Staat* eine selbständige Gestaltung, getrennt von den wirklichen Einzel- und Gesamtinteressen, an, und zugleich als illusorische Gemeinschaftlichkeit ... [77].« Wird diese Bemerkung nicht vorab unter der ausschließlich emanzipatorischen Perspektive gedeutet, sondern in dem Zusammenhang gesehen, in dem Marx die Konstitution der öffentlichen Gewalt diskutiert – »Das Faktum, daß die herrschende Klasse ihre gemeinschaftliche Herrschaft zur öffentlichen Gewalt, zum Staat konstituiert... [78]«, oder »Wenn die Bourgeois, überhaupt alle Mitglieder der bürgerlichen Gesellschaft genötigt sind, sich als Wir, als moralische Person, als Staat zu konstituieren, um ihre gemeinschaftlichen Interessen zu sichern ... [79]« – so läßt sich allerdings eine Verbindung zur Darstellungsmethode in der Kritik der politischen Ökonomie herstellen. Der Gedankengang ist dort – in wenigen Worten – folgender: Die Waren müssen *als* Waren erscheinen. Sie müssen also einen Preis haben, vermöge dessen sie als einheitliche (vor aller quantitativen Verschiedenheit) Ausdrücke einer gesellschaftlichen Einheit erscheinen können. Wie geht nun Marx bei der Ableitung dieser ersten Geldfunktion vor? Die Ware, so führt er zu Beginn aus, ist unmittelbare Einheit von Gebrauchswert und Wert, zweier sich widersprechender Momente, die – eben weil sie in der Form unmittelbarer Einheit nicht zu existieren vermögen – zur Verdopplung der Ware in Ware und Geld treiben. »Die Ware«, sagt Marx am Ende des ersten Kapitels der Erstauflage des *Kapitals*, »ist *unmittelbare Einheit von Gebrauchswert und Tauschwert,* also zweier Ent-

---

[77] MEW, Bd. 3, S. 33 [155].
[78] MEW, Bd. 3, S. 339 [212].
[79] MEW, Bd. 3, S. 340 [213].

gegengesetzten. Sie ist daher ein unmittelbarer *Widerspruch*. Dieser Widerspruch muß sich entwickeln, sobald sie nicht wie bisher analytisch ... betrachtet, sondern als ein Ganzes wirklich auf andere Waren bezogen wird ... [80].« Nun wird der Bürger von Marx in der *Deutschen Ideologie* analog und gleichsam als Verlängerung dieses Widerspruchs bis in die Person hinein als ein Doppeltes gesehen, als ein Mensch, dessen Brust zu eng für zwei Herzen ist. »Der Bourgeois verhält sich zu den Institutionen seines Regimes wie der Jude zum Gesetz; er umgeht sie, sooft es tunlich ist, in jedem einzelnen Fall, aber er will, daß alle Andern sie halten. Wenn sämtliche Bourgeois in Masse und auf Einmal die Institutionen der Bourgeois umgingen, so würden sie aufhören, Bourgeois zu sein – ein Verhalten, das ihnen natürlich nicht einfällt und keineswegs von ihrem Wollen und Laufen abhängt ... [81].« Da jeder Bürger gleich geartet ist wie »alle Andern«, jeder Bürger *der* Bürger ist, so ist er im beständigen Widerstreit mit sich selbst, bis sich schließlich sein allgemeineres Ich eine besondere Gestalt gibt. Marx sieht das in der *Deutschen Ideologie* so: »So wenig es von ihrem idealistischen Willen und Willkür abhängt, ob ihre Körper schwer sind, so wenig hängt es von ihm ab, ob sie ihren eignen Willen in der Form des Gesetzes durchsetzen und zugleich von der persönlichen Willkür jedes Einzelnen unter ihnen unabhängig setzen. Ihre persönliche Macht beruht auf Lebensbedingungen, die sich als Vielen gemeinschaftliche entwickeln, deren Fortbestand sie als Herrschende gegen andere und zugleich als für Alle geltende zu behaupten haben. Der Ausdruck dieses durch ihre gemeinschaftlichen Interessen bedingten Willens ist das Gesetz. Gerade das Durchsetzen der voneinander unabhängigen Individuen und ihrer eignen Willen, das auf dieser Basis in ihrem Verhalten gegeneinander notwendig egoistisch ist, macht die Selbstverleugnung im Gesetz und Recht nötig. Selbstverleugnung im Ausnahmefall, Selbstbehauptung ihrer Interessen im Durchschnittsfall ... [82].«

Leider hat es mit diesen Hinweisen in der *Deutschen Ideologie,* sofern man sie vorwiegend unter systematischen Gesichtspunkten liest, sein Bewenden. Gleichwohl stellt sie, auch dem Marxschen Selbstverständnis nach, den Abschluß des Frühwerks dar: entschei-

---

80 MEW, a.a.O., S. 246.
81 MEW, Bd. 3, S. 163 [198].
82 MEW, Bd. 3, S. 311 [208].

dende Theoreme der neuen Geschichtsauffassung sind formuliert –
die weitere Arbeit, so scheint es jedenfalls, kann nur in ihrer »Anwendung« und Präzisierung bestehen. An dieser Stelle müssen wir
allerdings betonen, daß nur dann von einem ernsthaften Versuch
einer Rekonstruktion marxistischer Staatstheorie gesprochen werden kann, wenn ein zentrales Postulat der Dialektik nicht unerörtert
bleibt: daß nämlich ein wesentliches Verhältnis zwischen Methode
und Inhalt besteht. Dadurch eröffnet sich zugleich die Möglichkeit,
Rekonstruktion nicht nur durch das Zusammenstellen der vielfältigen expliziten Äußerungen über den Staat verbürgt zu sehen (und
eventuell resignieren zu müssen, wenn sich diese als zu arm erweisen), sondern anhand methodologischer Hinweise extrapolierend
den Weg zu zeigen, der bei diesem Versuch einzuschlagen ist. Doch
was heißt hier wesentliches Verhältnis von Inhalt und Methode? Ist
das nicht ein Zusammenhang, der ohnehin nur um den Preis des
Idealismus einzukaufen ist? Im Marxschen Frühwerk, insbesondre
in der *Kritik des Hegelschen Staatsrechts,* war dies zweifelsohne
der Fall. Marx kritisiert Hegels Verfahrensweise als Vortäuschung
einer »Ableitung und Entwicklung«, als eine Methode, die als fertig Vorausgesetzte an ihr äußerliche Inhalte herangetragen wird,
statt auf die »Logik der Sache« selbst einzugehen, doch er unterläßt
es, uns positive Auskunft zu geben. Aus dem Zusammenhang geht
jedoch hevor, daß Marx unter »Ableitung und Entwicklung« kaum
anderes denkt als die theoretische Nachzeichnung der Logik des
geschichtlichen Emanzipationsprozesses der Menschheit, die Entwicklung hin zur Demokratie. Mit der Einsicht in die Bedeutung
des Arbeitsprozesses für den Geschichtsverlauf bricht diese idealistische Position auf und weicht einer, wie wir sie genannt haben,
materialistischen Spekulation. Ein überdehnter Begriff bürgerlicher
Gesellschaft soll im Kontext einer globalen Geschichtskonzeption
den jeweiligen institutionellen Rahmen bezeichnen, der durch den
Entwicklungsstand der Produktivkräfte bedingt ist. »Die durch die
auf allen bisherigen geschichtlichen Stufen vorhandenen Produktionskräfte bedingte und sie wiederum bedingende Verkehrsform ist
die bürgerliche Gesellschaft ... [83]«, heißt es in der *Deutschen
Ideologie.* Die abgelaufene Geschichte wird – vom Resultat her
konstruiert – als Geschichte der sich entwickelnden Produktivkräfte
interpretiert, die – in ihrer abnehmenden Borniertheit, oder posi-

---

[83] MEW, Bd. 3, S. 36 [158].

tiv, zunehmenden Gesellschaftlichkeit – mit einer ihnen entsprechenden Verkehrsform einhergehen. Dieser Verallgemeinerung einiger aus der bisherigen Auseinandersetzung mit dem bürgerlichen Denken gewonnener Theoreme zu einer universellen Geschichtstheorie, die mit einer Konzeption des Arbeitsprozesses »verkoppelt« wird, dem auf dieser Entwicklungsstufe der materialistischen Theorie ausschließlich die vorwärtstreibende Kraft zugesprochen wird, entspricht eine Akzentverschiebung im Begriff der Methode. Dem Hegel-Kritiker Marx konnte zur Zeit seiner Auseinandersetzung mit der Rechtsphilosophie die empirische Geschichtsschreibung als ein sekundäres Problem erscheinen (wir wissen, daß er Hegels Beschreibung der Empirie als angemessene Wiedergabe akzeptierte), methodisch belangvoll wurde sie erst, wenn es galt, die darin waltende Vernunft zu entdecken und in ihrer widersprüchlichen Beziehung zur unangemessenen Existenz als treibendes Prinzip, als »Logik der Sache« adäquat zu »entwickeln«. In der *Deutschen Ideologie* sieht es anders aus. Wenngleich nicht säuberlich auszumachen ist, was in dieser Schrift der Zurückweisung abstrakt-junghegelianischer Spekulation zuzuschreiben ist und was als Weiterentwicklung des eigenen Selbstverständnisses gedeutet werden muß, ist die Überbetonung detailliert empirischen Vorgehens charakteristisch für diese Periode. Der frühere Begriff der »Entwicklung und Ableitung« weicht hier der Darstellung des gesamten Entwicklungsprozesses der Menschheit, dessen Ablauf nun zentral bestimmt erscheint vor allem durch die sich verändernden Produktionsinstrumente – ein Sachverhalt, dessen Gesamtdarstellung ohne akribisches Studium der Empirie kaum möglich scheint. Daß er die von der Darstellung unterschiedene Kurzfassung der materialistischen Geschichtsauffassung als Zusammenfassung einiger »Abstraktionen« apostrophiert, ist dabei kein Zufall: mit der Entdeckung des wirklichen Motors der Geschichte kann der, jeglicher in der Geschichte waltenden »immanenten Vernunft« abschwörende, nur noch »wirkliche, positive Wissenschaft« [84] betreibende Materialist Marx lediglich Produkte abstrahierender Denktätigkeit sehen – verständige Abstraktionen, die – abgezogen von der wirklichen Geschichte – »keinen anderen Wert« haben als »die Ordnung des geschichtlichen Materials zu erleichtern, die

---

84 MEW, Bd. 3, S. 27 [148].

Reihenfolge seiner einzelnen Schichten anzudeuten« [85].

Eine nachträgliche Korrektur dieser – in einer ohnehin unveröffentlichten Schrift formulierten – Auffassung hat Marx nicht vorgenommen. Vielmehr findet sie sich sinngemäß in verschiedenen programmatischen Äußerungen, die Marx auch nach der Niederschrift des Rohentwurfs des *Kapitals* abfaßte, ohne darauf einzugehen, daß er mit dieser ersten systematischen Fassung der Kritik der politischen Ökonomie eine Logik der Kapitalentfaltung nachvollzogen hat, die – soweit es die Motorik des geschichtlichen Prozesses betrifft – mit den früheren Vorstellungen nicht mehr bruchlos in Übereinstimmung zu bringen sind. Diese veränderte Auffassung läßt sich an der modifizierten Bedeutung des Begriffs der Darstellung ablesen, die, wie man zuerst vermuten könnte, etwa jenen methodologischen Status angewiesen erhält, der früher den »Abstraktionen« zukam. Das »Kapital im Allgemeinen«, als dessen Darstellung sich das ökonomiekritische Spätwerk nahezu ausschließlich erweist, erscheint, wie er im Rohentwurf sagt, zuerst »nur als eine Abstraktion« [86], welche spezifische Differenzen des Kapitals im Unterschied zu anderen Formen des Reichtums entwickelt; bei genauerem Hinsehen zeigt sich jedoch, daß sich hinter dieser Abstraktion mehr und anderes verbirgt als das Produkt eines in der Dialektik nicht sonderlich hoch geschätzten verständigen Denkens: es ist der theoretische Nachvollzug der »negativen Vernünftigkeit« des Kapitalismus, die adäquate begriffliche Verarbeitung einer wirklichen Subjekt-Objekt-Verkehrung, die in ihrer Gesamtheit selbst eine durch menschliches Handeln vermittelte Systematik von Abstraktionen darstellt, in der sich ein Produziertes, der Wert, das Geld, zu einem Ersten verkehrt und den Stoffwechsel zwischen Mensch und Natur und die Beziehungen zwischen den Menschen selber noch strukturiert. Wenn Widerspiegelungstheoreme sinnvoll im Rahmen des Marxschen Materialismus diskutiert werden sollen ohne sich gleich dem Vorwurf des naiven Realismus aussetzen zu wollen, dann kann es nur in diesem Zusammenhang geschehen; bezeichnenderweise charakterisiert Marx den Kapitalbegriff als »abstraktes Gegenbild« [87] des wirklichen Kapitals, die

---

85 MEW, Bd. 3, S. 27 [149].
86 Grundrisse der Kritik der politischen Ökonomie, S. 353.
87 Grundrisse der Kritik der politischen Ökonomie, S. 237.

dialektische Methode *ist* die Darstellung der machthabenden Abstraktion einer von den Menschen hervorgebrachten Objektivität, die theoretische Nachzeichnung einer verkehrten Welt aus ihren Ursprüngen bis hin zu ihren zentralen Gesetzlichkeiten.

Im Gegensatz zum Frühwerk unterscheidet Marx in der Kritik der politischen Ökonomie streng zwischen zwei gesellschaftlichen Strukturprinzipien: bürgerlichen und vorbürgerlichen. Bei aller Mannigfaltigkeit vorbürgerlicher Gesellschaftsformationen kann er sie negativ – Engels prägte für diesen Sachverhalt den Ausdruck negative politische Ökonomie – abheben, indem er darauf hinweist, daß nur in der bürgerlichen Gesellschaft der Reichtum eine von seiner konkreten Naturalform unterschiedene gesellschaftliche Form annimmt. Mit anderen Worten: nur in dieser Gesellschaft wird den Menschen ihre eigne Vergesellschaftung buchstäblich gegenständlich – »ihre eigne gesellschaftliche Bewegung«, so heißt es im berühmten Abschnitt über den Fetischcharakter der Ware, »besitzt für sie die Form einer Bewegung von Sachen, unter deren Kontrolle sie stehen, statt sie zu kontrollieren«[88]. Die Wissenschaft darf sich daher nicht darauf beschränken, die Gesetzlichkeiten des gesellschaftlichen Reproduktionsprozesses in und hinter dieser verselbständigten Eigenbewegung von Sachen zu entdecken, sondern hat darüber hinaus zu zeigen, warum sich menschliche Beziehungen überhaupt in der Form einer, wie Marx es nennt, gespenstigen Dinghaftigkeit, einer abstrakten Wertgegenständlichkeit darstellen. Wiewohl uns Marx keine Definition *der* materialistischen Dialektik hinterläßt, geht man sicherlich nicht an seinem späteren Selbstverständnis vorbei, wenn man die Feststellung trifft, daß das *Kapital* die Definition *der* Dialektik ist; so wenig es – überspitzt formuliert – möglich ist, eine kürzere Definition des Kapitals zu formulieren als wir sie in diesen drei Bänden vorfinden, kürzer geht es nicht – so wenig ist es möglich, die materialistische Dialektik abgelöst von ihrer inhaltlichen Durchführung zu definieren: sie ist die Methode der Darstellung dieser sich zu immer neuen Gestaltungen abstrakter Gegenständlichkeit verdinglichenden gesellschaftlichen Beziehungen in ihrer Eigengesetzlichkeit, die schließlich den gesamten Stoffwechsel zwischen Mensch und Natur umfaßt und strukturiert. Es ist dies ein Materialismusbegriff, der erhebliche Veränderungen und Präzisierungen gegenüber der Konzeption im

---

88 MEW, Bd. 23, S. 89.

Frühwerk aufweist. Bezeichnenderweise erbringen gerade Forschungsvorhaben, die sich an programmatischen Äußerungen über das Verhältnis von Produktivkräften und Produktionsverhältnissen im Sinne der *Deutschen Ideologie* orientieren, insbesondre für vorbürgerliche Formationen detailliert begründete Belege für bestimmte Zusammenhänge dieser Art [89]; bei der Analyse der bürgerlichen Gesellschaft hingegen scheint dieser Ansatz zu versagen. Beim Nachvollzug der kategorialen Darstellung zeigt sich auch, daß Marx anders verfährt: als bestimmende Dynamik wird die Logizität der Wertentwicklung gesehen, der Übergang des in der Sphäre der Zirkulation entspringenden Kapitals in jene der Produktion, wobei Marx die logische Darstellung zugleich als kategorialen Ausdruck eines in der Geschichte ablaufenden Prozesses betrachtet: »Diese Bewegung erscheint in verschiednen Gestalten, sowohl historisch als zur Wertproduzierenden Arbeit führend, wie auch andrerseits, innerhalb des Systems der bürgerlichen, d. h. der Tauschwert setzenden Produktion selbst [90].« Nicht unähnlich dem Hegelschen Weltgeist (den der junge Marx schon als Hieroglyphe für den Weltmarkt bezeichnet), breitet sich diese Kapitalbewegung aus und bemächtigt sich überkommener Gesellschaftsformationen, die sie nach eigener »Logik« umstrukturiert: »Wenn im vollendeten bürgerlichen System jedes ökonomische Verhältnis das andre in der bürgerlich-ökonomischen Form voraussetzt und so jedes Gesetzte zugleich Voraussetzung ist, so ist das mit jedem organischen System der Fall. Dies organische System selbst als Totalität hat seine Voraussetzungen, und seine Entwicklung zur Totalität besteht eben darin, alle Elemente der Gesellschaft sich unterzuordnen, oder die ihm noch fehlenden Organe aus ihr heraus zu schaffen. Es wird so historisch zur Totalität. Das Werden zu dieser Totalität bildet ein Moment seines Prozesses, seiner Entwicklung [91].« Das ist nicht im Sinne eines gradlinig verlaufenden Prozesses aufzufassen, der mit innerer Notwendigkeit zum industriellen Kapitalismus führt – sonst hätte, wie Marx ausführt, das »alte

---

89 Vgl. die frühen Arbeiten von K. A. Wittfogel: Geopolitik, Geographischer Materialismus und Marxismus, in: Unter dem Banner des Marxismus, Jg. 3, 1929; und: Die natürlichen Ursachen der Wirtschaftsgeschichte, in: Archiv für Sozialwissenschaft und Sozialpolitik, 67. Band. 1932.
(Beides als Reprint erhältlich)
90 Grundrisse der Kritik der politischen Ökonomie, S. 167.
91 ebenda, S. 189.

Rom, Byzanz etc. mit freier Arbeit und Kapital seine Geschichte geendet oder vielmehr eine neue Geschichte begonnen. Auch dort war die Auflösung der alten Eigentumsverhältnisse verknüpft mit Entwicklung des Geldvermögens, des Handels etc. Aber statt zur Industrie, führte diese Auflösung in fact zur Herrschaft des Landes über die Stadt [92].« Marx begreift vielmehr die geschichtliche Entwicklung als wiederholt einsetzenden Prozeß, der nur unter bestimmten Bedingungen zum industriellen Kapitalismus führt: »Dies ist, was man die *zivilisierende Wirkung* des auswärtigen Handels nennt. Es hängt dann ab, teils von der Intensität dieser Wirkung von außen, teils von dem Grade, worin die Elemente der inländischen Produktion – Teilung der Arbeit etc. – schon entwickelt sind, inwieweit die Tauschwert setzende Bewegung das Ganze der Produktion angreift. In England z. B. im 16. Jahrhundert und Anfang des 17. macht die Einfuhr der niederländischen Waren das Surplus von Wolle, das England im Austausch zu geben, wesentlich entscheidend. Um nun mehr Wolle zu produzieren, wurde Ackerland in Schafweide verwandelt, das kleine Pachtsystem aufgebrochen etc., clearing von estates fand statt etc. ... Die Agrikultur ward an gewissen Punkten selbst rein durch die Zirkulation bestimmt, in Tauschwert setzende Produktion verwandelt. Damit wurde die Produktionsweise nicht nur verändert, sondern alle alten Populations- und Produktionsverhältnisse, ökonomische Verhältnisse, die ihr entsprachen, aufgelöst. So war der Zirkulation hier vorausgesetzt eine Produktion, die nur als Überschuß Tauschwerte schuf; aber sie ging zurück in eine Produktion, die nur noch mit Beziehung auf die Zirkulation stattfand, in Tauschwerte als ihren ausschließlichen Inhalt setzende Produktion [93].« Im strikten Gegensatz zur früheren Konzeption werden hier nicht die sich gleichsam naturwüchsig weiter entwickelnden Produktivkräfte als treibendes Moment betrachtet, sondern das Kapital als in einem wörtlichen Sinne Geschichte machende Eigenbewegung, die sich in vorbürgerliche Gesellschaftsformationen hineindrängt, diese auflöst und umformt. Der Entwicklungsstand der Produktivkräfte bildet in diesem Prozeß eine der Voraussetzungen, von denen es abhängt, ob er gelingt oder lediglich die »alte Produktionsweise verelendet« – die Produktionsweise kann die gleiche bleiben, »nur wird sie härter für

---

92 ebenda, S. 405 [351].
93 Grundrisse der Kritik der politischen Ökonomie, S. 160.

den Arbeiter« [94]. »Wieweit aber dieser Prozeß die alte Produktionsweise aufhebt, wie dies im modernen Europa der Fall war, und ob er an ihrer Stelle die kapitalistische Produktionsweise setzt, hängt ganz von der historischen Entwicklungsstufe und den damit gegebenen Umständen ab [95].« Aber einmal etabliert, ist es das Kapital selbst, das die Produktivkräfte permanent revolutioniert, ja ohne diese Veränderung selbst nicht existieren könnte. Schon im Rohentwurf des *Kapitals* weist Marx darauf hin, daß die reelle Subsumtion der Arbeit unters Kapital schließlich zu einer stofflichen Form des Kapitals führt, dessen Daseinsweise – als Maschinerie – dem Begriff des Kapitals entspricht. Die Maschinerie, vom Kapital selbst hervorgebracht, muß folglich auch innerhalb der Darstellung des »Kapitals im Allgemeinen« entwickelt werden: »Das Hereinkommen der Maschinerie zu entwickeln aus der Konkurrenz, und dem von ihr aufgelösten Gesetz der Reduktion der Produktionskosten, ist leicht«, sagt Marx hauptsächlich gegen Ricardos unzureichende methodische Einführung der Maschinerie. »Es handelt sich hier darum, sie aus dem Verhältnis des Kapitals zur lebendigen Arbeit, ohne Rücksicht auf andres Kapital, zu entwickeln [96].«

Der hier nur sehr verkürzt wiedergegebene Gedankengang der Kritik der politischen Ökonomie läßt deutlich werden, daß der Marxsche Geschichtsmaterialismus keineswegs schon mit dem Theorem über den Zusammenhang von Produktivkräften und sozialen Verhältnissen zureichend charakterisiert ist, sondern man vielmehr davon auszugehen hat, daß der Materialismus erst dann präzis entfaltet ist, wenn die Differenz zum Idealismus nicht ohne Mühe anzugeben ist. Die von so unterschiedlichen Autoren wie Schumpeter und Rosa Luxemburg als subjektive Zutat bezeichnete, an Hegels Philosophie orientierte Sprache des Marxschen Spätwerks, die für die »eigentliche Substanz« der Kritik der politischen Ökonomie ohne Relevanz sei, ist Ausdruck einer zunehmenden Exaktheit der Einsicht in die Strukturprinzipien der bürgerlichen Gesellschaft. Wenn Marx in der Kritik der politischen Ökonomie bewußt an Hegels Werk anknüpft, so deshalb, weil diese Philosophie gerade wegen ihres absoluten Idealismus der verkehrten Welt

---

[94] MEW, Bd. 25, S. 610.
[95] MEW, Bd. 25, S. 608.
[96] Grundrisse der Kritik der politischen Ökonomie, S. 662.

des Kapitals gerechter wird, als es sich eine Soziologie auszumalen wagt, die sich auf ihren Realitätssinn so viel zugute hält. Die im Frühwerk unter idealistischem Vorzeichen postulierte Einheit von Methode und Inhalt wird im *Kapital* wieder praktiziert, diesmal aber als Resultat langjähriger Auseinandersetzung mit einer Form gesellschaftlicher Objektivität, die in ihrer realen Verkehrtheit einem wirklichen Idealismus gleichkommt, dessen theoretische Verarbeitung und Darstellung allein in dieser Weise adäquat erfolgen kann. Aus den Aufbauplänen, die uns erhalten sind, geht hervor, daß die drei Bände des *Kapitals* nur als Anfang einer umfassenderen Darstellung zu betrachten sind, in der Marx die Objektivität der bürgerlichen Welt, die er in bestimmter Form strukturiert dachte, in ihrer inneren Systematik nachzuzeichnen beabsichtigte. Nicht nur das *Kapital* selbst, sondern die gesamte Darstellung hat die Kategorien in einer Reihenfolge zu entwickeln, die »bestimmt (ist) durch die Beziehung, die sie in der modernen bürgerlichen Gesellschaft aufeinander haben« [97], in der offensichtlich jede Formbestimmtheit ihren besonderen Stellenwert und Platz hat, den die dialektische Darstellung als theoretischer Nachvollzug der Eigengesetzlichkeit dieser realen Subjekt-Objekt-Verkehrung aufzuspüren vermag. Eine Kritik, die aus diesen Überlegungen die Folgerung ableitet, die gesamte bürgerliche Empirie aus dem Begriff des Kapitals zu deduzieren, argumentiert wie ein Traugott Krug, der vom Idealismus nicht weniger verlangen wollte als ihm seine Schreibfeder a priori zu konstruieren. Sowenig Hegel den Anspruch erhoben hat, jedes kontingente Faktum bis hin zu einzelnen Schreibgeräten aus dem Geist deduzieren zu wollen, sowenig will Marx jede Einzelheit aus einem zentralen Prinzip ableiten. Darstellung gesellschaftlicher Objektivität heißt nicht wirkliche Geschichtsschreibung, sondern begriffliche Entfaltung einer Totalität objektivbürgerlicher Formbestimmtheiten, innerhalb derer auch der bürgerliche Staat seinen bestimmten Ort hat, wie das aus dem Arbeitsplan hervorgeht, den Marx im Zuge der ersten Niederschrift der Kritik der politischen Ökonomie zu Papier bringt. Erst nach dieser allgemeinen Arbeit, bei der weder »das Mikroskop ..., noch chemische Reagentien« dienen können, sondern »die Abstraktionskraft ... beide ersetzen« [98] muß, scheint die empirische Erforschung be-

---

97 Grundrisse der Kritik der politischen Ökonomie, S. 28.
98 MEW, Bd. 23, S. 12.

stimmter nationaler Existenzweisen des Kapitals und des bürgerlichen Staates allererst sinnvoll und möglich zu sein. In diesem Sinne läßt sich eine Bemerkung von Marx in der Kritik des Gothaer Programms deuten, wo Marx gegen die Hypostasierung des Staates in der deutschen Sozialdemokratie polemisiert und sie mit starken empirischen Gewichten wieder auf den Boden der bürgerlichen Realität herunterholt, aber dennoch nicht vergißt, auf das objektive Strukturmoment hinzudeuten: »Die ›heutige Gesellschaft‹ ist die kapitalistische Gesellschaft, die in allen Kulturländern existiert, mehr oder weniger frei von mittelalterlichem Beisatz, mehr oder weniger durch die besondre geschichtliche Entwicklung jedes Landes modifiziert, mehr oder weniger entwickelt. Dagegen der ›heutige Staat‹ wechselt mit der Landesgrenze. Er ist ein andrer im preußisch deutschen Reich als in der Schweiz, ein andrer in England als in den Vereinigten Staaten. ›*Der* heutige Staat‹ ist eine Fiktion. Jedoch haben die verschiednen Staaten der verschiednen Kulturländer, trotz ihrer bunten Formverschiedenheit, alle das gemein, daß sie auf dem Boden der modernen bürgerlichen Gesellschaft stehn, nur einer mehr oder minder kapitalistisch entwickelten. Sie haben daher auch gewisse wesentliche Charaktere gemein. In diesem Sinne kann man von ›heutigem Staatswesen‹ sprechen, im Gegensatz zur Zukunft, worin seine jetzige Wurzel, die bürgerliche Gesellschaft, abgestorben ist [99].« Die materialistische Geschichtsauffassung, so läßt sich in einer programmatischen Charakterisierung festhalten, ist der methodische Ausdruck des naturähnlich verlaufenen Entwicklungs- und Lebensprozesses der geschichtlichen Menschheit, und sie hat solange Gültigkeit, wie diese naturähnliche Unbeherrschtheit der Vergesellschaftung andauert. Soll aber unter diesem Aspekt die abgelaufene und gegenwärtig ablaufende Geschichte konkreter erfaßt werden, so gerät die Theorie in Schwierigkeiten. Obgleich Marx im Spätwerk seine Geschichtsauffassung präzisiert hat, ist sie nicht nur nicht ein Fragment geblieben hinsichtlich der weiteren Fortsetzung der Darstellung in dem Sinne, wie wir es oben angedeutet haben, sondern Marx läßt den Leser überdies im unklaren darüber, in welcher Weise mit Hilfe dieser (nicht zu Ende gebrachten) Darstellung die wirkliche Geschichte zu schreiben ist.

---

99 MEW, Bd. 19, S. 28.

EIKE HENNIG: LESEHINWEISE FÜR DIE LEKTÜRE DER »POLITISCHEN SCHRIFTEN«* VON MARX UND ENGELS

(Anmerkungen zum Problem materialistischer Geschichtsdarstellung)

Materialistische Geschichtsdarstellung bedeutet, bezogen auf tages- und zeitgeschichtliche Problemstellungen, daß die Ebene der Reproduktion realer gesellschaftlicher Erscheinungen – egal ob sich dieser »Positivismus« nun gegenüber den herrschenden Interessen kritisch oder affirmativ geriert – überschritten werden soll. Ausgehend von der in der »Deutschen Ideologie« 1845/46 von Marx und Engels formulierten »materialistischen Spekulation« (H. Reichelt) ist materialistische Geschichtsdarstellung somit primär eine Absichtserklärung, eine Intention und ein Arbeitsprogramm abstrakt-allgemeiner Art, das sich bei der begrifflichen Darstellung konkreter Situationen methodisch zu bewähren hat.

Eine materialistische Darstellung von Geschichte intendiert immer mehr als die bloße Zuordnung politischer und ökonomischer Handlungen, Meinungen und Verhaltensweisen zu einem Begriff gesellschaftlicher Interessen. Dieses Zuordnen würde erst einen Begriff von *Forschung,* von *Geschichte* (auf der Tatsachenebene der »res gestae«), einlösen, der die Stufe der detaillierten und differenzierten Aneignung eines noch selbstgenügsamen Objekts – etwa der Politik oder des ökonomischen Verhaltens von Fraktionen »des« Kapitals und »der« Arbeiterbewegung bezüglich »des« Staates – bezeichnet. Im dialektischen »Verbund« [1] mit derartiger Forschung steht aber die Ebene der *Darstellung,* der *Logizität* historischer Abläufe. Darstellung aber ist intendiert als Produkt eines kritisch motivierten Prozesses des Abarbeitens, sie ordnet und verwertet das durch Forschung gewonnene analytische Wissen um die »Oberfläche« von Gesellschaft nicht nach der Struktur des Objekts, son-

---

* Wenn hier von »politischen Schriften« von Marx und Engels die Rede ist, so soll damit nur auf einen Schwerpunkt bes. der tagesgeschichtlichen Arbeiten hingewiesen werden. Keineswegs heißt das, daß Politik und Ökonomie säuberlich voneinander geschieden und auseinander dividiert werden sollen.

---

1 »Dialektischer Verbund« heißt, daß die angesprochenen Ebenen Forschung und Darstellung nicht neben- und nacheinander existieren können; erst ihre Einheit als kritische und analytische Darstellung konstituiert die

dern, worauf Alfred Schmidt hinweist, »fußend auf dem analytisch gewonnenen Wissen« konstruiert sie dialektisch »die Gegenwart der Gesellschaft als Geschichte«. Darstellung bedeutet ihrer Intention nach, »die stoffliche Mannigfaltigkeit zu vereinheitlichen, das konkrete Ganze zu reproduzieren, das in den einzelwissenschaftlichen Resultaten nur einseitig ›erscheint‹, nicht auf seinen Begriff gebracht wird«; Darstellung heißt also auch und zuerst die Anstrengung des Begriffs. Interpretatorisch will materialistische Geschichtsschreibung eine Einheit von Logik und Geschichte herausstellen, die sie im Prozeß menschlicher Emanzipation bis hin zur Möglichkeit einer nicht mehr ausgebeuteten und entfremdeten vermenschlichten Gesellschaft assoziierter Individuen als Abschluß der menschlichen Vorgeschichte sieht. Die Arbeit der tagespolitischen Schriften besteht nun darin, die Hemmnisse dieses Entwicklungsprozesses aufzuarbeiten, um sie der Arbeiterklasse als Informationen über ihren politischen Feind oder als Einsichten in eigenes Versagen oder auch in eigene Modelle wie beispielsweise die »Commune« zu vermitteln (womit gleich angedeutet werden soll, daß die tagespolitischen Schriften dem hohen Anspruchsniveau materialistischer Geschichts*darstellung* nur sehr bedingt entsprechen).

Materialistische Geschichtsdarstellung bedeutet, daß über und durch die Analyse konkreter *Erscheinungen* der politischen und ökonomischen Zirkulationssphäre das *Wesen* der Produktion gesellschaftlicher Prozesse eruiert werden soll. Über die Stufe eines »kritischen Positivismus« und/oder »linken Historismus« soll damit intentional hinausgegangen werden. Der analytische Prozeß der Darstellung von Geschichte endet dann auch nicht mit der Bestimmung der gesellschaftlichen Interessen und Interessenträger als den Subjekten und Objekten von Politik und Ökonomie. Auf einer solchen Ebene der Forschung ist zwar entschieden die Forderung nach möglichst umfassenden, vielschichtig-dimensionierten, differenzierenden und detaillierten Analysen real einzulösen, aber die so ge-

---

Praxis materialistischer Geschichtsdarstellung. — Vgl. dazu Alfred Schmidt, Der Wissenschaftsbegriff von Marx in der gegenwärtigen Diskussion, Rundfunk-MS: WDR, 3. Programm, 11. 4. 1972/13. 2. 1973, bes. S. 9 f., dort finden sich auch die beiden folgenden Zitate; vgl. auch ders., Geschichte und Struktur. Fragen einer marxistischen Historik, München 1971, S. 52 ff. — Zum Begriff Dialektik vgl. in diesem Zusammenhang auch Gert Schäfer, »Zum Problem der Dialektik bei Karl Marx und W. I. Lenin«, Studium Generale 21 (1968), S. 934—962.

wonnenen Einsichten in Manifestationen, latente Gehalte und Intentionen gesellschaftlicher Interessen müssen, um ihr Wesen zu erfassen, noch auf die inhaltliche und formale Vermittlung durch Gesetzmäßigkeiten der sozioökonomischen Entwicklung, der Produktion von Gesellschaft befragt werden. Der Begriff des Interesses kann daher nicht der letzte und wesentliche Zuordnungs- und Erklärungspunkt materialistischer Geschichtsdarstellung bleiben. Zu fragen ist vielmehr nach denjenigen objektiven gesellschaftlichen Konstellationen, welche die formbestimmten Inhalte manifester und latenter Interessenartikulation im politischen, ökonomischen und kulturellen Prozeß notwendig hervorbringen. Materialistische Geschichtsdarstellung bemüht sich somit als radikale und konsequente Einheit von Forschung und Darstellung, in den »inneren Zusammenhang der ökonomischen Kategorien oder den verborgenen Bau des bürgerlichen ökonomischen Systems« [2] einzudringen. Die analytische Stufe der Beschäftigung mit Interessen und den konkreten Konflikten zwischen Produktionsverhältnissen und Produktivkräften wird durch die Darstellung der »Gesellschaftlichkeit der Privatinteressen« [3] in Politik und Ökonomie positiv aufgehoben, weil auf dieser Ebene die letzte Tiefe der begrifflichen Verarbeitung gesellschaftlicher Gegebenheiten gesehen wird.

Wie die Ware, so ist auch das Bild einer historischen Situation, wenn es dargestellt werden soll, ein »sehr vertracktes Ding..., voll metaphysischer Spitzfindigkeit und theologischer Mucken«; denn auch für die Darstellung geschichtlicher Begebenheiten ist wesentlich die *Formbestimmtheit* konkreter Vorkommnisse in Politik, Ökonomie und Kultur, die dazu beiträgt, daß sich beispielsweise der gesellschaftliche Antagonismus als Konflikt von Interessen artikuliert. Die Ursachen für Inhalt und vor allem auch für die Ausformung des Inhaltes von Interessen rücken damit noch mehr ins Zen-

---

2 So Karl Marx in: Theorien über den Mehrwert, II, MEW 26. 2, S. 156. Für weitere Belege vgl. Nachweise von Schmidt, Geschichte und Struktur, a.a.O. (Anm. 1), S. 49 ff.; vgl. auch Helmuth Reichelt, Zur logischen Struktur des Kapitalbegriffs bei Karl Marx, Frankfurt/Wien 1970, S. 126 ff.
3 Dazu Hartmut Neuendorff, Der Begriff des Interesses, Frankfurt 1973, S. 108 ff., 152 ff.; zum Interessenbegriff vgl. auch Dieter Senghaas, Vorw. zu ders. (Hrsg.), Kritische Friedensforschung, Frankfurt 1971, S. 12 ff.; Lars Bergström, »What is a Conflict of Interest?« Journal of Peace research, 7 (1970), S. 197—217; als eine DDR-Position vgl. Ruth Walter, Die Gestaltung der Interessenübereinstimmung im ökonomischen System des Sozialismus der DDR, Berlin (DDR) 1970.

trum wissenschaftlicher Arbeit als die Reduktion einer Summe politischer Ereignisse auf einen dann doch in sich selbstgenügsamen und letztendlichen Interessenbegriff: »Es ist in der Tat viel leichter, durch Analyse den irdischen Kern der religiösen Nebelbildungen zu finden, als umgekehrt aus den jedesmaligen wirklichen Lebensverhältnissen ihre verhimmelte Form zu entwickeln. Die letztre ist die einzig materialistische und daher wissenschaftliche Methode.«[4]

Von der Ebene der Erscheinungen, der Zirkulation, des Überbaus zu derjenigen des Wesens, der Produktion, der Basis vorzudringen – besser: vordringen zu wollen –, empirische Mannigfaltigkeiten theoretisch auf ihren Begriff bringen zu wollen, das heißt zwar, daß die »Autonomie« politischer, sozialer und kultureller Ereignisse relativiert wird; es impliziert andererseits aber grundsätzlich nicht, daß politische, ökonomische und überhaupt soziale Mannigfaltigkeit analytisch unberücksichtigt bleiben kann, daß sie auf der Ebene von Forschung nicht als ein für die Darstellung aufgegebenes Problem existiert.

Diejenige Art materialistischer Geschichtsdarstellung, die ihren Anspruch nicht aufgeben und nicht zu einer idealistischen sowie dogmatischen Setzung geschichtlicher Abläufe degenerieren will, kann grundsätzlich keine »Subsumtion einer Masse von ›Cases‹ under a general principle«[5] beinhalten. Diese Verfahrensweise – gegenwärtig als analoger und paralleler Ausdruck von Theorielosigkeit und »dogmatischer« Praxis unter dem (falsch verstandenen) Begriff »Ableitung« weit verbreitet und viel gefordert[6] – kapituliert vor dem Problem, Logik *und* Geschichte aufeinander zu beziehen bzw. das Wesentliche eines Kapitalismus im besonderen oder einer konkret existierenden und sinnlich erfahrbaren kapitalistischen Gesellschaft aus der Analyse gerade dieser besonderen Realitäten heraus zu gewinnen. Kategorien der Darstellung des Kapitals im allgemeinen bzw. des Kapitalismus, »so wie er seinem Begriff entspricht«[7], werden von einer derartig um die Austra-

---

4 Karl Marx, Das Kapital, I, 1890⁴, hrsg. v. Friedrich Engels, MEW 23, S. 393 — Anm. 89.
5 Marx, Brief an Engels vom 9. 12. 1861: MEW 30, S. 207.
6 Als Notiz vgl. dagegen meine »Anmerkungen zu W. Fischers ›Geschichtswissenschaft als Waffe‹ «, Das Argument, 78, 15 (1973), S. 187/8.
7 Zur methodologischen Problematik, die mit dieser kategorialen Bestimmung von Kapitalismus verbunden ist, und die auch von Marx zu sehr verdrängt wird, vgl. Eike Hennig, »Monopolgruppentheorie in der DDR

gung der Spannungen von Forschung und Darstellung gebrachten Geschichtsdeduktion als konstanter Ausdruck des Wesens von Kapitalismus im besonderen verstanden und projizierend verwendet.

Kategorien wie die »Verwertungsschwierigkeiten des Kapitals« und die »Krisenhaftigkeit der kapitalistischen Gesellschaft« werden so angewendet, daß jede Betrachtung empirischer Vorfälle ausscheidet, weil das Versatzstück Empirie lediglich als Material für die Subsumtion unter eben diese Kategorien existiert. Der kapitale Fehler – wechselseitig verbunden ist er mit »dogmatischer« Theorie und »spontaneistischer« Praxis (»Aktionismus«) – besteht darin, die beiden wissenschaftlichen Ebenen der Forschung und der Darstellung nicht zu unterscheiden, um dann aus dem Primat kategorialwesenhafter Darstellung der Logizität die Unnötigkeit empirischer Analysen abzuleiten. Zu diesem Zweck wird zum Beispiel die Ebene des »theoretisch-konstruktiven« Geschichtsbegriffs bruchlos mit derjenigen des »historiographisch-narrativen« Begriffes von Geschichte [8] identifiziert. Damit aber wird Geschichte nicht so dargestellt, wie sie logisch, hinter der Oberfläche aller Erscheinungen, existiert.

Mit der Verabsolutierung des kategorial-darstellenden Arbeitsstranges wird der Anspruch materialistischer Geschichtsdarstellung nicht eingelöst. So verstandene empiriefeindliche – tendenziell sogar empirielose – kategoriale Interpretation von Geschichte versagt gegenüber der Darstellung von politischen und sozialen Prozessen, weil diese – worauf anhand von Äußerungen von Marx und Engels noch einzugehen ist – *vollständig* in den polit-ökonomischen Kategorien der Darstellung der materiellen Lebensverhältnisse *nicht* aufgehen. Die von materialistischer Geschichtsdarstellung angestrebte »Versöhnung« von Empirie und Theorie, von Faktischem und Gedanklichem, impliziert daher »nur« den kontrollierten und bewußten Bezug zweier Abstraktionsebenen, die sich wechselseitig konkretisieren und vermitteln. [9] Dagegen beinhaltet die Verwen-

---

diskutiert an ›Großbanken, Industriemonopole, Staat‹ von Kurt Gossweiler«, Leviathan, 1 (1973), S. 135—151, hier bes. S. 135—139; ders. demnächst in H. 1, 1974, des in der Reihe »edition suhrkamp« erscheinenden Periodikums: »Gesellschaft. Beiträge zur Marxschen Theorie«; vgl. auch Martin Nicolaus, Konkurrenz und Mehrwert, Berlin 1970, bes. S. 43 ff.
8 Zu den beiden Geschichtsbegriffen vgl. Schmidt, Geschichte und Struktur, a. a. O. (Anm. 1), passim.
9 Mit Bezug auf die Staatsanalyse vgl. dazu Hennig, »Monopolgruppentheorie in der DDR...«, a. a. O. (Anm. 7).

dung ökonomischer Kategorien im Sinne der so schon dargestellten Geschichte, daß empirische Tatbestände nur noch als einzuordnende Größen ohne einen potentiell auch theoriekritischen Gehalt auftauchen.

Die Schwäche eines solchen Verfahrens, für das die gesamte Bandbreite des besonderen Kapitalismus und der besonderen Klassen (für sich) lediglich die Folie zur Benutzung abstrakt ökonomischer Kategorien bildet, läßt sich, um ein Beispiel zu geben, besonders eindringlich am Fall der Interpretation der Weltwirtschaftskrise (1929 ff.) veranschaulichen. So reicht es auf keinen Fall aus, diese Krise aus den Verwertungsproblemen des Kapitals, etwa aus dem Gesetz des tendenziellen Falles der Profitrate, »abzuleiten«. Durch einen solchen rein kategorialen Arbeitsgang werden die entscheidenden spezifischen Erscheinungen und Formen der Krise nicht erfaßt, obwohl gerade diese Spezifika die realen Rahmenbedingungen für den realen politischen Kampf von Kapital und Arbeit abgeben. (Gerade diese Spezifika müßten von der Praxis der revolutionären Arbeiterbewegung systematisch berücksichtigt werden, womit auch erkenntlich wird, wie genuin materialistische Geschichtsdarstellung ein Bestandteil des wissenschaftlichen Sozialismus ist bzw. sein sollte.)

Eine bloß kategoriale Einschätzung der Weltwirtschaftskrise versagt insbesondere bei der Erklärung, warum sich angesichts einer annähernd gleichen Tiefe der Krise die Angestellten in den USA und im Deutschen Reich relativ diametral politisch artikulieren, so daß sie einerseits einen Großteil der faschisierten Wähler und der Mitglieder der NSDAP ausmachen, während sich andererseits aus ihren Kreisen ein großer Teil der Wähler des »New Deal«-Präsidenten Roosevelt rekrutiert. [10] Um das Beispiel noch auszuweiten,

---

10 Hierzu vgl. Jürgen Kocka, Studien zur Sozialgeschichte amerikanischer Angestellter 1890 bis 1940, phil. Habil. Münster 1972, bes. S. 228 ff.; die vergleichende Dimension betont Kocka bes. auch in einer leicht zugänglichen Zusammenfassung. »Amerikanische Angestellte in Wirtschaftskrise und New Deal 1930—1940«. VfZG, 20 (1972), S. 333—375; für das Deutsche Reich vgl. Eike Hennig, Thesen zur deutschen Sozial- und Wirtschaftsgeschichte 1933 bis 1938, Frankfurt 1973. — Zur Bedeutung des Gesetzes vom tendenziellen Fall der Profitrate in bezug auf die begriffliche Verarbeitung politischer Begebenheiten vgl. in diesem Zusammenhang die anregenden Thesen von Karl-Heinz Heise, »Zur Entfaltung der Widersprüche des Gesetzes vom tendenziellen Fall der Profitrate unter staatsmonopolistischen Bedingungen«, Wirtschaftswissenschaft, 1973/6, S. 864—877 (S. 865 f.: »Das Gesetz vom tendenziellen Fall

materialistische Geschichtsdarstellung hätte auch zu fragen, ob das nicht-antifaschistische politische Verhalten der deutschen »herrschenden Klasse« als Folgewirkung der von Engels an vielen Stellen beschriebenen politischen Feigheit und des nicht realisierten politischen Liberalismus auf seiten der deutschen Bourgeoisie zu begreifen wäre.

Die Verwechslung der methodischen Vorgehensweise materialistischer Geschichtsdarstellung mit der idealistisch mißverstandenen materialistischen Deduktion von geschichtlicher Logik oder, betrachtet aus der Perspektive des Objekts solcher Vergewaltigung, mit der Methode von Winkeladvokaten, nämlich der Subsumtion, läßt sich, mit Bezug auf den bürgerlichen Staat, weiter verdeutlichen anhand von Äußerungen Lenins und einer populären Erläuterung des Programms der Bolschewiki.

Bucharin und Preobrashenskij, die Autoren dieser Popularisierung des Programms der KPR(B), des »Elementar-Lehrbuches«: »Das ABC des Kommunismus«, zeigen, ähnlich wie Lenin, mit ihren Ende 1919 geschriebenen Bemerkungen zum kapitalistischen Staat, wie sehr die Berücksichtigung der kategorial-abstrakten Darstellungsebene durch die Bedürfnisse politischer Praxis und politischer Agitation im Kontext einer Entscheidung zur Revolution geprägt werden. Der politischen Klarheit und griffig-»praktischen« Stringenz halber wird die *kategoriale* Ausrichtung an der Kapitalverwertung und an der Ausbeutung des Proletariats bevorzugt, ohne sie durch die Erwähnung empirisch existenter – beispielsweise arbeitsrechtlicher und tendenziell wohlfahrtsstaatlicher – »Blitzableiter der Revolution« (K. Marx) zu trüben. Gesellschaftliche Dialektik beschränkt sich auf ein Spiel ständig sich ändernder Formen, durch die man sich in seiner »Praxis« aber nicht irre machen läßt, da man ja vom Prinzip des immergleichen Inhalts ausgeht (etwa nach der prototypischen Formulierung Lenins: ». . . die *Form*

---

der Profitrate muß . . . trotz seiner vorrangigen Rolle bei der eigendynamischen Bewegung des Kapitals als in den Gesamtkomplex der miteinander verflochtenen ökonomischen und politischen Widersprüche eingebettet betrachtet werden, insbesondere dann, wenn es sich um komplexe Entwicklungsphasen wie den staatsmonopolistischen Kapitalismus handelt, dessen Entstehung und Entfaltung nicht vornehmlich aus der Verschärfung der inneren Konflikte der Kapitalverwertung abgeleitet werden können. Das ist um so weniger möglich, als selbst die auf dem Verwertungskonflikt basierenden Prozesse dadurch zwar *mittelbar und global determiniert* werden, aber nicht ihre unmittelbaren, konkreten Bewegungsformen bestimmen.« — Hervorhebung im Original).

des Kampfes kann wechseln und wechselt beständig aus verschiedenen, verhältnismäßig untergeordneten und zeitweiligen Gründen, aber das *Wesen* des Kampfes, sein Klassen*inhalt, kann* sich durchaus *nicht* ändern, solange es Klassen gibt« [11]. So definieren Bucharin und Preobraschenskij [12] die »komplizierteste Organisation«, den bürgerlichen Staat, als »Unternehmerorganisation«: »In allen kapitalistischen Ländern ist der Staat nichts anderes als eine Vereinigung der Unternehmer.« – »Der kapitalistische Staat ist also eine Unternehmervereinigung, die die Ausbeutung sichert. [Zu fragen wäre ›natürlich‹ gleich, wenn man sich an den politischen Schriften von Marx und Engels orientieren will, wie? – E. H.] Einzig und allein die Interessen des Kapitals leiten die Tätigkeit dieser Räubervereinigung.« Zu letzterem wäre in Anlehnung an Marx und Engels zu fragen, welche Bündnisse und Kompromisse diese Interessen eingehen, welche partiellen Zugeständnisse etc. sie machen müssen.

Ähnlich verfährt Lenin, obwohl auch für ihn »die Frage des Staates ... eine der verwickeltsten und schwierigsten Fragen« [13] darstellt. Diese Frage reduziert sich für seine (1918/19 praktisch aber *berechtigte*) Kritik am »Opportunismus« der deutschen Sozialdemokratie auf die kategoriale Definition, der Staat sei »ein Werkzeug zur Ausbeutung der unterdrückten Klasse« [14], und gerade die »demokratische Republik« sei »die denkbar beste politische Hülle des Kapitalismus« [15]: »ja, je demokratischer sie [die demokratische Republik, E. H.] ist, um so brutaler, zynischer ist die Herrschaft des Kapitalismus.« [16]

---

11 W. I. Lenin, Der Imperialismus als höchstes Stadium des Kapitalismus. Gemeinverständlicher Abriß, 1917¹, Berlin (DDR) 1962, S. 79 f. (alle Hervorhebungen im Original).
12 N. Bucharin, E. Preobraschensky, Das ABC des Kommunismus, Hamburg 1921, S. 24—31. Diese Autoren vertreten sogar noch die These der direkten Herrschaft der Kapitalisten mittels des Staates (s. S. 25).
13 So Lenin 1919 in einer Vorlesung an der Swerdlow-Universität: »Über den Staat«, hier zit. n. Lenin, Drei Quellen und drei Bestandteile des Marxismus. Karl Marx. Über den Staat, Berlin (DDR) 1969, S. 55.
14 Lenin, Staat und Revolution. Die Lehre des Marxismus vom Staat und die Aufgaben des Proletariats in der Revolution, 1918¹, Berlin (DDR) 1967, S. 14 ff.
15 Ebda, S. 16; vgl. auch ders., Über den Staat, a. a. O. (Anm. 13), hier S. 65—79.
16 Lenin, Über den Staat, a. a. O. (Anm. 13), S. 76; als abstrakte Formulierung im Kontext der Form-Inhalt-»Dialektik« vgl. auch S. 68. Mit Einschränkungen versucht Brigitte Heinrich diese Position doch noch zu halten:

Abstrakt wird von Lenin die Frage des Staates als »Grundfrage« verstanden und »zur brennendsten Frage, zum Mittelpunkt aller politischen Fragen und aller politischen Auseinandersetzungen der Gegenwart« [17] stilisiert; aber die Erkenntnisinstrumentarien materialistischer Geschichtsdarstellung werden, soweit diese auch Forschung ist, dennoch nicht entsprechend dieser Aufgabenstellung und Einsicht entfaltet. Die Ebene der Forschung, der detaillierten und differenzierten (Klassen-)Analyse sozialer und politischer Prozesse, tritt in ihrer Bedeutung zurück. Empirie wird zum Versatzstück, zur bloßen Form, die eklektisch herangezogen wird (womit vor allem auch der für Marx entscheidende Formbegriff und die Frage nach der Formbestimmtheit von Inhalten heruntergespielt werden). [18] Empirie erhält so ihren Zuschnitt aus den verabsolutierten agitatorischen Bedürfnissen einer sich im Zustand der Revolution sehenden politischen Bewegung; praxisbezogen betont daher Lenin, wie Marx und Engels, den politischen Nutzen von bürgerlicher Republik, Parlamentarismus und allgemeinem Wahlrecht. [19] Aber im Kontext einer pragmatischen Bejahung der soeben angeführten Momente bürgerlicher Staaten wird dennoch die Theorie des Staates im allgemeinen und, im Gegensatz zu Marx und Engels, auch die

---

»Intervention und Integration. Zum Verhältnis von Staat und Ökonomie im Spätkapitalismus«, Kursbuch, 31, Mai 1973, S. 139—153, hier S. 143 ff.
17 Lenin, Über den Staat, a. a. O. (Anm. 13), S. 73 f.
18 Vgl. dagegen nur Marx, Grundrisse der Kritik der politischen Ökonomie (Rohentwurf) 1857—1858, Berlin (DDR) 1953, S. 168 f.: »Wenn gesagt wird, daß das Kapital ›aufgehäufte (realisierte) Arbeit (eigentlich vergegenständlichte Arbeit) ist, die als Mittel zu neuer Arbeit (Produktion) dient‹, so wird die einfache Materie des Kapitals betrachtet, abgesehen von der Formbestimmung, ohne die es nicht Kapital ist...« — »Wird so von der bestimmten Form des Kapitals abstrahiert, und nur der Inhalt betont, als welcher es ein notwendiges Moment aller Arbeit ist, so ist natürlich nichts leichter zu beweisen, als daß das Kapital eine notwendige Bedingung aller menschlichen Produktion ist. Der Beweis wird eben geführt durch die Abstraktion von den spezifischen Bestimmungen, die es zum Moment einer besonders entwickelten historischen Stufe der menschlichen Produktion machen...« Dazu auch Reichelt, a. a. O. (Anm. 2), passim; ders., Einl. zu G. W. F. Hegel, Grundlinien der Philosophie des Rechts, Frankfurt/Berlin/Wien 1972; vgl. auch Hans-Georg Backhaus, »Zur Dialektik der Wertform«, in: Alfred Schmidt (Hrsg.), Beiträge zur marxistischen Erkenntnistheorie, Frankfurt 1969, S. 128—152.
19 Lenin, Über den Staat, a. a. O. (Anm. 13), bes. S. 76 f.; ders., Staat und Revolution, a. a. O. (Anm. 14), bes. S. 16 f., 18 ff., 35 ff., 48 ff., 78 ff., 84 ff.; vgl. bes. aber ders., Der ›linke Radikalismus‹, die Kinderkrankheit im Kommunismus, 1920¹, Berlin (DDR) 1964, bes. S. 45 ff., 57 ff., 84 ff.

materialistische Analyse von Staaten und Klassenauseinandersetzungen im besonderen nicht aktiviert. Die pragmatischen Hinweise auf den politischen Nutzen der bürgerlichen Republik für die Arbeiterbewegung stehen somit quer zur kategorialen und abstrakten Verurteilung dieser Form des bürgerlichen Staates. Auch Lenins Kritik am »linken Radikalismus«, jener »Kinderkrankheit im Kommunismus«, verbleibt nämlich im aktionistischen Bereich eines Verzichts auf Theorie, auf Entfaltung der beiden Ebenen materialistischer Geschichtsdarstellung.

Um auf die politischen Folgen dieser Theorie- und Empiriefeindlichkeit hinzuweisen, und anknüpfend an eine im Sinne von Poulantzas [20] inspirierte Paraphrase des Diktums von Max Horkheimer, daß derjenige, der vom Kapitalismus nicht reden will, auch vom Faschismus schweigen sollte, ließe sich fragen, ob nicht auch Lenins zu wenig konkrete und zu wenig politisch trennscharfe Bemühungen um die Staatsfrage jene spätere Einschätzung der KPD, bereits die Brüningschen Präsidialkabinette (1930–32) seien faschistisch, *mit*verursacht habe. – Richtig scheint es jedenfalls zu sein, wenn man – solange sich Theorie noch nicht als Element praktischer Kritik einlöst – fordert: »Wir wollen etwas verfeinerten Radikalismus. Nicht bloß dieses grobkörnige Entweder – Oder. Es ist bequemer, einfacher, aber das ist eine Vereinfachung, die nicht der Schulung und Erziehung der Massen dient.« [21] In diesem Sinne ist zu fragen, ob am Beispiel der politischen Schriften von Marx und Engels entsprechendes gelernt werden kann. Leitmotiv solcher Lernprozesse soll eine »Anwendung der materialistischen Geschichtsauffassung auch auf die materialistische Geschichtsauffassung selbst« [22] sein.

Die bisherigen Anmerkungen und Abbreviaturen dienen dazu,

---

20 Nicos Poulantzas, Fascisme et Dictature, Paris 1970, S. 8: »On ne peut... parler du fascisme sans parler de la classe ouvrière, et l'on ne peut non plus parler de celle-ci, pour le période de l'entre-deux-guerres, sans traiter de la politique du Komintern.« Zur Entfaltung dieser Feststellung und der im Text gestellten Frage vgl. Gert Schäfer, Die Kommunistische Internationale und das Problem des Faschismus. Ein Beitrag zur Kritik des institutionellen Marxismus-Leninismus, phil. Diss. Hannover 1973.
21 So Rosa Luxemburg bei dem Versuch, die KPD am 30. 12. 1918 zur Teilnahme an den Wahlen zur Nationalversammlung zu bewegen — zit. n.: Der Gründungsparteitag der KPD, hrsg. u. eingel. v. Hermann Weber, Frankfurt/Wien 1969, S. 102.
22 Karl Korsch, Marxismus und Philosophie, 1930², hrsg. u. eingel. v. Erich Gerlach, Frankfurt/Wien 1966, S. 34 f. (im Original hervorgehoben).

abstrakt-kritisch die Vorgehensweise materialistischer Geschichtsdarstellung von einer kategorial-ökonomischen Argumentationsweise abzusetzen, weil diese sowohl theoretisch und empirisch als auch vor allem »praxeologisch« unbefriedigend ist. Notwendig ist allerdings auch eine kritische Abgrenzung von einem »positivistischen« Vorgehen, worauf ebenfalls hingewiesen worden ist. Insbesondere jedoch ist darauf hingewiesen worden, daß die skizzierte ökonomistische und aktionistische Betrachtungsweise geschichtlicher Begebenheiten und auch des Staates methodisch nicht dem Anspruch materialistischer Geschichtsdarstellung entspricht. Dieser Aspekt, daß nämlich Dialektik ein Verhältnis gleichzeitig von Inhalt *und* Methode sei, soll zunächst noch einmal hervorgehoben werden, um daran anschließend die Betrachtung der inhaltlich-methodischen Darstellungsweise der politischen Schriften von Marx und Engels aufzunehmen.

Versteht man, worauf Helmut Reichelt in der Einleitung zu diesem Band hinweist [23], Dialektik eben als ein Verhältnis von Methode *und* Inhalt, so können die mit der »Deutschen Ideologie« erreichten Programmatik einer »materialistischen Spekulation« ebenso wie der Begriff einer Rekonstruktion der Marx'schen Arbeits*weise,* Problem- und Fragenstellungen (also nicht primär der Inhalte) »operationalisiert« werden. (An diesem Punkt eröffnet die Rezeption des *Ansatzes* von Marx und Engels, so wie sich dieser als wissenschaftlicher Sozialismus und damit auch als der Anspruch materialistischer Geschichtsauffassung versteht und in den politischen Schriften manifestiert, tendenziell die Perspektive einer Analyse gegenwärtiger Klassenverhältnisse, gegenwärtiger Staatlichkeit und gegenwärtigen Kapitalismus.) Wird das Gewicht der Betrachtung auf das Verhältnis von Methode und Inhalt gelegt, so beinhaltet die Forderung nach Ableitung und Darstellung der Entwicklung die »theoretische Nachzeichnung der Logik des geschichtlichen Emanzipationsprozesses der Menschheit« (H. Reichelt) bzw., stärker arbeitstechnisch gefaßt, die Aufgabenstellung, den bürgerlichen Staat aus den Produktionsbedingungen der kapitalistischen Gesellschaftsformation zu entwickeln: »Die empirische Beobachtung muß in jedem einzelnen Fall den Zusammenhang der gesellschaftlichen und politischen Gliederung mit der Produktion empirisch und ohne alle Mystifikation und Spekulation aufweisen. Die

---

23 Vgl. in diesem Band S. XLIX ff., LII f.

gesellschaftliche Gliederung und der Staat gehen beständig aus dem Lebensprozeß bestimmter Individuen hervor; aber dieser Individuen, nicht wie sie in der eignen oder fremden Vorstellung erscheinen mögen, sondern wie sie *wirklich* sind, d. h. wie sie wirken, materiell produzieren, also wie sie unter bestimmten materiellen und von ihrer Willkür unabhängigen Schranken, Voraussetzungen und Bedingungen tätig sind.« [24]

Materialistische Geschichtsdarstellung stellt sich dem für jede Art nicht-positivistisch intendierter Sozialforschung konstitutiven Problem, Empirie begrifflich aufzuarbeiten, verschiedene empirische Einzeltatbestände gegeneinander zu gewichten und damit das Wesentliche einer empirischen Situation ausfindig zu machen und in bezug zu vergleichenden und Longitudinalanalysen zu setzen. In diesem Sinne intendiert sie mehr als eine der gesellschaftswissenschaftlichen Einzeldisziplinen. Zum einen versucht sie, gesellschaftliche Totalität, so wie sich diese auch im Einzelereignis manifestiert, zu begreifen, vor allem aber arbeitet sie mit Kategorien der Wesenslogik des Kapitals im allgemeinen. Die verwendeten Kategorien verheißen, methodisch den Bezug aufs Wesentliche gesellschaftlicher Prozesse und Einzeltatbestände herzustellen [25], so wie sie andererseits mit dem real existenten Kapitalismus *nicht* identisch sind. Marx bezeichnet, um dieses Verhältnis von theoretischen Kategorien und empirischer Realität noch etwas zu illustrieren, den Begriff des allgemeinen Kapitals in bezug auf die Wirklichkeit der besonderen Kapitale als »abstraktes Gegenbild« [25a]

Die Kategorien zur Darstellung des Kapitals im allgemeinen werden durch Abstraktion gerade von der empirischen Mannigfaltigkeit gewonnen; so heißt es beispielsweise, »abstrahiert« werde »vom Ausfuhrhandel ... Um den Gegenstand der Untersuchung in seiner Reinheit, frei von störenden Nebenumständen, aufzufassen, müssen wir ... die gesamte Handelswelt als eine Nation ansehn und voraussetzen, daß die kapitalistische Produktion sich überall festgesetzt und sich aller Industriezweige bemächtigt hat«. [26]

---

24 Karl Marx, Friedrich Engels, Deutsche Ideologie, 1845/46, MEW 3, S. 25 [146/147] (Hervorhebung im Original); vgl. zu diesem Zitat R. Stephen Warner, »Die Methodologie in Karl Marx' vergleichenden Untersuchungen über die Produktionsweisen«, KZfSS, 20 (1968), S. 223—249, hier S. 241 ff.
25 Kritisch dazu vgl. die demnächst in der »Gesellschaft« erscheinende Betrachtung (vgl. Anm. 7).
25a Vgl. in diesem Band, S. LII ff.
26 Marx, Kapital I, a.a.O. (Anm. 4), S. 607 — Anm. 21 a.

Kategoriale Darstellung bezeichnet damit nicht zuletzt einen Abstraktionsprozeß, der für die Analyse von gesellschaftlichen Entwicklungsprozessen und -gesetzen das bedeutet, was das naturwissenschaftliche Experiment in viel stärkerer Annäherung an die extremen Bedingungen optimaler Reinheit der Stoffe, größten Drucks, hoher bzw. tiefer Temperaturen etc. real inszenieren und praktizieren kann. Der abstrakte Verweis auf die logische Struktur des Kapitals ist diejenige Anstrengung des Begriffs, die von allen realen »Beimengungen« der Sache selbst, so wie diese »dem« Mensch sinnlich widerfährt, absehen will, um eben diese Sache selbst als geschichtliche in ihrer Genese, Gegenwart und Zukunft zu konstruieren. (Forschungspragmatisch gesprochen versteht sich dieses Bemühen als der Versuch, die Fülle der Variablen zu reduzieren; und auf dieser Ebene wäre auch die Kritik anzusetzen, die nach der Legitimation für dieses Absehen beispielsweise vom realen Außenhandel etc. zu fragen hätte.)

Damit liegt das methodische Problem materialistischer Geschichtsauffassung auf der Ebene der Begriffsbildung sowie ferner in dem empirischen Rückbezug dieser Kategorien, in der Anwendung des kategorial-abstrakten Begriffsinstruments zur begrifflichen Darstellung von Empirie. Das methodische Problem der »logische[n] Verfolgung [der] inneren Zusammenhänge« eines historischen Prozesses [27] bestimmt von der Kategorienbildung her die inhaltlichen Aussagen bzw. bereits die Art, wie Empirie gegenüber der kategorialen Abstraktion »unterbewertet« wird. Als wesentlich wird die Ebene der kategorialen Darstellung apostrophiert, der sich dann, in dem Maße wie die Realitäten auf ihren (vorher schon kategorial gefaßten) Begriff gebracht werden, die Ebene des Kapitals im besonderen und damit auch der realen Klassenauseinandersetzungen annähert: »... in der Theorie wird vorausgesetzt, daß die Gesetze der kapitalistischen Produktionsweise sich rein entwickeln. In der Wirklichkeit besteht immer nur Annäherung; aber diese Annäherung ist um so größer, je mehr die kapitalistische Produktionsweise entwickelt und je mehr ihre Verunreinigung und Verquickung mit Resten früherer ökonomischer Zustände beseitigt ist.« [28] (Der Grund dafür, daß diese Methode nicht a priori schon als idealistisch

---

27 Engels, Ergänzung und Nachtrag zum III. Buch des »Kapitals«, in: Marx, Das Kapital, III, 1894¹, MEW 25, S. 905.
28 Marx, Kapital III, a.a.O. (Anm. 27), S. 184; an diesem Punkt hätte eine

abzulehnen ist, basiert – was hier seiner Bedeutung entsprechend nicht annähernd thematisiert werden kann [29] – auf der Methode der Bildung der Kategorien, nämlich auf ihrem Anspruch, *konkret-allgemeine* Gültigkeit zu beanspruchen. Es ist daher in einem vielfachen Sinn richtig, wenn Bert Brecht von der Kritik der politischen Ökonomie als von der »großen Methode« redet.)

Vom methodischen Anspruch her schließt materialistische Geschichtsdarstellung eine Überschreitung des soziologischen, politologischen und ökonomischen Rekurses auf gesellschaftliche Normen, Interessen, Motive, Institutionen, Organisationen und Macht ein. »Eine soziologische Theorie«, betont Hans-Georg Backhaus [30], »die gesellschaftliche Beziehungen aus einem *bewußten* ›Sich-aufeinander-Beziehen‹ verschiedener Individuen abzuleiten sucht und ›Reflexivität‹ und ›Intentionalität‹ als konstitutive Merkmale sozialen Handelns ausgibt, muß allein schon daran scheitern, daß ökonomische Kategorien sich nicht auf Bewußtseins- und Unbewußtseinsinhalte reduzieren lassen«; und gerade um dieses gegenüber den Einzeldisziplinen existierende Unerklärbare geht es der auf die Erklärung von Totalität ausgerichteten materialistischen Geschichtsauffassung. An einer Interpretation Marx' als Soziologe oder Historiker [31] ist daher vorab schon Kritik zu üben.

Materialistische Geschichtsdarstellung ist ihrer Intention nach mehr als »eine Art schlechtes Gewissen« für bürgerliche Historiker, das diese »zu einer erheblich besseren Durchleuchtung der ökonomischen und gesellschaftlichen Kräfte« führt – nach dem Motto: Konkurrenz belebt das Geschäft! (so Harald Popp, ein Historiker).

---

kritische Verständigung der Methode einzusetzen, vgl. die Arbeit von Nicolaus, a.a.O. (Anm. 7); s. auch Anm. 25.
29 Andeutungen finden sich bei Hennig, »Monopolgruppentheorie in der DDR . . .«, a.a.O. (Anm. 7), S. 135 ff.; von Marx vgl. bes. Grundrisse, a.a.O. (Anm 18), S. 21—29; vgl. auch die Materialien, die Hans Jörg Sandkühler, Praxis und Geschichtsbewußtsein, Frankfurt 1973, S. 213—244, ausbreitet.
30 Backhaus, a.a.O. (Anm. 18), S. 152; vgl. in demselben Bd. auch A. Schmidt, »Der strukturalistische Angriff auf die Geschichte«, hier bes. S. 206 f.
31 So z. B. Warner, a.a.O. (Anm. 24), S. 224, s. aber S. 243; kritisch dazu vgl. auch Timothy W. Mason, »Zur politischen Relevanz historischer Theorien«, Aus Politik und Zeitgeschichte. Beil. zur Wochenztg. »Das Parlament«, B 20/72 v. 13. 5. 1972, S. 33—42, bes. S. 40 f.; Lucio Coletti, Marxismus als Soziologie, Berlin 1973. — Zu diesem Komplex vgl. auch Leonhard Krieger, »Marx and Engels as Historians«, Journal of the History of Ideas, 14 (1953), S. 381—403; ders., »The Uses of Marx for History«, Political Science Quarterly, 75 (1960),

Ein solches Verständnis würde dem Anspruch einer radikalen und logisch-kategorialen Analyse nicht entsprechen, würde ihn a priori eskamotieren oder zu einem entschuldbaren Fehler einer ansonsten hervorragenden Beobachtung von Empirie durch Marx und Engels erklären. Dagegen steht aber Marx Selbstverständnis, demzufolge beispielsweise seine Untersuchung der »Rechtsphilosophie« Hegels in das Ergebnis einmündet, »daß Rechtsverhältnisse wie Staatsformen weder aus sich selbst zu begreifen sind noch aus der sogenannten allgemeinen Entwicklung des menschlichen Geistes, sondern vielmehr in den materiellen Lebensverhältnissen wurzeln, deren Gesamtheit Hegel, nach dem Vorgang der Engländer und Franzosen des 18. Jahrhunderts, unter dem Namen ›bürgerliche Gesellschaft‹ zusammenfaßt, daß aber die Anatomie der bürgerlichen Gesellschaft in der politischen Ökonomie zu suchen sei.« [32]

Materialistische Geschichtsauffassung rekurriert immer auf die »ökonomische Struktur der Gesellschaft«, so wie diese kategorial als wirkliche Realität begriffen wird. Für die Analyse der bloßen Realität der empirischen Fakten, der Geschichte als »res gestae«, ist damit jedoch lediglich der Anspruch, nicht aber die methodische Durchführung dieses Anspruchs festgehalten. Was es für den konkreten Fall heißt, die Objektivität des Sozialen tritt gegenüber dem historischen Akteur in den Vordergrund, da materialistische Geschichtsauffassung nicht von »dem Menschen, sondern [von] der ökonomisch gegebnen Gesellschaftsperiode« ausgeht [33], bleibt weiterhin noch unklar. Darauf wären gerade die zumeist aus aktuellen Anlässen geschriebenen politischen Schriften als Lehrstücke zu betrachten.

S. 355—378; Bert F. Hoselitz, »Karl Marx on Secular and Social Development: A Study in the Sociology of Nineteenth Century Social Science«, Comparative Studies in Society and History, 6 (1964), S. 142—163; Andrezej Malewski, »Der empirische Gehalt der Theorie des Historischen Materialismus«, KZfSS, 11 (1959), S. 281—305, vgl. bes. aber Eric J. Hobsbawm, »L'apport de Karl Marx à l'historiographie«, Diogène, 19 (1968), Nr. 64, S. 44—69. Als Äußerungen aus der DDR vgl. bes. Peter Bollhagen, Soziologie und Geschichte, Berlin (DDR) 1966; ders., Gesetzmäßigkeit und Gesellschaft, Berlin (DDR) 1967; Erich Hahn, Historischer Materialismus und marxistische Soziologie, Berlin (DDR) 1968; Walter Friedrich (Hrsg.), Methoden der marxistisch-leninistischen Sozialforschung, Berlin (DDR) 1971.
32 Marx, Zur Kritik der politischen Ökonomie, 1859[1], Berlin (DDR) 1968, S. 14.
33 Marx, Randglossen zu Adolph Wagners »Lehrbuch der politischen Ökonomie«, MEW 19, S. 371.

Es kann nach den bisherigen Andeutungen festgehalten werden:
– Programmatisch bezeichnet der Ansatz materialistischer Geschichtsdarstellung die Intention, die Darstellung von Realgeschichte über die Ebenen der Zuordnung von Politik und Ökonomie zu Interessen sowie der Erklärung der Politik aus dem Spannungsverhältnis von Produktivkräften und Produktionsverhältnissen [34] hinauszuheben.

– Die Empirie der bürgerlichen Gesellschaft und des bürgerlichen Staates kann *nicht* aus dem Begriff des Kapitals im allgemeinen deduziert werden (wenn dies geschieht, so dürfte dieser »Verfall der großen Methode« [B. Brecht] »Dogmatismus« und »Aktionismus« politischer Organisationen indizieren). Die Darstellung der existierenden Geschichte – und das ist inhaltlich wie methodisch das Ziel materialistischer Geschichtsdarstellung – ist *nicht* identisch mit der begrifflichen Fassung der Totalität kapitalistischer Formbestimmtheiten; aber erst diese kategorialen Begriffe – mit ihrem inhaltlichen und methodischen Anspruch zugleich abstrakt- und konkret-allgemein zu sein – zum Kapital im allgemeinen liefern vom Anspruch *das* Instrumentarium zur Darstellung wirklicher Geschichte kapitalistischer Staaten und Gesellschaften.

– Die methodische Seite der Durchführung dieses Bezuges von kategorialer Darstellung und empirischer Forschung ist aber am Vorbild der politischen Schriften von Marx und Engels erst noch weiter darzustellen. [35]

---

34 Dazu Reichelt in der Einl. zu diesem Band, S. LVI.
35 Die grundlegende Schwäche und als Folge davon das hohe Maß schlecht-abstrakter Aussagen dieser Bemerkungen liegt darin, daß die zuletzt angesprochene Aufgabenstellung aus Zeitgründen hier nicht entfaltet, geschweige denn ausdiskutiert werden kann. Diese Themenstellung soll nur als d i e relevante Fragestellung vermittelt werden, wobei sich die Textauswahl bemüht, sie immanent möglichst umfassend aufzufangen (vgl. die Bemerkungen über die Auswahlkriterien für die politischen Schriften von Marx und Engels, in diesem Band S. 511 ff). Die wesentliche Einschränkung liegt insbesondere darin, daß die empirischen Feststellungen der politischen Schriften keiner kritischen Überprüfung unterzogen werden (Andeutungen dazu z. B. bei Malewski, a.a.O., Anm. 31). Wichtig wäre es, einmal die Arbeiten von Marx und Engels mit Aussagen neuerer Geschichtsschreibung zu vergleichen, um etwaige Widersprüche dahingehend zu reflektieren, ob sie nicht auch Ergebnis der unterschiedlichen methodischen Orientierung etwa von historischem Materialismus und Historismus sind. Bezogen auf Frankreich wäre es reizvoll, die Arbeiten sich marxistisch verstehender Historiker mit denen von Marx zu vergleichen.

Politische Ereignisse bedürfen, um begriffen zu werden, solcher Kategorien, die konkret-allgemein »die Zusammenfassung vieler Bestimmungen..., also Einheit des Mannigfaltigen« (K. Marx) darstellen. Allerdings gehen konkrete politische und soziale Begebenheiten nie *vollständig* in diesen Kategorien auf. Marx äußert sich zu diesem Verhältnis von Empirie und Theorie in einer längeren methodischen Passage im dritten Band des »Kapitals«: »Die spezifische ökonomische Form, in der unbezahlte Mehrarbeit aus den unmittelbaren Produzenten ausgepumpt wird, bestimmt das Herrschafts- und Knechtschaftsverhältnis, wie es unmittelbar aus der Produktion selbst hervorwächst und *seinerseits bestimmend auf sie zurückwirkt.* Hierauf aber gründet sich die ganze Gestaltung des ökonomischen, aus den Produktionsverhältnissen selbst hervorwachsenden Gemeinwesens und damit zugleich seine spezifische politische Gestalt. Es ist jedesmal das unmittelbare Verhältnis der Eigentümer der Produktionsbedingungen zu den unmittelbaren Produzenten – ein Verhältnis, dessen jedesmalige Form stets naturgemäß einer bestimmten Entwicklungsstufe der Art und Weise der Arbeit und daher ihrer gesellschaftlichen Produktivkraft entspricht –, worin wir das innerste Geheimnis, die verborgene Grundlage der ganzen gesellschaftlichen Konstruktion und daher auch der politischen Form des Souveränitäts- und Abhängigkeitsverhältnisses, kurz, der jedesmaligen spezifischen Staatsform finden. [36] *Dies hindert nicht, daß dieselbe ökonomische Basis – dieselbe den Hauptbedingungen nach – durch zahllos verschiedene empirische Umstände, Naturbedingungen, Racenverhältnisse, von außen wirkende geschichtliche Einflüsse usw., unendliche Variationen und Abstufungen in der Erscheinung zeigen kann, die nur durch Analyse dieser empirisch gegebnen Umstände zu begreifen*

---

36 Es ist bezeichnend, daß das Berliner Projekt Klassenanalyse (Zur Taktik der proletarischen Partei. Marxsche Klassenanalyse Frankreichs 1848—71, Berlin 1972, S. 127) an dieser Stelle die Zitation abbricht. Damit verläßt diese Gruppe ihren ansonsten sehr DKP-nahen Bezugsrahmen (aus dem Frankfurter IMSF wird sie denn auch kritisiert: Heinz Jung, »Zu den klassentheoretischen Grundlagen einer sozialstatistischen Analyse der Klassen- und Sozialstruktur der BRD«, in: Klassen- und Sozialstruktur der BRD 1950—1970, Teil I, Frankfurt 1972, S. 5, 167 — Anm. 11); vgl. dagegen Heise, a.a.O. (Anm. 10); vgl. auch die außerordentlich differenzierte Arbeit von Sibylle v. Flatow, Freerk Huisken, »Zum Problem der Ableitung des bürgerlichen Staates«, ProKla, 7, Mai 1973, S. 83—153.

sind.« [37] Indem Marx so gleichzeitig eine Erläuterung und Zurücknahme des programmatischen Anspruchs »materialistischer Spekulation« abgibt, zählt er vor allem auch diejenigen Dimensionen auf, an denen der Reichtum seiner politischen Schriften illustriert werden kann.

Marx kennzeichnet mit der Aussage die Themenstellung der politischen Schriften, die alle als Analyse von Besonderheiten über den kategorialen »Hauptbedingungen« des Kapitalismus aufzufassen sind, und die gerade dies sein *müssen,* wenn sie nicht ihrer politischen Aufgabenstellung dadurch entsagen wollen, daß sie beispielsweise zur Selbstagitation der Arbeiterklasse beitragen. Es ist das Bedürfnis nach einer Sammlung analytischer Kenntnisse um die Ausdifferenzierungen der beiden Hauptklassen, der Kapitalisten und des Proletariats, um die konkrete Erscheinung der Übergangsklassen, um Tätigkeit, Verfassung und Ausformung der Staatsmaschinerie, der Ökonomie etc., das die politischen Schriften motiviert. Dieses Wissen wird dann an die Arbeiterklasse herangetragen, so wie bereits seine Erhebung in ihrer Motivation von den Kämpfen der Arbeiterklasse ausgeht. Letztlich liefern die politischen Analysen Materialien zur Theorie-Praxis- und zur Strategie-Taktik-Diskussion der revolutionären Arbeiterbewegung.

Als Analyse empirischer Mannigfaltigkeiten wollen diese Schriften gerade wegen ihres *Reichtums an Forschungsergebnissen* dazu beitragen, den kategorischen Imperativ (oder auch schon für Marx und Engels das Prinzip Hoffnung?): »Die Arbeiterklasse ist revolutionär oder sie ist nichts« [38], einzulösen, da sie ja helfen, Konzepte revolutionärer Praxis in Kenntnis der Realitäten zu diskutieren. Genau dies markiert den Punkt, an dem die gegenwärtige Tendenz, »die« Marx'sche Theorie zu rekonstruieren, praktische – wenn auch zunächst noch *indirekte* – Konsequenzen für die Analyse und Politik der BRD haben sollte. [39] Die qua Rekonstruktion

---

37 Marx, Kapital III, a.a.O. (Anm. 27), S. 799 f. — Hervorhebungen: E. H.; vgl. z. B. auch Marx' Brief an Danielson vom 10. 4. 1879 (MEW 34, S. 375): »Es wird behauptet, gewisse ausländische Bankiers, bei denen eine gewisse Regierung neue Anleihen aufnehmen wollte, hätten als Garantie eine Verfassung verlangt. Ich glaube das kaum, da ihre moderne Methode, Geschäfte zu machen, sich bis jetzt wenigstens mit allen Regierungsformen vertrug und das auch konnte.«
38 Marx, Brief an J. B. v. Schweitzer vom 13. 2. 1865: MEW 31, S. 446.
39 Vgl. Elmar Altvater, »Zu einigen Problemen des Staatsinterventionismus«, ProKla, 3, Mai 1972, hier S. 3.

produzierte Anknüpfung an Marx und Engels wäre deshalb gerade auch auf die politischen Schriften auszuweiten und könnte – bzw. bei Strafe politisch-analytischen Nichtstun oder eines »dogmatischen Aktionismus« (und dies sind zwei Seiten einer Medaille!) müßte sie es – ad hoc geschehen, allerdings im Bewußtsein davon, daß die Diskussion über das Verhältnis von Logik und Geschichte inhaltlich *und* methodisch noch nicht ausgetragen worden ist. [40]

Marx und Engels sind »ausgewiesene Historiker (und Kenner der bedeutenden bürgerlichen Geschichtsschreibung ihres Jahrhunderts)« (A. Schmidt). Die Beschäftigung mit Sozial- und Wirtschaftsgeschichte sowie mit politischer Zeitgeschichte und Geschichte bildet immer – etwa seit Marx' Betrachtung der »Debatten über das Holzdiebstahlgesetz« (1842) oder seit Engels' »Briefen aus Wuppertal« (1839) – einen Schwerpunkt ihrer Tätigkeit; und immer wieder wird, besonders im »Kapital«, die Logizität durch empirische Exkurse, Analogien und Illustrationen unterbrochen, um sie – allerdings mittels methodologisch niemals diskutierter Einschübe – zu veranschaulichen. Gibt es einen vom antikommunistischen Image des wissenschaftlichen Sozialismus verblendeten Leser von Marx und Engels, so müßte dieser erstaunt sein, gerade bei diesen Autoren nicht den erwarteten Dogmatismus und das realitätsferne Theoretisieren zu finden [41]. Während nämlich für die asiatische Gesellschaft, Marx zufolge, zutrifft, daß die »Struktur der ökonomischen Grundelemente der Gesellschaft ... von den Stürmen der politischen Wolkenregionen unberührt« bleibe [42], nehmen Marx und Engels für die kapitalistischen Produktionsverhältnisse auf der Ebene ihrer Besonderung eine Dialektik von Staat und Gesellschaft, von Politik und Ökonomie an. Diese Annahme zwingt ihnen dann im

---

40 Auch Schmidts, Geschichte und Struktur, a.a.O. (Anm. 1), bleibt ja eine schlecht-abstrakte Vorstellung des Problems. Derartige Problemvermittlungen müßten bei systematischer wechselseitiger Konkretisierung mit empirischen Analysen verbunden werden, dies scheint der einzige Weg zu sein, um — in praktischer Absicht — die Diskussion Marx' zur Aufhebung der gegenwärtig vorherrschenden Dichotomie von Konkretismus und Reflexionen über die logische Struktur des Kapitals im allgemeinen zu bringen. Einen Ansatz findet man z. B. in der Zeitschrift ProKla.
41 Vgl. etwa die Einl. von Iring Fetscher zu der Sammlung: Karl Marx, Friedrich Engels, Deutsche Geschichte im 19. Jahrhundert, Frankfurt u. Hamburg 1969. Vgl. auch Anm. 31.
42 Marx, Kapital I, a.a.O. (Anm. 4), S. 379.

Verbund mit den geschilderten politischen Bedürfnissen detaillierte und differenzierte Forschungsphasen auf, um die Arbeiterbewegung mit politisch notwendigen und umsetzbaren Informationen, mit Wissen für den Klassenkampf zu »versorgen«.

Um diese methodische Annahme, die sich aus der zitierten Äußerung Marx' aus dem dritten Band des »Kapital« ergibt, weiter zu verdeutlichen, sind vor allem die späten Briefe Engels' an Conrad Schmidt und an J. Bloch zu berücksichtigen. In beiden Briefen kritisiert Engels die Forderung nach totaler Ableitung [43] und betont den wechselseitigen Einfluß von Politik und Ökonomie, der von einer alleinigen Anwendung polit-ökonomischer Kategorien verdeckt wird. Die Produktion wird nur noch als »das in letzter Instanz entscheidende« apostrophiert: »Die Gesellschaft erzeugt gewisse gemeinsame Funktionen, deren sie nicht entraten kann. Die hierzu ernannten Leute bilden einen neuen Zweig der Teilung der Arbeit innerhalb der Gesellschaft. Sie erhalten damit besondere Interessen auch gegenüber ihren Mandataren, sie verselbständigen sich ihnen gegenüber, und der Staat ist da. [Sic!] ... die neue selbständige Macht hat zwar im ganzen und großen der Bewegung der Produktion zu folgen, reagiert aber auch, kraft der ihr innewohnenden ... Selbständigkeit, wiederum auf den Gang der Produktion ...« [44] (Im »18. Brumaire« [MEW 8, S. 172] findet Marx allerdings für diese Selbständigkeit bzw. Besonderung des Staates gegenüber der Produktion eine materialere Erklärung, wenn er vom »platten Egoismus« redet, »womit der gewöhnliche Bourgeois stets geneigt ist, das Gesamtinteresse seiner Klasse diesem oder jenem Privatmotive zu opfern«.)

In beiden Briefen erwähnt Engels den »18. Brumaire« von Marx als »ein ganz ausgezeichnetes Beispiel« für die Anwendung der

---

[43] Vgl., bes. plastisch, Engels' Brief an C. Schmidt vom 27. Oktober 1890: »... wenn auch das ökonomische Bedürfnis die Haupttriebfeder der fortschreitenden Naturerkenntnis war und immer mehr geworden ist, so wäre es doch pedantisch, wollte man für [allen] urzuständlichen Blödsinn ökonomische Ursachen suchen.« Im Brief an J. Bloch vom 21. Sept. 1890 betont Engels nachdrücklich, daß »die Anwendung der Theorie auf eine beliebige Geschichtsperiode« nicht »die Lösung einer einfachen Gleichung ersten Frages« darstellt. Beides hier zit. n. Hermann Duncker (Hrsg.), Marx, Engels, Über historischen Materialismus, Teil II, Berlin 1930³, S. 143, 147.
[44] Engels, Brief an Schmidt, a.a.O. (Anm. 43), S. 140 f.; vgl. auch den Brief an Bloch, ebda., S. 147 f.

Theorie des historischen Materialismus. An Conrad Schmidt schreibt er, daß es sich im »18. Brumaire des Louis Bonaparte« »fast nur um die besondere Rolle handelt, die die politischen Kämpfe und Ereignisse spielen, natürlich [sic!] innerhalb ihrer allgemeinen Abhängigkeit von ökonomischen Bedingungen«.

Der im Quellenteil dieses Bandes umfangreich berücksichtigte »18. Brumaire« Marx' erlaubt nun tatsächlich, Stärken und Schwächen der politischen Schriften von Marx und Engels anzusprechen. Als Stärke erscheint vor allem die differenzierte und detaillierte Klassenanalyse, die beispielsweise zwischen den verschiedensten Kapitalfraktionen unterscheidet, und zwar sowohl politisch als auch ökonomisch; als Schwäche erscheint die mit Bezug auf den Ansatz materialistischer Geschichtsauffassung nicht eingelöste Tiefe der Analyse, die über die Zuordnung zu Interessen nicht hinausgelangt. Hinter sprachlicher Brillanz verbirgt sich zumeist eine lediglich durch Analogien überdeckte mangelnde Stringenz und vor allem eine nicht eingelöste Aufhebung der Zuordnung von Politik zu gesellschaftlichen Interessen und zur Spannung zwischen Produktivkräften und Produktionsverhältnissen. So wird beispielsweise der zentrale Begriff der Verselbständigung der Exekutivgewalt viel zu wenig ausgeführt; ebenso wird der politische Umschlag der Bourgeoisie, die Aufgabe des *politischen* Liberalismus, nur sehr allgemein mit der Entwicklung der Produktionsverhältnisse und Produktivkräfte verbunden. Die Ebene der politischen Analyse mit einem allgemeinen Bezug auf eine vermittelnde Sozialökonomie wird kaum überschritten. Beides, Stärke und Schwäche, scheint dabei insofern miteinander verbunden zu sein, als letztlich auch Marx, ohne die Ansprüche des historischen Materialismus einlösen zu können, sich bloß der Anforderung bezüglich einer Analyse tagespolitischer Geschehnisse stellt.

Wirkliche Geschichte wird nicht geschrieben, sondern es wird reale Geschichte auf ihre zu stark als letzte Ursachen aufgefaßten interessenmäßigen Ursprünge hin betrachtet. Diese Ebene der Klassenanalyse löst aber noch nicht die auf Darstellung gerichteten Ansprüche materialistischer Geschichtsauffassung ein. Jedenfalls aber verstellt sich Marx durch den Blick auf die logische Struktur des Kapitals im allgemeinen nicht den politisch entscheidend wichtigen Blick auf die Verhältnisse einer besonderen kapitalistischen Gesellschaftsverfassung, die er mit Bezug auf historische (politische, soziale, ökonomische, kulturelle) Traditionen, Klassenverhältnisse,

Rechtsordnung, handelnde Personen [45], Wirtschaftsverfassung, Konjunkturverlauf etc. dimensionenreich in ihrer Besonderheit analysiert.

Ein Schwerpunkt der politischen Schriften besteht mit Nachdruck gerade darin, konkret politische Forschung zu leisten, um Fehler und Fehlverhalten der Arbeiterklasse vermeiden zu helfen [46]. So kritisiert zum Beispiel Engels in einem Brief an Bebel Vollmars »Phrase von der ›einzigen reaktionären Masse‹«. Engels kritisiert: »Alle offiziellen Parteien [im Deutschen Reich, E. H.] vereinigt in einem Klumpen hier, wir, die Sozialisten in Kolonne, dort; große Entscheidungsschlacht, Sieg auf der ganzen Linie mit einem Schlag. So einfach machen sich die Dinge in der Wirklichkeit nicht. In der Wirklichkeit fängt umgekehrt, ... die Revolution damit an, daß die große Mehrzahl des Volkes und auch der offiziellen Parteien gegen die dadurch isolierte Regierung sich scharen und sie stürzen, und erst nachdem diejenigen unter den offiziellen Parteien, die noch möglich geblieben sind, sich untereinander, aneinander und nacheinander zugrunde gearbeitet haben, erst dann kommt die große Scheidung V[ollmars] zustande und damit die Chance unserer Herrschaft. Wollten wir mit V[ollmar] die Revolution gleich mit ihrem letzten Akt anfangen lassen, so ging es uns erbärmlich schlecht [47].« Gerade diese Kritik veranschaulicht aber noch einmal, welche Dimensionen von politischen Analysen, die sich in den Dienst einer revolutionären Praxis stellen, konsequent berücksichtigt werden müssen. Es wird auch deutlich, daß Engels die Aufgabe dieser politischen Schriften gerade auch in einer fast schon zwanghaften Hinwendung der Arbeiterklasse zur Realität des besonderen Kapitalismus sieht. Für den konkreten Fall der klassenanalytischen Betrachtung einer Gesellschaft reicht so der Hinweis auf die zwei Hauptklassen nicht annähernd aus, da gerade deren konkrete Erscheinung für den Gang der Klassenauseinandersetzungen relevant ist und deshalb erforscht werden muß. [47a]

---

45 Als bes. herausragende Beispiele für die Berücksichtigung der handelnden Subjekte vgl. z. B. Engels, »Europa im Jahre 1858«, MEW 12, S 654—658; bes. vgl. aber Engels' Brief an Marx vom 25. Juli 1866, MEW 31, S. 240 f. (zu Bismarck); Marx, »Zu den Ereignissen in Nordamerika«, 1862, MEW 15, hier S. 552 f. (zu Lincoln). Vgl. Anm. 55.
46 Vgl. etwa Engels, Brief an J. Ph. Becker vom 11. 1. 1878: MEW 34, S. 315 f., und dazu S. 554 — Anm. 111.
47 Engels, Brief an Bebel vom 28. Okt. 1882: MEW 35, S. 381 f.
47a Vgl. aber z. B. Marx, Kapital III, a.a.O. (Anm. 27), S. 892.

Diese Assoziationen wären erst noch zu entfalten. Hier werden sie mit der Absicht formuliert, daß Leser sich provoziert fühlen, eine entsprechende Betrachtung der in der Dokumentation abgedruckten Texte selbständig vorzunehmen. Die Hypothesen zur Beschreibung der Stärken und Schwächen speziell des »18. Brumaire« verbinden zudem alle Ebenen dieses Bandes, da sowohl das Programm einer materialistischen Geschichtsdarstellung – so wie es sich in den Frühschriften bis 1845/46 herausschält –, seine weitere Ausformulierung bzw. Zitation in den ökonomischen Schriften und eine Bewertung der politischen Arbeiten zur Frage gestellt werden. Angesichts der gegenwärtig erst im Ansatz befindlichen Bemühungen, den Marx'schen Begriff der materialistischen Geschichtsauffassung, der Darstellung der wirklichen Geschichte, inhaltlich *und* methodisch zu rekonstruieren, erscheint es neben dieser hoffentlich motivierenden Provokation zudem auch sachlich legitim, ein weitgehend noch offenes Problem in seiner Offenheit zu vermitteln. Gegenwärtige Beiträge zur Marx'schen Theorie jedenfalls schrecken da, wo sie nicht von einem »dummen Materialismus« (Lenin) inspiriert werden, kaum mehr jemanden dadurch ab, »daß wir auf alles eine Antwort wissen«. Brechts daran anknüpfende Frage: »Könnten wir nicht im Interesse der Propaganda eine Liste der Fragen aufstellen, die uns ganz ungelöst erscheinen?«, wird vielmehr gründlich und grundsätzlich befolgt. Mit der Präsentation von Offenheit in Verbindung mit der versuchten Ausformulierung einiger, für relevant erachteter Problemfelder und Fragen kann daher geendet werden.

Nach diesen Anmerkungen zur grundlegenden Problematik der politischen Analysen von Marx und Engels im Verhältnis zum programmatisch formulierten Anspruchsniveau des historischen Materialismus als einer dialektischen Darstellung wirklicher und also wesenhafter geschichtlicher Prozesse soll jetzt mehr illustrierend und immanent auf die Argumentation der politischen Schriften eingegangen werden. Dieser Versuch einer quasi-typologischen Vorstellung einiger wesentlicher Argumentationsschwerpunkte der politischen Schriften leitet ansatzweise und stark verkürzt über zu einer Kritik der klassenanalytischen Perspektive dieser Arbeiten. Diese kritische Darstellung verweist dabei wieder auf die am Anfang dieser Lese- und Arbeitshinweise skizzierten methodischen Probleme. –

»Die Regierungsmaschinerie kann gar nicht einfach genug sein. Es ist immer die Kunst der Spitzbuben, sie kompliziert und geheimnisvoll zu machen.«
(Marx, »Die Konstitution der Französischen Republik, angenommen am 4. November 1848«, 1851, MEW 7, S. 498.)

Besonders die politischen Schriften verdeutlichen, wie sehr Marx und Engels bestrebt sind, Theorien an konkreten Gegebenheiten zu entfalten, wie sehr sie bemüht sind, die »tiefer liegenden Strömungen der modernen Gesellschaft« (Marx) als Allgemeines in einzelnen Besonderheiten der »gesellschaftlichen Oberfläche« (Marx) aufzuzeigen. [48] Die Orientierung am Konkreten markiert auch die Absicht, positive Theorie zu schreiben (beispielsweise bis hin zu dem Plan, »die Hauptgesetze der Krisen mathematisch zu bestimmen« [49]). Theorie als politische Strategie und strikte Berücksichti-

---

48 Vgl. dazu vor allem die zit. Arbeiten A. Schmidts (Anm. 1), s. auch ders., »Über Geschichte und Geschichtsschreibung in der materialistischen Dialektik«, in: Folgen einer Theorie. Essays über »Das Kapital« von Karl Marx, Frankfurt 1967, S. 103 ff.; ders., »Zum Erkenntnisbegriff der Kritik der politischen Ökonomie«, in: ders., Walter Euchner (Hrsg.), Kritik der Politischen Ökonomie heute. 100 Jahre »Kapital«, Frankfurt 1972 (gekürzte Studienausgabe), S. 30 ff., vgl. ebda, S. 43 ff., das Korreferat von Oskar Negt. — Die im Text zit. Äußerung von Marx finden sich in: MEW 17, S 577.
49 Marx, Brief an Engels v. 31. 5. 1873 (MEW 33, S. 82): ». . . Die Sache ist die: Du kennst die Tabellen, worin Preise, Discountrate etc., etc. in ihrer Bewegung während des Jahres etc. in auf- und absteigenden Zickzacks dargestellt sind. Ich habe verschiedenemale versucht — zur Analyse der Krisen —,

gung des Konkreten und empirisch Faßbaren treffen sich darin, daß staatstheoretische Überlegungen eine »zentrale Stelle im Marxschen Denken« [50] einnehmen.

Diese staatstheoretischen Erwägungen schließen revolutionstheoretische Erörterungen des politischen Verhaltens der Arbeiterklasse ein; und wenn Henri Lefevre betont: »Alles in allem ist das Marxsche Denken« von Grund auf gegen den Staat gerichtet« [51], so trifft diese Einschätzung nur dann zu, wenn man sich vergegenwärtigt, daß damit auch die funktionale Bestimmung »des« Staates als Instrument der proletarischen Agenten des revolutionären Sozialismus [52] angesprochen wird: »Die politische Analyse wendet sich nicht in erster Linie der ›politischen Situation‹ im Innern des Staates (einer taktischen Frage) zu, sondern der Situation des Staates im Innern der Gesellschaft.« [53] Staat und Politik werden damit als zentrale Momente der Bourgeoisieherrschaft bzw. als Bedingungsfaktoren und Resultate der sozialistischen Revolution analysiert. – Das methodische und inhaltliche Vorgehen dieser politischen Analysen sollen jetzt auf der Ebene der Immanenz eingehender betrachtet werden. [54]

---

diese ups and downs als unregelmäßige Kurven zu berechnen und geglaubt (ich glaube noch, daß es mit hinreichend gesichertem Material möglich ist), daraus die Hauptgesetze der Krisen mathematisch zu bestimmen...« — Vgl. auch die Bemerkungen über die Auswahlkriterien für die politischen Schriften von Marx und Engels, in diesem Band S. 515 f., Anm. 10.

50 So Henri Lefebvre, Soziologie nach Marx, Frankfurt 1972, S. 103. — Bei Lefebvre (S. 103–153) findet sich auch ein Überblick über die Marxsche Staatsanalysen, vgl. dazu auch immer noch Arkadij Gurland, Marxismus und Diktatur, Leipzig 1930 — Neuausgabe (mit einer historischen Nachlese) demnächst: Frankfurt 1973.

51 Lefebvre, a. a. O. (Anm. 50), S. 105.

52 Der revolutionäre Sozialismus impliziert die »Permanenzerklärung der Revolution, die Klassendiktatur des Proletariats als notwendiger Durchgangspunkt zur Abschaffung der Klassenunterschiede überhaupt, zur Abschaffung sämtlicher Produktionsverhältnisse, worauf sie beruhen, zur Abschaffung sämtlicher gesellschaftlicher Beziehungen, die diesen Produktionsverhältnissen entsprechen, zur Umwälzung sämtlicher Ideen, die aus diesen gesellschaftlichen Beziehungen hervorgehen« (n. Marx, Die Klassenkämpfe in Frankreich 1848 bis 1850, MEW 7, S. 89 f.).

53 Lefebvre, a. a. O. (Anm. 50), S. 128.

54 Die Methodik muß dabei in den Vordergrund gerückt werden; denn: »... die ganze Auffassungsweise von Marx ist nicht eine Doktrin, sondern eine Methode. Sie gibt keine fertigen Dogmen, sondern Anhaltspunkte zu weiterer Untersuchung und die Methode für diese Untersuchung.« — Engels, Brief an W. Sombart, MEW 39, S. 428.

Die beiden inhaltlich und methodisch wesentlichsten Momente der politischen Analysen sind der Tatbestand der Nicht-Ableitbarkeit konkret-historischer Phänomene, also: der Realitäten und auch der »Zufälle« [55], aus der Logik des Kapitals im allgemeinen und die Analyse politisch-staatlicher Formen und Traditionen vor allem unter der Perspektive ihrer Auswirkung auf die Politik der Arbeiterbewegung. Zu diesem Zweck eignen sich Marx und Engels umfangreiche historische Kenntnisse an [56], um der Arbeiterklasse die Dringlichkeit konkreter Forschung und kategorial-begrifflicher Interpretation in Hinblick auf die Diskussion politischer Strategien und Taktiken konkret und eindringlich vor Augen zu führen.

Marx formuliert dies als Imperativ, der gleichzeitig politischer Auftrag und wissenschaftliche Intention ist: »Volk! Kümmere dich ebensosehr um die Details wie um die Prinzipien, bevor du zur Macht gelangst...« [57] Ähnlich äußert er sich in einer (hier nur programmatisch herangezogenen, hinsichtlich ihrer inhaltlichen Berechtigung und Richtigkeit also nicht zu überprüfenden) Kritik an Bakunin: »Die Arbeiterklasse darf sich nicht mit Politik beschäftigen. Sie darf sich nur in Trade-Unions organisieren. Eines schönen Tages werden sie sich mittels der Internationale an die Stelle aller bestehenden Staaten drängen... Da die Umwandlung der bestehenden Staaten in Assoziationen unser Endziel ist, müssen wir den Regierungen, diesen großen Trade-Unions der herrschenden Klassen, gestatten, zu tun, was ihnen beliebt; denn sich mit ihnen befassen, hieße sie anerkennen. Wahrhaftig! Genauso sprachen die alten Sozialisten: Ihr dürft euch nicht mit der Lohnfrage befassen, denn ihr wollt die Lohnarbeit abschaffen. Mit dem Kapitalisten um die

---

55 Vgl. dazu eine briefliche Äußerung Marx' (Brief an Kugelmann, v. 17. 4. 1871) im Zusammenhang mit Ausführungen über die Pariser Kommune: »Die Weltgeschichte wäre allerdings sehr bequem zu machen, wenn der Kampf nur unter der Bedingung unfehlbar günstiger Chancen aufgenommen würde. Sie wäre andrerseits sehr mystischer Natur, wenn ›Zufälligkeiten‹ keine Rolle spielten. Diese Zufälligkeiten fallen natürlich selbst in den allgemeinen Gang der Entwicklung und werden durch andre Zufälligkeiten wieder kompensiert. Aber Beschleunigung und Verzögrung sind sehr von solchen ›Zufälligkeiten‹ abhängig — unter denen auch der ›Zufall‹ des Charakters der Leute, die zuerst an der Spitze der Bewegung stehn, figuriert« (MEW 33, S. 209). Vgl. auch Anm. 45 sowie, ähnlich, MEW 17, S. 576 ff. (zu Thiers); dazu auch Lefebvre, a. a. O. (Anm. 50), S. 137 ff.
56 Engels (Brief an Marx v. 24. 10. 1869) teilt so einmal mit, er wolle die »Cromwellsche Zeit... noch ochsen« (MEW 32, S. 379).
57 MEW 7, S. 504.

Höhe des Lohnes kämpfen, hieße das Lohnsystem anerkennen! Der Esel hat nicht einmal begriffen, daß jede Klassenbewegung als Klassenbewegung notwendigerweise immer eine politische Bewegung ist und war.« [58]

Von dieser Einsicht aus und mit dieser Intention befassen sich die politischen Schriften vor allem mit folgenden Themenkomplexen:

– Klassenanalyse und Staatsanalyse (die weitgehend ohne Berücksichtigung selbständig durchgeführter Konjunkturanalysen vorgetragen werden); dieser Punkt umfaßt vor allem die beiden folgenden Unteraspekte:

– »Erziehung« und Information der Arbeiterklasse [59] in Form von Kritiken 1. der ironisch als »Süßigkeiten des Bourgeoisieregiments« [60] bezeichneten Frühformen sozialstaatlicher Politik [61], 2. des bürgerlichen Versuchs, »einen Teil der Proletarier dem anderen entgegenzustellen« [62], 3. eines ethnisch bedingten Auseinanderdividierens der Arbeiterklasse [63], 4. des trade-unionistischen oder 5. des anarchistischen Standpunktes und 6. der Rolle des Kleinbürgertums in bezug auf das Proletariat [64],

---

58 Marx, Brief an P. und L. Lafargue v. 19. 4. 1870, MEW 32, S. 675.
59 Vgl. etwa bes. deutlich Engels (Brief an A. Bebel v. 24. 11. 1879): »Die Fragen, in denen sozialdemokratische Abgeordnete aus der reinen Negation heraustreten können, sind sehr eng begrenzt. Es sind alles Fragen, in denen das Verhältnis der Arbeiter zum Kapitalisten direkt ins Spiel kommt: Fabrikgesetzgebung, Normalarbeitstag, Haftpflicht, Lohnzahlungen in Waren usw. Dann allenfalls noch Verbesserungen im rein bürgerlichen Sinn, die einen positiven Fortschritt bilden: Münz- und Gewichtseinheit, Freizügigkeit, Erweiterungen der persönlichen Freiheit etc. . . .« (MEW 34, S. 423). Vgl. auch die Eingangserwägungen der »Allgemeinen Statuten und Verwaltungs-Verordnungen der Internationalen Arbeiterassoziation« in: MEW 17, S. 440 f.
60 MEW 7, S. 412.
61 Erwähnt wird z. B. der »bonapartistische [...] Sozialismus« (MEW 12, S. 27); vgl. auch MEW 9, S. 230. Zur Thematik vgl. auch Eike Hennig, Stichw. »Wohlfahrtsstaat«, in: Axel Görlitz (Hrsg.), Handlexikon zur Politikwissenschaft, München 1970, S. 474 ff.
62 MEW 7, S. 26.
63 Vgl. Hinweise in: MEW 32, S. 669, denenzufolge es der »Antagonismus zwischen Engländern und Irländern« sei, der »das Geheimnis der Ohnmacht der englischen Arbeiterklasse« ausmache.
64 Vgl. die Schilderungen der »Sozialdemokratie« im »Achtzehnten Brumaire«; vgl. auch Marx/Engels (Brief an Bebel u. a. v. 17./18. 9. 1879) zur Rolle des Kleinbürgertums in bezug auf das Proletariat: »Statt entschiedner politischer Opposition — allgemeine Vermittlung; statt des Kampfs gegen Regierung und Bourgeoisie — der Versuch, sie zu gewinnen und zu überreden . . .« (MEW 34, S. 405, s. S. 401—408).

– Analyse der Bourgeoisie, d. h. der Fraktionen des Kapitals mit ihren unterschiedlichen politischen Intentionen und auch staatsrechtlichen Institutionalisierungen, und Analyse der Auswirkungen der Industrialisierung (Durchkapitalisierung) und des politischen Liberalismus,
– Analyse der internationalen Politik, um die außen- und weltpolitischen Bedingungen und Perspektiven für eine sozialistische Revolution in den Griff zu bekommen. [65]

Auch wenn sie nur selten systematisch zusammengefaßt werden, kulminieren alle Aspekte in der Absicht, die Strategien der gesellschaftlichen Klassen und die Formen der Politik möglichst umfassend und vielschichtig zu begreifen. Die Diskussion politischer Strategien wird dabei an die Analyse politischer Formen geknüpft. Die politischen Schriften wenden sich deshalb zentral auch gegen eine Mißachtung der konkreten politischen Formen des besonderen Staates bei der Diskussion von Strategie und Taktik der Arbeiterklasse. — Ein Artikel im »Vorwärts« vom 1. Juli 1877 (»Nieder mit der Republik!«), in dem ausgeführt wird, für die französischen Arbeiter sei es gleichgültig, ob sie unter den Bedingungen einer bürgerlichen Republik oder unter denen einer Monarchie kämpfen [66], kann so diejenige Position bezeichnen, der die Kritik der politischen Analysen gilt. So betont Marx: »Wir sind sicher die letzten, die die Herrschaft der Bourgeoisie wollen ... Aber wir rufen den Arbeitern und Kleinbürgern zu: Leidet lieber in der modernen bürgerlichen Gesellschaft, die durch ihre Industrie die materiellen Mittel zur Begründung einer neuen, euch alle befreienden Gesellschaft schafft, als daß ihr zu einer vergangenen Gesellschaftsform zurückkehrt, die unter dem Vorwand, eure Klassen zu retten, die ganze Nation in mittelalterige Barbarei zurückstürzt!« [67]

Bezogen auf die Bourgeoisie und den bürgerlichen Staat analysieren Marx und Engels daher vor allem diejenigen Kräfte und Traditionen, welche die Prozesse der Industrialisierung und Herausbildung der bürgerlichen Republik entweder fördern oder hemmen. An die positive Beeinflussung der Industrialisierung und an die Durchsetzung der Staatsform der bürgerlichen Republik knüpfen

---

65 Vgl. dazu bes. Marx, Brief an Engels v. 8. 10. 1858, MEW 29, S. 360; ders., »Die Revolution in China und Europa«, 1853, MEW 9, S. 95—102.
66 MEW 34, S. 554 — Anm. 111; dagegen ebda, S. 281 f., 315 f.
67 Marx, MEW 6, S. 195.

Marx und Engels dabei die objektive Möglichkeit des Proletariats, die Ziele des – als »subjektiver Faktor« nicht hinreichend analysierten – revolutionären Sozialismus zu realisieren. So wird die bürgerliche Republik als »Treibhaus der Revolution« [68] bezeichnet und generell – weil »die Zyklen der politischen Formen nur der politische Ausdruck der wirklichen in der Gesellschaft vor sich gegangenen Veränderungen« sind [69] – die Revolution des Proletariats an die »höchst revolutionäre Rolle« der Bourgeoisie (so die Formulierung im »Kommunistischen Manifest«) gebunden. »Die Entwicklung des industriellen Proletariats ist überhaupt bedingt durch die Entwicklung der industriellen Bourgeoisie. Unter ihrer Herrschaft gewinnt es erst die ausgedehnte nationale Existenz, die seine Revolution zu einer nationalen erheben kann, schafft es selbst erst die modernen Produktionsmittel, welche ebenso viele Mittel seiner revolutionären Befreiung werden. Ihre Herrschaft reißt erst die materiellen Wurzeln der feudalen Gesellschaft aus und ebnet das Terrain, worauf allein eine proletarische Revolution möglich ist.« [70] – Mit Bezug auf Deutschland wird daher (vor allem von Engels) die politische Notwendigkeit betont, überhaupt erst einmal bürgerliche Verhältnisse in Ökonomie und Politik durchzusetzen [71], wobei gleichzeitig die Einsicht vorhanden ist, daß in Deutschland politischer und ökonomischer Liberalismus auseinanderfallen bzw. daß Durchkapitalisierung und politische Restauration parallel laufen [72]

---

[68] MEW 7, S. 94.
[69] Marx, Zweiter Entwurf zum »Bürgerkrieg in Frankreich«, MEW 17, S. 599.
[70] Marx, Die Klassenkämpfe in Frankreich 1848 bis 1850, MEW 7, S. 20.
[71] Vgl. Engels, Brief an W. Bracke v. 30. 4. 1878 (MEW 34, S. 328): »Wir sind aber in Deutschland erst eben aus dem Mittelalter herausgekrochen ... Was bei uns der höchstmöglichen Entwicklung bedarf, ist grade das bürgerliche wirtschaftliche Regime, das die Kapitale konzentriert und die Gegensätze auf die Spitze treibt ...«
[72] Vgl. etwa Marx' Interpretation der deutschen Bourgeoisie des Jahres 1856: »Die Bourgeoisie ... hat ... die Gewißheit, in derselben Stunde, da sie ihren sozialen Triumph durch eine unbegrenzte Akkumulation des Kapitals erreicht, sich politisch vernichtet zu sehen« (MEW 11, S. 639); s. auch, für Frankreich, MEW 17, S. 338. Für Deutschland vgl. dazu auch die in Anm. 41 zit. Sammlung mit Arbeiten von Marx und Engels. — Vgl. dagegen die — allerdings noch sehr idealistisch dem bürgerlichen Selbstverständnis: »no taxation, without representation« verhaftete — hohe Bewertung des bürgerlich-parlamentarischen Rechts, den Staat als »Verwaltungsausschuß« der »allgemeinen Interessen« der bürgerlichen Gesellschaft durch Steuerbewilligung bzw. -verweigerung zu kontrollieren (MEW 6, S. 255; s. auch MEW 7, S. 13).

(letzteres eine Aussage, die im Rahmen einer Analyse des deutschen Faschismus systematisch berücksichtigt werden muß). [72a]

Ein Schwerpunkt der politischen Schriften besteht darin, den dialektischen Gehalt der »besten Staatsform« [73], nämlich der bürgerlichen Republik, herauszustellen. So wie die bürgerliche Industrie die Fesseln des Absolutismus und Feudalismus sprengen muß [74], um das für Marx und Engels an sich und wesenslogisch revolutionäre Proletariat zu bilden, so ist die bürgerliche Republik »die klassische Form der Bourgeoisieherrschaft und zugleich die ihrer hereinbrechenden Auflösung« [75]; so wie die bürgerlichen Produktionsverhältnisse dialektisch sind und mit dem Proletariat zugleich die Quelle ihres Reichtums und ihren Totengräber hervorbringen, so erweist sich auch die bürgerliche Republik als grundlegend widersprüchlich: »Die Klassen, deren gesellschaftliche Sklaverei sie [die bürgerliche Republik, E. H.] verewigen soll, Proletariat, Bauern, Kleinbürger, setzt sie durch das allgemeine Stimmrecht in den Besitz der politischen Macht. Und der Klasse, deren alte gesellschaftliche Macht sie sanktioniert, der Bourgeoisie, entzieht sie die politischen Garantien dieser Macht. Sie zwängt ihre politische Herrschaft in demokratische Bedingungen, die jeden Augenblick den feindlichen Klassen zum Sieg verhelfen und die Grundlagen der bürgerlichen Gesellschaft selbst in Frage stellen. Von den einen verlangt sie, daß sie von der politischen Emanzipation nicht zur sozialen fort-, von den anderen, daß sie von der sozialen Restauration

---

[72a] In diesem Sinn ist es bemerkenswert, daß »der« Kapitalismus dort in Deutschland, wo er sich als industrielle Produktionsform durchsetzt (preußische Rheinprovinz), seiner politischen Konnexinstitute ermangelt, und daß dort, wo ein politischer Liberalismus in weit stärkerem Maße institutionalisiert ist (Bayern), die kapitalistische Produktion kaum mehr als eine »Insel« im Feudalismus darstellt. — Material dazu bei Wolfgang Zorn, »Sozialer Wandel in Mitteleuropa, 1780—1840«, in: Peter Christian Ludz (Hrsg.), Soziologie und Sozialgeschichte, Opladen 1972 = Sonderheft 16, KZfSS, S. 343—356.

[73] Vgl. Marx, 1848, MEW 5, S. 136: ». . . Die Kollisionen, welche aus den Bedingungen der bürgerlichen Gesellschaft selbst hervorgehen, sie müssen durchkämpft, sie können nicht wegphantasiert werden. Die beste Staatsform ist die, worin die gesellschaftlichen Gegensätze nicht verwischt, nicht gewaltsam, also nur künstlich, also nur scheinbar gefesselt werden. Die beste Staatsform ist die, worin sie zum freien Kampf und damit zur Lösung kommen.« — S. auch MEW 5, S. 449.

[74] S. MEW 6, S. 193, 252 ff.

[75] MEW 34, S. 282; zur Charakterisierung der bürgerlichen Republik s. auch MEW 7, S. 29 f.

nicht zur politischen zurückgehen.«[76]

Ziel der politischen Analysen ist es, der Arbeiterklasse Informationen über Fortschritts- und Restaurationstendenzen der politisch fraktionierten und ökonomisch konkurrierenden Bourgeoisie zu vermitteln bzw. dafür zu sorgen, daß die Arbeiterbewegung selbst aus einer republikanischen zu einer sozialen Bewegung als Subjekt des revolutionären Sozialismus und als Ausdruck ihres kategorialen Begriffs werde.[77]

Die revolutionäre Potenz der bürgerlichen Republik zeigt sich vor allem in Frankreich. Dort ist mit dem Bonapartismus die politische Entwicklung so weit fortgeschritten, daß die bürgerliche Gesellschaft »in ihrem Verwesungszustand nur noch das Kaisertum« oder »in ihrem Erneuerungszustand die Republik der Arbeit« zulassen kann.[78] Auf die entwickeltste bürgerliche Staatsform – i. e. die verselbständigte Exekutivgewalt des Bonapartismus – als politische Restauration reagiert daher, Marx und Engels zufolge, die Arbeiterklasse dadurch, daß sie mit der Pariser Kommune 1871 einen »neue[n] Ausgangspunkt von welthistorischer Wichtigkeit«[79] setzt.[80]. Die allgemeine – sowohl für Bourgeoisie als auch Proletariat gültige – Aussage: »Jeder provisorische Staatszustand nach einer Revolution erfordert eine Diktatur, und zwar eine energische«[81], und die allgemeine instrumentelle Bestimmung des Staates im Kontext der sozialistischen Revolution[82] werden für Marx und Engels durch die Kommune modellhaft konkretisiert (so wie es

---

76 Marx, Die Klassenkämpfe in Frankreich 1848 bis 1850, MEW 7, S. 43.
77 Vgl. MEW 17, S. 633.
78 MEW 17, S. 599.
79 Marx, Brief an L. Kugelmann v. 17. 4. 1871, MEW 33, S. 209; vgl. auch MEW 17, S. 636 f.
80 Zu diesen Beziehungen zwischen Bonapartismus und Kommune vgl. bes. Marx' Brief an Kugelmann v. 12. 4. 1871, MEW 33, S. 205; s. auch MEW 17, S. 335 ff.
81 MEW 5, S. 402; für die Kommune vgl. aber MEW 17, S. 633 f., MEW 33, S. 205, wo Marx betont, die Niederlage der Kommune sei Produkt ihrer »Gutmütigkeit« und »Gewissensskrupel«.
82 Vgl. bes. Engels, Brief an A. Bebel v. 18./28. 3. 1875, MEW 34, S. 129: Für das Proletariat ist der Staat »nur eine vorübergehende Einrichtung ..., deren man sich im Kampf, in der Revolution bedient, um seine Gegner gewaltsam niederzuhalten«, d. h. das Proletariat »gebraucht« den Staat »nicht im Interesse der Freiheit, sondern der Niederhaltung seiner Gegner, und sobald von Freiheit die Rede sein kann, hört der Staat als solcher auf zu bestehen«.

auch die »arbeitende Körperschaft« der Pariser Kommune ist, welche die als Herrschaftsmittel und als kapitalistische Formbestimmtheit existierende künstliche und un-wesentliche Kompliziertheit des bürgerlichen Staates positiv aufhebt und eben als »Kunst der Spitzbuben« entlarvt).

Der Modellcharakter der Pariser Kommune ist so groß, daß Marx und Engels unter ihrem Eindruck 1872 auch die Aussagen des »Kommunistischen Manifests« ergänzen bzw. verdeutlichen und revidieren: »Gegenüber der immensen Fortentwicklung der großen Industrie in den letzten fünfundzwanzig Jahren und der mit ihr fortschreitenden Parteiorganisation der Arbeiterklasse, gegenüber den praktischen Erfahrungen, zuerst der Februarrevolution und noch weit mehr der Pariser Kommune, wo das Proletariat zum erstenmal zwei Monate lang die politische Gewalt innehatte [was empirisch noch zu überprüfen wäre, E. H.], ist heute dies Programm [das »Kommunistische Manifest«, E. H.] stellenweise veraltet. Namentlich hat die Kommune den Beweis geliefert, daß ›die Arbeiterklasse nicht die fertige Staatsmaschine einfach in Besitz nehmen und sie für ihre eignen Zwecke in Bewegung setzen kann‹.«[83]. –

Derartige Ausführungen stehen im Kontext differenzierter Klassenanalysen. Beispielsweise wird für England zwischen den »reaktionären oder stabilen Klassen, d. h. also [der] Grundaristokratie, [den] Rentiers, [den] Börsenspekulanten, [den] Grundbesitzer[n] in den Kolonien, [den] Schiffsreeder[n] und ein[em] Teil der Kaufleute und Bankiers« und der »industriellen Bourgeoisie«[84] unterschieden. Und in einer politischen Analyse Frankreichs findet sich z. B. folgende Unterscheidung von politischen Fraktionen des Kapitals: »Vom 1. November 1849 datiert die dritte Lebensperiode der konstitutionellen Institutionen, ..., der Krakeel zwischen der exekutiven und gesetzgebenden Gewalt. Den Restaurationsgelüsten der vereinigten Orleanisten und Legitimisten gegenüber vertritt Napoleon den Titel seiner tatsächlichen Macht, die Republik; den Restaurationsgelüsten Bonapartes gegenüber vertritt die Partei der Ordnung den Titel ihrer gemeinsamen Herrschaft, die Republik; den Orleanisten gegenüber vertreten die Legitimisten,

---

[83] MEW 18, S. 95 f., das Zitat im Zitat entstammt der Adresse: Der Bürgerkrieg in Frankreich, MEW 17, S. 336.
[84] MEW 8, S. 215 f.

den Legitimisten gegenüber vertreten die Orleanisten den Status quo, die Republik. Alle diese Fraktionen der Ordnungspartei, deren jede ihren eigenen König und ihre eigene Restauration in petto hat, machen wechselseitig den Usurpations- und Erhebungsgelüsten ihrer Rivalen gegenüber die gemeinsame Herrschaft der Bourgeoisie, die Form geltend, worin die besonderen Ansprüche neutralisiert und vorbehalten bleiben – die Republik.« [85]

Beide Zitate veranschaulichen den Differenzierungsgrad der politischen Analysen; sie weisen aber beide auch darauf hin, daß die beschriebenen Größen in ihrem Verhalten und in ihrer Genese nicht erklärt werden. Den differenziert wahrgenommenen politischen Optionen etc. kapitalistischer Fraktionen wird kein ökonomischer und sozialer Hinter- und Bezugsgrund zugewiesen. Klassenanalyse verharrt somit zu sehr auf der Ebene des Aufzeigens politischer Interessen und für sich genommener Gruppierungen, deren Verhältnis zum »ideellen Gesamtkapitalisten«, dem Staat, und zur bürgerlichen Klasse nicht genügend geklärt wird.

Eine »Einheit der Mannigfaltigkeit« wird lediglich kategorial postuliert, weil sich nämlich die »Epoche der Bourgeoisie«, wie es im »Kommunistischen Manifest« heißt, dadurch auszeichnet, »daß sie die Klassengegensätze vereinfacht hat«, so daß es »mehr und mehr« nur noch »zwei große feindliche Lager«, Bourgeoisie und Proletariat, gibt. [86] Diese kategoriale Konstellation von »zwei großen Lagern mit verschiedenen Bannern und ... Zielen« kontrastiert eigenartig und bleibt unverbunden mit der Differenzierung der Klassenanalysen in den politischen Schriften und weist gerade damit auf die klassenanalytische und methodologische Problematik dieser politischen Analysen hin. Diese Problematik manifestiert sich beispielsweise in der lediglich politischen Beschreibung, daß auch eine politische Restauration des Bürgertums möglich ist, die aber grundsätzlich nichts an der Chance einer revolutionären Umgestaltung der kapitalistischen Gesellschaft ändert. Bei aller differenzierten Betrachtung unterschiedlicher Staatsformen tritt in diesem Fall doch die Kategorie des in sich identischen Kapitalismus an sich in den Vordergrund, um politische Restauration als nur zeitweilige

---

85 Marx, Die Klassenkämpfe in Frankreich 1848 bis 1850, MEW 7, S. 76 — analog vgl. die Analyse der Partei der »roten Republik«, der »Sozialdemokratie«: S. 87—90.
86 Vgl. auch MEW 11, S. 127. — Vgl. Anm. 47a.

und immer noch positiv-sozialistisch aufhebbare Unterbrechung verstehen zu können. Mit Bezug auf die Arbeiterklasse korreliert diese Aussparung mit der Geringschätzung derjenigen »subjektiven Faktoren«, die den Prozeß der Konstituierung von Klassenbewußtsein bestimmen und initiieren. Nur auf Grund solcher Auslassungen ist die Revolution für Marx »auf dem Kontinent... imminent und wird auch sofort einen sozialistischen Charakter annehmen« [87] (um von Engels Berechnungen des sozialdemokratischen Wahlsieges in Deutschland ganz zu schweigen); denn: »Es erübrigt sich, noch lang und breit von den politischen Folgen zu sprechen, die eine... Krise heutzutage zeitigen muß...« [88]. A posteriori betrachtet wird damit gerade die grundlegende Problemstellung ausgeblendet; denn rückblickend auf die Geschichte der Arbeiterbewegung ist »die wesentlichste Frage nicht die..., daß und wie Klassenbewußtsein beim Werktätigen vorhanden ist..., sondern was die Entwicklung des Klassenbewußtseins hemmt« (W. Reich).

An solchen Schwächen müßte ein kritischer Prozeß der Rekonstruktion und Rezeption der politischen Schriften von Marx und Engels ansetzen. Indem der Reichtum dieser Analysen als Anspruchsniveau für das Erforschen politischer Interessen und Klassenbewegungen akzeptiert und eingelöst wird, sind primär doch die Analyse der Konstituierung des Klassenbewußtseins der Arbeiterklasse und das Bemühen der Monopolgruppentheorie, erneut eine Einheit von politischer und ökonomischer Macht zu begreifen, aufzugreifen. Damit aber werden die eingangs umschriebenen methodischen Probleme nur noch dringlicher. Das Verhältnis empirischer Mannigfaltigkeiten zu »ihrem« Wesen bzw. dasjenige »des« Wesens zu »seiner« Empirie ist noch unbekannt; und dieses Problem stellt sich mit aller Schärfe, wenn man die Notwendigkeit empirischer Forschung und politischer Analysen von Klassenbewegungen nicht unbeachtet läßt, sondern als einen (wenn nicht *den*) Auftrag des historischen Materialismus ansieht.

---

[87] Marx, Brief an Engels v. 8. 10. 1855, MEW 29, S. 360.
[88] MEW 9, S. 102.

GERT SCHÄFER: EINIGE PROBLEME DES VERHÄLTNISSES VON »ÖKONOMISCHER« UND »POLITISCHER« HERRSCHAFT

1. Zur Einführung

Wir sahen, daß sich für Marx die Entfaltung materialistischer Staatstheorie kaum weniger komplex darstellte als die der wesentlichen Kategorien politischer Ökonomie selbst. Den Gegenstand einer Kritik des bürgerlichen Staates, in seinen ökonomischen Grundelementen, kann uns der in den »Grundrissen« skizzierte Planentwurf vor Augen führen: »... Anderseits die drei Klassen als die Produktion gesetzt in ihren drei Grundformen und Voraussetzungen der Zirkulation. Dann der *Staat*. (Staat und bürgerliche Gesellschaft. – Die Steuer, oder die Existenz der unproduktiven Klassen. – Die Staatsschuld. – Die Population. – Der Staat nach außen: Kolonien. Auswärtiger Handel. Wechselkurs. Geld als internationale Münze. – Endlich der Weltmarkt. Übergreifen der bürgerlichen Gesellschaft über den Staat. Die Krisen. Auflösung der auf den Tauschwert gegründeten Produktionsweise und Gesellschaftsform. Reales Setzen der individuellen Arbeit als gesellschaftlicher und vice versa)« (Grundrisse, S. 175; vgl. ebenda, S. 139; sowie den Kommentar von Roman Rosdolsky: Zur Entstehungsgeschichte des Marxschen ›Kapital‹, Bd. I, Frankfurt 1968, S. 44 f.). So wenig jedoch Marx die Zeit gefunden hat, das Verhältnis von »allgemeinem Begriff des Kapitals« und wirklicher Geschichte, von theoretischer Darstellung und Geschichtsschreibung zu explizieren und somit den Begriff des historischen Materialismus und der dialektischen Darstellung zu präzisieren, so wenig ist er dazu gekommen, diesen Plan einer Kritik des bürgerlichen Staates oder »des Verhältnisses der verschiedenen Staatsformen zu den verschiedenen ökonomischen Strukturen der Gesellschaft« (MEW 30, S. 639) zu verwirklichen. Wir müssen feststellen, daß wir bis heute weit davon entfernt sind, diese theoretisch und praktisch gleich bedeutsame Aufgabe befriedigend gelöst zu haben. So besitzen wir, neben der Kritik der politischen Ökonomie, auf der einen Seite Hinweise, Hypothesen, Teilstücke und Versicherungen einer materialistischen Staatstheorie, die oft kaum mehr als einen Katalog von Fragestellungen, vorläufigen Annahmen oder Grundsätzen enthalten. Auf der anderen Seite kann uns der differenzierte Reichtum von Marx' und Engels' »zeitgeschichtlichen« politischen Analysen lehren, welchen Grad an Konkretheit eine Untersuchung erreichen muß, wenn sie den wirklichen historischen Kämpfen und Prozessen gewachsen sein will.

In dem berühmten Vorwort seiner Arbeit »Zur Kritik der politischen Ökonomie«, in dem er den Gang seiner Studien und deren allgemeinstes Resultat schildert, legte Marx dar, daß »die Produktionsweise des materiellen Lebens ... den sozialen, politischen und geistigen Lebensprozeß überhaupt« bedinge und die »Gesamtheit der Produktionsverhältnisse« die »reale Basis« bildet, »worauf sich ein juristischer und politischer Überbau erhebt, und welcher bestimmte gesellschaftliche Bewußtseinsformen entsprechen«. In der unverstümmelten marxistischen Tradition ist dieses Bedingungsverhältnis nie so aufgefaßt worden, als ließen sich die gesellschaftlichen Bewußtseinsformen, »idealistischen Superstrukturen« und Institutionen des politischen Staates theoretisch und praktisch vernachlässigen, weil sie Überbauten seien. Derlei unkritische Auffassungen – die regelmäßig mit einer zum Ökonomismus reduzierten Kritik der politischen Ökonomie und politischem Dogmatismus einhergehen – finden auch in den populären Schriften von Engels, der gemeinhin für die Ansätze des »Vulgärmarxismus« verantwortlich gescholten wird, kaum eine Stütze. Konnte daher Lenin die Entstellungen des Marxismus (in seiner Schrift »Staat und Revolution«) nicht zuletzt an Hand von Engels' verbreiteten Texten zurückweisen und die »*Wiederherstellung* der wahren Marxschen Lehre vom Staat« als vordringliche Aufgabe für den Befreiungskampf der proletarischen Massen von der bürgerlichen Ideologie fordern, so bezeichnete Engels nicht zufällig den Staat als die »erste ideologische Macht über den Menschen«, welcher der Schein bürgerlicher Gesellschaft entspreche (MEW 21, S. 302 [269]). Jedoch müssen wir fragen, ob die Entwicklungen einer materialistischen Staatstheorie, wie sie bei Engels (oder Lenin) vorliegen, den bürgerlichen Staat aus seiner spezifischen ökonomischen Basis zu begreifen und die Staatsideologie aus ihr zu erklären vermochten – oder ob wir es vielmehr bei diesen, die »orthodoxe« marxistische Tradition bestimmenden Ansätzen mit Erklärungsversuchen zu tun haben, denen die Vermittlung auf *systematischer Ebene* – ungeachtet einzelner wesentlicher und scharfsinniger Analysen – gerade nicht gelungen ist?

Engels hob in seiner Anfang 1886 geschriebenen Abhandlung

»Ludwig Feuerbach und der Ausgang der klassischen deutschen Philosophie« hervor, daß »in der modernen Geschichte wenigstens ... der Staat, die politische Ordnung, das Untergeordnete, die bürgerliche Gesellschaft, das Reich der ökonomischen Beziehungen, das entscheidende Element« des geschichtlichen Prozesses ist. (MEW 21, S. 300 [267]). Die notwendige politische Form der ökonomischen Emanzipationskämpfe erzeuge zwar den althergebrachten Schein einer Superiorität des Staates, weil alle Bedürfnisse der bürgerlichen Gesellschaft »durch den Staatswillen hindurchgehen, um allgemeine Geltung in Form von Gesetzen zu erhalten«. Diese »formelle Seite der Sache« verstehe sich aber von selbst; »es fragt sich nur, welchen Inhalt dieser nur formelle Wille – des einzelnen wie des Staats – hat?« (ebenda). Engels hat später nachdrücklich versichert, daß »wir alle zunächst das Hauptgewicht auf die *Ableitung* der politischen, rechtlichen und sonstigen ideologischen Vorstellungen und durch diese Vorstellungen vermittelten Handlungen aus den ökonomischen Grundtatsachen« legten und legen mußten. »Dabei haben wir dann aber die formelle Seite über der inhaltlichen vernachlässigt: die Art und Weise, wie diese Vorstellungen etc. zustande kommen«. Engels bezeichnete diese mangelnde Vermittlung von Inhalt und Form (»der Fehler ist mir immer erst *post festum* aufgestoßen«) als eine »Seite der Sache, die ... wir alle mehr vernachlässigt« haben, als »sie es verdient« (Engels an Franz Mehring, 14. 7. 1893).

Die Ableitung von Grundelementen der Ideologie (»die Ideologie ist ein Prozeß, der zwar mit Bewußtsein vom sogenannten Denker vollzogen wird, aber mit einem falschen Bewußtsein«; ebenda), d. h. der bürgerlichen Bewußtseinsformen und der ihnen entsprechenden ökonomischen Erscheinungen mag im »Kapital« geleistet worden sein. Kennzeichnend für die klassische marxistische Staatstheorie aber ist es, daß eine solche Vermittlung von Inhalt und Form *systematisch* nicht geschah und deshalb auch nicht jenes Programm verwirklicht werden konnte, das für materialistische Kritik wesentlich ist, nämlich »aus den jeweiligen wirklichen Lebensverhältnissen ihre verhimmelten Formen zu entwickeln. Dies letztere ist die einzig materialistische und daher wissenschaftliche Methode« (Das Kapital, Erster Band, MEW 23, S. 393, Anm. 89). Die vor allem von Engels wieder und wieder betonte Definition des Staates, als besondere politische Institution der Klassengesellschaft eine »aus der Gesellschaft hervorgegangene, aber sich über sie stellende, sich ihr mehr und mehr entfremdende Macht« zu sein (MEW 21, S. 165 [308]), mußte daher ebenso unentwickelt bleiben wie die von Marx (in problematischer Gestalt, wie wir sahen) skizzierte notwendige Verdoppelung der Gesellschaft in Gesellschaft und Staat, oder die Konstituierung der Mitglieder der bürgerlichen Gesellschaft zur »moralischen Person, als Staat« (siehe oben, S. XLVIII).

2. *Der Ursprung der Familie, des Privateigentums und des Staats*

Der theoretische Mangel führte zu schwerwiegenden politischen ›Fehlern‹ und brachte diese zum Ausdruck. Engels hatte in seiner Schrift »Ludwig Feuerbach und der Ausgang der klassischen deutschen Philosophie«, in den entsprechenden Passagen, die Resultate des 1884 geschriebenen »Ursprung der Familie, des Privateigentums und des Staats« resümiert, der Arbeit, die Lenin als »eines der grundlegenden Werke des modernen Sozialismus« betrachtete (Werke, Bd. 29, Berlin 1961, S. 463). Lucio Colletti wies darauf hin, daß die Staatstheorie des Marxismus der Zweiten Internationale jene von Engels' »Ursprung« war, und die darin enthaltene Überlegungen »auch alle späteren marxistischen Ausführungen über den Staat« bestimmten (Bernstein und der Marxismus der Zweiten Internationale, Frankfurt 1971, S. 74). Colletti nennt die grundlegende Problematik von Engels' Entwicklungen: einerseits die »bekannte Marxsche Feststellung, daß in der bürgerlichen Gesellschaft die ›besonderen‹ oder Klasseninteressen eine illusorische Form ›universeller‹ oder ›allgemeiner‹ Interessen annehmen«, als »einen allen Typen von Klassenherrschaft eigenen Wesenszug« darzustellen, andererseits unfähig zu sein, »diesen Prozeß der ›Abstraktion‹ an die besondere *kapitalistische* ökonomisch-soziale Struktur zu binden und damit als ein organisches Produkt *dieses* bestimmten Typs von Gesellschaft zu erklären«. So »erscheint hier dieser Prozeß der objektiven ›Abstraktion‹ und ›Sublimation‹ als *bewußte* Verschleierung oder Betrug durch die herrschenden Klassen ... Die Folge dieser Unfähigkeit, den modernen Staat wirklich an seine speziellen ökonomischen Grundlagen zu knüpfen, ist in erster Linie eine *voluntaristische* Vorstellung, die im Staat, oder wenigstens in der Form, die er angenommen hat, ein von den herrschenden Klassen beabsichtigtes Produkt, eine Erfindung *ad hoc* sieht. In zweiter Linie resultiert daraus eine Anschauung, die – sofern sie die Form des Staates als *indifferent* gegenüber den ihn leitenden sozialen Verhältnissen betrachtet – in den entfesseltsten Subjektivismus und zugleich in Klassenneutralismus mündet (damit folgt sie einem Prozeß, der sich erst kürzlich wiederholt hat) ...« (ebenda).

Gewiß war es Engels' hauptsächliches Interesse im »Ursprung«, an Hand des zuerst von Morgan vorgetragenen frühgeschichtlichen Materials den Zusammenhang von Arbeitsteilung, Klassenbildung und politischer Repressionsgewalt darzulegen, die »Produktion und Reproduktion des unmittelbaren Lebens« in den beiden Hauptformen von Arbeit und Familie »als das in letzter Instanz bestimmende Moment in der Geschichte« nachzuweisen.[1] In dem Werk finden wir auch eine Fülle von wichtigen Hinweisen etwa auf den Zusammenhang von Warenproduktion und Staatsbildung oder auf die Probleme verselbständigter öffentlicher Gewalt. Die »Zusammenfassung der bürgerlichen Gesellschaft in der Form des Staats« (Grundrisse, S. 28 f) und der Konstitutionsprozeß des »allgemeinen Willens« der Warenbesitzer (vgl. etwa MEW 13, S. 95, S. 117) konnten jedoch nicht aus den widersprüchlichen Entwicklungsformen und Bedingungen der Warenproduktion »abgeleitet« werden. Stattdessen wurden hier wie später, dem methodischen Aufbau und inneren Argumentationsgang nach, meist direkte Herrschaftsverhältnisse, unmittelbare Formen von Klassenherrschaft unterstellt, obgleich diese für die kapitalistische Gesellschaftformation, von Krisen- und Revolutionsprozessen abgesehen, nicht konstitutiv sind. Mit anderen Worten: daß der Staat »das Produkt und die Äußerung der Unversöhnlichkeit der Klassengegensätze« ist und als Staat Klassenherrschaft verkörpert, wurde nicht aus der

---

1 V. Gordon Childe (*Soziale Evolution*, Frankfurt 1968, S. 23) bemerkt in seiner, freilich auch schon vor zwei Jahrzehnten entstandenen Abhandlung, aufgrund der neueren Daten und Funde wäre es »sinnlos, Morgans (und Engels) Darstellung der verschiedenen Stufen des wirtschaftlichen, politischen oder Verwandtschaftssystems heute auch nur zusammenzufassen. Im Detail läßt sie sich nicht mehr aufrechterhalten. Doch ist sie bis jetzt der beste Versuch dieser Art«. Wie es sich damit auch verhalten mag: für die marxistische Theorie ist die spezifische Differenz der modernen bürgerlichen zu allen vorbürgerlichen Formationen von entscheidender Bedeutung. Nur in der bürgerlichen Gesellschaft nimmt nämlich der Reichtum eine von der konkreten Naturalform unterschiedliche gesellschaftliche Form an, und erst in ihr wird »den Menschen ihre eigene Vergesellschaftung buchstäblich gegenständlich« (siehe H. Reichelt, oben S. LIII). Zu einer marxistischen Kritik der »Evolution« fordert die dichte Darstellung von Talcott Parsons (*Societies. Evolutionary and Comparative Perspectives*, Englewood Cliffs, 1966) geradezu heraus.

Kritik der politischen Ökonomie, sondern durch eine nur scheinbar marxistische »Herrschaftssoziologie« entwickelt. Sie aber muß verstellen, was für die Herrschaft des Kapitals und seinen Überbau, den politischen Staat, charakteristisch ist. Denn die ins Zentrum der Beweisführung gerückte Repressivfunktion des Staates an sich, als einer »besonderen öffentlichen Gewalt« über der Klassengesellschaft, erklärt weder dessen spezifischen Charakter, bürgerlicher Staat zu sein, noch jene strukturellen »Gesetze«, die auf der Basis der immanenten Widersprüchlichkeit kapitalistischer Produktionsweise den politischen Staat als Überbau, als abgehobene Form ihrer Vereinheitlichung hervorbringen, also auch nicht den historischen Prozeß, in dem »dies organische System« sich selbst als Totalität setzt, um »alle Elemente der Gesellschaft sich unterzuordnen, oder die ihm noch fehlenden Organe aus ihr heraus zu schaffen« (Grundrisse, S. 189).

3. Formen, die der kapitalistischen Produktion vorhergehen

Von den verschiedensten sozialwissenschaftlichen und historischen Ansätzen her, wie grundlegend sie sich in ihren Begriffen und Erklärungen auch unterscheiden, ist dargetan worden, daß erst mit der Entwicklung der »modernen Gesellschaft« zugleich jene politische Institution entstand, die wir heute »Staat« nennen[2]. Welche historischen Entwicklungs- und Übergangsformen auch auftraten: der »moderne Staat« (und der ihm entsprechende Begriff des Politischen) repräsentiert eine andere soziale Struktur als jene der »vormodernen« politischen Gemeinwesen (die wir aus genauen Gründen auch nur mit Vorbehalten als »Gesellschaften« bezeichnen können[3]). Die vermittelten Gegensätze von »Staat« und »Gesell-

---

2 Vgl. etwa Reinhard Bendix (ed.): *State and Society*. A Reader in Comparative Political Sociology, Boston 1968
3 Alfred Schmidt (*Zum Verhältnis von Geschichte und Natur im dialektischen Materialismus*, in: Existentialismus und Marxismus, Frankfurt, es, 1962, S. 121) formulierte so: »Worauf Marx hinaus will, ist dies: jede über die tierischen Keimformen hinausgehende Auseinandersetzung von Mensch und Natur geschieht im Rahmen einer bestimmten Gesellschaftsform, aber nicht jede dieser Formen ist ›Gesellschaft‹ im Sinne der bürgerlichen, der Gesellschaft par excellence. Marx vermeidet daher diesen Begriff im Hinblick auf vorbürgerliche Verhältnisse (...), oder er bedient sich seiner im uneigentlichen Verstande«. Vgl. Anm. 1; es versteht sich, daß die kommunistische »Assoziation« sich wiederum grundlegend von der bürgerlichen »Gesellschaft« unterscheidet.

schaft«, »Ökonomie« und »Politik«, »Öffentlichkeit« und »Privatsphäre« usw. sind ebenso ein spezifisches historisches Produkt wie das »Individuum«, das Recht oder die Familienstruktur. Die Auflösungsprozesse der »traditionalen«, vorbürgerlichen Gemeinwesen stellen zugleich die Entstehungsgeschichte der bürgerlichen Gesellschaft dar; die Entstehungsgeschichte des Kapitals und der Lohnarbeit ist zugleich die des »politischen Staates«.

Marx' hauptsächliches Interesse in dem erörterten Abschnitt der »Grundrisse« zielt darauf, sich den geschichtlichen Prozeß, »der der Bildung des Kapitalverhältnisses oder der ursprünglichen Akkumulation vorhergeht«, zu vergegenwärtigen und zugleich die spezifische Differenz des Kapitalverhältnisses, also der ökonomisch begründeten Klassenbeziehung von Bourgeoisie und Proletariat, zu verdeutlichen. Arbeitet er einerseits jene »notwendige Dialektik« heraus, die das kapitalistische Klassenverhältnis kennzeichnet (vgl. etwa Grundrisse, S. 413 ff. und unten [360 f., 431 ff.]), so versucht er andererseits »die Punkte« auszumachen, »wo die historische Betrachtung hereintreten muß, oder wo die bürgerliche Ökonomie als bloß historische Gestalt des Produktionsprozesses über sich hinausweist auf frühere historische Weisen der Produktion« (Grundrisse, S. 364). Marx wußte, daß er sich, was die hinter dem kapitalistischen System liegende Vergangenheit angeht, auf »Andeutungen« (S. 365) beschränken mußte (sofern es sich nicht um die dialektische Darstellung der sich entfaltenden Warenzirkulation und -produktion, in ihren wesentlichen Kategorien, handelte). So haben wir es auch bei den Passagen, die sich mit vorbürgerlichen Formen des Verhältnisses von Produktionsweise und Herrschaft beschäftigen, durchaus mit – allerdings zentralen – Andeutungen zu tun. Ein Vergleich der hier vorgetragenen Argumentation mit der von Engels im »Ursprung« o. ä. belehrt uns indessen rasch, wieviel für eine präzise Analyse (nicht allein) politischer Herrschaft davon abhängt, jene spezifische Differenz der kapitalistischen zu den vorbürgerlichen Gesellschaftsformationen systematisch zu berücksichtigen.

Wenn auch Marx seinen Entstehungsprozeß unmittelbar kaum berührt, skizziert er hier doch historische und ökonomische Voraussetzungen, welche die »verselbständigte Macht der Gesellschaft, den Staat« (Grundrisse, S. 882) überhaupt erst ermöglichen; dieser setzt die Auflösung der alten Gemeinwesen und die sich zum Kapitalismus entfaltende Gesellschaft von Warenbesitzern voraus, d. h. einmal die zu erklärende Trennung zwischen den »unorganischen

Bedingungen des menschlichen Daseins« und dem »tätigen Dasein« der unmittelbaren Produzenten – »eine Trennung, wie sie vollständig erst gesetzt ist im Verhältnis von Lohnarbeit und Kapital« (Grundrisse, S. 389 [334]) – sodann die Entwicklung »vereinzelter Menschen« selbst (ebenda, S. 395 [341]).

Für die Staaten des Übergangs von der vorbürgerlichen zur warenproduzierenden Gesellschaft, ob es sich um die antike Tyrannis oder den neuzeitlichen Absolutismus handelt[4], scheint es charakteristisch zu sein, daß die »politische Gewalt« an der Spitze dieser »Übergangsgesellschaften« als ein unverhülltes Herrschafts- und Knechtschaftsverhältnis zutage tritt, als formell unbeschränkte Gewalt des »Souveräns« über die »Subjekte« (in der englischen Sprache hat sich z. B. das Gleichgelten von »subject« und Untertan noch erhalten). Während die alten »persönlichen« und »politischen« Bindungen verschwanden, ihre Kraft verloren oder in den sich zunehmend bürokratisierenden Klientelapparat des »Souveräns« übergingen, repräsentierten diese Staaten – offenbar eine der »Bedingungen des historischen Auflösungsprozesses« und zugleich »Hersteller der Bedingungen für die Existenz des Kapitals« (Grundrisse, S. 406 f. [353]) – schon eine ganz andere »superiore Stellung« des Staates (Grundrisse, S. 430 [474]) als dies in den vorkapitalistischen Gemeinwesen der Fall war. Das »naturwüchsige, mehr oder minder historisch entwickelte und modifizierte Dasein des Individuums als Mitglieds einer Gemeinde« (Grundrisse, S. 385 [330]), war schon einer sozialen Struktur gewichen, in der sich das »freie Privateigentum« als Existenzbedingung der »Gesellschaft« mehr und mehr herausstellte und das »Eigentum des Einzelnen« nicht mehr »vermittelt durch die Gemeinde, sondern das Dasein der Gemeinde als vermittelt, d. h. als Beziehung der selbständigen Subjekte aufein-

---

4 Natürlich sollen hier nicht die grundlegenden Differenzen verwischt werden; charakteristisch ist vielmehr, daß sowohl die Tyrannis als auch der Absolutismus Auflösungsprodukte der vorbürgerlichen Gemeinwesen darstellen und in einem bestimmten Stadium gesellschaftlicher Entwicklung eine neue Form politischer Souveränität begründen. Die Stadttyrannen repräsentierten Vorformen verselbständigter politischer Gewalt, die sich wesentlich von der Herrschaft aristokratischer Grundherren unterscheiden. Die gesellschaftlichen Funktionen, auf die sie sich berufen und stützen konnten, waren so etwa die Förderung des Handels und Verkehrs, die staatliche Garantie der Münzen, das Ersetzen der Geschlechterherrschaft durch die territoriale Machtausübung, die Einführung *besonderer* politischer Verfassungen, Reorganisation des Militärwesens auf ›staatlicher‹ Grundlage usw.

ander« erschien (Grundrisse, S. 383 [328]). Die Verselbständigung des politischen Staates über der sich herausbildenden modernen bürgerlichen Gesellschaft läßt den Staat immer noch als Erstes erscheinen, aber nun nicht mehr als »Gemeinde«, »Stamm«, »Polis«, »civitas«, »res publica«, »body politic« etc. im alten politischen Sinn, sondern als Sitz der obersten Gewalt, der politischen Souveränität auf der Grundlage der neuen Gesellschaft von konkurrierenden Warenbesitzern.

»In allen diesen Auflösungsprozessen wird sich bei genauerer Prüfung zeigen, daß Verhältnisse der Produktion aufgelöst werden, worin vorherrscht: Gebrauchswert, Produktion für den unmittelbaren Gebrauch; der Tauschwert und die Produktion desselben das Vorherrschen der anderen Form zur Voraussetzung hat« (Grundrisse, S. 402 [347]). Erst auf der Grundlage der Warengesellschaft kommt es so zum »politischen Staat«, müssen sich die Widersprüche zwischen den besonderen Interessen der verschiedenen Kategorien von Warenbesitzern und ihren allgemeinen Interessen in einer abgehobenen politischen Institution, die der Gesellschaft gegenübersteht *und* diese zusammenfaßt, ausdrücken. Im Gegensatz zu den verschiedensten Gestalten der »alten Staaten« ist es für die »moderne«, d. h. kapitalistische Gesellschaft und ihr Klassenverhältnis kennzeichnend, daß sich die Subjekte formell als Personen — Warenbesitzer und Rechtspersonen – gegenüberstehen und sich Herrschaft »in vermittelter Form« (Grundrisse, S. 400 [346]) reproduziert. Wie prekär in offenen Krisen der bürgerlichen Gesellschaft auch die Beziehung von vermittelter und unvermittelter Herrschaft, »Rechtsstaatlichkeit« und »verselbständigter öffentlicher Gewalt« *ist* – jene gesellschaftliche Formation unterscheidet den kapitalistischen Staat dem Wesen nach von den (*anders* mit politischem Schein versehenen) unmittelbaren Herrschafts- und Knechtschaftsbeziehungen der vorbürgerlichen Gemeinwesen. Diese verkörpern selbst Stufen der Aneignung von Produktionsinstrumenten, aber solche, in denen die Trennung zwischen den objektiven Bedingungen der Arbeit und den unmittelbaren Produzenten noch nicht vollends geschah. Stellt sich hier das »Herrschaftsverhältnis als wesentliches Verhältnis der Aneignung« dar (Grundrisse, S. 400 [345]), so repräsentieren die vielfältigen »politischen Systeme« freilich ebensoviele Formen, die noch unentfalteten ökonomischen »Klassen«-Beziehungen zu erhalten.

4. Die sogenannte ursprüngliche Akkumulation; der Staatsapparat

Der Übergang zur kapitalistischen Produktionsweise als gesellschaftlich dominierender war von der allgemeinen Voraussetzung hinreichend entwickelter Warenzirkulation und -produktion *und* von spezifischen historischen Konstellationen abhängig, in denen sich die Warenproduktion zur kapitalistischen entfalten konnte. Die »Revolution in den Produktivkräften« und die ihr entsprechenden Produktionsverhältnisse setzten »die Trennung der freien Arbeit von den objektiven Bedingungen ihrer Verwirklichung – von dem Arbeitsmittel und dem Arbeitsmaterial« – eben jenen historischen Prozeß voraus, »der die Entstehungsgeschichte des Kapitals und der Lohnarbeit« bildet: »Was das Geldvermögen befähigt Kapital zu werden, ist das Vorfinden einerseits der freien Arbeiter; zweitens das Vorfinden der Lebensmittel und Materialien etc., die sonst d'une manière ou d'une autre *Eigentum* der nun objektivlos gewordenen Massen waren, als ebenfalls *frei* und verkäuflich. Die andere Bedingung der Arbeit aber – gewisse Kunstfertigkeit, Instrument als Mittel der Arbeit etc. – ist in dieser Vorperiode oder ersten Periode des Kapitals von ihm *vorgefunden* ... Der historische Prozeß ist nicht das Resultat des Kapitals, sondern Voraussetzung für dasselbe. Durch ihn schiebt sich dann auch der Kapitalist als Zwischenperson (historisch) zwischen Grundeigentum oder zwischen Eigentum überhaupt und Arbeit ... Aber das *bloße Dasein des Geldvermögens* und selbst Gewinnung einer Art supremacy seinerseits reicht keineswegs dazu hin, daß jene *Auflösung in Kapital* geschehe. Sonst hätte das alte Rom, Byzanz etc. mit freier Arbeit und Kapital seine Geschichte geendet oder vielmehr eine neue Geschichte begonnen ... Die *Urbildung des Kapitals* ... geschieht einfach dadurch, daß der als Geldvermögen existierende Wert durch den historischen Prozeß der Auflösung der alten Produktionsweise befähigt wird einerseits zu kaufen die objektiven Bedingungen der Arbeit, andererseits die lebendige Arbeit selbst gegen Geld von den freigewordenen Arbeitern einzutauschen« (Grundrisse, S. 375, 388, 404 ff. [319, 333, 350 ff.]).

Den historischen Übergangsprozeß skizziert Marx, am englischen klassischen Beispiel, zum Schluß des ersten Bandes seines »Kapital«. Gegen die ideologisch bedingten idyllischen Vorstellungen bei den bürgerlichen Ökonomen, betont er die wirkliche Geschichte von »Eroberung, Unterjochung, Raubmord, kurz Gewalt« (MEW 23,

S. 742). Wie die vogelfreien zukünftigen »Arbeitnehmer« in der sogenannten ursprünglichen Akkumulation »durch grotesk-terroristische Gesetze in eine dem System der Lohnarbeit notwendige Disziplin hineingepeitscht, – gebrandmarkt –, gefoltert« wurden (S. 765 [367]), so trat überall »die Staatsmacht, die konzentrierte und organisierte Gewalt der Gesellschaft« auf, »um den Verwandlungsprozeß der feudalen in die kapitalistische Produktionsweise treibhausmäßig zu fördern und die Übergänge abzukürzen. Die Gewalt ist der Geburtshelfer jeder alten Gesellschaft, die mit einer neuen schwanger geht. Sie selbst ist eine ökonomische Potenz« (S. 779 [374]).

Erscheinen daher die Regierungen und ihre Gewaltmethoden als »Bedingungen des historischen Auflösungsprozesses und als Hersteller der Bedingungen für die Existenz des Kapitals« (Grundrisse, S. 406 f. [353]), so konnte im Fortgang der kapitalistischen Produktionsweise sich eine Arbeiterklasse entwickeln, »die aus Erziehung, Tradition, Gewohnheit, die Anforderungen jener Produktionsweise als selbstverständliche Naturgesetze anerkennt; ... der stumme Zwang der ökonomischen Verhältnisse besiegelt die Herrschaft des Kapitalisten über den Arbeiter. Außerökonomische, unmittelbare Gewalt wird zwar immer noch angewandt, aber nur ausnahmsweise« (S. 765 [367 f.]).

Die absolute Monarchie, »selbst schon ein Produkt der Entwicklung des bürgerlichen Reichtums zu einer mit den alten Feudalverhältnissen unverträglichen Stufe«, bedurfte, »entsprechend der gleichförmigen Macht, die sie fähig sein muß, auf allen Punkten der Peripherie auszuüben, als des materiellen Hebels dieser Macht des *allgemeinen Äquivalents,* des Reichtums in seiner stets schlagfertigen Form, worin er durchaus unabhängig ist von den besonderen lokalen, natürlichen, individuellen Beziehungen. Sie bedarf des Reichtums in der Form des Geldes«. Wie sie daher »werktätig in der Verwandlung des Geldes in das allgemeine Zahlungsmittel war« (Grundrisse, S. 873 f. [402 f.]), so diente die von ihr ausgebaute politische Zentralgewalt – freilich in unterschiedlichem Maße, je nach dem ökonomischen Entwicklungsstand, der politischen Gewaltenverteilung und Rolle des Souveräns – zur treibhausmäßigen Beförderung kapitalistischer Produktionsweise. Mit ihr bildete sich jene »konzentrierte und organisierte Gewalt«, der moderne bürokratisch-militärische Staatsapparat, heraus. Die wachsende, als klassenneutral hypostasierte Verselbständigung dieses Apparates gegenüber unmittelbaren ökonomischen und politischen Privilegien entsprach einem Bedürfnis der nicht mehr in ständischen Hierarchien gebundenen Gesellschaft von gleichgeltenden Warenbesitzern[5]. Seinen Abschluß konnte dieser Verselbständigungsprozeß in der von politisch garantierten Klassenprivilegien formell völlig befreiten Form der demokratischen Republik finden.

Marx skizzierte in mehreren Schriften zur französischen Geschichte die Entwicklung des Staatsapparates im Verhältnis zur bürgerlichen Gesellschaft: »Die zentralisierte Staatsmacht mit ihren allgegenwärtigen Organen –, ... geschaffen nach dem Plan einer systematischen und hierarchischen Teilung der Arbeit – stammt her aus den Zeiten der absoluten Monarchie, wo sie der entstehenden Bourgeoisgesellschaft als eine mächtige Waffe in ihren Kämpfen gegen den Feudalismus diente ... Der riesige Besen der französischen Revolution des 18. Jahrhunderts fegte alle diese Trümmer vergangener Zeiten weg und reinigte so gleichzeitig den gesellschaftlichen Boden von den letzten Hindernissen, die dem Überbau des modernen Staatsgebäudes im Wege gestanden« (MEW 17, S. 336 [589]). Wurde einmal »jedes gemeinsame Interesse ... sofort von der Gesellschaft losgelöst, als höheres, allgemeines Interesse ihr gegenübergestellt, der Selbsttätigkeit der Gesellschaftsmitglieder entrissen und zum Gegenstand der Regierungstätigkeit gemacht« (MEW 8, S. 197 [563]), so mochte sich die öffentliche Gewalt »einen Anschein von Unparteilichkeit geben. Sie hielt die bestehende Unterordnung der Massen als unveränderliche Ordnung der Dinge und gesellschaftliche Tatsache aufrecht ... Mit dem Eintritt der Gesellschaft selbst in eine neue Phase, die Phase des Klassenkampfes, mußte sich der Charakter ihrer organisierten öffentlichen Gewalt, der Staatsmacht, ebenfalls verändern ... und mehr und mehr ihren Charakter als Werkzeug der Klassenherrschaft entwickeln, als die politische Maschine, die die ... ökonomische Herrschaft des Kapitals über die Arbeit mit Hilfe von Gewalt verewigt« (MEW 17, S. 593 [586 f.]). Die Erfahrungen der Klassenkämpfe in Frankreich, zuletzt und insbesondere der Pariser Kommune, ließen den bürokratischen und militärischen Machtapparat des modernen Staates sodann als »eine abscheuliche Maschine der Klassenherrschaft« hervortreten, die es »selbst zu zerbrechen« gilt (ebenda,

---

5 Vgl. Isaac Deutscher: *Roots of Bureaucracy*, in: The Socialist Register, London 1969, S. 9–28

S. 541 [606]). Ebenso wie die Usurpation allgemeiner Interessen durch den Staat, sollte auch die öffentliche Gewalt durch die Gesellschaft wieder »zurückgenommen« werden.

Das Wachstum bürokratischer Organisation und Kompetenzen, als Ergebnis von Arbeitsteilung, Klassenkämpfen und ökonomischen Notwendigkeiten, ist in den späteren marxistischen Staatstheorien zweifellos ebenso wenig zureichend systematisch untersucht worden wie der gesellschaftliche Zusammenhang von bürokratischer »Zweckrationalität« und kapitalistischer Produktionsweise als gesellschaftlicher Totalität. Erst die Analyse dieser letzteren Beziehung könnte es jedoch auch gestatten, den inneren Zusammenhang zwischen der Struktur und Entwicklung kapitalistischer Gesellschaft und bürokratischer »Rationalität« – über historische Gleichzeitigkeiten und politische Instrumentalisierungen hinaus – theoretisch darzustellen.

Die für die innere und äußere sogenannte ursprüngliche Akkumulation charakteristische unverhüllte politische Gewaltsamkeit im Dienste ökonomischen Interesses trat in den Augenblicken krisenhafter Zuspitzung von Klassenkämpfen stets hervor. In der marxistischen Tradition sind unter den Titeln von »Bonapartismus«, »Imperialismus« und »Faschismus« spätere Entwicklungsformen bürgerlicher Gesellschaft thematisiert worden, in denen der stumme Zwang ökonomischer Produktionsverhältnisse nicht genügte, sondern mit Hilfe außerökonomischer, unmittelbar politischer Gewalt der Klassenantagonismus stillgelegt werden sollte. In diesen Perioden kehrte der »Ausnahmezustand« als vorzüglichstes Herrschaftsmittel in die bürgerliche Gesellschaft zurück, und »die eiserne Hand einer gemieteten Soldateska« mochte »beide Klassen, für eine Zeitlang, in gemeinsamer Unterdrückung niederhalten« (MEW 17, S. 361). Wie kein anderer hat Engels eine Entwicklungstendenz deutlich wahrgenommen, in der »die öffentliche Macht auf eine Höhe emporgeschraubt« wurde, »auf der sie die ganze Gesellschaft und selbst den Staat zu verschlingen droht« (MEW 21, S. 166 [309]). Lenin griff in »Staat und Revolution« Engels' im Hinblick auf den Militarismus und die »Eroberungskonkurrenz« des nationalstaatlich organisierten Kapitalismus formulierte Beobachtung teilweise auf. Im Imperialismus, als letztem und höchstem Stadium des Kapitalismus, schien ihm nach innen und nach außen, mit der Ablösung des Kapitalismus der »freien Konkurrenz«, das »*Herrschaftsverhältnis* und die damit verbundene

Gewalt« zum bestimmenden Kennzeichen zu werden.⁶

Christel Neusüss hat in ihrer Arbeit »Imperialismus und Weltmarktbewegung des Kapitals« (Erlangen 1972) sowohl auf die Problematik von Lenins Begriff des Monopols (und der Konkurrenz) als auch darauf hingewiesen, daß das Kapital in seiner imperialistischen Eroberungskonkurrenz »gewissermaßen wieder in den Zustand zurückfiel«, der »es kennzeichnete, bevor seine Entwicklung so weit vorangetrieben war, daß es auf seinen eigenen und ihm eigentümlichen Grundlagen funktionierte, nämlich der Entwicklung der Produktivkraft der Arbeit und der Produktion des relativen Mehrwerts«. Setzte sich die kapitalistische Produktionsweise in der Frühphase der Kapitalakkumulation als ein »Verhältnis unmittelbarer Herrschafts- und Gewaltanwendung« durch, und prägten sich »die Charaktere der Staatsgewalt dementsprechend aus«, so fiel das Kapital scheinbar »am Ende seiner Entwicklung in einen Zustand zurück, welcher seinen Beginn kennzeichnete« (a.a.O., S. 33 ff.). Ähnlich nahm Franz Neumann vom deutschen Faschismus an, daß er einer Periode ursprünglicher Akkumulation entsprechen würde.⁷ Der in Lenins Imperialismusinterpretation eigentümlichen »Konstitution des Kapitalverhältnisses als Raubverhältnisses und des Staates als Raubstaat« – eine Erfahrung insbesondere des Ersten Weltkrieges – hält Christel Neusüss zurecht entgegen: vor allem dann, wenn sich diese Interpretation mit einem Begriff »ökonomischer Gesetze« verbindet, die die Monopole der Gesellschaft aufzwängen, muß es fragwürdig werden, weiterhin »von Kapital und Kapitalismus zu sprechen«. Denn wie es sich bei diesen »Monopolgesetzen« in dem »für die Marxsche Kritik der politischen Ökonomie konstitutiven Sinn« gar nicht mehr um Gesetze, sondern um »Akte eines bloßen Herrschaftsverhältnisses« handelt, so herrschte dann auch »wieder die unmittelbare und unverhüllte Gewalt« vor (a.a.O., S. 64).

Wir können an dieser Stelle weder auf das Monopol als ökonomische Kategorie und den Begriff des Monopolkapitalismus, noch

---

6 W. I. Lenin: *Der Imperialismus als höchstes Stadium des Kapitalismus*. Gemeinverständlicher Abriß, Berlin (DDR) 1966 (= Bücherei des Marxismus-Leninismus), S. 30. Vgl. ders.: *Staat und Revolution*, Berlin (DDR) 1967, S. 13 f.
7 Franz Neumann: *Behemoth. The Structure and Practice of National Socialism 1933–1944*, N.Y. 1963 (Neudruck), S. 470 (deutsch bei der Europäischen Verlagsanstalt, Frankfurt 1973)

auf die Probleme der Beziehung von »ökonomischer« und »politischer Herrschaft« im späten Kapitalismus näher eingehen.[8] Alle diese Fragen beziehen sich, folgen wir einer tatsächlich marxistischen Position, auf die Geltungsgründe des Wertgesetzes und den dadurch gestifteten Begriff gesellschaftlicher Totalität. In augenscheinlich krassem Gegensatz zu den Praktiken offener Klassenkämpfe und den angesprochenen Entwicklungen befinden sich jedoch die konstitutiven gesellschaftlichen Formen der Bürgerlichkeit, jene ideologischen Daseins- und Bewußtseinsformen, die aus der kapitalistischen Gesellschaftsformation, »wie sie ihrem Begriff entspricht«, hervorgehen.

5. Tausch, Arbeitslohn – Freiheit und Gleichheit

Die historischen Existenzbedingungen des Kapitals werden durch die Waren- und Geldzirkulation ermöglicht, aber nicht geschaffen. Eine relativ schwach entwickelte Warenzirkulation, bemerkt Marx, genügt zur Bildung all jener ökonomischen Formen, die dem fertigen Kapital vorhergehen. Dieses aber »entsteht nur, wo der Besitzer von Produktions- und Lebensmittel den freien Arbeiter als Verkäufer seiner Arbeitskraft auf dem Markt vorfindet, und diese eine historische Bedingung umschließt eine Weltgeschichte«. »Was also die kapitalistische Epoche charakterisiert, ist, daß die Arbeitskraft für den Arbeiter selbst die Form einer ihm gehörigen Ware, seine Arbeit daher die Form der Lohnarbeit erhält. Andrerseits verallgemeinert sich erst von diesem Augenblick die Waren-

---

[8] An dieser Stelle ist vielleicht noch einmal der Hinweis angebracht, daß der vermittelte Gegensatz von ökonomischer und politischer Herrschaft erst vor dem Hintergrund einer gesellschaftlichen Trennung der Bereiche von »Ökonomie« und »Politik«, also erst mit der Entwicklung des Kapitalismus und modernen Staates, auftritt. Die ökonomisch bestimmte Klassenstruktur des Kapitalismus enthält natürlich zugleich ein spezifisches politisches Herrschaftsverhältnis. Der Gegensatz und die Trennung von »Ökonomie« und »Politik« sind ein Resultat der Formen, durch die die bürgerliche Gesellschaft konstituiert wird und in denen sie sich bewegt. Die materialistische Theorie (und Praxis) hat diesen strukturellen Tatbestand, um ein bekanntes Wort abzuwandeln, sowohl zu achten als auch zu verachten, d. h. als gesellschaftlich notwendige Strukturbestimmtheit »aufzuheben«. – Außerordentlich interessante Überlegungen zu dem ganzen, oben angesprochenen Komplex finden sich bei Margaret Wirth: *Zur Kritik der Theorie des staatsmonopolistischen Kapitalismus*, in: Probleme des Klassenkampfs, 8/9 1973, S. 17 ff. Siehe auch unten, S. 36 ff.

form der Arbeitsprodukte« (MEW 23, S. 184). Bezeichnete die sogenannte ursprüngliche Akkumulation, den »politischen Hebeln« nach betrachtet, die jüngste Vorgeschichte der selbständigen Herausbildung des Kapitalverhältnisses (also nicht eines durch sogenannte Diffusion auf späterer historischer Stufe übernommenen), so schufen die vorgängige Entwicklung der Warenzirkulation und sodann das einmal errichtete Kapitalverhältnis jene ideologischen Formen, in denen sich unsere Gesellschaft ausdrückt, an denen sie ihr (falsches) Bewußtsein gewinnt und die sie anderen historischen Epochen und Entwicklungen als »Zivilisation« vorzuhalten pflegt, soweit sie sich nicht in den »romantischen« Gegensatz zu sich selbst zurücksehnt (vgl. Grundrisse, S. 80). Kaum eine dieser ideologischen Daseins- und Bewußtseinsformen der kapitalistischen Gesellschaft ist von zentralerer Bedeutung als die des *Arbeitslohns*. Die verkehrende Erscheinungsform des wesentlichen, »ökonomisch« vermittelten und zugleich gesellschaftliche Totalität stiftenden Herrschafts- und Klassenverhältnisses ist die Basis der auch im entwickelten Kapitalismus (also keineswegs nur in der – fiktiven – sogenannten Gesellschaft einfacher Warenproduzenten) beständig erzeugten Rechts-, Gleichheits- und Freiheitsvorstellungen warenproduzierender Gesellschaft: »Man begreift daher die entscheidende Wichtigkeit der Verwandlung von Wert und Preis der Arbeitskraft in die Form des Arbeitslohns oder in Wert und Preis der Arbeit selbst. Auf dieser Erscheinungsform, die das wirkliche Verhältnis unsichtbar macht und gerade sein Gegenteil zeigt, beruhen alle Rechtsvorstellungen des Arbeiters wie des Kapitalisten, alle Mystifikationen kapitalistischen Produktionsweise, alle ihre Freiheitsillusionen, alle apologetischen Flausen der Vulgärökonomie« (MEW 23, S. 562 [421]).

Die liberale und demokratische Ideologie des Kapitalismus, als Überbau und idealer Schein der ökonomisch bestimmten Klassenherrschaft, hat ihre reale Grundlage in den (reinen) Austauschformen der Warenbesitzer; diese sind für das notwendig falsche Bewußtsein der Agenten des Kapitalismus konstitutiv. Ursprünglich aus dem Zirkulationsschein des Äquivalententauschs freier und gleicher individueller Warenbesitzer abgeleitet, standen diese »Illusionen« von Anbeginn in einem widerspruchsvollen Verhältnis zu den vorab in der Produktionssphäre sichtbaren Herrschaftsbeziehungen. Als Illusionen und aus undurchschauten ökonomischen Prozessen entsprungene, häufig mit utopischen Gehalten angefüllte

Ideologien besitzen sie aber eine »sinnstiftende« gesellschaftliche Relevanz und »reproduzieren sich unmittelbar spontan, als gang und gäbe Denkformen« (a.a.O., S. 564 [423]). In der ökonomischen Form des Arbeitslohns, Wert oder Preis der Arbeit, erscheint alle Arbeit als bezahlte, wird »jede Spur der Teilung des Arbeitstags in notwendige Arbeit und Mehrarbeit, in bezahlte und unbezahlte Arbeit« ausgelöscht. »Der Austausch zwischen Kapital und Arbeit stellt sich der Wahrnehmung zunächst ganz in derselben Art dar wie der Kauf und Verkauf aller anderen Waren. Der Käufer gibt eine gewisse Geldsumme, der Verkäufer einen von Geld verschiedenen Artikel. Das Rechtsbewußtsein erkennt hier höchstens einen stofflichen Unterschied, der sich ausdrückt in den rechtlich äquivalenten Formeln: Do ut des, do ut facias, facio ut des und facio ut facias« (a.a.O., S. 562 f. [421]).

Die entwickelte Darstellung der verkehrenden und mystifizierenden ökonomischen Erscheinungsformen, von denen die bürgerliche Ideologie ausgeht, findet sich im »Kapital« und den dazu gehörenden Schriften von Karl Marx. Sie können hier ebenso wenig wie das »wesentliche Verhältnis, welches erscheint«, auch nur annähernd zureichend kommentiert werden.[9] Die ausgewählten Texte legen einige Abschnitte vor, in denen ursprüngliche ideologische Konstitutionsprozesse bürgerlicher Gesellschaft, des »Rechtsstaates« und demokratischen Scheins kapitalistischer Klassenherrschaft, sichtbar werden. Das Begreifen der bürgerlichen Ideologie muß mit den Erscheinungsformen der einfachen Zirkulation und des Äquivalententauschs beginnen. Der »Austausch von Tauschwerten ist die produktive, reale Basis aller *Gleichheit* und *Freiheit*«, doch »gerade das Gegenteil der antiken Freiheit und Gleichheit«. Als »reine Ideen« gefaßt, wie sie vorherrschen, sind sie »bloß idealisierte Ausdrücke« des Austauschs von Tauschwerten, »entwickelt in juristischen, politischen, sozialen Beziehungen sind sie nur diese Basis in einer anderen Potenz« (Grundrisse, S. 156 [384]). Jedoch verbleibt der Inhalt des Austauschprozesses, der »Gebrauchswert« und seine Produktion, außerhalb der reinen Formen einfacher Zirkulation.

Die sich wechselseitig als gleichgeltende Eigentümer anerkennenden, etwa der Aneignung durch Raub und direkte Gewalt ent-

---

[9] vgl. hierzu Helmut Reichelt: *Zur logischen Struktur des Kapitalbegriffs bei Karl Marx*, Frankfurt 1970 und ders. oben, S. LII ff.

sagenden Warenbesitzer werden zu »Rechtspersonen«. In diesem Prozeß kommt »das juristische Moment der Person herein und die Freiheit, soweit sie darin enthalten ist« (Grundrisse, S. 155 [383]). Unterscheidet dieses Verhältnis die bürgerliche Gesellschaft noch dort wesentlich von unmittelbaren Herrschafts- und Knechtschaftsbeziehungen, wo in offenen Klassenkämpfen ihre Gegner »außerhalb des Gesetzes« gestellt, d. h. kriminalisiert und mit allen verfügbaren Gewaltmitteln bekämpft und getötet werden, so ist die Zirkulation doch stets »in sich selbst betrachtet ... *die Vermittlung vorausgesetzter Extreme* ... Als Ganzes der Vermittlung, als totaler Prozeß selbst muß sie daher vermittelt sein. Ihr unmittelbares Sein ist daher reiner Schein« (Grundrisse, S. 920).

Wie in den idyllischen Versionen der sogenannten ursprünglichen Akkumulation die »Oberfläche der bürgerlichen Gesellschaft ... zu ihrer eigenen Vorgeschichte verkehrt« wurde[10], so verdecken die aus der einfachen Warenzirkulation und später aus der entwickelten Oberfläche des kapitalistischen Gesamtprozesses[11] abgezogenen ökonomischen Erscheinungsformen – zusammen mit ihren rechtlichen, politischen, philosophischen, wissenschaftlichen usw. Korrelaten – den Produktions- und Reproduktionsprozeß des Kapitals und mit ihm »des Verhältnisses von Kapitel und Arbeit selbst, von Kapitalist und Arbeiter« (Grundrisse, S. 362). Im Gegensatz etwa zum Sklaven ist der Lohnarbeiter ein »selbständiges Zentrum der Zirkulation, ein Austauschender, Tauschwertsetzender und (sich) durch den Austausch erhaltender« (Grundrisse, S. 322). Er ist, wie der Kapitalist, ein »Rechtssubjekt« und steht ihm in dieser Eigenschaft als »Gleicher«, der über seine Person »frei« verfügen kann, gegenüber. Doch ist der Austausch von Kapital und Arbeit kein Austausch von Äquivalenten, sondern vielmehr die Aneignung fremder Arbeit »ohne Austausch, ohne Äquivalent, aber mit dem Schein des Austauschs« (Grundrisse, S. 409 [355], S. 449). Diese »notwendige Dialektik«, die »spezifische ökonomische Form, in der unbezahlte Mehrarbeit aus den unmittelbaren Produzenten ausgepumpt wird, bestimmt das Herrschafts- und Knechtschaftsverhältnis, wie es unmittelbar aus der Produktion selbst hervorwächst

---

10 Reichelt, a.a.O., S. 241
11 vgl. hierzu Sibylle von Flatow/Freerk Huisken: *Zum Problem der Ableitung des bürgerlichen Staates*, in »Probleme des Klassenkampfs«, Nr. 7, Mai 1973, S. 83 ff., bes. S. 101 ff.

und seinerseits bestimmend auf sie zurückwirkt. Hierauf gründet sich die ganze Gestaltung des ökonomischen, aus den Produktionsverhältnissen selbst hervorwachsenden Gemeinwesens und damit zugleich seine spezifische politische Gestalt« (Das Kapital, Dritter Band, MEW 25, S. 799).

Die im Warentausch (der wiederum von Vorformen des Tauschs in naturwüchsigen Gemeinwesen zu unterscheiden ist) angelegte Entwicklung zum Kapitalverhältnis, das Arbeitsprodukt und die eigentümliche Form, die es im Kapitalismus annimmt, legen so – unter den vielfältigsten Vermittlungsbedingungen – den Grund der modernen bürgerlichen Gesellschaft. Die im doppelten Charakter der Ware gesetzte Notwendigkeit, ihre Eigenschaft als abstrakte Arbeit in der natürlichen Gestalt einer besonderen Ware auszudrücken, bringt das Geld als gesellschaftliches Verhältnis, als Produktionsverhältnis in verdinglichter Gestalt und schließlich das Kapital hervor. Ähnlich stellt sich das besonderte Allgemeine der Gesellschaft als Staat dar. Kein Zweifel jedoch, daß wir diesen *allgemeinen* Konstitutionsprozeß, seine institutionellen Resultate und Existenzweisen, noch ebenso unzureichend bestimmt haben wie die strukturelle Prägung der »politischen Form des Souveränitäts- und Abhängigkeitsverhältnisses« durch die historische Tatsache, »daß dieselbe ökonomische Basis – dieselbe den Hauptbedingungen nach – durch zahllos verschiedene empirische Umstände, Naturbedingungen, Racenverhältnissen, von außen wirkende geschichtliche Einflüsse usw., unendliche Variationen und Abstufungen in der Erscheinung zeigen kann, die nur durch die Analyse dieser empirisch gegebenen Umstände zu begreifen sind« (a.a.O., S. 800).[12]

Jene »unendliche(n) Variationen und Abstufungen in der Erscheinung« bringen zugleich einen Begriff von *Empirie* und *Erscheinung*, der nicht mit den verkehrenden Formen an der Oberfläche kapitalistischer Gesellschaft zusammenfällt, zum Vorschein. In ihm ist eine Bestimmung konkreter gesellschaftlicher Totalität angesprochen, die über den Begriff des Kapitals im allgemeinen wie über die Konkurrenz der Kapitale[13] hinausreicht und ein altes

---

12 vgl. hierzu etwa die Untersuchung von Barrington Moore, Jr.: *Social Origins of Dictatorship and Democracy. Lord and Peasant in the Making of the Modern World*, Boston 1966
13 vgl. hierzu Reichelt, a.a.O., S. 73 ff. und passim; vgl. auch die Anmerkung von Flatow/Huisken, a.a.O., S. 84 (Anm. 5) sowie S. 83: »Die ... Bemühun-

Motiv dialektischen Denkens wiedergibt: daß die »Erscheinung ... reicher als das Gesetz« sei[14], mit anderen Worten, die Wirklichkeit nicht in ihrem Begriff aufgeht. In der Kategorie historischer »Ungleichzeitigkeit« ist dies meist nur als geschichtliche Verzögerung oder Beschleunigung besonderer Einheiten bürgerlicher Gesellschaft aufgefaßt worden. Tatsächlich enthalten die wirkliche Geschichte und das konkrete Dasein der bürgerlichen Gesellschaft, ihrer Klassen und ihres Staates, stets Momente, die sich aus dem Begriff des Kapitals nicht unmittelbar »ableiten«, sondern nur mit der »Anatomie der bürgerlichen Gesellschaft« vermitteln lassen, d. h., die aus der Totalität ökonomischer Formbestimmtheiten noch nicht begriffen werden können. Kommt hier eine »Dialektik von Inhalt und Form« des gesellschaftlichen Lebensprozesses zur Geltung, die über das Verhältnis von »Basis« und »Überbau« hinausgeht, so stellt sich in unserem Zusammenhang die von Eike Hennig diskutierte Frage, ob »die Empirie der bürgerlichen Gesellschaft und des bürgerlichen Staates ... aus dem Begriff des Kapitals im allgemeinen deduziert werden« könne? (siehe Seite LXXIV).

6. Der Kampf um den Normalarbeitstag

Wir sagten, daß die Erscheinungsform des Arbeitslohns die Rechtsvorstellungen der kapitalistischen Gesellschaft, die Mystifikationen kapitalistischer Produktionsweise, Freiheitsillusionen und Apologetik ihrer Ideologen begründet. Kapitalistisches Privateigentum beruht auf der Ausbeutung fremder, aber formell freier Arbeit (vgl. MEW 23, S. 790). »Der römische Sklave war durch Ketten, der Lohnarbeiter ist durch unsichtbare Fäden an seinen Eigentümer gebunden. Der Schein seiner Unabhängigkeit wird durch den beständigen Wechsel der individuellen Lohnherrn und die fictio juris des Kontrakts«, die Rechtsfigur des »Arbeitsvertrags« (zum Beispiel auch in der kollektiven Form der »Tarifautonomie«) aufrechterhalten (MEW 23, S. 599 [430]). Dieses »Verhältnis des Austausches

---

gen um eine historisch-materialistische Theorie des bürgerlichen Staates werden vor allem dadurch erschwert ..., weil die Frage nach dem Verhältnis von allgemeinem Begriff des Kapitals und Empirie in unterschiedlichster Weise beantwortet oder als Frage nicht einmal gestellt wird«. Vgl. auch ebenda Anm. 81, S. 108
14 so W. I. Lenin: *Über Hegelsche Dialektik* (»Philosophische Hefte«), Leipzig 1970, 2. Abschnitt, S. 103

zwischen Kapitalist und Arbeiter« ist aber »ein dem Zirkulationsprozeß angehöriger Schein, bloße Form, die dem Inhalt selbst fremd ist und ihn nur mystifiziert. Der beständige Kauf und Verkauf der Arbeitskraft ist die Form. Der Inhalt ist, daß der Kapitalist einen Teil der bereits vergegenständlichten fremden Arbeit, die er sich unaufhörlich ohne Äquivalent aneignet, stets wieder gegen größeres Quantum lebendiger fremder Arbeit umsetzt« (MEW 23, S. 609 [432]). Warum dieser Inhalt jene Form annehmen muß, ist Thema der Kritik der politischen Ökonomie. Sie deckt dabei Klassenbeziehungen, den Antagonismus von Lohnarbeit und Kapital auf, der sich in den verdinglichten und verkehrenden Formen darstellt.

Die in kapitalistischer Form angeeignete Mehrarbeit der unmittelbaren Produzenten, der Arbeiter, folgt dem Gesetz des Warentauschs. Wie aber der Wert der Arbeitskraft eine historisch-»moralisch« bestimmte Größe ist, ergibt sich auch »aus der Natur des Warentauschs selbst keine Grenze des Arbeitstags, also keine Grenze der Mehrarbeit« (von »ganz elastischen«, »physischen« und »moralischen« Schranken abgesehen). Das »Recht« des Kapitalisten als Käufer der Ware Arbeitskraft, möglichst billig einzukaufen, und das »Recht« ihres Verkäufers, des Arbeiters, sie möglichst teuer zu verkaufen, stehen sich daher entgegen. »Es findet hier also eine Antinomie statt, Recht wider Recht, beide gleichmäßig durch das Gesetz des Warentauschs besiegelt. Zwischen gleichen Rechten entscheidet die Gewalt. Und so stellt sich in der Geschichte der kapitalistischen Produktion die Normierung des Arbeitstags als Kampf um die Schranken des Arbeitstags dar – ein Kampf zwischen dem Gesamtkapitalisten, d. h. der Klasse der Kapitalisten, und dem Gesamtarbeiter, oder der Arbeiterklasse« (MEW 23, S. 249 [440]).

Marx verfolgt im achten Kapitel des »Kapital« (»Der Arbeitstag«) diesen mit der kapitalistischen Produktionsweise gegebenen Klassenkampf. »Die Festsetzung eines normalen Arbeitstags ist das Resultat eines vielhundertjährigen Kampfes zwischen Kapitalist und Arbeiter« (a.a.O., S. 286 [447]). Die zwangsgesetzliche Beschränkung der Arbeitszeit mußte dem Kapital, obgleich es durch sein eigenes Gesamtinteresse »auf einen Normalarbeitstag hingewiesen scheint« (a.a.O., S. 281 [446]), abgerungen werden. Der einzelne Kapitalist kann sich den immanenten Gesetzen der kapitalistischen Produktion, die ihm durch die Konkurrenz aufgezwungen werden, nicht entziehen; er ist daher an einer möglichst großen Ausbeutung der Arbeitskraft, ohne Rücksicht auf deren längerfristig zerstörende Folgen, interessiert. Nur die von vielen äußeren und inneren Faktoren abhängige allgemeine Fixierung einer gesellschaftlichen Durchschnittsarbeitszeit enthebt ihn in dieser Hinsicht der Gefahr, im schrankenlosen Konkurrenzkampf um wohlfeile Ausbeutung der »nationalen« Arbeitskraft zu unterliegen. Eine solche Durchschnittsarbeitszeit kann allein durch staatliches Gesetz (wiederum in gewissen Schranken und gemäß besonderer Bedingungen) auferlegt und durch staatliche Macht durchgesetzt werden.

Gleichzeitig mußte die aus den Produktionsverhältnissen selbst erwachsende Arbeiterbewegung danach streben, »als Klasse ein Staatsgesetz (zu) erzwingen, ein übermächtiges gesellschaftliches Hindernis, das sie selbst verhindert, durch freiwilligen Kontrakt mit dem Kapital sich und ihr Geschlecht in Tod und Sklaverei zu verkaufen« (a.a.O., S. 320 [455]). Wie nun zwischen den gleichen Rechten von Kapitalisten und Arbeitern als Käufern und Verkäufern der Ware Arbeitskraft politische Machtverhältnisse, Klassenkämpfe und Gewalt entscheiden, so zeigt sich die staatliche Gewalt in »einem doppelten Charakter. Einerseits werden die sozialpolitischen Funktionen des Staates überhaupt erst durch die wirklichen und drohenden Kämpfe der Arbeiter als Klasse durchgesetzt ... Andererseits konstituieren diese Klassenkämpfe immer auch die Arbeiter als Klasse im Sinne eines handelnden Subjekts, damit aber auch die Tendenz zur Aufhebung des Kapitalverhältnisses und seines Staates; diese Tendenz entspricht wiederum der militärischen Unterdrückungsaufgabe des Staates«.[15]

---

15 Wolfgang Müller/Christel Neusüss: *Die Sozialstaatsillusion und der Widerspruch von Lohnarbeit und Kapital*, in: »Probleme des Klassenkampfs«, Sonderheft 1, Juni 1973, S. 55 f. Zu dem ganzen Abschnitt vgl. ebenda, S. 46 ff. Besonders sei auch auf das in dieser Auswahl nicht enthaltene Kapitel »Maschinerie und große Industrie« (Das Kapital, Erster Band, Kap. 13, MEW 23, insbesondere S. 431-470, S. 504-526) hingewiesen. Dort wird gezeigt, daß der gesetzlich beschränkte Normalarbeitstag, »eine Reaktion der in ihrer Lebenswurzel bedrohten Gesellschaft«, sogleich die Intensifikation der Arbeit und die Produktion relativen Mehrwerts zur »entscheidenen Wichtigkeit« werden ließ. (a.a.O., S. 431 f.). Erst mit der Maschinerie erhielt auch die kapitalistische Verkehrung »technisch handgreifliche Wirklichkeit« (a.a.O., S. 446). »Die verselbständigte und entfremdete Gestalt, welche die kapitalistische Produktionsweise überhaupt den Arbeitsbedingungen und dem Arbeitsprodukt gegenüber dem Arbeiter gibt, entwickelt sich also mit der Maschinerie zum vollständigen Gegensatz« (a.a.O., S. 455).

Am Beispiel der Fabrikgesetzgebung in England, im Kapitel »Maschinerie und große Industrie«, erläutert Marx zudem, wie aus der Entwicklung kapitalistischer Produktionsweise und aus konkreten Klassenkampfkonstellationen eine »erste bewußte und planmäßige Rückwirkung der Gesellschaft auf die naturwüchsige Gestalt ihres Produktionsprozesses« hervorgeht (a.a.O., S. 504). Wenn er einerseits darlegt, daß seine Analyse des Kapitals eine »rein naturwüchsige Gestalt des gesellschaftlichen Produktionsprozesses, abgesehen von jeder mit den vorhandenen Produktionsmitteln und Arbeitskräften unmittelbar und planmäßig bewirkbaren rationelleren Kombination« voraussetzt (a.a.O., S. 636), so finden wir andererseits doch Andeutungen über die Art und Weise, wie der Staat als besondere, sie zusammenfassende Institution auf die bürgerliche Gesellschaft selbst zurückwirken kann, oder wie die Gewerkschaften durch die kollektive Organisation der Ware Arbeitskraft die »ruinierenden Folgen jenes Naturgesetzes der kapitalistischen Produktion auf ihre Klasse zu brechen oder zu schwächen« suchen (a.a.O., S. 669). Die Auswirkungen dieser Organisierung gehören zu den »mannigfachen Umständen«, die das »absolute, allgemeine Gesetz der kapitalistischen Akkumulation ... in seiner Verwirklichung modifizieren« (a.a.O., S. 674). Durch den konkreten Klassenkampf zwischen Proletariern und Kapitalisten sowie durch die Resultate, welche dieser Kampf im Handeln des bürgerlichen Staates findet, wirken sich die allgemeinen Gesetze des Kapitals auf eine diese selbst modifizierende und konkretisierende Weise aus. Dort, wo die Wurzel kapitalistischer Produktionsweise angegriffen würde, »d. h. die Selbstverwertung des Kapitals«, schließt freilich die »kapitalistische Produktionsweise ihrem Wesen nach über einen gewissen Punkt hinaus jede rationelle Verbeßrung aus« (a.a.O., S. 506), ein beweglicher, durch die jeweils konkrete Krisengesetzlichkeit des Kapitals bestimmter Punkt.

Der bürgerliche Staat tritt jetzt als »Sozialstaat«, »Planstaat« und als »Rechtsstaat« auf. Alle diese Funktionen verbieten keineswegs *vollständig* eine durch ihn vermittelte Wahrnehmung von Bedürfnissen der Arbeiterklasse, sondern bedingen sie vielmehr in bestimmter Hinsicht. Nicht die absolute Unmöglichkeit einer Repräsentation von Interessen der Arbeiterklasse oder planmäßiger Rückwirkung der Gesellschaft auf die naturwüchsige Gestalt ihres Produktionsprozesses stempelt den Staat zum Klassenstaat. Der

Krisenzusammenhang kapitalistischer Produktionsweise, ihre gesellschaftlichen Formen, die organisatorischen Regeln des staatlichen Apparates, die politischen Möglichkeiten der Arbeiterbewegung auf dieser Basis setzen alle bestimmte quantitative und qualitative Grenzen, Bedürfnissen und Interessen der Arbeiterklasse zu genügen. Sie schließen ihre durch staatliches Handeln vermittelte Vertretung aber nicht aus, sondern geben ihr eine spezifische gesellschaftliche Formqualität. Zweifellos lassen sich die »historisch-konkreten Grenzen... nur in der politischen Praxis wahrnehmen«[16]. Das heißt aber keineswegs, daß eine materialistische Staats*theorie*, wie Claus Offe anzunehmen scheint, sich auf die »objektivierende Darstellung von Staatsfunktionen und ihres Interessenbezugs« zu beschränken hätte und daher »überhaupt nicht durchführbar ist«. So sehr in der Tat »erst die Praxis von Klassenkämpfen ihren Erkenntnisanspruch« praktisch einlösen kann[17], so wenig läßt sich eine materialistische Staatstheorie durch die Analyse von Staatsfunktionen und Interessenbezügen allein gewinnen. Denn diese besitzen ihre Wurzel und finden ihre materialistische Begründung in der Produktionsweise und den von ihr erzeugten spezifischen gesellschaftlichen Formen, zu denen auch der Staat gehört. Der Staat, als gesonderte Institution der bürgerlichen Gesellschaft, ist notwendig Klassenstaat. Nur wo der Staat als Staat aufgehoben wird, können die Grenzen bürgerlicher Gesellschaft und die verkehrte Form der Wahrnehmung proletarischer Interessen und Bedürfnisse zugleich überschritten werden.[18]

7. *Herrschaft und Arbeit der Oberaufsicht*

Marx bestimmte den kapitalistischen Produktionsprozeß als zwieschlächtige Einheit von Arbeits- und Verwertungsprozeß (des Kapitals). Der Arbeitsprozeß ist, seinen einfachen und abstrakten

---

16 Claus Offe: *Strukturprobleme des kapitalistischen Staates*, Frankfurt 1972, S. 90
17 So Offe, a.a.O., S. 90 f.
18 Die Probleme des Übergangs zur sozialistischen Gesellschaft können hier nicht erörtert werden. Solange und soweit der durch Produktionsbedingungen gesetzte »bürgerliche Rechtshorizont« jedoch nicht überschritten wird, besitzt auch der »sozialistische Staat«, der dieses Recht erzwingt, noch bürgerlichen Charakter. Nur soweit er bereits »absterbender Staat« ist, repräsentiert er wirklich proletarische Interessen.

Momenten nach, »zweckmäßige Tätigkeit zur Herstellung von Gebrauchswerten, Aneignung des Natürlichen für menschliche Bedürfnisse, allgemeine Bedingung des Stoffwechsels zwischen Mensch und Natur, ewige Naturbedingung des menschlichen Lebens«. In der kapitalistischen Produktionsweise werden Gebrauchswerte jedoch – als Waren – »überhaupt nur produziert, weil und sofern sie materielles Substrat, Träger des Tauschwerts sind« und zugleich »nicht nur Wert, sondern auch Mehrwert« besitzen sollen (vgl. MEW 23, S. 192–213). Der kapitalistischen Warenproduktion entspricht die »doppelte Natur« jener »Arbeit der Oberaufsicht und Leitung«, die überall dort notwendig erscheint, »wo der unmittelbare Produktionsprozeß die Gestalt eines gesellschaftlich kombinierten Prozesses hat und nicht als vereinzelte Arbeit der selbständigen Produzenten auftritt« (MEW 25, S. 397 [460]), also Kooperation innerhalb und zwischen den einzelnen Produktionsstätten und Produzenten stattfinden muß. Die Existenz eines »gesellschaftlich kombinierten Prozesses« bedeutet hier nicht die gesellschaftlich bewußte Tätigkeit und Leitung durch die »assoziierten Produzenten«. Bekanntlich zeichnet sich die kapitalistische Produktionsweise im Gegenteil dadurch aus, daß sie diese bewußte Gesellschaftlichkeit gerade nicht kennt, sondern ihre besondere Vergesellschaftungsform durch Formen und Gesetze des Werts, die ihren Agenten undurchsichtig bleiben müssen, gestiftet wird. Wenn wir in diesem Zusammenhang von einem gesellschaftlich kombinierten Prozeß oder von gesellschaftlicher Produktionsweise sprechen, dann zunächst nur in dem unspezifischen Sinn, daß überhaupt Individuen produktiv in großem Maßstab kooperieren.

Marx nennt zwei Wurzeln der besonderen Leitungsarbeit: Auf der einen Seite stellt sich »in allen Arbeiten, worin viele Individuen kooperieren, ... notwendig der Zusammenhang und die Einheit des Prozesses in einem kommandierenden Willen« dar. Auf der anderen Seite fungiert diese Arbeit als Herrschaftsinstrument in »allen Produktionsweisen, die auf dem Gegensatz zwischen dem Arbeiter als dem unmittelbaren Produzenten und dem Eigentümer der Produktionsmitteln beruhn« (MEW 25, S. 397 [460]). Die Arbeit der Oberaufsicht und Leitung ist so notwendig »doppelter Natur«: einerseits drückt sie »technische«, d. h. von der zweckmäßigen Tätigkeit kooperativer Arbeitsprozesse erzeugte Notwendigkeiten und Funktionen aus, andererseits repräsentiert sie zugleich ein Herrschaftsverhältnis, das aus der gesellschaftlichen Klassenstruktur hervorgeht. In der kapitalistischen Produktionsweise ist sie »unentbehrlich«, weil »hier der Produktionsprozeß zugleich Konsumtionsprozeß der Arbeitskraft durch den Kapitalisten ist« (ebenda).

Marx erläutert diese Gesichtspunkte eher beiläufig im Hinblick auf Entwicklungstendenzen der kapitalistischen Produktionsweise; sie brachte es dahin, »daß die Arbeit der Oberleitung, ganz getrennt vom Kapitaleigentum, auf der Straße herumläuft«, indem sie eine »zahlreiche Klasse industrieller und kommerzieller Dirigenten«, d. h. von sogenannten Managern, schuf (a.a.O., S. 400, 402 [463]). Für ihn war dies – von in engrem Sinn ökonomischen Formen (Zins und Unternehmergewinn) einmal abgesehen – ein deutliches Zeichen der wachsenden Obsoleszenz des Kapitalismus insgesamt. Wenn Herrschaft sowohl auf politischem als auch auf ökonomischem Gebiet »den Gewalthabern die Funktionen des Herrschens auferlegt« (a.a.O., S. 398 [462]), so war doch die »Arbeit des Kapitalisten«, soweit sie sich nicht aus dem Produktionsprozeß als bloß kapitalistischem ergab, sondern »aus der Form der Arbeit als gesellschaftlicher« aus der »Kombination und Kooperation vieler zu einem gemeinsamen Resultat«, vom Kapitalisten selbst sichtbar schon unabhängig geworden. Die an sich schon »gesellschaftliche«, aber noch in kapitalistische Hülle gepreßte Arbeit bedurfte nur noch der Befreiung vom überlebten »gegensätzlichen kapitalistischen Charakter« (a.a.O., S. 400 [464]). Kooperativfabriken, in denen die Leiter von den Arbeitern selbst gewählt und kontrolliert werden, sowie die großen Aktienunternehmungen, bezeugten auf je verschiedene Weise, daß nicht allein dem bloßen Eigentümer des Kapitals, dem Geldkapitalisten, der »fungierende Kapitalist« gegenübertrat, sondern darüber hinaus der »bloße Dirigent, der das Kapital unter keinerlei Titel besitzt ..., alle realen Funktionen versieht, die dem fungierenden Kapitalisten als solchem zukommen«; so »bleibt nur der Funktionär und verschwindet der Kapitalist als überflüssige Person aus dem Produktionsprozeß« (a.a.O., S. 401 [465]).

Marx war bedachtsam genug, diese immanente Tendenz der kapitalistischen Produktionsweise nicht zu verabsolutieren; mit den Aktiengesellschaften wurde gleichzeitig eine neue Schar von einflußreichen »Geldkapitalisten« hervorgebracht. Ebenso sah er genau, daß die Legitimation der herrschenden Klasse als einer »produktiven«, »schöpferischen«, »notwendigen« usw. aufs engste mit der doppelten Natur jener Arbeit von Oberaufsicht und Leitung verknüpft war: sie ist »auch im kapitalistischen System unmittelbar und unzertrennbar verquickt mit den produktiven Funktionen, die alle kombinierte gesellschaftliche Arbeit einzelnen Individuen als besondere Arbeit auferlegt« (a.a.O., S. 400 [463]). Befestigte sich gleichzeitig die Arbeit der Oberaufsicht nach spezifischen, historisch-gesellschaftlichen Formen der Arbeitsteilung zur »ausschließlichen Funktion« der Dirigenten und Funktionsträger betrieblicher wie überbetrieblicher Hierarchien (vgl. MEW 23, S. 351 [457]), dann mußte es um so schwieriger werden, die »technisch« gebotenen von den allein durch kapitalistische Herrschaftsmechanismen gestifteten Funktionen und Tätigkeiten zu unterscheiden, um so mehr, als zugleich die gesellschaftliche Produktivkraft der Arbeit als immanente Produktivkraft des Kapitals erscheint.

Jedoch zeigt sich auch noch ein anderes, überaus wichtiges Problem. Die doppelte Natur von Leitungsfunktionen, einerseits scheinbar nur aus »sachlichen«, aus den Bedingungen von kombinierten Arbeitsprozessen erwachsenden Notwendigkeiten einen »kommandierenden Willen«, das heißt andererseits zugleich aber auch eine soziale Hierarchie von Befehl und Gehorsam, ein gesellschaftliches Über- und Unterordnungsverhältnis zu benötigen, verweist auf einen notwendigen Doppelcharakter gesellschaftlicher Arbeit überhaupt. Das Abstreifen des gegensätzlichen Charakters kapitalistischer Produktionsweise, der kapitalistischen Hülle eines zunehmend im gesellschaftlichen Maßstab, aber noch nicht bewußt gesellschaftlich produzierenden »Gesamtarbeiters«, garantiert noch nicht *per se* soziale Verhältnisse, in denen knechtende Formen der Arbeitsteilung, gesellschaftliche Hierarchien, Herrschafts- und Knechtschaftsverhältnisse eingeebnet oder gar verschwunden sind. Engels' berühmte Formulierung, daß an die Stelle »der Regierung über Personen« die »Verwaltung von Sachen und die Leitung von Produktionsprozessen« trete, *verdeckte* diese zentralen Probleme sozialistischer Produktionsweise.[19]

Die bürgerliche Gesellschaft hat eine Organisationsform entwickelt, in der sich der Doppelcharakter gesellschaftlicher Arbeit in einer scheinbar rationalen, technisch zweckmäßigen sozialen Hierarchie darstellt, der Bürokratie. Ihr instrumenteller Zweck setzt zugleich auch ein äußeres soziales Herrschaftsverhältnis voraus, das sie ausdrückt und befestigt. Die bekannte Regel, daß dieser technisch angeblich so zweckmäßige Herrschafts- und Verwaltungs-

---

19 Vgl. hierzu Hal Draper: *The Death of the State in Marx and Engels*, in: »The Socialist Register 1970«, London 1970, S. 281–307

apparat, von seiner eigenen Selbsterhaltung abgesehen, aus sich selbst heraus keine Zwecke und Ziele setzen kann, verweist auf die Beschränktheit dieser »sachlichen« Organisationsform. Die »industrielle Bürokratie« ebenso wie der Staatsapparat, nach denselben organisatorischen Grundregeln aufgebaut, eignen sich in gleicher Weise zur Perpetuierung sozialer Herrschafts- und Knechtschaftsverhältnisse. In dem Maße, wie bürokratische Organisatiosregeln wirksam sein sollen, müssen ihnen aber die gesellschaftlichen Verhältnisse insgesamt korrespondieren. Die Bürokratie muß eine Welt nach ihrem Bilde zu formen suchen. Die sozialen Hierarchien und Formen, deren sie bedarf, rechtfertigt sie wiederum mit der sachlichen Notwendigkeit zweckmäßiger Tätigkeit, ganz »wie in despotischen Staaten die Arbeit der Oberaufsicht und allseitigen Einmischung der Regierung beides einbegriffen: sowohl die Verrichtung der gemeinsamen Geschäfte, die aus der Natur aller Gemeinwesen hervorgehen, wie die spezifischen Funktionen, die aus dem Gegensatz zur Volksmasse entspringen« (MEW 25, S. 397 [461]).

Wir können hier auf die angesprochenen außerordentlich wichtigen Fragen nicht näher eingehen. Beginnt aber das »Reich der Freiheit in der Tat erst da, wo das Arbeiten, das durch Not und äußere Zweckmäßigkeit bestimmt ist, aufhört, also der Natur der Sache nach jenseits der Sphäre der eigentlichen materiellen Produktion«, so muß die »gemeinschaftliche Kontrolle« durch die »assoziierten Produzenten« – über die »Grundbedingung« der Verkürzung des Arbeitstages hinaus – diesen Doppelcharakter gesellschaftlicher Arbeit *wirklich* in einer »rationellen« Regelung aufheben, die den assoziierten Produzenten den »geringsten Kraftaufwand« und zugleich die »ihrer menschlichen Natur würdigsten und adäquatesten Bedingungen« garantiert (MEW 25, S. 828).

8. *Allgemeine Bedingungen der Produktion im Unterschied von den besonderen*

Im Hinblick auf die gegenwärtige Rolle des Staates im kapitalistischen Reproduktionsprozeß wurde in der marxistischen Diskussion ein Problem aktuell, das Marx in dem nun zu kommentierenden Abschnitt der »Grundrisse«, seinen eigenen Worten zufolge, lediglich »nebenbei« ansprach. Anläßlich der ökonomischen Untersuchung von Transport- und Zirkulationskosten im Gesamtprozeß der kapitalistischen Produktion, hatte sich ihm die Frage nach dem »spezifischen Verhältnis des Kapitals zu den gemeinschaftlichen, allgemeinen Bedingungen der gesellschaftlichen Produktion, im Unterschied zu denen des besonderen Kapitals und seines besonderen Produktionsprozesses« ergeben (a.a.O., S. 432 [476]). Das Kapital existiert nur als besondere, anderen besonderen Kapitalen gegenüberstehende ökonomische Einheit (so riesige Kapitalien eine »Kapitalgesellschaft« auch kontrollieren mag). »Damit das einzelne Kapital« jene »außer dem unmittelbaren Produktionsprozeß liegenden Bedingungen desselben herstellt«, »muß die Arbeit sich verwerten« (a.a.O., S. 424 [467]).

Marx gibt ein Kriterium an, das den Grad anzeige, »wozu sich das reelle Gemeinwesen in der Form des Kapitals konstituiert hat«: die Ablösung der sogenannten öffentlichen Arbeiten vom Staat und ihr Übergehen in die Regie des Kapitals selbst (a.a.O., S. 429 f. [474]). In den vorkapitalistischen ökonomischen Gesellschaftsformationen, wo Produktion für den »unmittelbaren Bedarf« bestimmend war, oder, »wie in der antiken Zeit und im Mittelalter, Sklaverei oder Leibeigenschaft die breite Basis der gesellschaftlichen Produktion« bildete, war die »Herrschaft der Produktionsbedingungen über die Produzenten ... versteckt durch die Herrschafts- und Knechtschaftsverhältnisse, die als unmittelbare Triebfeder des Produktionsprozesses erscheinen und sichtbar sind«. Dort konnte das jeweilige »Gemeinwesen selbst mit seinen Bedingungen (...) als Basis der Produktion (...) wie seine Reproduktion als ihr letzter Zweck« gelten (MEW 25, S. 839). Erst die »Warenwelt«, mit ihrer eigentümlichen Verselbständigungsform der Arbeitsbedingungen gegenüber der Arbeit, brachte das Kapital als das »wahre Gemeinwesen« (Grundrisse, S. 396) hervor. Erst hier können auch besondere Produktionsbedingungen und allgemeine Erfordernisse gesellschaftlicher Produktion, als durch die Produktionsweise entwickelter Gegensatz, auseinandertreten.

Am Beispiel der Verkehrswege erörtert Marx dieses spezifische Verhältnis, das sich ökonomisch als Verhältnis von gesellschaftlich notwendiger und produktiver Arbeit (für das Kapital) darstellt. Seine allgemeine These ist klar: Wo der Staat aus historischen Gründen dem Kapital gegenüber noch eine »superiore Stellung« einnimmt (d. h. die alten politischen Schranken noch nicht endgültig durchbrochen wurden oder sich die politische Gewalt, wie etwa im Absolutismus, gegenüber der warenproduzierenden Gesellschaft noch als »souveräne« behauptet), kann der Staat die Gesellschaft zwingen, einen Teil ihres Einkommens für jene »öffentlichen« Arbeiten auszugeben, die »als allgemeine Bedingungen der Produktion erscheinen, und daher nicht als besondere Bedingungen für irgendeinen Kapitalisten«. Wo der unmittelbare Vorteil kapitalistischer Regie, d. h. die Profiterwartung, zu gering oder unbestimmt ist, kann das Kapital die notwendigen Ausgaben auf den Staat abwälzen, damit sie aus dem Steuerfonds bestritten werden. Die »höchste Entwicklung des Kapitals« aber tritt dann ein, »wenn die allgemeinen Bedingungen des gesellschaftlichen Produktionsprozesses nicht aus dem Abzug der gesellschaftlichen Revenue hergestellt werden, den Staatssteuern – wo Revenue, nicht Kapital, als labour funds erscheint und der Arbeiter, obgleich er freier Lohnarbeiter ist wie jeder andre, doch ökonomisch in einem anderen Verhältnis steht –, sondern aus dem Kapital als Kapital. Es zeigt dies den Grad einerseits, worin das Kapital sich alle Bedingungen der gesellschaftlichen Produktion unterworfen, und daher andrerseits, wieweit der gesellschaftlich reproduktive Reichtum kapitalisiert ist und alle Bedürfnisse in der Form des Austausches befriedigt werden; auch die als gesellschaftlich gesetzten Bedürfnisse des Individuums« (a.a.O., S. 431 [475]).

Sibylle von Flatow und Freerk Huisken wiesen auf einen merkwürdigen Widerspruch hin: nicht zuletzt an Hand dieses Abschnittes der Grundrisse wurden in der aktuellen marxistischen Diskussion die allgemeinen Produktionsbedingungen als ein »verbreitetes Konstituens des bürgerlichen Staates« hervorgehoben. Die oben zitierte These von Marx scheine dagegen gerade auf eine Theorie der Selbstauflösung des bürgerlichen Staates«, was ihn als Hersteller der allgemeinen Bedingungen gesellschaftlicher Produktion angeht, hinauszulaufen. Ihrer Ansicht nach ist jedoch »eine vollständige Kapitalisierung der allgemeinen Produktionsbedingungen, die hier als Transport- und Kommunikationsmittel bezeichnet worden sind, kaum vorstellbar. Es bedarf der Verwaltung durch den Staat, sofern und solange es sich um ›gesellschaftlich gesetzte Bedürfnisse‹ handelt; die Herstellung der materiellen Bestandteile dagegen mag in zunehmendem Maße ein profitables Geschäft werden«. Gleichzeitig wälze das Kapital »nicht mehr nur die Erledigung der gesellschaftlichen Bedürfnisse auf die Schultern des Staates, sondern auch die Realisierung seines Profits«. Zudem wolle Marx mit der »höchsten Entwicklung des Kapitals« allein jenes Stadium bezeichnen, in dem »die Realität den Begriff des Kapitals in Produktion, Zirkulation und Staat eingeholt hat«.[20]

Elmar Altvater suchte in seinen Thesen zum Staatsinterventionismus seinerseits »die Gründe für die Besonderung des Staates vor allem in der Herstellung allgemeiner Produktionsbedingungen«.[21] Bei ihm erscheint der bürgerliche Staat als eine aus der kapitalistischen Produktionsweise hervorgehende, sie bewahrende und deren Schranken zugleich kompensierende Instanz. Weil das Kapital »in den Aktionen der vielen Einzelkapitale die in ihm angelegte Gesellschaftlichkeit seiner Existenz« nicht produzieren könne, bedürfe es »auf seiner Grundlage einer besonderen Einrichtung, die seinen Grenzen als Kapital nicht unterworfen ist, deren Handeln also nicht von der Mehrwertproduktion bestimmt ist, die *in diesem Sinne* eine besondere Einrichtung ›neben und außer der bürgerlichen Gesellschaft‹ (MEW 3, S. 62) ist, und die gleichzeitig auf der unangetasteten Grundlage des Kapitals den immanenten Notwendigkeiten nachkommt, die das Kapital vernachlässigt«. Im Staat entwickele »demzufolge die bürgerliche Gesellschaft eine spezifische, das Durchschnittsinteresse des Kapitals ausdrückende Form«. Der Staat könne »weder als bloßes politisches Instrument noch als vom Kapital abgehobene Institution begriffen werden, sondern nur als besondere Form der Durchsetzung der gesellschaftlichen Existenz des Kapitals neben und außer der Konkurrenz, als wesentliches Moment im *gesellschaftlichen Reproduktionsprozeß* des Kapitals«.[22] Während dabei die Grenze staatlicher Intervention durch die Tatsache bestimmt werde, daß der »Staat Nicht-Kapitalist in einer kapitalistischen Gesellschaft ist«, sichere er »das Kapitalverhältnis, indem er nichtkapitalistisch agiert«, so daß »bei den vom Staat erzeugten allgemeinen Produktionsbedingungen gerade nicht von ›Kapital‹ gesprochen werden« könne.[23]

Die Schwierigkeiten werden noch deutlicher, wenn im späten Kapitalismus tatsächlich »die wachsende Funktion des Staates, die Herausbildung dessen, was man ›gemischte Wirtschaft‹ nennt, eine Erscheinungsform der Auflösung dieser Gesellschaft ist«.[24] Wir können die damit gestellten Fragen an dieser Stelle nicht ausführen,

---

20 a.a.O. (vgl. Anm. 11), S. 141 f., S. 151, S. 153, S. 148, Anm. 176
21 Elmar Altvater: *Zu einigen Problemen des Staatsinterventionismus*, in: »Probleme des Klassenkampfs«, Heft 3, Mai 1972, S. 1–53, Zitat S. 18
22 a.a.O., S. 7
23 a.a.O., S. 23
24 a.a.O., S. 25

geschweige denn sie beantworten. Auf einige damit verbundene Gesichtspunkte kommen wir im nächsten Abschnitt zu sprechen. Indessen lassen sich mindestens drei zusammenhängende Hauptpunkte benennen, die der Beantwortung bedürfen: (a) Welche Funktion fällt dem Staat, als besonderer Zusammenfassung der bürgerlichen Gesellschaft, bei der Herstellung und Garantie allgemeiner gesellschaftlicher Produktionsbedingungen in den *verschiedenen historischen Entwicklungsetappen* kapitalistischer Produktionsweise und unter den *verschiedenen politischen Formen* des bürgerlichen Staates zu? (b) Wann werden allgemeine Produktionsbedingungen (heute etwa als infrastrukturelle Voraussetzungen des »Wachstums« bezeichnet) zu einer profitablen Anlagesphäre des Kapitals? Inwiefern müssen diese durch nichtkapitalistische ökonomische Staatsfunktionen garantiert werden? (c) Wie ist das Verhältnis von Kapital und Staat im späten Kapitalismus zu bestimmen, wenn bestimmte wachsende ökonomische Staatsfunktionen wirklich Erscheinungsformen der Auflösung kapitalistischer Produktionsweise darstellen?

9. Aufhebung der kapitalistischen Produktionsweise innerhalb der kapitalistischen Produktionsweise selbst

Drei »Haupttatsachen« kennzeichnen, wie Marx einmal kurz zusammenfaßt, die kapitalistische Produktion: (1) »die Konzentration von Produktionsmitteln in wenigen Händen, wodurch sie aufhören, als Eigentum der unmittelbaren Arbeiter zu erscheinen, und sich dagegen in gesellschaftliche Potenzen verwandeln«. Die kapitalistische Form dieser Produktion in gesellschaftlichem Maßstab, die Herrschaft des Wertgesetzes, stellt sich als Privateigentum konkurrierender Kapitalisten dar und birgt gleichzeitig den Klassengegensatz von Lohnarbeit und Kapital in sich. (2) »Organisation der Arbeit selbst, als gesellschaftlicher: durch Kooperation, Teilung der Arbeit und Verbindung der Arbeit mit der Naturwissenschaft. Nach beiden Seiten hebt die kapitalistische Produktionsweise das Privateigentum und die Privatarbeit auf, wenn auch in gegensätzlichen Formen«, d. h. auf der Basis des »ökonomisch« begründeten Klassenantagonismus, und einer Produktionsweise, welche durch die »Verdinglichung der gesellschaftlichen Produktionsbestimmungen« und die ihr korrespondierende »Versubjektivierung der materiellen Grundlagen der Produktion«, mit der »Produktion des

Mehrwerts als direktem Zweck und bestimmenden Motiv der Produktion«, charakterisiert ist. (3) »Herstellung des Weltmarkts« sowie die Entwicklung einer »ungeheuren Produktivkraft« in widersprüchlicher Beziehung zu den »Verwertungsverhältnissen dieses schwellenden Kapitals. Daher die Krisen« (MEW 25, S. 276 f.; S. 887).

Die in den historischen Vorstufen seiner Entwicklung nur als Tendenzen sichtbaren »innern Gesetze des Kapitals« treten als absolute ökonomische Gesetze des Kapitals in dem Maße in Erscheinung, wie sich die »freie Konkurrenz« entwickelt und die den »vorhergehenden Produktionsstufen eigentümlichen Grenzen und Schranken« niederreißt. Die »freie Konkurrenz ist die Beziehung des Kapitals auf sich selbst als ein anderes Kapital, d. h. das reelle Verhalten des Kapitals als Kapital«; »die auf das Kapital gegründete Produktion setzt sich nur in ihren adäquaten Formen, sofern und soweit sich die freie Konkurrenz entwickelt, denn sie ist die freie Entwicklung der auf das Kapital gegründeten Produktionsweise« (Grundrisse, S. 542 f. [477]).

In dieser freiheitlichen Ordnung scheinen die Individuen frei, wirklich frei gesetzt aber ist das Kapital. Die historisch mit dem Aufkommen der freien Konkurrenz verbundene »individuelle Freiheit« ist lediglich die »freie Entwicklung auf einer bornierten Grundlage – der Grundlage der Herrschaft des Kapitals. Diese Art der individuellen Freiheit ist daher zugleich die völligste Aufhebung aller individuellen Freiheit und die völlige Unterjochung der Individualität unter gesellschaftliche Bedingungen, die die Form von sachlichen Mächten, ja von übermächtigen Sachen – von den sich beziehenden Individuen selbst unabhängigen Sachen – annehmen« (a.a.O., S. 545 [479 f.]).

War das einzelne Kapital erst durch die freie Konkurrenz tatsächlich »in die Bedingungen des Kapitals überhaupt gestellt« worden (a. a. O., S. 550), so nahm das Kapital wiederum in dem Maße, wie es »selbst als Schranke der Entwicklung« auftrat, zu »Formen Zuflucht, die, indem sie die Herrschaft des Kapitals zu vollenden scheinen, durch Zügelung der freien Konkurrenz, zugleich die Ankündiger seiner Auflösung und der Auflösung der auf ihm beruhenden Produktionsweise sind« (a.a.O., S. 544 f. [479]). Marx und Engels haben diese Entwicklungsrichtung schon zu einem Zeitpunkt erkannt und ausgesprochen, wo das liberale Dogma vom Segen des Wettbewerbs und der freien Konkurrenz die fortschrittlichsten

Geister der »Zivilisation« noch unangefochten beherrschte. Von unbefangener Seite ist ihnen dafür später eine »unübertroffene Serie erfüllter Prognosen« bescheinigt worden.[25] Im Kapitel über das »allgemeine Gesetz der kapitalistischen Akkumulation« beschrieb Marx bereits jenen »wirtschaftlichen Konzentrationsprozeß«, der heute bedauert und betrieben zu werden pflegt. Daß gerade die freie Konkurrenz des Kapitals notwendig und beständig zu Resultaten führen muß, die sie negieren, indem sie bestätigt wird, ist ein »dialektischer« Prozeß, den auch heute beispielsweise Regierungen in ihrer Sorge um Wettbewerb und Marktwirtschaft vergeblich aufzuhalten und zu begreifen suchen.

Jedes einzelne Kapital stellt stets »eine größere oder kleinere Konzentration von Produktionsmitteln mit entsprechendem Kommando über eine größere oder kleinere Arbeiterarmee« dar. Jede Akkumulation des Kapitals »erweitert mit der vermehrten Masse des als Kapital funktionierenden Reichtums seine Konzentration in den Händen individueller Kapitalisten, daher die Grundlage der Produktion auf großer Stufenleiter und der spezifisch kapitalistischen Produktionsmethoden« (MEW 23, S. 653 [481]). Dieser notwendige *Konzentrationsprozeß* des Kapitals wird im »Wettbewerb« ergänzt durch die »Konzentration bereits gebildeter Kapitale«, nun »nicht mehr einfache, mit der Akkumulation identische Konzentration von Produktionsmitteln und Kommando über Arbeit«, sondern zudem »Aufhebung ihrer individuellen Selbständigkeit, Expropriation von Kapitalist durch Kapitalist, Verwandlung vieler kleineren in weniger größere Kapitale ... Es ist die eigentliche *Zentralisation* im Unterschied zur Akkumulation und Konzentration« (a.a.O., S. 654 [482]). Mit der Entwicklung des Kreditwesens, das »in seinen Anfängen verstohlen, als bescheidene Beihilfe der Akkumulation, sich einschleicht«, sodann »die über die Oberfläche der Gesellschaft in größeren oder kleineren Massen zersplitterten Geldmittel in die Hände individueller und assoziierter Kapitalisten zieht« und »bald eine neue und furchtbare Waffe im Konkurrenzkampt« wurde, trat endlich ein »ungeheurer sozialer Mechanismus zur Zentralisation der Kapitale« auf (a.a.O., S. 655 [483]).

Die durch Kapitalzentralisation (auf dem »gewaltsamen Weg der Annexion« oder »vermittels des glatteren Verfahrens der Bildung

---

25 W. Leontieff: *The Significance of Marxian Economics for Present-Day Economic Theory*, in: »American Economic Review«, 1938, S. 83

von Aktiengesellschaften«) ergänzte und beschleunigte Konzentration, welche »nur ein anderer Ausdruck für die Reproduktion auf erweiterter Stufenleiter ist«, bringt, in kapitalistischer Form, »gesellschaftlich kombinierte und wissenschaftlich disponierte Produktionsprozesse« hervor (a.a.O., S. 655 f. [484]). Wie aber in der kapitalistischen großen Industrie die »Wissenschaft als selbständige Produktionspotenz von der Arbeit« getrennt und in den »Dienst des Kapitals« gepreßt wurde, so stehen die »kapitalistische Form der Produktion und die ihr entsprechenden ökonomischen Arbeitsverhältnisse in diametralstem Widerspruch« zum sozialistischen Ziel der »Aufhebung der alten Teilung der Arbeit mit ihren knöchernen Partikularitäten« (a. a. O., S. 382, S. 511 ff.).

In seiner Untersuchung der Rolle des Kredits im kapitalistischen Gesamtprozeß geht Marx auf die Aktiengesellschaften nochmals ein. Sie gestatten eine für Einzelkapitale und individuelle Kapitalisten unerreichbare Expansion der Produktion. Gleichzeitig können frühere »Regierungsunternehmungen« jetzt »gesellschaftliche« werden. Das Kapital, »das *an sich* auf gesellschaftlicher Produktionsweise beruht und eine gesellschaftliche Konzentration von Produktionsmitteln und Arbeitskräften voraussetzt, erhält hier direkt die Form von Gesellschaftskapital«. Das nennt Marx »die Aufhebung des Kapitals als Privateigentum innerhalb der Grenzen der kapitalistischen Produktionsweise selbst«. Wie wir oben bereits sahen (Abschnitt 7), betrachtet er dabei die »Verwandlung des wirklich fungierenden Kapitalisten in einen bloßen Dirigenten, Verwalter fremden Kapitals«, also die Trennung der produktiven »Funktion« vom nominellen Kapitaleigentum, als einen notwendigen »Durchgangspunkt zur Rückverwandlung des Kapitals in Eigentum der Produzenten, aber nicht mehr als das Privateigentum vereinzelter Produzenten, sondern als das Eigentum ihrer als *assoziierter,* als *unmittelbares* Gesellschaftseigentum. Es ist andrerseits Durchgangspunkt zur Verwandlung aller mit dem Kapitaleigentum verknüpften Funktionen im Reproduktionsprozeß in bloße Funktionen der assoziierten Produzenten, in gesellschaftliche Funktionen« (MEW 25, S. 452 f. [487]).

Der Prozeß der Kapitalkonzentration und -zentralisation hat in einem gegebenen Geschäftszweig seine »äußerste Grenze erreicht, wenn alle darin angelegten Kapitale zu einem Einzelkapital verschmolzen«. In einer »gegebenen Gesellschaft wäre diese Grenze erreicht erst in dem Augenblick, wo das gesamte gesellschaftliche

Kapital vereinigt wäre in der Hand, sei es eines einzelnen Kapitalisten, sei es einer einzigen Kapitalgesellschaft« (MEW 23, S. 655 f. [484]. Erinnern wir uns aber daran, daß das Kapital den Weltmarkt hervorbringt, also nicht innerhalb einer zum Beispiel nationalen Gesellschaft endet, und daß es überdies nur als besonderes, anderen besonderen Kapitalen Gegenüberstehendes existiert. »Da der Wert die Grundlage des Kapitals bildet, es also notwendig nur durch Austausch gegen Gegenwert existiert, stößt es sich notwendig von sich selbst ab. Ein *Universalkapital,* ohne fremde Kapitalien sich gegenüber, mit denen es austauscht (...), ist daher ein Unding« (Grundrisse, S. 324).

Im Vorbeigehen hebt Marx (dessen im dritten Band des ›Kapital‹ zusammengestellte Untersuchungen bekanntlich insgesamt weithin fragmentarischen Charakter tragen) das »ökonomisch Wichtige« hervor, daß die so entstehenden Unternehmungen noch dann möglich, d. h. rentabel sind, »wenn sie bloßen Zins abwerfen«; sie müssen daher »nicht notwendig in die Ausgleichung der allgemeinen Profitrate« eintreten (MEW 25, S. 453 [488]). Marx sah diese von uns an einigen Merkmalen erläuterte »Aufhebung der kapitalistischen Produktionsweise innerhalb der kapitalistischen Produktionsweise selbst« als einen sich selbst aufhebenden Widerspruch an, der »prima facie als bloßer Übergangspunkt zu einer neuen Produktionsform sich darstellt. Als solcher Widerspruch stellt er sich dann auch in der Erscheinung dar. Er stellt in gewissen Sphären das *Monopol* her und fordert die *Staatseinmischung* heraus« (a. a. O., S. 454 [489]). Auf höherem Entwicklungsniveau der kapitalistischen Produktionsweise scheint es so zu neuen Formen der »Rückwirkung der Gesellschaft auf die naturwüchsige Gestalt ihres Produktionsprozesses« zu kommen (MEW 23, S. 504; vgl. oben Abschnitt 6). Diesen »Übergangspunkt zu einer neuen Produktionsform« näher zu bestimmen, war das Interesse jener marxistischen Theorien, die angesichts des imperialistischen und monopolistisch organisierten Kapitalismus entwickelt wurden. Seit fast einem Jahrhundert nun mußte sich dabei *implizit* die ökonomisch wesentliche Frage stellen, wie sich denn die durch freie Konkurrenz absolut aufgeherrschten inneren Gesetze des Kapitals zu jenen ökonomischen Erscheinungsformen verhalten, die durch Monopolisierung und Staatseinmischung angezeigt sind?

Diese Frage betrifft den Begriff des Kapitals, wie er von Marx entwickelt wurde, ebenso wie die ökonomischen und politischen Formationen des späten Kapitalismus. Wir gehen kaum zu weit, wenn wir behaupten, daß trotz vielen älteren interessanten Überlegungen und zutreffenden Analysen erst in jüngster Zeit die ganze Tragweite des eben formulierten Problems bewußt wurde. Vor kurzem ist das, in Kritik der Lehren vom staatsmonopolistischen Kapitalismus, von Margaret Wirth treffend so formuliert worden: »Es geht darum, aufzuzeigen, daß sich diese Veränderungen erst dann wirklich erklären lassen, wenn man sich über die Implikationen des Wertgesetzes im klaren ist«. Solange und soweit das nicht geschieht, oder dieses als überholt erachtet wird, »kann man sich in seinen Analysen auch nicht mehr auf das Wertgesetz, also nicht auf Marx beziehen. Das muß man ja auch nicht; aber die Konsequenz muß wenigstens klar sein«.[26]

Wir müssen darauf verzichten, hier die damit verbundenen ganz wesentlichen theoretischen und praktischen Probleme nicht allein materialistischer Staatstheorie näher zu erörtern. So viel sei nur noch angedeutet, daß eine bestimmte, von Engels ausgehende Interpretation jener »Aufhebung der kapitalistischen Produktionsweise innerhalb der kapitalistischen Produktionsweise selbst« die aufgeworfene Frage verfälscht hat. Engels sprach zum Beispiel in seiner Kritik des sozialdemokratischen Programmentwurfs von 1891 (des Erfurter Programms) davon, die vor seinen Augen eingetretene neueste ökonomische Entwicklung habe die dem Kapitalismus eigentümliche »Privatproduktion« und »Planlosigkeit« schon, jedenfalls in wesentlichen Produktionszweigen, beseitigt: »Ich kenne eine kapitalistische Produktion als Gesellschaftsform, als ökonomische Phase; eine kapitalistische *Privat*produktion als eine innerhalb dieser Phase so oder so vorkommende *Erscheinung*. Was heißt denn kapitalistische *Privat*produktion? Produktion durch den *einzelnen* Unternehmer, und die wird ja schon mehr und mehr Ausnahme. Kapitalistische Produktion durch *Aktiengesellschaften* ist schon keine *Privat*produktion mehr, sondern Produktion für assoziierte Rechnung von vielen. Und wenn wir von den Aktiengesellschaften übergehn zu den Trusts, die ganze Industriezweige beherrschen und monopolisieren, so hört da nicht nur die *Privatproduktion* auf, sondern auch die *Planlosigkeit*« (MEW 22, S. 231 f.).

Der von Engels hier in wenigen Worten ausgedrückte Gedanke

---

26 a.a.O. (vgl. Anm. 8), S. 29, Anm. 27

liegt auch seinen berühmten Darlegungen im »Anti-Dühring« und in der »Entwicklung des Sozialismus von der Utopie zur Wissenschaft« zugrunde. Über Hilferdings »Finanzkapital« vermittelt, knüpfte Lenin in seiner Imperialismusschrift unmittelbar an diesen Satz von Engels an, als er dem imperialistischen Stadium des Kapitalismus, insbesondere dem von ihm wenig später so genannten staatsmonopolistischen Kapitalismus, »auf der ganzen Linie die Züge einer Übergangsperiode vom Kapitalismus zu einer höheren ökonomischen Gesellschaftsformation« zuschrieb (Lenin, Ausgewählte Werke, Bd. 1, Berlin (DDR) 1961, S. 838 und passim). Charakteristisch für diese Argumentation ist indessen ein Verständnis von »Planlosigkeit« und »Privatproduktion«, das mit dem von Marx entwickelten Begriff des Kapitals wenig zu tun hat. Im verbreiteten, auch von Engels zuerst formulierten »Grundwiderspruch« des Kapitalismus, nämlich dem von »gesellschaftlicher Produktion« und »privater Aneignung«, ist dieses falsche Verständnis sozusagen marxistisches Gemeingut geworden.

Wir können bei der kapitalistischen Produktion aber nur in *einem* strengen Sinn von gesellschaftlicher Produktion sprechen, dem, daß einerseits in gesellschaftlichem Maßstab, andererseits in einer spezifischen Form der Gesellschaftlichkeit produziert wird, die gerade keine unmittelbare Gesellschaftlichkeit ist, sondern sich hinter dem Rücken der Produzenten, durch das Wertgesetz vermittelt, herstellt. Das drückt Marx genau aus, wenn er sagt, daß die kapitalistische Produktionsweise *an sich* zwar schon gesellschaftliche Produktion sei, aber erst die assoziierten Produzenten unmittelbares Gesellschaftseigentum, im Unterschied zum kapitalistischen Privateigentum, herstellen können. Solange die Wertgesetzlichkeit vorherrscht, können wir daher, trotz aller skizzierten Entwicklungstendenzen, durchaus nicht von gesellschaftlicher Produktion im genauen Sinn reden. Um in der Marxschen Sprache zu bleiben: das an sich Gesellschaftliche des Wertgesetzes muß erst für sich erkannt, und das heißt in der sozialistischen Produktionsweise aufgehoben werden.

Die kapitalistisch produzierte Ware enthält notwendig den kennzeichnenden Widerspruch zwischen »ihrem gesellschaftlichen und privaten Charakter. Die Ware wird als private produziert, auch wenn viele Produzenten an ihrer Produktion beteiligt sind«; ihren »gesellschaftlichen Charakter kann sie erst herauskehren, wenn ihr produzierter Wert sich gegen Geld, gegen das allgemeine Äquivalent, ... also gegen das ihre Gesellschaftlichkeit überhaupt erst bestätigende Moment« ausgetauscht hat. »Von gesellschaftlicher Produktion im Falle kapitalistischer Warenproduktion zu sprechen, bedeutet gerade die Abstraktion von der Verdoppelung der Ware in Ware und Geld ... Man kann also nicht von gesellschaftlicher Produktion sprechen, wo die Produkte als Waren ausgetauscht werden müssen, um ihren gesellschaftlichen Gebrauchswert zu erweisen«.[27]

Engels' (und Hilferdings oder Lenins) Verständnis vermengt die spezifische Gesellschaftlichkeit kapitalistischer *Waren*produktion, samt ihrer Art der Planung, mit unmittelbar gesellschaftlicher Produktion. Die kapitalistische »Privatproduktion« verschwindet nicht schon dann, wenn es sich um »Produktion für assoziierte Rechnung von vielen« Kapitalisten, um Gesellschaftskapital handelt. Die kapitalistische »Planlosigkeit« wird nicht schon dann beseitigt, wenn Trusts und vergleichbare Organisationsformen des Kapitals in großem Maßstab planen. Tatsächlich hatte Engels einen Begriff von Privatproduktion verwendet, der sich auf den heute so genannten Unternehmerkapitalismus bezog, und »Planlosigkeit« erhielt in seinem Verständnis einen beschränkten Sinn; als ihr Ende gemeint war die durch Trusts ausgeübte Kontrolle von Märkten, die eine – eben näher zu bestimmende – Mengen-, Preis- und Absatzplanung gestattet und *insofern* die freie Konkurrenz als absolute, reine Bewegungsform des Kapitals verdrängte. Aber wie später Lenin die »Anarchie« der kapitalistischen Produktionsweise mit der ungehinderten Wirksamkeit der »Anarchie des Marktes«, dem sogenannten Konkurrenzkapitalismus, fälschlich identifizierte,[28] so ging

---

27 siehe Einleitung von A. M. P. zu F. Oelßner: Die Wirtschaftskrisen, Raubdruck 1971, S. 13 f.

28 vgl. Christel Neusüss: *Imperialismus und Weltbewegung des Kapitals*. Kritik der Leninschen Imperialismustheorie und Grundzüge einer Theorie des Verhältnisses zwischen den kapitalistischen Metropolen, Erlangen 1972, bes. S. 89 ff. Selbstverständlich betrachtete Lenin auch das Monopol oder die »monopolistische Konkurrenz« als eine Ausdrucksform kapitalistischer Anarchie. Beidemal aber »gerät seine Darstellung dahin, die Produktion und Zirkulation von Wert und Mehrwert als entscheidende Formbestimmung der kapitalistischen Produktionsweise aus dem Auge zu verlieren« (a.a.O., S. 89). Welche theoretischen und politischen Folgen damit verbunden waren, habe ich im Hinblick auf den Imperialismus- und Faschismusbegriff in der Arbeit »Die Kommunistische Internationale und das Problem des Faschismus« (Phil. Diss. Hannover 1972) näher untersucht.

Engels am entscheidenden Problem vorbei, nämlich der oben ausgesprochenen Frage nach dem Verhältnis des Wertgesetzes zu den neueren Erscheinungsformen der Monopolisierung und Staatsintervention. In der Tat ist dann auch zu fragen, ob es zutrifft, daß der »staatsmonopolistische Kapitalismus« den »Bedingungen des Kapitals seinem Begriff gemäß widerspricht«[29] – und welche Folgen das für die marxistische Gesellschaftstheorie hat?

Engels hat dieses entscheidend wichtige Problem (ganz wie die spätere marxistische Orthodoxie[30]) in seinen berühmten Theoremen vom ideellen und reellen Gesamtkapitalisten *nicht* zur Sprache gebracht (vgl. etwa MEW 20, S. 258–260 [498–504]). Elmar Altvater bemerkte kürzlich, daß der Staat streng genommen »niemals wirk-

---

29 so z. B. Peter Hess: *Monopoltheorie und Kapitalismuskritik*, in: »Wirtschaftswissenschaft«, 1971, S. 971; vgl. hierzu insgesamt vor allem Margaret Wirth, a.a.O. (Anm. 8), bes. S. 20–30. Sie betrachtet die »freie Konkurrenz« als die »reine Form, in der sich das Wertgesetz durchsetzt«, eine »Abstraktion von allen Hindernissen, die der Herstellung der Durchschnittsprofitrate im Wege stehen könnten«. »Die ›freie Konkurrenz‹ ist also eine *Abstraktion*, die reine Form der Bewegung der Kapitale«. Was sich historisch ändere, seien »die *Formen*, in denen jedes Kapital versucht, den Durchschnittsprofit zu erreichen oder sich der Reduktion seines Profits auf den Durchschnittsprofit zu entziehen«. Das Monopol stellt sich dann als »*eine* Form dieses Versuchs«, als »*eine Erscheinungsform der Konkurrenz*« dar, die »außer durch die Konkurrenz auch nicht zu klären« ist (a.a.O., S. 23 f.). Marx hatte die Möglichkeit angedeutet, daß die »Aufhebung der kapitalistischen Produktionsweise innerhalb der kapitalistischen Produktionsweise selbst« es bestimmten Unternehmungen gestatte, bloßen Zins abzuwerfen und nicht notwendig in die Ausgleichung der allgemeinen Profitrate eintreten zu müssen (vgl. MEW 25, 453 und oben). Darüber hinaus läßt sich das Problem der Monopolisierung und Staatseinmischung so formulieren: was geschieht dann, wenn in ökonomisch relevantem Maßstab wieder »Produktion auf Bestellung« eintritt: »Das Arbeiten auf Bestellung, d. h. Zufuhr, die vorhergehender Nachfrage entspricht, als allgemeiner oder vorherrschender Zustand ... geht keineswegs als Bedingung aus der Natur des Kapitals hervor« (Grundrisse, S. 433), scheint aber für den späten Kapitalismus in bestimmten Bereichen vorherrschender Zustand zu sein. Daher ist häufig von einer Tendenz zur »Untergrabung der Warenproduktion im Monopolkapitalismus« die Rede. Vgl. etwa *Neue Aspekte der Monopoltheorie*, »Marxismus Digest« 3/71, S. 38 f.

30 vgl. hierzu etwa auch die Dokumente der Kommunistischen Internationale, in denen geradezu von einer verstaatlichten Produktion gesprochen wurde: »Die Verstaatlichung des wirtschaftlichen Lebens ... ist zur Tatsache geworden ... Die Frage besteht jetzt einzig darin, wer künftig der Träger der verstaatlichten Produktion sein wird: der imperialistische Staat oder der Staat des siegreichen Proletariats« (Manifest, Richtlinien, Beschlüsse des 1. Weltkongresses, Hamburg 1920, S. 8)

licher, materieller Gesamtkapitalist« werden kann; solange überhaupt kapitalistische Produktionsweise vorherrscht, bleibt er auch als großer kapitalistischer Produzent »den Widersprüchen der Einzelkapitale untereinander unterworfen, wie andere große Einzelkapitale auch«. Zudem scheint »gerade seine Konstituierung als wirklicher Kapitalist für das Kapital problematisch«.[31] Wenn Engels

---

31 a.a.O. (Anm. 21), S. 8. Mit der Formel des »ideellen Gesamtkapitalisten« steht es m. E. nicht viel besser. Engels sagt, daß der moderne Staat »die Organisation« ist, »welche sich die bürgerliche Gesellschaft gibt, um die allgemeinen äußeren Bedingungen der kapitalistischen Produktionsweise aufrechtzuerhalten gegen Übergriffe, sowohl der Arbeiter wie der einzelnen Kapitalisten. Der moderne Staat, was auch seine Form, ist eine wesentlich kapitalistische Maschine, Staat der Kapitalisten, der ideelle Gesamtkapitalist«. Er stellt diesem »ideellen« den wirklichen Gesamtkapitalisten in quantitativer Bestimmung (»je mehr Produktivkräfte er in sein Eigentum übernimmt ...«) gegenüber. Nun heißt »ideell« auch im damaligen Sprachgebrauch »überwirklich, eingebildet, nur gedacht oder in der Vorstellung befindlich oder gegründet, geistig«, wenn nicht »musterbildlich, musterhaft.« Da Marx und Engels gern mit dem Gegensatzpaar reell und ideell arbeiteten, können wir annehmen, daß Engels auf die eigentümlich »idealistische Superstruktur« des Staates als dem Überbau des »reellen Gemeinwesens«, des Kapitals nämlich, anspielen wollte. Die »allgemeinen äußeren Bedingungen der kapitalistischen Produktionsweise« wären dann die rechtlichen und politischen Institutionen, die diese reelle Gemeinwesen zugleich ausdrücken und idealisieren, ideologisch verdecken. Die unscharfe Formulierung von Engels, der Staat sei »*wesentlich* kapitalistische Maschine«, kann entweder auf etwas verweisen, was er außerdem, wenn auch weniger wesentlich, sei – oder Engels dachte an das im Staat ausgedrückte und zugleich verhüllte »Wesen«, die kapitalistische Klassenherrschaft. Daß der Staat der »eingebildete« oder »nur gedachte« *Gesamtkapitalist* – etwa im Gegensatz zum Gesamtarbeiter – sei, erscheint jedenfalls als eher unglückliche Wortwahl. Elmar Altvater interpretiert die Formel der Sache nach so, daß der Gegensatz des »ideellen« zum »wirklichen Gesamtkapitalisten« die Unmöglichkeit eines Universalkapitals, des Staatskapitalismus, ausdrücke. Ein »ideeller oder fiktiver Gesamtkapitalist« ist dann einer, der das »Durchschnittsinteresse des Kapitals« (das selbst der Definition bedarf) repräsentieren soll, dies aber nur in widersprüchlicher Weise tun kann. Denn wie »der Begriff (!) der Durchschnittsexistenz des Kapitals nicht die Aktionen und Interessen der vielen Einzelkapitale« aufhebe, so substituiere der Staat auch nicht die Konkurrenz, »sondern er tritt neben sie«. Im Hinblick auf das Wertgesetz bedeute dies »nicht seinen Ersatz, oder gar seine Aufhebung, sondern seine entsprechende Modifikation« (a.a.O., S. 8). Wir sind jetzt also, um uns ein wenig »scholastisch« zu amüsieren, zu dem merkwürdigen Resultat gelangt, daß eine Fiktion (d. i. eine »Erdichtung« oder »Unterstellung«) das Wertgesetz modifiziert, nämlich der ideelle Gesamtkapitalist ... Schlagen wir den Duden auf, so findet sich indessen noch eine andere Bedeutung von »Fiktion«: »In der Wissenschaft bewußt gemachte, sich widersprechende oder falsche Annahme als methodisches Hilfsmittel«.

einerseits feststellte, daß »weder die Verwandlung in Aktiengesellschaften noch die in Staatseigentum ... die Kapitaleigenschaft der Produktivkräfte« aufzuheben vermag, so versprach ihm das »auf die Spitze« getriebene Kapitalverhältnis zwar den Umschlag oder war doch wenigstens das »formelle Mittel« auf dem Wege zum Sozialismus. Andrerseits aber blieben der gleichzeitig ausgesprochene Umschlag »der freien Konkurrenz ins Monopol« oder gar der angenommene Zwang, daß »schließlich der offizielle Repräsentant der kapitalistischen Gesellschaft, der Staat, die Leitung der Produktion übernehmen« müsse, ökonomisch ganz und gar unbestimmt. Die ganz allgemeine Bemerkung, daß die gesellschaftliche Natur der modernen Produktivkräfte die Kapitalistenklasse selbst nötige, »mehr und mehr, soweit dies innerhalb des Kapitalverhältnisses überhaupt möglich ist, sie als gesellschaftliche Produktivkräfte zu behandeln«, diente dann später, wie die fragwürdigen Kategorien des Monopols, dazu, den Marxschen Begriff des Kapitals, des Wertgesetzes und endlich auch der kapitalistischen Gesellschaftsformation insgesamt zu umgehen.

Schluß

Wenden wir uns zum Schluß noch kurz einem Gesichtspunkt zu, den Engels in seiner Polemik gegen Eugen Dühring ansprach, dem Verhältnis von »Ökonomie« und »Gewalt«. In verschiedenen Zusammenhängen wurde hervorgehoben, daß die spezifischen ökonomischen Beziehungen, in entwickelter Gestalt in der kapitalistischen Warenproduktion, keineswegs nur natürliche, sachliche oder bloß technologische, sondern vielmehr soziale Herrschaftsverhältnisse darstellen. Schon in der Ware, dem Elementarprodukt unserer Produktionsweise, ist aber *dieser* Charakter der »Ökonomie« versteckt. Wenn Marx einmal sagte, alle Ökonomie löse sich in letzter Instanz in Ökonomie der Zeit auf, so können wir umgekehrt feststellen: alle bisherige Ökonomie war *politische* Ökonomie. Im Kapitalismus mit seiner extremen Form des ökonomischen Fetischismus besitzt jedoch gerade die »gesellschaftliche Bewegung ... die Form einer Bewegung von Sachen«. Die »politische Ökonomie« im genauen Sinn (und sie entsteht selbst erst mit der bürgerlichen Gesellschaft) drückt mit ihren Kategorien die »Produktionsverhältnisse dieser historisch bestimmten gesellschaftlichen Produktionsweise, der Warenproduktion« aus (MEW 23, S. 89 f.). Die *Kritik* der politischen Ökonomie weist wesentlich die fetischistische Verkehrung, und das heißt zugleich den politischen Klasseninhalt dieser ökonomischen Formen nach.

Wenn wir daher von *Ökonomie* reden, bezieht sich das stets auf ein gesellschaftliches Verhältnis, im besonderen auf die Ökonomie des Kapitalismus. Wenn wir von *Politik* reden, so meinen wir damit offenbar dasselbe und zugleich etwas anderes: außerökonomische Gewaltverhältnisse, wie sie genannt wurden. Der moderne Begriff des Politischen ist wesentlich am »politischen Staat«, an seiner Form sozialer Gewalt gewonnen worden. Das ist natürlich selbst ein ideologischer Begriff, ein Ausdruck dieser historisch bestimmten Gesellschaftsformation. Für Marx und Engels sind dagegen Klassenherrschaft und politische Gewalt letztlich identische Sachverhalte, keineswegs aber im Sinne einer unbestimmten und unentwickelten Identität. Als politisches Gebäude und Instrument der Klassenherrschaft ist der »Staat«, freilich in einem ebenso unspezifischen Sinn wie die »Gesellschaft« (oder die Existenz von ökonomisch begründeten Klassen), zwar nicht dem Kapitalismus allein eigentümlich. Jedoch erst auf der Basis kapitalistischer Warenproduktion treten Klassen, Gesellschaft, Staat, Recht, Politik und politische Ökonomie ganz als das hervor, was sie sind. Erst hier konnte sich der »politische Staat« deutlich von der »Gesellschaft« scheiden. Erst hier kann die »ökonomische« Herrschaft der Produktionsbedingungen über die Produzenten die unmittelbar »politischen« Herrschafts- und Knechtschaftsverhältnisse der vorbürgerlichen Gemeinwesen auflösen. Ihre alten Formen der Arbeitsteilung, des Verkehrs und der politischen Herrschaft wurden im Wachstum der Warenproduktion »aufgehoben oder gesetzt als eine verschwindende Voraussetzung, die zu eng geworden für die Entfaltung des progressiven Menschenpacks« (Grundrisse, S. 396).

Der Klassizität kapitalistischer Produktionsweise, frei von Beimengungen »politischer« Interventionen und Schranken, scheint ein Bild des Staates, der nichts als »Rechtsstaat« sei, zu entsprechen. Schon in den klassischen bürgerlichen Staatstheorien trat jedoch der »Naturzustand«, d. h. eine gerade nicht »rechtsstaatlich« zu reglementierende Gewaltfunktion, bei allen Bestimmungen politischer Souveränität auf, sei es bei den Prärogativen der »Staatsspitze« nach innen, sei es als Zwang gewaltsamer Selbstbehauptung in der Staatenwelt nach außen, sei es als »Recht der zivilisierten Nationen«, sich die »Barbaren« zu unterwerfen, d. h. nichtkapitalistische

Gebiete auszubeuten und den Weltmarkt herzustellen. Unmittelbare politische Gewalt war so stets die »ultima ratio« der bürgerlichen Vernunftsgesellschaft. Nicht erst dann, als aus ökonomischen Krisen hervorwachsende offene Klassenkämpfe die ideologischen Formen bürgerlicher Gesellschaftlichkeit zerspringen ließen und den Klassenantagonismus politisch sichtbar darstellten, erwuchs aus dem Kapitalverhältnis notwendig die »außerökonomische Gewalt« des bürgerlichen Staates, die es selbst historisch mit begründet hat.[32]

Das Kapital verwandelte jedoch die unfreie Arbeit in Lohnarbeit und die ehemals unmittelbare Aneignung des Mehrprodukts in die durch ökonomische Erscheinungsformen und Verläufe verstellte Aneignung von Mehrwert. Erst auf dieser gesellschaftlichen Basis konnte auch Dührings epigonale These erwachsen, die Engels zurückweist: daß durch die Einmischung des Staates und der Gewalt die gewaltfreien ökonomischen Naturgesetze und mit ihnen das Glück der Menschheit zerstört würden. Engels wußte sehr gut, daß außerökonomische Gewalt eine entscheidende Größe war: »Es gibt in der Politik nur zwei entscheidende Mächte: die organisierte Staatsgewalt, die Armee, und die unorganisierte, elementare Gewalt der Volksmassen« (MEW 21, S. 431). Er sah zudem, angesichts der imperialistischen Eroberungskonkurrenz, genau, daß die Armee »Hauptzweck des Staates«, »Selbstzweck« wurde, der Militarismus Europa »beherrscht und verschlingt« (MEW 20, S. 158).

Schon insofern greift etwa die Annahme Hannah Arendts, seit Engels' Anti-Dühring habe sich das Verhältnis von ökonomischer Macht und politischer Gewalt umgekehrt, zu kurz.[33] Aber gegen Dührings abstrakte Rede von der Gewalt als dem Urbösen der Geschichte besteht Engels darauf, die Entstehung und Entwicklung der Klassen- und Herrschaftsverhältnisse zu erklären, um die Rolle der Gewalt auf ihrer Basis zu untersuchen.

Engels scheint dabei zwei Wege der Herrschafts- und Klassenbildung zu sehen, die wir vorläufig als »politischen« und als »ökonomischen« Weg bezeichnen können. Beiden ist gemeinsam, daß sie aus spezifischen gesellschaftlichen Funktionen hervorgehen,

---

32 vgl. hierzu auch Heide Gerstenberger: *Zur Theorie der historischen Konstitution des bürgerlichen Staates*, in: »Probleme des Klassenkampfs«, 8/9, 1973, S. 207 ff., besonders S. 209 ff.
33 Hannah Arendt: *Macht und Gewalt*, München 1970, S. 13 ff.

diese Funktionen sich aber »verselbständigen« und sich »bis zur Herrschaft über die Gesellschaft steigern konnten« (MEW 20, S. 166 [493]). Der politische Weg geschieht über eine Verselbständigung von Organen, die einmal die »gemeinsamen Interessen« eines Gemeinwesens repräsentierten (vgl. a. a. O., S. 138, S. 166). Der ökonomische Weg ist nichts anderes als die Entfaltung der Warenproduktion zum Kapitalismus. Auf der eine Seite betont nun Engels, daß die politische Gewalt, einmal »gegenüber der Gesellschaft verselbständigt«, entweder »im Sinn und in der Richtung der gesetzmäßigen ökonomischen Entwicklung«, oder aber »ihr entgegen« wirken kann, so wie sie auch eine revolutionäre Rolle zu spielen vermag (a.a.O., S. 170 f. [497 f.]). Auf der anderen Seite versichert er den »ökonomischen« Ursprung auch der politischen, verselbständigten Gewalt und die in letzter Instanz dominante »ökonomische Entwicklung« (a.a.O., S. 170 [497]).

Engels hat zum Beispiel in seinen Arbeiten zur deutschen Geschichte die skizzierten Fragen auf subtile Weise erörtert. Die spätere Geschichte hat das Problem politischer Gewalt und ihres Verhältnisses zur ökonomischen Klassenherrschaft mit überwältigender Schärfe hervortreten lassen. Die Transformation der imperialistischen Länder »in den allgemeinen europäischen, schmutzigen, blutigen Sumpf der bürokratisch-militärischen Institutionen«, die »sich alles unterordnen, die alles erdrücken«, wie Lenin im Ersten Weltkrieg schrieb,[34] zeigte Entwicklungsmöglichkeiten politischer Gewaltapparate an, in denen tatsächlich Engels' Befürchtung wahr wurde, daß »die ganze bürgerliche Gesellschaft dem Untergang oder der Umwälzung entgegen« treibt (MEW 20, S. 153). Mit diesen Entwicklungen stellten sich Fragen einer marxistischen Staatstheorie, die über den »normalen« Begründungs- und Funktionszusammenhang von kapitalistischer Klassenherrschaft und bürgerlichem Staat hinausreichen. Wieder müssen wir darauf verzichten, sie in diesem Kommentar zu präzisieren und zu diskutieren.

Das gilt auch für den letzten, von Engels angesprochenen Punkt; die kommunistische Produktionsweise und das Absterben des Staates. Hier sei nur an den Satz aus der Kritik des Gothaer Programms erinnert, wo Marx die Frage auf adäquate Weise formuliert hat: »Welche gesellschaftlichen Funktionen bleiben dort übrig, die jet-

---

34 *Staat und Revolution*, Ausgewählte Werke, Bd. 2, Berlin 1961, S. 349

zigen Staatsfunktionen analog sind? Diese Frage ist nur wissenschaftlich zu beantworten, und man kommt dem Problem durch tausendfache Zusammensetzungen des Wortes Volk mit dem Wort Staat auch nicht um einen Flohsprung näher« (siehe unten, S. 522) – auch dann nicht, wenn etwa an die Stelle des Volks das Wort Arbeiterklasse tritt.

JOACHIM HIRSCH: ZUM PROBLEM EINER ABLEITUNG DER FORM- UND FUNKTIONSBESTIMMUNG DES BÜRGERLICHEN STAATES

Bis heute begnügen sich viele der sich auf Marx berufenden Einschätzungen des bürgerlichen Staates damit, gestützt auf einige Klassikerzitate dessen Klassencharakter zu konstatieren, um dann in der Form einer mehr oder weniger schlüssigen empirischen Generalisierung Staatsfunktionen zu systematisieren und auf ihre Bedeutung für die Verwertung des Kapitals und den Klassenkampf zu untersuchen [1]. Ohne auf den Stellenwert dieser Beiträge im Einzelnen einzugehen, steht die Untauglichkeit einer derartigen Verbindung hochabstrakter Wesensbestimmung mit platter Empirie für die Entwicklung einer materialistischen Staatstheorie außer Frage. In modifizierter Form gilt dies auch für alle die Ansätze, die in abstrakter Form spezifische Strukturelemente der bürgerlichen Gesellschaft, wie etwa den Klassenantagonismus oder das System der Warenproduktion, aufgreifen und damit – selbst wenn sie sich auf einige Zitate von Marx und Engels berufen können – zu spezifisch verkürzten und unzulänglichen Bestimmungen kommen [2]. Bürgerliche Gesellschaft ist nicht einfach Klassengesellschaft, sondern eine Gesellschaft, deren Klassenverhältnisse durch das stumme Wirken des Wertgesetzes produziert und reproduziert werden, und Warenproduktion wird bekanntlich historisch erst mit der Durchsetzung des Kapitalverhältnisses zur bestimmenden gesellschaft-

---

[1] Dies gilt — wenn man von dem kurzen und nicht ganz gelungenen Versuch einer theoretischen Ableitung des Staates absieht — im wesentlichen auch für Elmar Altvater, Zu einigen Problemen des Staatsinterventionismus, in: Probleme des Klassenkampfs, Nr. 3/1972, S. 1 ff. Explizit, wenn auch in ganz anderer Absicht, operieren die verschiedenen Varianten der Theorie vom »Staatsmonopolitischen Kapitalismus« mit einem derartigen methodischen Ansatz.

[2] Obwohl sie eine durchaus andere Intention haben, rekurrieren auch v. Flatow und Huisken bei ihrem Versuch einer Ableitung des Staates letztlich doch wieder auf das System der Warenproduktion. Indem sie die »Besonderung des Staates« und zugleich das materielle Substrat der Neutralitätsideologie am allgemeinen Interesse aller Individuen an der Sicherung ihrer Revenuequellen festmachen, müssen sie diese folgerichtig in toto zu Privateigentümern erklären. Da sie den Staat nicht, wie beabsichtigt, aus dem Kapitalbegriff, sondern aus dem siebenten Abschnitt des dritten Bandes des »Kapital« ableiten, entwächst ihr Staat bei ihnen denn auch nicht den prozessierenden Widersprüchen des Kapitalverhältnisses, sondern der verdinglichten Ideologie der bürgerlichen Gesellschaft. Vgl. Sibylle v. Flatow, Freerk Huisken, Zum Problem der Ableitung des bürger-

lichen Form. Die grundlegende Formbestimmung des bürgerlichen Staates, nämlich die Verdoppelung der bürgerlichen Gesellschaft in Gesellschaft und Staat und die formelle Besonderung des Staates als einer von der Gesellschaft abgehobenen administrativen Apparatur kann nicht aus der Abstraktion isolierter Strukturelemente abgeleitet werden, sondern bedarf einer Analyse des gesellschaftlichen Reproduktionsprozesses und der ihn bestimmenden Gesetze in ihrer Totalität. Die Entwicklung einer Staatstheorie muß ausgehen von einer kategorial angeleiteten Untersuchung der Gesetzmäßigkeiten, die die Produktion und Reproduktion des Gesamtzusammenhangs der Gesellschaftsformation bestimmen.

Dies vorausgesetzt, lassen sich einige logische Schritte angeben, die bei der Ableitung der allgemeinen Formbestimmung des bürgerlichen Staates zu verfolgen sind. Bürgerliche Gesellschaft konstituiert sich zunächst durch auf Arbeitsteilung und Privateigentum beruhender Privatproduktion und Tausch. Ihre spezifische Form der Vergesellschaftung ist bestimmt durch die unabhängig voneinander betriebenen Privatarbeiten, und der gesellschaftliche Zusammenhang, der sich notwendig hinter dem Rücken der Produzenten und ohne deren bewußte Kontrolle herstellt, »ist ausgedrückt im Tauschwert, worin für jedes Individuum seine eigne Tätigkeit oder sein Produkt erst eine Tätigkeit oder ein Produkt für es wird ... Der gesellschaftliche Charakter der Tätigkeit, wie die gesellschaftliche Form des Produkts, wie der Anteil des Individuums an der Produktion erscheint hier als den Individuen gegenüber

---

lichen Staates, in: Probleme des Klassenkampfs, Nr. 7/1973, S. 83 ff. Ähnlich abstrahierend verfahren Müller und Neusüss mit ihrem einigermaßen unhistorischen und strukturalistisch anmutenden Rekurs auf das kapitalistische Klassenverhältnis, wo die historisch sich ausprägenden Staatstätigkeiten immer als Ergebnis stattfindender Klassenkämpfe bestimmt werden, ohne daß deren in der Bewegung des Kapitals liegende Grundlage irgendwo systematisch gefaßt würde. Vgl. W. Müller und Ch. Neusüss, Die Sozialstaatsillusion und der Widerspruch von Lohnarbeit und Kapital, in: Sozialistische Politik, H. 6/7 1970, S. 4 ff. Dafür gibt es freilich noch viel krudere Beispiele, so etwa bei Joscha Schmierer, Thesen zur Faschismusfrage, in: Neues Rotes Forum, Nr. 3/1972, S. 7 ff. Selbst bei Engels führt teilweise der Verzicht auf eine die Gesetzmäßigkeiten der kapitalistischen Entwicklung und den historischen Verlauf des Akkumulationsprozesses zum Ansatzpunkt nehmende Analyse zu einer verengten und quasi »klassentheoretisch« verkürzten Bestimmung des Staates, wo dieser dann als eine über der Gesellschaft stehende, den Klassenkonflikt regulierende Macht erscheint. Vgl. Friedrich Engels, Der Ursprung der Familie, des Privateigentums und des Staates, MEW Bd. 21, Berlin 1969, S. 167.

Fremdes, Sachliches; nicht als Verhalten ihrer gegeneinander, sondern als ihr Unterordnen unter Verhältnisse, die unabhängig von ihnen bestehn und aus dem Anstoß der gleichgültigen Individuen miteinander entstehn ... ihr wechselseitiger Zusammenhang ... erscheint ihnen selbst fremd, unabhängig, als eine Sache« [3]. Da die Individuen »weder subsumiert sind unter ein naturwüchsiges Gemeinwesen, noch andererseits als bewußt Gemeinschaftliche das Gemeinwesen unter sich subsumieren, muß es ihnen als den unabhängigen Subjekten gegenüber als ein ebenfalls unabhängiges, äußerliches, zufälliges, Sachliches ihnen gegenüber existieren. Es ist eben dies die Bedingung dafür, daß sie als unabhängige Privatpersonen zugleich in einem gesellschaftlichen Zusammenhang stehn« [4]. Daraus ergibt sich zunächst, daß sich den Individuen notwendig der Zusammenhang ihrer Arbeiten als Fremdes, als eine Sache darstellt (Geld) und daß zugleich das gesellschaftlich Allgemeine eine besondere Gestalt annehmen muß. Der Tauschwert, verkörpert im Geld, stellt unabhängig vom Willen der Individuen die gesellschaftliche Einheit der Produktion her und zugleich bedarf es einer von den individuellen Produzenten abgehobenen, ihnen fremd gegenüberstehenden Instanz, um die außerhalb ihres borniertes Privatinteresses liegenden gesellschaftlichen Bedingungen von Produktion und Reproduktion zu gewährleisten, eben des Staates. Das »Sichfestsetzen der sozialen Tätigkeit, die Konsolidation unseres eignen Produkts zu einer sachlichen Gewalt über uns, die unserer Kontrolle entwächst, unsere Erwartungen durchkreuzt, unsere Berechnungen zunichte macht, ist eines der Hauptmomente der bisherigen geschichtlichen Entwicklung, und eben aus diesem Widerspruch des besonderen und gemeinschaftlichen Interesses nimmt das gemeinschaftliche Interesse als *Staat* eine selbständige Gestaltung, getrennt von den wirklichen Einzel- und Gesamtinteressen an« [5].

Freilich darf nun an dieser Stelle nicht stehengeblieben werden. Im Begriff der warenproduzierenden Gesellschaft ist logisch und historisch der Begriff des Kapitals enthalten. Wie die dialektische

---

3 Karl Marx, Grundrisse der Kritik der politischen Ökonomie (Rohentwurf), Frankfurt a. M. — Wien o. J., S. 74 f.
4 a.a.O. S. 909
5 Karl Marx, Friedrich Engels, Die deutsche Ideologie, MEW Bd. 3, Berlin 1969, S. 33 [155].

Entwicklung des Kapitalbegriffs logisch an der notwendigen Verdoppelung der Ware in Ware und Geld ansetzen muß, ist zugleich die Herstellung kapitalistischer Produktionsverhältnisse (ursprüngliche Akkumulation, freie Lohnarbeit) historische Bedingung der vollen Entfaltung und Verallgemeinerung der Warenproduktion. Im entfalteten Begriff der warenproduzierenden Gesellschaft ist also zugleich der Antagonismus von Lohnarbeit und Kapital, Ausbeutung und Mehrwertproduktion enthalten. Äquivalenter Tausch vermittelt nur an der Oberfläche die Produktion und Aneignung von Mehrwert. Wird mithin der Staat als die verkehrte Form der Besonderung des gesellschaftlich Allgemeinen bestimmt mit der in dieser Form schon enthaltenen Funktion, die allgemeinen gesellschaftlichen Bedingungen von Produktion und Reproduktion zu gewährleisten, so ist dieser Reproduktionsprozeß als Verwertungsprozeß des Kapitals, d. h. als Prozeß kontinuierlicher Produktion von Mehrwert und damit als Akkumulationsprozeß zu untersuchen.

Im Unterschied zu allen vorangegangenen Formen gesellschaftlicher Produktion und Reproduktion wird der kapitalistische Produktionsprozeß dadurch charakterisiert, daß »der Arbeitsprozeß nur als ein Mittel für den Verwertungsprozeß erscheint«, »die Reproduktion nur als ein Mittel, den vorgeschoßnen Wert als Kapital zu reproduzieren, d. h. als sich verwertenden Wert« [6]. Dies aber setzt voraus »freie Verfügung auf seiten des Arbeiters über seine eigenen Fähigkeiten, auf Seiten des Geld- oder Warenbesitzers über ihm gehörige Werte« [7]. Der Kapitalist, der die Arbeitskraft durchschnittlich zu ihrem Wert kauft und im Produktionsprozeß anwendet, erhält damit den Wert seiner Produktionsmittel und eignet sich zusätzlich den Mehrwert an, den hervorzubringen den spezifischen Gebrauchswert der lebendigen Arbeit für das Kapital darstellt. Entscheidend ist nun, daß dieses Verhältnis sich auf der Basis der einmal historisch durchgesetzten kapitalistischen Produktionsweise notwendig permanent reproduzieren muß. »Was aber anfangs nur Ausgangspunkt war, wird vermittelst der bloßen Kontinuität des Prozesses, der einfachen Reproduktion, stets aufs neue produziert und verewigt als eignes Resultat der kapitalistischen Produktion. Einerseits verwandelt der Produktionsprozeß fortwährend den stoff-

---

6 Kapital I, S. 591 [424].
7 Kapital I, S. 609 [432].

lichen Reichtum in Kapital, in Verwertungs- und Genußmittel für den Kapitalisten, andererseits kommt der Arbeiter beständig aus dem Prozeß heraus, wie er in ihn eintrat – persönliche Quelle des Reichtums, aber entblößt von allen Mitteln, diesen Reichtum für sich zu verwirklichen. Da vor seinem Eintritt in den Prozeß seine eigne Arbeit ihm selbst entfremdet, dem Kapitalisten angeeignet und dem Kapital einverleibt ist, vergegenständlicht sie sich während des Prozesses beständig in fremden Produkten. Da der Produktionsprozeß zugleich Konsumptionsprozeß der Arbeitskraft durch den Kapitalisten, verwandelt sich das Produkt des Arbeiters nicht nur fortwährend in Ware, sondern in Kapital, Wert, der die wertschöpfende Kraft aussaugt, Lebensmittel, die Personen kaufen, Produktionsmittel, die den Produzenten anwenden. Der Arbeiter selbst produziert daher beständig den objektiven Reichtum als Kapital, ihm fremde, ihn beherrschende und ausbeutende Macht, und der Kapitalist produziert ebenso beständig die Arbeitskraft als subjektive, von ihren eigenen Vergegenständlichungs- und Verwirklichungsmitteln getrennte, abstrakte, in der bloßen Leiblichkeit des Arbeiters liegende Reichtumsquelle, kurz den Arbeiter als Lohnarbeiter. Diese beständige Reproduktion oder Verewigung des Arbeiters ist das sine qua non der kapitalistischen Produktion[8].« Mit der Kontinuität dieses Prozesses und der ständigen Rückverwandlung von Mehrwert in Kapital »schlägt offenbar das auf Warenproduktion und Warenzirkulation beruhende Gesetz der Aneignung oder Gesetz des Privateigentums durch seine innere, unvermeidliche Dialektik in sein direktes Gegenteil um. Der Austausch von Äquivalenten, der als die ursprüngliche Operation erschien, hat sich so gedreht, daß nur zum Schein ausgetauscht wird, indem erstens der gegen Arbeitskraft ausgetauschte Kapitalteil selbst nur ein Teil des ohne Äquivalent angeeigneten fremden Arbeitsproduktes ist und zweitens von seinem Produzenten, dem Arbeiter, nicht nur ersetzt, sondern auch mit neuem surplus ersetzt werden muß. Das Verhältnis des Austausches zwischen Kapitalist und Arbeiter wird also nur ein dem Zirkulationsprozeß angehöriger Schein, bloße Form, die dem Inhalt selbst fremd ist und ihn nur mystifiziert. Der beständige Kauf und Verkauf der Arbeitskraft ist die Form. Der Inhalt ist, daß der Kapitalist einen Teil der bereits vergegenständlichten fremden Arbeit, die er sich unaufhörlich ohne

---

8 Kapital I, S. 595 ff. [427/428].

Äquivalent aneignet, stets wieder gegen größeres Quantum lebendiger fremder Arbeit umsetzt« [9]. Auf dem »notwendigen Schein« des Äquivalententauschs basierend, reproduziert sich die kapitalistische Gesellschaftsformation durch die Wirkung des Wertgesetzes ständig selbst. Der gesellschaftliche Zusammenhang wird hergestellt durch die Gesetze der Warenproduktion und des Warentauschs, gleichzeitig reproduziert der durch das Wertgesetz hinter dem Rücken der Produzenten geregelte Produktionsprozeß als Verwertungsprozeß des Kapitals seine eigenen gesellschaftlichen Voraussetzungen, ohne daß es dazu zunächst irgendeines äußeren Eingriffs bedürfte. »Nicht nur die gegenständlichen Bedingungen des Produktionsprozesses erscheinen als sein Resultat, sondern ebenso ihr spezifisch gesellschaftlicher Charakter, die gesellschaftlichen Verhältnisse und daher die gesellschaftliche Stellung der Produktionsagenten gegeneinander, die Produktionsverhältnisse selbst werden produziert, sind beständig erneutes Resultat des Prozesses« [10].

Wenn wir davon ausgehen, daß sich die bürgerliche Gesellschaft in ihren strukturbestimmenden Merkmalen durch die Wirksamkeit objektiver, hinter dem Rücken der Individuen sich durchsetzender Gesetze notwendig selbst reproduziert, läßt sich die »Besonderung« des Staates nun schärfer fassen. Die Erhaltung des gesellschaftlichen Struktur beruht im Kapitalismus nicht mehr direkt auf der Unterdrückungskraft von Religion und Ideologie und auf unmittelbaren, den ganzen gesellschaftlichen Zusammenhang durchziehenden, offenen Gewalt- und Abhängigkeitsverhältnissen. Die Vermittlung des gesellschaftlichen Reproduktions- und Ausbeutungsprozesses durch Warenzirkulation und die freie Verfügung der Lohnarbeiter über ihre Arbeitskraft wie der Kapitalisten über den angeeigneten und akkumulierten Mehrwert macht es zur zwingenden Notwendigkeit, Formen unmittelbarer Gewaltanwendung und persönlicher Abhängigkeits- und Herrschaftsbeziehungen (»Feudalismus«) *innerhalb* des ökonomischen Produktions- und Reproduktionsprozesses als diesen in seiner adäquaten Wirkungsweise verzerrend zu beseitigen und das »Monopol physischer Gewaltsamkeit« bei einer vom unmittelbaren ökonomischen Reproduktionsprozeß abgehobenen gesellschaftlichen Instanz zu lokali-

---

9 Kapital I, S. 609 [432/433].
10 Karl Marx, Resultate des unmittelbaren Produktionsprozesses, Frankfurt a. M., 2. Auflage 1970, S. 89

sieren: Herstellung der formellen bürgerlichen Freiheit und Gleiheit. Die Herausbildung des bürgerlichen Staats in der ihn bestimmenden Form bedeutet die Verdrängung dieser vielfältigen, die Gesellschaft durchziehenden »feudalen Abhängigkeitsverhältnisse und Beschränkungen und die unter kapitalistischen Bedingungen reproduktionsnotwendige Zentralisierung von Gewalt bei einer Apparatur, die gegenüber der sich aufgrund ihrer immanenten Gesetzlichkeit selbst reproduzierenden Gesellschaft abgehoben und von den wechselseitig miteinander in Verkehr tretenden Produzenten formell getrennt ist [11].

Daraus ergibt sich, daß Form- und Funktionsbestimmung des bürgerlichen Staates analytisch nicht getrennt werden können: seine Form resultiert aus spezifischen funktionalen Determinanten des kapitalistischen Reproduktionsprozesses selbst. Gewährleistung der allgemeinen Bedingungen des kapitalistischen Reproduktionsprozesses heißt dann in allgemeiner Form zweierlei: Herstellung der auf der Basis der Bewegung der Einzelkapitale und ihres borniertierten Verwertungsinteresses nicht produzierbaren materiellen Bedingungen der Produktion (»Infrastruktur« i. w. S.) und Eingriff in den Reproduktionsprozeß des Kapitals da, wo dieser »gestört« ist, sei es durch Übergriffe einzelner Kapitalisten oder der Arbeiter [12] (Garantie der bürgerlichen Rechtsordnung), sei es wegen der immanenten Widersprüchlichkeit der Reproduktionsbewegung

---

11 Im »Kapital« untersucht Marx die den Produktions- und Reproduktionsprozeß des Kapitals bestimmenden Gesetzmäßigkeiten in ihrer reinen Gestalt und ohne systematische Rücksicht auf die konkret-historischen Bedingungen und die Art und Weise ihrer Durchsetzung, »unter vorläufigem Wegsehen von allen Phänomenen, welche das innere Spiel seines Mechanismus verstecken« (Kapital I, S. 590). Deshalb kann das »Kapital« auch keinen systematischen Ansatz für eine Staatstheorie enthalten: der Staat kommt — ohne selbst abgeleitet zu werden — nur am Rande und wesentlich im Zusammenhang mit eingestreuten historischen Explikationen herein. Insofern ist es auch etwas problematisch, in der Passage über den Kampf um den Zehnstundentag in England unmittelbar einen systematischen Ansatz für die Entfaltung einer Staatstheorie finden zu wollen, wie dies etwa Müller und Neusüß tun. Daß es auch im Kapitalismus immer einer »bewußte(n) und planmäßige(n) Rückwirkung der Gesellschaft auf die naturwüchsige Gestalt ihres Produktionsprozesses« bedarf (Kapital I, S. 504), ist hier vorausgesetzt, ohne daß die Form, in der dies geschieht, selbst bestimmt würde.
12 Friedrich Engels, Herrn Eugen Dührings Umwälzung der Wissenschaft (Anti-Dühring), MEW Bd. 20, Berlin 1971, S. 260

selbst (Ökonomische Regulierung, Subventionierung usw.) [13]. Beides setzt voraus einen gegenüber dem Reproduktionsprozeß und seinen Agenten verselbständigten Apparat, der mit spezifischen organisatorischen Mitteln, insbesondere aber mit der Möglichkeit zu physischer Gewaltanwendung ausgestattet ist.

Aus dem soweit ausgeführten Zusammenhang ließen sich im einzelnen die verschiedenen historisch sich ausprägenden Formelemente des bürgerlichen Staates ableiten und begründen: die notwendige formelle Nicht-Verfügung der unmittelbaren Inhaber der Staatsgewalt über Produktionsmittel, die daraus resultierende Alimentation des staatlichen Apparates aus Abzügen von der Revenue (»Steuerstaat«), das Auseinandertreten der Sphären des »privaten« und des »öffentlichen« Rechts, die Entstehung des Berufsbeamten- und Berufspolitikertums und damit der formellen Nicht-Identität von administrativer Position und Klassenzugehörigkeit, und schließlich die Entwicklung des parlamentarischen Repräsentativsystems als vermittelnder Sphäre zwischen dem Staatsapparat als Gewaltapparat und der bürgerlichen Gesellschaft [14].

Diese Form der Besonderung des bürgerlichen Staates ist indessen notwendig und widersprüchlich zugleich. In ihr ist enthalten, daß die staatliche Funktionsbestimmung einer Gewährleistung der allgemeinen Bedingungen der Reproduktion des Kapitalverhältnisses permanent kollidieren muß mit den verwertungsbestimmten Interessen einzelner Kapitale und Kapitalgruppen und dem emanzipativen Interesse der Arbeiterklasse insgesamt. Der staatliche Funktionsmechanismus entwickelt sich also im Kontext widerstreitender Interessenpositionen und gesellschaftlicher Konflikte. Dies

---

13 Zu einer Systematisierung der Staatsfunktionen vgl. Altvater a.a.O. sowie Joachim Hirsch, Elemente einer materialistischen Staatstheorie, in: Braunmühl, Cogoy, Funken, Hirsch, Probleme einer materialistischen Staatstheorie, Frankfurt a. M., 1973

14 Diese Formelemente sind bereits von Max Weber in aller Klarheit herausgearbeitet worden. Vgl. Wirtschaft und Gesellschaft, Köln Berlin (Studienausgabe) 1964, insbesondere S. 1034 ff. Vgl. dazu auch (mit ausführlichen Literaturangaben) Hans-Joachim Blank, Verwaltung und Verwaltungswissenschaft, in: G. Kress, D. Senghaas (Hrsg.). Politikwissenschaft, Frankfurt/M. 1969, S. 368 ff. In den neueren systemtheoretischen Ansätzen wird die »Besonderung« des Staates zur funktionsstrategischen »Ausdifferenzierung des politischen Systems«. Vgl. etwa Niklas Luhmann, Soziologie des politischen Systems, in: Kölner Zeitschrift für Soziologie und Sozialpsychologie, Jg. 20/1968, S. 705 ff.

bedeutet, daß sich die konkreten Aktionen und Maßnahmen des Staatsapparates nur unter dem Druck sich faktisch durchsetzender Interessen und politischer Bewegungen realisieren können. Die »Besonderung« des Staates muß sich in diesem Prozeß der Interessenauseinandersetzungen immer neu herstellen und bewähren. Daraus entspringt u. a. die Unvollkommenheit, Halbheit und Inkonsistenz staatlicher Aktionen, zugleich aber auch die relative, aus den allgemeinen Bestimmungen des Kapitalverhältnisses nicht ableitbare Kontingenz des politischen Prozesses. Dieser Widerspruch muß sich mit der im Akkumulationsprozeß voranschreitenden Konzentration und Zentralisation des Kapitals und der dadurch sich erweiternden Möglichkeit zur faktischen Bestimmung der Staatstätigkeit durch mächtige Einzelkapitale notwendig verschärfen, was perennierende Störungen der auf den Reproduktionsprozeß des Kapitals insgesamt bezogenen staatlichen Aktivitäten impliziert. Grundsätzlicher aber ist, daß sich die »Besonderung« des Staates immer gegenüber einem auf Ausbeutung und Klassenunterdrückung beruhenden und damit fundamental krisenhaften gesellschaftlichen Reproduktionszusammenhang herstellt, was das Durchschlagen offener Gewaltanwendung innerhalb des Produktions- und Reproduktionsprozesses und die Beseitigung formeller bürgerlicher Freiheit und Gleichheit zur jederzeitigen Möglichkeit werden läßt (autoritärer Staat, Faschismus), gleichzeitig aber auch spezifische Formen der strukturellen Einbeziehung des Staatsapparates in den Reproduktionsprozeß (»Staatskapitalismus«) und damit spezifische Modifikationen seiner Formbestimmung produziert.

Die im Krisenzusammenhang der kapitalistischen Entwicklung begründeten historischen Modifikationen der allgemeinen Form- und Funktionsbestimmung des Staates lassen sich indessen aus einer allgemeinen und kategorialen Analyse der bürgerlichen Gesellschaft in der bisher unternommenen Form nicht ableiten. Dazu bedarf es einer kategorial angeleiteten Untersuchung des kapitalistischen Entwicklungsprozesses als Akkumulations- und Krisenprozeß. Die bestimmte Art und Weise der Durchsetzung des Wertgesetzes muß die Grundlage einer historisch konkretisierten Form- und Funktionsbestimmung des Staates bilden, wobei die Schranken, die sich das Kapital in seinem Verwertungsprozeß selber setzt und die historisch besonderen Weisen ihrer jeweiligen Durchbrechung zum zentralen Ansatzpunkt der Untersuchung werden. Erst wenn es gelingt, auf der Basis der allgemeinen Kategorien diese gesellschaftlich konkrete Art und Weise der Durchsetzung des Wertgesetzes analytisch zu fassen, wird es möglich sein, die aus dem unterschiedlichen Stand der Akkumulation, den daraus und aus besonderen historischen, natürlichen und gesellschaftlichen Verhältnissen resultierenden Verwertungsbedingungen »nationaler« Kapitale entspringenden besonderen Gestaltungen und Erscheinungsformen des bürgerlichen Staates als solche zu bestimmen [15] und zugleich die historischen Grenzen eines staatsinterventionistisch beeinflußten kapitalistischen Reproduktionsmechanismus zu klären. Die Untersuchung des kapitalistischen Akkumulations- und Krisenprozesses bildet daher die zentrale Grundlage einer historisch konkretisierten Staatsanalyse.

Wir müssen darauf verzichten, die Marx'sche Akkumulationstheorie hier im einzelnen auszuführen [16]. Das Moment, das den Akkumulationsprozeß des Kapitals notwendig zum Krisenprozeß werden läßt und somit zentrale Bedeutung erhält für die Analyse des Staates, ist der dem Kapital durch den Klassenantagonismus aufoktroyierte Zwang zur fortlaufenden Revolutionierung der Produktionstechnik und zur Entwicklung der Produktivkräfte, der sich wiederum notwendig in tendenziellen Veränderungen seiner Wertzusammensetzung manifestiert. Der Mechanismus seiner Selbstverwertung zwingt das Kapital dazu, sich von seiner Basis, der lebendigen Arbeitskraft, fortwährend abzulösen, Maschinerie, capital fixe als seine ihm adäquate Form zu setzen, was zugleich bedeutet:

---

15 »Die ›heutige Gesellschaft‹ ist die kapitalistische Gesellschaft, die in allen Kulturländern existiert, mehr oder weniger frei von mittelaltrigem Beisatz, mehr oder weniger durch die besondre geschichtliche Entwicklung jedes Landes modifiziert, mehr oder weniger entwickelt. Dagegen der ›heutige Staat‹ wechselt mit der Landesgrenze. Er ist ein andrer im preußisch-deutschen Reich als in der Schweiz, ein andrer in England als in den Vereinigten Staaten ... Jedoch haben die verschiednen Staaten der verschiednen Kulturländer, trotz ihrer bunten Formverschiedenheit, alle das gemein, daß sie auf dem Boden unserer modernen bürgerlichen Gesellschaft stehen, nur einer mehr oder minder kapitalistisch entwickelten. Sie haben daher auch gewisse wesentliche Charaktere gemein.« Karl Marx, Kritik des Gothaer Programms, MEW Bd. 19, Berlin 1969, S. 28 [522].
16 Vgl. insbesondere die Bände I und III des »Kapital« sowie Henryk Grossmann, Das Akkumulations- und Zusammenbruchsgesetz des kapitalistischen Systems, Neudruck Frankfurt/M. 1970; Paul Mattick, Marx und Keynes, Frankfurt/M.-Wien 1971; Ders., Werttheorie und Kapitalakkumulation, in: Kapitalismus und Krise, hrg. v. C. Rosshausen, Frankfurt/M.-Wien 1970. Vgl. ausführlicher dazu auch Hirsch, a.a.O.

fortwährende relative Überzähligmachung lebendiger Arbeit und permanente Reproduktion der industriellen Reservearmee [17]. Wachsende Produktivkraft der Arbeit bedeutet mithin, daß der einzelne Arbeiter immer größere Massen von Produktionsmitteln, Rohstoffen usw. in Bewegung setzt: die technische Zusammensetzung des Kapitals, das Verhältnis der Masse der Produktionsmittel zur Menge der von ihnen angewandten Arbeitskraft vergrößert sich, und damit muß tendenziell auch die organische Zusammensetzung des Kapitals, das Wertverhältnis von konstantem und variablem Kapital ansteigen. Gleichbleibende Mehrwertrate vorausgesetzt, folgt daraus eine in den Gesetzmäßigkeiten des Akkumulationsprozesses angelegte Tendenz zum Fall der Profitrate. Für Marx ist das »Gesetz vom tendenziellen Fall der Profitrate« das »in jeder Beziehung ... wichtigste Gesetz der modernen politischen Ökonomie und das wesentlichste, um die schwierigen Verhältnisse zu verstehn« [18]. Es bezeichnet die absolute Notwendigkeit der in der Geldzirkulation der Möglichkeit nach angelegten allgemeinen Krise des Kapitalismus. Die Krise tritt ein, wenn mit sinkender Profitrate der Akkumulationsprozeß einen Punkt erreicht, wo die relative Masse des neu produzierten Mehrwerts zu gering ist, um die erreichte Wucht der Akkumulation weiter aufrechtzuerhalten, wo mithin der neu produzierte Mehrwert nicht mehr profitabel kapitalisiert werden kann [19]. Eine relativ zum erreichten Stand der Akkumulation zu geringe Masse des produzierten Mehrwerts führt damit zur Überproduktion ungeheurer Warenmassen und läßt das Mißverhältnis zwischen der Entwicklung der Produktivkräfte und der engen Basis der kapitalistischen Produktionsweise offen hervortreten [20]. Im daraus resultierenden Zusammenbruch des Akkumulationsprozesses wird endlich manifest, daß »die wahre Schranke der kapitalistischen Produktion ... das Kapital selbst« ist [21].

Um die Bedeutung dieses Zusammenhangs für die Analyse des Staates einschätzen zu können, müssen wir uns über den logischen Charakter des »Gesetzes vom tendenziellen Fall der Profitrate« klar werden. Da es aus dem grundlegenden Klassenantagonismus

---

17 Grundrisse, a.a.O., S. 585 ff.
18 a.a.O. S. 634
19 Vgl. Kapital III, S. 221 ff. sowie Mattick, Werttheorie, a.a.O.
20 Vgl. Kapital III, S. 260.
21 Kapital III, S. 260.

der kapitalistischen Gesellschaft hervorgeht, kann es zweifellos nicht als ein nomologisches Gesetz gelten, das den Verlauf der kapitalistischen Entwicklung in der Form empirisch-quantitativer ökonomischer Datenreihen beschreibt und unmittelbar prognostizieren helfen könnte. Marx selbst hat darauf hingewiesen, daß »dieselben Ursachen, die den Fall der allgemeinen Profitrate hervorbringen, Gegenwirkungen hervorrufen, die diesen Fall hemmen, verlangsamen und teilweise paralysieren« [22]. Diese Gegentendenzen beruhen nicht zuletzt darauf, daß die fortschreitende Produktivität der Arbeit ihrerseits die Wertzusammensetzung des Kapitals und die Mehrwertrate nicht unbeeinflußt läßt und die empirisch erscheinende Profitrate allemal von den je gegebenen Ausbeutungsverhältnissen im Weltmaßstab abhängt. Von der Wirkungsweise einer Summe von Gegentendenzen hängt es also ab, ob und wann der Fall der Profitrate im Akkumulationsprozeß empirische Realität wird. Das »Gesetz vom tendenziellen Fall der Profitrate« stellt sich damit dar als die werttheoretische Formulierung der widersprüchlichen Kräfte und Tendenzen, die im Akkumulationsprozeß des Kapitals wirksam sind und in historisch je unterschiedlicher Weise zum Durchbruch kommen.

Will man die Wirkungsweise des Gesetzes vom tendenziellen Fall der Profitrate näher bestimmen, so wird man davon auszugehen haben, daß die Grenzen der Kapitalexpansion zu jedem Zeitpunkt durch einen Komplex allgemeiner gesellschaftlicher Verhältnisse festgelegt werden. Dazu gehören die Größe des schon akkumulierten Kapitals, der erreichte Stand der Technologie, die Ausdehnung der regionalen Sphäre der Produktion und des Markts, die Verfügbarkeit von Arbeitskraft und die den möglichen absoluten und relativen Ausbeutungsgrad bestimmenden Kräfteverhältnisse der Klassen, Formen politischer Herrschaft usw. [23]. Da sich diese allgemeinen gesellschaftlichen Produktions- und Verwertungsbedingungen nicht von selbst der Akkumulation des Kapitals anpassen, muß die Krise dann eintreten, wenn der Akkumulationsprozeß an ihre Grenze stößt, dadurch die Wirksamkeit von »Gegentendenzen« abgeschwächt wird und der tendenzielle Fall der Profitrate zur empirischen Realität wird. Die relative Starrheit und Unabhängigkeit

---

22 Kapital III, S. 249.
23 Vgl. dazu Grundrisse, a.a.O. S. 319 sowie Grossmann, a.a.O. S. 294 ff. und Mattick, Marx und Keynes, a.a.O. S. 82 f.

der allgemeinen Produktions- und Ausbeutungsverhältnisse gegenüber dem Reproduktionsprozeß des Kapitals erklärt unter anderem die Periodizität der Krisen [24]. Die Krise ist aber selbst das Vehikel, durch das – vermittelt über verschärft ausbrechende Klassenkämpfe und verwertungssichernde Kapitalstrategien – das komplexe Ensemble gesellschaftlicher Produktionsbedingungen reorganisiert wird: durch wachsende Unterdrückung der Arbeiterklasse, fortschreitende Monopolisierung, Beschleunigung der technologischen Entwicklung, verschärfte imperialistische Ausbeutung u. a. m. Die »Gegentendenzen« zum Fall der Profitrate unterliegen somit keiner quasi naturgesetzlichen Wirkungsweise, sondern werden krisenhaft mobilisiert mittels stattfindender Klassenkämpfe und durch die Aktionen einzelner Kapitale und Kapitalgruppen. Das Gesetz vom tendenziellen Fall der Profitrate bezeichnet mithin den objektiven, in Wertkategorien gefaßten Bezugspunkt von Kapitalstrategien und Klassenauseinandersetzungen im Akkumulations- und Reproduktionsprozeß des Kapitals, die auf der »Oberfläche der Gesellschaft« und im Bewußtsein der handelnden Akteure nur in gebrochener und verkehrter Form erscheinen können. Die Schranken, die sich das Kapital in seinem Verwertungsprozeß permanent selbst setzt, sind nur vorübergehend zu durchbrechen durch die krisenhafte und über politische und ökonomische Kämpfe vermittelte Reorganisation komplexer gesellschaftlicher Verhältnisse. Die historische Konkretion der Form- und Funktionsbestimmung des bürgerlichen Staates ist wesentlich aus dem so definierten Krisenzusammenhang und den aus ihm folgenden politischen Bewegungen heraus zu bestimmen. Was »Gewährleistung der allgemeinen Bedingungen der kapitalistischen Reproduktion« konkret heißt, wird durch den krisenhaften Verlauf des Reproduktionsprozesses bestimmt und setzt sich politisch durch mittels der aus Veränderungen der Verwertungs- und Ausbeutungsverhältnisse hervorgehenden politischen Aktionen gesellschaftlicher Gruppen und Klassen [25].

Zusammenfassend läßt sich also formulieren, daß die allgemeinen Form- und Funktionsbestimmungen des bürgerlichen Staates,

---

24 Zum Versuch, einen derartigen theoretischen Ansatz empirisch zu untermauern vgl. Ernest Mandel, Der Spätkapitalismus, Frankfurt/Main 1972, S. 101 ff.
25 Vgl. Hirsch, a.a.O.

die aus den grundlegenden Strukturen und Gesetzmäßigkeiten des kapitalistischen Reproduktionsprozesses ableitbar sind, anhand einer Analyse des Krisenverlaufs und der Art und Weise der Durchbrechung der immanenten Schranken des Verwertungsprozesses historisch konkretisiert werden müssen. Wenn mithin der Verlauf der kapitalistischen Entwicklung und damit auch die konkrete Ausformung und Funktion des Staatsapparates keineswegs einem mechanischen, quasi naturgesetzlichen Entwicklungsverlauf folgt, sondern durch spezifische gesellschaftliche Bedingungen und Klassenverhältnisse beeinflußt ist, bleibt der gesamte gesellschaftliche Entwicklungs- und Umwälzungsprozeß und damit auch der Staat in seiner Funktionsweise grundlegend von der Logik des Wertgesetzes bestimmt. Von daher sind auch die notwendigen Grenzen aller staatsadministrativen Gewährleistung des krisenhaften Reproduktionsprozesses zu bestimmen [26]. Die Durchbrechung des Wertgesetzes würde bedeuten, den bürgerlichen Staat abzuschaffen.

Aus dem bisher Entwickelten ergibt sich, daß im Gesetz vom tendenziellen Fall der Profitrate der entscheidende und für die Analyse des Staates grundlegende logische Verknüpfungspunkt zwischen der Untersuchung des Reproduktionsprozesses auf der Ebene des »Kapitals im allgemeinen« und den erscheinenden Bewegungen an der »Oberfläche« der Gesellschaft zu suchen ist. Die Analyse der Prozesse an der »Oberfläche der Gesellschaft«, der Formen, in denen die Gestaltungen des Kapitals »in der Aktion der verschiedenen Kapitale aufeinander, der Konkurrenz und im gewöhnlichen Bewußtsein der Produktionsagenten selbst auftreten« [27], bildet die notwendige Voraussetzung für eine Untersuchung der konkreten politischen Abläufe innerhalb der bürgerlichen Gesellschaft, der Interessenstrukturen, Einflußpositionen und Konflikte, durch die hindurch sich die allgemeinen Staatsfunktionen in vielfach modifizierter und gebrochener Weise dann tatsächlich realisieren und durchsetzen [28]. Wenn über die allgemeine und soweit

---

26 Vgl. dazu Mattick, Marx und Keynes, a.a.O. sowie Mario Cogoy, Werttheorie und Staat, in: v. Braunmühl u. a., Probleme einer materialistischen Staatstheorie, a.a.O.
27 Kapital III, S. 33.
28 Auf dieser Stufe erhält dann auch der Ansatz von Flatow und Huisken (vgl. Anm. 2) seinen Stellenwert. Die Begründung eines »allgemeinen Interesses« der gesellschaftlichen Produzenten aus ihrem Bedürfnis nach Siche-

sicherlich zutreffende These hinausgegangen werden soll, daß die Krisen und Widersprüche des kapitalistischen Reproduktionsprozesses sich notwendig innerhalb des Staatsapparates reproduzieren und daß die scheinbar technischen Mängel und Funktionsdefizite der modernen »interventionsstaatlichen« Administration dort ihre wesentliche Ursache haben, bedarf es der stringenten Ableitung der Art und Weise, in der sich – vermittelt über konkrete Kapitalstrategien und Klassenauseinandersetzungen – diese grundlegenden Widersprüche in den Staatsapparat hineintransformieren und in je spezifischer Weise dort zum Ausdruck kommen. Erst wenn dieser Gesamtzusammenhang zwischen den allgemeinen Gesetzmäßigkeiten des ökonomischen Reproduktionsprozesses, politischen Strategien und administrativen Maßnahmen und Prozesse als Gesamtzusammenhang formuliert, theoretisch stringent gefaßt und empirisch konkretisiert werden kann, erhält denn auch eine Ableitung der Form- und Funktionsbestimmung des Staates tatsächlich politische Relevanz.

---

rung ihrer Revenuequellen und damit zugleich die Ableitung des »realen Scheins« einer Neutralität des Staates taugt — solange die »Besonderung des Staates« allein aus der Hypostasierung und Onthologisierung verkehrten Bewußtseins und nicht aus den materiellen Bedingungen von Produktion und Reproduktion heraus bestimmt wird — kaum als Ausgangspunkt für eine materialistische Ableitung des Staates. Er ist aber unentbehrlich für eine Analyse des politischen Prozesses einschließlich einer materialistischen Einschätzung der ideologischen Legitimierungsmuster bürgerlicher Herrschaft. Freilich wäre es auch dann noch unerläßlich, zu klären, wie die Bewegungen an der »Oberfläche der Gesellschaft« und die Formen des Bewußtseins durch die Gesetzmäßigkeiten und historisch-konkreten Bedingungen des Akkumulations- und Krisenprozesses bestimmt werden, wenn mehr als eine Art materialistisch begründeter Pluralismustheorie herauskommen soll.

Karl Marx
Friedrich Engels

Staatstheorie

Materialien zur Rekonstruktion
der marxistischen Staatstheorie

I. Die Staatstheorie im Frühwerk von Karl Marx und Friedrich Engels

Erläuterungen zur Auswahl der Textauszüge

Ursprünglich war daran gedacht, die gesamten Äußerungen von Marx und Engels über den Staat in diesem Band zusammenzutragen und die verschiedenen Aspekte der Staatstheorie als Strukturprinzipien der Textpräsentation heranzuziehen. Das ließ sich nicht verwirklichen. Einerseits erwies sich das angesammelte Material als viel zu umfangreich, andrerseits stellt sich in den gemeinsamen Diskussionen heraus, daß sich nicht nur die vielen Äußerungen keineswegs zwangslos den thematischen Schwerpunkten eindeutig zuordnen ließen, sondern daß auch die bislang viel zu wenig präzisierte frühe Position von Marx und Engels diesem Anordnungsprinzip zuwiderlief. Das führte zu dem in der Einleitung unternommenen Versuch, das Marxsche Frühwerk noch einmal detaillierter zu diskutieren, zugleich ergab sich aus der hier vorgetragenen Interpretation auch die Präsentation bestimmter Texte des Werkes von Marx und Engels: wenn sich, so war die Überlegung, das Frühwerk als schrittweises Aufbrechen einer ursprünglich idealistischen Position deuten läßt, so sollte sich das auch in der Dokumentation der Texte niederschlagen. Diesem Sachverhalt glaubten wir am besten gerecht zu werden, wenn wir die Texte des Frühwerks in chronologischer Folge darbieten.

Überlegungen hinsichtlich der Marxschen Methode waren auch bestimmend für die weitere Gestaltung des Bandes. Die Notwendigkeit, der sich Marx immer konfrontiert sah, sich zu tagespolitischen Auseinandersetzungen und Entwicklungen zu äußern, ohne immer dem Anspruch seiner eigenen materialistischen Theorie gerecht werden zu können, hat zu einem Auswahlkomplex unter dem Titel »Politische Schriften« geführt, dem selbst wieder bestimmte Auswahlprinzipien zugrunde gelegt wurden, auf die Eike Hennig auf Seite 511 eingehend hinweist. Lediglich bei der Zusammenstellung der dem ökonomiekritischen Werk im weiteren Sinne entstammenden Äußerungen konnten die ursprünglichen Intentionen verwirklicht werden.

Mängel dieser Präsentation werden, so hoffen wir, durch das von

Cristina Pennavaja und Gerd Koenen zusammengestellte Stichwortverzeichnis kompensiert, das auch die Texte einbezieht, die in diesem Bande nicht veröffentlicht werden konnten.

KARL MARX:
ARTIKEL IN (NR. 179) DER »KÖLNISCHEN ZEITUNG« (1842) [1]

[...]
Die wahre »öffentliche« Erziehung des Staates ist aber vielmehr das vernünftige und öffentliche Dasein des Staates, selbst der Staat erzieht seine Glieder, indem er sie zu Staatsgliedern macht, indem er die Zwecke des Einzelnen in allgemeine Zwecke, den rohen Trieb in sittliche Neigung, die natürliche Unabhängigkeit in geistige Freiheit verwandelt, indem der Einzelne sich im Leben des Ganzen und das Ganze sich in der Gesinnung des Einzelnen genießt.

[...]
Entweder entspricht der christliche Staat dem Begriff des Staates, eine Verwirklichung der vernünftigen Freiheit zu sein, und dann ist nichts erforderlich, als ein vernünftiger Staat zu sein, um ein christlicher Staat zu sein, dann genügt es, den Staat aus der Vernunft der menschlichen Verhältnisse zu entwickeln, ein Werk, was die Philosophie vollbringt. Oder der Staat der vernünftigen Freiheit läßt sich nicht aus dem Christentum entwickeln, dann werdet ihr selbst gestehen, daß diese Entwicklung nicht in der Tendenz des Christentums liegt, da es keinen schlechten Staat wolle, und ein Staat, der nicht die Verwirklichung der vernünftigen Freiheit ist, ist ein schlechter Staat.

Ihr mögt das Dilemma beantworten, wie ihr wollt, und werdet gestehen müssen, daß der Staat nicht aus der Religion, sondern aus der Vernunft der Freiheit zu konstruieren ist. Nur die krasseste Ignoranz kann die Behauptung stellen, diese Theorie, die Verselbständigung des Staatsbegriffs, sei ein Tageseinfall der neusten Philosophen.

Die Philosophie hat nichts in der Politik getan, was nicht die Physik, die Mathematik, die Medizin, jede Wissenschaft innerhalb ihrer Sphäre getan hat. Baco von Verulam erklärte die theologische Physik für eine gottgeweihte Jungfrau, die unfruchtbar sei, er emanzipierte die Physik von der Theologie und – sie wurde fruchtbar. So wenig ihr den Arzt fragt, ob er gläubig sei, so wenig habt ihr den Politiker zu fragen. Gleich vor und nach der Zeit der großen

---

1 [Text nach: MEW [= Marx-Engels-Werke (Berlin 1956 ff.)] Bd. 1, S. 95, 103, 104.]

Entdeckung des Kopernikus vom wahren Sonnensystem wurde zugleich das Gravitationsgesetz des Staats entdeckt, man fand seine Schwere in ihm selbst, und wie die verschiedenen europäischen Regierungen dieses Resultat mit der ersten Oberflächlichkeit der Praxis in dem System des Staatengleichgewichts anzuwenden suchten, so begannen früher Machiavelli, Campanella, später Hobbes, Spinoza, Hugo Grotius, bis zu Rousseau, Fichte, Hegel herab, den Staat aus menschlichen Augen zu betrachten und seine Naturgesetze aus der Vernunft und der Erfahrung zu entwickeln, nicht aus der Theologie, so wenig als Kopernikus sich daran stieß, daß Josua der Sonne zu Gideon und dem Mond im Tale Ajalon stillzustehen geheißen. Die neueste Philosophie hat nur eine Arbeit weitergeführt, die schon Heraklit und Aristoteles begonnen haben.

[...]

Wenn aber die früheren philosophischen Staatsrechtslehrer aus den Trieben, sei es des Ehrgeizes, sei es der Geselligkeit, oder zwar aus der Vernunft, aber nicht aus der Vernunft der Gesellschaft, sondern aus der Vernunft des Individuums den Staat konstruierten: so die ideellere und gründlichere Ansicht der neuesten Philosophie aus der Idee des Ganzen. Sie betrachtet den Staat als den großen Organismus, in welchem die rechtliche, sittliche und politische Freiheit ihre Verwirklichung zu erhalten hat und der einzelne Staatsbürger in den Staatsgesetzen nur den Naturgesetzen seiner eignen Vernunft, der menschlichen Vernunft gehorcht. Sapienti sat.

[...]

KARL MARX:
DEBATTEN ÜBER DAS HOLZDIEBSTAHLSGESETZ (1842)[1]

[...]

Die vornehmen Gewohnheitsrechte sträuben sich durch ihren *Inhalt* wider die Form des allgemeinen Gesetzes. Sie können nicht in Gesetze geformt werden, weil sie Formationen der Gesetzlosigkeit sind. Indem diese Gewohnheitsrechte durch ihren Inhalt der Form des Gesetzes, der Allgemeinheit und Notwendigkeit wider-

---

1 [Text nach: MEW Bd. 1, S. 116—119, 125—126, 130, 138.]

streben, beweisen sie eben dadurch, daß sie *Gewohnheitsunrechte* und nicht im Gegensatz gegen das Gesetz geltend zu machen, sondern als Gegensatz gegen dasselbe zu abrogieren und selbst nach Gelegenheit zu bestrafen sind, denn keiner hört auf, unrechtlich zu handeln, weil diese Handlungsweise seine Gewohnheit ist, wie man den räuberischen Sohn eines Räubers nicht mit seinen Familien-Idiosynkrasien entschuldigt. Handelt ein Mensch mit Absicht wider das Recht, so strafe man seine Absicht, wenn aus Gewohnheit, so strafe man seine Gewohnheit als eine schlechte Gewohnheit. Das vernünftige Gewohnheitsrecht ist in der Zeit allgemeiner Gesetze nichts anders als die *Gewohnheit des gesetzlichen Rechts,* denn das Recht hat nicht aufgehört, Gewohnheit zu sein, weil es sich als Gesetz konstituiert hat, aber es hat aufgehört, *nur* Gewohnheit zu sein. Dem Rechtlichen wird es zu seiner eigenen Gewohnheit, gegen den Unrechtlichen wird es durchgesetzt, obgleich es nicht seine Gewohnheit ist. Das Recht hängt nicht mehr von dem Zufall ab, ob die Gewohnheit vernünftig, sondern die Gewohnheit wird vernünftig, weil das Recht gesetzlich, weil die Gewohnheit zur Staatsgewohnheit geworden ist.

Das Gewohnheitsrecht als eine *aparte Domäne* neben dem gesetzlichen Recht ist daher nur da vernünftig, wo das Recht *neben* und *außer* dem *Gesetz* existiert, wo die Gewohnheit die *Antizipation* eines gesetzlichen Rechts ist. Von Gewohnheitsrechten der privilegierten Stände kann daher gar nicht gesprochen werden. Sie haben im Gesetz nicht nur die Anerkennung ihres vernünftigen Rechts, sondern oft sogar die Anerkennung ihrer unvernünftigen Anmaßungen gefunden. Sie haben kein Recht, gegen das Gesetz zu antizipieren, denn das Gesetz hat alle möglichen Konsequenzen ihres Rechts antizipiert. Sie werden daher auch nur verlangt als Domänen für die menus plaisirs, damit derselbe Inhalt, der im Gesetz nach seinen vernünftigen Grenzen behandelt ist, in der Gewohnheit einen Spielraum für die Grillen und Anmaßungen wider seine vernünftigen Grenzen finde.

Wenn aber diese vornehmen Gewohnheitsrechte Gewohnheiten wider den Begriff des vernünftigen Rechts, so sind die Gewohnheitsrechte der Armut Rechte wider die Gewohnheit des positiven Rechts. Ihr Inhalt sträubt sich nicht gegen die gesetzliche Form, er sträubt sich vielmehr gegen seine eigene Formlosigkeit. Die Form des Gesetzes steht ihm nicht gegenüber, sondern er hat sie noch nicht erreicht. Es bedarf nur weniger Reflexionen, um einzusehen, wie *einseitig* die aufgeklärten Gesetzgebungen die *Gewohnheitsrechte der Armut*, als deren ergiebigste Quelle man die verschiedenen *germanischen* Rechte betrachten kann, behandelt haben und behandeln mußten.

Die liberalsten Gesetzgebungen haben sich in *privatrechtlicher* Hinsicht darauf beschränkt, die Rechte, welche sie vorfanden, zu formulieren und ins Allgemeine zu erheben. Wo sie keine Rechte vorfanden, gaben sie keine. Die partikularen Gewohnheiten schafften sie ab, aber sie vergaßen dabei, daß, wenn das Unrecht der Stände in der Form willkürlicher Anmaßung, das Recht der Standeslosen in der Form zufälliger Konzessionen erschien. Ihr Verfahren war richtig gegen die, welche Gewohnheiten außer dem Recht, aber es war unrichtig gegen die, welche Gewohnheiten ohne das Recht hatten. Wie sie die willkürlichen Anmaßungen, soweit ein vernünftiger Rechtsinhalt in ihnen zu finden, in gesetzliche Ansprüche, so hätten sie auch die zufälligen Konzessionen in notwendige verwandeln müssen. Wir können an einem Beispiel, an den Klöstern, dies klarmachen. Man hat die Klöster aufgehoben, man hat ihr Eigentum säkularisiert, und man hat recht daran getan. Man hat aber die zufällige Unterstützung, welche die Armen in den Klöstern fanden, keineswegs in eine andere positive Besitzquelle verwandelt. Indem man das Klostereigentum zum Privateigentum machte und etwa die Klöster entschädigte, hat man nicht die Armen entschädigt, die von den Klöstern lebten. Man hat ihnen vielmehr eine neue Grenze gezogen und sie von einem alten Recht abgeschnitten. Dies fand bei allen Verwandlungen der Vorrechte in Rechte statt. Eine positive Seite dieser Mißbräuche, welche insofern auch ein Mißbrauch war, als sie das Recht der einen Seite zu einem Zufall machte, hat man nicht so entfernt, daß man den Zufall in eine Notwendigkeit umschuf, sondern so, daß man von ihm abstrahierte.

Die Einseitigkeit dieser Gesetzgebungen war eine notwendige, denn alle Gewohnheitsrechte der Armen basierten darauf, daß gewisses Eigentum einen schwankenden Charakter trug, der es nicht entschieden zum Privateigentum, aber auch nicht entschieden zum Gemeineigentum stempelte, eine Mischung von Privatrecht und öffentlichem Recht, wie sie uns in allen Institutionen des Mittelalters begegnet. Das Organ, mit welchem die Gesetzgebungen solche zweideutigen Gestaltungen auffaßten, war der Verstand, und der Verstand ist nicht nur einseitig, sondern es ist sein wesentliches

Geschäft, die Welt einseitig zu machen, eine große und bewunderungswürdige Arbeit, denn nur die Einseitigkeit formiert und reißt das Besondere aus dem unorganischen Schleim des Ganzen. Der Charakter der Dinge ist ein Produkt des Verstandes. Jedes Ding muß sich isolieren und isoliert werden, um etwas zu sein. Indem der Verstand jeden Inhalt der Welt in eine feste Bestimmtheit bannt und das flüssige Wesen gleichsam versteinert, bringt er die Mannigfaltigkeit der Welt hervor, denn die Welt wäre nicht vielseitig ohne die vielen Einseitigkeiten.

Der Verstand hob also die zwitterhaften, schwankenden Formationen des Eigentums auf, indem er die vorhandenen Kategorien des abstrakten Privatrechts, deren Schema sich im römischen Recht vorfand, anwandte. Um so mehr glaubte der gesetzgebende Verstand berechtigt zu sein, die Verpflichtungen dieses schwankenden Eigentums gegen die ärmere Klasse aufzuheben, als er auch seine staatlichen Privilegien aufhob; allein er vergaß, daß, selbst rein privatrechtlich betrachtet, hier ein doppeltes Privatrecht vorlag, ein Privatrecht des Besitzers und ein Privatrecht des Nichtbesitzers, abgesehen davon, daß keine Gesetzgebung die staatsrechtlichen Privilegien des Eigentums abgeschafft, sondern sie nur ihres abenteuerlichen Charakters entkleidet und ihnen einen bürgerlichen Charakter erteilt hat. Wenn aber jede mittelalterliche Gestalt des Rechts, also auch das Eigentum, von allen Seiten zwitterartigen, dualistischen, zwiespältigen Wesens war und der Verstand seinen Grundsatz der Einheit gegen diesen Widerspruch der Bestimmung mit Recht geltend machte, so übersah er, daß es Gegenstände des Eigentums gibt, die ihrer Natur nach nie den Charakter des vorherbestimmten Privateigentums erlangen können, die durch ihr elementarisches Wesen und ihr zufälliges Dasein dem Okkupationsrecht anheimfallen, also dem Okkupationsrecht der Klasse anheimfallen, welche eben durch das Okkupationsrecht von allem andern Eigentum ausgeschlossen ist, welche in der bürgerlichen Gesellschaft dieselbe Stellung einnimmt wie jene Gegenstände in der Natur.

Man wird finden, daß die Gewohnheiten, welche Gewohnheiten der ganzen armen Klasse sind, mit sicherm Instinkt das Eigentum an seiner *unentschiedenen* Seite zu fassen wissen, man wird nicht nur finden, daß diese Klasse den Trieb fühlt, ein natürliches Bedürfnis, sondern ebensosehr, daß sie das Bedürfnis fühlt, einen rechtlichen Trieb zu befriedigen. Das Raffholz dient uns als Beispiel. Es steht so wenig in einem organischen Zusammenhang mit dem lebendigen Baum, als die abgestreifte Haut mit der Schlange. Die Natur selbst stellt in den dürren, vom organischen Leben getrennten, geknickten Reisern und Zweigen im Gegensatz zu den festwurzelnden, vollsaftigen, organisch Luft, Licht, Wasser und Erde zu eigener Gestalt und individuellem Leben sich assimilierenden Bäumen und Stämmen gleichsam den Gegensatz der Armut und des Reichtums dar. Es ist eine physische Vorstellung von Armut und Reichtum. Die menschliche Armut fühlt diese Verwandtschaft und leitet aus diesem Verwandtschaftsgefühl ihr Eigentumsrecht ab, und wenn sie daher den physisch-organischen Reichtum dem prämeditierenden Eigentümer, so vindiziert sie die physische Armut dem Bedürfnis und seinem Zufall. Sie empfindet in diesem Treiben der elementarischen Mächte eine befreundete Macht, die humaner ist als die menschliche. An die Stelle der zufälligen Willkür der Privilegierten ist der Zufall der Elemente getreten, die von dem Privateigentum abreißen, was es nicht mehr von sich abläßt. So wenig den Reichen Almosen, die auf die Straße geworfen werden, gebühren, so wenig diese *Almosen der Natur*. Aber auch in ihrer *Tätigkeit* findet die Armut schon ihr Recht. Im *Sammeln* stellt sich die elementarische Klasse der menschlichen Gesellschaft ordnend den Produkten der elementarischen Naturmacht gegenüber. Ähnlich verhält es sich mit Produkten, die in wildem Wachstum ein ganz zufälliges Akzidens des Besitzes und schon wegen ihrer Unbedeutendheit keinen Gegenstand für die Tätigkeit des eigentlichen Eigentümers bilden; ähnlich verhält es sich mit dem Nachlesen, Nachernten und dergleichen Gewohnheitsrechten.

Es lebt also in diesen Gewohnheiten der armen Klasse ein instinktmäßiger Rechtssinn, ihre Wurzel ist positiv und legitim, und die Form des *Gewohnheitsrechts* ist hier um so naturgemäßer, als das *Dasein der armen Klasse selbst* bisher eine *bloße Gewohnheit* der bürgerlichen Gesellschaft ist, die in dem Kreis der bewußten Staatsgliederung noch keine angemessene Stelle gefunden hat.

[...]

Kann das Verhältnis des Staats und des Angeklagten alteriert werden durch die dürftige Ökonomie des Privatmannes, des Waldeigentümers? Der Staat hat ein Recht gegen den Angeklagten, weil er diesem Individuum als Staat gegenübertritt. Unmittelbar folgt daher für ihn die Pflicht, als Staat und in der Weise des Staats sich zu dem Verbrecher zu verhalten. Der Staat hat nicht nur die Mittel, auf eine Weise zu agieren, die ebenso seiner Vernunft, seiner Allgemeinheit und Würde, wie dem Recht, dem Leben und Eigentum des inkriminierten Bürgers angemessen ist; es ist seine unbedingte Pflicht, diese Mittel zu haben und anzuwenden. Vom Waldeigentümer, dessen Wald nicht der Staat und dessen Seele nicht die Staatsseele ist, wird dies niemand verlangen. – Was folgert man? Daß, weil das Privateigentum nicht die Mittel hat, sich auf den Staatsstandpunkt zu erheben, der Staat die Verpflichtung hat, zu den vernunft- und rechtswidrigen Mitteln des Privateigentums herabzusteigen.

Diese Anmaßung des Privatinteresses, dessen dürftige Seele nie von einem Staatsgedanken erleuchtet und durchzuckt worden, ist eine ernste und gründliche Lektion für den Staat. Wenn der Staat sich auch nur an einem Punkt so weit herabläßt, statt in seiner eigenen Weise in der Weise des Privateigentums tätig zu sein, so folgt unmittelbar, daß er sich in der Form seiner Mittel den Schranken des Privateigentums akkommodieren muß. Das Privatinteresse ist schlau genug, diese Konsequenz dahin zu steigern, daß es sich in seiner beschränktesten und dürftigsten Gestalt zur Schranke und zur Regel der Staatsaktion macht, woraus, abgesehen von der vollendeten Erniedrigung des Staats, umgekehrt folgt, daß die vernunft- und rechtswidrigsten Mittel gegen den Angeklagten in Bewegung gesetzt werden, denn die höchste Rücksicht auf das Interesse des beschränkten Privateigentums schlägt notwendig in eine maßlose Rücksichtslosigkeit gegen das Interesse des Angeklagten um. Wenn es sich hier aber klar herausstellt, daß das Privatinteresse den Staat zu den Mitteln des Privatinteresses, wie sollte nicht folgen, daß eine *Vertretung der Privatinteressen,* der Stände, den Staat zu den Gedanken des Privatinteresses degradieren will und muß? Jeder moderne Staat, entspreche er noch so wenig seinem Begriff, wird bei dem ersten praktischen Versuch solcher gesetzgebenden Gewalt gezwungen sein, auszurufen: Deine Wege sind nicht meine Wege, und deine Gedanken sind nicht meine Gedanken!

[...]

Diese Logik, die den Bedienten des Waldeigentümers in eine Staatsautorität, *verwandelt die Staatsautorität in Bediente des Waldeigentümers.* Die Staatsgliederung, die Bestimmung der einzelnen administrativen Behörden, alles muß außer Rand und Band treten, damit alles zum Mittel des Waldeigentümers herabsinke und sein Interesse als die bestimmende Seele des ganzen Mechanismus erscheine. Alle Organe des Staates werden Ohren, Augen, Arme, Beine, womit das Interesse des Waldeigentümers hört, späht, schätzt, schützt, greift und läuft.

[...]

Die öffentliche Strafe ist die Ausgleichung des Verbrechens mit der Staatsvernunft, sie ist daher ein Recht des Staats, aber sie ist ein Recht des Staats, welches er sowenig an Privatleute zedieren, als ein Individuum dem andern sein Gewissen abtreten kann. Jedes Recht des Staats gegen den Verbrecher ist zugleich ein Staatsrecht des Verbrechers. Sein Verhältnis zum Staat kann durch kein Unterschieben von Mit[tel]gliedern in ein Verhältnis zu Privaten verwandelt werden. Wollte man dem Staat selbst das Aufgeben seiner Rechte, den Selbstmord, gestatten, so wäre doch immerhin das Aufgeben seiner Pflichten nicht nur eine Nachlässigkeit, sondern ein Verbrechen.

[...]

KARL MARX AN ARNOLD RUGE (1842) [1]

[...] Ein anderer Aufsatz, den ich ebenfalls den »Deutschen Jahrbüchern« bestimmt hatte, ist eine Kritik des Hegelschen Naturrechts, soweit es *innere Verfassung* betrifft. Der Kern ist die Bekämpfung der *konstitutionellen Monarchie* als eines durch und durch sich widersprechenden und aufhebenden Zwitterdings. Res publica ist gar nicht deutsch zu übersetzen. [...]

KARL MARX:
ÜBER DIE STÄNDISCHEN AUSSCHÜSSE IN PREUSSEN (1842) [2]

[...]

So unpassend es wäre, das Volk als rohe, unorganische Masse in Bewegung zu setzen, sowenig wird eine organische Bewegung erreicht, wenn es mechanisch in feste und abstrakte Bestandteile aufgelöst und von diesen unorganischen, gewaltsam fixierten Teilen eine selbständige Bewegung, die nur konvulsivisch sein kann, verlangt wird. Der Verfasser geht von der Ansicht aus, daß das

---

1 [Text nach: MEW Bd. 27, S. 397.]
2 [Text nach: Ergänzungsband, 1. Teil, S. 409—410, 417, 418, 419.]

Volk außer einigen willkürlich aufgegriffenen Ständeunterschieden als eine rohe, unorganische Masse im wirklichen *Staate* vorhanden sei. Er kennt also keinen Organismus des Staatslebens selbst, sondern nur ein Nebeneinander heterogener Teile, die der Staat auf eine oberflächliche und mechanische Weise umspannt. Aber seien wir aufrichtig. Wir verlangen nicht, daß man bei der Volksvertretung von den wirklich vorhandenen Unterschieden abstrahiere, wir verlangen vielmehr, daß man an die wirklichen, durch die innere Konstruktion des Staats geschaffenen und bedingten Unterschiede anknüpft und nicht aus dem Staatsleben in eingebildete Sphären zurückfalle, die das Staatsleben längst ihrer Bedeutsamkeit beraubt hat. Und nun werfe man auf die allen bekannte, allen offenbare Wirklichkeit des preußischen Staates einen Blick. Die wahren Sphären, nach denen der Staat regiert, gerichtet, verwaltet, besteuert, einexerziert, geschult wird, in denen seine ganze Bewegung vorgeht, es sind Kreise, Landgemeinden, Regierungen, Provinzialregierungen, Militärabteilungen, aber es sind nicht die vier Kategorien von Ständen, welche vielmehr in diesen höheren Einheiten bunt ineinander übergehen und nicht von dem Leben selbst, sondern nur von Akten und Registern unterschieden werden. Und jene Unterscheidungen, die jeden Augenblick in der Einheit des Ganzen durch ihr eignes Wesen aufgehen, sie sind freie Schöpfungen aus dem Geist des preußischen Staats, aber sie sind keine von blinder Naturnotwendigkeit und von dem Auflösungsprozeß einer vergangenen Zeit der Gegenwart aufgedrängte Rohstoffe! Sie sind Glieder, aber keine Teile, sie sind Bewegungen, aber keine Stände, sie sind Unterscheidungen der Einheit, aber sie sind keine Einheiten des Unterschieds. Sowenig unser Verfasser nun wird behaupten wollen, daß etwa die große Bewegung, wodurch der preußische Staat täglich in ein stehendes Heer und eine Landwehr übergeht, die Bewegung einer rohen, unorganischen Masse sei, sowenig wird er es von einer Volksvertretung behaupten dürfen, die auf ähnliche Prinzipien fundiert ist. Wir wiederholen noch einmal. Wir verlangen nur, daß der preußische Staat sein wirkliches Staatsleben nicht bei einer Sphäre abbricht, welche die bewußte Blüte dieses Staatslebens sein soll, wir verlangen nur konsequente und allseitige Ausführung der preußischen Fundamental-Institutionen, wir verlangen, daß man nicht plötzlich das wirkliche organische Staatsleben verlasse, um in unwirkliche, mechanische, untergeordnete, unstaatliche Lebenssphären zurückzusinken. Wir verlangen, daß der Staat sich nicht in dem Akt auflöse, welcher der höchste Akt seiner innern Einigung sein soll.

[...]

Der Verfasser sucht mit Recht die Quelle der Provinzialstände nicht in einer *Staatsnotwendigkeit* und betrachtet sie nicht als ein *Staatsbedürfnis,* sondern als ein *Bedürfnis der Sonderinteressen* gegen den Staat. Nicht die organische Staatsvernunft, sondern die Notdurft der Privatinteressen ist der Baumeister der *ständischen* Verfassung, und allerdings die Intelligenz ist kein bedürftiges, egoistisches Interesse, ist das allgemeine Interesse. Eine Vertretung der Intelligenz in einer Ständeversammlung ist also ein Widerspruch, eine ungereimte Forderung. Wir machen übrigens den Verfasser auf die Konsequenzen aufmerksam, die so unvermeidlich sind, wenn man die *Bedürftigkeit* zum Prinzip der Volksvertretung macht, daß unser Verfasser selbst einen Augenblick vor ihnen zurückschreckt und nicht nur bestimmte Forderungen von seiten der Vertretung der Sonderinteressen, sondern die Forderung dieser Vertretung selbst zurückweist.

Entweder ist nämlich das Bedürfnis *wirklich,* und dann ist der Staat unwirklich, weil er Sonderelemente hegt, die in ihm nicht ihre gerechte Befriedigung finden, sich daher neben ihm als besondere Körper konstituieren und in ein Transaktionsverhältnis zu ihm treten müssen, oder das Bedürfnis ist wirklich im Staate befriedigt, also seine Vertretung gegen den Staat entweder illusorisch oder gefährlich.

[...]

Die politische Intelligenz wird z. B. das Grundeigentum nach den Staatsmaximen, aber sie wird nicht die Staatsmaximen nach dem Grundeigentum regeln, sie wird das Grundeigentum nicht nach seinem Privategoismus, sondern nach seiner Staatsnatur geltend machen, sie wird nicht nach diesem besondern Wesen das allgemeine Wesen, sondern sie wird nach dem allgemeinen dies besondere Wesen bestimmen. Das repräsentierende Grundeigentum dagegen richtet sich nicht nach der Intelligenz, sondern es richtet die Intelligenz nach sich, gleich dem Uhrmacher, der seine Uhr nicht nach der Sonne, sondern die Sonne nach seiner Uhr richten wollte. Die Frage resümiert sich in zwei Worte: Soll das Grundeigentum die politische Intelligenz, oder soll die politische Intelligenz das Grundeigentum kritisieren und beherrschen?

[...]

Die Landtage sind durch ihre eigentümliche Zusammensetzung nichts als eine Gesellschaft von Sonderinteressen, die das Privilegium haben, ihre *besondern Schranken* gegen den Staat geltend zu machen, also eine berechtigte Selbstkonstituierung unstaatlicher Elemente im Staate. Sie sind also ihrem Wesen nach dem Staat *feindlich* gesinnt, denn das Besondere ist in seiner isolierten Tätigkeit immer ein Feind des Ganzen, denn eben dies Ganze gibt ihm das Gefühl seiner *Nichtigkeit,* weil seiner Schranken.

Wäre diese politische Verselbständigung der Sonderinteressen eine Staatsnotwendigkeit, so wäre sie nur die Erscheinung von einer innern Krankheit des Staats, wie ein ungesunder Körper in Polypen nach Naturgesetzen ausschlagen muß. Man müßte sich zu einer der beiden Ansichten entschließen, entweder daß die Sonderinteressen, sich überhebend und dem politischen Staatsgeist entfremdet, den Staat beschränken wollen, oder daß der Staat sich in der *Regierung* allein konzentriert und dem beschränkten Volksgeiste als Entschädigung bloß eine Sphäre zur Ventilierung seiner Sonderinteressen einräumt. Man könnte endlich beide Ansichten zusammenfassen. Soll das Verlangen nach einer Vertretung der Intelligenz also Sinn haben, so müssen wir es auslegen als das Verlangen nach bewußter Vertretung der Volksintelligenz, die nicht einzelne Bedürfnisse gegen den Staat geltend machen will, sondern deren höchstes Bedürfnis es ist, den Staat selbst, und zwar als ihre Tat, als ihren eigenen Staat geltend zu machen. Vertreten werden ist überhaupt etwas Leidendes; nur das Materielle, Geistlose, Unselbständige, Gefährdete bedarf einer Vertretung; aber kein Element des Staates darf materiell, geistlos, unselbständig, gefährdet sein. Die Vertretung darf nicht als die Vertretung irgendeines Stoffes, der nicht das Volk selbst ist, sondern nur als seine *Selbstvertretung* begriffen werden, als eine Staatsaktion, die, nicht seine einzige, ausnahmsweise Staatsaktion, sich nur durch die Allgemeinheit ihres Inhalts von den übrigen Äußerungen seines Staatslebens unterscheidet. Die Vertretung darf nicht als eine Konzession an die schutzlose Schwäche, an die Ohnmacht, sondern muß vielmehr als die selbstgewisse Lebendigkeit der höchsten Kraft betrachtet werden. In einem wahren Staate gibt es kein Grundeigentum, keine Industrie, keinen materiellen Stoff, die als solche rohe Elemente mit dem Staat ein Abkommen treffen könnten, es gibt nur *geistige Mächte,* und nur in ihrer staatlichen Auferstehung, in ihrer politischen Wiedergeburt sind die natürlichen Mächte stimmfähig im

Staate. Der Staat durchzieht die ganze Natur mit geistigen Nerven, und an jedem Punkt muß es erscheinen, daß nicht die Materie, sondern die Form, nicht die Natur ohne den Staat, sondern die Staatsnatur, nicht der *unfreie Gegenstand,* sondern der *freie Mensch* dominiert.

KARL MARX: KRITIK DES HEGELSCHEN STAATSRECHTS (1843) [1]

§ 261. »Gegen die Sphären des Privatrechts und Privatwohls, der Familie und der bürgerlichen Gesellschaft, ist der Staat e i n e r s e i t s eine *äußerliche* Notwendigkeit und ihre höhere Macht, deren Natur ihre Gesetze sowie ihre Interessen untergeordnet und davon abhängig sind; aber a n d e r e r s e i t s ist er ihr *immanenter* Zweck und hat seine Stärke in der Einheit seines allgemeinen Endzwecks und des besonderen Interesses der Individuen, darin, daß sie insofern *Pflichten* gegen ihn haben, als sie zugleich Rechte haben (§ 155).« [2]

Der vorige Paragraph belehrt uns dahin, daß die *konkrete Freiheit* in der Identität (sein sollenden, zwieschlächtigen) des Systems des Sonderinteresses (der Familie und der bürgerlichen Gesellschaft) mit dem System des allgemeinen Interesses (des Staates) bestehe. Das Verhältnis dieser Sphären soll nun näher bestimmt werden.

Einerseits der Staat gegen die Sphäre der Familie und der bürgerlichen Gesellschaft eine »*äußerliche* Notwendigkeit«, eine Macht, wovon ihm »Gesetze« und »Interessen« »untergeordnet und abhängig« sind. Daß der Staat gegen die Familie und bürgerliche Gesellschaft eine »*äußerliche* Notwendigkeit« ist, lag schon teils in der Kategorie des »Übergangs«, teils in ihrem *bewußten Verhältnis* zum Staat. Die »Unterordnung« unter den Staat entspricht noch vollständig diesem Verhältnis der »*äußerlichen* Notwendigkeit«. Was Hegel aber unter der »Abhängigkeit« versteht, zeigt folgender Satz der Anmerkung zu diesem Paragraphen:

»Daß den Gedanken der A b h ä n g i g k e i t insbesondere auch

---

1 [Text nach: MEW Bd. 1, S. 203—209, 213, 222, 224—225, 227, 230—233, 234, 240—241, 241—242, 246—250, 251—252, 253, 260, 263—265, 266—268, 269, 270—272, 275—277, 279—285, 295—296, 297—298, 303—305, 313—327.]
2 [Der Kursivsatz in den Zitaten bezeichnet Hegels Hervorhebungen; der Sperrsatz dort weist Marxens Unterstreichungen nach.]

der privatrechtlichen Gesetze von dem bestimmten Charakter des Staats, und die philosophische Ansicht, den Teil nur in seiner Beziehung auf das Ganze zu betrachten, – vornehmlich Montesquieu [...] ins Auge gefaßt« etc.

Hegel spricht also hier von der *innern* Abhängigkeit oder der wesentlichen Bestimmung des Privatrechts etc. vom Staate; zugleich aber subsumiert er diese Abhängigkeit unter das Verhältnis der »*äußerlichen* Notwendigkeit« und stellt sie der andern Beziehung, worin sich Familie und bürgerliche Gesellschaft zum Staate als ihrem »*immanenten* Zweck« verhalten, als die andere Seite entgegen. Unter der »äußerlichen Notwendigkeit« kann nur verstanden werden, daß »Gesetze« und »Interessen« der Familie und der Gesellschaft den »Gesetzen« und »Interessen« des Staats im Kollisionsfall weichen müssen, ihm untergeordnet sind, ihre Existenz von der seinigen abhängig ist oder auch sein Wille und seine Gesetze ihrem »Willen« und ihren »Gesetzen« als eine Notwendigkeit erscheint!

Allein Hegel spricht hier nicht von empirischen Kollisionen; er spricht vom Verhältnis der »*Sphären* des Privatrechts und Privatwohls, der Familie und der bürgerlichen Gesellschaft« zum Staat; es handelt sich vom *wesentlichen Verhältnis* dieser Sphären selbst. Nicht nur ihre »Interessen«, auch ihre »Gesetze«, ihre »wesentlichen Bestimmungen« sind vom Staat »abhängig« und ihm »untergeordnet«. Er verhält sich als »höhere *Macht*« zu ihren »Gesetzen und Interessen«. Ihr »Interesse« und »Gesetz« verhalten sich als sein »Untergeordneter«. Sie leben in der »Abhängigkeit« von ihm. Eben weil »Unterordnung« und »Abhängigkeit« *äußere,* das selbständige Wesen einengende und ihm zuwiderlaufende Verhältnisse sind, ist das Verhältnis der »Familie« und der »bürgerlichen Gesellschaft« zum Staate das der »*äußerlichen* Notwendigkeit«, einer Notwendigkeit, die gegen das innere Wesen der Sache angeht. Dies selbst, daß »die privatrechtlichen Gesetze von dem bestimmten Charakter des Staats« abhängen, nach ihm sich modifizieren, wird daher unter das Verhältnis der »*äußerlichen Notwendigkeit*« subsumiert, eben weil »bürgerliche Gesellschaft und Familie« in ihrer wahren, d. i. in ihrer selbständigen und vollständigen Entwicklung dem Staat als besondere »Sphären« vorausgesetzt sind. »*Unterordnung*« und »*Abhängigkeit*« sind die Ausdrücke für eine »äußerliche«, *erzwungene,* scheinbare Identität, als deren logischen Ausdruck Hegel richtig die »*äußerliche Notwendigkeit*« gebraucht.

In der »Unterordnung« und »Abhängigkeit« hat Hegel die eine Seite der zwiespältigen Identität weiter entwickelt, und zwar die Seite der Entfremdung innerhalb der Einheit,

»aber andererseits ist er ihr *immanenter* Zweck und hat seine Stärke in der Einheit seines a l l g e m e i n e n *Endzwecks* und des b e s o n d e r e n *Interesses* der Individuen, darin, daß sie insofern *Pflichten* gegen ihn haben, als sie zugleich Rechte haben«.

Hegel stellt hier eine ungelöste *Antinomie* auf. *Einerseits* äußerliche Notwendigkeit, *andrerseits* immanenter Zweck. Die Einheit des *allgemeinen Endzwecks* des Staats und des *besonderen Interesses der Individuen* soll darin bestehn, daß ihre *Pflichten* gegen den Staat und *ihre Rechte* an denselben identisch sind (also z. B. die Pflicht, das Eigentum zu respektieren, mit dem Recht auf Eigentum zusammenfiele).

Diese Identität wird in der Anmerkung [zum § 261] also expliziert:

»Da die *Pflicht* zunächst das Verhalten *gegen* etwas für mich *Substantielles,* an und für sich Allgemeines ist, das Recht dagegen das *Dasein* überhaupt dieses Substantiellen ist, damit die Seite seiner *Besonderheit* und meiner *besondern* Freiheit ist, so erscheint beides auf den formellen Stufen an verschiedene Seiten oder Personen verteilt. Der Staat als Sittliches, als Durchdringung des Substantiellen und des Besonderen, enthält, daß meine Verbindlichkeit gegen das Substantielle zugleich das Dasein meiner besonderen Freiheit, d. i. in ihm Pflicht und Recht *in einer und derselben Beziehung vereinigt* sind.«

§ 262. »Die wirkliche Idee, der Geist, der sich selbst in die zwei ideellen Sphären seines Begriffs, die Familie und die bürgerliche Gesellschaft, als in seine E n d l i c h k e i t scheidet, um aus ihrer Identität f ü r s i c h u n e n d l i c h e r wirklicher Geist zu sein, teilt somit diesen Sphären das Material dieser seiner endlichen Wirklichkeit, die Individuen als die *Menge* zu, so daß diese Zuteilung am Einzelnen durch die Umstände, die Willkür und eigene Wahl seiner Bestimmung *vermittelt* erscheint.«

Übersetzen wir diesen Satz in Prosa, so folgt:

Die Art und Weise, wie der Staat sich mit der Familie und der bürgerlichen Gesellschaft vermittelt, sind »die Umstände, die Willkür und die eigene Wahl der Bestimmung«. Die Staatsvernunft hat also mit der Zerteilung des Staatsmaterials an Familie und bürgerliche Gesellschaft nichts zu tun. Der Staat geht auf eine unbewußte und willkürliche Weise aus ihnen hervor. Familie und bürgerliche Gesellschaft erscheinen als der dunkle Naturgrund, woraus das Staatslicht sich entzündet. Unter dem Staatsmaterial sind die *Geschäfte* des Staats, Familie und bürgerliche Gesellschaft verstanden, insofern sie Teile des Staats bilden, am Staat als solchen teilnehmen. In doppelter Hinsicht ist diese Entwicklung merkwürdig.

1. Familie und bürgerliche Gesellschaft werden als *Begriffssphären* des Staats gefaßt, und zwar als die Sphären seiner *Endlichkeit*, als *seine Endlichkeit*. Der Staat ist es, der sich in sie *scheidet*, der sie *voraussetzt*, und zwar *tut* er dieses, »um aus ihrer Idealität *für sich unendlicher* wirklicher Geist zu sein«. »Er scheidet sich, um.« Er »*teilt* somit diesen Sphären das Material seiner Wirklichkeit zu, *so daß* diese Zuteilung etc. vermittelt *erscheint*«. Die sogenannte »wirkliche Idee« (der Geist als unendlicher, wirklicher) wird so dargestellt, als ob sie nach einem bestimmten Prinzip und zu bestimmter Absicht handle. Sie scheidet sich in endliche Sphären, sie tut dies, »um in sich zurückzukehren, für sich zu sein«, und sie tut dies zwar so, daß das grade ist, wie es wirklich ist.

An dieser Stelle erscheint der logische, pantheistische Mystizismus sehr klar.

Das *wirkliche* Verhältnis ist: »daß die Zuteilung des Staatsmaterials am Einzelnen durch die Umstände, die Willkür und die eigene Wahl seiner Bestimmung vermittelt ist«. Diese Tatsache, dies *wirkliche Verhältnis* wird von der Spekulation als *Erscheinung*, als *Phänomen* ausgesprochen. Diese Umstände, diese Willkür, diese Wahl der Bestimmung, diese *wirkliche Vermittlung* sind bloß die *Erscheinung einer Vermittlung*, welche die wirkliche Idee mit sich selbst vornimmt und welche hinter der Gardine vorgeht. Die Wirklichkeit wird nicht als sie selbst, sondern als eine andere Wirklichkeit ausgesprochen. Die gewöhnliche Empirie hat nicht ihren eigenen Geist, sondern einen fremden zum Gesetz, wogegen die wirkliche Idee nicht eine aus ihr selbst entwickelte Wirklichkeit, sondern die gewöhnliche Empirie zum Dasein hat.

Die Idee wird versubjektiviert, und das *wirkliche* Verhältnis von Familie und bürgerlicher Gesellschaft zum Staat wird als ihre *innere imaginäre* Tätigkeit gefaßt. Familie und bürgerliche Gesellschaft sind die Voraussetzungen des Staats; sie sind die eigentlich Tätigen; aber in der Spekulation wird es umgekehrt. Wenn aber die Idee versubjektiviert wird, werden hier die wirklichen Subjekte, bürgerliche Gesellschaft, Familie, »Umstände, Willkür etc.«

zu *unwirklichen*, anderes bedeutenden, objektiven Momenten der Idee.

Die Zuteilung des Staatsmaterials »am Einzelnen durch die Umstände, die Willkür und die eigene Wahl seiner Bestimmung« werden nicht als das Wahrhafte, das Notwendige, das an und für sich Berechtigte schlechthin ausgesprochen; sie werden nicht *als solche* für das Vernünftige ausgegeben; aber sie werden es doch wieder andrerseits, nur so, daß sie für eine *scheinbare* Vermittlung ausgegeben, daß sie gelassen werden, wie sie sind, zugleich aber die Bedeutung einer Bestimmung der Idee erhalten, eines Resultats, eines Produkts der Idee. Der Unterschied ruht nicht im Inhalt, sondern in der Betrachtungsweise oder in der *Sprechweise*. Es ist eine doppelte Geschichte, eine esoterische und eine exoterische. Der Inhalt liegt im exoterischen Teil. Das Interesse des esoterischen ist immer das, die Geschichte des logischen Begriffs im Staat wiederzufinden. An der exoterischen Seite aber ist es, daß die eigentliche Entwicklung vor sich geht.

Rationell hießen die Sätze von Hegel nur:

Die Familie und die bürgerliche Gesellschaft sind Staatsteile. Das Staatsmaterial ist unter sie verteilt »durch die Umstände, die Willkür und die eigne Wahl der Bestimmung«. Die Staatsbürger sind Familienglieder und Glieder der bürgerlichen Gesellschaft.

»Die wirkliche Idee, der Geist, der *sich selbst* in die zwei ideellen Sphären seines Begriffs, die Familie und die bürgerliche Gesellschaft, als in *seine Endlichkeit scheidet*« – also die Teilung des Staats in Familie und bürgerliche Gesellschaft ist *ideell*, d. h. notwendig, gehört zum Wesen des Staats; Familie und bürgerliche Gesellschaft sind wirkliche Staatsteile, wirkliche geistige Existenzen des Willens, sie sind Daseinsweisen des Staates; Familie und bürgerliche Gesellschaft machen *sich selbst* zum Staat. Sie sind das Treibende. Nach Hegel sind sie dagegen *getan* von der wirklichen Idee; es ist nicht ihr eigner Lebenslauf, der sie zum Staat vereint, sondern es ist der Lebenslauf der Idee, die sie von sich diszerniert hat; und zwar sind sie [die] Endlichkeit dieser Idee; sie verdanken ihr Dasein einem anderen Geist als dem ihrigen; sie sind von einem Dritten gesetzte Bestimmungen, keine Selbstbestimmungen; deswegen werden sie auch als »Endlichkeit«, als die eigene *Endlichkeit* der »wirklichen Idee« bestimmt. Der Zweck ihres Daseins ist nicht dies Dasein selbst, sondern die Idee scheidet diese Voraussetzungen von sich ab, »um aus ihrer Idealität für sich unendlicher wirklicher Geist zu sein«, d. h., der politische Staat kann nicht sein ohne die natürliche Basis der Familie und die künstliche Basis der bürgerlichen Gesellschaft; sie sind für ihn eine conditio sine qua non; die Bedingung wird aber als das Bedingte, das Bestimmende wird als das Bestimmte, das Produzierende wird als das Produkt seines Produkts gesetzt; die wirkliche Idee erniedrigt sich nur in die »Endlichkeit« der Familie und der bürgerlichen Gesellschaft, um durch ihre Aufhebung seine Unendlichkeit zu genießen und hervorzubringen; sie »teilt *somit*« (um seinen Zweck zu erreichen) »diesen Sphären das Material dieser seiner endlichen Wirklichkeit« (dieser? welcher? diese Sphären sind ja seine »endliche Wirklichkeit«, sein »Material«) »die Individuen als die Menge zu« (das Material des Staats sind hier »die Individuen, die Menge«, »aus ihnen besteht der Staat«, dieses sein Bestehn wird hier als eine Tat der Idee, als eine »Verteilung«, die sie mit ihrem eigenen Material vornimmt, ausgesprochen; das Faktum ist, daß der Staat aus der Menge, wie sie als Familienglieder und Glieder der bürgerlichen Gesellschaft existiere, hervorgehe; die Spekulation spricht dies Faktum als Tat der Idee aus, nicht als die Idee der Menge, sondern als Tat einer subjektiven, von dem Faktum selbst unterschiedenen Idee), »so daß diese Zuteilung am Einzelnen« (früher war nur von der Zuteilung der Einzelnen an die Sphären der Familie und der bürgerlichen Gesellschaft die Rede) »durch die Umstände, die Willkür etc. vermittelt erscheint«. Es wird also die empirische Wirklichkeit aufgenommen, wie sie ist; sie wird auch als vernünftig ausgesprochen, aber sie ist nicht vernünftig wegen ihrer eigenen Vernunft, sondern weil die empirische Tatsache in ihrer empirischen Existenz eine andre Bedeutung hat als sich selbst. Die Tatsache, von der ausgegangen wird, wird nicht als solche, sondern als mystisches Resultat gefaßt. Das Wirkliche wird zum Phänomen, aber die Idee hat keinen andren Inhalt als dieses Phänomen. Auch hat die Idee keinen andren Zweck als den logischen: »für sich unendlicher wirklicher Geist zu sein«. In diesem Paragraphen ist das ganze Mysterium der Rechtsphilosophie niedergelegt und der Hegelschen Philosophie überhaupt.

§ 263. »In diesen Sphären, in denen seine Momente, die Einzelheit und Besonderheit, ihre u n m i t t e l b a r e und r e f l e k - t i e r t e Realität haben, ist der Geist als ihre i n *sie scheinende* objektive Allgemeinheit, als die Macht des Vernünftigen in der Notwendigkeit [(§ 184)], nämlich als die im Vorherigen betrachteten *Institutionen*.«

§ 264. »Die Individuen der Menge, da s i e s e l b s t geistige Naturen und damit das gedoppelte Moment, nämlich das Extrem der *für sich* wissenden und wollenden *Einzelnheit* und das Extrem der das Substantielle wissenden und wollenden *Allgemeinheit* in sich enthalten und daher zu dem Rechte dieser beiden Seiten nur gelangen, insofern sie sowohl als Privat- wie als substantielle Personen wirklich sind; – erreichen in jenen Sphären teils unmittelbar das Erstere, teils das Andere so, daß sie in den Institutionen, als dem an sich seienden *Allgemeinen* ihrer besonderen Interessen, ihr wesentliches Selbstbewußtsein haben, teils daß sie ihnen ein auf einen allgemeinen Zweck gerichtetes Geschäft und Tätigkeit in der Korporation gewähren.«

§ 265. »Diese Institutionen machen die *Verfassung*, d. i. die entwickelte und verwirklichte Vernünftigkeit, *im Besonderen* aus und sind darum die feste Basis des Staats sowie des Zutrauens und der Gesinnung der Individuen für denselben und die Grundsäulen der öffentlichen Freiheit, da in ihnen die besondere Freiheit realisiert und vernünftig, damit in ihnen selbst *an sich* die Vereinigung der Freiheit und Notwendigkeit vorhanden ist.«

§ 266. » A l l e i n [1] der Geist ist nicht nur als diese« (welche?) »Notwendigkeit [...], sondern als die *Idealität* derselben, und als ihr Inneres sich objektiv und wirklich; so ist diese substantielle Allgemeinheit *sich selbst* Gegenstand und Zweck, und jene Notwendigkeit hierdurch sich ebensosehr in *Gestalt* der Freiheit.«

Der Übergang der Familie und der bürgerlichen Gesellschaft in den politischen Staat ist also der, daß der Geist jener Sphären, der *an sich* der Staatsgeist ist, sich nun auch als solcher zu sich verhält und als ihr Inneres sich *wirklich* ist. Der Übergang wird also nicht aus dem *besondern* Wesen der Familie etc. und dem besondern Wesen des Staats, sondern aus dem *allgemeinen* Verhältnis von *Notwendigkeit* und *Freiheit* hergeleitet. Es ist ganz derselbe Übergang, der in der Logik aus der Sphäre des Wesens in die Sphäre des Begriffs bewerkstelligt wird. Derselbe Übergang wird in der Naturphilosophie aus der unorganischen Natur in das Leben gemacht. Es sind immer dieselben Kategorien, die bald die Seele für diese, bald für jene Sphäre hergeben. Es kommt nur darauf an, für die einzelnen konkreten Bestimmungen die entspre-

---

1 [Bei Hegel: Aber]

chenden abstrakten aufzufinden.

§ 267. »Die *Notwendigkeit* in der Idealität ist die *Entwickelung* der Idee innerhalb ihrer selbst; sie ist als *subjektive* Substantialität die p o l i t i s c h e *Gesinnung*, als *objektive* in Unterscheidung von jener der *Organismus* des Staats, der eigentlich *politische* Staat und *seine Verfassung*.«

Subjekt ist hier »die Notwendigkeit in der Idealität«, die »Idee innerhalb ihrer selbst«, *Prädikat* – die *politische Gesinnung* und die *politische Verfassung*. Heißt zu deutsch: Die *politische Gesinnung* ist die subjektive, die *politische Verfassung* ist die *objektive Substanz* des Staats. Die logische Entwicklung von Familie und bürgerlicher Gesellschaft zum Staat ist also reiner *Schein,* denn es ist nicht entwickelt, wie die Familiengesinnung, die bürgerliche Gesinnung, die Institution der Familie und die sozialen Institutionen als solche sich zur politischen Gesinnung und politischen Verfassung verhalten und mit ihnen zusammenhängen.

[...]

Der Wahrheit nach hat Hegel nichts getan, als die »politische Verfassung« in die allgemeine abstrakte Idee des »Organismus« aufgelöst, aber dem Schein und seiner eignen Meinung nach hat er aus der »allgemeinen Idee« das Bestimmte entwickelt. Er hat zu einem Produkt, einem Prädikat der Idee gemacht, was ihr Subjekt ist. Er entwickelt sein Denken nicht aus dem Gegenstand, sondern den Gegenstand nach einem mit sich fertig und in der abstrakten Sphäre der Logik mit sich fertig gewordnen Denken. Es handelt sich nicht darum, die bestimmte Idee der politischen Verfassung zu entwickeln, sondern es handelt sich darum, der politischen Verfassung ein Verhältnis zur abstrakten Idee zu geben, sie als ein Glied ihrer Lebensgeschichte (der Idee) zu rangieren, eine offenbare Mystifikation.

[...]

Die Geschäfte und Wirksamkeiten des Staats sind an Individuen geknüpft (der Staat ist nur wirksam durch Individuen), aber nicht an das Individuum als *physisches,* sondern als *staatliches,* an die *Staatsqualität* des Individuums. Es ist daher lächerlich, wenn Hegel sagt, *sie* seien »mit der besonderen Persönlichkeit *als solcher äußerlicher-* und *zufälligerweise* verbunden«. Sie sind vielmehr durch ein *vinculum substantiale,* durch eine wesentliche Qualität desselben, mit ihm verbunden. Sie sind die natürliche Aktion seiner wesentlichen Qualität. Es kömmt dieser Unsinn dadurch herein, daß Hegel die Staatsgeschäfte und Wirksamkeiten abstrakt für sich und im Gegensatz dazu die besondere Individualität faßt; aber er vergißt, daß die besondere Individualität eine menschliche und die Staatsgeschäfte und Wirksamkeiten menschliche Funktionen sind; er vergißt, daß das Wesen der »besonderen Persönlichkeit« nicht ihr Bart, ihr Blut, ihre abstrakte Physis, sondern ihre *soziale Qualität* ist, und daß die Staatsgeschäfte etc. nichts als Daseins- und Wirkungsweisen der sozialen Qualitäten des Menschen sind. Es versteht sich also, daß die Individuen, insofern sie die Träger der Staatsgeschäfte und Gewalten sind, ihrer sozialen und nicht ihrer privaten Qualität nach betrachtet werden.

[...]

Wäre Hegel von den wirklichen Subjekten als den Basen des Staats ausgegangen, so hätte er nicht nötig, auf eine mystische Weise den Staat sich versubjektieren zu lassen. »Die Subjektivität«, sagt Hegel, »aber ist in ihrer Wahrheit nur als *Subjekt,* die Persönlichkeit nur als *Person.*« Auch dies ist eine Mystifikation. Die Subjektivität ist eine Bestimmung des Subjekts, die Persönlichkeit eine Bestimmung der Person. Statt sie nun als Prädikate ihrer Subjekte zu fassen, verselbständigt Hegel die Prädikate und läßt sie hinterher auf eine mystische Weise in ihre Subjekte sich verwandeln.

Die Existenz der Prädikate ist das Subjekt: also das Subjekt die Existenz der Subjektivität etc. Hegel verselbständigt die Prädikate, die Objekte, aber er verselbständigt sie getrennt von ihrer wirklichen Selbständigkeit, ihrem Subjekt. Nachher erscheint dann das wirkliche Subjekt als Resultat, während vom wirklichen Subjekt auszugehn und seine Objektivation zu betrachten ist. Zum wirklichen Subjekt wird daher die mystische Substanz, und das reelle Subjekt erscheint als ein andres, als ein Moment der mystischen Substanz. Eben weil Hegel von den Prädikaten der allgemeinen Bestimmung statt von dem reellen Ens (ὑποκείμενον, Subjekt) ausgeht, und doch ein Träger dieser Bestimmung da sein muß, wird die mystische Idee dieser Träger. Es ist dies der Dualismus, daß Hegel das Allgemeine nicht als das wirkliche Wesen des Wirklich-Endlichen, d. i. Existierenden, Bestimmten betrachtet oder das wirkliche Ens nicht als das *wahre Subjekt* des Unendlichen.

[...]

Die *abstrakte Persönlichkeit* war das Subjekt des abstrakten Rechts; sie hat sich nicht verändert; sie ist wieder als *abstrakte Persönlichkeit* die *Persönlichkeit des Staats*. Hegel hätte sich nicht darüber verwundern sollen, daß die *wirkliche Person* – und die Personen machen den Staat – überall als sein Wesen wiederkehrt. Er hätte sich über das Gegenteil wundern müssen, noch mehr aber darüber, daß die Person als Staatsperson in derselben dürftigen Abstraktion wiederkehrt wie die Person des Privatrechts.

[...]

Die Demokratie ist die Wahrheit der Monarchie, die Monarchie ist nicht die Wahrheit der Demokratie. Die Monarchie ist notwendig Demokratie als Inkonsequenz gegen sich selbst, das monarchische Moment ist keine Inkonsequenz in der Demokratie. Die Monarchie kann nicht, die Demokratie kann aus sich selbst begriffen werden. In der Demokratie erlangt keines der Momente eine andere Bedeutung, als ihm zukommt. Jedes ist wirklich nur Moment des ganzen Demos. In der Monarchie bestimmt ein Teil den Charakter des Ganzen. Die ganze Verfassung muß sich nach dem festen Punkt modifizieren. Die Demokratie ist die Verfassungsgattung. Die Monarchie ist eine Art, und zwar eine schlechte Art. Die Demokratie ist Inhalt und Form. Die Monarchie *soll* nur Form sein, aber sie verfälscht den Inhalt.

In der Monarchie ist das Ganze, das Volk, unter eine seiner Daseinsweisen, die politische Verfassung, subsumiert; in der Demokratie erscheint die *Verfassung selbst* nur als *eine* Bestimmung, und zwar Selbstbestimmung des Volks. In der Monarchie haben wir das Volk der Verfassung; in der Demokratie die Verfassung des Volks. Die Demokratie ist das aufgelöste *Rätsel* aller Verfassungen. Hier ist die Verfassung nicht nur *an sich,* dem Wesen nach, sondern der *Existenz,* der Wirklichkeit nach in ihren wirklichen Grund, den *wirklichen Menschen,* das *wirkliche Volk,* stets zurückgeführt und als sein *eignes* Werk gesetzt. Die Verfassung erscheint als das, was sie ist, freies Produkt des Menschen; man könnte sagen, daß dies in gewisser Beziehung auch von der konstitutionellen Monarchie gelte, allein der spezifische Unterschied der Demokratie ist, daß hier die *Verfassung* überhaupt nur *ein* Daseinsmomemt des Volkes, daß nicht die *politische Verfassung* für sich den Staat bildet.

Hegel geht vom Staat aus und macht den Menschen zum versubjektivierten Staat; die Demokratie geht vom Menschen aus und macht den Staat zum verobjektivierten Menschen. Wie die Religion nicht den Menschen, sondern wie der Mensch die Religion schafft, so schafft nicht die Verfassung das Volk, sondern das Volk die Verfassung. Die Demokratie verhält sich in gewisser Hinsicht zu allen übrigen Staatsformen, wie das Christentum sich zu allen übrigen Religionen verhält. Das Christentum ist die Religion κατ' ἐξοχήν, das *Wesen der Religion,* der deifizierte Mensch als eine *besondre* Religion. So ist die Demokratie das *Wesen aller Staatsverfassung,* der sozialisierte Mensch, als eine *besondre* Staatsverfassung; sie verhält sich zu den übrigen Verfassungen, wie die Gattung sich zu ihren Arten verhält, nur daß hier die Gattung selbst als Existenz, darum gegenüber den dem Wesen nicht entsprechenden Existenzen selbst als eine *besondre* Art erscheint. Die Demokratie verhält sich zu allen übrigen Staatsformen als ihrem alten Testament. Der Mensch ist nicht des Gesetzes, sondern das Gesetz ist des Menschen wegen da, es ist *menschliches Dasein,* während in den andern der Mensch das *gesetzliche Dasein* ist. Das ist die Grunddifferenz der Demokratie.

Alle übrigen *Staatsbildungen* sind eine gewisse, bestimmte, *besondere Staatsform.* In der Demokratie ist das *formelle* Prinzip zugleich das *materielle* Prinzip. Sie ist daher erst die wahre Einheit des Allgemeinen und Besondern. In der Monarchie z. B., in der Republik als einer nur besondern Staatsform, hat der politische Mensch sein besonderes Dasein neben dem unpolitischen, dem Privatmenschen. Das Eigentum, der Vertrag, die Ehe, die bürgerliche Gesellschaft erscheinen hier (wie dies Hegel für diese *abstrakten* Staatsformen ganz richtig entwickelt, nur daß er die Idee des Staats zu entwickeln *meint*) als *besondre* Daseinsweisen neben dem *politischen* Staat, als der *Inhalt,* zu dem sich der *politische Staat* als die *organisierende Form* verhält, eigentlich nur als der bestimmende, beschränkende, bald bejahende, bald verneinende, in sich selbst inhaltslose Verstand. In der Demokratie ist der politische Staat, so wie er sich neben diesen Inhalt stellt und von ihm unterscheidet, selbst nur ein *besondrer* Inhalt, wie eine besondre *Daseinsform* des Volkes. In der Monarchie z. B. hat dies Besondere, die politische Verfassung, die Bedeutung des alles Besondern beherrschenden und bestimmenden *Allgemeinen.* In der Demokratie ist der Staat als Besondres *nur* Besondres, als Allgemeines das wirkliche Allgemeine, d. h. keine Bestimmtheit im Unterschied zu dem andern Inhalt. Die neueren Franzosen haben dies so aufgefaßt, daß in der wahren Demokratie der *politische Staat untergehe.* Dies ist insofern richtig, als er qua politischer Staat, als Verfassung, nicht mehr für das Ganze gilt.

In allen von der Demokratie unterschiednen Staaten ist der *Staat,* das *Gesetz,* die *Verfassung* das Herrschende, ohne daß er wirklich herrschte, d. h. den Inhalt der übrigen nicht politischen Sphären materiell durchdringe. In der Demokratie ist die Verfassung, das Gesetz, der Staat selbst nur eine Selbstbestimmung des Volks und ein bestimmter Inhalt desselben, soweit er politische Verfassung ist.

Es versteht sich übrigens von selbst, daß alle Staatsformen *zu* ihrer Wahrheit die Demokratie haben und daher eben, soweit sie nicht die Demokratie sind, unwahr sind.

In den alten Staaten bildet der politische Staat den Staatsinhalt mit Ausschließung der andern Sphären; der moderne Staat ist eine Akkommodation zwischen dem politischen und dem unpolitischen Staat.

In der Demokratie hat der *abstrakte* Staat aufgehört, das herrschende Moment zu sein. Der Streit zwischen Monarchie und Republik ist selbst noch ein Streit innerhalb des abstrakten Staats. Die *politische* Republik ist die Demokratie innerhalb der abstrakten Staatsform. Die abstrakte Staatsform der Demokratie ist daher die Republik; sie hört hier aber auf, die *nur politische* Verfassung zu sein.

Das Eigentum etc., kurz der ganze Inhalt des Rechts und des Staats, ist mit wenigen Modifikationen in Nordamerika dasselbe wie in Preußen. Dort ist also die *Republik* eine bloße Staats*form* wie hier die Monarchie. Der Inhalt des Staats liegt außerhalb dieser Verfassungen. Hegel hat daher recht, wenn er sagt: Der politische Staat ist die Verfassung, d. h., der materielle Staat ist nicht politisch. Es findet hier nur eine äußere Identität, eine Wechselbestimmung statt. Von den verschiedenen Momenten des Volkslebens war es am schwersten, den politischen Staat, die Verfassung, herauszubilden. Sie entwickelte sich als die allgemeine Vernunft gegenüber den andern Sphären, als ein Jenseitiges derselben. Die geschichtliche Aufgabe bestand dann in ihrer Revindikation, aber die besondern Sphären haben dabei nicht das Bewußtsein, daß ihr privates Wesen mit dem jenseitigen Wesen der Verfassung oder des politischen Staates fällt, und daß sein jenseitiges Dasein nichts andres als der Affirmativ ihrer eignen Entfremdung ist. Die *politische Verfassung* war bisher die *religiöse Sphäre,* die *Religion* des Volkslebens, der Himmel seiner Allgemeinheit gegenüber dem *irdischen Dasein* seiner Wirklichkeit. Die politische Sphäre war die einzige Staatssphäre im Staat, die einzige Sphäre, worin der Inhalt wie die Form Gattungsinhalt, das wahrhaft Allgemeine war, aber zugleich so, daß, weil diese Sphäre den andern gegenüberstand, auch ihr Inhalt zu einem formellen und besondern wurde. Das *politische Leben* im modernen Sinn ist der *Scholastizismus* des Volkslebens. Die *Monarchie* ist der vollendete Ausdruck dieser Entfremdung. Die *Republik* ist die Negation derselben innerhalb ihrer eignen Sphäre. Es versteht sich, daß da erst die politische Verfassung als solche ausgebildet ist, wo die Privatsphären eine selbständige Existenz erlangt haben. Wo Handel und Grundeigentum unfrei, noch nicht verselbständigt sind, ist es auch noch nicht die politische Verfassung. Das Mittelalter war die *Demokratie der Unfreiheit*.

Die Abstraktion des *Staats als solchen* gehört erst der modernen Zeit, weil die Abstraktion des Privatlebens erst der modernen Zeit gehört. Die Abstraktion des *politischen Staats* ist ein modernes Produkt.

Im Mittelalter gab es Leibeigene, Feudalgut, Gewerbekorporation, Gelehrtenkorporation etc., d. h., im Mittelalter ist Eigentum, Handel, Sozietät, Mensch *politisch;* der materielle Inhalt des Staates ist durch seine Form gesetzt; jede Privatsphäre hat einen politischen Charakter oder ist eine politische Sphäre, oder die Politik ist auch der Charakter der Privatsphären. Im Mittelalter ist die politische Verfassung die Verfassung des Privateigentums, aber nur, weil die Verfassung des Privateigentums politische Verfassung ist. Im Mittelalter ist Volksleben und Staatsleben identisch. Der Mensch ist das wirkliche Prinzip des Staats, aber der *unfreie* Mensch. Er ist also die *Demokratie der Unfreiheit*, die durchgeführte Entfremdung. Der abstrakte reflektierte Gegensatz gehört erst der modernen Welt. Das Mittelalter ist der *wirkliche*, die moderne Zeit ist *abstrakter* Dualismus.

[...]

In der unmittelbaren Monarchie, Demokratie, Aristokratie gibt es noch keine politische Verfassung im Unterschied zu dem wirklichen, materiellen Staat oder dem übrigen Inhalt des Volkslebens. Der politische Staat erscheint noch nicht als die *Form* des materiellen Staates. Entweder ist, wie in Griechenland, die res publica die wirkliche Privatangelegenheit, der wirkliche Inhalt der Bürger, und der Privatmensch ist Sklave; der politische Staat als politischer ist der wahre einzige Inhalt ihres Lebens und Wollens; oder, wie in der asiatischen Despotie, der politische Staat ist nichts als die Privatwillkür eines einzelnen Individuums oder der politische Staat, wie der materielle, ist Sklave. Der Unterschied des modernen Staats von diesen Staaten der substantiellen Einheit zwischen Volk und Staat besteht nicht darin, daß die verschiedenen Momente der Verfassung zu *besonderer* Wirklichkeit ausgebildet sind, wie Hegel will, sondern darin, daß die Verfassung selbst zu einer *besondern* Wirklichkeit neben dem wirklichen Volksleben ausgebildet ist, daß der politische Staat zur *Verfassung* des übrigen Staats geworden ist.

[...]

Die moralische Person, Gesellschaft, Familie etc. hat die Persönlichkeit nur abstrakt in ihr; dagegen im Monarchen hat die *Person den Staat in sich*.

In Wahrheit hat die *abstrakte Person* erst in der *moralischen* Person, Gesellschaft, Familie etc. ihre *Persönlichkeit* zu einer wahren Existenz gebracht. Aber Hegel faßt Gesellschaft, Familie etc., überhaupt die *moralische Person,* nicht als die Verwirklichung der wirklichen, empirischen Person, sondern als *wirkliche* Person, die aber das Moment der Persönlichkeit erst abstrakt in ihr hat. Daher kommt bei ihm auch nicht die wirkliche Person zum Staat, sondern der Staat muß erst zur wirklichen Person kommen. Statt daß daher der Staat als die höchste Wirklichkeit der Person, als die höchste soziale Wirklichkeit des Menschen, wird *ein einzelner* empirischer Mensch, wird die empirische Person als die höchste Wirklichkeit des Staats hervorgebracht. Diese Verkehrung des Subjektiven in das Objektive und des Objektiven in das Subjektive (die daher rührt, daß Hegel die Lebensgeschichte der abstrakten Substanz, der Idee, schreiben will, daß also die menschliche Tätigkeit etc. als Tätigkeit und Resultat eines andern erscheinen muß, daß Hegel das Wesen des Menschen für sich, als eine imaginäre Einzelnheit, statt in seiner *wirklichen, menschlichen* Existenz wirken lassen will) hat notwendig das Resultat, daß *unkritischerweise* eine *empirische Existenz* als die wirkliche Wahrheit der Idee genommen wird; denn es handelt sich nicht davon, die empirische Existenz zu ihrer Wahrheit, sondern die Wahrheit zu einer empirischen Existenz zu bringen, und da wird denn die zunächstliegende als ein *reales* Moment der Idee entwickelt. (Über dieses notwendige Umschlagen von Empirie in Spekulation und von Spekulation in Empirie später mehr.)

[...]

Eine andere Konsequenz dieser mystischen Spekulation ist, daß ein *besondres* empirisches Dasein, ein einzelnes empirisches Dasein im Unterschied von den andern als das *Dasein* der *Idee* gefaßt wird. Es macht wieder einen tiefen mystischen Eindruck, ein *besondres* empirisches Dasein von der Idee gesetzt zu sehen und so auf allen Stufen einer Menschwerdung Gottes zu begegnen.

Würden z. B. bei der Entwicklung von Familie, bürgerlicher Gesellschaft, Staat etc. diese sozialen Existentialweisen des Menschen als Verwirklichung, Verobjektivierung seines Wesens betrachtet, so erscheinen Familie etc. als einem Subjekt inhärente Qualitäten. Der Mensch bleibt immer das Wesen aller dieser Wesen, aber diese Wesen erscheinen auch als seine *wirkliche* Allgemeinheit, daher auch als das *Gemeinsame*. Sind dagegen Familie, bürgerliche Gesellschaft, Staat etc. Bestimmungen der Idee, der Substanz als Subjekt, so müssen sie eine empirische Wirklichkeit erhalten und die Menschenmasse, in der sich die Idee der bürgerlichen Gesellschaft entwickelt, ist Bürger, die andere Staatsbürger. Da es eigentlich nur um eine *Allegorie*, nur darum zu tun ist, irgendeiner empirischen Existenz die *Bedeutung* der verwirklichten Idee beizulegen, so versteht es sich, daß diese Gefäße ihre Bestimmung erfüllt haben, sobald sie zu einer bestimmten Inkorporation eines Lebensmomentes der Idee geworden sind. Das Allgemeine erscheint daher überall als ein Bestimmtes, Besonderes, wie das Einzelne nirgends zu seiner wahren Allgemeinheit kommt.

Am tiefsten, spekulativsten erscheint es daher notwendig, wenn die abstraktesten, noch durchaus zu keiner wahren sozialen Verwirklichung gereiften Bestimmungen, die Naturbasen des Staats, wie die Geburt (beim Fürsten) oder das Privateigentum (im Majorat) als die höchsten, unmittelbar Mensch gewordenen Ideen erscheinen.

Und es versteht sich von selbst. Der wahre Weg wird auf den Kopf gestellt. Das Einfachste ist das Verwickeltste und das Verwickeltste das Einfachste. Was Ausgang sein sollte, wird zum mystischen Resultat, und was rationelles Resultat sein sollte, wird zum mystischen Ausgangspunkt.

Wenn aber der Fürst die abstrakte *Person* ist, die den *Staat in sich* hat, so heißt das überhaupt nichts, als daß das Wesen des Staats die abstrakte, die *Privatperson* ist. Bloß in seiner Blüte spricht er sein Geheimnis aus. Der Fürst ist die einzige Privatperson, in der sich das Verhältnis der Privatperson überhaupt zum Staat verwirklicht.

[...]

Was Hegel über die »Regierungsgewalt« sagt, verdient nicht den Namen einer philosophischen Entwicklung. Die meisten Paragraphen könnten wörtlich im preußischen Landrecht stehn, und doch ist die eigentliche Administration der schwierigste Punkt der Entwicklung.

Da Hegel die »polizeiliche« und die »richterliche« Gewalt schon der Sphäre der *bürgerlichen Gesellschaft* vindiziert hat, so ist die *Regierungsgewalt* nichts anderes als die Administration, die er als *Bürokratie* entwickelt.

Der Bürokratie sind zunächst vorausgesetzt die »*Selbstverwaltung*« der bürgerlichen Gesellschaft in »*Korporationen*«. Die einzige Bestimmung, die hinzukommt, ist, daß die Wahl der Verwalter, Obrigkeiten derselben etc. eine *gemischte* ist, ausgehend von den Bürgern, bestätigt von der eigentlichen Regierungsgewalt; (»*höhere* Bestätigung«, wie Hegel sagt).

Über dieser Sphäre zur »Festhaltung des allgemeinen Staatsinteresses und des Gesetzlichen« stehn »*Abgeordnete* der Regierungsgewalt«, die »exekutiven Staatsbeamten« und die »kollegialischen Behörden«, welche im »Monarchen« zusammenlaufen.

In dem »Geschäfte der Regierung« findet »Teilung der Arbeit« statt. Die Individuen müssen ihre Fähigkeit zu Regierungsgeschäften beweisen, d. h. Examina ablegen. Die Wahl der *bestimmten* Individuen zu Staatsämtern kommt der fürstlichen Staatsgewalt zu. Die Einteilung dieser Geschäfte ist »durch die Natur der Sache gegeben«. Das Amtsgeschäft ist die Pflicht, der Lebensberuf der Staatsbeamten. Sie müssen daher *besoldet* werden vom Staat. Die Garantie gegen den Mißbrauch der Bürokratie ist teils ihre Hierarchie und Verantwortlichkeit, andrerseits die Berechtigung der Gemeinden, Korporationen; ihre Humanität hängt teils mit der »direkten sittlichen und Gedankenbildung«, teils mit der »Größe des Staats« zusammen. Die Beamten bilden den »Hauptteil des Mittelstandes«. Gegen ihn als »Aristokratie und Herrenschaft« schützen teils die »Institutionen der Souveränität von oben herab«, teils »die der Korporationsrechte von unten herauf«. Der »Mittelstand« ist der Stand der »Bildung«. Voilà tout. Hegel gibt uns eine empirische Beschreibung der Bürokratie, teils wie sie wirklich ist, teils der Meinung, die sie selbst von ihrem Sein hat. Und damit ist das schwierige Kapitel von der »Regierungsgewalt« erledigt.

Hegel geht von der *Trennung* des »Staats« und der »bürgerlichen« Gesellschaft, den »besondren Interessen« und dem »an und für sich seienden Allgemeinen« aus, und allerdings basiert die Bürokratie auf *dieser Trennung*. Hegel geht von der Voraussetzung der »Korporationen« aus, und allerdings setzt die Bürokratie die *Korporationen* voraus, wenigstens den »Korporationsgeist«. Hegel entwickelt keinen *Inhalt* der Bürokratie, sondern nur einige allgemeine Bestimmungen ihrer »*formellen*« Organisation, und allerdings ist die Bürokratie nur der »Formalismus« eines Inhalts, der außerhalb derselben liegt.

Die *Korporationen* sind der Materialismus der Bürokratie, und die Bürokratie ist der *Spiritualismus* der Korporationen. Die Korporation ist die Bürokratie der bürgerlichen Gesellschaft; die Bürokratie ist die Korporation des Staats. In der Wirklichkeit tritt sie daher als die »bürgerliche Gesellschaft des Staats« dem »Staat der bürgerlichen Gesellschaft«, den Korporationen gegenüber. Wo die »Bürokratie« neues Prinzip ist, wo das allgemeine Staatsinteresse anfängt, für sich ein »apartes«, damit ein »wirkliches« Interesse zu werden, kämpft sie gegen die Korporationen, wie jede Konsequenz gegen die Existenz ihrer Voraussetzungen kämpft. Sobald dagegen das wirkliche Staatsleben erwacht und die bürgerliche Gesellschaft sich von den Korporationen aus eignem Vernunfttrieb befreit, sucht die Bürokratie sie zu restaurieren; denn sobald der »Staat der bürgerlichen Gesellschaft« fällt, fällt die »bürgerliche Gesellschaft des Staats«. Der Spiritualismus verschwindet mit dem ihm gegenüberstehenden Materialismus. Die Konsequenz kämpft für die Existenz ihrer Voraussetzungen, sobald ein neues Prinzip nicht gegen die *Existenz,* sondern gegen das *Prinzip* dieser Existenz kämpft. Derselbe Geist, der in der Gesellschaft die Korporation, schafft im Staat die Bürokratie. Sobald also der Korporationsgeist, wird der Geist der Bürokratie angegriffen, und wenn sie früher die Existenz der Korporationen bekämpfte, um ihrer eignen Existenz Raum zu schaffen, so sucht sie jetzt gewaltsam die Existenz der Korporationen zu halten, um den Korporationsgeist, ihren eigenen Geist zu retten.

Die »Bürokratie« ist der »*Staatsformalismus*« der bürgerlichen Gesellschaft. Sie ist das »Staatsbewußtsein«, der »Staatswille«, die »Staatsmacht«, als *eine Korporation* (das »allgemeine Interesse« kann sich dem Besondern gegenüber nur als ein »Besonderes« halten, solange sich das Besondere dem Allgemeinen gegenüber als ein »Allgemeines« hält. Die Bürokratie muß also die *imaginäre* Allgemeinheit des besondren Interesses, den Korporationsgeist, beschützen, um die *imaginäre* Besonderheit des allgemeinen Interesses, ihren eigenen Geist, zu beschützen. Der Staat muß Korporation sein, solange die Korporation Staat sein will), also eine *besondere, geschlossene* Gesellschaft im Staat. Die Bürokratie will aber die Korporation als eine *imaginäre* Macht. Allerdings hat auch die einzelne Korporation diesen Willen für ihr *besonderes* Interesse gegen die Bürokratie, aber sie *will* die Bürokratie gegen die andere Korporation, gegen das andere besondere Interesse. Die Bürokratie als die *vollendete Korporation* trägt daher den Sieg davon über die *Korporation* als die unvollendete Bürokratie. Sie setzt dieselbe zum Schein herab oder will sie zum Schein herabsetzen, aber sie will, daß dieser Schein existiere und an seine eigene Existenz glaube. Die Korporation ist der Versuch der bürgerlichen Gesellschaft, Staat zu werden; aber die Bürokratie ist der Staat, der sich wirklich zur bürgerlichen Gesellschaft gemacht hat.

Der »Staatsformalismus«, der die Bürokratie ist, ist der »Staat als Formalismus«, und als solchen Formalismus hat sie Hegel beschrieben. Da dieser »Staatsformalismus« sich als wirkliche Macht konstituiert und sich selbst zu einem eignen *materiellen* Inhalt wird, so versteht es sich von selbst, daß die »Bürokratie« ein Gewebe von *praktischen* Illusionen oder die »Illusion des Staats« ist. Der bürokratische Geist ist ein durch und durch jesuitischer, theologischer Geist. Die Bürokraten sind die Staatsjesuiten und Staatstheologen. Die Bürokratie ist la république prêtre.

Da die Bürokratie der »Staat als Formalismus« ihrem *Wesen* nach ist, so ist sie es auch ihrem *Zweck* nach. Der wirkliche Staatszweck erscheint also der Bürokratie als ein Zweck *wider* den Staat. Der Geist der Bürokratie ist der »formelle Staatsgeist«. Sie macht daher den »formellen Staatsgeist« oder die *wirkliche* Geistlosigkeit des Staats zum kategorischen Imperativ. Die Bürokratie gilt sich selbst als der letzte Endzweck des Staats. Da die Bürokratie ihre »formellen« Zwecke zu ihrem Inhalt macht, so gerät sie überall in Konflikt mit den »reellen« Zwecken. Sie ist daher genötigt, das Formelle für den Inhalt und den Inhalt für das Formelle auszugeben. Die Staatszwecke verwandeln sich in Bürozwecke oder die Bürozwecke in Staatszwecke. Die Bürokratie ist ein Kreis, aus dem niemand herausspringen kann. Ihre Hierarchie ist eine *Hierarchie des Wissens*. Die Spitze traut den untern Kreisen die Einsicht ins Einzelne zu, wogegen die untern Kreise der Spitze die Einsicht in das Allgemeine zutrauen, und so täuschen sie sich wechselseitig.

Die Bürokratie ist der imaginäre Staat neben dem reellen Staat, der Spiritualismus des Staats. Jedes Ding hat daher eine doppelte Bedeutung, eine reelle und eine bürokratische, wie das Wissen ein doppeltes ist, ein reelles und ein bürokratisches (so auch der Wille). Das reelle Wesen wird aber behandelt nach seinem bürokratischen Wesen, nach seinem jenseitigen, spirituellen Wesen. Die Bürokratie hat das Staatswesen, das spirituelle Wesen der Gesellschaft in ihrem Besitze, es ist ihr *Privateigentum*. Der allgemeine Geist der Bürokratie ist das *Geheimnis,* das Mysterium, innerhalb ihrer selbst durch die Hierarchie, nach außen als geschlossene Korporation bewahrt. Der offenbare Staatsgeist, auch die Staatsgesinnung, erscheinen daher der Bürokratie als ein *Verrat* an ihrem Mysterium. Die *Autorität* ist daher das Prinzip ihres Wissens, und die Vergötterung der Autorität ist ihre *Gesinnung*. Innerhalb ihrer selbst aber wird der *Spiritualismus* zu einem *krassen Materialismus*, dem Materialismus des passiven Gehorsams, des Autoritätsglaubens, des *Mechanismus* eines fixen formellen Handelns, fixer Grundsätze, Anschauungen, Überlieferungen. Was den einzelnen Bürokraten betrifft, so wird der Staatszweck zu seinem Privatzweck, zu einem *Jagen nach höheren Posten,* zu einem *Machen von Karriere.* Erstens betrachtet er das wirkliche Leben als ein *materielles,* denn *der Geist dieses Lebens hat seine für sich abgesonderte Existenz* in der Bürokratie. Die Bürokratie muß daher dahin gehn, das Leben so materiell wie möglich zu machen. Zweitens ist es für ihn selbst, d. h. soweit es zum Gegenstand der bürokratischen Behandlung wird, materiell, denn sein Geist ist ihm vorgeschrieben, sein Zweck liegt außer ihm, sein Dasein ist das Dasein des Büros. Der Staat existiert nur mehr als verschiedene fixe Bürogeister, deren Zusammenhang die Subordination und der passive Gehorsam ist. Die *wirkliche* Wissenschaft erscheint als inhaltslos, wie das wirkliche Leben als tot, denn dies imaginäre Wissen und dies imaginäre Leben gelten für das Wesen. Der Bürokrat muß daher jesuitisch mit dem wirklichen Staat verfahren, sei dieser Jesuitismus nun ein bewußter oder bewußtloser. Es ist aber notwendig, daß er, sobald sein Gegensatz Wissen ist, ebenfalls zum Selbstbewußtsein gelangt und nun absichtlicher Jesuitismus wird.

Während die Bürokratie einerseits dieser krasse Materialismus ist, zeigt sich ihr krasser Spiritualismus darin, daß sie *Alles machen* will, d. h., daß sie den *Willen* zur causa prima macht, weil sie bloß *tätiges* Dasein ist und ihren Inhalt von außen empfängt, ihre Existenz also nur durch Formieren, Beschränken dieses Inhalts beweisen kann. Der Bürokrat hat in der Welt ein bloßes Objekt seiner Behandlung.

Wenn Hegel die Regierungsgewalt die *objektive* Seite der dem Monarchen innewohnenden Souveränität nennt, so ist das richtig in demselben Sinn, wie die katholische Kirche das *reelle Dasein* der Souveränität, des Inhalts und Geistes der heiligen Dreieinigkeit war. In der Bürokratie ist die Identität des Staatsinteresses und des besonderen Privatzwecks so gesetzt, daß das *Staatsinteresse* zu einem *besonderen* Privatzweck gegenüber den anderen Privatzwecken wird.

Die Aufhebung der Bürokratie kann nur sein, daß das allgemeine Interesse *wirklich* und nicht, wie bei Hegel, bloß im Gedanken, in der *Abstraktion* zum besondren Interesse wird, was nur dadurch möglich ist, daß das *besondere* Interesse wirklich zum *allgemeinen* wird. Hegel geht von einem unwirklichen Gegensatz aus und bringt es daher nur zu einer imaginären, in Wahrheit selbst wieder gegensätzlichen Identität. Eine solche Identität ist die Bürokratie.

[...]

Hegel läßt den »Staat selbst«, die »Regierungsgewalt« zur »Besorgung« des »allgemeinen Staatsinteresses und des Gesetzlichen etc.« innerhalb der bürgerlichen Gesellschaft per »Abgeordnete« hineintreten, und nach ihm sind eigentlich diese »Regierungsabgeordneten«, die »exekutiven Staatsbeamten«, die *wahre* »*Staatsrepräsentation*«, nicht »der«, sondern »gegen« die »bürgerliche Gesellschaft«. Der Gegensatz von Staat und bürgerlicher Gesellschaft ist also fixiert; der Staat residiert nicht in, sondern außerhalb der bürgerlichen Gesellschaft; er berührt sie nur durch seine »*Abgeordneten*«, denen die »*Besorgung des Staats*« innerhalb dieser Sphären anvertraut ist. Durch diese »Abgeordneten« ist der Gegensatz nicht aufgehoben, sondern zu einem »gesetzlichen«, »fixen« Gegensatz geworden. Der »Staat« wird als ein dem *Wesen* der bürgerlichen Gesellschaft Fremdes und Jenseitiges von Deputierten dieses Wesens gegen die bürgerliche Gesellschaft geltend gemacht. Die »Polizei« und das »Gericht« und die »Administration« sind nicht Deputierte der bürgerlichen Gesellschaft selbst, die in ihnen und durch sie ihr *eignes* allgemeines Interesse verwaltet, sondern Abgeordnete des Staats, um den Staat gegen die bürgerliche Gesellschaft zu verwalten.

[...]

Im wahren Staat handelt es sich nicht um die Möglichkeit jedes Bürgers, sich dem allgemeinen als einem besondern Stand zu widmen, sondern um die Fähigkeit des allgemeinen Standes wirklich allgemein, d. h. der Stand jedes Bürgers zu sein. Aber Hegel geht von der Voraussetzung des pseudoallgemeinen, des illusorisch-allgemeinen Standes, der besonderen ständigen Allgemeinheit aus.

Die Identität, die er zwischen bürgerlicher Gesellschaft und Staat konstruiert hat, ist die Identität *zweier feindlicher Heere,* wo jeder Soldat die »Möglichkeit« hat, durch »Desertion« Mitglied des »feindlichen« Heeres zu werden, und allerdings beschreibt Hegel damit richtig den jetzigen empirischen Zustand.

[...]

Die gesetzgebende Gewalt hat die französische Revolution gemacht; sie hat überhaupt, wo sie in ihrer Besonderheit als das Herrschende auftrat, die großen organischen allgemeinen Revolutionen gemacht; sie hat nicht die Verfassung, sondern eine besondre antiquierte Verfassung bekämpft, eben weil die gesetzgebende Gewalt der Repräsentant des Volkes, des Gattungswillens war. Die Regierungsgewalt dagegen hat die kleinen Revolutionen, die retrograden Revolutionen, die Reaktionen gemacht; sie hat nicht für eine neue Verfassung gegen eine alte, sondern gegen die Verfassung revolutioniert, eben weil die Regierungsgewalt der Repräsentant des besonderen Willens, der subjektiven Willkür, des magischen Teils des Willens war.

Wird die Frage richtig gestellt, so heißt sie nur: Hat das Volk das Recht, sich eine neue Verfassung zu geben? Was unbedingt bejaht werden muß, indem die Verfassung, sobald sie aufgehört hat, wirklicher Ausdruck des Volkswillens zu sein, eine praktische Illusion geworden ist.

Die Kollision zwischen der Verfassung und der gesetzgebenden Gewalt ist nicht als ein *Konflikt der Verfassung mit sich selbst,* ein Widerspruch im Begriff der Verfassung.

Die Verfassung ist nichts als eine Akkommodation zwischen dem politischen und unpolitischen Staat; sie ist daher notwendig in sich selbst ein Traktat wesentlich heterogener Gewalten. Hier ist es also dem Gestz unmöglich, auszusprechen, daß eine dieser Gewalten, ein Teil der Verfassung, das Recht haben solle, die Verfassung selbst, das Ganze, zu modifizieren.

Soll von der Verfassung als einem Besondern gesprochen werden, so muß sie vielmehr als ein Teil des Ganzen betrachtet werden.

die Fundamentalbestimmungen des vernünftigen Willens, verstan-
Wurden unter der Verfassung die allgemeinen Bestimmungen, den, so versteht sich, daß jedes Volk (Staat) dies zu seiner Voraussetzung hat und daß sie sein politisches Credo bilden müssen. Das ist eigentlich Sache des Wissens und nicht des Willens. Der Wille eines Volks kann ebensowenig über die Gesetze der Vernunft hinaus als der Wille eines Individuums. Bei einem unvernünftigen Volk kann überhaupt nicht von einer vernünftigen Staatsorganisation die Rede sein. Hier in der Rechtsphilosophie ist überdem der Gattungswille unser Gegenstand.

[...]

§ 301. »Das *ständische* Element hat die Bestimmung, daß die allgemeine Angelegenheit nicht nur *an sich,* sondern auch *für sich,* d. i. daß das Moment der subjektiven *formellen Freiheit,* das öffentliche Bewußtsein als *empirische Allgemeinheit* der Ansichten und Gedanken der *Vielen,* darin zur Existenz komme.«

Das ständische Element ist eine Deputation der bürgerlichen Gesellschaft an den Staat, dem sie als die »Vielen« gegenüberstehn. Die Vielen sollen einen Augenblick die allgemeinen Angelegenheiten *mit Bewußtsein* als ihre eigenen behandeln, als Gegenstände des *öffentlichen Bewußtseins,* welches nach Hegel nichts ist als die »*empirische Allgemeinheit* der Ansichten und Gedanken der *Vielen*« (und in Wahrheit ist es in den modernen, auch den konstitutionellen, Monarchien nichts anders). Es ist bezeichnend, daß Hegel, der so großen Respekt vor dem *S*taatsgeist, dem sittlichen Geist, dem Staatsbewußtsein hat, es da, wo es ihm in wirklicher empirischer Gestalt gegenübertritt, förmlich verachtet.

Dies ist das Rätsel des Mystizismus. Dieselbe phantastische Abstraktion, die das *Staatsbewußtsein* in der unangemeßnen Form der *Bürokratie,* einer Hierarchie des Wissens, wiederfindet und diese unangemeßne Existenz unkritisch für die wirkliche Existenz hinnimmt als *vollgültig,* dieselbe mystische Abstraktion gesteht ebenso unbefangen, daß der wirkliche *empirische* Staatsgeist, das *öffentliche Bewußtsein,* ein bloßes Potpourri von »Gedanken und Ansichten der Vielen« sei. Wie sie der Bürokratie ein fremdes Wesen unterschiebt, so läßt sie dem wahren Wesen die unangemeßne Form der Erscheinung. Hegel idealisiert die Bürokratie und empirisiert das öffentliche Bewußtsein. Hegel kann das wirkliche öffentliche Bewußtsein sehr à part behandeln, eben weil er das à part Bewußtsein als das öffentliche behandelt hat. Er braucht sich um so weniger um die wirkliche Existenz des Staatsgeistes zu kümmern, als er schon in seinen soi-disant Existenzen ihn gehörig realisiert zu haben meint. Solange der Staatsgeist mystisch im Vorhof spukte, wurden ihm viel Reverenzen gemacht. Hier, wo wir ihn [in] persona gehascht, wird er kaum angesehn.

»Das ständische Element hat die Bestimmung, daß die allgemeine Angelegenheit nicht nur *an sich,* sondern auch *für sich* darin zur Existenz komme.« Und zwar kommt sie für sich zur Existenz als das »öffentliche Bewußtsein«, als »*empirische Allgemeinheit* der Ansichten und Gedanken der *Vielen*«.

Das Subjektwerden der »allgemeinen Angelegenheit«, die auf diese Weise verselbständigt wird, wird hier als ein Moment des Lebensprozesses der »allgemeinen Angelegenheit« dargestellt. Statt daß die Subjekte sich in der »allgemeinen Angelegenheit« vergegenständlichen, läßt Hegel die »allgemeine Angelegenheit« zum »Subjekt« kommen. Die Subjekte bedürfen nicht der »allgemeinen Angelegenheit« als ihrer wahren Angelegenheit, sondern die allgemeine Angelegenheit bedarf der Subjekte zu ihrer *formellen* Existenz. Es ist eine Angelegenheit der »allgemeinen Angelegenheit«, daß sie auch als Subjekt existiere.

Es ist hier besonders der Unterschied zwischen dem »*Ansichsein*« und dem »*Fürsichsein*« der allgemeinen Angelegenheit ins Auge zu fassen.

Die »*allgemeine Angelegenheit*« existiert schon »*an sich*« als das Geschäft der Regierung etc.; sie existiert, ohne *wirklich* die *allgemeine* Angelegenheit zu sein; sie ist nichts weniger als dies, denn sie ist nicht die Angelegenheit der »*bürgerlichen Gesellschaft*«. Sie hat schon ihre *wesentliche* an sich seiende Existenz gefunden. Daß sie nun auch wirklich »öffentliches Bewußtsein«, »empirische Allgemeinheit« wird, ist rein formell und kommt gleichsam nur *symbolisch* zur Wirklichkeit. Die »formelle« Existenz oder die »empirische« Existenz der allgemeinen Angelegenheit ist getrennt von ihrer *substantiellen Existenz.* Die Wahrheit davon ist: Die *an sich seiende* »allgemeine Angelegenheit« ist nicht *wirklich allgemein*, und die wirkliche *empirische* allgemeine Angelegenheit ist nur *formell.*

Hegel trennt *Inhalt* und *Form, Ansichsein* und *Fürsichsein* und läßt das letztere als ein *formelles* Moment äußerlich hinzutreten. Der Inhalt ist fertig und existiert in vielen Formen, die nicht die Formen dieses Inhaltes sind; wogegen es sich von selbst versteht, daß die Form, die nun für die wirkliche Form des Inhalts gelten soll, nicht den wirklichen Inhalt zu ihrem Inhalt hat.

Die *allgemeine Angelegenheit* ist fertig, ohne daß sie wirkliche Angelegenheit des Volks wäre. Die wirkliche Volkssache ist ohne Tun des Volks zustande gekommen. Das ständische Element ist die *illusorische Existenz* der Staatsangelegenheiten als einer Volkssache. Die Illusion, daß die *allgemeine Angelegenheit* allgemeine Angelegenheit, öffentliche Angelegenheit sei, oder die *Illusion,* daß die Sache des Volks allgemeine Angelegenheit sei. So weit ist es sowohl in unseren Staaten als in der Hegelschen Rechtsphilosophie gekommen, daß der tautologische Satz: »Die allgemeine Angelegenheit ist die allgemeine Angelegenheit«, nur als eine *Illusion des praktischen Bewußtseins* erscheinen kann. Das *ständische Element* ist die *politische Illusion der bürgerlichen Gesellschaft.* Die *subjektive* Freiheit erscheint bei Hegel als *formelle* Freiheit (es ist allerdings wichtig, daß das Freie auch frei getan werde, daß die Freiheit nicht als bewußtloser Naturinstinkt der Gesellschaft herrsche), eben weil er die objektive Freiheit nicht als Verwirklichung, als Betätigung der subjektiven hingestellt hat. Weil er dem präsumtiven oder wirklichen Inhalt der Freiheit einen mystischen Träger gegeben hat, so bekommt das wirkliche Subjekt der Freiheit eine formelle Bedeutung.

Die Trennung des *Ansichs* und des *Fürsichs,* der Substanz und des Subjekts, ist abstrakter Mystizismus.

[...]

In den modernen Staaten, wie in Hegels Rechtsphilosophie, ist die *bewußte,* die *wahre Wirklichkeit* der *allgemeinen Angelegenheit nur formell,* oder *nur das Formelle ist wirkliche allgemeine Angelegenheit.*

Hegel ist nicht zu tadeln, weil er das Wesen des modernen Staats schildert, wie es ist, sondern weil er das, was ist, für das *Wesen des Staats* ausgibt. Daß das Vernünftige wirklich ist, beweist sich eben im *Widerspruch* der *unvernünftigen Wirklichkeit,* die an allen Ecken das Gegenteil von dem ist, was sie aussagt, und das Gegenteil von dem aussagt, was sie ist.

Statt daß Hegel zeigte, wie die »allgemeine Angelegenheit« für sich »subjektiv, daher wirklich als solche existiere«, daß sie auch die Form der allgemeinen Angelegenheit hat, zeigt er nur, daß die *Formlosigkeit* ihre Subjektivität ist, und eine Form ohne Inhalt muß formlos sein. Die Form, welche die allgemeine Angelegenheit in einem Staat gewinnt, der nicht der Staat der allgemeinen Angelegenheit ist, kann nur eine Urform, eine sich selbst täuschende, eine sich selbst widersprechende Form sein, eine *Scheinform*, die sich als dieser Schein ausweisen wird.

Hegel will den Luxus des ständischen Elements nur der Logik zulieb. Das *Fürsichsein* der allgemeinen Angelegenheit als empirische Allgemeinheit soll ein Dasein haben. Hegel sucht nicht nach einer adäquaten Verwirklichung des »Fürsichseins der allgemeinen Angelegenheit«, er begnügt sich, eine empirische Existenz zu finden, die in diese logische Kategorie aufgelöst werden kann; das ist dann das ständische Element: wobei er nicht verfehlt, selbst anzumerken, wie erbärmlich und widerspruchsvoll diese Existenz ist. Und dann wirft er noch dem gewöhnlichen Bewußtsein vor, daß es sich mit dieser logischen Satisfaktion nicht begnügt, daß es sich nicht die Wirklichkeit durch *willkürliche* Abstraktion in Logik aufgelöst, sondern die Logik in wahre Gegenständlichkeit verwandelt sehn will.

Ich sage: *willkürliche* Abstraktion. Denn da die Regierungsgewalt die *allgemeine Angelegenheit* will, weiß, verwirklicht, aus dem Volk hervorgeht und eine empirische Vielheit ist (daß es sich nicht um Allheit handelt, belehrt uns Hegel ja selbst), warum sollte die Regierungsgewalt nicht als das »Fürsichsein der allgemeinen Angelegenheit« bestimmt werden können? Oder warum nicht die »Stände« als ihr *Ansichsein*, da die Sache erst in der Regierung Licht und Bestimmtheit und Ausführung und Selbständigkeit gewinnt?

Aber der wahre Gegensatz ist: »Die allgemeine Angelegenheit« muß doch irgendwo im Staat als »wirkliche«, also »empirische allgemeine Angelegenheit« *repräsentiert* sein; sie muß irgendwo in der Krone und dem Talar des Allgemeinen erscheinen, wodurch es von selbst zu einer Rolle, einer Illusion wird.

Es handelt sich hier um den Gegensatz des »Allgemeinen« als »*Form*«, in der »Form der Allgemeinheit«, und des »Allgemeinen als Inhalt«.

Z. B. in der Wissenschaft kann ein »Einzelner« die allgemeine Angelegenheit vollbringen, und es sind immer Einzelne, die sie vollbringen. Aber wirklich allgemein wird sie erst, wenn sie nicht mehr die Sache des Einzelnen, sondern die der Gesellschaft ist. Das verändert nicht nur die Form, sondern auch den Inhalt. Hier aber handelt es sich um den Staat, wo das Volk selbst die allgemeine

Angelegenheit ist; hier handelt es sich um den Willen, der sein wahres Dasein als Gattungswille nur im selbstbewußten Willen des Volkes hat. Und hier handelt es sich überdem von der Idee des Staats.

Der moderne Staat, in dem die »allgemeine Angelegenheit« wie die Beschäftigung mit derselben ein Monopol ist und dagegen die Monopole die wirklichen allgemeinen Angelegenheiten sind, hat die sonderbare Erfindung gemacht, die »allgemeine Angelegenheit« als eine *bloße Form* sich anzueignen. (Das Wahre ist, daß nur die *Form* allgemeine Angelegenheit ist.) Er hat damit die entsprechende Form für seinen Inhalt gefunden, der nur scheinbar die wirkliche allgemeine Angelegenheit ist.

Der konstitutionelle Staat ist der Staat, in dem das Staatsinteresse als wirkliches Interesse des Volkes *nur* formell, aber als eine *bestimmte Form* neben dem wirklichen Staat vorhanden ist; das Staatsinteresse hat hier *formell* wieder Wirklichkeit erhalten als Volksinteresse, aber es soll auch nur diese *formelle Wirklichkeit* haben. Es ist zu einer *Formalität*, zu dem haut goût des Volkslebens geworden, eine *Zeremonie*. Das *ständische* Element ist die *sanktionierte, gesetzliche Lüge* der konstitutionellen Staaten, daß der *Staat* das *Interesse des Volks* oder daß das *Volk* das *Staatsinteresse* ist. Im *Inhalt* wird sich diese Lüge enthüllen. Als *gesetzgebende* Gewalt hat sie sich etabliert, eben weil die gesetzgebende Gewalt das Allgemeine zu ihrem Inhalt hat, mehr Sache des Wissens als des Willens, die *metaphysische* Staats*gewalt* ist, während dieselbe Lüge als Regierungsgewalt etc. entweder sich sofort auflösen oder in eine Wahrheit verwandeln müßte. Die metaphysische Staatsgewalt war der geeignetste Sitz der metaphysischen, allgemeinen Staatsillusion.

[...]

Die öffentliche, allgemeine Freiheit *ist* in den andern Staatsinstitutionen angeblich garantiert; die Stände sind ihre angebliche Selbstgarantierung. Daß das Volk auf die Stände, in denen es selbst sich zu versichern glaubt, mehr Gewicht legt als auf die Institutionen, die ohne sein Tun die Assekuranzen seiner Freiheit sein soll[en], Bestätigungen seiner Freiheit, ohne Betätigungen seiner Freiheit zu sein. Die Koordination, welche Hegel den Ständen neben den andern Institutionen anweist, widerspricht ihrem Wesen.

Hegel löst das Rätsel, wenn er die »eigentümliche Begriffsbestimmung der Stände« darin findet, daß in ihnen »die eigene Einsicht und der eigene Wille der bürgerlichen Gesellschaft *in Beziehung auf den Staat zur Existenz* kommt«. Es ist die *Reflexion der bürgerlichen Gesellschaft auf den Staat.* Wie die Bürokraten *Abgeordnete des Staats* an die bürgerliche Gesellschaft, so sind die Stände *Abgeordnete der bürgerlichen Gesellschaft* an den Staat. Es sind also immer *Transaktionen* zweier *gegensätzlicher Willen.*

[...]

Staat und Regierung werden immer als identisch auf die eine Seite, das in die besondren Sphären und Individuen aufgelöste Volk auf die andere Seite gesetzt. Die Stände stehn als *vermittelndes* Organ zwischen beiden. Die Stände sind die Mitte, worin »Sinn und Gesinnung des Staats und der Regierung« zusammentreffen, vereinigt sein sollen mit »Sinn und Gesinnung der besonderen Kreise und der Einzelnen«. Die Identität dieser beiden entgegengesetzten Sinne und Gesinnungen, in deren Identität eigentlich der Staat liegen sollte, erhält eine *symbolische* Darstellung in den *Ständen.* Die Transaktion zwischen Staat und bürgerlicher Gesellschaft erscheint als eine *besondre* Sphäre. Die Stände sind die *Synthese zwischen Staat und bürgerlicher Gesellschaft.* Wie die Stände es aber anfangen sollen, zwei widersprechende Gesinnungen in sich zu vereinen, ist nicht angegeben. Die *Stände* sind der *gesetzte Widerspruch* des Staates und der bürgerlichen Gesellschaft im Staate. Zugleich sind sie die *Forderung* der *Auflösung* dieses Widerspruches.

»Zugleich hat diese Stellung die Bedeutung einer mit der o r g a n i s i e r t e n [1] Regierungsgewalt gemeinschaftlichen Vermittelung etc.«

Die Stände *vermitteln* nicht nur Volk und Regierung. Sie verhindern die »fürstliche Gewalt« als isoliertes »*Extrem*«, die damit als »bloße Herrschergewalt und Willkür« erscheinen würde, ebenso die »Isolierung« der »besonderen« Interessen etc., ebenso die »Darstellung der Einzelnen als *Menge* und *Haufen«.* Diese Vermittelung ist den Ständen mit der organisierten Regierungsgewalt gemeinschaftlich. In einem Staat, worin die »Stellung« der »Stände« verhindert, »daß die Einzelnen nicht zur Darstellung einer *Menge* oder eines *Haufens,* zu einem somit unorganischen Meinen und Wollen, zur bloß massenhaften Gewalt gegen den organischen Staat kommen«, existiert der »organische Staat« außer der »Menge«

---

[1] [Bei Marx: o r g a n i s c h e n]

und dem »Haufen«, oder da gehört die »Menge« und der »Haufen« zur Organisation des Staats; bloß soll sein »unorganisches Meinen und Wollen« nicht zum »Meinen und Wollen gegen den Staat« kommen, durch welche *bestimmte Richtung* es »organisches« Meinen und Wollen würde. Ebenso soll diese »massenhafte Gewalt« nur »massenhaft« bleiben, so daß der Verstand außer der Masse ist und sie daher nicht sich selbst in Bewegung setzen, sondern nur von den Monopolisten des »organischen Staates« in Bewegung gesetzt und als massenhafte Gewalt exploitiert werden kann. Wo nicht »die besondern Interessen der Gemeinden, Korporationen und der Einzelnen« sich gegen den Staat isolieren, sondern die »Einzelnen zur Darstellung einer *Menge* und eines *Haufens,* zu einem somit unorganischen Meinen und Wollen und zur bloß massenhaften Gewalt gegen den Staat kommen«, da zeigt es sich eben, daß kein »besonderes Interesse« dem Staat widerspricht, sondern daß der »wirkliche organische allgemeine Gedanke der Menge und des Haufens« nicht der »Gedanke des organischen Staats« ist, der nicht in ihm seine Realisation findet. Wodurch erscheinen nun die Stände als Vermittelung gegen dies Extrem? Nur dadurch, »daß die besonderen Interessen der Gemeinden, Korporationen und der Individuen sich isolieren«, oder dadurch, daß ihre isolierten Interessen *ihre Rechnung mit dem Staat durch die Stände abschließen,* zugleich dadurch, daß das »unorganische Meinen und Wollen der Menge und des Haufens« in der Schöpfung der Stände seinen *Willen* (seine Tätigkeit) und in der Beurteilung der Tätigkeit der Stände sein »Meinen« beschäftigt und die Täuschung seiner Vergegenständlichung genossen hat. Die »Stände« präservieren den Staat vor dem unorganischen Haufen nur durch die Desorganisation dieses Haufens.

Zugleich aber sollen die *Stände* dagegen vermitteln, »daß die besonderen Interessen der Gemeinden, Korporationen und der Individuen sich« nicht »isolieren«. Sie vermitteln dagegen, 1. indem sie mit dem »Staatsinteresse« transigieren, 2. indem sie selbst die »*politische* Isolierung« dieser besondern Interessen sind; diese *Isolierung als politischer Akt,* indem durch sie diese »isolierten Interessen« den Rang des »Allgemeinen« erhalten.

Endlich sollen die Stände gegen die »*Isolierung*« der fürstlichen Gewalt als eines »*Extrems*« (die »dadurch als bloße Herrschergewalt und Willkür *erschiene*«) vermitteln. Dies ist insofern richtig, als das *Prinzip* der *fürstlichen Gewalt* (die Willkür) durch sie begrenzt ist, wenigstens nur in Fesseln sich bewegen kann, und als sie selbst Teilnehmer, Mitschuldige der fürstlichen Gewalt werden.

Die fürstliche Gewalt hört entweder wirklich dadurch auf, das Extrem der fürstlichen Gewalt zu sein (und die fürstliche Gewalt existiert nur als ein Extrem, als eine Einseitigkeit, weil sie kein organisches Prinzip ist), sie wird zu einer *Scheingewalt,* einem Symbol, oder sie verliert nur den *Schein* der Willkür und bloßer Herrschergewalt. Sie vermitteln gegen die »Isolierung« der Sonderinteressen, indem sie diese Isolierung als *politischen* Akt vorstellen. Sie *vermitteln* gegen die Isolierung der fürstlichen Gewalt als eines Extrems, teils indem sie selbst zu einem Teil der fürstlichen Gewalt werden, teils indem sie die Regierungsgewalt zu einem *Extrem* machen.

In den »Ständen« laufen alle Widersprüche der modernen Staatsorganisationen zusammen. Sie sind die »Mittler« nach allen Seiten hin, weil sie nach allen Seiten hin »Mitteldinge« sind.

Zu bemerken ist, daß Hegel weniger den Inhalt der ständischen Tätigkeit, die gesetzgebende Gewalt, als die *Stellung* der Stände, ihren politischen Rang entwickelt.

Zu bemerken ist noch, daß, während nach Hegel zunächst die *Stände* »zwischen der *Regierung überhaupt einerseits* und dem in die besonderen Sphären und Individuen aufgelösten *Volk andrerseits*« stehn, ihre Stellung, wie sie oben entwickelt »die Bedeutung einer mit der organisierten Regierungsgewalt *gemeinschaftlichen* Vermittelung hat«.

Was die erste Stellung betrifft, so sind die *Stände* das Volk gegen die Regierung, aber *das Volk en miniature.* Das ist ihre oppositionelle Stellung.

Was die zweite betrifft, so sind sie die Regierung gegen das Volk, aber die amplifizierte Regierung. Das ist ihre konservative Stellung. Sie sind selbst ein Teil der Regierungsgewalt gegen das Volk, aber so, daß sie zugleich die Bedeutung haben, das Volk gegen die Regierung zu sein.

Hegel hat oben die »gesetzgebende Gewalt als Totalität« (§ 300) bezeichnet, die *Stände* sind wirklich diese *Totalität,* der Staat im Staate, aber eben in ihnen *erscheint* es, daß der Staat nicht die Totalität, sondern ein Dualismus ist. Die Stände stellen den Staat in einer Gesellschaft vor, die *kein* Staat *ist.* Der Staat ist eine *bloße Vorstellung.* [...]

Die Spitze der Hegelschen Identität war, wie er selbst gesteht, das *Mittelalter*. Hier waren die *Stände der bürgerlichen Gesellschaft* überhaupt und die *Stände in politischer Bedeutung* identisch. Man kann den Geist des Mittelalters so aussprechen: Die Stände der bürgerlichen Gesellschaft und die Stände in politischer Bedeutung waren identisch, weil die bürgerliche Gesellschaft die politische Gesellschaft war: weil das organische Prinzip der bürgerlichen Gesellschaft das Prinzip des Staats war.

Allein Hegel geht von der *Trennung* der »*bürgerlichen Gesellschaft*« und des »*politischen Staates*« als zweier fester Gegensätze, zweier wirklich verschiedner Sphären aus. Diese Trennung ist allerdings *wirklich* im *modernen* Staat vorhanden. Die Identität der bürgerlichen und politischen Stände war der *Ausdruck* der *Identität* der bürgerlichen und politischen Gesellschaft. Diese Identität ist verschwunden. Hegel setzt sie als verschwunden voraus. »Die Identität der bürgerlichen und politischen Stände«, wenn sie die Wahrheit ausdrückte, *könnte* also nur mehr ein Ausdruck der *Trennung* der bürgerlichen und politischen Gesellschaft sein! oder vielmehr: nur die *Trennung* der bürgerlichen und politischen Stände [1] drückt das *wahre* Verhältnis der bürgerlichen und politischen *modernen* Gesellschaft aus.

Zweitens: Hegel handelt hier von *politischen* Ständen in einem ganz anderen Sinne, als jene *politischen* Stände des Mittelalters waren, von denen die Identität *mit den Ständen der bürgerlichen Gesellschaft* ausgesagt wird.

Ihr ganzes Dasein war politisch; ihr Dasein war das Dasein des Staats. Ihre *gesetzgebende Tätigkeit*, ihre *Steuerbewilligung für das Reich* war nur ein *besonderer* Ausfluß ihrer *allgemeinen* politischen Bedeutung und Wirksamkeit. Ihr Stand war ihr Staat. Das Verhältnis zum Reich war nur ein Transaktionsverhältnis dieser verschiedenen Staaten mit der *Nationalität,* denn der politische Staat im Unterschied von der bürgerlichen Gesellschaft war nichts andres als die *Repräsentation der Nationalität*. Die Nationalität war der point d'honneur, der κατ' ἐξοχὴν politische Sinn dieser verschiedenen Korporationen etc., und nur auf sie bezogen sich die Steuern etc. Das war das Verhältnis der gesetzgebenden Stände zum Reich. Ähnlich verhielten sich die Stände *innerhalb der besonderen Fürstentümer*. Das *Fürstentum,* die *Souveränität* war hier ein *besonde-*

---

1 [Bei Marx: Gesellschaft]

rer Stand, der gewisse Privilegien hatte, aber ebensosehr von den Privilegien der anderen Stände geniert wurde. (Bei den Griechen war die bürgerliche Gesellschaft *Sklave* der politischen.) Die allgemeine *gesetzgebende Wirksamkeit* der Stände der bürgerlichen Gesellschaft war keineswegs ein Kommen des *Privatstandes* zu einer *politischen* Bedeutung und Wirksamkeit, sondern vielmehr ein bloßer Ausfluß ihrer *wirklichen und allgemeinen* politischen Bedeutung und Wirksamkeit. Ihr Auftreten als gesetzgebende Macht war bloß ein Komplement ihrer souveränen und regierenden (exekutiven) Macht; es war vielmehr ihr Kommen zu der ganz allgemeinen Angelegenheit als einer *Privatsache,* ihr Kommen zur Souveränität als einem *Privatstand.* Die Stände der bürgerlichen Gesellschaft waren im Mittelalter als *solche* Stände zugleich gesetzgebend, weil sie *keine* Privatstände oder weil die *Privatstände* politische Stände waren. Die mittelalterlichen Stände kamen als politischständisches Element zu keiner neuen Bestimmung. Sie wurden nicht *politisch*-ständisch, weil sie teil an der Gesetzgebung hatten; sondern sie hatten teil an der Gesetzgebung, weil sie *politisch*-ständisch waren. Was hat das nun mit Hegels *Privatstand* gemein, der als *gesetzgebendes* Element zu einer politischen Bravourarie, zu einem ekstatischen Zustand, zu einer aparten, frappanten, ausnahmsweisen politischen Bedeutung und Wirksamkeit kommt?

In dieser Entwicklung findet man alle *Widersprüche* der Hegelschen Darstellung zusammen.

1. hat er die *Trennung* der bürgerlichen Gesellschaft und des politischen Staats (einen modernen Zustand) vorausgesetzt und als *notwendiges Moment der Idee* entwickelt, als absolute Vernunftwahrheit. Er hat den politischen Staat in seiner *modernen* Gestalt der *Trennung* der verschiedenen Gewalten dargestellt. Er hat dem wirklichen *handelnden* Staat die Bürokratie zu seinem Leib gegeben und sie als den wissenden Geist dem Materialismus der bürgerlichen Gesellschaft supraordiniert. Er hat das an und für sich seiende Allgemeine des Staats dem besonderen Interesse und dem Bedürfnis der bürgerlichen Gesellschaft gegenübergestellt. Mit einem Wort: Er stellt überall den *Konflikt* der bürgerlichen Gesellschaft und des Staates dar.

2. Hegel stellt die bürgerliche Gesellschaft als *Privatstand* dem politischen Staat gegenüber.

3. Er bezeichnet das *ständische* Element der gesetzgebenden Gewalt als den bloßen *politischen Formalismus* der bürgerlichen Ge-

sellschaft. Er bezeichnet es als ein *Reflexionsverhältnis der bürgerlichen Gesellschaft auf den Staat* und als ein Reflexionsverhältnis, was das *Wesen* des Staates nicht alteriert. Ein Reflexionsverhältnis ist auch die höchste Identität zwischen wesentlich Verschiedenen.

Andrerseits will Hegel:

1. die bürgerliche Gesellschaft bei ihrer Selbstkonstituierung als gesetzgebendes Element weder als bloße, ungeschiedene Masse, noch als eine in ihre Atome aufgelöste Menge erscheinen lassen. Er will *keine* Trennung des *bürgerlichen und politischen Lebens*.

2. Er vergißt, daß es sich um ein Reflexionsverhältnis handelt, und macht die bürgerlichen Stände als solche zu politischen Ständen, aber wieder nur nach der Seite der gesetzgebenden Gewalt hin, so daß ihre Wirksamkeit selbst der Beweis der Trennung ist.

Er macht das *ständische Element* zum Ausdruck der *Trennung*, aber zugleich soll es der Repräsentant einer Identität sein, die nicht vorhanden ist. Hegel weiß die Trennung der bürgerlichen Gesellschaft und des politischen Staats, aber er will, daß innerhalb des Staats die Einheit desselben ausgedrückt sei, und zwar soll dies dergestalt bewerkstelligt werden, daß die Stände der bürgerlichen Gesellschaft zugleich als solche das *ständische* Element der gesetzgebenden Gesellschaft bilden. (cf. XIV, X.)

[...]

Das Tiefere bei Hegel liegt darin, daß er die Trennung der bürgerlichen Gesellschaft und der politischen als einen *Widerspruch* empfindet. Aber das Falsche ist, daß er sich mit dem Schein dieser Auflösung begnügt und ihn für die Sache selbst ausgibt, wogegen die von ihm verachteten »*sogenannten Theorien*« die »*Trennung*« der bürgerlichen und politischen Stände fordern, und mit Recht, denn sie sprechen eine *Konsequenz* der modernen Gesellschaft aus, indem hier das *politisch-ständische* Element eben nichts anders ist als der faktische Ausdruck des wirklichen Verhältnisses von Staat und bürgerlicher Gesellschaft, ihre *Trennung*.

Hegel hat die Sache, worum es sich hier handelt, nicht bei ihrem bekannten Namen genannt. Es ist die Streitfrage zwischen *repräsentativer* und *ständischer* Verfassung. Die repräsentative Verfassung ist ein großer Fortschritt, weil sie der *offene, unverfälschte, konsequente* Ausdruck des *modernen Staatszustandes* ist. Sie ist der *unverhohlene Widerspruch*.

Ehe wir auf die Sache selbst eingehen, werfen wir noch einmal einen Blick auf die Hegelsche Darstellung.

»In dem *ständischen* Element der gesetzgebenden Gewalt kommt der *Privatstand* zu einer *politischen* Bedeutung.«

Früher (§ 301 Anmerkung) hieß es:

»Die e i g e n t ü m l i c h e Begriffsbestimmung der S t ä n d e ist deshalb darin zu suchen, daß in ihnen ... die eigene Einsicht und der eigene Wille der Sphäre, die in dieser Darstellung b ü r - g e r l i c h e G e s e l l s c h a f t genannt worden ist, in *Beziehung auf den Staat zur Existenz* k o m m t.«

Fassen wir diese Bestimmung zusammen, so folgt: »*Die bürgerliche Gesellschaft* ist der *Privatstand*«, oder der *Privatstand* ist der unmittelbare, wesentliche, konkrete Stand der bürgerlichen Gesellschaft. Erst in dem ständischen Element der gesetzgebenden Gewalt erhält sie »politische Bedeutung und Wirksamkeit«. Es ist dies etwas Neues, was zu ihr hinzukommt, eine *besondere* Funktion, denn eben ihr Charakter als *Privatstand* drückt ihren *Gegensatz* zur politischen Bedeutsamkeit und Wirksamkeit, die Privation des politischen Charakters aus, drückt aus, daß die bürgerliche Gesellschaft an und für sich *ohne* politische Bedeutung und Wirksamkeit ist. Der *Privatstand* ist der Stand der bürgerlichen Gesellschaft, oder die bürgerliche Gesellschaft ist der *Privatstand*. Hegel schließt daher auch konsequent den »allgemeinen Stand« von dem »ständischen Element der gesetzgebenden Gewalt« aus.

»*Der allgemeine,* näher *dem Dienst* der *Regierung* sich widmende Stand hat unmittelbar in seiner Bestimmung, das Allgemeine zum Zweck seiner wesentlichen Tätigkeit zu haben.«

Die bürgerliche Gesellschaft oder der Privatstand hat dies nicht zu seiner Bestimmung; seine wesentliche Tätigkeit hat nicht die Bestimmung, das Allgemeine zum Zweck zu haben, oder seine wesentliche Tätigkeit ist keine Bestimmung des Allgemeinen, *keine allgemeine* Bestimmung. Der Privatstand ist der Stand der bürgerlichen Gesellschaft *gegen* den Staat. Der Stand der bürgerlichen Gesellschaft ist *kein* politischer Stand.

Indem Hegel die bürgerliche Gesellschaft als Privatstand bezeichnet, hat er die Ständeunterschiede der bürgerlichen Gesellschaft für *nicht*politische Unterschiede erklärt, hat er das bürgerliche Leben und das politische für heterogen, sogar für *Gegensätze* erklärt. Wie fährt er nun fort?

»Derselbe kann nun dabei weder als bloße ungeschiedene Masse noch als eine in ihre Atome aufgelöste Menge erscheinen, sondern als das, *was er bereits ist,* nämlich unterschieden in den auf das substantielle Verhältnis und in den auf die besonderen Bedürfnisse und die sie vermittelnde Arbeit sich gründenden *Stand* (§ 201ff.). Nur so knüpft sich in dieser Rücksicht wahrhaft das *im* Staate wirkliche *Besondere* an das Allgemeine an.« [§ 303.]

Als eine »bloße ungeschiedene Masse« kann die bürgerliche Gesellschaft (der *Privatstand*) in ihrer gesetzgeberisch-ständischen Tätigkeit allerdings nicht erscheinen, weil die »bloße ungeschiedene Masse« nur in der »Vorstellung«, der »Phantasie«, nicht aber in der *Wirklichkeit* existiert. Hier gibt es nur größere und kleinere zufällige Massen (Städte, Flecken etc.). Diese Massen oder diese Masse *erscheint* nicht nur, sondern *ist* überall realiter »eine in ihre Atome aufgelöste Menge«, und als diese Atomistik *muß* sie in ihrer *politisch*-ständischen Tätigkeit erscheinen und auftreten. »Als das, *was er bereits ist*«, kann der *Privatstand,* die bürgerliche Gesellschaft, nicht hier erscheinen. Denn was ist er bereits? *Privatstand,* d. h. Gegensatz und Trennung vom Staat. Um zur »politischen Bedeutung und Wirksamkeit« zu kommen, muß er sich vielmehr aufgeben als das, was er bereits ist, als *Privatstand.* Dadurch erhält er eben erst seine »*politische* Bedeutung und Wirksamkeit«. Dieser politische Akt ist eine völlige Transsubstantiation. In ihm muß sich die bürgerliche Gesellschaft völlig von sich als bürgerlicher Gesellschaft, als Privatstand lossagen, eine Partie seines Wesens geltend machen, die mit der wirklichen bürgerlichen Existenz seines Wesens nicht nur keine Gemeinschaft hat, sondern ihr direkt gegenübersteht.

Am Einzelnen erscheint hier, was das *allgemeine Gesetz* ist. Bürgerliche Gesellschaft und Staat sind getrennt. Also ist auch der Staatsbürger und der Bürger, das Mitglied der bürgerlichen Gesellschaft, getrennt. Er muß also eine *wesentliche Diremption* mit sich selbst vornehmen. Als *wirklichen Bürger* findet er sich in einer doppelten Organisation, der *bürokratischen* – die ist eine äußere formelle Bestimmung des jenseitigen Staats, der Regierungsgewalt, die ihn und seine selbständige Wirklichkeit nicht tangiert – der *sozialen,* der Organisation der bürgerlichen Gesellschaft. Aber in dieser steht er als *Privatmann* außer dem Staat; die tangiert den politischen Staat als solchen nicht. Die erste ist eine Staatsorganisation, zu der er immer die *Materie* abgibt. Die zweite ist eine *bürgerliche Organisation,* deren Materie nicht der Staat ist. In der ersten verhält sich der Staat als formeller Gegensatz zu ihm, in der zweiten verhält er sich selbst als materieller Gegensatz zum Staat. Um also als *wirklicher Staatsbürger* sich zu verhalten, politische Bedeutsamkeit und Wirksamkeit zu erhalten, muß er aus seiner bürgerlichen Wirklichkeit heraustreten, von ihr abstrahieren, von dieser ganzen Organisation in seine Individualität sich zurückziehn; denn die einzige Existenz, die er für sein Staatsbürgertum findet, ist seine pure, blanke *Individualität,* denn die Existenz des Staats als Regierung ist ohne ihn fertig, und seine Existenz in der bürgerlichen Gesellschaft ist ohne den Staat fertig. Nur im Widerspruch mit diesen *einzig vorhandenen Gemeinschaften,* nur als *Individuum* kann er *Staatsbürger* sein. Seine Existenz als Staatsbürger ist eine Existenz, die außer seinen *gemeinschaftlichen* Existenzen liegt, die also rein *individuell* ist. Die »gesetzgebende Gewalt« als »Gewalt« ist ja erst die *Organisation, der Gemeinkörper,* den sie erhalten *soll. Vor* der »gesetzgebenden Gewalt« existiert die bürgerliche Gesellschaft, der Privatstand *nicht als Staatsorganisation,* und damit er als solche zur Existenz komme, muß seine *wirkliche Organisation,* das wirkliche bürgerliche Leben, als nicht *vorhanden* gesetzt werden, denn das ständische Element der gesetzgebenden Gewalt hat eben die Bestimmung, den *Privatstand,* die *bürgerliche Gesellschaft,* als *nicht vorhanden* zu setzen. Die Trennung der bürgerlichen Gesellschaft und des politischen Staates erscheint notwendig als eine Trennung des *politischen* Bürgers, des Staatsbürgers, von der bürgerlichen Gesellschaft, von seiner eignen wirklichen, empirischen Wirklichkeit, denn als Staatsidealist ist er ein *ganz anderes,* von seiner Wirklichkeit *verschiedenes,* unterschiedenes, entgegengesetztes *Wesen.* Die bürgerliche Gesellschaft bewerkstelligt hier innerhalb ihrer selbst das Verhältnis des Staats und der bürgerlichen Gesellschaft, welches andrerseits schon als *Bürokratie* existiert. In dem ständischen Element wird das Allgemeine wirklich *für sich,* was es *an sich* ist, nämlich *Gegensatz* zum *Besondern.* Der Bürger muß seinen Stand, die bürgerliche Gesellschaft, den *Privatstand,* von sich abtun, um zu politischer Bedeutung und Wirksamkeit zu kommen; denn eben dieser *Stand* steht zwischen dem *Individuum* und dem *politischen Staat.*

Wenn Hegel schon das Ganze der bürgerlichen Gesellschaft als *Privatstand* dem politischen Staat entgegenstellt, so versteht es sich von selbst, daß die Unterscheidungen *innerhalb* des Privatstandes, die verschiedenen bürgerlichen Stände, nur eine Privatbedeutung in bezug auf den Staat, keine politische Bedeutung haben. Denn die verschiedenen bürgerlichen Stände sind bloß die Verwirklichung, die Existenz des *Prinzips,* des Privatstandes als des Prinzips der bürgerlichen Gesellschaft. Wenn aber das Prinzip aufgegeben werden muß, so versteht es sich von selbst, daß noch *mehr* die Diremptionen *innerhalb* dieses Prinzips nicht vorhanden sind für den politischen Staat.

»Nur so«, schließt Hegel den Paragraphen, »knüpft sich in dieser Rücksicht das *im* Staate wirkliche *Besondere* an das Allgemeine an.«

Aber Hegel verwechselt hier den Staat als das Ganze des Daseins eines Volkes mit dem politischen Staat. Jenes Besondere ist nicht das »*Besondere im*«, sondern vielmehr »*außer* dem Staate«, nämlich dem politischen Staate. Es ist nicht nur nicht »das im Staate wirkliche Besondere«, sondern auch die *Unwirklichkeit* des Staates«. Hegel will entwickeln, daß die Stände der bürgerlichen Gesellschaft die politischen Stände sind, und um dies zu beweisen, unterstellt er, daß die Stände der bürgerlichen Gesellschaft die »Besonderung des politischen Staates«, d. i., daß die bürgerliche Gesellschaft die politische Gesellschaft ist. Der Ausdruck: »Das Besondere *im* Staate« kann hier nur Sinn haben als: »Die Besonderung des Staates«. Hegel wählt aus einem bösen Gewissen den unbestimmten Ausdruck. Er selbst hat nicht nur das Gegenteil entwickelt, er bestätigt es noch selbst in diesem Paragraphen, indem er die bürgerliche Gesellschaft als »Privatstand« bezeichnet. Sehr vorsichtig ist auch die Bestimmung, daß sich das Besondere an das Allgemeine »*anknüpft*«. Anknüpfen kann man die heterogensten Dinge. Es handelt sich hier aber nicht um einen allmählichen *Übergang,* sondern um eine *Transsubstantiation,* und es nützt nichts, diese Kluft, die übersprungen und durch den Sprung selbst demonstriert wird, nicht sehn zu wollen.

Hegel sagt in der Anmerkung:

»Dies geht gegen eine andere gangbare Vorstellung« etc. Wir haben eben gezeigt, wie diese gangbare Vorstellung konsequent, notwendig, eine »notwendige Vorstellung der jetzigen Volksentwicklung« und wie Hegels Vorstellung, obgleich sie auch in gewissen Kreisen sehr gangbar, nichtsdestoweniger eine Unwahrheit ist. Auf die gangbare Vorstellung zurückkommend, sagt Hegel:

»Diese atomistische, abstrakte Ansicht verschwindet schon in der Familie« etc. etc. »Der Staat aber ist«, etc. Abstrakt ist diese Ansicht allerdings, aber sie ist die »Abstraktion« des politischen Staates, wie ihn Hegel selbst entwickelt. Atomistisch ist sie auch, aber sie ist die Atomistik der Gesellschaft selbst. Die »Ansicht« kann nicht konkret sein, wenn der *Gegenstand* der Ansicht »abstrakt« ist. Die Atomistik, in die sich die bürgerliche Gesellschaft in ihrem *politischen Akt* stürzt, geht notwendig daraus hervor, daß das Gemeinwesen, das kommunistische Wesen, worin der Einzelne existiert, die bürgerliche Gesellschaft getrennt vom Staat oder der *politische Staat eine Abstraktion* von ihr ist.

Diese atomistische Ansicht, obschon [sie] bereits in der Familie und vielleicht (??) auch in der bürgerlichen Gesellschaft verschwindet, kehrt im politischen Staate wieder, eben weil er eine Abstraktion von der Familie und der bürgerlichen Gesellschaft ist. Ebenso verhält es sich umgekehrt. Dadurch, daß Hegel das *Befremdliche* dieser Erscheinung ausspricht, hat er die *Entfremdung* nicht gehoben.

»Die Vorstellung«, heißt es weiter, »welche die in jenen Kreisen schon v o r h a n d e n e n G e m e i n w e s e n, wo sie ins Politische, d. i. in den Standpunkt der *höchsten konkreten Allgemeinheit* eintreten, wieder in eine Menge von Individuen auflöst, h ä l t eben damit das bürgerliche und das politische Leben voneinander getrennt und stellt dieses sozusagen in die Luft, da seine Basis nur die abstrakte Einzelnheit der Willkür und Meinung, somit das Zufällige, nicht eine an und für sich *feste* und *berechtigte* Grundlage sein würde.« [§ 303.]

Jene Vorstellung *hält* nicht das bürgerliche und politische Leben getrennt; sie ist bloß die *Vorstellung einer wirklich vorhandenen Trennung.*

Jene Vorstellung stellt nicht das politische Leben in die Luft, sondern das politische Leben ist das *Luftleben,* die ätherische Region der bürgerlichen Gesellschaft.

Wir betrachten nun das *ständische* und das *repräsentative* System. Es ist ein Fortschritt der Geschichte, der die *politischen Stände* in *soziale* Stände verwandelt hat, so daß, wie die Christen gleich im Himmel, ungleich auf der Erde, so die einzelnen Volksglieder *gleich* in dem Himmel ihrer politischen Welt, ungleich in dem irdischen Dasein der *Sozietät* sind. Die eigentliche Verwandlung der *politischen Stände* in *bürgerliche* ging vor sich in der *absoluten Monarchie.* Die Bürokratie machte die Idee der Einheit gegen die verschiedenen Staaten im Staate geltend. Indessen blieb selbst neben der Bürokratie der absoluten Regierungsgewalt der *soziale Unter-*

schied der Stände ein politischer, ein *politischer innerhalb* und neben der Bürokratie der absoluten Regierungsgewalt. Erst die französische Revolution vollendete die Verwandlung der *politischen* Stände in *soziale* oder machte die *Ständeunterschiede* der bürgerlichen Gesellschaft zu nur *sozialen* Unterschieden, zu Unterschieden des Privatlebens, welche in dem politischen Leben ohne Bedeutung sind. Die Trennung des politischen Lebens und der bürgerlichen Gesellschaft war damit vollendet.

Die Stände der bürgerlichen Gesellschaft verwandelten sich ebenfalls damit: die bürgerliche Gesellschaft war durch ihre Trennung von der politischen eine andere geworden. *Stand* im mittelaltrigen Sinn blieb nur mehr innerhalb der Bürokratie selbst, wo die bürgerliche und die politische Stellung unmittelbar identisch sind. Demgegenüber steht die bürgerliche Gesellschaft als *Privatstand*. Der Ständeunterschied ist hier nicht mehr ein Unterschied des *Bedürfnisses* und der *Arbeit* als selbständiger Körper. Der einzige allgemeine, *oberflächliche und formelle* Unterschied ist hier nur noch der von *Stadt* und *Land*. Innerhalb der Gesellschaft selbst aber bildete sich der Unterschied aus in beweglichen, nicht festen Kreisen, deren Prinzip die *Willkür* ist. *Geld* und *Bildung* sind die Hauptkriterien. Doch wir haben dies nicht hier, sondern in der Kritik von Hegels Darstellung der bürgerlichen Gesellschaft zu entwickeln. Genug. Der Stand der bürgerlichen Gesellschaft hat weder das Bedürfnis, also ein natürliches Moment, noch die Politik zu seinem Prinzip. Es ist eine Teilung von Massen, die sich flüchtig bilden, deren Bildung selbst eine willkürliche und *keine* Organisation ist.

Das Charakteristische ist nur, daß die *Besitzlosigkeit* und der *Stand der unmittelbaren* Arbeit, der konkreten Arbeit, weniger einen Stand der bürgerlichen Gesellschaft als den Boden bilden, auf dem ihre Kreise ruhen und sich bewegen. Der eigentliche Stand, wo politische und bürgerliche Stellung zusammenfallen, ist nur der der *Mitglieder der Regierungsgewalt*. Der jetzige Stand der Sozietät zeigt schon dadurch seinen Unterschied von dem ehemaligen Stand der bürgerlichen Gesellschaft, daß er nicht wie ehemals als ein Gemeinschaftliches, als ein Gemeinwesen das Individuum hält, sondern daß es teils Zufall, teils Arbeit etc. des Individuums ist, ob es sich in seinem Stande hält oder nicht, ein *Stand*, der selbst wieder nur eine *äußerliche* Bestimmung des Individuums, denn weder ist er seiner Arbeit inhärent, noch verhält er sich zu ihm als ein nach festen Gesetzen organisiertes und in festen Beziehungen zu ihm stehendes objektives Gemeinwesen. Er steht vielmehr in gar keiner *wirklichen* Beziehung zu seinem substantiellen Tun, zu seinem *wirklichen Stand*. Der Arzt bildet keinen besonderen Stand in der bürgerlichen Gesellschaft. Der eine Kaufmann gehört einem andern Stand an als der andere, einer andren *sozialen Stellung*. Wie nämlich die bürgerliche Gesellschaft sich von der politischen, so hat sich die bürgerliche Gesellschaft innerhalb ihrer selbst getrennt in den *Stand* und die *soziale* Stellung, so manche Relationen auch zwischen beiden stattfinden. Das Prinzip des bürgerlichen Standes oder der bürgerlichen Gesellschaft ist der *Genuß* und die *Fähigkeit zu genießen*. In seiner politischen Bedeutung macht sich das Glied der bürgerlichen Gesellschaft los von seinem Stande, seiner wirklichen Privatstellung; hier ist es allein, daß es als *Mensch* zur Bedeutung kommt, oder daß seine Bestimmung als Staatsglied, als soziales Wesen, als seine *menschliche* Bestimmung erscheint. Denn alle seine anderen Bestimmungen in der bürgerlichen Gesellschaft *erscheinen* als dem Menschen, dem Individuum *unwesentlich,* als *äußere* Bestimmungen, die zwar notwendig sind zu seiner Existenz im Ganzen, d. h. als ein Band mit dem Ganzen, ein Band, das es aber ebensosehr wieder fortwerfen kann. (Die jetzige bürgerliche Gesellschaft ist das durchgeführte Prinzip des *Individualismus*; die individuelle Existenz ist der letzte Zweck; Tätigkeit, Arbeit, Inhalt etc. sind *nur* Mittel.)

Die *ständische Verfassung,* wo sie nicht eine Tradition des Mittelalters ist, ist der Versuch, teils in der politischen Sphäre selbst den Menschen in die Beschränktheit seiner Privatsphäre zurückzustürzen, seine Besonderheit zu seinem substantiellen Bewußtsein zu machen und dadurch, daß politisch der Ständeunterschied existiert, ihn auch wieder zu einem sozialen zu machen.

Der *wirkliche Mensch* ist der *Privatmensch* der jetzigen Staatsverfassung.

Der *Stand* hat überhaupt die Bedeutung, daß der *Unterschied,* die *Trennung,* das *Bestehn* des Einzelnen ist. Die Weise seines Lebens, Tätigkeit etc., statt ihn zu einem Glied, zu einer Funktion der Gesellschaft zu machen, macht ihn zu einer *Ausnahme* von der Gesellschaft, ist sein Privilegium. Daß dieser *Unterschied* nicht nur ein *individueller* ist, sondern sich als *Gemeinwesen*, Stand, Korporation befestigt, hebt nicht nur nicht seine exklusive Natur auf, sondern ist vielmehr nur ihr Ausdruck. Statt daß die einzelne

Funktion Funktion der Sozietät wäre, macht sie vielmehr die einzelne Funktion zu einer Sozietät für sich.

Nicht nur basiert der *Stand* auf der *Trennung* der Sozietät als dem herrschenden Gesetz, er trennt den Menschen von seinem allgemeinen Wesen, er macht ihn zu einem Tier, das unmittelbar mit seiner Bestimmung zusammenfällt. Das Mittelalter ist die *Tiergeschichte* der Menschheit, ihre Zoologie.

Die moderne Zeit, die *Zivilisation,* begeht den umgekehrten Fehler. Sie trennt das *gegenständliche* Wesen des Menschen als ein nur *äußerliches,* materielles von ihm. Sie nimmt nicht den Inhalt des Menschen als seine wahre Wirklichkeit.

[...]

Die »gesetzgebende Gewalt« ist die Totalität des politischen Staates, eben daher der zur *Erscheinung getriebene Widerspruch* desselben. Sie ist daher ebensosehr seine *gesetzte* Auflösung. Ganz verschiedene Prinzipien karambolieren in ihr. *Es erscheint* dies allerdings als *Gegensatz* der Elemente des fürstlichen Prinzips und des Prinzips des ständischen Elements etc. In *Wahrheit* aber ist es die Antinomie des *politischen Staates* und der *bürgerlichen Gesellschaft,* der *Widerspruch des abstrakten politischen Staates* mit sich selbst. Die gesetzgebende Gewalt ist die *gesetzte* Revolte. (Hegels Hauptfehler besteht darin, daß er *den Widerspruch der Erscheinung* als *Einheit im Wesen, in der Idee* faßt, während er allerdings ein Tieferes zu seinem Wesen hat, nämlich einen *wesentlichen Widerspruch,* wie z. B. hier der Widerspruch der gesetzgebenden Gewalt in sich selbst nur der Widerspruch des politischen Staats, also auch der bürgerlichen Gesellschaft mit sich selbst ist.

Die vulgäre Kritik verfällt in einen entgegengesetzten *dogmatischen* Irrtum. So kritisiert sie z. B. die Konstitution. Sie macht auf die Entgegensetzung der Gewalten aufmerksam etc. Sie findet überall Widersprüche. Das ist selbst noch dogmatische Kritik, die mit ihrem Gegenstand *kämpft,* so wie man früher etwa das Dogma der heiligen Dreieinigkeit durch den Widerspruch von eins und drei beseitigte. Die wahre Kritik dagegen zeigt die innere Genesis der heiligen Dreieinigkeit im menschlichen Gehirn. Sie beschreibt ihren Geburtsakt. So weist die wahrhaft philosophische Kritik der jetzigen Staatsverfassung nicht nur Widersprüche als bestehend auf, sie *erklärt* sie, sie begreift ihre Genesis, ihre Notwendigkeit. Sie faßt sie in ihrer *eigentümlichen* Bedeutung. Dies *Begreifen* besteht aber nicht, wie Hegel meint, darin, die Bestimmungen des logischen Begriffs überall wiederzuerkennen, sondern die eigentümliche Logik des eigentümlichen Gegenstandes zu fassen.)

[...]

Die Sache ist einfach die:

Die Stände sollen »Vermittelung« zwischen Fürst und Regierung einerseits und Volk andrerseits sein, aber sie sind es nicht, sie sind vielmehr der organisierte *politische* Gegensatz der bürgerlichen Gesellschaft. Die »gesetzgebende Gewalt« bedarf in sich selbst der *Vermittelung,* und zwar, wie gezeigt, einer Vermittelung von seiten der Stände aus. Die vorausgesetzte *moralische* Übereinstimmung der beiden Willen, von denen der eine der Staatswille als fürstlicher Wille und der andere der Staatswille als der Wille der bürgerlichen Gesellschaft ist, reicht nicht aus. Die gesetzgebende Gewalt ist zwar erst der organisierte, *totale* politische Staat, aber eben in ihr erscheint, weil in seiner höchsten Entwicklung, auch der unverhüllte Widerspruch des *politischen Staates* mit sich selbst. Es muß also der *Schein* einer *wirklichen Identität* zwischen fürstlichem und ständischem Willen gesetzt werden. *Das ständische Element muß als fürstlicher Wille oder der fürstliche Wille muß als ständisches Element gesetzt werden.* Das ständische Element muß sich als die Wirklichkeit eines Willens setzen, der nicht der Wille des ständischen Elementes ist. Die *Einheit,* die nicht im *Wesen* vorhanden ist (sonst müßte sie sich durch die *Wirksamkeit* und nicht durch die *Daseinsweise* des ständischen Elementes beweisen), muß wenigstens als eine *Existenz* vorhanden sein, oder eine *Existenz* der gesetzgebenden Gewalt (des ständischen Elements) hat die *Bestimmung,* diese *Einheit des Nichtvereinten* zu sein. Dieses Moment des ständischen Elements, Pairskammer, Oberhaus etc., ist die höchste *Synthese* des politischen Staates in der betrachteten Organisation. Es ist zwar nicht damit erreicht, was Hegel will, »die Wirklichkeit der Übereinstimmung« und die »Unmöglichkeit feindlicher Entgegensetzung«, vielmehr bleibt es bei der »Möglichkeit der Übereinstimmung«. Allein es ist die *gesetzte Illusion* von der *Einheit des politischen Staates mit sich selbst* (des fürstlichen und ständischen Willens, weiter dem Prinzip des politischen Staates und der bürgerlichen Gesellschaft), von dieser *Einheit* als *materiellem* Prinzip, d. h. so, daß nicht nur zwei entgegengesetzte Prinzipien sich vereinen, sondern daß die Einheit derselben *Natur,* Existentialgrund ist. Dieses Moment des ständischen Elements ist die *Romantik* des politischen Staats, die *Träume* seiner Wesenhaftigkeit oder seiner Übereinstimmung mit sich selbst. Es ist eine *allegorische* Existenz.

Es hängt nun von dem wirklichen status quo des Verhältnisses zwischen ständischem Element und fürstlichem ab, ob diese *Illusion* wirksame Illusion oder *bewußte Selbsttäuschung* ist. Solange Stände und fürstliche Gewalt *faktisch* übereinstimmen, sich vertragen, ist die *Illusion* ihrer *wesentlichen* Einheit eine *wirkliche,* also *wirksame* Illusion. Im Gegenfall, wo sie ihre Wahrheit betätigen sollte, wird sie zur *bewußten Unwahrheit* und ridicule.

[...]

Der *Grundbesitz* ist das *Privateigentum* κατ' ἐξοχὴν, das *eigentliche* Privateigentum. Seine exakte *Privatnatur* tritt hervor 1. als »*Unabhängigkeit* vom *Staatsvermögen*«, der »*Gunst der Regierungsgewalt*«, dem Eigentum, wie es als »allgemeines Eigentum des politischen Staats« existiert, ein nach der Konstruktion des politischen Staates *besonderes Vermögen* neben anderen Vermögen; 2. als »*Unabhängigkeit* vom Bedürfnis« der Sozietät oder dem »sozialen Vermögen«, der »Gunst der Menge«. (Ebenso bezeichnend ist, daß der Anteil am Staatsvermögen als »*Gunst der Regierungsgewalt*«, wie der Anteil am sozialen Vermögen als »*Gunst der Menge*« gefaßt wird.) Das Vermögen des »allgemeinen Standes« und des »Gewerbestandes« ist kein *eigentliches Privateigentum,* weil es dort *direkt,* hier *indirekt* durch den Zusammenhang mit dem allgemeinen Vermögen oder dem Eigentum als sozialem Eigentum bedingt ist, eine *Partizipation* an demselben ist, darum allerdings auf beiden Seiten durch »Gunst«, d. h. durch den »Zufall des Willens« vermittelt ist. Dem gegenüber steht der *Grundbesitz* als das *souveräne Privateigentum,* das noch nicht die Gestalt des Vermögens, d. h. eines durch den *sozialen Willen* gesetzten Eigentums, erreicht hat.

Die politische Verfassung in ihrer höchsten Spitze ist also die *Verfassung des Privateigentums.* Die höchste *politische Gesinnung* ist die *Gesinnung des Privateigentums.* Das *Majorat* ist bloß die *äußere* Erscheinung von der *innern* Natur des *Grundbesitzes.* Dadurch, daß er *unveräußerlich* ist, sind ihm die *sozialen* Nerven abgeschnitten und *seine Isolierung von der bürgerlichen Gesellschaft* gesichert. Dadurch, daß er nicht nach der »Gleichheit der Liebe zu den Kindern« übergeht, ist er sogar von der kleinern Sozietät, der natürlichen Sozietät der *Familie,* ihrem Willen und ihren Gesetzen losgesagt, unabhängig, bewahrt also die *schroffe* Natur des

Privateigentums auch vor dem Übergang in das *Familienvermögen*.

Hegel hatte § 305 den Stand des Grundbesitzes fähig erklärt, zu der »politischen Beziehung« konstituiert zu werden, weil das »Familienleben« seine »Basis« sei. Er hat aber selbst die »Liebe« für die Basis, für das Prinzip, für den *Geist* des Familienlebens erklärt. In dem Stand, der das Familienleben zu seiner Basis hat, fehlt also die *Basis des Familienlebens,* die Liebe als das wirkliche, also wirksame und determinierende Prinzip. Es ist das *geistlose* Familienleben, die *Illusion* des Familienlebens. In seiner höchsten Entwicklung *widerspricht* das *Prinzip des Privateigentums* dem *Prinzip der Familie*. Es kommt also im Gegensatz zum *Stand der natürlichen Sittlichkeit,* des Familienlebens, vielmehr erst in der bürgerlichen Gesellschaft das *Familienleben* zum Leben der Familie, zum *Leben der Liebe*. Jener ist vielmehr die *Barbarei* des Privateigentums *gegen* das Familienleben.

Das wäre also die *souveräne Herrlichkeit des Privateigentums, des Grundbesitzes,* worüber in neueren Zeiten so viele Sentimentalitäten stattgehabt haben und so viele buntfarbige Krokodilstränen vergossen worden sind.

Es nützt Hegel nichts zu sagen, daß das *Majorat* bloß eine *Forderung der Politik* sei und in seiner *politischen* Stellung und Bedeutung gefaßt werden müsse. Es nützt ihm nichts zu sagen: »Die Sicherheit und Festigkeit dieses Standes kann noch durch die Institution des Majorats vermehrt werden, welche jedoch *nur in politischer Rücksicht* wünschenswert ist, denn es ist damit ein Opfer für den *politischen Zweck* verbunden, daß der Erstgeborene *unabhängig leben könne*.« Es ist bei Hegel eine gewisse Dezenz, der *Anstand des Verstandes*. Er will nicht das Majorat an und für sich, er will es nur in bezug auf ein andres, nicht als Selbstbestimmung, sondern als Bestimmtheit eines andren, nicht als Zweck, sondern als *Mittel* zu einem Zweck rechtfertigen und konstruieren. In Wahrheit ist das Majorat eine Konsequenz des *exakten* Grundbesitzes, das versteinerte Privateigentum, das Privateigentum (quand même) in der höchsten Selbständigkeit und Schärfe seiner Entwicklung, und was Hegel als den Zweck, als das Bestimmende, als die prima causa des Majorats darstellt, ist vielmehr ein Effekt desselben, eine Konsequenz, die Macht des *abstrakten Privateigentums* über *den politischen Staat,* während Hegel das Majorat als die *Macht des politischen Staates über das Privateigentum* darstellt. Er macht die Ursache zur Wirkung und die Wirkung zur

Ursache, das Bestimmende zum Bestimmten und das Bestimmte zum Bestimmenden.

Allein was ist der *Inhalt* der politischen Konstituierung, des politischen Zweckes, was ist der Zweck dieses Zweckes? Was seine Substanz? Das *Majorat,* der *Superlativ des Privateigentums,* das *souveräne Privateigentum.* Welche Macht übt der politische Staat über das Privateigentum im Majorat aus? Daß er es *isoliert* von der Familie und der Sozietät, daß er es zu einer *abstrakten Verselbständigung* bringt. Welches ist also die Macht des politischen Staates über das Privateigentum? Die *eigne Macht des Privateigentums,* sein zur Existenz gebrachtes Wesen. Was bleibt dem politischen Staat im Gegensatz zu diesem Wesen übrig? Die *Illusion,* daß er bestimmt, wo er bestimmt wird. Er bricht allerdings den *Willen der Familie und der Sozietät,* aber nur um dem *Willen des familien- und sozietätslosen Privateigentums* Dasein zu geben und dieses Dasein als das höchste Dasein des politischen Staates, als das höchste *sittliche* Dasein anzuerkennen.

[...]

Hegel bezeichnet das Privatrecht als das *Recht der abstrakten Persönlichkeit* oder als das *abstrakte Recht.* Und in Wahrheit muß es als die *Abstraktion* des Rechts und damit als das *illusorische Recht der abstrakten Persönlichkeit* entwickelt werden, wie die von Hegel entwickelte Moral das *illusorische Dasein der abstrakten Subjektivität* ist. Hegel entwickelt das Privatrecht und die Moral als solche Abstraktionen, woraus bei ihm nicht folgt, daß der Staat, die Sittlichkeit, die sie zu Voraussetzungen hat, nichts als die *Sozietät* (das soziale Leben) dieser Illusionen sein kann, sondern umgekehrt geschlossen wird, daß sie subalterne Momente dieses sittlichen Lebens sind. Aber was ist das Privatrecht anders als das Recht, und die Moral anders als die Moral dieser Staatssubjekte? Oder vielmehr die Person des Privatrechts und das Subjekt der Moral sind die *Person* und das *Subjekt* des Staats. Man hat Hegel vielfach angegriffen über seine Entwicklung der Moral. Er hat nichts getan als die Moral des modernen Staats und des modernen Privatrechts entwickelt. Man hat die Moral mehr vom Staat trennen, sie mehr emanzipieren wollen. Was hat man damit bewiesen? Daß die Trennung des jetzigen Staats von der Moral moralisch ist, daß die Moral unstaatlich und der Staat unmoralisch ist. Es ist vielmehr ein großes, obgleich nach einer Seite hin (nämlich nach der Seite hin, daß Hegel den Staat, der eine solche Moral zur Voraussetzung hat, für die reale Idee der Sittlichkeit ausgibt) unbewußtes Verdienst Hegels, der modernen Moral ihre wahre Stellung angewiesen zu haben.

In der Verfassung, worin das *Majorat* eine Garantie ist, ist das *Privateigentum* die Garantie der politischen Verfassung. Im Majorat erscheint das so, daß eine *besondere* Art von Privateigentum diese Garantie ist. Das *Majorat* ist bloß eine besondere Existenz des allgemeinen Verhältnisses von *Privateigentum und politischem Staat*. Das Majorat ist der *politische* Sinn des Privateigentums, das Privateigentum in seiner politischen Bedeutung, d. h. in seiner allgemeinen Bedeutung. Die Verfassung ist also hier *Verfassung des Privateigentums*.

Wo wir das Majorat in seiner *klassischen* Ausbildung antreffen, bei den germanischen Völkern, finden wir auch die Verfassung des *Privateigentums*. Das *Privateigentum* ist die allgemeine Kategorie, das allgemeine Staatsband. Selbst die allgemeinen Funktionen erscheinen als Privateigentum bald einer Korporation, bald eines Standes.

Handel und Gewerbe sind in ihren besondern Nuancen das Privateigentum besonderer Korporationen. Hofwürden, Gerichtsbarkeit etc. sind das Privateigentum besonderer Stände. Die verschiedenen Provinzen sind das Privateigentum einzelner Fürsten etc. Der Dienst für das Land etc. ist das Privateigentum des Herrschers. Der Geist ist das Privateigentum der Geistlichkeit. Meine pflichtgemäße Tätigkeit ist das Privateigentum eines andern, wie mein Recht wieder ein besondres Privateigentum ist. Die Souveränität, hier die *Nationalität,* ist das Privateigentum des Kaisers.

Man hat oft gesagt, daß im Mittelalter jede Gestalt des Rechts, der Freiheit, des sozialen Daseins als ein *Privilegium,* als eine *Ausnahme* von der Regel erscheint. Man konnte das empirische Faktum dabei nicht übersehn, daß diese Privilegien alle in der Form des *Privateigentums* erscheinen. Was ist der allgemeine Grund dieses Zusammenfallens? Das *Privateigentum* ist das *Gattungsdasein* des *Privilegiums,* des Rechts als einer *Ausnahme.*

Wo die Fürsten, wie in Frankreich, die *Unabhängigkeit* des Privateigentums angriffen, attentierten sie das Eigentum der *Korporationen,* ehe sie das Eigentum der *Individuen* attentierten. Aber indem sie das Privateigentum der Korporationen angriffen, griffen sie das Privateigentum als Korporation als das *soziale* Band an.

In der *Lehensherrschaft* erscheint es gradezu, daß die fürstliche

Macht die Macht des Privateigentums ist, und in der *fürstlichen Macht* ist das Mysterium niedergelegt, was die *allgemeine Macht,* was die *Macht aller Staatskreise* ist.

(In dem Fürsten als dem Repräsentanten der Staatsmacht ist ausgesprochen, was das *Mächtige* des Staats ist. Der *konstitutionelle* Fürst drückt daher die Idee des konstitutionellen Staates in ihrer schärfsten Abstraktion aus. Er ist einerseits die *Idee* des Staats, die geheiligte Staatsmajestät, und zwar als *diese* Person. Zugleich ist er eine *bloße* Imagination, er hat als Person und als Fürst weder wirkliche Macht noch wirkliche Tätigkeit. Es ist hier die Trennung der politischen und wirklichen, der formellen und materiellen, der allgemeinen und individuellen Person, des Menschen und des sozialen Menschen in ihrem höchsten Widerspruch ausgedrückt.)

Das Privateigentum ist *römischen* Verstandes und *germanischen* Gemüts. Es wird an diesem Ort belehrend sein, eine Vergleichung zwischen diesen beiden extremen Entwicklungen desselben anzustellen. Es wird uns dies zur Lösung des besprochenen politischen Problems behilflich sein.

Die Römer haben eigentlich erst das *Recht des Privateigentums,* das abstrakte Recht, das Privatrecht, das Recht der abstrakten Person ausgebildet. Das *römische Privatrecht* ist das *Privatrecht in seiner klassischen Ausbildung.* Wir finden aber nirgends bei den Römern, daß das Recht des Privateigentums, wie bei den Deutschen, mystifiziert worden wäre. Es wird auch nirgends zum *Staatsrecht.*

Das Recht des Privateigentums ist das *jus utendi et abutendi,* das Recht der *Willkür* über die Sache. Das Hauptinteresse der Römer besteht darin, die *Verhältnisse* zu entwickeln und zu bestimmen, welche sich als *abstrakte* Verhältnisse des Privateigentums ergeben. Der eigentliche Grund des Privateigentums, der *Besitz,* ist ein *Faktum,* ein *unerklärliches Faktum, kein Recht.* Erst durch juristische Bestimmungen, die die Sozietät dem faktischen Besitz gibt, erhält er die Qualität des rechtlichen Besitzes, des *Privateigentums.*

Was bei den Römern den Zusammenhang zwischen politischer Verfassung und Privateigentum betrifft, so erscheint:

1. Der *Mensch* (als Sklave), wie bei den alten Völkern überhaupt, als Gegenstand des Privateigentums.

Das ist nichts Spezifisches.

2. Die eroberten Länder werden als Privateigentum behandelt, das jus utendi et abutendi wird in ihnen geltend gemacht.

3. In ihrer Geschichte selbst erscheint der Kampf zwischen Armen und Reichen (Patriziern und Plebejern) etc.

Im übrigen macht sich das Privateigentum im Ganzen, wie bei den alten klassischen Völkern überhaupt, als *öffentliches Eigentum* geltend, entweder, wie in den guten Zeiten, als Aufwand der Republik, oder als *luxuriöse und allgemeine Wohltat* (Bäder etc.) gegen den Haufen.

Die Art und Weise, wie die Sklaverei erklärt wird, ist das *Kriegsrecht,* das Recht der Okkupation: eben weil ihre politische Existenz vernichtet ist, sind sie Sklaven.

Zwei Verhältnisse heben wir hauptsächlich im Unterschied von den Germanen hervor.

1. Die *kaiserliche* Gewalt war nicht die Gewalt des Privateigentums, sondern die *Souveränität* des *empirischen Willens* als solchen, die weit entfernt war, das *Privateigentum* als Band zwischen sich und ihren Untertanen zu betrachten, sondern im Gegenteil mit dem Privateigentum schaltete, wie mit allen übrigen sozialen Gütern. Die kaiserliche Gewalt war daher auch nicht anders als *faktisch erblich.* Die höchste Ausbildung des Rechts des Privateigentums, des Privatrechts, fällt zwar in die Kaiserzeit, aber sie ist vielmehr eine Konsequenz der politischen Auflösung, als daß die politische Auflösung eine Konsequenz des Privateigentums wäre. Zudem, als das Privatrecht in Rom zur vollen Entwicklung gelangt, ist das Staatsrecht aufgehoben, in seiner Auflösung begriffen, während es in Deutschland sich umgekehrt verhielt.

2. Die Staatswürden sind niemals in Rom erblich, d. h., das Privateigentum ist nicht die herrschende Staatskategorie.

3. Im Gegensatz zu dem germanischen Majorat etc. erscheint in Rom die *Willkür des Testierens* als Ausfluß des Privateigentums. In diesem letzteren Gegensatz liegt der *ganze* Unterschied der römischen und germanischen Entwicklung des Privateigentums.

(Im Majorat erscheint dies, daß das Privateigentum das Verhältnis zur Staatsfunktion ist, so, daß das Staatsdasein eine Inhärenz, Akzidens des *unmittelbaren* Privateigentums, des *Grundbesitzes* ist. Auf den höchsten Spitzen erscheint so der Staat als Privateigentum, während hier das Privateigentum als Staatseigentum erscheinen sollte. Statt das Privateigentum zu einer staatsbürgerlichen Qualität, macht Hegel das Staatsbürgertum und Staatsdasein und Staatsgesinnung zu einer Qualität des Privateigentums.)

§ 308. »In den andern Teil des ständischen Elements fällt die *bewegliche* Seite der *bürgerlichen Gesellschaft,* die äußerlich wegen der Menge ihrer Glieder, wesentlich aber wegen der Natur ihrer Bestimmung und Beschäftigung, nur durch *Abgeordnete* eintreten kann. Insofern diese von der bürgerlichen Gesellschaft abgeordnet werden, liegt es unmittelbar nahe, daß dies diese tut *als das, was sie ist* –, somit nicht als in die Einzelnen atomistisch aufgelöst und nur für einen einzelnen und temporären Akt sich auf einen Augenblick ohne weitere Haltung versammelnd, sondern als in ihre ohnehin konstituierten Genossenschaften, Gemeinden und Korporationen gegliedert, welche auf diese Weise einen politischen Zusammenhang erhalten. In ihrer B e r e c h t i g u n g zu solcher von der fürstlichen Gewalt aufgerufenen Abordnung, wie in der Berechtigung des ersten Standes zur Erscheinung (§ 307) findet die Existenz der Stände und ihrer Versammlung eine konstituierte, eigentümliche Garantie.«

Wir finden hier einen *neuen* Gegensatz der bürgerlichen Gesellschaft und der Stände, einen *beweglichen,* also auch einen *unbeweglichen* Teil derselben (den des Grundbesitzes). Man hat diesen Gegensatz auch als Gegensatz von *Raum* und *Zeit* etc. konservativ und progressiv dargestellt. Darüber siehe den vorigen Paragraphen. Übrigens hat Hegel den *beweglichen* Teil der Gesellschaft ebenfalls zu einem *stabilen* durch die Korporationen etc. gemacht.

Der zweite Gegensatz ist, daß der erste, eben entwickelte Teil des *ständischen Elements,* die *Majoratsherrn* als solche Gesetzgeber sind; daß die gesetzgebende Gewalt ein Attribut ihrer empirischen Person ist; daß sie keine *Abgeordneten,* sondern *sie selbst* sind; während bei dem zweiten Stand *Wahl* und *Abordnung* stattfindet.

Hegel gibt zwei Gründe an, warum dieser *bewegliche* Teil der bürgerlichen Gesellschaft nur durch *Abgeordnete* in den politischen Staat, die gesetzgebende Gewalt eintreten kann. Den ersten, ihre *Menge,* bezeichnet er selbst als *äußerlich* und überhebt uns daher dieser Replik.

Der *wesentliche* Grund aber sei die »Natur ihrer Bestimmung und Beschäftigung«. Die »politische Tätigkeit« und »Beschäftigung« ist ein »der Natur ihrer Bestimmung und Beschäftigung« Fremdes.

Hegel kommt nun wieder auf sein altes Lied, auf diese Stände als »*Abgeordnete* der bürgerlichen Gesellschaft«. Diese müsse »dies tun als *das, was sie ist*«. Sie muß es vielmehr tun als das, was sie *nicht* ist, denn sie ist *unpolitische* Gesellschaft, und sie soll hier einen *politischen* Akt als einen *ihr wesentlichen,* aus ihr selbst hervorgehenden Akt vollziehn. Damit ist sie in die »Einzelnen atomistisch aufgelöst« »und nur für einen einzelnen und temporären Akt sich auf einen Augenblick ohne weitere Haltung versammelnd«. Erstens ist ihr *politischer* Akt ein *einzelner und temporärer* und kann daher in seiner Verwirklichung nur als solcher erscheinen. Er ist ein *Eklat* machender Akt der politischen Gesellschaft, eine *Ekstase* derselben, und als solcher muß er auch *erscheinen.* Zweitens. Hegel hat keinen Anstoß daran genommen, es sogar als notwendig konstruiert, daß die bürgerliche Gesellschaft *materiell* (nur als eine *zweite, von ihr abgeordnete Gesellschaft* auftritt) sich von ihrer bürgerlichen Wirklichkeit trennt und das, was sie *nicht* ist, als sich setzt, wie kann er dies nun *formell* verwerfen wollen?

Hegel meint, dadurch, daß die Gesellschaft in ihren Korporationen etc. abordnet, erhalten »ihre ohnehin konstituierten Genossenschaften« etc. »auf diese Weise einen *politischen* Zusammenhang«. Sie erhalten aber entweder eine Bedeutung, die *nicht* ihre Bedeutung ist, oder ihr Zusammenhang als solcher *ist* der politische und »*erhält*« nicht erst die politische Teintüre, wie oben entwickelt, sondern die »Politik« erhält aus ihm ihren Zusammenhang. Dadurch, daß Hegel nur diesen Teil des ständischen Elements als das des »Abgeordneten« bezeichnet, hat er unbewußt das Wesen der beiden Kammern (da, wo sie wirklich das von ihm bezeichnete Verhältnis zueinander haben) bezeichnet. Abgeordnetenkammer und Pairskammer (oder wie sie sonst heißen) sind hier nicht verschiedene Existenzen desselben Prinzips, sondern *zwei* wesentlich *verschiedenen Prinzipien* und sozialen Zuständen angehörig. Die Abgeordnetenkammer ist hier die *politische Konstitution* der bürgerlichen Gesellschaft im modernen, die Pairskammer im ständischen Sinn. Pairskammer und Abgeordnetenkammer stehn sich hier gegenüber als *ständische* und als *politische* Repräsentation der bürgerlichen Gesellschaft. Die eine ist das *existierende* ständische Prinzip der bürgerlichen Gesellschaft, die andre ist die Verwirklichung ihres *abstrakten politischen* Daseins. Es versteht sich daher von selbst, daß die letztere nicht wieder als Repräsentation von Ständen, Korporationen etc. *da sein* kann, denn sie repräsentiert eben nicht das ständische, sondern das politische Dasein der bürgerlichen Gesellschaft. Es versteht sich dann von selbst, daß in der ersten Kammer nur der *ständische* Teil der bürgerlichen Gesellschaft, der »souveräne Grundbesitz«, der erbgeseßne Adel Sitz hat, denn er ist nicht *ein* Stand unter andern Ständen, sondern das ständische Prinzip der bürgerlichen Gesellschaft als wirkliches soziales, also politisches Prinzip, existiert *nur mehr* in ihm. Er ist *der* Stand. Die bürgerliche Gesellschaft hat dann in der *ständischen* Kammer den Repräsentant ihres mittelaltrigen, in der Abgeordnetenkammer ihres *politischen* (modernen) Daseins. Der Fortschritt besteht hier gegen das Mittelalter nur darin, daß die *ständische Politik* zu einer besondern politischen Existenz neben der *staatsbürgerlichen* Politik herabgesetzt ist. Die *empirische* politische Existenz, die Hegel vor Augen hat *(England)*, hat also einen ganz anderen Sinn, als er ihr unterschiebt.

Die französische Konstitution ist auch hierin ein Fortschritt. Sie hat zwar die Pairskammer zur reinen Nichtigkeit herabgesetzt, aber diese Kammer, *innerhalb des Prinzips* des konstitutionellen Königtums, wie es Hegel zu entwickeln vorgab, kann seiner Natur [nach] nur eine *Nichtigkeit* sein, die *Fiktion* der Harmonie zwischen Fürst und bürgerlicher Gesellschaft oder der *gesetzgebenden Gewalt* oder des *politischen Staats mit sich selbst* als eine besondre und dadurch eben wieder *gegensätzliche* Existenz.

Die Franzosen haben die *Lebenslänglichkeit* der Pairs bestehn lassen, um ihre gleiche Unabhängigkeit von der Wahl der Regierung und des Volks auszudrücken. Aber sie haben den *mittelaltrigen* Ausdruck – die *Erblichkeit* – abgeschafft. Ihr Fortschritt besteht darin, daß sie die *Pairskammer* ebenfalls nicht mehr aus der *wirklichen bürgerlichen* Gesellschaft hervorgehen lassen, sondern ebenfalls in der *Abstraktion* von ihr geschaffen haben. Ihre Wahl lassen sie von dem *existierenden* politischen Staat, vom *Fürsten,* ausgehn, ohne ihn an eine sonstige bürgerliche Qualität gebunden zu haben. Die *Pairs*würde ist in dieser *Konstitution* wirklich ein *Stand in der bürgerlichen Gesellschaft,* der rein politisch ist, vom Standpunkt der Abstraktion des *politischen Staates* aus geschaffen ist; er erscheint aber mehr als *politische Dekoration* wie als wirklicher, mit besondern Rechten ausgestatteter *Stand*. Die Pairskammer unter der Restauration war eine Reminiszenz. Die Pairskammer der Julirevolution ist ein *wirkliches* Geschöpf der konstitutionellen Monarchie.

Da in der modernen Zeit die Staatsidee nicht anders als in der *Abstraktion* des »*nur* politischen Staates« oder der *Abstraktion der bürgerlichen Gesellschaft von sich selbst,* von ihrem wirklichen Zustande, erscheinen konnte, so ist es ein Verdienst der Franzosen, diese *abstrakte Wirklichkeit* festgehalten, produziert und damit das *politische* Prinzip selbst produziert zu haben. Was man ihnen als Abstraktion vorwirft, ist also wahrhafte Konsequenz und das Produkt der, wenn auch erst in einem Gegensatz, aber in einem notwendigen Gegensatz, *wiedergefundnen Staatsgesinnung.* Das Verdienst der Franzosen ist also hier, die Pairskammer als *eigentümliches* Produkt des politischen Staats gesetzt oder überhaupt das politische Prinzip in seiner *Eigentümlichkeit* zum Bestimmenden und Wirksamen gemacht zu haben.

Hegel bemerkt noch, daß bei der von ihm konstruierten Abordnung, in der »Berechtigung der Korporationen etc. zu solcher Abordnung«, »die *Existenz* der Stände und ihrer Versammlung eine konstituierte, eigentümliche Garantie findet«. Die *Garantie der Existenz* der ständischen Versammlung, ihre wahre *primitive* Existenz wird also das *Privilegium* der Korporationen etc. Hiermit ist Hegel ganz auf den mittelaltrigen Standpunkt herabgesunken und hat seine »Abstraktion des politischen Staats als der Sphäre des Staats als Staat, das an und für sich Allgemeine« gänzlich aufgegeben.

Im modernen Sinn ist die *Existenz* der *ständischen Versammlung* die *politische Existenz* der bürgerlichen Gesellschaft, die *Garantie* ihres politischen Daseins. Das In-Zweifel-ziehn ihrer Existenz ist also der *Zweifel am Dasein des Staats.* Wie vorhin bei Hegel die »Staatsgesinnung«, das Wesen der gesetzgebenden Gewalt, ihre Garantie in dem »unabhängigen Privateigentum«, so findet ihre *Existenz* die Garantie an den »Privilegien der Korporationen«.

Aber das eine ständische Element ist vielmehr das *politische Privilegium* der bürgerlichen Gesellschaft, oder ihr *Privilegium, politisch* zu sein. Es kann also nirgends das Privilegium einer besondern, bürgerlichen Weise ihres Daseins sein, noch weniger seine Garantie in ihm finden, da es vielmehr die allgemeine Garantie sein *soll.*

So sinkt Hegel überall dahin hinab, den »politischen Staat« nicht als die höchste, an und für sich seiende Wirklichkeit des sozialen Daseins zu schildern, sondern ihm eine prekäre, in *Beziehung auf andres abhängige* Wirklichkeit zu geben: ihn nicht als das wahre

Dasein der andern Sphäre zu schildern, sondern ihn vielmehr in der andern Sphäre *sein wahres Dasein* finden zu lassen. Er bedarf überall der Garantie der Sphären, die außer ihm liegen. Er ist nicht die verwirklichte Macht. Er ist die *gestützte* Ohnmacht, er ist nicht die Macht über diese Stützen, sondern die Macht der Stütze. Die Stütze ist das Mächtige.

Was ist das für ein hohes Dasein, dessen Existenz einer Garantie außer sich selbst bedarf, und dabei soll es das *allgemeine* Dasein dieser Garantie selbst sein; also ihre wirkliche Garantie. Hegel sinkt überhaupt überall in der Entwicklung der gesetzgebenden Gewalt von dem philosophischen Standpunkt auf den andren Standpunkt zurück, der die Sache nicht in *bezug auf sich selbst* betrachtet.

Wenn die Existenz der Stände einer Garantie bedarf, so sind sie *keine wirkliche,* sondern nur eine *fiktive Staatsexistenz.* Die Garantie für die Existenz der Stände ist in den konstitutionellen Staaten das *Gesetz.* Ihr Dasein ist also *gesetzliches* Dasein, vom allgemeinen Wesen des Staats und nicht von der Macht oder Ohnmacht einzelner Korporationen, Genossenschaften abhängig, sondern als Wirklichkeit der *Genossenschaft des Staats.* (Die Korporationen etc., die besondren Kreise der bürgerlichen Gesellschaft, sollen ja eben erst hier ihr allgemeines Dasein erhalten, und nun *antizipiert* Hegel wieder dies allgemeine Dasein als Privilegium, als das Dasein dieser Besonderheiten.)

Das politische Recht als Recht von Korporationen etc. widerspricht ganz dem politischen Recht als *politischem,* als Recht des Staats, des Staatsbürgertums; denn es soll ja eben nicht das Recht dieses Daseins als besondern Daseins sein, nicht das Recht als dies besonderes Dasein.

Ehe wir nun die Kategorie der *Wahl* als des politischen Akts, wodurch sich die bürgerliche Gesellschaft in einen politischen Ausschuß sezerniert, übergehn, nehmen wir noch einige Bestimmungen aus der Anmerkung zu diesem Paragraphen hinzu.

»Daß Alle einzeln an der Beratung und Beschließung über die allgemeinen Angelegenheiten des Staats Anteil haben sollen, weil diese Alle Mitglieder des Staats und dessen Angelegenheiten die Angelegenheiten *Aller* sind, bei denen sie mit ihrem Wissen und Willen zu sein ein *Recht* haben –, diese Vorstellung, welche das *demokratische* Element *ohne alle vernünftige Form in* den Staatsorganismus, der nur durch solche Form es ist, setzen wollte, liegt darum so nahe, weil sie bei der *abstrakten* Bestimmung, Mitglied des Staats zu sein, stehenbleibt, und das oberflächliche Denken sich an Abstraktionen hält.« [§ 308.]

Zunächst nennt es Hegel eine »*abstrakte* Bestimmung, Mitglied des Staats zu sein«, obgleich es selbst nach der *Idee,* der *Meinung* seiner eignen Entwicklung, die höchste *konkreteste* soziale Bestimmung der Rechtsperson, des Staatsmitgliedes ist. Bei der »Bestimmung, Mitglied des Staats zu sein«, stehnbleiben und den Einzelnen in dieser Bestimmung fassen, das scheint daher nicht eben das »oberflächliche Denken zu sein, das sich an Abstraktionen hält«. Daß aber die »Bestimmung, Mitglied des Staats zu sein«, eine »*abstrakte*« Bestimmung ist, das ist nicht die Schuld dieses Denkens, sondern der Hegelschen Entwicklung und der wirklichen modernen Verhältnisse, welche die Trennung des wirklichen Lebens vom Staatsleben voraussetzen und die Staatsqualität zu einer »abstrakten Bestimmung« des wirklichen Staatsmitgliedes machen.

Die unmittelbare Teilnahme *Aller* an der Beratung und Beschließung über die allgemeinen Staatsangelegenheiten nimmt nach Hegel »das *demokratische* Element *ohne alle vernünftige Form* in den Staatsorganismus, der *nur* durch solche Form ist«, auf; d. h., das demokratische Element kann nur als *formelles* Element in einen Staatsorganismus aufgenommen werden, der nur der Formalismus des Staats ist. Das demokratische Element muß vielmehr das wirkliche Element sein, das sich in dem *ganzen* Staatsorganismus seine *vernünftige Form* gibt. Tritt es dagegen als ein »*besondres*« Element in den Staatsorganismus oder -formalismus, so ist unter der »vernünftigen Form« seines Daseins die Dressur, die Akkomodation, eine Form verstanden, in der es nicht die Eigentümlichkeit seines Wesen herauskehrt, oder daß es nur als *formelles* Prinzip hereintritt.

Wir haben schon einmal angedeutet, Hegel entwickelt nur einen *Staatsformalismus.* Das eigentliche *materielle* Prinzip ist ihm die *Idee,* die abstrakte Gedanken*form* des Staats als ein Subjekt, die absolute Idee, die kein passives, kein *materielles* Moment in sich hat. Gegen die Abstraktion dieser Idee erscheinen die Bestimmungen des wirklichen, empirischen Staatsformalismus als *Inhalt* und daher der *wirkliche* Inhalt als formloser, unorganischer Stoff; (hier der wirkliche Mensch, die wirkliche Sozietät etc.).

Hegel hatte das Wesen des ständischen Elements darin gelegt, daß hierin die »empirische Allgemeinheit« zum Subjekt des an und für sich seienden Allgemeinen wird. Heißt das nun was andres, als daß die Angelegenheiten des Staats »Angelegenheiten *Aller* sind, bei denen sie mit ihrem Wissen und Willen zu sein das *Recht* haben«, und sollen nicht eben die Stände dies ihr verwirklichtes Recht sein? Und ist es nun wunderbar, daß die Allen nun auch die »Wirklichkeit« dieses ihres Rechts wollen?

»Daß *Alle* einzeln an der Beratung und Beschließung über die allgemeinen Angelegenheiten des Staats Anteil haben sollen.«

In einem wirklich vernünftigen Staat könnte man antworten: »Es *sollen* nicht *Alle einzeln* an der Beratung und Beschließung über die allgemeinen Angelegenheiten des Staats Anteil haben«, denn die »Einzelnen« haben als »Alle«, d. h. innerhalb der Sozietät und als Glieder der Sozietät, Anteil an der Beratung und Beschließung über die *allgemeinen Angelegenheiten*. Nicht Alle einzeln, sondern die Einzelnen als Alle.

Hegel stellt sich selbst das Dilemma. Entweder die bürgerliche Gesellschaft (die Vielen, die Menge) nimmt durch Abgeordnete teil an der Beratung und Beschließung über die allgemeinen Staatsangelegenheiten, oder *Alle* tun dies [als die] *Einzelnen*. Es ist dies kein Gegensatz des *Wesens*, als welchen ihn Hegel später darzustellen sucht, sondern der *Existenz*, und zwar der äußerlichsten Existenz, der *Zahl*, womit immer der Grund, den Hegel selbst als »*äußerlich*« bezeichnet hat – die *Menge der Glieder* –, der beste Grund gegen die unmittelbare Teilnahme Aller bleibt. *Die Frage*, ob die bürgerliche Gesellschaft so teil an der gesetzgebenden Gewalt nehmen soll, daß sie *entweder* durch *Abgeordnete* eintritt oder so, daß »Alle einzeln« unmittelbar teilnehmen, ist selbst eine Frage innerhalb der *Abstraktion des politischen Staats* oder innerhalb des *abstrakten politischen Staats*; es ist eine *abstrakte* politische Frage.

Es ist in beiden Fällen, wie Hegel dies selbst entwickelt hat, die politische Bedeutung der »empirischen Allgemeinheit«.

Der Gegensatz in seiner eigentlichen Form ist: Die *Einzelnen tun es Alle,* oder die *Einzelnen* tun es als *Wenige,* als *Nicht-Alle.* In beiden Fällen bleibt die Allheit nur als *äußerliche* Vielheit oder Totalität der Einzelnen. Die Allheit ist keine wesentliche, geistige, wirkliche Qualität des Einzelnen. Die Allheit ist nicht etwas, wodurch er die Bestimmung der abstrakten Einzelnheit verlöre; sondern die Allheit ist nur die volle *Zahl* der *Einzelnheit. Eine* Einzelnheit, *viele* Einzelnheiten, *alle* Einzelnheiten. Das Eins, Viele, Alle –

keine dieser Bestimmungen verwandelt das *Wesen* des Subjekts, der Einzelnheit.

»Alle« sollen »einzeln« an der »Beratung und Beschließung über die allgemeinen Angelegenheiten des Staats Anteil nehmen«; d. h. also: *Alle* sollen nicht als Alle, sondern als »einzeln« diesen Anteil nehmen.

Die Frage scheint in doppelter Hinsicht in Widerspruch mit sich zu stehn.

Die allgemeinen Angelegenheiten des Staats sind die Staatsangelegenheit, der Staat als *wirkliche Angelegenheit*. Die Beratung und Beschließung ist die *Effektuierung* des Staats als wirklicher Angelegenheit. Daß also alle Staatsglieder ein *Verhältnis* zum Staat als ihrer *wirklichen Angelegenheit* haben, scheint sich von selbst zu verstehn. Schon in dem Begriff *Staatsglied* liegt, daß sie ein *Glied* des Staats, ein *Teil* desselben sind, daß er sie als *seinen Teil* nimmt. Wenn sie aber ein *Anteil* des Staats, so ist, wie sich von selbst versteht, ihr soziales *Dasein* schon *ihre wirkliche Teilnahme* an demselben. Sie *sind* nicht nur Anteil des Staates, sondern der Staat ist *ihr* Anteil. Bewußter Anteil von etwas sein, ist, sich mit Bewußtsein einen Teil von ihm nehmen, bewußten Anteil an ihm nehmen. Ohne dies Bewußtsein wäre das Staatsglied ein *Tier*.

Wenn man sagt: »die allgemeinen Angelegenheiten des Staats«, so wird der Schein hervorgebracht, daß die »allgemeinen Angelegenheiten« und der »Staat« etwas *Verschiedenes* sind. Aber der *Staat* ist die »allgemeine Angelegenheit«, also realiter die »allgemeinen Angelegenheiten«.

Teil an den allgemeinen Angelegenheiten des Staats und teil am Staat nehmen, ist also identisch. Daß also ein Staatsglied, ein Staatsteil teil am Staat nimmt und daß dieses Teilnehmen nur als *Beratung* oder *Beschließung* oder in ähnlichen Formen erscheinen kann, daß also jedes Staatsglied an der *Beratung* und *Beschließung* (wenn diese Funktionen als die Funktionen der *wirklichen* Teilnahme des Staats gefaßt werden) der allgemeinen Angelegenheiten des Staats teilnimmt, ist eine *Tautologie*. Wenn also von *wirklichen* Staatsgliedern die Rede ist, so kann von dieser Teilnahme nicht als einem *Sollen* die Rede sein. Es wäre sonst vielmehr von solchen Subjekten die Rede, die *Staatsglieder* sein *sollen* und sein *wollen,* aber es nicht wirklich *sind*.

Andrerseits: wenn von *bestimmten* Angelegenheiten die Rede ist, von einem einzelnen Staatsakt, so versteht es sich wieder von selbst, daß nicht *Alle einzeln* ihn vollbringen. Der Einzelne wäre sonst die *wahre* Sozietät und machte die Sozietät überflüssig. Der Einzelne müßte alles auf einmal tun, während die Sozietät wie ihn für die andern, so auch die andern für ihn tun läßt.

Die Frage, ob *Alle einzeln* an der »Beratung und Beschließung der allgemeinen Angelegenheiten des Staats teilnehmen sollen«, ist eine Frage, welche aus der Trennung des politischen Staats und der bürgerlichen Gesellschaft hervorgeht.

Wir haben gesehn. Der Staat existiert *nur* als *politischer Staat.* Die Totalität des politischen Staats ist die *gesetzgebende Gewalt.* Teil an der gesetzgebenden Gewalt nehmen ist daher teil am politischen Staat nehmen, ist sein *Dasein* als *Glied des politischen Staats,* als *Staatsglied* beweisen und verwirklichen. Daß also *Alle einzeln* Anteil an der gesetzgebenden Gewalt nehmen wollen, ist nichts als der Wille *Aller,* wirkliche (aktive) *Staatsglieder* zu sein oder sich ein *politisches Dasein* zu geben oder ihr Dasein als ein *politisches* zu beweisen und zu effektuieren. Wir haben ferner gesehn, das ständische Element ist die *bürgerliche Gesellschaft* als gesetzgebende Gewalt, ihr *politisches Dasein*. Daß also die bürgerliche Gesellschaft *massenweise,* womöglich *ganz,* in die *gesetzgebende* Gewalt eindringe, daß sich die wirkliche bürgerliche Gesellschaft der *fiktiven* bürgerlichen Gesellschaft der gesetzgebenden Gewalt substituieren will, das ist nichts als das Streben der bürgerlichen Gesellschaft, sich *politisches* Dasein zu geben oder das *politische Dasein* zu ihrem wirklichen Dasein zu machen. Das Streben der *bürgerlichen Gesellschaft,* sich in die politische Gesellschaft zu verwandeln oder die *politische* Gesellschaft zur *wirklichen* Gesellschaft zu machen, zeigt sich als das Streben der möglichst *allgemeinen* Teilnahme an der *gesetzgebenden Gewalt.*

Die *Zahl* ist hier nicht ohne Bedeutung. Wenn schon die Vermehrung des *ständischen Elements* eine physische und intellektuelle Vermehrung einer der *feindlichen* Streitkräfte ist – und wir haben gesehn, die verschiedenen Elemente der gesetzgebenden Gewalt stehn sich als feindliche Streitkräfte gegenüber –, so ist dagegen die Frage, ob Alle einzeln Glieder der gesetzgebenden Gewalt sein oder ob sie durch Abgeordnete eintreten sollen, die In-Frage-Stellung des *repräsentativen* Prinzips innerhalb des repräsentativen Prinzips, innerhalb der Grundvorstellung des politischen Staats, der seine Existenz in der konstitutionellen Monarchie findet.
1. Ist es eine Vorstellung der Abstraktion des politischen Staats,

daß die *gesetzgebende Gewalt die Totalität* des politischen Staates ist. Weil dieser *eine* Akt der einzige *politische* Akt der bürgerlichen Gesellschaft ist, so sollen und wollen *Alle* auf einmal an ihm teilnehmen. 2. *Alle* als *Einzelne.* Im *ständischen Element* ist die gesetzgebende Tätigkeit nicht als *soziale,* als eine Funktion der *Sozialität* betrachtet, sondern vielmehr als der Akt, wo die Einzelnen erst in wirklich und *bewußt soziale* Funktion, d. h. in eine politische Funktion treten. Die *gesetzgebende Gewalt* ist hier kein Ausfluß, keine Funktion der Sozietät, sondern erst ihre *Bildung.* Die Bildung zur gesetzgebenden Gewalt erheischt, daß *alle* Mitglieder der bürgerlichen Gesellschaft als *einzelne* sich betrachten, sie stehn wirklich als *einzeln* gegenüber. Die Bestimmung, »Mitglieder des Staats zu sein«, ist ihre »abstrakte Bestimmung«, eine Bestimmung, die in ihrer lebendigen Wirklichkeit nicht verwirklicht ist.

Entweder findet Trennung des politischen Staats und der bürgerlichen Gesellschaft statt, dann können nicht *Alle einzeln* an der gesetzgebenden Gewalt teilnehmen. Der politische Staat ist eine von der bürgerlichen Gesellschaft *getrennte* Existenz. Die bürgerliche Gesellschaft würde einerseits sich selbst aufgeben, wenn alle Gesetzgeber wären, andrerseits kann der ihr gegenüberstehende politische Staat sie nur in einer Form ertragen, die seinem *Maßstabe* angemessen ist. Oder eben die Teilnahme der bürgerlichen Gesellschaft durch *Abgeordnete* am politischen Staat ist eben der *Ausdruck* ihrer Trennung und nur dualistischen Einheit.

Oder umgekehrt. Die bürgerliche Gesellschaft ist *wirkliche* politische Gesellschaft. Dann ist es Unsinn, eine Forderung zu stellen, die nur aus der Vorstellung des politischen Staates als der von der bürgerlichen Gesellschaft getrennten Existenz, die nur aus der *theologischen* Vorstellung des politischen Staates hervorgegangen ist. In diesem Zustand verschwindet die Bedeutung der *gesetzgebenden* Gewalt als einer *repräsentativen* Gewalt gänzlich. Die gesetzgebende Gewalt ist hier Repräsentation in dem Sinne, wie *jede* Funktion repräsentativ ist, wie z. B. der Schuster, insofern er ein soziales Bedürfnis verrichtet, mein Repräsentant ist, wie jede bestimmte soziale Tätigkeit als Gattungstätigkeit nur die Gattung, d. h. eine Bestimmung meines eignen Wesens repräsentiert, wie jeder Mensch der Repräsentant des anderen ist. Er ist hier Repräsentant nicht durch ein anderes, was er vorstellt, sondern durch das, was er *ist* und *tut.*

Die »gesetzgebende« Gewalt wird nicht wegen ihres *Inhaltes,* sondern wegen ihrer *formellen* politischen Bedeutung angestrebt. An und für sich mußte z. B. die *Regierungsgewalt* viel mehr das Ziel der Volkswünsche sein als die gesetzgebende, die *metaphysische* Staatsfunktion. Die *gesetzgebende* Funktion ist der Wille, nicht in seiner praktischen, sondern in seiner theoretischen Energie. Der *Wille* soll hier nicht *statt* des *Gesetzes* gelten: sondern es gilt, das wirkliche Gesetz zu *entdecken* und zu *formulieren.*

Aus dieser zwiespältigen Natur der gesetzgebenden Gewalt, als wirklicher *gesetzgebender* Funktion und als *repräsentativer, abstrakt-politischer* Funktion, geht eine Eigentümlichkeit hervor, die sich vorzugsweise in Frankreich, dem Land der politischen Bildung, geltend macht.

(Wir haben in der *Regierungsgewalt* immer *zwei,* das wirkliche Tun und die Staatsräson dieses Tuns, als ein andres wirkliches Bewußtsein, das in seiner totalen Gliederung die Bürokratie ist.)

Der eigentliche Inhalt der gesetzgebenden Gewalt wird (soweit nicht die herrschenden Sonder*interessen* in einen bedeutenden Konflikt mit dem objectum quaestionis geraten) sehr à part, als Nebensache behandelt. Besondere Aufmerksamkeit erregt eine Frage erst, sobald sie *politisch* wird, d. h., entweder sobald eine Ministerfrage, also die Macht der gesetzgebenden Gewalt über die Regierungsgewalt, daran angeknüpft werden kann, oder sobald es sich überhaupt um Rechte handelt, die mit dem politischen Formalismus in Verbindung stehn. Woher diese Erscheinung? Weil die gesetzgebende Gewalt zugleich die Repräsentation des politischen Daseins der bürgerlichen Gesellschaft ist; weil das politische Wesen einer Frage überhaupt in ihrem Verhältnis zu den verschiednen Gewalten des politischen Staats besteht; weil die gesetzgebende Gewalt das politische Bewußtsein repräsentiert und dies sich nur im Konflikt mit der Regierungsgewalt als *politisch* beweisen kann. Diese wesentliche Forderung, daß jedes soziale Bedürfnis, Gesetz etc. *politisch,* d. h. als *bestimmt durch das Staatsganze,* in seinem *sozialen* Sinn eruiert werde, nimmt im Staat der politischen Abstraktion die Wendung, daß ihr eine *formelle* Wendung gegen eine andere Macht (Inhalt) außer ihrem wirklichen Inhalt gegeben werde. Das ist keine Abstraktion der Franzosen, sondern das ist die notwendige Konsequenz, weil der wirkliche Staat nur als der betrachtete *politische Staatsformalismus* existiert. Die *Opposition* innerhalb der repräsentativen Gewalt ist das κατ' ἐξοχὴν *politische*

Dasein der repräsentativen Gewalt. Innerhalb dieser repräsentativen Verfassung nimmt indessen die eruierte Frage eine andre Wendung, als in welcher Hegel sie betrachtet hat. Es handelt sich hier nicht, ob die bürgerliche Gesellschaft durch Abgeordnete oder Alle einzeln die gesetzgebende Gewalt ausüben sollen, sondern es handelt sich um die *Ausdehnung* und möglichste *Verallgemeinerung* der *Wahl,* sowohl des *aktiven,* als des *passiven* Wahlrechts. Das ist der eigentliche Streitpunkt der politischen *Reform,* sowohl in Frankreich als in England.

Man betrachtet die *Wahl* nicht philosophisch, d. h. nicht in ihrem eigentümlichen Wesen, wenn man sie sogleich in Beziehung auf die *fürstliche* oder *Regierungsgewalt* faßt. Die *Wahl* ist das *wirkliche Verhältnis* der *wirklichen bürgerlichen Gesellschaft* zur *bürgerlichen Gesellschaft* der *gesetzgebenden Gewalt,* zu dem *repräsentativen Element.* Oder die *Wahl* ist das *unmittelbare,* das *direkte,* das nicht *bloß vorstellende, sondern seiende* Verhältnis der bürgerlichen Gesellschaft zum politischen Staat. Es versteht sich daher von selbst, daß die *Wahl* das hauptsächliche politische Interesse der wirklichen bürgerlichen Gesellschaft bildet. In der *unbeschränkten* sowohl aktiven als passiven *Wahl* hat die bürgerliche Gesellschaft sich erst *wirklich* zu der Abstraktion von sich selbst, zu dem *politischen* Dasein als ihrem wahren allgemeinen wesentlichen Dasein erhoben. Aber die Vollendung dieser Abstraktion ist zugleich die Aufhebung der Abstraktion. Indem die bürgerliche Gesellschaft ihr *politisches Dasein* wirklich als ihr *wahres* gesetzt hat, hat sie zugleich ihr bürgerliches Dasein, in seinem Unterschied von ihrem politischen, als *unwesentlich* gesetzt; und mit dem einen Getrennten fällt sein Andres, sein Gegenteil. Die *Wahlreform* ist also innerhalb des *abstrakten politischen Staats* die Forderung seiner *Auflösung,* aber ebenso der *Auflösung der bürgerlichen Gesellschaft.*

[...]

KARL MARX AN ARNOLD RUGE (1843) [1]

[...]

Die Vernunft hat immer existiert, nur nicht immer in der vernünftigen Form. Der Kritiker kann also an jede Form des theoretischen und praktischen Bewußtseins anknüpfen und aus den *eige-*

---

1 [Text nach: MEW Bd. 1, S. 345—346.]

nen Formen der existierenden Wirklichkeit die wahre Wirklichkeit als ihr Sollen und ihren Endzweck entwickeln. Was nun das wirkliche Leben betrifft, so enthält grade der *politische Staat,* auch wo er von den sozialistischen Forderungen noch nicht bewußterweise erfüllt ist, in allen seinen *modernen* Formen die Forderungen der Vernunft. Und er bleibt dabei nicht stehn. Er unterstellt überall die Vernunft als realisiert. Er gerät aber ebenso überall in den Widerspruch seiner ideellen Bestimmung mit seinen realen Voraussetzungen.

Aus diesem Konflikt des politischen Staates mit sich selbst läßt sich daher überall die soziale Wahrheit entwickeln. Wie die *Religion* das Inhaltsverzeichnis von den theoretischen Kämpfen der Menschheit, so ist es der *politische Staat* von ihren praktischen. Der politische Staat drückt also innerhalb seiner Form *sub specie rei publicae* alle sozialen Kämpfe, Bedürfnisse, Wahrheiten aus. Es ist also durchaus nicht unter der *hateur des principes,* die speziellste politische Frage – etwa den Unterschied von ständischem und repräsentativem System – zum Gegenstand der Kritik zu machen. Denn diese Frage drückt nur auf *politische* Weise den Unterschied von der Herrschaft des Menschen und der Herrschaft des Privateigentums aus. Der Kritiker kann also nicht nur, er muß in diese politischen Fragen (die nach der Ansicht der krassen Sozialisten unter aller Würde sind) eingehn. Indem er den Vorzug des repräsentativen Systems vor dem ständischen entwickelt, *interessiert* er *praktisch* eine große Partei. Indem er das repräsentative System aus seiner politischen Form zu der allgemeinen Form erhebt und die wahre Bedeutung, die ihm zugrunde liegt, geltend macht, zwingt er zugleich diese Partei, über sich selbst hinauszugehn, denn ihr Sieg ist zugleich ihr Verlust.

Es hindert uns also nichts, unsre Kritik an die Kritik der Politik, an die Parteinahme in der Politik, also an *wirkliche* Kämpfe anzuknüpfen und mit ihnen zu identifizieren. Wir treten dann nicht der Welt doktrinär mit einem neuen Prinzip entgegen: Hier ist die Wahrheit, hier kniee nieder! Wir entwickeln der Welt aus den Prinzipien der Welt neue Prinzipien. Wir sagen ihr nicht: Laß ab von deinen Kämpfen, sie sind dummes Zeug; wir wollen dir die wahre Parole des Kampfes zuschrein. Wir zeigen ihr nur, warum sie eigentlich kämpft, und das Bewußtsein ist eine Sache, die sie sich aneignen *muß,* wenn sie auch nicht will.

Die Reform des Bewußtseins besteht *nur* darin, daß man die

Welt ihr Bewußtsein innewerden läßt, daß man sie aus dem Traum über sich selbst aufweckt, daß man ihre eignen Aktionen ihr *erklärt*. Unser ganzer Zweck kann in nichts anderem bestehn, wie dies auch bei Feuerbachs Kritik der Religion der Fall ist, als daß die religiösen und politischen Fragen in die selbstbewußte menschliche Form gebracht werden.

Unser Wahlspruch muß also sein: Reform des Bewußtseins nicht durch Dogmen, sondern durch Analysierung des mystischen, sich selbst unklaren Bewußtseins, trete es nun religiös oder politisch auf. Es wird sich dann zeigen, daß die Welt längst den Traum von einer Sache besitzt, von der sie nur das Bewußtsein besitzen muß, um sie wirklich zu besitzen. Es wird sich zeigen, daß es sich nicht um einen großen Gedankenstrich zwischen Vergangenheit und Zukunft handelt, sondern um die *Vollziehung* der Gedanken der Vergangenheit. Es wird sich endlich zeigen, daß die Menschheit keine *neue* Arbeit beginnt, sondern mit Bewußtsein ihre alte Arbeit zustande bringt.

Wir können also die Tendenz unsers Blattes in *ein* Wort fassen: Selbstverständigung (kritische Philosophie) der Zeit über ihre Kämpfe und Wünsche. Dies ist eine Arbeit für die Welt und für uns. Sie kann nur das Werk vereinter Kräfte sein. Es handelt sich um eine *Beichte,* um weiter nichts. Um sich ihre Sünden vergeben zu lassen, braucht die Menschheit sie nur für das zu erklären, was sie sind.

KARL MARX: ZUR JUDENFRAGE (1844) [1]

[...]

Die Frage ist: Wie verhält sich die *vollendete* politische Emanzipation zur Religion? Finden wir selbst im Lande der vollendeten politischen Emanzipation nicht nur die *Existenz,* sondern die *lebensfrische,* die *lebenskräftige* Existenz der Religion, so ist der Beweis geführt, daß das Dasein der Religion der Vollendung des Staats nicht widerspricht. Da aber das Dasein der Religion das Dasein eines Mangels ist, so kann die Quelle dieses Mangels nur noch im *Wesen* des Staats selbst gesucht werden. Die Religion gilt uns nicht mehr als der *Grund,* sondern nur noch als das *Phänomen*

---

1 [Text nach: MEW Bd. 1, S. 352—355, 356—358, 360—370.]

der weltlichen Beschränktheit. Wir erklären daher die religiöse Befangenheit der freien Staatsbürger aus ihrer weltlichen Befangenheit. Wir behaupten nicht, daß sie ihre religiöse Beschränktheit aufheben müssen, um ihre weltlichen Schranken aufzuheben. Wir behaupten, daß sie ihre religiöse Beschränktheit aufheben, sobald sie ihre weltliche Schranke aufheben. Wir verwandeln nicht die weltlichen Fragen in theologische. Wir verwandeln die theologischen Fragen in weltliche. Nachdem die Geschichte lange genug in Aberglauben aufgelöst worden ist, lösen wir den Aberglauben in Geschichte auf. Die Frage von dem *Verhältnisse der politischen Emanzipation zur Religion* wird für uns die Frage von dem *Verhältnis der politischen Emanzipation zur menschlichen Emanzipation*. Wir kritisieren die religiöse Schwäche des politischen Staats, indem wir den politischen Staat, *abgesehen* von den religiösen Schwächen, in seiner *weltlichen* Konstruktion kritisieren. Den Widerspruch des Staats mit einer *bestimmten Religion,* etwa dem *Judentum,* vermenschlichen wir in den Widerspruch des Staats mit *bestimmten weltlichen* Elementen, den Widerspruch des Staats mit der *Religion überhaupt,* in den Widerspruch des Staats mit seinen *Voraussetzungen* überhaupt.

Die *politische* Emanzipation des Juden, des Christen, überhaupt des *religiösen* Menschen, ist die *Emanzipation des Staats* vom Judentum, vom Christentum, überhaupt von der *Religion*. In seiner Form, in der seinem Wesen eigentümlichen Weise, als *Staat* emanzipiert sich der Staat von der Religion, indem er sich von der *Staatsreligion* emanzipiert, d. h., indem der Staat als Staat keine Religion bekennt, indem der Staat sich vielmehr als Staat bekennt. Die *politische* Emanzipation von der Religion ist nicht die durchgeführte, die widerspruchslose Emanzipation von der Religion, weil die politische Emanzipation nicht die durchgeführte, die widerspruchslose Weise der *menschlichen* Emanzipation ist.

Die Grenze der politischen Emanzipation erscheint sogleich darin, daß der *Staat* sich von einer Schranke befreien kann, ohne daß der Mensch *wirklich* von ihr frei wäre, daß der Staat ein *Freistaat* sein kann, ohne daß der Mensch *ein freier Mensch* wäre. Bauer selbst gibt dies stillschweigend zu, wenn er folgende Bedingung der politischen Emanzipation setzt: »Jedes religiöse Privilegium überhaupt, also auch das Monopol einer bevorrechteten Kirche, müßte aufgehoben, und wenn einige oder mehrere oder auch die *überwiegende Mehrzahl noch religiöse Pflichten glaubten erfüllen zu müssen,* so müßte diese Erfüllung als eine *reine Privatsache* ihnen selbst überlassen sein.«

Der *Staat* kann sich also von der Religion emanzipiert haben, sogar wenn die *überwiegende Mehrzahl* noch religiös ist. Und die überwiegende Mehrzahl hört dadurch nicht auf, religiös zu sein, daß sie *privatim* religiös ist.

Aber das Verhalten des Staats zur Religion, namentlich *des Freistaats,* ist doch nur das Verhalten der *Menschen,* die den Staat bilden, zur Religion. Es folgt hieraus, daß der Mensch durch das *Medium des Staats,* daß er *politisch* von einer Schranke sich befreit, indem er sich im Widerspruch mit sich selbst, indem er sich auf eine *abstrakte* und *beschränkte,* auf partielle Weise über diese Schranke erhebt. Es folgt ferner, daß der Mensch auf einem *Umweg,* durch ein *Medium,* wenn auch durch ein *notwendiges Medium* sich befreit, indem er sich *politisch* befreit. Es folgt endlich, daß der Mensch, selbst wenn er durch die Vermittlung des Staats sich als Atheisten proklamiert, d. h., wenn er den Staat zum Atheisten proklamiert, immer noch religiös befangen bleibt, eben weil er sich nur auf einem Umweg, weil er nur durch ein Medium sich selbst anerkennt. Die Religion ist eben die Anerkennung des Menschen auf einem Umweg. Durch einen *Mittler.* Der Staat ist der Mittler zwischen dem Menschen und der Freiheit des Menschen. Wie Christus der Mittler ist, dem der Mensch seine ganze Göttlichkeit, seine ganze *religiöse Befangenheit* aufbürdet, so ist der Staat der Mittler, in den er seine ganze Ungöttlichkeit, seine ganze *menschliche Unbefangenheit* verlegt.

Die *politische* Erhebung des Menschen über die Religion teilt alle Mängel und alle Vorzüge der politischen Erhebung überhaupt. Der Staat als Staat annulliert z. B. das *Privateigentum,* der Mensch erklärt auf *politische* Weise das Privateigentum für *aufgehoben,* sobald er den *Zensus* für aktive und passive Wählbarkeit aufhebt, wie dies in vielen nordamerikanischen Staaten geschehen ist. *Hamilton* interpretiert dies Faktum von politischem Standpunkte ganz richtig dahin: »*Der große Haufen hat den Sieg über die Eigentümer und den Geldreichtum davongetragen.*« Ist das Privateigentum nicht ideell aufgehoben, wenn der Nichtbesitzende zum Gesetzgeber des Besitzenden geworden ist? Der *Zensus* ist die letzte *politische* Form, das Privateigentum anzuerkennen.

Dennoch ist mit der politischen Annullation des Privateigentums das Privateigentum nicht nur nicht aufgehoben, sondern sogar vorausgesetzt. Der Staat hebt den Unterschied der *Geburt,* des *Standes,* der *Bildung,* der *Beschäftigung* in seiner Weise auf, wenn er Geburt, Stand, Bildung, Beschäftigung für *unpolitische* Unterschiede erklärt, wenn er ohne Rücksicht auf diese Unterschiede jedes Glied des Volkes zum *gleichmäßigen* Teilnehmer der Volkssouveränität ausruft, wenn er alle Elemente des wirklichen Volkslebens von dem Staatsgesichtspunkt aus behandelt. Nichtsdestoweniger läßt der Staat das Privateigentum, die Bildung, die Beschäftigung auf *ihre* Weise, d. h. als Privateigentum, als Bildung, als Beschäftigung *wirken* und ihr *besondres* Wesen geltend machen. Weit entfernt, diese *faktischen* Unterschiede aufzuheben, existiert er vielmehr nur unter ihrer Voraussetzung, empfindet er sich als *politischer Staat* und macht er seine *Allgemeinheit* geltend nur im Gegensatz zu diesen seinen Elementen. *Hegel* bestimmt das Verhältnis des *politischen Staats* zur Religion daher ganz richtig, wenn er sagt: »Damit [...] der Staat als die *sich wissende* s i t t l i c h e W i r k l i c h k e i t des Geistes zum Dasein komme, ist seine U n t e r s c h e i d u n g von der Form der Autorität und des Glaubens notwendig; diese Unterscheidung tritt aber nur hervor, insofern die kirchliche Seite in sich selbst zur T r e n n u n g kommt; n u r s o ü b e r die *besondern* Kirchen hat der Staat die *Allgemeinheit* des Gedankens, das Prinzip seiner Form gewonnen und bringt sie zur Existenz« (Hegels Rechtsphilosophie, 1. Ausgabe, p. 346).

Allerdings! Nur so *über* den *besondern* Elementen konstituiert sich der Staat als Allgemeinheit.

Der vollendete politische Staat ist seinem Wesen nach das *Gattungsleben* des Menschen im *Gegensatz* zu seinem materiellen Leben. Alle Voraussetzungen dieses egoistischen Lebens bleiben *außerhalb* der Staatssphäre in der *bürgerlichen Gesellschaft* bestehen, aber als Eigenschaften der bürgerlichen Gesellschaft. Wo der politische Staat seine wahre Ausbildung ereicht hat, führt der Mensch nicht nur im Gedanken, im Bewußtsein, sondern in der *Wirklichkeit,* im *Leben* ein doppeltes, ein himmlisches und ein irdisches Leben, das Leben im *politischen Gemeinwesen,* worin er sich als *Gemeinwesen* gilt, und das Leben in der *bürgerlichen Gesellschaft,* worin er als *Privatmensch* tätig ist, die andern Menschen als Mittel betrachtet, sich selbst zum Mittel herabwürdigt und zum Spielball fremder Mächte wird. Der politische Staat verhält sich ebenso spiritualistisch zur bürgerlichen Gesellschaft wie der Himmel zur Erde. Er steht in demselben Gegensatz zu ihr, er überwindet sie in derselben Weise wie die Religion die Beschränktheit der profanen Welt, d. h., indem er sie ebenfalls wieder anerkennen, herstellen, sich selbst von ihr beherrschen lassen muß. Der Mensch in seiner *nächsten* Wirklichkeit, in der bürgerlichen Gesellschaft, ist ein profanes Wesen. Hier, wo er als wirkliches Individuum sich selbst und andern gilt, ist er eine *unwahre* Erscheinung. In dem Staat dagegen, wo der Mensch als Gattungswesen gilt, ist er das imaginäre Glied einer eingebildeten Souveränität, ist er seines wirklichen individuellen Lebens beraubt und mit einer unwirklichen Allgemeinheit erfüllt.

Der Konflikt, in welchem sich der Mensch als Bekenner einer *besondern* Religion mit seinem Staatsbürgertum, mit den andern Menschen als Gliedern des Gemeinwesens befindet, reduziert sich auf die *weltliche* Spaltung zwischen dem *politischen* Staat und der *bürgerlichen Gesellschaft*. Für den Menschen als *bourgeois* ist das »Leben im Staate nur Schein oder eine momentane Ausnahme gegen das Wesen und die Regel«. Allerdings bleibt der *bourgeois*, wie der Jude, nur sophistisch im Staatsleben, wie der *citoyen* nur sophistisch Jude oder *bourgeois* bleibt; aber diese Sophistik ist nicht persönlich. Sie ist die *Sophistik des politischen Staates* selbst. Die Differenz zwischen dem religiösen Menschen und dem Staatsbürger ist die Differenz zwischen dem Kaufmann und dem Staatsbürger, zwischen dem Taglöhner und dem Staatsbürger, zwischen dem Grundbesitzer und dem Staatsbürger, zwischen dem *lebendigen Individuum* und dem *Staatsbürger*. Der Widerspruch, in dem sich der religiöse Mensch mit dem politischen Menschen befindet, ist derselbe Widerspruch, in welchem sich der *bourgeois* mit dem citoyen, in welchem sich das Mitglied der bürgerlichen Gesellschaft mit seiner *politischen Löwenhaut* befindet.

[...]

Die *politische* Emanzipation ist allerdings ein großer Fortschritt, sie ist zwar nicht die letzte Form der menschlichen Emanzipation überhaupt, aber sie ist die letzte Form der menschlichen Emanzipation *innerhalb* der bisherigen Weltordnung. Es versteht sich: wir sprechen hier von wirklicher, von praktischer Emanzipation.

Der Mensch emanzipiert sich *politisch* von der Religion, indem er sie aus dem öffentlichen Recht in das Privatrecht verbannt. Sie ist nicht mehr der Geist des *Staats,* wo der Mensch – wenn auch in beschränkter Weise, unter besonderer Form und in einer besondern Sphäre – sich als Gattungswesen verhält, in Gemeinschaft mit andern Menschen, sie ist zum Geist der *bürgerlichen Gesellschaft* geworden, der Sphäre des Egoismus, des *bellum omnium contra omnes*. Sie ist nicht mehr das Wesen der *Gemeinschaft,* sondern das Wesen des *Unterschieds.* Sie ist zum Ausdruck der *Trennung* des Menschen von seinem *Gemeinwesen,* von sich und den andern Menschen geworden – was sie *ursprünglich* war. Sie ist nur noch das abstrakte Bekenntnis der besondern Verkehrtheit, der *Privatschrulle,* der Willkür. Die unendliche Zersplitterung der Religion in Nordamerika z. B. gibt ihr schon *äußerlich* die Form einer rein individuellen Angelegenheit. Sie ist unter die Zahl der Privatinteressen hinabgestoßen und aus dem Gemeinwesen als Gemeinwesen exiliert. Aber man täusche sich nicht über die Grenze der politischen Emanzipation. Die Spaltung des Menschen in den *öffentlichen* und in den *Privatmenschen,* die *Dislokation* der Religion aus dem Staate in die bürgerliche Gesellschaft, sie ist nicht eine Stufe, sie ist die *Vollendung* der politischen Emanzipation, die also die *wirkliche* Religiosität des Menschen ebensowenig aufhebt, als aufzuheben strebt.

Die *Zersetzung* des Menschen in den Juden und in den Staatsbürger, in den Protestanten und in den Staatsbürger, in den religiösen Menschen und in den Staatsbürger, diese Zersetzung ist keine Lüge *gegen* das Staatsbürgertum, sie ist keine Umgehung der politischen Emanzipation, sie *ist die politische Emanzipation selbst,* sie ist die *politische* Weise, sich von der Religion zu emanzipieren. Allerdings: In Zeiten, wo der politische Staat als politischer Staat gewaltsam aus der bürgerlichen Gesellschaft heraus geboren wird, wo die menschliche Selbstbefreiung unter der Form der politischen Selbstbefreiung sich zu vollziehen strebt, kann und muß der Staat bis zur *Aufhebung der Religion,* bis zur *Vernichtung* der Religion fortgehen, aber nur so, wie er zur Aufhebung des Privateigentums, zum Maximum, zur *Konfiskation,* zur progressiven Steuer, wie er zur Aufhebung des Lebens, zur *Guillotine* fortgeht. In den Momenten seines besondern Selbstgefühls sucht das politische Leben seine Voraussetzung, die bürgerliche Gesellschaft und ihre Elemente, zu erdrücken und sich als das wirkliche, widerspruchslose Gattungsleben des Menschen zu konstituieren. Es vermag dies indes nur durch *gewaltsamen* Widerspruch gegen seine eigenen Lebensbedingungen, nur indem es die Revolution für *permanent* erklärt, und das politische Drama endet daher ebenso notwendig mit der Wiederherstellung der Religion, des Privateigentums, aller Elemente der bürgerlichen Gesellschaft, wie der Krieg mit dem Frieden endet.

Ja, nicht der sogenannte *christliche* Staat, der das Christentum als seine Grundlage, als Staatsreligion bekennt und sich daher ausschließend zu andern Religionen verhält, ist der vollendete christliche Staat, sondern vielmehr der *atheistische* Staat, der *demokratische* Staat, der Staat, der die Religion unter die übrigen Elemente der bürgerlichen Gesellschaft verweist. Dem Staat, der noch Theologe ist, der noch das Glaubensbekenntnis des Christentums auf offizielle Weise ablegt, der sich noch nicht *als Staat* zu proklamieren wagt, ihm ist es noch nicht gelungen, in *weltlicher, menschlicher* Form, in seiner *Wirklichkeit* als Staat die *menschliche* Grundlage auszudrücken, deren überschwenglicher Ausdruck das Christentum ist. Der sogenannte christliche Staat ist nur einfach der *Nichtstaat,* weil nicht das Christentum als Religion, sondern nur der *menschliche Hintergrund* der christlichen Religion in wirklich menschlichen Schöpfungen sich ausführen kann.

Der sogenannte christliche Staat ist die christliche Verneinung des Staats, aber keineswegs die staatliche Verwirklichung des Christentums. Der Staat, der das Christentum noch in der Form der Religion bekennt, bekennt es noch nicht in der Form des Staats, denn er verhält sich noch religiös zu der Religion, d. h., er ist nicht die *wirkliche Ausführung* des menschlichen Grundes der Religion, weil er noch auf die *Unwirklichkeit,* auf die *imaginäre* Gestalt dieses menschlichen Kernes provoziert. Der sogenannte christliche Staat ist der *unvollkommene* Staat, und die christliche Religion gilt ihm als *Ergänzung* und als *Heiligung* seiner Unvollkommenheit. Die Religion wird ihm daher notwendig zum *Mittel,* und er ist der Staat der *Heuchelei.* Es ist ein großer Unterschied, ob der *vollendete* Staat wegen des Mangels, der im allgemeinen *Wesen* des Staats liegt, die Religion unter seine *Voraussetzungen* zählt, oder ob der *unvollendete* Staat wegen des Mangels, der in seiner *besondern Existenz* liegt, als mangelhafter Staat, die Religion für seine *Grundlage* erklärt. Im letztern Fall wird die Religion zur *unvollkommenen Politik.* Im ersten Fall zeigt sich die Unvollkommenheit selbst der vollendeten *Politik* in der Religion. Der sogenannte christliche Staat bedarf der christlichen Religion, um sich *als Staat* zu vervollständigen. Der demokratische Staat, der wirkliche Staat, bedarf nicht der Religion zu seiner politischen Vervollständigung. Er kann vielmehr von der Religion abstrahieren, weil in ihm die menschliche Grundlage der Religion auf weltliche Weise ausgeführt ist. Der sogenannte christliche Staat verhält sich dagegen politisch zur Religion und religiös zur Politik. Wenn er die Staatsformen zum Schein herabsetzt, so setzt er ebensosehr die Religion zum Schein herab.

[...]

In dem sogenannten christlichen Staat gilt zwar die *Entfremdung,* aber nicht der *Mensch.* Der einzige Mensch, der gilt, der *König,* ist ein von den andern Menschen spezifisch unterschiedenes, dabei selbst noch religiöses, mit dem Himmel, mit Gott direkt zusammenhängendes Wesen. Die Beziehungen, die hier herrschen, sind noch *gläubige* Beziehungen. Der religiöse Geist ist also noch nicht wirklich verweltlicht.

Aber der religiöse Geist kann auch nicht *wirklich* verweltlicht werden, denn was ist er selbst, als die *unweltliche* Form einer Entwicklungsstufe des menschlichen Geistes? Der religiöse Geist kann nur verwirklicht werden, insofern die Entwicklungsstufe des menschlichen Geistes, deren religiöser Ausdruck er ist, in ihrer *weltlichen* Form heraustritt und sich konstituiert. Dies geschieht im *demokratischen* Staat. Nicht das Christentum, sondern der *menschliche Grund* des Christentums ist der Grund dieses Staates. Die Religion bleibt das ideale, umweltliche Bewußtsein seiner Glieder, weil sie die ideale Form der *menschlichen Entwicklungsstufe* ist, die in ihm durchgeführt wird.

Religiös sind die Glieder des politischen Staats durch den Dualismus zwischen dem individuellen und dem Gattungsleben, zwischen dem Leben der bürgerlichen Gesellschaft und dem politischen Leben, religiös, indem der Mensch sich zu dem seiner wirklichen Individualität jenseitigen Staatsleben als seinem wahren Leben verhält, religiös, insofern die Religion hier der Geist der bürgerlichen Gesellschaft, der Ausdruck der Trennung und der Entfernung des Menschen vom Menschen ist. Christlich ist die politische Demokratie, indem in ihr der Mensch, nicht nur ein Mensch, sondern jeder Mensch, als *souveränes,* als höchstes Wesen gilt, aber der Mensch in seiner unkultivierten, unsozialen Erscheinung, der Mensch in seiner zufälligen Existenz, der Mensch, wie er geht und steht, der Mensch, wie er durch die ganze Organisation unserer Gesellschaft verdorben, sich selbst verloren, veräußert, unter die Herrschaft unmenschlicher Verhältnisse und Elemente gegeben ist, mit einem Wort, der Mensch, der noch kein *wirkliches* Gattungswesen ist. Das Phantasiegebild, der Traum, das Postulat des Christentums, die Souveränität des Menschen, aber als eines fremden, von dem wirklichen Menschen unterschiedenen Wesens, ist in der Demokratie sinnliche Wirklichkeit, Gegenwart, weltliche Maxime.

Das religiöse und theologische Bewußtsein selbst gilt sich in der vollendeten Demokratie um so religiöser, um so theologischer, als es scheinbar ohne politische Bedeutung, ohne irdische Zwecke, Angelegenheit des weltscheuen Gemütes, Ausdruck der Verstandes-Borniertheit, Produkt der Willkür und der Phantasie, als es ein wirklich jenseitiges Leben ist. Das Christentum erreicht hier den *praktischen* Ausdruck seiner universalreligiösen Bedeutung, indem die verschiedenartigste Weltanschauung in der Form des Christentums sich nebeneinander gruppiert, noch mehr dadurch, daß es an andere nicht einmal die Forderung des Christentums, sondern nur noch der Religion überhaupt, irgendeiner Religion stellt (vergl. die angeführte Schrift von Beaumont). Das religiöse Bewußtsein schwelgt in dem Reichtum des religiösen Gegensatzes und der religiösen Mannigfaltigkeit.

Wir haben also gezeigt: Die politische Emanzipation von der Religion läßt die Religion bestehen, wenn auch keine privilegierte Religion. Der Widerspruch, in welchem sich der Anhänger einer besondern Religion mit seinem Staatsbürgertum befindet, ist nur *ein Teil* des allgemeinen *weltlichen Widerspruchs zwischen dem politischen Staat und der bürgerlichen Gesellschaft*. Die Vollendung des christlichen Staats ist der Staat, der sich als Staat bekennt und von der Religion seiner Glieder abstrahiert. Die Emanzipation des Staats von der Religion ist nicht die Emanzipation des wirklichen Menschen von der Religion.

Wir sagen also nicht mit Bauer den Juden: Ihr könnt nicht politisch emanzipiert werden, ohne euch radikal vom Judentum zu emanzipieren. Wir sagen ihnen vielmehr: Weil ihr politisch emanzipiert werden könnt, ohne euch vollständig und widerspruchslos vom Judentum loszusagen, darum ist die *politische Emanzipation* selbst nicht die *menschliche* Emanzipation. Wenn ihr Juden politisch emanzipiert werden wollt, ohne euch selbst merklich zu emanzipieren, so liegt die Halbheit und der Widerspruch nicht nur in euch, sie liegt in dem *Wesen* und der *Kategorie* der politischen Emanzipation. Wenn ihr in dieser Kategorie befangen seid, so teilt ihr eine allgemeine Befangenheit. Wie der Staat *evangelisiert,* wenn er, obschon Staat, sich christlich zu dem Juden verhält, so *politisiert* der Jude, wenn er, obschon Jude, Staatsbürgerrechte verlangt.

Aber wenn der Mensch, obgleich Jude, politisch emanzipiert werden, Staatsbürgerrechte empfangen kann, kann er die sogenannten *Menschenrechte* in Anspruch nehmen und empfangen? Bauer *leugnet* es.

»Die Frage ist, ob der Jude als solcher, d. h. der Jude, der selber eingesteht, daß er durch sein wahres Wesen gezwungen ist, in ewiger Absonderung von andren zu leben, fähig sei, die *allgemeinen Menschenrechte* zu empfangen und andern zuzugestehn.«

»Der Gedanke der Menschenrechte ist für die christliche Welt erst im vorigen Jahrhundert entdeckt worden. Er ist dem Menschen nicht angeboren, er wird vielmehr nur erobert im Kampfe gegen die geschichtlichen Traditionen, in denen der Mensch bisher erzogen wurde. So sind die Menschenrechte nicht ein Geschenk der Natur, keine Mitgift der bisherigen Geschichte, sondern der Preis des Kampfes gegen den Zufall der Geburt und gegen die Privilegien, welche die Geschichte von Generation auf Generation bis jetzt vererbt hat. Sie sind die Resultate der Bildung, und derjenige kann sie nur besitzen, der sie sich erworben und verdient hat.«

»Kann sie nun der Jude wirklich in Besitz nehmen? Solange er Jude ist, muß über das menschliche Wesen, welches ihn als Menschen mit Menschen verbinden sollte, das beschränkte Wesen, das ihn zum Juden macht, den Sieg davontragen und ihn von den Nichtjuden absondern. Er erklärt durch diese Absonderung, daß das besondere Wesen, das ihn zum Juden macht, sein wahres höchstes Wesen ist, vor welchem das Wesen des Menschen zurücktreten muß.«

»In derselben Weise kann der Christ als Christ keine Menschenrechte gewähren.« (p. 19, 20.)

Der Mensch muß nach Bauer das »*Privilegium des Glaubens*« aufopfern, um die allgemeinen Menschenrechte empfangen zu können. Betrachten wir einen Augenblick die sogenannten Menschenrechte, und zwar die Menschenrechte unter ihrer authentischen Gestalt, unter der Gestalt, welche sie bei ihren *Entdeckern,* den Nordamerikanern und Franzosen, besitzen! Zum Teil sind diese Menschenrechte *politische* Rechte, Rechte, die nur in der Gemeinschaft mit andern ausgeübt werden. Die *Teilnahme* am *Gemeinwesen,* und zwar am *politischen* Gemeinwesen, am *Staatswesen,* bildet ihren Inhalt. Sie fallen unter die Kategorie der *politischen*

Freiheit, unter die Kategorie der *Staatsbürgerrechte,* welche keineswegs, wie wir gesehn, die widerspruchslose und positive Aufhebung der Religion, also etwa auch des Judentums, voraussetzen. Es bleibt der andere Teil der Menschenrechte zu betrachten, die *droits de l'homme,* insofern sie unterschieden sind von den *droits du citoyen.*

In ihrer Reihe findet sich die Gewissensfreiheit, das Recht, einen beliebigen Kultus auszuüben. Das *Privilegium des Glaubens* wird ausdrücklich anerkannt, entweder als ein *Menschenrecht* oder als Konsequenz eines Menschenrechtes, der Freiheit.

Déclaration des droits de l'homme et du citoyen, 1791, article 10: »Nul ne doit être inquiété pour ses opinions même religieuses.« Im titre I der Konstitution von 1791 wird als Menschenrecht garantiert: »La liberté à tout homme d'exercer le *culte religieux* auquel il est attaché.«

Déclaration des droits de l'homme, etc. 1793, zählt unter die Menschenrechte, Artikel 7: »Le libre exercice des cultes.« Ja, in bezug auf das Recht, seine Gedanken und Meinungen zu veröffentlichen, sich zu versammeln, seinen Kultus auszuüben, heißt es sogar: »La nécessité d'énoncer ces *droits* suppose ou la présence ou le souvenir récent du despotisme.« Man vergleiche die Konstitution von 1795, titre XIV, article 354.

Constitution de Pensylvanie, article 9. § 3: »Tous les hommes ont reçu de la nature le *droit* imprescriptible d'adorer le Tout-Puissant selon les inspirations de leur conscience, et nul ne peut légalement être contraint de suivre, instituer ou soutenir contre son gré aucun culte ou ministère religieux. Nulle autorité humaine ne peut, dans aucun cas, intervenir dans les questions de conscience et contrôler les pouvoirs de l'âme.«

Constitution de New-Hampshire, article 5 et 6: »Au nombre des droits naturels, quelques-uns sont inaliénables de leur nature, parce que rien n'en peut être l'équivalent. De ce nombre sont les *droits* de conscience.« (Beaumont, l. c., p 213, 214.)

Die Unvereinbarkeit der Religion mit den Menschenrechten liegt so wenig im Begriff der Menschenrechte, daß das *Recht, religiös zu sein,* auf beliebige Weise religiös zu sein, den Kultus seiner besonderen Religion auszuüben, vielmehr ausdrücklich unter die Menschenrechte gezählt wird. Das *Privilegium des Glaubens* ist ein *allgemeines Menschenrecht.*

Die *droits de l'homme,* die Menschenrechte werden als *solche* unterschieden von den *droits du citoyen,* von den Staatsbürgerrechten. Wer ist der vom *citoyen* unterschiedene *homme*? Niemand anders als das *Mitglied der bürgerlichen Gesellschaft.* Warum wird das Mitglied der bürgerlichen Gesellschaft »Mensch«, Mensch schlechthin, warum werden seine Rechte *Menschenrechte* genannt? Woraus erklären wir dies Faktum? Aus dem Verhältnis des politischen Staats zur bürgerlichen Gesellschaft, aus dem Wesen der politischen Emanzipation.

Vor allem konstatieren wir die Tatsache, daß die sogenannten *Menschenrechte,* die *droits de l'homme* im Unterschied von den *droits du citoyen,* nichts anderes sind als die Rechte des *Mitglieds der bürgerlichen Gesellschaft,* d. h. des egoistischen Menschen, des vom Menschen und vom Gemeinwesen getrennten Menschen. Die radikalste Konstitution, die Konstitution von 1793, mag sprechen:

Déclaration des droits de l'homme et du citoyen.

Article 2. »Ces droits etc. (les droits naturels et imprescriptibles) sont: l'*égalité,* la *liberté,* la *sûreté,* la *propriété.*«

Worin besteht die *liberté*?

Article 6. »La liberté est le pouvoir qui appartient à l'homme de faire tout ce qui ne nuit pas aux droits d'autrui«, oder nach der Deklaration der Menschenrechte von 1791: »La liberté consiste à pouvoir faire tout ce qui ne nuit pas à autrui.«

Die Freiheit ist also das Recht, alles zu tun und zu treiben, was keinem andern schadet. Die Grenze, in welcher sich jeder dem andern *unschädlich* bewegen kann, ist durch das Gesetz bestimmt, wie die Grenze zweier Felder durch den Zaunpfahl bestimmt ist. Es handelt sich um die Freiheit des Menschen als isolierter auf sich zurückgezogener Monade. Warum ist der Jude nach Bauer unfähig, die Menschenrechte zu empfangen?

»Solange er Jude ist, muß über das menschliche Wesen, welches ihn als Menschen mit Menschen verbinden sollte, das beschränkte Wesen, das ihn zum Juden macht, den Sieg davontragen und ihn von den Nichtjuden absondern.«

Aber das Menschenrecht der Freiheit basiert nicht auf die Verbindung des Menschen mit dem Menschen, sondern vielmehr auf der Absonderung des Menschen von dem Menschen. Es ist das *Recht* dieser Absonderung, das Recht des *beschränkten,* auf sich beschränkten Individuums.

Die praktische Nutzanwendung des Menschenrechtes der Freiheit ist das Menschenrecht des *Privateigentums.*

Worin besteht das Menschenrecht des Privateigentums?

Article 16. (Constitution de 1793): »Le droit de *propriété* est celui qui appartient à tout citoyen de jouir et de disposer *à son gré* de ses biens, de ses revenus, du fruit de son travail et de son industrie.«

Das Menschenrecht des Privateigentums ist also das Recht, willkürlich (à son gré), ohne Beziehung auf andre Menschen, unabhängig von der Gesellschaft, sein Vermögen zu genießen und über dasselbe zu disponieren, das Recht des Eigennutzes. Jene individuelle Freiheit, wie diese Nutzanwendung derselben, bilden die Grundlage der bürgerlichen Gesellschaft. Sie läßt jeden Menschen im andern Menschen nicht die *Verwirklichung,* sondern vielmehr die *Schranke* seiner Freiheit finden. Sie proklamiert vor allem aber das Menschenrecht, »de jouir et de disposer *à son gré* de ses biens, de ses revenus, du fruit de son travail et de son industrie«.

Es bleiben noch die andern Menschenrechte, die égalité und die sûreté.

Die égalité, hier in ihrer nichtpolitischen Bedeutung, ist nichts als die Gleichheit der oben beschriebenen *liberté,* nämlich: daß jeder Mensch gleichmäßig als solche auf sich ruhende Monade betrachtet wird. Die Konstitution von 1795 bestimmt den Begriff dieser Gleichheit, ihrer Bedeutung angemessen, dahin:

Article 3. (Constitution de 1795): »L'égalité consiste en ce que la loi est la même pour tous, soit qu'elle protège, soit qu'elle punisse."

Und die sûreté?

Article 8. (Constitution de 1793): »La sûreté consiste dans la protection accordée par la société à chacun de ses membres pour la conservation de sa personne, de ses droits et de ses propriétés."

Die *Sicherheit* ist der höchste soziale Begriff der bürgerlichen Gesellschaft, der Begriff der *Polizei,* daß die ganze Gesellschaft nur da ist, um jedem ihrer Glieder die Erhaltung seiner Person, seiner Rechte und seines Eigentums zu garantieren. Hegel nennt in diesem Sinn die bürgerliche Gesellschaft »den Not- und Verstandesstaat«.

Durch den Begriff der Sicherheit erhebt sich die bürgerliche Gesellschaft nicht über ihren Egoismus. Die Sicherheit ist vielmehr die *Versicherung* ihres Egoismus.

Keines der sogenannten Menschenrechte geht also über den egoistischen Menschen hinaus, über den Menschen, wie er Mitglied der bürgerlichen Gesellschaft, nämlich auf sich, auf sein Privatinteresse und seine Privatwillkür zurückgezogenes und vom Gemeinwesen abgesondertes Individuum ist. Weit entfernt, daß der Mensch in ihnen als Gattungswesen aufgefaßt wurde, erscheint vielmehr das Gattungsleben selbst, die Gesellschaft, als ein den Individuen äußerlicher Rahmen, als Beschränkung ihrer ursprünglichen Selbständigkeit. Das einzige Band, das sie zusammenhält, ist die Naturnotwendigkeit, das Bedürfnis und das Privatinteresse, die Konservation ihres Eigentums und ihrer egoistischen Person.

Es ist schon rätselhaft, daß ein Volk, welches eben beginnt, sich zu befreien, alle Barrieren zwischen den verschiedenen Volksgliedern niederzureißen, ein politisches Gemeinwesen zu gründen, daß ein solches Volk die Berechtigung des egoistischen, vom Mitmenschen und vom Gemeinwesen abgesonderten Menschen feierlich proklamiert (Déclaration de 1791), ja diese Proklamation in einem Augenblicke wiederholt, wo die heroischste Hingebung allein die Nation retten kann und daher gebieterisch verlangt wird, in einem Augenblicke, wo die Aufopferung aller Interessen der bürgerlichen Gesellschaft zur Tagesordnung erhoben und der Egoismus als ein Verbrechen bestraft werden muß. (Déclaration des droits de l'homme etc. de 1793.) Noch rätselhafter wird diese Tatsache, wenn wir sehen, daß das Staatsbürgertum, das *politische Gemeinwesen* von den politischen Emanzipatoren sogar zum bloßen *Mittel* für die Erhaltung dieser sogenannten Menschenrechte herabgesetzt, daß also der citoyen zum Diener des egoistischen homme erklärt, die Sphäre, in welcher der Mensch sich als Gemeinwesen verhält, unter die Sphäre, in welcher er sich als Teilwesen verhält, degradiert, endlich nicht der Mensch als citoyen, sondern der Mensch als bourgeois für den *eigentlichen* und *wahren* Menschen genommen wird.

»Le *but* de toute *association politique,* est la *conservation* des droits naturels et imprescriptibles de l'homme.« (Déclaration des droits etc. de 1791 article 2.) »Le *gouvernement* est institué pour garantir à l'homme la jouissance de ses droits naturels et imprescriptibles.« (Déclaration etc. de 1793 article 1.)

Also selbst in den Momenten seines noch jugendfrischen und durch den Drang der Umstände auf die Spitze getriebenen Enthusiasmus, erklärt sich das politische Leben für ein bloßes *Mittel,* dessen Zweck das Leben der bürgerlichen Gesellschaft ist. Zwar steht seine revolutionäre Praxis in flagrantem Widerspruch mit seiner Theorie. Während z. B. die Sicherheit als ein Menschenrecht erklärt wird, wird die Verletzung des Briefgeheimnisses öffentlich auf die Tagesordnung gesetzt. Während die »liberté *indéfinie* de la presse« (Constitution de 1793 article 122) als Konsequenz des Menschenrechts, der individuellen Freiheit, garantiert wird, wird die Preßfreiheit vollständig vernichtet, denn »la liberté de la presse ne doit pas être permise lorsqu'elle compromet la liberté publique« (Robespierre jeune, »Histoire parlementaire de la révolution française« par Buchez et Roux, T. 28 p. 159), d. h. also: Das Menschenrecht der Freiheit hört auf, ein Recht zu sein, sobald es mit dem *politischen* Leben in Konflikt tritt, während der Theorie nach das politische Leben nur die Garantie der Menschenrechte, der Rechte des individuellen Menschen ist, also aufgegeben werden muß, sobald es seinem *Zwecke*, diesen Menschenrechten widerspricht. Aber die Praxis ist nur die Ausnahme, und die Theorie ist die Regel. Will man aber selbst die revolutionäre Praxis als die richtige Stellung des Verhältnisses betrachten, so bleibt immer noch das Rätsel zu lösen, warum im Bewußtsein der politischen Emanzipatoren das Verhältnis auf den Kopf gestellt ist und der Zweck als Mittel, das Mittel als Zweck erscheint. Diese optische Täuschung ihres Bewußtseins wäre immer noch dasselbe Rätsel, obgleich dann ein psychologisches, ein theoretisches Rätsel.

Das Rätsel löst sich einfach.

Die politische Emanzipation ist zugleich die *Auflösung* der alten Gesellschaft, auf welcher das dem Volk entfremdete Staatswesen, die Herrschermacht, ruht. Die politische Revolution ist die Revolution der bürgerlichen Gesellschaft. Welches war der Charakter der alten Gesellschaft? Ein Wort charakterisiert sie. Die *Feudalität*. Die alte bürgerliche Gesellschaft hatte *unmittelbar* einen *politischen* Charakter, d. h., die Elemente des bürgerlichen Lebens, wie z. B. der Besitz oder die Familie oder die Art und Weise der Arbeit, waren in der Form der Grundherrlichkeit, des Standes und der Korporation zu Elementen des Staatslebens erhoben. Sie bestimmten in dieser Form das Verhältnis des einzelnen Individuums zum *Staatsganzen*, d. h. sein *politisches* Verhältnis, d. h. sein Verhältnis der Trennung und Ausschließung von den andern Bestandteilen der Gesellschaft. Denn jene Organisation des Volkslebens erhob den Besitz oder die Arbeit nicht zu sozialen Elementen, sondern vollendete vielmehr ihre *Trennung* von dem Staatsganzen und konstituierte sie zu *besondern* Gesellschaften in der Gesellschaft. So waren indes immer noch die Lebensfunktionen und Lebensbedingungen der bürgerlichen Gesellschaft politisch, wenn auch politisch im Sinne der Feudalität, d. h., sie schlossen das Individuum vom Staatsganzen ab, sie verwandelten das *besondere* Verhältnis seiner Korporation zum Staatsganzen in sein eignes allgemeines Verhältnis zum Volksleben, wie seine bestimmte bürgerliche Tätigkeit und Situation in seine allgemeine Tätigkeit und Situation. Als Konsequenz dieser Organisation erscheint notwendig die Staatseinheit, wie das Bewußtsein, der Wille und die Tätigkeit der Staatseinheit, die allgemeine Staatsmacht, ebenfalls als *besondere* Angelegenheit eines von dem Volk abgeschiedenen Herrschers und seiner Diener.

Die politische Revolution, welche diese Herrschermacht stürzte und die Staatsangelegenheiten zu Volksangelegenheiten erhob, welche den politischen Staat als *allgemeine* Angelegenheit, d. h. als wirklichen Staat konstituierte, zerschlug notwendig alle Stände, Korporationen, Innungen, Privilegien, die ebenso viele Ausdrücke der Trennung des Volkes von seinem Gemeinwesen waren. Die politische Revolution *hob* damit den *politischen Charakter der bürgerlichen Gesellschaft auf.* Sie zerschlug die bürgerliche Gesellschaft in ihre einfachen Bestandteile, einerseits in die *Individuen*, andrerseits in die *materiellen* und *geistigen Elemente,* welche den Lebensinhalt, die bürgerliche Situation dieser Individuen bilden. Sie entfesselte den politischen Geist, der gleichsam in die verschiedenen Sackgassen der feudalen Gesellschaft zerteilt, zerlegt, zerlaufen war; sie sammelte ihn aus dieser Zerstreuung, sie befreite ihn von seiner Vermischung mit dem bürgerlichen Leben und konstituierte ihn als die Sphäre des Gemeinwesens, der *allgemeinen* Volksangelegenheiten in idealer Unabhängigkeit von jenen *besondern* Elementen des bürgerlichen Lebens. Die *bestimmte* Lebenstätigkeit und die bestimmte Lebenssituation sanken zu einer nur individuellen Bedeutung herab. Sie bildeten nicht mehr das allgemeine Verhältnis des Individuums zum Staatsganzen. Die öffentliche Angelegenheit als solche ward vielmehr zur allgemeinen Angelegenheit jedes Individuums und die politische Funktion zu seiner allgemeinen Funktion.

Allein die Vorstellung des Idealismus des Staats war zugleich die Vollendung des Materialismus der bürgerlichen Gesellschaft. Die Abschüttlung des politischen Jochs war zugleich die Abschüttlung der Bande, welche den egoistischen Geist der bürgerlichen

Gesellschaft gefesselt hielten. Die politische Emanzipation war zugleich die Emanzipation der bürgerlichen Gesellschaft von der Politik, von dem *Schein* selbst eines allgemeinen Inhalts.

Die feudale Gesellschaft war aufgelöst in ihren Grund, in den *Menschen*. Aber in den Menschen, wie er wirklich ihr Grund war, in den *egoistischen* Menschen.

Dieser *Mensch,* das Mitglied der bürgerlichen Gesellschaft, ist nun die Basis, die Voraussetzung des *politischen* Staats. Er ist von ihm als solche anerkannt in den Menschenrechten.

Die Freiheit des egoistischen Menschen und die Anerkennung dieser Freiheit ist aber vielmehr die Anerkennung der *zügellosen* Bewegung der geistigen und materiellen Elemente, welche seinen Lebensinhalt bilden.

Der Mensch wurde daher nicht von der Religion befreit, er erhielt die Religionsfreiheit. Er wurde nicht vom Eigentum befreit. Er erhielt die Freiheit des Eigentums. Er wurde nicht von dem Egoismus des Gewerbes befreit, er erhielt die Gewerbefreiheit.

Die *Konstitution des politischen Staats* und die Auflösung der bürgerlichen Gesellschaft in die unabhängigen *Individuen* – deren Verhältnis das *Recht* ist, wie das Verhältnis der Standes- und Innungsmenschen das *Privilegium* war – vollzieht sich in *einem und demselben Akte.* Der Mensch, wie er Mitglied der bürgerlichen Gesellschaft ist, der *unpolitische* Mensch, erscheint aber notwendig als der *natürliche* Mensch. Die *droits de l'homme* erscheinen als *droits naturels,* denn die *selbstbewußte Tätigkeit* konzentriert sich auf den *politischen Akt.* Der *egoistische* Mensch ist das *passive,* nur *vorgefundne* Resultat der aufgelösten Gesellschaft, Gegenstand der *unmittelbaren Gewißheit,* also *natürlicher* Gegenstand. Die *politische Revolution* löst das bürgerliche Leben in seine Bestandteile auf, ohne diese Bestandteile selbst zu *revolutionieren* und der Kritik zu unterwerfen. Sie verhält sich zur bürgerlichen Gesellschaft, zur Welt der Bedürfnisse, der Arbeit, der Privatinteressen, des Privatrechts, als zur *Grundlage ihres Bestehns,* als zu einer nicht weiter begründeten *Voraussetzung,* daher als zu ihrer *Naturbasis.* Endlich gilt der Mensch, wie er Mitglied der bürgerlichen Gesellschaft ist, für den *eigentlichen* Menschen, für den *homme* im Unterschied von dem *citoyen,* weil er der Mensch in seiner sinnlichen individuellen *nächsten* Existenz ist, während der *politische* Mensch nur der abstrahierte, künstliche Mensch ist, der Mensch als eine *allegorische, moralische* Person. Der wirkliche

Mensch ist erst in der Gestalt des *egoistischen* Individuums, der *wahre* Mensch erst in der Gestalt des *abstrakten citoyen* anerkannt.

Die Abstraktion des politischen Menschen schildert Rousseau richtig also:

»Celui qui ose entreprendre d'instituer un peuple doit se sentir en état de *changer* pour ainsi dire la *nature humaine,* de *transformer* chaque individu, qui par lui-même est un tout parfait et solitaire, en *partie* d'un plus grand tout dont cet individu reçoive en quelque sorte sa vie et son être, de substituer une *existence partielle* et *morale* à l'existence physique et indépendante. Il faut qu'il ôte à *l'homme ses forces propres* pour lui en donner qui lui soient étrangères et dont il ne puisse fair usage sans le secours d'autrui.« (»Contrat Social«, livre II, Londres 1782, p. 67.)

Alle Emanzipation ist *Zurückführung* der menschlichen Welt, der Verhältnisse, auf den *Menschen selbst.*

Die politische Emanzipation ist die Reduktion des Menschen, einerseits auf das Mitglied der bürgerlichen Gesellschaft, auf das *egoistische unabhängige* Individuum, andrerseits auf den *Staatsbürger,* auf die moralische Person.

Erst wenn der wirkliche individuelle Mensch den abstrakten Staatsbürger in sich zurücknimmt und als individueller Mensch in seinem empirischen Leben, in seiner individuellen Arbeit, in seinen individuellen Verhältnissen, *Gattungswesen* geworden ist, erst wenn der Mensch seine »forces propres« als *gesellschaftliche* Kräfte erkannt und organisiert hat und daher die gesellschaftliche Kraft nicht mehr in der Gestalt der *politischen* Kraft von sich trennt, erst dann ist die menschliche Emanzipation vollbracht.

[...]

KARL MARX:
ZUR KRITIK DER HEGELSCHEN RECHTSPHILOSOPHIE.
EINLEITUNG (1844) [1]

Für Deutschland ist die *Kritik der Religion* im wesentlichen beendigt, und die Kritik der Religion ist die Voraussetzung aller Kritik.

Die *profane* Existenz des Irrtums ist kompromittiert, nachdem

---

1 [Text nach: MEW Bd. 1, S. 378—391.]

seine *himmlische oratio pro aris et focis* widerlegt ist. Der Mensch, der in der phantastischen Wirklichkeit des Himmels, wo er einen Übermenschen suchte, nur den *Widerschein* seiner selbst gefunden hat, wird nicht mehr geneigt sein, nur den *Schein* seiner selbst, nur den Unmenschen zu finden, wo er seine wahre Wirklichkeit sucht und suchen muß.

Das Fundament der irreligiösen Kritik ist: Der *Mensch macht die Religion,* die Religion macht nicht den Menschen. Und zwar ist die Religion das Selbstbewußtsein und das Selbstgefühl des Menschen, der sich selbst entweder noch nicht erworben oder schon wieder verloren hat. Aber *der Mensch,* das ist kein abstraktes, außer der Welt hockendes Wesen. Der Mensch, das ist *die Welt des Menschen,* Staat, Sozietät. Dieser Staat, diese Sozietät produzieren die Religion, ein *verkehrtes Weltbewußtsein,* weil sie eine *verkehrte Welt* sind. Die Religion ist die allgemeine Theorie dieser Welt, ihr enzyklopädisches Kompendium, ihre Logik in populärer Form, ihr spiritualistischer Point-d'honneur, ihr Enthusiasmus, ihre moralische Sanktion, ihre feierliche Ergänzung, ihr allgemeiner Trost- und Rechtfertigungsgrund. Sie ist die *phantastische Verwirklichung* des menschlichen Wesens, weil das *menschliche Wesen* keine wahre Wirklichkeit besitzt. Der Kampf gegen die Religion ist also mittelbar der Kampf gegen *jene Welt,* deren geistiges *Aroma* die Religion ist.

Das *religiöse* Elend ist in einem der *Ausdruck* des wirklichen Elendes und in einem die *Protestation* gegen das wirkliche Elend. Die Religion ist der Seufzer der bedrängten Kreatur, das Gemüt einer herzlosen Welt, wie sie der Geist geistloser Zustände ist. Sie ist das *Opium* des Volks.

Die Aufhebung der Religion als des *illusorischen* Glücks des Volkes ist die Forderung seines *wirklichen* Glücks. Die Forderung, die Illusion über seinen Zustand aufzugeben, ist die *Forderung, einen Zustand aufzugeben, der der Illusionen bedarf.* Die Kritik der Religion ist also im *Keim* die *Kritik des Jammertales,* dessen *Heiligenschein* die Religion ist.

Die Kritik hat die imaginären Blumen an der Kette zerpflückt, nicht damit der Mensch die phantasielose, trostlose Kette trage, sondern damit er die Kette abwerfe und die lebendige Blume breche. Die Kritik der Religion enttäuscht den Menschen, damit er denke, handle, seine Wirklichkeit gestalte wie ein enttäuschter, zu Verstand gekommener Mensch, damit er sich um sich selbst und damit um seine wirkliche Sonne bewege. Die Religion ist nur die illusorische Sonne, die sich um den Menschen bewegt, solange er sich nicht um sich selbst bewegt.

Es ist also die *Aufgabe der Geschichte,* nachdem das *Jenseits der Wahrheit* verschwunden ist, die *Wahrheit des Diesseits* zu etablieren. Es ist zunächst die *Aufgabe der Philosophie,* die im Dienste der Geschichte steht, nachdem die *Heiligengestalt* der menschlichen Selbstentfremdung entlarvt ist, die Selbstentfremdung in ihren *unheiligen Gestalten* zu entlarven. Die Kritik des Himmels verwandelt sich damit in die Kritik der Erde, die *Kritik der Religion* in die *Kritik des Rechts,* die *Kritik der Theologie* in die *Kritik der Politik.*

Die nachfolgende Ausführung – ein Beitrag zu dieser Arbeit – schließt zunächst nicht an das Original, sondern an eine Kopie, an die deutsche Staats- und Rechts-*Philosophie* an, aus keinem andern Grunde, als weil sie sich an *Deutschland* anschließt.

Wollte man an den deutschen *status quo* selbst anknüpfen, wenn auch in einzig angemessener Weise, d. h. negativ, immer bliebe das Resultat ein *Anachronismus.* Selbst die Verneinung unserer politischen Gegenwart findet sich schon als bestaubte Tatsache in der historischen Rumpelkammer der modernen Völker. Wenn ich die gepuderten Zöpfe verneine, habe ich immer noch die ungepuderten Zöpfe. Wenn ich die deutschen Zustände von 1843 verneine, stehe ich, nach französischer Zeitrechnung, kaum im Jahre 1789, noch weniger im Brennpunkt der Gegenwart.

Ja, die deutsche Geschichte schmeichelt sich einer Bewegung, welche ihr kein Volk am historischen Himmel weder vorgemacht hat noch nachmachen wird. Wir haben nämlich die Restauration der modernen Völker geteilt, ohne ihre Revolutionen zu teilen. Wir wurden restauriert, erstens, weil andere Völker eine Revolution wagten, und zweitens, weil andere Völker eine Konterrevolution litten, das eine Mal, weil unsere Herren Furcht hatten, und das andere Mal, weil unsere Herren keine Furcht hatten. Wir, unsere Hirten an der Spitze, befanden uns immer nur einmal in der Gesellschaft der Freiheit, am *Tag ihrer Beerdigung.*

Eine Schule, welche die Niederträchtigkeit von heute durch die Niederträchtigkeit von gestern legitimiert, eine Schule, die jeden Schrei des Leibeigenen gegen die Knute für rebellisch erklärt, sobald die Knute eine bejahrte, eine angestammte, eine historische Knute ist, eine Schule, der die Geschichte, wie der Gott Israels seinem Diener Moses, nur ihr *a posteriori* zeigt, die *historische Rechtsschule,* sie hätte daher die deutsche Geschichte erfunden, wäre sie nicht eine Erfindung der deutschen Geschichte. Shylock, aber Shylock der Bediente, schwört sie für jedes Pfund Fleisch, welches aus dem Volksherzen geschnitten wird, auf ihren Schein, auf ihren historischen Schein, auf ihren christlich-germanischen Schein.

Gutmütige Enthusiasten dagegen, Deutschtümler von Blut und Freisinnige von Reflexion, suchen unsere Geschichte der Freiheit jenseits unserer Geschichte in den teutonischen Urwäldern. Wodurch unterscheidet sich aber unsere Freiheitsgeschichte von der Freiheitsgeschichte des Ebers, wenn sie nur in den Wäldern zu finden ist? Zudem ist es bekannt: Wie man hineinschreit in den Wald, schallt es heraus aus dem Wald. Also Friede den teutonischen Urwäldern!

Krieg den deutschen Zuständen! Allerdings! Sie stehn *unter dem Niveau der Geschichte,* sie sind *unter aller Kritik,* aber sie bleiben ein Gegenstand der Kritik, wie der Verbrecher, der unter dem Niveau der Humanität steht, ein Gegenstand des *Scharfrichters* bleibt. Mit ihnen im Kampf ist die Kritik keine Leidenschaft des Kopfs, sie ist der Kopf der Leidenschaft. Sie ist kein anatomisches Messer, sie ist eine Waffe. Ihr Gegenstand ist ihr *Feind,* den sie nicht widerlegen, sondern *vernichten* will. Denn der Geist jener Zustände ist widerlegt. An und für sich sind sie keine *denkwürdigen* Objekte, sondern ebenso verächtliche, als verachtete *Existenzen.* Die Kritik für sich bedarf nicht der Selbstverständigung mit diesem Gegenstand, denn sie ist mit ihm im reinen. Sie gibt sich nicht mehr als *Selbstzweck,* sondern nur noch als *Mittel.* Ihr wesentliches Pathos ist die *Indignation,* ihre wesentliche Arbeit die *Denunziation.*

Es gilt die Schilderung eines wechselseitigen dumpfen Drucks aller sozialen Sphären aufeinander, einer allgemeinen, tatlosen Verstimmung, einer sich ebensosehr anerkennenden als verkennenden Beschränktheit, eingefaßt in den Rahmen eines Regierungssystems, welches, von der Konservation aller Erbärmlichkeiten lebend, selbst nichts ist als die *Erbärmlichkeit an der Regierung.*

Welch ein Schauspiel! Die ins unendliche fortgehende Teilung der Gesellschaft in die mannigfaltigsten Rassen, welche mit kleinen Antipathien, schlechten Gewissen und brutaler Mittelmäßigkeit sich gegenüberstehn, welche eben um ihrer wechselseitigen zweideutigen und argwöhnischen Stellung willen alle ohne Unterschied, wenn auch mit verschiedenen Formalitäten, als *konzessionierte Existenzen* von ihren *Herren* behandelt werden. Und selbst dies, daß sie *beherrscht, regiert, besessen* sind, müssen sie als eine *Konzession des Himmels* anerkennen und bekennen! Andrerseits jene Herrscher selbst, deren Größe in umgekehrtem Verhältnisse zu ihrer Zahl steht!

Die Kritik, die sich mit diesem Inhalt befaßt, ist die Kritik im *Handgemenge,* und im Handgemenge handelt es sich nicht darum, ob der Gegner ein edler, ebenbürtiger, ein *interessanter* Gegner ist, es handelt sich darum, ihn zu *treffen*. Es handelt sich darum, den Deutschen keinen Augenblick der Selbsttäuschung und Resignation zu gönnen. Man muß den wirklichen Druck noch drückender machen, indem man ihm das Bewußtsein des Drucks hinzufügt, die Schmach noch schmachvoller, indem man sie publiziert. Man muß jede Sphäre der deutschen Gesellschaft als die *partie honteuse* der deutschen Gesellschaft schildern, man muß diese versteinerten Verhältnisse dadurch zum Tanzen zwingen, daß man ihnen ihre eigne Melodie vorsingt! Man muß das Volk vor sich selbst *erschrecken* lehren, um ihm *Courage* zu machen. Man erfüllt damit ein unabweisbares Bedürfnis des deutschen Volks, und die Bedürfnisse der Völker sind in eigener Person die letzten Gründe ihrer Befriedigung.

Und selbst für die *modernen* Völker kann dieser Kampf gegen den bornierten Inhalt des deutschen *status quo* nicht ohne Interesse sein, denn der deutsche *status quo* ist die *offenherzige Vollendung des ancien régime,* und das *ancien régime* ist der *versteckte Mangel des modernen Staates*. Der Kampf gegen die deutsche politische Gegenwart ist der Kampf gegen die Vergangenheit der modernen Völker, und von den Reminiszenzen dieser Vergangenheit werden sie noch immer belästigt. Es ist lehrreich für sie, das *ancien régime,* das bei ihnen seine *Tragödie* erlebte, als deutschen Revenant seine *Komödie* spielen zu sehen. *Tragisch* war seine Geschichte, solange es die präexistierende Gewalt der Welt, die Freiheit dagegen ein persönlicher Einfall war, mit einem Wort, solange es selbst an seine Berechtigung glaubte und glauben mußte. Solange das *ancien régime* als vorhandene Weltordnung mit einer erst werdenden Welt kämpfte, stand auf seiner Seite ein weltgeschichtlicher Irrtum, aber kein persönlicher. Sein Untergang war daher tragisch.

Das jetzige deutsche Regime dagegen, ein Anachronismus, ein

flagranter Widerspruch gegen allgemein anerkannte Axiome, die zur Weltschau ausgestellte Nichtigkeit des *ancien régime*, bildet sich nur noch ein, an sich selbst zu glauben, und verlangt von der Welt dieselbe Einbildung. Wenn es an sein eignes *Wesen* glaubte, würde es dasselbe unter dem *Schein* eines fremden Wesens zu verstecken und seine Rettung in der Heuchelei und dem Sophisma suchen? Das moderne *ancien régime* ist nur mehr der *Komödiant* einer Weltordnung, deren *wirkliche Helden* gestorben sind. Die Geschichte ist gründlich und macht viele Phasen durch, wenn sie eine alte Gestalt zu Grabe trägt. Die letzte Phase einer weltgeschichtlichen Gestalt ist ihre *Komödie*. Die Götter Griechenlands, die schon einmal tragisch zu Tode verwundet waren im gefesselten Prometheus des Äschylus, mußten noch einmal komisch sterben in den Gesprächen Lucians. Warum dieser Gang der Geschichte? Damit die Menschheit *heiter* von ihrer Vergangenheit scheide. Diese *heitere* geschichtliche Bestimmung vindizieren wir den politischen Mächten Deutschlands.

Sobald indes die *moderne* politisch-soziale Wirklichkeit selbst der Kritik unterworfen wird, sobald also die Kritik zu wahrhaft menschlichen Problemen sich erhebt, befindet sie sich außerhalb des deutschen *status quo,* oder sie würde ihren Gegenstand *unter* ihrem Gegenstand greifen. Ein Beispiel! Das Verhältnis der Industrie, überhaupt der Welt des Reichtums, zu der politischen Welt ist ein Hauptproblem der modernen Zeit. Unter welcher Form fängt dieses Problem an, die Deutschen zu beschäftigen? Unter der Form der *Schutzzölle*, des *Prohibitivsystems,* der *Nationalökonomie.* Die Deutschtümelei ist aus dem Menschen in die Materie gefahren, und so sahen sich eines Morgens unsere Baumwollritter und Eisenhelden in Patrioten verwandelt. Man beginnt also in Deutschland die Souveränität des Monopols nach innen anzuerkennen, dadurch daß man ihm die *Souveränität nach außen* verleiht. Man beginnt also jetzt in Deutschland anzufangen, womit man in Frankreich und England zu enden beginnt. Der alte faule Zustand, gegen den diese Länder theoretisch im Aufruhr sind und den sie nur noch ertragen, wie man die Ketten erträgt, wird in Deutschland als die aufgehende Morgenröte einer schönen Zukunft begrüßt, die kaum noch wagt, aus der *listigen* Theorie in die schonungsloseste Praxis überzugehn. Während das Problem in Frankreich und England lautet: *Politische Ökonomie* oder *Herrschaft der Sozietät über den Reichtum,* lautet es in Deutschland: *National-Ökonomie* oder *Herr-*

schaft des Privateigentums über die Nationalität. Es gilt also in Frankreich und England, das Monopol, das bis zu seinen letzten Konsequenzen fortgegangen ist, aufzuheben; es gilt in Deutschland, bis zu den letzten Konsequenzen des Monopols fortzugehen. Dort handelt es sich um die Lösung, und hier handelt es sich erst um die Kollision. Ein zureichendes Beispiel von der *deutschen* Form der modernen Probleme, ein Beispiel, wie unsere Geschichte, gleich einem ungeschickten Rekruten, bisher nur die Aufgabe hatte, abgedroschene Geschichten nachzuexerzieren.

Ginge also die *gesamte* deutsche Entwicklung nicht über die *politische* deutsche Entwicklung hinaus, ein Deutscher könnte sich höchstens an den Problemen der Gegenwart beteiligen, wie sich ein *Russe* daran beteiligen kann. Allein wenn das einzelne Individuum nicht gebunden ist durch die Schranken der Nation, ist die gesamte Nation noch weniger befreit durch die Befreiung eines Individuums. Die Skythen haben keinen Schritt zur griechischen Kultur vorwärts getan, weil Griechenland einen Skythen unter seine Philosophen zählt.

Zum Glück sind wir Deutsche keine Skythen.

Wie die alten Völker ihre Vorgeschichte in der Imagination erlebten, in der *Mythologie,* so haben wir Deutsche unsre Nachgeschichte im Gedanken erlebt, in der *Philosophie.* Wir sind *philosophische* Zeitgenossen der Gegenwart, ohne ihre *historischen* Zeitgenossen zu sein. Die deutsche Philosophie ist die *ideale Verlängerung* der deutschen Geschichte. Wenn wir also statt die *œuvres incomplètes* unsrer reellen Geschichte, die *œuvres posthumes* unserer ideellen Geschichte, die *Philosophie,* kritisieren, so steht unsere Kritik mitten unter den Fragen, von denen die Gegenwart sagt: *That is the question.* Was bei den fortgeschrittenen Völkern *praktischer* Zerfall mit den modernen Staatszuständen ist, das ist in Deutschland, wo diese Zustände selbst noch nicht einmal existieren, zunächst *kritischer* Zerfall mit der philosophischen Spiegelung dieser Zustände.

Die *deutsche Rechts- und Staatsphilosophie* ist die einzige mit der *offiziellen* modernen Gegenwart *al pari* stehende *deutsche Geschichte.* Das deutsche Volk muß daher diese seine Traumgeschichte mit zu seinen bestehenden Zuständen schlagen und nicht nur diese bestehenden Zustände, sondern zugleich ihre abstrakte Fortsetzung der Kritik unterwerfen. Seine Zukunft kann sich weder auf die unmittelbare Verneinung seiner reellen noch auf die unmittelbare Vollziehung seiner ideellen Staats- und Rechtszustände *beschränken,* denn die unmittelbare Verneinung seiner reellen Zustände besitzt es in seinen ideellen Zuständen, und die unmittelbare Vollziehung seiner ideellen Zustände hat es in der Anschauung der Nachbarvölker beinahe schon wieder *überlebt.* Mit Recht fordert daher die *praktische* politische Partei in Deutschland die *Negation der Philosophie.* Ihr Unrecht besteht nicht in der Forderung, sondern in dem Stehnbleiben bei der Forderung, die sie ernstlich weder vollzieht noch vollziehen kann. Sie glaubt, jene Negation dadurch zu vollbringen, daß sie der Philosophie den Rücken kehrt und abgewandten Hauptes – einige ärgerliche und banale Phrasen über sie hermurmelt. Die Beschränktheit ihres Gesichtskreises zählt die Philosophie nicht ebenfalls in den Bering der *deutschen* Wirklichkeit oder wähnt sie gar *unter* der deutschen Praxis und den ihr dienenden Theorien. Ihr verlangt, daß man an *wirkliche Lebenskeime* anknüpfen soll, aber ihr vergeßt, daß der wirkliche Lebenskeim des deutschen Volkes bisher nur unter seinem *Hirnschädel* gewuchert hat. Mit einem Wort: *Ihr könnt die Philosophie nicht aufheben, ohne sie zu verwirklichen.*

Dasselbe Unrecht, nur mit *umgekehrten* Faktoren, beging die *theoretische,* von der Philosophie her datierende politische Partei.

Sie erblickte in dem jetzigen Kampf *nur* den *kritischen Kampf der Philosophie mit der deutschen Welt,* sie bedachte nicht, daß die *seitherige Philosophie* selbst zu dieser Welt gehört und ihre, wenn auch ideelle, *Ergänzung* ist. Kritisch gegen ihren Widerpart, verhielt sie sich unkritisch zu sich selbst, indem sie von den *Voraussetzungen* der Philosophie ausging und bei ihren gegebenen Resultaten entweder stehenblieb oder anderweitig hergeholte Forderungen und Resultate für unmittelbare Forderungen und Resultate der Philosophie ausgab, obgleich dieselben – ihre Berechtigung vorausgesetzt – im Gegenteil nur durch die *Negation der seitherigen Philosophie,* der Philosophie als Philosophie, zu erhalten sind. Eine näher eingehende Schilderung dieser Partei behalten wir uns vor. Ihr Grundmangel läßt sich dahin reduzieren: *Sie glaubte, die Philosophie verwirklichen zu können, ohne sie aufzuheben.*

Die Kritik der *deutschen Staats- und Rechtsphilosophie,* welche durch *Hegel* ihre konsequenteste, reichste und letzte Fassung erhalten hat, ist beides, sowohl die kritische Analyse des modernen Staats und der mit ihm zusammenhängenden Wirklichkeit als auch die entschiedene Verneinung der ganzen bisherigen *Weise* des *deut-*

schen politischen und rechtlichen Bewußtseins, dessen vornehmster, universellster, zur *Wissenschaft* erhobener Ausdruck eben die *spekulative Rechtsphilosophie* selbst ist. War nun in Deutschland die spekulative Rechtsphilosophie möglich, dies abstrakte überschwengliche *Denken* des modernen Staats, dessen Wirklichkeit ein Jenseits bleibt, mag dies Jenseits auch nur jenseits des Rheins liegen: so war ebensosehr umgekehrt das *deutsche,* vom *wirklichen Menschen* abstrahierende Gedankenbild des modernen Staats nur möglich, weil und insofern der moderne Staat selbst vom *wirklichen Menschen* abstrahiert oder den *ganzen* Menschen auf eine nur imaginäre Weise befriedigt. Die Deutschen haben in der Politik *gedacht,* was die andern Völker *getan* haben. Deutschland war ihr *theoretisches Gewissen.* Die Abstraktion und Überhebung seines Denkens hielt immer gleichen Schritt mit der Einseitigkeit und Untersetztheit ihrer Wirklichkeit. Wenn also der *status quo* des *deutschen Staatswesens* die *Vollendung des ancien régime* ausdrückt, die Vollendung des Pfahls im Fleische des modernen Staats, so drückt der *status quo* des *deutschen Staatswissens* die *Unvollendung des modernen Staats* aus, die Schadhaftigkeit seines Fleisches selbst.

Schon als entschiedner Widerpart der bisherigen Weise des *deutschen* politischen Bewußtseins verläuft sich die Kritik der spekulativen Rechtsphilosophie nicht in sich selbst, sondern in *Aufgaben,* für deren Lösung es nur ein Mittel gibt: die *Praxis.*

Es fragt sich: Kann Deutschland zu einer Praxis *à la hauteur des principes* gelangen, d. h. zu einer *Revolution,* die es nicht nur auf das *offizielle Niveau* der modernen Völker erhebt, sondern auf die *menschliche Höhe,* welche die nächste Zukunft dieser Völker sein wird?

Die Waffe der Kritik kann allerdings die Kritik der Waffen nicht ersetzen, die materielle Gewalt muß gestürzt werden durch materielle Gewalt, allein auch die Theorie wird zur materiellen Gewalt, sobald sie die Massen ergreift. Die Theorie ist fähig, die Massen zu ergreifen, sobald sie *ad hominem* demonstriert, und sie demonstriert *ad hominem,* sobald sie radikal wird. Radikal sein ist die Sache an der Wurzel fassen. Die Wurzel für den Menschen ist aber der Mensch selbst. Der evidente Beweis für den Radikalismus der deutschen Theorie, also für ihre praktische Energie, ist ihr Ausgang von der entschiedenen *positiven* Aufhebung der Religion. Die Kritik der Religion endet mit der Lehre, daß der

Mensch das höchste Wesen für den Menschen sei, also mit dem *kategorischen Imperativ, alle Verhältnisse umzuwerfen,* in denen der Mensch ein erniedrigtes, ein geknechtetes, ein verlassenes, ein verächtliches Wesen ist, Verhältnisse, die man nicht besser schildern kann als durch den Ausruf eines Franzosen bei einer projektierten Hundesteuer: Arme Hunde! Man will euch wie Menschen behandeln!

Selbst historisch hat die theoretische Emanzipation eine spezifisch praktische Bedeutung für Deutschland. Deutschlands *revolutionäre* Vergangenheit ist nämlich theoretisch, es ist die *Reformation.* Wie damals der *Mönch,* so ist es jetzt der *Philosoph,* in dessen Hirn die Revolution beginnt.

Luther hat allerdings die Knechtschaft aus *Devotion* besiegt, weil er die Knechtschaft aus *Überzeugung* an ihre Stelle gesetzt hat. Er hat den Glauben an die Autorität gebrochen, weil er die Autorität des Glaubens restauriert hat. Er hat die Pfaffen in Laien verwandelt, weil er die Laien in Pfaffen verwandelt hat. Er hat den Menschen von der äußern Religiosität befreit, weil er die Religiosität zum innern Menschen gemacht hat. Er hat den Leib von der Kette emanzipiert, weil er das Herz in Ketten gelegt.

Aber, wenn der Protestantismus nicht die wahre Lösung, so war er die wahre Stellung der Aufgabe. Es galt nun nicht mehr den Kampf des Laien mit dem *Pfaffen außer ihm,* es galt den Kampf mit seinem *eigenen innern Pfaffen,* seiner *pfäffischen Natur.* Und wenn die protestantische Verwandlung der deutschen Laien in Pfaffen die Laienpäpste, die *Fürsten* samt ihrer Klerisei, den Privilegierten und den Philistern, emanzipierte, so wird die philosophische Verwandlung der pfäffischen Deutschen in Menschen das *Volk* emanzipieren. Sowenig aber die Emanzipation bei den Fürsten, sowenig wird die *Säkularisation* der Güter bei dem *Kirchenraub* stehenbleiben, den vor allen das heuchlerische Preußen ins Werk setzte. Damals scheiterte der Bauernkrieg, die radikalste Tatsache der deutschen Geschichte, an der Theologie. Heute, wo die Theologie selbst gescheitert ist, wird die unfreiste Tatsache der deutschen Geschichte, unser *status quo,* an der Philosophie zerschellen. Den Tag vor der Reformation war das offizielle Deutschland der unbedingteste Knecht von Rom. Den Tag vor seiner Revolution ist es der unbedingte Knecht von weniger als Rom, von Preußen und Österreich, von Krautjunkern und Philistern.

Einer *radikalen* deutschen Revolution scheint indessen eine

Hauptschwierigkeit entgegenzustehn.

Die Revolutionen bedürfen nämlich eines *passiven* Elementes, einer *materiellen* Grundlage. Die Theorie wird in einem Volke immer nur so weit verwirklicht, als sie die Verwirklichung seiner Bedürfnisse ist. Wird nun dem ungeheurn Zwiespalt zwischen den Forderungen des deutschen Gedankens und den Antworten der deutschen Wirklichkeit derselbe Zwiespalt der bürgerlichen Gesellschaft mit dem Staat und mit sich selbst entsprechen? Werden die theoretischen Bedürfnisse unmittelbar praktische Bedürfnisse sein? Es genügt nicht, daß der Gedanke zur Verwirklichung drängt, die Wirklichkeit muß sich selbst zum Gedanken drängen.

Aber Deutschland hat die Mittelstufen der politischen Emanzipation nicht gleichzeitig mit den modernen Völkern erklettert. Selbst die Stufen, die es theoretisch überwunden, hat es praktisch noch nicht erreicht. Wie sollte es mit einem *Salto mortale* nicht nur über seine eignen Schranken hinwegsetzen, sondern zugleich über die Schranken der modernen Völker, über Schranken, die es in der Wirklichkeit als Befreiung von seinen wirklichen Schranken empfinden und erstreben muß? Eine radikale Revolution kann nur die Revolution radikaler Bedürfnisse sein, deren Voraussetzungen und Geburtsstätten eben zu fehlen scheinen.

Allein wenn Deutschland nur mit der abstrakten Tätigkeit des Denkens die Entwicklung der modernen Völker begleitet hat, ohne werktätige Partei an den wirklichen Kämpfen dieser Entwicklung zu ergreifen, so hat es andrerseits die *Leiden* dieser Entwicklung geteilt, ohne ihre Genüsse, ohne ihre partielle Befriedigung zu teilen. Der abstrakten Tätigkeit einerseits entspricht das abstrakte Leiden andrerseits. Deutschland wird sich daher eines Morgens auf dem Niveau des europäischen Verfalls befinden, bevor es jemals auf dem Niveau der europäischen Emanzipation gestanden hat. Man wird es einem *Fetischdiener* vergleichen können, der an den Krankheiten des Christentums siecht.

Betrachtet man zunächst die *deutschen Regierungen,* und man findet sie durch die Zeitverhältnisse, durch die Lage Deutschlands, durch den Standpunkt der deutschen Bildung, endlich durch eignen glücklichen Instinkt getrieben, die *zivilisierten Mängel der modernen Staatswelt,* deren Vorteile wir nicht besitzen, zu kombinieren mit den *barbarischen Mängeln des ancien régime,* dessen wir uns in vollem Maße erfreuen, so daß Deutschland, wenn nicht am Verstand, wenigstens am Unverstand auch der über seinen *status quo* hinausliegenden Staatsbildungen immer mehr partizipieren muß. Gibt es z. B. ein Land in der Welt, welches so naiv alle Illusionen des konstitutionellen Staatswesens teilt, ohne seine Realitäten zu teilen, als das sogenannte konstitutionelle Deutschland? Oder war es nicht notwendig ein deutscher Regierungseinfall, die Qualen der Zensur mit den Qualen der französischen Septembergesetze, welche die Preßfreiheit voraussetzen, zu verbinden! Wie man im römischen Pantheon die *Götter* aller Nationen fand, so wird man im heiligen römischen deutschen Reich die *Sünden* aller Staatsformen finden. Daß dieser Eklektizismus eine bisher nicht geahnte Höhe erreichen wird, dafür bürgt namentlich die *politischästhetische Gourmanderie* eines deutschen Königs [1], der alle Rollen des Königtums, des feudalen wie des bürokratischen, des absoluten wie des konstitutionellen, des autokratischen wie des demokratischen, wenn nicht nur die Person des Volkes, so doch in *eigner* Person, wenn nicht für das Volk, so doch für *sich selbst* zu spielen gedenkt. *Deutschland als der zu einer eignen Welt konstituierte Mangel der politischen Gegenwart* wird die spezifisch deutschen Schranken nicht niederwerfen können, ohne die allgemeine Schranke der politischen Gegenwart niederzuwerfen.

Nicht die *radikale* Revolution ist utopischer Traum für Deutschland, nicht die *allgemein menschliche* Emanzipation, sondern vielmehr die teilweise, die *nur* politische Revolution, die Revolution, welche die Pfeiler des Hauses stehenläßt. Worauf beruht eine teilweise, eine nur politische Revolution? Darauf, daß ein *Teil der bürgerlichen Gesellschaft* sich emanzipiert und zur *allgemeinen* Herrschaft gelangt, darauf, daß eine bestimmte Klasse von ihrer *besondern Situation* aus die allgemeine Emanzipation der Gesellschaft unternimmt. Diese Klasse befreit die ganze Gesellschaft, aber nur unter der Voraussetzung, daß die ganze Gesellschaft sich in der Situation dieser Klasse befindet, also z. B. Geld und Bildung besitzt oder beliebig erwerben kann.

Keine Klasse der bürgerlichen Gesellschaft kann diese Rolle spielen, ohne ein Moment des Enthusiasmus in sich und in der Masse hervorzurufen, ein Moment, worin sie mit der Gesellschaft im allgemeinen fraternisiert und zusammenfließt, mit ihr verwechselt und als deren *allgemeiner Repräsentant* empfunden und anerkannt wird, ein Moment, worin ihre Ansprüche und Rechte in Wahrheit

---

1 [d. i. Friedrich Wilhelm IV.]

die Rechte und Ansprüche der Gesellschaft selbst sind, worin sie wirklich der soziale Kopf und das soziale Herz ist. Nur im Namen der allgemeinen Rechte der Gesellschaft kann eine besondere Klasse sich die allgemeine Herrschaft vindizieren. Zur Erstürmung dieser emanzipatorischen Stellung und damit zur politischen Ausbeutung aller Sphären der Gesellschaft im Interesse der eignen Sphäre reichen revolutionäre Energie und geistiges Selbstgefühl allein nicht aus. Damit die *Revolution eines Volkes* und die *Emanzipation einer besondern Klasse* der bürgerlichen Gesellschaft zusammenfallen, damit *ein* Stand für den Stand der ganzen Gesellschaft gelte, dazu müssen umgekehrt alle Mängel der Gesellschaft in einer andern Klasse konzentriert, dazu muß ein bestimmter Stand der Stand des allgemeinen Anstoßes, die Inkorporation der allgemeinen Schranke sein, dazu muß eine besondre soziale Sphäre für das *notorische Verbrechen* der ganzen Sozietät gelten, so daß die Befreiung von dieser Sphäre als die allgemeine Selbstbefreiung erscheint. Damit *ein* Stand *par excellence* der Stand der Befreiung, dazu muß umgekehrt ein andrer Stand der offenbare Stand der Unterjochung sein. Die negativ-allgemeine Bedeutung des französischen Adels und der französischen Klerisei bedingte die positiv-allgemeine Bedeutung der zunächst angrenzenden und entgegenstehenden Klasse der *Bourgeoisie*.

Es fehlt aber jeder besondern Klasse in Deutschland nicht nur die Konsequenz, die Schärfe, der Mut, die Rücksichtslosigkeit, die sie zum negativen Repräsentanten der Gesellschaft stempeln könnte. Es fehlt ebensosehr jedem Stande jene Breite der Seele, die sich mit der Volksseele, wenn auch nur momentan, identifiziert, jene Genialität, welche die materielle Macht zur politischen Gewalt begeistert, jene revolutionäre Kühnheit, welche dem Gegner die trotzige Parole zuschleudert: *Ich bin nichts, und ich müßte alles sein.* Den Hauptstock deutscher Moral und Ehrlichkeit, nicht nur der Individuen, sondern auch der Klassen, bildet vielmehr jener *bescheidene Egoismus,* welcher seine Beschränktheit geltend macht und gegen sich geltend machen läßt. Das Verhältnis der verschiedenen Sphären der deutschen Gesellschaft ist daher nicht dramatisch, sondern episch. Jede derselben beginnt sich zu empfinden und neben die andern mit ihren besondern Ansprüchen hinzulagern, nicht sobald sie gedrückt wird, sondern sobald ohne ihr Zutun die Zeitverhältnisse eine gesellige Unterlage schaffen, auf die sie ihrerseits den Druck ausüben kann. Sogar das *moralische Selbstgefühl der deut-*

schen Mittelklasse beruht nur auf dem Bewußtsein, die allgemeine Repräsentantin von der philisterhaften Mittelmäßigkeit aller übrigen Klassen zu sein. Es sind daher nicht nur die deutschen Könige, die *mal-à-propos* auf den Thron gelangen, es ist jede Sphäre der bürgerlichen Gesellschaft, die ihre Niederlage erlebt, bevor sie ihren Sieg gefeiert, ihre eigne Schranke entwickelt, bevor sie die ihr gegenüberstehende Schranke überwunden, ihr engherziges Wesen geltend machen konnte, so daß selbst die Gelegenheit einer großen Rolle immer vorüber ist, bevor sie vorhanden war, so daß jede Klasse, sobald sie den Kampf mit der über ihr stehenden Klasse beginnt, in den Kampf mit der unter ihr stehenden verwickelt ist. Daher befindet sich das Fürstentum im Kampf gegen das Königtum, der Bürokrat im Kampf gegen den Adel, der Bourgeois im Kampf gegen sie alle, während der Proletarier schon beginnt, sich im Kampf gegen den Bourgeois zu befinden. Die Mittelklasse wagt kaum von ihrem Standpunkt aus den Gedanken der Emanzipation zu fassen, und schon erklärt die Entwicklung der sozialen Zustände wie der Fortschritt der politischen Theorie diesen Standpunkt selbst für antiquiert oder wenigstens für problematisch.

In Frankreich genügt es, daß einer etwas sei, damit er alles sein wolle. In Deutschland darf einer nichts sein, wenn er nicht auf alles verzichten soll. In Frankreich ist die partielle Emanzipation der Grund der universellen. In Deutschland ist die universelle Emanzipation *conditio sine qua non* jeder partiellen. In Frankreich muß die Wirklichkeit, in Deutschland muß die Unmöglichkeit der stufenweisen Befreiung die ganze Freiheit gebären. In Frankreich ist jede Volksklasse *politischer Idealist* und empfindet sich zunächst nicht als besondere Klasse, sondern als Repräsentant der sozialen Bedürfnisse überhaupt. Die Rolle des *Emanzipators* geht also der Reihe nach in dramatischer Bewegung an die verschiedenen Klassen des französischen Volkes über, bis sie endlich bei der Klasse anlangt, welche die soziale Freiheit nicht mehr unter der Voraussetzung gewisser, außerhalb des Menschen liegender und doch von der menschlichen Gesellschaft geschaffener Bedingungen verwirklicht, sondern vielmehr alle Bedingungen der menschlichen Existenz unter der Voraussetzung der sozialen Freiheit organisiert. In Deutschland dagegen, wo das praktische Leben ebenso geistlos als das geistige Leben unpraktisch ist, hat keine Klasse der bürgerlichen Gesellschaft das Bedürfnis und die Fähigkeit der allgemeinen Emanzipation, bis sie nicht durch ihre *unmittelbare* Lage, durch die *materielle* Notwendigkeit, durch ihre *Ketten selbst* dazu gezwungen wird.

Wo also die *positive* Möglichkeit der deutschen Emanzipation?

Antwort: In der Bildung einer Klasse mit *radikalen Ketten,* einer Klasse der bürgerlichen Gesellschaft, welche keine Klasse der bürgerlichen Gesellschaft ist, eines Standes, welcher die Auflösung aller Stände ist, einer Sphäre, welche einen universellen Charakter durch ihre universellen Leiden besitzt und kein *besondres Recht* in Anspruch nimmt, weil kein *besondres Unrecht,* sondern *das Unrecht schlechthin* an ihr verübt wird, welche nicht mehr auf einen *historischen,* sondern nur noch auf den *menschlichen* Titel provozieren kann, welche in keinen einseitigen Gegensatz zu den Konsequenzen, sondern in einem allseitigen Gegensatz zu den Voraussetzungen des deutschen Staatswesens steht, einer Sphäre endlich, welche sich nicht emanzipieren kann, ohne sich von allen übrigen Sphären der Gesellschaft und damit alle übrigen Sphären der Gesellschaft zu emanzipieren, welche mit einem Wort der *völlige Verlust* des Menschen ist, also nur durch die *völlige Wiedergewinnung des Menschen* sich selbst gewinnen kann. Diese Auflösung der Gesellschaft als ein besonderer Stand ist das *Proletariat*.

Das Proletariat beginnt erst durch die hereinbrechende *industrielle* Bewegung für Deutschland zu werden, denn nicht die *naturwüchsig entstandne,* sondern *die künstlich produzierte* Armut, nicht die mechanisch durch die Schwere der Gesellschaft niedergedrückte, sondern die aus ihrer *akuten Auflösung,* vorzugsweise aus der Auflösung des Mittelstandes, hervorgehende Menschenmasse bildet das Proletariat, obgleich allmählich, wie sich von selbst versteht, auch die naturwüchsige Armut und die christlich-germanische Leibeigenschaft in seine Reihen treten.

Wenn das Proletariat die *Auflösung der bisherigen Weltordnung* verkündet, so spricht es nur das *Geheimnis seines eignen Daseins aus,* denn es *ist* die *faktische* Auflösung dieser Weltordnung. Wenn das Proletariat die *Negation des Privateigentums* verlangt, so erhebt es nur zum *Prinzip der Gesellschaft, was* die Gesellschaft zu *seinem* Prinzip erhoben hat, was in *ihm* als negatives Resultat der Gesellschaft schon ohne sein Zutun verkörpert ist. Der Proletarier befindet sich dann in bezug auf die werdende Welt in demselben Recht, in welchem der *deutsche König* in bezug auf die gewordene Welt sich befindet, wenn er das Volk *sein* Volk wie das Pferd *sein* Pferd nennt. Der König, indem er das Volk für sein Privateigentum erklärt, spricht es nur aus, daß der Privateigentümer König ist.

Wie die Philosophie im Proletariat ihre *materiellen,* so findet das Proletariat in der Philosophie seine *geistigen* Waffen, und sobald der Blitz des Gedankens gründlich in diesen naiven Volksboden eingeschlagen ist, wird sich die Emanzipation der *Deutschen zu Menschen* vollziehn.

Resümieren wir das Resultat:

Die einzig *praktisch* mögliche Befreiung Deutschlands ist die Befreiung auf dem Standpunkt *der* Theorie, welche den Menschen für das höchste Wesen des Menschen erklärt. In Deutschland ist die Emanzipation von dem *Mittelalter* nur möglich als die Emanzipation zugleich von den *teilweisen* Überwindungen des Mittelalters. In Deutschland kann *keine* Art der Knechtschaft gebrochen werden, ohne *jede* Art der Knechtschaft zu brechen. Das *gründliche* Deutschland kann nicht revolutionieren, ohne *von Grund aus* zu revolutionieren. Die *Emanzipation des Deutschen* ist die *Emanzipation des Menschen.* Der *Kopf* dieser Emanzipation ist die *Philosophie,* ihr *Herz* das *Proletariat.* Die Philosophie kann sich nicht verwirklichen ohne die Aufhebung des Proletariats, das Proletariat kann sich nicht aufheben ohne die Verwirklichung der Philosophie.

Wenn alle innern Bedingungen erfüllt sind, wird der *deutsche Auferstehungstag* verkündet werden durch das *Schmettern des gallischen Hahns.*

KARL MARX: KRITIK DER HEGELSCHEN DIALEKTIK UND PHILOSOPHIE ÜBERHAUPT (1844) [1]

[...]

Zweitens liegt hierin, daß der selbstbewußte Mensch, insofern er die geistige Welt – oder das geistige allgemeine Dasein seiner Welt – als Selbstentäußerung erkannt und aufgehoben hat, er dieselbe dennoch wieder in dieser entäußerten Gestalt bestätigt und als sein wahres Dasein ausgibt, sie wiederherstellt, [*in seinem*] [2] *Anderssein als solchem bei sich* zu sein vorgibt, also nach Aufhebung z. B. der Religion, nach der Erkennung der Religion als eines

---

1 [Text nach: Ergänzungsband, 1. Teil, S. 581, 581—582, 582—583.]
2 [Durch Tintenfleck verdeckt.]

Produkts der Selbstentäußerung, dennoch in der *Religion* als *Religion* sich bestätigt findet. Hier *ist* die Wurzel des *falschen* Positivismus Hegels oder seines nur *scheinbaren* Kritizismus: was Feuerbach als Setzen, Negieren und Wiederherstellen der Religion oder Theologie bezeichnet – was aber allgemeiner zu fassen ist. Also die Vernunft ist bei sich in der Unvernunft als Unvernunft. Der Mensch, der in Recht, Politik etc. ein entäußertes Leben zu führen erkannt hat, führt in diesem entäußerten Leben als solchem sein wahres menschliches Leben. Die Selbstbejahung, Selbstbestätigung im *Widerspruch* mit sich selbst, sowohl mit dem Wissen als mit dem Wesen des Gegenstandes, ist also das wahre *Wissen* und *Leben.*

Von einer Akkommodation Hegels gegen Religion, Staat etc. kann also keine Rede mehr sein, da diese Lüge die Lüge seines Prinzips ist.

[...]

Bei Hegel ist die Negation der Negation daher nicht die Bestätigung des wahren Wesens, eben durch Negation des Scheinwesens, sondern die Bestätigung des Scheinwesens oder des sich entfremdeten Wesens in seiner Verneinung oder die Verneinung dieses Scheinwesens als eines gegenständlichen, außer dem Menschen hausenden und von ihm unabhängigen Wesens und seine Verwandlung in das Subjekt.

Eine eigentümliche Rolle spielt daher das *Aufheben,* worin die Verneinung und die Aufbewahrung, die Bejahung verknüpft sind. So z. B. ist in Hegels Rechtsphilosophie das aufgehobne *Privatrecht = Moral,* die aufgehobne Moral = *Familie,* die aufgehobne Familie = *bürgerlicher Gesellschaft,* die aufgehobne bürgerliche Gesellschaft = *Staat,* der aufgehobne Staat = *Weltgeschichte.* In der *Wirklichkeit* bleiben Privatrecht, Moral, Familie, bürgerliche Gesellschaft, Staat etc. bestehn, nur sind sie zu *Momenten* geworden, zu Existenzen und Daseinsweisen des Menschen, die nicht isoliert gelten, sich wechselseitig auflösen und erzeugen etc., *Momente der Bewegung.*

In ihrer wirklichen Existenz ist dies ihr *bewegliches* Wesen verborgen. Zum Vorschein, zur Offenbarung kömmt es erst im Denken, in der Philosophie, und darum ist mein wahres religiöses Dasein mein *religionsphilosophisches* Dasein, mein wahres politisches Dasein mein *rechtsphilosophisches* Dasein, mein wahres natürliches Dasein das *naturphilosophische* Dasein, mein wahres künstlerisches Dasein das *kunstphilosophische Dasein,* mein wahres mensch-

liches Dasein mein *philosophisches Dasein.* Ebenso ist die wahre Existenz von Religion, Staat, Natur, Kunst: die Religions-, Natur-, Staats-, Kunst*philosophie.* Wenn aber nur die Religionsphilosophie etc. mir das wahre Dasein der Religion ist, so bin ich auch nur als *Religionsphilosoph* wahrhaft religiös, und so verleugne ich die *wirkliche* Religiosität und den wirklich *religiösen* Menschen. Aber zugleich *bestätige* ich sie, teils innerhalb meines eignen Daseins oder innerhalb des fremden Daseins, das ich ihnen entgegensetze, denn dieses *ist* nur ihr *philosophischer* Ausdruck; teils in ihrer eigentümlichen ursprünglichen Gestalt, denn sie gelten mir als das nur *scheinbare* Anderssein, als Allegorien, unter sinnlichen Hüllen verborgne Gestalten ihres eignen wahren, id est meines *philosophischen* Daseins.

[...]

Einerseits ist dies Aufheben ein Aufheben des gedachten Wesens, also das *gedachte* Privateigentum hebt sich auf in den *Gedanken* der Moral. Und weil das Denken sich einbildet, unmittelbar das andre seiner selbst zu sein, *sinnliche Wirklichkeit,* also ihm seine Aktion auch für *sinnliche wirkliche* Aktion gilt, so glaubt dies denkende Aufheben, welches seinen Gegenstand in der Wirklichkeit stehnläßt, ihn wirklich überwunden zu haben und andrerseits, weil er ihm nun als Gedankenmoment geworden ist, darum gilt er ihm auch in seiner Wirklichkeit als Selbstbestätigung seiner selbst, des Selbstbewußtseins, der Abstraktion.

||XXX| Nach der einen Seite hin ist das Dasein, welches Hegel in die Philosophie *aufhebt,* daher nicht die *wirkliche* Religion, Staat, Natur, sondern die Religion selbst schon als ein Gegenstand des Wissens, die *Dogmatik,* so die *Jurisprudenz, Staatswissenschaft, Naturwissenschaft.* Nach der einen Seite steht er also im Gegensatz sowohl zu dem *wirklichen* Wesen als zu der unmittelbaren unphilosophischen *Wissenschaft* oder zu den unphilosophischen *Begriffen* dieses Wesens. Er widerspricht daher ihren gangbaren Begriffen.

Andrerseits kann sich der religiöse etc. Mensch in Hegel seine letzte Bestätigung finden.

[...]

KARL MARX: KRITISCHE RANDGLOSSEN ZU DEM ARTIKEL »DER KÖNIG VON PREUSSEN UND DIE SOZIALREFORM. VON EINEM PREUSSEN« (1844) [1]

[...]

Unterscheiden wir, was der »Preuße« vernachlässigt, unterscheiden wir die verschiedenen Kategorien, die unter dem Ausdrucke »*deutsche Gesellschaft*« zusammengefaßt worden: Regierung, Bourgeoisie, Presse, endlich die Arbeiter selbst. Das sind die *verschiedenen* Massen, um die es sich hier handelt. Der »Preuße« faßt diese Massen zusammen und verurteilt sie von seinem erhabenen Standpunkt aus in Masse. Die *deutsche Gesellschaft* ist nach ihm »noch nicht einmal bei dem *Vorgefühl* ihrer ›Reform‹ angelangt«. Warum fehlt ihr dieser Instinkt?

»In einem *unpolitischen* Lande wie Deutschland«, antwortet der Preuße, »ist es unmöglich, die *partielle* Not der Fabrikdistrikte als eine *allgemeine Angelegenheit,* geschweige denn als einen Schaden der ganzen zivilisierten Welt zur Anschauung zu bringen. Das Ereignis hat für die Deutschen denselben Charakter wie irgendeine *lokale* Wassers- oder Hungersnot. Der König nimmt es daher als einen *Verwaltungs-* und *Mildtätigkeitsmangel.«*

Der »Preuße« erklärt also diese *verkehrte* Auffassung der Arbeiternot aus der *Eigentümlichkeit* eines *unpolitischen* Landes.

Man wird zugeben: England ist ein *politisches* Land. Man wird ferner zugeben: England ist das *Land des Pauperismus,* sogar dies Wort ist englischen Ursprungs. Die Betrachtung Englands ist also das sicherste Experiment, um das *Verhältnis* eines *politischen* Landes zum *Pauperismus* kennenzulernen. In England ist die Arbeiternot nicht *partiell,* sondern *universell*; nicht auf die Fabrikdistrikte beschränkt, sondern auf die Landdistrikte ausgedehnt. Die Bewegungen sind hier nicht im Entstehen, sie kehren seit beinahe einem Jahrhundert periodisch wieder.

[...]

Die jetzige englische Armengesetzgebung datiert von dem Gesetz im 43. Akt der Regierung der Elisabeth*. Worin bestehen die

---

* Es ist für unsern Zweck nicht nötig, bis zum Statut der Arbeiter unter *Eduard III.* zurückzugehen.

---

[1] [Text nach: MEW Bd. 1, S. 395, 397—399, 400—402, 407—408, 408—409.]

Mittel dieser Gesetzgebung? In der Verpflichtung der Pfarreien zur Unterstützung ihrer armen Arbeiter, in der Armentaxe, in der legalen Wohltätigkeit. Zwei Jahrhunderte hat diese Gesetzgebung – die Wohltätigkeit auf dem Wege der Verwaltung – gedauert. Nach langen und schmerzlichen Erfahrungen, auf welchem Standpunkte finden wir das Parlament in seiner Amendment-Bill von 1834?

Zunächst erklärt es die fürchterliche Zunahme des Pauperismus aus einem »*Verwaltungsmangel*«.

Die Administration der Armentaxe, die aus Beamten der respektiven Pfarreien bestand, wird daher reformiert. Man bildet *Unionen* von ungefähr zwanzig Pfarreien, die in eine einzige Administration vereinigt sind. Ein Büro von Beamten – Board of Guardians –, von Beamten, welche durch die Steuerpflichtigen gewählt werden, versammelt sich an einem bestimmten Tage in der Residenz der Union und entscheidet über die Zulässigkeit der Unterstützung. Diese Büros werden gelenkt und überwacht von Abgeordneten der Regierung, der Zentral-Kommission von Somerset House, dem *Ministerium* des *Pauperismus,* nach der treffenden Bezeichnung eines Franzosen. Das Kapital, welches diese Administration überwacht, kommt fast der Summe gleich, welche die Kriegsadministration in Frankreich kostet. Die Zahl der Lokaladministrationen, welche sie beschäftigt, beläuft sich auf 500, und jede dieser Lokaladministrationen setzt wenigstens wieder zwölf Beamte in Tätigkeit.

Das englische Parlament blieb nicht bei der *formellen* Reform der Administration stehen.

Die Hauptquelle des *akuten* Zustandes des englischen Pauperismus fand es in dem *Armengesetz* selbst. Das legale Mittel gegen das soziale Gebrechen, die Wohltätigkeit, begünstige das soziale Gebrechen. Was den Pauperismus *im allgemeinen* betreffe, so sei er ein *ewiges Naturgesetz,* nach der Theorie von *Malthus:* »Da die Bevölkerung unaufhörlich die Subsistenzmittel zu überschreiten strebt, so ist die Wohltätigkeit eine Narrheit, eine öffentliche Aufmunterung für das Elend. Der Staat kann daher nichts tun, als das Elend seinem Schicksal überlassen, und höchstens den Tod der Elenden erleichtern.«

Mit dieser menschenfreundlichen Theorie verbindet das englische Parlament die Ansicht, daß der Pauperismus das *selbstverschuldete Elend der Arbeiter* sei, dem man daher nicht als einem Unglück zuvorzukommen, das man vielmehr als ein Verbrechen zu unterdrücken, zu bestrafen habe.

So entstand das Regime der Workhouses, d. h. der Armenhäuser, deren innere Einrichtung die Elenden *abschreckt,* eine Zuflucht vor dem Hungertod zu suchen. In den Workhouses ist die Wohltätigkeit sinnreich verflochten mit der *Rache* der Bourgeoisie an dem Elenden, der an ihre Wohltätigkeit appelliert.

England hat also zunächst die Vernichtung des Pauperismus durch *Wohltätigkeit* und *Administrationsmaßregeln* versucht. Es erblickte sodann in dem progressiven Fortschritt des Pauperismus nicht die notwendige Konsequenz der modernen *Industrie,* sondern vielmehr die Konsequenz der *englischen Armentaxe.* Es begriff die universelle Not nur als eine *Partikularität* der englischen Gesetzgebung. Was früher aus einem *Wohltätigkeitsmangel,* wurde nun aus einem *Wohltätigkeitsüberfluß* hergeleitet. Endlich wurde das Elend als die Schuld der Elenden betrachtet und als solche an ihnen bestraft.

Die allgemeine Bedeutung, die das *politische* England dem Pauperismus abgewonnen hat, beschränkt sich darauf, daß im Laufe der Entwicklung, trotz der Verwaltungsmaßregeln, der Pauperismus zu einem *Nationalinstitut* sich heraufgebildet hat und daher unvermeidlicherweise zum Gegenstand einer verzweigten und weit ausgedehnten Administration geworden ist, einer Administration, die aber *nicht mehr* die Aufgabe hat, ihn zu ersticken, sondern ihn zu *disziplinieren,* zu verewigen. Diese Administration hat es aufgegeben, durch *positive* Mittel die Quelle des Pauperismus zu verstopfen; sie begnügt sich damit, sooft er an der Oberfläche des offiziellen Landes hervorsprudelt, mit polizeilicher Milde ihm ein Totenbett zu graben. Der englische Staat, weit entfernt, über die Administrations- und Wohltätigkeitsmaßregeln hinauszugehen, ist weit unter sie herabgestiegen. Er administriert nur noch *den* Pauperismus, der die Verzweiflung besitzt, sich einfangen und einsperren zu lassen.

[...]

Sogleich, ohne Verständigung mit den Behörden, hat *keine* Regierung der Welt *Anordnungen* über den Pauperismus getroffen. Das englische Parlament schickte sogar Kommissäre nach allen Ländern Europas, um die verschiedenen administrativen Heilmittel gegen denselben kennenzulernen. Soweit sich die Staaten aber mit dem Pauperismus beschäftigt haben, sind sie bei *Verwaltungs-* und *Wohltätigkeitsmaßregeln* stehengeblieben oder unter die Verwaltung und unter die Wohltätigkeit herabgestiegen.

Kann der *Staat* anders verfahren?

Der *Staat* wird *nie im* »*Staat und der Einrichtung der Gesellschaft*«, wie es der Preuße von seinem König verlangt, den Grund *sozialer Gebrechen* finden. Wo es politische Parteien gibt, findet jede den Grund eines *jeden* Übels darin, daß statt ihrer ihr Widerpart sich am *Staatsruder* befindet. Selbst die radikalen und revolutionären Politiker suchen den Grund des Übels nicht im *Wesen* des Staats, sondern in einer bestimmten *Staatsform,* an deren Stelle sie eine *andere* Staatsform setzen wollen.

Der *Staat* und die *Einrichtung der Gesellschaft* sind von dem *politischen* Standpunkt aus nicht *zwei* verschiedenen Dinge. Der Staat ist die Einrichtung der Gesellschaft. Sofern der Staat *soziale* Mißstände zugesteht, sucht er sie entweder in *Naturgesetzen,* denen keine menschliche Macht gebieten kann, oder in dem *Privatleben,* das von ihm unabhängig ist, oder in der *Zweckwidrigkeit der Administration,* die von ihm abhängt. So findet England das Elend in dem *Naturgesetz* begründet, wonach die Bevölkerung stets das Subsistenzmittel überschreiten muß. Nach einer andern Seite hin erklärt es den *Pauperismus* aus dem *schlechten Willen der Armen,* wie ihn der König von Preußen aus dem *unchristlichen Gemüt der Reichen* und wie ihn der Konvent aus der *konterrevolutionären verdächtigen Gesinnung* der *Eigentümer* erklärt. England bestraft daher die Armen, der König von Preußen ermahnt die Reichen, und der Konvent köpft die Eigentümer.

Endlich suchen *alle* Staaten in *zufälligen* oder *absichtlichen Mängeln* der *Administration* die Ursache, und darum in *Maßregeln* der Administration die Abhülfe seiner Gebrechen. Warum? Eben weil die *Administration* die *organisierende* Tätigkeit des Staats ist.

Den *Widerspruch* zwischen der Bestimmung und dem guten Willen der Administration einerseits, und ihren Mitteln wie ihrem Vermögen andrerseits, kann der Staat nicht aufheben, ohne sich selbst aufzuheben, denn er *beruht* auf diesem Widerspruch. Er beruht auf dem Widerspruch zwischen dem *öffentlichen* und dem *Privatleben,* auf dem Widerspruch zwischen den *allgemeinen Interessen* und den *Sonderinteressen.* Die *Administration* muß sich daher auf eine *formelle* und *negative* Tätigkeit beschränken, denn wo das bürgerliche Leben und seine Arbeit beginnt, eben da hat ihre Macht aufgehört. Ja, gegenüber den Konsequenzen, welche aus der unsozialen Natur dieses bürgerlichen Lebens, dieses Privateigentums, dieses Handels, dieser Industrie, dieser wechselseitigen Plünderung der verschiedenen bürgerlichen Kreise entspringen, diesen Konsequenzen gegenüber ist die *Ohnmacht* das *Naturgesetz* der Administration. Denn diese Zerrissenheit, diese Niedertracht, dies *Sklaventum der bürgerlichen Gesellschaft* ist das Naturfundament, worauf der *moderne* Staat ruht, wie die *bürgerliche Gesellschaft des Sklaventums* das Naturfundament war, worauf der *antike* Staat ruhte. Die Existenz des Staats und die Existenz der Sklaverei sind unzertrennlich. Der antike Staat und die antike Sklaverei – offenherzig *klassische* Gegensätze – waren nicht inniger aneinander *geschmiedet* als der moderne Staat und die moderne Schacherwelt, – scheinheilige *christliche* Gegensätze. Wollte der moderne Staat die *Ohnmacht* seiner Administration aufheben, so müßte er das jetzige *Privatleben* aufheben. Wollte er das Privatleben aufheben, so müßte er sich selbst aufheben, denn er existiert *nur* im Gegensatz zu demselben. Kein *Lebendiger* aber glaubt die Mängel seines Daseins im *Prinzip* seines Lebens, im Wesen seines Lebens begründet, sondern in Umständen *außerhalb* seines Lebens. Der *Selbstmord* ist widernatürlich. Also kann der Staat nicht an die *inwendige* Ohnmacht seiner Administration, das heißt seiner selbst glauben. Er kann *nur* formelle, zufällige Mängel derselben einsehn und ihnen abzuhelfen suchen. Sind diese Modifikationen fruchtlos, nun so ist das soziale Gebrechen eine natürliche, vom Menschen unabhängige Unvollkommenheit, ein *Gesetz Gottes,* oder der Wille der Privatleute ist zu verdorben, um den guten Zwecken der Administration entgegenzukommen. Und welche verkehrte Privatleute? Sie murren gegen die Regierung, so oft sie die Freiheit beschränkt, und sie verlangen von der Regierung, die notwendigen Folgen dieser Freiheit zu verhindern!

Je mächtiger der Staat, je *politischer* daher ein Land ist, um so weniger ist es geneigt, im *Prinzip des Staats,* also in der *jetzigen Einrichtung der Gesellschaft,* deren tätiger, selbstbewußter und offizieller Ausdruck der Staat ist, den Grund der *sozialen* Gebrechen zu suchen und ihr *allgemeines* Prinzip zu begreifen. Der *politische* Verstand ist eben *politischer* Verstand, weil er *innerhalb* der Schranken der Politik denkt. Je geschärfter, je lebendiger, desto *unfähiger* ist er zur Auffassung sozialer Gebrechen. Die *klassische* Periode des politischen Verstandes ist die *französische Revolution.* Weit entfernt, im Prinzip des Staats die Quelle der sozialen Mängel zu erblicken, erblicken die Heroen der französischen Revolution vielmehr in den sozialen Mängeln die Quelle politischer Übelstände. So sieht *Robespierre* in der großen Armut und dem großen Reichtume nur ein Hindernis der *reinen Demokratie*. Er wünscht daher eine allgemeine *spartanische* Frugalität zu etablieren. Das Prinzip der Politik ist der *Wille*. Je einseitiger, das heißt also, je vollendeter der *politische* Verstand ist, um so mehr glaubt er an die *Allmacht* des Willens, um so blinder ist er gegen die *natürlichen* und geistigen *Schranken* des Willens, um so unfähiger ist er also, die Quelle sozialer Gebrechen zu entdecken.

[...]

Wie unfähig der *politische* Verstand ist, die Quelle der gesellîgen Not zu entdecken, haben wir dem »Preußen« schon nachgewiesen. Über diese seine Ansicht noch *ein* Wort. Je ausgebildeter und allgemeiner der *politische* Verstand eines Volkes ist, um so mehr verschwendet das *Proletariat* – wenigstens im Beginn der Bewegung – seine Kräfte an unverständige, nutzlose und in Blut erstickte Emeuten. Weil es in der Form der Politik denkt, erblickt es den Grund aller Übelstände im *Willen* und alle Mittel zur Abhülfe in der *Gewalt* und dem *Umsturz* einer *bestimmten* Staatsform. Beweis: die ersten Ausbrüche des *französischen* Proletariats. Die Arbeiter zu Lyon glaubten nur politische Zwecke zu verfolgen, nur Soldaten der Republik zu sein, während sie in Wahrheit Soldaten des Sozialismus waren. So verdunkelte ihr politischer Verstand ihnen die Wurzel der gesellîgen Not, so verfälschte er ihre Einsicht in ihren wirklichen Zweck, so *belog* ihr *politischer Verstand* ihren *sozialen Instinkt*.

Wenn aber der »Preuße« die Erzeugung des Verstandes durch die Not erwartet, warum wirft er die »*Erstickungen in Blut*« und die »*Erstickungen in Unverstand*« zusammen? Ist die Not überhaupt ein Mittel, so ist die *blutige* Not sogar ein *sehr akutes* Mittel zur Erzeugung des Verstandes. Der »Preuße« mußte also sagen: Die Erstickung im Blut wird den Unverstand ersticken und dem Verstande einen gehörigen Luftzug verschaffen.

Der »Preuße« prophezeit die Erstickung der Aufstände, die in der »*heillosen Isolierung der Menschen vom Gemeinwesen* und in der *Trennung ihrer Gedanken von den sozialen Prinzipien*« ausbrechen.

Wir haben gezeigt, daß der schlesische Aufstand keineswegs in der Trennung der Gedanken von den sozialen Prinzipien stattfand. Wir haben es nur noch mit der »*heillosen Isolierung der Menschen vom Gemeinwesen*« zu tun. Unter Gemeinwesen ist hier das *politi-*

sche Gemeinwesen, das *Staatswesen* zu verstehn. Es ist das alte Lied von dem *unpolitischen* Deutschland.

Brechen aber nicht *alle* Aufstände ohne Ausnahme *in der heillosen Isolierung des Menschen vom Gemeinwesen* aus? Setzt nicht *jeder* Aufstand die Isolierung notwendig voraus? Hätte die Revolution von 1789 stattgefunden ohne die heillose Isolierung der französischen Bürger vom Gemeinwesen? Sie war eben dazu bestimmt, diese Isolierung aufzuheben.

Das *Gemeinwesen* aber, von welchem der Arbeiter *isoliert* ist, ist ein Gemeinwesen von ganz andrer Realität und ganz andrem Umfang als das *politische* Gemeinwesen. Dies Gemeinwesen, von welchem ihn *seine eigene Arbeit* trennt, ist das *Leben* selbst, das physische und geistige Leben, die menschliche Sittlichkeit, die menschliche Tätigkeit, der menschliche Genuß, das *menschliche* Wesen. Das *menschliche Wesen* ist das *wahre Gemeinwesen* der Menschen. Wie die heillose Isolierung von diesem Wesen unverhältnismäßig allseitiger, unerträglicher, fürchterlicher, widerspruchsvoller ist als die Isolierung vom politischen Gemeinwesen, so ist auch die Aufhebung dieser Isolierung und selbst eine partielle Reaktion, ein *Aufstand* gegen dieselbe um so viel unendlicher, wie der *Mensch* unendlicher ist als der *Staatsbürger,* und das *menschliche Leben* als das *politische Leben.* Der *industrielle* Aufstand mag daher noch so *partiell* sein, er verschließt in sich eine *universelle* Seele: der *politische* Aufstand mag noch so universell sein, er verbirgt unter der *kolossalsten* Form einen *engherzigen* Geist. [...]

Man hat gesehn. Eine *soziale* Revolution befindet sich deswegen auf dem Standpunkt des *Ganzen,* weil sie – fände sie auch nur in *einem* Fabrikdistrikt statt – weil sie eine Protestation des Menschen gegen das entmenschte Leben ist, weil sie vom *Standpunkt des einzelnen wirklichen Individuums* ausgeht, weil das *Gemeinwesen,* gegen dessen Trennung von sich das Individuum reagiert, das *wahre* Gemeinwesen des Menschen ist, das *menschliche* Wesen. Die *politische Seele* einer Revolution besteht dagegen in der *Tendenz* der politisch einflußlosen Klassen, ihre *Isolierung* vom *Staatswesen* und von der *Herrschaft* aufzuheben. Ihr Standpunkt ist der des Staats, eines *abstrakten* Ganzen, das *nur* durch die Trennung vom wirklichen Leben besteht, das *undenkbar* ist ohne den *organisierten* Gegensatz zwischen der allgemeinen Idee und der individuellen Existenz des Menschen. Eine Revolution von *politischer Seele* organisiert daher auch, der *beschränkten* und *zwiespältigen*

Natur dieser Seele gemäß, einen herrschenden Kreis in der Gesellschaft, auf Kosten der Gesellschaft.

Wir wollen dem »Preußen« anvertrauen, was eine »*soziale Revolution* mit einer *politischen Seele*« ist; wir vertrauen ihm damit zugleich das Geheimnis, daß er selbst nicht einmal in *Redensarten* sich über den borniertеn politischen Standpunkt zu erheben weiß.

Eine »*soziale*« Revolution mit einer *politischen* Seele ist entweder ein zusammengesetzter Unsinn, wenn der »Preuße« unter »sozialer« Revolution eine »soziale« Revolution im *Gegensatz* zu einer politischen versteht, und nichtsdestoweniger der sozialen Revolution statt einer sozialen eine politische Seele verleiht. Oder eine »*soziale Revolution mit einer politischen Seele*« ist nichts als eine *Paraphrase* von dem, was man sonst eine »*politische Revolution*« oder eine »*Revolution schlechthin*« nannte. Jede Revolution löst die *alte Gesellschaft* auf; insofern ist sie *sozial*. Jede Revolution stürzt die *alte Gewalt;* insofern ist sie *politisch*.

Der »Preuße« wähle zwischen der *Paraphrase* und dem *Unsinn!* So paraphrastisch oder sinnlos aber eine *soziale Revolution* mit einer *politischen Seele,* ebenso vernünftig ist eine *politische Revolution* mit einer *sozialen* Seele. Die *Revolution* überhaupt – der *Umsturz* der bestehenden Gewalt und die *Auflösung* der alten Verhältnisse – ist ein *politischer Akt*. Ohne *Revolution* kann sich aber der *Sozialismus* nicht ausführen. Er bedarf dieses *politischen* Aktes, soweit er der *Zerstörung* und der *Auflösung* bedarf. Wo aber seine *organisierende Tätigkeit* beginnt, wo sein *Selbstzweck,* seine *Seele* hervortritt, da schleudert der Sozialismus die *politische* Hülle weg.
[...]

FRIEDRICH ENGELS: FORTSCHRITTE DER SOZIALREFORM AUF DEM KONTINENT (1843)[1]

[...]

Die französische Revolution war der Ursprung der Demokratie in Europa. Demokratie ist – und so schätze ich alle Regierungsformen ein – ein Widerspruch in sich, eine Unwahrheit, im Grunde nichts als Heuchelei (Theologie, wie wir Deutschen es nennen). Politische Freiheit ist Scheinfreiheit, die schlimmste Art von Sklaverei, der Schein der Freiheit und deshalb die schlimmste Knecht-

---

1 [Text nach: MEW Bd. 1, S. 481.]

schaft. Ebenso verhält es sich mit der politischen Gleichheit, deshalb muß die Demokratie so gut wie jede andere Regierungsform schließlich in Scherben gehen: Heuchelei kann keinen Bestand haben, der in ihr verborgene Widerspruch muß zutage treten; entweder richtige Sklaverei, das heißt unverhüllter Despotismus, oder echte Freiheit und echte Gleichheit, das heißt Kommunismus. [...]

FRIEDRICH ENGELS: DIE LAGE ENGLANDS (1844) [1]

Das Altertum, das noch nichts von dem Rechte des Subjekts wußte, dessen ganze Weltanschauung wesentlich abstrakt, allgemein, substantiell war, konnte deshalb nicht ohne die Sklaverei bestehen. Die christlich-germanische Weltansicht stellte die abstrakte Subjektivität, daher die Willkür, die Innerlichkeit, den Spiritualismus dem Altertum gegenüber als Grundprinzip auf; diese Subjektivität mußte aber, eben weil sie abstrakt, einseitig war, sogleich sich in ihr Gegenteil verkehren und statt der Freiheit des Subjekts die Sklaverei des Subjekts erzeugen. Die abstrakte Innerlichkeit wurde abstrakte Äußerlichkeit, Wegwerfung und Veräußerung des Menschen, und die erste Folge des neuen Prinzips war die Wiederherstellung der Sklaverei in einer andern, weniger anstößigen, aber darum heuchlerischen und unmenschlicheren Gestalt, der Leibeigenschaft. Die Auflösung des Feudalsystems, die politische Reformation, d. h. die *scheinbare* Anerkennung der Vernunft, und daher die wirkliche Vollendung der Unvernunft, hob diese Leibeigenschaft *scheinbar* auf, machte sie aber in der Wirklichkeit nur unmenschlicher und allgemeiner. Sie sprach zuerst aus, daß die Menschheit nicht mehr durch Zwang, d. h. durch *politische,* sondern durch das Interesse, d. h. durch *soziale* Mittel zusammengehalten werden solle, und legte durch dies neue Prinzip die Basis zur sozialen Bewegung. Aber, obwohl sie den Staat so negierte, stellte sie ihn auf der andern Seite erst recht wieder her, indem sie ihm den bisher von der Kirche usurpierten Inhalt zurückgab und dadurch dem während des Mittelalters inhaltlosen und nichtigen Staat die Kraft einer neuen Entwicklung verlieh. Aus den Ruinen des

---

1 [Text nach: MEW Bd. 1, S. 556—557, 570—572, 572, 573, 574—575, 577—579, 591—592.]

Feudalismus entstand der christliche Staat, die Vollendung des christlichen Weltzustandes nach der politischen Seite hin; durch die Erhebung des Interesses zum allgemeinen Prinzip vollendete sich dieser christliche Weltzustand nach einer andern Seite. Denn das Interesse ist wesentlich subjektiv, egoistisch, Einzelinteresse, und als solches die höchste Spitze des germanisch-christlichen Subjektivitäts- und Vereinzelungsprinzips. Die Folge der Erhebung des Interesses zum Bande der Menschheit ist, solange das Interesse eben unmittelbar subjektiv, einfach egoistisch bleibt, notwendig die allgemeine Zersplitterung, die Konzentrierung der Individuen auf sich selbst, die Isolierung, die Verwandlung der Menschheit in einen Haufen einander abstoßender Atome; und diese Vereinzelung ist wiederum die letzte Konsequenz des christlichen Subjektivitätsprinzips, die Vollendung des christlichen Weltzustandes. – Solange ferner die Grundveräußerung, das Privateigentum bestehenbleibt, solange muß das Interesse notwendig Einzelinteresse sein und seine Herrschaft sich als die Herrschaft des Eigentums erweisen. Die Auflösung der feudalen Knechtschaft hat »bare Zahlung zum einzigen Bande der Menschheit« gemacht. Das Eigentum, das dem menschlichen, geistigen gegenüberstehende, natürliche, geistlose Element, wird dadurch auf den Thron erhoben, und in letzter Instanz, um diese Veräußerung zu vollenden, das Geld, die veräußerte, leere Abstraktion des Eigentums, zum Herrn der Welt gemacht. Der Mensch hat aufgehört, Sklave des Menschen zu sein und ist Sklave der *Sache* geworden; die Verkehrung der menschlichen Verhältnisse ist vollendet; die Knechtschaft der modernen Schacherwelt, die ausgebildete, vollkommne, universelle Verkäuflichkeit ist unmenschlicher und allumfassender als die Leibeigenschaft der Feudalzeit; die Prostitution ist unsittlicher, bestialischer als das jus primae noctis. – Höher kann der christliche Weltzustand nicht getrieben werden; er muß in sich selbst zusammenbrechen und einem menschlichen, vernünftigen Zustande Platz machen. Der christliche Staat ist nur die letzte mögliche Erscheinungsform des Staats überhaupt, mit dessen Fall der Staat als solcher fallen muß. Die Auflösung der Menschheit in eine Masse isolierter, sich abstoßender Atome ist an sich selbst schon die Vernichtung aller korporativen, nationalen und überhaupt besonderen Interessen und die letzte notwendige Stufe zur freien Selbstvereinigung der Menschheit. Die Vollendung der Veräußerung in der Herrschaft des Geldes ist ein unvermeidlicher Durchgang, wenn der

Mensch, wie er denn jetzt nahe daran ist, wieder zu sich selbst kommen soll.

[...]

Das juste-milieu findet die englische Verfassung besonders darin schön, daß sie sich »historisch« entwickelt hat; d. h. auf deutsch, daß man die alte, durch die Revolution von 1688 geschaffene Grundlage beibehalten und auf diesem Fundament, wie sie's nennen, weiter gebaut hat. Wir werden schon sehen, welchen Charakter die englische Verfassung dadurch bekommen hat; vorläufig genügt die einfache Vergleichung des Engländers von 1688 mit dem Engländer von 1844, um zu beweisen, daß ein gleiches, konstitutionelles Fundament für beide ein Unding, eine Unmöglichkeit ist. Selbst von dem allgemeinen Fortschritt der Zivilisation abgesehen, so ist schon der politische Charakter der Nation ein ganz andrer als damals. Die Testakte, die Habeas-Corpus-Akte, die Bill of Rights waren Whigmaßregeln, die aus der Schwäche und Überwindung der damaligen Tories hervorgingen und gegen diese Tories, d. h. gegen die absolute Monarchie und den offnen oder verborgenen Katholizismus gerichtet waren. Aber schon in den nächsten fünfzig Jahren verschwanden die alten Tories, und ihre Nachkommen nahmen die Prinzipien an, die bisher das Eigentum der Whigs gewesen waren; seit der Thronbesteigung Georgs I. gingen die monarchisch-katholischen Tories in eine aristokratisch-hochkirchliche Partei über, und seit der französischen Revolution, die sie erst zum Bewußtsein brachte, verflüchtigten sich die positiven Satzungen des Toryismus immer mehr zu der Abstraktion des »Konservatismus«, der nackten, gedankenlosen Verteidigung des Bestehenden – ja selbst diese Stufe ist schon überschritten, in Sir Robert Peel hat sich der Toryismus zur Anerkennung der Bewegung entschlossen, hat die Unhaltbarkeit der englischen Konstitution eingesehen und kapituliert nur noch, um das verrottete Machwerk solange zu halten wie möglich. – Die Whigs haben eine ebenso wichtige Entwicklung durchgemacht, eine neue, demokratische Partei ist entstanden, und doch soll das Fundament von 1688 noch breit genug sein für 1844! Die notwendige Folge dieser »historischen Entwicklung« ist nun, daß die innern Widersprüche, die das Wesen der konstitutionellen Monarchie ausmachen, und die schon zu der Zeit, als die neuere deutsche Philosophie noch den republikanischen Standpunkt einnahm, hinreichend aufgedeckt worden sind – daß diese Widersprüche in der modernen englischen Monarchie ihre Spitze erreichen. In der Tat, die englische konstitutionelle Monarchie ist die Vollendung der konstitutionellen Monarchie überhaupt, ist der einzige Staat, in dem, soweit dies jetzt noch möglich, eine *wirkliche* Adelsaristokratie ihren Platz neben einem verhältnismäßig sehr entwickelten Volksbewußtsein ihre Stelle behauptet hat, und in dem daher die auf dem Kontinent künstlich wiederhergestellte und mühsam aufrechterhaltene Dreieinigkeit der gesetzgebenden Gewalt wirklich existiert.

Wenn das Wesen des Staats, wie der Religion, die Angst der Menschheit vor sich selber ist, so erreicht diese Angst in der konstitutionellen und namentlich der englischen Monarchie ihren höchsten Grad. Die Erfahrung dreier Jahrtausende hat die Menschen nicht klüger, sondern im Gegenteil verwirrter, befangener, hat sie wahnsinnig gemacht, und das Resultat dieses Wahnsinnes ist der politische Zustand des heutigen Europas. Die reine Monarchie erregt Schrecken – man denkt an den orientalischen und römischen Despotismus. Die reine Aristokratie ist nicht weniger furchtbar – die römischen Patrizier und der mittelalterliche Feudalismus, die venezianischen und genuesischen Nobili sind nicht umsonst dagewesen. Die Demokratie ist fürchterlicher als beide; Marius und Sulla, Cromwell und Robespierre, die blutigen Häupter zweier Könige, die Proskriptionslisten und die Diktatur reden laut genug von den »Greueln« der Demokratie. Zudem ist es weltbekannt, daß keine dieser Formen sich je hat lange halten können. Was also war zu tun? Statt geradeaus vorwärtszugehen, statt von der Unvollkommenheit oder vielmehr Unmenschlichkeit aller Staatsformen den Schluß zu ziehen, daß der Staat selbst die Ursache aller dieser Unmenschlichkeiten und selbst unmenschlich sei, statt dessen beruhigte man sich bei der Ansicht, daß die Unsittlichkeit nur den Staats*formen* anklebe, folgerte aus den obigen Prämissen, daß drei unsittliche Faktoren zusammen ein sittliches Produkt machen können, und schuf die konstitutionelle Monarchie.

Der erste Satz der konstitutionellen Monarchie ist der vom Gleichgewicht der Gewalten, und dieser Satz ist der vollkommenste Ausdruck für die Angst der Menschheit vor sich selbst.

[...]

Zuerst das monarchische Element. Jedermann weiß, was es mit dem souveränen König von England, männlichen oder weiblichen Geschlechts, auf sich hat. Die Macht der Krone reduziert sich in der Praxis auf Null, und wenn ein in aller Welt notorisches Faktum noch des Beweises bedürfte, so wäre die Tatsache, daß seit mehr als hundert Jahren aller Kampf gegen die Krone aufgehört hat, daß selbst die radikal-demokratischen Chartisten ihre Zeit zu etwas Besserem als zu diesem Kampf anzuwenden wissen, Beweis genug. Wo also bleibt das in der Theorie der Krone zugewiesene Drittel der gesetzgebenden Gewalt? Dennoch – und hierin erreicht die Angst ihren Gipfel – dennoch kann die englische Konstitution nicht ohne die Monarchie bestehen. Nehmt die Krone, die »subjektive Spitze«, weg, und das ganze künstliche Gebäude fällt über den Haufen. Die englische Verfassung ist eine umgekehrte Pyramide; die Spitze ist zugleich die Basis. Und je unbedeutender das monarchische Element in der Wirklichkeit wurde, desto bedeutender wurde es dem Engländer.

[...]

Das Wort König ist das Wesen des Staats, wie das Wort Gott das Wesen der Religion ist, wenn auch beide Worte rein gar nichts bedeuten. Bei beiden ist die Hauptsache, daß die Hauptsache, nämlich der Mensch, der hinter diesen Worten steckt, ja nicht zur Sprache komme.

Sodann das aristokratische Element. Diesem geht es, wenigstens in der ihm von der Verfassung angewiesenen Sphäre, wenig besser als der Krone. Wenn der Spott, mit dem das Oberhaus seit mehr als hundert Jahren fortwährend überhäuft wurde, allmählich so sehr ein Bestandteil der öffentlichen Meinung geworden ist, daß dieser Zweig der gesetzgebenden Gewalt allgemein für ein Invalidenhaus für ausgediente Staatsmänner, daß das Anerbieten einer Pairie von jedem noch nicht ganz verschlissenen Mitgliede des Unterhauses für eine Beleidigung angesehen wird, so läßt sich leicht denken, in welcher Achtung die zweite der durch die Konstitution eingesetzten Staatsmächte steht. In der Tat ist die Tätigkeit der Lords im Oberhause zu einer bloßen, nichtssagenden Förmlichkeit herabgesunken und erhebt sich nur selten zu einer Art von Energie der Trägheit, wie sie sich während der Whigherrschaft von 1830 bis 1840 zeigte – aber selbst dann sind die Lords nicht stark durch sich selbst, sondern durch die Partei, deren reinste Vertreter sie sind, die Tories; und das Oberhaus, dessen Hauptvorzug in der Theorie der Konstitution der sein soll, daß es von der Krone und dem Volk gleich unabhängig sei, ist in der Wirklichkeit von einer Partei, also von dem Stande der Volksmeinung, und durch das Recht der Krone, Pairs zu ernennen, auch von dieser abhängig. Aber je ohnmächtiger das Oberhaus ist, desto festeren Boden erhielt es in der öffentlichen Meinung. Die konstitutionellen Parteien, Tories, Whigs und Radikale, schaudern gleich sehr vor der Abschaffung dieser leeren Förmlichkeit zurück, und die Radikalen bemerken höchstens, daß die Lords, als die einzige unverantwortliche Macht der Konstitution, eine Anomalie seien und deshalb die erbliche durch eine Wahlpairie zu ersetzen sei. Es ist wieder die Angst vor der Menschheit, die diese leere Form aufrechterhält, und die Radikalen, die für das Unterhaus eine reine demokratische Basis verlangen, treiben diese Angst noch weiter als die übrigen beiden Parteien, indem sie, um das abgenutzte, überlebte Oberhaus ja nur nicht fallenzulassen, ihm durch Infusion populären Bluts noch etwas Lebenskraft einzuhauchen suchen.

[...]

Wenn die Krone und das Oberhaus machtlos sind, so muß das Unterhaus notwendig alle Gewalt in sich vereinigen, und das ist der Fall. In der Wirklichkeit macht das Unterhaus die Gesetze und verwaltet sie durch die Minister, die nur ein Ausschuß desselben sind. Bei dieser Allmacht des Unterhauses müßte England also eine reine Demokratie sein, wenn auch nominell die beiden andren Zweige der Legislatur bestehen blieben, wenn nur das demokratische Element selbst wirklich demokratisch wäre. Aber davon ist keine Rede. Die Gemeinden blieben bei der Festsetzung der Verfassung nach der Revolution von 1688 in ihrer Zusammensetzung ganz unberührt; die Städte, Flecken und Wahlbezirke, die das Recht zur Absendung eines Deputierten früher gehabt hatten, behielten es bei; und dies Recht war durchaus kein demokratisches, »allgemeines Menschenrecht«, sondern ein ganz feudalistisches Privilegium, das noch unter Elisabeth ganz willkürlich und aus freier Gnade von der Krone vielen bisher nicht vertretenen Städten verliehen wurde. Selbst den Charakter der Repräsentation, den die Unterhauswahlen wenigstens ursprünglich hatten, verloren sie bald durch die »historische Entwicklung«. Die Zusammensetzung des alten Unterhauses ist bekannt. In den Städten war die Erneuerung des Deputierten entweder in der Hand eines einzelnen oder einer geschlossenen und sich selbst ergänzenden Korporation; nur wenige Städe waren offen, d. h. hatten eine ziemlich große Zahl Wähler, und in diesen verdrängte die unverschämteste Bestechung den letzten Rest wirklicher Repräsentation. Die geschlossenen Städte waren meist unter dem Einfluß eines Individuums, gewöhnlich eines Lords; und in den ländlichen Wahlbezirken unterdrückte die Allmacht der großen Grundbesitzer jede etwaige freiere und selbsttätige Regung unter dem übrigens politisch leblosen Volk. Das alte Unterhaus war weiter nichts als eine geschlossene, vom Volk unabhängige, mittelalterliche Korporation, die Vollendung des »historischen« Rechts, die auch nicht ein einziges wirklich oder scheinbar vernünftiges Argument für ihre Existenz anführen konnte, die trotz der Vernunft existierte und darum auch 1794 durch ihr Komitee leugnete, daß sie eine Versammlung von Repräsentanten und England ein Repräsentativstaat sei*. Einer solchen Verfassung gegenüber mußte die Theorie des Repräsentativstaats, selbst der gewöhnlichen konstitutionellen Monarchie mit einer Repräsentantenkammer, als durchaus revolutionär und verwerflich erscheinen, und daher hatten die Tories ganz recht, wenn sie die Reformbill als eine dem Geist und Buchstaben der Konstitution schnurstracks zuwiderlaufende und die Konstitution untergrabende Maßregel bezeichneten. Die Reformbill ging indes durch, und wir haben nun zu sehen, wozu sie die englische Verfassung und besonders das Unterhaus gemacht hat.

[...]

Wir haben gesehen, daß die Krone und das Oberhaus ihre Bedeutung verloren haben; wir haben gesehen, auf welche Weise das allmächtige Unterhaus rekrutiert wird; die Frage ist jetzt: Wer regiert denn eigentlich in England? – Der Besitz regiert. Der Besitz befähigt die Aristokratie, die Wahl der ländlichen und kleinstädtischen Deputierten zu beherrschen; der Besitz befähigt die Kaufleute und Fabrikanten, die Deputierten für die großen und teilweise auch die kleinen Städte zu bestimmen; der Besitz befähigt beide, durch Bestechung ihren Einfluß zu steigern. Die Herrschaft des Besitzes ist in der Reformbill durch den Zensus ausdrücklich anerkannt. Und insofern der Besitz und der durch den Besitz erworbene Einfluß das Wesen der Mittelklasse ausmacht, insofern also die Aristokratie bei den Wahlen ihren Besitz geltend macht und damit nicht als Aristokratie auftritt, sondern sich der Mittelklasse gleichstellt, insofern der Einfluß der eigentlichen Mittelklasse im

---

* Second Report of the Committee of Secrecy, to whom the Papers referred to in His Majesty's Message on the 12. May 1794, were delivered. [Zweiter Bericht des geheimen Ausschusses, dem die Dokumente übergeben wurden, die sich auf Seiner Majestät Botschaft vom 12. Mai 1794 bezogen.] (Bericht über die Londoner revolutionären Gesellschaften, London 1794.) Pag. 68 ff.

ganzen viel stärker ist als der der Aristokratie, insofern herrscht allerdings die Mittelklasse. Aber wie und warum herrscht sie? Weil das Volk über das Wesen des Besitzes noch nicht im klaren, weil es überhaupt – auf dem Lande wenigstens – noch geistig tot ist und daher sich die Tyrannei des Besitzes gefallen läßt. England ist allerdings eine Demokratie, aber wie Rußland eine Demokratie ist; wie das Volk unbewußt überall herrscht und in allen Staaten die Regierung nur ein anderer Ausdruck für den Bildungsgrad des Volkes ist.

Es wird schwerhalten, uns von dieser Praxis der englischen Konstitution zu ihrer Theorie zurückzubringen. Die Praxis steht mit der Theorie im schreiendsten Widerspruch; die beiden Seiten sind einander so entfremdet, daß sie gar keine Ähnlichkeit mehr haben. Hier eine Dreieinigkeit der Legislatur – dort eine Tyrannei der Mittelklasse; hier ein Zweikammersystem – dort ein allmächtiges Haus der Gemeinen; hier eine königliche Prärogative – dort ein von den Gemeinen gewähltes Ministerium; hier ein unabhängiges Oberhaus mit erblichen Gesetzgebern – dort ein Invalidenhaus für überlebte Deputierte. Jeder der drei Bestandteile der gesetzgebenden Gewalt hat seine Macht an ein anderes Element abgeben müssen: die Krone an die Minister, d. h. die Majorität des Unterhauses, die Lords an die Torypartei, also an ein populäres Element, und an die Pairs kreierenden Minister, d. h. im Grund auch an ein populäres Element, und die Gemeinen an die Mittelklasse, oder, was dasselbe ist, an die politische Unmündigkeit des Volks. Die englische Konstitution existiert in der Wirklichkeit gar nicht mehr, der ganze langwierige Prozeß der Gesetzgebung ist eine bloße Farce; der Widerspruch von Theorie und Praxis ist so grell geworden, daß er sich unmöglich noch lange halten kann, und wenn auch durch die katholische Emanzipation, von der wir noch weiter zu reden haben werden, durch die Parlaments- und Munizipalreform dem Scheine nach die Lebenskraft der siechen Verfassung noch etwas gehoben wurde, so sind doch diese Maßregeln selbst schon das Geständnis, daß man an der Erhaltung der Konstitution verzweifelt, und bringen Elemente in sie hinein, die mit ihren Grundprinzipien entschieden in Widerspruch stehen, also den Konflikt noch dadurch vergrößern, daß sie die Theorie mit sich selbst in Widerspruch bringen.

Wir haben gesehen, wie die Organisation der Gewalten in der englischen Verfassung durchaus auf der Angst beruht. Diese Angst zeigt sich noch mehr in den Regeln, nach denen die Gesetzgebung verfährt, den sogenannten Standing Orders. Jeder Gesetzvorschlag muß in jedem der beiden Häuser dreimal in gewissen Zwischenräumen gelesen werden; nach dem zweiten Lesen wird er einem Komitee übergeben, das ihn im einzelnen durchgeht; in wichtigeren Fällen »entschließt sich das Haus in ein Komitee des ganzen Hauses« zur Beratung des Vorschlags und ernennt einen Berichterstatter, der nach Beendigung der Beratung mit vieler Feierlichkeit demselben Hause, das beraten hat, einen Bericht über die Beratung abstattet. Beiläufig, ist dies nicht das schönste Beispiel der »Transzendenz innerhalb der Immanenz und Immanenz innerhalb der Transzendenz«, das ein Hegelianer sich nur wünschen kann?»Das Wissen des Unterhauses vom Komitee ist das Wissen des Komitees von sich selbst«, und der Berichterstatter ist die »absolute Persönlichkeit des Mittlers, in der beide identisch sind«. Jeder Gesetzvorschlag wird daher achtmal beraten, ehe er die königliche Sanktion erhalten kann. Diesem ganzen lächerlichen Verfahren liegt natürlich wieder die Angst vor der Menschheit zum Grunde. Man sieht ein, daß der Fortschritt das Wesen der Menschheit ist, aber man hat nicht den Mut, den Fortschritt offen zu proklamieren; man gibt Gesetze, die absolute Geltung haben sollen, die also dem Fortschritt Schranken setzen; und durch das vorbehaltene Recht, die Gesetze zu ändern, läßt man den soeben geleugneten Fortschritt zur Hintertür wieder hinein. Aber nur ja nicht zu rasch, nur ja nicht übereilt! Der Fortschritt ist revolutionär, ist gefährlich und muß daher wenigstens einen starken Hemmschuh erhalten; ehe man sich zu seiner Anerkennung entschließt, muß man sich die Sache achtmal überlegen.

[...]

Fassen wir das Resultat dieser Kritik des englischen Rechtszustandes zusammen. Was vom Standpunkte des »Rechtsstaats« aus dagegen gesagt werden kann, ist höchst gleichgültig. Daß England keine offizielle Demokratie ist, kann *uns* nicht gegen seine Institutionen einnehmen. Für uns hat nur das *eine* Wichtigkeit, das sich uns überall gezeigt hat: daß Theorie und Praxis im schreiendsten Widerspruch stehen. Alle Mächte der Verfassung, Krone, Oberhaus und Unterhaus, haben sich vor unsern Augen aufgelöst; wir haben gesehen, daß die Staatskirchen und alle sogenannten angebornen Rechte der Engländer leere Namen sind, daß selbst das Geschwornengericht in der Wirklichkeit nur ein Schein ist, daß das Gesetz selbst keine Existenz hat, kurz, daß ein Staat, der sich auf eine genau bestimmte, gesetzliche Basis gestellt hat, diese seine Basis verleugnet und mißhandelt. Der Engländer ist nicht frei durch das Gesetz, sondern trotz dem Gesetz, wenn er überhaupt frei sein soll.

Wir haben ferner gesehen, welch ein Wust von Lügen und Unsittlichkeit aus diesem Zustande folgt; man fällt vor leeren Namen nieder und verleugnet die Wirklichkeit, man will von ihr nichts wissen, sträubt sich gegen die Anerkennung dessen, was wirklich existiert, was man selbst geschaffen hat; man belügt sich selbst und führt eine konventionelle Sprache mit künstlichen Kategorien ein, deren jede ein Pasquill auf die Wirklichkeit ist, und klammert sich ängstlich an diese hohlen Abstraktionen an, um sich nur ja nicht gestehen zu müssen, daß es im Leben, in der Praxis sich um ganz andre Dinge handelt. Die ganze englische Verfassung und die ganze konstitutionelle öffentliche Meinung ist nichts als eine große Lüge, die durch eine Anzahl kleiner Lügen immer wieder unterstützt und verdeckt wird, wenn sie hier oder da in ihrem wahren Wesen etwas zu offen an den Tag kommt. Und selbst wenn man zur Einsicht kommt, daß all dies Gemächte eitel Unwahrheit und Fiktion ist, selbst dann hält man noch fest daran, ja fester als je, damit nur ja die leeren Worte, die paar sinnlos zusammengestellten Buchstaben nicht auseinanderfallen, denn diese Worte sind ja eben die Angeln der Welt, und mit ihnen müßte die Welt und die Menschheit in die Nacht der Verwirrung stürzen! Man kann sich von diesem Gewebe von offener und versteckter Lüge, von Heuchelei und Selbstbetrug nur mit einem gründlichen Ekel abwenden.

Kann ein solcher Zustand von Dauer sein? Kein Gedanke daran. Der Kampf der Praxis gegen die Theorie, der Wirklichkeit gegen die Abstraktion, des Lebens gegen hohle Worte ohne Bedeutung, mit einem Wort, des Menschen gegen die Unmenschlichkeit muß sich entscheiden, und auf welcher Seite der Sieg sein wird, unterliegt keiner Frage.

Der Kampf ist bereits da. Die Konstitution ist in ihren Grundfesten erschüttert. Wie die nächste Zukunft sich gestalten wird, geht aus dem Gesagten hervor. Die neuen, fremdartigen Elemente in der Verfassung sind demokratischer Natur; auch die öffentliche Meinung, wie sich zeigen wird, entwickelt sich nach der demokratischen Seite hin; die nächste Zukunft Englands wird die Demokratie sein.

Aber was für eine Demokratie! Nicht die der französischen Revolution, deren Gegensatz die Monarchie und der Feudalismus war, sondern *die* Demokratie, deren Gegensatz die Mittelklasse und der Besitz ist. Dies zeigt die ganze vorhergehende Entwicklung. Die Mittelklasse und der Besitz herrschen; der Arme ist rechtlos, wird gedrückt und geschunden, die Konstitution verleugnet, das Gesetz mißhandelt ihn; der Kampf der Demokratie gegen die Aristokratie in England ist der Kampf der Armen gegen die Reichen. Die Demokratie, der England entgegengeht, ist eine *soziale* Demokratie.

Aber die bloße Demokratie ist nicht fähig, soziale Übel zu heilen. Die demokratische Gleichheit ist eine Chimäre, der Kampf der Armen gegen die Reichen kann nicht auf dem Boden der Demokratie oder der Politik überhaupt ausgekämpft werden. Auch diese Stufe ist also nur ein Übergang, das letzte rein politische Mittel, das noch zu versuchen ist und aus dem sich sogleich ein neues Element, ein über alles politische Wesen hinausgehendes Prinzip entwickeln muß.

Dies Prinzip ist das des Sozialismus.

FRIEDRICH ENGELS/KARL MARX: DIE HEILIGE FAMILIE (1844) [1]

[...]
Die Gesellschaft verfährt ebenso exklusiv wie der Staat, nur in der höflicheren Form, daß sie dich nicht zur Tür hinauswirft, sondern dir es vielmehr in ihrer Gesellschaft so unbequem macht, daß du selbst zur Türe freiwillig hinausgehst.

Der Staat verfährt im Grunde genommen nicht anders, denn er schließt niemanden aus, der allen *seinen* Anforderungen und Geboten, der *seiner* Entwickelung genügt. In seiner *Vollendung* drückt er sogar die Augen zu und erklärt *wirkliche* Gegensätze für *unpolitische,* ihn nicht genierende Gegensätze. [...]

Der Widerspruch, den *die* Kritik in den Verhandlungen der französischen Kammer nachwies, war nichts anders als ein Widerspruch des *Konstitutionalismus*. Hätte sie ihn als *allgemeinen* Widerspruch gefaßt, so hätte sie den allgemeinen Widerspruch des Konstitutionalismus gefaßt. Wäre sie noch weiter gegangen, als sie nach ihrer Meinung »hätte« gehn »müssen«, wäre sie nämlich bis

---

1 [Text nach: MEW Bd. 2, S. 101, 121, 123—124, 127—128, 129—131.]

zur *Aufhebung* dieses allgemeinen Widerspruchs fortgegangen, so wäre sie von der konstitutionellen *Monarchie* richtig bei dem *demokratischen Repräsentativstaat,* bei dem vollendeten modernen Staat angekommen. Weit entfernt, das Wesen der politischen Emanzipation kritisiert und sein bestimmtes Verhältnis zum menschlichen Wesen ergründet zu haben, wäre sie erst bei dem *Faktum* der politischen Emanzipation, bei dem entwickelten modernen Staat angelangt, also erst da, wo die Existenz des modernen Staats seinem Wesen entspricht, wo daher auch die nicht nur relativen, sondern absoluten, die sein Wesen selbst konstituierenden *Gebrechen* angeschaut und charakterisiert werden können.

[...]

Der moderne »*öffentliche Zustand*«, das ausgebildete moderne Staatswesen, hat nicht, wie *die* Kritik meint, die Gesellschaft der Privilegien, sondern die Gesellschaft der *aufgehobnen* und *aufgelösten Privilegien,* die entwickelte *bürgerliche Gesellschaft,* worin die in den Privilegien noch politisch gebundenen Lebenselemente freigelassen sind, zugrunde liegen. Keine »*privilegierte Abgeschlossenheit*« steht hier weder der andern noch dem öffentlichen Zustande gegenüber. Wie die freie Industrie und der freie Handel die privilegierte Abgeschlossenheit und damit den Kampf der privilegierten Abgeschlossenheiten untereinander aufheben, dagegen an ihre Stelle den vom Privilegium – welches von der allgemeinen Gesamtheit abschließt, aber zugleich zu einer kleineren exklusiven Gesamtheit zusammenschließt – losgebundenen, selbst nicht mehr durch den *Schein* eines allgemeinen Bandes an den andern Menschen geknüpften Menschen setzen und den allgemeinen Kampf von Mann wider Mann, Individuum wider Individuum erzeugen, so ist die ganze *bürgerliche Gesellschaft* dieser Krieg aller nur mehr durch ihre *Individualität* voneinander abgeschlossenen Individuen gegeneinander und die allgemeine zügellose Bewegung der aus den Fesseln der Privilegien befreiten elementarischen Lebensmächte. Der Gegensatz von *demokratischem Repräsentativstaat* und *bürgerlicher Gesellschaft* ist die Vollendung des *klassischen* Gegensatzes von öffentlichem *Gemeinwesen* und *Sklaventum.* In der modernen Welt ist jeder *zugleich* Mitglied des Sklaventums und des Gemeinwesens. Eben das *Sklaventum der bürgerlichen Gesellschaft* ist dem *Schein* nach die größte *Freiheit,* weil die scheinbar vollendete *Unabhängigkeit* des Individuums, welches die zügellose, nicht mehr von allgemeinen Banden und nicht mehr vom Menschen gebundne Bewegung seiner entfremdeten Lebenselemente, wie z. B. des Eigentums, der Industrie, der Religion etc., für seine *eigne* Freiheit nimmt, während sie vielmehr seine vollendete Knechtschaft und Unmenschlichkeit ist. An die Stelle des *Privilegiums* ist hier das *Recht* getreten.

Also erst hier, wo kein Widerspruch zwischen der freien Theorie und der praktischen Geltung der Privilegien stattfindet, vielmehr die praktische Vernichtung der Privilegien, die *freie* Industrie, der *freie* Handel etc. der »freien Theorie« entspricht, wo dem öffentlichen Zustand *keine* privilegierte Abgeschlossenheit entgegensteht, wo der von der Kritik entwickelte Widerspruch *aufgehoben* ist, ist das *vollendete moderne Staatswesen vorhanden.*

Hier herrscht auch gradezu die *Umkehrung* des Gesetzes, das Herr Bauer, bei Gelegenheit der französischen Kammerdebatten, mit Herrn Martin (du Nord) übereinstimmend ausspricht.

»So gut wie Herr Martin (du Nord) in dem Vorschlag, die Erwähnung des *Sonntags* im *Gesetze* zu unterlassen, den Antrag auf die Erklärung sah, daß das Christentum aufgehört habe zu existieren, mit demselben Rechte, *und dies Recht ist vollkommen begründet,* würde die Erklärung, daß das *Sabbatsgesetz* für den Juden keine Verbindlichkeit mehr habe, die *Proklamation der Auflösung des Judentums sein.«*

In dem entwickelten modernen Staat verhält es sich grade *umgekehrt.* Der Staat erklärt, daß die Religion, wie die übrigen bürgerlichen Lebenselemente, erst in ihrem vollen Umfang zu existieren *begonnen* haben, sobald er sie für *unpolitisch* erklärt und daher sich selbst überläßt. Der Auflösung ihres *politischen* Daseins, wie etwa der Auflösung des *Eigentums* durch die Aufhebung des *Wahlzensus,* der Auflösung der *Religion* durch die Aufhebung der *Staatskirche,* eben dieser Proklamation ihres staatsbürgerlichen Todes entspricht ihr gewaltigstes Leben, das nun ungestört seinen eignen Gesetzen gehorcht und die ganze Breite seiner Existenz auseinanderlegt.

Die *Anarchie* ist das Gesetz der von den gliedernden *Privilegien* emanzipierten bürgerlichen Gesellschaft, und die *Anarchie* der *bürgerlichen Gesellschaft* ist die Grundlage des modernen *öffentlichen Zustandes,* wie der öffentliche Zustand wieder seinerseits die Gewähr dieser Anarchie ist. So sehr sich beide entgegengesetzt sind, so sehr bedingen sie sich wechselseitig.

[...]

Die Aufschlüsse *der* Kritik über das allgemeine Staatswesen sind nicht minder unterrichtend. Sie beschränken sich darauf, daß das allgemeine Staatswesen die einzelnen selbstsüchtigen Atome zusammenhalten muß.

Genau und im prosaischen Sinne zu reden, sind die Mitglieder der bürgerlichen Gesellschaft keine *Atome*. Die *charakteristische Eigenschaft* des Atoms besteht darin, *keine* Eigenschaften und darum keine durch seine eigne *Naturnotwendigkeit* bedingte Beziehung zu andern Wesen außer ihm zu haben. Das Atom ist *bedürfnislos, selbstgenügsam*; die Welt außer ihm ist die absolute *Leere*, d. h. sie ist inhaltslos, sinnlos, nichtssagend, eben weil es *alle Fülle* in sich selbst besitzt. Das egoistische Individuum der bürgerlichen Gesellschaft mag sich in seiner unsinnlichen Vorstellung und unlebendigen Abstraktion zum *Atom* aufblähen, d. h. zu einem beziehungslosen, selbstgenügsamen, bedürfnislosen, *absolut vollen*, seligen Wesen. Die unselige *sinnliche Wirklichkeit* kümmert sich nicht um seine Einbildung, jeder seiner Sinne zwingt es, an den Sinn [1] der Welt und der Individuen außer ihm zu glauben, und selbst sein *profaner* Magen erinnert es täglich daran, daß die Welt *außer* ihm nicht *leer*, sondern das eigentlich *Erfüllende* ist. Jede seiner Wesenstätigkeiten und Eigenschaften, jeder seiner Lebenstriebe wird zum *Bedürfnis*, zur *Not*, die seine *Selbstsucht* zur Sucht nach andern Dingen und Menschen außer ihm macht. Da aber das Bedürfnis des einen Individuums keinen sich von selbst verstehenden Sinn für das andere egoistische Individuum, das die Mittel, jenes Bedürfnis zu befriedigen, besitzt, also keinen unmittelbaren Zusammenhang mit der Befriedigung hat, so muß jedes Individuum diesen Zusammenhang schaffen, indem es gleichfalls zum Kuppler zwischen dem fremden Bedürfnis und den Gegenständen dieses Bedürfnisses wird. Die *Naturnotwendigkeit* also, die *menschlichen Wesenseigenschaften*, so entfremdet sie auch erscheinen mögen, das *Interesse* halten die Mitglieder der bürgerlichen Gesellschaft zusammen, das *bürgerliche* und nicht das *politische* Leben ist ihr *reales* Band. Nicht also der *Staat* hält die *Atome* der bürgerlichen Gesellschaft zusammen, sondern dies, daß sie *Atome* nur in der *Vorstellung* sind, im *Himmel* ihrer Einbildung – in der *Wirklichkeit* aber gewaltig von den Atomen unterschiedene Wesen, nämlich keine *göttliche Egoisten*, sondern *egoistische Menschen*. Nur

---

1 [richtig: das Sein]

der *politische Aberglaube* bildet sich noch heutzutage ein, daß das bürgerliche Leben vom Staat zusammengehalten werden müsse, während umgekehrt in der Wirklichkeit der Staat von dem bürgerlichen Leben zusammengehalten wird.

[...]

Robespierre, Saint-Just und ihre Partei gingen unter, weil sie das antike, *realistisch-demokratische Gemeinwesen,* welches auf der Grundlage des *wirklichen Sklaventums* ruhte, mit dem *modernen spiritualistisch-demokratischen Repräsentativstaat,* welcher auf dem *emanzipierten Sklaventum,* der *bürgerlichen Gesellschaft,* beruht, verwechselten. Welche kolossale Täuschung, die moderne bürgerliche Gesellschaft, die Gesellschaft der Industrie, der allgemeinen Konkurrenz, der frei ihre Zwecke verfolgenden Privatinteressen, der Anarchie, der sich selbst entfremdeten natürlichen und geistigen Individualität – in den *Menschenrechten* anerkennen und sanktionieren zu müssen und zugleich die *Lebensäußerungen* dieser Gesellschaft hinterher an einzelnen Individuen annullieren und zugleich den *politischen Kopf* dieser Gesellschaft in *antiker* Weise bilden zu wollen!

Tragisch erscheint diese Täuschung, wenn Saint-Just am Tage seiner Hinrichtung auf die im Saale der Conciergerie hängende große Tabelle der *Menschenrechte* hinwies und mit stolzem Selbstgefühl äußerte: »C'est pourtant moi qui ai fait cela.« Eben diese Tabelle proklamierte das *Recht* eines *Menschen,* der nicht der Mensch des antiken Gemeinwesens sein kann, so wenig als seine *nationalökonomischen* und *industriellen* Verhältnisse die *antiken* sind.

Es ist hier nicht der Ort, die Täuschung der *Terroristen* geschichtlich zu rechtfertigen.

»Nach dem Sturz Robespierres eilte die *politische Aufklärung* und *Bewegung* dem Punkte zu, wo sie die Beute *Napoleons* wurde, der nicht lange Zeit nach dem 18. Brumaire sagen konnte: ›Mit meinen Präfekten, Gendarmen und Geistlichen kann ich mit Frankreich machen, was ich will.‹«

Die *profane* Geschichte berichtet dagegen: Nach dem Sturz Robespierres beginnt die *politische* Aufklärung, die sich selbst hatte *überbieten* wollen, die *überschwenglich* gewesen war, erst, sich *prosaisch* zu verwirklichen. Unter der Regierung des *Direktoriums* bricht die *bürgerliche Gesellschaft* – die Revolution selbst hatte sie von den feudalen Banden befreit und offiziell anerkannt, so sehr

der *Terrorismus* sie einem antik-politischen Leben aufopfern wollte
– in gewaltigen Lebensströmungen hervor. Sturm und Drang nach
kommerziellen Unternehmungen, Bereicherungssucht, Taumel des
neuen bürgerlichen Lebens, dessen erster Selbstgenuß noch keck,
leichtsinnig, frivol, berauschend ist; *wirkliche* Aufklärung des französischen *Grund* und *Bodens,* dessen feudale Gliederung der Hammer der Revolution zerschlagen hatte und welchen nun die erste
Fieberhitze der vielen neuen Eigentümer einer allseitigen Kultur
unterwirft; erste Bewegungen der freigewordenen Industrie – das
sind einige von den Lebenszeichen der neuentstandnen bürgerlichen
Gesellschaft. Die *bürgerliche Gesellschaft* wird *positiv* repräsentiert
durch die *Bourgeoisie.* Die Bourgeoisie *beginnt* also ihr Regiment.
Die *Menschenrechte* hören auf, *bloß* in der *Theorie* zu existieren.

Was am 18. Brumaire die Beute Napoleons wurde, war nicht, wie
die Kritik einem Herrn von Rotteck und Welcker getreulichst
glaubt, die revolutionäre Bewegung überhaupt, es war die *liberale
Bourgeoisie.* Man hat nur die Reden der damaligen Gesetzgeber
zu lesen, um sich davon zu überzeugen. Man glaubt aus dem Nationalkonvent in eine heutige Deputiertenkammer versetzt zu sein.

Napoleon war der letzte Kampf des *revolutionären Terrorismus*
gegen die gleichfalls durch die Revolution proklamierte *bürgerliche
Gesellschaft* und deren Politik. Napoleon besaß allerdings schon
die Einsicht in das Wesen des *modernen Staats,* daß derselbe auf
der ungehinderten Entwickelung der bürgerlichen Gesellschaft, auf
der freien Bewegung der Privatinteressen etc. als seiner Grundlage
ruhe. Er entschloß sich, diese Grundlage anzuerkennen und zu
beschützen. Er war kein schwärmerischer Terrorist. Aber Napoleon
betrachtete zugleich noch den *Staat* als *Selbstzweck* und das bürgerliche Leben nur als Schatzmeister und als seinen *Subalternen,*
der keinen *Eigenwillen* haben dürfe. Er *vollzog* den *Terrorismus,*
indem er an die Stelle der *permanenten Revolution* den *permanenten Krieg setzte.* Er befriedigte bis zur vollen Sättigung den Egoismus der französischen Nationalität, aber er verlangte auch das
Opfer der bürgerlichen Geschäfte, [des] Genusses, Reichtums etc.,
sooft es der politische Zweck der Eroberung erheischte. Wenn er
den Liberalismus der bürgerlichen Gesellschaft – den politischen
Idealismus ihrer alltäglichen Praxis – despotisch unterdrückte, so
schonte er nicht mehr ihre wesentlichsten *materiellen* Interessen,
Handel und Industrie, sooft sie mit seinen politischen Interessen in
Konflikt gerieten. Seine Verachtung der industriellen hommes d'af-

faires war die Ergänzung zu seiner Verachtung der *Ideologen*. Auch nach innen hin bekämpfte er in der bürgerlichen Gesellschaft den Gegner des in ihm noch als absoluter Selbstzweck geltenden Staats. So erklärte er im Staatsrat, er werde nicht dulden, daß der Besitzer umfangreicher Ländereien sie nach Belieben bebaue oder nicht bebaue. So faßte er den Plan, durch Aneignung der *Roulage* den Handel dem Staat zu unterwerfen. Französische Handelsleute bereiteten auf das Ereignis vor, welches Napoleons Macht zuerst erschütterte. Pariser Agioteurs zwangen ihn durch eine künstlich geschaffene Hungersnot, die Eröffnung des russischen Feldzugs beinahe um zwei Monate aufzuschieben und daher in eine zu weit vorgerückte Jahreszeit zu verlegen.

Wie der liberalen Bourgeoisie in Napoleon noch einmal der revolutionäre Terrorismus gegenübertrat, so trat ihr in der Restauration, in den Bourbonen, noch einmal die Konterrevolution gegenüber. Endlich verwirklichte sie in dem Jahre 1830 ihre Wünsche vom Jahre 1789, nur mit dem Unterschied, daß ihre *politische Aufklärung* nun *vollendet* war, daß sie in dem konstitutionellen Repräsentativstaat nicht mehr das Ideal des Staates, nicht mehr das Heil der Welt und allgemein menschliche Zwecke zu erstreben meinte, sondern ihn vielmehr als den *offiziellen* Ausdruck ihrer *ausschließlichen* Macht und als die *politische* Anerkennung ihres *besondern* Interesses erkannt hatte.

Die Lebensgeschichte der französischen Revolution, die von 1789 her datiert, ist mit dem Jahre 1830, wo eins ihrer Momente, nun bereichert mit dem Bewußtsein seiner *sozialen* Bedeutung, den Sieg davontrug, noch nicht beendigt.

[...]

FRIEDRICH ENGELS: REDE IN ELBERFELD (1845) [1]

[...]

Die jetzige Gesellschaft, welche den einzelnen Menschen mit allen übrigen in Feindschaft bringt, erzeugt auf diese Weise einen sozialen Krieg Aller gegen Alle, der notwendigerweise bei einzelnen, namentlich Ungebildeten, eine brutale, barbarisch-gewaltsame Form annehmen muß – die Form des Verbrechens. Um sich

---

1 [Text nach: MEW Bd. 2, S. 541—543.]

gegen das Verbrechen, gegen die offene Gewalttat zu schützen, bedarf die Gesellschaft eines weitläuftigen, verwickelten Organismus von Verwaltungs- und Gerichtsbehörden, der eine unendliche Menge von Arbeitskräften in Anspruch nimmt. In der kommunistischen Gesellschaft würde sich auch dies unendlich vereinfachen, und gerade deshalb – so bizarr es auch klingen mag – gerade deshalb, weil in dieser Gesellschaft die Verwaltung nicht nur einzelne Seiten des sozialen Lebens, sondern das ganze soziale Leben in allen seinen einzelnen Tätigkeiten, nach allen seinen Seiten hin, zu administrieren haben würde. Wir heben den Gegensatz des einzelnen Menschen gegen alle andern auf – wir setzen dem sozialen Krieg den sozialen Frieden entgegen, wir legen die Axt an die *Wurzel* des Verbrechens – und machen dadurch den größten, bei weitem größten Teil der jetzigen Tätigkeit der Verwaltungs- und Justizbehörden überflüssig. Schon jetzt verschwinden die Verbrechen der Leidenschaft immer mehr gegen die Verbrechen der Berechnung, des Interesses – die Verbrechen gegen *Personen* nehmen ab, die Verbrechen gegen das *Eigentum* nehmen zu. Die fortschreitende Zivilisation mildert die gewaltsamen Ausbrüche der Leidenschaft schon in der jetzigen, auf dem Kriegsfuß stehenden, wieviel mehr in der kommunistischen, friedlichen Gesellschaft! Die Verbrechen gegen das Eigentum fallen von selbst da weg, wo jeder erhält, was er zur Befriedigung seiner natürlichen und geistigen Triebe bedarf, wo die sozialen Abstufungen und Unterschiede wegfallen. Die Kriminaljustiz hört von selbst auf, die Ziviljustiz, die doch fast lauter Eigentumsverhältnisse oder wenigstens solche Verhältnisse, die den sozialen Kriegszustand zur Voraussetzung haben, behandelt, fällt ebenfalls weg; Streitigkeiten können dann nur seltne Ausnahmen sein, wo sie jetzt die natürliche Folge der allgemeinen Feindschaft sind, und werden leicht sich durch Schiedsrichter schlichten lassen. Die Verwaltungsbehörden haben jetzt ebenfalls in dem fortwährenden Kriegszustand die Quelle ihrer Beschäftigung – die Polizei und die ganze Administration tut weiter nichts, als daß sie dafür sorgt, daß der Krieg ein verdeckter, indirekter bleibe, daß er nicht in offne Gewalt, in Verbrechen ausarte. Wenn es aber unendlich leichter ist, den Frieden zu erhalten, als den Krieg in gewisse Schranken zu bannen, so ist es auch unendlich leichter, eine kommunistische als eine konkurrierende Gemeinde zu verwalten. Und wenn schon jetzt die Zivilisation die Menschen gelehrt hat, ihr Interesse in der Aufrechterhaltung der öffentlichen Ordnung, der öffentlichen Sicherheit, des öffentlichen Interesses zu suchen, also die Polizei, Verwaltung und Justiz möglichst überflüssig zu machen, um wievielmehr wird dies der Fall sein in einer Gesellschaft, in der die Gemeinschaft der Interessen zum Grundprinzip erhoben ist, in dem das öffentliche Interesse sich nicht mehr von dem jedes einzelnen unterscheidet! Was jetzt schon *trotz* der sozialen Einrichtung besteht, wieviel mehr wird das geschehen, wenn es nicht mehr durch die sozialen Einrichtungen gehindert, sondern unterstützt wird! Wir dürfen also auch von dieser Seite her auf einen beträchtlichen Zuwachs von Arbeitskräften rechnen, welche der jetzige soziale Zustand der Gesellschaft entzieht.

Eine der kostspieligsten Einrichtungen, deren die jetzige Gesellschaft nicht entbehren kann, sind die stehenden Heere, welche der Nation den kräftigsten, brauchbarsten Teil der Bevölkerung entziehen und sie zwingen, diesen dadurch unproduktiv gewordenen Teil zu ernähren. Wir wissen es an unserem eignen Staatsbudget, was uns das stehende Heer kostet – vierundzwanzig Millionen jährlich und die Entziehung von zweimalhunderttausend der kräftigsten Arme aus der Produktion. In der kommunistischen Gesellschaft würde es keinem Menschen einfallen, an ein stehendes Heer zu denken. Wozu auch? Zur Bewahrung der inneren Ruhe des Landes? Es wird, wie wir oben sahen, keinem einzigen einfallen, diese innere Ruhe zu stören. Die Furcht vor Revolutionen ist ja nur die Folge der Opposition der Interessen; wo die Interessen aller zusammenfallen, kann von einer solchen Furcht keine Rede sein. – Zu einem Angriffskriege? Wie sollte eine kommunistische Gesellschaft dazu kommen, einen Angriffskrieg zu unternehmen –, sie, die sehr gut weiß, daß sie im Kriege nur Menschen und Kapital verliert, während sie höchstens ein paar widerwillige, also eine Störung in die soziale Ordnung bringende Provinzen erlangen kann! – Zu einem Verteidigungskriege? Dazu bedarf es keines stehenden Heeres, da es ein leichtes sein wird, jedes fähige Mitglied der Gesellschaft auch neben seinen übrigen Beschäftigungen so weit in der wirklichen, nicht parademäßigen Waffengewandtheit zu üben, als zur Verteidigung des Landes nötig ist. Und bedenken Sie dabei, m[eine] H[erren], daß das Mitglied einer solchen Gesellschaft im Falle eines Krieges, der ohnehin *nur gegen antikommunistische* Nationen vorkommen könnte, ein *wirkliches* Vaterland, einen *wirklichen* Herd zu verteidigen hat, daß er also mit einer Begeisterung, mit einer Ausdauer, mit einer Tapferkeit kämpfen wird, vor der die maschinenmäßige Geschultheit einer modernen Armee wie Spreu auseinanderfliegen muß; bedenken Sie, welche Wunder der Enthusiasmus der revolutionären Armeen von 1792 bis 1799 getan hat, die doch nur für eine *Illusion,* für ein *Scheinvaterland* kämpften, und Sie werden einsehen müssen, von welcher Kraft ein Heer sein muß, das für keine Illusion, sondern für eine handgreifliche Wirklichkeit sich schlägt. Diese unzähligen Massen von Arbeitskräften also, welche jetzt den zivilisierten Völkern durch die Armeen entzogen werden, würden in einer kommunistischen Organisation sonach der Arbeit zurückgegeben werden; sie würden nicht nur soviel erzeugen, wie sie verbrauchen, sondern noch weit mehr Produkte, als zu ihrem Unterhalt nötig sind, an die öffentlichen Vorratshäuser abliefern können.

[...]

FRIEDRICH ENGELS: DEUTSCHE ZUSTÄNDE (1846) [1]

[...]

Nach dem Sturz Napoleons, der, wie ich erneut feststellen muß, von den Königen und Aristokraten jener Zeit völlig mit der Niederschlagung der Französischen Revolution oder, wie sie es nannten, *der* Revolution identifiziert wurde, hielt die antirevolutionäre Partei nach 1815 in allen Ländern die Zügel der Regierung in der Hand. Die feudalen Aristokraten regierten in allen Kabinetten von London bis Neapel, von Lissabon bis St. Petersburg. Aber das Bürgertum, das die Sache bezahlt und das geholfen hatte, sie zuwege zu bringen, wollte seinen Anteil an der Macht haben. Es war keineswegs das Interesse des Bürgertums, das die wiederhergestellten Regierungen in den Vordergrund rückten. Im Gegenteil, die bürgerlichen Interessen wurden überall vernachlässigt und sogar offen ignoriert. Die Annahme des englischen Korngesetzes von 1815 ist das schlagendste Beispiel einer Tatsache, die ganz Europa gemeinsam war; und doch war das Bürgertum damals mächtiger als je zuvor. Handel und Manufakturen hatten sich überall ausgebreitet und hatten den Reichtum der fetten *Bourgeois* zum Anschwellen gebracht; ihr vermehrter Wohlstand fand seinen Ausdruck in ihrem vermehrten Spekulationsgeist und ihrer wachsenden

---

1 [Text nach: MEW Bd. 2, S. 578—581.]

Nachfrage nach Komfort und Luxusartikeln. Es war also unmöglich, daß sie sich schweigend darin fügten, von einer Klasse regiert zu werden, die seit Jahrhunderten in Verfall war, deren Interessen denen des Bürgertums entgegengesetzt waren und deren momentane Rückkehr zur Macht eben das Werk der Bourgeois war. Der Kampf zwischen Bürgertum und Aristokratie war unvermeidlich; er begann fast augenblicklich nach dem Frieden.

Da das Bürgertum nur durch das Geld mächtig ist, kann es politische Macht nicht anders erlangen als dadurch, daß es das Geld zum einzigen Kriterium für die Fähigkeit einer Person macht, an der Gesetzgebung mitzuarbeiten. Es muß alle feudalen Privilegien, alle politischen Monopole vergangener Zeiten in das eine große Privilegium und Monopol des *Geldes* aufgehen lassen. Die politische Herrschaft der bürgerlichen Klassen hat daher eine im wesentlichen *liberale* Erscheinungsform. Sie zerstören alle alten Unterschiede der verschiedenen in einem Lande nebeneinander bestehenden Stände, alle willkürlichen Privilegien und Freiheiten; sie sind gezwungen, das Wahlprinzip zur Grundlage der Regierung zu machen, die Gleichheit im Prinzip anzuerkennen, die Presse von den Fesseln der monarchistischen Zensur zu befreien, das Geschworenengericht einzuführen, um die besondere Richterklasse loszuwerden, die einen Staat im Staate bildet. Soweit erscheinen sie durchaus als Demokraten. Aber sie führen alle diese Verbesserungen nur soweit ein, wie damit alle früheren persönlichen und erblichen Privilegien durch das Privilegium des *Geldes* ersetzt werden. So wird das Wahlprinzip, durch den Eigentumszensus bei der Zuerkennung des Rechtes zu wählen und gewählt zu werden, den bürgerlichen Klassen vorbehalten. Die Gleichheit wird wieder beseitigt, indem sie auf bloße »Gleichheit vor dem Gesetz« beschränkt wird, was nichts anderes bedeutet als Gleichheit trotz der Ungleichheit von reich und arm – Gleichheit innerhalb der Grenzen der grundlegenden, bestehenden Ungleichheit –, was, kurz gesagt, nichts anderes bedeutet, als der *Ungleichheit* den Namen der Gleichheit zu geben. So ist die Freiheit der Presse an sich ein bürgerliches Privilegium, denn der Druck erfordert *Geld* und Käufer für das Gedruckte, und diese Käufer müssen wiederum Geld haben. So ist das Geschworenengericht ein bürgerliches Privilegium, da besonders dafür gesorgt wird, niemand anders als »Respektspersonen« auf die Geschworenenbank zu bringen.

Ich habe es für notwendig gehalten, diese wenigen Bemerkun-

gen zur Frage der bürgerlichen Regierung zu machen, um zwei
Tatsachen zu erläutern. Die erste ist die, daß in der Zeit von 1815
bis 1830 die im wesentlichen demokratische Bewegung der arbeitenden Klassen in allen Ländern mehr oder weniger der liberalen
Bewegung der *Bourgeois* untergeordnet worden ist. Das arbeitende
Volk, obwohl fortgeschrittener als das Bürgertum, konnte noch
nicht die völlige Verschiedenheit von Liberalismus und Demokratie, von Emanzipation der bürgerlichen Klassen und Emanzipation
der arbeitenden Klassen erkennen; es konnte den Unterschied zwischen der Freiheit des *Geldes* und der Freiheit des *Menschen*
nicht erkennen, bevor das Geld politisch frei gemacht, bevor das
Bürgertum zur ausschließlich herrschenden Klasse geworden
war. Deshalb petitionierten die Demokraten von Peterloo nicht nur
für das allgemeine Stimmrecht, sondern gleichzeitig auch für die
Abschaffung des Korngesetzes; deshalb kämpften die Proletarier
1830 in Paris und drohten 1831 in England für die politischen Interessen der *Bourgeoisie* zu kämpfen. In allen Ländern war das Bürgertum von 1815 bis 1830 der machtvollste Teil der revolutionären
Partei und stellte daher ihre Führer. Die arbeitenden Klassen sind
notwendigerweise ein Instrument in der Hand des Bürgertums,
solange das Bürgertum *selber revolutionär* oder progressiv ist. Die
besondere Bewegung der arbeitenden Klassen ist deshalb in diesem Fall stets nur von sekundärer Bedeutung. Aber von dem gleichen Tage, an dem das Bürgertum die volle politische Macht erlangt, von dem Tage, an dem alle feudalen und aristokratischen
Interessen zunichte gemacht werden von der Macht des *Geldes*,
von dem Tage, an dem das Bürgertum *aufhört,* progressiv und revolutionär zu sein, und selber stationär wird, von dem gleichen
Tage an übernimmt die Bewegung der Arbeiterklasse die Führung
und wird zur *nationalen Bewegung. Man lasse heute die Korngesetze fallen, und morgen wird die Charte die führende Frage in
England – morgen wird die chartistische Bewegung jene Kraft,
jene Energie, jenen Enthusiasmus und jene Ausdauer offenbaren,
die den Erfolg verbürgen.*

Die zweite Tatsache, zu deren Erläuterung ich mir einige wenige
Bemerkungen über die bürgerliche Regierung gestattet habe, bezieht sich ausschließlich auf Deutschland. Da die Deutschen eine
Nation von Theoretikern und in der Praxis wenig erfahren sind,
nahmen sie die geläufigen Trugschlüsse, die das französische und
englische Bürgertum verfocht, als heilige Wahrheiten hin. Die bür-

gerlichen Klassen Deutschlands waren froh, daß sie bei ihrem kleinen Privatgeschäft, das sich durchaus »schmalspurig« abwickelte, in Ruhe gelassen wurden; überall, wo sie eine Verfassung erlangt hatten, rühmten sie sich ihrer Freiheit, aber sie mischten sich wenig in die politischen Staatsgeschäfte ein; überall, wo sie keine hatten, waren sie froh, der Mühe, Abgeordnete zu wählen und deren Reden zu lesen, enthoben zu sein. Das arbeitende Volk brauchte jenen großen Hebel, der es in Frankreich und England auf die Beine gebracht hatte – ausgedehnte Manufakturen –, und seine Konsequenz, die Herrschaft des Bürgertums. Es blieb deshalb ruhig. Die Bauernschaft fühlte sich in jenen Teilen Deutschlands unterdrückt, wo die modernen französischen Institutionen wieder durch das alte feudale *Regime* ersetzt worden waren, aber diese Unzufriedenheit brauchte einen anderen Ansporn, um in offene Rebellion auszubrechen. So bestand die revolutionäre Partei in Deutschland von 1815 bis 1830 nur aus *Theoretikern*. Sie rekrutierte sich aus den Universitäten; sie bestand ausschließlich aus Studenten.

Man hatte es für unmöglich befunden, das alte System von 1789 in Deutschland wiedereinzuführen. Die veränderten Zeitumstände zwangen die Regierungen, ein neues System zu erfinden, das Deutschland eigentümlich war. Die Aristokratie war gewillt zu regieren, aber zu schwach; das Bürgertum war weder gewillt zu regieren noch stark genug dazu – beide jedoch waren stark genug, um die Regierung zu einigen Konzessionen zu veranlassen. Die Regierungsform war daher eine Art Bastardmonarchie. In einigen Staaten schuf eine Verfassung einen Anschein von Garantie für die Aristokratie und das Bürgertum; für die übrigen gab es überall eine *bürokratische* Regierung – das ist eine Monarchie, die angeblich die Interessen des Bürgertums durch gute Verwaltung wahrnimmt, eine Verwaltung, die jedoch von Aristokraten geleitet und deren Tätigkeit vor den Augen des Publikums soviel wie möglich verborgen gehalten wird. Die Folge davon ist die Entstehung einer besonderen Klasse von administrativen Regierungsbeamten, in deren Händen die Hauptmacht konzentriert ist und die gegen alle anderen Klassen in Opposition steht. Es ist die barbarische Form der Herrschaft des Bürgertums.

[...]

FRIEDRICH ENGELS: DAS FEST DER NATIONEN IN LONDON
(1846) [1]

[...]

Um die Sache kurz zu fassen: wenn heutzutage bei Engländern und Franzosen und bei denjenigen Deutschen, die bei der praktischen Bewegung beteiligt, die keine Theoretiker sind, von Demokratie, von Fraternisierung der Nationen die Rede ist, so hat man sich dabei durchaus nichts bloß Politisches zu denken. Dergleichen Phantasien existieren nur noch bei den deutschen Theoretikern und einigen wenigen Ausländern, die nicht zählen. In der Wirklichkeit haben diese Worte jetzt einen sozialen Sinn, in den die politische Bedeutung aufgeht. Schon die Revolution war etwas ganz anderes als der Kampf um diese und jene Staatsform, wie man sich in Deutschland noch häufig genug einbildet. Der Zusammenhang der meisten Insurrektionen jener Zeit mit einer Hungersnot, die Bedeutung, die die Verproviantierung der Hauptstadt und die Verteilung der Vorräte schon von 1789 an hat, das Maximum, die Gesetze gegen den Aufkauf der Lebensmittel, der Schlachtruf der revolutionären Armeen: »Guerre aux palais, paix aux chaumières« – das Zeugnis der Carmagnole, nach der der Republikaner neben du fer und du cœur auch du pain haben muß – und hundert andre auf der Hand liegende Äußerlichkeiten beweisen schon, abgesehen von aller genaueren Untersuchung der Tatsachen, wie sehr die damalige Demokratie etwas ganz anderes war als eine bloße politische Organisation. Ohnehin ist es bekannt, daß die Konstitution von 1793 und der Terrorismus von derjenigen Partei ausging, die sich auf das empörte Proletariat stützte, daß der Sturz Robespierres den Sieg der Bourgeoisie über das Proletariat bezeichnet, daß die Verschwörung Babeufs für die Gleichheit die letzten Konsequenzen der 93er Demokratie – soweit sie damals möglich waren – an den Tag brachte. Die französische Revolution war von Anfang bis zu Ende eine soziale Bewegung, und nach ihr ist eine rein politische Demokratie vollends ein Unding geworden.

Die Demokratie, das ist heutzutage der Kommunismus. Eine andre Demokratie kann nur noch in den Köpfen theoretischer Visionäre existieren, die sich nicht um die wirklichen Ereignisse kümmern, bei denen nicht die Menschen und die Umstände die

---

1 [Text nach: MEW Bd. 2, S. 612—613.]

Prinzipien, sondern die Prinzipien sich selbst entwickeln. Die Demokratie ist proletarisches Prinzip, Prinzip der Massen geworden. Die Massen mögen über diese einzig richtige Bedeutung der Demokratie mehr oder weniger klar sein, aber für alle liegt wenigstens das dunkle Gefühl der sozialen gleichen Berechtigung in der Demokratie. Die demokratischen Massen können bei der Berechnung der kommunistischen Streitkräfte ruhig mitgezählt werden. Und wenn sich die proletarischen Parteien verschiedener Nationen vereinigen, so haben sie ganz recht, das Wort »Demokratie« auf ihre Fahnen zu schreiben, denn mit Ausnahme derjenigen, die nicht zählen, sind im Jahre 1846 alle europäischen Demokraten mehr oder weniger klare Kommunisten.

[...]

KARL MARX/FRIEDRICH ENGELS:
DIE DEUTSCHE IDEOLOGIE (1845/46) [1]

[...]

Die Beziehungen verschiedener Nationen untereinander hängen davon ab, wie weit jede von ihnen ihre Produktivkräfte, die Teilung der Arbeit und den innern Verkehr entwickelt hat. Dieser Satz ist allgemein anerkannt. Aber nicht nur die Beziehung einer Nation zu anderen, sondern auch die ganze innere Gliederung dieser Nation selbst hängt von der Entwicklungsstufe ihrer Produktion und ihres innern und äußern Verkehrs ab. Wie weit die Produktionskräfte einer Nation entwickelt sind, zeigt am augenscheinlichsten der Grad, bis zu dem die Teilung der Arbeit entwickelt ist. Jede neue Produktivkraft, sofern sie nicht eine bloß quantitative Ausdehnung der bisher schon bekannten Produktivkräfte ist (z. B. Urbarmachung von Ländereien), hat eine neue Ausbildung der Teilung der Arbeit zur Folge.

Die Teilung der Arbeit innerhalb einer Nation führt zunächst die Trennung der industriellen und kommerziellen von der ackerbauenden Arbeit und damit die Trennung von *Stadt* und *Land*

---

1 [Text nach: MEW Bd. 3, S. 21—23, 24—39, 45—49, 49—68, 69—77, 158—159, 159, 160, 163—164, 167, 176—180, 180—181, 189, 190—191, 198, 203, 212—213, 227—228, 229, 271, 274, 303—304, 311—313, 316—317, 318, 325, 326, 329, 339, 340—341, 343, 344—345, 346, 347, 405, 417, 423—424.]

und den Gegensatz der Interessen Beider herbei. Ihre weitere Entwicklung führt zur Trennung der kommerziellen Arbeit von der industriellen. Zu gleicher Zeit entwickeln sich durch die Teilung der Arbeit innerhalb dieser verschiednen Branchen wieder verschiedene Abteilungen unter den zu bestimmten Arbeiten zusammenwirkenden Individuen. Die Stellung dieser einzelnen Abteilungen gegeneinander ist bedingt durch die Betriebsweise der ackerbauenden, industriellen und kommerziellen Arbeit (Patriarchalismus, Sklaverei, Stände, Klassen). Dieselben Verhältnisse zeigen sich bei entwickelterem Verkehr in den Beziehungen verschiedner Nationen zueinander.

Die verschiedenen Entwicklungsstufen der Teilung der Arbeit sind ebensoviel verschiedene Formen des Eigentums; d. h., die jedesmalige Stufe der Teilung der Arbeit bestimmt auch die Verhältnisse der Individuen zueinander in Beziehung auf das Material, Instrument und Produkt der Arbeit.

Die erste Form des Eigentums ist das Stammeigentum. Es entspricht der unentwickelten Stufe der Produktion, auf der ein Volk von Jagd und Fischfang, von Viehzucht oder höchstens vom Ackerbau sich nährt. Es setzt in diesem letzteren Falle eine große Masse unbebauter Ländereien voraus. Die Teilung der Arbeit ist auf dieser Stufe noch sehr wenig entwickelt und beschränkt sich auf eine weitere Ausdehnung der in der Familie gegebenen naturwüchsigen Teilung der Arbeit. Die gesellschaftliche Gliederung beschränkt sich daher auf eine Ausdehnung der Familie: patriarchalische Stammhäupter, unter ihnen die Stammitglieder, endlich Sklaven. Die in der Familie latente Sklaverei entwickelt sich erst allmählich mit der Vermehrung der Bevölkerung und der Bedürfnisse und mit der Ausdehnung des äußern Verkehrs, sowohl des Kriegs wie des Tauschhandels.

Die zweite Form ist das antike Gemeinde- und Staatseigentum, das namentlich aus der Vereinigung mehrerer Stämme zu einer *Stadt* durch Vertrag oder Eroberung hervorgeht und bei dem die Sklaverei fortbestehen bleibt. Neben dem Gemeindeeigentum entwickelt sich schon das mobile und später auch das immobile Privateigentum, aber als eine abnorme, dem Gemeindeeigentum untergeordnete Form. Die Staatsbürger besitzen nur in ihrer Gemeinschaft die Macht über ihre arbeitenden Sklaven und sind schon deshalb an die Form des Gemeindeeigentums gebunden. Es ist das gemeinschaftliche Privateigentum der aktiven Staatsbürger, die den

Sklaven gegenüber gezwungen sind, in dieser naturwüchsigen Weise der Assoziation zu bleiben. Daher verfällt die ganze hierauf basierende Gliederung der Gesellschaft und mit ihr die Macht des Volks in demselben Grade, in dem namentlich das immobile Privateigentum sich entwickelt. Die Teilung der Arbeit ist schon entwikkelter. Wir finden schon den Gegensatz von Stadt und Land, später den Gegensatz zwischen Staaten, die das städtische und die das Landinteresse repräsentieren, und innerhalb der Städte selbst den Gegensatz zwischen Industrie und Seehandel. Das Klassenverhältnis zwischen Bürgern und Sklaven ist vollständig ausgebildet.

[...]

Die dritte Form ist das feudale oder ständische Eigentum. Wenn das Altertum von der *Stadt* und ihrem kleinen Gebiet ausging, so ging das Mittelalter vom *Lande* aus. Die vorgefundene dünne, über eine große Bodenfläche zersplitterte Bevölkerung, die durch die Eroberer keinen großen Zuwachs erhielt, bedingte diesen veränderten Ausgangspunkt. Im Gegensatz zu Griechenland und Rom beginnt die feudale Entwicklung daher auf einem viel ausgedehnteren, durch die römischen Eroberungen und die anfangs damit verknüpfte Ausbreitung der Agrikultur vorbereiteten Terrain. Die letzten Jahrhunderte des verfallenden römischen Reichs und die Eroberung durch die Barbaren selbst zerstörten eine Masse von Produktivkräften; der Ackerbau war gesunken, die Industrie aus Mangel an Absatz verfallen, der Handel eingeschlafen oder gewaltsam unterbrochen, die ländliche und städtische Bevölkerung hatte abgenommen. Diese vorgefundenen Verhältnisse und die dadurch bedingte Weise der Organisation der Eroberung entwickelten unter dem Einflusse der germanischen Heerverfassung das feudale Eigentum. Es beruht, wie das Stamm- und Gemeindeeigentum, wieder auf einem Gemeinwesen, dem aber nicht wie dem antiken die Sklaven, sondern die leibeignen kleinen Bauern als unmittelbar produzierende Klasse gegenüberstehen. Zugleich mit der vollständigen Ausbildung des Feudalismus tritt noch der Gegensatz gegen die Städte hinzu. Die hierarchische Gliederung des Grundbesitzes und die damit zusammenhängenden bewaffneten Gefolgschaften gaben dem Adel die Macht über die Leibeignen. Diese feudale Gliederung war ebensogut wie das antike Gemeindeeigentum eine Assoziation gegenüber der beherrschten produzierenden Klasse; nur war die Form der Assoziation und das Verhältnis zu den unmittelbaren Produzenten verschieden, weil verschiedene Produktionsbedingungen vorlagen.

Dieser feudalen Gliederung des Grundbesitzes entsprach in den *Städten* das korporative Eigentum, die feudale Organisation des Handwerks. Das Eigentum bestand hier hauptsächlich in der Arbeit jedes Einzelnen. Die Notwendigkeit der Assoziation gegen den assoziierten Raubadel, das Bedürfnis gemeinsamer Markthallen in einer Zeit, wo der Industrielle zugleich Kaufmann war, die wachsende Konkurrenz der den aufblühenden Städten zuströmenden entlaufnen Leibeignen, die feudale Gliederung des ganzen Landes führten die *Zünfte* herbei; die allmählich ersparten kleinen Kapitalien einzelner Handwerker und ihre stabile Zahl bei der wachsenden Bevölkerung entwickelten das Gesellen- und Lehrlingsverhältnis, das in den Städten eine ähnliche Hierarchie zustande brachte wie die auf dem Lande.

Das Haupteigentum bestand während der Feudalepoche also in Grundeigentum mit daran geketteter Leibeignenarbeit einerseits und eigner Arbeit mit kleinem, die Arbeit von Gesellen beherrschendem Kapital andrerseits. Die Gliederung von Beiden war durch die bornierten Produktionsverhältnisse – die geringe und rohe Bodenkultur und die handwerksmäßige Industrie – bedingt. Teilung der Arbeit fand in der Blüte des Feudalismus wenig statt. Jedes Land hatte den Gegensatz von Stadt und Land in sich; die Ständegliederung war allerdings sehr scharf ausgeprägt, aber außer der Scheidung von Fürsten, Adel, Geistlichkeit und Bauern auf dem Lande und Meistern, Gesellen, Lehrlingen und bald auch Taglöhnerpöbel in den Städten fand keine bedeutende Teilung statt. Im Ackerbau war sie durch die parzellierte Bebauung erschwert, neben der die Hausindustrie der Bauern selbst aufkam, in der Industrie war die Arbeit in den einzelnen Handwerken selbst gar nicht, unter ihnen sehr wenig geteilt. Die Teilung von Industrie und Handel wurde in älteren Städten vorgefunden, entwickelte sich in den neueren erst später, als die Städte unter sich in Beziehung traten.

Die Zusammenfassung größerer Länder zu feudalen Königreichen war für den Grundadel wie für die Städte ein Bedürfnis. Die Organisation der herrschenden Klasse, des Adels, hatte daher überall einen Monarchen an der Spitze.

Die Tatsache ist also die: bestimmte Individuen, die auf bestimmte Weise produktiv tätig sind, gehen diese bestimmten gesellschaftlichen und politischen Verhältnisse ein. Die empirische Beobachtung muß in jedem einzelnen Fall den Zusammenhang der gesellschaftlichen und politischen Gliederung mit der Produktion empirisch und ohne alle Mystifikation und Spekulation aufweisen. Die gesellschaftliche Gliederung und der Staat gehen beständig aus dem Lebensprozeß bestimmter Individuen hervor; aber dieser Individuen, nicht wie sie in der eignen oder fremden Vorstellung erscheinen mögen, sondern wie sie *wirklich* sind, d. h. wie sie wirken, materiell produzieren, also wie sie unter bestimmten materiellen und von ihrer Willkür unabhängigen Schranken, Voraussetzungen und Bedingungen tätig sind *.

Die Produktion der Ideen, Vorstellungen, des Bewußtseins ist zunächst unmittelbar verflochten in die materielle Tätigkeit und den materiellen Verkehr der Menschen, Sprache des wirklichen Lebens. Das Vorstellen, Denken, der geistige Verkehr der Menschen erscheinen hier noch als direkter Ausfluß ihres materiellen Verhaltens. Von der geistigen Produktion, wie sie in der Sprache der Politik, der Gesetze, der Moral, der Religion, Metaphysik usw. eines Volkes sich darstellt, gilt dasselbe. Die Menschen sind die Produzenten ihrer Vorstellungen, Ideen pp., aber die wirklichen, wirkenden Menschen, wie sie bedingt sind durch eine bestimmte Entwicklung ihrer Produktivkräfte und des denselben entsprechenden Verkehrs bis zu seinen weitesten Formationen hinauf. Das Bewußtsein kann nie etwas Andres sein als das bewußte Sein, und das Sein der Menschen ist ihr wirklicher Lebensprozeß. Wenn in der ganzen Ideologie die Menschen und ihre Verhältnisse wie in einer Camera obscura auf den Kopf gestellt erscheinen, so geht dies Phänomen ebensosehr aus ihrem historischen Lebensprozeß hervor, wie die Umdrehung der Gegenstände auf der Netzhaut aus

---

* [Im Manuskript gestrichen:] Die Vorstellungen, die sich diese Individuen machen, sind Vorstellungen entweder über ihr Verhältnis zur Natur oder über ihr Verhältnis untereinander, oder über ihre eigne Beschaffenheit. Es ist einleuchtend, daß in allen diesen Fällen diese Vorstellungen der — wirkliche oder illusorische — bewußte Ausdruck ihrer wirklichen Verhältnisse und Betätigung, ihrer Produktion, ihres Verkehrs, ihrer gesellschaftlichen und politischen Organisation sind. Die entgegengesetzte Annahme ist nur dann möglich, wenn man außer dem Geist der wirklichen, materiell bedingten Individuen noch einen aparten Geist voraussetzt. Ist der bewußte Ausdruck der wirklichen Verhältnisse dieser Individuen illusorisch, stellen sie in ihren Vorstellungen ihre Wirklichkeit auf den Kopf, so ist dies wiederum eine Folge ihrer bornierten materiellen Betätigungsweise und ihrer daraus entspringenden bornierten gesellschaftlichen Verhältnisse.

ihrem unmittelbar physischen.

Ganz im Gegensatz zur deutschen Philosophie, welche vom Himmel auf die Erde herabsteigt, wird hier von der Erde zum Himmel gestiegen. D. h., es wird nicht ausgegangen von dem, was die Menschen sagen, sich einbilden, sich vorstellen, auch nicht von den gesagten, gedachten, eingebildeten, vorgestellten Menschen, um davon aus bei den leibhaftigen Menschen anzukommen; es wird von den wirklich tätigen Menschen ausgegangen und aus ihrem wirklichen Lebensprozeß auch die Entwicklung der ideologischen Reflexe und Echos dieses Lebensprozesses dargestellt. Auch die Nebelbildungen im Gehirn der Menschen sind notwendige Sublimate ihres materiellen, empirisch konstatierbaren und an materielle Voraussetzungen geknüpften Lebensprozesses. Die Moral, Religion, Metaphysik und sonstige Ideologie und die ihnen entsprechenden Bewußtseinsformen behalten hiermit nicht länger den Schein der Selbständigkeit. Sie haben keine Geschichte, sie haben keine Entwicklung, sondern die ihre materielle Produktion und ihren materiellen Verkehr entwickelnden Menschen ändern mit dieser ihrer Wirklichkeit auch ihr Denken und die Produkte ihres Denkens. Nicht das Bewußtsein bestimmt das Leben, sondern das Leben bestimmt das Bewußtsein. In der ersten Betrachtungsweise geht man von dem Bewußtsein als dem lebendigen Individuum aus, in der zweiten, dem wirklichen Leben entsprechenden, von den wirklichen lebendigen Individuen selbst und betrachtet das Bewußtsein nur als *ihr* Bewußtsein.

Diese Betrachtungsweise ist nicht voraussetzungslos. Sie geht von den wirklichen Voraussetzungen aus, sie verläßt sie keinen Augenblick. Ihre Voraussetzungen sind die Menschen nicht in irgendeiner phantastischen Abgeschlossenheit und Fixierung, sondern in ihrem wirklichen, empirisch anschaulichen Entwicklungsprozeß unter bestimmten Bedingungen. Sobald dieser tätige Lebensprozeß dargestellt wird, hört die Geschichte auf, eine Sammlung toter Fakta zu sein, wie bei den selbst noch abstrakten Empirikern, oder eine eingebildete Aktion eingebildeter Subjekte, wie bei den Idealisten.

Da, wo die Spekulation aufhört, beim wirklichen Leben, beginnt also die wirkliche, positive Wissenschaft, die Darstellung der praktischen Betätigung, des praktischen Entwicklungsprozesses der Menschen. Die Phrasen vom Bewußtsein hören auf, wirkliches Wissen muß an ihre Stelle treten. Die selbständige Philosophie verliert mit der Darstellung der Wirklichkeit ihr Existenzmedium. An ihre Stelle kann höchstens eine Zusammenfassung der allgemeinsten Resultate treten, die sich aus der Betrachtung der historischen Entwicklung der Menschen abstrahieren lassen. Diese Abstraktionen haben für sich, getrennt von der wirklichen Geschichte, durchaus keinen Wert. Sie können nur dazu dienen, die Ordnung des geschichtlichen Materials zu erleichtern, die Reihenfolge seiner einzelnen Schichten anzudeuten. Sie geben aber keineswegs, wie die Philosophie, ein Rezept oder Schema, wonach die geschichtlichen Epochen zurechtgestutzt werden können. Die Schwierigkeit beginnt im Gegenteil erst da, wo man sich an die Betrachtung und Ordnung des Materials, sei es einer vergangenen Epoche oder der Gegenwart, an die wirkliche Darstellung gibt. Die Beseitigung dieser Schwierigkeiten ist durch Voraussetzungen bedingt, die keineswegs hier gegeben werden können, sondern die erst aus dem Studium des wirklichen Lebensprozesses und der Aktion der Individuen jeder Epoche sich ergeben. Wir nehmen hier einige dieser Abstraktionen heraus, die wir gegenüber der Ideologie gebrauchen, und werden sie an historischen Beispielen erläutern.

[1.] Geschichte

Wir müssen bei den voraussetzungslosen Deutschen damit anfangen, daß wir die erste Voraussetzung aller menschlichen Existenz, also auch aller Geschichte konstatieren, nämlich die Voraussetzung, daß die Menschen imstande sein müssen zu leben, um »Geschichte machen« zu können*. Zum Leben aber gehört vor Allem Essen und Trinken, Wohnung, Kleidung und noch einiges Andere. Die erste geschichtliche Tat ist also die Erzeugung der Mittel zur Befriedigung dieser Bedürfnisse, die Produktion des materiellen Lebens selbst, und zwar ist dies eine geschichtliche Tat, eine Grundbedingung aller Geschichte, die noch heute, wie vor Jahrtausenden, täglich und stündlich erfüllt werden muß, um die Menschen nur am Leben zu erhalten. Selbst wenn die Sinnlichkeit, wie beim heiligen Bruno, auf einen Stock, auf das Minimum reduziert ist, setzt sie die Tätigkeit der Produktion dieses Stockes voraus. Das Erste also bei aller geschichtlichen Auffassung ist, daß

---

* [Randbemerkung von Marx:] Hegel. Geologische, hydrographische etc. Verhältnisse. Die menschlichen Leiber. Bedürfnis, Arbeit.

man diese Grundtatsache in ihrer ganzen Bedeutung und ihrer ganzen Ausdehnung beobachtet und zu ihrem Rechte kommen läßt. Dies haben die Deutschen bekanntlich nie getan, daher nie eine *irdische* Basis für die Geschichte und folglich nie einen Historiker gehabt. Die Franzosen und Engländer, wenn sie auch den Zusammenhang dieser Tatsache mit der sogenannten Geschichte nur höchst einseitig auffaßten, namentlich solange sie in der politischen Ideologie befangen waren, so haben sie doch immerhin die ersten Versuche gemacht, der Geschichtschreibung eine materialistische Basis zu geben, indem sie zuerst Geschichten der bürgerlichen Gesellschaft, des Handels und der Industrie schrieben.

Das Zweite ist, daß das befriedigte erste Bedürfnis selbst, die Aktion der Befriedigung und das schon erworbene Instrument der Befriedigung zu neuen Bedürfnissen führt – und diese Erzeugung neuer Bedürfnisse ist die erste geschichtliche Tat. Hieran zeigt sich sogleich, wes Geistes Kind die große historische Weisheit der Deutschen ist, die da, wo ihnen das positive Material ausgeht und wo weder theologischer noch politischer noch literarischer Unsinn verhandelt wird, gar keine Geschiche, sondern die »vorgeschichtliche Zeit« sich ereignen lassen, ohne uns indes darüber aufzuklären, wie man aus diesem Unsinn der »Vorgeschichte« in die eigentliche Geschichte kommt – obwohl auf der andern Seite ihre historische Spekulation sich ganz besonders auf diese »Vorgeschichte« wirft, weil sie da sicher zu sein glaubt vor den Eingriffen des »rohen Faktums« und zugleich, weil sie hier ihrem spekulierenden Triebe alle Zügel schießen lassen und Hypothesen zu Tausenden erzeugen und umstoßen kann.

Das dritte Verhältnis, was hier gleich von vornherein in die geschichtliche Entwicklung eintritt, ist das, daß die Menschen, die ihr eignes Leben täglich neu machen, anfangen, andre Menschen zu machen, sich fortzupflanzen – das Verhältnis zwischen Mann und Weib, Eltern und Kindern, die *Familie*. Diese Familie, die im Anfange das einzige soziale Verhältnis ist, wird späterhin, wo die vermehrten Bedürfnisse neue gesellschaftliche Verhältnisse, und die vermehrte Menschenzahl neue Bedürfnisse erzeugen, zu einem untergeordneten (ausgenommen in Deutschland) und muß alsdann nach den existierenden empirischen Daten, nicht nach dem »Begriff der Familie«, wie man in Deutschland zu tun pflegt, behandelt und entwickelt werden *. Übrigens sind diese drei Seiten der sozialen Tätigkeit nicht als drei verschiedene Stufen zu fassen, sondern eben nur als drei Seiten, oder um für die Deutschen klar zu schreiben, drei »Momente«, die vom Anbeginn der Geschichte an und seit den ersten Menschen zugleich existiert haben und sich noch heute in der Geschichte geltend machen.

Die Produktion des Lebens, sowohl des eignen in der Arbeit wie des fremden in der Zeugung, erscheint nun schon sogleich als ein doppeltes Verhältnis – einerseits als natürliches, andrerseits als gesellschaftliches Verhältnis –, gesellschaftlich in dem Sinne, als hierunter das Zusammenwirken mehrerer Individuen, gleichviel unter welchen Bedingungen, auf welche Weise und zu welchem Zweck, verstanden wird. Hieraus geht hervor, daß eine bestimmte Produktionsweise oder industrielle Stufe stets mit einer bestimmten Weise des Zusammenwirkens oder gesellschaftlichen Stufe vereinigt ist, und diese Weise des Zusammenwirkens ist selbst eine »Produktivkraft«, daß die Menge der den Menschen zugänglichen Produktivkräfte den gesellschaftlichen Zustand bedingt und also die »Geschichte der Menschheit« stets im Zusammenhange mit der Geschichte der Industrie und des Austausches studiert und bearbeitet werden muß. Es ist aber auch klar, wie es in Deutschland unmöglich ist, solche Geschichte zu schreiben, da den Deutschen dazu nicht nur die Auffassungsfähigkeit und das Material, sondern auch die »sinnliche Gewißheit« abgeht und man jenseits des Rheins

---

* Häuserbau. Bei den Wilden versteht es sich von selbst, daß jede Familie ihre eigne Höhle oder Hütte hat, wie bei den Nomaden das separate Zelt jeder Familie. Diese getrennte Hauswirtschaft wird durch die weitere Entwicklung des Privateigentums nur noch nötiger gemacht. Bei den Agrikulturvölkern ist die gemeinsame Hauswirtschaft ebenso unmöglich wie die gemeinsame Bodenkultur. Ein großer Fortschritt war die Erbauung von Städten. In allen bisherigen Perioden war indes die Aufhebung der getrennten Wirtschaft, die von der Aufhebung des Privateigentums nicht zu trennen ist, schon deswegen unmöglich, weil die materiellen Bedingungen dazu nicht vorhanden waren. Die Einrichtung einer gemeinsamen Hauswirtschaft setzt die Entwicklung der Maschinerie, der Benutzung der Naturkräfte und vieler andern Produktivkräfte voraus – z. B. der Wasserleitungen, der Gasbeleuchtung, der Dampfheizung etc., Aufhebung [des Gegensatzes] von Stadt und Land. Ohne diese Bedingungen würde die gemeinsame Wirtschaft nicht selbst wieder eine neue Produktionskraft sein, aller materiellen Basis entbehren, auf einer bloß theoretischen Grundlage beruhen, d. h. eine bloße Marotte sein und es nur zur Klosterwirtschaft bringen. — Was möglich war, zeigt sich in der Zusammenrückung zu Städten und in der Erbauung gemeinsamer Häuser zu einzelnen bestimmten Zwecken (Gefängnisse, Kasernen pp.). Daß die Aufhebung der getrennten Wirtschaft von der Aufhebung der Familie nicht zu trennen ist, versteht sich von selbst.

über diese Dinge keine Erfahrungen machen kann, weil dort keine Geschichte mehr vorgeht. Es zeigt sich also schon von vornherein ein materialistischer Zusammenhang der Menschen untereinander, der durch die Bedürfnisse und die Weise der Produktion bedingt und so alt ist wie die Menschen selbst – ein Zusammenhang, der stets neue Formen annimmt und also eine »Geschichte« darbietet, auch ohne daß irgendein politischer oder religiöser Nonsens existiert, der die Menschen noch extra zusammenhalte.

Jetzt erst, nachdem wir bereits vier Momente, vier Seiten der ursprünglichen, geschichtlichen Verhältnisse betrachtet haben, finden wir, daß der Mensch auch »Bewußtsein« hat *. Aber auch dies nicht von vornherein, als »reines« Bewußtsein. Der »Geist« hat von vornherein den Fluch an sich, mit der Materie »behaftet« zu sein, die hier in der Form von bewegten Luftschichten, Tönen, kurz der Sprache auftritt. Die Sprache ist so alt wie das Bewußtsein – die Sprache *ist* das praktische, auch für andre Menschen existierende, also auch für mich selbst erst existierende wirkliche Bewußtsein, und die Sprache entsteht, wie das Bewußtsein, erst aus dem Bedürfnis, der Notdurft des Verkehrs mit andern Menschen **. Wo ein Verhältnis existiert, da existiert es für mich, das Tier »*verhält*« sich zu Nichts und überhaupt nicht. Für das Tier existiert sein Verhältnis zu andern nicht als Verhältnis. Das Bewußtsein ist also von vornherein schon ein gesellschaftliches Produkt und bleibt es, solange überhaupt Menschen existieren. Das Bewußtsein ist natürlich zuerst bloß Bewußtsein über die *nächste* sinnliche Umgebung und Bewußtsein des bornierten Zusammenhanges mit andern Personen und Dingen außer dem sich bewußt werdenden Individuum; es ist zu gleicher Zeit Bewußtsein der Natur, die den Menschen anfangs als eine durchaus fremde, allmächtige und unangreifbare Macht gegenübertritt, zu der sich die Menschen rein tierisch verhalten, von der sie sich imponieren lassen wie das Vieh; und also ein rein tierisches Bewußtsein der Natur (Naturreligion).

Man sieht hier sogleich: Diese Naturreligion oder dies bestimmte Verhalten zur Natur ist bedingt durch die Gesellschaftsform und

---

* Die Menschen haben Geschichte, weil sie ihr Leben *produzieren* müssen, und zwar müssen auf *bestimmte* Weise: dies ist durch ihre physische Organisation gegeben; ebenso wie ihr Bewußtsein.
** [Im Manuskript gestrichen:] Mein Verhältnis zu meiner Umgebung ist mein Bewußtsein.

umgekehrt. Hier wie überall tritt die Identität von Natur und Mensch auch so hervor, daß das bornierte Verhalten der Menschen zur Natur ihr borniertes Verhalten zueinander, und ihr borniertes Verhalten zueinander ihr borniertes Verhältnis zur Natur bedingt, eben weil die Natur noch kaum geschichtlich modifiziert ist, und andrerseits Bewußtsein der Notwendigkeit, mit den umgebenden Individuen in Verbindung zu treten, der Anfang des Bewußtseins darüber, daß er überhaupt in einer Gesellschaft lebt. Dieser Anfang ist so tierisch wie das gesellschaftliche Leben dieser Stufe selbst, er ist bloßes Herdenbewußtsein, und der Mensch unterscheidet sich hier vom Hammel nur dadurch, daß sein Bewußtsein ihm die Stelle des Instinkts vertritt, oder daß sein Instinkt ein bewußter ist. Dieses Hammel- oder Stammbewußtsein erhält seine weitere Entwicklung und Ausbildung durch die gesteigerte Produktivität, die Vermehrung der Bedürfnisse und die Beiden zum Grunde liegende Vermehrung der Bevölkerung. Damit entwickelt sich die Teilung der Arbeit, die ursprünglich nichts war als die Teilung der Arbeit im Geschlechtsakt, dann Teilung der Arbeit, die sich vermöge der natürlichen Anlage (z. B. Körperkraft), Bedürfnisse, Zufälle etc. etc. von selbst oder »naturwüchsig« macht. Die Teilung der Arbeit wird erst wirklich Teilung von dem Augenblicke an, wo eine Teilung der materiellen und geistigen Arbeit eintritt *. Von diesem Augenblicke an *kann* sich das Bewußtsein wirklich einbilden, etwas Andres als das Bewußtsein der bestehenden Praxis zu sein, *wirklich* etwas vorzustellen, ohne etwas Wirkliches vorzustellen – von diesem Augenblicke an ist das Bewußtsein imstande, sich von der Welt zu emanzipieren und zur Bildung der »reinen« Theorie, Theologie, Philosophie, Moral etc. überzugehen. Aber selbst wenn diese Theorie, Theologie, Philosophie, Moral etc. in Widerspruch mit den bestehenden Verhältnissen treten, so kann dies nur dadurch geschehen, daß die bestehenden gesellschaftlichen Verhältnisse mit der bestehenden Produktionskraft in Widerspruch getreten sind – was übrigens in einem bestimmten nationalen Kreise von Verhältnissen auch dadurch geschehen kann, daß der Widerspruch nicht in diesem nationalen Umkreis, sondern zwischen diesem nationalen Bewußtsein und der Praxis der anderen

---

* [Randbemerkung von Marx:] Erste Form der Ideologen, *Pfaffen*, fällt zusammen.

Nationen*, d. h. zwischen dem nationalen und allgemeinen Bewußtsein einer Nation sich einstellt.

Übrigens ist es ganz einerlei, was das Bewußtsein alleine anfängt, wir erhalten aus diesem ganzen Dreck nur das eine Resultat, daß diese drei Momente, die Produktionskraft, der gesellschaftliche Zustand und das Bewußtsein, in Widerspruch untereinander geraten können und müssen, weil mit der *Teilung der Arbeit* die Möglichkeit, ja die Wirklichkeit gegeben ist, daß die geistige und materielle Tätigkeit – daß der Genuß und die Arbeit, Produktion und Konsumtion, verschiedenen Individuen zufallen, und die Möglichkeit, daß sie nicht in Widerspruch geraten, nur darin liegt, daß die Teilung der Arbeit wieder aufgehoben wird. Es versteht sich übrigens von selbst, daß die »Gespenster«, »Bande«, »höheres Wesen«, »Begriff«, »Bedenklichkeit«, bloß der idealistische geistliche Ausdruck, die Vorstellung scheinbar des vereinzelten Individuums sind, die Vorstellung von sehr empirischen Fesseln und Schranken, innerhalb deren sich die Produktionsweise des Lebens und die damit zusammenhängende Verkehrsform bewegt.

Mit der Teilung der Arbeit, in welcher alle diese Widersprüche gegeben sind und welche ihrerseits wieder auf der naturwüchsigen Teilung der Arbeit in der Familie und der Trennung der Gesellschaft in einzelne, einander entgegengesetzte Familien beruht, ist zu gleicher Zeit auch die *Ver*teilung, und zwar die *ungleiche*, sowohl quantitative wie qualitative Verteilung der Arbeit und ihrer Produkte gegeben, also das Eigentum, das in der Familie, wo die Frau und die Kinder die Sklaven des Mannes sind, schon seinen Keim, seine erste Form hat. Die freilich noch sehr rohe, latente Sklaverei in der Familie ist das erste Eigentum, das übrigens hier schon vollkommen der Definition der modernen Ökonomen entspricht, nach der es die Verfügung über fremde Arbeitskraft ist. Übrigens sind Teilung der Arbeit und Privateigentum identische Ausdrücke – in dem Einen wird in Beziehung auf die Tätigkeit dasselbe ausgesagt, was in dem Andern in bezug auf das Produkt der Tätigkeit ausgesagt wird.

Ferner ist mit der Teilung der Arbeit zugleich der Widerspruch zwischen dem Interesse des einzelnen Individuums oder der einzelnen Familie und dem gemeinschaftlichen Interesse aller Individuen,

---

* [Randbemerkung von Marx:] Religion. Die Deutschen mit der Ideologie als solcher.

die miteinander verkehren, gegeben; und zwar existiert dies gemeinschaftliche Interesse nicht bloß in der Vorstellung, als »Allgemeines«, sondern zuerst in der Wirklichkeit als gegenseitige Abhängigkeit der Individuen, unter denen die Arbeit geteilt ist. Und endlich bietet uns die Teilung der Arbeit gleich das erste Beispiel davon dar, daß, solange die Menschen sich in der naturwüchsigen Gesellschaft befinden, solange also die Spaltung zwischen dem besondern und gemeinsamen Interesse existiert, solange die Tätigkeit also nicht freiwillig, sondern naturwüchsig geteilt ist, die eigne Tat des Menschen ihm zu einer fremden, gegenüberstehenden Macht wird, die ihn unterjocht, statt, daß er sie beherrscht. Sowie nämlich die Arbeit verteilt zu werden anfängt, hat Jeder einen bestimmten ausschließlichen Kreis der Tätigkeit, der ihm aufgedrängt wird, aus dem er nicht heraus kann; er ist Jäger, Fischer oder Hirt oder kritischer Kritiker und muß es bleiben, wenn er nicht die Mittel zum Leben verlieren will – während in der kommunistischen Gesellschaft, wo Jeder nicht einen ausschließlichen Kreis der Tätigkeit hat, sondern sich in jedem beliebigen Zweige ausbilden kann, die Gesellschaft die allgemeine Produktion regelt und mir eben dadurch möglich macht, heute dies, morgen jenes zu tun, morgens zu jagen, nachmittags zu fischen, abends Viehzucht zu treiben, nach dem Essen zu kritisieren, wie ich gerade Lust habe, ohne je Jäger, Fischer, Hirt oder Kritiker zu werden. Dieses Sichfestsetzen der sozialen Tätigkeit, diese Konsolidation unsres eignen Produkts zu einer sachlichen Gewalt über uns, die unsrer Kontrolle entwächst, unsre Erwartungen durchkreuzt, unsre Berechnungen zunichte macht, ist eines der Hauptmomente in der bisherigen geschichtlichen Entwicklung, und eben aus diesem Widerspruch des besondern und gemeinschaftlichen Interesses nimmt das gemeinschaftliche Interesse als *Staat* eine selbständige Gestaltung, getrennt von den wirklichen Einzel- und Gesamtinteressen, an, und zugleich als illusorische Gemeinschaftlichkeit, aber stets auf der realen Basis der in jedem Familien- und Stamm-Konglomerat vorhandenen Bänder, wie Fleisch und Blut, Sprache, Teilung der Arbeit im größeren Maßstabe und sonstigen Interessen – und besonders, wie wir später entwickeln werden, der durch die Teilung der Arbeit bereits bedingten Klassen, die in jedem derartigen Menschenhaufen sich absondern und von denen eine alle andern beherrscht. Hieraus folgt, daß alle Kämpfe innerhalb des Staats, der Kampf zwischen Demokratie, Aristokratie und Monarchie, der Kampf um das Wahlrecht etc. etc., nichts als die illusorischen Formen sind, in denen die wirklichen Kämpfe der verschiednen Klassen untereinander geführt werden (wovon die deutschen Theoretiker nicht eine Silbe ahnen, trotzdem daß man ihnen in den »Deutsch-Französischen Jahrbüchern« und der »Heiligen Familie« dazu Anleitung genug gegeben hatte), und ferner, daß jede nach der Herrschaft strebende Klasse, wenn ihre Herrschaft auch, wie dies beim Proletariat der Fall ist, die Aufhebung der ganzen alten Gesellschaftsform und der Herrschaft überhaupt bedingt, sich zuerst die politische Macht erobern muß, um ihr Interesse wieder als das Allgemeine, wozu sie im ersten Augenblick gezwungen ist, darzustellen. Eben weil die Individuen *nur* ihr besondres, für sie nicht mit ihrem gemeinschaftlichen Interesse zusammenfallendes suchen, überhaupt das Allgemeine illusorische Form der Gemeinschaftlichkeit, wird dies als ein ihnen »fremdes« und von ihnen »unabhängiges«, als ein selbst wieder besonderes und eigentümliches »Allgemein«-Interesse geltend gemacht, oder sie selbst müssen sich in diesem Zwiespalt bewegen, wie in der Demokratie. Andrerseits macht denn auch der *praktische* Kampf dieser beständig *wirklich* den gemeinschaftlichen und illusorischen gemeinschaftlichen Interessen entgegentretenden Sonderinteressen die *praktische* Dazwischenkunft und Zügelung durch das illusorische »Allgemein«-Interesse als Staat nötig. Die soziale Macht, d. h. die vervielfachte Produktionskraft, die durch das in der Teilung der Arbeit bedingte Zusammenwirken der verschiedenen Individuen entsteht, erscheint diesen Individuen, weil das Zusammenwirken selbst nicht freiwillig, sondern naturwüchsig ist, nicht als ihre eigne, vereinte Macht, sondern als eine fremde, außer ihnen stehende Gewalt, von der sie nicht wissen woher und wohin, die sie also nicht mehr beherrschen können, die im Gegenteil nun eine eigentümliche, vom Wollen und Laufen der Menschen unabhängige, ja dies Wollen und Laufen erst dirigierende Reihenfolge von Phasen und Entwicklungsstufen durchläuft.

Diese *»Entfremdung«*, um den Philosophen verständlich zu bleiben, kann natürlich nur unter zwei *praktischen* Voraussetzungen aufgehoben werden. Damit sie eine »unerträgliche« Macht werde, d. h. eine Macht, gegen die man revolutioniert, dazu gehört, daß sie die Masse der Menschheit als durchaus »Eigentumslos« erzeugt hat und zugleich im Widerspruch zu einer vorhandnen Welt des Reichtums und der Bildung, was beides eine große Steigerung der Produktivkraft, einen hohen Grad ihrer Entwicklung voraussetzt – und andrerseits ist diese Entwicklung der Produktivkräfte (womit zugleich schon die in *weltgeschichtlichem,* statt der in lokalem Dasein der Menschen vorhandne empirische Existenz gegeben ist) auch deswegen eine absolut notwendige praktische Voraussetzung, weil ohne sie nur der *Mangel* verallgemeinert, also mit der *Notdurft* auch der Streit um das Notwendige wieder beginnen und die ganze alte Scheiße sich herstellen müßte, weil ferner nur mit dieser universellen Entwicklung der Produktivkräfte ein *universeller* Verkehr der Menschen gesetzt ist, daher einerseits das Phänomen der »Eigentumslosen« Masse in Allen Völkern gleichzeitig erzeugt (allgemeine Konkurrenz), jedes derselben von den Umwälzungen der andern abhängig macht, und endlich *weltgeschichtliche* empirisch universelle Individuen an die Stelle der lokalen gesetzt hat. Ohne dies könnte 1. der Kommunismus nur als eine Lokalität existieren, 2. die *Mächte* des Verkehrs selbst hätten sich als *universelle,* drum unerträgliche Mächte nicht entwickeln können, sie wären heimisch-abergläubige »Umstände« geblieben, und 3. würde jede Erweiterung des Verkehrs den lokalen Kommunismus aufheben. Der Kommunismus ist empirisch nur als die Tat der herrschenden Völker »auf einmal« und gleichzeitig möglich, was die universelle Entwicklung der Produktivkraft und den mit ihm zusammenhängenden Weltverkehr voraussetzt. Wie hätte sonst z. B. das Eigentum überhaupt eine Geschichte haben, verschiedene Gestalten annehmen, und etwa das Grundeigentum je nach der verschiedenen vorliegenden Voraussetzung in Frankreich aus der Parzellierung zur Zentralisation in wenigen Händen, in England aus der Zentralisation in wenigen Händen zur Parzellierung drängen können, wie dies heute wirklich der Fall ist? Oder wie kommt es, daß der Handel, der doch weiter nichts ist als der Austausch der Produkte verschiedner Individuen und Länder, durch das Verhältnis von Nachfrage und Zufuhr die ganze Welt beherrscht – ein Verhältnis, das, wie ein englischer Ökonom sagt, gleich dem antiken Schicksal über der Erde schwebt und mit unsichtbarer Hand Glück und Unglück an die Menschen verteilt, Reiche stiftet und Reiche zertrümmert, Völker entstehen und verschwinden macht –, während mit der Aufhebung der Basis, des Privateigentums, mit der kommunistischen Regelung der Produktion und der darin liegenden Vernichtung der Fremdheit, mit der sich die Menschen zu ihrem eignen Produkt verhalten, die Macht des Verhältnisses von Nachfrage und Zufuhr sich in Nichts auflöst und die Menschen den

Austausch, die Produktion, die Weise ihres gegenseitigen Verhaltens wieder in ihre Gewalt bekommen?

Der Kommunismus ist für uns nicht ein *Zustand,* der hergestellt werden soll, ein *Ideal,* wonach die Wirklichkeit sich zu richten haben [wird]. Wir nennen Kommunismus, die *wirkliche* Bewegung, welche den jetzigen Zustand aufhebt. Die Bedingungen dieser Bewegung ergeben sich aus der jetzt bestehenden Voraussetzung. Übrigens setzt die Masse von *bloßen* Arbeitern – massenhafte von Kapital oder von irgendeiner bornierten Befriedigung abgeschnittne Arbeiterkraft – und darum auch der nicht mehr temporäre Verlust dieser Arbeit selbst als einer gesicherten Lebensquelle durch die Konkurrenz den *Weltmarkt* voraus. Das Proletariat kann also nur *weltgeschichtlich* existieren, wie der Kommunismus, seine Aktion, nur als »weltgeschichtliche« Existenz überhaupt vorhanden sein kann; weltgeschichtliche Existenz der Individuen, d. h. Existenz der Individuen, die unmittelbar mit der Weltgeschichte verknüpft ist.

Die durch die auf allen bisherigen geschichtlichen Stufen vorhandenen Produktionskräfte bedingte und sie wiederum bedingende Verkehrsform ist die *bürgerliche Gesellschaft,* die, wie schon aus dem Vorhergehenden hervorgeht, die einfache Familie und die zusammengesetzte Familie, das sogenannte Stammwesen zu ihrer Voraussetzung und Grundlage hat, und deren nähere Bestimmungen im Vorhergehenden enthalten sind. Es zeigt sich schon hier, daß diese bürgerliche Gesellschaft der wahre Herd und Schauplatz aller Geschichte ist, und wie widersinnig die bisherige, die wirklichen Verhältnisse vernachlässigende Geschichtsauffassung mit ihrer Beschränkung auf hochtönende Haupt- und Staatsaktionen ist *.

Die bürgerliche Gesellschaft umfaßt den gesamten materiellen Verkehr der Individuen innerhalb einer bestimmten Entwicklungsstufe der Produktivkräfte. Sie umfaßt das gesamte kommerzielle und industrielle Leben einer Stufe und geht insofern über den Staat und die Nation hinaus, obwohl sie andrerseits wieder nach Außen hin als Nationalität sich geltend machen, nach Innen als Staat sich gliedern muß. Das Wort bürgerliche Gesellschaft kam

---

* [Im Manuskript gestrichen:] Bisher haben wir hauptsächlich nur die eine Seite der menschlichen Tätigkeit, die *Bearbeitung der Natur* durch die Menschen betrachtet. Die andre Seite, die *Bearbeitung der Menschen* durch *die Menschen* ... Ursprung des Staats und das Verhältnis des Staats zur bürgerlichen Gesellschaft.

auf im achtzehnten Jahrhundert, als die Eigentumsverhältnisse bereits aus dem antiken und mittelalterlichen Gemeinwesen sich herausgearbeitet hatten. Die bürgerliche Gesellschaft als solche entwickelt sich erst mit der Bourgeoisie; die unmittelbar aus der Produktion und dem Verkehr sich entwickelnde gesellschaftliche Organisation, die zu allen Zeiten die Basis des Staats und der sonstigen idealistischen Superstruktur bildet, ist indes fortwährend mit demselben Namen bezeichnet worden.

[2.] Über die Produktion des Bewußtseins

In der bisherigen Geschichte ist es allerdings ebensosehr eine empirische Tatsache, daß die einzelnen Individuen mit der Ausdehnung der Tätigkeit zur Weltgeschichtlichen immer mehr unter einer ihnen fremden Macht geknechtet worden sind (welchen Druck sie sich denn auch als Schikane des sogenannten Weltgeistes etc. vorstellten), einer Macht, die immer massenhafter geworden ist und sich in letzter Instanz als *Weltmarkt* ausweist. Aber ebenso empirisch begründet ist es, daß durch den Umsturz des bestehenden gesellschaftlichen Zustandes durch die kommunistische Revolution (wovon weiter unten) und die damit identische Aufhebung des Privateigentums diese den deutschen Theoretikern so mysteriöse Macht aufgelöst wird und alsdann die Befreiung jedes einzelnen Individuums in demselben Maße durchgesetzt wird, in dem die Geschichte sich vollständig in Weltgeschiche verwandelt. Daß der wirkliche geistige Reichtum des Individuums ganz von dem Reichtum seiner wirklichen Beziehungen abhängt, ist nach dem Obigen klar. Die einzelnen Individuen werden erst hierdurch von den verschiedenen nationalen und lokalen Schranken befreit, mit der Produktion (auch mit der geistigen) der ganzen Welt in praktische Beziehung gesetzt und in den Stand gesetzt, sich die Genußfähigkeit für diese allseitige Produktion der ganzen Erde (Schöpfungen der Menschen) zu erwerben. Die *allseitige* Abhängigkeit, diese naturwüchsige Form des *weltgeschichtlichen* Zusammenwirkens der Individuen, wird durch diese kommunistische Revolution verwandelt in die Kontrolle und bewußte Beherrschung dieser Mächte, die, aus dem Aufeinander-Wirken der Menschen erzeugt, ihnen bisher als durchaus fremde Mächte imponiert und sie beherrscht haben. Diese Anschauung kann nun wieder spekulativ-idealistisch, d. h. phantastisch als »Selbsterzeugung der Gattung« (die »Gesellschaft als

Subjekt«) gefaßt und dadurch die aufeinanderfolgende Reihe von im Zusammenhange stehenden Individuen als ein einziges Individuum vorgestellt werden, das das Mysterium vollzieht, sich selbst zu erzeugen. Es zeigt sich hier, daß die Individuen allerdings *einander* machen, physisch und geistig, aber nicht sich machen, weder im Unsinn des heiligen Bruno, noch im Sinne des »Einzigen«, des »gemachten« Mannes.

Diese Geschichtsauffassung beruht also darauf, den wirklichen Produktionsprozeß, und zwar von der materiellen Produktion des unmittelbaren Lebens ausgehend, zu entwickeln und die mit dieser Produktionsweise zusammenhängende und von ihr erzeugte Verkehrsform, also die bürgerliche Gesellschaft in ihren verschiedenen Stufen, als Grundlage der ganzen Geschichte aufzufassen und sie sowohl in ihrer Aktion als Staat darzustellen, wie die sämtlichen verschiedenen theoretischen Erzeugnisse und Formen des Bewußtseins, Religion, Philosophie, Moral etc. etc., aus ihr zu erklären und ihren Entstehungsprozeß aus ihnen zu verfolgen, wo dann natürlich auch die Sache in ihrer Totalität (und darum auch die Wechselwirkung dieser verschiednen Seiten aufeinander) dargestellt werden kann. Sie hat in jeder Periode nicht, wie die idealistische Geschichtsanschauung, nach einer Kategorie zu suchen, sondern bleibt fortwährend auf dem wirklichen Geschichts*boden* stehen, erklärt nicht die Praxis aus der Idee, erklärt die Ideenformationen aus der materiellen Praxis und kommt demgemäß auch zu dem Resultat, daß alle Formen und Produkte des Bewußtseins nicht durch geistige Kritik, durch Auflösung ins »Selbstbewußtsein« oder Verwandlung in »Spuk«, »Gespenster«, »Sparren« etc., sondern nur durch den praktischen Umsturz der realen gesellschaftlichen Verhältnisse, aus denen diese idealistischen Flausen hervorgegangen sind, aufgelöst werden können – daß nicht die Kritik, sondern die Revolution die treibende Kraft der Geschichte auch der Religion, Philosophie und sonstigen Theorie ist. Sie zeigt, daß die Geschichte nicht damit endigt, sich ins »Selbstbewußtsein« als »Geist vom Geist« aufzulösen, sondern daß in ihr auf jeder Stufe ein materielles Resultat, eine Summe von Produktionskräften, ein historisch geschaffnes Verhältnis zur Natur und der Individuen zueinander sich vorfindet, die jeder Generation von ihrer Vorgängerin überliefert wird, eine Masse von Produktivkräften, Kapitalien und Umständen, die zwar einerseits von der neuen Generation modifiziert wird, ihr aber auch andrerseits ihre eignen Lebensbedingungen vorschreibt und ihr eine bestimmte Entwicklung, einen speziellen Charakter gibt – daß also die Umstände ebensosehr die Menschen, wie die Menschen die Umstände machen. Diese Summe von Produktionskräften, Kapitalien und sozialen Verkehrsformen, die jedes Individuum und jede Generation als etwas Gegebenes vorfindet, ist der reale Grund dessen, was sich die Philosophen als »Substanz« und »Wesen des Menschen« vorgestellt, was sie apotheosiert und bekämpft haben, ein realer Grund, der dadurch nicht im Mindesten in seinen Wirkungen und Einflüssen auf die Entwicklung der Menschen gestört wird, daß diese Philosophen als »Selbstbewußtsein« und »Einzige« dagegen rebellieren. Diese vorgefundenen Lebensbedingungen der verschiedenen Generationen entscheiden auch, ob die periodisch in der Geschichte wiederkehrende revolutionäre Erschütterung stark genug sein wird oder nicht, die Basis alles Bestehenden umzuwerfen, und wenn diese materiellen Elemente einer totalen Umwälzung, nämlich einerseits die vorhandnen Produktivkräfte, andrerseits die Bildung einer revolutionären Masse, die nicht nur gegen einzelne Bedingungen der bisherigen Gesellschaft, sondern gegen die bisherige »Lebensproduktion« selbst, die »Gesamttätigkeit«, worauf sie basierte, revolutioniert – nicht vorhanden sind, so ist es ganz gleichgültig für die praktische Entwicklung, ob die *Idee* dieser Umwälzung schon hundertmal ausgesprochen ist – wie die Geschichte des Kommunismus dies beweist.

Die ganze bisherige Geschichtsauffassung hat diese wirkliche Basis der Geschichte entweder ganz und gar unberücksichtigt gelassen oder sie nur als eine Nebensache betrachtet, die mit dem geschichtlichen Verlauf außer allem Zusammenhang steht. Die Geschichte muß daher immer nach einem außer ihr liegenden Maßstab geschrieben werden; die wirkliche Lebensproduktion erscheint als Urgeschichtlich, während das Geschichtliche als das vom gemeinen Leben Getrennte, Extra-Überweltliche erscheint. Das Verhältnis der Menschen zur Natur ist hiermit von der Geschichte ausgeschlossen, wodurch der Gegensatz von Natur und Geschichte erzeugt wird. Sie hat daher in der Geschichte nur politische Haupt- und Staatsaktionen und religiöse und überhaupt theoretische Kämpfe sehen können und speziell bei jeder geschichtlichen Epoche *die Illusion dieser Epoche teilen* müssen. Z. B. bildet sich eine Epoche ein, durch rein »politische« oder »religiöse« Motive bestimmt zu werden, obgleich »Religion« und »Politik« nur Formen ihrer wirklichen Motive sind, so akzeptiert ihr Geschichtschreiber diese

Meinung. Die »Einbildung«, die »Vorstellung« dieser bestimmten Menschen über ihre wirkliche Praxis wird in die einzig bestimmende und aktive Macht verwandelt, welche die Praxis dieser Menschen beherrscht und bestimmt. Wenn die rohe Form, in der die Teilung der Arbeit bei den Indern und Ägyptern vorkommt, das Kastenwesen bei diesen Völkern in ihrem Staat und ihrer Religion hervorruft, so glaubt der Historiker, das Kastenwesen sei die Macht, welche diese rohe gesellschaftliche Form erzeugt habe. Während die Franzosen und Engländer wenigstens an der politischen Illusion, die der Wirklichkeit noch am nächsten steht, halten, bewegen sich die Deutschen im Gebiete des »reinen Geistes« und machen die religiöse Illusion zur treibenden Kraft der Geschichte. Die Hegelsche Geschichtsphilosophie ist die letzte, auf ihren »reinsten Ausdruck« gebrachte Konsequenz dieser gesamten Deutschen Geschichtschreibung, in der es sich nicht um wirkliche, nicht einmal um politische Interessen, sondern um reine Gedanken handelt.

[...]

Die Geschichte ist nichts als die Aufeinanderfolge der einzelnen Generationen, von denen jede die ihr von allen vorhergegangenen übermachten Materiale, Kapitalien, Produktionskräfte exploitiert, daher also einerseits unter ganz veränderten Umständen die überkommene Tätigkeit fortsetzt und andrerseits mit einer ganz veränderten Tätigkeit die alten Umstände modifiziert, was sich nun spekulativ so verdrehen läßt, daß die spätere Geschichte zum Zweck der früheren gemacht wird, z. B., daß der Entdeckung Amerikas der Zweck zugrunde gelegt wird, der französischen Revolution zum Durchbruch zu verhelfen, wodurch dann die Geschichte ihre aparten Zwecke erhält und eine »Person neben anderen Personen« (als da sind: »Selbstbewußtsein, Kritiker, Einziger« etc.) wird, während das, was man mit den Worten »Bestimmung«, »Zweck«, »Keim«, »Idee« der früheren Geschiche bezeichnet, weiter nichts ist als eine Abstraktion von der späteren Geschichte, eine Abstraktion von dem aktiven Einfluß, den die frühere Geschichte auf die spätere ausübt.

Je weiter sich im Laufe dieser Entwicklung nun die einzelnen Kreise, die aufeinander einwirken, ausdehnen, je mehr die ursprüngliche Abgeschlossenheit der einzelnen Nationalitäten durch die ausgebildete Produktionsweise, Verkehr und dadurch naturwüchsig hervorgebrachte Teilung der Arbeit zwischen verschiedenen Nationen vernichtet wird, desto mehr wird die Geschichte zur Weltgeschichte, so daß z. B., wenn in England eine Maschine erfunden wird, die in Indien und China zahllose Arbeiter außer Brot setzt und die ganze Existenzform dieser Reiche umwälzt, diese Erfindung zu einem weltgeschichtlichen Faktum wird; oder daß der Zukker und Kaffee ihre weltgeschichtliche Bedeutung im neunzehnten Jahrhundert dadurch bewiesen, daß der durch das napoleonische Kontinentalsystem erzeugte Mangel an diesen Produkten die Deutschen zum Aufstande gegen Napoleon brachte und so die reale Basis der glorreichen Befreiungskriege von 1813 wurde. Hieraus folgt, daß diese Umwandlung der Geschichte in Weltgeschichte nicht etwa eine bloße abstrakte Tat des »Selbstbewußtseins«, Weltgeistes oder sonst eines metaphysischen Gespenstes ist, sondern eine ganz materielle, empirisch nachweisbare Tat, eine Tat, zu der jedes Individuum, wie es geht und steht, ißt, trinkt und sich kleidet, den Beweis liefert.

Die Gedanken der herrschenden Klasse sind in jeder Epoche die herrschenden Gedanken, d. h. die Klasse, welche die herrschende *materielle* Macht der Gesellschaft ist, ist zugleich ihre herrschende *geistige* Macht. Die Klasse, die die Mittel zur materiellen Produktion zu ihrer Verfügung hat, disponiert damit zugleich über die Mittel zur geistigen Produktion, so daß ihr damit zugleich im Durchschnitt die Gedanken derer, denen die Mittel zur geistigen Produktion abgehen, unterworfen sind. Die herrschenden Gedanken sind weiter Nichts als der ideelle Ausdruck der herrschenden materiellen Verhältnisse, die als Gedanken gefaßten herrschenden materiellen Verhältnisse; also der Verhältnisse, die eben die eine Klasse zur herrschenden machen, also die Gedanken ihrer Herrschaft. Die Individuen, welche die herrschende Klasse ausmachen, haben unter Anderm auch Bewußtsein und denken daher; insofern sie also als Klasse herrschen und den ganzen Umfang einer Geschichtsepoche bestimmen, versteht es sich von selbst, daß sie dies in ihrer ganzen Ausdehnung tun, also unter Andern auch als Denkende, als Produzenten von Gedanken herrschen, die Produktion und Distribution der Gedanken ihrer Zeit regeln; daß also ihre Gedanken die herrschenden Gedanken der Epoche sind. Zu einer Zeit z. B. und in einem Lande, wo königliche Macht, Aristokratie und Bourgeoisie sich um die Herrschaft streiten, wo also die Herrschaft geteilt ist, zeigt sich als herrschender Gedanke die Doktrin von der Teilung der Gewalten, die nun als ein »ewiges Gesetz« ausgesprochen wird.

Die Teilung der Arbeit, die wir schon oben (p. [31–33]) als eine der Hauptmächte der bisherigen Geschichte vorfanden, äußert sich nun auch in der herrschenden Klasse als Teilung der geistigen und materiellen Arbeit, so daß innerhalb dieser Klasse der eine Teil als die Denker dieser Klasse auftritt (die aktiven konzeptiven Ideologen derselben, welche die Ausbildung der Illusion dieser Klasse über sich selbst zu ihrem Hauptnahrungszweige machen), während die Andern sich zu diesen Gedanken und Illusionen mehr passiv und rezeptiv verhalten, weil sie in der Wirklichkeit die aktiven Mitglieder dieser Klasse sind und weniger Zeit dazu haben, sich Illusionen und Gedanken über sich selbst zu machen. Innerhalb dieser Klasse kann diese Spaltung derselben sich sogar zu einer gewissen Entgegensetzung und Feindschaft beider Teile entwickeln, die aber bei jeder praktischen Kollision, wo die Klasse selbst gefährdet ist, von selbst wegfällt, wo denn auch der Schein verschwindet, als wenn die herrschenden Gedanken nicht die Gedanken der herrschenden Klasse wären und eine von der Macht dieser Klasse unterschiedene Macht hätten. Die Existenz revolutionärer Gedanken in einer bestimmten Epoche setzt bereits die Existenz einer revolutionären Klasse voraus, über deren Voraussetzungen bereits oben (p [33–36]) das Nötige gesagt ist.

Löst man nun bei der Auffassung des geschichtlichen Verlaufs die Gedanken der herrschenden Klasse von der herrschenden Klasse los, verselbständigt man sie, bleibt dabei stehen, daß in einer Epoche diese und jene Gedanken geherrscht haben, ohne sich um die Bedingungen der Produktion und um die Produzenten dieser Gedanken zu bekümmern, läßt man also die den Gedanken zugrunde liegenden Individuen und Weltzustände weg, so kann man z. B. sagen, daß während der Zeit, in der die Aristokratie herrschte, die Begriffe Ehre, Treue etc., während der Herrschaft der Bourgeoisie die Begriffe Freiheit, Gleichheit etc. herrschten*. Die herrschende Klasse selbst bildet sich dies im Durchschnitt ein. Diese Geschichtsauffassung, die allen Geschichtsschreibern vorzugsweise seit dem achtzehnten Jahrhundert gemeinsam ist, wird notwendig

---

* [Im Manuskript gestrichen:] Diese »herrschenden Begriffe« werden eine um so allgemeinere und umfassendere Form haben, je mehr die herrschende Klasse genötigt ist, ihr Interesse als das aller Mitglieder der Gesellschaft darzustellen. Die herrschende Klasse selbst hat im Durchschnitt die Vorstellung, daß diese ihre Begriffe herrschten und unterscheidet sie nur dadurch von herrschenden Vorstellungen früherer Epochen, daß sie sie als ewige Wahrheiten darstellt.

auf das Phänomen stoßen, daß immer abstraktere Gedanken herrschen, d. h. Gedanken, die immer mehr die Form der Allgemeinheit annehmen. Jede neue Klasse nämlich, die sich an die Stelle einer vor ihr herrschenden setzt, ist genötigt, schon um ihren Zweck durchzuführen, ihr Interesse als das gemeinschaftliche Interesse aller Mitglieder der Gesellschaft darzustellen, d. h. ideell ausgedrückt: ihren Gedanken die Form der Allgemeinheit zu geben, sie als die einzig vernünftigen, allgemein gültigen darzustellen. Die revolutionierende Klasse tritt von vornherein, schon weil sie einer *Klasse* gegenübersteht, nicht als Klasse, sondern als Vertreterin der ganzen Gesellschaft auf, sie erscheint als die ganze Masse der Gesellschaft gegenüber der einzigen, herrschenden Klasse *. Sie kann dies, weil im Anfange ihr Interesse wirklich noch mehr mit dem gemeinschaftlichen Interesse aller übrigen nichtherrschenden Klassen zusammenhängt, sich unter dem Druck der bisherigen Verhältnisse noch nicht als besonderes Interesse einer besonderen Klasse entwickeln konnte. Ihr Sieg nutzt daher auch vielen Individuen der übrigen, nicht zur Herrschaft kommenden Klassen, aber nur insofern, als er diese Individuen jetzt in den Stand setzt, sich in die herrschende Klasse zu erheben. Als die französische Bourgeoisie die Herrschaft der Aristokratie stürzte, machte sie es dadurch vielen Proletariern möglich, sich über das Proletariat zu erheben, aber nur, insofern sie Bourgeois wurden. Jede neue Klasse bringt daher nur auf einer breiteren Basis als die der bisher herrschenden ihre Herrschaft zustande, wogegen sich dann später auch der Gegensatz der nichtherrschenden gegen die nun herrschende Klasse um so schärfer und tiefer entwickelt. Durch Beides ist bedingt, daß der gegen diese neue herrschende Klasse zu führende Kampf wiederum auf eine entschiedenere, radikalere Negation der bisherigen Gesellschaftszustände hinarbeitet, als alle bisherigen die Herrschaft anstrebenden Klassen dies tun konnten.

Dieser ganze Schein, als ob die Herrschaft einer bestimmten Klasse nur die Herrschaft gewisser Gedanken sei, hört natürlich von selbst auf, sobald die Herrschaft von Klassen überhaupt auf-

---

* [Randbemerkung von Marx:] Die Allgemeinheit entspricht 1. der Klasse contra Stand, 2. der Konkurrenz, Weltverkehr, etc., 3. der großen Zahlreichheit der herrschenden Klasse, 4. der Illusion der *gemeinschaftlichen* Interessen (im Anfang diese Illusion wahr), 5. der Täuschung der Ideologen und der Teilung der Arbeit.

hört, die Form der gesellschaftlichen Ordnung zu sein, sobald es also nicht mehr nötig ist, ein besonderes Interesse als allgemeines oder »das Allgemeine« als herrschend darzustellen.

Nachdem einmal die herrschenden Gedanken von den herrschenden Individuen und vor allem von den Verhältnissen, die aus einer gegebnen Stufe der Produktionsweise hervorgehn, getrennt sind und dadurch das Resultat zustande gekommen ist, daß in der Geschichte stets Gedanken herrschen, ist es sehr leicht, aus diesen verschiedenen Gedanken sich »*den* Gedanken«, die Idee etc. als das in der Geschichte Herrschende zu abstrahieren und damit alle diese einzelnen Gedanken und Begriffe als »Selbstbestimmungen« *des* sich in der Geschichte entwickelnden Begriffs zu fassen. Es ist dann auch natürlich, daß alle Verhältnisse der Menschen aus dem Begriff des Menschen, dem vorgestellten Menschen, dem Wesen des Menschen, *dem* Menschen abgeleitet werden können. Dies hat die spekulative Philosophie getan. Hegel gesteht selbst am Ende der »Geschichtsphilosophie«, daß er »den Fortgang *des Begriffs* allein betrachtet« und in der Geschichte die »wahrhafte *Theodizee*« dargestellt habe (p. 466). Man kann nun wieder auf die Produzenten »des Begriffs« zurückgehen, auf die Theoretiker, Ideologen und Philosophen, und kommt dann zu dem Resultate, daß die Philosophen, die Denkenden als solche, von jeher in der Geschichte geherrscht haben – ein Resultat, was, wie wir sehen, auch schon von Hegel ausgesprochen wurde.

[...]

Während im gewöhnlichen Leben jeder Shopkeeper sehr wohl zwischen Dem zu unterscheiden weiß, was Jemand zu sein vorgibt, und dem, was er wirklich ist, so ist unsre Geschichtschreibung noch nicht zu dieser trivialen Erkenntnis gekommen. Sie glaubt jeder Epoche aufs Wort, was sie von sich selbst sagt und sich einbildet.

Es muß diese Geschichtsmethode, die in Deutschland, und warum vorzüglich, herrschte, entwickelt werden aus dem Zusammenhang mit der Illusion der Ideologen überhaupt, z. B. den Illusionen der Juristen, Politiker (auch der praktischen Staatsmänner darunter), aus den dogmatischen Träumereien und Verdrehungen dieser Kerls, die sich ganz einfach erklärt aus ihrer praktischen Lebensstellung, ihrem Geschäft und der Teilung der Arbeit.

[B. Die wirkliche Basis der Ideologie]

[1.] Verkehr und Produktivkraft

Die größte Teilung der materiellen und geistigen Arbeit ist die Trennung von Stadt und Land. Der Gegensatz zwischen Stadt und Land fängt an mit dem Übergange aus der Barbarei in die Zivilisation, aus dem Stammwesen in den Staat, aus der Lokalität in die Nation, und zieht sich durch die ganze Geschichte der Zivilisation bis auf den heutigen Tag (die Anti-Corn-Law League) hindurch. – Mit der Stadt ist zugleich die Notwendigkeit der Administration, der Polizei, der Steuern usw., kurz des Gemeindewesens und damit der Politik überhaupt gegeben. Hier zeigte sich zuerst die Teilung der Bevölkerung in zwei große Klassen, die direkt auf der Teilung der Arbeit und den Produktionsinstrumenten beruht. Die Stadt ist bereits die Tatsache der Konzentration der Bevölkerung, der Produktionsinstrumente, des Kapitals, der Genüsse, der Bedürfnisse, während das Land gerade die entgegengesetzte Tatsache, die Isolierung und Vereinzelung, zur Anschauung bringt. Der Gegensatz zwischen Stadt und Land kann nur innerhalb des Privateigentums existieren. Er ist der krasseste Ausdruck der Subsumtion des Individuums unter die Teilung der Arbeit, unter eine bestimmte, ihm aufgezwungene Tätigkeit, eine Subsumtion, die den Einen zum bornierten Stadttier, den Andern zum bornierten Landtier macht und den Gegensatz der Interessen Beider täglich neu erzeugt. Die Arbeit ist hier wieder die Hauptsache, die Macht *über* den Individuen, und solange diese existiert, solange muß das Privateigentum existieren. Die Aufhebung des Gegensatzes von Stadt und Land ist eine der ersten Bedingungen der Gemeinschaft, eine Bedingung, die wieder von einer Masse materieller Voraussetzungen abhängt und die der bloße Wille nicht erfüllen kann, wie Jeder auf den ersten Blick sieht. (Diese Bedingungen müssen noch entwickelt werden.) Die Trennung von Stadt und Land kann auch gefaßt werden als die Trennung von Kapital und Grundeigentum, als der Anfang einer vom Grundeigentum unabhängigen Existenz und Entwicklung des Kapitals, eines Eigentums, das bloß in der Arbeit und im Austausch seine Basis hat.

In den Städten, welche im Mittelalter nicht aus der früheren Geschichte fertig überliefert waren, sondern sich neu aus den freigewordnen Leibeignen bildeten, war die besondre Arbeit eines

Jeden sein einziges Eigentum außer dem kleinen, fast nur im nötigsten Handwerkszeug bestehenden Kapital, das er mitbrachte. Die Konkurrenz der fortwährend in die Stadt kommenden entlaufenen Leibeigenen, der fortwährende Krieg des Landes gegen die Städte und damit die Notwendigkeit einer organisierten städtischen Kriegsmacht, das Band des gemeinsamen Eigentums an einer bestimmten Arbeit, die Notwendigkeit gemeinsamer Gebäude zum Verkauf ihrer Waren zu einer Zeit, wo die Handwerker zugleich commerçants, und die damit gegebene Ausschließung Unberufener von diesen Gebäuden, der Gegensatz der Interessen der einzelnen Handwerke unter sich, die Notwendigkeit eines Schutzes der mit Mühe erlernten Arbeit und die feudale Organisation des ganzen Landes waren die Ursachen der Vereinigung der Arbeiter eines jeden Handwerks in Zünften. Wir haben hier auf die vielfachen Modifikationen des Zunftwesens, die durch spätere historische Entwicklungen hereingekommen, nicht weiter einzugehen. Die Flucht der Leibeignen in die Städte fand während des ganzen Mittelalters ununterbrochen statt. Diese Leibeignen, auf dem Lande von ihren Herren verfolgt, kamen einzeln in die Städte, wo sie eine organisierte Gemeinde vorfanden, gegen die sie machtlos waren und worin sie sich der Stellung unterwerfen mußten, die ihnen das Bedürfnis nach ihrer Arbeit und das Interesse ihrer organisierten städtischen Konkurrenten anwies. Diese einzeln hereinkommenden Arbeiter konnten es nie zu einer Macht bringen, da, wenn ihre Arbeit eine zunftmäßige war, die erlernt werden mußte, die Zunftmeister sie sich unterwarfen und nach ihrem Interesse organisierten, oder, wenn ihre Arbeit nicht erlernt werden mußte, daher keine zunftmäßige, sondern Taglöhnerarbeit war, nie zu einer Organisation kamen, sondern unorganisierter Pöbel blieben. Die Notwendigkeit der Taglöhnerarbeit in den Städten schuf den Pöbel.

Diese Städte waren wahre »Vereine«, hervorgerufen durch das unmittelbare Bedürfnis, die Sorge um den Schutz des Eigentums, und um die Produktionsmittel und Verteidigungsmittel der einzelnen Mitglieder zu multiplizieren. Der Pöbel dieser Städte war dadurch, daß er aus einander fremden, vereinzelt hereingekommenen Individuen bestand, die einer organisierten, kriegsmäßig gerüsteten, sie eifersüchtig überwachenden Macht unorganisiert gegenüberstanden, aller Macht beraubt. Die Gesellen und Lehrlinge waren in jedem Handwerk so organisiert, wie es dem Interesse der Meister am besten entsprach; das patriarchalische Verhältnis, in dem sie zu ihren Meistern standen, gab diesen eine doppelte Macht, einerseits in ihrem direkten Einfluß auf das ganze Leben der Gesellen und dann, weil es für die Gesellen, die bei demselben Meister arbeiteten, ein wirkliches Band war, das sie gegenüber den Gesellen der übrigen Meister zusammenhielt und sie von diesen trennte; und endlich waren die Gesellen schon durch das Interesse, das sie hatten, selbst Meister zu werden, an die bestehende Ordnung geknüpft. Während daher der Pöbel es wenigstens zu Emeuten gegen die ganze städtische Ordnung brachte, die indes bei seiner Machtlosigkeit ohne alle Wirkung blieben, kamen die Gesellen nur zu kleinen Widersetzlichkeiten innerhalb einzelner Zünfte, wie sie zur Existenz des Zunftwesens selbst gehören. Die großen Aufstände des Mittelalters gingen alle vom Lande aus, blieben aber ebenfalls wegen der Zersplitterung und der daraus folgenden Roheit der Bauern total erfolglos.

Die Teilung der Arbeit war in den Städten zwischen den einzelnen Zünften noch [ganz naturwüchsig] und in den Zünften selbst zwischen den einzelnen Arbeitern gar nicht durchgeführt. Jeder Arbeiter mußte in einem ganzen Kreise von Arbeiten bewandert sein, mußte Alles machen können, was mit seinen Werkzeugen zu machen war; der beschränkte Verkehr und die geringe Verbindung der einzelnen Städte unter sich, der Mangel an Bevölkerung und die Beschränktheit der Bedürfnisse ließen keine weitere Teilung der Arbeit aufkommen, und daher mußte Jeder, der Meister werden wollte, seines ganzen Handwerks mächtig sein. Daher findet sich bei den mittelalterlichen Handwerkern noch ein Interesse an ihrer speziellen Arbeit und an der Geschicklichkeit darin, das sich bis zu einem gewissen bornierten Kunstsinn steigern konnte. Daher ging aber auch jeder mittelalterliche Handwerker ganz in seiner Arbeit auf, hatte ein gemütliches Knechtschaftsverhältnis zu ihr und war viel mehr als der moderne Arbeiter, dem seine Arbeit gleichgültig ist, unter sie subsumiert.

Das Kapital in diesen Städten war ein naturwüchsiges Kapital, das in der Wohnung, den Handwerkszeugen und der naturwüchsigen, erblichen Kundschaft bestand und sich wegen des unentwickelten Verkehrs und der mangelnden Zirkulation als unrealisierbar vom Vater auf den Sohn forterben mußte. Dies Kapital war nicht, wie das moderne, ein in Geld abzuschätzendes, bei dem es gleichgültig ist, ob es in dieser oder jener Sache steckt, sondern ein unmittelbar mit der bestimmten Arbeit des Besitzers zusammenhängendes, von ihr gar nicht zu trennendes, und insofern *ständisches* Kapital.

Die nächste Ausdehnung der Teilung der Arbeit war die Trennung von Produktion und Verkehr, die Bildung einer besondern Klasse von Kaufleuten, eine Trennung, die in den historisch überlieferten Städten (u. a. mit den Juden) mit überkommen war und in den neugebildeten sehr bald eintrat. Hiermit war die Möglichkeit einer über den nächsten Umkreis hinausgehenden Handelsverbindung gegeben, eine Möglichkeit, deren Ausführung von den bestehenden Kommunikationsmitteln, dem durch die politischen Verhältnisse bedingten Stande der öffentlichen Sicherheit auf dem Lande (im ganzen Mittelalter zogen bekanntlich die Kaufleute in bewaffneten Karawanen herum) und von den durch die jedesmalige Kulturstufe bedingten roheren oder entwickelteren Bedürfnissen des dem Verkehr zugänglichen Gebietes abhing.

Mit dem in einer besonderen Klasse konstituierten Verkehr, mit der Ausdehnung des Handels durch die Kaufleute über die nächste Umgebung der Stadt hinaus, tritt sogleich eine Wechselwirkung zwischen der Produktion und dem Verkehr ein. Die Städte treten *miteinander* in Verbindung, es werden neue Werkzeuge aus einer Stadt in die andre gebracht, und die Teilung zwischen Produktion und Verkehr ruft bald eine neue Teilung der Produktion zwischen den einzelnen Städten hervor, deren Jede bald einen vorherrschenden Industriezweig exploitiert. Die anfängliche Beschränkung auf die Lokalität fängt an, allmählich aufgelöst zu werden.

Die Bürger in jeder Stadt waren im Mittelalter gezwungen, sich gegen den Landadel zu vereinigen, um sich ihrer Haut zu wehren; die Ausdehnung des Handels, die Herstellung der Kommunikationen führte die einzelnen Städte dazu, andere Städte kennenzulernen, die dieselben Interessen im Kampfe mit demselben Gegensatz durchgesetzt hatten. Aus den vielen lokalen Bürgerschaften der einzelnen Städte entstand erst sehr allmählich die Bürger*klasse*. Die Lebensbedingungen der einzelnen Bürger wurden durch den Gegensatz gegen die bestehenden Verhältnisse und durch die davon bedingte Art der Arbeit zugleich zu Bedingungen, welche ihnen allen gemeinsam und von jedem einzelnen unabhängig waren. Die Bürger hatten diese Bedingungen geschaffen, insofern sie sich von dem feudalen Verbande losgerissen hatten, und waren von ihnen geschaffen, insofern sie durch ihren Gegensatz gegen die Feudalität, die sie vorfanden, bedingt waren. Mit dem Eintreten der Verbindung zwischen den einzelnen Städten entwickelten sich diese gemeinsamen Bedingungen zu Klassenbedingungen. Dieselben Bedingungen, derselbe Gegensatz, dieselben Interessen mußten im Ganzen und Großen auch überall gleiche Sitten hervorrufen. Die Bourgeoisie selbst entwickelt sich erst mit ihren Bedingungen allmählich, spaltet sich nach der Teilung der Arbeit wieder in verschiedene Fraktionen und absorbiert endlich alle vorgefundenen besitzenden Klassen in sich * (während sie die Majorität der vorgefundenen besitzlosen und einen Teil der bisher besitzenden Klassen zu einer neuen Klasse, dem Proletariat, entwickelt), in dem Maße, als alles vorgefundene Eigentum in industrielles oder kommerzielles Kapital umgewandelt wird. Die einzelnen Individuen bilden nur insofern eine Klasse, als sie einen gemeinsamen Kampf gegen eine andre Klasse zu führen haben; im übrigen stehen sie einander selbst in der Konkurrenz wieder feindlich gegenüber. Auf der andern Seite verselbständigt sich die Klasse wieder gegen die Individuen, so daß diese ihre Lebensbedingungen prädestiniert vorfinden, von der Klasse ihre Lebensstellung und damit ihre Persönliche Entwicklung angewiesen bekommen, unter sie subsumiert werden. Dies ist dieselbe Erscheinung wie die Subsumtion der einzelnen Individuen unter die Teilung der Arbeit und kann nur durch die Aufhebung des Privateigentums und der Arbeit selbst beseitigt werden. Wie diese Subsumtion der Individuen unter die Klasse sich zugleich zu einer Subsumtion unter allerlei Vorstellungen pp. entwickelt, haben wir bereits mehrere Male angedeutet.

Es hängt lediglich von der Ausdehnung des Verkehrs ab, ob die in einer Lokalität gewonnenen Produktivkräfte, namentlich Erfindungen, für die spätere Entwicklung verlorengehen oder nicht. Solange noch kein über die unmittelbare Nachbarschaft hinausgehender Verkehr existiert, muß jede Erfindung in jeder Lokalität besonders gemacht werden, und bloße Zufälle, wie Irruptionen barbarischer Völker, selbst gewöhnliche Kriege, reichen hin, ein Land mit entwickelten Produktivkräften und Bedürfnissen dahin zu bringen, daß es wieder von vorne anfangen muß. In der anfänglichen Geschichte mußte jede Erfindung täglich neu und in jeder Lokalität unabhängig gemacht werden. Wie wenig ausgebildete Produktiv-

---

* [Randbemerkung von Marx:] Sie absorbiert zunächst die dem Staate direkt angehörigen Arbeitszweige, dann alle ± ideologischen Stände.

kräfte selbst bei einem verhältnismäßig sehr ausgedehnten Handel vor dem gänzlichen Untergange sicher sind, beweisen die Phönizier, deren Erfindungen zum größten Teil durch die Verdrängung dieser Nation aus dem Handel, die Eroberung Alexanders und den daraus folgenden Verfall auf lange Zeit verlorengingen. Ebenso im Mittelalter die Glasmalerei z.B. Erst wenn der Verkehr zum Weltverkehr geworden ist und die große Industrie zur Basis hat, alle Nationen in den Konkurrenzkampf hereingezogen sind, ist die Dauer der gewonnenen Produktivkräfte gesichert.

Die Teilung der Arbeit zwischen den verschiedenen Städten hatte zur nächsten Folge das Entstehen der Manufakturen, der dem Zunftwesen entwachsenen Produktionszweige. Das erste Aufblühen der Manufakturen – in Italien und später in Flandern – hatte den Verkehr mit auswärtigen Nationen zu seiner historischen Voraussetzung. In andern Ländern – England und Frankreich z. B. – beschränkten die Manufakturen sich anfangs auf den inländischen Markt. Die Manufakturen haben außer den angegebenen Voraussetzungen noch eine schon fortgeschrittene Konzentration der Bevölkerung – namentlich auf dem Lande – und des Kapitals, das sich teils in den Zünften trotz der Zunftgesetze, teils bei den Kaufleuten in einzelnen Händen zu sammeln anfing, zur Voraussetzung.

Diejenige Arbeit, die von vornherein eine Maschine, wenn auch noch in der rohsten Gestalt, voraussetzte, zeigte sich sehr bald als die entwicklungsfähigste. Die Weberei, bisher auf dem Lande von den Bauern nebenbei betrieben, um sich ihre nötige Kleidung zu verschaffen, war die erste Arbeit, welche durch die Ausdehnung des Verkehrs einen Anstoß und eine weitere Ausbildung erhielt. Die Weberei war die erste und blieb die hauptsächlichste Manufaktur. Die mit der steigenden Bevölkerung steigende Nachfrage nach Kleidungsstoffen, die beginnende Akkumulation und Mobilisation des naturwüchsigen Kapitals durch die beschleunigte Zirkulation, das hierdurch hervorgerufene und durch die allmähliche Ausdehnung des Verkehrs überhaupt begünstigte Luxusbedürfnis gaben der Weberei quantitativ und qualitativ einen Anstoß, der sie aus der bisherigen Produktionsform herausriß. Neben den zum Selbstgebrauch webenden Bauern, die fortbestehen blieben und noch fortbestehen, kam eine neue Klasse von Webern in den Städten auf, deren Gewebe für den ganzen heimischen Markt und meist auch für auswärtige Märkte bestimmt waren.

Die Weberei, eine in den meisten Fällen wenig Geschicklichkeit erfordernde und bald in unendlich viele Zweige zerfallende Arbeit, widerstrebte ihrer ganzen Beschaffenheit nach den Fesseln der Zunft. Die Weberei wurde daher auch meist in Dörfern und Marktflecken ohne zünftige Organisation betrieben, die allmählich zu Städten, und zwar bald zu den blühendsten Städten jedes Landes wurden.

Mit der zunftfreien Manufaktur veränderten sich sogleich auch die Eigentumsverhältnisse. Der erste Fortschritt über das naturwüchsig-ständische Kapital hinaus war durch das Aufkommen der Kaufleute gegeben, deren Kapital von vornherein mobil, Kapital im modernen Sinne war, soweit davon unter den damaligen Verhältnissen die Rede sein kann. Der zweite Fortschritt kam mit der Manufaktur, die wieder eine Masse des naturwüchsigen Kapitals mobilisierte und überhaupt die Masse des mobilen Kapitals gegenüber der des naturwüchsigen vermehrte.

Die Manufaktur wurde zugleich eine Zuflucht der Bauern gegen die sie ausschließenden oder schlecht bezahlenden Zünfte, wie früher die Zunftstädte den Bauern als Zuflucht gegen [den sie bedrückenden Landadel gedient] hatten.

Mit dem Anfange der Manufakturen gleichzeitig war eine Periode des Vagabundentums, veranlaßt durch das Aufhören der feudalen Gefolgschaften, die Entlassung der zusammengelaufenen Armeen, die den Königen gegen die Vasallen gedient hatten, durch verbesserten Ackerbau und Verwandlung von großen Streifen Ackerlandes in Viehweiden. Schon hieraus geht hervor, wie dies Vagabundentum genau mit der Auflösung der Feudalität zusammenhängt. Schon im dreizehnten Jahrhundert kommen einzelne Epochen dieser Art vor, allgemein und dauernd tritt dies Vagabundentum erst mit dem Ende des 15. und Anfang des 16. Jahrhunderts hervor. Diese Vagabunden, die so zahlreich waren, daß u. a. Heinrich VIII. von England ihrer 72 000 hängen ließ, wurden nur mit den größten Schwierigkeiten und durch die äußerste Not und erst nach langem Widerstreben dahin gebracht, daß sie arbeiteten. Das rasche Aufblühen der Manufakturen, namentlich in England, absorbierte sie allmählich.

Mit der Manufaktur traten die verschiedenen Nationen in ein Konkurrenzverhältnis, in den Handelskampf, der in Kriegen, Schutzzöllen und Prohibitionen durchgekämpft wurde, während früher die Nationen, soweit sie in Verbindung waren, einen harmlosen Austausch miteinander verführt hatten. Der Handel hat von nun an politische Bedeutung.

Mit der Manufaktur war zugleich ein verändertes Verhältnis des Arbeiters zum Arbeitgeber gegeben. In den Zünften existiert das patriarchalische Verhältnis zwischen Gesellen und Meister fort; in der Manufaktur trat an seine Stelle das Geldverhältnis zwischen Arbeiter und Kapitalist; ein Verhältnis, das auf dem Lande und in kleinen Städten patriarchalisch tingiert blieb, in den größeren, eigentlichen Manufakturstädten jedoch schon früh fast alle patriarchalische Färbung verlor.

Die Manufaktur und überhaupt die Bewegung der Produktion erhielt einen enormen Aufschwung durch die Ausdehnung des Verkehrs, welche mit der Entdeckung Amerikas und des Seeweges nach Ostindien eintrat. Die neuen, von dort importierten Produkte, namentlich die Massen von Gold und Silber, die in Zirkulation kamen, die Stellung der Klassen gegeneinander total veränderten und dem feudalen Grundeigentum und den Arbeitern einen harten Stoß gaben, die Abenteurerzüge, Kolonisation und vor Allem die jetzt möglich gewordene und täglich sich mehr und mehr herstellende Ausdehnung der Märkte zum Weltmarkt riefen eine neue Phase der geschichtlichen Entwicklung hervor, auf welche im Allgemeinen hier nicht weiter einzugehen ist. Durch die Kolonisation der neuentdeckten Länder erhielt der Handelskampf der Nationen gegeneinander neue Nahrung und demgemäß größere Ausdehnung und Erbitterung.

Die Ausdehnung des Handels und der Manufaktur beschleunigten die Akkumulation des mobilen Kapitals, während in den Zünften, die keinen Stimulus zur erweiterten Produktion erfuhren, das naturwüchsige Kapital stabil blieb oder gar abnahm. Handel und Manufaktur schufen die große Bourgeoisie, in den Zünften konzentrierte sich die Kleinbürgerschaft, die nun nicht mehr wie früher in den Städten herrschte, sondern der Herrschaft der großen Kaufleute und Manufacturiers sich beugen mußte*. Daher der Verfall der Zünfte, sobald sie mit der Manufaktur in Berührung kam[en].

Das Verhältnis der Nationen untereinander in ihrem Verkehr nahm während der Epoche, von der wir gesprochen haben, zwei verschiedene Gestalten an. Im Anfange bedingte die geringe zirkulierende Quantität des Goldes und Silbers das Verbot der Ausfuhr dieser Metalle; und die durch die Notwendigkeit der Beschäfti-

---

* [Randbemerkung von Marx:] Kleinbürger—Mittelstand—Große Bourgeoisie.

gung für die wachsende städtische Bevölkerung nötig gewordene, meist vom Auslande importierte Industrie konnte der Privilegien nicht entbehren, die natürlich nicht nur gegen inländische, sondern hauptsächlich gegen auswärtige Konkurrenz gegeben werden konnten. Das lokale Zunftprivilegium wurde in diesen ursprünglichen Prohibitionen auf die ganze Nation erweitert. Die Zölle entstanden aus den Abgaben, die die Feudalherren den ihr Gebiet durchziehenden Kaufleuten als Abkauf der Plünderung auflegten, Abgaben, die später von den Städten ebenfalls auferlegt wurden und die beim Aufkommen der modernen Staaten das zunächstliegende Mittel für den Fiskus waren, um Geld zu bekommen.

Die Erscheinung des amerikanischen Goldes und Silbers auf den europäischen Märkten, die allmähliche Entwicklung der Industrie, der rasche Aufschwung des Handels und das hierdurch hervorgerufene Aufblühen der nichtzünftigen Bourgeoisie und des Geldes gab diesen Maßregeln eine andre Bedeutung. Der Staat, der des Geldes täglich weniger entbehren konnte, behielt nun das Verbot der Gold- und Silberausfuhr aus fiskalischen Rücksichten bei; die Bourgeois, für die diese neu auf den Markt geschleuderten Geldmassen der Hauptgegenstand der Akkaparements war, waren damit vollständig zufrieden; die bisherigen Privilegien wurden eine Einkommenquelle für die Regierung und für Geld verkauft; in der Zollgesetzgebung kamen die Ausfuhrzölle auf, die, der Industrie nur ein Hindernis in den Weg [legend], einen rein fiskalischen Zweck hatten.

Die zweite Periode trat mit der Mitte des siebzehnten Jahrhunderts ein und dauerte fast bis zum Ende des achtzehnten. Der Handel und die Schiffahrt hatten sich rascher ausgedehnt als die Manufaktur, die eine sekundäre Rolle spielte; die Kolonien fingen an, starke Konsumenten zu werden, die einzelnen Nationen teilten sich durch lange Kämpfe in den sich öffnenden Weltmarkt. Diese Periode beginnt mit den Navigationsgesetzen und Kolonialmonopolen. Die Konkurrenz der Nationen untereinander wurde durch Tarife, Prohibitionen, Traktate möglichst ausgeschlossen; und in letzter Instanz wurde der Konkurrenzkampf durch Kriege (besonders Seekriege) geführt und entschieden. Die zur See mächtigste Nation, die Engländer, behielten das Übergewicht im Handel und der Manufaktur. Schon hier die Konzentration auf Ein Land.

Die Manufaktur war fortwährend durch Schutzzölle im heimischen Markte, im Kolonialmarkte durch Monopole und im auswärtigen möglichst viel durch Differentialzölle geschützt. Die Bearbeitung des im Lande selbst erzeugten Materials wurde begünstigt (Wolle und Leinen in England, Seide in Frankreich), die Ausfuhr des im Inlande erzeugten Rohmaterials verboten (Wolle in England) und die [Bearbeitung] des importierten vernachlässigt oder unterdrückt (Baumwolle in England). Die im Seehandel und der Kolonialmacht vorherrschende Nation sicherte sich natürlich auch die größte quantitative und qualitative Ausdehnung der Manufaktur. Die Manufaktur konnte überhaupt des Schutzes nicht entbehren, da sie durch die geringste Veränderung, die in andern Ländern vorgeht, ihren Markt verlieren und ruiniert werden kann; sie ist leicht in einem Lande unter einigermaßen günstigen Bedingungen eingeführt und ebendeshalb leicht zerstört. Sie ist zugleich durch die Art, wie sie, namentlich im 18. Jahrhundert auf dem Lande, betrieben wurde, mit den Lebensverhältnissen einer großen Masse von Individuen so verwachsen, daß kein Land wagen darf, ihre Existenz durch Zulassung der freien Konkurrenz aufs Spiel zu setzen. Sie hängt daher, insofern sie es bis zum Export bringt, ganz von der Ausdehnung oder Beschränkung des Handels ab und übt eine verhältnis[mäßig] sehr geringe Rückwirkung [auf ihn] aus. Daher ihre sekundäre [Bedeutung] und daher der Einfluß [der Kauf]leute im achtzehnten Jahrhundert. Die Kaufleute und besonders die Reeder waren es, die vor allen Andern auf Staatsschutz und Monopolien drangen; die Manufacturiers verlangten und erhielten zwar auch Schutz, standen aber fortwährend hinter den Kaufleuten an politischer Bedeutung zurück. Die Handelsstädte, speziell die Seestädte, wurden einigermaßen zivilisiert und großbürgerlich, während in den Fabrikstädten die größte Kleinbürgerei bestehen blieb. Vgl. Aikin pp. Das achtzehnte Jahrhundert war das des Handels. Pinto sagt dies ausdrücklich: »Le commerce fait la marotte du siècle«, und: »Depuis quelque temps il n'est plus question que de commerce, de navigation et de marine.« *

Diese Periode ist auch bezeichnet durch das Aufhören der Gold- und Silberausfuhrverbote, das Entstehen des Geldhandels, der

---

* Die Bewegung des Kapitals, obwohl bedeutend beschleunigt, blieb doch noch stets verhältnismäßig langsam. Die Zersplitterung des Weltmarktes in einzelne Teile, deren Jeder von einer besonderen Nation ausgebeutet wurde, die Ausschließung der Konkurrenz der Nationen unter sich, die Unbehülflichkeit der Produktion selbst und das aus den ersten Stufen sich erst entwickelnde Geldwesen hielten die Zirkulation sehr auf. Die Folge davon war ein krämerhafter,

Banken, der Staatsschulden, des Papiergeldes, der Aktien- und Fondsspekulation, der Agiotage in allen Artikeln und der Ausbildung des Geldwesens überhaupt. Das Kapital verlor wieder einen großen Teil der ihm noch anklebenden Naturwüchsigkeit.

Die im siebzehnten Jahrhundert unaufhaltsam sich entwickelnde Konzentration des Handels und der Manufaktur auf ein Land, England, schuf für dieses Land allmählich einen relativen Weltmarkt und damit eine Nachfrage für die Manufakturprodukte dieses Landes, die durch die bisherigen industriellen Produktivkräfte nicht mehr befriedigt werden konnte. Diese den Produktionskräften über den Kopf wachsende Nachfrage war die treibende Kraft, welche die dritte Periode des Privateigentums seit dem Mittelalter hervorrief, indem sie die große Industrie – die Anwendung von Elementarkräften zu industriellen Zwecken, die Maschinerie und die ausgedehnteste Teilung der Arbeit – erzeugte. Die übrigen Bedingungen dieser neuen Phase – die Freiheit der Konkurrenz innerhalb der Nation, die Ausbildung der theoretischen Mechanik (die durch Newton vollendete Mechanik war überhaupt im 18. Jahrhundert in Frankreich und England die populärste Wissenschaft) pp. – existierten in England bereits. (Die freie Konkurrenz in der Nation selbst mußte überall durch eine Revolution erobert werden – 1640 und 1688 in England, 1789 in Frankreich.) Die Konkurrenz zwang bald jedes Land, das eine historische Rolle behalten wollte, seine Manufakturen durch erneuerte Zollmaßregeln zu schützen (die alten Zölle halfen gegen die große Industrie nicht mehr) und bald darauf die große Industrie unter Schutzzöllen einzuführen. Die große Industrie universalisierte trotz dieser Schutzmittel die Konkurrenz (sie ist die praktische Handelsfreiheit, der Schutzzoll ist in ihr nur ein Palliativ, eine Gegenwehr *in* der Handelsfreiheit), stellte die Kommunikationsmittel und den modernen Weltmarkt her, unterwarf sich den Handel, verwandelte alles Kapital in industrielles Kapital und erzeugte damit die rasche Zirkulation (die Ausbildung des Geldwesens) und Zentralisation der Kapitalien. Sie zwang durch die universelle Konkurrenz alle Individuen

---

schmutzig-kleinlicher Geist, der allen Kaufleuten und der ganzen Weise des Handelsbetriebs noch anhaftete. Im Vergleich mit den Manufacturiers und vollends den Handwerkern waren sie allerdings Großbürger, Bourgeois, im Vergleich zu den Kaufleuten und Industriellen der nächsten Periode bleiben sie Kleinbürger. Vgl. A. Smith.

zur äußersten Anspannung ihrer Energie. Sie vernichtete möglichst die Ideologie, Religion, Moral etc., und wo sie dies nicht konnte, machte sie sie zur handgreiflichen Lüge. Sie erzeugte insoweit erst die Weltgeschichte, als sie jede zivilisierte Nation und jedes Individuum darin in der Befriedigung seiner Bedürfnisse von der ganzen Welt abhängig machte und die bisherige naturwüchsige Ausschließlichkeit einzelner Nationen vernichtete. Sie subsumierte die Naturwissenschaft unter das Kapital und nahm der Teilung der Arbeit den letzten Schein der Naturwüchsigkeit. Sie vernichtete überhaupt die Naturwüchsigkeit, soweit dies innerhalb der Arbeit möglich ist, und löste alle naturwüchsigen Verhältnisse in Geldverhältnisse auf. Sie schuf an der Stelle der naturwüchsigen Städte die modernen, großen Industriestädte, die über Nacht entstanden sind. Sie zerstörte, wo sie durchdrang, das Handwerk und überhaupt alle früheren Stufen der Industrie. Sie vollendete den Sieg [der] Handelsstadt über das Land. [Ihre erste Voraussetzung] ist das automatische System. [Ihre Entwicklung er]zeugte eine Masse von Pro[duktivkr]äften, für die das Privat[eigentum] ebensosehr eine Fessel wurde wie die Zunft für die Manufaktur und der kleine, ländliche Betrieb für das sich ausbildende Handwerk. Diese Produktivkräfte erhalten unter dem Privateigentum eine nur einseitige Entwicklung, werden für die Mehrzahl zu Destruktivkräften, und eine Menge solcher Kräfte können im Privateigentum gar nicht zur Anwendung kommen. Sie erzeugte im Allgemeinen überall dieselben Verhältnisse zwischen den Klassen der Gesellschaft und vernichtete dadurch die Besonderheit der einzelnen Nationalitäten. Und endlich, während die Bourgeoisie jeder Nation noch aparte nationale Interessen behält, schuf die große Industrie eine Klasse, die bei allen Nationen dasselbe Interesse hat und bei der die Nationalität schon vernichtet ist, eine Klasse, die wirklich die ganze alte Welt los ist und zugleich ihr gegenübersteht. Sie macht dem Arbeiter nicht bloß das Verhältnis zum Kapitalisten, sondern die Arbeit selbst unerträglich.

Es versteht sich, daß die große Industrie nicht in jeder Lokalität eines Landes zu derselben Höhe der Ausbildung kommt. Dies hält indes die Klassenbewegung des Proletariats nicht auf, da die durch die große Industrie erzeugten Proletarier an die Spitze dieser Bewegung treten und die ganze Masse mit sich fortreißen, und da die von der großen Industrie ausgeschlossenen Arbeiter durch diese große Industrie in eine noch schlechtere Lebenslage versetzt werden als die Arbeiter der großen Industrie selbst. Ebenso wirken die Länder, in denen eine große Industrie entwickelt ist, auf die plus ou moins nichtindustriellen Länder, sofern diese durch den Weltverkehr in den universellen Konkurrenzkampf hereingerissen sind *.

Diese verschiedenen Formen sind ebensoviel Formen der Organisation der Arbeit und damit des Eigentums. In jeder Periode fand eine Vereinigung der existierenden Produktivkräfte statt, soweit sie durch die Bedürfnisse notwendig geworden war.

[2.] Verhältnis von Staat und Recht zum Eigentum

Die erste Form des Eigentums ist sowohl in der antiken Welt wie im Mittelalter das Stammeigentum, bedingt bei den Römern hauptsächlich durch den Krieg, bei den Germanen durch die Viehzucht. Bei den antiken Völkern erscheint, weil in einer Stadt mehrere Stämme zusammenwohnen, das Stammeigentum als Staatseigentum und das Recht des Einzelnen daran als bloße Possessio, die sich indes, wie das Stammeigentum überhaupt, nur auf das Grundeigentum beschränkt. Das eigentliche Privateigentum fängt bei den Alten, wie bei den modernen Völkern, mit dem Mobiliareigentum an. – (Sklaverei und Gemeinwesen) (dominium ex jure Quiritum). Bei den aus dem Mittelalter hervorgehenden Völkern entwickelt sich das Stammeigentum so durch verschiedene Stufen – feudales Grundeigentum, korporatives Mobiliareigentum, Manufakturkapital – bis zum modernen, durch die große Industrie und universelle Konkurrenz bedingten Kapital, dem reinen Privateigentum, das allen Schein des Gemeinwesens abgestreift und alle Ein-

---

* Die Konkurrenz isoliert die Individuen, nicht nur die Bourgeois, sondern noch mehr die Proletarier gegeneinander, trotzdem daß sie sie zusammenbringt. Daher dauert es eine lange Zeit, bis diese Individuen sich vereinigen können, abgesehen davon, daß zu dieser Vereinigung — wenn sie nicht bloß lokal sein soll — die nötigen Mittel, die großen Industriestädte und die wohlfeilen und schnellen Kommunikationen durch die große Industrie erst hergestellt sein müssen, und daher ist jede organisierte Macht gegenüber diesen isolierten und in Verhältnissen, die die Isolierung täglich reproduzieren, lebenden Individuen erst nach langen Kämpfen zu besiegen. Das Gegenteil verlangen, hieße ebensoviel wie zu verlangen, daß die Konkurrenz in dieser bestimmten Geschichtsepoche nicht existieren soll oder daß die Individuen Verhältnisse, über die sie als Isolierte keine Kontrolle haben, sich aus dem Kopf schlagen sollen.

wirkung des Staats auf die Entwicklung des Eigentums ausgeschlossen hat. Diesem modernen Privateigentum entspricht der moderne Staat, der durch die Steuern allmählich von den Privateigentümern an sich gekauft, durch das Staatsschuldenwesen ihnen vollständig verfallen und dessen Existenz in dem Steigen und Fallen der Staatspapiere auf der Börse gänzlich von dem kommerziellen Kredit abhängig geworden ist, den ihm die Privateigentümer, die Bourgeois, geben. Die Bourgeoisie ist schon, weil sie eine *Klasse,* nicht mehr ein *Stand* ist, dazu gezwungen, sich national, nicht mehr lokal zu organisieren und ihrem Durchschnittsinteresse eine allgemeine Form zu geben. Durch die Emanzipation des Privateigentums vom Gemeinwesen ist der Staat zu einer besonderen Existenz neben und außer der bürgerlichen Gesellschaft geworden; er ist aber weiter Nichts als die Form der Organisation, welche sich die Bourgeois sowohl nach Außen als nach innen hin zur gegenseitigen Garantie ihres Eigentums und ihrer Interessen notwendig geben. Die Selbständigkeit des Staats kommt heutzutage nur noch in solchen Ländern vor, wo die Stände sich nicht vollständig zu Klassen entwickelt haben, wo die in den fortgeschrittneren Ländern beseitigten Stände noch eine Rolle spielen und ein Gemisch existiert, in denen daher kein Teil der Bevölkerung es zur Herrschaft über die übrigen bringen kann. Dies ist namentlich in Deutschland der Fall. Das vollendetste Beispiel des modernen Staats ist Nordamerika. Die neueren französischen, englischen und amerikanischen Schriftsteller sprechen sich Alle dahin aus, daß der Staat nur um des Privateigentums willen existiere, so daß dies auch in das gewöhnliche Bewußtsein übergegangen ist.

Da der Staat die Form ist, in welcher die Individuen einer herrschenden Klasse ihre gemeinsamen Interessen geltend machen und die ganze bürgerliche Gesellschaft einer Epoche sich zusammenfaßt, so folgt, daß alle gemeinsamen Institutionen durch den Staat vermittelt werden, eine politische Form erhalten. Daher die Illusion, als ob das Gesetz auf dem Willen, und zwar auf dem von seiner realen Basis losgerissenen, dem *freien* Willen beruhe. Ebenso wird das Recht dann wieder auf das Gesetz reduziert.

Das Privatrecht entwickelt sich zu gleicher Zeit mit dem Privateigentum aus der Auflösung des naturwüchsigen Gemeinwesens. Bei den Römern blieb die Entwicklung des Privateigentums und Privatrechts ohne weitere industrielle und kommerzielle Folgen, weil ihre ganze Produktionsweise dieselbe blieb *. Bei den modernen Völkern, wo das feudale Gemeinwesen durch die Industrie und den Handel aufgelöst wurde, begann mit dem Entstehen des Privateigentums und Privatrechts eine neue Phase, die einer weiteren Entwicklung fähig war. Gleich die erste Stadt, die im Mittelalter einen ausgedehnten Seehandel führte, Amalfi, bildete auch das Seerecht aus. Sobald, zuerst in Italien und später in anderen Ländern, die Industrie und der Handel das Privateigentum weiterentwickelten, wurde gleich das ausgebildete römische Privatrecht wieder aufgenommen und zur Autorität erhoben. Als später die Bourgeoisie so viel Macht erlangt hatte, daß die Fürsten sich ihrer Interessen annahmen, um vermittelst der Bourgeoisie den Feudaladel zu stürzen, begann in allen Ländern – in Frankreich im 16. Jahrhundert – die eigentliche Entwicklung des Rechts, die in allen Ländern, ausgenommen England, auf der Basis des römischen Kodex vor sich ging. Auch in England mußten römische Rechtsgrundsätze zur weiteren Ausbildung des Privatrechts (besonders beim Mobiliareigentum) hereingenommen werden. (Nicht zu vergessen, daß das Recht ebensowenig eine eigene Geschichte hat wie die Religion.)

Im Privatrecht werden die bestehenden Eigentumsverhältnisse als Resultat des allgemeinen Willens ausgesprochen. Das jus utendi et abutendi selbst spricht einerseits die Tatsache aus, daß das Privateigentum vom Gemeinwesen durchaus unabhängig geworden ist, und andererseits die Illusion, als ob das Privateigentum selbst auf dem bloßen Privatwillen, der willkürlichen Disposition über die Sache beruhe. In der Praxis hat das abuti sehr bestimmte ökonomische Grenzen für den Privateigentümer, wenn er nicht sein Eigentum und damit sein jus abutendi in andre Hände übergehn sehen will, da überhaupt die Sache, bloß in Beziehung auf seinen Willen betrachtet, gar keine Sache ist, sondern erst im Verkehr und unabhängig vom Recht zu einer Sache, zu wirklichem Eigentum wird (ein *Verhältnis,* was die Philosophen eine Idee nennen)**.

Diese juristische Illusion, die das Recht auf den bloßen Willen reduziert, führt in der weiteren Entwicklung der Eigentumsverhältnisse notwendig dahin, daß Jemand einen juristischen Titel auf eine

---

* [Randbemerkung von Engels:] (Wucher!)
** *Verhältnis für die Philosophen = Idee.* Sie kennen bloß das Verhältnis »des Menschen« zu sich selbst, und darum werden alle wirklichen Verhältnisse ihnen zu Ideen.

Sache haben kann, ohne die Sache wirklich zu haben. Wird z. B.
durch die Konkurrenz die Rente eines Grundstückes beseitigt, so
hat der Eigentümer desselben zwar seinen juristischen Titel daran,
samt dem jus utendi et abutendi. Aber er kann nichts damit anfangen, er besitzt nichts als Grundeigentümer, falls er nicht sonst
noch Kapital genug besitzt, um seinen Boden zu bebauen. Aus
derselben Illusion der Juristen erklärt es sich, daß es für sie und für
jeden Kodex überhaupt zufällig ist, daß Individuen in Verhältnisse
untereinander treten, z. B. Verträge, und daß ihm diese Verhältnisse für solche gelten, die man nach Belieben eingehen oder nicht
eingehen [kann] und deren Inhalt ganz auf der individuellen
[Will]kür der Kontrahenten [ber]uht.

Sooft sich durch die Entwick[lung] der Industrie und des Handels neue [Ve]rkehrsformen gebildet haben, [z.] B. Assekuranz-
etc.-Kompanien, war das Recht jedesmal genötigt, sie unter die
Eigentumserwerbsarten aufzunehmen.

Es ist nichts gewöhnlicher als die Vorstellung, in der Geschichte
sei es bisher nur auf das *Nehmen* angekommen. Die Barbaren
nehmen das römische Reich, und mit der Tatsache dieses Nehmens
erklärt man den Übergang aus der alten Welt in die Feudalität.
Bei dem Nehmen durch Barbaren kommt es aber darauf an, ob
die Nation, die eingenommen wird, industrielle Produktivkräfte
entwickelt hat, wie dies bei den modernen Völkern der Fall ist, oder
ob ihre Produktivkräfte hauptsächlich bloß auf ihrer Vereinigung
und dem Gemeinwesen beruhen. Das Nehmen ist ferner bedingt
durch den Gegenstand, der genommen wird. Das in Papier bestehende Vermögen eines Bankiers kann gar nicht genommen werden, ohne daß der Nehmende sich den Produktions- und Verkehrs-
bedingungen des genommenen Landes unterwirft. Ebenso das gesamte industrielle Kapital eines modernen Industrielandes. Und
endlich hat das Nehmen überall sehr bald ein Ende, und wenn
nichts mehr zu nehmen ist, muß man anfangen zu produzieren.
Aus dieser sehr bald eintretenden Notwendigkeit des Produzierens
folgt, daß die von den sich niederlassenden Eroberern angenommene Form des Gemeinwesens der Entwicklungsstufe der vorgefundenen Produktivkräfte entsprechen, oder, wenn dies nicht von
vornherein der Fall ist, sich nach den Produktivkräften ändern
muß. Hieraus erklärt sich auch das Faktum, das man in der Zeit
nach der Völkerwanderung überall bemerkt haben will, daß näm-

lich der Knecht der Herr war, und die Eroberer von den Eroberten Sprache, Bildung und Sitten sehr bald annahmen.

Die Feudalität wurde keineswegs aus Deutschland fertig mitgebracht, sondern sie hatte ihren Ursprung von seiten der Eroberer in der kriegerischen Organisation des Heerwesens während der Eroberung selbst, und diese entwickelte sich nach derselben durch die Einwirkung der in den eroberten Ländern vorgefundnen Produktivkräfte erst zur eigentlichen Feudalität. Wie sehr diese Form durch die Produktivkräfte bedingt war, zeigen die gescheiterten Versuche, andre aus altrömischen Reminiszenzen entspringende Formen durchzusetzen (Karl der Große pp.).

[3.] Naturwüchsige und zivilisierte Produktionsinstrumente und Eigentumsformen

[...][1] funden wird. Aus dem ersteren ergibt sich die Voraussetzung einer ausgebildeten Teilung der Arbeit und eines ausgedehnten Handels, aus dem zweiten die Lokalität. Bei dem ersten müssen die Individuen zusammengebracht sein, bei dem zweiten finden sie sich neben dem gegebenen Produktionsinstrument selbst als Produktionsinstrumente vor. Hier tritt also der Unterschied zwischen den naturwüchsigen und den durch die Zivilisation geschaffenen Produktionsinstrumenten hervor. Der Acker (das Wasser etc.) kann als naturwüchsiges Produktionsinstrument betrachtet werden. Im ersten Fall, beim naturwüchsigen Produktionsinstrument, werden die Individuen unter die Natur subsumiert, im zweiten Falle unter ein Produkt der Arbeit. Im ersten Falle erscheint daher auch das Eigentum (Grundeigentum) als unmittelbare, naturwüchsige Herrschaft, im zweiten als Herrschaft der Arbeit, speziell der akkumulierten Arbeit, des Kapitals. Der erste Fall setzt voraus, daß die Individuen durch irgendein Band, sei es Familie, Stamm, der Boden selbst pp. zusammengehören, der zweite Fall, daß sie unabhängig voneinander sind und nur durch den Austausch zusammengehalten werden. Im ersten Fall ist der Austausch hauptsächlich ein Austausch zwischen den Menschen und der Natur, ein Austausch, in dem die Arbeit der Einen gegen die Produkte der Andern eingetauscht wird; im zweiten Falle ist er vorherrschend Austausch

---

1 [Hier fehlen in der Handschrift vier Seiten.]

der Menschen unter sich. Im ersten Falle reicht der durchschnittliche Menschenverstand hin, körperliche und geistige Tätigkeit sind noch gar nicht getrennt; im zweiten Falle muß bereits die Teilung zwischen geistiger und körperlicher Arbeit praktisch vollzogen sein. Im ersten Falle kann die Herrschaft des Eigentümers über die Nichteigentümer auf persönlichen Verhältnissen, auf einer Art von Gemeinwesen beruhen, im zweiten Falle muß sie in einem Dritten, dem Geld, eine dingliche Gestalt angenommen haben. Im ersten Falle existiert die kleine Industrie, aber subsumiert unter die Benutzung des naturwüchsigen Produktionsinstruments, und daher ohne Verteilung der Arbeit an verschiedene Individuen; im zweiten Falle besteht die Industrie nur in und durch die Teilung der Arbeit.

Wir gingen bisher von den Produktionsinstrumenten aus, und schon hier zeigte sich die Notwendigkeit des Privateigentums für gewisse industrielle Stufen. In der industrie extractive fällt das Privateigentum mit der Arbeit noch ganz zusammen; in der kleinen Industrie und aller bisherigen Agrikultur ist das Eigentum notwendige Konsequenz der vorhandenen Produktionsinstrumente; in der großen Industrie ist der Widerspruch zwischen dem Produktionsinstrument und Privateigentum erst ihr Produkt, zu dessen Erzeugung sie bereits sehr entwickelt sein muß. Mit ihr ist also auch die Aufhebung des Privateigentums erst möglich.

In der großen Industrie und Konkurrenz sind die sämtlichen Existenzbedingungen, Bedingtheiten, Einseitigkeiten der Individuen zusammengeschmolzen in die beiden einfachsten Formen: Privateigentum und Arbeit. Mit dem Gelde ist jede Verkehrsform und der Verkehr selbst für die Individuen als zufällig gesetzt. Also liegt schon im Gelde, daß aller bisherige Verkehr nur Verkehr der Individuen unter bestimmten Bedingungen, nicht der Individuen als Individuen war. Diese Bedingungen sind auf zwei – akkumulierte Arbeit oder Privateigentum, oder wirkliche Arbeit – reduziert. Hört diese oder eine von ihnen auf, so stockt der Verkehr. Die modernen Ökonomen selbst, z. B. Sismondi, Cherbuliez etc., stellen die association des individus der association des capitaux entgegen. Anderseits sind die Individuen selbst vollständig unter die Teilung der Arbeit subsumiert und dadurch in die vollständigste Abhängigkeit voneinander gebracht. Das Privateigentum, soweit es, innerhalb der Arbeit, der Arbeit gegenübertritt, entwickelt sich aus der Notwendigkeit der Akkumulation und hat im Anfange immer noch mehr die Form des Gemeinwesens, nähert sich aber in der weiteren Entwicklung immer mehr der modernen Form des Privateigentums. Durch die Teilung der Arbeit ist schon von vornherein die Teilung auch der Arbeits*bedingungen*, Werkzeuge und Materialien gegeben und damit die Zersplitterung des akkumulierten Kapitals an verschiedne Eigentümer, und damit die Zersplitterung zwischen Kapital und Arbeit, und die verschiedenen Formen des Eigentums selbst. Je mehr sich die Teilung der Arbeit ausbildet und je mehr die Akkumulation wächst, desto schärfer bildet sich auch diese Zersplitterung aus. Die Arbeit selbst kann nur bestehen unter der Voraussetzung dieser Zersplitterung.

Es zeigen sich hier also zwei Fakta*. Erstens erscheinen die Produktivkräfte als ganz unabhängig und losgerissen von den Individuen, als eine eigne Welt neben den Individuen, was darin seinen Grund hat, daß die Individuen, deren Kräfte sie sind, zersplittert und im Gegensatz gegeneinander existieren, während diese Kräfte andererseits nur im Verkehr und Zusammenhang dieser Individuen wirkliche Kräfte sind. Also auf der einen Seite eine Totalität von Produktivkräften, die gleichsam eine sachliche Gestalt angenommen haben und für die Individuen selbst nicht mehr die Kräfte der Individuen, sondern des Privateigentums [sind], und daher der Individuen nur, insofern sie Privateigentümer sind. In keiner früheren Periode hatten die Produktivkräfte diese gleichgültige Gestalt für den Verkehr der Individuen *als* Individuen angenommen, weil ihr Verkehr selbst noch ein borniter war. Auf der andern Seite steht diesen Produktivkräften die Majorität der Individuen gegenüber, von denen diese Kräfte losgerissen sind und die daher alles wirklichen Lebensinhalts beraubt, abstrakte Individuen geworden sind, die aber dadurch erst in den Stand gesetzt werden, *als Individuen* miteinander in Verbindung zu treten.

Der einzige Zusammenhang, in dem sie noch mit den Produktivkräften und mit ihrer eignen Existenz stehen, die Arbeit, hat bei ihnen allen Schein der Selbstbetätigung verloren und erhält ihr Leben nur, indem sie es verkümmert. Während in den früheren Perioden Selbstbetätigung und Erzeugung des materiellen Lebens dadurch getrennt waren, daß sie an verschiedene Personen fielen und die Erzeugung des materiellen Lebens wegen der Borniertheit der Individuen selbst noch als eine untergeordnete Art der Selbstbetätigung galt, fallen sie jetzt so auseinander, daß überhaupt das

---

* [Randbemerkung von Engels:] Sismondi

materielle Leben als Zweck, die Erzeugung dieses materiellen Lebens, die Arbeit (welche die jetzt einzig mögliche, aber wie wir sehn, negative Form der Selbstbetätigung ist), als Mittel erscheint.

Es ist also jetzt so weit gekommen, daß die Individuen sich die vorhandene Totalität von Produktivkräften aneignen müssen, nicht nur um zu ihrer Selbstbetätigung zu kommen, sondern schon überhaupt um ihre Existenz sicherzustellen. Diese Aneignung ist zuerst bedingt durch den anzueignenden Gegenstand – die zu einer Totalität entwickelten und nur innerhalb eines universellen Verkehrs existierenden Produktivkräfte. Diese Aneignung muß also schon von dieser Seite her einen den Produktivkräften und dem Verkehr entsprechenden universellen Charakter haben. Die Aneignung dieser Kräfte ist selbst weiter nichts als die Entwicklung der den materiellen Produktionsinstrumenten entsprechenden individuellen Fähigkeiten. Die Aneignung einer Totalität von Produktionsinstrumenten ist schon deshalb die Entwicklung einer Totalität von Fähigkeiten in den Individuen selbst. Diese Aneignung ist ferner bedingt durch die aneignenden Individuen. Nur die von aller Selbstbetätigung vollständig ausgeschlossenen Proletarier der Gegenwart sind imstande, ihre vollständige, nicht mehr bornierte Selbstbetätigung, die in der Aneignung einer Totalität von Produktivkräften und der damit gesetzten Entwicklung einer Totalität von Fähigkeiten besteht, durchzusetzen. Alle früheren revolutionären Aneignungen waren borniert; Individuen, deren Selbstbetätigung durch ein beschränktes Produktionsinstrument und einen beschränkten Verkehr borniert war, eigneten sich dies beschränkte Produktionsinstrument an und brachten es daher nur zu einer neuen Beschränktheit. Ihr Produktionsinstrument wurde ihr Eigentum, aber sie selbst blieben unter die Teilung der Arbeit und unter ihr eignes Produktionsinstrument subsumiert. Bei allen bisherigen Aneignungen blieb eine Masse von Individuen unter ein einziges Produktionsinstrument subsumiert; bei der Aneignung der Proletarier müssen eine Masse von Produktionsinstrumenten unter jedes Individuum und das Eigentum unter Alle subsumiert werden. Der moderne universelle Verkehr kann nicht anders unter die Individuen subsumiert werden, als dadurch, daß er unter Alle subsumiert wird.

Die Aneignung ist ferner bedingt durch die Art und Weise, wie sie vollzogen werden muß. Sie kann nur vollzogen werden durch eine Vereinigung, die durch den Charakter des Proletariats selbst wieder nur eine universelle sein kann, und durch eine Revolution, in der einerseits die Macht der bisherigen Produktions- und Verkehrsweise und gesellschaftlichen Gliederung gestürzt wird und andererseits der universelle Charakter und die zur Durchführung der Aneignung nötige Energie des Proletariats sich entwickelt, ferner das Proletariat alles abstreift, was ihm noch aus seiner bisherigen Gesellschaftsstellung geblieben ist.

Erst auf dieser Stufe fällt die Selbstbetätigung mit dem materiellen Leben zusammen, was der Entwicklung der Individuen zu totalen Individuen und der Abstreifung aller Naturwüchsigkeit entspricht; und dann entspricht sich die Verwandlung der Arbeit in Selbstbetätigung und die Verwandlung des bisherigen bedingten Verkehrs in den Verkehr der Individuen als solcher. Mit der Aneignung der totalen Produktivkräfte durch die vereinigten Individuen hört das Privateigentum auf. Während in der bisherigen Geschichte immer eine besondere Bedingung als zufällig erschien, ist jetzt die Absonderung der Individuen selbst, der besondre Privaterwerb eines Jeden selbst zufällig geworden.

[...]

Schließlich erhalten wir noch folgende Resultate aus der entwickelten Geschichtsauffassung: 1. In der Entwicklung der Produktivkräfte tritt eine Stufe ein, auf welcher Produktionskräfte und Verkehrsmittel hervorgerufen werden, welche unter den bestehenden Verhältnissen nur Unheil anrichten, welche keine Produktionskräfte mehr sind, sondern Destruktionskräfte (Maschinerie und Geld) – und was damit zusammenhängt, daß eine Klasse hervorgerufen wird, welche alle Lasten der Gesellschaft zu tragen hat, ohne ihre Vorteile zu genießen, welche aus der Gesellschaft herausgedrängt, in den entschiedensten Gegensatz zu allen andern Klassen forciert wird; eine Klasse, die die Majorität aller Gesellschaftsmitglieder bildet und von der das Bewußtsein über die Notwendigkeit einer gründlichen Revolution, das kommunistische Bewußtsein, ausgeht, das sich natürlich auch unter den andern Klassen vermöge der Anschauung der Stellung dieser Klasse bilden kann; 2. daß die Bedingungen, innerhalb deren bestimmte Produktionskräfte angewandt werden können, die Bedingungen der Herrschaft einer bestimmten Klasse der Gesellschaft sind, deren soziale, aus ihrem Besitz hervorgehende Macht in der jedesmaligen Staatsform ihren *praktisch-idealistischen* Ausdruck hat, und deshalb jeder revolutionäre Kampf gegen eine Klasse, die bisher geherrscht hat, sich richtet *; 3. daß in allen bisherigen Revolutionen die Art der Tätigkeit stets unangetastet blieb und es sich nur um eine andre Distribution dieser Tätigkeit, um eine neue Verteilung der Arbeit an andre Personen handelte, während die kommunistische Revolution sich gegen die bisherige *Art* der Tätigkeit richtet, die *Arbeit* beseitigt ** und die Herrschaft aller Klassen mit den Klassen selbst aufhebt, weil sie durch die Klasse bewirkt wird, die in der Gesellschaft für keine Klasse mehr gilt, nicht als Klasse anerkannt wird, schon der Ausdruck der Auflösung aller Klassen, Nationalitäten etc. innerhalb der jetzigen Gesellschaft ist; und 4. daß sowohl zur massenhaften Erzeugung dieses kommunistischen Bewußtseins wie zur Durchsetzung der Sache selbst eine massenhafte Veränderung der Menschen nötig ist, die nur in einer praktischen Bewegung, in einer *Revolution* vor sich gehen kann; daß also die Revolution nicht nur nötig ist, weil die *herrschende* Klasse auf keine andre Weise gestürzt werden kann, sondern auch, weil die *stürzende* Klasse nur in einer Revolution dahin kommen kann, sich den ganzen alten Dreck vom Halse zu schaffen und zu einer neuen Begründung der Gesellschaft befähigt zu werden ***.

[C.] Kommunismus. – Produktion der Verkehrsform selbst

Der Kommunismus unterscheidet sich von allen bisherigen Bewegungen dadurch, daß er die Grundlage aller bisherigen Produktions- und Verkehrsverhältnisse umwälzt und alle naturwüchsigen Voraussetzungen zum ersten Mal mit Bewußtsein als Geschöpfe

---

* [Randbemerkung von Marx:] Daß die Leute interessiert sind, den jetzigen Produktionszustand zu erhalten.
** [Im Manuskript gestrichen:] ... die moder[ne] Form der Tätigkeit unter der die Herrschaft der ... = Lohnarbeit entfremdet Arbeit.
*** [Im Manuskript gestrichen:] Während über diese Notwendigkeit der Revolution sämtliche Kommunisten sowohl in Frankreich, wie in England und Deutschland seit geraumer Zeit einverstanden sind, träumt der heilige Bruno ruhig weiter fort, und meint, der »Reale Humanismus«, d. h. Kommunismus, werde nur deswegen »an die Stelle des Spiritualismus« (der keine Stelle hat) gesetzt, damit er Verehrung gewinne. Dann, träumt er fort, müsse wohl »das Heil gekommen, die Erde zum Himmel und der Himmel zur Erde gemacht sein«. (Der Gottesgelahrte kann den Himmel noch immer nicht verschmerzen.) »Dann tönt in himmlischen Harmonien Freud und Wonne von Ewigkeit zu Ewigkeit« (p. 140). Der heilige Kirchenvater wird

der bisherigen Menschen behandelt, ihrer Naturwüchsigkeit entkleidet und der Macht der vereinigten Individuen unterwirft. Seine Einrichtung ist daher wesentlich ökonomisch, die materielle Herstellung der Bedingungen dieser Vereinigung; sie macht die vorhandenen Bedingungen zu Bedingungen der Vereinigung. Das Bestehende, was der Kommunismus schafft, ist eben die wirkliche Basis zur Unmöglichmachung alles von den Individuen unabhängig Bestehenden, sofern dies Bestehende dennoch nichts als ein Produkt des bisherigen Verkehrs der Individuen selbst ist. Die Kommunisten behandeln also praktisch die durch die bisherige Produktion und Verkehr erzeugten Bedingungen als unorganische, ohne indes sich einzubilden, es sei der Plan oder die Bestimmung der bisherigen Generationen gewesen, ihnen Material zu liefern, und ohne zu glauben, daß diese Bedingungen für die sie schaffenden Individuen unorgansich waren. Der Unterschied zwischen persönlichem Individuum und zufälligem Individuum ist keine Begriffsunterscheidung, sondern ein historisches Faktum. Diese Unterscheidung hat zu verschiedenen Zeiten einen verschiedenen Sinn, z. B. der Stand als etwas dem Individuum Zufälliges im 18. Jahrhundert, plus ou moins auch die Familie. Es ist eine Unterscheidung, die nicht wir für jede Zeit zu machen haben, sondern die jede Zeit unter den verschiedenen Elementen, die sie vorfindet, selbst macht, und zwar nicht nach dem Begriff, sondern durch materielle Lebenskollisionen gezwungen. Was als zufällig der späteren Zeit im Gegensatz zur früheren erscheint, also auch unter den ihr von der früheren überkommenen Elementen, ist eine Verkehrsform, die einer bestimmten Entwicklung der Produktivkräfte entsprach. Das

---

sich doch sehr wundern, wenn der jüngste Tag, an dem sich dies alles erfüllt, über ihn hereinbricht — ein Tag, dessen Morgenrot der Widerschein brennender Städte am Himmel ist, wenn unter diesen »himmlischen Harmonien« die Melodie der Marseillaise und Carmagnole mit obligatem Kanonendonner an sein Ohr hallt, und die Guillotine dazu den Takt schlägt; wenn die verruchte »Masse« ça ira, ça ira brüllt und das »Selbstbewußtsein« vermittelst der Laterne aufhebt. Der heilige Bruno hat am allerwenigsten Ursache, sich von der »Freud und Wonne von Ewigkeit zu Ewigkeit« ein erbauliches Gemälde zu entwerfen. Wir enthalten uns des Vergnügens, das Verhalten Sankt Brunos am jüngsten Tage a priori zu konstruieren. Es ist auch schwer zu entscheiden, ob die prolétaires en révolution als »Substanz«, als »Masse«, die die Kritik stürzen will, oder als »Emanation« des Geistes, der indessen noch die zur Verdauung Bauerscher Gedanken nötige Konsistenz abgeht, gefaßt werden müßten.

Verhältnis der Produktionskräfte zur Verkehrsform ist das Verhältnis der Verkehrsform zur Tätigkeit oder Betätigung der Individuen. (Die Grundform dieser Betätigung ist natürlich die materielle, von der alle andre geistige, politische, religiöse etc. abhängt. Die verschiedene Gestaltung des materiellen Lebens ist natürlich jedesmal abhängig von den schon entwickelten Bedürfnissen, und sowohl die Erzeugung wie die Befriedigung dieser Bedürfnisse ist selbst ein historischer Prozeß, der sich bei keinem Schafe oder Hunde findet [widerhaariges Hauptargument Stirners *adversus* hominem], obwohl Schafe und Hunde in ihrer jetzigen Gestalt allerdings, aber malgré eux, Produkte eines historischen Prozesses sind.) Die Bedingungen, unter denen die Individuen, solange der Widerspruch noch nicht eingetreten ist, miteinander verkehren, sind zu ihrer Individualität gehörige Bedingungen, nichts Äußerliches für sie, Bedingungen, unter denen diese bestimmten, unter bestimmten Verhältnissen existierenden Individuen allein ihr materielles Leben und was damit zusammenhängt produzieren können, sind also die Bedingungen ihrer Selbstbetätigung und werden von dieser Selbstbetätigung produziert*. Die bestimmte Bedingung, unter der sie produzieren, entspricht also, solange der Widerspruch noch nicht eingetreten ist, ihrer wirklichen Bedingtheit, ihrem einseitigen Dasein, dessen Einseitigkeit sich erst durch den Eintritt des Widerspruchs zeigt und also für die Späteren existiert. Dann erscheint diese Bedingung als eine zufällige Fessel, und dann wird das Bewußtsein, daß sie eine Fessel sei, auch der früheren Zeit untergeschoben.

Diese verschiedenen Bedingungen, die zuerst als Bedingungen der Selbstbetätigung, später als Fesseln derselben erschienen, bilden in der ganzen geschichtlichen Entwicklung eine zusammenhängende Reihe von Verkehrsformen, deren Zusammenhang darin besteht, daß an die Stelle der früheren, zur Fessel gewordenen Verkehrsform eine neue, den entwickelteren Produktivkräften und damit der fortgeschrittenen Art der Selbstbetätigung der Individuen entsprechende gesetzt wird, die à son tour wieder zur Fessel und dann durch eine andre ersetzt wird. Da diese Bedingungen auf jeder Stufe der gleichzeitigen Entwicklung der Produktivkräfte entsprechen, so ist ihre Geschichte zugleich die Geschichte der sich entwickelnden und von jeder neuen Generation übernommenen Pro-

---

* [Randbemerkung von Marx:] Produktion der Verkehrsform selbst.

duktivkräfte und damit die Geschichte der Entwicklung der Kräfte der Individuen selbst.

Da diese Entwicklung naturwüchsig vor sich geht, d. h. nicht einem Gesamtplan frei vereinigter Individuen subordiniert ist, so geht sie von verschiedenen Lokalitäten, Stämmen, Nationen, Arbeitszweigen etc. aus, deren Jede anfangs sich unabhängig von den anderen entwickelt und erst nach und nach mit den andern in Verbindung tritt. Sie geht ferner nur sehr langsam vor sich; die verschiedenen Stufen und Interessen werden nie vollständig überwunden, sondern nur dem siegenden Interesse untergeordnet und schleppen sich noch jahrhundertelang neben diesem fort. Hieraus folgt, daß selbst innerhalb einer Nation die Individuen auch abgesehen von ihren Vermögensverhältnissen ganz verschiedene Entwicklungen haben, und daß ein früheres Interesse, dessen eigentümliche Verkehrsform schon durch die einem späteren angehörige verdrängt ist, noch lange im Besitz einer traditionellen Macht in der den Individuen gegenüber verselbständigten scheinbaren Gemeinschaft (Staat, Recht) bleibt, einer Macht, die in letzter Instanz nur durch eine Revolution zu brechen ist. Hieraus erklärt sich auch, warum in Beziehung auf einzelne Punkte, die eine allgemeinere Zusammenfassung erlauben, das Bewußtsein zuweilen weiter vorgerückt scheinen kann als die gleichzeitigen empirischen Verhältnisse, so daß man in den Kämpfen einer späteren Epoche sich auf frühere Theoretiker als auf Autoritäten stützen kann.

Dagegen geht die Entwicklung in Ländern, die, wie Nordamerika, in einer schon entwickelten Geschichtsepoche von vorn anfangen, sehr rasch vor sich. Solche Länder haben keine andern naturwüchsigen Voraussetzungen außer den Individuen, die sich dort ansiedeln und die hierzu durch die ihren Bedürfnissen nicht entsprechenden Verkehrsformen der alten Länder veranlaßt wurden. Sie fangen also mit den fortgeschrittensten Individuen der alten Länder und daher mit der diesen Individuen entsprechenden entwickeltsten Verkehrsform an, noch ehe diese Verkehrsform in den alten Ländern sich durchsetzen kann*. Dies ist der Fall mit

---

* Persönliche Energie der Individuen einzelner Nationen — Deutsche und Amerikaner — Energie schon durch Rassenkreuzung — daher die Deutschen kretinmäßig — in Frankreich, England etc. fremde Völker auf einen schon entwickelten, in Amerika auf einen ganz neuen Boden verpflanzt, in Deutschland die naturwüchsige Bevölkerung ruhig sitzengeblieben.

allen Kolonien, sofern sie nicht bloße Militär- oder Handelsstationen sind. Karthago, die griechischen Kolonien und Island im 11. und 12. Jahrhundert liefern Beispiele dazu. Ein ähnliches Verhältnis findet statt bei der Eroberung, wenn dem eroberten Lande die auf einem andern Boden entwickelte Verkehrsform fertig herübergebracht wird; während sie in ihrer Heimat noch mit Interessen und Verhältnissen aus früheren Epochen behaftet war, kann und muß sie hier vollständig und ohne Hindernis durchgesetzt werden, schon um den Eroberern dauernde Macht zu sichern. (England und Neapel nach der normännischen Eroberung, wo sie die vollendetste Form der feudalen Organisation erhielten.)

Alle Kollisionen der Geschichte haben also nach unsrer Auffassung ihren Ursprung in dem Widerspruch zwischen den Produktivkräften und der Verkehrsform. Es ist übrigens nicht nötig, daß dieser Widerspruch, um zu Kollisionen in einem Lande zu führen, in diesem Lande selbst auf die Spitze getrieben ist. Die durch einen erweiterten internationalen Verkehr hervorgerufene Konkurrenz mit industriell entwickelteren Ländern ist hinreichend, um auch in den Ländern mit weniger entwickelter Industrie einen ähnlichen Widerspruch zu erzeugen (z. B. das latente Proletariat in Deutschland, durch die Konkurrenz der englischen Industrie zur Erscheinung gebracht).

Dieser Widerspruch zwischen den Produktivkräften und der Verkehrsform, der, wie wir sahen, schon mehreremal in der bisherigen Geschichte vorkam, ohne jedoch die Grundlage derselben zu gefährden, mußte jedesmal in einer Revolution eklatieren, wobei er zugleich verschiedene Nebengestalten annahm, als Totalität von Kollisionen, als Kollisionen verschiedener Klassen, als Widerspruch des Bewußtseins, Gedankenkampf etc., politischer Kampf etc. Von einem borrnierten Gesichtspunkte aus kann man nun eine dieser Nebengestalten herausnehmen und sie als die Basis dieser Revolutionen betrachten, was um so leichter ist, als die Individuen, von denen die Revolutionen ausgingen, sich je nach ihrem Bildungsgrad und der Stufe der historischen Entwicklung über ihre eigne Tätigkeit selbst Illusionen machten.

Die Verwandlung der persönlichen Mächte (Verhältnisse) in sachliche durch die Teilung der Arbeit kann nicht dadurch wieder aufgehoben werden, daß man sich die allgemeine Vorstellung davon aus dem Kopfe schlägt, sondern nur dadurch, daß die Individuen diese sachlichen Mächte wieder unter sich subsumieren und die Teilung der Arbeit aufheben*. Dies ist ohne die Gemeinschaft nicht möglich. Erst in der Gemeinschaft [mit Andern hat jedes] Individuum die Mittel, seine Anlagen nach allen Seiten hin auszubilden; erst in der Gemeinschaft wird also die persönliche Freiheit möglich. In den bisherigen Surrogaten der Gemeinschaft, im Staat usw. existierte die persönliche Freiheit nur für die in den Verhältnissen der herrschenden Klasse entwickelten Individuen und nur, insofern sie Individuen dieser Klasse waren. Die scheinbare Gemeinschaft, zu der sich bisher die Individuen vereinigten, verselbständigte sich stets ihnen gegenüber und war zugleich, da sie eine Vereinigung einer Klasse gegenüber einer andern war, für die beherrschte Klasse nicht nur eine ganz illusorische Gemeinschaft, sondern auch eine neue Fessel. In der wirklichen Gemeinschaft erlangen die Individuen in und durch ihre Assoziation zugleich ihre Freiheit.

Es geht aus der ganzen bisherigen Entwicklung hervor, daß das gemeinschaftliche Verhältnis, in das die Individuen einer Klasse traten und das durch ihre gemeinschaftlichen Interessen gegenüber einem Dritten bedingt war, stets eine Gemeinschaft war, der diese Individuen nur als Durchschnittsindividuen angehörten, nur soweit sie in den Existenzbedingungen ihrer Klasse lebten, ein Verhältnis, an dem sie nicht als Individuen, sondern als Klassenmitglieder teilhatten. Bei der Gemeinschaft der revolutionären Proletarier dagegen, die ihre und aller Gesellschaftsmitglieder Existenzbedingungen unter ihre Kontrolle nehmen, ist es gerade umgekehrt; an ihr nehmen die Individuen als Individuen Anteil. Es ist eben die Vereinigung der Individuen (innerhalb der Voraussetzung der jetzt entwickelten Produktivkräfte natürlich), die die Bedingungen der freien Entwicklung und Bewegung der Individuen unter ihre Kontrolle gibt, Bedingungen, die bisher dem Zufall überlassen waren und sich gegen die einzelnen Individuen eben durch ihre Trennung als Individuen, durch ihre notwendige Vereinigung, die mit der Teilung der Arbeit gegeben, und durch ihre Trennung zu einem ihnen fremden Bande geworden war, verselbständigt hatten. Die bisherige Vereinigung war nur eine (keineswegs willkürliche, wie sie z. B. im »Contrat social« dargestellt wird, sondern notwendige) Vereinigung (vergleiche z. B. die Bildung des nordamerikanischen Staats und die südamerikanischen Republiken) über diese Bedin-

---

* [Randbemerkung von Engels:] (Feuerbach: Sein und Wesen)

gungen, innerhalb deren dann die Individuen den Genuß der Zufälligkeit hatten. Dieses Recht, innerhalb gewisser Bedingungen ungestört der Zufälligkeit sich erfreuen zu dürfen, nannte man bisher persönliche Freiheit. – Diese Existenzbedingungen sind natürlich nur die jedesmaligen Produktionskräfte und Verkehrsformen.

Wenn man diese Entwicklung der Individuen in den gemeinsamen Existenzbedingungen der geschichtlich aufeinanderfolgenden Stände und Klassen und den ihnen damit aufgedrängten allgemeinen Vorstellungen *philosophisch* betrachtet, so kann man sich allerdings leicht einbilden, in diesen Individuen habe sich die Gattung oder der Mensch, oder sie haben den Menschen entwickelt; eine Einbildung, womit der Geschichte einige starke Ohrfeigen gegeben werden *. Man kann dann diese verschiedenen Stände und Klassen als Spezifikationen des allgemeinen Ausdrucks, als Unterarten der Gattung, als Entwicklungsphasen des Menschen fassen.

Diese Subsumtion der Individuen unter bestimmte Klassen kann nicht eher aufgehoben werden, als bis sich eine Klasse gebildet hat, die gegen die herrschende Klasse kein besonderes Klasseninteresse mehr durchzusetzen hat.

Die Individuen gingen immer von sich aus, natürlich aber von sich innerhalb ihrer gegebenen historischen Bedingungen und Verhältnisse, nicht vom »reinen« Individuum im Sinne der Ideologen. Aber im Lauf der historischen Entwicklung und gerade durch die innerhalb der Teilung der Arbeit unvermeidliche Verselbständigung der gesellschaftlichen Verhältnisse tritt ein Unterschied heraus zwischen dem Leben jedes Individuums, soweit es persönlich ist und insofern es unter irgendeinen Zweig der Arbeit und die dazugehörigen Bedingungen subsumiert ist. (Dies ist nicht so zu verstehen, als ob z. B. der Rentier, der Kapitalist pp. aufhörten, Personen zu sein; sondern ihre Persönlichkeit ist durch ganz bestimmte Klassenverhältnisse bedingt und bestimmt, und der Unterschied tritt erst im Gegensatz zu einer andern Klasse und für sie selbst erst dann hervor, wenn sie Bankerott machen.) Im Stand (mehr noch im Stamm) ist dies noch verdeckt, z. B. ein Adliger bleibt

---

* Der bei Sankt Max häufig vorkommende Satz, daß Jeder Alles, was er ist, durch den Staat ist, ist im Grunde derselbe wie der, daß der Bourgeois nur ein Exemplar der Bourgeoisgattung sei; ein Satz, der voraussetzt, daß die Klasse der Bourgeois schon vor den sie konstituierenden Individuen existiert habe. [Zu diesem Satz Randbemerkung von Marx:] *Präexistenz* der Klasse bei den Philosophen.

stets ein Adliger, ein Roturier stets ein Roturier, abgesehn von seinen sonstigen Verhältnissen, eine von seiner Individualität unzertrennliche Qualität. Der Unterschied des persönlichen Individuums gegen das Klassenindividuum, die Zufälligkeit der Lebensbedingungen für das In[dividuum] tritt erst mit dem Auftreten der Klasse [ein], die selbst ein Produkt der Bourgeoisie ist. Die Konkurrenz und der Kampf [der] Individuen untereinander erz[eugt und en]twickelt erst diese Zufälligkeit als solche. In der Vorstellung sind daher die Individuen unter der Bourgeoisieherrschaft freier als früher, weil ihnen ihre Lebensbedingungen zufällig sind; in der Wirklichkeit sind sie natürlich unfreier, weil mehr unter sachliche Gewalt subsumiert. Der Unterschied vom Stand tritt namentlich heraus im Gegensatz der Bourgeoisie gegen das Proletariat. Als der Stand der städtischen Bürger, die Korporationen pp. gegenüber dem Landadel aufkamen, erschien ihre Existenzbedingung, das Mobileigentum und die Handwerksarbeit, die schon vor ihrer Trennung vom Feudalverbande latent existiert hatten, als etwas Positives, das gegen das feudale Grundeigentum geltend gemacht wurde, und nahm daher auch zunächst wieder die feudale Form in ihrer Weise an. Allerdings behandelten die entlaufenden Leibeignen ihre bisherige Leibeigenschaft als etwas ihrer Persönlichkeit Zufälliges. Hierin aber taten sie nur dasselbe, was jede sich von einer Fessel befreiende Klasse tut, und dann befreiten sie sich nicht als Klasse, sondern vereinzelt. Sie traten ferner nicht aus dem Bereich des Ständewesens heraus, sondern bildeten nur einen neuen Stand und behielten ihre bisherige Arbeitsweise auch in der neuen Stellung bei und bildeten sie weiter aus, indem sie sie von ihren bisherigen, ihrer schon erreichten Entwicklung nicht [mehr] entsprechenden Fesseln befreiten *.

---

* N. B. Nicht zu vergessen, daß schon die Notwendigkeit der Leibeignen, zu existieren, und die Unmöglichkeit der großen Wirtschaft, die die Verteilung der allotments an die Leibeignen mit sich führte, sehr bald die Verpflichtungen der Leibeigenen gegen den Feudalherrn auf einen Durchschnitt von Naturallieferungen und Fronleistungen reduzierte, der dem Leibeigenen die Akkumulation von Mobiliareigentum möglich machte und damit sein Entfliehen von dem Besitztum seines Herrn erleichterte und ihm Aussicht auf sein Fortkommen als Stadtbürger gab, auch Abstufungen unter den Leibeigenen erzeugte, so daß die weglaufenden Leibeigenen schon halbe Bürger sind. Wobei es ebenfalls einleuchtet, daß die eines Handwerks kundigen leibeigenen Bauern am meisten Chance hatten, sich Mobiliareigentum zu erwerben.

Bei den Proletariern dagegen ist ihre eigne Lebensbedingung, die Arbeit, und damit sämtliche Existenzbedingungen der heutigen Gesellschaft, für sie zu etwas Zufälligem geworden, worüber die einzelnen Proletarier keine Kontrolle haben und worüber ihnen keine *gesellschaftliche* Organisation eine Kontrolle geben kann, und der Widerspruch zwischen der Persönlichkeit des einzelnen Proletariers und seiner ihm aufgedrängten Lebensbedingung, der Arbeit, tritt für ihn selbst hervor, namentlich da er schon von Jugend auf geopfert wird und da ihm die Chance fehlt, innerhalb seiner Klasse zu den Bedingungen zu kommen, die ihn in die andre stellen.

Während also die entlaufenden Leibeignen nur ihre bereits vorhandenen Existenzbedingungen frei entwickeln und zur Geltung bringen wollten und daher in letzter Instanz nur bis zur freien Arbeit kamen, müssen die Proletarier, um persönlich zur Geltung zu kommen, ihre eigne bisherige Existenzbedingung, die zugleich die der ganzen bisherigen Gesellschaft ist, die Arbeit, aufheben. Sie befinden sich daher auch im direkten Gegensatz zu der Form, in der die Individuen der Gesellschaft sich bisher einen Gesamtausdruck gaben, zum Staat, und müssen den Staat stürzen, um ihre Persönlichkeit durchzusetzen.

[...]

Hegel schiebt also der katholischen Hierarchie des Mittelalters die Absicht unter, als hätte sie »die Herrschaft des Geistes sein« wollen, und faßt sie demnächst als eine beschränkte, unvollkommene Form dieser Geistesherrschaft, deren Vollendung er im Protestantismus und dessen angeblicher Ausbildung sieht. So unhistorisch dies ist, so ist er doch noch historisch genug, um den *Namen* der Hierarchie nicht über das Mittelalter hinaus auszudehnen. Sankt Max weiß aber aus ebendemselben Hegel, daß die spätere Epoche die »Wahrheit« der früheren ist, also die Epoche der vollkommenen Herrschaft des Geistes die Wahrheit der Epoche, in welcher der Geist nur noch unvollkommen herrschte, daß also der Protestantismus die Wahrheit der Hierarchie, also die *wahre Hierarchie* ist. Da aber nur die *wahre* Hierarchie den Namen der Hierarchie verdient, so ist es klar, daß die Hierarchie des Mittelalters eine »schwächliche« sein mußte, was ihm um so leichter zu beweisen wird, als in den obigen und hundert andern Hegelschen Stellen die Unvollkommenheit der Geistesherrschaft im Mittelalter dargestellt war, was er nur abzuschreiben brauchte und wobei seine ganze »*eigne*« Tätigkeit darin bestand, das Wort »Geistesherr-

schaft« durch »Hierarchie« zu ersetzen.
[...]

Aus den obigen Stellen geht ebenfalls hervor, daß Hegel 1. die französische Revolution als eine neue und vollendetere Phase dieser Geistesherrschaft faßt, 2. in den Philosophen die Weltherrscher des neunzehnten Jahrhunderts sieht, 3. behauptet, daß jetzt nur abstrakte Gedanken unter den Menschen gelten, 4. daß schon bei ihm Ehe, Familie, Staat, Selbsterwerb, bürgerliche Ordnung, Eigentum pp. als »Göttlich und Heilig«, als »*das Religiöse*« gefaßt werden, und 5. daß die *Sittlichkeit* als verweltlichte Heiligkeit oder geheiligte Weltlichkeit, als die höchste und letzte Form der Herrschaft des Geistes über die Welt dargestellt wird – Alles Dinge, die wir bei »Stirner« *wörtlich* wiederfinden.

Hiernach wäre in Beziehung auf die Stirnersche Hierarchie gar nichts mehr zu sagen und nachzuweisen, als warum Sankt Max Hegel abgeschrieben hat – ein Faktum, zu dessen Erklärung aber wieder materielle Fakta notwendig sind und das deshalb nur für diejenigen erklärlich ist, die die Berliner Luft kennen.
[...]

Was nun die wirkliche Hierarchie des Mittelalters betrifft, so bemerken wir hier bloß, daß diese für das Volk, für die große Masse der Menschen nicht existierte. Für die große Masse existierte nur die Feudalität, und die Hierarchie nur, insofern sie selbst entweder Feudalität oder antifeudal (innerhalb der Feudalität) ist. Die Feudalität selbst hat ganz empirische Verhältnisse zu ihrer Grundlage. Die Hierarchie und ihre Kämpfe mit der Feudalität (die Kämpfe der Ideologen einer Klasse gegen die Klasse selbst) sind nur der ideologische Ausdruck der Feudalität und der innerhalb der Feudalität selbst sich entwickelnden Kämpfe, wozu auch die Kämpfe der feudalistisch organisierten Nationen unter sich gehören. Die Hierarchie ist die ideale Form der Feudalität; die Feudalität – die politische Form der mittelaltrigen Produktions- und Verkehrsverhältnisse. Aus der Darstellung dieser praktischen, materiellen Verhältnisse ist also allein der Kampf der Feudalität gegen die Hierarchie zu erklären; mit dieser Darstellung hört von selbst die bisherige Geschichtsauffassung auf, die die Illusionen des Mittelalters auf Treu und Glauben annahm, namentlich die Illusionen, die Kaiser und Papst in ihrem Kampfe gegeneinander geltend machen.
[...]

Der Bourgeois verhält sich zu den Institutionen seines Régimes wie der Jude zum Gesetz; er umgeht sie, sooft es tunlich ist, in jedem einzelnen Fall, aber er will, daß alle Andern sie halten sollen. Wenn sämtliche Bourgeois in Masse und auf Einmal die Institutionen der Bourgeoisie umgingen, so würden sie aufhören, Bourgeois zu sein – ein Verhalten, das ihnen natürlich nicht einfällt und keineswegs von ihrem Wollen oder Laufen abhängt. Der liederliche Bourgeois umgeht die Ehe und begeht heimlichen Ehebruch; der Kaufmann umgeht die Institution des Eigentums, indem er Andre durch Spekulation, Bankerott pp. um ihr Eigentum bringt – der junge Bourgeois macht sich von seiner eignen Familie unabhängig, wenn er kann, löst für sich die Familie praktisch auf; aber die Ehe, das Eigentum, die Familie bleiben theoretisch unangetastet, weil sie praktisch die Grundlagen sind, auf denen die Bourgeoisie ihre Herrschaft errichtet hat, weil sie in ihrer Bourgeoisform die Bedingungen sind, die den Bourgeois zum Bourgeois machen, gerade wie das stets umgangene Gesetz den religiösen Juden zum religiösen Juden macht. Dieses Verhältnis des Bourgeois zu seinen Existenzbedingungen erhält eine seiner allgemeinen Formen in der bürgerlichen Moralität.

[...]

Die Ideen und Gedanken der Menschen waren natürlich Ideen und Gedanken über sich und ihre Verhältnisse, ihr Bewußtsein von *sich*, von *den* Menschen, denn es war ein Bewußtsein nicht nur der einzelnen Person, sondern der einzelnen Person im Zusammenhange mit der ganzen Gesellschaft und von der ganzen Gesellschaft, in der sie lebten. Die von ihnen unabhängigen Bedingungen, innerhalb deren sie ihr Leben produzierten, die damit zusammenhängenden notwendigen Verkehrsformen, die damit gegebenen persönlichen und sozialen Verhältnisse, mußten, soweit sie in Gedanken ausgedrückt wurden, die Form von idealen Bedingungen und notwendigen Verhältnissen annehmen, d. h. als aus dem Begriff *des* Menschen, dem menschlichen Wesen, der Natur des Menschen, *dem* Menschen hervorgehende Bestimmungen ihren Ausdruck im Bewußtsein erhalten. Was die Menschen waren, was ihre Verhältnisse waren, erschien im Bewußtsein als Vorstellung von *dem* Menschen, von seinen Daseinsweisen oder von seinen näheren Begriffsbestimmungen.

[...]

Der Zustand Deutschlands am Ende des vorigen Jahrhunderts

spiegelt sich vollständig ab in Kants »Critik der practischen Vernunft«. Während die französische Bourgeoisie sich durch die kolossalste Revolution, die die Geschichte kennt, zur Herrschaft aufschwang und den europäischen Kontinent eroberte, während die bereits politisch emanzipierte englische Bourgeoisie die Industrie revolutionierte und sich Indien politisch und die ganze andere Welt kommerziell unterwarf, brachten es die ohnmächtigen deutschen Bürger nur zum »guten Willen«. Kant beruhigte sich bei dem bloßen »guten Willen«, selbst wenn er ohne alles Resultat bleibt, und setzte die *Verwirklichung* dieses guten Willens, die Harmonie zwischen ihm und den Bedürfnissen und Trieben der Individuen, ins *Jenseits*. Dieser gute Wille Kants entspricht vollständig der Ohnmacht, Gedrücktheit und Misère der deutschen Bürger, deren kleinliche Interessen nie fähig waren, sich zu gemeinschaftlichen, nationalen Interessen einer Klasse zu entwickeln, und die deshalb fortwährend von den Bourgeois aller andern Nationen exploitiert wurden. Diesen kleinlichen Lokalinteressen entsprach einerseits die wirkliche lokale und provinzielle Borniertheit, andrerseits die kosmopolitische Aufgeblähtheit der deutschen Bürger. Überhaupt hatte seit der Reformation die deutsche Entwicklung einen ganz kleinbürgerlichen Charakter erhalten. Der alte Feudaladel war größtenteils in den Bauernkriegen vernichtet worden; was übrigblieb, waren entweder reichsunmittelbare Duodezfürsten, die sich allmählich eine ziemliche Unabhängigkeit verschafften und die absolute Monarchie im kleinsten und kleinstädtischsten Maßstabe nachahmten, oder kleinere Grundbesitzer, die teils ihr bißchen Vermögen an den kleinen Höfen durchbrachten und dann von kleinen Stellen in den kleinen Armeen und Regierungsbüros lebten – oder Krautjunker, die ein Leben führten, dessen sich der bescheidenste englische Squire oder französische gentilhomme de province geschämt hätte. Der Ackerbau wurde auf eine Weise betrieben, die weder Parzellierung noch große Kultur war und die trotz der fortdauernden Hörigkeit und Fronlasten die Bauern nie zur Emanzipation forttrieb, sowohl weil diese Art des Betriebes selbst keine aktiv revolutionäre Klasse aufkommen ließ, als auch weil ihr die einer solchen Bauernklasse entsprechende revolutionäre Bourgeoisie nicht zur Seite stand.

Was die Bürger betrifft, so können wir hier nur ein paar bezeichnende Momente hervorheben. Bezeichnend ist, daß die Leinenmanufaktur, d. h. die auf dem Spinnrad und Handwebstuhl beruhende Industrie, in Deutschland gerade zu derselben Zeit zu einiger Bedeutung kam, als in England diese unbeholfenen Instrumente durch Maschinen verdrängt wurden. Am bezeichnendsten ist ihre Stellung zu *Holland*. Holland, der einzige Teil der Hanse, der zu kommerzieller Bedeutung kam, riß sich los, schnitt Deutschland bis auf zwei Häfen (Hamburg und Bremen) vom Welthandel ab und beherrschte seitdem den ganzen deutschen Handel. Die deutschen Bürger waren zu ohnmächtig, der Exploitation durch die Holländer Schranken zu setzen. Die Bourgeoisie des kleinen Hollands mit ihren entwickelten Klasseninteressen war mächtiger als die viel zahlreicheren Bürger Deutschlands mit ihrer Interesselosigkeit und ihren zersplitterten kleinlichen Interessen. Der Zersplitterung der Interessen entsprach die Zersplitterung der politischen Organisation, die kleinen Fürstentümer und die freien Reichsstädte. Wo sollte *politische* Konzentration in einem Lande herkommen, dem alle *ökonomischen* Bedingungen derselben fehlten? Die Ohnmacht jeder einzelnen Lebenssphäre (man kann weder von Ständen noch von Klassen sprechen, sondern höchstens von gewesenen Ständen und ungebornen Klassen) erlaubte keiner einzigen, die ausschließliche Herrschaft zu erobern. Die notwendige Folge davon war, daß während der Epoche der absoluten Monarchie, die hier in ihrer allerverkrüppeltsten, halb patriarchalischen Form vorkam, die besondre Sphäre, welcher durch die Teilung der Arbeit die Verwaltung der öffentlichen Interessen zufiel, eine abnorme Unabhängigkeit erhielt, die in der modernen Bürokratie noch weiter getrieben wurde. Der Staat konstituierte sich so zu einer scheinbar selbständigen Macht und hat diese in andern Ländern nur vorübergehende Stellung – Übergangsstufe – in Deutschland bis heute behalten. Aus dieser Stellung erklärt sich sowohl das anderwärts nie vorkommende redliche Beamtenbewußtsein wie die sämtlichen in Deutschland kursierenden Illusionen über den Staat, wie die scheinbare Unabhängigkeit, die die Theoretiker hier gegenüber den Bürgern haben – der scheinbare Widerspruch zwischen der Form, in der diese Theoretiker die Interessen der Bürger aussprechen, und diesen Interessen selbst.

Die charakteristische Form, die der auf wirklichen Klasseninteressen beruhende französische Liberalismus in Deutschland annahm, finden wir wieder bei Kant. Er sowohl wie die deutschen Bürger, deren beschönigender Wortführer er war, merkten nicht, daß diesen theoretischen Gedanken der Bourgeois materielle Interessen und ein durch die materiellen Produktionsverhältnisse bedingter und bestimmter *Wille* zugrunde lag; er trennte daher diesen theoretischen Ausdruck von den Interessen, die er ausdrückt, machte die materiell motivierten Bestimmungen des Willens der französischen Bourgeois zu *reinen* Selbstbestimmungen des »*freien Willens*«, des Willens an und für sich, des menschlichen Willens, und verwandelte ihn so in rein ideologische Begriffsbestimmungen und moralische Postulate. Die deutschen Kleinbürger schauderten daher auch vor der Praxis dieses energischen Bourgeoisliberalismus zurück, sobald diese sowohl in der Schreckensherrschaft als in dem unverschämten Bourgeoiserwerb hervortrat.

Unter der Herrschaft Napoleons trieben die deutschen Bürger ihren kleinen Schacher und ihre großen Illusionen noch weiter. Über den Schachergeist, der damals in Deutschland herrschte, kann Sankt Sancho u. a. Jean Paul vergleichen, um ihm allein zugängliche belletristische Quellen zu zitieren. Die deutschen Bürger, die über Napoleon schimpften, weil er sie Zichorien zu trinken zwang und ihren Landfrieden durch Einquartierung und Konskription störte, verschwendeten ihren ganzen moralischen Haß an ihn und ihre ganze Bewunderung an England; während Napoleon ihnen durch seine Reinigung des deutschen Augiasstalles und die Herstellung zivilisierter Kommunikationen die größten Dienste leistete und die Engländer nur auf die Gelegenheit warteten, sie à tort et à travers zu exploitieren. In gleich kleinbürgerlicher Weise bildeten sich die deutschen Fürsten ein, für das Prinzip der Legitimität und gegen die Revolution zu kämpfen, während sie nur die bezahlten Landsknechte der englischen Bourgeois waren. Unter diesen allgemeinen Illusionen war es ganz in der Ordnung, daß die zur Illusion privilegierten Stände, die Ideologen, die Schulmeister, die Studenten, die Tugendbündler, das große Wort führten und der allgemeinen Phantasterei und der Interesselosigkeit einen analogen, überschwenglichen Ausdruck gaben.

Durch die Julirevolution – da wir nur wenige Hauptpunkte andeuten, überspringen wir den Zwischenraum – wurden die der ausgebildeten Bourgeoisie entsprechenden politischen Formen den Deutschen von außen zugeschoben. Da die deutschen ökonomischen Verhältnisse noch bei weitem nicht die Entwicklungsstufe erreicht hatten, der diese politischen Formen entsprachen, so akzeptierten die Bürger diese Formen nur als abstrakte Ideen, an und für sich gültige Prinzipien, fromme Wünsche und Phrasen, Kantsche Selbstbestimmungen des Willens und der Menschen, wie sie sein sollen. Sie verhielten sich daher viel sittlicher und uninteressierter zu ihnen als andre Nationen; d. h., sie machten eine höchst eigentümliche Borniertheit geltend und blieben mit allen ihren Bestrebungen ohne Erfolg.

Endlich drückte die immer heftiger werdende Konkurrenz des Auslandes und der Weltverkehr, dem sich Deutschland immer weniger entziehen konnte, die deutschen zersplitterten Lokalinteressen zu einer gewissen Gemeinsamkeit zusammen. Die deutschen Bürger begannen, namentlich seit 1840, auf die Sicherstellung dieser gemeinsamen Interessen zu denken; sie wurden national und liberal und verlangten Schutzzölle und Konstitutionen. Sie sind also jetzt beinahe so weit wie die französische Bourgeois 1789.

Wenn man, wie die Berliner Ideologen, den Liberalismus und den Staat, selbst innerhalb der deutschen Lokaleindrücke stehend, beurteilt oder gar auf die Kritik der deutschbürgerlichen Illusionen über den Liberalismus sich beschränkt, statt ihn im Zusammenhange mit den wirklichen Interessen aufzufassen, aus denen er hervorgegangen ist und mit denen zusammen er allein wirklich existiert, kommt man natürlich zu den abgeschmacktesten Resultaten von der Welt. Dieser deutsche Liberalismus, wie er sich bis zur neuesten Zeit hin noch aussprach, ist, wie wir gesehen haben, schon in seiner populären Form Schwärmerei, Ideologie über den *wirklichen* Liberalismus.

[...]

Weil Sankt Max die Bourgeois mit den guten Bürgern, den kleinen Deutschbürgern identifiziert, faßt er das ihm Tradierte nicht, wie es wirklich ist und von allen kompetenten Schriftstellern ausgesprochen wurde – nämlich so, daß die liberalen Redensarten der idealistische Ausdruck der realen Interessen der Bourgeoisie seien, sondern umgekehrt, daß der letzte Zweck des Bourgeois der sei, ein vollendeter Liberaler, ein Staatsbürger zu werden. Ihm ist nicht der bourgeois die Wahrheit des citoyen, ihm ist der citoyen die Wahrheit des bourgeois. Diese ebenso heilige als deutsche Auffassung geht so weit, daß uns p. 130 »das Bürgertum« (soll heißen die Herrschaft der Bourgeoisie) in einen »*Gedanken, nichts* als einen Gedanken« verwandelt wird und »der Staat« als »der wahre Mensch« auftritt, der den einzelnen Bourgeois in den »Menschenrechten« die Rechte »*des*« Menschen, die wahre Weihe erteilt – Alles das, nachdem die Illusionen über den Staat und die Menschenrechte bereits in den »Deutsch-Französischen Jahrbüchern« hinlänglich aufgedeckt waren.

[...]

D. h. der Liberalismus, i. e. die liberalen Privateigentümer, gaben im Anfange der französischen Revolution dem Privateigentum einen liberalen Schein, indem sie es für ein Menschenrecht erklärten. Sie waren hierzu schon durch ihre Stellung als revolutionierende Partei gezwungen, sie waren sogar gezwungen, der Masse des französischen [Land]volks nicht nur das Recht des Eigentums zu geben, son[dern a]uch *wirkliches* Eigentum *nehmen* zu lassen, und sie konnten dies Alles tun, weil dadurch ihr eignes »Wieviel«, worauf es ihnen hauptsächlich ankam, unberührt blieb und sogar sichergestellt wurde.

[...]

Was das Recht betrifft, so haben wir unter vielen Andern den Gegensatz des Kommunismus gegen das Recht sowohl als politisches und privates als auch in seiner allgemeinsten Form als Menschenrecht geltend gemacht. Siehe »Deutsch-Französische Jahrbücher«, wo das Privilegium, das Vorrecht als entsprechend dem ständisch gebundenen Privateigentum, und das Recht als entsprechend dem Zustande der Konkurrenz, des freien Privateigentums gefaßt ist, p. 206 und anderwärts; ebenso das Menschenrecht selbst als Privilegium und das Privateigentum als Monopol. Ferner die Kritik des Rechts in Zusammenhang gebracht mit der deutschen Philosophie und als Konsequenz der Kritik der Religion dargestellt, p. 72, und ausdrücklich die Rechtsaxiome, die auf den Kommunismus führen sollen, als Axiome des Privateigentums gefaßt, wie das gemeinsame Besitzrecht, als eingebildete Voraussetzung des Rechts des Privateigentums, p. 98, 99.

[...]

Nebenbei bildet sich »der Vielvermögende« ein, das Staatsbürgertum sei den Proletariern gleichgültig, nachdem er zuerst vorausgesetzt hat, sie *hätten* es. Gerade wie er oben sich einbildete, dem Bourgeois sei die Regierungsform gleichgültig. Den Arbeitern liegt so viel am Staatsbürgertum, d. h. dem *aktiven* Staatsbürgertum, daß sie da, wo sie es *haben,* wie in Amerika, es gerade »verwerten«, und wo sie es nicht haben, es erwerben wollen. Vergleiche die Verhandlungen der nordamerikanischen Arbeiter in zahllosen Meetings, die ganze Geschichte des englischen Chartismus und des französischen Kommunismus und Reformismus. [...]

Dieser Satz Sankt Sanchos ist übrigens nicht mit dem obigen mode simple des Unsinns zufrieden, er muß es bis zum mode composé und bicomposé des Unsinns bringen. Nämlich erstens glaubt Sankt Max den *sich* befreienden Bourgeois, daß sie, indem sie *sich* von Befehl und Willkür Einzelner befreien, die Masse der Gesellschaft überhaupt von Befehl und Willkür Einzelner befreien. Zweitens befreien sie sich realiter nicht von »Befehl und Willkür der Einzelnen«, sondern von der Herrschaft der Korporation, Zunft, der Stände, und konnten daher nun erst als *wirkliche* einzelne Bourgeois dem Arbeiter gegenüber »Befehl und Willkür« ausüben. Drittens hoben sie nur den plus ou moins idealistischen Schein des bisherigen Befehls und der bisherigen Willkür der Einzelnen auf, um an seine Stelle diesen Befehl und diese Willkür in ihrer materiellen Grobheit herzustellen. Er, Bourgeois, wollte seinen »Befehl und Willkür« nicht mehr durch den bisherigen »Befehl und Willkür« der im Monarchen, im Adel und in der Korporation konzentrierten politischen Macht beschränkt wissen, sondern höchstens durch die in Gesetzen von Bourgeois ausgesprochnen Gesamtinteressen der ganzen Bourgeoisklasse. Er tat nichts als den Befehl und die Willkür *über* den Befehl und die Willkür der einzelnen Bourgeois aufheben (siehe Politischen Liberalismus).

[...]

Mit einem Wort, Grundrente, Profit etc., die wirklichen Daseinsweisen des Privateigentums, sind *gesellschaftliche,* einer bestimmten Produktionsstufe entsprechende *Verhältnisse* und *»individuelle«* nur so lange, als sie noch nicht zur Fessel der vorhandenen Produktivkräfte geworden sind.

Nach Destutt de Tracy muß die Majorität der Menschen, die Proletarier, längst alle Individualität verloren haben, obgleich es heutzutage so aussieht, als entwickle sich unter ihnen noch gerade am meisten Individualität. Der Bourgeois hat es um so leichter, aus seiner Sprache die Identität merkantilistischer und individueller oder auch allgemein menschlicher Beziehungen zu beweisen, als diese Sprache selbst ein Produkt der Bourgeoisie ist und daher wie in der Wirklichkeit, so in der Sprache die Verhältnisse des Schachers zur Grundlage aller andern gemacht worden sind. Z. B. propriété Eigentum und Eigenschaft, property Eigentum und Eigentümlichkeit, »eigen« im merkantilischen Sinn und im individuellen Sinn, valeur, value, Wert – commerce, Verkehr – échange, exchange, Austausch usw., die sowohl für kommerzielle Verhältnisse wie für Eigenschaf-

ten und Beziehungen von Individuen als solchen gebraucht werden. In den übrigen modernen Sprachen ist dies ganz ebenso der Fall.
[...]

Wie kommt es, daß die persönlichen Interessen sich den Personen zum Trotz immer zu Klasseninteressen fortentwickeln, zu gemeinschaftlichen Interessen, welche sich den einzelnen Personen gegenüber verselbständigen, in der Verselbständigung die Gestalt *allgemeiner* Interessen annehmen, als solche mit den wirklichen Individuen in Gegensatz treten und in diesem Gegensatz, wonach sie als *allgemeine* Interessen bestimmt sind, von dem Bewußtsein als *ideale,* selbst religiöse, heilige Interessen vorgestellt werden können? Wie kommt es, daß innerhalb dieser Verselbständigung der persönlichen Interessen zu Klasseninteressen das persönliche Verhalten des Individuums sich versachlichen, entfremden muß und zugleich als von ihm unabhängige, durch den Verkehr hervorgebrachte Macht ohne ihn besteht, sich in gesellschaftliche Verhältnisse verwandelt, in eine Reihe von Mächten, welche ihn bestimmen, subordinieren und daher in der Vorstellung als »heilige« Mächte erscheinen? Hatte Sancho einmal das Faktum begriffen, daß innerhalb gewisser, natürlich nicht vom Wollen abhängiger *Produktionsweisen* stets fremde, nicht nur vom vereinzelten Einzelnen, sondern sogar von ihrer Gesamtheit unabhängige praktische Mächte sich über die Menschen setzen, so konnte es ihm ziemlich gleichgültig sein, ob dies Faktum religiös vorgestellt oder in der Einbildung des Egoisten, über den Alles in der Vorstellung sich setzt, dahin verdreht wird, daß er Nichts über sich setzt. Sancho war dann überhaupt aus dem Reich der Spekulation in das der Wirklichkeit herabgestiegen, aus dem, was die Menschen sich einbilden, zu dem, was sie sind, aus dem, was sie sich vorstellen, zu dem, wie sie sich betätigen und unter bestimmten Umständen betätigen müssen. Was ihm als Produkt des *Denkens* erscheint, würde er als Produkt des *Lebens* begriffen haben. Er wäre nicht zu der seiner würdigen Abgeschmacktheit fortgegangen, den Zwiespalt zwischen persönlichen und allgemeinen Interessen daraus zu erklären, daß die Menschen sich diesen Zwiespalt *auch* religiös vorstellen und sich so oder so *vorkommen,* was aber nur ein andres Wort für das »Vorstellen« ist.
[...]

Der *Kommunismus* ist deswegen un[se]rm Heiligen rein unbegreiflich, weil die [Ko]mmunisten weder den Egoismus gegen die

Aufopferung noch die Aufopferung gegen den Egoismus geltend machen und theoretisch diesen Gegensatz weder in jener gemütlichen noch in jener überschwenglichen, ideologischen Form fassen, vielmehr seine materielle Geburtsstätte nachweisen, mit welcher er von selbst verschwindet. Die Kommunisten predigen überhaupt keine *Moral,* was Stirner im ausgedehntesten Maße tut. Sie stellen nicht die moralische Forderung an die Menschen: Liebet Euch untereinander, seid keine Egoisten pp.; sie wissen im Gegenteil sehr gut, daß der Egoismus ebenso wie die Aufopferung eine unter bestimmten Verhältnissen notwendige Form der Durchsetzung der Individuen *ist*. Die Kommunisten wollen also keineswegs, wie Sankt Max glaubt und wie ihm sein getreuer Dottore Graziano (Arnold Ruge) nachbetet (wofür ihn Sankt Max, Wigand, p. 192, einen »ungemein pfiffigen und politischen Kopf« nennt), den »Privatmenschen« dem »allgemeinen«, dem aufopfernden Menschen zuliebe aufheben – eine Einbildung, worüber sie sich Beide bereits in den »Deutsch-Französischen Jahrbüchern« die nötige Aufklärung hätten holen können. Die theoretischen Kommunisten, die einzigen, welche Zeit haben, sich mit der Geschichte zu beschäftigen, unterscheiden sich gerade dadurch, daß sie allein die Schöpfung des »allgemeinen Interesses« durch die als »Privatmenschen« bestimmten Individuen in der ganzen Geschichte *entdeckt* haben. Sie wissen, daß dieser Gegensatz nur *scheinbar* ist, weil die eine Seite, das sogenannte »Allgemeine«, von der andern, dem Privatinteresse, fortwährend erzeugt wird und keineswegs ihm gegenüber eine selbständige Macht mit einer selbständigen Geschichte ist, daß also dieser Gegensatz fortwährend praktisch vernichtet und erzeugt wird. Es handelt sich also nicht um eine Hegelsche »negative Einheit« von zwei Seiten eines Gegensatzes, sondern um die materiell bedingte Vernichtung einer bisherigen materiell bedingten Daseinsweise der Individuen, mit welcher zugleich jener Gegensatz samt seiner Einheit verschwindet.

[...]

Namentlich unter den bisherigen Verhältnissen, wo immer eine Klasse herrschte, wo die Lebensbedingungen eines Individuums stets mit denen einer Klasse zusammenfielen, wo also die praktische Aufgabe jeder neu aufkommenden Klasse jedem Individuum derselben als eine *allgemeine* Aufgabe erscheinen mußte und wo wirklich jede Klasse nur dadurch ihre Vorgängerin stürzen konnte, daß sie die Individuen *aller* Klassen von einzelnen bisherigen Fesseln befreite – namentlich unter diesen Umständen war es notwendig, daß die Aufgabe der Individuen einer zur Herrschaft strebenden Klasse als die allgemein menschliche Aufgabe dargestellt wurde.

[...]

Je mehr die normale Verkehrsform der Gesellschaft und damit die Bedingungen der herrschenden Klasse ihren Gegensatz gegen die fortgeschrittenen Produktivkräfte entwickeln, je größer daher der Zwiespalt in der herrschenden Klasse selbst und mit der beherrschten Klasse wird, desto unwahrer wird natürlich das dieser Verkehrsform ursprünglich entsprechende Bewußtsein, d. h., es hört auf, das ihr entsprechende Bewußtsein zu sein, desto mehr sinken die früheren überlieferten Vorstellungen dieser Verkehrsverhältnisse, worin die wirklichen persönlichen Interessen ppp. als allgemeine ausgesprochen werden, zu bloß idealisierenden Phrasen, zur bewußten Illusion, zur absichtlichen Heuchelei herab. Je mehr sie aber durch das Leben Lügen gestraft werden und je weniger sie dem Bewußtsein selbst gelten, desto entschiedner werden sie geltend gemacht, desto heuchlerischer, moralischer und heiliger wird die Sprache dieser normalen Gesellschaft.

[...]

»Stirner« muß jetzt eine empirische Bestimmung des Rechts hereinbringen, die er dem Einzelnen vindizieren kann, d. h., er muß in dem Recht noch etwas Anderes als die Heiligkeit anerkennen. Er hätte sich hierbei seine ganzen schwerfälligen Machinationen sparen können, da seit Machiavelli, Hobbes, Spinoza, Bodinus pp. in der neueren Zeit, von den Früheren gar nicht zu reden, die Macht als die Grundlage des Rechtes dargestellt worden ist; womit die theoretische Anschauung der Politik von der Moral emanzipiert und weiter nichts als das Postulat einer selbständigen Behandlung der Politik gegeben war. Später, im achtzehnten Jahrhundert in Frankreich und im neunzehnten in England, wurde das gesamte Recht auf das Privatrecht, wovon Sankt Max nicht spricht, und dies auf eine ganz bestimmte Macht, die Macht der Privateigentümer, reduziert, wobei man sich aber keineswegs mit der bloßen Phrase begnügte.

[...]

In der wirklichen Geschichte bildeten diejenigen Theoretiker, die die *Macht* als die Grundlage des Rechts betrachteten, den direktesten Gegensatz gegen diejenigen, die den *Willen* für die Basis des

Rechts ansehen – einen Gegensatz, den Sankt Sancho auch als den von Realismus (Kind, Alter, Neger pp.) und Idealismus (Jüngling, Neuer, Mongole pp.) auffassen könnte. Wird die Macht als die Basis des Rechts angenommen, wie es Hobbes etc. tun, so sind Recht, Gesetz pp. nur Symptom, Ausdruck *anderer* Verhältnisse, auf denen die Staatsmacht beruht. Das materielle Leben der Individuen, welches keineswegs von ihrem bloßen »Willen« abhängt, ihre Produktionsweise und die Verkehrsform, die sich wechselseitig bedingen, ist die reelle Basis des Staats und bleibt es auf allen Stufen, auf denen die Teilung der Arbeit und das Privateigentum noch nötig sind, ganz unabhängig vom *Willen* der Individuen. Diese wirklichen Verhältnisse sind keineswegs von der Staatsmacht geschaffen, sie sind vielmehr die sie schaffende Macht. Die unter diesen Verhältnissen herrschenden Individuen müssen, abgesehen davon, daß ihre Macht sich als *Staat* konstituieren muß, ihrem durch diese bestimmten Verhältnisse bedingten Willen einen allgemeinen Ausdruck als Staatswillen geben, als Gesetz – einen Ausdruck, dessen Inhalt immer durch die Verhältnisse dieser Klasse gegeben ist, wie das Privat- und Kriminalrecht aufs Klarste beweisen. So wenig es von ihrem idealistischen Willen oder Willkür abhängt, ob ihre Körper schwer sind, so wenig hängt es von ihm ab, ob sie ihren eignen Willen in der Form des Gesetzes durchsetzen und zugleich von der persönlichen Willkür jedes Einzelnen unter ihnen unabhängig setzen. Ihre persönliche Herrschaft muß sich zugleich als eine Durchschnittsherrschaft konstituieren. Ihre persönliche Macht beruht auf Lebensbedingungen, die sich als Vielen gemeinschaftliche entwickeln, deren Fortbestand sie als Herrschende gegen andere und zugleich als für Alle geltende zu behaupten haben. Der Ausdruck dieses durch ihre gemeinschaftlichen Interessen bedingten Willens ist das Gesetz. Gerade das Durchsetzen der voneinander unabhängigen Individuen und ihrer eignen Willen, das auf dieser Basis in ihrem Verhalten gegeneinander notwendig egoistisch ist, macht die Selbstverleugnung im Gesetz und Recht nötig, Selbstverleugnung im Ausnahmsfall, Selbstbehauptung ihrer Interessen im Durchschnittsfall (die daher nicht *ihnen,* sondern nur dem »mit sich einigen Egoisten« für Selbstverleugnung gilt). Dasselbe gilt von den beherrschten Klassen, von deren Willen es ebensowenig abhängt, ob Gesetz und Staat bestehen. Z. B. solange die Produktivkräfte noch nicht so weit entwickelt sind, um die Konkurrenz überflüssig zu machen, und deshalb die Konkurrenz immer wieder hervorrufen würden, solange würden die beherrschten Klassen das Unmögliche wollen, wenn sie den »Willen« hätten, die Konkurrenz und mit ihr Staat und Gesetz abzuschaffen. Übrigens entsteht dieser »Wille«, ehe die Verhältnisse so weit entwickelt sind, daß sie ihn produzieren können, auch nur in der Einbildung des Ideologen. Nachdem die Verhältnisse weit genug entwickelt waren, ihn zu produzieren, kann der Ideologe diesen Willen als einen bloß willkürlichen und daher zu allen Zeiten und unter allen Umständen faßbaren sich vorstellen.

Ebensowenig wie das Recht geht das Verbrechen, d. h. der Kampf des isolierten Einzelnen gegen die herrschenden Verhältnisse, aus der reinen Willkür hervor. Es hat vielmehr dieselben Bedingungen wie jene Herrschaft. Dieselben Visionäre, die im Recht und Gesetz die Herrschaft eines für sich selbständigen allgemeinen Willens erblicken, können im Verbrechen den bloßen Bruch des Rechts und Gesetzes sehen. Nicht der Staat besteht also durch den herrschenden Willen, sondern der aus der materiellen Lebensweise der Individuen hervorgehende Staat hat auch die Gestalt eines herrschenden Willens. Verliert dieser die Herrschaft, so hat sich nicht nur der Wille, sondern auch das materielle Dasein und Leben der Individuen, und bloß deswegen ihr Wille, verändert. Es ist möglich, daß Rechte und Gesetze sich »forterben«, aber sie sind dann auch nicht mehr herrschend, sondern nominell, wovon die altrömische und englische Rechtsgeschichte eklatante Beispiele liefern. Wir sahen schon früher, wie bei den Philosophen vermittelst der Trennung der Gedanken von den ihnen zur Basis dienenden Individuen und ihren empirischen Verhältnissen eine Entwicklung und Geschichte der bloßen Gedanken entstehen konnte. Ebenso kann man hier wieder das Recht von seiner realen Basis trennen, womit man dann einen »Herrscherwillen« herausbekommt, der sich in den verschiedenen Zeiten verschieden modifiziert und in seinen Schöpfungen, den Gesetzen, eine eigne selbständige Geschichte hat. Womit sich die politische und bürgerliche Geschichte in eine Geschichte der Herrschaft von aufeinanderfolgenden Gesetzen ideologisch auflöst. Dies ist die spezifische Illusion der Juristen und Politiker, die Jacques le bonhomme sans façon adoptiert. Er macht sich dieselbe Illusion wie etwa Friedrich Wilhelm IV., der auch die Gesetze für bloße Einfälle des Herrscherwillens hält und daher immer findet, daß sie am »plumpen Etwas« der Welt scheitern. Kaum [eine] seine[r] durchaus unschädlichen Marotten realisiert er weiter als in Cabinetsordren. Er befehle einmal 25 Millionen Anleihen, den hundertzehnten Teil der englischen Staatsschuld, und er wird sehen, wessen Wille sein Herrscherwille ist. Wir werden übrigens auch später finden, daß Jacques le bonhomme die Phantome oder Spuke seines Souveräns und Mitberliners als Dokumente benutzt, um daraus seine eignen theoretischen Sparren über Recht, Gesetz, Verbrechen usw. zu spinnen. Es darf uns dies um so weniger wundern, da selbst der Spuk der »Vossischen Zeitung« ihm zu wiederholten Malen etwas »präsentiert«, z. B. den Rechtsstaat. Die oberflächlichste Betrachtung der Gesetzgebung, z. B. der Armengesetzgebung in allen Ländern, wird zeigen, wie weit es die Herrschenden brachten, wenn sie durch ihren bloßen »Herrscherwillen«, d. h. als nur Wollende, irgend etwas durchsetzen zu können sich einbildeten.

[...]

In dem obigen Satze über das Gebundensein des Einzelwillens durch den als Gesetz ausgedrückten allgemeinen Willen vollendet sich übrigens die idealistische Anschauungsweise vom Staat, für die es sich bloß vom Willen handelt und die bei französischen und deutschen Schriftstellern zu den spitzfindigsten Quästiunculis geführt hat *.

[...]

Das Registrieren der Gesetze durch die französischen Parlamente kam auf zugleich mit der Bourgeoisie und der für die damit absolut werdenden Könige gesetzten Notwendigkeit, sowohl dem Feudaladel wie fremden Staaten gegenüber einen fremden Willen,

---

* [Im Manuskript gestrichen:] Ob der Eigenwille eines Individuums sich morgen unter dem Gesetz gedrückt fühlt, das er gestern machen half, hängt davon ab, ob neue Umstände eingetreten, ob seine Interessen so weit verändert sind, daß das gestern gemachte Gesetz nicht mehr diesen veränderten Interessen entspricht. Wirken diese neuen Umstände auf die Interessen der ganzen herrschenden Klasse, so wird diese Klasse das Gesetz ändern, wirken sie nur auf Einzelne, so bleibt ihr Widerwille von der Majorität natürlich unbeachtet.

Mit dieser Freiheit des Widerwillens ausgerüstet, kann Sancho nun die Beschränkung des Willens des Einen durch den Willen der Andern, die eben die Grundlage der obigen idealistischen Auffassung des Staates bildet, wiederherstellen.

»Es müßte ja Alles drunter und drüber gehen, wenn Jeder tun könnte,

von dem der ihrige abhängig sei, vorzuschützen und zugleich den Bourgeois eine Garantie zu geben.

[...]

Mit der Entwickelung der bürgerlichen Gesellschaft, also mit der Entwickelung der persönlichen Interessen zu Klasseninteressen veränderten sich die Rechtsverhältnisse und zivilisierten ihren Ausdruck. Sie wurden nicht mehr als individuelle, sondern als *allgemeine* aufgefaßt. Gleichzeitig übertrug die Teilung der Arbeit die Wahrung der kollidierenden Interessen der einzelnen Individuen an Wenige, womit auch die barbarische Geltendmachung des Rechts verschwand. Die ganze Kritik Sankt Sanchos über das Recht beschränkt sich in den obigen Antithesen darauf, den *zivilisierten* Ausdruck der Rechtsverhältnisse und die zivilisierte Teilung der Arbeit für eine Frucht der »fixen Idee«, des Heiligen, zu erklären und dagegen den barbarischen Ausdruck und die barbarische Art, sie zu schlichten, *sich* zu vindizieren. Es handelt sich für ihn *nur* um die *Namen*, die Sache selbst berührt er nicht, da er die wirklichen Verhältnisse nicht kennt, auf denen diese verschiedenen Formen des Rechts beruhen, und in dem juristischen Ausdruck der Klassenverhältnisse nur die idealisierten Namen jener barbarischen Verhältnisse erblickt.

[...]

Sankt Sancho kommt also in letzter Instanz wieder nur zu einem ohnmächtigen Moralgebot, daß Jeder sich selbst Genugtuung verschaffen und Strafen vollziehen soll. Er glaubt dem Don Quijote, er könne die aus der Teilung der Arbeit entstehenden sachlichen Mächte ohne weiteres durch ein bloßes Moralgebot in persönliche Mächte verwandeln. Wie sehr die juristischen Verhältnisse mit der aus der Teilung der Arbeit hervorgegangenen Entwickelung dieser

---

was er wollte. — Wer sagt denn, daß Jeder Alles tun kann?« (»was er will«, ist hier weislich ausgelassen). —

»Werde Jeder von Euch ein allmächtiges Ich!« ging die Rede des mit sich einigen Egoisten.

»Wozu«, heißt es weiter, »wozu bist Du denn da, der Du nicht Alles Dir gefallen zu lassen brauchst? Wehre Dich, so wird Dir keiner was tun.« p. 259 — und um den letzten Schein des Unterschieds wegfallen zu lassen, läßt er hinter dem einen »Dir« noch »einige Millionen« »zum Schutz stehen«, so daß seine ganze Verhandlung sehr wohl als »unbeholfener« Anfang einer Staatstheorie im Rousseauschen Sinne dieser dienen kann.

sachlichen Mächte zusammenhängen, kann man schon ersehn aus der historischen Entwickelung der Macht der Gerichte und aus dem Jammer der Feudalen über die Rechtsentwicklung. (Siehe z. B. Monteil l. c. XIVe, XVe siècle.) Grade in der Epoche zwischen der Herrschaft der Aristokratie und der der Bourgeoisie, als die Interessen zweier Klassen kollidierten, als der Handelsverkehr unter den europäischen Nationen bedeutend zu werden begann und das internationale Verhältnis daher selbst einen *bürgerlichen* Charakter annahm, fing die Macht der Gerichte an, bedeutend zu werden, und unter der Bourgeoisherrschaft, wo diese ausgebildete Teilung der Arbeit unumgänglich nötig ist, erreicht sie ihre höchste Spitze. Was sich die Knechte der Teilung der Arbeit, die Richter, und nun gar die professores juris dabei einbilden, ist höchst gleichgültig.

[...]

Schon die Reaktionäre wußten, daß die Bourgeois in der Konstitution den naturwüchsigen Staat aufheben und einen eignen Staat errichten und *machen;* daß »le pouvoir constituant, qui était dans le temps (naturwüchsig), passa dans la volonté humaine«, daß »dieser *gemachte* Staat wie ein gemachter, gemalter Baum ist« usw.

[...]

Das Faktum, daß die herrschende Klasse ihre gemeinschaftliche Herrschaft zur öffentlichen Gewalt, zum Staat konstituiert, versteht und verdreht er in deutsch-kleinbürgerlicher Weise dahin, daß »der Staat« sich als eine dritte Macht gegen diese herrschende Klasse konstituiert und alle Gewalt ihr gegenüber in sich absorbiert.

[...]

Wenn das Eigentum unter der Herrschaft der Bourgeoisie wie zu allen Zeiten an gewisse, zunächst ökonomische, von der Entwicklungsstufe der Produktivkräfte und des Verkehrs abhängige Bedingungen geknüpft ist, Bedingungen, die notwendig einen juristischen und politischen Ausdruck erhalten – so glaubt Sankt Sancho in seiner Einfalt, »der *Staat* knüpfe den Besitz des Eigentums« (car tel est son bon plaisir) »an Bedingungen, wie er Alles daran knüpft, z. B. die Ehe«. p. 335.

Weil die Bourgeois dem Staat nicht erlauben, sich in ihre Privatinteressen einzumischen, und ihm nur soviel Macht geben, als zu ihrer eignen Sicherheit und der Aufrechthaltung der Konkurrenz nötig ist, weil die Bourgeois überhaupt nur insofern als Staatsbürger auftreten, als ihre Privatverhältnisse dies gebieten, glaubt Jacques le bonhomme, daß sie vor dem Staate »Nichts sind«.

[...]

Dieselbe Weisheit schöpft er p. 345 aus der Duldung der Konkurrenz im Staat.

Wenn eine Eisenbahndirektion sich bloß um die Aktionäre zu kümmern hat, insofern sie ihre Einzahlungen leisten und ihre Dividenden empfangen, so schließt der Berliner Schulmeister in seiner Unschuld, daß die Aktionäre »vor ihr Nichts sind, wie wie vor Gott allzumal Sünder sind«. Aus der Ohnmacht des Staats dem Treiben der Privateigentümer gegenüber beweist Sancho die Ohnmacht der Privateigentümer gegenüber dem Staat und seine eigne Ohnmacht gegenüber Beiden.

Ferner. Weil die Bourgeois die Verteidigung ihres Eigentums im Staat organisiert haben und »Ich« daher »jenem Fabrikanten« seine Fabrik nicht abnehmen kann, außer innerhalb der Bedingungen der Bourgeoisie, d. h. der Konkurrenz – glaubt Jacques le bonhomme: »Der Staat hat die Fabrik als Eigentum, der Fabrikant nur als Lehen, als Besitztum.« p. 347.

Ebenso »hat« der Hund, der mein Haus bewacht, das Haus »als Eigentum«, und Ich habe es nur »als Lehen, als Besitztum« vom Hunde.

Weil die verdeckten materiellen Bedingungen des Privateigentums häufig in Widerspruch treten müssen mit der *juristischen Illusion* über das Privateigentum, wie sich z. B. bei Expropriationen zeigt, so schließt Jacques le bonhomme daraus, daß »hier das sonst verdeckte Prinzip, daß nur der Staat Eigentümer sei, der Einzelne hingegen Lehnträger, deutlich in die Augen springt«. p. 335.

Es »springt hier nur in die Augen«, daß unserm wackern Bürger die profanen Eigentumsverhältnisse hinter der Decke »des Heiligen« aus den Augen gesprungen sind und daß er sich noch immer aus China eine »Himmelsleiter« borgen muß, um eine »Sprosse der Kultur« zu »erklimmen«, auf der in zivilisierten Ländern sogar die Schulmeister stehen. Wie hier Sancho die zur *Existenz* des Privateigentums gehörigen Widersprüche zur *Negation* des Privateigentums macht, so verfuhr er, wie wir oben sahen, mit den Widersprüchen innerhalb der bürgerlichen Familie.

Wenn die Bourgeois, überhaupt alle Mitglieder der bürgerlichen Gesellschaft, genötigt sind, sich als Wir, als moralische Person, als Staat zu konstituieren, um ihre gemeinschaftlichen Interessen zu sichern, und ihre dadurch hervorgebrachte Kollektivgewalt schon um der Teilung der Arbeit willen an Wenige delegieren, so bildet sich Jacques le bonhomme ein, daß »Jeder nur so lange den Nießbrauch des Eigentums hat, als er *das Ich* des Staats in sich trägt oder ein loyales Glied der Gesellschaft ist ... Wer ein Staats-Ich, d. h. ein guter Bürger oder Untertan ist, der trägt als *solches* Ich, nicht als eignes, das Leben ungestört.« p. 334, 335.

Auf diese Weise hat Jeder nur so lange den Besitz einer Eisenbahnaktie, als er »das Ich« der Direktion »in sich trägt«, wonach man also nur als Heiliger eine Eisenbahnaktie besitzen kann.

Nachdem Sankt Sancho auf diese Weise die Identität des Privat- und Staatseigentums sich weisgemacht hat, kann er fortfahren: »Daß der Staat nicht willkürlich dem Einzelnen entzieht, was er vom Staate hat, ist nur dasselbe wie dies, daß der Staat sich selbst nicht beraubt.« p. 334, 335.

Daß Sankt Sancho nicht willkürlich Anderen ihr Eigentum raubt, ist nur dasselbe wie dies, daß Sankt Sancho sich selbst nicht beraubt, da er ja alles Eigentum als das seinige »*ansieht*«.

Auf Sankt Sanchos übrige Phantasien über Staat und Eigentum, z. B. daß der Staat die Einzelnen durch Eigentum »kirrt« und »belohnt«, daß er aus besonderer Malice die hohe Sporteltaxe erfunden habe, um die Bürger zu ruinieren, wenn sie nicht loyal seien etc. etc., überhaupt auf die *k l e i n bürgerlich-deutsche* Vorstellung von der *Allmacht* des Staats, eine Vorstellung, die bereits bei den alten deutschen Juristen durchläuft und hier in hochtrabenden Beteuerungen sich aufspreizt, kann man uns nicht zumuten, weiter einzugehn.

Seine hinreichend nachgewiesene Identität von Staats- und Privateigentum sucht er schließlich noch durch etymologische Synonymik darzutun, wobei er seiner Gelehrsamkeit indes en ambas posaderas schlägt.

»Mein Privateigentum ist nur Dasjenige, was der Staat Mir von dem *Seinigen* überläßt, indem er andere Staatsglieder darum *verkürzt* (priviert): es ist Staatseigentum.« p. 339.

Zufällig verhält sich die Sache gerade umgekehrt. Das Privateigentum in *Rom,* worauf sich der etymologische Witz allein beziehen kann, stand im direktesten Gegensatz zum Staatseigentum. Der Staat gab allerdings den Plebejern Privateigentum, verkürzte dagegen nicht »Andre« um ihr Privateigentum, sondern diese Plebejer selbst um ihr Staatseigentum (ager publicus) und ihre politischen

Rechte, und deshalb hießen si *selbst* privati, Beraubte, nicht aber jene phantastischen »andern Staatsglieder«, von denen Sankt Sancho träumt.
[...]
Die Verwandlung des Privateigentums in Staatseigentum reduziert sich schließlich auf die Vorstellung, daß der Bourgeois nur besitzt als Exemplar der Bourgeoisgattung, die in ihrer Zusammenfassung Staat heißt und den Einzelnen mit Eigentum belehnt. Hier steht die Sache wieder auf dem Kopf. In der Bourgeoisklasse, wie in jeder anderen Klasse, sind nur die persönlichen Bedingungen zu gemeinschaftlichen und allgemeinen entwickelt, unter denen die einzelnen Mitglieder der Klasse besitzen und leben. Wenn auch früher dergleichen philosophische Illusionen in Deutschland kursieren konnten, so sind sie doch jetzt vollständig lächerlich geworden, seitdem der Welthandel hinlänglich bewiesen hat, daß der bürgerliche Erwerb ganz unabhängig von der Politik, die Politik dagegen gänzlich abhängig vom bürgerlichen Erwerb ist. Schon im achtzehnten Jahrhundert war die Politik so sehr vom Handel abhängig, daß z. B. als der französische Staat eine Anleihe machen wollte, ein Privatmann für den Staat den Holländern gutsagen mußte.
[...]
Sollte Sankt Sancho wirklich nicht wissen, daß überall, wo der moderne Staat sich entwickelt hat, das »Sorgen für eine Proles« dem Staat, d. h. den offiziellen Bourgeois, gerade die unangenehmste Tätigkeit des Proletariats ist? Sollte er nicht etwa zu seinem eignen Besten auch Malthus und den Minister Duchâtel ins Deutsche übersetzen? Sankt Sancho »fühlte« vorhin »immer deutlicher«, als deutscher Kleinbürger, daß ihm »im Gegensatz zum Staat noch eine große Macht blieb«, nämlich dem Staat zum Trotz sich Gedanken zu machen. Wäre er ein englischer Proletarier, so würde er gefühlt haben, daß ihm »die Macht blieb«, dem Staat zum Trotz Kinder zu machen.
[...]
Daß Sankt Sancho nach der glorreichen Identifikation des Privat- und Staatseigentums den Staat auch den Arbeitslohn bestimmen läßt, zeugt von gleich großer Konsequenz und Unbekanntschaft mit den Dingen dieser Welt. Daß »die Arbeiter, welche höheren Lohn erzwingen wollen«, in England, Amerika und Belgien keineswegs sogleich als »Verbrecher« behandelt werden, sondern im Ge-

genteil oft genug diesen Lohn wirklich erzwingen, ist ebenfalls ein unsrem Heiligen unbekanntes Faktum und zieht durch seine Legende vom Arbeitslohn einen großen Strich. Daß die Arbeiter, selbst wenn der Staat nicht »in die Mitte träte«, wenn sie ihre Arbeitgeber »bei den Köpfen fassen«, damit noch gar nichts gewinnen, noch viel weniger als durch Assoziationen und Arbeitseinstellungen, solange sie nämlich Arbeiter und ihre Gegner Kapitalisten bleiben – das ist ebenfalls ein Faktum, das selbst in Berlin einzusehen wäre. Daß die bürgerliche Gesellschaft, die auf der Konkurrenz beruht, und ihr Bourgeoisstaat ihrer ganzen materiellen Grundlage nach keinen andern als einen Konkurrenzkampf unter den Bürgern zulassen können und nicht als »Geist«, sondern mit Bajonetten dazwischentreten müssen, wenn die Leute sich »an den Köpfen fassen«, braucht ebenfalls nicht auseinandergesetzt zu werden.

Übrigens stellt Stirners Einfall, daß nur der Staat reicher werde, wenn die Individuen auf der Basis des bürgerlichen Eigentums reicher werden, oder daß bisher alles Privateigentum Staatseigentum gewesen sei, das historische Verhältnis wieder auf den Kopf. Mit der Entwicklung und Akkumulation des bürgerlichen Eigentums, d. h. mit der Entwicklung des Handels und der Industrie wurden die Individuen immer reicher, während der Staat immer verschuldeter ward. Dies Faktum trat schon hervor in den ersten italienischen Handelsrepubliken, zeigte sich später in seiner Spitze in Holland seit dem vorigen Jahrhundert, wo der Fondsspekulant Pinto schon 1750 darauf aufmerksam machte, und findet jetzt wieder statt in England. Es zeigt sich daher auch, daß, sobald die Bourgeoisie Geld gesammelt hat, der Staat bei ihr betteln gehen muß und endlich von ihr geradezu an sich gekauft wird. Dies findet in einer Periode statt, in welcher die Bourgeoisie noch eine andre Klasse sich gegenüberstehen hat, wo also der Staat zwischen Beiden den Schein einer gewissen Selbständigkeit behalten kann. Der Staat bleibt selbst nach diesem Ankauf immer noch geldbedürftig und dadurch von den Bourgeois abhängig, kann aber dennoch, wenn es das Interesse der Bourgeois erfordert, immer über mehr Mittel verfügen als andre, weniger entwickelte und daher weniger verschuldete Staaten. Aber selbst die unentwickeltsten Staaten Europas, die der Heiligen Allianz, gehen diesem Schicksal unaufhaltsam entgegen und werden von den Bourgeois angesteigert werden; wo sie sich dann von Stirner mit der Identität von Privateigentum und

Staatseigentum vertrösten lassen können, namentlich sein eigner Souverän, der vergebens die Stunde des Verschacherns der Staatsmacht an die »böse« gewordnen »Bürger« hinzuhalten strebt.
[...]
Sancho gibt gleich ein schlagendes Exempel am Erbrecht. Er erklärt es nicht aus der Notwendigkeit der Akkumulation und der vor dem Recht existierenden Familie, sondern aus der *juristischen Fiktion* von der *Verlängerung der Gewalt* über den Tod hinaus. Diese juristische Fiktion selbst wird von allen Gesetzgebungen immer mehr aufgegeben, je mehr die feudale Gesellschaft in die bürgerliche übergeht. (Vergleiche z. B. den Code Napoléon.) Daß die absolute väterliche Gewalt und das Majorat, sowohl das naturwüchsige Lehnsmajorat wie das spätere, auf sehr bestimmten materiellen Verhältnissen beruhten, braucht hier nicht auseinandergesetzt zu werden. Dasselbe findet bei den antiken Völkern statt in der Epoche der Auflösung des *Gemein*wesens durch das *Privat*leben. (Bester Beweis die Geschichte des römischen Erbrechts.) Sancho konnte überhaupt kein unglücklicheres Beispiel wählen als das Erbrecht, das am allerdeutlichsten die Abhängigkeit des Rechts von den Produktionsverhältnissen zeigt. Vergleich zum Beispiel römisches und germanisches Erbrecht.
[...]
Die bisherigen Produktionsverhältnisse der Individuen müssen sich ebenfalls als politische und rechtliche Verhältnisse ausdrücken. (Siehe oben.) Innerhalb der Teilung der Arbeit müssen diese Verhältnisse gegenüber den Individuen sich verselbständigen. Alle Verhältnisse können in der Sprache nur als Begriffe ausgedrückt werden. Daß diese Allgemeinheiten und Begriffe als mysteriöse Mächte gelten, ist eine notwendige Folge der Verselbständigung der realen Verhältnisse, deren Ausdruck sie sind. Außer dieser Geltung im gewöhnlichen Bewußtsein erhalten diese Allgemeinheiten noch eine besondere Geltung und Ausbildung von den Politikern und Juristen, die durch die Teilung der Arbeit auf den Kultus dieser Begriffe angewiesen sind und in ihnen, nicht in den Produktionsverhältnissen, die wahre Grundlage aller realen Eigentumsverhältnisse sehen.
[...]
»Beruf, Bestimmung, Aufgabe, Ideal« sind, um dies kurz zu wiederholen, entweder

1. die Vorstellung von den revolutionären Aufgaben, die einer

unterdrückten Klasse materiell vorgeschrieben sind; oder

2. bloße idealistische Paraphrasen oder auch entsprechender bewußter Ausdruck der durch die Teilung der Arbeit zu verschiedenen Geschäften verselbständigten Betätigungsweisen der Individuen; oder

3. der bewußte Ausdruck der Notwendigkeit, in der Individuen, Klassen, Nationen sich jeden Augenblick befinden, durch eine ganz bestimmte Tätigkeit ihre Stellung zu behaupten; oder

4. die in den Gesetzen, der Moral pp. ideell ausgedrückten Existenzbedingungen der herrschenden Klasse (bedingt durch die bisherige Entwicklung der Produktion), die von ihren Ideologen mit mehr oder weniger Bewußtsein theoretisch verselbständigt werden, in dem Bewußtsein der einzelnen Individuen dieser Klasse als Beruf pp. sich darstellen können und den Individuen der beherrschten Klasse als Lebensnorm entgegengehalten werden, teils als Beschönigung oder Bewußtsein der Herrschaft, teils als moralisches Mittel derselben. Hier, wie überhaupt bei den Ideologen, ist zu bemerken, daß sie die Sache notwendig auf den Kopf stellen und ihre Ideologie sowohl für die erzeugende Kraft wie für den Zweck aller gesellschaftlichen Verhältnisse ansehen, während sie nur ihr Ausdruck und Symptom ist.

[...]

Allen bisherigen Befreiungen lagen indes beschränkte Produktivkräfte zugrunde, deren für die ganze Gesellschaft unzureichende Produktion nur dann eine Entwicklung möglich machte, wenn die Einen auf Kosten der Andern ihre Bedürfnisse befriedigten und dadurch die Einen – die Minorität – das Monopol der Entwicklung erhielten, während die Andern – die Majorität – durch den fortgesetzten Kampf um die Befriedigung der notwendigsten Bedürfnisse einstweilen (d. h. bis zur Erzeugung neuer revolutionierender Produktivkräfte) von aller Entwicklung ausgeschlossen wurden. So hat sich die Gesellschaft bisher immer innerhalb eines Gegensatzes entwickelt, der bei den Alten der Gegensatz von Freien und Sklaven, im Mittelalter der vom Adel und Leibeignen, in der neueren Zeit der von Bourgeoisie und Proletariat ist. Hieraus erklärt sich einerseits die abnorme »unmenschliche« Weise, in der die beherrschte Klasse ihre Bedürfnisse befriedigt, und andererseits die Beschränkung, innerhalb deren der Verkehr und mit ihm die ganze herrschende Klasse sich entwickelt; so daß diese Beschränktheit der Entwicklung nicht nur in dem Ausschließen der einen Klasse,

sondern auch in der Borniertheit der ausschließenden Klasse besteht.
[...]

Die Individuen sind immer und unter allen Umständen »*von sich* ausgegangen«, aber da sie nicht *einzig* in dem Sinne waren, daß sie keine Beziehung zueinander nötig gehabt hätten, da ihre *Bedürfnisse,* also ihre Natur, und die Weise, sie zu befriedigen, sie aufeinander bezog (Geschlechtsverhältnis, Austausch, Teilung der Arbeit), so *mußten* sie in Verhältnisse treten. Da sie ferner nicht als reine Ichs, sondern als Individuen auf einer bestimmten Entwicklungsstufe ihrer Produktivkräfte und Bedürfnisse in Verkehr traten, in einen Verkehr, der seinerseits wieder die Produktion und die Bedürfnisse bestimmte, so war es eben das persönliche, individuelle Verhalten der Individuen, ihr Verhalten als Individuen zueinander, das die bestehenden Verhältnisse schuf und täglich neu schafft. Sie traten als das miteinander in Verkehr, was sie waren, sie gingen »von sich aus«, wie sie waren, gleichgültig, welche »Lebensanschauung« sie hatten. Diese »Lebensanschauung«, selbst die windschiefe der Philosophen, konnte natürlich immer nur durch ihr wirkliches Leben bestimmt sein. Es stellt sich hierbei allerdings heraus, daß die Entwicklung eines Individuums durch die Entwicklung aller andern, mit denen es in direktem oder indirektem Verkehr steht, bedingt ist, und daß die verschiedenen Generationen von Individuen, die miteinander in Verhältnisse treten, einen Zusammenhang unter sich haben, daß die Späteren in ihrer physischen Existenz durch ihre Vorgänger bedingt sind, die von ihnen akkumulierten Produktivkräfte und Verkehrsformen übernehmen und dadurch in ihren eignen gegenseitigen Verhältnissen bestimmt werden. Kurz, es zeigt sich, daß eine Entwicklung stattfindet und die Geschichte eines einzelnen Individuums keineswegs von der Geschichte der vorhergegangenen und gleichzeitigen Individuen loszureißen ist, sondern von ihr bestimmt wird.

Das Umschlagen des individuellen Verhaltens in sein Gegenteil, ein bloß sachliches Verhalten, die Unterscheidung von Individualität und Zufälligkeit durch die Individuen selbst, ist, wie wir bereits nachgewiesen haben, ein geschichtlicher Prozeß und nimmt auf verschiednen Entwicklungsstufen verschiedene, immer schärfere und universellere Formen an. In der gegenwärtigen Epoche hat die Herrschaft der sachlichen Verhältnisse über die Individuen, die Erdrückung der Individualität durch die Zufälligkeit, ihre schärfste

und universellste Form erhalten und damit den existierenden Individuen eine ganz bestimmte Aufgabe gestellt. Sie hat ihnen die Aufgabe gestellt, an die Stelle der Herrschaft der Verhältnisse und der Zufälligkeit über die Individuen die Herrschaft der Individuen über die Zufälligkeit und die Verhältnisse zu setzen. Sie hat nicht, wie Sancho sich einbildet, die Forderung gestellt, daß »Ich Mich entwickle«, was jedes Individuum bis jetzt ohne Sanchos guten Rat getan hat, sie hat vielmehr die Befreiung von einer ganz bestimmten Weise der Entwicklung vorgeschrieben. Diese durch die gegenwärtigen Verhältnisse vorgeschriebene Aufgabe fällt zusammen mit der Aufgabe, die Gesellschaft kommunistisch zu organisieren.
[...]

KARL MARX: DIE BÜRGERLICHE GESELLSCHAFT UND DIE KOMMUNISTISCHE REVOLUTION (1846) [1]

1. Die *Entstehungsgeschichte des Modernen Staats* oder die *französische Revolution*.
   Die Selbstüberhebung des politischen Wesens – Verwechslung mit dem antiken Staat. Verhältnis der Revolutionäre zur bürgerlichen Gesellschaft. Verdoppelung aller Elemente in bürgerliche und Staatswesen.
2. Die *Proklamation* der *Menschenrechte* und die *Konstitution des Staats*. Die individuelle Freiheit und die öffentliche Macht. *Freiheit, Gleichheit* und *Einheit*. Die Volkssouveränität.
3. Der *Staat* und die *bürgerliche Gesellschaft*.
4. Der *Repräsentativstaat* und die *Charte*.
   Der konstitutionelle Repräsentativstaat, d[er] d[er] demokratische Repräsentativstaat.
5. Die *Teilung der Gewalten*. Gesetzgebende und exekutive Gewalt.
6. Die *gesetzgebende Gewalt* und die gesetzgebenden Körper. Politische Klubs.
7. Die *exekutive Gewalt*. Zentralisation und Hierarchie. Zentralisation und politische Zivilisation. Föderativwesen und Industrialismus. Die *Staatsverwaltung* und *Gemeindeverwaltung*.

---

1 [Text nach: MEW Bd. 3, S. 537.]

8'. Die *richterliche Gewalt* und das *Recht*.
8". Die *Nationalität* und das *Volk*.
9'. Die *politischen Parteien*.
9". Das *Wahlrecht,* der Kampf um die *Aufhebung* des Staats und der bürgerlichen Gesellschaft.

KARL MARX: AUS I. FEUERBACH (1846) [1]

Einfluß der Teilung der Arbeit auf die Wissenschaft.
Was bei den Staat, Recht, Moral etc. die *Repression*.
[Im] Gesetz müssen die Bourgeois sich einen allgemeinen Ausdruck geben müssen, eben weil sie als Klasse herrschen *.
Naturwissenschaft und Geschichte.
Es gibt keine Geschichte der Politik, des Rechts, der Wissenschaft etc., der Kunst, der Religion etc.

Warum die Ideologen alles auf den Kopf stellen.
Religiösen, Juristen, Politiker.
Juristen, Politiker (Staatsleute überhaupt), Moralisten, Religiöse. Für diese ideologische Unterabteilung in einer Klasse, 1. *Verselbständigung des Geschäfts durch die Teilung der Arbeit*; jeder hält sein Handwerk für das Wahre. Über den Zusammenhang, worin ihr Handwerk mit der Wirklichkeit steht, machen sie sich um so notwendiger Illusionen, da dies schon durch die Natur des Handwerks selbst bedingt wird. Die Verhältnisse werden in der Jurisprudenz, Politik etc. – im Bewußtsein zu Begriffen; da sie nicht über diese Verhältnisse h[in]aus sind, sind auch die Begriffe derselben in ihrem Kopf fixe Begriffe; der Richter z. B. wendet den Code an, ihm gilt daher die Gesetzgebung für den wahren aktiven Treiber. Respekt vor ihrer Ware; da ihr Geschäft es mit Allgemeinem zu tun hat.

Idee des Rechts. Idee des Staats. Im *gewöhnlichen* Bewußtsein ist die Sache auf den Kopf gestellt. – – –

Religion ist von vornherein das Bewußtsein der *Transzendez*

---

* [Randbemerkung von Marx:] Dem »Gemeinwesen«, wie es im antiken Staat, dem Feudalwesen, der absoluten Monarchie erscheint, diesem Band entsprachen namentlich die (kath[olischen]) religiösen Vorstellungen.

1 [Text nach: MEW Bd. 3, S. 539—540.]

[, das] hervorgeht aus dem *wirklichen* Müssen.

Dies populärer. – – –

Tradition, für Recht, Religion etc.

Die Individuen sind immer von sich ausgegangen, gehen immer von sich aus. Ihre Verhältnisse sind Verhältnisse ihres wirklichen Lebensprozesses. Woher kömmt es, daß ihre Verhältnisse sich gegen sie verselbständigen? daß die Mächte ihres eignen Lebens übermächtig gegen sie werden?

Mit einem Wort: *die Teilung der Arbeit,* deren Stufe von der jedesmal entwickelten Produktivkraft abhängt.

Gemeindeeigentum.

Grundeigentum. feudales. modernes.

Ständisches Eigentum. Manufaktureigentum. industrielles Kapital.

FRIEDRICH ENGELS: DIE PREUSSISCHE VERFASSUNG (1847) [1]

[...]

Es ist eine merkwürdige Tatsache, die jedoch in jeder revolutionären Epoche wieder auftritt, daß in dem gleichen Augenblick, da die führende Klasse einer Bewegung in der günstigsten Lage ist, jene Bewegung zu vollenden, die alte, überlebte Regierung nichts anderes mehr tun kann, als eben diese führende Klasse um Beistand zu ersuchen. So 1789 in Frankreich, als Hungersnot, schlechte Geschäfte und Spaltungen im Adel die Bourgeoisie sozusagen in eine Revolution hineintrieben – gerade zu diesem Zeitpunkt fand die Regierung ihre Geldquellen erschöpft und war genötigt, durch die Einberufung der Generalstände die Revolution einzuleiten. So 1847 in Preußen. Zur gleichen Zeit, da die gleichgültigere preußische Bourgeoisie durch die Umstände beinahe gezwungen ist, das Regierungssystem zu andern, ist der König durch Geldmangel gezwungen, diese Systemänderung zu beginnen und seinerseits die preußischen Generalstände einzuberufen. Es steht außer Zweifel, daß die Stände ihm viel weniger Widerstand leisten würden, als es jetzt der Fall ist, wenn der Geldmarkt flüssig wäre, die Fabriken

---

1 [Text nach: MEW Bd. 4, S. 33—34, 35.]

vollauf zu tun hätten (was eintreten würde durch einen blühenden Handel, schnellen Absatz und die sich daraus ergebenden hohen Preise für Manufakturwaren in England) und wenn Getreide zu einem einigermaßen niedrigen Preise zu haben wäre. Aber so ist es: In Zeiten einer herannahenden Revolution haben die fortschrittlichen Klassen der Gesellschaft stets alle Chancen auf ihrer Seite.
[...]

Von dem Augenblick an, da die Macht der Bourgeoisie konstituiert ist, beginnt die besondere und ausgeprägte demokratische Bewegung. In dem Kampf gegen Despotismus und Aristokratie kann das Volk, die demokratische Partei, nur eine sekundäre Rolle spielen; die erste Rolle gebührt der Bourgeoisie. Jedoch von dem Moment an, da die Bourgeoisie ihre eigene Regierung errichtet, sich identifiziert mit einem neuen Despotismus, einer neuen Aristokratie gegen das Volk, von diesem Moment an tritt die Demokratie als die einzige, ausschließliche Bewegungspartei auf; von diesem Augenblick an ist der Kampf vereinfacht, auf zwei Parteien reduziert und schlägt durch diesen Umstand um in einen »Krieg bis aufs Messer«. Die Geschichte der französischen und englischen demokratischen Parteien beweist das vollauf.
[...]

FRIEDRICH ENGELS:
DER STATUS QUO IN DEUTSCHLAND (1847) [1]

[...]

Die wahren Sozialisten, wozu wie gesagt auch die meisten deutschen soi-disant kommunistischen Schriftsteller gehören, haben von den französischen Kommunisten gelernt, daß der Übergang von der absoluten Monarchie zum modernen Repräsentativstaat keineswegs die Not der großen Masse des Volks aufhebt, sondern nur eine neue Klasse, die Bourgeoisie, zur Herrschaft bringt. Sie haben ferner von ihnen gelernt, daß gerade diese Bourgeoisie vermittelst ihrer Kapitalien am meisten auf die Masse des Volks drückt und deshalb der Gegner par excellence der Kommunisten, resp. Sozialisten, als der Repräsentanten der Masse des Volks ist. Sie haben sich nicht die Mühe gegeben, die gesellschaftliche und politische Entwick-

---

1 [Text nach: MEW Bd. 4, S. 40—41, 44—45, 46—48, 48, 49, 50—51, 53—56.]

lungsstufe Deutschlands mit der von Frankreich zu vergleichen oder die in Deutschland faktisch vorliegenden Bedingungen zu studieren, von denen alle weitere Entwicklung abhängt; sie haben die im Fluge erworbenen Kenntnisse flugs und ohne langes Besinnen nach Deutschland übertragen. Wären sie Parteimänner gewesen, die auf ein praktisches, handgreifliches Resultat hinarbeiteten, die bestimmte, einer ganzen Klasse gemeinsame Interessen verträten, so hätten sie wenigstens beachtet, wie die Gegner der Bourgeoisie in Frankreich, von den Redakteuren der »Réforme« bis zu den Ultrakommunisten, wie namentlich der anerkannte Repräsentant der großen Masse der französischen Proletarier, der alte Cabet, sich in seiner Polemik gegen die Bourgeoisie benimmt. Es hätte ihnen schon auffallen müssen, daß diese Parteirepräsentanten sich nicht nur fortwährend auf die Tagespolitik einlassen, sondern selbst politische Maßregeln, z. B. Wahlreformvorschläge, die oft für das Proletariat kein *direktes* Interesse haben, dennoch ganz anders als mit souveräner Verachtung behandeln. Aber unsre wahren Sozialisten sind keine Parteimänner, sondern deutsche Theoretiker. Es handelt sich für sie nicht um praktische Interessen und Resultate, sondern um die ewige Wahrheit. Die Interessen, die sie zu vertreten streben, sind die »des Menschen«, die Resultate, denen sie nachjagen, beschränken sich auf philosophische »Errungenschaften«. So brauchten sie ihre neuen Aufklärungen nur mit ihrem eignen philosophischen Gewissen in Einklang zu bringen, um alsdann vor ganz Deutschland auszuposaunen, daß politischer Fortschritt wie alle Politik vom Übel sei, daß namentlich die konstitutionelle Freiheit die dem Volk gefährlichste Klasse, die Bourgeoisie, auf den Thron erhebe und daß die Bourgeoisie überhaupt nicht genug angegriffen werden könne.

[...]

Der politische Repräsentant des Ackerbaus ist in Deutschland wie in den meisten europäischen Ländern der *Adel,* die Klasse der großen Grundbesitzer. Die der ausschließlichen Herrschaft des Adels entsprechende politische Verfassung ist das Feudalsystem. Das Feudalsystem ist überall in demselben Maße zerfallen, in welchem der Ackerbau aufgehört hat, entscheidender Produktionszweig eines Landes zu sein, in welchem sich neben der ackerbauenden eine gewerbetreibende Klasse, neben den Dörfern Städte gebildet haben.

Diese neben dem Adel und den mehr oder weniger von ihm

abhängigen Bauern sich neu bildende Klasse ist nicht die Bourgeoisie, die heute in den zivilisierten Ländern herrscht und in Deutschland nach der Herrschaft strebt, es ist die Klasse der *Kleinbürger.*

Die gegenwärtige Verfassung Deutschlands ist weiter nichts als ein Kompromiß zwischen dem Adel und den Kleinbürgern, der darauf hinausläuft, die Verwaltung in den Händen einer dritten Klasse niederzulegen: der Bürokratie. An der Zusammensetzung dieser Klasse beteiligen sich die beiden hohen kontrahierenden Parteien je nach ihrer gegenseitigen Stellung: Der Adel, der den wichtigeren Produktionszweig vertritt, behält sich die höheren Stellen vor, die Kleinbürgerschaft begnügt sich mit den niederen und bringt nur ausnahmsweise Kandidaten in die höhere Verwaltung. Wo die Bürokratie, wie in den konstitutionellen Staaten Deutschlands, einer direkten Kontrolle unterworfen ist, teilen sich Adel und Kleinbürger auf dieselbe Weise darin; und daß auch hier der Adel sich den Anteil des Löwen vorbehält, ist leicht begreiflich. Die Kleinbürger können den Adel nie stürzen, sich ihm nicht einmal gleichstellen; sie bringen es nur dahin, ihn zu schwächen. Um den Adel zu stürzen, bedarf es einer andern Klasse mit umfassenderen Interessen, größerem Besitz und entschiedenerem Mut: der *Bourgeoisie.*

Die Bourgeoisie ist in allen Ländern mit der Entwicklung des Welthandels und der großen Industrie, mit der damit eintretenden freien Konkurrenz und Zentralisation des Eigentums aus den Kleinbürgern hervorgegangen. Der Kleinbürger repräsentiert den binnenländischen und Küstenhandel, das Handwerk, die auf der Handarbeit beruhende Manufaktur – Erwerbszweige, die sich auf einem beschränkten Terrain bewegen, geringe Kapitalien erfordern, diese Kapitalien langsam umschlagen und nur eine lokale und schläfrige Konkurrenz erzeugen. Der Bourgeois repräsentiert den Welthandel, den direkten Austausch der Produkte aller Zonen, den Handel mit Geld, die große auf Maschinenarbeit beruhende Fabrikindustrie – Erwerbszweige, die ein möglichst großes Terrain, möglichst große Kapitalien und raschen Umschlag erfordern und eine universelle und stürmische Konkurrenz erzeugen. Der Kleinbürger repräsentiert *lokale,* der Bourgeois *universelle* Interessen. Der Kleinbürger findet seine Stellung hinreichend gesichert, wenn er bei indirektem Einfluß auf die Staatsgesetzgebung direkt an der Provinzialverwaltung beteiligt und Herr seiner lokalen Munizipalverwaltung ist. Der Bourgeois kann ohne direkte, stete Kontrolle der Zentralverwaltung, der auswärtigen Politik, der Gesetzgebung seines Staats seine Interessen nicht sicherstellen. Die klassische Schöpfung des Kleinbürgers waren die deutschen Reichsstädte; die klassische Schöpfung des Bourgeois ist der französische Repräsentativstaat. Der Kleinbürger ist konservativ, sobald ihm die herrschende Klasse nur einige Konzessionen macht, der Bourgeois ist revolutionär, bis er selbst herrscht.

[...]

In der Tat fällt mit dem Emporkommen und dem wachsenden Einfluß der Bourgeoisie zusammen die steigende Impotenz der bisher offiziell herrschenden Klassen. Der Adel ist seit der napoleonischen Zeit immer mehr verarmt und verschuldet. Die Ablösung der Frondienste vermehrte die Produktionskosten seines Korns und setzte ihn der Konkurrenz einer neuen Klasse unabhängiger Kleinbauern aus – Nachteile, die durch die Übervorteilung der Bauern bei der Ablösung keineswegs auf die Dauer aufgewogen wurden. Den Absatz seines Korns beschränkt die russische und amerikanische, den seiner Wolle die australische und in einzelnen Jahren die südrussische Konkurrenz. Und je mehr die Produktionskosten und die Konkurrenz stiegen, desto mehr trat die Unfähigkeit des Adels an den Tag, seine Güter mit Vorteil zu bebauen, sich die neusten Fortschritte der Agrikultur anzueignen. Wie der französische und englische Adel des vorigen Jahrhunderts benutzte er die steigende Zivilisation nur dazu, sein Vermögen in den großen Städten herrlich und in Freuden zu verjubeln. Zwischen Adel und Bourgeoisie trat jene Konkurrenz der gesellschaftlichen und intellektuellen Bildung, des Reichtums und des Aufwandes ein, die der politischen Herrschaft der Bourgeoisie überall vorhergeht und die wie jede andere Konkurrenz mit dem Siege des reicheren Teils endigt. Der Landadel verwandelte sich in Hofadel, um desto rascher und sicherer ruiniert zu werden. Die drei Prozent Einkünfte des Adels erlagen vor den fünfzehn Prozent Profit der Bourgeoisie; die drei Prozent nahmen Zuflucht zu Hypothekengeldern, zu ritterschaftlichen Kreditkassen usw., um den standesmäßigen Aufwand machen zu können, und ruinierten sich nur um so schneller. Die wenigen Landjunker, die weise genug waren, sich nicht zu ruinieren, bildeten mit den neu aufkommenden bürgerlichen Gutsbesitzern die neue Klasse der *industriellen Grundeigentümer*. Diese Klasse betreibt den Ackerbau ohne feudalistische Illusionen und ohne ritterliche Nonchalance als ein Geschäft, eine Industrie, mit den bürgerlichen Hilfsmitteln Kapital, Sachkenntnis und Arbeit. Sie ist so wenig unverträglich mit der Herrschaft der Bourgeoisie, daß sie in Frankreich ganz ruhig neben ihr steht und nach Verhältnis ihres Reichtums an ihrer Herrschaft teilnimmt. Sie ist die den Ackerbau exploitierende Fraktion der Bourgeoisie.

Der Adel ist also so impotent geworden, daß er teilweise selbst schon zur Bourgeoisie übergegangen ist.

Die Kleinbürger waren schon dem Adel gegenüber schwach; der Bourgeoisie gegenüber können sie noch viel weniger sich halten. Die Kleinbürgerschaft ist nächst den Bauern die miserabelste Klasse, die zu irgendeiner Zeit in die Geschichte hineingepfuscht hat. Mit ihren kleinlichen Lokalinteressen brachte sie es in ihrer glorreichsten Zeit, im späteren Mittelalter, nur zu lokalen Organisationen, lokalen Kämpfen und lokalen Fortschritten, zu einer *geduldeten* Existenz neben dem Adel, nirgends zur allgemeinen, politischen Herrschaft. Mit dem Entstehen der Bourgeoisie verliert sie selbst den *Schein* historischer Initiative. Zwischen Adel und Bourgeoisie eingeklemmt, von dem politischen Übergewicht des ersteren, von der Konkurrenz der schweren Kapitalien der zweiten gleich gedrückt, teilt sie sich in zwei Fraktionen. Die eine, die der reicheren und großstädtischen Kleinbürger, schließt sich der revolutionären Bourgeoisie mit mehr oder weniger Zaghaftigkeit an, die andre, die sich aus den ärmeren Bürgern, besonders der Landstädtchen, rekrutiert, klammert sich an das Bestehende und unterstützt den Adel mit dem ganzen Gewicht ihrer Trägheitskraft. Je weiter die Bourgeoisie sich entwickelt, desto schlimmer wird die Lage der Kleinbürger. Allmählich sieht auch diese zweite Fraktion ein, daß bei den bestehenden Verhältnissen ihr Ruin sicher ist, während sie unter der Herrschaft der Bourgeoisie neben der *Wahrscheinlichkeit* des gleichen Ruins wenigstens die *Möglichkeit* genießt, zur Bourgeoisie zu avancieren. Je sicherer ihr Ruin wird, desto mehr stellt sie sich unter die Fahnen der Bourgeoisie. Kaum ist die Bourgeoisie zur Herrschaft gekommen, so spalten sich die Kleinbürger wieder. Jeder Fraktion der Bourgeoisie liefert sie Rekruten und bildet außerdem zwischen der Bourgeoisie und dem nun mit seinen Interessen und Forderungen hervortretenden Proletariat eine Kette von mehr oder weniger radikalen politischen und sozialistischen Sekten, die man in der englischen oder französischen Deputiertenkammer und Tagespresse des näheren studieren kann. Je schärfer die Bourgeoisie mit dem schweren Geschütz ihrer Kapitalien, mit den

geschlossenen Kolonnen ihrer Aktiengesellschaften auf diese undisziplinierten und schlechtbewehrten Kleinbürgerschwärme eindringt, desto ratloser werden sie, desto unordentlicher wird ihre Flucht, bis ihnen kein andrer Rettungsweg übrigbleibt, als sich entweder hinter den langen Linien des Proletariats zu sammeln und seinen Fahnen sich anzuschließen – oder sich der Bourgeoisie auf Gnade und Ungnade zu ergeben. Dies ergötzliche Schauspiel kann man in England bei jeder Handelskrisis, in Frankreich in diesem Augenblick beobachten. In Deutschland sind wir erst bei jener Phase angelangt, wo die Kleinbürgerschaft in einem Moment der Verzweiflung und Geldklemme den heroischen Entschluß faßt, den Adel aufzugeben und sich der Bourgeoisie anzuvertrauen.
[...]
Bleiben noch die Bauern und die besitzlosen Klassen.
Die Bauern, worunter wir hier nur die kleinen Ackerwirte, Pächter oder Eigentümer mit Ausschluß der Landtaglöhner und Ackerknechte verstehen – die Bauern bilden eine ähnliche hilflose Klasse wie die Kleinbürger, von denen sie sich übrigens vorteilhaft durch größeren Mut unterscheiden. Dafür sind sie aber auch aller historischen Initiative durchaus unfähig. Selbst ihre Befreiung aus den Ketten der Leibeigenschaft kommt nur unter dem Schutz der Bourgeoisie zustande. Wo die Abwesenheit von Adel und Bourgeoisie ihnen die Herrschaft gestattet, wie in den Bergkantonen der Schweiz und in Norwegen, herrscht mit ihnen vorfeudale Barbarei, Lokalborniertheit, dumpfe, fanatische Bigotterie, Treu und Redlichkeit. Wo, wie in Deutschland, der Adel neben ihnen stehenbleibt, werden sie ganz wie die Kleinbürger zwischen Adel und Bourgeoisie eingeklemmt. Um die Interessen des Ackerbaus gegenüber der steigenden Macht des Handels und der Industrie zu schützen, müssen sie sich an den Adel anschließen. Um sich vor der überwiegenden Konkurrenz des Adels und namentlich der bürgerlichen Grundbesitzer zu sichern, müssen sie sich der Bourgeoisie anschließen. Auf welche Seite sie sich definitiv schlagen, hängt von der Beschaffenheit ihres Besitzes ab.
[...]
Und die besitzlosen, vulgo arbeitenden Klassen? Wir werden bald ausführlicher auf diese zu sprechen kommen; einstweilen genügt, auf ihre Zersplitterung hinzuweisen. Diese Zersplitterung in Ackerknechte, Tagelöhner, Handwerksgesellen, Fabrikarbeiter und Lumpenproletariat, verbunden mit ihrer Zerstreuung über eine

große, dünnbevölkerte Landfläche mit wenigen und schwachen Zentralpunkten, macht es ihnen schon unmöglich, sich gegenseitig über die Gemeinschaftlichkeit ihrer Interessen klarzuwerden, sich zu verständigen, sich zu *einer* Klasse zu konstituieren. Diese Zersplitterung und Zerstreuung läßt ihnen nichts anderes übrig, als die Beschränkung auf ihre nächsten, alltäglichen Interessen, auf den Wunsch nach gutem Lohn für gute Arbeit. Das heißt, sie beschränkt die Arbeiter darauf, ihr Interesse in dem ihrer Arbeitgeber zu sehen, und macht so jede einzelne Fraktion der Arbeiter zu einer Hilfsarmee für die sie beschäftigende Klasse. Der Ackerknecht und Tagelöhner unterstützt die Interessen des Adligen oder Bauern, auf dessen Gut er arbeitet. Der Gesell steht in der intellektuellen und politischen Botmäßigkeit seines Meisters. Der Fabrikarbeiter läßt sich vom Fabrikanten in der Schutzzollagitation benutzen. Der Lump ficht für ein paar Taler die Häkeleien zwischen Bourgeoisie, Adel und Polizei mit seinen Fäusten aus. Und wo zwei Klassen von Arbeitgebern widersprechende Interessen durchzusetzen haben, da existiert derselbe Kampf auch unter den von ihnen beschäftigten Klassen von Arbeitern.

[...]

Die Misere des deutschen Status quo besteht hauptsächlich darin, daß keine einzige Klasse bisher stark genug gewesen ist, ihren Produktionszweig zum nationalen Produktionszweig par excellence und damit sich selbst zur Vertreterin der Interessen der ganzen Nation aufzuwerfen. Alle Stände und Klassen, die seit dem zehnten Jahrhundert in der Geschichte aufgetaucht sind, Adel, Leibeigne, Fronbauern, freie Bauern, Kleinbürger, Gesellen, Manufakturarbeiter, Bourgeois und Proletarier existieren nebeneinander. Diejenigen dieser Stände oder Klassen, die vermöge ihres Besitzes einen Produktionszweig vertreten, nämlich Adel, freie Bauern, Kleinbürger und Bourgeois, haben sich in die politische Herrschaft geteilt, nach Verhältnis ihrer Anzahl, ihres Reichtums und ihres Anteils an der Gesamtproduktion des Landes. Das Resultat dieser Teilung ist, daß, wie gesagt, der Adel den Anteil des Löwen, die Kleinbürgerschaft den geringeren Anteil bekommen haben, daß *offiziell* die Bourgeois nur als Kleinbürger und die Bauern *als Bauern* gar nicht zählen, weil sie sich mit ihrem geringen Einfluß auf die übrigen Klassen repartieren. Dies durch die Bürokratie vertretene Regime ist die politische Zusammenfassung der allgemeinen Ohnmacht und Verächtlichkeit, der dumpfen Langweile und des Schmutzes der deutschen Gesellschaft. Ihm entspricht die Zerlumpung Deutschlands in achtunddreißig Lokal- und Provinzialstaaten, nebst der Zerlumpung von Österreich und Preußen in selbständige Provinzen nach innen, die schmähliche Hilflosigkeit gegen Exploitation und Fußtritte nach außen. Der Grund dieser allgemeinen Misere liegt in dem allgemeinen Mangel an Kapitalien. Jede einzelne Klasse hat in dem pauvren Deutschland von Anfang an den Stempel der bürgerlichen Mittelmäßigkeit getragen, ist im Vergleich mit derselben Klasse andrer Länder pauvre und gedrückt gewesen. Wie kleinbürgerlich steht der hohe und niedrige deutsche Adel seit dem zwölften Jahrhundert da neben dem reichen, sorglosen, lebenslustigen und in seinem ganzen Auftreten entschiedenen französischen und englischen Adel! Wie winzig, wie unbedeutend und lokalborniert erscheinen die deutschen reichsstädtischen und hanseatischen Bürger neben den rebellischen Pariser Bürgern des vierzehnten und fünfzehnten, neben den Londoner Puritanern des siebzehnten Jahrhunderts! Wie kleinbürgerlich nehmen sie noch jetzt unsre ersten Größen der Industrie, der Finanz, der Seefahrt aus neben den Börsenfürsten von Paris, Lyon, London, Liverpool und Manchester! Selbst die arbeitenden Klassen sind in Deutschland durchaus kleinbürgerlich. So hat die Kleinbürgerschaft bei ihrer gedrückten gesellschaftlichen und politischen Stellung wenigstens den Trost, die Normalklasse von Deutschland zu sein und allen übrigen Klassen ihre spezifische Gedrücktheit und ihre Nahrungssorgen mitgeteilt zu haben.

Wie ist aus dieser Misere herauszukommen? Es ist nur *ein* Weg möglich. *Eine* Klasse muß stark genug werden, um von *ihrem* Emporkommen das der ganzen Nation, von dem Fortschritt und der Entwicklung ihrer Interessen den Fortschritt der Interessen aller andern Klassen abhängig zu machen. Das Interesse dieser *einen* Klasse muß für den Augenblick Nationalinteresse, diese Klasse selbst für den Augenblick Repräsentantin der Nation werden. Von diesem Augenblick an befindet sich diese Klasse, und mit ihr die Majorität der Nation, im Widerspruch mit dem politischen Status quo. Der politische Status quo entspricht einem Zustande, der aufgehört hat zu existieren: dem Widerstreit der Interessen der verschiedenen Klassen. Die neuen Interessen finden sich beengt, und selbst ein Teil der Klassen, zu deren Gunsten der Status quo eingesetzt war, sieht seine Interessen nicht mehr in ihm repräsentiert. Die Aufhebung des Status quo, auf friedlichem oder gewaltsamem Wege, ist die notwendige Folge davon. An seine Stelle tritt die Herrschaft der Klasse, welche für den Augenblick die Majorität der Nation vertritt, und unter ihrer Herrschaft beginnt eine neue Entwicklung.

Wie der Mangel an Kapitalien der Grund des Status quo, der allgemeinen Schwäche ist, so kann nur der Besitz von Kapitalien, ihre Konzentration in den Händen *einer* Klasse dieser Klasse die Macht geben, den Status quo zu verdrängen.

[...]

Die Bürokratie ist eingesetzt worden, um Kleinbürger und Bauern zu regieren. Diese Klassen, in kleinen Städten oder Dörfern zersplittert, mit Interessen, die nicht über den engsten Lokalkreis hinausreichen, haben notwendig einen ihren beschränkten Lebensverhältnissen entsprechenden beschränkten Gesichtskreis. Sie können keinen großen Staat regieren, sie können weder Überblick noch Kenntnisse genug besitzen, um die verschiedenen miteinander kollidierenden Interessen gegenseitig auszugleichen. Und gerade auf *der* Zivilisationsstufe, in die die Blüte der Kleinbürgerschaft fällt, laufen die verschiednen Interessen am allerverwickeltsten durcheinander (man denke nur an die Zünfte und ihre Kollisionen). Die Kleinbürger und Bauern können also eine mächtige und zahlreiche Bürokratie nicht entbehren. Sie müssen sich bevormunden lassen, um der größten Verwirrung zu entgehen, um sich nicht durch Hunderte und Tausende von Prozessen zu ruinieren.

Die Bürokratie, die den Kleinbürgern Bedürfnis ist, wird aber den Bourgeois sehr bald zur unerträglichen Fessel. Schon bei der Manufaktur wird die Beamtenüberwachung und Einmischung sehr lästig; die Fabrikindustrie ist kaum möglich unter einer solchen Aufsicht. Die deutschen Fabrikanten haben sich bisher die Bürokratie durch Bestechung möglichst vom Halse gehalten, was ihnen gar nicht zu verdenken ist. Aber dies Mittel befreit sie doch nur von der geringeren Hälfte der Last; abgesehen von der Unmöglichkeit, *alle* Beamte, mit denen ein Fabrikant in Berührung kommt, zu bestechen, befreit ihn die Bestechung nicht von Sporteln, Honoraren für Juristen, Architekten, Mechaniker und sonstigen durch die Überwachung hervorgerufenen Ausgaben, von Extraarbeiten und Zeitverlust. Und je weiter sich die Industrie entwickelt, desto mehr »pflichttreue Beamte« tauchen auf, d. h. solche, die entweder aus purer Borniertheit oder aus bürokratischem Haß gegen die Bourgeoisie den Fabrikanten die ärgsten Schikanen antun.

Die Bourgeoisie ist also genötigt, die Macht dieser übermütig und schikanensüchtigen Bürokratie zu brechen. Von dem Augenblick an, da die Staatsverwaltung und Gesetzgebung unter die Kontrolle der Bourgeoisie gerät, fällt die Selbständigkeit der Bürokratie zusammen; ja, von diesem Augenblick an verwandeln sich die Plagegeister der Bourgeois in ihre untertänigen Knechte. Die bisherigen Reglements und Reskripte, die nur dazu dienten, den Beamten die Arbeit auf Unkosten der industriellen Bourgeois zu erleichtern, machen neuen Reglements Platz, wodurch den Industriellen die Arbeit auf Unkosten der Beamten erleichtert wird.

Die Bourgeoisie ist um so eher gezwungen, dies so bald als möglich zu tun, als, wie wir gesehen haben, alle ihre Fraktionen direkt an der möglichst raschen Hebung der Fabrikindustrie beteiligt sind und die Fabrikindustrie sich unter dem Regime der bürokratischen Trakasserie unmöglich heben kann.

Die Unterordnung der Douane und der Bürokratie unter das Interesse der industriellen Bourgeoisie sind die beiden Maßregeln, an deren Durchsetzung die Bourgeoisie am direktesten beteiligt ist. Damit aber sind ihre Bedürfnisse noch lange nicht erschöpft. Sie ist genötigt, das ganze Gesetzgebungs-, Verwaltungs- und Justizsystem fast aller deutschen Länder einer durchgreifenden Revision zu unterwerfen, denn dies ganze System dient der Erhaltung und Stützung eines gesellschaftlichen Zustandes, an dessen Umwälzung die Bourgeoisie fortwährend arbeitet. Die Bedingungen, unter denen Adel und Kleinbürger nebeneinander bestehen können, sind durchaus verschieden von den Lebensbedingungen der Bourgeoisie, und nur die ersteren sind in den deutschen Staaten offiziell anerkannt. Nehmen wir den preußischen Status quo als Beispiel. Wenn die Kleinbürger, wie der administrativen Bürokratie, so auch der juristischen Bürokratie, sich unterwerfen, wenn sie ihr Vermögen und ihre Person der Diskretion und Schläfrigkeit einer »unabhängigen«, d. h. bürokratisch-selbständigen Richterklasse anvertrauen konnten, die ihnen dafür Schutz vor den Übergriffen des Feudaladels und zuweilen auch der administrativen Bürokratie gewährte, so können die Bourgeois dies nicht. Die Bourgeois bedürfen für Eigentumsprozesse mindestens des Schutzes der Öffentlichkeit, für Kriminalprozesse außerdem noch der Jury, der steten Kontrolle der Justiz durch eine Deputation von Bourgeois. – Der Kleinbürger kann sich die Exemtion der Adligen und Beamten vom gewöhnlichen Gerichtsstande gefallen lassen, weil diese seine offizielle Erniedrigung seiner niedrigen gesellschaftlichen Stellung vollständig entspricht. Der Bourgeois, der entweder zugrunde gehen oder seine Klasse zur ersten in Gesellschaft und Staat machen muß, kann es nicht. – Der Kleinbürger kann, seinem stillen Lebenswandel unbeschadet, dem Adel die Gesetzgebung über den Grundbesitz allein überlassen; er muß es, weil er genug zu tun hat, seine eignen städtischen Interessen vor dem Einfluß und den Übergriffen des Adels zu schützen. Der Bourgeois kann die Regulierung der Eigentumsverhältnisse auf dem Lande keineswegs dem Gutdünken des Adels anheimstellen, denn die vollständige Entwicklung seiner eignen Interessen fordert die möglichst industrielle Exploitation auch des Ackerbaus, die Herstellung einer Klasse industrieller Ackerwirte, die freie Verkäuflichkeit und Mobilisierung des Grundeigentums. Das Bedürfnis der Grundbesitzer, sich Geld auf Hypothek zu verschaffen, bietet den Bourgeois hier eine Handhabe und zwingt den Adel, der Bourgeoisie wenigstens in Beziehung auf die Hypothekengesetze Einfluß auf die Gesetzgebung über das Grundeigentum zu bewilligen. – Wenn der Kleinbürger bei seinen kleinen Geschäftchen, seinem langsamen Umschlag und der beschränkten Anzahl seiner auf einen kleinen Raum konzentrierten Kunden von der miserablen altpreußischen Handelsgesetzgebung nicht besonders gedrückt wurde, sondern wohl gar noch dankbar war für das bißchen Garantie, das sie bot, so kann der Bourgeois sie nicht mehr ertragen. Der Kleinbürger, dessen höchst einfache Transaktionen selten Geschäfte von Kaufmann zu Kaufmann, fast immer nur Verkäufe vom Detaillisten oder Verfertiger direkt an den Konsumenten sind – der Kleinbürger gerät selten in Bankerotte und kann sich den alten preußischen Bankerottgesetzen leicht fügen. Nach diesem Gesetze werden Wechselschulden vor allen Buchschulden aus der Masse abbezahlt, gewöhnlich aber die ganze Masse von der Justiz gefressen. Sie sind zunächst im Interesse der die Masse verwaltenden juristischen Bürokraten und dann im Interesse aller Nichtbourgeois gegen die Bourgeois entworfen. Der Adel besonders, der für sein abgeschicktes Korn Wechsel auf den Käufer oder Konsignatär zieht oder erhält, wird dadurch gedeckt; überhaupt alle, die nur einmal im Jahre etwas zu verkaufen haben und den Ertrag durch einen Wechsel ein- und aus dem Handel zurückziehen. Von den Handeltreibenden sind wieder die Bankiers und Grossisten geschützt, die Fabrikanten eher vernachlässigt. Der Bourgeois, der *nur* Geschäfte von Kaufmann zu Kaufmann macht, dessen Kunden zerstreut wohnen, der Wechsel auf alle Welt erhält, der mitten in einem höchst verwickelten System von Transaktionen sich bewegen muß, der jeden Augenblick in einen Bankerott verwickelt ist, der Bourgeois kann sich bei diesen absurden Gesetzen nur ruinieren. – Der Kleinbürger hat nur insofern Interesse an der allgemeinen Politik seines Landes, als er den Frieden wünscht; sein bornierter Lebenskreis macht ihn unfähig, Relationen von Staat zu Staat zu übersehen. Der Bourgeois, der mit dem entferntesten Ausland Geschäfte macht oder zu konkurrieren hat, kann ohne den direktesten Einfluß auf die auswärtige Politik seines Staats sich nicht in die Höhe arbeiten. – Der Kleinbürger konnte sich von der Bürokratie und vom Adel Steuern auflegen lassen, aus denselben Gründen, aus denen er sich der Bürokratie unterwarf; der Bourgeois hat ein ganz direktes Interesse daran, die öffentlichen Lasten so zu verteilen, daß sie *seinen* Erwerb möglichst wenig treffen.

Kurz, wenn der Kleinbürger sich damit begnügen konnte, dem Adel und der Bürokratie seine träge Masse entgegenzusetzen, sich durch seine vis inertiae einen Einfluß auf die öffentliche Macht zu sichern, so kann der Bourgeois dies nicht. Er muß seine Klasse zur herrschenden, sein Interesse zum entscheidenden machen in Gesetzgebung, Verwaltung, Justiz, Besteuerung und auswärtiger Politik. Die Bourgeoisie muß sich vollständig entwickeln, ihre Kapitalien täglich vermehren, die Produktionskosten ihrer Waren täglich erniedrigen, ihre Handelsverbindungen, ihre Märkte täglich ausdehnen, ihre Kommunikationen täglich verbessern, *um nicht zugrunde zu gehen*. Die Konkurrenz auf dem Weltmarkt treibt sie dazu. Und um sich frei und vollständig entwickeln zu können, bedarf sie eben der politischen Herrschaft, der Unterordnung aller andern Interessen unter das ihrige.

[...]

KARL MARX: DAS ELEND DER PHILOSOPHIE (1846/47) [1]

[...]

Herr Proudhon hat indes noch nicht alle angeblich ökonomischen Gründe erschöpft. Greifen wir einen von überwältigender, souveräner Kraft heraus: »Aus der souveränen Weihung geht das Geld

---

1 [Text nach: MEW Bd. 4, S. 109, 140—141, 165, 180—182.]

hervor: Die Souveräne bemächtigen sich des Goldes und Silbers und drücken ihnen ihr Siegel auf.« [I, S. 69.]

Somit ist für Herrn Proudhon das Belieben der Souveräne der höchste Grund in der politischen Ökonomie!

In der Tat, man muß jeder historischen Kenntnis bar sein, um nicht zu wissen, daß es die Souveräne sind, die zu allen Zeiten sich den wirtschaftlichen Verhältnissen fügen mußten, daß aber niemals sie es gewesen sind, welche ihnen das Gesetz diktiert haben. Sowohl die politische wie die bürgerliche Gesetzgebung proklamieren, protokollieren nur das Wollen der ökonomischen Verhältnisse.

Hat sich der Souverän des Goldes und Silbers bemächtigt, um sie durch Aufprägung seines Siegels zu allgemeinen Tauschmitteln zu machen, oder haben sich nicht vielmehr diese allgemeinen Tauschmittel des Souveräns bemächtigt, indem sie ihn zwangen, ihnen sein Siegel aufzudrücken und ihnen eine politische Weihung zu geben?
[...]

Auch der Feudalismus hatte sein Proletariat – die Leibeigenschaft, welche alle Keime des Bürgertums enthielt. Auch die feudale Produktion hatte zwei antagonistische Elemente, die man gleichfalls als *gute* und *schlechte Seite* des Feudalismus bezeichnet, ohne zu berücksichtigen, daß es stets die schlechte Seite ist, welche schließlich den Sieg über die gute Seite davonträgt. Die schlechte Seite ist es, welche die Bewegung ins Leben ruft, welche die Geschichte macht, dadurch, daß sie den Kampf zeitigt. Hätten zur Zeit der Herrschaft des Feudalismus die Ökonomen, begeistert von den ritterlichen Tugenden, von der schönen Harmonie zwischen Rechten und Pflichten, von dem patriarchalischen Leben der Städte, von dem Blühen der Hausindustrie auf dem Lande, von der Entwicklung der in Korporationen, Zünften, Innungen organisierten Industrie, mit einem Wort von allem, was die schöne Seite des Feudalismus bildet, sich das Problem gestellt, alles auszumerzen, was einen Schatten auf dies Bild wirft – Leibeigenschaft, Privilegien, Anarchie –, wohin wären sie damit gekommen? Man hätte alle Elemente vernichtet, welche den Kampf hervorriefen, man hätte die Entwicklung der Bourgeoisie im Keim erstickt. Man hätte sich das absurde Problem gestellt, die Geschichte auszustreichen.

Als die Bourgeoisie obenauf gekommen war, fragte man weder nach der guten noch nach der schlechten Seite des Feudalismus. Die Produktivkräfte, welche sich durch sie unter dem Feudalismus entwickelt hatten, fielen ihr zu. Alle alten ökonomischen Formen, die privatrechtlichen Beziehungen, welche ihnen entsprachen, der politische Zustand, welcher der offizielle Ausdruck der alten Gesellschaft war, wurden zerbrochen.

Will man somit die feudale Produktion richtig beurteilen, so muß man sie als eine auf dem Gegensatz basierte Produktionsweise betrachten. Man muß zeigen, wie der Reichtum innerhalb dieses Gegensatzes produziert wurde, wie die Produktivkräfte sich gleichzeitig mit dem Widerstreit der Klassen entwickelten, wie die eine dieser Klassen, die schlechte Seite, das gesellschaftliche Übel, stets anwuchs, bis die materiellen Bedingungen ihrer Emanzipation zur Reife gediehen waren. Sagt das nicht deutlich genug, daß die Produktionsweise, die Verhältnisse, in denen die Produktivkräfte sich entwickeln, nichts weniger als ewige Gesetze sind, sondern einem bestimmten Entwicklungszustande der Menschen und ihrer Produktivkräfte entsprechen und daß eine in den Produktivkräften der Menschen eingetretene Veränderung notwendigerweise eine Veränderung in ihren Produktionsverhältnissen herbeiführt? Da es vor allen Dingen darauf ankommt, nicht von den Früchten der Zivilisation, den erworbenen Produktivkräften ausgeschlossen zu sein, so wird es notwendig, die überkommenen Formen, in welchen sie geschaffen worden, zu zerbrechen. Von diesem Augenblick an wird die revolutionäre Klasse konservativ.

Die Bourgeoisie beginnt mit einem Proletariat, das selbst wiederum ein Überbleibsel des Proletariats des Feudalismus ist. In dem Verlauf ihrer historischen Entwicklung entwickelt die Bourgeoisie notwendigerweise ihren antagonistischen Charakter, der sich bei ihrem ersten Auftreten mehr oder minder verhüllt vorfindet, nur im latenten Zustande existiert. In dem Maße, wie die Bourgeoisie sich entwickelt, entwickelt sich in ihrem Schoße ein neues Proletariat, ein modernes Proletariat: Es entwickelt sich ein Kampf zwischen der Proletarierklasse und der Bourgeoisklasse, ein Kampf, der, bevor er auf beiden Seiten empfunden, bemerkt, gewürdigt, begriffen, eingestanden und endlich laut proklamiert wird, sich vorläufig nur in teilweisen und vorübergehenden Konflikten, in Zerstörungswerken äußert. Anderseits, wenn alle Angehörigen der modernen Bourgeoisie das gleiche Interesse haben, insoweit sie eine Klasse gegenüber einer anderen Klasse bilden, so haben sie entgegengesetzte, widerstreitende Interessen, sobald sie selbst einander gegenüberstehen. Dieser Interessengegensatz geht aus den ökonomischen Bedingungen ihres bürgerlichen Lebens hervor. Von Tag zu Tag wird es somit klarer, daß die Produktionsverhältnisse, in denen sich die Bourgeoisie bewegt, nicht einen einheitlichen, einfachen Charakter haben, sondern einen zwieschlächtigen; daß in denselben Verhältnissen, in denen der Reichtum produziert wird, auch das Elend produziert wird; daß in denselben Verhältnissen, in denen die Entwicklung der Produktivkräfte vor sich geht, sich eine Repressionskraft entwickelt; daß diese Verhältnisse den *bürgerlichen Reichtum,* d. h. den Reichtum der Bourgeoisklasse, nur erzeugen unter fortgesetzter Vernichtung des Reichtums einzelner Glieder dieser Klasse und unter Schaffung eines stets wachsenden Proletariats.

[...]

In jeder historischen Epoche hat sich das Eigentum anders und unter ganz verschiedenen gesellschaftlichen Verhältnissen entwickelt. Das bürgerliche Eigentum definieren heißt somit nichts anderes, als alle gesellschaftlichen Verhältnisse der bürgerlichen Produktion darstellen.

Eine Definition des Eigentums als eines unabhängigen Verhältnisses, einer besonderen Kategorie, einer abstrakten und ewigen Idee geben wollen, kann nichts anderes sein als eine Illusion der Metaphysik oder der Jurisprudenz.

[...]

Die Großindustrie bringt eine Menge einander unbekannter Leute an einem Ort zusammen. Die Konkurrenz spaltet sie in ihren Interessen; aber die Aufrechterhaltung des Lohnes, dieses gemeinsame Interesse gegenüber ihrem Meister, vereinigt sie in einem gemeinsamen Gedanken des Widerstandes – *Koalition.* So hat die Koalition stets einen doppelten Zweck, den, die Konkurrenz der Arbeiter unter sich aufzuheben, um dem Kapitalisten eine allgemeine Konkurrenz machen zu können. Wenn der erste Zweck des Widerstandes nur die Aufrechterhaltung der Löhne war, so formieren sich die anfangs isolierten Koalitionen in dem Maß, wie die Kapitalisten ihrerseits sich behufs der Repression vereinigen zu Gruppen, und gegenüber dem stets vereinigten Kapital wird die Aufrechterhaltung der Assoziationen notwendiger für sie als die des Lohnes. Das ist so wahr, daß die englischen Ökonomen ganz erstaunt sind zu sehen, wie die Arbeiter einen großen Teil ihres Lohnes zugunsten von Assoziationen opfern, die in den Augen der Ökonomen nur zugunsten des Lohnes errichtet wurden. In diesem

Kampfe – ein veritabler Bürgerkrieg – vereinigen und entwickeln sich alle Elemente für eine kommende Schlacht. Einmal auf diesem Punkte angelangt, nimmt die Koalition einen politischen Charakter an.

Die ökonomischen Verhältnisse haben zuerst die Masse der Bevölkerung in Arbeiter verwandelt. Die Herrschaft des Kapitals hat für diese Masse eine gemeinsame Situation, gemeinsame Interessen geschaffen. So ist diese Masse bereits eine Klasse gegenüber dem Kapital, aber noch nicht für sich selbst. In dem Kampf, den wir nur in einigen Phasen gekennzeichnet haben, findet sich diese Masse zusammen, konstituiert sie sich als Klasse für sich selbst. Die Interessen, welche sie verteidigt, werden Klasseninteressen. Aber der Kampf von Klasse gegen Klasse ist ein politischer Kampf.

Mit Bezug auf die Bourgeoisie haben wir zwei Phasen zu unterscheiden: die, während derer sie sich unter der Herrschaft des Feudalismus und der absoluten Monarchie als Klasse konstituierte, und die, wo sie, bereits als Klasse konstituiert, die Feudalherrschaft und die Monarchie umstürzte, um die Gesellschaft zu einer Bourgeoisgesellschaft zu gestalten. Die erste dieser Phasen war die längere und erforderte die größeren Anstrengungen. Auch das Bürgertum hatte mit partiellen Koalitionen gegen die Feudalherrn begonnen.

Man hat viel Untersuchungen angestellt, um den verschiedenen historischen Phasen nachzuspüren, welche die Bourgeoisie von der Stadtgemeinde an bis zu ihrer Konstitutierung als Klasse durchlaufen hat.

Aber wenn es sich darum handelt, sich genau Rechenschaft abzulegen über die Strikes, Koalitionen und die anderen Formen, unter welchen die Proletarier vor unseren Augen ihre Organisation als Klasse vollziehen, so werden die einen von einer wirklichen Furcht befallen, während die anderen eine *transzendentale* Geringschätzung an den Tag legen.

Eine unterdrückte Klasse ist die Lebensbedingung jeder auf den Klassengegensatz begründeten Gesellschaft. Die Befreiung der unterdrückten Klasse schließt also notwendigerweise die Schaffung einer neuen Gesellschaft ein. Soll die unterdrückte Klasse sich befreien können, so muß eine Stufe erreicht sein, auf der die bereits erworbenen Produktivkräfte und die geltenden gesellschaftlichen Einrichtungen nicht mehr nebeneinander bestehen können. Von allen Produktionsinstrumenten ist die größte Produktivkraft die revolutionäre Klasse selbst. Die Organisation der revolutionären Elemente als Klasse setzt die fertige Existenz aller Produktivkräfte voraus, die sich überhaupt im Schoß der alten Gesellschaft entfalten konnten.

Heißt dies, daß es nach dem Sturz der alten Gesellschaft eine neue Klassenherrschaft geben wird, die in einer neuen politischen Gewalt gipfelt? Nein.

Die Bedingung der Befreiung der arbeitenden Klasse ist die Abschaffung jeder Klasse, wie die Bedingung der Befreiung des dritten Standes, der bürgerlichen Ordnung, die Abschaffung aller Stände* war.

Die arbeitende Klasse wird im Laufe der Entwicklung an die Stelle der alten bürgerlichen Gesellschaft eine Assoziation setzen, welche die Klassen und ihren Gegensatz ausschließt, und es wird keine eigentliche politische Gewalt mehr geben, weil gerade die politische Gewalt der offizielle Ausdruck des Klassengegensatzes innerhalb der bürgerlichen Gesellschaft ist.

Inzwischen ist der Gegensatz zwischen Proletariat und Bourgeoisie ein Kampf von Klasse gegen Klasse, ein Kampf, der, auf seinen höchsten Ausdruck gebracht, eine totale Revolution bedeutet. Braucht man sich übrigens zu wundern, daß eine auf den Klassen*gegensatz* begründete Gesellschaft auf den brutalen *Widerspruch* hinausläuft, auf den Zusammenstoß Mann gegen Mann als letzte Lösung?

Man sage nicht, daß die gesellschaftliche Bewegung die politische ausschließt. Es gibt keine politische Bewegung, die nicht gleichzeitig auch eine gesellschaftliche wäre.

Nur bei einer Ordnung der Dinge, wo es keine Klassen und keinen Klassengegensatz gibt, werden die *gesellschaftlichen Evolutionen* aufhören, *politische Revolutionen* zu sein.

[...]

---

* Stände hier im historischen Sinn der Stände des Feudalstaats, Stände mit bestimmten und begrenzten Vorrechten. Die Revolution der Bourgeoisie schaffte die Stände samt ihren Vorrechten ab. Die bürgerliche Gesellschaft kennt nur noch *Klassen*. Es war daher durchaus im Widerspruch mit der Geschichte, wenn das Proletariat als »vierter Stand« bezeichnet worden ist. F.E.

FRIEDRICH ENGELS:
DIE KOMMUNISTEN UND KARL HEINZEN (1847)[1]

[...]
Die Kommunisten, weit entfernt, unter den gegenwärtigen Verhältnissen mit den Demokraten nutzlose Streitigkeiten anzufangen, treten vielmehr für den Augenblick in allen praktischen Parteifragen selbst als Demokraten auf. Die Demokratie hat in allen zivilisierten Ländern die politische Herrschaft des Proletariats zur notwendigen Folge, und die politische Herrschaft des Proletariats ist die erste Voraussetzung aller kommunistischen Maßregeln. Solange die Demokratie noch nicht erkämpft ist, solange kämpfen Kommunisten und Demokraten also zusammen, solange sind die Interessen der Demokraten zugleich die der Kommunisten. Bis dahin sind die Differenzen zwischen beiden Parteien rein theoretischer Natur und können theoretisch ganz gut diskutiert werden, ohne daß dadurch die gemeinschaftliche Aktion irgendwie gestört wird. Man wird sich sogar über manche Maßregeln verständigen können, welche sofort nach Erringung der Demokratie im Interesse der bisher unterdrückten Klassen vorzunehmen sind, z. B. Betrieb der großen Industrie, der Eisenbahnen durch den Staat, Erziehung aller Kinder auf Staatskosten etc.
[...]

KARL MARX: DIE MORALISIERENDE KRITIK
UND DIE KRITISCHE MORAL (1847)[2]

[...]
»Die Gewalt beherrscht auch das Eigentum!«
Das Eigentum ist jedenfalls auch eine Art von Gewalt. Die Ökonomen nennen das Kapital z. B. »die Gewalt über fremde Arbeit«.
Zwei Arten von Gewalt haben wir also vor uns, einerseits die Gewalt des Eigentums, d. h. der Eigentümer, andererseits die politische Gewalt, die Staatsmacht. »Die Gewalt beherrscht auch das Eigentum« heißt: das Eigentum hat nicht die politische Gewalt in

---

1 [Text nach: MEW Bd. 4, S. 317.]
2 [Text nach: MEW Bd. 4, S. 337—338, 338, 338—339, 339—340, 340, 340—341, 341—342, 343, 346, 347, 348, 349, 351, 352, 352—353.]

Händen, sondern wird vielmehr von ihr vexiert, z. B. durch willkürliche Steuern, durch Konfiskationen, durch Privilegien, durch störende Einmischung der Bürokratie in Industrie und Handel u. dgl.

In andern Worten: die Bourgeoisie ist noch nicht als Klasse politisch konstituiert. Die Staatsmacht ist noch nicht ihre eigene Macht. In Ländern, wo die Bourgeoisie die politische Gewalt schon erobert hat, und die politische Herrschaft nichts anders ist als die Herrschaft, nicht des einzelnen Bourgeois über seine Arbeiter, sondern der Bourgeoisklasse über die gesamte Gesellschaft, hat der Satz des Herrn Heinzen seinen Sinn verloren. Die Eigentumslosen werden natürlich von der politischen Herrschaft, soweit sie sich unmittelbar auf das Eigentum bezieht, nicht berührt.

Während Herr Heinzen also eine ebenso ewige als originelle Wahrheit auszusprechen wähnte, hat er nur die Tatsache ausgesprochen, daß die deutsche Bourgeoisie die politische Gewalt erobern muß, d. h., er sagt, was Engels sagt, nur bewußtlos, nur in der braven Meinung, das Gegenteil zu sagen. Er spricht nur pathetisch ein vorübergehendes Verhältnis der deutschen Bourgeoisie zur deutschen Staatsmacht als eine ewige Wahrheit aus, und zeigt so, wie man aus einer »Bewegung« einen »festen Kern« macht.

[...]

Die jetzigen *bürgerlichen* Eigentumsverhältnisse werden »aufrechterhalten« durch die Staatsmacht, welche die Bourgeoisie zum Schutz ihrer Eigentumsverhältnisse organisiert hat. Die Proletarier müssen also die politische Gewalt, wo sie schon in den Händen der Bourgeoisie ist, stürzen. Sie müssen selbst zur Gewalt, zunächst zur revolutionären Gewalt werden.

[...]

Wenn übrigens die Bourgeoisie politisch, d. h. durch ihre Staatsmacht »die Ungerechtigkeit in den Eigentumsverhältnissen aufrechterhält«, so *schafft* sie dieselbe nicht. Die durch die moderne Teilung der Arbeit, die moderne Form des Austausches, die Konkurrenz, die Konzentration usw. bedingte »Ungerechtigkeit in den Eigentumsverhältnissen« geht keineswegs aus der politischen Herrschaft der Bourgeoisklasse hervor, sondern umgekehrt, die politische Herrschaft der Bourgeoisklasse geht aus diesen modernen, von den bürgerlichen Ökonomen als notwendige, ewige Gesetze proklamierten Produktionsverhältnissen hervor. Stürzt daher das Proletariat die politische Herrschaft der Bourgeoisie, so wird sein

Sieg nur vorübergehend, nur ein Moment im Dienst der *bürgerlichen Revolution* selbst sein, wie Anno 1794, solang im Lauf der Geschichte, in ihrer »Bewegung«, die materiellen Bedingungen noch nicht geschaffen sind, die die Abschaffung der bürgerlichen Produktionsweise und darum auch den definitiven Sturz der politischen Bourgeoisherrschaft notwendig machen. Die Schreckensherrschaft mußte daher in Frankreich nur dazu dienen, durch ihre gewaltigen Hammerschläge die feudalen Ruinen wie vom französischen Boden wegzuzaubern. Die ängstlich-rücksichtsvolle Bourgeoisie wäre in Dezennien nicht mit dieser Arbeit fertig geworden. Die blutige Aktion des Volkes bereitete ihr also nur die Wege. Ebenso würde der Sturz der absoluten Monarchie bloß momentan sein, wären die ökonomischen Bedingungen zur Herrschaft der Bourgeoisklasse noch nicht zur Reife gediehen. Die Menschen bauen sich eine neue Welt, nicht aus den »Erdengütern«, wie der grobianische Aberglauben wähnt, sondern aus den geschichtlichen Errungenschaften ihrer untergehenden Welt. Sie müssen im Lauf ihrer Entwicklung die *materiellen Bedingungen* einer neuen Gesellschaft selber erst *produzieren*, und keine Kraftanstrengung der Gesinnung oder des Willens kann sie von diesem Schicksal befreien.

[...]

Indem Herr Heinzen z. B. sagt, daß *Geld* und *Gewalt*, *Eigentum* und *Herrschaft*, *Gelderwerb* und *Gewalterwerb* nicht *dasselbe* seien, spricht er eine *Tautologie* aus, die schon in den bloßen Worten liegt, und diese bloße Wortunterscheidung gilt ihm als eine Heldentat, die mit dem ganzen Bewußtsein des *Hellsehers* den Kommunisten gegenüber geltend gemacht wird, die so »blind« sind, nicht bei dieser kindlichen ersten Wahrnehmung stehenzubleiben.

Wie der »Gelderwerb« zum »Gewalterwerb«, wie das »Eigentum« zur »politischen Herrschaft« umschlägt, also statt des festen Unterschiedes, den Herr Heinzen als *Dogma* sanktioniert, vielmehr Beziehungen beider Gewalten bis zur Vereinigung derselben stattfinden, davon kann er sich rasch überzeugen, wenn er sieht, wie die Leibeignen ihre Freiheit *erkauften*, wie die Kommunen sich ihre Munizipalrechte *erkauften*, wie die Bürger durch Handel und Industrie einerseits den Feudalherrn das Geld aus der Tasche lockten, und ihr Grundeigentum in Wechsel verflüchtigten, andrerseits der absoluten Monarchie über die so unterminierten großen Feudalen zum Sieg verhalfen und ihr Privilegien *abkauften*; wie sie später die Finanzkrisen der absoluten Monarchie selbst exploitierten, etc.

etc.; wie die absolutesten Monarchien durch das Staatsschuldensystem – ein Produkt der modernen Industrie und des modernen Handels – von den Börsenbaronen abhängig werden; wie in den internationalen Beziehungen der Völker das industrielle Monopol unmittelbar in politische Herrschaft umschlägt, so z. B. die Fürsten der heiligen Allianz in dem »deutschen Befreiungskrieg« nur die besoldeten Landsknechte von England waren usw., usw.

[...]

Die *politischen* Beziehungen der Menschen sind natürlich auch *soziale, gesellschaftliche* Beziehungen, wie alle Verhältnisse, worin sich Menschen zu Menschen befinden. Alle Fragen, die sich auf Verhältnisse der Menschen zueinander beziehen, sind daher auch soziale Fragen.

[...]

Es findet sich zufällig, daß die »sozialen Fragen«, die man »in *unserer* Zeit abgehandelt« hat, in dem Maße an Wichtigkeit zunehmen, als wir aus dem Bereich der absoluten Monarchie heraustreten. Der Sozialismus und Kommunismus ging nicht von Deutschland aus, sondern von England, Frankreich und Nordamerika.

Die erste Erscheinung einer wirklich agierenden kommunistischen Partei findet sich innerhalb der bürgerlichen Revolution, in dem Augenblicke, wo die konstitutionelle Monarchie beseitigt ist. Die konsequentesten *Republikaner,* in England die *Niveller,* in Frankreich *Babeuf, Buonarroti* usw., sind die ersten, die diese »sozialen Fragen« proklamiert haben. Die »Verschwörung des Babeuf«, von seinem Freunde und Parteigenossen Buonarroti geschrieben, zeigt, wie diese Republikaner aus der geschichtlichen »Bewegung« die Einsicht schöpften, daß mit Beseitigung der sozialen Frage von *Fürstentum* und *Republik* auch noch keine einzige »soziale Frage« im Sinne des Proletariats gelöst sei.

[...]

In der englischen sowohl wie in der französischen Revolution stellte sich die Eigentumsfrage so dar, daß es sich um die Geltendmachung der freien Konkurrenz handelte und die Abschaffung aller feudalen Eigentumsverhältnisse, wie Gutsherrlichkeit, Zünfte, Monopole usw., die für die vom 16. bis zum 18. Jahrhundert entwickelte Industrie sich in Fesseln verwandelt hatten.

In »*unserer* Zeit« endlich hat die Eigentumsfrage den Sinn, daß es sich um die Aufhebung der Kollisionen handelt, die aus der großen Industrie, der Entwicklung des Weltmarkts und der freien Konkurrenz hervorgegangen sind.

Die Eigentumsfrage, je nach der verschiedenen Entwicklungsstufe der Industrie, war immer die Lebensfrage einer bestimmten Klasse. Im 17. und 18. Jahrhundert, wo es sich um die Abschaffung der *feudalen* Eigentumsverhältnisse handelte, war die Eigentumsfrage die Lebensfrage der *bürgerlichen* Klasse. Im 19. Jahrhundert, wo es sich darum handelt, die *bürgerlichen* Eigentumsverhältnisse abzuschaffen, ist die Eigentumsfrage eine Lebensfrage der *Arbeiterklasse*.

Die Eigentumsfrage, die in »unserer Zeit« weltgeschichtliche Frage ist, hat also nur in der *modernen bürgerlichen Gesellschaft* einen Sinn. Je entwickelter diese Gesellschaft ist, je mehr die Bourgeoisie sich also in einem Land ökonomisch entwickelt und darum auch die Staatsmacht einen bürgerlichen Ausdruck angenommen hat, desto greller tritt die *soziale* Frage hervor, in Frankreich greller als in Deutschland, in England greller als in Frankreich, in der konstitutionellen Monarchie greller als in der absoluten, in der Republik greller als in der konstitutionellen Monarchie. So z. B. sind die Kollisionen des Kreditwesens, der Spekulation usw. nirgends akuter als in Nordamerika. Nirgends tritt auch die *soziale* Ungleichheit schroffer hervor als in den Oststaaten von Nordamerika, weil sie nirgends weniger von der politischen Ungleichheit übertüncht ist. Wenn der Pauperismus sich hier noch nicht so weit entwickelt hat, wie in England, so ist das durch ökonomische Verhältnisse begründet, die hier nicht weiter auseinanderzusetzen sind. Indessen macht der Pauperismus die erfreulichsten Fortschritte.

[. . .]

Da also gerade in der modernen bürgerlichen Gesellschaft mit ihren entsprechenden Staatsformen des konstitutionellen oder des republikanischen Repräsentativstaats »die Eigentumsfrage« zur wichtigsten »sozialen Frage« geworden ist, so ist es durchaus das bornierte Bedürfnis des *deutschen* Bürgermanns, das dazwischen ruft: die Frage der *Monarchie* sei die wichtigste »*soziale* Frage der Zeit«. Ganz in ähnlicher Weise spricht Dr. *List* in der Vorrede zur »Nationalökonomie« seinen naivsten Ärger darüber aus, daß man den *Pauperismus* und nicht die Schutzzölle für die wichtigste soziale Frage unserer Zeit »versehen«.

[. . .]

Die moderne Geschichtsschreibung hat nachgewiesen, wie die

absolute Monarchie in den Übergangsperioden erscheint, wo die alten Feudalstände untergehen und der mittelalterliche Bürgerstand zur modernen Bourgeoisklasse sich heranbildet, ohne daß noch eine der streitenden Parteien mit der andern fertig geworden wäre. Die Elemente, auf denen sich die absolute Monarchie aufbaut, sind also keineswegs ihr Produkt; sie bilden vielmehr ihre soziale Voraussetzung, deren geschichtliche Entstehung zu bekannt ist, um sie hier zu wiederholen. Daß in Deutschland die absolute Monarchie sich später ausbildete, länger währt, erklärt sich nur aus dem verkrüppelten Entwicklungsgang der deutschen Bürgerklasse. Die Rätsel dieses Entwicklungsgangs findet man gelöst in der Geschichte des Handels und der Industrie.

Der Untergang der spießbürgerlichen deutschen freien Städte, die Vernichtung des Ritterstandes, die Niederlage der Bauern – die daraus hervorgehende Landeshoheit der Fürsten – der Verfall der deutschen Industrie und des deutschen Handels, die ganz auf mittelalterlichen Zuständen beruhten, in demselben Augenblick, wo der moderne Weltmarkt sich eröffnet und die große Manufaktur aufkömmt – die Entvölkerung und der barbarische Zustand, den der 30jährige Krieg zurückgelassen hatte – der Charakter der wieder sich erhebenden nationalen Industriezweige, wie der kleinen Leinenindustrie, welchen patriarchalische Zustände und Verhältnisse entsprechen –, der Charakter der Ausfuhrartikel, die größtenteils der Agrikultur angehörten, und darum fast nur die materiellen Lebensquellen des Landadels und darum seine relative Macht den Bürgern gegenüber vermehrten –, die gedrückte Stellung Deutschlands auf dem Weltmarkt im allgemeinen, wodurch die den Fürsten von Fremden gezahlten Subsidien eine Hauptquelle des Nationaleinkommens wurden, die daher erfolgende Abhängigkeit der Bürger vom Hof – usw., usw., alle diese Verhältnisse, worin sich die Gestalt der deutschen Gesellschaft und eine ihr entsprechende politische Organisation ausbildeten, verwandeln sich dem Grobianismus des gesunden Menschenverstandes in einige Kernsprüche, deren Kern aber darin besteht, daß das »deutsche Fürstentum« die »deutsche Gesellschaft« gemacht hat und täglich von neuem »macht«.

[...]

Die gewaltsam reaktionäre Rolle, in der das Fürstentum auftritt, beweist nur, daß in den Poren der alten Gesellschaft eine neue Gesellschaft sich herangebildet hat, welche auch die politische Hülse – die naturgemäße Decke der alten Gesellschaft – als eine naturwidrige Fessel empfinden und in die Luft sprengen muß. Je unentwickelter diese neuen auflösenden Gesellschaftselemente, desto konservativer erscheint selbst die heftigste Reaktion der alten politischen Gewalt. Je entwickelter die neuen auflösenden Gesellschaftselemente, desto reaktionärer erscheint selbst der harmloseste Konservationsversuch der alten politischen Gewalt. Die Reaktion des Fürstentums, statt zu beweisen, daß es die alte Gesellschaft macht, beweist vielmehr, daß es abgemacht ist, sobald die materiellen Bedingungen der alten Gesellschaft sich überlebt haben. Seine Reaktion ist zugleich die Reaktion der alten Gesellschaft, die noch die *offizielle* Gesellschaft, und darum auch noch im *offiziellen Besitz* der Gewalt oder im Besitz der *offiziellen Gewalt* ist.

Haben sich die materiellen Lebensbedingungen der Gesellschaft so weit entwickelt, daß die Umwandlung ihrer offiziellen politischen Gestalt eine Lebensnotwendigkeit für sie geworden ist, so verwandelt sich die ganze Physiognomie der alten politischen Gewalt. So versucht die absolute Monarchie nun, statt zu zentralisieren, worin ihre eigentliche zivilisierende Tätigkeit bestand, zu *dezentralisieren*. Aus der Niederlage der feudalen Stände hervorgegangen, und selbst den tätigsten Anteil an ihrer Zerstörung nehmend, sucht sie jetzt wenigstens den *Schein* der feudalen Unterschiede festzuhalten. Den Handel und die Industrie und gleichzeitig damit das Aufkommen der Bürgerklasse früher begünstigend als notwendige Bedingungen sowohl der nationalen Macht als des eignen Glanzes, tritt die absolute Monarchie jetzt dem Handel und der Industrie, die immer gefährlichere Waffen in den Händen einer schon mächtigen Bourgeoisie geworden sind, überall in den Weg. Von der *Stadt,* der Geburtsstätte ihrer Erhebung, wirft sie den ängstlichen und stumpf gewordenen Blick auf das *Land,* das mit den Leichen ihrer alten, reckenhaften Gegner gedüngt ist.

[...]

Die Monarchie, wie jede andre Staatsform, belastet nach der materiellen Seite hin die arbeitende Klasse direkt nur in der Form von *Steuern*. Die Steuern sind das Dasein des Staats, ökonomisch ausgedrückt. Beamten und Pfaffen, Soldaten und Ballettänzerinnen, Schulmeister und Polizeischergen, griechische Museen und gotische Türme, Zivilliste und Rangliste – der gemeinschaftliche Samen, worin alle diese fabelhaften Existenzen embryonisch schlummern,

sind die – *Steuern*.
[...]
Das ökonomische Dasein des Staats sind die *Steuern*.
Das ökonomische Dasein des Arbeiters ist der *Arbeitslohn*.
Zu bestimmen: Das *Verhältnis* zwischen Steuern und Arbeitslohn.

Der durchschnittliche Arbeitslohn wird durch die *Konkurrenz* notwendig auf das Minimum reduziert, d. h. auf einen Lohn, der den Arbeitern erlaubt, ihre Existenz und die Existenz ihrer race notdürftig zu fristen. Die Steuern bilden einen Teil dieses Minimums, denn der politische Beruf der Arbeiter besteht eben darin, Steuern zu zahlen. Würden sämtliche Steuern, die auf der Arbeiterklasse ruhen, radikal abgeschafft, so wäre die notwendige Folge, daß der Arbeitslohn um den ganzen Steuerbetrag, der heutzutage in ihn eingeht, vermindert würde. Entweder würde dadurch der *Profit* der Arbeitgeber unmittelbar in demselben Maß steigen, oder es hätte nur eine Veränderung in der *Form* der Steuererhebung stattgefunden. Statt daß der Kapitalist im Arbeitslohn heute zugleich die Steuern vorschießt, die der Arbeiter zahlen muß, würde er sie nicht mehr auf diesem Umweg, sondern direkt an den Staat zahlen.
[...]
Für die Bourgeoisie ist dagegen sowohl die Art der Steuerverteilung und Erhebung, als die Verwendung der Steuern eine Lebensfrage, sowohl wegen ihres Einflusses auf Handel und Industrie, als weil die Steuern das goldene Band sind, womit man die absolute Monarchie erdrosselt.
[...]
Deutschland hat, wie ich dies schon in den »Deutsch-Französischen Jahrbüchern« auseinandergesetzt habe, ein eigenes christlichgermanisches Pech. Seine Bourgeoisie hat sich so sehr verspätet, daß sie in dem Augenblick ihren Kampf mit der absoluten Monarchie beginnt und ihre politische Macht zu begründen sucht, wo in allen entwickelten Ländern die Bourgeoisie schon im heftigsten Kampf mit der Arbeiterklasse begriffen ist und wo ihre politischen Illusionen bereits im europäischen Bewußtsein überlebt sind. In diesem Land, wo die politische Misère der absoluten Monarchie noch besteht mit einem ganzen Anhang verkommener halbfeudaler Stände und Verhältnisse, existieren anderseits partiell auch schon infolge der industriellen Entwicklung und Deutschlands Abhängig-

keit vom Weltmarkt die modernen Gegensätze zwischen Bourgeoisie und Arbeiterklasse und der daraus hervorgehende Kampf – Beispiele die Arbeiteraufstände in Schlesien und Böhmen. Die deutsche Bourgeoisie befindet sich also schon im Gegensatz zum Proletariat, ehe sie noch als Klasse sich politisch konstituiert hat. Der Kampf zwischen den »Untertanen« ist ausgebrochen, ehe noch Fürsten und Adel zum Land hinausgejagt sind, allen Hambacher Liedern zum Trotz.

[...]

Die deutschen Arbeiter unterdessen wissen sehr wohl, daß die *absolute Monarchie* keinen Augenblick schwankt oder schwanken kann, sie im *Dienst der Bourgeoisie* mit Kanonenkugeln und Peitschenhieben zu begrüßen. Warum sollten sie also die brutale Plackerei der absoluten Regierung mit ihrem halbfeudalen Gefolg der *direkten Bourgeoisherrschaft* vorziehen? Die Arbeiter wissen sehr wohl, daß die Bourgeoisie nicht nur politisch ihnen breitere Konzessionen machen muß als die absolute Monarchie, sondern daß sie im Dienst ihres Handels und ihrer Industrie wider ihren Willen die Bedingungen zur Vereinigung der Arbeiterklasse hervorruft, und die Vereinigung der Arbeiter ist das erste Erfordernis ihres Siegs. Die Arbeiter wissen, daß die Abschaffung der *bürgerlichen* Eigentumsverhältnisse nicht herbeigeführt wird durch Erhaltung der *feudalen*. Sie wissen, daß durch die revolutionäre Bewegung der Bourgeoisie gegen die feudalen Stände und die absolute Monarchie ihre eigne revolutionäre Bewegung nur beschleunigt werden kann. Sie wissen, daß ihr eigner Kampf mit der Bourgeoisie erst anbrechen kann an dem Tag, wo die Bourgeoisie gesiegt hat. Trotz alledem teilen sie die bürgerlichen Illusionen des Herrn Heinzen nicht. Sie können und müssen die *bürgerliche Revolution* als eine Bedingung der *Arbeiterrevolution* mitnehmen. Sie können sie aber keinen Augenblick als ihren *Endzweck* betrachten.

[...]

Ebensowenig wie Herr Heinzen die Arbeiter versteht, ebensowenig versteht er die *bürgerlichen Liberalen,* sosehr er bewußtlos in ihrem Dienst arbeitet. Er glaubt, es sei nötig, ihnen gegenüber die alten Redensarten gegen »deutsche Gemütlichkeit und Demut« zu wiederholen. Er, der Biedermann, nimmt im vollen Ernst, was ein Camphausen oder Hansemann an servilen Redensarten debitierte. Die Herren Bourgeois würden lächeln über diese Naivität. Sie wissen besser, wo sie der Schuh drückt. Sie wissen, daß der

Pöbel in Revolutionen frech wird und zugreift. Die Herren Bourgeois suchen daher soviel als möglich ohne Revolution auf gütlichem Wege das *absolute* Königtum in *bürgerliches* zu verwandeln.

Aber das absolute Königtum in Preußen, wie früher in England und Frankreich, läßt sich nicht gütlich in bürgerliches verwandeln. Es dankt nicht gütlich ab. Außer durch persönliche Vorurteile sind den Fürsten die Hände gebunden durch eine ganze Zivil-, Militär- und Pfaffenbürokratie – Bestandteile der absoluten Monarchie, die ihre herrschende Stellung keineswegs mit einer dienenden gegen die Bourgeoisie vertauschen wollen. Andrerseits halten die feudalen Stände zurück, bei denen es sich um Sein oder Nichtsein, d. h. um Eigentum oder Expropriation handelt. Es ist klar, daß der absolute Monarch trotz aller servilen Huldigungen der Bourgeoisie sein wahres Interesse auf seiten dieser Stände erblickt.

[...]

FRIEDRICH ENGELS: GRUNDSÄTZE DES KOMMUNISMUS (1847) [1]

[...]

16. F[rage]: Wird die Aufhebung des Privateigentums auf friedlichem Wege möglich sein?

A[ntwort]: Es wäre zu wünschen, daß dies geschehen könnte, und die Kommunisten wären gewiß die letzten, die sich dagegen auflehnen würden. Die Kommunisten wissen zu gut, daß alle Verschwörungen nicht nur nutzlos, sondern sogar schädlich sind. Sie wissen zu gut, daß Revolutionen nicht absichtlich und willkürlich gemacht werden, sondern daß sie überall und zu jeder Zeit die notwendige Folge von Umständen waren, welche von dem Willen und der Leitung einzelner Parteien und ganzer Klassen durchaus unabhängig sind. Sie sehen aber auch, daß die Entwicklung des Proletariats in fast allen zivilisierten Ländern gewaltsam unterdrückt und daß hierdurch von den Gegnern der Kommunisten auf eine Revolution mit aller Macht hingearbeitet wird. Wird hierdurch das unterdrückte Proletariat zuletzt in eine Revolution hineingejagt, so werden wir Kommunisten dann ebensogut mit der Tat wie jetzt mit dem Wort die Sache der Proletarier verteidigen.

---

1 [Text nach: MEW Bd. 4, S. 372—375.]

17. F[rage]: Wird die Abschaffung des Privateigentums mit Einem Schlage möglich sein?

A[ntwort]: Nein, ebensowenig wie sich mit *einem* Schlage die schon bestehenden Produktivkräfte so weit werden vervielfältigen lassen, als zur Herstellung der Gemeinschaft nötig ist. Die aller Wahrscheinlichkeit nach eintretende Revolution des Proletariats wird also nur allmählich die jetzige Gesellschaft umgestalten und erst dann das Privateigentum abschaffen können, wenn die dazu nötige Masse von Produktionsmitteln geschaffen ist.

18. F[rage]: Welchen Entwicklungsgang wird diese Revolution nehmen?

A[ntwort]: Sie wird vor allen Dingen eine *demokratische Staatsverfassung* und damit direkt oder indirekt die politische Herrschaft des Proletariats herstellen. Direkt in England, wo die Proletarier schon die Majorität des Volks ausmachen. Indirekt in Frankreich und Deutschland, wo die Majorität des Volkes nicht nur aus Proletariern, sondern auch aus kleinen Bauern und Bürgern besteht, welche eben erst im Übergang ins Proletariat begriffen sind und in allen ihren politischen Interessen mehr und mehr vom Proletariat abhängig werden und sich daher bald den Forderungen des Proletariats fügen müssen. Dies wird vielleicht einen zweiten Kampf kosten, der aber nur mit dem Siege des Proletariats endigen kann.

Die Demokratie würde dem Proletariat ganz nutzlos sein, wenn sie nicht sofort als Mittel zur Durchsetzung weiterer, direkt das Privateigentum angreifender und die Existenz des Proletariats sicherstellender Maßregeln benutzt würde. Die hauptsächlichsten dieser Maßregeln, wie sie sich schon jetzt als notwendige Folgen der bestehenden Verhältnisse ergeben, sind folgende:

1. Beschränkung des Privateigentums durch Progressivsteuern, starke Erbschaftssteuern, Abschaffung der Erbschaft der Seitenlinien (Bruder, Neffen etc.), Zwangsanleihen pp.

2. Allmähliche Expropriation der Grundeigentümer, Fabrikanten, Eisenbahnbesitzer und Schiffsreeder, teils durch Konkurrenz der Staatsindustrie, teils direkt gegen Entschädigung in Assignaten.

3. Konfiskation der Güter aller Emigranten und Rebellen gegen die Majorität des Volks.

4. Organisation der Arbeit oder Beschäftigung der Proletarier

auf den Nationalgütern, Fabriken und Werkstätten, wodurch die Konkurrenz der Arbeiter unter sich beseitigt und die Fabrikanten, solange sie noch bestehen, genötigt werden, denselben erhöhten Lohn zu zahlen wie der Staat.

5. Gleicher Arbeitszwang für alle Mitglieder der Gesellschaft bis zur vollständigen Aufhebung des Privateigentums. Bildung industrieller Armeen, besonders für die Agrikultur.

6. Zentralisierung des Kreditsystems und Geldhandels in den Händen des Staats durch eine Nationalbank mit Staatskapital und Unterdrückung aller Privatbanken und Bankiers.

7. Vermehrung der Nationalfabriken, Werkstätten, Eisenbahnen und Schiffe, Urbarmachung aller Ländereien und Verbesserung der schon urbar gemachten, in demselben Verhältnis, in welchem sich die der Nation zur Verfügung stehenden Kapitalien und Arbeiter vermehren.

8. Erziehung sämtlicher Kinder, von dem Augenblicke an, wo sie der ersten mütterlichen Pflege entbehren können, in Nationalanstalten und auf Nationalkosten. Erziehung und Fabrikation zusammen.

9. Errichtung großer Paläste auf den Nationalgütern als gemeinschaftliche Wohnungen für Gemeinden von Staatsbürgern, welche sowohl Industrie wie Ackerbau treiben und die Vorteile sowohl des städtischen wie des Landlebens in sich vereinigen, ohne die Einseitigkeiten und Nachteile beider Lebensweisen zu teilen.

10. Zerstörung aller ungesunden und schlecht gebauten Wohnungen und Stadtviertel.

11. Gleiches Erbrecht für uneheliche wie für eheliche Kinder.

12. Konzentration alles Transportwesens in den Händen der Nation.

Alle diese Maßregeln können natürlich nicht mit einem Male durchgeführt werden. Aber die eine wird immer die andre nach sich ziehen. Ist einmal der erste radikale Angriff gegen das Privateigentum geschehen, so wird das Proletariat sich gezwungen sehen, immer weiter zu gehen, immer mehr alles Kapital, allen Ackerbau, alle Industrie, allen Transport, allen Austausch in den Händen des Staates zu konzentrieren. Dahin arbeiten alle diese Maßregeln; und sie werden genau in demselben Verhältnis ausführbar werden und ihre zentralisierenden Konsequenzen entwickeln, in welchem die Produktivkräfte des Landes durch die Arbeit des Proletariats vervielfältigt werden. Endlich, wenn alles Kapital, alle Produktion und aller Austausch in den Händen der Nation zusammengedrängt sind, ist das Privateigentum von selbst weggefallen, das Geld überflüssig geworden und die Produktion so weit vermehrt und die Menschen so weit verändert, daß auch die letzten Verkehrsformen der alten Gesellschaft fallen können.

19. F[rage]: Wird diese Revolution in einem einzigen Land allein vor sich gehen können?

A[ntwort]: Nein. Die große Industrie hat schon dadurch, daß sie den Weltmarkt geschaffen hat, alle Völker der Erde, und namentlich die zivilisierten, in eine solche Verbindung miteinander gebracht, daß jedes einzelne Volk davon abhängig ist, was bei einem andern geschieht. Sie hat ferner in allen zivilisierten Ländern die gesellschaftliche Entwicklung so weit gleichgemacht, daß in allen diesen Ländern Bourgeoisie und Proletariat die beiden entscheidenden Klassen der Gesellschaft, der Kampf zwischen beiden der Hauptkampf des Tages geworden. Die kommunistische Revolution wird daher keine bloß nationale, sie wird eine in allen zivilisierten Ländern, d. h. wenigstens in England, Amerika, Frankreich und Deutschland gleichzeitig vor sich gehende Revolution sein. Sie wird sich in jedem dieser Länder rascher oder langsamer entwickeln, je nachdem das eine oder das andre Land eine ausgebildetere Industrie, einen größeren Reichtum, eine bedeutendere Masse von Produktivkräften besitzt. Sie wird daher in Deutschland am langsamsten und schwierigsten, in England am raschesten und leichtesten durchzuführen sein. Sie wird auf die übrigen Länder der Welt ebenfalls eine bedeutende Rückwirkung ausüben und ihre bisherige Entwicklungsweise gänzlich verändern und sehr beschleunigen. Sie ist eine universelle Revolution und wird daher auch ein universelles Terrain haben.
[...]

FRIEDRICH ENGELS. DER SCHWEIZER BÜRGERKRIEG (1847)[1]

[...]
Schon die Bourgeoisie arbeitet durch ihre Industrie, ihren Handel, ihre politischen Institutionen darauf hin, überall die kleinen,

---

1 [Text nach: MEW Bd. 4, S. 396—397.]

abgeschlossenen, nur für sich lebenden Lokalitäten aus ihrer Vereinzelung herauszureißen, sie miteinander in Verbindung zu bringen, ihre Interessen miteinander zu verschmelzen, ihren lokalen Gesichtskreis zu erweitern, ihre lokalen Gebräuche, Trachten und Anschauungsweisen zu vernichten und aus den vielen bisher voneinander unabhängigen Lokalitäten und Provinzen eine große Nation mit gemeinsamen Interessen, Sitten und Anschauungen zu bilden. Schon die Bourgeoisie zentralisiert bedeutend. Das Proletariat, weit entfernt davon, hierdurch benachteiligt zu sein, wird vielmehr erst durch diese Zentralisation in den Stand gesetzt, sich zu vereinigen, sich als Klasse zu fühlen, sich in der Demokratie eine angemessene politische Anschauungsweise anzueignen und endlich die Bourgeoisie zu besiegen. Das demokratische Proletariat hat nicht nur die Zentralisation, wie sie durch die Bourgeoisie begonnen ist, nötig, sondern es wird sie sogar noch viel weiter durchführen müssen. Während der kurzen Zeit, in der das Proletariat in der französischen Revolution am Staatsruder saß, während der Herrschaft der Bergpartei, hat es die Zentralisation mit allen Mitteln, mit Kartätschen und der Guillotine durchgesetzt. Das demokratische Proletariat, wenn es jetzt wieder zur Herrschaft kommt, wird nicht nur jedes Land für sich, sondern sogar alle zivilisierten Länder zusammen so bald wie möglich zentralisieren müssen.
[...]

KARL MARX / FRIEDRICH ENGELS:
MANIFEST DER KOMMUNISTISCHEN PARTEI (1847/48) [1]

[...]
Die Geschichte aller bisherigen Gesellschaft * ist die Geschichte von Klassenkämpfen.

Freier und Sklave, Patrizier und Plebejer, Baron und Leibeigener, Zunftbürger und Gesell, kurz, Unterdrücker und Unterdrückte

---

* Das heißt, genau gesprochen, die schriftlich überlieferte Geschichte. 1847 war die Vorgeschichte der Gesellschaft, die gesellschaftliche Organisation, die aller niedergeschriebenen Geschichte vorausging, noch so gut wie unbekannt. Seitdem hat Haxthausen das Gemeineigentum am Boden in Rußland entdeckt, Maurer hat es nachgewiesen als die gesellschaftliche Grundlage,

---

[1] [Text nach: MEW Bd. 4, S. 462—465, 466—467, 472—474.]

standen in stetem Gegensatz zueinander, führten einen ununterbrochenen, bald versteckten, bald offenen Kampf, einen Kampf, der jedesmal mit einer revolutionären Umgestaltung der ganzen Gesellschaft endete oder mit dem gemeinsamen Untergang der kämpfenden Klassen.

In den früheren Epochen der Geschichte finden wir fast überall eine vollständige Gliederung der Gesellschaft in verschiedene Stände, eine mannigfaltige Abstufung der gesellschaftlichen Stellungen. Im alten Rom haben wir Patrizier, Ritter, Plebejer, Sklaven; im Mittelalter Feudalherren, Vasallen, Zunftbürger, Gesellen, Leibeigene, und noch dazu in fast jeder dieser Klassen wieder besondere Abstufungen.

Die aus dem Untergang der feudalen Gesellschaft hervorgegangene moderne bürgerliche Gesellschaft hat die Klassengegensätze nicht aufgehoben. Sie hat nur neue Klassen, neue Bedingungen der Unterdrückung, neue Gestaltungen des Kampfes an die Stelle der alten gesetzt.

Unsere Epoche, die Epoche der Bourgeoisie, zeichnet sich jedoch dadurch aus, daß sie die Klassengegensätze vereinfacht hat. Die ganze Gesellschaft spaltet sich mehr und mehr in zwei große feindliche Lager, in zwei große, einander direkt gegenüberstehende Klassen: Bourgeoisie und Proletariat.

Aus den Leibeigenen des Mittelalters gingen die Pfahlbürger der ersten Städte hervor; aus dieser Pfahlbürgerschaft entwickelten sich die ersten Elemente der Bourgeoisie.

Die Entdeckung Amerikas, die Umschiffung Afrikas schufen der aufkommenden Bourgeoisie ein neues Terrain. Der ostindische und chinesische Markt, die Kolonisierung von Amerika, der Austausch mit den Kolonien, die Vermehrung der Tauschmittel und

---

wovon alle deutschen Stämme geschichtlich ausgingen, und allmählich fand man, daß Dorfgemeinden mit gemeinsamem Bodenbesitz die Urform der Gesellschaft waren von Indien bis Irland. Schließlich wurde die innere Organisation dieser ursprünglichen kommunistischen Gesellschaft in ihrer typischen Form bloßgelegt durch Morgans krönende Entdeckung der wahren Natur der Gens und ihrer Stellung im Stamm. Mit der Auflösung dieser ursprünglichen Gemeinwesen beginnt die Spaltung der Gesellschaft in besondre und schließlich einander entgegengesetzte Klassen. *[Anmerkung von Engels zur englischen Ausgabe von 1888 und zur deutschen Ausgabe von 1890.]* Ich habe versucht, diesen Auflösungsprozeß in »Der Ursprung der Familie, des Privateigenthums und des Staats« zu verfolgen; zweite Auflage, Stuttgart 1886. *[Anmerkung von Engels zur englischen Ausgabe von 1888.]*

der Waren überhaupt gaben dem Handel, der Schiffahrt, der Industrie einen nie gekannten Aufschwung und damit dem revolutionären Element in der zerfallenden feudalen Gesellschaft eine rasche Entwicklung.

Die bisherige feudale oder zünftige Betriebsweise der Industrie reichte nicht mehr aus für den mit neuen Märkten anwachsenden Bedarf. Die Manufaktur trat an ihre Stelle. Die Zunftmeister wurden verdrängt durch den industriellen Mittelstand; die Teilung der Arbeit zwischen den verschiedenen Korporationen verschwand vor der Teilung der Arbeit in der einzelnen Werkstatt selbst.

Aber immer wuchsen die Märkte, immer stieg der Bedarf. Auch die Manufaktur reichte nicht mehr aus. Da revolutionierte der Dampf und die Maschinerie die industrielle Produktion. An die Stelle der Manufaktur trat die moderne große Industrie, an die Stelle des industriellen Mittelstandes traten die industriellen Millionäre, die Chefs ganzer industrieller Armeen, die modernen Bourgeois.

Die große Industrie hat den Weltmarkt hergestellt, den die Entdeckung Amerikas vorbereitete. Der Weltmarkt hat dem Handel, der Schiffahrt, den Landkommunikationen eine unermeßliche Entwicklung gegeben. Diese hat wieder auf die Ausdehnung der Industrie zurückgewirkt, und in demselben Maße, worin Industrie, Handel, Schiffahrt, Eisenbahnen sich ausdehnten, in demselben Maße entwickelte sich die Bourgeoisie, vermehrte sie ihre Kapitalien, drängte sie alle vom Mittelalter her überlieferten Klassen in den Hintergrund.

Wir sehen also, wie die moderne Bourgeoisie selbst das Produkt eines langen Entwicklungsganges, einer Reihe von Umwälzungen in der Produktions- und Verkehrsweise ist.

Jede dieser Entwicklungsstufen der Bourgeoisie war begleitet von einem entsprechenden politischen Fortschritt. Unterdrückter Stand unter der Herrschaft der Feudalherren, bewaffnete und sich selbst verwaltende Assoziation in der Kommune *, hier unabhängige städtische Republik, dort dritter steuerpflichtiger Stand der Monarchie, dann zur Zeit der Manufaktur Gegengewicht gegen

---

* »Kommune« nannten sich die in Frankreich entstehenden Städte, sogar bevor sie ihren feudalen Herrn und Meistern lokale Selbstverwaltung und politische Rechte als »Dritter Stand« abzuringen vermochten. Allgemein gesprochen haben wir hier als typisches Land für die ökonomische Entwicklung

den Adel in der ständischen oder in der absoluten Monarchie, Hauptgrundlage der großen Monarchien überhaupt, erkämpfte sie sich endlich seit der Herstellung der großen Industrie und des Weltmarktes im modernen Repräsentativstaat die ausschließliche politische Herrschaft. Die moderne Staatsgewalt ist nur ein Ausschuß, der die gemeinschaftlichen Geschäfte der ganzen Bourgeoisklasse verwaltet.

Die Bourgeoisie hat in der Geschichte eine höchst revolutionäre Rolle gespielt.

Die Bourgeoisie, wo sie zur Herrschaft gekommen, hat alle feudalen, patriarchalischen, idyllischen Verhältnisse zerstört. Sie hat die buntscheckigen Feudalbande, die den Menschen an seinen natürlichen Vorgesetzten knüpften, unbarmherzig zerrissen und kein anderes Band zwischen Mensch und Mensch übriggelassen als das nackte Interesse, als die gefühllose »bare Zahlung«. Sie hat die heiligen Schauer der frommen Schwärmerei, der ritterlichen Begeisterung, der spießbürgerlichen Wehmut in dem eiskalten Wasser egoistischer Berechnung ertränkt. Sie hat die persönliche Würde in den Tauschwert aufgelöst und an die Stelle der zahllosen verbrieften und wohlerworbenen Freiheiten die *eine* gewissenlose Handelsfreiheit gesetzt. Sie hat, mit einem Wort, an die Stelle der mit religiösen und politischen Illusionen verhüllten Ausbeutung die offene, unverschämte, direkte, dürre Ausbeutung gesetzt.

[...]

Die Bourgeoisie hat das Land der Herrschaft der Stadt unterworfen. Sie hat enorme Städte geschaffen, sie hat die Zahl der städtischen Bevölkerung gegenüber der ländlichen in hohem Grade vermehrt und so einen bedeutenden Teil der Bevölkerung dem Idiotismus des Landlebens entrissen. Wie sie das Land von der Stadt, hat sie die barbarischen und halbbarbarischen Länder von den zivilisierten, die Bauernvölker von den Bourgeoisvölkern, den Orient vom Okzident abhängig gemacht.

Die Bourgeoisie hebt mehr und mehr die Zersplitterung der Produktionsmittel, des Besitzes und der Bevölkerung auf. Sie hat die

---

der Bourgeoisie England, für ihre politische Entwicklung Frankreich angeführt. *[Anmerkung von Engels zur englischen Ausgabe von 1888.]*
So nannten die Städtebürger Italiens und Frankreichs ihr städtisches Gemeinwesen, nachdem sie die ersten Selbstverwaltungsrechte ihren Feudalherren abgekauft oder abgezwungen hatten. *[Anmerkung von Engels zur deutschen Ausgabe von 1890.]*

Bevölkerung agglomeriert, die Produktionsmittel zentralisiert und das Eigentum in wenigen Händen konzentriert. Die notwendige Folge hiervon war die politische Zentralisation. Unabhängige, fast nur verbündete Provinzen mit verschiedenen Interessen, Gesetzen, Regierungen und Zöllen wurden zusammengedrängt in *eine* Nation, *eine* Regierung, *ein* Gesetz, *ein* nationales Klasseninteresse, *eine* Douanenlinie.

[. . .]

Die Lebensbedingungen der alten Gesellschaft sind schon vernichtet in den Lebensbedingungen des Proletariats. Der Proletarier ist eigentumslos; sein Verhältnis zu Weib und Kindern hat nichts mehr gemein mit dem bürgerlichen Familienverhältnis; die moderne industrielle Arbeit, die moderne Unterjochung unter das Kapital, dieselbe in England wie in Frankreich, in Amerika wie in Deutschland, hat ihm allen nationalen Charakter abgestreift. Die Gesetze, die Moral, die Religion sind für ihn ebenso viele bürgerliche Vorurteile, hinter denen sich ebenso viele bürgerliche Interessen verstecken.

Alle früheren Klassen, die sich die Herrschaft eroberten, suchten ihre schon erworbene Lebensstellung zu sichern, indem sie die ganze Gesellschaft den Bedingungen ihres Erwerbs unterwarfen. Die Proletarier können sich die gesellschaftlichen Produktivkräfte nur erobern, indem sie ihre eigne bisherige Aneignungsweise und damit die ganze bisherige Aneignungsweise abschaffen. Die Proletarier haben nichts von dem Ihrigen zu sichern, sie haben alle bisherigen Privatsicherheiten und Privatversicherungen zu zerstören.

Alle bisherigen Bewegungen waren Bewegungen von Minoritäten oder im Interesse von Minoritäten. Die proletarische Bewegung ist die selbständige Bewegung der ungeheuren Mehrzahl im Interesse der ungeheuren Mehrzahl. Das Proletariat, die unterste Schichte der jetzigen Gesellschaft, kann sich nicht erheben, nicht aufrichten, ohne daß der ganze Überbau der Schichten, die die offizielle Gesellschaft bilden, in die Luft gesprengt wird.

Obgleich nicht dem Inhalt, ist der Form nach der Kampf des Proletariats gegen die Bourgeoisie zunächst ein nationaler. Das Proletariat eines jeden Landes muß natürlich zuerst mit seiner eigenen Bourgeoisie fertig werden.

Indem wir die allgemeinsten Phasen der Entwicklung des Proletariats zeichneten, verfolgten wir den mehr oder minder versteckten Bürgerkrieg innerhalb der bestehenden Gesellschaft bis zu dem

Punkt, wo er in eine offene Revolution ausbricht und durch den gewaltsamen Sturz der Bourgeoisie das Proletariat seine Herrschaft begründet.

Alle bisherige Gesellschaft beruhte, wie wir gesehn haben, auf dem Gegensatz unterdrückender und unterdrückter Klassen. Um aber eine Klasse unterdrücken zu können, müssen ihr Bedingungen gesichert sein, innerhalb derer sie wenigstens ihre knechtische Existenz fristen kann. Der Leibeigene hat sich zum Mitglied der Kommune in der Leibeigenschaft herangearbeitet wie der Kleinbürger zum Bourgeois unter dem Joch des feudalistischen Absolutismus. Der moderne Arbeiter dagegen, statt sich mit dem Fortschritt der Industrie zu heben, sinkt immer tiefer unter die Bedingungen seiner eigenen Klasse herab. Der Arbeiter wird zum Pauper, und der Pauperismus entwickelt sich noch schneller als Bevölkerung und Reichtum. Es tritt hiermit offen hervor, daß die Bourgeoisie unfähig ist, noch länger die herrschende Klasse der Gesellschaft zu bleiben und die Lebensbedingungen ihrer Klasse der Gesellschaft als regelndes Gesetz aufzuzwingen. Sie ist unfähig zu herrschen, weil sie unfähig ist, ihrem Sklaven die Existenz selbst innerhalb seiner Sklaverei zu sichern, weil sie gezwungen ist, ihn in eine Lage herabsinken zu lassen, wo sie ihn ernähren muß, statt von ihm ernährt zu werden. Die Gesellschaft kann nicht mehr unter ihr leben, d. h., ihr Leben ist nicht mehr verträglich mit der Gesellschaft.

Die wesentliche Bedingung für die Existenz und für die Herrschaft der Bourgeoisklasse ist die Anhäufung des Reichtums in den Händen von Privaten, die Bildung und Vermehrung des Kapitals; die Bedingung des Kapitals ist die Lohnarbeit. Die Lohnarbeit beruht ausschließlich auf der Konkurrenz der Arbeiter unter sich. Der Fortschritt der Industrie, dessen willenloser und widerstandsloser Träger die Bourgeoisie ist, setzt an die Stelle der Isolierung der Arbeiter durch die Konkurrenz ihre revolutionäre Vereinigung durch die Assoziation. Mit der Entwicklung der großen Industrie wird also unter den Füßen der Bourgeoisie die Grundlage selbst hinweggezogen, worauf sie produziert und die Produkte sich aneignet. Sie produziert vor allem ihren eignen Totengräber. Ihr Untergang und der Sieg des Proletariats sind gleich unvermeidlich.
[...]

FRIEDRICH ENGELS:
DER ANFANG DES ENDES IN ÖSTERREICH (1848) [1]

[...]

Worauf beruht die Macht, die Zähigkeit, die Stabilität des Hauses Östreich?

Als in der letzten Hälfte des Mittelalters Italien, Frankreich, England, Belgien, Nord- und Westdeutschland sich nacheinander aus der feudalen Barbarei herausarbeiteten, als die Industrie sich entwickelte, der Handel sich ausdehnte, die Städte sich hoben, die Bürger politische Bedeutung bekamen, blieb ein Teil von Deutschland hinter der westeuropäischen Entwicklung zurück. Die bürgerliche Zivilisation verfolgte die Seeküsten und den Lauf der großen Flüsse. Die Binnenländer, besonders die unfruchtbaren und unwegsamen Hochgebirge, blieben der Sitz der Barbarei und des Feudalismus. Namentlich waren es die süddeutschen und südslawischen Binnenländer, in denen sich diese Barbarei konzentrierte. Geschützt durch die Alpen vor der italienischen, durch die böhmischen und mährischen Gebirge vor der norddeutschen Zivilisation, hatten diese Binnenländer noch das Glück, das Flußgebiet des einzig reaktionären Stroms von Europa zu bilden. Die Donau, weit entfernt, sie in die Zivilisation hineinzutreiben, brachte sie vielmehr mit noch weit kräftigerer Barbarei in Verbindung.

Als in Westeuropa sich infolge der bürgerlichen Zivilisation die großen Monarchien entwickelten, mußten sich die Binnenländer der Oberdonau ebenfalls zu einer großen Monarchie vereinigen. Schon die Verteidigung erforderte dies. Hier, im Zentrum von Europa, assoziierten sich die Barbaren aller Sprachen und Nationen unter dem Zepter des Hauses Habsburg. Hier fanden sie an Ungarn einen Rückhalt kompakter Barbarei.

Die Donau, die Alpen, die felsigen Brustwehren Böhmens, das sind die Existenzgründe der österreichischen Barbarei und der österreichischen Monarchie.

Wenn das Haus Habsburg eine Zeitlang die Bürger gegen den Adel, die Städte gegen die Fürsten unterstützte, so war dies die einzige Bedingung, unter welcher eine große Monarchie überhaupt möglich war. Wenn es später die Kleinbürger wieder unterstützte, so waren die Kleinbürger im übrigen Europa, gegenüber der großen

---

1 [Text nach: MEW Bd. 4, S. 504—506.]

Bourgeoisie, schon selbst reaktionär geworden. Das eine wie das andere Mal unterstützte es die Kleinbürger in entschieden reaktionärer Absicht. Nur jetzt schlägt dies Mittel fehl.

So war das Haus Österreich von Anfang an der Repräsentant der Barbarei, der Stabilität der Reaktion in Europa. Seine Macht beruhte auf der Narrheit des hinter unwegsamen Bergen verschanzten Patriarchalismus, auf der unnahbaren Brutalität der Barbarei. Ein Dutzend Nationen, deren Sitten, Charaktere und Institutionen die grellsten Widersprüche bildeten, hielten zusammen kraft ihres gemeinsamen Widerwillens gegen die Zivilisation.

Daher war das Haus Österreich unüberwindlich, solange die Barbarei seiner Untertanen unangetastet blieb. Daher drohte ihm nur eine Gefahr, das Eindringen der bürgerlichen Zivilisation.

Aber diese *eine* Gefahr war unabwendbar. Die bürgerliche Zivilisation konnte eine Zeitlang abgesperrt, sie konnte eine Zeitlang der östreichischen Barbarei angepaßt und untergeordnet werden. Früher oder später aber mußte sie die feudale Barbarei überwinden, und damit war das einzige Band zersprengt, das die verschiedensten Provinzen zusammengehalten hatte.

[...]

FRIEDRICH ENGELS AN KARL MARX (1853) [1]

[...]

Die Abwesenheit des Grundeigentums ist in der Tat der Schlüssel zum ganzen Orient. Darin liegt die politische und religiöse Geschichte. Aber woher kommt es, daß die Orientalen nicht zum Grundeigentum kommen, nicht einmal zum feudalen? Ich glaube, es liegt hauptsächlich im Klima, verbunden mit den Bodenverhältnissen, speziell mit den großen Wüstenstrichen, die sich von der Sahara quer durch Arabien, Persien, Indien und die Tatarei bis ans höchste asiatische Hochland durchziehn. Die künstliche Bewässerung ist hier erste Bedingung des Ackerbaus, und diese ist Sache entweder der Kommunen, Provinzen oder der Zentralregierung. Die Regierung im Orient hatte immer auch nur drei Departements: Finanzen (Plünderung des Inlands), Krieg (Plünderung des Inlands und des Auslands) und travaux publics, Sorge für die Reproduktion.

[...]

---

1 [Text nach: MEW Bd. 28, S. 259.]

KARL MARX AN FRIEDRICH ENGELS (1854) [1]

[...]

Hätte Herr Thierry unsre Sachen gelesen, so wüßte er, daß der entschiedne Gegensatz der Bourgeoisie gegen den peuple natürlich erst anfängt, sobald sie aufhört, als tiers-état dem clergé und der noblesse gegenüberzustehn. Was aber die »racines dans l'histoire« angeht, »d'un antagonisme *né d'hier*«, so liefert sein Buch den besten Beweis, daß diese »racines« entstanden sind, sobald der tiers-état entsteht. Aus dem »Senatus populusque Romanus« müßte dieser sonst geistreiche Kritiker in seiner Art schließen, daß es in Rom nie einen andern Gegensatz gab als den zwischen senatus und populus. Was mich interessiert hat, aus den von ihm quotierten Dokumenten zu sehn, ist, daß das Wort »catalla, capitalia«, Kapital, aufkömmt mit dem Aufkommen der Kommunen. Übrigens hat er wider Willen bewiesen, daß die französische Bourgeoisie durch nichts mehr in ihrem Siege aufgehalten worden ist, als daß sie sich erst 1789 entschloß, common cause mit den Bauern zu machen. Hübsch dargestellt, wenn auch nicht zusammengefaßt: 1. wie von vornherein, wenigstens seit Heraufgekommensein der Städte, die französische Bourgeoisie zu sehr dadurch Einfluß gewinnt, daß sie sich als Parlament, Bureaukratie etc. konstituiert, und nicht wie in England durch bloßen commerce und industrie. Dies sicher selbst für das jetzige Frankreich noch charakteristisch. 2. Aus seiner Darstellung schön nachzuweisen, wie die Klasse aufkömmt, indem die verschiednen Formen, in denen sie zu verschiednen Zeiten ihren Schwerpunkt liegen hat, und die verschiednen Fraktionen, die durch diese Formen Einfluß gewinnen, kaputtgehn. Diese Folge von Metamorphosen, bis es zur Herrschaft der Klasse kömmt, nach meiner Ansicht nirgends – wenigstens dem Stoff nach – so dargestellt. Leider hat er sich in bezug auf die maîtrises, jurandes etc., kurz, die Formen, in denen sich die industrielle Bourgeoisie entwickelt, fast nur auf allgemeine und allgemein bekannte Phrasen beschränkt, obgleich er allein das Material auch hier kennt. Was er gut entwickelt und betont, ist der konspiratorische und revolutionäre Charakter der Munizipalbewegung im XII. Jahrhundert. Die deutschen Kaiser, z. B. Friedrich I. und II., erließen Edikte gegen diese »communiones«, »conspirationes«, »conjurationes«, ganz im

---

1 [Text nach: MEW Bd. 28, S. 382—383, 384.]

Geist des deutschen Bundestags. Z. B. Friedrich II. nimmt sich heraus, 1226 alle »consulats« und andre freie Munizipalverfassungen in den Städten der Provence für null und nichtig zu erklären.
[...]
Oft ist es komisch, wie das Wort »communio« ganz in derselben Weise angeschimpft wird wie der Kommunismus heutzutag.
[...]
Die Spießbürger im XII. Jahrhundert haben oft etwas Pathetisches in der Art, wie sie die Bauern einladen, in die Städte, die communio jurata, zu fliehn.
[...]

KARL MARX AN JOSEPH WEYDEMEYER (1852) [1]

[...]
Was mich nun betrifft, so gebührt mir nicht das Verdienst, weder die Existenz der Klassen in der modernen Gesellschaft noch ihren Kampf unter sich entdeckt zu haben. Bürgerliche Geschichtschreiber hatten längst vor mir die historische Entwicklung dieses Kampfes der Klassen, und bürgerliche Ökonomen die ökonomische Anatomie derselben dargestellt. Was ich neu tat, war 1. nachzuweisen, daß die *Existenz der Klassen* bloß an *bestimmte historische Entwicklungsphasen der Produktion* gebunden ist; 2. daß der Klassenkampf notwendig zur *Diktatur des Proletariats* führt; 3. daß diese Diktatur selbst nur den Übergang zur *Aufhebung aller Klassen* und zu einer *klassenlosen Gesellschaft* bildet. Unwissende Lümmel wie Heinzen, die nicht nur den Kampf, sondern sogar die Existenz der Klassen leugnen, beweisen nur, daß trotz allem ihrem bluttriefenden und humanistisch sich aufspreizenden Gebelfer, sie die gesellschaftlichen Bedingungen, worin die Bourgeoisie herrscht, für das letzte Produkt, für das non plus ultra der Geschichte halten, daß sie nur die Knechte der Bourgeoisie sind, eine Knechtschaft, die um so ekelhafter ist, je weniger die Lümmel auch nur die Größe und vorübergehende Notwendigkeit des Bourgeoisregimes selbst begreifen.
[...]

---

1 [Text nach: MEW Bd. 28, S. 507—508.]

FRIEDRICH ENGELS: ZUR WOHNUNGSFRAGE (1872) [1]

[...]

Auf einer gewissen, sehr ursprünglichen Entwicklungsstufe der Gesellschaft stellt sich das Bedürfnis ein, die täglich wiederkehrenden Akte der Produktion, der Verteilung und des Austausches der Produkte unter eine gemeinsame Regel zu fassen, dafür zu sorgen, daß der einzelne sich den gemeinsamen Bedingungen der Produktion und des Austausches unterwirft. Diese Regel, zuerst Sitte, wird bald *Gesetz*. Mit dem Gesetz entstehn notwendig Organe, die mit seiner Aufrechterhaltung betraut sind – die öffentliche Gewalt, der Staat. Mit der weitern gesellschaftlichen Entwicklung bildet sich das Gesetz fort zu einer mehr oder weniger umfangreichen Gesetzgebung. Je verwickelter diese Gesetzgebung wird, desto weiter entfernt sich ihre Ausdrucksweise von der, in welcher die gewöhnlichen ökonomischen Lebensbedingungen der Gesellschaft ausgedrückt werden. Sie erscheint als ein selbständiges Element, das nicht aus den ökonomischen Verhältnissen, sondern aus eignen, inneren Gründen, meinetwegen aus dem »Willensbegriff« die Berechtigung seiner Existenz und die Begründung seiner Fortentwicklung hernimmt. Die Menschen vergessen die Abstammung ihres Rechts aus ihren ökonomischen Lebensbedingungen, wie sie ihre eigne Abstammung aus dem Tierreich vergessen haben. Mit der Fortbildung der Gesetzgebung zu einem verwickelten, umfangreichen Ganzen tritt die Notwendigkeit einer neuen gesellschaftlichen Arbeitsteilung hervor; es bildet sich ein Stand berufsmäßiger Rechtsgelehrten, und mit diesen entsteht die Rechtswissenschaft. Diese vergleicht in ihrer weitern Entwicklung die Rechtssysteme verschiedner Völker und verschiedner Zeiten miteinander, nicht als Abdrücke der jedesmaligen ökonomischen Verhältnisse, sondern als Systeme, die ihre Begründung in sich selbst finden. Die Vergleichung setzt Gemeinsames voraus: dieses findet sich, indem die Juristen das mehr oder weniger Gemeinschaftliche aller dieser Rechtssysteme als *Naturrecht* zusammenstellen. Der Maßstab aber, an dem gemessen wird, was Naturrecht ist und nicht, ist eben der abstrakteste Ausdruck des Rechts selbst: die *Gerechtigkeit*. Von jetzt an ist also die Entwicklung des Rechts für die Juristen und die, die ihnen aufs

---

[1] [Text nach: MEW Bd. 18, S. 276–277.]

Wort glauben, nur noch das Bestreben, die menschlichen Zustände, soweit sie juristisch ausgedrückt werden, dem Ideal der Gerechtigkeit, der *ewigen* Gerechtigkeit immer wieder näherzubringen. Und diese Gerechtigkeit ist immer nur der ideologisierte, verhimmelte Ausdruck der bestehnden ökonomischen Verhältnisse, bald nach ihrer konservativen, bald nach ihrer revolutionären Seite hin.

[...]

II. Staat und Ökonomie

1. Zur Einführung

KARL MARX: ZUR KRITIK DER POLITISCHEN ÖKONOMIE.
VORWORT (1858/59)[1]

[...]
Die erste Arbeit, unternommen zur Lösung der Zweifel, die mich bestürmten, war eine kritische Revision der Hegelschen Rechtsphilosophie, eine Arbeit, wovon die Einleitung in den 1844 in Paris herausgegebenen »Deutsch-Französischen Jahrbüchern« erschien. Meine Untersuchung mündete in dem Ergebnis, daß Rechtsverhältnisse wie Staatsformen weder aus sich selbst zu begreifen sind noch aus der sogenannten allgemeinen Entwicklung des menschlichen Geistes, sondern vielmehr in den materiellen Lebensverhältnissen wurzeln, deren Gesamtheit Hegel nach dem Vorgang der Engländer und Franzosen des 18. Jahrhunderts unter dem Namen »bürgerliche Gesellschaft« zusammenfaßt, daß aber die Anatomie der bürgerlichen Gesellschaft in der politischen Ökonomie zu suchen sei. [...] Das allgemeine Resultat, das sich mir ergab und, einmal gewonnen, meinen Studien zum Leitfaden diente, kann kurz so formuliert werden: In der gesellschaftlichen Produktion ihres Lebens gehen die Menschen bestimmte, notwendige, von ihrem Willen unabhängige Verhältnisse ein, Produktionsverhältnisse, die einer bestimmten Entwicklungsstufe ihrer materiellen Produktivkräfte entsprechen. Die Gesamtheit dieser Produktionsverhältnisse bildet die ökonomische Struktur der Gesellschaft, die reale Basis, worauf sich ein juristischer und politischer Überbau erhebt, und welcher bestimmte gesellschaftliche Bewußtseinsformen entsprechen. Die Produktionsweise des materiellen Lebens bedingt den sozialen, politischen und geistigen Lebensprozeß überhaupt. Es ist nicht das Bewußtsein der Menschen, das ihr Sein, sondern umgekehrt ihr gesellschaftliches Sein, das ihr Bewußtsein bestimmt. Auf einer gewissen Stufe ihrer Entwicklung geraten die materiellen Produktivkräfte der Gesellschaft in Widerspruch mit den vorhandenen Pro-

---

1 [Text nach: MEW Bd. 13, S. 8—9.]

duktionsverhältnissen oder, was nur ein juristischer Ausdruck dafür ist, mit den Eigentumsverhältnissen, innerhalb deren sie sich bisher bewegt hatten. Aus Entwicklungsformen der Produktivkräfte schlagen diese Verhältnisse in Fesseln derselben um. Es tritt dann eine Epoche sozialer Revolution ein. Mit der Veränderung der ökonomischen Grundlage wälzt sich der ganze ungeheure Überbau langsamer oder rascher um. In der Betrachtung solcher Umwälzungen muß man stets unterscheiden zwischen der materiellen, naturwissenschaftlich treu zu konstatierenden Umwälzung in den ökonomischen Produktionsbedingungen, und den juristischen, politischen, religiösen, künstlerischen oder philosophischen, kurz, ideologischen Formen, worin sich die Menschen dieses Konflikts bewußt werden und ihn ausfechten. Sowenig man das, was ein Individuum ist, nach dem beurteilt, was es sich selbst dünkt, ebensowenig kann man eine solche Umwälzungsepoche aus ihrem Bewußtsein beurteilen, sondern muß vielmehr dies Bewußtsein aus den Widersprüchen des materiellen Lebens, aus dem vorhandenen Konflikt zwischen gesellschaftlichen Produktivkräften und Produktionsverhältnissen erklären. Eine Gesellschaftsformation geht nie unter, bevor alle Produktivkräfte entwickelt sind, für die sie weit genug ist, und neue höhere Produktionsverhältnisse treten nie an die Stelle, bevor die materiellen Existenzbedingungen derselben im Schoß der alten Gesellschaft selbst ausgebrütet worden sind. Daher stellt sich die Menschheit immer nur Aufgaben, die sie lösen kann, denn genauer betrachtet wird sich stets finden, daß die Aufgabe selbst nur entspringt, wo die materiellen Bedingungen ihrer Lösung schon vorhanden oder wenigstens im Prozeß ihres Werdens begriffen sind. In großen Umrissen können asiatische, antike, feudale und modern bürgerliche Produktionsweisen als progressive Epochen der ökonomischen Gesellschaftsformation bezeichnet werden. Die bürgerlichen Produktionsverhältnisse sind die letzte antagonistische Form des gesellschaftlichen Produktionsprozesses, antagonistisch nicht im Sinn von individuellem Antagonismus, sondern eines aus den gesellschaftlichen Lebensbedingungen der Individuen hervorwachsenden Antagonismus, aber die im Schoß der bürgerlichen Gesellschaft sich entwickelnden Produktivkräfte schaffen zugleich die materiellen Bedingungen zur Lösung dieses Antagonismus. Mit dieser Gesellschaftsformation schließt daher die Vorgeschichte der menschlichen Gesellschaft ab.

[...]

FRIEDRICH ENGELS: LUDWIG FEUERBACH UND DER AUSGANG DER KLASSISCHEN DEUTSCHEN PHILOSOPHIE (1886) [1]

[...]
In der modernen Geschichte wenigstens ist also bewiesen, daß alle politischen Kämpfe Klassenkämpfe, und alle Emanzipationskämpfe von Klassen, trotz ihrer notwendig politischen Form – denn jeder Klassenkampf ist ein politischer Kampf –, sich schließlich um *ökonomische* Emanzipation drehen. Hier wenigstens ist also der Staat, die politische Ordnung, das Untergeordnete, die bürgerliche Gesellschaft, das Reich der ökonomischen Beziehungen, das entscheidende Element. Die althergebrachte Anschauung, der auch Hegel huldigt, sah im Staat das bestimmende, in der bürgerlichen Gesellschaft das durch ihn bestimmte Element. Der Schein entspricht dem. Wie beim einzelnen Menschen alle Triebkräfte seiner Handlungen durch seinen Kopf hindurchgehn, sich in Beweggründe seines Willens verwandeln müssen, um ihn zum Handeln zu bringen, so müssen auch alle Bedürfnisse der bürgerlichen Gesellschaft – gleichviel, welche Klasse grade herrscht – durch den Staatswillen hindurchgehn, um allgemeine Geltung in Form von Gesetzen zu erhalten. Das ist die formelle Seite der Sache, die sich von selbst versteht; es fragt sich nur, welchen Inhalt dieser nur formelle Wille – des einzelnen wie des Staats – hat, und woher dieser Inhalt kommt, warum grade dies und nichts andres gewollt wird. Und wenn wir hiernach fragen, so finden wir, daß in der modernen Geschichte der Staatswille im ganzen und großen bestimmt wird durch die wechselnden Bedürfnisse der bürgerlichen Gesellschaft, durch die Übermacht dieser oder jener Klasse, in letzter Instanz durch die Entwicklung der Produktivkräfte und der Austauschverhältnisse.

Wenn aber schon in unsrer modernen Zeit mit ihren riesigen Produktions- und Verkehrsmitteln der Staat nicht ein selbständiges Gebiet mit selbständiger Entwicklung ist, sondern sein Bestand wie seine Entwicklung in letzter Instanz zu erklären ist aus den ökonomischen Lebensbedingungen der Gesellschaft, so muß dies noch viel mehr gelten für alle früheren Zeiten, wo die Produktion des materiellen Lebens der Menschen noch nicht mit diesen reichen Hülfsmitteln betrieben wurde, wo also die Notwendigkeit dieser Produk-

---

1 [Text nach: MEW Bd. 21, S. 300—302.]

tion eine noch größere Herrschaft über die Menschen ausüben mußte. Ist der Staat noch heute, zur Zeit der großen Industrie und der Eisenbahnen, im ganzen und großen nur der Reflex, in zusammenfassender Form, der ökonomischen Bedürfnisse der die Produktion beherrschenden Klasse, so mußte er dies noch viel mehr sein zu einer Epoche, wo eine Menschengeneration einen weit größeren Teil ihrer Gesamtlebenszeit auf die Befriedigung ihrer materiellen Bedürfnisse verwenden mußte, also weit abhängiger von ihnen war, als wir heute sind. Die Untersuchung der Geschichte früherer Epochen, sobald sie ernstlich auf diese Seite eingeht, bestätigt dies im reichlichsten Maße; hier kann dies aber selbstredend nicht verhandelt werden.

Wird der Staat und das Staatsrecht durch die ökonomischen Verhältnisse bestimmt, so selbstverständlich auch das Privatrecht, das ja wesentlich nur die bestehenden, unter den gegebnen Umständen normalen ökonomischen Beziehungen zwischen den einzelnen sanktioniert. Die Form, in der dies geschieht, kann aber sehr verschieden sein. Man kann, wie in England im Einklang mit der ganzen nationalen Entwicklung geschah, die Formen des alten feudalen Rechts großenteils beibehalten und ihnen einen bürgerlichen Inhalt geben, ja, dem feudalen Namen direkt einen bürgerlichen Sinn unterschieben; man kann aber auch, wie im kontinentalen Westeuropa, das erste Weltrecht einer Waren produzierenden Gesellschaft, das römische, mit seiner unübertrefflich scharfen Ausarbeitung aller wesentlichen Rechtsbeziehungen einfacher Warenbesitzer (Käufer und Verkäufer, Gläubiger und Schuldner, Vertrag, Obligation usw.) zugrunde legen. Wobei man es zu Nutz und Frommen einer noch kleinbürgerlichen und halbfeudalen Gesellschaft entweder einfach durch die gerichtliche Praxis auf den Stand dieser Gesellschaft herunterbringen kann (gemeines Recht), oder aber mit Hülfe angeblich aufgeklärter, moralisierender Juristen es in ein, diesem gesellschaftlichen Stand entsprechendes, apartes Gesetzbuch verarbeiten kann, welches unter diesen Umständen auch juristisch schlecht sein wird (preußisches Landrecht); wobei man aber auch, nach einer großen bürgerlichen Revolution, auf Grundlage eben dieses römischen Rechtes, ein so klassisches Gesetzbuch der Bourgeoisgesellschaft herausarbeiten kann wie der französische Code civil. Wenn also die bürgerlichen Rechtsbestimmungen nur die ökonomischen Lebensbedingungen der Gesellschaft in Rechtsform ausdrücken, so kann dies je nach Umständen gut oder schlecht geschehen.

Im Staate stellt sich uns die erste ideologische Macht über den Menschen dar. Die Gesellschaft schafft sich ein Organ zur Wahrung ihrer gemeinsamen Interessen gegenüber inneren und äußeren Angriffen. Dies Organ ist die Staatsgewalt. Kaum entstanden, verselbständigt sich dies Organ gegenüber der Gesellschaft, und zwar um so mehr, je mehr es Organ einer bestimmten Klasse wird, die Herrschaft dieser Klasse direkt zur Geltung bringt. Der Kampf der unterdrückten gegen die herrschende Klasse wird notwendig ein politischer, ein Kampf zunächst gegen die politische Herrschaft dieser Klasse; das Bewußtsein des Zusammenhangs dieses politischen Kampfes mit seiner ökonomischen Unterlage wird dumpfer und kann ganz verlorengehen. Wo dies auch nicht bei den Beteiligten vollständig der Fall ist, geschieht es fast immer bei den Geschichtsschreibern. Von den alten Quellen über die Kämpfe innerhalb der römischen Republik sagt uns nur Appian klar und deutlich, um was es sich schließlich handelte – nämlich um das Grundeigentum.

Der Staat aber, einmal eine selbständige Macht geworden gegenüber der Gesellschaft, erzeugt alsbald eine weitere Ideologie. Bei den Politikern von Profession, bei den Theoretikern des Staatsrechts und den Juristen des Privatrechts nämlich geht der Zusammenhang mit den ökonomischen Tatsachen erst recht verloren. Weil in jedem einzelnen Falle die ökonomischen Tatsachen die Form juristischer Motive annehmen müssen, um in Gesetzesform sanktioniert zu werden, und weil dabei auch selbstverständlich Rücksicht zu nehmen ist auf das ganze schon geltende Rechtssystem, deswegen soll nun die juristische Form alles sein und der ökonomische Inhalt nichts. Staatsrecht und Privatrecht werden als selbständige Gebiete behandelt, die ihre unabhängige geschichtliche Entwicklung haben, die in sich selbst einer systematischen Darstellung fähig sind und ihrer bedürfen durch konsequente Ausrottung aller inneren Widersprüche.

[...]

2. [Friedrich Engels:] Der Ursprung der Familie, des Privateigentums und des Staats. Im Anschluß an Lewis H. Morgans Forschungen [1]

Zur ersten Auflage 1884

Die nachfolgenden Kapitel bilden gewissermaßen die Vollführung eines Vermächtnisses. Es war kein Geringerer als Karl Marx, der sich vorbehalten hatte, die Resultate der Morganschen Forschungen im Zusammenhang mit den Ergebnissen seiner – ich darf innerhalb gewisser Grenzen sagen unsrer – materialistischen Geschichtsuntersuchung darzustellen und dadurch erst ihre ganze Bedeutung klarzumachen. Hatte doch Morgan die von Marx vor vierzig Jahren entdeckte materialistische Geschichtsauffassung in Amerika in seiner Art neu entdeckt und war von ihr, bei Vergleichung der Barbarei und der Zivilisation, in den Hauptpunkten zu denselben Resultaten geführt worden wie Marx. Und wie »Das Kapital« von den zünftigen Ökonomen in Deutschland jahrelang ebenso eifrig ausgeschrieben wie hartnäckig totgeschwiegen wurde, ganz so wurde Morgans »Ancient Society«* behandelt von den Wortführern der »prähistorischen« Wissenschaft in England. Meine Arbeit kann nur einen geringen Ersatz bieten für das, was meinem verstorbenen Freunde zu tun nicht mehr vergönnt war. Doch liegen mir in seinen ausführlichen Auszügen aus Morgan kritische Anmerkungen vor, die ich hier wiedergebe, soweit es irgend angeht.

Nach der materialistischen Auffassung ist das in letzter Instanz bestimmende Moment in der Geschichte: die Produktion und Reproduktion des unmittelbaren Lebens. Diese ist aber selbst wieder doppelter Art. Einerseits die Erzeugung von Lebensmitteln, von Gegenständen der Nahrung, Kleidung, Wohnung und den dazu erforderlichen Werkzeugen; andrerseits die Erzeugung von Menschen selbst, die Fortpflanzung der Gattung. Die gesellschaftlichen Ein-

---

* »Ancient Society, or Researches in the Lines of Human Progress from Savagery, through Barbarism to Civilization«. By Lewis H. Morgan. London, Macmillan and Co., 1877. Das Buch ist in Amerika gedruckt und in London merkwürdig schwer zu haben. Der Verfasser ist vor einigen Jahren gestorben.

1 [Text nach: MEW Bd. 21, S. 27—28, 36, 36—38, 58—62, 63, 64—68, 70—71, 74—77, 104—106, 107, 110—116, 156—173.]

richtungen, unter denen die Menschen einer bestimmten Geschichtsepoche und eines bestimmten Landes leben, werden bedingt durch beide Arten der Produktion: durch die Entwicklungsstufe einerseits der Arbeit, andrerseits der Familie. Je weniger die Arbeit noch entwickelt ist, je beschränkter die Menge ihrer Erzeugnisse, also auch der Reichtum der Gesellschaft, desto überwiegender erscheint die Gesellschaftsordnung beherrscht durch Geschlechtsbande. Unter dieser, auf Geschlechtsbande begründeten Gliederung der Gesellschaft entwickelt sich indes die Produktivität der Arbeit mehr und mehr; mit ihr Privateigentum und Austausch, Unterschiede des Reichtums, Verwertbarkeit fremder Arbeitskraft und damit die Grundlage von Klassengegensätzen: neue soziale Elemente, die im Lauf von Generationen sich abmühen, die alte Gesellschaftsverfassung den neuen Zuständen anzupassen, bis endlich die Unvereinbarkeit beider eine vollständige Umwälzung herbeiführt. Die alte, auf Geschlechtsverbänden beruhende Gesellschaft wird gesprengt im Zusammenstoß der neu entwickelten gesellschaftlichen Klassen; an ihre Stelle tritt eine neue Gesellschaft, zusammengefaßt im Staat, dessen Untereinheiten nicht mehr Geschlechtsverbände, sondern Ortsverbände sind, eine Gesellschaft, in der die Familienordnung ganz von der Eigentumsordnung beherrscht wird und in der sich nun jene Klassengegensätze und Klassenkämpfe frei entfalten, aus denen der Inhalt aller bisherigen *geschriebnen* Geschichte besteht.

Es ist das große Verdienst Morgans, diese vorgeschichtliche Grundlage unsrer geschriebnen Geschichte in ihren Hauptzügen entdeckt und wiederhergestellt und in den Geschlechtsverbänden der nordamerikanischen Indianer den Schlüssel gefunden zu haben, der uns die wichtigsten, bisher unlösbaren Rätsel der ältesten griechischen, römischen und deutschen Geschichte erschließt. Es ist aber seine Schrift kein Eintagswerk. An die vierzig Jahre hat er mit seinem Stoff gerungen, bis er ihn vollständig beherrschte. Darum aber ist auch sein Buch eins der wenigen epochemachenden Werke unsrer Zeit. [. . .].

Morgan, der sein Leben großenteils unter den noch jetzt im Staat New York ansässigen Irokesen zugebracht und in einen ihrer Stämme (den der Senekas) adoptiert worden, fand unter ihnen ein Verwandtschaftssystem in Geltung, das mit ihren wirklichen Familienbeziehungen im Widerspruch stand. [. . .]. Noch mehr. Dies System ist nicht nur in voller Geltung bei allen amerikanischen Indianern (bis jetzt ist keine Ausnahme gefunden), sondern es gilt auch fast unverändert bei den Ureinwohnern Indiens, bei den drawidischen Stämmen im Dekan und den Gaurastämmen in Hindustan. Die Verwandtschaftsausdrücke der südindischen Tamiler und der Seneka-Irokesen im Staate New York stimmen noch heute überein für mehr als zweihundert verschiedne Verwandtschaftsbeziehungen. Und auch bei diesen indischen Stämmen, wie bei allen amerikanischen Indianern, stehn die aus der geltenden Familienform entspringenden Verwandtschaftsbeziehungen im Widerspruch mit dem Verwandtschaftssystem.

Wie nun dies erklären? Bei der entscheidenden Rolle, die die Verwandtschaft bei allen wilden und barbarischen Völkern in der Gesellschaftsordnung spielt, kann man die Bedeutung dieses so weitverbreiteten Systems nicht mit Redensarten beseitigen. Ein System, das in Amerika allgemein gilt, in Asien bei Völkern einer ganz verschiednen Race ebenfalls besteht, von dem mehr oder weniger abgeänderte Formen überall in Afrika und Australien sich in Menge vorfinden, ein solches System will geschichtlich erklärt sein, nicht weggeredet, wie dies z. B. McLennan versuchte. Die Bezeichnungen Vater, Kind, Bruder, Schwester sind keine bloßen Ehrentitel, sondern führen ganz bestimmte, sehr ernstliche gegenseitige Verpflichtungen mit sich, deren Gesamtheit einen wesentlichen Teil der Gesellschaftsverfassung jener Völker ausmacht. Und die Erklärung fand sich. Auf den Sandwichinseln (Hawaii) bestand noch in der ersten Hälfte dieses Jahrhunderts eine Form der Familie, die genau solche Väter und Mütter, Brüder und Schwestern, Söhne und Töchter, Onkel und Tanten, Neffen und Nichten lieferte, wie das amerikanisch-altindische Verwandtschaftssystem sie fordert. Aber merkwürdig! Das Verwandtschaftssystem, das in Hawaii in Geltung war, stimmte wieder nicht mit der dort tatsächlich bestehenden Familienform. Dort nämlich sind alle Geschwisterkinder, ohne Ausnahme, Brüder und Schwestern, und gelten für die gemeinsamen Kinder, nicht nur ihrer Mutter und deren Schwestern, oder ihres Vaters und dessen Brüder, sondern aller Geschwister ihrer Eltern ohne Unterschied. Wenn also das amerikanische Verwandtschaftssystem eine in Amerika nicht mehr bestehende, primitivere Form der Familie voraussetzt, die wir in Hawaii wirklich noch vorfinden, so verweist uns anderseits das hawaiische Verwandtschaftssystem auf eine noch ursprünglichere Familienform, die wir zwar nirgends mehr als bestehend nachweisen können, die aber bestanden haben *muß*, weil sonst das entsprechende Verwandtschaftssystem nicht hätte entstehn können.

»Die Familie«, sagt Morgan, »ist das aktive Element; sie ist nie stationär, sondern schreitet vor von einer niedrigeren zu einer höheren Form, im Maß wie die Gesellschaft von niederer zu höherer Stufe sich entwickelt. Die Verwandtschaftssysteme dagegen sind passiv; nur in langen Zwischenräumen registrieren sie die Fortschritte, die die Familie im Lauf der Zeit gemacht hat, und erfahren nur dann radikale Änderung, wenn die Familie sich radikal verändert hat.«

»Und«, setzt Marx hinzu, »ebenso verhält es sich mit politischen, juristischen, religiösen, philosophischen Systemen überhaupt.« Während die Familie fortlebt, verknöchert das Verwandtschaftssystem, und während dies gewohnheitsmäßig fortbesteht, entwächst ihm die Familie. Mit derselben Sicherheit aber, mit der Cuvier aus den bei Paris gefundnen Marsupialknochen eines Tierskeletts schließen konnte, daß dies einem Beuteltier gehörte und daß dort einst ausgestorbne Beuteltiere gelebt, mit derselben Sicherheit können wir aus einem historisch überkommenen Verwandtschaftssystem schließen, daß die ihm entsprechende, ausgestorbne Familienform bestanden hat.

Die eben erwähnten Verwandtschaftssysteme und Familienformen unterscheiden sich von den jetzt herrschenden dadurch, daß jedes Kind mehrere Väter und Mütter hat. Bei dem amerikanischen Verwandtschaftssystem, dem die hawaiische Familie entspricht, können Bruder und Schwester nicht Vater und Mutter desselben Kindes sein; das hawaiische Verwandtschaftssystem aber setzt eine Familie voraus, in der dies im Gegenteil die Regel war. Wir werden hier in eine Reihe von Familienformen versetzt, die den bisher gewöhnlich als allein geltend angenommenen direkt widersprechen. Die hergebrachte Vorstellung kennt nur die Einzelehe, daneben Vielweiberei *eines* Mannes, allenfalls noch Vielmännerei einer Frau, und verschweigt dabei, wie es dem moralisierenden Philister ziemt, daß die Praxis sich über diese von der offiziellen Gesellschaft gebotenen Schranken stillschweigend, aber ungeniert hinwegsetzt. Das Studium der Urgeschichte dagegen führt uns Zustände vor, wo Männer in Vielweiberei und ihre Weiber gleichzeitig in Vielmännerei leben und die gemeinsamen Kinder daher auch als ihnen allen gemeinsam gelten; Zustände, die selbst wieder bis zu ihrer schließlichen Auflösung in die Einzelehe eine ganze Reihe von Veränderungen durchmachen. Diese Veränderungen sind der Art, daß der Kreis, den das gemeinsame Eheband umfaßt und der ursprünglich sehr weit war, sich mehr und mehr verengert, bis er schließlich nur das Einzelpaar übrigläßt, das heute vorherrscht.

[...]

Wir verlassen jetzt Amerika, den klassischen Boden der Paarungsfamilie. Kein Anzeichen läßt schließen, daß dort eine höhere Familienform sich entwickelt, daß dort vor der Entdeckung und Eroberung jemals irgendwo feste Monogamie bestanden habe. Anders in der alten Welt.

Hier hatte die Zähmung der Haustiere und die Züchtung von Herden eine bisher ungeahnte Quelle des Reichtums entwickelt und ganz neue gesellschaftliche Verhältnisse geschaffen. Bis auf die Unterstufe der Barbarei hatte der ständige Reichtum bestanden fast nur in dem Haus, der Kleidung, rohem Schmuck und den Werkzeugen zur Erringung und Bereitung der Nahrung: Boot, Waffen, Hausrat einfachster Art. Die Nahrung mußte Tag um Tag neu errungen werden. Jetzt, mit den Herden der Pferde, Kamele, Esel, Rinder, Schafe, Ziegen und Schweine hatten die vordringenden Hirtenvölker – die Arier im indischen Fünfstromland und Gangesgebiet wie in den damals noch weit wasserreicheren Steppen am Oxus und Jaxartes, die Semiten am Euphrat und Tigris – einen Besitz erworben, der nur der Aufsicht und rohesten Pflege bedurfte, um sich in stets vermehrter Zahl fortzupflanzen und die reichlichste Nahrung an Milch und Fleisch zu liefern. Alle früheren Mittel der Nahrungsbeschaffung traten nun in den Hintergrund; die Jagd, früher eine Notwendigkeit, wurde nun ein Luxus.

Wem gehörte aber dieser neue Reichtum? Unzweifelhaft ursprünglich der Gens. Aber schon früh muß sich Privateigentum an den Herden entwickelt haben. Es ist schwer zu sagen, ob dem Verfasser des sog. ersten Buchs Mosis der Vater Abraham erschien als Besitzer seiner Herden kraft eignen Rechts als Vorstand einer Familiengemeinschaft oder kraft seiner Eigenschaft als tatsächlich erblicher Vorsteher einer Gens. Sicher ist nur, daß wir ihn uns nicht als Eigentümer im modernen Sinn vorstellen dürfen. Und sicher ist ferner, daß wir an der Schwelle der beglaubigten Geschichte die Herden schon überall in Sondereigentum von Familienvorständen finden, ganz wie die Kunsterzeugnisse der Barbarei, Metallgerät,

Luxusartikel und endlich das Menschenvieh – die Sklaven.

Denn jetzt war auch die Sklaverei erfunden. Dem Barbaren der Unterstufe war der Sklave wertlos. Daher auch die amerikanischen Indianer mit den besiegten Feinden ganz anders verfuhren, als auf höherer Stufe geschah. Die Männer wurden getötet oder aber in den Stamm der Sieger als Brüder aufgenommen; die Weiber wurden geheiratet oder sonst mit ihren überlebenden Kindern ebenfalls adoptiert. Die menschliche Arbeitskraft liefert auf dieser Stufe noch keinen beachtenswerten Überschuß über ihre Unterhaltskosten. Mit der Einführung der Viehzucht, der Metallbearbeitung, der Weberei und endlich des Feldbaus wurde das anders. Wie die früher so leicht zu erlangenden Gattinnen jetzt einen Tauschwert bekommen hatten und gekauft wurden, so geschah es mit den Arbeitskräften, besonders seitdem die Herden endgültig in Familienbesitz übergegangen waren. Die Familie vermehrte sich nicht ebenso rasch wie das Vieh. Mehr Leute wurden erfordert, es zu beaufsichtigen; dazu ließ sich der kriegsgefangne Feind benutzen, der sich außerdem ebensogut fortzüchten ließ wie das Vieh selbst.

Solche Reichtümer, sobald sie einmal in den Privatbesitz von Familien übergegangen und dort rasch vermehrt, gaben der auf Paarungsehe und mutterrechtliche Gens gegründeten Gesellschaft einen mächtigen Stoß. Die Paarungsehe hatte ein neues Element in die Familie eingeführt. Neben die leibliche Mutter hatte sie den beglaubigten leiblichen Vater gestellt, der noch dazu wahrscheinlich besser beglaubigt war als gar manche »Väter« heutzutage. Nach der damaligen Arbeitsteilung in der Familie fiel dem Mann die Beschaffung der Nahrung und der hierzu nötigen Arbeitsmittel, also auch das Eigentum an diesen letzteren, zu; er nahm sie mit, im Fall der Scheidung, wie die Frau ihren Hausrat behielt. Nach dem Brauch der damaligen Gesellschaft also war der Mann auch Eigentümer der neuen Nahrungsquelle, des Viehs, und später des neuen Arbeitsmittels, der Sklaven. Nach dem Brauch derselben Gesellschaft aber konnten seine Kinder nicht von ihm erben, denn damit stand es folgendermaßen.

Nach Mutterrecht, also solange Abstammung nur in weiblicher Linie gerechnet wurde, und nach dem ursprünglichen Erbgebrauch in der Gens erbten anfänglich die Gentilverwandten von ihrem verstorbnen Gentilgenossen. Das Vermögen mußte in der Gens bleiben. Bei der Unbedeutendheit der Gegenstände mag es von jeher in der Praxis an die nächsten Gentilverwandten, also an die Blutsverwandten mütterlicher Seite, übergegangen sein. Die Kinder des verstorbnen Mannes aber gehörten nicht seiner Gens an, sondern der ihrer Mutter, sie erbten, anfangs mit den übrigen Blutsverwandten der Mutter, später vielleicht in erster Linie, von dieser; aber von ihrem Vater konnten sie nicht erben, weil sie nicht zu seiner Gens gehörten, sein Vermögen aber in dieser bleiben mußte. Bei dem Tode des Herdenbesitzers wären also seine Herden übergegangen zunächst an seine Brüder und Schwestern und an die Kinder seiner Schwestern oder an die Nachkommen der Schwestern seiner Mutter. Seine eignen Kinder aber waren enterbt.

In dem Verhältnis also, wie die Reichtümer sich mehrten, gaben sie einerseits dem Mann eine wichtigere Stellung in der Familie als der Frau und erzeugten andrerseits den Antrieb, diese verstärkte Stellung zu benutzen, um die hergebrachte Erbfolge zugunsten der Kinder umzustoßen. Dies ging aber nicht, solange die Abstammung nach Mutterrecht galt. Diese also mußte umgestoßen werden, und sie wurde umgestoßen. Es war dies gar nicht so schwer, wie es uns heute erscheint. Denn diese Revolution – eine der einschneidensten, die die Menschen erlebt haben – brauchte nicht ein einziges der lebenden Mitglieder einer Gens zu berühren. Alle ihre Angehörigen konnten nach wie vor bleiben, was sie gewesen. Der einfache Beschluß genügte, daß in Zukunft die Nachkommen der männlichen Genossen in der Gens bleiben, die der weiblichen aber ausgeschlossen sein sollten, indem sie in die Gens ihres Vaters übergingen. Damit war die Abstammungsrechnung in weiblicher Linie und das mütterliche Erbrecht umgestoßen, männliche Abstammungslinie und väterliches Erbrecht eingesetzt. Wie sich diese Revolution bei den Kulturvölkern gemacht hat, und wann, darüber wissen wir nichts. Sie fällt ganz in die vorgeschichtliche Zeit. *Daß* sie sich aber gemacht, ist mehr als nötig erwiesen durch die namentlich von Bachofen gesammelten reichlichen Spuren von Mutterrecht; wie leicht sie sich vollzieht, sehn wir an einer ganzen Reihe von Indianerstämmen, wo sie erst neuerdings gemacht worden ist und noch gemacht wird unter dem Einfluß teils wachsenden Reichtums und veränderter Lebensweise (Versetzung aus den Wäldern in die Prärie), teils moralischer Einwirkungen der Zivilisation und der Missionare. Von acht Missouristämmen haben sechs männliche, aber zwei noch weibliche Abstammungslinie und Erbfolge. Bei den Shawnees, Miamies und Delawares ist die Sitte eingerissen, die Kinder durch einen der Gens des Vaters gehörigen Gentilnamen in diese zu versetzen, damit sie vom Vater erben können. »Eingeborene Kasuisterei des Menschen, die Dinge zu ändern, indem man ihre Namen ändert! Und Schlupfwinkel zu finden, um innerhalb der Tradition die Tradition zu durchbrechen, wo ein direktes Interesse den hinreichenden Antrieb gab!« (Marx) Dadurch entstand heillose Verwirrung, der nur abzuhelfen war, und teilweise auch abgeholfen wurde, durch Übergang zum Vaterrecht. »Dies scheint überhaupt der natürlichste Übergang.« (Marx) – Was die vergleichenden Juristen uns zu sagen wissen über die Art und Weise, wie dieser Übergang sich bei den Kulturvölkern der alten Welt vollzog – freilich fast nur Hypothesen –, darüber vgl. M. Kowalewski, »Tableau des origines et de l'évolution de la famille et de la propriété«, Stockholm 1890.

Der Umsturz des Mutterrechts war die *weltgeschichtliche Niederlage des weiblichen Geschlechts*. Der Mann ergriff das Steuer auch im Hause, die Frau wurde entwürdigt, geknechtet, Sklavin seiner Lust und bloßes Werkzeug der Kinderzeugung. Diese erniedrigte Stellung der Frau, wie sie namentlich bei den Griechen der heroischen und noch mehr der klassischen Zeit offen hervortritt, ist allmählich beschönigt und verheuchelt, auch stellenweise in mildere Form gekleidet worden; beseitigt ist sie keineswegs.

Die erste Wirkung der nun begründeten Alleinherrschaft der Männer zeigt sich in der jetzt auftauchenden Zwischenform der patriarchalischen Familie. Was sie hauptsächlich bezeichnet, ist nicht die Vielweiberei, wovon später, sondern »die Organisation einer Anzahl freier und unfreier Personen zu einer Familie unter der väterlichen Gewalt des Familienhaupts. In der semitischen Form lebt dies Familienhaupt in Vielweiberei, die Unfreien haben Weib und Kinder, und der Zweck der ganzen Organisation ist die Wartung von Herden auf einem abgegrenzten Gebiet.«

Das Wesentliche ist die Einverleibung von Unfreien und die väterliche Gewalt; daher ist der vollendete Typus dieser Familienform die römische Familie. Das Wort familia bedeutet ursprünglich nicht das aus Sentimentalität und häuslichem Zwist zusammengesetzte Ideal des heutigen Philisters; es bezieht sich bei den Römern anfänglich gar nicht einmal auf das Ehepaar und dessen Kinder, sondern auf die Sklaven allein. Famulus heißt ein Hausklave, und familia ist die Gesamtheit der einem Mann gehörenden Sklaven. Noch zu Gajus Zeit wurde die familia, id est patrimonium (d. h. das Erbteil) testamentarisch vermacht. Der Ausdruck wurde von den

Römern erfunden, um einen neuen gesellschaftlichen Organismus zu bezeichnen, dessen Haupt Weib und Kinder und eine Anzahl Sklaven unter römischer väterlicher Gewalt, mit dem Recht über Tod und Leben aller, unter sich hatte.

»Das Wort ist also nicht älter als das eisengepanzerte Familiensystem der latinischen Stämme, welches aufkam nach Einführung des Feldbaus und der gesetzlichen Sklaverei und nach der Trennung der arischen Italer von den Griechen.«

Marx setzt hinzu: »Die moderne Familie enthält im Keim nicht nur Sklaverei (servitus), sondern auch Leibeigenschaft, da sie von vornherein Beziehung hat auf Dienste für Ackerbau. Sie enthält *in Miniatur* alle die Gegensätze in sich, die sich später breit entwickeln in der Gesellschaft und in ihrem Staat.«

Eine solche Familienform zeigt den Übergang der Paarungsehe in die Monogamie. Um die Treue der Frau, also die Vaterschaft der Kinder, sicherzustellen, wird die Frau der Gewalt des Mannes unbedingt überliefert: Wenn er sie tötet, so übt er nur sein Recht aus.

Mit der patriarchalischen Familie betreten wir das Gebiet der geschriebenen Geschichte, und damit ein Gebiet, wo die vergleichende Rechtswissenschaft uns bedeutende Hülfe leisten kann. Und in der Tat hat sie uns hier einen wesentlichen Fortschritt gebracht. Wir verdanken Maxim Kowalewski (»Tableau etc. de la famille et de la propriété«, Stockholm 1890, p. 60–100) den Nachweis, daß die patriarchalische Hausgenossenschaft, wie wir sie heute noch bei Serben und Bulgaren unter dem Namen Zádruga (etwa Verfreundung zu übersetzen) oder Bratstvo (Brüderschaft), und in modifizierter Form bei orientalischen Völkern vorfinden, die Übergangsstufe gebildet hat zwischen der, aus der Gruppenehe entspringenden, mutterrechtlichen Familie und der Einzelfamilie der modernen Welt. Wenigstens für die Kulturvölker der alten Welt, für Arier und Semiten, scheint dies erwiesen.

[...]

Jedenfalls erhält jetzt die patriarchalische Hausgenossenschaft mit gemeinsamem Grundbesitz und gemeinsamer Bebauung eine ganz andre Bedeutung als bisher. Wir können nicht länger zweifeln an der wichtigen Übergangsrolle, die sie bei den Kulturvölkern und manchen andern Völkern der alten Welt zwischen der mutterrechtlichen und der Einzelfamilie gespielt hat. Weiter unten kommen wir zurück auf die von Kowalewski ferner gezogne Schlußfolge, daß sie ebenfalls die Übergangsstufe war, aus der sich die Dorf- oder

Marktgemeinde mit Einzelbebauung und erst periodischer, dann endgültiger Aufteilung von Acker- und Wiesenland entwickelt hat.
[...]

Die *monogame Familie*. Sie entsteht aus der Paarungsfamilie, wie gezeigt, im Grenzzeitalter zwischen der mittleren und oberen Stufe der Barbarei; ihr endgültiger Sieg ist eins der Kennzeichen der beginnenden Zivilisation. Sie ist gegründet auf die Herrschaft des Mannes, mit dem ausdrücklichen Zweck der Erzeugung von Kindern mit unbestrittener Vaterschaft, und diese Vaterschaft wird erfordert, weil diese Kinder dereinst als Leibeserben in das väterliche Vermögen eintreten sollen. Sie unterscheidet sich von der Paarungsehe durch weit größere Festigkeit des Ehebandes, das nun nicht mehr nach beiderseitigem Gefallen lösbar ist. Es ist jetzt in der Regel nur noch der Mann, der es lösen und seine Frau verstoßen kann. Das Recht der ehelichen Untreue bleibt ihm auch jetzt wenigstens noch durch die Sitte gewährleistet (der Code Napoléon schreibt es dem Mann ausdrücklich zu, solange er nicht die Beischläferin ins eheliche Haus bringt) und wird mit steigender gesellschaftlicher Entwicklung immer mehr ausgeübt; erinnert sich die Frau der alten geschlechtlichen Praxis und will sie erneuern, so wird sie strenger bestraft als je vorher.

In ihrer ganzen Härte tritt uns die neue Familienform entgegen bei den Griechen. Während, wie Marx bemerkt, die Stellung der Göttinnen in der Mythologie uns eine frühere Periode vorführt, wo die Frauen noch eine freiere, geachtetere Stellung hatten, finden wir zur Heroenzeit die Frau bereits erniedrigt durch die Vorherrschaft des Mannes und die Konkurrenz von Sklavinnen. Man lese in der »Odyssee«, wie Telemachos seine Mutter ab- und zur Ruhe verweist. Die erbeuteten jungen Weiber verfallen bei Homer der Sinnenlust der Sieger; die Befehlshaber wählen sich der Reihe und Rangordnung nach die schönsten aus; die ganze »Ilias« dreht sich bekanntlich um den Streit zwischen Achilleus und Agamemnon wegen einer solchen Sklavin. Bei jedem homerischen Helden von Bedeutung wird das kriegsgefangene Mädchen erwähnt, womit er Zelt und Bett teilt. Diese Mädchen werden auch mit in die Heimat und ins eheliche Haus genommen, wie Kassandra von Agamemnon bei Äschylos; die mit solchen Sklavinnen erzeugten Söhne bekommen einen kleinen Anteil am väterlichen Erbe und gelten als Vollfreie; Teukros ist ein solcher unehelicher Sohn des Telamon und darf sich nach seinem Vater nennen. Von der Ehefrau wird erwartet, daß sie sich das alles gefallen läßt, selbst aber strenge Keuschheit und Gattentreue bewahrt. Die griechische Frau der Heroenzeit ist zwar geachteter als die der zivilisierten Periode, aber sie ist doch schließlich für den Mann nur die Mutter seiner ehelichen Erbkinder, seine oberste Hausverwalterin und die Vorsteherin der Sklavinnen, die er sich nach Belieben zu Konkubinen machen kann und auch macht. Es ist der Bestand der Sklaverei neben der Monogamie, das Dasein junger schöner Sklavinnen, die dem *Mann* gehören mit allem, was sie an sich haben, das der Monogamie von Anfang an ihren spezifischen Charakter aufdrückt, Monogamie zu sein *nur für die Frau*, nicht aber für den Mann. Und diesen Charakter hat sie noch heute.

Für die späteren Griechen müssen wir unterscheiden zwischen Dorern und Ioniern. Die ersteren, deren klassisches Beispiel Sparta, haben in mancher Beziehung noch altertümlichere Eheverhältnisse, als selbst Homer sie aufzeigt. In Sparta gilt eine nach den dortigen Anschauungen vom Staat modifizierte Paarungsehe, die noch manche Erinnerungen an die Gruppenehe aufweist. Kinderlose Ehen werden getrennt: der König Anaxandridas (um 650 vor unsrer Zeitrechnung) nahm zu seiner kinderlosen Frau eine zweite und führte zwei Haushaltungen; um dieselbe Zeit nahm der König Ariston zu zwei unfruchtbaren Frauen eine dritte, entließ aber dafür eine der ersteren. Andrerseits durften mehrere Brüder eine gemeinsame Frau haben, durfte der Freund, dem des Freundes Frau besser gefiel, sich mit diesem in sie teilen, und galt es für anständig, die Frau einem strammen »Hengst«, wie Bismarck sagen würde, zur Verfügung zu stellen, selbst wenn dieser ein Nichtbürger war. Aus einer Stelle bei Plutarch, wo eine Spartanerin den Liebhaber, der sie mit Anträgen verfolgte, an ihren Ehemann verwies, scheint – nach Schoemann – sogar eine noch größere Freiheit der Sitte hervorzugehn. Wirklicher Ehebruch, Untreue der Frau hinter dem Rücken des Mannes, war daher auch unerhört. Andrerseits war die Hausklaverei in Sparta wenigstens in der besten Zeit unbekannt, die leibeigenen Heloten wohnten gesondert auf den Gütern; die Versuchung für die Spartiaten, sich an deren Weiber zu halten, war daher geringer. Daß unter allen diesen Umständen die Frauen in Sparta eine ganz anders geachtete Stellung einnahmen als bei den übrigen Griechen, konnte gar nicht anders sein. Die spartanischen Frauen und die Elite der athenischen Hetären sind die einzigen griechischen Frauen, von denen die Alten mit Respekt sprechen, deren Äußerungen aufzuzeichnen sie der Mühe wert halten.

Ganz anders bei den Ioniern, für die Athen kennzeichnend ist. Die Mädchen lernten nur Spinnen, Weben und Nähen, höchstens etwas Lesen und Schreiben. Sie waren so gut wie eingeschlossen, gingen nur mit andern Weibern um. Das Frauengemach war ein abgesondertes Stück des Hauses, im obern Stock oder im Hinterhaus, wohin Männer, namentlich Fremde, nicht leicht kamen und wohin sie sich bei Männerbesuch zurückzogen. Die Frauen gingen nicht aus ohne Begleitung einer Sklavin; zu Hause wurden sie förmlich bewacht; Aristophanes spricht von molossischen Hunden, die zur Abschreckung der Ehebrecher gehalten wurden, und in den asiatischen Städten wenigstens hielt man zur Frauenbewachung Eunuchen, die in Chios schon zu Herodots Zeit für den Handel fabriziert wurden, und nach Wachsmuth nicht allein für die Barbaren. Bei Euripides wird die Frau als oikurema, als ein Ding zur Hausbesorgung (das Wort ist Neutrum), bezeichnet, und außer dem Geschäft der Kinderzeugung war sie dem Athener nichts andres: die oberste Hausmagd. Der Mann hatte seine gymnastischen Übungen, seine öffentlichen Verhandlungen, wovon die Frau ausgeschlossen; er hatte außerdem oft noch Sklavinnen zu seiner Verfügung und zur Blütezeit Athens eine ausgedehnte und vom Staat wenigstens begünstigte Prostitution. Es war grade auf Grundlage dieser Prostitution, daß sich die einzigen griechischen Frauencharaktere entwickelten, die durch Geist und künstlerische Geschmacksbildung ebensosehr über das allgemeine Niveau der antiken Weiblichkeit hervorragen wie die Spartiatinnen durch den Charakter. Daß man aber erst Hetäre werden mußte, um Weib zu werden, das ist die strengste Verurteilung der athenischen Familie.

Diese athenische Familie wurde im Lauf der Zeit das Vorbild, wonach nicht nur die übrigen Ionier, sondern auch mehr und mehr die sämtlichen Griechen des Inlands und der Kolonien ihre häuslichen Verhältnisse modelten. Aber trotz aller Abschließung und Bewachung fanden die Griechinnen oft genug Gelegenheit, ihre Männer zu täuschen. Diese, die sich geschämt hätten, irgendwelche Liebe für ihre Frauen zu verraten, amüsierten sich in allerlei Liebeshändeln mit Hetären; aber die Entwürdigung der Frauen rächte sich an den Männern und entwürdigte auch sie, bis sie versanken in die Widerwärtigkeit der Knabenliebe und ihre Götter entwürdigten wie sich selbst durch den Mythus von Ganymed.

Das war der Ursprung der Monogamie, soweit wir ihn beim zivilisiertesten und am höchsten entwickelten Volk des Altertums verfolgen können. Sie war keineswegs eine Frucht der individuellen Geschlechtsliebe, mit der sie absolut nichts zu schaffen hatte, da die Ehen nach wie vor Konvenienzehen blieben. Sie war die erste Familienform, die nicht auf natürliche, sondern auf ökonomische Bedingungen gegründet war, nämlich auf den Sieg des Privateigentums über das ursprüngliche naturwüchsige Gemeineigentum. Herrschaft des Mannes in der Familie und Erzeugung von Kindern, die nur die seinigen sein konnten und die zu Erben seines Reichtums bestimmt waren – das allein waren die von den Griechen unumwunden ausgesprochenen ausschließlichen Zwecke der Einzelehe. Im übrigen war sie ihnen eine Last, eine Pflicht gegen die Götter, den Staat und die eignen Vorfahren, die eben erfüllt werden mußte. In Athen erzwang das Gesetz nicht nur die Verheiratung, sondern auch die Erfüllung eines Minimums der sogenannten ehelichen Pflichten von seiten des Mannes.

So tritt die Einzelehe keineswegs ein in die Geschichte als die Versöhnung von Mann und Weib, noch viel weniger als ihre höchste Form. Im Gegenteil. Sie tritt auf als Unterjochung des einen Geschlechts durch das andre, als Proklamation eines bisher in der ganzen Vorgeschichte unbekannten Widerstreits der Geschlechter. In einem alten, 1846 von Marx und mir ausgearbeiteten, ungedruckten Manuskript finde ich: »Die erste Teilung der Arbeit ist die von Mann und Weib zur Kinderzeugung.« Und heute kann ich hinzusetzen: Der erste Klassengegensatz, der in der Geschichte auftritt, fällt zusammen mit der Entwicklung des Antagonismus von Mann und Weib in der Einzelehe, und die erste Klassenunterdrückung mit der des weiblichen Geschlechts durch das männliche. Die Einzelehe war ein großer geschichtlicher Fortschritt, aber zugleich eröffnet sie neben der Sklaverei und dem Privatreichtum jene bis heute dauernde Epoche, in der jeder Fortschritt zugleich ein relativer Rückschritt, in dem das Wohl und die Entwicklung der einen sich durchsetzt durch das Wehe und die Zurückdrängung der andern. Sie ist die Zellenform der zivilisierten Gesellschaft, an der wir schon die Natur der in dieser sich voll entfaltenden Gegensätze und Widersprüche studieren können.

[...]

Mit der Einzelehe treten zwei ständige gesellschaftliche Charakterfiguren auf, die früher unbekannt waren: der ständige Liebhaber der Frau und der Hahnrei. Die Männer hatten den Sieg über

die Weiber errungen, aber die Krönung übernahmen großmütig die
Besiegten. Neben der Einzelehe und dem Hetärismus wurde der
Ehebruch eine unvermeidliche gesellschaftliche Einrichtung – ver-
pönt, hart bestraft, aber ununterdrückbar. Die sichre Vaterschaft
der Kinder beruhte nach wie vor höchstens auf moralischer Überzeugung, und um den unlöslichen Widerspruch zu lösen, dekretierte
der Code Napoléon Art. 312:

»L'enfant conçu pendant le mariage a pour père le mari; das
während der Ehe empfangene Kind hat zum Vater – den Ehemann.«

Das ist das letzte Resultat von dreitausend Jahren Einzelehe.

So haben wir in der Einzelfamilie, in den Fällen, die ihrer geschichtlichen Entstehung treu bleiben und den durch die ausschließliche Herrschaft des Mannes ausgesprochenen Widerstreit von Mann
und Weib klar zur Erscheinung bringen, ein Bild im kleinen derselben Gegensätze und Widersprüche, in denen sich die seit Eintritt
der Zivilisation in Klassen gespaltne Gesellschaft bewegt, ohne sie
auflösen und überwinden zu können. Ich spreche hier natürlich nur
von jenen Fällen der Einzelehe, wo das eheliche Leben in Wirklichkeit nach Vorschrift des ursprünglichen Charakters der ganzen Einrichtung verläuft, wo die Frau aber gegen die Herrschaft des Mannes rebelliert. Daß nicht alle Ehen so verlaufen, weiß niemand
besser als der deutsche Philister, der seine Herrschaft im Hause
nicht besser zu wahren weiß als im Staat und dessen Frau daher mit
vollem Recht die Hosen trägt, deren er nicht wert ist. Dafür dünkt
er sich aber auch weit überhaben über seinen französischen Lei-
densgenossen, dem, öfter als ihm selbst, weit Schlimmeres passiert.

Die Einzelfamilie trat übrigens keineswegs überall und jederzeit
in der klassisch-schroffen Form auf, die sie bei den Griechen hatte.
Bei den Römern, die als künftige Welteroberer einen weiteren,
wenn auch weniger feinen Blick hatten als die Griechen, war die
Frau freier und geachteter. Der Römer glaubte die eheliche Treue
durch die Gewalt über Leben und Tod seiner Frau hinlänglich verbürgt. Auch konnte die Frau hier ebensogut wie der Mann die Ehe
freiwillig lösen. Aber der größte Fortschritt in der Entwicklung der
Einzelehe geschah entschieden mit dem Eintritt der Deutschen in
die Geschichte, und zwar weil bei ihnen, wohl infolge ihrer Armut,
damals die Monogamie sich noch nicht vollständig aus der Paarungsehe entwickelt zu haben scheint. Wir schließen dies aus drei
Umständen, die Tacitus erwähnt: Erstens galt bei großer Heilighal-

tung der Ehe – »sie begnügen sich mit *einer* Frau, die Weiber leben eingehegt durch Keuschheit« – dennoch Vielweiberei für die Vornehmen und Stammesführer, also ein Zustand, ähnlich dem der Amerikaner, bei denen Paarungsehe galt. Und zweitens konnte der Übergang vom Mutterrecht zum Vaterrecht erst kurz vorher gemacht worden sein, denn noch galt der Mutterbruder – der nächste männliche Gentilverwandte nach Mutterrecht – als fast ein näherer Verwandter denn der eigene Vater, ebenfalls entsprechend dem Standpunkt der amerikanischen Indianer, bei denen Marx, wie er oft sagte, den Schlüssel zum Verständnis unsrer eignen Urzeit gefunden. Und drittens waren die Frauen bei den Deutschen hochgeachtet und einflußreich auch auf öffentliche Geschäfte, was im direkten Gegensatz zur monogamischen Männerherrschaft steht. Fast alles Dinge, worin die Deutschen mit den Spartanern stimmen, bei denen, wie wir sahen, die Paarungsehe ebenfalls noch nicht vollständig überwunden war. Mit den Deutschen kam also auch in dieser Beziehung ein ganz neues Element zur Weltherrschaft. Die neue Monogamie, die sich nun auf den Trümmern der Römerwelt aus der Völkermischung entwickelte, kleidete die Männerherrschaft in mildere Formen und ließ den Frauen eine wenigstens äußerlich weit geachtetere und freiere Stellung, als das klassische Altertum sie je gekannt. Damit erst war die Möglichkeit gegeben, auf der sich aus der Monogamie – in ihr, neben ihr und gegen sie, je nachdem – der größte sittliche Fortschritt entwickeln konnte, den wir ihr verdanken: die moderne individuelle Geschlechtsliebe, die der ganzen früheren Welt unbekannt war.

[...]

Unsre Juristen finden allerdings, daß der Fortschritt der Gesetzgebung den Frauen in steigendem Maß jeden Grund zur Klage entzieht. Die modernen zivilisierten Gesetzsysteme erkennen mehr und mehr an, erstens, daß die Ehe, um gültig zu sein, ein von beiden Teilen freiwillig eingegangner Vertrag sein muß, und zweitens, daß auch während der Ehe beide Teile einander mit gleichen Rechten und Pflichten gegenüberstehn sollen. Seien diese beiden Forderungen aber konsequent durchgeführt, so hätten die Frauen *alles*, was sie verlangen können.

Diese echt juristische Argumentation ist genau dieselbe, womit der radikale republikanische Bourgeois den Proletarier ab- und zur Ruhe verweist. Der Arbeitsvertrag soll ein von beiden Teilen freiwillig eingegangner sein. Aber er gilt als für freiwillig eingegangen, sobald das Gesetz beide Teile *auf dem Papier* gleichstellt. Die Macht, die die verschiedne Klassenstellung dem einen Teil gibt, der Druck, den sie auf den andern Teil ausübt – die wirkliche ökonomische Stellung *beider* –, das geht das Gesetz nichts an. Und während der Dauer des Arbeitsvertrags sollen beide Teile wiederum gleichberechtigt sein, sofern nicht einer oder der andre ausdrücklich verzichtet hat. Daß die ökonomische Sachlage den Arbeiter zwingt, sogar auf den letzten Schein von Gleichberechtigung zu verzichten, dafür kann das Gesetz wiederum nichts.

Mit Bezug auf die Ehe ist das Gesetz, selbst das fortgeschrittenste, vollauf befriedigt, sobald die Beteiligten ihre Freiwilligkeit formell zu Protokoll gegeben haben. Was hinter den juristischen Kulissen vorgeht, wo sich das wirkliche Leben abspielt, wie diese Freiwilligkeit zustande kommt, darum kann sich das Gesetz und der Jurist nicht kümmern. Und doch sollte hier die einfachste Rechtsvergleichung dem Juristen zeigen, was es mit dieser Freiwilligkeit auf sich hat. In den Ländern, wo den Kindern ein Pflichtteil am elterlichen Vermögen gesetzlich gesichert ist, wo sie also nicht enterbt werden können – in Deutschland, in den Ländern französischen Rechts etc., sind die Kinder beim Eheschluß an die Einwilligung der Eltern gebunden. In den Ländern englischen Rechts, wo die elterliche Einwilligung kein gesetzliches Erfordernis des Eheschlusses, haben die Eltern auch volle Testierfreiheit über ihr Vermögen, können sie ihre Kinder nach Belieben enterben. Daß trotzdem und eben deshalb die Freiheit der Eheschließung in den Klassen, wo es was zu erben gibt, in England und Amerika, tatsächlich um kein Haar größer ist als in Frankreich und Deutschland, das ist doch klar.

Nicht besser steht es mit der juristischen Gleichberechtigung von Mann und Frau in der Ehe. Die rechtliche Ungleichheit beider, die uns aus früheren Gesellschaftszuständen vererbt, ist nicht die Ursache, sondern die Wirkung der ökonomischen Unterdrückung der Frau. In der alten kommunistischen Haushaltung, die viele Ehepaare und ihre Kinder umfaßte, war die den Frauen übergebne Führung des Haushalts ebensogut eine öffentliche, eine gesellschaftlich notwendige Industrie wie die Beschaffung der Nahrungsmittel durch die Männer. Mit der patriarchalischen Familie und noch mehr mit der monogamen Einzelfamilie wurde dies anders. Die Führung des Haushalts verlor ihren öffentlichen Charakter. Sie ging die Gesellschaft nichts mehr an. Sie wurde ein *Privatdienst;*

die Frau wurde erste Dienstbotin, aus der Teilnahme an der gesellschaftlichen Produktion verdrängt. Erst die große Industrie unsrer Zeit hat ihr – und auch nur der Proletarierin – den Weg zur gesellschaftlichen Produktion wieder eröffnet. Aber so, daß, wenn sie ihre Pflichten im Privatdienst der Familie erfüllt, sie von der öffentlichen Produktion ausgeschlossen bleibt und nichts erwerben kann; und daß, wenn sie sich an der öffentlichen Industrie beteiligen und selbständig erwerben will, sie außerstand ist, Familienpflichten zu erfüllen. Und wie in der Fabrik, so geht es der Frau in allen Geschäftszweigen, bis in die Medizin und Advokatur hinein. Die moderne Einzelfamilie ist gegründet auf die offne oder verhüllte Haussklaverei der Frau, und die moderne Gesellschaft ist eine Masse, die aus lauter Einzelfamilien als ihren Molekülen sich zusammensetzt. Der Mann muß heutzutage in der großen Mehrzahl der Fälle der Erwerber, der Ernährer der Familie sein, wenigstens in den besitzenden Klassen, und das gibt ihm eine Herrscherstellung, die keiner juristischen Extrabevorrechtung bedarf. Er ist in der Familie der Bourgeois, die Frau repräsentiert das Proletariat. In der industriellen Welt tritt aber der spezifische Charakter der auf dem Proletariat lastenden ökonomischen Unterdrückung erst dann in seiner vollen Schärfe hervor, nachdem alle gesetzlichen Sondervorrechte der Kapitalistenklasse beseitigt und die volle juristische Gleichberechtigung beider Klassen hergestellt worden; die demokratische Republik hebt den Gegensatz beider Klassen nicht auf, sie bietet im Gegenteil erst den Boden, worauf er ausgefochten wird. Und ebenso wird auch der eigentümliche Charakter der Herrschaft des Mannes über die Frau in der modernen Familie und die Notwendigkeit wie die Art der Herstellung einer wirklichen gesellschaftlichen Gleichstellung beider erst dann in grelles Tageslicht treten, sobald beide juristisch vollkommen gleichberechtigt sind. Es wird sich dann zeigen, daß die Befreiung der Frau zur ersten Vorbedingung hat die Wiedereinführung des ganzen weiblichen Geschlechts in die öffentliche Industrie, und daß dies wieder erfordert die Beseitigung der Eigenschaft der Einzelfamilie als wirtschaftlicher Einheit der Gesellschaft.

Wir haben demnach drei Hauptformen der Ehe, die im ganzen und großen den drei Hauptstadien der menschlichen Entwicklung entsprechen. Für die Wildheit die Gruppenehe, für die Barbarei die Paarungsehe, für die Zivilisation die Monogamie, ergänzt durch Ehebruch und Prostitution. Zwischen Paarungsehe und Monogamie schiebt sich ein, auf der Oberstufe der Barbarei, das Kommando der Männer über Sklavinnen und die Vielweiberei.

Wie unsre ganze Darstellung bewiesen, ist der Fortschritt, der sich in dieser Reihenfolge aufzeigt, an die Eigentümlichkeit geknüpft, daß den Frauen die geschlechtliche Freiheit der Gruppenehe mehr und mehr entzogen wird, den Männern aber nicht. Und wirklich besteht die Gruppenehe für die Männer tatsächlich bis heute fort. Was bei der Frau ein Verbrechen ist und schwere gesetzliche und gesellschaftliche Folgen nach sich zieht, das gilt beim Mann für ehrenvoll oder doch schlimmstenfalls als ein leichter moralischer Makel, den man mit Vergnügen trägt. Je mehr aber der altherkömmliche Hetärismus in unsrer Zeit durch die kapitalistische Warenproduktion verändert und ihr angepaßt wird, je mehr er sich in unverhüllte Prostitution verwandelt, desto demoralisierender wirkt er. Und zwar demoralisiert er die Männer noch weit mehr als die Frauen. Die Prostitution degradiert unter den Frauen nur die Unglücklichen, die ihr verfallen, und auch diese bei weitem nicht in dem Grad, wie gewöhnlich geglaubt wird. Dagegen erniedrigt sie den Charakter der gesamten Männerwelt. So ist namentlich ein langer Bräutigamsstand in neun Fällen aus zehn eine förmliche Vorschule der ehelichen Untreue.

Nun gehen wir einer gesellschaftlichen Umwälzung entgegen, wo die bisherigen ökonomischen Grundlagen der Monogamie ebenso sicher verschwinden werden wie die ihrer Ergänzung, der Prostitution. Die Monogamie entstand aus der Konzentrierung größerer Reichtümer in *einer* Hand – und zwar der eines Mannes – und aus dem Bedürfnis, diese Reichtümer den Kindern dieses Mannes und keines andern zu vererben. Dazu war Monogamie der Frau erforderlich, nicht des Mannes, so daß diese Monogamie der Frau der offnen oder verdeckten Polygamie des Mannes durchaus nicht im Wege stand. Die bevorstehende gesellschaftliche Umwälzung wird aber durch Verwandlung wenigstens des unendlich größeren Teils der dauernden, vererbbaren Reichtümer – der Produktionsmittel – in gesellschaftliches Eigentum diese ganze Vererbungssorge auf ein Minimum reduzieren. Da nun die Monogamie aus ökonomischen Ursachen entstanden, wird sie verschwinden, wenn diese Ursachen verschwinden?

Man könnte nicht mit Unrecht antworten: Sie wird so wenig verschwinden, daß sie vielmehr erst vollauf verwirklicht werden wird. Denn mit der Verwandlung der Produktionsmittel in gesellschaftliches Eigentum verschwindet auch die Lohnarbeit, das Proletariat, also auch die Notwendigkeit für eine gewisse – statistisch berechenbare – Zahl von Frauen, sich für Geld preiszugeben. Die Prostitution verschwindet, die Monogamie, statt unterzugehn, wird endlich eine Wirklichkeit – auch für die Männer.

Die Lage der Männer wird also jedenfalls sehr verändert. Aber auch die der Frauen, *aller* Frauen, erfährt bedeutenden Wechsel. Mit dem Übergang der Produktionsmittel in Gemeineigentum hört die Einzelfamilie auf, wirtschaftliche Einheit der Gesellschaft zu sein. Die Privathaushaltung verwandelt sich in eine gesellschaftliche Industrie. Die Pflege und Erziehung der Kinder wird öffentliche Angelegenheit; die Gesellschaft sorgt für alle Kinder gleichmäßig, seien sie eheliche oder uneheliche. Damit fällt die Sorge weg wegen der »Folgen«, die heute das wesentlichste gesellschaftliche – moralische wie ökonomische – Moment bildet, das die rücksichtslose Hingabe eines Mädchens an den geliebten Mann verhindert. Wird das nicht Ursache genug sein zum allmählichen Aufkommen eines ungenierteren Geschlechtsverkehrs und damit auch einer laxeren öffentlichen Meinung von wegen jungfräulicher Ehre und weiblicher Schande? Und endlich, haben wir nicht gesehn, daß in der modernen Welt Monogamie und Prostitution zwar Gegensätze, aber untrennbare Gegensätze, Pole desselben Gesellschaftszustandes sind? Kann die Prostitution verschwinden, ohne die Monogamie mit sich in den Abgrund zu ziehn?

[...]

In der »Ilias« erscheint der Männerbeherrscher Agamemnon nicht als oberster König der Griechen, sondern als oberster Befehlshaber eines Bundesheers vor einer belagerten Stadt. Und auf diese seine Eigenschaft weist Odysseus hin, als Zwist unter den Griechen ausgebrochen war, in der berühmten Stelle: Nicht gut ist die Vielkommandiererei, einer sei Befehlshaber usw. (wobei noch der beliebte Vers mit dem Zepter späterer Zusatz). »Odysseus hält hier keine Vorlesung über eine Regierungsform, sondern verlangt Gehorsam gegen den obersten Feldherrn im Kriege. Für die Griechen, die vor Troja nur als Heer erscheinen, geht es in der Agora demokratisch genug zu. Achilles, wenn er von Geschenken, d. h. Verteilung der Beute spricht, macht stets zum Verteiler weder den Agamemnon noch einen andern Basileus, sondern ›die Söhne der Achäer‹, d. h. das Volk. Die Prädikate: von Zeus erzeugt, von Zeus ernährt, beweisen nichts, da *jede* Gens von einem Gott abstammt, die des Stammeshaupts schon von einem ›vornehmeren‹ Gott – hier Zeus. Selbst die persönlich Unfreien, wie der Sauhirt Eumäus u. a., sind ›göttlich‹ (dioi und theioi) und dies in der ›Odyssee‹, also in viel späterer Zeit als die ›Ilias‹; in derselben ›Odyssee‹ wird der Name Heros noch dem Herold Mulios beigelegt, wie dem blinden Sänger Demodokos. Kurz, das Wort basileia, das die griechischen Schriftsteller für das homerische sogenannte Königtum anwenden (weil die Heerführerschaft ihr Hauptkennzeichen), mit Rat und Volksversammlung daneben, bedeutet nur – militärische Demokratie.« (Marx)

Der Basileus hatte außer den militärischen noch priesterliche und richterliche Amtsbefugnis; letztere nicht näher bestimmt, erstere in seiner Eigenschaft als oberster Vertreter des Stamms oder Bundes von Stämmen. Von bürgerlichen, verwaltenden Befugnissen ist nie die Rede; er scheint aber von Amts wegen Ratsmitglied gewesen zu sein. Basileus mit König zu übersetzen, ist also etymologisch ganz richtig, da König (Kuning) von Kuni, Künne abstammt und Vorsteher einer Gens bedeutet. Aber der heutigen Bedeutung des Wortes König entspricht der altgriechische Basileus in keiner Weise. Thukydides nennt die alte Basileia ausdrücklich eine patrikê, d. h. von Gentes abgeleitete, und sagt, sie habe festbestimmte, also begrenzte Befugnisse gehabt. Und Aristoteles sagt, die Basileia der Heroenzeit sei eine Führerschaft über Freie gewesen, und der Basileus Heerführer, Richter und Oberpriester; Regierungsgewalt im späteren Sinne hatte er also nicht.*

Wir sehn also in der griechischen Verfassung der Heldenzeit die alte Gentilorganisation noch in lebendiger Kraft, aber auch schon den Anfang ihrer Untergrabung: Vaterrecht mit Vererbung des Vermögens an die Kinder, wodurch die Reichtumsanhäufung in der Familie begünstigt und die Familie eine Macht wurde gegenüber der Gens; Rückwirkungen der Reichtumsverschiedenheit auf die

---

* Wie dem griechischen Basileus, so ist auch dem aztekischen Heerführer ein moderner Fürst untergeschoben worden. Morgan unterwirft die erst mißverständlichen und übertriebnen, später direkt lügenhaften Berichte der Spanier zum erstenmal der historischen Kritik und weist nach, daß die Mexikaner auf der Mittelstufe der Barbarei, höher jedoch als die neumexikanischen Pueblos-Indianer, standen und daß ihre Verfassung, soweit die entstellten Berichte sie erkennen lassen, dem entsprach: ein Bund dreier Stämme, der eine Anzahl andrer zur Tributpflichtigkeit unterworfen hatte und der regiert wurde von einem Bundesrat und Bundesfeldherrn, aus welchem letzteren die Spanier einen

Verfassung vermittelst Bildung der ersten Ansätze zu einem erblichen Adel und Königtum; Sklaverei, zunächst noch bloß von Kriegsgefangnen, aber schon die Aussicht eröffnend auf Versklavung der eignen Stammes- und selbst Gentilgenossen; der alte Krieg von Stamm gegen Stamm bereits ausartend in systematische Räuberei zu Land und zur See, um Vieh, Sklaven, Schätze zu erobern, in regelrechte Erwerbsquelle; kurz, Reichtum gepriesen und geachtet als höchstes Gut und die alten Gentilordnungen gemißbraucht, um den gewaltsamen Raub von Reichtümern zu rechtfertigen. Es fehlte nur noch eins: eine Einrichtung, die die neuerworbnen Reichtümer der einzelnen nicht nur gegen die kommunistischen Traditionen der Gentilordnung sicherstellte, die nicht nur das früher so geringgeschätzte Privateigentum heiligte und diese Heiligung für den höchsten Zweck aller menschlichen Gemeinschaft erklärte, sondern die auch die nacheinander sich entwickelnden neuen Formen der Eigentumserwerbung, also der stets beschleunigten Vermehrung des Reichtums mit dem Stempel allgemein gesellschaftlicher Anerkennung versah; eine Einrichtung, die nicht nur die aufkommende Spaltung der Gesellschaft in Klassen verewigte, sondern auch das Recht der besitzenden Klasse auf Ausbeutung der nichtbesitzenden und die Herrschaft jener über diese.

Und diese Einrichtung kam. Der *Staat* wurde erfunden.

[...]

Wie der Staat sich entwickelt hat, indem die Organe der Gentilverfassung teils umgestaltet, teils durch Einschiebung neuer Organe verdrängt und endlich vollständig durch wirkliche Staatsbehörden ersetzt wurden, während an die Stelle des in seinen Gentes, Phratrien und Stämmen sich selbst schützenden wirklichen »Volks in Waffen« eine diesen Staatsbehörden dienstbare, also auch gegen das Volk verwendbare, bewaffnete »öffentliche Gewalt« trat – davon können wir wenigstens das erste Stück nirgends besser verfolgen als im alten Athen. Die Formverwandlungen sind im wesentlichen von Morgan dargestellt, den sie erzeugenden ökonomischen Inhalt muß ich großenteils hinzufügen.

[...]

Früher, als die Lebenslage des Volks noch der Gentilverfassung entsprach, war eine solche Umwälzung unmöglich; und hier war sie gekommen, man wußte nicht wie. Gehn wir einen Augenblick zurück zu unsern Irokesen. Dort war ein Zustand undenkbar, wie er sich jetzt den Athenern sozusagen ohne ihr Zutun und sicher gegen ihren Willen aufgedrängt hatte. Dort konnte die sich jahraus, jahrein gleichbleibende Weise, den Lebensunterhalt zu produzieren, nie solche, wie von außen aufgezwungene Konflikte erzeugen, keinen Gegensatz von Reich und Arm, von Ausbeutern und Ausgebeuteten. Die Irokesen waren noch weit entfernt davon, die Natur zu beherrschen, aber innerhalb der für sie geltenden Naturgrenzen beherrschten sie ihre eigne Produktion. Abgesehn von schlechten Ernten in ihren Gärtchen, von Erschöpfung des Fischvorrats ihrer Seen und Flüsse, des Wildstandes ihrer Wälder, wußten sie, was bei ihrer Art, sich ihren Unterhalt zu erarbeiten, herauskam. Was herauskommen mußte, war der Lebensunterhalt, ob er kärglicher oder reichlicher ausfiel; was aber nie herauskommen konnte, das waren unbeabsichtigte gesellschaftliche Umwälzungen, Zerreißung der Gentilbande, Spaltung der Gentil- und Stammgenossen in entgegengesetzte, einander bekämpfende Klassen. Die Produktion bewegte sich in den engsten Schranken; aber – die Produzenten beherrschten ihr eignes Produkt. Das war der ungeheure Vorzug der barbarischen Produktion, der mit dem Eintritt der Zvilisation verlorenging und den wiederzuerobern, aber auf Grundlage der jetzt errungenen gewaltigen Naturbeherrschung durch den Menschen und der jetzt möglichen freien Assoziation, die Aufgabe der nächsten Generationen sein wird.

Anders bei den Griechen. Der aufgekommene Privatbesitz an Herden und Luxusgerät führte zum Austausch zwischen einzelnen, zur Verwandlung der Produkte in *Waren*. Und hier liegt der Keim der ganzen folgenden Umwälzung. Sobald die Produzenten ihr Produkt nicht mehr direkt selbst verzehrten, sondern es im Austausch aus der Hand gaben, verloren sie die Herrschaft darüber. Sie wußten nicht mehr, was aus ihm wurde, und die Möglichkeit war gegeben, daß das Produkt dereinst verwandt werde gegen den Produzenten, zu seiner Ausbeutung und Unterdrückung. Darum kann keine Gesellschaft auf die Dauer die Herrschaft über ihre eigne Produktion und die Kontrolle über die gesellschaftlichen Wirkungen ihres Produktionsprozesses behalten, die nicht den Austausch zwischen einzelnen abschafft.

Wie rasch aber, nach dem Entstehn des Austausches zwischen einzelnen und mit der Verwandlung der Produkte in Waren, das Produkt seine Herrschaft über den Produzenten geltend macht, das sollten die Athener erfahren. Mit der Warenproduktion kam die Bebauung des Bodens durch einzelne für eigne Rechnung, damit bald das Grundeigentum einzelner. Es kam ferner das Geld, die allgemeine Ware, gegen die alle andern austauschbar waren; aber indem die Menschen das Geld erfanden, dachten sie nicht daran, daß sie damit wieder eine neue gesellschaftliche Macht schufen, die Eine allgemeine Macht, vor der die ganze Gesellschaft sich beugen mußte. Und diese neue, ohne Wissen und Willen ihrer eignen Erzeuger plötzlich emporgesprungene Macht war es, die, in der ganzen Brutalität ihrer Jugendlichkeit, ihre Herrschaft den Athenern zu fühlen gab.

Was war zu machen? Die alte Gentilverfassung hatte sich nicht nur ohnmächtig erwiesen gegen den Siegeszug des Geldes; sie war auch absolut unfähig, innerhalb ihres Rahmens selbst nur Raum zu finden für so etwas wie Geld, Gläubiger und Schuldner, Zwangseintreibung von Schulden. Aber die neue gesellschaftliche Macht war einmal da, und fromme Wünsche, Sehnsucht nach Rückkehr der guten alten Zeit trieben Geld und Zinswucher nicht wieder aus der Welt. Und obendrein waren eine Reihe andrer, untergeordneter Breschen in die Gentilverfassung gelegt. Die Durcheinanderwürfelung der Gentilgenossen und Phratoren auf dem ganzen attischen Gebiet, namentlich in der Stadt Athen selbst, war von Geschlecht zu Geschlecht größer geworden, trotzdem daß auch jetzt noch ein Athener zwar Grundstücke außerhalb seiner Gens verkaufen durfte, nicht aber sein Wohnhaus. Die Teilung der Arbeit zwischen den verschiednen Produktionszweigen: Ackerbau, Handwerk, im Handwerk wieder zahllose Unterarten, Handel, Schiffahrt usw., hatte sich mit den Fortschritten der Industrie und des Verkehrs immer vollständiger entwickelt; die Bevölkerung teilte sich nun nach ihrer Beschäftigung in ziemlich feste Gruppen, deren jede eine Reihe neuer, gemeinsamer Interessen hatte, für die in der Gens oder Phratrie kein Platz war, die also zu ihrer Besorgung neue Ämter nötig machten. Die Zahl der Sklaven hatte sich bedeutend vermehrt und muß schon damals die der freien Athener weit überstiegen haben; die Gentilverfassung kannte ursprünglich keine Sklaverei, also auch kein Mittel, diese Masse Unfreier im Zaum zu halten. Und endlich hatte der Handel eine Menge Fremder nach Athen gebracht, die dort des leichteren Gelderwerbs wegen sich niederließen und ebenfalls nach der alten Verfassung recht- und schutzlos und trotz herkömmlicher Duldung ein störend fremdes Element im Volk blieben.

Kurz, mit der Gentilverfassung ging es zu Ende. Die Gesellschaft wuchs täglich mehr aus ihr heraus; selbst die schlimmsten Übel, die unter ihren Augen entstanden waren, konnte sie nicht mehr hemmen noch heben. Aber der Staat hatte sich inzwischen im stillen entwickelt. Die neuen, durch die Teilung der Arbeit zuerst zwischen Stadt und Land, dann zwischen den verschiednen städtischen Arbeitszweigen geschaffnen Gruppen hatten neue Organe geschaffen zur Wahrnehmung ihrer Interessen; Ämter aller Art waren eingerichtet worden. Und dann brauchte der junge Staat vor allem eine eigne Macht, die bei den seefahrenden Athenern zunächst nur eine Seemacht sein konnte, zu einzelnen kleinen Kriegen und zum Schutz der Handelsschiffe. Es wurden, zu unbekannter Zeit vor Solon, die Naukrarien errichtet, kleine Gebietsbezirke, zwölf in jedem Stamm; jede Naukrarie mußte ein Kriegsschiff stellen, ausrüsten und bemannen und stellte außerdem noch zwei Reiter. Diese Einrichtung griff die Gentilverfassung zwiefach an. Erstens, indem sie eine öffentliche Gewalt schuf, die schon nicht mehr ohne weiteres mit der Gesamtheit des bewaffneten Volks zusammenfiel; und zweitens, indem sie zum erstenmal das Volk zu öffentlichen Zwecken einteilte, nicht nach Verwandtschaftsgruppen, sondern nach *örtlichem Zusammenwohnen*. Was das zu bedeuten hatte, wird sich zeigen.

Konnte die Gentilverfassung dem ausgebeuteten Volk keine Hülfe bringen, so blieb nur der entstehende Staat. Und dieser brachte sie in der solonischen Verfassung, indem er sich zugleich neuerdings auf Kosten der alten Verfassung stärkte. Solon – die Art, wie seine in das Jahr 594 vor unsrer Zeitrechnung fallende Reform durchgesetzt wurde, geht uns hier nichts an –, Solon eröffnete die Reihe der sogenannten politischen Revolutionen, und zwar mit einem Eingriff in das Eigentum. Alle bisherigen Revolutionen sind Revolutionen gewesen zum Schutz einer Art des Eigentums gegen eine andere Art des Eigentums. Sie können das eine nicht schützen, ohne das andre zu verletzen. In der großen französischen Revolution wurde das feudale Eigentum geopfert, um das bürgerliche zu retten; in der solonischen mußte das Eigentum der Gläubiger herhalten zum Bestehen des Eigentums der Schuldner. Die Schulden wurden einfach für ungültig erklärt. Die Einzelheiten sind uns nicht genau bekannt, aber Solon rühmt sich in seinen Gedichten, die Pfandsäulen von den verschuldeten Grundstücken entfernt und die wegen Schulden ins Ausland Verkauften und Geflüchteten zurückgeführt zu haben. Dies war nur möglich durch offne Eigentumsverletzung. Und in der Tat, von der ersten bis zur letzten sogenannten politischen Revolution sind sie alle gemacht worden zum Schutz des Eigentums – *einer* Art, und durchgeführt durch Konfiskation, auch genannt Diebstahl des Eigentums – einer *andern* Art. So wahr ist es, daß seit drittehalbtausend Jahren das Privateigentum hat erhalten werden können nur durch Eigentumsverletzung.

Nun aber kam es darauf an, die Wiederkehr solcher Versklavung der freien Athener zu verhindern. Dies geschah zunächst durch allgemeine Maßregeln, z. B. durch das Verbot von Schuldverträgen, worin die Person des Schuldners verpfändet wurde. Ferner wurde ein größtes Maß des von einem einzelnen zu besitzenden Grundeigentums festgesetzt, um dem Heißhunger des Adels nach dem Bauernland wenigstens einige Schranken zu ziehn. Dann aber kamen Verfassungsänderungen; für uns sind die wichtigsten diese:

Der Rat wurde auf vierhundert Mitglieder gebracht, hundert aus jedem Stamm; hier blieb also noch der Stamm die Grundlage. Das war aber auch die einzige Seite, nach welcher hin die alte Verfassung in den neuen Staatskörper hineingezogen wurde. Denn im übrigen teilte Solon die Bürger in vier Klassen je nach ihrem Grundbesitz und seinem Ertrag; 500, 300 und 150 Medimnen Korn (1 Medimnus = ca. 41 Liter) waren die Minimalerträge für die ersten drei Klassen; wer weniger oder keinen Grundbesitz hatte, fiel in die vierte Klasse. Alle Ämter konnten nur aus den obersten drei, die höchsten nur aus der ersten Klasse besetzt werden; die vierte Klasse hatte nur das Recht, in der Volksversammlung zu reden und zu stimmen, aber hier wurden alle Beamten gewählt, hier hatten sie Rechenschaft abzulegen, hier wurden alle Gesetze gemacht, und hier bildete die vierte Klasse die Majorität. Die aristokratischen Vorrechte wurden in der Form von Vorrechten des Reichtums teilweise erneuert, aber das Volk behielt die entscheidende Macht. Ferner bildeten die vier Klassen die Grundlage einer neuen Heeresorganisation. Die beiden ersten Klassen stellten die Reiterei; die dritte hatte als schwere Infanterie zu dienen; die vierte als leichtes, ungepanzertes Fußvolk oder auf der Flotte und wurde dann wahrscheinlich auch besoldet.

Hier wird also ein ganz neues Element in die Verfassung eingeführt: der Privatbesitz. Je nach der Größe ihres Grundeigentums werden die Rechte und Pflichten der Staatsbürger abgemessen, und soweit die Vermögensklassen Einfluß gewinnen, soweit werden die alten Blutsverwandtschaftskörper verdrängt; die Gentilverfassung hatte eine neue Niederlage erlitten.

Die Abmessung der politischen Rechte nach dem Vermögen war indes keine der Einrichtungen, ohne die der Staat nicht bestehen kann. Eine so große Rolle sie auch in der Verfassungsgeschichte der Staaten gespielt hat, so haben doch sehr viele Staaten, und grade die am vollständigsten entwickelten, ihrer nicht bedurft. Auch in Athen spielte sie nur eine vorübergehende Rolle; seit Aristides standen alle Ämter jedem Bürger offen.

Während der nächstfolgenden achtzig Jahre kam die athenische Gesellschaft allmählich in die Richtung, in der sie sich in den folgenden Jahrhunderten weiterentwickelt hat. Dem üppigen Landwucher der vorsolonischen Zeit war ein Riegel vorgeschoben, ebenso der maßlosen Konzentration des Grundbesitzes. Der Handel und das mit Sklavenarbeit immer mehr im großen betriebne Handwerk und Kunsthandwerk wurden herrschende Erwerbszweige. Man wurde aufgeklärter. Statt in der anfänglichen brutalen Weise die eignen Mitbürger auszubeuten, beutete man vorwiegend die Sklaven und die außerathenische Kundschaft aus. Der bewegliche Besitz, der Geldreichtum und der Reichtum an Sklaven und Schiffen wuchs immer mehr, aber er war jetzt nicht mehr bloßes Mittel zum Erwerb von Grundbesitz wie in der ersten, borniertein Zeit, er war Selbstzweck geworden. Damit war einerseits der alten Adelsmacht eine siegreiche Konkurrenz erwachsen in der neuen Klasse von industriellen und kaufmännischen Reichen, andrerseits aber auch den Resten der alten Gentilverfassung der letzte Boden entzogen. Die Gentes, Phratrien und Stämme, deren Mitglieder jetzt über ganz Attika zerstreut und vollständig durcheinandergeworfen wohnten, waren damit zu politischen Körperschaften ganz untauglich geworden; eine Menge athenischer Bürger gehörten gar keiner Gens an, sie waren Eingewanderte, die zwar ins Bürgerrecht, aber nicht in einen der alten Geschlechtsverbände aufgenommen worden; daneben stand noch die stets wachsende Zahl der bloß schutzverwandten fremden Einwandrer.

Währenddessen gingen die Parteikämpfe voran; der Adel suchte seine früheren Vorrechte wiederzuerobern und erlangte wieder für einen Augenblick die Oberhand, bis die Revolution des Kleisthenes (509 vor unsrer Zeitrechnung) ihn endgültig stürzte; mit ihm aber auch den letzten Rest der Gentilverfassung.

Kleisthenes, in seiner neuen Verfassung, ignorierte die vier alten auf Gentes und Phratrien begründeten Stämme. An ihre Stelle trat eine ganz neue Organisation auf Grund der schon in den Naukrarien versuchten Einteilung der Bürger nach dem bloßen Ort der Ansässigkeit. Nicht mehr die Zugehörigkeit zu den Geschlechtsverbänden, sondern nur der Wohnsitz entschied; nicht das Volk, sondern das Gebiet wurde eingeteilt, die Bewohner wurden politisch bloßes Zubehör des Gebiets.

Ganz Attika wurde in hundert Gemeindebezirke, Demen, geteilt, deren jeder sich selbst verwaltete. Die in jedem Demos ansässigen Bürger (Demoten) erwählten ihren Vorsteher (Demarch) und Schatzmeister sowie dreißig Richter mit Gerichtsbarkeit über kleinere Streitsachen. Sie erhielten ebenfalls einen eignen Tempel und Schutzgott oder Heroen, dessen Priester sie wählten. Die höchste Macht im Demos war bei der Versammlung der Demoten. Es ist, wie Morgan richtig bemerkt, das Urbild der selbstregierenden amerikanischen Stadtgemeinde. Mit derselben Einheit, mit der der moderne Staat in seiner höchsten Ausbildung endigt, mit derselben fing der entstehende Staat in Athen an.

Zehn dieser Einheiten, Demen, bildeten einen Stamm, der aber zum Unterschied vom alten Geschlechtsstamm jetzt Ortsstamm genannt wird. Der Ortsstamm war nicht allein eine selbstverwaltende politische, er war auch eine militärische Körperschaft; er erwählte den Phylarchen oder Stammvorsteher, der die Reiterei, den Taxiarchen, der das Fußvolk, und den Strategen, der die gesamte im Stammesgebiet ausgehobene Mannschaft befehligte. Er stellte ferner fünf Kriegsschiffe nebst Mannschaft und Befehlshaber und erhielt einen attischen Heros, nach welchem er sich benannte, zum Schutzheiligen. Endlich wählte er fünfzig Ratsmänner in den athenischen Rat.

Den Abschluß bildete der athenische Staat, regiert von dem aus den fünfhundert Erwählten der zehn Stämme zusammengesetzten Rat und in letzter Instanz von der Volksversammlung, wo jeder athenische Bürger Zutritt und Stimmrecht hatte; daneben besorgten Archonten und andre Beamte die verschiednen Verwaltungszweige und Gerichtsbarkeiten. Ein oberster Beamter der vollziehenden Gewalt bestand in Athen nicht.

Mit dieser neuen Verfassung und mit der Zulassung einer sehr großen Zahl Schutzverwandter, teils Eingewanderter, teils freigelaßner Sklaven, waren die Organe der Geschlechtsverfassung aus den öffentlichen Angelegenheiten hinausgedrängt; sie sanken herab zu Privatvereinen und religiösen Genossenschaften. Aber der moralische Einfluß, die überkommene Anschauungs- und Denkweise der alten Gentilzeit erbten sich noch lange fort und starben erst allmählich aus. Das zeigte sich bei einer ferneren staatlichen Einrichtung.

Wir sahn, daß ein wesentliches Kennzeichen des Staats in einer von der Masse des Volks unterschiednen öffentlichen Gewalt besteht. Athen hatte damals nur erst ein Volksheer und eine unmittelbar vom Volk gestellte Flotte; diese schützten nach außen und hielten die Sklaven im Zaum, die schon damals die große Mehrzahl der Bevölkerung bildeten. Gegenüber den Bürgern bestand die öffentliche Gewalt zunächst nur als die Polizei, die so alt ist wie der Staat, weshalb die naiven Franzosen des 18. Jahrhunderts auch nicht von zivilisierten Völkern sprachen, sondern von polizierten (nations policées). Die Athener richteten also gleichzeitig mit ihrem Staat auch eine Polizei ein, eine wahre Gendarmerie von Bogenschützen zu Fuß und zu Pferd – Landjäger, wie man in Süddeutschland und der Schweiz sagt. Diese Gendarmerie aber wurde gebildet – aus *Sklaven*. So entwürdigend kam dieser Schergendienst dem freien Athener vor, daß er sich lieber vom bewaffneten Sklaven verhaften ließ, als daß er selbst sich zu solcher Schmachtat hergab. Das war noch die alte Gentilgesinnung. Der Staat konnte ohne die Polizei nicht bestehn, aber er war noch jung und hatte noch nicht moralischen Respekt genug, um ein Handwerk achtungswert zu machen, das den alten Gentilgenossen notwendig infam erschien.

Wie sehr der jetzt in seinen Hauptzügen fertige Staat der neuen gesellschaftlichen Lage der Athener angemessen war, zeigt sich in dem raschen Aufblühn des Reichtums, des Handels und der Industrie. Der Klassengegensatz, auf dem die gesellschaftlichen und politischen Einrichtungen beruhten, war nicht mehr der von Adel und gemeinem Volk, sondern der von Sklaven und Freien, Schutzverwandten und Bürgern. Zur Zeit der höchsten Blüte bestand die ganze athenische freie Bürgerschaft, Weiber und Kinder eingeschlossen, aus etwa 90 000 Köpfen, daneben 365 000 Sklaven beiderlei Geschlechts und 45 000 Schutzverwandte – Fremde und Freigelaßne. Auf jeden erwachsenen männlichen Bürger kamen also mindestens 18 Sklaven und über zwei Schutzverwandte. Die große Sklavenzahl kam daher, daß viele von ihnen in Manufakturen, großen Räumen, unter Aufsehern zusammen arbeiteten. Mit der Entwicklung des Handels und der Industrie aber kam Akkumulation und Konzentration der Reichtümer in wenigen Händen, Verarmung der Masse der freien Bürger, denen nur die Wahl blieb, entweder der Sklavenarbeit durch eigne Handwerksarbeit Konkurrenz zu machen, was für schimpflich, banausisch galt und auch wenig Erfolg versprach – oder aber zu verlumpen. Sie taten, unter Umständen mit Notwendigkeit, das letztere, und da sie die Masse bildeten, richteten sie damit den ganzen athenischen Staat zugrunde. Nicht die Demokratie hat Athen zugrundegerichtet, wie die europäischen, fürstenschweifwedelnden Schulmeister behaupten, sondern die Sklaverei, die die Arbeit des freien Bürgers ächtete.

Die Entstehung des Staats bei den Athenern ist ein besonders typisches Muster der Staatsbildung überhaupt, weil sie einerseits ganz rein, ohne Einmischung äußerer oder innerer Vergewaltigung vor sich geht – die Usurpation des Pistratos hinterließ keine Spur ihrer kurzen Dauer –, weil sie andrerseits einen Staat von sehr hoher Formentwicklung, die demokratische Republik, unmittelbar aus der Gentilgesellschaft hervorgehen läßt, und endlich, weil wir mit allen wesentlichen Einzelheiten hinreichend bekannt sind.

[...]

Auf früheren Stufen können nur gelegentliche Austäusche stattfinden; besondre Geschicklichkeit in der Verfertigung von Waffen und Werkzeugen kann zu vorübergehender Arbeitsteilung führen. So sind unzweifelhafte Reste von Werkstätten für Steinwerkzeuge aus dem späteren Steinzeitalter an vielen Orten gefunden worden; die Künstler, die hier ihre Geschicklichkeit ausbildeten, arbeiteten wahrscheinlich, wie noch die ständigen Handwerker indischer Gentilgemeinwesen, für Rechnung der Gesamtheit. Keinesfalls konnte auf dieser Stufe ein andrer Austausch als der innerhalb des Stammes entstehn, und dieser blieb ausnahmsweises Ereignis. Hier dagegen, nach der Ausscheidung der Hirtenstämme, finden wir alle Bedingungen fertig zum Austausch zwischen den Gliedern verschiedner Stämme, zu seiner Ausbildung und Befestigung als regelmäßige Institution. Ursprünglich tauschte Stamm mit Stamm, durch die gegenseitigen Gentilvorsteher; als aber die Herden anfingen in Sondereigentum überzugehn, überwog der Einzelaustausch mehr und mehr und wurde endlich einzige Form. Der Hauptartikel aber, den die Hirtenstämme an ihre Nachbarn im Tausch abgaben, war Vieh; Vieh wurde die Ware, in der alle andren Waren geschätzt und die überall gern im Austausch gegen jene genommen wurde – kurz, Vieh erhielt Geldfunktion und tat Gelddienste schon auf dieser Stufe. Mit solcher Notwendigkeit und Raschheit entwickelte sich schon im Anbeginn des Warenaustausches das Bedürfnis einer Geldware.

Der Gartenbau, den asiatischen Barbaren der Unterstufe wahrscheinlich fremd, kam spätestens in der Mittelstufe bei ihnen auf, als Vorläufer des Feldbaus. Das Klima der turanischen Hochebene läßt kein Hirtenleben zu ohne Futtervorräte für den langen und strengen Winter; Wiesenbau und Kultur von Kornfrucht war also hier Bedingung. Dasselbe gilt für die Steppen nördlich vom Schwarzen Meer. Wurde aber erst die Kornfrucht für das Vieh gewonnen, so wurde sie bald auch menschliche Nahrung. Das bebaute Land blieb noch Stammeseigentum, anfänglich der Gens, später von dieser den Hausgenossenschaften, endlich den einzelnen zur Benutzung überwiesen; sie mochten gewisse Besitzrechte daran haben, mehr aber auch nicht.

Von den industriellen Errungenschaften dieser Stufe sind zwei besonders wichtig. Die erste ist der Webstuhl, die zweite die Schmelzung von Metallerzen und die Verarbeitung der Metalle. Kupfer und Zinn und die aus beiden zusammengesetzte Bronze waren weitaus die wichtigsten; die Bronze lieferte brauchbare Werkzeuge und Waffen, konnte aber die Steinwerkzeuge nicht verdrängen; dies war nur dem Eisen möglich, und Eisen zu gewinnen verstand man noch nicht. Gold und Silber fingen an, zu Schmuck und Zierat verwandt zu werden, und müssen schon hoch im Wert gestanden haben gegenüber Kupfer und Bronze.

Die Steigerung der Produktion in allen Zweigen – Viehzucht, Ackerbau, häusliches Handwerk – gab der menschlichen Arbeitskraft die Fähigkeit, ein größeres Produkt zu erzeugen als zu ihrem Unterhalt erforderlich war. Sie steigerte gleichzeitig die tägliche Arbeitsmenge, die jedem Mitglied der Gens, der Hausgemeinde oder der Einzelfamilie zufiel. Die Einschaltung neuer Arbeitskräfte wurde wünschenswert. Der Krieg lieferte sie: Die Kriegsgefangenen wurden in Sklaven verwandelt. Die erste große gesellschaftliche Teilung der Arbeit zog mit ihrer Steigerung der Produktivität der Arbeit, also des Reichtums, und mit ihrer Erweiterung des Produktionsfeldes, unter den gegebnen geschichtlichen Gesamtbedingungen, die Sklaverei mit Notwendigkeit nach sich. Aus der ersten großen gesellschaftlichen Arbeitsteilung entsprang die erste große Spaltung der Gesellschaft in zwei Klassen: Herren und Sklaven, Ausbeuter und Ausgebeutete.

Wie und wann die Herden aus dem Gemeinbesitz des Stammes oder der Gens in das Eigentum der einzelnen Familienhäupter übergegangen, darüber wissen wir bis jetzt nichts. Es muß aber im wesentlichen auf dieser Stufe geschehn sein. Mit den Herden nun und den übrigen neuen Reichtümern kam eine Revolution über die Familie. Der Erwerb war immer Sache des Mannes gewesen, die Mittel zum Erwerb von ihm produziert und sein Eigentum. Die Herden waren die neuen Erwerbsmittel, ihre anfängliche Zähmung und spätere Wartung sein Werk. Ihm gehörte daher das Vieh, ihm die gegen Vieh eingetauschten Waren und Sklaven. All der Überschuß, den der Erwerb jetzt lieferte, fiel dem Manne zu; die Frau genoß mit davon, aber sie hatte kein Teil am Eigentum. Der »wilde« Krieger und Jäger war im Hause zufrieden gewesen mit der zweiten Stelle, nach der Frau; der „sanftere" Hirt, auf seinen Reichtum pochend, drängte sich vor an die erste Stelle und die Frau zurück an die zweite. Und sie konnte sich nicht beklagen. Die Arbeitsteilung in der Familie hatte die Eigentumsverteilung zwischen Mann und Frau geregelt; sie war dieselbe geblieben; und doch stellte sie jetzt das bisherige häusliche Verhältnis auf den Kopf, lediglich weil die Arbeitsteilung außerhalb der Familie eine andre geworden war. Dieselbe Ursache, die der Frau ihre frühere Herrschaft im Haus gesichert: ihre Beschränkung auf die Hausarbeit, dieselbe Ursache sicherte jetzt die Herrschaft des Mannes im Hause: die Hausarbeit der Frau verschwand jetzt neben der Erwerbsarbeit des Mannes; diese war alles, jene eine unbedeutende Beigabe. Hier zeigt sich schon, daß die Befreiung der Frau, ihre Gleichstellung mit dem Manne, eine Unmöglichkeit ist und bleibt, solange die Frau von der gesellschaftlichen produktiven Arbeit ausgeschlossen und auf die häusliche Privatarbeit beschränkt bleibt. Die Befreiung der Frau wird erst möglich, sobald diese auf großem, gesellschaftlichem Maßstab an der Produktion sich beteiligen kann und die häusliche Arbeit sie nur noch in unbedeutendem Maß in Anspruch nimmt. Und dies ist erst möglich geworden durch die moderne große Industrie, die nicht nur Frauenarbeit auf großer Stufenleiter zuläßt, sondern förmlich nach ihr verlangt, und die auch die private Hausarbeit mehr und mehr in eine öffentliche Industrie aufzulösen strebt.

Mit der faktischen Herrschaft des Mannes im Hause war die letzte Schranke seiner Alleinherrschaft gefallen. Diese Alleinherrschaft wurde bestätigt und verewigt durch Sturz des Mutterrechts, Einführung des Vaterrechts, allmählichen Übergang der Paarungsehe in die Monogamie. Damit aber kam ein Riß in die alte Gentilordnung: Die Einzelfamilie wurde eine Macht und erhob sich drohend gegenüber der Gens.

Der nächste Schritt führt uns auf die Oberstufe der Barbarei, die Periode, in der alle Kulturvölker ihre Heroenzeit durchmachen: die Zeit des eisernen Schwerts, aber auch der eisernen Pflugschar und Axt. Das Eisen war dem Menschen dienstbar geworden, der letzte und wichtigste aller Rohstoffe, die eine geschichtlich umwälzende Rolle spielten, der letzte – bis auf die Kartoffel. Das Eisen schuf den Feldbau auf größeren Flächen, die Urbarmachung ausgedehnterer Waldstrecken; es gab dem Handwerker Werkzeug von einer Härte und Schneide, der kein Stein, kein andres bekanntes Metall widerstand. Alles das allmählich; das erste Eisen war oft noch weicher als Bronze. So verschwand die Steinwaffe nur langsam; nicht nur im »Hildebrandslied«, auch noch bei Hastings im Jahre 1066 kamen noch Steinäxte ins Gefecht. Aber der Fortschritt ging nun unaufhaltsam, weniger unterbrochen und rascher vor sich. Die mit steinernen Mauern, Türmen und Zinnen steinerne oder Ziegelhäuser umschließende Stadt wurde Zentralsitz des Stamms oder Stämmebundes; ein gewaltiger Fortschritt in der Baukunst, aber auch ein Zeichen vermehrter Gefahr und Schutzbedürftigkeit. Der Reichtums wuchs rasch, aber als Reichtum einzelner; die Weberei, die Metallbearbeitung und die andern, mehr und mehr sich sondernden Handwerke entfalteten steigende Mannigfaltigkeit und Kunstfertigkeit der Produktion; der Landbau lieferte neben Korn, Hülsenfrüchten und Obst jetzt auch Öl und Wein, deren Bereitung man gelernt hatte. So mannigfache Tätigkeit konnte nicht mehr von demselben einzelnen ausgeübt werden; *die zweite große Teilung der Arbeit* trat ein: Das Handwerk sonderte sich vom Ackerbau. Die fortwährende Steigerung der Produktion und mit ihr der Produktivität der Arbeit erhöhte den Wert der menschlichen Arbeitskraft; die Sklaverei, auf der vorigen Stufe noch entstehend und sporadisch, wird jetzt wesentlicher Bestandteil des Gesellschaftssystems; die Sklaven hören auf, einfache Gehülfen zu sein, sie werden dutzendweise zur Arbeit getrieben auf dem Feld und in der Werkstatt. Mit der Spaltung der Produktion in die zwei großen Hauptzweige, Ackerbau und Handwerk, entsteht die Produktion direkt für den Austausch, die Warenproduktion; mit ihr der Handel, nicht nur im Innern und an den Stammesgrenzen, sondern auch schon über See. Alles dies aber noch sehr unentwickelt; die edlen Metalle fangen an, vorwiegende und allgemeine Geldware zu werden, aber noch ungeprägt, nur nach dem noch unverkleideten Gewicht sich austauschend.

Der Unterschied von Reichen und Ärmeren tritt neben den von Freien und Sklaven – mit der neuen Arbeitsteilung eine neue Spaltung der Gesellschaft in Klassen. Die Besitzunterschiede der einzelnen Familienhäupter sprengen die alte kommunistische Hausgemeinde überall, wo sie sich bis dahin erhalten; mit ihr die gemeinsame Bebauung des Bodens für Rechnung dieser Gemeinde. Das Ackerland wird den einzelnen Familien zunächst auf Zeit, später ein für allemal zur Nutzung überwiesen, der Übergang in volles Privateigentum vollzieht sich allmählich und parallel mit dem Übergang der Paarungsehe in Monogamie. Die Einzelfamilie fängt an, die wirtschaftliche Einheit in der Gesellschaft zu werden.

Die dichtere Bevölkerung nötigt zu engerem Zusammenschließen nach innen wie nach außen. Der Bund verwandter Stämme wird überall eine Notwendigkeit; bald auch schon ihre Verschmelzung, damit die Verschmelzung der getrennten Stammesgebiete zu einem Gesamtgebiet des Volks. Der Heerführer des Volks – rex, basileus, thiudans – wird unentbehrlicher, ständiger Beamter. Die Volksversammlung kommt auf, wo sie nicht schon bestand. Heerführer, Rat, Volksversammlung bilden die Organe der zu einer militärischen Demokratie fortentwickelten Gentilgesellschaft. Militärisch – denn der Krieg und die Organisation zum Krieg sind jetzt regelmäßige Funktionen des Volkslebens geworden. Die Reichtümer der Nachbarn reizen die Habgier von Völkern, bei denen Reichtumserwerb schon als einer der ersten Lebenszwecke erscheint. Sie sind Barbaren: Rauben gilt ihnen für leichter und selbst für ehrenvoller als Erarbeiten. Der Krieg, früher nur geführt zur Rache für Übergriffe oder zur Ausdehnung des unzureichend gewordnen Gebiets, wird jetzt des bloßen Raubs wegen geführt, wird stehender Erwerbszweig. Nicht umsonst starren die dräuenden Mauern um die neuen befestigten Städte. In ihren Gräben gähnt das Grab der Gentilverfassung, und ihre Türme ragen bereits hinein in die Zivilisation. Und ebenso geht es im Innern. Die Raubkriege erhöhen die Macht des obersten Heerführers wie die der Unterführer; die gewohnheitsmäßige Wahl der Nachfolger in denselben Familien geht, namentlich seit Einführung des Vaterrechts, allmählich über in erst geduldete, dann beanspruchte, endlich usurpierte Erblichkeit; die Grundlage des Erbkönigtums und des Erbadels ist gelegt. So reißen sich die Organe der Gentilverfassung allmählich los von ihrer Wurzel im Volk, in Gens, Phratrie, Stamm, und die ganze Gentilverfassung verkehrt sich in ihr Gegenteil: Aus einer Organisation von Stämmen zur freien Ordnung ihrer eignen Angelegenheiten wird sie eine Organisation zur Plünderung und Bedrückung der Nachbarn, und dementsprechend werden ihre Organe aus Werkzeugen des Volkswillens zu selbständigen Organen der Herrschaft und Bedrückung gegenüber dem eignen Volk. Das aber wäre nie möglich gewesen, hätte nicht die Gier nach Reichtum die Gentilgenossen gespalten in Reiche und Arme, hätte nicht »die Eigentumsdifferenz innerhalb derselben Gens die Einheit der Interessen verwandelt in Antagonismus der Gentilgenossen« (Marx), und hätte nicht die Ausdehnung der Sklaverei bereits angefangen, die Erarbeitung des Lebensunterhalts für nur sklavenwürdige Tätigkeit, für schimpflicher gelten zu lassen als den Raub.

Damit sind wir angekommen an der Schwelle der Zivilisation. Sie wird eröffnet durch einen neuen Fortschritt der Teilung der Arbeit. Auf der untersten Stufe produzierten die Menschen nur direkt für eignen Bedarf; die etwa vorkommenden Austauschakte waren vereinzelt, betrafen nur den zufällig sich einstellenden Überfluß. Auf der Mittelstufe der Barbarei finden wir bei Hirtenvölkern in dem Vieh schon einen Besitz, der bei einer gewissen Größe der Herde regelmäßig einen Überschuß über den eignen Bedarf liefert, zugleich eine Teilung der Arbeit zwischen Hirtenvölkern und zurückgebliebnen Stämmen ohne Herden, damit zwei nebeneinander bestehende verschiedne Produktionsstufen und damit die Bedingungen eines regelmäßigen Austausches. Die Oberstufe der Barbarei liefert uns die weitere Arbeitsteilung zwischen Ackerbau und Handwerk, damit Produktion eines stets wachsenden Teils der Arbeitserzeugnisse direkt für den Austausch, damit Erhebung des Austausches zwischen Einzelproduzenten zu einer Lebensnotwendigkeit der Gesellschaft. Die Zivilisation befestigt und steigert alle diese vorgefundnen Arbeitsteilungen, namentlich durch Schärfung des Gegensatzes von Stadt und Land (wobei die Stadt das Land ökonomisch beherrschen kann, wie im Altertum, oder auch das Land die Stadt, wie im Mittelalter), und fügt dazu eine dritte, ihr eigentümliche, entscheidend wichtige Arbeitsteilung: Sie erzeugt eine Klasse, die sich nicht mehr mit der Produktion beschäftigt, sondern nur mit dem Austausch der Produkte – die *Kaufleute*. Alle bisherigen Ansätze zur Klassenbildung hatten es noch ausschließlich mit der Produktion zu tun; sie schieden die bei der Produktion beteiligten Leute in Leitende und Ausführende oder aber in Produzenten auf größerer und auf kleinerer Stufenleiter. Hier tritt zum erstenmal eine Klasse auf, die, ohne an der Produktion irgendwie Anteil zu nehmen, die Leitung der Produktion im ganzen und großen sich erobert und die Produzenten sich ökonomisch unterwirft; die sich zum unumgänglichen Vermittler zwischen je zwei Produzenten macht und sie beide ausbeutet. Unter dem Vorwand, den Produzenten die Mühe und das Risiko des Austausches abzunehmen, den Absatz ihrer Produkte nach entfernten Märkten auszudehnen, damit die nützlichste Klasse der Bevölkerung zu werden, bildet sich eine Klasse von Parasiten aus, echten gesellschaftlichen Schmarotzertieren, die als Lohn für sehr geringe wirkliche Leistungen sowohl von der heimischen wie von der fremden Produktion den Rahm abschöpft, rasch enorme Reichtümer und entsprechenden gesellschaftlichen Einfluß erwirbt und eben deshalb während der Periode der Zivilisation zu immer neuen Ehren und immer größerer Beherrschung der Produktion berufen ist, bis sie endlich auch selbst ein eignes Produkt zutage fördert – die periodischen Handelskrisen.

Auf unsrer vorliegenden Entwicklungsstufe hat die junge Kaufmannschaft allerdings noch keine Ahnung von den großen Dingen, die ihr bevorstehn. Aber sie bildet sich und macht sich unentbehrlich, und das genügt. Mit ihr aber bildet sich aus das *Metallgeld*, die geprägte Münze, und mit dem Metallgeld ein neues Mittel zur Herrschaft des Nichtproduzenten über den Produzenten und seine Produktion. Die Ware der Waren, die alle andern Waren im Verborgnen in sich enthält, war entdeckt, das Zaubermittel, das sich nach Belieben in jedes wünschenswerte und gewünschte Ding verwandeln kann. Wer es hatte, beherrschte die Welt der Produktion, und wer hatte es vor allen? Der Kaufmann. In seiner Hand war der Kultus des Geldes sicher. Er sorgte dafür, daß es offenbar wurde, wie sehr alle Waren, damit alle Warenproduzenten, sich anbetend in den Staub werfen mußten vor dem Geld. Er bewies es praktisch, wie sehr alle andern Formen des Reichtums nur selber bloßer Schein werden gegenüber dieser Verkörperung des Reichtums als solchem. Nie wieder ist die Macht des Geldes aufgetreten in solch ursprünglicher Roheit und Gewaltsamkeit wie in dieser ihrer Jugendperiode. Nach dem Warenkauf für Geld kam der Geldvorschuß, mit diesem der Zins und der Wucher. Und keine Gesetzgebung späterer Zeit wirft den Schuldner so schonungs- und rettungslos zu den Füßen des wucherischen Gläubigers wie die altathenische und altrömische – und beide entstanden spontan, als Gewohnheitsrechte, ohne andern als den ökonomischen Zwang.

Neben den Reichtum an Waren und Sklaven, neben den Geldreichtum trat nun auch der Reichtum an Grundbesitz. Das Besitzrecht der einzelnen an den ihnen ursprünglich von Gens oder Stamm überlassenen Bodenparzellen hatte sich jetzt soweit befestigt, daß diese Parzellen ihnen erbeigentümlich gehörten. Wonach sie in der letzten Zeit vor allem gestrebt, das war die Befreiung von dem Anrecht der Gentilgenossenschaft an die Parzelle, das ihnen eine Fessel wurde. Die Fessel wurde sie los – aber bald nachher auch das neue Grundeigentum. Volles, freies Eigentum am Boden, das hieß nicht nur Möglichkeit, den Boden unverkürzt und unbeschränkt zu besitzen, das hieß auch Möglichkeit, ihn zu veräußern. Solange der Boden Gentileigentum, existierte diese Möglichkeit nicht. Als aber der neue Grundbesitzer die Fessel des Obereigentums der Gens und des Stamms endgültig abstreifte, zerriß er auch das Band, das ihn bisher unlöslich mit dem Boden verknüpft hatte. Was das hieß, wurde ihm klargemacht durch das mit dem Privatgrundeigentum gleichzeitig erfundne Geld. Der Boden konnte nun Ware werden, die man verkauft und verpfändet. Kaum war das Grundeigentum eingeführt, so war auch die Hypothek schon erfunden (siehe Athen). Wie der Hetärismus und die Prostitution an die Fersen der Monogamie, so klammert sich von nun an die Hypothek an die Fersen des Grundeigentums. Ihr habt das volle, freie, veräußerliche Grundeigentum haben wollen, nun wohl, ihr habt's – tu l'as voulu, George Dandin!

So ging mit Handelsausdehnung, Geld und Geldwucher, Grundeigentum und Hypothek die Konzentration und Zentralisation des Reichtums in den Händen einer wenig zahlreichen Klasse rasch voran, daneben die steigende Verarmung der Massen und die steigende Masse der Armen. Die neue Reichtumsaristokratie, soweit sie nicht schon von vornherein mit dem alten Stammesadel zusammengefallen war, drängte ihn endgültig in den Hintergrund (in Athen, in Rom, bei den Deutschen). Und neben dieser Scheidung der Freien in Klassen nach dem Reichtum ging besonders in Griechenland eine

---

* Die Anzahl für Athen siehe oben [...]. In Korinth betrug sie zur Blütezeit der Stadt 460 000, in Ägina 470 000, in beiden Fällen die zehnfache Anzahl der freien Bürgerbevölkerung.

ungeheure Vermehrung der Zahl der Sklaven*, deren erzwungne Arbeit die Grundlage bildete, auf der sich der Überbau der ganzen Gesellschaft erhob.

Sehen wir uns nun danach um, was unter dieser gesellschaftlichen Umwälzung aus der Gentilverfassung geworden war. Gegenüber den neuen Elementen, die ohne ihr Zutun emporgewachsen, stand sie ohnmächtig da. Ihre Voraussetzung war, daß die Glieder einer Gens, oder doch eines Stammes, auf demselben Gebiet vereinigt saßen, es ausschließlich bewohnten. Das hatte längst aufgehört. Überall waren Gentes und Stämme durcheinandergeworfen, überall wohnten Sklaven, Schutzverwandte, Fremde mitten unter den Bürgern. Die erst gegen Ende der Mittelstufe der Barbarei erworbene Seßhaftigkeit wurde immer wieder durchbrochen durch die von Handel, Erwerbsveränderung, Grundbesitzwechsel bedingte Beweglichkeit und Veränderlichkeit des Wohnsitzes. Die Genossen der Gentilkörper konnten nicht mehr zusammentreten zur Wahrnehmung ihrer eignen gemeinsamen Angelegenheiten; nur unwichtige Dinge, wie die religiösen Feiern, wurden noch notdürftig besorgt. Neben den Bedürfnissen und Interessen, zu deren Wahrung die Gentilkörper berufen und befähigt, waren aus der Umwälzung der Erwerbsverhältnisse und der daraus folgenden Änderung der gesellschaftlichen Gliederung neue Bedürfnisse und Interessen entstanden, die der alten Gentilordnung nicht nur fremd waren, sondern sie in jeder Weise durchkreuzten. Die Interessen der durch Teilung der Arbeit entstandnen Handwerkergruppen, die besondern Bedürfnisse der Stadt im Gegensatz zum Land, erforderten neue Organe; jede dieser Gruppen aber war aus Leuten der verschiedensten Gentes, Phratrien und Stämme zusammengesetzt, sie schloß sogar Fremde ein; diese Organe mußten sich also bilden außerhalb der Gentilverfassung, neben ihr, und damit gegen sie. – Und wiederum in jeder Gentilkörperschaft machte sich dieser Konflikt der Interessen geltend, der seine Spitze erreichte in der Vereinigung von Reichen und Armen, Wucherern und Schuldnern in dorselben Gens und demselben Stamm. – Dazu kam die Masse der neuen, den Gentilgenossenschaften fremden Bevölkerung, die wie in Rom eine Macht im Lande werden konnte und dabei zu zahlreich war, um allmählich in die blutsverwandten Geschlechter und Stämme aufgenommen zu werden. Dieser Masse gegenüber standen die Gentilgenossenschaften da als geschlossene, bevorrechtete Körperschaften; die ursprüngliche naturwüchsige Demokratie war umgeschlagen in eine gehässige Aristokratie. – Schließlich war die Gentilverfassung herausgewachsen aus einer Gesellschaft, die keine inneren Gegensätze kannte, und war auch nur einer solchen angepaßt. Sie hatte kein Zwangsmittel außer der öffentlichen Meinung. Hier aber war eine Gesellschaft entstanden, die kraft ihrer sämtlicher ökonomischer Lebensbedingungen sich in Freie und Sklaven, in ausbeutende Reiche und ausgebeutete Arme hatte spalten müssen, eine Gesellschaft, die diese Gegensätze nicht nur nicht wieder versöhnen konnte, sondern sie immer mehr auf die Spitze treiben mußte. Eine solche Gesellschaft konnte nur bestehn entweder im fortwährenden offnen Kampf dieser Klassen gegeneinander oder aber unter der Herrschaft einer dritten Macht, die, scheinbar über den widerstreitenden Klassen stehend, ihren offnen Konflikt niederdrückte und den Klassenkampf höchstens auf ökonomischem Gebiet, in sogenannter gesetzlicher Form, sich ausfechten ließ. Die Gentilverfassung hatte ausgelebt. Sie war gesprengt durch die Teilung der Arbeit, und ihr Ergebnis, die Spaltung der Gesellschaft in Klassen. Sie wurde ersetzt durch den *Staat*.

Die drei Hauptformen, in denen der Staat sich auf den Ruinen der Gentilverfassung erhebt, haben wir oben im einzelnen betrachtet. Athen bietet die reinste, klassischste Form: Hier entspringt der Staat direkt und vorherrschend aus den Klassengegensätzen, die sich innerhalb der Gentilgesellschaft selbst entwickeln. In Rom wird die Gentilgesellschaft eine geschlossene Aristokratie inmitten einer zahlreichen, außer ihr stehenden, rechtlosen, aber pflichtenschuldigen Plebs; der Sieg der Plebs sprengt die alte Geschlechtsverfassung und errichtet auf ihren Trümmern den Staat, worin Gentilaristokratie und Plebs bald beide gänzlich aufgehn. Bei den deutschen Überwindern des Römerreichs endlich entspringt der Staat direkt aus der Eroberung großer fremder Gebiete, die zu beherrschen die Gentilverfassung keine Mittel bietet. Weil aber mit dieser Eroberung weder ernstlicher Kampf mit der alten Bevölkerung verbunden ist noch eine fortgeschrittnere Arbeitsteilung; weil die ökonomische Entwicklungsstufe der Eroberten und die der Eroberer fast dieselbe ist, die ökonomische Basis der Gesellschaft also die alte bleibt, deshalb kann sich die Gentilverfassung lange Jahrhunderte hindurch in veränderter, territorialer Gestalt als Markverfassung forterhalten und selbst in den späteren Adels- und Patriziergeschlechtern, ja selbst in Bauerngeschlechtern wie in Dithmarschen, eine Zeitlang in abgeschwächter Form verjüngen.*

Der Staat ist also keineswegs eine der Gesellschaft von außen aufgezwungne Macht; ebensowenig ist er »die Wirklichkeit der sittlichen Idee«, »das Bild und die Wirklichkeit der Vernunft«, wie Hegel behauptet. Er ist vielmehr ein Produkt der Gesellschaft auf bestimmter Entwicklungsstufe; er ist das Eingeständnis, daß diese Gesellschaft sich in einen unlösbaren Widerspruch mit sich selbst verwickelt, sich in unversöhnliche Gegensätze gespalten hat, die zu bannen sie ohnmächtig ist. Damit aber diese Gegensätze, Klassen mit widerstreitenden ökonomischen Interessen nicht sich und die Gesellschaft in fruchtlosem Kampf verzehren, ist eine scheinbar über der Gesellschaft stehende Macht nötig geworden, die den Konflikt dämpfen, innerhalb der Schranken der »Ordnung« halten soll; und diese, aus der Gesellschaft hervorgegangene, aber sich über sie stellende, sich ihr mehr und mehr entfremdende Macht ist der Staat.

Gegenüber der alten Gentilorganisation kennzeichnet sich der Staat erstens durch die Einteilung der Staatsangehörigen *nach dem Gebiet*. Die alten, durch Blutbande gebildeten und zusammengehaltnen Gentilgenossenschaften, wie wir gesehn, waren unzureichend geworden, großenteils weil sie eine Bindung der Genossen an ein bestimmtes Gebiet voraussetzten und diese längst aufgehört hatte. Das Gebiet war geblieben, aber die Menschen waren mobil geworden. Man nahm also die Gebietseinteilung als Ausgangspunkt und ließ die Bürger ihre öffentlichen Rechte und Pflichten da erfüllen, wo sie sich niederließen, ohne Rücksicht auf Gens und Stamm. Diese Organisation der Staatsangehörigen nach der Ortsangehörigkeit ist allen Staaten gemeinsam. Uns kommt sie daher natürlich vor; wir haben aber gesehn, wie harte und langwierige Kämpfe erfordert waren, bis sie in Athen und Rom sich an die Stelle der alten Organisation nach Geschlechtern setzen konnte.

Das zweite ist die Einrichtung einer *öffentlichen Gewalt*, welche nicht mehr unmittelbar zusammenfällt mit der sich selbst als bewaffnete Macht organisierenden Bevölkerung. Diese besondre, öffentliche Gewalt ist nötig, weil eine selbsttätige bewaffnete Organi-

---

* Der erste Geschichtsschreiber, der wenigstens eine annähernde Vorstellung vom Wesen der Gens hatte, war Niebuhr, und das — aber auch seine ohne weiteres mit übertragenen Irrtümer — verdankt er seiner Bekanntschaft mit den dithmarsischen Geschlechtern.

sation der Bevölkerung unmöglich geworden seit der Spaltung in Klassen. Die Sklaven gehören auch zur Bevölkerung; die 90 000 athenischen Bürger bilden gegenüber den 365 000 Sklaven nur eine bevorrechtete Klasse. Das Volksheer der athenischen Demokratie war eine aristokratische öffentliche Gewalt gegenüber den Sklaven und hielt sie im Zaum; aber auch um die Bürger im Zaum zu halten, wurde eine Gendarmerie nötig, wie oben erzählt. Diese öffentliche Gewalt existiert in jedem Staat; sie besteht nicht bloß aus bewaffneten Menschen, sondern auch aus sachlichen Anhängseln, Gefängnissen und Zwangsanstalten aller Art, von denen die Gentilgesellschaft nichts wußte. Sie kann sehr unbedeutend, fast verschwindend sein in Gesellschaften mit noch unentwickelten Klassengegensätzen und auf abgelegnen Gebieten, wie zeit- und ortsweise in den Vereinigten Staaten Amerikas. Sie verstärkt sich aber in dem Maß, wie die Klassengegensätze innerhalb des Staats sich verschärfen und wie die einander begrenzenden Staaten größer und volkreicher werden – man sehe nur unser heutiges Europa an, wo Klassenkampf und Eroberungskonkurrenz die öffentliche Macht auf eine Höhe emporgeschraubt haben, auf der sie die ganze Gesellschaft und selbst den Staat zu verschlingen droht.

Um diese öffentliche Macht aufrechtzuerhalten, sind Beiträge der Staatsbürger nötig – die *Steuern*. Diese waren der Gentilgesellschaft vollständig unbekannt. Wir aber wissen heute genug davon zu erzählen. Mit der fortschreitenden Zivilisation reichen auch sie nicht mehr; der Staat zieht Wechsel auf die Zukunft, macht Anleihen, *Staatsschulden*. Auch davon weiß das alte Europa ein Liedchen zu singen.

Im Besitz der öffentlichen Gewalt und des Rechts der Steuereintreibung stehn die Beamten nun da als Organe der Gesellschaft *über* der Gesellschaft. Die freie, willige Achtung, die den Organen der Gentilverfassung gezollt wurde, genügt ihnen nicht, selbst wenn sie sie haben könnten; Träger einer der Gesellschaft entfremdenden Macht, müssen sie in Respekt gesetzt werden durch Ausnahmsgesetze, kraft deren sie einer besondren Heiligkeit und Unverletzlichkeit genießen. Der lumpigste Polizeidiener des zivilisierten Staats hat mehr »Autorität« als alle Organe der Gentilgesellschaft zusammengenommen; aber der mächtigste Fürst und der größte Staatsmann oder Feldherr der Zivilisation kann den geringsten Gentilvorsteher beneiden um die unerzwungne und unbestrittne Achtung, die ihm gezollt wird. Der eine steht eben mitten in der

Gesellschaft; der andre ist genötigt, etwas vorstellen zu wollen außer und über ihr.

Da der Staat entstanden ist aus dem Bedürfnis, Klassengegensätze im Zaum zu halten, da er aber gleichzeitig mitten im Konflikt dieser Klassen entstanden ist, so ist er in der Regel Staat der mächtigsten, ökonomisch herrschenden Klasse, die vermittelst seiner auch politisch herrschende Klasse wird und so neue Mittel erwirbt zur Niederhaltung und Ausbeutung der unterdrückten Klasse. So war der antike Staat vor *allem* Staat der Sklavenbesitzer zur Niederhaltung der Sklaven, wie der Feudalstaat Organ des Adels zur Niederhaltung der leibeignen und hörigen Bauern und der moderne Repräsentativstaat Werkzeug der Ausbeutung der Lohnarbeit durch das Kapital. Ausnahmsweise indes kommen Perioden vor, wo die kämpfenden Klassen einander so nahe das Gleichgewicht halten, daß die Staatsgewalt als scheinbare Vermittlerin momentan eine gewisse Selbständigkeit gegenüber beiden erhält. So die absolute Monarchie des 17. und 18. Jahrhunderts, die Adel und Bürgertum gegeneinander balanciert; so der Bonapartismus des ersten und namentlich des zweiten französischen Kaiserreichs, der das Proletariat gegen die Bourgeoisie und die Bourgeoisie gegen das Proletariat ausspielte. Die neueste Leistung in dieser Art, bei der Herrscher und Beherrschte gleich komisch erscheinen, ist das neue deutsche Reich Bismarckscher Nation: Hier werden Kapitalisten und Arbeiter gegeneinander balanciert und gleichmäßig geprellt zum Besten der verkommnen preußischen Krautjunker.

In den meisten geschichtlichen Staaten werden außerdem die den Staatsbürgern zugestandnen Rechte nach dem Vermögen abgestuft und damit direkt ausgesprochen, daß der Staat eine Organisation der besitzenden Klasse zum Schutz gegen die nichtbesitzende ist. So schon in den athenischen und römischen Vermögensklassen. So im mittelalterlichen Feudalstaat, wo die politische Machtstellung sich nach dem Grundbesitz gliederte. So im Wahlzensus der modernen Repräsentativstaaten. Diese politische Anerkennung des Besitzunterschieds ist indes keineswegs wesentlich. Im Gegenteil, sie bezeichnet eine niedrige Stufe der staatlichen Entwicklung. Die höchste Staatsform, die demokratische Republik, die in unsern modernen Gesellschaftsverhältnissen mehr und mehr unvermeidliche Notwendigkeit wird und die Staatsform ist, in der der letzte Entscheidungskampf zwischen Proletariat und Bourgeoisie allein ausgekämpft werden kann – die demokratische Republik weiß offiziell nichts mehr von Besitzunterschieden. In ihr übt der Reichtum seine Macht indirekt, aber um so sichrer aus. Einerseits in der Form der direkten Beamtenkorruption, wofür Amerika klassisches Muster, andrerseits in der Form der Allianz von Regierung und Börse, die sich um so leichter vollzieht, je mehr die Staatsschulden steigen und je mehr Aktiengesellschaften nicht nur den Transport, sondern auch die Produktion selbst in ihren Händen konzentrieren und wiederum in der Börse ihren Mittelpunkt finden. Dafür ist außer Amerika die neueste französische Republik ein schlagendes Beispiel, und auch die biedre Schweiz hat auf diesem Felde das ihrige geleistet. Daß aber zu diesem Bruderbund von Regierung und Börse keine demokratische Republik erforderlich, beweist außer England das neue deutsche Reich, wo man nicht sagen kann, wen das allgemeine Stimmrecht höher gehoben hat, Bismarck oder Bleichröder. Und endlich herrscht die besitzende Klasse direkt mittelst des allgemeinen Stimmrechts. Solange die unterdrückte Klasse, also in unserm Fall das Proletariat, noch nicht reif ist zu seiner Selbstbefreiung, solange wird sie, der Mehrzahl nach, die bestehende Gesellschaftsordnung als die einzig mögliche erkennen und politisch der Schwanz der Kapitalistenklasse, ihr äußerster linker Flügel sein. In dem Maß aber, worin sie ihrer Selbstemanzipation entgegenreift, in dem Maß konstituiert sie sich als eigne Partei, wählt ihre eignen Vertreter, nicht die der Kapitalisten. Das allgemeine Stimmrecht ist so der Gradmesser der Reife der Arbeiterklasse. Mehr kann und wird es nie sein im heutigen Staat; aber das genügt auch. An dem Tage, wo das Thermometer des allgemeinen Stimmrechts den Siedepunkt bei den Arbeitern anzeigt, wissen sie sowohl wie die Kapitalisten woran sie sind.

Der Staat ist also nicht von Ewigkeit her. Es hat Gesellschaften gegeben, die ohne ihn fertig wurden, die von Staat und Staatsgewalt keine Ahnung hatten. Auf einer bestimmten Stufe der ökonomischen Entwicklung, die mit Spaltung der Gesellschaft in Klassen notwendig verbunden war, wurde durch diese Spaltung der Staat eine Notwendigkeit. Wir nähern uns jetzt mit raschen Schritten einer Entwicklungsstufe der Produktion, auf der das Dasein dieser Klassen nicht nur aufgehört hat, eine Notwendigkeit zu sein, sondern ein positives Hindernis der Produktion wird. Sie werden fallen, ebenso unvermeidlich, wie sie früher entstanden sind. Mit ihnen fällt unvermeidlich der Staat. Die Gesellschaft, die die Produktion auf Grundlage freier und gleicher Assoziation der Produzenten neu organisiert, versetzt die ganze Staatsmaschine dahin, wohin sie dann gehören wird: ins Museum der Altertümer, neben das Spinnrad und die bronzene Axt.

Die Zivilisation ist also nach dem Vorausgeschickten die Entwicklungsstufe der Gesellschaft, auf der die Teilung der Arbeit, der aus ihr entspringende Austausch zwischen einzelnen und die beides zusammenfassende Warenproduktion zur vollen Entfaltung kommen und die ganze frühere Gesellschaft umwälzen.

Die Produktion aller früheren Gesellschaftsstufen war wesentlich eine gemeinsame, wie auch die Konsumtion unter direkter Verteilung der Produkte innerhalb größerer oder kleinerer kommunistischer Gemeinwesen vor sich ging. Diese Gemeinsamkeit der Produktion fand statt innerhalb der engsten Schranken; aber sie führte mit sich die Herrschaft der Produzenten über ihren Produktionsprozeß und ihr Produkt. Sie wissen, was aus dem Produkt wird: Sie verzehren es, es verläßt ihre Hände nicht; und solange die Produktion auf dieser Grundlage betrieben wird, kann sie den Produzenten nicht über den Kopf wachsen, keine gespenstischen fremden Mächte ihnen gegenüber erzeugen, wie dies in der Zivilisation regelmäßig und unvermeidlich der Fall ist.

Aber in diesen Produktionsprozeß schiebt sich die Teilung der Arbeit langsam ein. Sie untergräbt die Gemeinsamkeit der Produktion und Aneignung, sie erhebt die Aneignung durch einzelne zur überwiegenden Regel und erzeugt damit den Austausch zwischen einzelnen – wie, das haben wir oben untersucht. Allmählich wird die Warenproduktion herrschende Form.

Mit der Warenproduktion, der Produktion nicht mehr für eignen Verbrauch, sondern für den Austausch, wechseln die Produkte notwendig die Hände. Der Produzent gibt sein Produkt im Tausch weg, er weiß nicht mehr, was daraus wird. So wie das Geld, und mit dem Geld der Kaufmann, als Vermittler zwischen die Produzenten tritt, wird der Austauschprozeß noch verwickelter, das schließliche Schicksal der Produkte noch ungewisser. Der Kaufleute sind viele, und keiner von ihnen weiß, was der andre tut. Die Waren gehn nun schon nicht bloß von Hand zu Hand, sie gehn auch von Markt zu Markt; die Produzenten haben die Herrschaft über die Gesamtproduktion ihres Lebenskreises verloren und die Kaufleute haben sie nicht übernommen. Produkte und Produktion verfallen dem Zufall.

Aber Zufall, das ist nur der eine Pol eines Zusammenhangs, dessen andrer Pol Notwendigkeit heißt. In der Natur, wo auch der Zufall zu herrschen scheint, haben wir längst auf jedem einzelnen Gebiet die innere Notwendigkeit und Gesetzmäßigkeit nachgewiesen, die in diesem Zufall sich durchsetzt. Was aber von der Natur, das gilt auch von der Gesellschaft. Je mehr eine gesellschaftliche Tätigkeit, eine Reihe gesellschaftlicher Vorgänge der bewußten Kontrolle der Menschen zu mächtig wird, ihnen über den Kopf wächst, je mehr sie dem puren Zufall überlassen scheint, desto mehr setzen sich in diesem Zufall die ihr eigentümlichen, innewohnenden Gesetze wie mit Naturnotwendigkeit durch. Solche Gesetze beherrschen auch die Zufälligkeiten der Warenproduktion und des Warenaustausches; dem einzelnen Produzenten und Austauschenden stehn sie gegenüber als fremde, anfangs sogar unerkannte Mächte, deren Natur erst mühsam erforscht und ergründet werden muß. Diese ökonomischen Gesetze der Warenproduktion modifizieren sich mit den verschiednen Entwicklungsstufen dieser Produktionsform; im ganzen und großen aber steht die gesamte Periode der Zivilisation unter ihrer Herrschaft. Und noch heute beherrscht das Produkt die Produzenten; noch heute wird die Gesamtproduktion der Gesellschaft geregelt, nicht durch gemeinsam überlegten Plan, sondern durch blinde Gesetze, die sich geltend machen mit elementarer Gewalt, in letzter Instanz in den Gewittern der periodischen Handelskrisen.

Wir sahen oben, wie auf einer ziemlich frühen Entwicklungsstufe der Produktion die menschliche Arbeitskraft befähigt wird, ein beträchtlich größeres Produkt zu liefern, als zum Unterhalt der Produzenten erforderlich ist, und wie diese Entwicklungsstufe in der Hauptsache dieselbe ist, auf der Teilung der Arbeit und Austausch zwischen einzelnen aufkommen. Es dauerte nun nicht lange mehr, bis die große »Wahrheit« entdeckt wurde, daß auch der Mensch eine Ware sein kann; daß die menschliche Kraft* austauschbar und vernutzbar ist, indem man den Menschen in einen Sklaven verwandelt. Kaum hatten die Menschen angefangen auszutauschen, so wurden sie auch schon selbst ausgetauscht. Das Aktivum wurde zum Passivum, die Menschen mochten wollen oder nicht.

Mit der Sklaverei, die unter der Zivilisation ihre vollste Entfaltung erhielt, trat die erste große Spaltung der Gesellschaft ein in

---

* (1884) Arbeitskraft.

eine ausbeutende und eine ausgebeutete Klasse. Diese Spaltung dauerte fort während der ganzen zivilisierten Periode. Die Sklaverei ist die erste, der antiken Welt eigentümliche Form der Ausbeutung; ihr folgt die Leibeigenschaft im Mittelalter, die Lohnarbeit in der neueren Zeit. Es sind dies die drei großen Formen der Knechtschaft, wie sie für die drei großen Epochen der Zivilisation charakteristisch sind; offne, und neuerdings verkleidete, Sklaverei geht stets danebenher.

Die Stufe der Warenproduktion, womit die Zivilisation beginnt, wird ökonomisch bezeichnet durch die Einführung 1. des Metallgeldes, damit des Geldkapitals, des Zinses und Wuchers; 2. der Kaufleute als vermittelnder Klasse zwischen den Produzenten; 3. des Privatgrundeigentums und der Hypothek und 4. der Sklavenarbeit als herrschender Produktionsform. Die der Zivilisation entsprechende und mit ihr definitiv zur Herrschaft kommende Familienform ist die Monogamie, die Herrschaft des Mannes über die Frau, und die Einzelfamilie als wirtschaftliche Einheit der Gesellschaft. Die Zusammenfassung der zivilisierten Gesellschaft ist der Staat, der in allen mustergültigen Perioden ausnahmslos der Staat der herrschenden Klasse ist und in allen Fällen wesentlich Maschine zur Niederhaltung der unterdrückten, ausgebeuteten Klasse bleibt. Bezeichnend für die Zivilisation ist noch: einerseits die Fixierung des Gegensatzes von Stadt und Land als der Grundlage der gesamten gesellschaftlichen Arbeitsteilung; andrerseits die Einführung der Testamente, wodurch der Eigentümer auch noch über seinen Tod hinaus über sein Eigentum verfügen kann. Diese der alten Gentilverfassung direkt ins Gesicht schlagende Einrichtung war in Athen bis auf Solon unbekannt; in Rom ist sie schon früh eingeführt, wann, wissen wir nicht*; bei den Deutschen führten die Pfaffen sie ein, damit der biedre Deutsche sein Erbteil der Kirche ungehindert vermachen könne.

Mit dieser Grundverfassung hat die Zivilisation Dinge vollbracht,

---

* Lassalles »System der erworbenen Rechte« dreht sich im zweiten Teil hauptsächlich um den Satz, das römische Testament sei so alt wie Rom selbst, es habe für die römische Geschichte nie »eine Zeit ohne Testament gegeben«; das Testament sei vielmehr in vorrömischer Zeit aus dem Kultus der Verstorbenen entstanden. Lassalle, als gläubiger Althegelianer, leitet die römischen Rechtsbestimmungen ab nicht aus den gesellschaftlichen Verhältnissen der Römer, sondern aus dem »spekulativen Begriff« des Willens, und kommt dabei zu jener total ungeschichtlichen Behauptung. Man kann sich denen die alte Gentilgesellschaft nicht im entferntesten gewachsen war. Aber sie hat sie vollbracht, indem sie die schmutzigsten Triebe und Leidenschaften der Menschen in Bewegung setzte und auf Kosten seiner ganzen übrigen Anlagen entwickelte. Die platte Habgier war die treibende Seele der Zivilisation von ihrem ersten Tag bis heute, Reichtum und abermals Reichtum und zum drittenmal Reichtum, Reichtum nicht der Gesellschaft, sondern dieses einzelnen lumpigen Individuums, ihr einzig entscheidendes Ziel. Wenn ihr dabei die steigende Entwicklung der Wissenschaft und zu wiederholten Perioden die höchste Blüte der Kunst in den Schoß gefallen ist, so doch nur, weil ohne diese die volle Reichtumserrungenschaft unsrer Zeit nicht möglich gewesen wäre.

Da die Grundlage der Zivilisation die Ausbeutung einer Klasse durch eine andre Klasse ist, so bewegt sich ihre ganze Entwicklung in einem fortdauernden Widerspruch. Jeder Fortschritt der Produktion ist gleichzeitig ein Rückschritt in der Lage der unterdrückten Klasse, d. h. der großen Mehrzahl. Jede Wohltat für die einen ist notwendig ein Übel für die andern, jede neue Befreiung der einen Klasse eine neue Unterdrückung für eine andre Klasse. Den schlagendsten Beweis dafür liefert die Einführung der Maschinerie, deren Wirkungen heute weltbekannt sind. Und wenn bei den Barbaren der Unterschied von Rechten und Pflichten, wie wir sahen, noch kaum gemacht werden konnte, so macht die Zivilisation den Unterschied und Gegensatz beider auch dem Blödsinnigsten klar, indem sie einer Klasse so ziemlich alle Rechte zuweist, der andern dagegen so ziemlich alle Pflichten.

Das soll aber nicht sein. Was für die herrschende Klasse gut ist, soll gut sein für die ganze Gesellschaft, mit der die herrschende Klasse sich identifiziert. Je weiter also die Zivilisation fortschreitet, je mehr ist sie genötigt, die von ihr mit Notwendigkeit geschaffnen Übelstände mit dem Mantel der Liebe zu bedecken, sie zu beschönigen oder wegzuleugnen, kurz eine konventionelle Heuchelei einzuführen, die weder früheren Gesellschaftsformen noch selbst den ersten Stufen der Zivilisation bekannt war und die zuletzt in der Behauptung gipfelt: Die Ausbeutung der unterdrückten Klasse wer-

---

darüber nicht wundern in einem Buch, das auf Grund desselben spekulativen Begriffs zu dem Ergebnis kommt, bei der römischen Erbschaft sei die Übertragung des Vermögens reine Nebensache gewesen. Lassalle glaubt nicht nur an die Illusionen der römischen Juristen, besonders der früheren Zeit; er übergipfelt sie noch.

de betrieben von der ausbeutenden Klasse einzig und allein im Interesse der ausgebeuteten Klasse selbst; und wenn diese das nicht einsehe, sondern sogar rebellisch werde, so sei das der schnödeste Undank gegen die Wohltäter, die Ausbeuter.*

Und nun zum Schluß Morgans Urteil über die Zivilisation:

»Seit dem Eintritt der Zivilisation ist das Wachstum des Reichtums so ungeheuer geworden, seine Formen so verschiedenartig, seine Anwendung so umfassend und seine Verwaltung so geschickt im Interesse der Eigentümer, daß dieser Reichtum, dem Volk gegenüber, *eine nicht zu bewältigende Macht geworden ist. Der Menschengeist steht ratlos und gebannt da vor seiner eignen Schöpfung.* Aber dennoch wird die Zeit kommen, wo die menschliche Vernunft erstarken wird zur Herrschaft über den Reichtum, wo sie feststellen wird sowohl das Verhältnis des Staats zu dem Eigentum, das er schützt, wie die Grenzen der Rechte der Eigentümer. Die Interessen der Gesellschaft gehn den Einzelinteressen absolut vor, und beide müssen in ein gerechtes und harmonisches Verhältnis gebracht werden. Die bloße Jagd nach Reichtum ist nicht die Endbestimmung der Menschheit, wenn anders der Fortschritt das Gesetz der Zukunft bleibt, wie er es war für die Vergangenheit. Die seit Anbruch der Zivilisation verflossene Zeit ist nur ein kleiner Bruchteil der verflossenen Lebenszeit der Menschheit; nur ein kleiner Bruchteil der ihr noch bevorstehenden. Die Auflösung der Gesellschaft steht drohend vor uns als Abschluß einer geschichtlichen Laufbahn, deren einziges Endziel der Reichtum ist; denn eine solche Laufbahn enthält die Elemente ihrer eignen Vernichtung. Demokratie in der Verwaltung, Brüderlichkeit in der Gesellschaft, Gleichheit der Rechte, allgemeine Erziehung werden die nächste höhere Stufe der Gesellschaft einweihen, zu der Erfahrung, Vernunft und Wissenschaft stetig hinarbeiten. *Sie wird eine Wiederbelebung sein – aber in höherer Form – der Freiheit, Gleichheit und Brüderlichkeit der alten Gentes.*« (Morgan, »Ancient Society«, p. 552.)

---

* Ich beabsichtigte anfangs, die brillante Kritik der Zivilisation, die sich in den Werken Charles Fouriers zerstreut vorfindet, neben diejenige Morgans und meine eigne zu stellen. Leider fehlt mir die Zeit dazu. Ich bemerke nur, daß schon bei Fourier Monogamie und Grundeigentum als Hauptkennzeichen der Zivilisation gelten und daß er sie einen Krieg des Reichen gegen den Armen nennt. Ebenfalls findet sich bei ihm schon die tiefe Einsicht, daß in allen mangelhaften, in Gegensätze gespaltenen Gesellschaften Einzelfamilien (les familles incohérentes) die wirtschaftlichen Einheiten sind.

3. [Karl Marx:] Formen, die der kapitalistischen Produktion vorhergehen (über den Prozeß, der der Bildung des Kapitalverhältnisses oder der ursprünglichen Akkumulation vorhergeht) (1857–1858, Anhang 1850–1859)[1]

[...]

Bei dem Austausch von Geld gegen Arbeit oder Dienst zu unmittelbarem Konsum findet immer wirklicher Austausch statt; daß auf beiden Seiten *Arbeitsquanta* sich austauschen, hat nur *formelles* Interesse, um die *besondern* Nützlichkeitsformen der Arbeit aneinander zu messen. Es betrifft nur die *Form* des Austauschs; bildet aber nicht seinen *Inhalt*. Bei dem Austausch von Kapital gegen Arbeit ist der *Wert* nicht Messer für den Austausch zweier Gebrauchswerte, sondern der *Inhalt des Austauschs* selbst.

2) In Zeiten der Auflösung *vorbürgerlicher* Verhältnisse kommen sporadisch freie Arbeiter vor, deren Dienstleistung gekauft wird, nicht zum Zweck der Konsumtion, sondern der *Produktion*; aber *erstens* auf großer Stufenleiter selbst nur zur Produktion von *unmittelbaren* Gebrauchswerten; nicht von *Werten*; und *zweitens,* wenn der Adlige z. B. den freien Arbeiter zuzieht zu seinen Leibeignen, auch Teil seines Produkts wieder verkauft, und der freie Arbeiter ihm so *Wert* schaffte, so findet dieser Austausch nur für den Überfluß statt und geschieht nur im Interesse des Überflusses, der *Luxuskonsumtion*; ist also au fond nur ein verkleideter Ankauf fremder Arbeit für unmittelbaren Konsum oder als Gebrauchswert. Übrigens, wo diese freien Arbeiter sich vermehren, und dies Verhältnis zunimmt, ist die alte Produktionsweise – Gemeinde – patriarchalische – feudale etc. – in der Auflösung begriffen und bereiten sich die Elemente für die wirkliche Lohnarbeit vor. Diese freien Knechte können aber auch auftauchen, wie z. B. in Polen etc., und wieder verschwinden; ohne daß sich die Produktionsweise änderte.

Um die Verhältnisse, worein Kapital und Lohnarbeit treten, als *Eigentumsverhältnisse* oder *Gesetze* auszudrücken, haben wir nichts zu tun als das Verhalten beider Seiten in dem *Verwertungsprozeß* als *Aneignungsprozeß* auszudrücken. Zum Beispiel, daß die Surplusarbeit als Surpluswert des Kapitals gesetzt wird, heißt, daß

---

1 [Text nach: K. Marx, Grundrisse der Kritik der Politischen Ökonomie (Rohentwurf), Berlin 1953, S. 373—415.]

der Arbeiter sich nicht das Produkt seiner eignen Arbeit aneignet; daß es ihm als *fremdes Eigentum* erscheint; umgekehrt, daß die *fremde Arbeit* als Eigentum des Kapitals erscheint. Dieses zweite Gesetz des bürgerlichen Eigentums, worein das erste umschlägt – und das durch Erbrecht etc. eine vom Zufall der Vergänglichkeit der einzelnen Kapitalisten unabhängige Existenz erhält –, wird ebensowohl als Gesetz aufgestellt wie das erstre. Das erste ist die Identität der Arbeit mit dem Eigentum; das zweite die Arbeit als negiertes Eigentum oder das Eigentum als Negation der Fremdheit der fremden Arbeit. In fact, in dem Produktionsprozeß des Kapitals, wie sich noch mehr bei weitrer Entwicklung desselben zeigen wird, ist die Arbeit eine Totalität – eine Kombination von Arbeiten –, wovon die einzelnen Bestandteile sich fremd sind, so daß die Gesamtarbeit als Totalität *nicht* das *Werk* des einzelnen Arbeiters, und auch das Werk der verschiednen Arbeiter zusammen nur ist, soweit sie kombiniert sind, nicht sich als Kombinierende zueinander verhalten. In ihrer Kombination erscheint diese Arbeit ebensosehr einem fremden Willen und einer fremden Intelligenz dienend, und von ihr geleitet – ihre *seelenhafte Einheit* außer sich habend, wie in ihrer materiellen Einheit untergeordnet unter die *Gegenständliche Einheit* der *Maschinerie,* des capital fixe, das als *beseeltes Ungeheuer* den wissenschaftlichen Gedanken objektiviert und faktisch das Zusammenfassende ist, keineswegs als Instrument zum einzelnen Arbeiter sich verhält, vielmehr er als beseelte einzelne Punktualität, lebendiges isoliertes Zubehör an ihm existiert. Die kombinierte Arbeit ist so nach doppelter Seite hin *an sich* Kombination; nicht Kombination als Beziehung der zusammenarbeitenden Individuen aufeinander, noch als ihr Übergreifen, sei es über ihre besondre oder vereinzelte Funktion, sei es über das Instrument der Arbeit. Wenn der Arbeiter sich daher zu dem Produkt seiner Arbeit als einem fremden verhält, so ist ebensosehr sein Verhalten zu der kombinierten Arbeit als einer fremden, wie zu seiner eignen Arbeit als einer zwar ihm angehörigen, aber ihm fremden, erzwungnen Lebensäußerung, die als *Beschwerde, Opfer* etc. daher von A. Smith etc. gefaßt wird. Die Arbeit selbst, wie ihr Produkt, ist *negiert als die des besondren, vereinzelten Arbeiters*. Die negierte vereinzelte Arbeit ist nun in der Tat die ponierte gemeinschaftliche oder kombinierte Arbeit. Die so gesetzte *gemeinschaftliche oder kombinierte Arbeit* – sowohl als Tätigkeit, wie in die ruhende Form des Objekts übergegangne – ist aber zugleich unmittelbar als ein Andres der wirklich existierenden einzelnen Arbeit gesetzt – als *fremde Objektivität* sowohl (fremdes Eigentum), wie *fremde Subjektivität* (die des Kapitals). Das Kapital repräsentiert also sowohl die Arbeit wie ihr Produkt als negierte vereinzelte Arbeit und daher Eigentum des vereinzelten Arbeiters. Es ist daher die Existenz der gesellschaftlichen Arbeit – ihre Kombination als Subjekt wie als Objekt –, aber diese Existenz als selbst selbständig ihren wirklichen Momenten gegenüber existierend – also selbst als *besondre* Existenz daneben. Das Kapital seinerseits erscheint daher als das übergreifende Subjekt und Eigentümer *fremder Arbeit,* und sein Verhältnis selbst ist das eines ebenso vollkommnen Widerspruches wie das der Lohnarbeit.

Wenn freie Arbeit und Austausch dieser freien Arbeit gegen Geld, um das Geld zu reproduzieren und verwerten, um von dem Geld als Gebrauchswert nicht für den Genuß, sondern als Gebrauchswert für Geld verzehrt zu werden, Voraussetzung der Lohnarbeit und eine der historischen Bedingungen des Kapitals ist, so ist die Trennung der freien Arbeit von den objektiven Bedingungen ihrer Verwirklichung – von dem Arbeitsmittel und dem Arbeitsmaterial – eine andre Voraussetzung. Also vor allem Loslösung des Arbeiters von der Erde als seinem natürlichen Laboratorium – daher Auflösung des kleinen freien Grundeigentums sowohl wie des gemeinschaftlichen, auf der orientalischen Kommune beruhenden Grundeigentums. In beiden Formen verhält sich der Arbeiter zu den objektiven Bedingungen seiner Arbeit als seinem Eigentum; es ist dies die natürliche Einheit der Arbeit mit ihren sachlichen Voraussetzungen. Der Arbeiter hat daher unabhängig von der Arbeit eine gegenständliche Existenz. Das Individuum verhält sich zu sich selbst als Eigentümer, als Herr | der Bedingungen seiner Wirklichkeit. Es verhält sich ebenso zu den andren – und je nachdem diese *Voraussetzung* gesetzt ist als von dem Gemeinwesen ausgehend oder als von den Einzelnen Familien, die die Gemeinde konstituieren, – verhält es sich zu den andren als Miteigentümern, ebensoviel Inkarnationen des Gemeineigentums, oder als selbständigen Eigentümern neben ihm, selbständigen Privateigentümern – neben denen das früher alles absorbierende und über alle übergreifende Gemeineigentum selbst als besondrer *ager publicus* neben den vielen Privatgrundeigentümern gesetzt ist.

In beiden Formen verhalten sich die Individuen nicht als Arbeiter, sondern als Eigentümer – und Mitglieder eines Gemeinwesens, die zugleich arbeiten. Der Zweck dieser Arbeit ist nicht *Wertschöpfung* – obgleich sie Surplusarbeit tun mögen, um sich *fremde,* i. e. Surplusprodukte, auszutauschen –; sondern ihr Zweck ist Erhaltung des Einzelnen Eigentümers und seiner Familie, wie des Gesamtgemeindewesens. Die Setzung des Individuums als eines *Arbeiters,* in dieser Nacktheit, ist selbst *historisches* Produkt.

In der ersten Form dieses Grundeigentums – erscheint zunächst ein naturwüchsiges Gemeinwesen als erste Voraussetzung. Familie und die im Stamm erweiterte Familie, oder durch intermarriage zwischen Familien, oder Kombination von Stämmen. Da wir annehmen können, daß das *Hirtenwesen,* überhaupt *Wanderung* die erste Form der Existenzweise, nicht daß der Stamm sich niederläßt auf einem bestimmten Sitz, sondern daß er abweidet, was er vorfindet – die Menschen sind nicht von Natur seßhaft (es müßte denn sein in so besonders fruchtbarer Naturumgebung, daß sie wie Affen auf einem Baum sitzen; sonst roaming, wie die wilden Tiere) –, so erscheint die *Stammgemeinschaft,* das natürliche Gemeinwesen nicht als *Resultat,* sondern als *Voraussetzung der gemeinschaftlichen Aneignung* (temporären) und *Benutzung des Bodens.* Lassen sie sich endlich nieder, so wird es von verschiednen äußerlichen, klimatischen, geographischen, physischen etc. Bedingungen sowohl, wie von ihrer besondren Naturanlage etc. abhängen – ihrem Stammcharakter –, wie mehr oder minder diese ursprüngliche Gemeinschaft modifiziert wird. Die naturwüchsige Stammgemeinschaft, oder wenn man will, das Herdenwesen, ist die erste Voraussetzung – die Gemeinschaftlichkeit in Blut, Sprache, Sitten etc. – der *Aneignung der objektiven Bedingungen* ihres Lebens, und der sich reproduzierenden und vergegenständlichenden Tätigkeit desselben (Tätigkeit als Hirten, Jäger, Ackerbauer etc.). Die Erde ist das große Laboratorium, das Arsenal, das sowohl das Arbeitsmittel, wie das Arbeitsmaterial liefert, wie den Sitz, die *Basis* des Gemeinwesens. Sie verhalten sich naiv zu derselben als dem *Eigentum des Gemeinwesens* und des in der lebendigen Arbeit sich produzierenden und reproduzierenden Gemeinwesens. Jeder Einzelne verhält sich nur als Glied, als member dieses Gemeinwesens als *Eigentümer* oder *Besitzer.* Die wirkliche *Aneignung* durch den Prozeß der Arbeit geschieht unter diesen *Voraussetzungen,* die selbst nicht *Produkt* der Arbeit sind, sondern als ihre natürlichen oder *göttlichen* Voraussetzungen erscheinen. Diese Form, wo dasselbe Grundverhältnis zugrunde liegt, kann sich selbst sehr verschieden realisieren. Zum Beispiel es widerspricht ihr durchaus nicht, daß, wie in den meisten *asiatischen* Grundformen, die *zusammenfassende Einheit,* die über allen diesen kleinen Gemeinwesen steht, als der höhere *Eigentüme*r oder als der *einzige Eigentümer* erscheint, die wirklichen Gemeinden daher nur als *erbliche* Besitzer. Da die *Einheit* der wirkliche Eigentümer ist und die wirkliche Voraussetzung des gemeinschaftlichen Eigentums – so kann diese selbst als ein *Besondres* über den vielen wirklichen besondren Gemeinwesen erscheinen, wo der Einzelne dann in fact Eigentumslos ist, oder das Eigentum – i. e. das Verhalten des Einzelnen zu den *natürlichen* Bedingungen der Arbeit und Reproduktion als ihm gehörigen, als den objektiven, als unorganische Natur vorgefundner Leib seiner Subjektivität – für ihn vermittelt erscheint durch das Ablassen der Gesamteinheit – die im Despoten realisiert ist als dem Vater der vielen Gemeinwesen – an den Einzelnen durch die Vermittlung der besondren Gemeinde. Das Surplusprodukt – das übrigens legal bestimmt wird infolge der wirklichen Aneignung durch Arbeit – gehört damit von selbst dieser höchsten Einheit. Mitten im orientalischen Despotismus und der Eigentumslosigkeit, die juristisch in ihm zu existieren scheint, existiert daher in der Tat als Grundlage dieses Stamm- oder Gemeindeeigentum, erzeugt meist durch eine Kombination von Manufaktur und Agrikultur innerhalb der kleinen Gemeinde, die so durchaus self-sustaining wird und alle Bedingungen der Reproduktion und Mehrproduktion in sich selbst enthält. Ein Teil ihrer Surplusarbeit gehört der höhern Gemeinschaft, die zuletzt als *Person* existiert, und diese Surplusarbeit macht sich geltend sowohl im Tribut etc., wie in gemeinsamen Arbeiten zur Verherrlichung der Einheit, teils des wirklichen Despoten, teils des gedachten Stammwesens, des Gottes. Diese Art Gemeindeeigentum kann nun, soweit es nun wirklich in der Arbeit sich realisiert, entweder so erscheinen, daß die kleinen Gemeinden unabhängig nebeneinander vegetieren und in sich selbst der Einzelne auf dem ihm angewiesnen Los unabhängig mit seiner Familie arbeitet; (eine bestimmte Arbeit für *gemeinschaftlichen Vorrat, Insurance* sozusagen, einerseits, und für *Bestreitung der Kosten des Gemeinwesens als solchen,* also für Krieg, Gottesdienst etc.; das herrschaftliche dominium im ursprünglichsten Sinn findet sich erst hier, z. B. in den slawischen Gemeinden, in den rumänischen etc. Hierin liegt der Übergang in Frondienst etc.); oder die Einheit kann auf die Gemeinschaftlichkeit in der Arbeit selbst sich erstrecken, die ein förmliches System sein kann, wie in Mexico, Peru besonders, bei den alten Celten, einigen indischen Stämmen. Es kann ferner die Gemeinschaftlichkeit innerhalb des Stammwesens mehr so erscheinen, daß die Einheit in einem Haupt der Stammfamilie repräsentiert ist, oder als die Beziehung der Familienväter aufeinander. Danach dann entweder mehr despotische oder demokratische Form dieses Gemeinwesens. Die gemeinschaftlichen Bedingungen der wirklichen Aneignung durch die Arbeit, *Wasserleitungen,* sehr wichtig bei den asiatischen Völkern, Kommunikationsmittel etc. erscheinen dann als Werk der höhren Einheit – der über den kleinen Gemeinden schwebenden despotischen Regierung. Die eigentlichen Städte bilden sich hier neben diesen Dörfern bloß da, wo besonders günstiger Punkt für auswärtigen Handel; oder wo das Staatsoberhaupt und seine Satrapen ihre Revenu (Surplusprodukt) austauschen gegen Arbeit, sie als labour-funds verausgaben.

| Die zweite Form – und sie wie die erste hat wesentliche Modifikationen, lokal, historisch etc. hervorgebracht – das Produkt mehr bewegten, historischen Lebens, der Schicksale und Modifikation der ursprünglichen Stämme – unterstellt auch das *Gemeinwesen* als erste Voraussetzung, aber nicht wie im ersten Fall als Substanz, von der die Individuen bloß Akzidenzen sind, oder von der sie rein naturwüchsig Bestandteile bilden –, sie unterstellt nicht das Land als die Basis, sondern die Stadt als schon geschaffnen Sitz (Zentrum) der Landleute (Grundeigentümer). Der Acker erscheint als Territorium der Stadt; nicht das Dorf als bloßer Zubehör zum Land. Die Erde an sich – sosehr sie Hindernisse darbieten mag, um sie zu bearbeiten, sich wirklich anzueignen – bietet kein Hindernis dar, sich zu ihr als der unorganischen Natur des lebendigen Individuums, seiner Werkstätte, dem Arbeitsmittel, Arbeitsobjekt und Lebensmittel des Subjekts zu verhalten. Die Schwierigkeiten, die das Gemeindewesen trifft, können nur von andren Gemeindewesen herrühren, die entweder den Grund und Boden schon okkupiert haben, oder die Gemeinde in ihrer Okkupation beunruhigen. Der Krieg ist daher die große Gesamtaufgabe, die große gemeinschaftliche Arbeit, die erheischt ist, sei es um die objektiven Bedingungen des lebendigen Daseins zu okkupieren, sei es um die Okkupation derselben zu beschützen und zu verewigen. Die aus Familien bestehende Gemeinde daher zunächst kriegerisch organisiert – als Kriegs- und Heerwesen, und dies eine der Bedingungen ihres Daseins als Eigen-

tümerin. Die Konzentration der Wohnsitze in der Stadt Grundlage dieser kriegerischen Organisation. Das Stammwesen an sich führt zu höhren und niedren Geschlechtern, ein Unterschied, der noch mehr entwickelt durch Mischung mit unterjochten Stämmen etc. Das Gemeindeeigentum – als Staatseigentum ager publicus – hier getrennt von dem Privateigentum. Das Eigentum des Einzelnen hier nicht, wie im ersten case, selbst unmittelbar Gemeindeeigentum, wonach also nicht Eigentum des Einzelnen, von der Gemeinde getrennt, der vielmehr nur ihr Besitzer ist. Je weniger faktisch das Eigentum des Einzelnen nur verwertet werden kann durch gemeinsame Arbeit – also z. B. wie die Wasserleitungen im Orient –, je mehr der rein naturwüchsige Charakter des Stammes durch historische Bewegung, Wandrung gebrochen; je mehr ferner der Stamm sich entfernt von seinem ursprünglichen Sitz und *fremden* Boden okkupiert, also in wesentlich neue Arbeitsbedingungen tritt und die Energie des Einzelnen mehr entwickelt ist – sein gemeinsamer Charakter mehr als negative Einheit nach außen erscheint und so erscheinen muß –, um so mehr die Bedingungen gegeben, daß der Einzelne *Privateigentümer* von Grund und Boden – besondrer Parzelle – wird, deren besondre Bearbeitung ihm und seiner Familie anheimfällt. Die Gemeinde – als Staat – ist einerseits die Beziehung dieser freien und gleichen Privateigentümer aufeinander, ihre Verbindung gegen außen, und ist zugleich ihre Garantie. Das Gemeindewesen beruht hier ebensosehr darauf, daß seine Mitglieder aus arbeitenden Grundeigentümern, Parzellenbauern bestehn, wie die Selbständigkeit der letztren durch ihre Beziehung als Gemeindeglieder aufeinander, Sicherung des ager publicus für die gemeinschaftlichen Bedürfnisse und den gemeinschaftlichen Ruhm etc. besteht. Voraussetzung bleibt hier für die Aneignung des Grund und Bodens Mitglied der Gemeinde zu sein, aber als Gemeindemitglied ist der Einzelne Privateigentümer. Er bezieht sich zu seinem Privateigentum als Grund und Boden aber zugleich als seinem Sein als Gemeindemitglied, und die Erhaltung seiner als solchen ist ebenso die Erhaltung der Gemeinde, wie umgekehrt etc. Da die Gemeinde, obgleich hier schon *historisches Produkt,* nicht nur dem fact nach, sondern als solches gewußt, daher *entstanden,* hier Voraussetzung des *Eigentums* am Grund und Boden – d. h. der Beziehung des arbeitenden Subjekts zu den natürlichen Voraussetzungen der Arbeit als ihm gehörigen –, diese Gehörigkeit aber vermittelt durch sein Sein als Staatsmitglied, durch das Sein des Staats – daher durch eine

Voraussetzung, die als göttlich etc. betrachtet wird. Konzentration in der Stadt mit Land als Territorium; für den unmittelbaren Konsum arbeitende kleine Landwirtschaft; Manufaktur als häusliches Nebengewerb der Frauen und Töchter (Spinnen und Weben) oder nur verselbständigt in einzelnen Branchen (fabri etc.). Die Voraussetzung der Fortdauer des Gemeinwesens ist die Erhaltung der Gleichheit unter seinen freien self-sustaining peasants und die eigne Arbeit als die Bedingung der Fortdauer ihres Eigentums. Sie verhalten sich als Eigentümer zu den natürlichen Bedingungen der Arbeit; aber diese Bedingungen müssen noch fortwährend durch persönliche Arbeit wirklich als Bedingungen und objektive Elemente der Persönlichkeit des Individuums, seiner persönlichen Arbeit, gesetzt werden. Andrerseits treibt die Richtung dieses kleinen kriegerischen Gemeinwesens hinaus über diese Schranken etc. (Rom, Griechenland, Juden etc.). »Als die Augurien«, sagt Niebuhr, »Numa der göttlichen Billigung seiner Wahl versichert hatten, war die erste Sorge des frommen Königs nicht Tempeldienst, sondern menschlich. Er teilte die Ländereien, welche Romulus im Krieg gewonnen und der Okkupation überlassen hatte: er stiftete den Dienst des Terminus. Alle alten Gesetzgeber, und vor allen Moses, gründeten den Erfolg ihrer Anordnungen für Tugend, Rechtlichkeit und gute Sitte, auf Landeigentum, oder wenigstens gesicherten erblichen Landbesitz, für die möglich größte Zahl der Bürger.« (Bd. I, 245, 2. Ausgabe. *Röm. Gesch.*). Das Individuum ist placed in such conditions of gaining his life as to make not the acquiring of wealth his object, but self-sustainance, its own reproduction as a member of the community; the reproduction of himself as proprietor of the parcel of ground and, in that quality, as a member of the commune. Die Fortdauer der commune ist die Reproduktion aller der members derselben als self-sustainings peasants, deren Surpluszeit eben der commune, der Arbeit des Kriegs etc. gehört. Das Eigentum an der eignen Arbeit ist vermittelt durch das Eigentum an der Bedingung der Arbeit – dem Hufen Land seinerseits garantiert durch das Dasein der Gemeinde, und diese wieder durch die Surplusarbeit in Form von Kriegsdienst etc. der Gemeindeglieder. Es ist nicht Kooperation in der wealth producing Arbeit, wodurch sich das Gemeindemitglied reproduziert, sondern Kooperation in der Arbeit für die gemeinschaftlichen Interessen (imaginären und wirklichen) zur Aufrechterhaltung des Verbandes nach außen und innen. Das Eigentum ist quiritorium, römisches, der

Privatgrundeigentümer ist solcher nur als Römer, aber als Römer ist er Privatgrundeigentümer.

Eine [andre] Form des Eigentums der arbeitenden Individuen, selfsustaining members of the community, an den Naturbedingungen ihrer Arbeit ist das *germanische*. Hier ist weder, wie in der spezifisch-orientalischen Form, das Gemeindemitglied als solches Mitbesitzer des gemeinschaftlichen Eigentums (wo das Eigentum *nur* als Gemeindeeigentum existiert, ist das Einzelne Glied als solches nur *Besitzer* eines besondren Teils, erblicher oder nicht, da jede Fraktion des Eigentums keinem Glied gehört für sich, sondern als unmittelbarem Glied der Gemeinde, also als direkt in der Einheit mit ihr, nicht im Unterschied von ihr. Dieser Einzelne ist also nur Besitzer. Es existiert nur *Gemeinschaftliches* Eigentum, und nur *Privatbesitz*. Die Weise dieses Besitzes im Verhältnis zum gemeinschaftlichen Eigentum kann historisch, lokal etc. ganz verschieden modifiziert sein, je nachdem die Arbeit selbst von dem Privatbesitzer isoliert geschieht oder selbst wieder von der Gemeinde bestimmt ist oder der über der besondren Gemeinde schwebenden Einheit); noch ist, wie in der römischen, griechischen Form (kurz der klassisch antiken) – hier ist der Boden okkupiert von der Gemeinde, römischer Boden; ein Teil bleibt der Gemeinde als solcher im Unterschied von den Gemeindegliedern, ager publicus in seinen verschiednen Formen; der andre Teil wird verteilt und jede Parzelle des Bodens ist dadurch römisch, daß sie das Privateigentum, die Domäne eines Römers, sein ihm gehöriger Anteil an dem Laboratorium ist; er ist aber auch nur Römer, insofern er dies souveräne Recht über einen Teil der römischen Erde besitzt. [[Im Altertum städtisches Gewerb und Handel gering-, Ackerbau aber hochgeachtet; im Mittelalter die entgegengesetzte Beurteilung.]] [[Das Recht der *Benutzung* des Gemeindelandes durch *Besitz* kam ursprünglich den Patriziern zu; die dann ihre Klienten belehnten; die *Überweisung von Eigentum* von dem ager publicus kam ausschließlich den Plebejern zu; alle Assignationen zugunsten der Plebejer und Abfindung für einen Anteil am Gemeindeland. *Eigentliches Landeigentum,* die Gegend um die Mauern der Stadt ausgenommen, ursprünglich nur in den Händen der Plebejer (später aufgenomme Landgemeinden.)]] [[Grundwesen der römischen Plebs als einer Gesamtheit von Landleuten, wie es in ihrem quiritarischen Eigentum bezeichnet ist. Den Landbau achteten die Alten einstimmig für das *eigentliche Geschäft* des freien Mannes, Schule des Soldaten. In ihm erhält sich der alte Stamm der Nation; sie ändert sich in den Städten, wo fremde Kaufleute und Gewerbetreibende sich niederlassen, wie die einheimischen dorthin ziehn, wo der Erwerb sie lockt. Allenthalben, wo Sklaverei ist, sucht der Freigelaßne seinen Unterhalt durch solche Geschäfte, bei denen er dann oft Reichtümer sammelt: so waren diese Gewerbe auch im Altertum meistens in ihren Händen, und dadurch für den Bürger nicht geziemend: daher die Meinung, daß Zulassung der Handwerker zum vollen Bürgerrecht bedenklich sei (in der Regel waren sie bei den älteren Griechen ausgeschlossen). Οὐδενὶ ἐξῆν Ῥωμαίων οὔτε κάπηλον ουτε χειροτέχνην βίον ἔχειν. Die Alten hatten keine Ahnung von einem würdigen Zunftwesen, wie in der mittelalterlichen Städtegeschichte; und selbst hier sank der kriegerische Geist, wie die Zünfte gegen die Geschlechter obsiegten, und erlosch zuletzt ganz; also auch der Städte äußre Achtung und Freiheit.]] [[Die Stämme der alten Staaten waren auf zweierlei Art begründet, entweder nach *Geschlechtern* oder nach *Orten*. Die *Geschlechterstämme* gehn dem Alter nach vor den Ortsstämmen, und werden fast allenthalben von ihnen verdrängt. Ihre äußerste, strengste Form ist die Kasteneinrichtung, wo eine von der andren getrennt ist, ohne wechselseitiges Eherecht, der Würde nach ganz verschieden; jede mit einem ausschließlichen, unabänderlichen Beruf. Die *Ortsstämme* entsprachen ursprünglich einer Einteilung der Landschaft in Gauen und Dörfer; so daß, wer zu der Zeit, als diese angelegt ward, in Attika unter Kleisthenes, in einem Dorf angesessen war, als dessen Demotes, in der Phyle, zu deren Region jenes gehörte, eingeschrieben ward. Nun blieben der Regel nach seine Nachkommen, ohne Rücksicht auf ihren Wohnort, in derselben Phyle und demselben Demos; womit auch diese Einteilung einen Schein von Ahnenwesen annahm. Diese römischen *Geschlechter* sind nicht Blutsverwandte; Cicero fügt als Merkmal zu gemeinschaftlichem Namen Abstammung von Freien hinzu. Den römischen Gentilen gemeinschaftliche sacra, hörte später auf (schon zu Ciceros Zeit). Am längsten erhielt sich die Beerbung der ohne Angehörige und Verfügung verstorbnen Mitgeschlechter. Verpflichtung, in der ältesten Zeit, der Geneten, dem Hilfsbedürftigen unter den Ihrigen ungewöhnliche Lasten tragen zu helfen. (Bei den Deutschen überall ursprünglich, am längsten unter den Dithmarschen.) Die Gentes Innungen. Eine allgemeinre Anordnung als die Geschlechter gab es in der alten Welt nicht. So bei den Gaelen die adligen Campbells und ihre Vasallen einen Clan bildend.]] Da der Patrizier im höhern Grad das Gemeinwesen repräsentiert, ist er der *possessor* des ager publicus und benutzt ihn durch seine Klienten etc. (eignet ihn sich auch nach und nach an). Die germanische Gemeinde konzentriert sich nicht in der Stadt; durch welche bloße Konzentration – der Stadt als Zentrum des Landlebens, dem Wohnsitz der Landarbeiter, wie ebenso dem Zentrum der Kriegsführung – die Gemeinde als solche nun eine äußerliche Existenz besitzt, unterschieden von der des Einzelnen. Die klassische alte Geschichte ist Stadtgeschichte, aber von Städten, gegründet auf Grundeigentum und Agrikultur; die asiatische Geschichte ist eine Art indifferenter Einheit von Stadt und Land; (die eigentlich großen Städte sind bloß als fürstliche Lager hier zu betrachten, als Superfötation über die eigentlich ökonomische Konstruktion); das Mittelalter (germanische Zeit) geht vom Land als Sitz der Geschichte aus, deren Fortentwicklung dann im Gegensatz von Stadt und Land vor sich geht; die moderne [Geschichte] ist Verstädtischung des Landes, nicht wie bei den Antiken Verländlichung der Stadt.

| Bei der Vereinigung in der Stadt besitzt die Gemeinde als solche eine ökonomische Existenz; das bloße *Dasein* der Stadt als solcher ist verschieden von bloßer Vielheit von unabhängigen Häusern. Das Ganze ist nicht hier aus seinen Teilen bestehend. Es ist eine Art selbständiger Organismus. Bei den Germanen, wo die einzelnen Familienhäupter sich in Wäldern festsetzen, getrennt durch lange Strecken, existiert, schon *äußerlich* betrachtet, die Gemeinde nur durch die jedesmalige Vereinigung der Gemeindeglieder, obgleich ihre *an sich seiende* Einheit gesetzt ist in Abstammung, Sprache, gemeinsamer Vergangenheit und Geschichte etc. Die *Gemeinde* erscheint also als *Vereinigung,* nicht als *Verein*, als Einigung, deren selbstständige Subjekte die Landeigentümer bilden, nicht als Einheit. Die Gemeinde existiert daher in fact nicht als *Staat, Staatswesen,* wie bei den Antiken, weil sie nicht als *Stadt* existiert. Damit die Gemeinde in wirkliche Existenz trete, müssen die freien Landeigentümer *Versammlung* halten, während sie in Rom z. B. *existiert,* außer diesen Versammlungen, in dem Dasein der *Stadt selbst* und der Beamten, die ihr vorgesetzt sind etc. Zwar kommt auch bei den Germanen der *ager publicus*, das Gemeindeland vor oder Volksland, im Unterschied von dem Eigentum des Einzelnen. Er ist Jagdgrund, Weidegrund, Holzungsgrund etc., der Teil des Landes, der nicht geteilt werden kann, wenn er in dieser

bestimmten Form als Produktionsmittel dienen soll. Indes erscheint nicht, wie bei den Römern z. B., dieser *ager publicus* als das besondre ökonomische Dasein des Staates neben den Privateigentümern, so daß diese eigentlich *Privat*eigentümer als solche sind, soweit sie *ausgeschlossen* waren, priviert waren, wie die Plebejer, [von] der Benutzung des ager publicus. Der ager publicus erscheint vielmehr nur als Ergänzung des individuellen Eigentums bei den Germanen, und figuriert als Eigentum nur, soweit er gegen feindliche Stämme als Gemeinbesitz des einen Stammes verfochten wird. Das Eigentum des Einzelnen erscheint nicht vermittelt durch die Gemeinde, sondern das Dasein der Gemeinde und des Gemeindeeigentums als vermittelt, d. h. als Beziehung der selbständigen Subjekte aufeinander. Das ökonomische Ganze ist au fond in jedem Einzelnen Hause enthalten, das für sich ein selbständiges Zentrum der Produktion bildet (Manufaktur rein als häusliche Nebenarbeit der Weiber etc.). In der antiken Welt ist die Stadt mit ihrer Landmark das ökonomische Ganze; in der germanischen der einzelne Wohnsitz, der selbst nur als Punkt in dem zu ihm gehörigen Land erscheint, keine Konzentration vieler Eigentümer ist, sondern Familie als selbständige Einheit. In der asiatischen (wenigstens vorherrschenden) Form kein Eigentum, sondern nur Besitz des Einzelnen; die Gemeinde der eigentliche wirkliche Eigentümer – also Eigentum nur als *gemeinschaftliches Eigentum* an dem Boden. Bei den Antiken (Römer als das klassischste Beispiel, die Sache in der reinsten, ausgeprägtesten Form) gegensätzliche Form von Staatsgrundeigentum und Privatgrundeigentum, so daß das letztre durch das erstre vermittelt oder das erstre selbst in dieser doppelten Form existiert. Der Privatgrundeigentümer daher zugleich städtischer Bürger. Ökonomisch löst sich das Staatsbürgertum in die einfache Form auf, daß der Landmann Bewohner einer Stadt. In der germanischen Form der Landmann nicht Staatsbürger, d. h. nicht Städtebewohner, sondern Grundlage die isolierte, selbständige Familienwohnung, garantiert durch den Verband mit andren solchen Familienwohnungen vom selben Stamm und ihr gelegentliches, für Krieg, Religion, Rechtsschlichtung etc. Zusammenkommen für solche wechselseitige Bürgschaft. Das individuelle Grundeigentum erscheint hier nicht als gegensätzliche Form des Grundeigentums der Gemeinde, noch als durch sie vermittelt, sondern umgekehrt. Die Gemeinde existiert nur in der Beziehung dieser individuellen Grundeigentümer als solcher aufeinander. Das Gemeindeeigentum als solches erscheint nur als gemeinschaftliches Zubehör zu den individuellen Stammsitzen und Bodenaneignungen. Weder ist die Gemeinde die Substanz, an der der Einzelne nur als Akzident erscheint; noch das Allgemeine, das als solches, sowohl in seiner Vorstellung, wie in der Existenz der Stadt und ihrer städtischen Bedürfnisse im Unterschied von denen des Einzelnen, oder in ihrem städtischen Grund und Boden als ihrem besondren Dasein im Unterschied von dem besondren ökonomischen Dasein des Gemeindeglieds, eine *seiende Einheit* ist; sondern einerseits ist die Gemeinde an sich als das Gemeinschaftliche in Sprache, Blut etc. dem individuellen Eigentümer vorausgesetzt; als Dasein existiert sie aber nur andrerseits in ihrer *wirklichen Versammlung* für gemeinschaftliche Zwecke, und soweit sie besondre ökonomische Existenz hat, in dem gemeinsamen benutzten Jagd-, Weideland etc., wird sie so benutzt von Jedem Individuellen Eigentümer als solchem, nicht als Repräsentanten (wie in Rom) des Staats; wirklich gemeinsames Eigentum der individuellen Eigentümer, nicht des Vereins dieser Eigentümer als in der Stadt selbst von sich als einzelnen eine gesonderte Existenz besitzend.

Worauf es hier eigentlich ankommt, ist dies: In allen diesen Formen, worin Grundeigentum und Agrikultur die Basis der ökonomischen Ordnung bilden, und daher die Produktion von Gebrauchswerten ökonomischer Zweck ist, die *Reproduktion des Individuums* in den bestimmten Verhältnissen zu seiner Gemeinde, in denen es deren Basis bildet – ist vorhanden: 1) Aneignung, nicht durch Arbeit, sondern als der Arbeit vorausgesetzt, der natürlichen Bedingung der Arbeit, der *Erde* als des ursprünglichen Arbeitsinstruments sowohl, Laboratoriums, wie Behälters der Rohstoffe. Das Individuum verhält sich einfach zu den objektiven Bedingungen der Arbeit als den seinen; zu ihnen, als der unorganischen Natur seiner Subjektivität, worin diese sich selbst realisiert; die Hauptobjektive Bedingung der Arbeit erscheint nicht selbst als *Produkt* der Arbeit, sondern findet sich vor als *Natur*; | auf der einen Seite das lebendige Individuum, auf der andren die Erde, als die objektive Bedingung seiner Reproduktion; 2) aber dieses *Verhalten* zu dem Grund und Boden, zur Erde, als dem Eigentum des arbeitenden Individuums – welches daher von vornherein nicht als bloß arbeitendes Individuum erscheint, in dieser Abstraktion, sondern im Eigentum an der Erde eine *objektive Existenzweise* hat, die seiner Tätigkeit *vorausgesetzt* ist, und nicht als deren bloßes Resultat erscheint, und ebenso eine Voraussetzung seiner Tätigkeit ist, wie seine Haut, seine Sinnesorgane, die er zwar auch im Lebensprozeß reproduziert, und entwickelt etc., die aber diesem Reproduktionsprozeß seinerseits vorausgesetzt sind – ist sofort vermittelt durch das naturwüchsige, mehr oder minder historisch entwickelte, und modifizierte Dasein des Individuums als *Mitglieds einer Gemeinde* – sein naturwüchsiges Dasein als Glied eines Stammes etc. Ein isoliertes Individuum könnte sowenig Eigentum haben am Grund und Boden, wie sprechen. Es könnte allerdings an ihm als der Substanz zehren, wie die Tiere tun. Das Verhalten zur Erde als Eigentum ist immer vermittelt durch die Okkupation, friedliche oder gewaltsame, von Grund und Boden durch den Stamm, die Gemeinde in irgendeiner mehr oder minder naturwüchsigen, oder schon historisch entwickeltern Form. Das Individuum kann hier nie in der Punktualität auftreten, in der es als bloßer freier Arbeiter erscheint. Wenn die objektiven Bedingungen seiner Arbeit vorausgesetzt sind als ihm gehörig, so ist es selbst subjektiv vorausgesetzt als Glied einer Gemeinde, durch welche sein Verhältnis zum Grund und Boden vermittelt ist. Seine Beziehung zu den objektiven Bedingungen der Arbeit ist vermittelt durch sein Dasein als Gemeindeglied; andrerseits ist das wirkliche Dasein der Gemeinde bestimmt durch die bestimmte Form seines Eigentums an den objektiven Bedingungen der Arbeit. Ob dies durch das Dasein in der Gemeinde vermittelte Eigentum als *gemeinschaftliches Eigentum* erscheint, wo der Einzelne nur Besitzer ist und es kein Privateigentum an Grund und Boden gibt – oder ob das Eigentum in der doppelten Form von Staats- und Privateigentum nebeneinander erscheint, so daß das letztre aber als durch das erstre gesetzt erscheint, daher nur der Staatsbürger Privateigentümer ist und sein muß, andrerseits aber sein Eigentum als Staatsbürger zugleich eine besondre Existenz hat – oder ob endlich das Gemeindeeigentum nur als Ergänzung des individuellen Eigentums, dieses aber als die Basis und die Gemeinde überhaupt nicht Existenz für sich hat außer in der *Versammlung* der Gemeindeglieder und ihrer Vereinigung zu gemeinsamen Zwecken – diese verschiednen Formen des Verhaltens der Gemeinde- oder Stammglieder zum Grund und Boden des Stammes – der Erde, worauf er sich niedergelassen hat, – hängen ab teils von den Naturanlagen des Stammes, teils von den ökonomischen Bedingungen, unter denen er nun wirklich sich als Eigentümer zum Grund und Boden verhält, d. h. sich seine Früchte durch Arbeit aneignet, und dies wird selbst abhängen von Klima, physischer Beschaffenheit des Grund und Bodens, der physisch bedingten Weise seiner Exploitation, dem Verhalten zu feindlichen Stämmen oder Nachbarstämmen, und den Veränderungen, die Wanderungen, historische Erlebnisse etc. hineinbringen. Damit die Gemeinde fortexistiere in der alten Weise, als solche, ist die Reproduktion ihrer Glieder unter den vorausgesetzten objektiven Bedingungen nötig. Die Produktion selbst, Fortschritt der Bevölkerung (auch dieser gehört zur Produktion) hebt notwendig nach und nach diese Bedingungen auf; zerstört sie statt sie zu reproduzieren etc., und damit geht das Gemeinwesen unter mit den Eigentumsverhältnissen, auf denen es gegründet war. Am zähsten und längsten hält sich notwendig die asiatische Form. Es liegt dies in ihrer Voraussetzung; daß der Einzelne nicht der Gemeinde gegenüber selbständig wird; daß self-sustaining Kreis der Produktion, Einheit von Agrikultur und Handmanufaktur etc. Verändert der Einzelne sein Verhältnis zur Gemeinde, so verändert er damit und wirkt zerstörend auf die Gemeinde; wie auf ihre ökonomische Voraussetzung; andrerseits die Änderung dieser ökonomischen Voraussetzung – durch ihre eigne Dialektik hervorgebracht, Verarmung etc. Namentlich der Einfluß des Kriegswesens und der Eroberung, der in Rom z. B. wesentlich zu den ökonomischen Bedingungen der Gemeinde selbst gehört, – hebt auf das reale Band, worauf sie beruht. In allen diesen Formen ist die *Reproduktion vorausgesetzter* – mehr oder minder naturwüchsiger oder auch historisch gewordner, aber traditionell gewordner – Verhältnisse des Einzelnen zu seiner Gemeinde, und ein *bestimmtes,* ihm *vorherbestimmtes objektives* Dasein, sowohl im Verhalten zu den Bedingungen der Arbeit, wie zu seinen Mitarbeitern, Stammesgenossen etc. – Grundlage der Entwicklung, die von vornherein daher eine *beschränkte* ist, aber mit Aufhebung der Schranke Verfall und Untergang darstellt. Die Entwicklung der Sklaverei, die Konzentration des Grundbesitzes, Austausch, Geldwesen, Eroberung etc. so bei den Römern, obgleich alle diese Elemente bis zu einem gewissen Punkt verträglich schienen mit der Grundlage und sie teils nur unschuldig zu erweitern schienen, teils als bloße Mißbräuche aus ihr hervorzuwachsen. Es können hier große Entwicklungen stattfinden innerhalb eines bestimmten Kreises. Die Individuen können groß erscheinen. Aber an freie und volle Entwicklung, weder des Individuums, noch der Gesellschaft nicht hier zu denken, da solche Entwicklung mit dem ursprünglichen Verhältnis im Widerspruch steht.

Wir finden bei den Alten nie eine Untersuchung, welche Form des Grundeigentums etc. die produktivste, den größten Reichtum schafft? Der Reichtum erscheint nicht als Zweck der Produktion, obgleich sehr wohl Cato untersuchen kann, welche Bestellung des Feldes die einträglichste, oder gar Brutus sein Geld zu den besten Zinsen ausborgen kann. Die Untersuchung ist immer, welche Weise des Eigentums die besten Staatsbürger schafft. Als Selbstzweck erscheint der Reichtum nur bei den wenigen Handelsvölkern – Monopolisten des carrying trade –, die in den Poren der alten Welt leben, wie die Juden in der mittelaltrigen Gesellschaft. Nun ist der Reichtum einerseits Sache, verwirklicht in Sachen, materiellen Produkten, denen der Mensch als Subjekt gegenübersteht; andrerseits als Wert ist er bloßes Kommando über fremde Arbeit nicht zum Zweck der Herrschaft, sondern des Privatgenusses etc. In allen Formen erscheint er in dinglicher Gestalt, sei es Sache, sei es Verhältnis vermittelst der Sache, die außer und zufällig neben dem Individuum liegt. So scheint die alte Anschauung, wo der Mensch, in welcher bornierten nationalen, religiösen, politischen Bestimmung auch immer als Zweck der Produktion erscheint, sehr erhaben zu sein gegen die moderne Welt, wo die Produktion als Zweck des Menschen und der Reichtum als Zweck der Produktion erscheint. In fact aber, wenn die bornierte bürgerliche Form abgestreift wird, was ist der Reichtum anders, als die im universellen Austausch erzeugte Universalität der Bedürfnisse, Fähigkeiten, Genüsse, Produktivkräfte etc. der Individuen? Die volle Entwicklung der menschlichen Herrschaft über die Naturkräfte, die der sogenannten Natur sowohl, wie seiner eignen Natur? Das absolute Herausarbeiten seiner schöpferischen Anlagen, ohne andre Voraussetzung als die vorhergegangne historische Entwicklung, die die Totalität der Entwicklung, d. h. der Entwicklung aller menschlichen Kräfte als solcher, nicht gemessen an einem *vorhergegebnen* Maßstab, zum Selbstzweck macht? wo er sich nicht reproduziert in einer Bestimmtheit, sondern seine Totalität produziert? Nicht irgend etwas Gewordnes zu bleiben sucht, sondern in der absoluten Bewegung des Werdens ist? In der bürgerlichen Ökonomie – und der Produktionsepoche, der sie entspricht, – erscheint diese völlige Herausarbeitung des menschlichen Innern als völlige Entleerung, diese universelle Vergegenständlichung als totale Entfremdung, und die Niederreißung aller bestimmten einseitigen Zwecke als Aufopferung des Selbstzwecks unter einen ganz äußren Zweck. Daher erscheint einerseits die kindische alte Welt als das Höhere. Andrerseits ist sie es in alledem, wo geschloßne Gestalt, Form, und gegebne Begrenzung gesucht wird. Sie ist Befriedigung auf einem bornierten Standpunkt; während das Moderne unbefriedigt läßt, oder wo es in sich befriedigt erscheint, *gemein* ist.

Was Herr Proudhon die *außerökonomische* Entstehung des Eigentums nennt, worunter er eben das Grundeigentum versteht, ist das *vorbürgerliche* Verhältnis des Individuums zu den objektiven Bedingungen der Arbeit, und zunächst den *natürlichen* – objektiven Bedingungen der Arbeit – denn wie das arbeitende Subjekt natürliches Individuum, natürliches Dasein – erscheint die erste objektive Bedingung seiner Arbeit als Natur, Erde, als sein unorganischer Leib; es selbst ist nicht nur der organische Leib, sondern diese unorganische Natur als Subjekt. Diese Bedingung ist nicht sein Produkt, sondern vorgefunden; als natürliches Dasein außer ihm ihm vorausgesetzt. Eh wir dies weiter analysieren, noch dies: der brave Proudhon könnte nicht nur, sondern müßte, ebensogut das *Kapital* und die *Lohnarbeit* – als Eigentumsformen – *außerökonomischer* Entstehung bezichtigen. Denn das Vorfinden der objektiven Bedingungen der Arbeit als von ihm getrennter, als *Kapital* von seiten des Arbeiters und das Vorfinden des *Arbeiters* als Eigentumslosen, als abstrakten Arbeiters von seiten des Kapitalisten – der Austausch, wie er zwischen Wert und lebendiger Arbeit vorgeht, unterstellt einen *historischen Prozeß,* – sosehr Kapital und Lohnarbeit selbst dies Verhältnis reproduzieren und in seinem objektiven Umfang ausarbeiten wie ebenso in die Tiefe hinein – einen historischen Prozeß, wie wir gesehn haben, der die Entstehungsgeschichte des Kapitals und der Lohnarbeit bildet. In andren Worten: die *außerökonomische Entstehung* des Eigentums heißt nichts als die *historische Entstehung* der bürgerlichen Ökonomie, der Produktionsformen, die durch die Kategorien der politischen Ökonomie theoretisch oder ideal ausgedrückt werden. Daß die vorbürgerliche Geschichte, und jede Phase derselben, aber auch ihre *Ökonomie* hat und eine *ökonomische Grundlage* der Bewegung, ist au fond die bloße Tautologie, daß das Leben der Menschen von jeher auf Produktion, d'une manière ou d'une autre *gesellschaftlicher* Produktion beruhte, deren Verhältnisse wir eben ökonomische Verhältnisse nennen.

Die ursprünglichen Bedingungen der Produktion (oder, was dasselbe ist, die Reproduktion einer durch den natürlichen Prozeß der beiden Geschlechter fortschreitenden Menschenzahl; denn diese Reproduktion, wenn sie auf der einen Seite als Aneignen der Objekte durch die Subjekte erscheint, erscheint auf der andren ebenso als Formung, Unterwerfung der Objekte unter einen subjektiven Zweck; Verwandlung derselben in Resultate und Behälter der subjektiven Tätigkeit) können ursprünglich *nicht selbst produziert* sein – Resultate der Produktion sein. Nicht die *Einheit* der lebenden und tätigen Menschen mit den natürlichen, unorganischen Bedingungen ihres Stoffwechsels mit der Natur, und daher ihre Aneignung der Natur – bedarf der Erklärung oder ist Resultat eines | historischen Prozesses, sondern die *Trennung* zwischen diesen unorganischen Bedingungen des menschlichen Daseins und diesem tätigen Dasein, eine Trennung, wie sie vollständig erst gesetzt ist im Verhältnis von Lohnarbeit und Kapital. In dem Sklaven- und Leibeigenschaftsverhältnis findet diese Trennung nicht statt; sondern ein Teil der Gesellschaft wird von dem andren selbst als bloß *anorganische und natürliche* Bedingung seiner eignen Reproduktion behandelt. Der Sklave steht in gar keinem Verhältnis zu den objektiven Bedingungen seiner Arbeit; sondern die *Arbeit* selbst, sowohl in der Form des Sklaven, wie der des Leibeignen, wird als *unorganische Bedingung* der Produktion in die Reihe der andren Naturwesen gestellt, neben das Vieh oder als Anhängsel der Erde. In andren Worten: die ursprünglichen Bedingungen der Produktion erscheinen als Naturvoraussetzungen, *natürliche Existenzbedingungen des Produzenten,* ganz so wie sein lebendiger Leib, sosehr er ihn reproduziert und entwickelt, ursprünglich nicht gesetzt ist von ihm selbst, als die *Voraussetzung* seiner selbst erscheint; sein eignes Dasein (leibliches) ist eine natürliche Voraussetzung, die er nicht gesetzt hat. Diese *natürlichen Existenzbedingungen,* zu denen er sich als zu ihm selbst gehörigem, unorganischem Leib verhält, sind selbst doppelt: 1) subjektiver und 2) objektiver Natur. Er findet sich vor als Glied einer Familie, Stammes, Tribus etc., – die dann durch Mischung und Gegensatz mit andren historisch verschiedne Gestalt annehmen; und als solches Glied bezieht er sich auf eine bestimmte Natur (sag hier noch Erde, Grund und Boden) als unorganisches Dasein seiner selbst, als Bedingung seiner Produktion und Reproduktion. Als natürliches Glied des Gemeinwesens hat er Teil am gemeinschaftlichen Eigentum und besondren Teil desselben zum Besitz; ebenso wie er als geborner römischer Bürger idealen Anspruch (at least) auf den ager publicus und realen auf soundso viel juggera Land hat etc. Sein *Eigentum,* d. h. die Beziehung auf die natürlichen Voraussetzungen seiner Produktion als ihm zugehörige, als *die seinigen,* ist dadurch vermittelt, daß er selbst natürliches Mitglied eines Gemeinwesens. (Die Abstraktion eines Gemeinwesens, worin die Mitglieder nichts gemein haben, als etwa Sprache etc. und kaum diese, ist offenbar das Produkt viel späterer historischer Zustände.) In bezug auf den Einzelnen ist z. B. klar, daß er selbst zur Sprache als *seiner eignen* sich nur verhält als natürliches Mitglied eines menschlichen Gemeinwesens. Sprache als das Produkt eines Einzelnen ist ein Unding. Aber ebensosehr ist es [das] Eigentum.

Die Sprache selbst ist ebenso das Produkt des Gemeinwesens, wie sie in andrer Hinsicht selbst das Dasein des Gemeinwesens, und das selbstredende Dasein desselben. [[Die gemeinschaftliche Produktion und das Gemeineigentum, wie es z. B. in Peru vorkommt, ist offenbar eine *sekundäre* Form; eingeführt und übertragen von erobernden Stämmen, die bei sich selbst das Gemeineigentum und Gemeinschaftliche Produktion in der alten einfachern Form kannten, wie sie in Indien und bei den Slawen vorkommt. Ebenso scheint die Form, die wir bei den Celten in Wales z. B. finden, eine übertragne in dieselben, *sekundäre*, von Eroberern bei den niedriger stehenden eroberten Stämmen eingeführt. Die Vollendung und systematische Ausarbeitung dieser Systeme von einem *obersten Zentrum* aus, zeigt ihre spätere Entstehung. Ganz wie der in England eingeführte Feudalismus vollendeter war in der Form, wie der in Frankreich naturwüchsig entstandne.]] [[Bei wandernden Hirtenstämmen – und alle Hirtenvölker sind ursprünglich wandernd – erscheint die Erde gleich den andren Naturbedingungen in elementarischer Unbegrenztheit, z. B. in den asiatischen Steppen und der asiatischen Hochebne. Sie wird abgeweidet etc., konsumiert durch die Herden, an denen wieder die Herdenvölker existieren. Sie verhalten sich zu ihr als ihrem Eigentum, obgleich sie dies Eigentum nie fixieren. Der Jagdgrund so bei den wilden Indianerstämmen in Amerika; der Stamm betrachtet eine gewisse Region als sein Jagdgebiet und behauptet es gewaltsam gegen andre Stämme, oder sucht andre Stämme aus dem von ihnen behaupteten zu vertreiben. Bei den wandernden Hirtenstämmen ist die Gemeinde in der Tat stets vereinigt, Reisegesellschaft, Karawane, Horde, und die Formen der Über- und Unterordnung entwickeln sich aus den Bedingungen dieser Lebensweise. *Angeeignet* und *reproduziert* wird in der Tat hier nur die Herde, nicht die Erde; die aber stets temporär *gemeinschaft-*

lich benutzt wird an dem jedesmaligen Aufenthaltsplatz.]] Die einzige Schranke, die das Gemeinwesen finden kann in seinem Verhalten zu den natürlichen Produktionsbedingungen – der Erde – (wenn wir gleich zu den ansässigen Völkern überspringen) als den *seinen,* ist ein *andres Gemeinwesen,* das sie schon als seinen anorganischen Leib in Anspruch nimmt. Der *Krieg* ist daher eine der ursprünglichsten Arbeiten jedes dieser naturwüchsigen Gemeinwesen, sowohl zur Behauptung des Eigentums, als zum Neuerwerb desselben. (Wir können uns hier in der Tat damit begnügen, vom ursprünglichen Eigentum am Grund und Boden zu sprechen, denn bei Hirtenvölkern ist das Eigentum an natürlich vorgefundnen Erdprodukten – den Schafen f. i. – zugleich das an den Weiden, die sie durchziehn. Überhaupt ist bei dem Eigentum an dem Grund und Boden das an seinen organischen Produkten mit einbegriffen.) [[Wird der | Mensch selbst als organisches Zubehör des Grund und Bodens mit ihm erobert, so wird er miterobert als eine der Produktionsbedingungen, und so entsteht Sklaverei und Leibeigenschaft, die die ursprünglichen Formen aller Gemeinwesen bald verfälscht und modifiziert, und selbst zu ihrer Basis wird. Die einfache Konstruktion wird dadurch negativ bestimmt.]]

Eigentum meint also *ursprünglich* nichts als Verhalten des Menschen zu seinen natürlichen Produktionsbedingungen als ihm gehörigen, als den seinen, als mit seinem *eignen Dasein vorausgesetzten;* Verhalten zu denselben als *natürlichen Voraussetzungen* seiner selbst, die sozusagen nur seinen verlängerten Leib bilden. Er verhält sich eigentlich nicht zu seinen Produktionsbedingungen; sondern ist doppelt da, sowohl subjektiv als er selbst, wie objektiv in diesen natürlichen anorganischen Bedingungen seiner Existenz. Die Formen dieser *natürlichen Produktionsbedingungen* sind doppelt: 1) sein Dasein als Glied eines Gemeinwesens; also das Dasein dieses Gemeinwesens, das in seiner ursprünglichen Form *Stammwesen,* mehr oder minder modifiziertes *Stammwesen* ist; 2) das Verhalten zum *Grund und Boden* vermittelst des Gemeinwesens, als *dem seinigen,* gemeinschaftliches Bodeneigentum, zugleich *Einzelbesitz* für den Einzelnen, oder so, daß nur die Früchte geteilt werden; der Boden selbst und die Bearbeitung aber gemeinsam bleibt. (Indes *Wohnsitze* etc., seien es auch die Wagen der Scythen, erscheinen dann doch immer im Besitze des Einzelnen.) Eine natürliche Produktionsbedingung für das lebendige Individuum ist sein Zubehören zu einer *naturwüchsigen Gesellschaft,* Stamm etc. Dieses ist z. B. schon Bedingung für seine Sprache etc. Sein eignes produktives Dasein ist nur unter dieser Bedingung. Sein subjektives Dasein ist dadurch als solches bedingt, ebensosehr wie es bedingt ist durch das Verhalten zur Erde als seinem Laboratorium. (Eigentum ist zwar ursprünglich *mobil,* denn der Mensch bemächtigt sich d'abord der fertigen Früchte der Erde, wozu unter andrem auch die Tiere gehören und für ihn speziell die zähmbaren. Indes selbst dieser Zustand – Jagd, Fischerei, Hirtenwesen, Leben von Baumfrüchten etc. – unterstellt immer Aneignung der Erde, sei es zu festem Wohnplatz, sei es zum roaming, sei es zum Weiden für die Tiere etc.)

Das *Eigentum* meint also *Gehören zu einem Stamm* (Gemeinwesen) (in ihm subjektiv-objektive Existenz haben) und vermittelst des Verhaltens dieses Gemeinwesens zum Grund und Boden, zur Erde als seinem unorganischen Leib, Verhalten des Individuums zum Grund und Boden, zur äußren Urbedingung der Produktion – da die Erde in einem Rohmaterial, Instrument, Frucht ist – als zu seiner Individualität gehörigen Voraussetzungen, Daseinsweisen derselben. Wir *reduzieren dies Eigentum auf das Verhalten zu den Bedingungen der Produktion.* Warum nicht der Konsumtion, da ursprünglich das Produzieren des Individuums sich auf das Reproduzieren seines eignen Leibs durch Aneignen fertiger, von der Natur selbst für den Konsum zubereiteter Gegenstände beschränkt? Selbst wo nur noch zu *finden* ist, und zu *entdecken,* erfordert dies bald Anstrengung, Arbeit – wie in Jagd, Fischfang, Hirtenwesen – und Produktion (i. e. Entwicklung) gewisser Fähigkeiten auf seiten des Subjekts. Dann aber sind Zustände, wo zu dem Vorhandnen zugegriffen werden kann, ohne alle Instrumente (also selbst schon zur Produktion bestimmte Produkte der Arbeit), ohne Änderung der Form (die selbst schon beim Hirtenwesen stattfindet) etc. sehr bald vorübergehende und nirgendswo als Normalzustände zu betrachten; auch nicht als Normalurzustände. Übrigens schließen die ursprünglichen Bedingungen der Produktion direkt, ohne Arbeit konsumierbare Stoffe, wie Früchte, Tiere etc. von selbst ein: also der Konsumtionsfonds erscheint selbst als ein Bestandteil des *ursprünglichen Produktionsfonds.*

Die Grundbedingung des auf dem Stammwesen (worein sich das Gemeinwesen ursprünglich auflöst) ruhenden Eigentums – Mitglied des Stamme sein – macht den vom Stamm eroberten fremden Stamm, den unterworfnen, *Eigentumslos* und wirft ihn selbst unter die *unorganischen Bedingungen* seiner Reproduktion, wozu sich das Gemeinwesen als den seinen verhält. Sklaverei und Leibeigenschaft sind daher nur weitre Entwicklungen des auf dem Stammwesen beruhnden Eigentums. Sie modifizieren notwendig alle Formen desselben. Am wenigsten können sie dies in der asiatischen Form. In der self-sustaining Einheit von Manufaktur und Agrikultur, worauf diese Form beruht, die Eroberung nicht so notwendige Bedingung als da, wo das *Grundeigentum, Agrikultur* ausschließlich vorherrschend. Andrerseits, da der Einzelne nie zum Eigentümer, sondern nur zum Besitzer in dieser Form wird, ist er au fond selbst das Eigentum, der Sklave dessen, [in] dem die Einheit der Gemeinde existiert, und Sklaverei hebt hier weder die Bedingungen der Arbeit auf, noch modifiziert sie das wesentliche Verhältnis.

| Es ist nun ferner klar:

Das Eigentum, soweit es nur das bewußte Verhalten – und in bezug auf den Einzelnen vom Gemeinwesen gesetzte und als Gesetz proklamierte und garantierte – zu den Produktionsbedingungen als den *seinen* ist, das Dasein des Produzenten also als ein Dasein in den *ihm gehörigen* objektiven Bedingungen erscheint, – wird erst verwirklicht durch die Produktion selbst. Die wirkliche Aneignung geschieht erst nicht in der gedachten, sondern in der tätigen, realen Beziehung auf diese Bedingungen – das wirkliche Setzen derselben als der Bedingungen seiner subjektiven Tätigkeit.

Damit ist aber zugleich klar, daß *diese Bedingungen sich ändern*. Durch das Jagen der Stämme wird eine Erdregion erst zum Jagdrevier; durch den Ackerbau die Erde, der Grund und Boden erst als der verlängerte Leib des Individuums gesetzt. Nachdem die *Stadt Rom* erbaut war und die umliegende Feldmark bestellt von ihren Bürgern – waren die Bedingungen des Gemeinwesens andre geworden als vorher. Der Zweck aller dieser Gemeinwesen ist Erhaltung: *d. h. Reproduktion der Individuen, die es bilden, als Eigentümer, d. h. in derselben objektiven Existenzweise, wie zugleich das Verhalten der Glieder zueinander und daher die Gemeinde selbst bildet Diese Reproduktion ist aber zugleich notwendig Neuproduktion und Destruktion der alten Form.* Zum Beispiel wo der Individuen jedes soviel Acker Land besitzen soll, schon der Fortschritt der Bevölkerung im Wege. Soll dem gesteuert werden, so Kolonisation, und diese macht Eroberungskrieg nötig. Damit Sklaven etc. Vergrößerung des ager publicus z. B. auch, und damit die Patrizier, die das Gemeinwesen repräsentieren etc. So die Erhaltung des alten

Gemeinwesens schließt ein die Destruktion der Bedingungen, auf denen es beruht, schlägt ins Gegenteil um. Sollte z. B. gedacht werden, die Produktivität auf demselben Raum könne vermehrt werden durch Entwicklung der Produktivkräfte etc. (diese beim altherkömmlichen Ackerbau gerade das allerlangsamste), so würde das neue Weisen, Kombinationen der Arbeit, großen Teil des Tags auf Agrikultur verwandt etc. einschließen, und damit wieder die alten ökonomischen Bedingungen des Gemeinwesens aufheben. In dem Akt der Reproduktion selbst ändern sich nicht nur die objektiven Bedingungen, z. B. aus dem Dorf wird Stadt, aus der Wildnis gelichteter Acker etc., sondern die Produzenten ändern sich, indem sie neue Qualitäten aus sich heraus setzen, sich selbst durch die Produktion entwickeln, umgestalten, neue Kräfte und neue Vorstellungen bilden, neue Verkehrsweisen, neue Bedürfnisse und neue Sprache. Je altherkömmlicher die Produktionsweise selbst – und diese dauert lang in der Agrikultur; noch länger in der orientalischen Ergänzung von Agrikultur und Manufaktur –, d. h. je mehr sich gleichbleibend der *wirkliche Prozeß* der Aneignung, um so konstanter die alten Eigentumsformen und damit das Gemeinwesen überhaupt. Wo Trennung schon der Gemeindeglieder als Privateigentümer von sich als Stadtgemeinde und Stadtterritoriumeignern, da treten auch schon Bedingungen ein, wodurch der Einzelne *verlieren* kann sein Eigentum, d. h. das doppelte Verhältnis, das ihn zum ebenbürtigen Bürger, Mitglied des Gemeinwesens, und das ihn zum *Eigentümer* macht. In der orientalischen Form ist dies *Verlieren* kaum möglich, außer durch ganz äußere Einflüsse, da das Einzelne Mitglied der Gemeinde nie in die freie Beziehung zu ihr tritt, wodurch es sein Band (objektives, ökonomisches zu ihr) verlieren könnte. Es ist festgewachsen. Es liegt dies auch an der Vereinigung von Manufaktur und Agrikultur, von Stadt (dem Dorf) und Land. Bei den Alten erscheint die Manufaktur schon als Verderb (Geschäft der Libertini, Klienten, Fremden) etc. Diese Entwicklung der produktiven Arbeit (losgelöst von der reinen Unterordnung unter die Agrikultur als häusliche, Freienarbeit, die nur für Agrikultur und Krieg bestimmte, oder auf Gottesdienst, und Gemeinwesen – wie Häuserbau, Straßenbau, Tempelbau – gewandte Manufaktur), die sich notwendig entwickelt durch Verkehr mit Fremden, Sklaven, Lust das Surplusprodukt auszutauschen etc., löst die Produktionsweise auf, auf der das Gemeinwesen beruht und daher der *objektiv Einzelne,* i. e. als Römer, Grieche etc. bestimmte Einzelne. Der Austausch wirkt ebenso; die Verschuldung etc.

Die ursprüngliche Einheit zwischen einer besondren Form des Gemein-(Stamm-)wesens und damit zusammenhängenden Eigentums an der Natur oder Verhalten zu den objektiven Bedingungen der Produktion als Naturdasein, als durch die Gemeinde vermitteltem objektiven Dasein des Einzelnen – diese Einheit, die einerseits als die besondre Eigentumsform erscheint – hat ihre lebendige Wirklichkeit in einer bestimmten *Weise der Produktion* selbst, einer Weise, die ebensosehr als Verhalten der Individuen zueinander erscheint, wie ihr bestimmtes tätiges Verhalten | zur unorganischen Natur, bestimmte Arbeitsweise (die immer Familienarbeit, oft Gemeindearbeit). Als die erste große Produktivkraft erscheint das Gemeinwesen selbst; für die besondre Art der Produktionsbedingungen (z. B. Viehzucht, Landbau) entwickeln sich besondre Produktionsweise und besondre Produktivkräfte, sowohl subjektive, als Eigenschaften der Individuen erscheinend, wie objektive.

Eine bestimmte Stufe der Entwicklung der Produktivkräfte der arbeitenden Subjekte – der bestimmte Verhältnisse derselben zueinander und zur Natur entsprechen –, darein löst sich in letzter Instanz sowohl ihr Gemeinwesen auf, wie das auf demselben begründete Eigentum. Bis zu einem gewissen Punkt Reproduktion. Schlägt dann in Auflösung um.

Eigentum meint also ursprünglich – und so in seiner asiatischen, slawischen, antiken, germanischen Form – Verhalten des arbeitenden (produzierenden) Subjekts (oder sich reproduzierenden) zu den Bedingungen seiner Produktion oder Reproduktion als den seinen. Es wird daher auch verschiedne Formen haben nach den Bedingungen dieser Produktion. Die Produktion selbst bezweckt die Reproduktion des Produzenten in und mit diesen seinen objektiven Daseinsbedingungen. Dieses Verhalten als Eigentümer – nicht als Resultat, sondern Voraussetzung der Arbeit, i. e. der Produktion – setzt voraus ein bestimmtes Dasein des Individuums als Glied eines Stamm- oder Gemeinwesens (dessen Eigentum es selbst ist bis zu einem gewissen Punkt). Sklaverei, Leibeigenschaft etc., wo der Arbeiter selbst unter den Naturbedingungen der Produktion für ein drittes Individuum oder Gemeinwesen erscheint (dies ist z. B. bei der allgemeinen Sklaverei des Orients *nicht* der Fall, *nur* vom europäischen point of view aus) – also Eigentum nicht mehr das Verhalten des selbstarbeitenden Individuums zu den objektiven Bedingungen der Arbeit – ist immer sekundär, nie ursprünglich, obgleich notwendiges und konsequentes Resultat des auf dem Gemeinwesen und Arbeit im Gemeinwesen gegründeten Eigentums. Es ist zwar sehr einfach sich vorzustellen, daß ein Gewaltiger, physisch Überlegner, nachdem er erst das Tier gefangen, dann Menschen fängt, um durch ihn Tiere fangen zu lassen; mit einem Worte sich ebenso des Menschen als einer natürlich vorgefundnen Bedingung für seine Reproduktion bedient (wobei seine eigne Arbeit in Herrschen sich auflöst etc.) wie irgendeines andren Naturwesens. Aber solche Ansicht ist abgeschmackt, – sosehr richtig vom Standpunkt gegebner Stamm- oder Gemeinwesen –, da sie von der Entwicklung *vereinzelter* Menschen ausgeht. Der Mensch vereinzelt sich erst durch den historischen Prozeß. Er erscheint ursprünglich als ein *Gattungswesen, Stammwesen, Herdentier* – wenn auch keineswegs als ein ζῶον πολιτικόν im politischen Sinn. Der Austausch selbst ist ein Hauptmittel dieser Vereinzelung. Er macht das Hürdenwesen überflüssig und löst es auf. Sobald die Sache sich so gedreht, daß er als Vereinzelter nur mehr sich auf sich bezieht, die Mittel aber, um sich als Vereinzelter zu setzen, sein sich Allgemein- und Gemeinmachen geworden sind. In diesem Gemeinwesen ist das objektive Dasein des Einzelnen als Eigentümer, sage z. B. Grundeigentümer, vorausgesetzt und zwar unter gewissen Bedingungen, die ihn an das Gemeinwesen ketten, oder vielmehr einen Ring in seiner Kette machen. In der bürgerlichen Gesellschaft steht der Arbeiter z. B. rein objektivlos, subjektiv da; aber die Sache, die ihm *gegenübersteht*, ist das *wahre Gemeinwesen* nun geworden, das er zu verspeisen sucht, und von dem er verspeist wird.

Alle Formen (mehr oder minder naturwüchsig, alle zugleich aber auch Resultate historischen Prozesses), worin das Gemeinwesen die Subjekte in bestimmter objektiver Einheit mit ihren Produktionsbedingungen, oder ein bestimmtes subjektives Dasein die Gemeinwesen selbst als Produktionsbedingungen unterstellt, entsprechen notwendig nur limitierter, und prinzipiell limitierter Entwicklung der Produktivkräfte. Die Entwicklung der Produktivkräfte löst sie auf und ihre Auflösung selbst ist eine Entwicklung der menschlichen Produktivkräfte. Es wird erst gearbeitet von gewisser Grundlage aus – erst naturwüchsig – dann historische Voraussetzung. Dann aber wird diese Grundlage oder Voraussetzung selbst aufgehoben oder gesetzt als eine verschwindende Voraussetzung, die zu eng geworden für die Entfaltung des progressiven Menschenpacks.

Soweit antikes Grundeigentum im modernen Parzelleneigentum wiedererscheint, gehört es selbst in die politische Ökonomie und kommen wir darauf im Abschnitt vom Grundeigentum.

| (Auf alles dies tiefer und ausführlicher zurückzukommen.)

Das, um das es sich uns hier zunächst handelt: Das Verhalten der Arbeit zum Kapital oder zu den objektiven Bedingungen der Arbeit als Kapital setzt voraus historischen Prozeß, der die verschiednen Formen auflöst, in denen der Arbeiter Eigentümer ist, oder der Eigentümer arbeitet. Also vor allem 1) *Auflösen* des Verhaltens zur Erde – Grund und Boden – als natürlicher Produktionsbedingung, – zu der er sich als seinem eignen unorganischen Dasein verhält; dem Laboratorium seiner Kräfte, und der Domäne seines Willens. Alle Formen, worin dies Eigentum vorkommt, unterstellen ein *Gemeinwesen,* dessen Mitglieder, obgleich formelle Unterschiede zwischen ihnen sein mögen, als Mitglieder desselben *Eigentümer* sind. Die ursprüngliche Form dieses Eigentums ist daher selbst *unmittelbares Gemeineigentum (orientalische Form,* modifiziert im slawischen; bis zum Gegensatz entwickelt, aber doch noch als die geheime, wenn auch gegensätzliche, Grundlage im antiken und germanischen Eigentum). 2) *Auflösen der Verhältnisse,* worin er als *Eigentümer des Instruments* erscheint. Wie die obige Form des Grundeigentums *reales Gemeinwesen* unterstellt, so dieses Eigentum des Arbeiters am Instrument eine besondre Form der Entwicklung der Manufakturarbeit als *Handwerksarbeit*; damit verknüpft das Zunft-Korporationswesen etc. (Das altorientalische Manufakturwesen kann schon unter 1) betrachtet werden.) Hier die Arbeit selbst noch halb künstlerisch, halb Selbstzweck etc. Meisterschaft. Kapitalist selbst noch Meister. Mit dem besondren Arbeitsgeschick auch der Besitz am Instrument gesichert etc. etc. Erblichkeit dann gewissermaßen der Arbeitsweise mit der Arbeitsorganisation und dem Arbeitsinstrument. Mittelaltriges Städtewesen. Die Arbeit noch als seine eigene; bestimmte selbstgenügende Entwicklung einseitiger Fähigkeiten etc. 3) Einbegriffen In beidem, daß er die Konsumtionsmittel vor der Produktion im Besitz hat, nötig um als Produzent – also während seiner Produktion, *vor* der Vollendung derselben – zu leben. Als Grundeigentümer erscheint er direkt mit dem nötigen Konsumtionsfonds versehn. Als Handwerksmeister hat er denselben ererbt, verdient, aufgespart und als Handwerksbursch ist er erst *Lehrling,* wo er noch gar nicht als eigentlicher, selbstständiger Arbeiter erscheint, sondern patriarchalisch teilt die Kost mit dem Meister. Als Gesell (wirklicher) ist eine gewisse Gemeinschaftlichkeit des vom Meister beseßnen Konsumtionsfonds. Ist er auch nicht das *Eigentum* des Gesellen, so doch durch die Gesetze der Zunft, ihr Herkommen etc. sein Mitbesitz wenigstens etc. (Weiter hierauf einzugehn). 4) *Auflösung* andrerseits ebensosehr der Verhältnisse, worin die *Arbeiter selbst*, die *lebendigen Arbeitsvermögen* selbst noch *unmittelbar unter die objektiven Produktionsbedingungen* gehören, und als solche angeeignet werden – also Sklaven oder Leibeigne sind. Für das Kapital ist der Arbeiter keine Produktionsbedingung, sondern nur die Arbeit. Kann es sie durch Maschinen verrichten lassen oder gar durch Wasser, Luft, tant mieux. Und es eignet sich nicht den Arbeiter an, sondern seine Arbeit – nicht unmittelbar, sondern vermittelt durch Austausch.

Dies sind nun auf der einen Seite historische Voraussetzungen, damit der Arbeiter als freier Arbeiter, als objektivloses, rein subjektives Arbeitsvermögen den objektiven Bedingungen der Produktion als seinem *Nichteigentum*, als *fremdem Eigentum*, als für sich seiendem *Wert*, als Kapital gegenüber gefunden wird. Andrerseits fragt es sich aber, welche Bedingungen sind nötig, damit er ein *Kapital* sich gegenüber findet?

[[In der Formel des Kapitals, wo die lebendige Arbeit sich sowohl zum Rohmaterial, wie zum Instrument, wie zu den während der Arbeit erforderlichen Lebensmitteln als negativ, Nicht-Eigentum verhält, ist d'abord *Nicht-Grundeigentum eingeschlossen* oder der Zustand negiert, wo das arbeitende Individuum sich zum Grund und Boden, der Erde, als seinem eignen verhält, i. e. als Eigentümer des Grund und Bodens arbeitet, produziert. Es verhält sich im besten Fall nicht nur als Arbeiter zum Grund und Boden, sondern als Eigentümer des Grund und Bodens zu sich selbst als arbeitendem Subjekt. Das Grund- und Bodeneigentum schließt der Potenz nach ein sowohl das Eigentum am Rohmaterial, wie am Urinstrument, der Erde selbst, wie an den spontanen Früchten derselben. In der ursprünglichsten Form gesetzt heißt es sich zur Erde als Eigner verhalten in ihr Rohmaterial vorfinden, Instrument, und nicht durch die Arbeit, sondern durch die Erde selbst geschaffne Lebensmittel. Dies Verhältnis schon reproduziert, erscheinen sekundäre Instrumente und durch die Arbeit selbst geschaffne Erdfrüchte als eingeschlossen in das Grundeigentum in seinen primitiven Formen. Dieser historische Zustand also d'abord negiert als das vollere Eigentumsverhalten in dem Verhältnis des Arbeiters zu den Arbeitsbedingungen als Kapital. Dies ist historischer Zustand No. I, der in diesem Verhältnis negiert oder als historisch aufgelöst vorausgesetzt ist. Zweitens | aber, wo das *Eigentum an dem Instrument,* oder das Verhalten des Arbeiters zum Instrument als eignem, wo er als Eigentümer des Instruments arbeitet, (was zugleich die Subsumption des Instruments unter seine individuelle Arbeit voraussetzt, d. h. besondre borniertere Entwicklungsstufe der Produktivkraft der Arbeit voraussetzt), wo diese Form des *Arbeiters als Eigentümers* oder des *arbeitenden Eigentümers* schon als selbständige Form gesetzt ist, neben und außer dem *Grundeigentum* – die handwerksmäßige und städtische Entwicklung der Arbeit – nicht wie im ersten Fall als Akzident des Grundeigentums und subsumiert unter dasselbe – also auch das Rohmaterial und die Lebensmittel erst *vermittelt* sind als Eigentum des Handwerkers, durch sein Handwerk vermittelt, durch sein Eigentum am Instrument – ist schon eine zweite historische Stufe vorausgesetzt neben und außer der ersten, die selbst schon bedeutend modifiziert erscheinen muß, durch die *Verselbständigung dieser zweiten Sorte von Eigentum* oder von *arbeitendem Eigentümer.* Da das Instrument selbst schon Produkt der Arbeit, also das Element, welches das Eigentum konstituiert, schon als durch die Arbeit gesetzt ist, kann das Gemeinwesen hier nicht mehr in der naturwüchsigen Form erscheinen, wie im ersten Fall – das Gemeinwesen, worauf diese Art des Eigentums begründet –, sondern als selbst schon produziertes, entstandnes, sekundäres, durch den Arbeiter selbst schon produziertes Gemeinwesen. Es ist klar, daß wo das Eigentum am Instrument das Verhalten zu den Produktionsbedingungen der Arbeit als Eigentum ist, in der wirklichen Arbeit das Instrument *nur als Mittel* der individuellen Arbeit erscheint; die Kunst sich das Instrument wirklich anzueignen, es als Arbeitsmittel zu handhaben, als eine besondre Fertigkeit des Arbeiters erscheint, die ihn als Eigentümer des Instruments setzt. Kurz, der wesentliche Charakter des Zunft-Korporationswesens, der handwerksmäßigen Arbeit als ihr Subjekt, als Eigentümer konstituierend – ist aufzulösen in das Verhalten zum Produktionsinstrument – Arbeitsinstrument als Eigentum – im Unterschied zum Verhalten zur Erde, zum Grund und Boden (zum Rohstoff als solchen) als eignem. Daß das Verhalten zu diesem einen Moment der Produktionsbedingungen das arbeitende Subjekt als Eigentümer konstituiert, ihn zum arbeitenden Eigentümer macht, dieser historische Zustand No. II, der seiner Natur nach nur als Gegensatz oder, wenn man will, zugleich als Ergänzung des modifizierten ersten existieren kann – ebenfalls negiert in der ersten Formel des Kapitals. Die dritte *mögliche Form,* sich als Eigentümer zu verhalten nur zu den Lebensmitteln, sie vorfinden als natürliche Bedingung des arbeitenden Subjekts, ohne weder zum Grund und Boden, noch zum Instrument, also auch nicht der Arbeit selbst sich als eignen zu verhalten, ist au fond die Formel der Sklaverei und Leibeigenschaft, die ebenfalls negiert ist, als historisch aufgelöster Zustand gesetzt ist im Verhältnis des Arbeiters zu den Produktionsbedingungen als Kapital. Die Urformen des Eigentums lösen sich notwendig auf in das Verhältnis zu den verschiednen objektiven Momenten, die die Produktion bedingen, als eignen; sie bilden ebensowohl die ökonomische Grundlage verschiedner Formen des Gemeinwesens, wie sie ihrerseits bestimmte Formen des Gemeinwesens zur Voraussetzung haben. Diese Formen wesentlich modifiziert durch das Versetzen der Arbeit selbst unter die *objektiven Produktionsbedingungen* (Leibeigenschaft und Sklaverei), wodurch der einfach affirmative Charakter aller unter No. I rangierenden Eigentumsformen verlorengeht und modifiziert wird. Sie enthalten alle die Sklaverei als Möglichkeit und daher als ihre eigne Aufhebung in sich. Was No. II angeht, wo die besondre Art der Arbeit – die Meisterschaft in derselben, und dementsprechend das Eigentum am Arbeitsinstrument = Eigentum an den Produktionsbedingungen –, so schließt es zwar Sklaverei und Leibeigenschaft aus; kann aber in der Form des Kastenwesens eine analoge negative Entwicklung erhalten.]] [[Die dritte Form des Eigentums an den Lebensmitteln – wenn sie nicht sich in Sklaverei und Leibeigenschaft auflöst – kann nicht enthalten Verhältnis des *arbeitenden* Individuums zu den Produktions- und daher Daseinsbedingungen; sie kann daher nur das Verhältnis des seines Grundeigentums verlustig gegangnen und noch nicht zu No. II Sorte des Eigentums fortgegangenen Mitglieds der ursprünglichen, auf Grundeigentum gegründeten Gemeinwesen sein, wie die römische Plebs zur Zeit der panes et circenses.]] [[Das Verhältnis der retainer zu ihrem Grundherrn, oder der persönlichen Dienstleistung ist wesentlich verschieden. Denn sie bildet au fond nur Existenzweise des Grundeigentümers selbst, der nicht mehr arbeitet, sondern dessen Eigentum einschließt unter den Produktionsbedingungen die Arbeiter selbst als Leibeigne etc. Hier *Herrschaftsverhältnis* als wesentliches Verhältnis der Aneignung. Zum Tier, Boden etc. kann au fond kein Herrschaftsverhältnis stattfinden durch die Aneignung, obgleich das Tier dient. Die Aneignung fremden *Willens* ist Voraussetzung des Herrschaftsverhältnisses. Das Willenlose also, wie Tier z. B., kann zwar dienen, aber es macht den Eigner nicht zum *Herren*. Soviel sehn wir aber hier, wie *Herrschafts-* und *Knechtschaftsverhältnis* ebenfalls in diese Formel der Aneignung der Produktionsinstrumente gehören; und sie bilden notwendiges Ferment der Entwicklung und des Untergangs aller ursprünglichen Eigentumsverhältnisse und Produktionsverhältnisse, wie sie auch ihre Borniertheit ausdrücken. Allerdings werden sie im Kapital – in vermittelter Form – reproduziert, und bilden so ebenfalls Ferment seiner Auflösung und sind Wappen seiner Borniertheit.]]

| [[»Die Befugnis, sich und die seinigen in der Not zu verkaufen, war ein leidiges allgemeines Recht; es galt im Norden wie bei den Griechen und in Asien: die des Gläubigers den Schuldner, welcher mit der Zahlung ausblieb, zu seinem Knecht zu nehmen, und sich durch seine Arbeit oder durch Verkauf seiner Person, soweit es reichte, bezahlt zu machen, war fast ebenso ausgebreitet.« (*Niebuhr*, I, p. 600.)]] [[*Niebuhr* sagt an einer Stelle, daß für die griechischen Schriftsteller, die in der augustäischen Zeit schrieben, die Schwierigkeit und das falsche Verständnis des Verhältnisses zwischen Patriziern und Plebejern, und ihre Verwechslung dieses Verhältnisses mit dem zwischen Patronen und Klienten daher, daß sie »schrieben in einer Zeit, wo *Reiche und Arme die einzig wahren Klassen der Bürger waren;* wo der Dürftige, wie edel seine Herkunft sein mochte, einen Gönner bedurfte, und der Millionär, war er auch ein Freigelaßner, als Gönner gesucht ward. Von erblichen Verhältnissen der Anhänglichkeit kannten sie kaum noch eine Spur«. (I, 620.)]] [[»In beiden Klassen« – *Metöken und Freigelaßnen und ihren Nachkommen* – »fanden sich die Handwerker, und zu dem Bürgerrecht, worauf diese beschränkt waren, ging der Plebejer über, welcher den Ackerbau aufgab. Auch sie entbehrten die Ehre *gesetzlicher Innungen* nicht; und ihre Zünfte waren so hochgeachtet, daß man Numa als ihren Stifter nannte: sie waren 9: Pfeifer, Goldschmiede, Zimmerleute, Färber, Riemer, Gerber, Kupferschmiede, Töpfer, und die neunte Zunft der übrigen [Ge]werke insgemein ... Welche von ihnen selbständige Pfahlbürger waren; Isopoliten, die sich keinem Patron aufgetragen, – wenn es ein solches Recht gab; und Nachkommen von Hörigen, deren Band durch Aus-

sterben des Geschlechts ihrer Patrone gelöst war; die sind ohne Zweifel dem Hader der Altbürger und der Gemeinde ebenso fremd gewesen wie die florentinischen Zünfte den Fehden der Geschlechter als Guelfen und Ghibellinen: die Hörigen standen den Patriziern vielleicht noch sämtlich zu Gebot«. (I, 623).]]

Auf der einen Seite werden historische Prozesse vorausgesetzt, die eine Masse Individuen einer Nation etc. in die Lage, wenn zunächst nicht von wirklichen freien Arbeitern versetzt haben, doch von solchen, die es δυνάμει sind, deren einziges Eigentum ihr Arbeitsvermögen und die Möglichkeit es auszutauschen gegen vorhandne Werte; Individuen, denen alle objektiven Bedingungen der Produktion als *fremdes Eigentum,* als ihr *Nicht-Eigentum* gegenüberstehn, aber zugleich als *Werte* austauschbar, daher aneigenbar zu einem certain degree durch lebendige Arbeit. Solche historische Auflösungsprozesse sind sowohl Auflösung der Hörigkeitsverhältnisse, die den Arbeiter an Grund und Boden und den Herrn des Grund und Bodens fesseln; aber sein Eigentum an Lebensmitteln faktisch voraussetzen – dieses ist in Wahrheit sein Ablösungsprozeß von der Erde; Auflösung der Grundeigentumsverhältnisse, die ihn als yeoman konstituierten, freien arbeitenden kleinen Grundeigentümer oder Pächter (colonus), freien Bauern*; Auflösung der Zunftverhältnisse, die sein Eigentum an dem Arbeitsinstrument voraussetzen und die Arbeit selbst, als handwerksmäßige bestimmte Geschicklichkeit, als Eigentum (nicht nur Quelle desselben); ebenso Auflösung der Klientelverhältnisse in den verschiednen Formen, worin *Nicht-Eigentümer* als Mitkonsumenten des Surplusproduce im Gefolge ihrer Herren erscheinen und als Äquivalente die Livree ihres Herren tragen, an seinen Fehden teilnehmen, persönliche Dienstleistungen tun, eingebildete oder reale etc. In allen diesen Auflösungsprozessen wird sich bei genauerer Prüfung zeigen, daß Verhältnisse der Produktion aufgelöst werden, worin vorherrscht: Gebrauchswert, Produktion für den unmittelbaren Gebrauch; der Tauschwert und die Produktion desselben das Vorherrschen der andren Form zur Voraussetzung hat; daher auch in allen diesen Verhältnissen Naturallieferungen und Naturaldienste über Geldzahlung und Geldleistung vorherrscht. Doch dies nur nebenbei. Es

---

* Die Auflösung der noch älteren Formen von Gemeinschaftlichem Eigentum und realem Gemeinwesen versteht sich von selbst.

wird sich bei näherer Betrachtung ebenso finden, daß alle die aufgelösten Verhältnisse nur mit einem bestimmten Grad der Entwicklung der materiellen (und daher auch der geistigen) Produktivkräfte möglich waren.

Was uns zunächst hier angeht, ist dies: der Auflösungsprozeß, der eine Masse Individuen einer Nation etc. in δυνάμει freie Lohnarbeiter – nur durch ihre Eigentumslosigkeit zur Arbeit und zum Verkauf ihrer Arbeit gezwungne Individuen – verwandelt, unterstellt auf der andren Seite, *nicht* daß die bisherigen Einkommensquellen und zum Teil Eigentumsbedingungen dieser Individuen *verschwunden* sind, sondern umgekehrt, daß *nur* ihre Verwendung eine andre geworden, die Art ihres Daseins sich verwandelt hat, als *freier Fonds* in andre Hände übergegangen oder auch zum Teil in *denselben* geblieben ist. Aber soviel ist klar: derselbe Prozeß, der eine Menge Individuen von ihren bisherigen – d'une manière or d'une autre – affirmativen Beziehungen zu den *objektiven Bedingungen der Arbeit* geschieden, diese Beziehungen negiert, und diese Individuen dadurch in *freie Arbeiter* verwandelt hat, derselbe Prozeß hat diese *objektiven Bedingungen der Arbeit* – Grund und Boden, Rohmaterial, Lebensmittel, Arbeitsinstrumente, Geld oder alles dies – δυνάμει freigemacht von ihrem *bisherigen Gebundensein* an die nun von ihnen losgelösten Individuen. Sie sind noch *vorhanden,* aber in andrer Form vorhanden; als *freier Fonds,* an dem alle alten politischen etc. relations ausgelöscht, und die nur noch in der Form von *Werten,* an sich festhaltenden Werten, jenen losgelösten Eigentumslosen Individuen gegenüberstehn. Derselbe Prozeß, der die Masse als freie Arbeiter den *objektiven Arbeitsbedingungen* gegenübergestellt, hat auch diese Bedingungen als *Kapital* den freien Arbeitern gegenübergestellt. Der historische Prozeß war die Scheidung bisher verbundener Elemente – sein Resultat ist daher nicht, daß eins der Elemente verschwindet, sondern daß jedes derselben in negativer Beziehung auf das andre erscheint – der freie Arbeiter (der Möglichkeit nach) auf der einen Seite, das Kapital (der Möglichkeit nach) auf der andren. Die Scheidung der objektiven Bedingungen von seiten der Klassen, die in freie Arbeiter verwandelt worden, muß ebensosehr als eine Verselbständigung dieser selben Bedingungen am entgegengesetzten Pol erscheinen.

Wenn das Verhältnis von Kapital und Lohnarbeit nicht als selbst schon maßgebend und übergreifend über das Ganze der Produktion betrachtet wird*, sondern als historisch entstehend – d. h. wenn die ursprüngliche Verwandlung von Geld in Kapital betrachtet wird, der Austauschprozeß zwischen dem nur nach der δυνάμει existierenden Kapital auf der einen Seite mit den der δυνάμει [nach] existierenden freien Arbeitern auf der andren –, so drängt sich natürlich die einfache Bemerkung auf, aus der die Ökonomen großes Wesen machen, daß die Seite, die als Kapital auftritt: im Besitz sein muß von Rohstoffen, Arbeitsinstrumenten und Lebensmitteln, damit der Arbeiter während der Produktion leben kann, bevor die Produktion vollendet ist. Es erscheint dies ferner so, daß eine Akkumulation – eine der Arbeit vorhergegangne und nicht aus ihr entsproßne Akkumulation – auf seiten des Kapitalisten vorgegangen sein muß, die ihn befähigt den Arbeiter ans Werk zu setzen und wirksam zu erhalten, als lebendiges Arbeitsvermögen zu erhalten.** Diese von der Arbeit unabhängige, nicht gesetzte Tat des Kapitals wird dann ferner aus dieser Geschichte seiner Entstehung verlegt in die Gegenwart, in ein Moment seiner Wirklichkeit und seines Wirksamseins, seiner Selbstformation verwandelt. Es wird daraus dann endlich abgeleitet das ewige Recht des Kapitals auf die Früchte fremder Arbeit, oder vielmehr seine Erwerbsweise wird aus den einfachen und »gerechten« Gesetzen des Austauschs von Äquivalenten entwickelt.

---

* Denn in diesem Fall ist das als Bedingung der Lohnarbeit vorausgesetzte Kapital ihr eigenes Produkt und als Bedingung von ihr sich selbst vorausgesetzt, als Voraussetzung für sie selbst von ihr selbst geschaffen.
** Sobald einmal das Kapital und Lohnarbeit als ihre eigne Voraussetzung gesetzt sind, als der Produktion selbst vorausgesetzte Basis, erscheint die Sache zunächst so, daß der Kapitalist außer dem Fonds von Rohmaterial und Arbeitsmitteln, nötig damit der Arbeiter sich selbst reproduziert, die nötigen Lebensmittel schafft, i. e. die **notwendige Arbeit** realisiert, einen Fonds von Rohmaterial und Arbeitsmitteln besitzt, in dem der Arbeiter seine Surplusarbeit, d. h. den Profit des Kapitalisten verwirklicht. Bei fernerer Analyse gestaltet es sich so, daß der Arbeiter beständig einen doppelten Fonds für den Kapitalisten schafft, oder in der Form des Kapitals schafft, wovon ein Teil die Bedingungen seiner eignen Existenz und der andre die Bedingungen der Existenz des Kapitals fortwährend erfüllt. Wie wir gesehn haben, ist im Surpluskapital — und Surpluskapital im Verhältnis zu seinem antediluvianischen Verhältnis zur Arbeit — ist alles **reale, gegenwärtige Kapital**, jedes Element desselben gleichmäßig als vergegenständlichte und vom Kapital angeeignete **fremde Arbeit**, ohne Austausch, ohne dafür gereichtes Äquivalent **angeeignet**.

Der in der Form von Geld vorhandne Reichtum kann sich nur umsetzen gegen die objektiven Bedingungen der Arbeit, weil und wenn diese losgelöst sind von der Arbeit selbst. Daß zum Teil Geld aufgehäuft werden kann auf dem reinen Weg des Austauschs von Äquivalenten, haben wir gesehn; indes dies bildet eine so unbedeutende Quelle, daß es historisch nicht erwähnenswert – wenn vorausgesetzt wird, daß das Geld durch Austausch eigner Arbeit gewonnen. Es ist vielmehr durch Wucher – besonders auch gegen das Grundeigentum ausgeübten – und durch Kaufmannsgewinne aufgehäuftes mobiles Vermögen – Geldvermögen, das in Kapital im eigentlichen Sinn, industrielles Kapital verwandelt wird. Von beiden Formen werden wir weiter unten Gelegenheit haben, weiter zu sprechen – soweit sie nicht als selbst Formen des Kapitals, sondern als frühere Vermögensformen erscheinen, als Voraussetzungen für das Kapital.

Es liegt in dem Begriff des Kapitals, wie wir gesehn haben – in seiner Entstehung, daß es vom *Geld* ausgeht und daher vom Vermögen, das in der Form des Geldes existiert. Es liegt ebensosehr darin, daß es als aus der Zirkulation herkommend, als *Produkt* der Zirkulation erscheint. Die Kapitalbildung geht daher nicht aus vom Grundeigentum (hier höchstens vom *Pächter*, soweit er Handelsmann mit Agrikulturprodukten ist); auch nicht von der Zunft (obgleich an letztrem Punkt eine Möglichkeit); sondern vom Kaufmanns- und Wuchervermögen. Dies findet aber erst die Bedingungen vor, freie Arbeit zu kaufen, sobald diese durch historischen Prozeß losgelöst von ihren objektiven Existenzbedingungen. Es findet dann auch erst die Möglichkeit, diese *Bedingungen* selbst zu kaufen. Unter den Zunftbedingungen z. B. kann bloßes Geld, das nicht selbst zünftig ist, meisterschaftlich ist, nicht die Webstühle kaufen, um auf ihnen arbeiten zu lassen; vorgeschrieben, wie viele Einer bearbeiten darf etc. Kurz das Instrument selbst ist noch so verwachsen mit der lebendigen Arbeit selbst, als deren Domäne es erscheint, daß es nicht wahrhaft zirkuliert. Was das Geldvermögen befähigt Kapital zu werden, ist das Vorfinden einerseits der freien Arbeiter; zweitens das Vorfinden der Lebensmittel und Materialien etc., die sonst d'une manière ou d'une autre *Eigentum* der nun objektivlos gewordnen Massen waren, als ebenfalls *frei* und verkäuflich. Die andre Bedingung der Arbeit aber – gewisse Kunstfertigkeit, Instrument als Mittel der Arbeit etc. – ist in dieser Vorperiode oder ersten Periode des Kapitals von ihm *vorgefunden,* teils

als Resultat des städtischen Zunftwesens, teils der häuslichen oder
als Akzessorium am Landbau haftenden Industrie. Der historische
Prozeß ist nicht das Resultat des Kapitals, sondern Voraussetzung
für dasselbe. Durch ihn schiebt sich dann auch der Kapitalist als
Zwischenperson (historisch) zwischen Grundeigentum oder zwischen Eigentum überhaupt und Arbeit. Von den gemütlichen Einbildungen, wonach der Kapitalist und der Arbeiter Assoziation
schließen etc., | weiß weder die Geschichte etwas, noch findet sich
davon eine Spur in der Begriffsentwicklung des Kapitals. Sporadisch
kann sich die *Manufaktur* entwickeln lokal inmitten eines Rahmens,
der noch ganz andrer Periode angehört, wie z. B. in den italienischen Städten *neben* den Zünften. Aber als allgemein beherrschende
Form einer Epoche müssen die Bedingungen für das Kapital nicht
nur lokal, sondern auf einer großen Stufenleiter entwickelt sein. (Es
steht dem nicht im Weg, daß bei der Auflösung der Zünfte einzelne
Zunftmeister sich in industrielle Kapitalisten verwandeln; indes ist
der Kasus rar und so der Natur der Sache nach. Im ganzen geht das
Zunftwesen unter, der Meister und der Gesell, wo der Kapitalist
und der Arbeiter aufkommt.)

Es ist selbstverständlich – und zeigt sich bei näherem Eingehn in
die geschichtliche Epoche, von der hier die Rede –, daß allerdings
die Zeit der Auflösung der früheren Produktionsweisen und Weisen des Verhaltens des Arbeiters zu den objektiven Bedingungen der
Arbeit – *zugleich eine Zeit* ist, wo einerseits das *Geldvermögen*
schon zu einer gewissen Breite sich entwickelt *hat,* anderseits rasch
wächst und sich ausdehnt durch dieselben Umstände, die jene Auflösung beschleunigen. Es selbst ist zugleich einer der Agenten jener
Auflösung, wie jene Auflösung die Bedingung seiner Verwandlung
in Kapital ist. Aber das *bloße Dasein des Geldvermögens* und selbst
Gewinnung einer Art supremacy seinerseits reicht keineswegs dazu
hin, daß jene *Auflösung in Kapital* geschehe. Sonst hätte das alte
Rom, Byzanz etc. mit freier Arbeit und Kapital seine Geschichte
geendet oder vielmehr eine neue Geschichte begonnen. Auch dort
war die Auflösung der alten Eigentumsverhältnisse verknüpft mit
Entwicklung des Geldvermögens – des Handels etc. Aber statt zur
Industrie, führte diese Auflösung in fact zur Herrschaft des Landes
über die Stadt. – Die *Urbildung des Kapitals* geht nicht so vor sich,
daß das Kapital *aufhäufte,* wie sich das vorgestellt wird, Lebensmittel und Arbeitsinstrumente und Rohstoffe, kurz die vom Boden
losgelösten und selbst schon mit menschlicher Arbeit verquickten

objektiven Bedingungen der Arbeit.* Nicht so, daß das Kapital die objektiven Bedingungen der Arbeit schafft. Sondern seine *Urbildung* geschieht einfach dadurch, daß der als *Geldvermögen* existierende Wert durch den historischen Prozeß der Auflösung der alten Produktionsweise befähigt wird einerseits *zu kaufen* die objektiven Bedingungen der Arbeit, anderseits die *lebendige* Arbeit selbst gegen Geld von den freigewordnen Arbeitern einzutauschen. Alle diese Momente sind vorhanden; ihre Scheidung selbst ist ein historischer Prozeß, ein Auflösungsprozeß und es ist *dieser*, der das Geld befähigt sich in *Kapital* zu verwandeln. Das Geld selbst, soweit es mit bei der Geschichte tätig ist, ist es nur insofern es selbst als ein höchst energisches Scheidungsmittel in diesen Prozeß eingreift, und insofern zur Herstellung der *gerupften,* objektivlosen *freien Arbeiter* mitwirkt; sicher aber nicht dadurch, daß es für sie die objektiven Bedingungen ihrer Existenz *schafft*; sondern indem es ihre Trennung von denselben – ihre Eigentumslosigkeit – beschleunigen hilft. Wenn z. B. die großen englischen Grundeigentümer ihre retainers entließen, die mit ihnen das Surplusproduce des Landes aufzehrten; ferner ihre Pächter die kleinen Häusler verjagten etc., so war damit erstens eine Masse lebendiger Arbeitskräfte auf den *Arbeitsmarkt* geworfen, eine Masse, die in doppeltem Sinn frei war, frei von den alten Klientel- oder Hörigkeitsverhältnissen und Dienstverhältnissen, und zweitens frei von allem Hab und Gut und jeder objektiven, sachlichen Daseinsform, *frei von allem Eigentum;* auf den Verkauf ihres Arbeitsvermögens oder auf Bettel, Vagabundage und Raub als die einzige Erwerbsquelle angewiesen.

---

* Es ist auf den ersten Blick klar, welch abgeschmackter Zirkel es wäre, wenn anderseits die A r b e i t e r , die das Kapital ins Werk setzen muß, um als Kapital sich zu setzen, erst g e s c h a f f e n werden müßten, ins Leben gerufen werden müßten durch seine Aufhäufung, auf sein W e r d e ! warteten, während andrerseits es selbst unfähig wäre a u f - z u h ä u f e n ohne fremde Arbeit, höchstens s e i n e e i g n e A r b e i t aufhäufen könnte, d. h. also selbst existieren in der Form von N i c h t - K a p i t a l und N i c h t - G e l d , da die Arbeit, vor der Existenz des Kapitals, sich nur selbst verwerten kann in Formen, wie die der handwerksmäßigen Arbeit, der kleinen Agrikultur etc., kurz lauter Formen, die n i c h t oder nur spärlich a u f h ä u f e n können; in Formen, die nur ein kleines Surplusproduce zulassen und dies zum großen Teil a u f z e h r e n . Überhaupt werden wir diese Vorstellung des A u f h ä u f e n s noch näher zu untersuchen haben.

Daß sie das letztere zuerst versuchten, von diesem Wege aber durch Galgen, Pranger, Peitsche auf den schmalen Weg zum Arbeitsmarkt getrieben wurden – wo also die *Regierungen*, f. i. Henry VII., VIII. etc. als Bedingungen des historischen Auflösungsprozesses und als Hersteller der Bedingungen für die Existenz des Kapitals erscheinen – ist geschichtlich konstatiert. Andrerseits die Lebensmittel etc., die die Grundeigentümer früher mit den retainers aufaßen, standen nun zur Disposition des Geldes, das sie kaufen wollte, um through their instrumentality Arbeit zu kaufen. Das Geld hatte diese Lebensmittel weder *geschaffen*, noch *aufgehäuft*; sie waren da, wurden konsumiert und reproduziert, eh sie durch seine Vermittlung konsumiert und reproduziert wurden. Was sich geändert hatte, war nichts als daß diese Lebensmittel jetzt auf den *Austauschmarkt* geworfen waren – getrennt waren von ihrem unmittelbaren Zusammenhang mit den Mäulern der retainers etc. und aus Gebrauchswerten in Tauschwerte verwandelt waren, so in die Domäne und die | Oberherrlichkeit des Geldvermögens fielen. Ebenso mit den Arbeitsinstrumenten. Weder erfand, noch fabrizierte das Geldvermögen Spinnrad und Webstuhl. Aber losgelöst von ihrem Grund und Boden gerieten Spinner und Weber mit ihren Stühlen und Rädern in die Botmäßigkeit des Geldvermögens etc. *Eigen ist dem Kapital nichts als die Vereinigung der Massen von Händen und Instrumenten, die es vorfindet. Es agglomeriert sie unter seiner Botmäßigkeit.* Das ist sein *wirkliches Anhäufen*; das Anhäufen von Arbeitern auf Punkten nebst ihren Instrumenten. Hiervon wird bei der sogenannten Anhäufung des Kapitals näher zu handeln sein. Das Geldvermögen – als Kaufmannsvermögen – hatte allerdings beschleunigen und auflösen helfen die alten Produktionsverhältnisse und es dem Grundeigentümer z. B., wie A. Smith schon hübsch entwickelt, möglich gemacht, sein Getreide, Vieh etc. auszutauschen gegen aus der Fremde gebrachte Gebrauchswerte, statt die von ihm selbst produzierten mit seinen retainers zu verprassen und seinen Reichtum zum großen Teil in der Masse seiner mitkonsumierenden retainers zu finden. Es hatte für ihn dem *Tauschwert* seiner Revenu eine höhere Bedeutung gegeben. Ebenso fand dies in bezug auf seine Pächter statt, die schon halb Kapitalisten waren, aber doch noch sehr verbrämte. Die Entwicklung des Tauschwerts – begünstigt durch das in der Form des Kaufmannsstandes existierende *Geld* – löst die mehr auf den unmittelbaren Gebrauchswert gerichtete Produktion und die ihr entsprechenden Eigentumsformen – Verhältnisse der Arbeit zu ihren objektiven Bedingungen – auf und drängt so zur Herstellung des *Arbeitsmarkts* (wohl zu unterscheiden vom Sklavenmarkt). Indes auch diese Wirkung des Geldes nur möglich unter der Voraussetzung des *städtischen Gewerbfleißes,* der *nicht* auf Kapital und Lohnarbeit, sondern auf Organisation der Arbeit in Zünfte etc. beruht. Die städtische Arbeit selbst hatte Produktionsmittel geschaffen, für die die Zünfte ebenso gênant wurden, wie die alten Grundeigentumsverhältnisse einer verbesserten Agrikultur, die zum Teil selbst wieder Folge des größren Absatzes der Agrikulturprodukte an die Städte etc. Die andren Umstände, die z. B. im 16. Jahrhundert die Masse der umlaufenden Waren ebensosehr wie die des Geldes vermehrten, neue Bedürfnisse schufen und daher den Tauschwert der einheimischen Produkte erhöhten etc., Preise steigerten etc., alles dies beförderte einerseits die Auflösung der alten Produktionsverhältnisse, beschleunigte die Loslösung des Arbeiters oder Nichtarbeiters, aber Arbeitsfähigen von den objektiven Bedingungen seiner Reproduktion, und beförderte so die Verwandlung des Geldes in Kapital. Es kann daher nichts alberner sein, als diese *Urbildung* des Kapitals so aufzufassen, als habe es aufgehäuft und geschaffen die *objektiven Bedingungen der Produktion* – Lebensmittel, Rohmaterial, Instrumente – und sie dem davon *entblößten* Arbeiter angeboten. Vielmehr half das Geldvermögen zum Teil die Arbeitskräfte der arbeitsfähigen Individuen *entblößen* von diesen Bedingungen; zum Teil ging dieser Scheidungsprozeß ohne es voran. Als sie eine gewisse Höhe erreicht hatte, konnte das Geldvermögen sich als Mittler zwischen die so freigewordnen objektiven Bedingungen des Lebens und die freigewordnen, aber auch *los und ledig* gewordnen lebendigen Arbeitskräfte stellen und mit den einen die andren kaufen. Was aber nun die *Bildung des Geldvermögens* selbst angeht, vor seiner Verwandlung in Kapital, so gehört sie in die Vorgeschichte der bürgerlichen Ökonomie. Wucher, Handel, Städtewesen, und mit ihnen aufkommender Fiskus spielen dabei Hauptrolle. Auch das *Hoarden* der Pächter, Bauern etc.; obgleich in minderem Grad. – Es zeigt sich hier zugleich, wie die Entwicklung des Austauschs und des Tauschwerts, der überall durch Handel vermittelt ist, oder dessen Vermittlung Handel genannt werden kann – das Geld erhält im Kaufmannsstand, ebenso wie die Zirkulation im Handel selbständige Existenz –, mit sich führt sowohl die Auflösung der *Eigentumsverhältnisse der Arbeit an ihren* Existenzbedingungen auf der einen Seite, als die selbst unter die *objektiven Bedingungen der Produktion rangierte Arbeit;* lauter Verhältnisse, die ebensosehr ein Vorherrschen des Gebrauchswerts und der auf den unmittelbaren Gebrauch gerichteten Produktion, wie eines unmittelbar selbst noch als Voraussetzung der Produktion vorhandnen realen Gemeinwesens ausdrücken. Die auf dem Tauschwert basierte Produktion und das auf dem Austausch dieser Tauschwerte basierte Gemeinwesen – sosehr sie, wie wir im vorigen Kapitel vom Geld sahen, das Ansehn haben das Eigentum als Ausfluß bloß der *Arbeit* zu setzen, das Privateigentum am Produkt der eignen Arbeit als Bedingung zusetzen – und die Arbeit als allgemeine Bedingung des Reichtums unterstellt und produziert die Trennung der Arbeit von ihren objektiven Bedingungen. Dieser Austausch von Äquivalenten geht vor, ist nur die oberflächliche Schichte einer Produktion, die beruht auf der Aneignung fremder Arbeit *ohne Austausch*, aber unter dem *Schein des Austauschs*. Dieses System des Austauschs beruht auf dem *Kapital* als seiner Grundlage, und, wenn es getrennt von ihm betrachtet wird, wie es sich an der Oberfläche selbst zeigt, als *selbständiges* System, so ist dies bloßer *Schein*, aber ein *notwendiger Schein*. Es ist daher jetzt nicht länger zu verwundern, daß das System der Tauschwerte – Austausch von durch die Arbeit gemeßnen Äquivalenten – umschlägt oder vielmehr als seinen versteckten Hintergrund zeigt *Aneignung fremder Arbeit ohne Austausch,* völlige Trennung von Arbeit und Eigentum. Das Herrschen nämlich des Tauschwerts selbst und der Tauschwerte produzierenden Produktion *unterstellt* | fremdes Arbeitsvermögen selbst als Tauschwert – d. h. Trennung des lebendigen Arbeitsvermögens von seinen objektiven Bedingungen; Verhalten zu denselben – oder zu seiner eignen Objektivität – als fremdem Eigentum; Verhalten zu denselben in einem Wort als *Kapital*. Nur in den Zeiten des Untergangs des Feudalwesens, wo es aber noch kämpft unter sich – so in England im 14. und ersten Hälfte des 15. Jahrhunderts – ist das goldne Zeitalter für die sich emanzipierende Arbeit. Damit die Arbeit sich wieder zu ihren objektiven Bedingungen als ihrem Eigentum verhalte, muß ein andres System an die Stelle des Systems des Privataustauschs treten, der, wie wir gesehn, Austausch von vergegenständlichter Arbeit gegen Arbeitsvermögen, und darum Aneignung der lebendigen Arbeit ohne Austausch setzt. – Die Art wie sich das Geld in Kapital verwandelt, zeigt sich oft historisch ganz einfach handgreiflich so, daß z. B. der Kaufmann mehre Weber und Spinner, die bisher Weben und Spinnen als ländliches Nebengewerb treiben, für sich arbeiten läßt, und ihr Nebengewerb zum Haupterwerb für sie macht; dann aber ihrer sicher ist und sie in seine Botmäßigkeit als Lohnarbeiter gebracht hat. Sie dann von ihren Heimatstätten fortzuziehn und zu vereinen in ein Arbeitshaus, ist ein weitrer Schritt. Bei diesem einfachen Prozeß ist klar, daß er weder Rohmaterial, noch Instrument, noch Lebensmittel für den Weber und Spinner vorbereitet hat. Alles, was er getan hat, ist, sie nach und nach auf eine Art Arbeit zu beschränken, wo sie abhängig vom Verkauf, vom *Käufer* werden, dem *Kaufmann* und schließlich nur noch *für* und *durch* ihn produzieren. Er hat ursprünglich nur durch den Kauf ihres Produkts ihre Arbeit gekauft; sobald sie sich auf die Produktion dieses Tauschwerts beschränken und also unmittelbare *Tauschwerte* produzieren müssen, ihre Arbeit ganz gegen Geld austauschen müssen, um fortexistieren zu können, geraten sie in seine Botmäßigkeit und zuletzt verschwindet auch der Schein, als ob sie ihm Produkte *verkauften*. Er kauft ihre Arbeit und nimmt ihnen das Eigentum erst am Produkt, bald auch am Instrument, oder läßt es ihnen als *Scheineigentum*, um seine eignen Produktionskosten zu vermindern. – Die ursprünglichen historischen Formen, in denen das Kapital zuerst sporadisch oder *lokal* erscheint, *neben* den alten Produktionsweisen, aber sie nach und nach überall sprengend, ist die eigentliche *Manufaktur* (noch nicht Fabrik) einerseits; diese entspringt da, wo in Massen für die Ausfuhr produziert wird, für den auswärtigen Markt – also auf der *Basis von großem See- und Landhandel*, in ihren Emporien, wie in den italienischen Städten, Konstantinopel, den flandrischen, holländischen Städten, einigen spanischen, wie Barcelona etc. Die Manufaktur ergreift zunächst nicht das sogenannte *städtische Gewerb* – sondern das *ländliche Nebengewerb*, Spinnen und Weben, die Arbeit, die am wenigsten zünftiges Geschick, künstlerische Ausbildung verlangt. Außer jenen großen Emporien, wo sie die Basis eines *auswärtigen* Markts vorfindet, die Produktion also sozusagen *naturwüchsig* auf den Tauschwert gerichtet ist – also Manufakturen, die direkt mit der Schiffahrt zusammenhängen, Schiffsbau selbst etc. –, schlägt sie ihre ersten Wohnsitze nicht in den Städten auf, sondern auf dem Land, in nichtzünftigen Dörfern etc. Das ländliche Nebengewerb enthält die breite Basis der Manufaktur, während das städtische Gewerb hohen Fortschritt der Produktion verlangt, um fabrikmäßig betrieben werden zu können. Ebenso solche Produktionszweige – wie Glasfabriken, Metallfabriken, Holzsägereien etc., die von vornherein mehr Konzentration von Arbeitskräften verlangen; von vornherein mehr Naturkräfte verwerten, massenweise Produktion verlangen, ebenso Konzentration der Arbeitsmittel etc. Ebenso Papierfabriken etc. Anderseits das Aufkommen des Pächters und die Verwandlung der ackerbauenden Bevölkerung in freie Taglöhner. Obgleich diese Umwandlung auf dem Lande zuletzt sich in ihren letzten Konsequenzen und der reinsten Form durchsetzt, so beginnt sie auf ihm mit am frühsten. Die Alten, die nic über eigentlich städtischen Kunstfleiß hinauskamen, konnten daher nie zur großen Industrie kommen. Ihre erste Voraussetzung ist die Hereinziehung des Landes in seiner ganzen Breite in die Produktion nicht von Gebrauchswerten, sondern von Tauschwerten. Glasfabriken, Papiermühlen, Eisenwerke etc. können nicht zünftig betrieben werden. Sie verlangen Produktion in Masse; Absatz an einem allgemeinen Markt; *Geldvermögen* auf seiten des Unternehmers – nicht als ob er die Bedingungen schaffe, weder die subjektiven, noch die objektiven; aber unter den alten Eigentumsverhältnissen und Produktionsverhältnissen können diese Bedingungen nicht zusammengebracht werden. – Die Auflösung der Leibeigentumsverhältnisse, wie das Aufkommen der Manufaktur verwandeln dann nach und nach alle Arbeitszweige in vom Kapital betriebne. – Die Städte selbst enthalten allerdings auch in dem unzünftigen Taglöhnertum, Handlangern etc. ein Element für die Bildung der eigentlichen Lohnarbeit.

| Wenn wir so gesehn haben, daß die Verwandlung des Geldes in Kapital einen historischen Prozeß voraussetzt, der die objektiven Bedingungen der Arbeit losgeschieden hat, verselbständigt hat gegen den Arbeiter – so ist es anderseits der Effekt des einmal entstandnen Kapitals und seines Prozesses sich alle Produktion zu unterwerfen und überall die Scheidung zwischen Arbeit und Eigentum, zwischen der Arbeit und den objektiven Bedingungen der Arbeit zu entwickeln und durchzuführen. Es wird sich bei der weitern Entwicklung zeigen, wie das Kapital handwerksmäßige Arbeit, arbeitendes kleines Grundeigentum etc. und sich selbst vernichtet in den Formen, wo es *nicht* im Gegensatz zur Arbeit erscheint – im *kleinen Kapital* und den Mittelgattungen, Zwittergattungen zwischen den alten Produktionsweisen (oder wie sie sich auf Grundlage des Kapitals erneuert haben) und der klassischen, adäquaten Produktionsweise des Kapitals selbst.

Die einzige Aufhäufung, die bei der Entstehung des Kapitals vorausgesetzt ist, ist die von *Geldvermögen,* das an und für sich betrachtet durchaus unproduktiv ist, wie es nur aus der Zirkulation entspringt und nur ihr angehört. Einen innern Markt bildet sich das Kapital rasch dadurch, daß es alle ländlichen Nebengewerbe vernichtet, also für alle spinnt, webt, alle kleidet etc., kurz die früher als unmittelbare Gebrauchswerte geschaffnen Waren in die Form von Tauschwerten bringt, ein Prozeß, der durch die Loslösung der Arbeiter vom Grund und Boden und dem Eigentum (sei es auch in höriger Form) an den Produktionsbedingungen sich von selbst ergiebt. –

Bei dem städtischen Handwerk, obgleich es wesentlich auf Austausch beruht und Schöpfung von Tauschwerten, ist der unmittelbare, der Hauptzweck dieser Produktion *Subsistenz als Handwerker, als Handwerksmeister,* also Gebrauchswert; nicht *Bereicherung,* nicht *Tauschwert als Tauschwert.* Die Produktion ist daher überall einer vorausgesetzten Konsumtion, die Zufuhr der Nachfrage untergeordnet und erweitert sich nur langsam. –

Die *Produktion von Kapitalisten und Lohnarbeitern ist also ein Hauptprodukt des Verwertungsprozesses des Kapitals.* Die gewöhnliche Ökonomie, die nur die produzierten Sachen im Auge hält, vergißt dies vollständig. Indem in diesem Prozeß die vergegenständlichte Arbeit zugleich als *Nichtgegenständlichkeit* des Arbeiters, als Gegenständlichkeit einer dem Arbeiter entgegengesetzten Subjektivität gesetzt ist, als *Eigentum* eines, ist das Kapital notwendig zugleich *Kapitalist* und der Gedanke von einigen Sozialisten, wir brauchten das Kapital, aber nicht die Kapitalisten, ist durchaus falsch. Im Begriff des Kapitals ist gesetzt, daß die objektiven Bedingungen der Arbeit – und diese sind ihr eignes Produkt – ihr gegenüber *Persönlichkeit* annehmen, oder was dasselbe ist, daß sie als Eigentum einer dem Arbeiter fremden Persönlichkeit gesetzt sind. Im Begriff des Kapitals ist der Kapitalist enthalten. Indes ist dieser Irrtum keineswegs größer als der z. B. aller Philologen, die von *Kapital* im Altertum sprechen, römischen, griechischen Kapitalisten. Es ist dies nur ein andrer Ausdruck dafür, daß die Arbeit in Rom und Griechenland *frei* war, was die Herrn schwerlich behaupten möchten. Daß wir jetzt die Plantagenbesitzer in Amerika nicht nur Kapitalisten nennen, sondern daß sie es *sind,* beruht darauf, daß sie als Anomalien innerhalb eines auf der freien Arbeit beruhenden Weltmarkts existieren. Wenn es sich vom Wort Kapital handelt, das bei den

Alten nicht vorkommt*, so sind die noch wandernden Horden mit ihren Herden in den Steppen Hochasiens die größten Kapitalisten, da Kapital ursprünglich Vieh meint, weswegen noch der aus Mangel an Kapital in Südfrankreich häufig geschloßne Metairievertrag grad ausnahmsweis: *Bail de bestes à cheptel.* Will man sich auf schlechtes Latein einlassen, so wären unsere Kapitalisten oder *Capitales Homines* solche »qui debent *censum de Capite«.*

Bei der Begriffsbestimmung des Kapitals finden sich Schwierigkeiten, die beim Geld nicht vorkommen; das Kapital ist wesentlich *Kapitalist;* gleichzeitig aber auch wieder als vom Kapitalist unterschiednes Element seines Bestehns oder d[ie] Produktion überhaupt *Kapital.* So werden wir weiter finden, daß sich unter *Kapital* vieles subsumiert, was seinem Begriff nach nicht hineinzugehören scheint. Kapital wird ausgeliehn z. B. Es wird aufgehäuft etc. In allen diesen Bezeichnungen scheint es bloße Sache zu sein und ganz mit der Materie, in der es besteht, zusammenzufallen. Doch dies und andres wird sich aufklären im Verlauf der Entwicklung. (Nebenbei noch als Spaß bemerkt: Der brave Adam Müller, der alle figürlichen Redensarten sehr mystisch nimmt, hat auch von *lebendigem Kapital* im gemeinen Leben gehört im Gegensatz zu *totem* und macht sich dies nun theosophisch zurecht. König Aethelstan konnte ihn darüber belehren: Reddam de meo proprio decimas Deo tam in *Vivente Capitale* (lebendem Vieh), quam in *mortis fructuis terrae* (toten Erdfrüchten).) Geld bleibt immer dieselbe Form in demselben Substrat; und kann so leichter als bloße Sache aufgefaßt werden. Aber dasselbe, Ware, Geld etc. können Kapital vorstellen oder Revenu etc. Es ist so selbst den Ökonomen klar, daß Geld nichts Handgreifliches ist; sondern daß dieselbe Sache bald unter der Bestimmung Kapital, bald unter einer andren und entgegengesetzten Bestimmung subsumiert sein kann, und danach Kapital *ist* oder *nicht ist*. Es ist offenbar so ein *Verhältnis und kann nur ein Produktionsverhältnis sein.*

| Wir haben gesehn, wie erst am *Ende des zweiten Kreislaufs* die wahre Natur des Kapitals hervortritt. Was wir jetzt zu betrachten haben, ist der *Kreislauf* selbst oder der *Umlauf des Kapitals.* Ursprünglich schien die Produktion jenseits der Zirkulation und die Zirkulation jenseits der Produktion zu liegen. Der Kreislauf des

---

* Obgleich entsprechend für die principalis summa rei creditae ἀρπεῖα bei den Griechen.

Kapitals – die Zirkulation als Zirkulation des Kapitals gesetzt – umfaßt beide Momente. In ihr erscheint die Produktion als End- und Anfangspunkt der Zirkulation und vice versa. Die Selbständigkeit der Zirkulation ist jetzt zu einem bloßen Schein herabgesetzt, ebenso wie die Jenseitigkeit der Produktion.

Austausch von Arbeit gegen Arbeit beruht auf Eigentumslosigkeit des Arbeiters.

[[Zu dem obigen noch eins zu bemerken: Der Austausch von Äquivalenten, der das Eigentum an dem Produkt der eignen Arbeit zu unterstellen scheint – und daher identisch zu setzen: *Aneignung durch die Arbeit,* den wirklichen ökonomischen Prozeß des Zueigen-Machen und *Eigentum an der objektivierten* Arbeit; was vorhin als realer Prozeß erschien, hier als juristisches Verhältnis, d. h. als allgemeine Bedingung der Produktion anerkannt, und darum gesetzlich anerkannt, als Ausdruck des allgemeinen Willens gesetzt –, schlägt um, zeigt sich durch eine notwendige Dialektik nach als absolute Scheidung von Arbeit und Eigentum und Aneignung fremder Arbeit ohne Austausch, ohne Äquivalent. Die auf den Tauschwert basierte Produktion, auf deren Oberfläche jener freie und gleiche Austausch von Äquivalenten vorgeht – ist in der Basis Austausch von *vergegenständlichter Arbeit* als Tauschwert gegen die lebendige Arbeit als Gebrauchswert oder wie das auch ausgedrückt werden kann, Verhalten der Arbeit zu ihren objektiven Bedingungen – und daher zu der von ihr selbst geschaffnen Objektivität – als fremdem Eigentum: *Entäußerung der Arbeit.* Andererseits ist die Bedingung des Tauschwerts Messen desselben durch Arbeitszeit, und daher die lebendige Arbeit – nicht ihr Wert – als Maß der Werte. Es ist eine delusion, als beruhte in allen Produktionszuständen die Produktion und daher die Gesellschaft auf dem *Austausch von bloßer Arbeit gegen Arbeit.* In den verschiednen Formen, worin die Arbeit sich zu ihren Produktionsbedingungen als ihrem Eigentum verhält, ist die Reproduktion des Arbeiters keineswegs durch *bloße Arbeit* gesetzt, denn sein Eigentumsverhältnis ist nicht das Resultat, sondern die Voraussetzung seiner Arbeit. Im Grundeigentum ist es klar; im Zunftwesen muß es auch klar werden, daß die besondre Art Eigentum, die die Arbeit konstituiert, nicht auf bloßer Arbeit oder Austausch der Arbeit beruht, sondern auf einem objektiven Zusammenhang des Arbeiters mit einem Gemeinwesen und Bedingungen, die er vorfindet, von denen er als seiner Basis ausgeht. Sie sind auch Produkte einer Arbeit, der weltgeschichtlichen; der Arbeit des Gemeinwesens – seiner historischen Entwicklung, die nicht von der Arbeit der Einzelnen noch dem Austausch ihrer Arbeiten ausgeht. Es ist daher auch nicht die bloße Arbeit Voraussetzung der Verwertung. Ein Zustand, in dem bloß Arbeit gegen Arbeit ausgetauscht wird – sei es in der Form unmittelbarer Lebendigkeit, sei es in der Form des Produkts – unterstellt die Loslösung der Arbeit von ihrem ursprünglichen Zusammengewachsensein mit ihren objektiven Bedingungen, weswegen sie auf der einen Seite als bloße Arbeit erscheint, andrerseits ihr Produkt als vergegenständlichte Arbeit ihr gegenüber ein durchaus selbständiges Dasein als Wert erhält. *Der Austausch von Arbeit gegen Arbeit – scheinbar die Bedingung des Eigentums des Arbeiters – beruht auf der Eigentumslosigkeit des Arbeiters als ihrer Basis.*]]

(Daß die *äußerste Form der Entfremdung*, worin, im Verhältnis des Kapitals zur Lohnarbeit, die Arbeit, die produktive Tätigkeit zu ihren eignen Bedingungen und ihrem eignen Produkt erscheint, ein notwendiger Durchgangspunkt ist – und daher *an sich*, nur noch in verkehrter, auf den Kopf gestellter Form schon enthält die Auflösung aller *bornierten Voraussetzungen der Produktion*, und vielmehr die unbedingten Voraussetzungen der Produktion schafft und herstellt, daher die vollen materiellen Bedingungen für die totale, universelle Entwicklung der Produktivkräfte des Individuums, wird später betrachtet werden.)

[...]

4. [Karl Marx:] Die sogenannte ursprüngliche Akkumulation[1]

[...]

Geld und Ware sind nicht von vornherein Kapital, sowenig wie Produktions- und Lebensmittel. Sie bedürfen der Verwandlung in Kapital. Diese Verwandlung selbst aber kann nur unter bestimmten Umständen vorgehn, die sich dahin zusammenspitzen: Zweierlei sehr verschiedne Sorten von Warenbesitzern müssen sich gegenüber und in Kontakt treten, einerseits Eigner von Geld, Produktions- und Lebensmitteln, denen es gilt, die von ihnen geeignete Wertsumme zu verwerten durch Ankauf fremder Arbeitskraft; andrerseits freie Arbeiter, Verkäufer der eigenen Arbeitskraft und daher Verkäufer von Arbeit. Freie Arbeiter in dem Doppelsinn, daß weder sie selbst unmittelbar zu den Produktionsmitteln gehören, wie Sklaven, Leibeigne usw., noch auch die Produktionsmittel ihnen gehören, wie beim selbstwirtschaftenden Bauer usw., sie davon vielmehr frei, los und ledig sind. Mit dieser Polarisation des Warenmarkts sind die Grundbedingungen der kapitalistischen Produktion gegeben. Das Kapitalverhältnis setzt die Scheidung zwischen den Arbeitern und dem Eigentum an den Verwirklichungsbedingungen der Arbeit voraus. Sobald die kapitalistische Produktion einmal auf eignen Füßen steht, erhält sie nicht nur jene Scheidung, sondern reproduziert sie auf stets wachsender Stufenleiter. Der Prozeß, der das Kapitalverhältnis schafft, kann also nichts andres sein als der Scheidungsprozeß des Arbeiters vom Eigentum an seinen Arbeitsbedingungen, ein Prozeß, der einerseits die gesellschaftlichen Lebens- und Produktionsmittel in Kapital verwandelt, andrerseits die unmittelbaren Produzenten in Lohnarbeiter. Die sog. ursprüngliche Akkumulation ist also nichts als der historische Scheidungsprozeß von Produzent und Produktionsmittel. Er erscheint als »ursprünglich«, weil er die Vorgeschichte des Kapitals und der ihm entsprechenden Produktionsweise bildet.

Die ökonomische Struktur der kapitalistischen Gesellschaft ist hervorgegangen aus der ökonomischen Struktur der feudalen Gesellschaft. Die Auflösung dieser hat die Elemente jener freigesetzt.

Der unmittelbare Produzent, der Arbeiter, konnte erst dann über seine Person verfügen, nachdem er aufgehört hatte, an die Scholle

---

[1] [Text nach: Das Kapital, Bd. I, MEW Bd. 23, S. 742—747, 751—753, 765—766, 767—770, 777—779, 782—785, 787—788.]

gefesselt und einer andern Person leibeigen oder hörig zu sein. Um freier Verkäufer von Arbeitskraft zu werden, der seine Ware überall hinträgt, wo sie einen Markt findet, mußte er ferner der Herrschaft der Zünfte, ihren Lehrlings- und Gesellenordnungen und hemmenden Arbeitsvorschriften entronnen sein. Somit erscheint die geschichtliche Bewegung, die die Produzenten in Lohnarbeiter verwandelt, einerseits als ihre Befreiung von Dienstbarkeit und Zunftzwang; und diese Seite allein existiert für unsre bürgerlichen Geschichtsschreiber. Andrerseits aber werden diese Neubefreiten erst Verkäufer ihrer selbst, nachdem ihnen alle ihre Produktionsmittel und alle durch die alten feudalen Einrichtungen gebotnen Garantien ihrer Existenz geraubt sind. Und die Geschichte dieser ihrer Expropriation ist in die Annalen der Menschheit eingeschrieben mit Zügen von Blut und Feuer.

Die industriellen Kapitalisten, diese neuen Potentaten, mußten ihrerseits nicht nur die zünftigen Handwerksmeister verdrängen, sondern auch die im Besitz der Reichtumsquellen befindlichen Feudalherren. Von dieser Seite stellt sich ihr Emporkommen dar als Frucht eines siegreichen Kampfes gegen die Feudalmacht und ihre empörenden Vorrechte sowie gegen die Zünfte und die Fesseln, die diese der freien Entwicklung der Produktion und der freien Ausbeutung des Menschen durch den Menschen angelegt. Die Ritter von der Industrie brachten es jedoch nur fertig, die Ritter vom Degen zu verdrängen, dadurch, daß sie Ereignisse ausbeuteten, an denen sie ganz unschuldig waren. Sie haben sich emporgeschwungen durch Mittel, ebenso gemein wie die, wodurch der römische Freigelassene sich einst zum Herrn seines *patronus* gemacht hat.

Der Ausgangspunkt der Entwicklung, die sowohl den Lohnarbeiter wie den Kapitalisten erzeugt, war die Knechtschaft des Arbeiters. Der Fortgang bestand in einem Formwechsel dieser Knechtung, in der Verwandlung der feudalen in kapitalistische Exploitation. Um ihren Gang zu verstehn, brauchen wir gar nicht so weit zurückzugreifen. Obgleich die ersten Anfänge kapitalistischer Produktion uns schon im 14. und 15. Jahrhundert in einigen Städten am Mittelmeer sporadisch entgegentreten, datiert die kapitalistische Ära erst vom 16. Jahrhundert. Dort, wo sie auftritt, ist die Aufhebung der Leibeigenschaft längst vollbracht und der Glanzpunkt des Mittelalters, der Bestand souveräner Städte, seit geraumer Zeit im Erbleichen.

Historisch epochemachend in der Geschichte der ursprünglichen

Akkumulation sind alle Umwälzungen, die der sich bildenden Kapitalistenklasse als Hebel dienen; vor allem aber die Momente, worin große Menschenmassen plötzlich und gewaltsam von ihren Subsistenzmitteln losgerissen und als vogelfreie Proletarier auf den Arbeitsmarkt geschleudert werden. Die Expropriation des ländlichen Produzenten, des Bauern, von Grund und Boden bildet die Grundlage des ganzen Prozesses. Ihre Geschichte nimmt in verschiedenen Ländern verschiedene Färbung an und durchläuft die verschiedenen Phasen in verschiedener Reihenfolge und in verschiedenen Geschichtsepochen. Nur in England, das wir daher als Beispiel nehmen, besitzt sie klassische Form. *

Expropriation des Landvolks von Grund und Boden

In England war die Leibeigenschaft im letzten Teil des 14. Jahrhunderts faktisch verschwunden. Die ungeheure Mehrzahl der Bevölkerung bestand damals und noch mehr im 15. Jahrhundert aus freien, selbstwirtschaftenden Bauern, durch welch feudales Aushängeschild ihr Eigentum immer versteckt sein mochte. Auf den größeren herrschaftlichen Gütern war der früher selbst leibeigne bailiff (Vogt) durch den freien Pächter verdrängt. Die Lohnarbeiter der Agrikultur bestanden teils aus Bauern, die ihre Mußezeit durch Arbeit bei großen Grundeigentümern verwerteten, teils aus einer selbständigen, relativ und absolut wenig zahlreichen Klasse eigentlicher Lohnarbeiter. Auch letztre waren faktisch zugleich selbstwirtschaftende Bauern, indem sie außer ihrem Lohn Ackerland zum Belauf von 4 und mehr Acres nebst Cottages angewiesen erhielten. Sie genossen zudem mit den eigentlichen Bauern die Nutznießung des Gemeindelandes, worauf ihr Vieh weidete und das ihnen zu-

---

* In Italien, wo die kapitalistische Produktion sich am frühesten entwickelt, findet auch die Auflösung der Leibeigenschaftsverhältnisse am frühesten statt. Der Leibeigene wird hier emanzipiert, bevor er irgendein Recht der Verjährung an Grund und Boden gesichert hat. Seine Emanzipation verwandelt ihn also sofort in einen vogelfreien Proletarier, der überdem in den meist schon aus der Römerzeit überlieferten Städten die neuen Herren fertig vorfindet. Als die Revolution des Weltmarkts seit Ende des 15. Jahrhunderts die Handelssupremacie Norditaliens vernichtete, entstand eine Bewegung in umgekehrter Richtung. Die Arbeiter der Städte wurden massenweise aufs Land getrieben und gaben dort der nach Art des Gartenbaus getriebnen, kleinen Kultur einen nie gesehenen Aufschwung.

gleich die Mittel der Feuerung, Holz, Torf usw. bot. * In allen Ländern Europas ist die feudale Produktion durch Teilung des Bodens unter möglichst viele Untersassen charakterisiert. Die Macht des Feudalherrn, wie die jedes Souveräns, beruhte nicht auf der Länge seiner Rentrolle, sondern auf der Zahl seiner Untertanen, und letztre hing von der Zahl selbstwirtschaftender Bauern ab.** Obgleich der englische Boden daher nach der normännischen Eroberung in riesenhafte Baronien verteilt ward, wovon eine einzige oft 900 alte angelsächsische Lordschaften einschloß, war er besät von kleinen Bauernwirtschaften, nur hier und da durchbrochen von größeren herrschaftlichen Gütern. Solche Verhältnisse, bei gleichzeitiger Blüte des Städtewesens, wie sie das 15. Jahrhundert auszeichnet, erlaubten jenen Volksreichtum, den der Kanzler Fortescue so beredt in seinen »Laudibus Legum Angliae« schildert, aber sie schlossen den Kapitalreichtum aus.

Das Vorspiel der Umwälzung, welche die Grundlage der kapitalistischen Produktionsweise schuf, ereignet sich im letzten Drittel des 15. und den ersten Dezennien des 16. Jahrhunderts. Eine Masse vogelfreier Proletarier ward auf den Arbeitsmarkt geschleudert durch die Auflösung der feudalen Gefolgschaften, die, wie Sir James Steuart richtig bemerkt, »überall nutzlos Haus und Hof füllten«. Obgleich die königliche Macht, selbst ein Produkt der bürgerlichen Entwicklung, in ihrem Streben nach absoluter Souveränität die Auflösung dieser Gefolgschaften gewaltsam beschleunigte, war sie keineswegs deren einzige Ursache. Vielmehr im trotzigsten Gegensatz zu Königtum und Parlament schuf der große Feudalherr ein ungleich größeres Proletariat durch gewaltsame Verjagung der Bauernschaft von dem Grund und Boden, worauf sie denselben

---

* Man muß nie vergessen, daß selbst der Leibeigne nicht nur Eigentümer, wenn auch tributpflichtiger Eigentümer, der zu seinem Haus gehörigen Bodenparzellen war, sondern auch Miteigentümer des Gemeindelandes. »Der Bauer ist dort« (in Schlesien) »Leibeigener.« Nichtsdestoweniger besitzen diese serfs Gemeindegüter. »Man konnte bisher die Schlesier noch nicht zur Teilung des Gemeindelandes veranlassen, während es in der Neumark kaum ein Dorf gibt, in dem diese Teilung nicht mit größtem Erfolg durchgeführt worden wäre.« (Mirabeau, »De la Monarchie Prussienne«, Londres 1788, t. II, p. 125, 126.)
** Japan, mit seiner rein feudalen Organisation des Grundeigentums und seiner entwickelten Kleinbauernwirtschaft, liefert ein viel treueres Bild des europäischen Mittelalters als unsre sämtlichen, meist von bürgerlichen Vorurteilen diktierten Geschichtsbücher. Es ist gar zu bequem, auf Kosten des Mittelalters »liberal« zu sein.

feudalen Rechtstitel besaß wie er selbst, und durch Usurpation ihres Gemeindelandes. Den unmittelbaren Anstoß dazu gab in England namentlich das Aufblühn der flandrischen Wollmanufaktur und das entsprechende Steigen der Wollpreise. Den alten Feudaladel hatten die großen Feudalkriege verschlungen, der neue war ein Kind seiner Zeit, für welche Geld die Macht aller Mächte. Verwandlung von Ackerland in Schafweide ward also sein Losungswort. Harrison, in seiner »Description of England. Prefixed to Holinshed's Chronicles«, beschreibt, wie die Expropriation der kleinen Bauern das Land ruiniert. »What care our great incroachers!« (Was fragen unsre großen Usurpatoren danach?) Die Wohnungen der Bauern und die Cottages der Arbeiter wurden gewaltsam niedergerissen oder dem Verfall geweiht.

»Wenn man«, sagt Harrison, »die älteren Inventarien jedes Ritterguts vergleichen will, so wird man finden, daß unzählige Häuser und kleine Bauernwirtschaften verschwunden sind, daß das Land viel weniger Leute nährt, daß viele Städte verfallen sind, obgleich einige neue aufblühn. Von Städten und Dörfern, die man für Schaftriften zerstört hat und worin nur noch die Herrschaftshäuser stehn, könnte ich etwas erzählen.«

Die Klagen jener alten Chroniken sind immer übertrieben, aber sie zeichnen genau den Eindruck der Revolution in den Produktionsverhältnissen auf die Zeitgenossen selbst. Ein Vergleich zwischen den Schriften der Kanzler Fortescue und Thomas Morus veranschaulicht die Kluft zwischen dem 15. und 16. Jahrhundert. Aus ihrem goldnen Zeitalter, wie Thornton richtig sagt, stürzte die englische Arbeiterklasse ohne alle Zwischenübergänge in das eiserne.

Die Gesetzgebung erschrak vor dieser Umwälzung. Sie stand noch nicht auf der Zivilisationshöhe, wo »Wealth of the Nation«, d. h. Kapitalbildung und rücksichtslose Exploitation und Verarmung der Volksmasse als ultima Thule aller Staatsweisheit gelten. [...]

The »glorious Revolution« (glorreiche Revolution) brachte mit dem Oranier Wilhelm III. die grundherrlichen und kapitalistischen Plusmacher zur Herrschaft. Sie weihten die neue Ära ein, indem sie den bisher eher bescheiden betriebenen Diebstahl an den Staatsdomänen auf kolossaler Stufenleiter ausübten. Diese Ländereien wurden verschenkt, zu Spottpreisen verkauft oder auch durch direkte Usurpation an Privatgütern annexiert. Alles das geschah ohne die geringste Beobachtung gesetzlicher Etikette. Das so fraudulent angeeignete Staatsgut samt dem Kirchenrat, soweit er während der republikanischen Revolution nicht abhanden gekommen, bildet die Grundlage der heutigen fürstlichen Domänen der englischen Oligarchie. Die bürgerlichen Kapitalisten begünstigten die Operation, u. a. um den Grund und Boden in einen reinen Handelsartikel zu verwandeln, das Gebiet des agrikolen Großbetriebs auszudehnen, ihre Zufuhr vogelfreier Proletarier vom Lande zu vermehren usw. Zudem war die neue Grundaristokratie die natürliche Bundesgenossin der neuen Bankokratie, der eben aus dem Ei gekrochnen hohen Finanz und der damals auf Schutzzölle sich stützenden großen Manufakturisten. Die englische Bourgeoisie handelt für ihr Interesse ganz so richtig wie die schwedischen Stadtbürger, die umgekehrt, Hand in Hand mit ihrem ökonomischen Bollwerk, der Bauernschaft, die Könige in der gewaltsamen Resumption der Kronländereien von der Oligarchie (seit 1604, später unter Karl X. und Karl XI.) unterstützten.

Das Gemeindeeigentum – durchaus verschieden von dem eben betrachteten Staatseigentum – war eine altgermanische Einrichtung, die unter der Decke der Feudalität fortlebte. Man hat gesehn, wie die gewaltsame Usurpation desselben, meist begleitet von Verwandlung des Ackerlands in Viehweide, Ende des 15. Jahrhunderts beginnt und im 16. Jahrhundert fortdauert. Aber damals vollzog sich der Prozeß als individuelle Gewalttat, wogegen die Gesetzgebung 150 Jahre lang vergeblich ankämpft. Der Fortschritt des 18. Jahrhunderts offenbart sich darin, daß das Gesetz selbst jetzt zum Vehikel des Raubs am Volksland wird, obgleich die großen Pächter nebenbei auch ihre kleinen unabhängigen Privatmethoden anwenden. Die parlamentarische Form des Raubs ist die der »Bills for Inclosured of Commons« (Gesetze für Einhegung des Gemeindelandes), in andren Worten Dekrete, wodurch die Grundherrn Volksland sich selbst als Privateigentum schenken, Dekrete der Volksexpropriation. Sir F. M. Eden widerlegt sein pfiffiges Advokatenplädoyer, worin er das Gemeindeeigentum als Privateigentum der an die Stelle der Feudalen getretenen großen Grundeigentümer darzustellen sucht, indem er selbst einen »allgemeinen Parlamentsakt für Einhegung der Gemeindeländereien« verlangt, also zugibt, daß ein parlamentarischer Staatsstreich zu ihrer Verwandlung in Privateigentum nötig ist, andrerseits aber von der Legislatur »Schadenersatz« für die expropriierten Armen fordert.

Während an die Stelle der unabhängigen Yeomen tenants-atwill traten, kleinere Pächter auf einjährige Kündigung, eine servile und von der Willkür der Landlords abhängige Rotte, half, neben dem Raub der Staatsdomänen, namentlich der systematisch betriebne Diebstahl des Gemeindeeigentums jene großen Pachten anschwellen, die man im 18. Jahrhundert Kapital-Pachten oder Kaufmanns-Pachten nannte, und das Landvolk als Proletariat für die Industrie »freisetzen«. [...]

So wurde das von Grund und Boden gewaltsam expropriierte, verjagte und zum Vagabunden gemachte Landvolk durch groteskterroristische Gesetze in eine dem System der Lohnarbeit notwendige Disziplin hineingepeitscht, -gebrandmarkt, -gefoltert.

Es ist nicht genug, daß die Arbeitsbedingungen auf den einen Pol als Kapital treten und auf den andren Pol Menschen, welche nichts zu verkaufen haben als ihre Arbeitskraft. Es genügt auch nicht, sie zu zwingen, sich freiwillig zu verkaufen. Im Fortgang der kapitalistischen Produktion entwickelt sich eine Arbeiterklasse, die aus Erziehung, Tradition, Gewohnheit die Anforderungen jener Produktionsweise als selbstverständliche Naturgesetze anerkennt. Die Organisation des ausgebildeten kapitalistischen Produktionsprozesses bricht jeden Widerstand, die beständige Erzeugung einer relativen Übervölkerung hält das Gesetz der Zufuhr von und Nachfrage nach Arbeit und daher den Arbeitslohn in einem den Verwertungsbedürfnissen des Kapitals entsprechenden Gleise, der stumme Zwang der ökonomischen Verhältnisse besiegelt die Herrschaft des Kapitalisten über den Arbeiter. Außerökonomische, unmittelbare Gewalt wird zwar immer noch angewandt, aber nur ausnahmsweise. Für den gewöhnlichen Gang der Dinge kann der Arbeiter den »Naturgesetzen der Produktion« überlassen bleiben, d. h. seiner aus den Produktionsbedingungen selbst entspringenden, durch sie garantierten und verewigten Abhängigkeit vom Kapital. Anders während der historischen Genesis der kapitalistischen Produktion. Die aufkommende Bourgeoisie braucht und verwendet die Staatsgewalt, um den Arbeitslohn zu »regulieren«, d. h. innerhalb der Plusmacherei zusagender Schranken zu zwängen, um den Arbeitstag zu verlängern und den Arbeiter selbst in normalem Abhängigkeitsgrad zu erhalten. Es ist dies ein wesentliches Moment der sog. ursprünglichen Akkumulation.

Die Klasse der Lohnarbeiter, die in der letzten Hälfte des 14. Jahrhunderts entstand, bildete damals und im folgenden Jahrhundert nur einen sehr geringen Volksbestandteil, der in seiner

Stellung stark beschützt war durch die selbständige Bauernwirtschaft auf dem Land und die Zunftorganisation der Stadt. In Land und Stadt standen sich Meister und Arbeiter sozial nahe. Die Unterordnung der Arbeit unter das Kapital war nur formell, d. h. die Produktionsweise selbst besaß noch keinen spezifisch kapitalistischen Charakter. Das variable Element des Kapitals wog sehr vor über sein konstantes. Die Nachfrage nach Lohnarbeit wuchs daher rasch mit jeder Akkumulation des Kapitals, während die Zufuhr von Lohnarbeit nur langsam nachfolgte. Ein großer Teil des nationalen Produkts, später in Akkumulationsfonds des Kapitals verwandelt, ging damals noch ein in den Konsumtionsfonds des Arbeiters.

Die Gesetzgebung über die Lohnarbeit, von Haus aus auf Exploitation des Arbeiters gemünzt und ihm in ihrem Fortgang stets gleich feindlich, wird in England eröffnet durch das Statute of Labourers Edwards III., 1349. Ihm entspricht in Frankreich die Ordonnanz von 1350, erlassen im Namen des Königs Jean. Die englische und französische Gesetzgebung laufen parallel und sind dem Inhalt nach identisch. Soweit die Arbeiterstatuten Verlängerung des Arbeitstags zu erzwingen suchen, komme ich nicht auf sie zurück, da dieser Punkt früher (8. Kapitel, 5) erörtert.

Das Statute of Labourers wurde erlassen auf dringende Klage des Hauses der Gemeinen.

»Früher«, sagte naiv ein Tory, »verlangten die Armen so hohen Arbeitslohn, daß sie Industrie und Reichtum bedrohten. Jetzt ist ihr Lohn so niedrig, daß er ebenfalls Industrie und Reichtum bedroht, aber anders und vielleicht gefährlicher als damals.«

Ein gesetzlicher Lohntarif ward festgesetzt für Stadt und Land, für Stückwerk und Tagwerk. Die ländlichen Arbeiter sollen sich aufs Jahr, die städtischen »auf offnem Markt« verdingen. Es wird bei Gefängnisstrafe untersagt, höheren als den statutarischen Lohn zu zahlen, aber der Empfang höheren Lohns wird stärker bestraft als seine Zahlung. So wird auch noch in Sect. 18 und 19 des Lehrlingsstatuts von Elisabeth zehntägige Gefängnisstrafe über den verhängt, der höheren Lohn zahlt, dagegen einundzwanzigtägige Gefängnisstrafe über den, der ihn nimmt. Ein Statut von 1360 verschärfte die Strafen und ermächtigte den Meister sogar, durch körperlichen Zwang Arbeit zum gesetzlichen Lohntarif zu erpressen. Alle Kombinationen, Verträge, Eide usw., wodurch sich Maurer und Zimmerleute wechselseitig banden, werden für null und nichtig erklärt. Arbeiterkoalition wird als schweres Verbrechen behandelt vom 14. Jahrhundert bis 1825, dem Jahr der Abschaffung der Antikoalitionsgesetze. Der Geist des Arbeiterstatuts von 1349 und seiner Nachgeburten leuchtet hell daraus hervor, daß zwar ein Maximum des Arbeitslohns von Staats wegen diktiert wird, aber beileibe kein Minimum.

[...]

In der eigentlichen Manufakturperiode war die kapitalistische Produktionsweise hinreichend erstarkt, um gesetzliche Regulation des Arbeitslohns ebenso unausführbar als überflüssig zu machen, aber man wollte für den Notfall die Waffen des alten Arsenals nicht entbehren. Noch George II. verbot für Schneidergesellen in London und Umgegend mehr als 2 sh. 7½ d. Taglohn, außer in Fällen allgemeiner Trauer; noch 13 George III. c. 68 überwies die Reglung des Arbeitslohns der Seidenwirker den Friedensrichtern; noch 1796 bedurfte es zweier Urteile der höheren Gerichtshöfe zur Entscheidung, ob friedensrichterliche Befehle über Arbeitslohn auch für Nichtagrikulturarbeiter gültig seien; noch 1799 bestätigte ein Parlamentsakt, daß der Lohn der Grubenarbeiter von Schottland durch ein Statut der Elisabeth und zwei schottische Akte von 1661 und 1671 reguliert sei. Wie sehr sich unterdes die Verhältnisse umgewälzt, bewies ein im englischen Unterhaus unerhörter Vorfall. Hier, wo man seit mehr als 400 Jahren Gesetze fabriziert hatte über das Maximum, welches der Arbeitslohn platterdings nicht übersteigen dürfe, schlug Whitbread 1796 für Ackerbautaglöhner ein gesetzliches Lohnminimum vor. Pitt widersetzte sich, gab aber zu, die »Lage der Armen sei grausam (cruel)«. Endlich, 1813, wurden die Gesetze über Lohnregulation abgeschafft. Sie waren eine lächerliche Anomalie, seitdem der Kapitalist die Fabrik durch seine Privatgesetzgebung regulierte und durch die Armensteuer den Lohn des Landarbeiters zum unentbehrlichen Minimum ergänzen ließ. Die Bestimmungen der Arbeiterstatute, über Kontrakte zwischen Meister und Lohnarbeiter, über Terminkündigungen u. dergl., welche nur eine Zivilklage gegen die kontraktbrüchigen Meister, aber Kriminalklage gegen den kontraktbrüchigen Arbeiter erlauben, stehn bis zur Stunde in voller Blüte.

Die grausamen Gesetze gegen die Koalitionen fielen 1825 vor der drohenden Haltung des Proletariats. Trotzdem fielen sie nur zum Teil. Einige schöne Überbleibsel der alten Statute verschwanden erst 1859. Endlich beanspruchte der Parlamentsakt vom

29. Juni 1871 die letzten Spuren dieser Klassengesetzgebung zu beseitigen durch gesetzliche Anerkennung der Trades' Unions. Aber ein Parlamentsakt vom selben Datum (An act to amend the criminal law relating to violence, threats and molestation) stellte tatsächlich den vorigen Stand in neuer Form wieder her. Durch diese parlamentarische Eskamotage wurden die Mittel, deren sich die Arbeiter bedienen können bei einem Strike oder Lock-out (Strike der verbündeten Fabrikanten durch gleichzeitigen Schluß ihrer Fabriken), dem gemeinen Recht entzogen und unter eine Ausnahms-Strafgesetzgebung gestellt, deren Interpretation den Fabrikanten selbst, in ihrer Eigenschaft als Friedensrichter, anheimfiel. Zwei Jahre vorher hatten dasselbe Unterhaus und derselbe Herr Gladstone in bekannter ehrlicher Weise einen Gesetzentwurf eingebracht zur Abschaffung aller Ausnahms-Strafgesetze gegen die Arbeiterklasse. Aber weiter als zur zweiten Lesung ließ man es nie kommen, und so schleppte man die Sache in die Länge, bis endlich die »große liberale Partei« durch eine Allianz mit den Tories den Mut gewann, sich entschieden gegen dasselbe Proletariat zu wenden, das sie zur Herrschaft gebracht hatte. Nicht zufrieden mit diesem Verrat, erlaubte sich die »große liberale Partei« den im Dienst der herrschenden Klassen allzeit schweifwedelnden englischen Richtern, die verjährten Gesetze über »Konspirationen« wieder auszugraben und sie auf Arbeiterkoalitionen anzuwenden. Man sieht, nur widerwillig und unter dem Druck der Massen, verzichtete das englische Parlament auf die Gesetze gegen Strikes und Trades' Unions, nachdem es selbst, fünf Jahrhunderte hindurch, mit schamlosem Egoismus die Stellung einer permanenten Trades' Union der Kapitalisten gegen die Arbeiter behauptet hatte.

Gleich im Beginn des Revolutionssturms wagte die französische Bourgeoisie das eben erst eroberte Assoziationsrecht den Arbeitern wieder zu entziehn. Durch Dekret vom 14. Juni 1791 erklärte sie alle Arbeiterkoalition für ein »Attentat auf die Freiheit und die Erklärung der Menschenrechte«, strafbar mit 500 Livres nebst einjähriger Entziehung der aktiven Bürgerrechte.* Dies Gesetz, wel-

---

* Artikel I dieses Gesetzes lautet: »Da eine der Grundlagen der französischen Verfassung in der Aufhebung aller Arten von Vereinigungen der Bürger desselben Standes und Berufs besteht, ist es verboten, sie unter irgendwelchem Vorwand oder irgendwelcher Form wiederherzustellen.« Artikel IV erklärt, daß, wenn »Bürger, die zum selben Beruf, Gewerbe, Handwerk gehören, zusammen beratschlagten und gemeinsame Abmachungen träfen, die darauf

ches den Konkurrenzkampf zwischen Kapital und Arbeit staatspolizeilich innerhalb dem Kapital bequemer Schranken einzwängt, überlebte Revolutionen und Dynastiewechsel. Selbst die Schreckensregierung ließ es unangetastet. Es ward erst ganz neulich aus dem Code Pénal gestrichen. Nichts charakteristischer als der Vorwand dieses bürgerlichen Staatsstreichs. »Obgleich«, sagt Le Chapelier, der Berichterstatter, »es wünschenswert, daß der Arbeitslohn höher steige, als er jetzt steht, damit der, der ihn empfängt, außerhalb der durch die Entbehrung der notwendigen Lebensmittel bedingten absoluten Abhängigkeit sei, welche fast die Abhängigkeit der Sklaverei ist«, dürfen dennoch die Arbeiter sich nicht über ihre Interessen verständigen, gemeinsam handeln und dadurch ihre »absolute Abhängigkeit, welche fast Sklaverei ist«, mäßigen, weil sie eben dadurch »die Freiheit ihrer ci-devant maîtres, der jetzigen Unternehmer«, verletzen (die Freiheit, die Arbeiter in der Sklaverei zu erhalten!) und weil eine Koalition gegen die Despotie der ehemaligen Meister der Korporationen – man rate! – eine Herstellung der durch die französische Konstitution abgeschafften Korporationen ist [...]

Nachdem wir die gewaltsame Schöpfung vogelfreier Proletarier betrachtet, die blutige Disziplin, welche sie in Lohnarbeiter verwandelt, die schmutzige Haupt- und Staatsaktion, die mit dem Exploitationsgrad der Arbeit die Akkumulation des Kapitals polizeilich steigert, fragt sich, wo kommen die Kapitalisten ursprünglich her? Denn die Expropriation des Landvolks schafft unmittelbar nur große Grundeigentümer. Was die Genesis des Pächters betrifft, so können wir sie sozusagen mit der Hand betappen, weil sie ein langsamer, über viele Jahrhunderte sich fortwälzender Prozeß ist. Die Leibeignen selbst, woneben auch freie kleine Landeigner, befanden sich in sehr verschiednen Besitzverhältnissen und wurden daher auch unter sehr verschiednen ökonomischen Bedingungen emanzipiert.
[...]

---

abzielen, die Leistungen ihres Gewerbes oder ihrer Arbeit zu verweigern oder nur zu einem bestimmten Preis zu gewähren, so sind besagte Beratungen und Abmachungen... als verfassungswidrig und als Attentate auf die Freiheit und die Menschenrechte zu erklären usw.«, also Staatsverbrechen, ganz wie in den alten Arbeiterstatuten. (»Révolutions de Paris«, Paris 1791, t. III, p. 523.)

Die Genesis des industriellen Kapitalisten ging nicht in derselben allmählichen Weise vor wie die des Pächters. Zweifelsohne verwandelten sich manche kleine Zunftmeister und noch mehr selbständige kleine Handwerker oder auch Lohnarbeiter in kleine Kapitalisten und durch allmählich ausgedehntere Exploitation von Lohnarbeit und entsprechende Akkumulation in Kapitalisten sans phrase. In der Kindheitsperiode der kapitalistischen Produktion ging's vielfach zu wie in der Kindheitsperiode des mittelaltrigen Städtewesens, wo die Frage, wer von den entlaufnen Leibeignen soll Meister sein und wer Diener, großenteils durch das frühere oder spätere Datum ihrer Flucht entschieden wurde. Indes entsprach der Schneckengang dieser Methode in keiner Weise den Handelsbedürfnissen des neuen Weltmarkts, welchen die großen Entdeckungen Ende des 15. Jahrhunderts geschaffen hatten. Aber das Mittelalter hatte zwei verschiedne Formen des Kapitals überliefert, die in den verschiedensten ökonomischen Gesellschaftsformationen reifen und, vor der Ära der kapitalistischen Produktionsweise, als Kapital quand même gelten – das Wucherkapital und das Kaufmannskapital.

»Gegenwärtig geht aller Reichtum der Gesellschaft erst in die Hand des Kapitalisten ... er zahlt dem Grundeigentümer die Rente, dem Arbeiter den Lohn, dem Steuer- und Zehntenkollektor ihre Ansprüche und behält einen großen, in der Tat den größten und täglich anwachsenden Teil des jährlichen Produkts der Arbeit für sich selbst. Der Kapitalist kann jetzt als der Eigner des ganzen gesellschaftlichen Reichtums in erster Hand betrachtet werden, obgleich kein Gesetz ihm das Recht auf dies Eigentum übertragen hat ... Dieser Wechsel im Eigentum wurde durch das Zinsnehmen auf Kapital bewirkt ... und es ist nicht wenig merkwürdig, daß die Gesetzgeber von ganz Europa dies durch Gesetze wider den Wucher verhindern wollten ... Die Macht des Kapitalisten über allen Reichtum des Landes ist eine vollständige Revolution im Eigentumsrecht, und durch welches Gesetz oder welche Reihe von Gesetzen wurde sie bewirkt?« *

Der Verfasser hätte sich sagen sollen, daß Revolutionen nicht durch Gesetze gemacht werden.

Das durch Wucher und Handel gebildete Geldkapital wurde

---

* »The Natural and Artifical Rights of Property Contrasted«, Lond. 1832, p. 98, 99. Verfasser der anonymen Schrift: Th. Hodgskin.

durch die Feudalverfassung auf dem Land, durch die Zunftverfassung in den Städten an seiner Verwandlung in industrielles Kapital behindert. Diese Schranken fielen mit der Auflösung der feudalen Gefolgschaften, mit der Expropriation und teilweisen Verjagung des Landvolks. Die neue Manufaktur ward in See-Exporthäfen errichtet oder auf Punkten des flachen Landes, außerhalb der Kontrolle des alten Städtewesens und seiner Zunftverfassung. In England daher erbitterter Kampf der corporate towns gegen diese neuen industriellen Pflanzschulen.

Die Entdeckung der Gold- und Silberländer in Amerika, die Ausrottung, Versklavung und Vergrabung der eingebornen Bevölkerung in die Bergwerke, die beginnende Eroberung und Ausplünderung von Ostindien, die Verwandlung von Afrika in ein Gehege zur Handelsjagd auf Schwarzhäute bezeichnen die Morgenröte der kapitalistischen Produktionsära. Diese idyllischen Prozesse sind Hauptmomente der ursprünglichen Akkumulation. Auf dem Fuß folgt der Handelskrieg der europäischen Nationen, mit dem Erdrund als Schauplatz. Er wird eröffnet durch den Abfall der Niederlande von Spanien, nimmt Riesenumfang an in Englands Antijakobinerkrieg, spielt noch fort in den Opiumkriegen gegen China usw.

Die verschiednen Momente der ursprünglichen Akkumulation verteilen sich nun, mehr oder minder in zeitlicher Reihenfolge, namentlich auf Spanien, Portugal, Holland, Frankreich und England. In England werden sie Ende des 17. Jahrhunderts systematisch zusammengefaßt im Kolonialsystem, Staatsschuldensystem, modernen Steuersystem und Protektionssystem. Diese Methoden beruhn zum Teil auf brutalster Gewalt, z. B. das Kolonialsystem. Alle aber benutzten die Staatsmacht, die konzentrierte und organisierte Gewalt der Gesellschaft, um den Verwandlungsprozeß der feudalen in die kapitalistische Produktionsweise treibhausmäßig zu fördern und die Übergänge abzukürzen. Die Gewalt ist der Geburtshelfer jeder alten Gesellschaft, die mit einer neuen schwanger geht. Sie selbst ist eine ökonomische Potenz. [...]

Heutzutage führt industrielle Suprematie die Handelssuprematie mit sich. In der eigentlichen Manufakturperiode dagegen ist es die Handelssuprematie, die die industrielle Vorherrschaft gibt. Daher die vorwiegende Rolle, die das Kolonialsystem damals spielte. Es war »der fremde Gott«, der sich neben die alten Götzen Europas auf den Altar stellte und sie eines schönen Tages mit einem Schub und Bautz sämtlich über den Haufen warf. Es proklamierte die

Plusmacherei als letzten und einzigen Zweck der Menschheit.

Das System des öffentlichen Kredits, d. h. der Staatsschulden, dessen Ursprünge wir in Genua und Venedig schon im Mittelalter entdecken, nahm Besitz von ganz Europa während der Manufakturperiode. Das Kolonialsystem mit seinem Seehandel und seinen Handelskriegen diente ihm als Treibhaus. So setzte es sich zuerst in Holland fest. Die Staatsschuld, d. h. die Veräußerung des Staats – ob despotisch, konstitutionell oder republikanisch – drückt der kapitalistischen Ära ihren Stempel auf. Der einzige Teil des sogenannten Nationalreichtums, der wirklich in den Gesamtbesitz der modernen Völker eingeht, ist – ihre Staatsschuld. Daher ganz konsequent die moderne Doktrin, daß ein Volk um so reicher wird, je tiefer es sich verschuldet. Der öffentliche Kredit wird zum Credo des Kapitals. Und mit dem Entstehen der Staatsverschuldung tritt an die Stelle der Sünde gegen den heiligen Geist, für die keine Verzeihung ist, der Treubruch an der Staatsschuld.

Die öffentliche Schuld wird einer der energischsten Hebel der ursprünglichen Akkumulation. Wie mit dem Schlag der Wünschelrute begabt sie das unproduktive Geld mit Zeugungskraft und verwandelt es so in Kapital, ohne daß es dazu nötig hätte, sich der von industrieller und selbst wucherischer Anlage unzertrennlichen Mühwaltung und Gefahr auszusetzen. Die Staatsgläubiger geben in Wirklichkeit nichts, denn die geliehene Summe wird in öffentliche leicht übertragbare Schuldscheine verwandelt, die in ihren Händen fortfungieren, ganz als wären sie ebensoviel Bargeld. Aber auch abgesehn von der so geschaffnen Klasse müßiger Rentner und von dem improvisierten Reichtum der zwischen Regierung und Nation die Mittler spielenden Finanziers – wie auch von dem der Steuerpächter, Kaufleute, Privatfabrikanten, denen ein gut Stück jeder Staatsanleihe den Dienst eines vom Himmel gefallenen Kapitals leistet – hat die Staatsschuld die Aktiengesellschaften, den Handel mit negoziablen Effekten aller Art, die Agiotage emporgebracht, in einem Wort: das Börsenspiel und die moderne Bankokratie.

Von ihrer Geburt an waren die mit nationalen Titeln aufgestutzten großen Banken nur Gesellschaften von Privatspekulanten, die sich den Regierungen an die Seite stellten und, dank den erhaltenen Privilegien, ihnen Geld vorzuschießen imstande waren. Daher hat die Akkumulation der Staatsschuld keinen unfehlbareren Gradmesser als das sukzessive Steigen der Aktien dieser Banken, deren volle Entfaltung von der Gründung der Bank von England datiert

(1694). Die Bank von England begann damit, der Regierung ihr Geld zu 8 % zu verleihen; gleichzeitig war sie vom Parlament ermächtigt, aus demselben Kapital Geld zu münzen, indem sie es dem Publikum nochmals in Form von Banknoten lieh. Sie durfte mit diesen Noten Wechsel diskontieren, Waren beleihen und edle Metalle einkaufen. Es dauerte nicht lange, so wurde dies von ihr selbst fabrizierte Kreditgeld die Münze, worin die Bank von England dem Staat Anleihen machte und für Rechnung des Staats die Zinsen der öffentlichen Schuld bezahlte. Nicht genug, daß sie mit einer Hand gab, um mit der andern mehr zurückzuempfangen; sie blieb auch, während sie empfing, ewige Gläubigerin der Nation bis zum letzten gegebnen Heller. Allmählich wurde sie der unvermeidliche Behälter der Metallschätze des Landes und das Gravitationszentrum des gesamten Handelskredits. Um dieselbe Zeit, wo man in England aufhörte, Hexen zu verbrennen, fing man dort an, Banknotenfälscher zu hängen. Welchen Effekt auf die Zeitgenossen das plötzliche Auftauchen dieser Brut von Bankokraten, Finanziers, Rentiers, Maklern, Stockjobbers und Börsenwölfen machte, beweisen die Schriften jener Zeit, z. B. Bolingbrokes.[1]

Mit den Staatsschulden entstand ein internationales Kreditsystem, das häufig eine der Quellen der ursprünglichen Akkumulation bei diesem oder jenem Volk versteckt. So bilden die Gemeinheiten des venetianischen Raubsystems eine solche verborgne Grundlage des Kapitalreichtums von Holland, dem das verfallende Venedig große Geldsummen lieh. Ebenso verhält es sich zwischen Holland und England. Schon im Anfang des 18. Jahrhunderts sind die Manufakturen Hollands weit überflügelt und hat es aufgehört, herrschende Handels- und Industrienation zu sein. Eins seiner Hauptgeschäfte von 1701–1776 wird daher das Ausleihen ungeheurer Kapitalien, speziell an seinen mächtigen Konkurrenten England. Ähnliches gilt heute zwischen England und den Vereinigten Staaten. Manch Kapital, das heute in den Vereinigten Staaten ohne Geburtsschein auftritt, ist erst gestern in England kapitalisiertes Kinderblut.

Da die Staatsschuld ihren Rückhalt in den Staatseinkünften hat, die die jährlichen Zins- usw. Zahlungen decken müssen, so wurde das moderne Steuersystem notwendige Ergänzung der Nationalanleihen. Die Anleihen befähigen die Regierung, außerordentliche Ausgaben zu bestreiten, ohne daß der Steuerzahler es sofort fühlt, aber sie erfordern doch für die Folge erhöhte Steuern. Andrerseits zwingt die durch Anhäufung nacheinander kontrahierter Schulden verursachte Steuererhöhung die Regierung, bei neuen außerordentlichen Ausgaben stets neue Anleihen aufzunehmen. Die moderne Fiskalität, deren Drehungsachse die Steuern auf die notwendigsten Lebensmittel (also deren Verteuerung) bilden, trägt daher in sich selbst den Keim automatischer Progression. Die Überbesteuerung ist nicht ein Zwischenfall, sondern vielmehr Prinzip. In Holland, wo dies System zuerst inauguriert, hat daher der große Patriot de Witt es in seinen Maximen gefeiert als das beste System, um den Lohnarbeiter unterwürfig, frugal, fleißig und ... mit Arbeit überladen zu machen. Der zerstörende Einfluß, den es auf die Lage der Lohnarbeiter ausübt, geht uns hier jedoch weniger an als die durch es bedingte gewaltsame Expropriation des Bauern, des Handwerkers, kurz aller Bestandteile der kleinen Mittelklasse. Darüber bestehen keine zwei Meinungen, selbst nicht bei den bürgerlichen Ökonomen. Verstärkt wird seine expropriierende Wirksamkeit noch durch das Protektionssystem, das einer seiner integrierenden Teile ist.

Der große Anteil an der Kapitalisation des Reichtums und der Expropriation der Massen, der auf die öffentliche Schuld und das ihr entsprechende Fiskalitätssystem fällt, hat eine Menge Schriftsteller, wie Cobbett, Doubleday und andre, dahin geführt, mit Unrecht hierin die Grundursache des Elends der modernen Völker zu suchen.

Das Protektionssystem war ein Kunstmittel, Fabrikanten zu fabrizieren, unabhängige Arbeiter zu expropriieren, die nationalen Produktions- und Lebensmittel zu kapitalisieren, den Übergang aus der altertümlichen in die moderne Produktionsweise gewaltsam abzukürzen. Die europäischen Staaten rissen sich um das Patent dieser Erfindung, und einmal in den Dienst der Plusmacher eingetreten, brandschatzten sie zu jenem Behuf nicht nur das eigne Volk, indirekt durch Schutzzölle, direkt durch Exportprämien usw. In den abhängigen Nebenlanden wurde alle Industrie gewaltsam ausgerodet, wie z. B. die irische Wollmanufaktur durch England. Auf dem europäischen Kontinent ward nach Colberts Vorgang der Prozeß noch sehr vereinfacht. Das ursprüngliche Kapital des Industriellen fließt hier zum Teil direkt aus dem Staatsschatz.

»Warum«, ruft Mirabeau, »so weit die Ursache des Manufakturglanzes Sachsens vor dem Siebenjährigen Krieg suchen gehn? 180 Millionen Staatsschulden!«

Kolonialsystem, Staatsschulden, Steuerwucht, Protektion, Handelskriege usw., diese Sprößlinge der eigentlichen Manufakturperiode, schwellen riesenhaft während der Kinderperiode der großen Industrie. Die Geburt der letztren wird gefeiert durch den großen herodischen Kinderraub. [...]

Mit der Entwicklung der kapitalistischen Produktion während der Manufakturperiode hatte die öffentliche Meinung von Europa den letzten Rest von Schamgefühl und Gewissen eingebüßt. Die Nationen renommierten zynisch mit jeder Infamie, die ein Mittel zu Kapitalakkumulation. Man lese z. B. die naiven Handelsannalen des Biedermanns A. Anderson. Hier wird es als Triumph englischer Staatsweisheit ausposaunt, daß England im Frieden von Utrecht den Spaniern durch den Asientovertrag das Privilegium abzwang, den Negerhandel, den es bisher nur zwischen Afrika und dem englischen Westindien betrieb, nun auch zwischen Afrika und dem spanischen Amerika betreiben zu dürfen. England erhielt das Recht, das spanische Amerika bis 1743 jährlich mit 4800 Negern zu versorgen. Dies gewährte zugleich einen offiziellen Deckmantel für den britischen Schmuggel. Liverpool wuchs groß auf der Basis des Sklavenhandels. Er bildet seine Methode der ursprünglichen Akkumulation. Und bis heutzutag blieb die Liverpooler »Ehrbarkeit« Pindar des Sklavenhandels, welcher – vgl. die zitierte Schrift des Dr. Aikin von 1795 – »den kommerziellen Unternehmungsgeist bis zur Leidenschaft steigerte, famose Seeleute bilde und enormes Geld einbringe«. Liverpool beschäftigte 1730 im Sklavenhandel 15 Schiffe, 1751: 53, 1760: 74, 1770: 96 und 1772: 132.

Während sie die Kindersklaverei in England einführte, gab dies Baumwollindustrie zugleich den Anstoß zur Verwandlung der früher mehr oder minder patriarchalischen Sklavenwirtschaft der Vereinigten Staaten in ein kommerzielles Exploitationssystem. Überhaupt bedurfte die verhüllte Sklaverei der Lohnarbeiter in Europa zum Piedestal die Sklaverei sans phrase in der neuen Welt.

Tantae molis erat, die »ewigen Naturgesetze« der kapitalistischen Produktionsweise zu entbinden, den Scheidungsprozeß zwischen Arbeitern und Arbeitsbedingungen zu vollziohn, auf dem einen Pol die gesellschaftlichen Produktions- und Lebensmittel in Kapital zu verwandeln, auf dem Gegenpol die Volksmasse in Lohnarbeiter, in freie »arbeitende Arme», dies Kunstprodukt der modernen Geschichte. Wenn das Geld, nach Augier, »mit natürlichen Blutflecken auf einer Backe zur Welt kommt«, so das Kapital von Kopf bis Zeh, aus allen Poren, blut- und schmutztriefend. [...]

5. [Karl Marx:] Tausch, Arbeitslohn, Freiheit und Gleichheit [1]

(a) Der Austausch

Die elementare Voraussetzung der bürgerlichen Gesellschaft ist, daß die Arbeit unmittelbar den Tauschwert produziert, also Geld; und daß dann ebenso Geld unmittelbar die Arbeit kauft, den Arbeiter daher nur, sofern er selbst seine Tätigkeit im Austausch veräußert. *Lohnarbeit* nach der ersten Seite, *Kapital* nach der zweiten sind also nur andre Formen des entwickelten Tauschwerts und des Geldes als seiner Inkarnation. Das Geld ist damit unmittelbar zugleich das *reale Gemeinwesen,* insofern es die allgemeine Substanz des Bestehns für alle ist, und zugleich das gemeinschaftliche Produkt aller. Im Geld ist aber, wie wir gesehn haben, das Gemeinwesen zugleich bloße Abstraktion, bloße äußerliche, zufällige Sache für den Einzelnen, und zugleich bloß Mittel seiner Befriedigung als eines isolierten Einzelnen. Das antike Gemeinwesen unterstellt eine ganz andre Beziehung des Individuums für sich. Die Entwicklung des Geldes in seiner dritten Bestimmung bricht es also. Jede Produktion ist eine Vergegenständlichung des Individuums. Aber im Geld (Tauschwert) ist die Vergegenständlichung des Individuums nicht die seiner in seiner Natürlichen Bestimmtheit, sondern seiner als in einer gesellschaftlichen Bestimmung (Verhältnis) gesetzt, die ihm zugleich äußerlich ist. [...]

[Im] ersten Abschnitt, wo Tauschwerte, Geld, Preise betrachtet werden, erscheinen die Waren immer als vorhanden. Die Formbestimmung einfach. Wir wissen, daß sie Bestimmungen der gesellschaftlichen Produktion ausdrücken, aber diese selbst ist Voraussetzung. Aber sie sind *nicht gesetzt* in dieser Bestimmung. Und so in der Tat erscheint der erste Austausch als Austausch des Überflusses nur, der nicht das Ganze der Produktion ergreift und bestimmt. Es ist der *vorhandne* Überschuß einer Gesamtproduktion, die außerhalb der Welt der Tauschwerte liegt. So auch noch in der entwickelten Gesellschaft tritt dies an der Oberfläche als unmittelbar vorhandne Warenwelt hervor. Durch sich selbst weist sie aber über sich hinaus, auf die ökonomischen Verhältnisse, die *als Pro-*

---

[1] [Text nach: K. Marx, Grundrisse der Kritik der Politischen Ökonomie (Rohentwurf), Berlin 1953, S. 137, 138—139, 152—161, 185—186, 194—195, 199—200, 232, 623—624, 843—848, 873—874, 902—905, 910—918, und Das Kapital, Bd. 1, MEW Bd. 23, S. 557—564, 591—599, 603—604, 605—606, 609—614.]

duktionsverhältnisse gesetzt sind. Die innere Gliederung der Produktion bildet daher den zweiten Abschnitt, die Zusammenfassung im Staat der dritte, das internationale Verhältnis der vierte, der Weltmarkt den Abschluß, worin die Produktion als Totalität gesetzt ist und ebenso jedes ihrer Momente; worin aber zugleich alle Widersprüche zum Prozeß kommen. Der Weltmarkt bildet dann wieder ebenso die Voraussetzung des Ganzen und seinen Träger. Die Krisen sind dann das allgemeine Hinausweisen über die Voraussetzung, und das Drängen zur Annahme einer neuen geschichtlichen Gestalt.

[...]

Solange die Operationen gegen das Geld als solches gerichtet sind, ist es bloß ein Angriff auf Konsequenzen, deren Ursachen bestehn bleiben; also Störung des produktiven Prozesses, die der solide Grund dann auch die Kraft besitzt, durch mehr oder minder gewaltsame Reaktion als bloße vorübergehende *Störungen* zu setzen und zu beherrschen.

Andrerseits liegt es in der Bestimmung des Geldverhältnisses, soweit es bisher in seiner Reinheit entwickelt, und ohne Bezug auf höher entwickelte Produktionsverhältnisse, daß in den einfach gefaßten Geldverhältnissen alle immanenten Gegensätze der bürgerlichen Gesellschaft ausgelöscht erscheinen, und nach dieser Seite wird wieder zu ihm geflüchtet, von der bürgerlichen Demokratie, mehr noch als von den bürgerlichen Ökonomen (diese sind dann wenigstens so konsequent, zur noch einfachern Bestimmung des Tauschwerts und Austauschs zurückzugehn) zur Apologetik der bestehenden ökonomischen Verhältnisse. In der Tat, soweit die Ware oder die Arbeit nur noch als Tauschwert bestimmt ist und die Beziehung, wodurch die verschiednen Waren aufeinander bezogen werden als Austausch dieser Tauschwerte gegeneinander, ihre Gleichsetzung sind die Individuen, die Subjekte, zwischen denen dieser Prozeß vorgeht, nur einfach bestimmt als Austauschende. Es existiert absolut kein Unterschied zwischen ihnen, soweit die Formbestimmung in Betracht kommt, und dies ist die ökonomische Bestimmung, die Bestimmung, worin sie in dem Verkehrsverhältnis zueinander stehn; der indicator ihrer gesellschaftlichen Funktion oder gesellschaftlichen Beziehung zueinander. Jedes der Subjekte ist ein Austauschender; d. h. jedes hat dieselbe gesellschaftliche Beziehung zu dem andren, die das andre zu ihm hat. Als Subjekte des Austauschs ist ihre Beziehung daher die der *Gleichheit*. Es ist unmöglich, irgendeinen Unterschied oder gar Gegensatz unter ihnen auszuspüren, nicht einmal eine Verschiedenheit. Ferner die Waren, die sie austauschen, sind als Tauschwerte Äquivalente oder gelten wenigstens als solche (es könnte nur subjektiver Irrtum in der wechselseitigen Schätzung stattfinden, und sofern das eine Individuum etwa das andre prellte, geschähe es *nicht durch die Natur der sozialen Funktion, in der sie einander* gegenüberstehn, denn diese ist *dieselbe,* in ihr sind sie *gleich*; sondern nur [durch] die natürliche Schlauheit, Überredungskunst etc., kurz nur die rein individuelle Überlegenheit des einen Individuums über das andre. Der Unterschied wäre ein natürlicher, der die Natur des Verhältnisses als solchen nichts angeht, und der, wie mit Hinsicht auf weitre Entwicklung gesagt werden kann, sogar durch die Konkurrenz etc. noch abgeschwächt und seiner originellen Potenz beraubt wird). Soweit die reine Form, die ökonomische Seite des Verhältnisses betrachtet wird – der Inhalt außerhalb dieser Form fällt hier eigentlich noch ganz außerhalb der Ökonomie, oder ist als von dem ökonomischen unterschiedner natürlicher Inhalt gesetzt, von dem gesagt werden kann, daß er noch ganz von dem ökonomischen Verhältnis getrennt ist, weil er noch unmittelbar mit ihm zusammenfällt –, so treten nur drei Momente hervor, die formell unterschieden sind: Die Subjekte des Verhältnisses, die *Austauschenden;* in derselben Bestimmung gesetzt; die Gegenstände ihres Austauschs, Tauschwerte, *Äquivalente,* die nicht nur gleich sind, sondern ausdrücklich gleich sein sollen, und als gleich gesetzt sind; endlich der Akt des Austauschs selbst, die Vermittlung, wodurch die Subjekte eben als Austauschende, Gleiche, und ihre Objekte als Äquivalente, gleiche, gesetzt werden. Die Äquivalente sind die Vergegenständlichung des einen Subjekts für andre; d. h. sie selbst sind gleich viel wert und bewähren sich im Akt des Austauschs als Gleichgeltende und zugleich als Gleichgültige gegeneinander. Die Subjekte sind im Austausch nur füreinander durch die Äquivalente, als gleichgeltende und bewähren sich als solche durch den Wechsel der Gegenständlichkeit, worin das eine für andre ist. Da sie nur so als Gleichgeltende, als Besitzer von Äquivalenten, und Bewährer dieser Äquivalenz im Austausche füreinander sind, sind sie als Gleichgeltende zugleich Gleichgültige gegeneinander; ihr sonstiger individueller Unterschied geht sie nichts an; sie sind gleichgültig gegen alle ihre sonstigen individuellen Eigenheiten. Was nun den Inhalt angeht außerhalb dem Akt des Austauschs, der sowohl Setzen als Bewähren der Tauschwerte wie

der Subjekte als Austauschender ist, so kann dieser Inhalt, der
außerhalb der ökonomischen Formbestimmung fällt, nur sein:
1) Die natürliche Besonderheit der Ware, die ausgetauscht wird.
2) Das besondre natürliche Bedürfnis der Austauschenden, oder beides zusammengefaßt, der verschiedne Gebrauchswert der auszutauschenden Waren. Dieses, der Inhalt des Austauschs, der ganz außerhalb seiner ökonomischen Bestimmung liegt, so, weit entfernt die
soziale Gleichheit der Individuen zu gefährden, macht vielmehr ihre
natürliche Verschiedenheit zum Grund ihrer sozialen Gleichheit.
Wenn das Individuum A dasselbe Bedürfnis hätte wie das Individuum B und in demselben Gegenstand seine Arbeit realisiert hätte
wie das Individuum B, so wäre gar keine Beziehung zwischen ihnen
vorhanden; sie wären gar nicht verschiedne Individuen nach der
Seite ihrer Produktion hin betrachtet. Beide haben das Bedürfnis zu
atmen; für beide existiert die Luft als Atmosphäre; dies bringt sie
in keinen sozialen Kontakt; als atmende Individuen stehn sie nur
als Naturkörper zueinander in Beziehung, nicht als Personen. Die
Verschiedenheit ihres Bedürfnisses und ihrer Produktion gibt nur
den Anlaß zum Austausch und zu ihrer sozialen Gleichsetzung in
ihm; diese natürliche Verschiedenheit ist daher die Voraussetzung
ihrer sozialen Gleichheit im Akt des Austauschs und dieser Beziehung überhaupt, worin sie zueinander als produktiv treten. Nach
dieser natürlichen Verschiedenheit betrachtet, ist das Individuum
[A] als Besitzer eines Gebrauchswerts für B und B als Besitzer
eines Gebrauchswerts für A. Nach dieser Seite setzt die natürliche
Verschiedenheit sie wieder wechselseitig in das Verhältnis der
Gleichheit. Demnach sind sie aber nicht gleichgültig gegeneinander,
sondern integrieren sich, bedürfen einander, so daß das Individuum
B als objektiviert in der Ware ein Bedürfnis für das Individuum A
ist und vice versa; so daß sie nicht nur in gleicher, sondern auch in
gesellschaftlicher Beziehung zueinander stehn. Dies ist nicht alles.
Daß dies Bedürfnis des einen durch das Produkt des andren und
vice versa befriedigt werden kann, und der eine fähig ist, den Gegenstand dem Bedürfnis des andren zu produzieren und jeder dem
andren als Eigentümer des Objekts des Bedürfnisses des andren
gegenübersteht, beweist, daß jeder als *Mensch* über sein eignes besondres Bedürfnis etc. übergreift, und daß sie sich als Menschen
zueinander verhalten: daß ihr gemeinschaftliches Gattungswesen
von allen gewußt ist. Es kommt sonst nicht vor, daß Elefanten für
Tiger oder Tiere für andre Tiere produzieren. Zum Beispiel. Ein

Bienenschwarm bildet au fond nur eine Biene, und sie produzieren alle dasselbe. Ferner. Soweit nun diese natürliche Verschiedenheit der Individuen und der Waren derselben (Produkte, Arbeit, etc. sind hier noch gar nicht verschieden; sondern existieren nur in der Form von Waren oder, wie Herr Bastiat nach Say will, *Diensten;* Bastiat bildet sich ein, indem er die ökonomische Bestimmung des Tauschwerts auf den natürlichen Inhalt desselben, Ware oder Dienst reduziert, also unfähig ist das ökonomische Verhältnis des Tauschwerts als solchen festzuhalten, habe er einen großen Fortschritt gemacht über die klassischen Ökonomen der englischen Schule, die fähig sind, die Produktionsverhältnisse in ihrer Bestimmtheit als solche festzuhalten, in ihrer reinen Form) das Motiv bilden zur Integrierung dieser Individuen, zu ihrer gesellschaftlichen Beziehung als Austauschende, worin sie sich als Gleiche *vorausgesetzt* sind und *bewähren,* kommt zur Bestimmung der Gleichheit noch die der *Freiheit* hinzu. Obgleich das Individuum A Bedürfnis fühlt nach der Ware des Individuums B, bemächtigt es sich derselben nicht mit Gewalt, noch vice versa, sondern sie erkennen sich wechselseitig an als Eigentümer, als Personen, deren Willen ihre Waren durchdringt. Danach kommt hier zunächst das juristische Moment der Person herein und der Freiheit, soweit sie darin enthalten ist. Keines bemächtigt sich des Eigentums des andren mit Gewalt. Jedes entäußert sich desselben freiwillig. Aber dies ist nicht alles: Das Individuum A dient dem Bedürfnis des Individuums B vermittelst der Ware *a,* nur insofern und weil das Individuum B dem Bedürfnis des Individuums A vermittelst der Ware *b* dient und vice versa. Jedes dient dem andren, um sich selbst zu dienen; jedes bedient sich des andren wechselseitig als seines Mittels. Es ist nun beides in dem Bewußtsein der beiden Individuen vorhanden: 1) daß jedes nur seinen Zweck erreicht, soweit es dem andren als Mittel dient; 2) daß jedes nur Mittel für das andre (Sein für andres) wird als Selbstzweck (Sein für sich); 3) daß die Wechselseitigkeit, wonach jedes zugleich Mittel und Zweck, und zwar nur seinen Zweck erreicht, insofern es Mittel wird, und nur Mittel wird, insofern es sich als Selbstzweck setzt, daß jeder sich also als Sein für andres setzt, insofern er Sein für sich, und der andre als Sein für ihn, insofern er Sein für sich – daß diese Wechselseitigkeit ein notwendiges fact ist, vorausgesetzt als natürliche Bedingung des Austauschs, daß sie aber als solche jedem der beiden Subjekte des Austauschs gleichgültig ist, und ihm diese Wechselseitigkeit nur Interesse hat, soweit sie sein

Interesse als das des andren ausschließend, ohne Beziehung darauf, befriedigt. Das heißt, das gemeinschaftliche Interesse, was als Motiv des Gesamtakts erscheint, ist zwar als fact von beiden Seiten anerkannt, aber als solches ist es nicht Motiv, sondern geht sozusagen nur hinter dem Rücken der in sich selbst reflektierten Sonderinteressen, dem Einzelinteresse im Gegensatz zu dem des andren vor. Nach dieser letzten Seite kann das Individuum höchstens noch das tröstliche Bewußtsein haben, daß die Befriedigung seines gegensätzlichen Einzelinteresses grade die Verwirklichung des aufgehobnen | Gegensatzes, des gesellschaftlichen allgemeinen Interesses ist. Aus dem Akt des Austauschs selbst ist das Individuum, jedes derselben, in sich reflektiert als ausschließliches und herrschendes (bestimmendes) Subjekt desselben. Damit ist also die vollständige Freiheit des Individuums gesetzt. Freiwillige Transaktion; Gewalt von keiner Seite; Setzen seiner als Mittel, oder als dienend, nur als Mittel, um sich als Selbstzweck, als das Herrschende und Übergreifende zu setzen; endlich das selbstsüchtige Interesse, kein darüberstehendes verwirklichend; der andre ist auch als ebenso sein selbstsüchtiges Interesse verwirklichend anerkannt und gewußt, so daß beide wissen, daß das gemeinschaftliche Interesse eben nur in der Doppelseitigkeit, Vielseitigkeit, und Verselbständigung nach den verschiednen Seiten, der Austausch des selbstsüchtigen Interesses ist. Das allgemeine Interesse ist eben die Allgemeinheit der selbstsüchtigen Interessen. Wenn also die ökonomische Form, der Austausch, nach allen Seiten hin die Gleichheit der Subjekte setzt, so der Inhalt, der Stoff, individueller sowohl wie sachlicher, der zum Austausch treibt, die *Freiheit*. Gleichheit und Freiheit sind also nicht nur respektiert im Austausch, der auf Tauschwerten beruht, sondern der Austausch von Tauschwerten ist die produktive, reale Basis aller *Gleichheit* und *Freiheit*. Als reine Ideen sind sie bloß idealisierte Ausdrücke desselben; als entwickelt in juristischen, politischen, sozialen Beziehungen sind sie nur diese Basis in einer andren Potenz. Dies hat sich denn auch historisch bestätigt. Die Gleichheit und Freiheit in dieser Ausdehnung sind grade das Gegenteil der antiken Freiheit und Gleichheit, die eben den entwickelten Tauschwert nicht zur Grundlage haben, vielmehr an seiner Entwicklung kaputtgehn. Sie setzten Produktionsverhältnisse voraus, die in der alten Welt noch nicht realisiert waren; auch nicht im Mittelalter. Direkte Zwangsarbeit ist die Grundlage der ersten; das Gemeinwesen ruht auf dieser als existierender Unterlage; Arbeit selbst als Privilegium, als noch in ihrer Besonderung, nicht als allgemein Tauschwerte produzierend, geltend [als] die Grundlage des zweiten. Weder ist die Arbeit Zwangsarbeit; noch wie im zweiten Fall, findet sie statt mit Rücksicht auf ein Gemeinsames als ein Höhres (Korporationen).

Nun ist es zwar richtig, daß die [Beziehung der] Austauschenden nach der Seite der Motive, d. h. der natürlichen, außerhalb des ökonomischen Prozesses fallenden, auch auf einem gewissen Zwang beruht; aber diese ist nach der einen Seite selbst nur die Gleichgültigkeit des andren für mein Bedürfnis als solches, gegen meine natürliche Individualität, also seine Gleichheit mit mir und Freiheit, die aber ebensosehr die Voraussetzung der meinigen ist; andrerseits, soweit ich bestimmt werde, forciert durch meine Bedürfnisse, ist es nur meine eigne Natur, die ein Ganzes von Bedürfnissen und Trieben ist, das mir Gewalt antut, nichts Fremdes (oder mein *Interesse* in allgemeiner, reflektierender Form gesetzt). Aber es ist ja auch eben diese Seite, wodurch ich dem andren Zwang antue, ihn in das Tauschsystem treibe.

Im römischen Recht ist der *servus* daher richtig bestimmt, als einer, der nicht für sich durch den Austausch erwerben kann (sieh *Institutiones*). Es ist daher ebenso klar, daß dies *Recht,* obgleich es einem Gesellschaftszustand entspricht, in welchem keineswegs der Austausch entwickelt war, doch, insofern er in bestimmtem Kreise entwickelt war, die *Bestimmungen der juristischen Person, eben des Individuums des Austauschs,* entwickeln konnte, und so das Recht (nach den Grundbestimmungen hin) für die industrielle Gesellschaft antizipieren, vor allem aber dem Mittelalter gegenüber als das Recht der aufkommenden bürgerlichen Gesellschaft geltend gemacht werden mußte. Seine Entwicklung selbst fällt aber auch vollständig mit der Auflösung des römischen Gemeinwesens zusammen.

Da das Geld erst die Realisierung des Tauschwerts ist, und erst bei entwickeltem Geldsystem das System der Tauschwerte sich realisiert hat oder umgekehrt, so kann das Geldsystem in der Tat nur die Realisation dieses Systems der Freiheit und Gleichheit sein. Als Maß gibt das Geld nur dem Äquivalent den bestimmten Ausdruck, macht es erst zum Äquivalent auch der Form nach. In der Zirkulation tritt zwar noch ein Unterschied in der Form hervor: Die beiden Austauschenden erscheinen in den unterschiednen Bestimmungen als Käufer und Verkäufer; der Tauschwert erscheint einmal als allgemeiner in der Form des Geldes, dann als besondrer in der natürlichen Ware, die nun Preis hat; aber erstens wechseln diese Bestimmungen; die Zirkulation selbst macht nicht ein Ungleichsetzen, sondern nur ein Gleichsetzen, ein Aufheben des nur verneinten Unterschieds. Die Ungleichheit ist nur eine rein formelle. Endlich im Geld als zirkulierendem selbst, so daß es bald in der einen Hand, bald in der andren erscheint, und gleichgültig gegen dies Erscheinen ist, setzt [sich] nun gar die Gleichheit sachlich. Jeder erscheint als Besitzer des Geldes dem andren gegenüber, selbst als Geld, soweit der Prozeß des Austauschs betrachtet wird. Darum ist die Gleichgültigkeit und Gleichgeltendheit in der Form der Sache ausdrücklich vorhanden. Die besondre natürliche Verschiedenheit, die in der Ware lag, ist ausgelöscht und wird beständig durch die Zirkulation ausgelöscht. Ein Arbeiter, der für 3 sh. Ware kauft, erscheint dem Verkäufer in derselben Funktion, in derselben Gleichheit – in der Form von 3 sh. – wie der König, der es tut. Aller Unterschied zwischen ihnen ist ausgelöscht. Der Verkäufer als solcher erscheint nur als Besitzer einer Ware zum Preis von 3 sh., so daß beide vollkommen gleich sind; nur daß die 3 sh. einmal in Silber, das andre Mal in Zucker etc. existieren. In der dritten Form des Geldes könnte eine verschiedne Bestimmung zwischen den Subjekten des Prozesses hereinzukommen scheinen. Aber soweit das Geld hier als Material, allgemeine Ware der Kontrakte erscheint, ist vielmehr aller Unterschied zwischen Kontrahenten und Kontrahenten ausgelöscht. Soweit es Gegenstand der Akkumulation wird, scheint das Subjekt hier nur Geld, die allgemeine Form des Reichtums, der Zirkulation zu entziehn, insofern es ihr nicht Waren zum gleichen Preis entziehe. Akkumuliert also das Eine Individuum, das andre nicht, so tut dies keins auf Unkosten des andren. Das eine genießt den realen Reichtum, das andre setzt sich in Besitz der allgemeinen Form des Reichtums. Wenn das eine verarmt, das andre sich bereichert, so ist das ihr freier Wille und geht keineswegs aus dem ökonomischen Verhältnisse, aus der ökonomischen Beziehung selbst, in die sie zueinander gesetzt sind, hervor. Selbst die Erbschaft und dergleichen juristische Verhältnisse, die so entstehende Ungleichheiten verewigen, tun dieser natürlichen Freiheit und Gleichheit keinen Eintrag. Wenn das ursprüngliche Verhältnis des Individuums A nicht im Widerspruch steht zu diesem System, so kann dieser Widerspruch sicher nicht dadurch hervorgebracht werden, daß das Individuum B an die Stelle des Individuums A tritt, es verewigt. Es ist dies vielmehr ein Geltendmachen der sozialen Bestimmung über die natürliche Lebensgrenze hinaus; eine Befestigung derselben gegen die zufällige Wirkung der Natur, deren Einwirkung als solche vielmehr Aufhebung der Freiheit des Individuums wäre. Zudem, da das Individuum in diesem Verhältnis nur die Individuation von Geld ist, so ist es als solches ebenso unsterblich als das Geld, und seine Repräsentation durch Erben ist vielmehr die Durchführung dieser Bestimmung.

Wenn diese Auffassungsweise nicht in ihrer historischen Bedeutung hervorgehoben wird, sondern als Widerlegung entgegengehalten wird den entwickelten ökonomischen Verhältnissen, in denen die Individuen nicht mehr bloß als Austauschende oder Käufer und Verkäufer, sondern in bestimmten Verhältnissen zueinander hervortreten, nicht mehr alle in derselben Bestimmtheit gesetzt sind; so ist das dasselbe, als wollte behauptet werden, daß kein Unterschied, noch weniger Gegensatz und Widerspruch zwischen den Naturkörpern existiert, weil sie, z. B. in der Bestimmung der Schwere gefaßt, alle schwer und demnach gleich sind; oder gleich sind, weil sie alle drei Raumdimensionen einnehmen. Der Tauschwert selbst wird hier ebenfalls in seiner einfachen Bestimmtheit festgehalten gegen seine entwickelten gegensätzlichen Formen. Im Gang der Wissenschaft betrachtet erscheinen diese abstrakten Bestimmungen grade als die ersten und dürftigsten; wie sie zum Teil auch historisch vorkommen; das Entwickelte als das Spätre. Im Ganzen der vorhandnen bürgerlichen Gesellschaft erscheint dieses Setzen als Preise und ihre Zirkulation etc. als der oberflächliche Prozeß, unter dem aber in der Tiefe ganz andre Prozesse vorgehn, in denen diese scheinbare Gleichheit und Freiheit der Individuen verschwindet. Einerseits wird vergessen, daß von vornherein die *Voraussetzung* des Tauschwerts, als der objektiven Grundlage des Ganzen des Produktionssystems, schon in sich schließt den Zwang für das Individuum, daß sein unmittelbares Produkt kein Produkt für es ist, sondern ein solches erst *wird* im gesellschaftlichen Prozeß und diese allgemeine und doch äußerliche Form annehmen *muß;* daß das Individuum nur noch als Tauschwert Produzierendes Existenz hat, also schon die ganze Negation seiner natürlichen Existenz eingeschlossen ist; es also ganz durch die Gesellschaft bestimmt ist; daß dies ferner Teilung der Arbeit etc. voraussetzt, worin das Individuum schon in andren Verhältnissen als denen der bloß *Austauschenden* gesetzt ist etc. Daß also nicht nur die Voraussetzung keineswegs weder eine aus dem Willen, noch der unmittelbaren Natur des Individuums hervorgehende, sondern eine *geschichtliche* ist und das Individuum schon als durch die Gesellschaft *bestimmt* setzt. Andrerseits wird vergessen, daß die höhren Formen, in denen nun der Austausch [gesetzt] oder die Produktionsbeziehungen, die sich in ihm realisieren, keineswegs stehnbleiben bei dieser einfachen Bestimmtheit, wo der höchste Unterschied, zu dem es kommt, ein formeller und darum gleichgültiger ist. Es wird endlich nicht gesehn, daß schon in der einfachen Bestimmung des Tauschwerts und des Geldes der Gegensatz von Arbeitslohn und Kapital etc. latent enthalten ist. Diese ganze Weisheit kommt also darauf heraus, bei den einfachsten ökonomischen Verhältnissen stehnzubleiben, die selbständig gefaßt reine Abstraktionen sind; die aber in der Wirklichkeit vielmehr durch die tiefsten Gegensätze vermittelt sind und nur eine Seite darstellen, worin deren Ausdruck verwischt ist.

Andrerseits zeigt sich ebensosehr die Albernheit der Sozialisten (namentlich der französischen, die den Sozialismus als Realisation der von der französischen Revolution ausgesprochnen Ideen der *bürgerlichen* Gesellschaft nachweisen wollen), die demonstrieren, daß der Austausch, der Tauschwert etc. *ursprünglich* (in der Zeit) oder ihrem *Begriff* nach (in ihrer adäquaten Form) ein System der Freiheit und Gleichheit aller sind, aber verfälscht worden sind durch das Geld, Kapital etc. Oder auch, daß die Geschichte bisher noch verfehlte Versuche gemacht, sie in der ihrer Wahrheit entsprechenden Weise durchzuführen, und sie nun, wie Proudhon, z. B. den wahren Jakob entdeckt haben, wodurch die echte Geschichte dieser Verhältnisse an der Stelle ihrer falschen geliefert werden soll. Ihnen ist zu antworten: daß der Tauschwert oder näher das Geldsystem in der Tat das System der Gleichheit und Freiheit ist und daß, was ihnen in der näheren Entwicklung des Systems störend entgegentritt, ihm immanente Störungen sind, eben die Verwirklichung der *Gleichheit und Freiheit*, die sich ausweisen als Ungleichheit und Unfreiheit. Es ist ein ebenso frommer wie dummer Wunsch, daß der Tauschwert sich nicht zum Kapital entwickle oder die den Tauschwert produzierende Arbeit zur Lohnarbeit. Was die Herren von den bürgerlichen Apologeten unterscheidet ist auf der einen Seite das Gefühl der Widersprüche, die das System einschließt; auf der andren der Utopismus, den notwendigen Unterschied zwischen der realen und idealen Gestalt der bürgerlichen Gesellschaft nicht zu begreifen, und daher das überflüssige Geschäft vornehmen zu wollen, den ideellen Ausdruck selbst wieder realisieren zu wollen, da er in der Tat nur das Lichtbild dieser Realität ist. | Das fade Beweisen nun gar, wie es geschieht im Gegensatz gegen diese Sozialisten, von der heruntergekomnen neuesten Ökonomie (als deren klassischer Repräsentant, was Fadheit, Affektation von Dialektik, biedre Aufgeblasenheit, läppisch selbstzufriedne Gemeinplätzlichkeit, und gänzliche Unfähigkeit geschichtliche Prozesse aufzufassen, [betrifft], *Frederick Bastiat* gelten kann, denn der Amerikaner *Carey* macht wenigstens die bestimmten amerikanischen Verhältnisse gegen die europäischen geltend), die *nachweist, daß die ökonomischen Verhältnisse überall dieselben einfachen Bestimmungen ausdrücken, und daher überall die Gleichheit und Freiheit des einfach bestimmten Austauschs von Tauschwerten,* reduziert sich rein auf verkindete Abstraktion. Zum Beispiel das Verhältnis von Kapital und Zins wird reduziert auf den Austausch von Tauschwerten. Nachdem also erst aus der Empirie hereingenommen ist, daß der Tauschwert nicht nur in dieser einfachen Bestimmtheit, sondern auch in der wesentlich verschiednen des Kapitals existiert, wird das Kapital wieder reduziert auf den einfachen Begriff des Tauschwerts, und der Zins, der nun gar ein bestimmtes Verhältnis des Kapitals als solchen ausdrückt, ebenfalls aus der Bestimmtheit herausgerissen, gleich Tauschwert gesetzt; von dem ganzen Verhältnisse in seiner spezifischen Bestimmtheit abstrahiert und zurückgegangen auf das unentwickelte Verhältnis des Austauschs von Ware gegen Ware. Soweit ich von dem abstrahiere, was ein Konkretum von seinem Abstraktum unterscheidet, ist es natürlich das Abstraktum, und gar nicht von ihm unterschieden. *Danach sind alle ökonomischen Kategorien nur andre und andre Namen für immer dasselbe Verhältnis, und diese grobe Unfähigkeit die realen Unterschiede aufzufassen, soll dann den reinen common sense als solchen darstellen. Die »ökonomischen Harmonien« des Herrn Bastiat belaufen sich au fond dann darauf, daß ein einziges ökonomisches Verhältnis existiert, das verschiedne Namen annimmt, oder daß nur dem Namen nach eine Verschiedenheit stattfindet.* Die Reduktion ist nicht einmal soweit wenigstens formell wissenschaftlich, daß auf ein wirkliches ökonomisches Verhältnis alles reduziert würde, dadurch daß der Unterschied, der die Entwicklung ausmacht, fallen gelassen wird, sondern bald wird diese, bald jene Seite fallen gelassen, um die Identität bald nach dieser, bald nach jener Seite herauszubringen.

[...]

Der dem Kapital als dem gesetzten Tauschwert gegenübertretende *Gebrauchswert* ist die *Arbeit*. Das Kapital tauscht sich aus, oder ist in dieser Bestimmtheit nur in Beziehung auf das *Nicht-Kapital*, die Negation des Kapitals, in bezug auf welche es allein Kapital ist; das wirkliche Nicht-Kapital ist die *Arbeit*.

Wenn wir den Austausch zwischen Kapital und Arbeit betrachten, so finden wir, daß er in zwei nicht nur formell, sondern qualitativ verschiedne und selbst entgegengesetzte Prozesse zerfällt:

1) Der Arbeiter tauscht seine Ware, die Arbeit, die Gebrauchswert, die als Ware auch einen *Preis* hat, wie alle andren Waren, aus gegen eine bestimmte Summe Tauschwerte, bestimmte Summe Geld, die das Kapital an ihn abläßt.

2) Der Kapitalist tauscht die Arbeit selbst ein, die Arbeit als wertsetzende Tätigkeit, als produktive Arbeit; d. h. er tauscht die Produktivkraft ein, die das Kapital erhält und vervielfältigt und die damit zur Produktivkraft und reproduzierenden Kraft des Kapitals, eine dem Kapital selbst angehörige Kraft wird.

Die Trennung dieser beiden Prozesse ist so augenfällig, daß sie in der Zeit auseinanderfallen können, und keineswegs zusammenfallen müssen. Der erste Prozeß kann vollendet sein und ist zu einem gewissen Grade meist vollendet, ehe der zweite auch nur beginnt. Die Vollendung des zweiten Aktes unterstellt die Vollendung des Produkts. Die Zahlung des Arbeitslohns kann nicht auf diese warten. Wir werden es selbst als eine wesentliche Bestimmung des Verhältnisses finden, daß sie nicht auf dieselbe wartet.

Beim einfachen Austausch, Zirkulation, findet nicht dieser gedoppelte Prozeß statt. Wenn die Ware a gegen das Geld b ausgetauscht, und dieses dann gegen die zur Konsumtion bestimmte Ware c – das ursprüngliche Objekt des Austauschs für a –, so fällt der Gebrauch der Ware c, ihr Konsum, ganz außerhalb der Zirkulation; geht die Form des Verhältnisses nichts an; liegt jenseits der Zirkulation selbst, und ist ein rein stoffliches Interesse, das nur noch ein Verhältnis des Individuums A in seiner Natürlichkeit zu einem Gegenstande seines vereinzelten Bedürfnisses ausdrückt. Was es mit der Ware c anfängt, ist eine Frage, die außerhalb des ökonomischen Verhältnisses liegt. Hier erscheint umgekehrt der *Gebrauchswert des gegen das Geld Eingetauschten als besondres ökonomisches Verhältnis*, und die *bestimmte Verwendung des gegen das Geld Eingetauschten bildet den letzten Zweck beider Prozesse. Dies unterscheidet also schon formell den Austausch zwischen Kapital und*

Arbeit vom einfachen Austausch – zwei verschiedne Prozesse.

Fassen wir nun ferner, wie dem Inhalt nach der Austausch zwischen Kapital und Arbeit verschieden ist von dem einfachen Austausch (Zirkulation), so finden wir, daß dieser Unterschied nicht durch eine äußre Beziehung oder Vergleichung herauskommt, sondern daß in der Totalität des letztren Prozesses die zweite Form sich selbst von der ersten unterscheidet, daß diese Vergleichung selbst eingeschlossen ist. Der Unterschied des zweiten Akts vom ersten – nämlich der besondre Prozeß der Aneignung der Arbeit von seiten des Kapitals ist der zweite Akt – ist exactly der Unterschied des Austauschs zwischen Kapital und Arbeit vom Austausch, wie das Geld ihn zwischen Waren vermitteln. *Im Austausch zwischen Kapital und Arbeit ist der erste Akt ein Austausch, fällt ganz in die gewöhnliche Zirkulation; der zweite ist ein qualitativ vom Austausch verschiedner Prozeß, und es ist nur by misuse, daß er überhaupt Austausch* irgendeiner Art genannt werden könnte. Er steht direkt dem Austausch gegenüber; wesentlich andre Kategorie.

[...] In der Zirkulation, wenn ich eine Ware gegen Geld austausche, dafür Ware kaufe und mein Bedürfnis befriedige, ist der Akt am Ende. So ist es beim Arbeiter. Aber er hat die Möglichkeit, ihn von vorn anzufangen, weil seine Lebendigkeit die Quelle, worin sein eigner Gebrauchswert bis zu einer gewissen Zeit, bis er abgenutzt ist, stets wieder von neuem sich entzündet und dem Kapital stets gegenüberstehn bleibt, um denselben Austausch von neuem zu beginnen. Wie jedes als Subjekt in der Zirkulation stehende Individuum, ist der Arbeiter Besitzer eines Gebrauchswerts; er setzt ihn um gegen Geld, die allgemeine Form des Reichtums, aber nur um dieses wieder gegen Waren als Gegenstände seiner unmittelbaren Konsumtion, als die Mittel zur Befriedigung seiner Bedürfnisse umzusetzen. Da er seinen Gebrauchswert gegen die allgemeine Form des Reichtums umtauscht, wird er Mitgenießer des allgemeinen Reichtums bis zur Grenze seines Äquivalents – einer quantitativen Grenze, die allerdings in eine qualitative umschlägt, wie bei jedem Austausch. Er ist aber nicht an besondre Gegenstände, noch an eine besondre Weise der Befriedigung gebunden. Er ist nicht qualitativ ausgeschlossen – der Kreis seiner Genüsse, sondern nur quantitativ. Dies unterscheidet ihn vom Sklaven, Leibeignen etc. Die Konsumtion wirkt certainly auf die Produktion selbst zurück; aber dieser Rückschlag geht weder den Arbeiter bei seinem Austausch an, sowenig wie jeden andren Verkäufer einer Ware; vielmehr fällt sie, vom Standpunkt der bloßen Zirkulation – und wir haben noch kein andres entwickeltes Verhältnis vor uns –, außerhalb des ökonomischen Verhältnisses. Soviel kann indes nebenbei bemerkt werden schon jetzt, daß die relative, nur quantitativ, nicht qualitativ, und nur durch die Quantität gesetzte qualitative Beschränkung des Kreises der Genüsse der Arbeiter ihnen auch als Konsumenten (bei der weitren Entwicklung des Kapitals muß überhaupt das Verhältnis von Konsumtion und Produktion näher betrachtet werden) eine ganz andre Wichtigkeit als Agenten der Produktion gibt, denn die sie z. B. in der antiken Zeit oder im Mittelalter oder in Asien besitzen und besaßen. Aber dies gehört, wie gesagt, noch nicht hierher. Ebenso, indem der Arbeiter das Äquivalent erhält in der Form des Geldes, der Form des allgemeinen Reichtums, ist er in diesem Austausch als Gleicher dem Kapitalist gegenüber, wie jeder andre Austauschende; wenigstens dem *Schein* nach. Dem fact nach ist diese Gleichheit schon dadurch gestört, daß sein Verhältnis als Arbeiter zum Kapitalisten, als Gebrauchswert in der spezifisch vom Tauschwert verschiednen Form, im Gegensatz zu dem als Wert gesetzten Wert, vorausgesetzt ist für diesen scheinbar einfachen Austausch; daß er also schon in einem anders ökonomisch bestimmten Verhältnis steht – außer dem des Austauschs, worin die Natur des Gebrauchswerts, der besondre Gebrauchswert der Ware als solcher gleichgültig ist. Dieser Schein existiert indes als Illusion seinerseits und zu einem gewissen Grade auf der andren Seite und modifiziert daher auch wesentlich sein Verhältnis im Unterschied von dem der Arbeiter in andren gesellschaftlichen Produktionsweisen. Aber, was das Wesentliche ist, der Zweck des Austauschs für ihn ist die Befriedigung seines Bedürfnisses. Der Gegenstand seines Austauschs ist unmittelbarer Gegenstand des Bedürfnisses, nicht der Tauschwert als solcher. Er erhält zwar Geld, aber nur in seiner Bestimmung als Münze; d. h. nur als sich selbst aufhebende und verschwindende Vermittlung. Was er austauscht, ist daher nicht der Tauschwert, nicht der Reichtum, sondern Lebensmittel, Gegenstände zur Erhaltung seiner Lebendigkeit, Befriedigung seiner Bedürfnisse überhaupt, physischer, sozialer etc. Es ist ein bestimmtes Äquivalent in Lebensmitteln, vergegenständlichter Arbeit, gemessen durch die Produktionskosten seiner Arbeit. Was er abläßt, ist die Disposition über sie.

[...] Als Sklave hat der Arbeiter *Tauschwert*, einen *Wert*; als freier Arbeiter hat er *keinen Wert*; sondern nur die Disposition über seine Arbeit, durch Austausch mit ihm bewirkt, hat Wert. Er steht dem Kapitalisten nicht als Tauschwert gegenüber, sondern der Kapitalist ihm. Seine *Wertlosigkeit* und *Entwertung* ist die Voraussetzung des Kapitals und die Bedingung der *freien* Arbeit überhaupt. Linguet betrachtet sie als Rückschritt; er vergißt, daß damit der Arbeiter formell als Person gesetzt ist, der noch etwas *außer seiner* Arbeit für sich ist und der seine Lebensäußerung nur veräußert als Mittel für sein eignes Leben. Solange der Arbeiter als solcher *Tauschwert* hat, kann das *industrielle Kapital* als solches nicht existieren, also überhaupt nicht das entwickelte Kapital. Diesem gegenüber muß die Arbeit als *reiner Gebrauchswert* stehn, der als Ware von seinem Besitzer selbst gegen es angeboten wird, gegen seinen *Tauschwert*, [die Münze], die allerdings in der Hand des Arbeiters nur in ihrer Bestimmung als allgemeines Tauschmittel wirklich wird; sonst verschwindet. Well. Der Arbeiter befindet sich also nur im Verhältnis der einfachen Zirkulation, des einfachen Austauschs und erhält nur *Münze* für seinen Gebrauchswert; Lebensmittel; aber vermittelt. Diese Form der Vermittlung ist, wie wir gesehen, wesentlich und charakteristisch für das Verhältnis. Daß er fortgehn kann zur Verwandlung der Münze in Geld – zum Sparen –, beweist eben nur, daß sein Verhältnis das der einfachen Zirkulation ist; er kann mehr oder weniger sparen; aber darüber hinaus kommt er nicht; verwirklichen kann er das Gesparte nur, indem er nun den Kreis seiner Genüsse momentan erweitert. Wichtig ist dies – und in die Bestimmung des Verhältnisses selbst eingreifend –, daß indem das Geld das Produkt seines Austauschs ist, allgemeiner Reichtum als Illusion ihn vorantreibt; ihn industriell macht. Zugleich wird dadurch nicht nur formell ein Spielraum der Willkür für die Verwirk...

[...] wie die *Quashees* (die freien niggers von Jamaica) sich damit begnügen, das für ihren eignen Konsum strikt Notwendige zu produzieren und als den eigentlichen Luxusartikel neben diesem »Gebrauchswert« die Faulenzerei selbst betrachten (indulgence and idleness); wie sie sich den Teufel um Zucker und das in den plantations ausgelegte capital fixe scheren, vielmehr mit ironischer Schadenfreude den zugrundegehenden Planter anschmunzeln, und selbst das ihnen angelernte Christentum nur ausbeuten als Schönfärberei dieser schadenfrohen Stimmung und Indolenz. Sie haben aufgehört Sklaven zu sein, aber nicht um Lohnarbeiter zu werden, sondern self-sustaining, für den eignen notdürftigen Konsum arbeitende peasants. Das Kapital als Kapital existiert ihnen gegenüber nicht, weil der verselbständigte Reichtum überhaupt *nur* existiert entweder durch *unmittelbare* Zwangsarbeit, Sklaverei, oder *vermittelte* Zwangsarbeit, *Lohnarbeit*. Der unmittelbaren Zwangsarbeit steht der Reichtum nicht als Kapital gegenüber, sondern als *Herrschaftsverhältnis*; es wird daher auf ihrer Basis auch nur das Herrschaftsverhältnis reproduziert, für das der Reichtum selbst nur Wert als Genuß hat, nicht als Reichtum selbst, das | daher auch nie die *allgemeine Industrie* schaffen kann. (Auf dies Verhältnis von Sklaverei und Lohnarbeit werden wir zurückbekommen.) [...]

(b) Freie Arbeit = latenter Pauperismus. Eden.

[[In bezug auf unsre oben entwickelten Sätze von freier Arbeit, ebenso daß in ihr der Pauperismus latent, anzuführen folgende Sätze von Sir *Fr. Morton Eden*, Bt.: »*The State of the Poor, or an History of the Labouring Classes in England from the Conquest etc.*« 3 vols. 4°. London 1797. (Die Zitate aus t. I, b. I.) (In dem B. I ch. I daselbst heißt es: „Unsre Zone erfordert Arbeit zur Befriedigung der Bedürfnisse, und *deshalb* muß wenigstens *ein Teil* der Gesellschaft *immer unermüdlich* arbeiten; andre arbeiten in den Künsten etc., und einige, die nicht arbeiten, haben doch die Produkte des Fleißes zu ihrer Verfügung. Das verdanken diese Eigentümer aber nur der *Zivilisation und Ordnung*; sie sind reine Kreaturen der *zivilisierten Institutionen*. Denn diese haben es anerkannt, daß man die Früchte der Arbeit sich auch anders als durch Arbeit verschaffen [kann]; die men of independent fortune verdanken ihr *Vermögen fast ganz der Arbeit andrer,* nicht ihrer eignen Fähigkeit, die durchaus nicht besser ist. Es ist nicht der Besitz des Landes oder Geldes, sondern the command of labour, was die Reichen von den Ärmern scheidet.« Von der Freiheit der Ackerbauer fängt die *Armut* als solche an – die feudale Feßlung an den Boden oder wenigstens die Lokalität hatte es bisher der Legislatur erspart sich mit den vagrants, Armen etc. zu beschäftigen. Eden glaubt, die verschiednen kommerziellen Gilden etc. hätten auch ihre eignen Armen ernährt. Er sagt: »Without the most distant idea, then, of disparaging the numberless benefits derived for the country from manufactures and commerce, the result of this investigation seems to lead *to this inevitable conclusion that manufactures and com-*

merce« (i. e. die zuerst durch das Kapital beherrschte Produktionssphäre) »are *the true parents of our national poor.*« In denselben: Von Heinrich VII. an (wo gleichzeitig das clearing des Ackers von den überflüssigen mouths durch Verwandlung des Ackerlandes in Viehweiden beginnt und über 150 Jahr fortdauert, wenigstens das Klagen und legislative Interferenz; also die Zahl der der Industrie zu Gebot gestellten Hände wuchs) der Lohn in der Industrie nicht mehr festgesetzt, sondern bloß im Ackerbau. 11, Henry VII. (Mit der freien Arbeit ist noch nicht die Lohnarbeit völlig gesetzt. Die Arbeiter haben noch Hinterhalt an den Feudalverhältnissen; ihre Zufuhr noch zu gering; das Kapital daher noch unfähig als Kapital sie auf das Minimum zu reduzieren. Daher statutarische Lohnbestimmungen. Solange der Arbeitslohn noch durch Statute reguliert wird, kann noch nicht gesagt werden, weder daß das Kapital als Kapital die Produktion sich subsumiert hat, noch daß die Lohnarbeit die ihr adäquate Existenzweise erhalten.) In dem angeführten Akt auch noch Leineweber erwähnt, Bauhandwerker, shipwrights. Im selben Akt auch | die Arbeitszeit festgesetzt: »Weil viele Taglöhner den halben Tag verludern, spät kommen, früh weggehn, nachmittags lange schlafen, lange bei Frühstück, Mittagessen und Abendessen sitzen, etc. etc.«, so soll folgende Stunde sein: »vom 15. März bis 15. September von 5 Uhr morgens, ½ Stunde breakfeast, 1½ dinner und Siesta, ½ Stunde for noon meal und Arbeit bis zwischen 7 und 8 Uhr abends. Im Winter, solange es hell, dafür kein Mittagsschlaf, der nur vom 15. Mai bis 15. August erlaubt.«]]

[[1514 wieder Arbeitslohn reguliert, fast ebenso wie das vorige Mal. Auch wieder die Arbeitsstunden festgesetzt. Wer nicht upon application arbeiten wollte, festgesetzt. Also noch *Zwangsarbeit* zu einem bestimmten Lohn der freien Arbeiter. Sie müssen erst *gezwungen* werden zu den vom Kapital gesetzten Bedingungen zu arbeiten. Der Eigentumslose ist mehr geneigt Vagabund und Räuber und Bettler als Arbeiter zu werden. Dies versteht sich erst von selbst in der entwickelten Produktionsweise des Kapitals. In der Vorstufe des Kapitals Staatszwang, um die Eigentumslosen in *Arbeiter* zu verwandeln zu dem Kapital günstigen Bedingungen, die hier noch nicht durch die Konkurrenz der Arbeiter unter sich selbst ihnen aufgezwungen sind.]] (Sehr blutige Zwangsmittel der Art unter Henry VIII. u. a. angewandt.) (Aufhebung der *Klöster* unter Henry VIII. setzt ebenfalls viele Hände frei.) (Unter Edward VI.

noch schärfere Gesetze gegen able bodied labourers, die nicht arbeiten wollen. »1 Edw. VI, 3: Wer able to work, refuse to labour and live idle for 3 days, shall be branded with redhot iron on the breast with the letter V – and shall be adjudged the slave for two years of the person who should inform against such idler etc.« »If he runs away from his master for 14 days he shall become his slave for life and be branded on forehead or cheek with letter S, and if he runs away a second time and shall be convicted thereof by two sufficient witnesses, he shall be taken as a felon and suffer pains of death.« (1376 zuerst die vagrants, sturdy rogues erwähnt, 1388 die paupers.) (Ähnliches grausames Gesetz 1572 unter Elizabeth.) [...]

(c) [Bastiat und Carey]

Die Geschichte der modernen politischen Ökonomie endet mit Ricardo und Sismondi: Gegensätze, von denen der eine englisch, der andre französisch spricht — ganz wie sie am Ende des 17. Jahrhunderts beginnt mit Petty und Boisguillebert. Die spätere politisch-ökonomische Literatur verläuft sich entweder in eklektische, synkretistische Kompendien, wie z. B. das Werk von J. St. Mill, oder in tiefere Ausarbeitung einzelner Zweige, wie z. B. Tookes »History of Prices« und im allgemeinen die neuern englischen Schriften über Zirkulation – der einzige Zweig, worin wirklich neue Entdeckungen gemacht worden sind, da die Schriften über Kolonisation, Grundeigentum (in seinen verschiednen Formen), Population usw. eigentlich nur durch größre stoffliche Fülle sich vor den ältern auszeichnen – oder Reproduktion alter ökonomischer Streitfragen für ein ausgedehnteres Publikum und die praktische Lösung von Tagesfragen, wie die Schriften über free trade und protection – oder endlich in tendenziöse Zuspitzungen der klassischen Richtungen, ein Verhältnis, worin z. B. Chalmers zu Malthus und Gülich zu Sismondi stehn, und in gewisser Hinsicht MacCulloch und Senior in ihren ältren Schriften zu Ricardo. Es ist durchaus eine Epigonenliteratur, Reproduktion, größere Ausbildung der Form, breitere Aneignung des Stoffs, Pointierung, Popularisierung, Zusammenfassung, Ausarbeitung der Details; Mangel an springenden und entscheidenden Entwicklungsphasen, Aufnehmen des Inventariums auf der einen Seite, Zuwachs im Einzelnen auf der andren. Ausnahme machen scheinbar nur die Schriften von Carey, dem Yankee, und Bastiat, dem Franzosen, von denen der letztre gesteht, daß er sich auf den erstern stützt. Beide begreifen, daß der Gegensatz gegen die politische Ökonomie – Sozialismus und Kommunismus – seine theoretische Voraussetzung in den Werken der klassischen Ökonomie selbst findet, speziell in Ricardo, der als ihr vollendetster und letzter Ausdruck betrachtet werden muß. Beide finden es daher nötig, den theoretischen Ausdruck, den die bürgerliche Gesellschaft in der modernen Ökonomie geschichtlich gewonnen hat, als Mißverständnis anzugreifen und die Harmonie der Produktionsverhältnisse da zu beweisen, wo die klassischen Ökonomen naiv ihren Antagonismus zeichneten. Die durchaus verschiedne, selbst widersprechende nationale Umgebung, aus der heraus beide schreiben, treibt sie nichtsdestoweniger zu denselben Bestrebungen. Carey ist der einzige originelle Ökonom der Nordamerikaner. Einem Land gehörig, wo die bürgerliche Gesellschaft nicht auf der Grundlage des Feudalwesens sich entwickelt, sondern von sich selbst begonnen hat; wo sie nicht als das überlebende Resultat einer jahrhundertalten Bewegung erscheint, sondern als der Ausgangspunkt einer neuen Bewegung; wo der Staat, im Unterschied von allen frühren nationalen Gestaltungen, von vornherein der bürgerlichen Gesellschaft, deren Produktion, untergeordnet war und nie die Prätention eines Selbstzwecks machen konnte; wo endlich die bürgerliche Gesellschaft selbst, die Produktivkräfte einer alten Welt mit dem ungeheuren Naturterrain einer neuen verbindend, sich in bisher unbekannten Dimensionen und unbekannter Freiheit der Bewegung entwickelt, alle bisherige Arbeit in | Überwältigung der Naturkräfte weit überflügelt hat, und wo endlich die Gegensätze der bürgerlichen Gesellschaft selbst nur als verschwindende Momente erscheinen. Daß die Produktionsverhältnisse, in denen diese ungeheure neue Welt so rasch, so überraschend und glücklich sich entwickelt hat, von Carey als die ewigen Normalverhältnisse gesellschaftlicher Produktion und Verkehrs betrachtet werden, in Europa, speziell England, was für ihn eigentlich Europa ist, nur gehemmt und beeinträchtigt durch die übermachten Schranken der Feudalperiode, daß ihm diese Verhältnisse von den englischen Ökonomen nur verzerrt und verfälscht angeschaut, wiedergegeben, und verallgemeinert erscheinen, indem sie zufällige Verkehrungen derselben mit ihrem immanenten Charakter verwechselten, – was natürlicher? Amerikanische Verhältnisse gegen englische: darauf reduziert sich seine Kritik der englischen Theorie vom Grundeigentum, Salär, Population, Klassengegensätzen usw. Die bürgerliche Gesellschaft existiert nicht rein, nicht ihrem Begriff entsprechend, nicht sich selbst adäquat in England. Wie sollten die Begriffe der englischen Ökonomen von der bürgerlichen Gesellschaft der wahre, ungetrübte Ausdruck einer Realität sein, die sie nicht kannten? Die störende Einwirkung traditioneller, nicht aus dem Schoß der bürgerlichen Gesellschaft selbst hervorgewachsner Einflüsse auf ihre *natürlichen* Verhältnisse, reduziert sich in letzter Instanz für Carey im Einfluß des Staats auf die bürgerliche Gesellschaft, in seinen Übergriffen und Eingriffen. Das Salär z. B. wächst naturgemäß mit der Produktivität der Arbeit. Finden wir die Realität diesem Gesetz nicht entsprechend, so haben wir nur, sei es in Hindostan oder England, die Einflüsse der Regierung zu abstrahieren, Steuern, Monopole etc. Die bürgerlichen Verhältnisse an sich selbst betrachtet, d. h. nach Abzug der Staatseinflüsse, werden in der Tat immer die harmonischen Gesetze der bürgerlichen Ökonomie bestätigen. Inwiefern diese Staatseinflüsse, public debt, taxes etc., selbst aus den bürgerlichen Verhältnissen hervorwachsen, — und daher in England z. B. keineswegs als Resultate des Feudalismus, sondern vielmehr seiner Auflösung und Überwältigung erscheinen, und in Nordamerika selbst die Macht der Zentralregierung mit der Zentralisation des Kapitals wächst – untersucht Carey natürlich nicht. Während so Carey den englischen Ökonomen gegenüber die höhere Potenz der bürgerlichen Gesellschaft in Nordamerika geltend macht, macht Bastiat den französischen Sozialisten gegenüber die niedre Potenz der bürgerlichen Gesellschaft in Frankreich geltend. Ihr glaubt gegen die Gesetze der bürgerlichen Gesellschaft zu revoltieren in einem Lande, wo diesen Gesetzen nie erlaubt war sich zu realisieren! Ihr kennt sie nur in der verkümmerten französischen Form, und betrachtet als immanente Form derselben, was nur ihre national-französische Verzerrung ist. Seht nach England herüber. Hierzuland gilt es die bürgerliche Gesellschaft von den Fesseln, die ihr der Staat anlegt, zu befreien. Ihr wollt diese Fesseln vermehren. Arbeitet erst die bürgerlichen Verhältnisse rein heraus und dann wollen wir uns wieder sprechen. (Bastiat hat insofern recht, als in Frankreich infolge seiner eigentümlichen sozialen Gestaltung manches für Sozialismus gilt, was in England politische Ökonomie ist.)

Carey indes, dessen Ausgangspunkt die amerikanische Emanzipation der bürgerlichen Gesellschaft vom Staat, endet mit dem Postulat der Staatseinmischung, damit die reine Entwicklung der bürgerlichen Verhältnisse nicht, wie es in Amerika faktisch geschehn, durch Einfluß von außen gestört werde. Er ist Protektionist, während Bastiat Freetrader ist. Die Harmonie der ökonomischen Gesetze erscheint in der ganzen Welt als Disharmonie und die Anfänge dieser Disharmonie frappieren Carey selbst in den Vereinigten Staaten. Woher dieses sonderbare Phänomen? Carey erklärt es aus der vernichtenden Einwirkung Englands, mit seinem Streben nach industriellem Monopol, auf den Weltmarkt. Ursprünglich sind die englischen Verhältnisse durch die falschen Theorien seiner Ökonomen verrückt worden, im Innern. Jetzt, nach außen hin, | als die gebietende Macht des Weltmarkts, verrückt England die Harmonie der ökonomischen Verhältnisse in allen Ländern der Welt. Diese Disharmonie ist eine wirkliche, keine bloß in der subjektiven Auffassung der Ökonomen gegründete. Was Rußland politisch für Urquhart, ist England ökonomisch für Carey. Die Harmonie der ökonomischen Verhältnisse basiert nach Carey auf der harmonischen Kooperation von Stadt und Land, Industrie und Agrikultur. Diese Grundharmonie, die England in seinem eignen Innern aufgelöst hat, zerstört es durch seine Konkurrenz überall auf dem Weltmarkt und ist so das destruktive Element der allgemeinen Harmonie. Schutz dagegen können nur die Schutzzölle – die gewaltsame, nationale Absperrung gegen die Destruktivkraft der englischen großen Industrie – bilden. Die letzte Zuflucht der »harmonies économiques« ist daher der Staat, der ursprünglich als der einzige Störenfried dieser Harmonien gebrandmarkt wurde. Einerseits spricht Carey hier wieder die bestimmte nationale Entwicklung der Vereinigten Staaten aus, ihren Gegensatz zu und ihre Konkurrenz mit England. Es geschieht dies in der naiven Form, daß er den Vereinigten Staaten vorschlägt den von England propagierten Industrialismus dadurch zu zerstören, daß sie ihn bei sich selbst durch Schutzzölle rascher entwickeln. Von dieser Naivität abgesehn, endet bei Carey die Harmonie der bürgerlichen Produktionsverhältnisse mit der vollendetsten Disharmonie dieser Verhältnisse, wo sie auf dem großartigsten Terrain, dem Weltmarkt, in der großartigsten Entwicklung, als die Verhältnisse produzierender Nationen, auftreten. Alle Verhältnisse, die ihm innerhalb bestimmter Landesgrenzen oder auch in der abstrakten Form von allgemeinen Verhältnissen der bürgerlichen Gesellschaft harmonisch erscheinen – Konzentration des Kapitals, Teilung der Arbeit, Salariat etc. –, erscheinen ihm als disharmonisch, wo sie in ihrer entwickeltsten Form – in ihrer Weltmarktsform – auftreten, als die innern Verhältnisse, die die englische Herrschaft auf dem Weltmarkt produzieren, und die, als Destruktive Wirkungen, die Folge dieser Herrschaft sind. Es ist harmonisch, wenn innerhalb eines Landes die patriarchalische Produktion der industriellen Platz macht, und der Auflösungsprozeß, der diese Entwicklung begleitet, wird nur nach seiner positiven Seite aufgefaßt. Aber es wird disharmonisch, wenn die englische große Industrie die patriarchalischen oder kleinbürgerlichen oder andren auf niedren Stufen sich befindenden Formen fremder nationaler Produktion auflöst. Die Konzentration des Kapitals innerhalb eines Landes und die auflösende Wirkung dieser Konzentration bietet ihm nur positive Seite dar. Aber das Monopol des konzentrierten englischen Kapitals und seine auflösenden Wirkungen auf die kleinren nationalen Kapitalien andrer Völker ist disharmonisch. Was Carey nicht begriffen hat, daß diese weltmarktlichen Disharmonien nur die letzten adäquaten Ausdrücke der Disharmonien sind, die sich in den ökonomischen Kategorien als abstrakte Verhältnisse fixiert [haben] oder in dem kleinsten Umfang eine lokale Existenz besitzen. Kein Wunder, daß er andrerseits den positiven Gehalt dieser Auflösungsprozesse – die einzige Seite, die er den ökonomischen Kategorien in ihrer abstrakten Form, oder den realen Verhältnissen innerhalb bestimmter Länder, wovon sie abstrahiert sind, ansieht – in ihrer weltmarktlichen, vollen Erscheinung vergißt. Wo ihm die ökonomischen Verhältnisse in ihrer Wahrheit, d. h. in ihrer universellen Realität gegenübertreten, schlägt er daher von seinem prinzipiellen Optimismus um in einen denunzierenden und gereizten Pessimismus. Dieser Widerspruch bildet die Originalität seiner Schriften und gibt ihnen ihre Bedeutung. Er ist ebensowohl Amerikaner in seiner Behauptung der Harmonie innerhalb der bürgerlichen Gesellschaft, als in Behauptung der Disharmonie derselben Verhältnisse in ihrer weltmarktlichen Gestalt. Bei Bastiat nichts von alledem. Die Harmonie dieser Verhältnisse ist ein Jenseits, das grade da anfängt, wo die französischen Grenzen aufhören, das in England und Amerika existiert. Es ist bloß die eingebildete, ideale Form der unfranzösischen engl[isch-]amerikanischen Verhältnisse, nicht die wirkliche, wie sie ihm auf seinem eignen Grund und Boden gegenübertritt. Während daher bei ihm die Harmonie keineswegs aus der Fülle lebendiger Anschauung hervorgeht, sondern vielmehr das *flache*, gespreizte Produkt einer dünnen und gespannten, gegensätzlichen Reflexion ist, ist das einzige Moment der Realität bei ihm die Forderung an den französischen Staat seine ökonomischen Grenzen aufzugeben. Carey sieht die Widersprüche der ökonomischen Verhältnisse, sobald sie als *englische* Verhältnisse erscheinen auf dem Weltmarkt. Bastiat, der sich die Harmonie bloß einbildet, fängt nur da an ihre Realisation zu sehn, wo Frankreich aufhört, und alle national getrennten Bestandteile der bürgerlichen Gesellschaft von der Oberaufsicht des Staats befreit untereinander konkurrieren. Diese seine letzte Harmonie selbst – und die Voraussetzung aller seiner frühern, eingebildeten – ist indes selbst wieder ein bloßes Postulat, das durch die Freihandelsgesetzgebung realisiert werden soll. | Wenn Carey daher, ganz abgesehn von dem wissenschaftlichen Wert seiner Forschungen, wenigstens das Verdienst besitzt, in abstrakter Form die großen amerikanischen Verhältnisse auszusprechen, und zwar im Gegensatz zur alten Welt, so wäre der einzig reale Hintergrund bei Bastiat die Kleinheit der französischen Verhältnisse, die überall aus seinen Harmonien ihre langen Ohren herausstrecken. Indes ist das Verdienst überflüssig, weil die Verhältnisse eines so alten Landes hinlänglich bekannt sind und am wenigsten nötig haben auf solch negativem Umweg bekannt zu werden. Carey ist daher reich an sozusagen Bonafide-Forschungen in der ökonomischen Wissenschaft, wie über den Kredit, Rente, etc. Bastiat ist nur beschäftigt mit zufriedenstellenden Paraphrasen im Kontrast endender Forschungen; hypocrisy du contentement. Careys Allgemeinheit ist Yankeesche Universalität. Frankreich und China sind ihm gleich nah. Allemal der Mann, der am Stillen Ozean und am Atlantic wohnt. Bastiats Allgemeinheit ist Wegsehn von allen Ländern. Als echter Yankee nimmt Carey den massenhaften Stoff von allen Seiten auf, die ihm die alte Welt bietet, nicht um die immanente Seele dieses Stoffs zu erkennen, und ihm so sein Recht des eigentümlichen Lebens zuzugestehn, sondern um ihn für seine Zwecke, seine von seinem Yankeestandpunkt abstrahierten Sätze als tote Belege, als gleichgültiges Material zu verarbeiten. Daher sein Herumstreichen in allen Ländern, massenhafte und unkritische Statistik, katalogartige Belesenheit. Bastiat gibt dagegen phantastische Geschichte, seine Abstraktion einmal in der Form von Räsonnement, und das andremal in der Form von supponierten Ereignissen, die indes niemals und nirgends passiert sind, so wie der Theolog die Sünde einmal als Gesetz des menschlichen Wesens, das andremal als die Geschichte vom Sündenfall behandelt. Beide sind daher gleich unhistorisch und antihistorisch. Aber das ungeschichtliche Moment in

Carey ist das gegenwärtige geschichtliche Prinzip von Nordamerika, während das ungeschichtliche Element in Bastiat bloß Reminiszenz der französischen Verallgemeinerungsmanier des 18. Jahrhunderts ist. Carey ist daher formlos und diffus, Bastiat affektiert und formell-logisch. Das Höchste, wozu er es bringt, sind Gemeinplätze, paradox ausgedrückt, en facettes geschleift. Bei Carey ein paar allgemeine Thesen, in lehrsatzartiger Form vorausgeschickt. Ihnen nachfolgend ein ungestaltiges Material, Sammelwerk als Beleg – der Stoff seiner Thesen keineswegs verarbeitet. Bei Bastiat besteht das einzige Material – abstrahiert von einigen Lokalexempeln oder phantastisch zugestutzten englischen Normalerscheinungen – nur in den allgemeinen Thesen der Ökonomisten. Careys Hauptgegensatz Ricardo, kurz die modernen englischen Ökonomisten; Bastiats die französischen Sozialisten. [. . .]

(d) Zur absoluten Monarchie

... erhält. Alle Besonderheit der Beziehung zwischen beiden ist ausgelöscht (es handelt sich in dem Verhältnis nur um den Tauschwert als solchen: um das allgemeine Produkt der gesellschaftlichen Zirkulation), und ebenso alle politischen, patriarchalischen und sonstigen Verhältnisse, die aus der Besonderheit der Beziehung hervorgehn. Beide verhalten sich zueinander als abstrakt gesellschaftliche Personen, die sich einander gegenüber nur den Tauschwert als solchen repräsentieren. Geld ist der einzige Nexus rerum zwischen ihnen geworden, Geld *sans phrase*. Der Bauer tritt dem Gutsbesitzer nicht mehr als Bauer mit seinem ländlichen Produkt und seiner ländlichen Arbeit gegenüber, sondern als Geldbesitzer; da durch den Verkauf der unmittelbare Gebrauchswert entäußert ist, durch die Vermittlung des gesellschaftlichen Prozesses, die indifferente Form angenommen hat. So andrerseits steht der Gutsbesitzer zu ihm nicht mehr in einem Verhältnis als dem in besonderen Lebensbedingungen produzierenden ungeschickten Individuum, sondern einem, dessen Produkt, der verselbständigte Tauschwert, das allgemeine Äquivalent, Geld sich von dem Produkt keines andren unterscheidet. So verschwindet der gemütliche Schein, der in der frühren Form die Transaktion umhüllte.

Die absolute Monarchie, selbst schon Produkt der Entwicklung des bürgerlichen Reichtums zu einer mit den alten Feudalverhältnissen unverträglichen Stufe, bedarf entsprechend der gleichförmigen allgemeinen Macht, die sie fähig sein muß auf allen Punkten der Peripherie auszuüben, als des materiellen Hebels dieser Macht des *allgemeinen Äquivalents*, des Reichtums in seiner stets schlagfertigen Form, worin er durchaus unabhängig ist von besondren lokalen, natürlichen, individuellen Bezi[ehun]gen. Sie bedarf des Reichtums in der Form des Geldes. Ein System von Naturalleistungen und Naturallieferungen gibt, dem besondren Charakter derselben entsprechend, auch ihrer Benutzung den Charakter der Besonderung. Es ist nur das Geld, das unmittelbar in jeden besondren Gebrauchswert umwandelbar ist. Die absolute Monarchie ist daher werktätig in der Verwandlung des Geldes in das allgemeine Zahlungsmittel. Diese ist nur durchzusetzen durch erzwungne Zirkulation, die die Produkte unter ihrem Wert zirkulieren macht. Für sie ist die Verwandlung aller Steuern in Geldsteuern Lebensfrage. Während daher auf einer frühren Stufe die Verwandlung der Leistungen in Geldleistungen als ebensoviele Abstreifungen persönlicher Abhängigkeitsverhältnisse erscheinen, als Siege der bürgerlichen Gesellschaft, die sich mit barem Geld loskauft von hemmenden Fesseln – ein Prozeß, der andrerseits von romantischer Seite als Substitution harter und gemütloser Geldverhältnisse an der Stelle bunt angestrichner *Bindemittel* der Menschheit erscheint – ist es dagegen in der Epoche der aufkommenden absoluten Monarchie, deren Finanzkunst in der gewaltsamen Verwandlung der Waren in Geld besteht, daß das Geld von den bürgerlichen Ökonomen selbst angegriffen wird als der imaginäre Reichtum, dem der natürliche Reichtum gewaltsam geopfert wird. Während daher z. B. Petty im Geld als Materie der Schatzbildung in der Tat nur den allgemeinen tatkräftigen Bereicherungstrieb der jugendlichen bürgerlichen Gesellschaft in England feiert, denunziert Boisguillebert unter Ludwig XIV. Geld als den allgemeinen Fluch, der die Entwicklung der wirklichen Produktionsquellen des Reichtums versiechen macht, und mit dessen Entthronung allein die Welt der Waren, der wirkliche Reichtum und der allgemeine Genuß desselben in sein gutes altes Recht eingesetzt werden kann. Er konnte noch nicht begreifen, daß dieselbe schwarze Finanzkunst, die Menschen und Waren in die alchymistische Retorte warf, um Gold zu machen, gleichzeitig alle die bürgerliche Produktionsweise hemmenden Verhältnisse und Illusionen verdunsten ließ, um einfache Geldverhältnisse, gemeine Tauschwertverhältnisse als Niederschlag zurückzubehalten.

»In der Feudalzeit war bare Zahlung nicht der einzige ... Nexus zwischen dem Mensch[en] und dem Menschen. Nicht als Käufer und Verkäufer allein, ... sondern vielsinnig, als Soldat und Hauptmann, ... als loyaler Untertan und Herr usw. bezogen sich der Untere und der Höhere aufeinander. Mit dem schließlichen Triumph des Geldes trat eine veränderte Zeit ein.« (Th. *Carlyle*. »*On Chartism*«. London 1840, p. 58).

Das Geld ist »unpersönliches« Eigentum. In ihm kann ich die allgemeine gesellschaftliche Macht und den allgemeinen gesellschaftlichen Zusammenhang, die gesellschaftliche Substanz in der Tasche mit mir herumtragen. Das Geld gibt die gesellschaftliche Macht als Ding in die Hand der Privatperson, die als solche diese Macht übt. Der gesellschaftliche Zusammenhang, Stoffwechsel selbst erscheint in ihm als etwas ganz Äußerliches, das in keiner individuellen Beziehung zu seinem Besitzer steht, und daher ebenso die Macht, die er ausübt, als etwas ganz Zufälliges, ihm äußerliches erscheinen läßt. [...]

(e) Nochmals: Tauschwertprozeß der Zirkulation

Zunächst erscheinen die Subjekte des Austauschprozesses als *Eigentümer* von Waren. Da auf der Grundlage der einfachen Zirkulation doch nur eine Methode existiert, wodurch jeder Eigentümer einer Ware *wird,* nämlich durch neues Äquivalent, so erscheint das dem Austausch *vorhergehnde* Eigentum an der Ware, d. h. das Eigentum an der nicht vermittelst der Zirkulation angeeigneten Ware, das Eigentum an der Ware, die vielmehr erst in die Zirkulation eingehn soll, unmittelbar entspringend aus der Arbeit ihres Besitzers und die Arbeit als die ursprüngliche Weise der Aneignung. Die Ware als Tauschwert ist nur Produkt, *vergegenständlichte Arbeit.* Sie ist dabei zunächst Gegenständlichkeit dessen, dessen Arbeit sich in ihr darstellt; sein eignes, von ihm selbst erzeugtes, gegenständliches Dasein für andre. In den einfachen Austauschprozeß, wie er sich in den verschiednen Momenten der Zirkulation auseinanderlegt, fällt zwar nicht die Produktion der Waren. Sie sind vielmehr als fertige Gebrauchswerte unterstellt. Sie müssen vorhanden sein, eh der Austausch beginnt, gleichzeitig, wie beim Kauf und Verkauf, oder wenigstens sobald die Transaktion vollendet wird, wie in der Form der Zirkulation, worin das Geld als

Zahlungsmittel gilt. Ob gleichzeitig oder nicht, in die Zirkulation treten sie immer als vorhandne ein. *Der Entstehungsprozeß der Waren, also auch ihr ursprünglicher Aneignungsprozeß, liegt daher jenseits der Zirkulation.* Da aber nur vermittelst der Zirkulation, also der Entäußrung des eignen Äquivalents, ein fremdes angeeignet werden kann, so ist notwendig die eigne Arbeit als ursprünglicher Aneignungsprozeß unterstellt, und die Zirkulation in der Tat nur als wechselseitiger Austausch von Arbeit, die sich in mannigfaltigen Produkten inkarniert hat.

Arbeit und Eigentum an dem Resultat der eignen Arbeit erscheinen also als die Grundvoraussetzung, ohne welche die sekundäre Aneignung durch die Zirkulation nicht stattfände. *Auf eigne Arbeit gegründetes Eigentum* bildet, innerhalb der Zirkulation, *die Basis der Aneignung fremder Arbeit.* In der Tat, wenn wir den Zirkulationsprozeß genau betrachten, so ist die Voraussetzung, daß die Austauschenden als Eigentümer von Tauschwerten erscheinen, d. h. von Quantitäten Arbeitszeit materialisiert in Gebrauchswerten. *Wie sie zu Eigentümern dieser Waren geworden sind*, ist ein Prozeß, der hinter dem Rücken der einfachen Zirkulation vorgeht, und der erloschen ist, bevor sie beginnt. Privateigentum ist Voraussetzung der Zirkulation, aber der Aneignungsprozeß selbst zeigt sich nicht, erscheint nicht innerhalb der Zirkulation, ist ihr vielmehr vorausgesetzt. In der Zirkulation selbst, dem Austauschprozeß, wie er an der Oberfläche der bürgerlichen Gesellschaft heraustritt, gibt jeder nur, indem er nimmt, und nimmt nur, indem er gibt. Um das eine oder andre zu tun, muß er *Haben.* Die Prozedur, wodurch er sich in den Zustand des Habens gesetzt hat, bildet keines der Momente der Zirkulation selbst. Nur als Privateigentümer von Tauschwert, sei es in der Form der Ware, sei es in der Form des Geldes, sind die Subjekte [Subjekte] der Zirkulation. Wie sie zu Privateigentümern geworden sind, d. h. *sich vergegenständlichte Arbeit angeeignet* haben, ist ein Umstand, der überhaupt nicht in die Betrachtung der einfachen Zirkulation zu fallen scheint. Indes ist die Ware andrerseits die Voraussetzung der Zirkulation. Und da von ihrem Standpunkt aus fremde Waren, also *fremde Arbeit* nur angeeignet werden kann durch Entäußrung der eignen, erscheint von ihrem Standpunkt aus der der Zirkulation vorhergehnde | *Aneignungsprozeß der Ware notwendig als Aneignung durch Arbeit.* Indem *die Ware als Tauschwert nur vergegenständlichte Arbeit ist*, vom Standpunkt der Zirkulation aber, die selbst nur die Bewegung des Tauschwerts ist, fremde vergegenständlichte Arbeit nicht angeeignet werden kann außer durch den Austausch eines Äquivalents, kann die *Ware in der Tat nichts sein als Vergegenständlichung der eignen Arbeit,* und wie die letztre in der Tat der faktische Aneignungsprozeß von Naturprodukten ist, erscheint sie ebenso als der juristische Eigentumstitel. Die *Zirkulation* zeigt nur, wie diese unmittelbare Aneignung durch Vermittlung einer *gesellschaftlichen Operation das Eigentum an der eignen Arbeit in Eigentum an der gesellschaftlichen Arbeit verwandelt.*

Von allen modernen Ökonomen ist daher die eigne Arbeit als der ursprüngliche Eigentumstitel ausgesprochen, sei es in mehr ökonomischer oder in mehr juristischer Weise und *das Eigentum an dem Resultat der eignen Arbeit als die Grundvoraussetzung der bürgerlichen Gesellschaft. (Cherbuliez:* sieh oben. Sieh auch *A. Smith.)* Die Voraussetzung selbst beruht auf der *Voraussetzung des Tauschwerts als des die Gesamtheit der Produktions- und Verkehrsverhältnisse beherrschenden ökonomischen Verhältniss[es],* ist also selbst ein historisches *Produkt* der bürgerlichen Gesellschaft, der Gesellschaft des entwickelten Tauschwerts. Andrerseits, da bei Betrachtung konkreterer ökonomischen Verhältnisse als die einfache Zirkulation sie darstellt, widersprechende Gesetze sich zu ergeben scheinen, lieben alle klassischen Ökonomen bis herab zu Ricardo jene aus der *bürgerlichen Gesellschaft selbst entspringende Anschauung* zwar als allgemeines Gesetz gelten zu lassen, seine strikte Realität aber in die goldnen Zeiten zu bannen, wo noch *kein Eigentum* existierte. Gleichsam in die Zeiten vor dem ökonomischen Sündenfall, wie Boisguillebert z. B. *So daß sich das sonderbare Resultat ergäbe, daß die Wahrheit des Aneignungsgesetzes der bürgerlichen Gesellschaft in eine Zeit verlegt werden müßte,* worin diese *Gesellschaft selbst noch nicht existierte,* und das Grundgesetz des Eigentums in die Zeit der Eigentumslosigkeit. Diese Illusion ist durchsichtig. Die ursprüngliche Produktion beruht auf urwüchsigen Gemeinwesen, innerhalb deren der Privataustausch nur als ganz oberflächliche nebenherspielende Ausnahme erscheint. Mit der historischen Auflösung dieser Gemeinwesen aber treten sofort Herrschafts- und Knechtschaftsverhältnisse, Verhältnisse der Gewaltsamkeit ein, die mit der milden Warenzirkulation und den ihr entsprechenden Verhältnissen in schreiendem Widerspruch stehn. Wie dem aber sei, der Zirkulationsprozeß, wie er *an der Oberfläche* der Gesellschaft *erscheint,* kennt keine andre Weise der Aneignung, und sollten sich im Fortgang der Untersuchung Widersprüche ergeben, so müssen sie, ebensowohl wie *dies Gesetz der ursprünglichen Appropriation durch die Arbeit, aus der Entwicklung des Tauschwerts selbst hergeleitet werden.*

Das Gesetz der Aneignung durch die eigne Arbeit vorausgesetzt, und es ist dies eine aus der Betrachtung der Zirkulation selbst hervorspringende, keine willkürliche Voraussetzung, erschließt sich von selbst in der Zirkulation ein auf dies Gesetz gegründetes Reich der bürgerlichen Freiheit und Gleichheit.

Wenn die Aneignung von Waren durch eigne Arbeit als die erste Notwendigkeit sich darstellt, so der gesellschaftliche Prozeß, wodurch dies Produkt erst als Tauschwert gesetzt und als solches wieder in Gebrauchswert für die Individuen verwandelt werden muß, als die zweite. Nach der Aneignung durch Arbeit oder Vergegenständlichung der Arbeit erscheint ihre *Veräußerung oder die Verwandlung derselben in gesellschaftliche Form als das nächste Gesetz.* Die Zirkulation ist die Beweg[ung], worin das eigne Produkt als Tauschwert (Geld), d. h. als gesellschaftliches Produkt, und das gesellschaftliche Produkt als eigne[s] (individueller Gebrauchswert, Gegenstand der individuellen Konsumtion) gesetzt wird.

Es ist nun wieder klar:

Eine andre Voraussetzung des Austauschs, die das Ganze der Bewegung betrifft, ist die, daß die Subjekte desselben als unter die Teilung der gesellschaftlichen Arbeit subsumiert produzieren. Die gegeneinander auszutauschenden Waren sind ja in der Tat nichts andres als Arbeit in unterschiednen Gebrauchswerten vergegenständlicht, also auf verschiedne Weise vergegenständlicht, sie sind in der Tat nur das gegenständliche Dasein der Teilung der Arbeit, Vergegenständlichung qualitativ verschiedner, verschiednen Systemen von Bedürfnissen entsprechender Arbeiten. Indem ich *Ware* produziere, ist die Voraussetzung, daß zwar mein Produkt Gebrauchswert hat, aber nicht für mich, nicht unmittelbar Lebensmittel (im weitesten Sinn) für mich ist, sondern für mich unmittelbarer Tauschwert; Lebensmittel erst wird, nachdem es im Geld die Form des allgemeinen gesellschaftlichen Produkts angenommen hat und nun in jeder Form fremder, qualitativ verschiedner Arbeit realisiert werden kann. Ich produziere daher nur für mich, indem ich für die Gesellschaft produziere, deren jedes Glied wieder in einem andren Kreise für mich arbeitet.

Es ist ferner klar, daß die Voraussetzung, daß die Austauschenden Tauschwerte produzieren, nicht nur Teilung der Arbeit überhaupt, sondern eine spezifisch entwickelte Form derselben voraussetzt. Zum Beispiel in Peru war auch die Arbeit geteilt; so in den selbstgenügsamen (selfsupporting) kleinen indischen Gemeinwesen. Es ist dies aber eine Teilung der Arbeit, die nicht nur nicht auf den Tauschwert gründete, sondern umgekehrt eine mehr oder minder direkt gemeinschaftliche Produktion voraussetzt. Die Grundvoraussetzung, daß die Subjekte der Zirkulation Tauschwerte produziert haben, Produkte, die unmittelbar unter der gesellschaftlichen Bestimmtheit des Tauschwerts gesetzt sind, also auch subsumiert unter eine Teilung der Arbeit von bestimmter historischer Gestaltung produziert haben, schließt eine Masse Voraussetzungen ein, die weder aus dem Willen des Individuums hervorgehn, noch aus seiner unmittelbaren Natürlichkeit, sondern aus geschichtlichen Bedingungen und Verhältnissen, wodurch das Individuum schon sich *gesellschaftlich,* als durch die Gesellschaft bestimmt findet; ebenso wie diese Voraussetzung Verhältnisse einschließt, die sich in andren Produktionsbeziehungen der Individuen, als den einfachen, worin sie sich in der Zirkulation gegenübertreten, darstellen. [...]

Wenn das Individuum seine unmittelbaren Subsistenzmittel produziert, wie z. B. größtenteils in den Ländern, wo die naturwüchsigen Agrikulturverhältnisse fortdauern, hat seine Produktion keinen gesellschaftlichen Charakter und ist seine Arbeit keine gesellschaftliche. Wenn das Individuum als Privatindividuum produziert – *so ist diese seine Position selbst keineswegs Naturprodukt, sondern raffiniertes Resultat* eines gesellschaftlichen Prozesses –, zeigt sich der gesellschaftliche Charakter darin, daß es im Inhalt seiner Arbeit durch den gesellschaftlichen Zusammenhang bestimmt ist, und es nur als Glied desselben arbeitet, d. h. für die Bedürfnisse aller andern, – also gesellschaftliche Abhängigkeit für es existiert –, aber es selbst ergreift nach Belieben diese oder jene Arbeit; sein besondres Verhältnis zur besondren Arbeit ist nicht gesellschaftlich bestimmt; sein Belieben ist natürlich bestimmt durch seine natürlichen Anlagen, Neigungen, Naturbedingungen der Produktion, in die es sich gestellt findet usw.; so daß in der Tat die Besondrung der Arbeit, die gesellschaftliche Auseinanderlegung derselben in eine Totalität besondrer Zweige, auf seiten des Individuums so erscheint, daß seine eigne geistige und natürliche Besonderheit sich zugleich die Gestalt einer gesellschaftlichen Besonderheit gibt. Aus seiner eignen Natur und ihren besondren Voraussetzungen entspringt für es die

Besonderheit seiner Arbeit – erst Vergegenständlichung derselben –, die [es] aber gleichzeitig als Geltendmachung eines besondren Systems der Bedürfnisse und Verwirklichung eines besondren Zweigs der gesellschaftlichen Tätigkeit weiß. Die Teilung der Arbeit so aufgefaßt als gesellschaftliche Reproduktion der besondren Individualität, die damit zugleich ein Glied in der Totalentwicklung der Menschheit und das Individuum zugleich vermittelst seiner besondren Tätigkeit zum Genuß an der allgemeinen Produktion, zum allseitigen gesellschaftlichen Genuß befähigt, – diese Auffassung, wie sie sich vom Standpunkt der einfachen Zirkulation aus ergibt, die also Bestätigung der Freiheit der Individuen, statt Aufhebung derselben ist, ist noch die in der bürgerlichen Ökonomie gang und gäbe.

Diese natürliche Verschiedenheit der Individuen und ihrer Bedürfnisse bilden das Motiv zu ihrer gesellschaftlichen Integrierung als Austauschende. D'abord treten sie sich im Tauschakt als Personen gegenüber, die sich wechselseitig als Eigentümer anerkennen, als Personen, deren Willen ihre Waren durchdringt und wo die wechselseitige Aneignung durch wechselseitige Entäußerung nur durch ihren gemeinschaftlichen Willen, also wesentlich vermittelst des Kontrakts, stattfindet. Es kommt hier das juristische Moment der Person herein und der Freiheit, die in ihr enthalten ist. Im römischen Recht ist der servus daher richtig als einer bestimmt, der nicht durch den Austausch erwerben kann. Ferner: Es ist in dem Bewußtsein der austauschenden Subjekte vorhanden, daß jedes nur sich Selbstzweck in der Transaktion ist; daß jedes nur Mittel für das andre ist; endlich, daß die Wechselseitigkeit, wonach jedes zugleich Mittel und Zweck, und zwar nur den eignen Zweck erreicht, indem es Mittel für das andere wird und nur Mittel wird, in [so] fern es seinen Zweck erreicht –, daß diese Wechselseitigkeit ein notwendiges fact ist, vorausgesetzt als natürliche Bedingung des Austauschs, daß sie aber [als] solche jedem der beiden Subjekte des Austauschs gleichgültig ist und nur Interesse für es hat, soweit sie *sein* Interesse ist. Das heißt das gemeinschaftliche Interesse, das als Inhalt des Gesamtaustauschakts erscheint, ist zwar als Tatsache im Bewußtsein beider Seiten, aber als solches ist es nicht Motiv, sondern existiert sozusagen nur hinter dem Rücken der in sich reflektierten Einzelinteressen. Das Subjekt kann, wenn es will, auch noch das erhebende Bewußtsein haben, daß die Befriedigung seines rücksichtslosen Einzelinteresses grade die Verwirklichung des aufgehobnen Einzelinteresses, des allgemeinen Interesses ist. Aus dem

Akt des Austauschs selbst kehrt jedes der Subjekte als Endzweck des ganzen Prozesses in sich selbst zurück, als übergreifendes Subjekt. Damit ist also die vollständige Freiheit des Subjekts realisiert. Freiwillige Transaktion; Gewalt von keiner Seite; Werden zum Mittel für das andre nur als Mittel für sich selbst oder Selbstzweck; endlich das Bewußtsein, daß das allgemeine oder gemeinschaftliche Interesse eben nur die Allseitigkeit des selbstsüchtigen Interesses ist.

Wenn so die Zirkulation nach allen Seiten eine Verwirklichung der individuellen Freiheit ist, so bildet ihr Prozeß als solcher betrachtet – denn die Beziehungen der Freiheit gehn die ökonomischen Formbestimmungen des Austauschs nicht direkt an, sondern beziehn sich entweder auf seine juristische Form oder betreffen den Inhalt, die Gebrauchswerte oder Bedürfnisse als solche, d. h. in seinen ökonomischen Formbestimmungen betrachtet, die völlige Realisation der gesellschaftlichen Gleichheit. Als Subjekte der Zirkulation sind sie zunächst *Austauschende* und daß jedes in dieser Bestimmung, also in derselben Bestimmung gesetzt ist, macht grade ihre gesellschaftliche Bestimmung aus. Sie treten sich in der Tat nur als subjektivierte Tauschwerte, d. h. lebendige Äquivalente entgegen, Gleichgeltende. Als solche sind sie nicht nur gleich: es findet nicht einmal | eine Verschiedenheit zwischen ihnen statt. Sie treten sich nur gegenüber als Besitzer von Tauschwerten und Tauschbedürftige, als Agenten derselben allgemeinen gleichgültigen sozialen Arbeit. Und zwar tauschen sie Tauschwerte von gleicher Größe aus, denn es ist vorausgesetzt, daß Äquivalente ausgetauscht werden. Die Gleichheit dessen, was jeder gibt und nimmt, ist hier ausdrückliches Moment des Prozesses selbst. Wie [sie] sich als Subjekt des Austauschs gegenübertreten, so bewähren sie sich im Akt desselben. Als solcher ist er nur diese Bewährung. Sie werden als Austauschende, daher Gleiche gesetzt und ihre Waren (Objekte) als Äquivalente. Sie tauschen nur aus ihr gegenständliches Dasein als ein gleich wertvolles. Sie selbst sind gleich viel wert und bewähren sich im Akt des Austauschs als Gleichgeltende und Gleichgültige gegeneinander. Die Äquivalente sind die Vergegenständlichung des einen Subjekts für das andre; d. h. sie selbst sind gleich viel wert und bewähren sich im Akt des Austauschs als Gleichgeltende und Gleichgültige füreinander. Die Subjekte sind im Austausch nur durch die Äquivalente füreinander als Gleichgeltende und bewähren sich als solche durch den Wechsel der Gegenständlichkeit, worin das eine für das andre ist. Da sie nur als Subjekte der Äquivalenz füreinander sind, sind sie als Gleichgeltende zugleich Gleichgültige gegeneinander. Ihr sonstiger Unterschied geht sie nichts an. Ihre individuelle Besonderheit geht nicht in den Prozeß ein. Die stoffliche Verschiedenheit im Gebrauchswerte ihrer Waren ist ausgelöscht in dem idealen Dasein der Ware als Preis, und soweit dieser stoffliche Unterschied Motiv des Austauschs ist, sind sie sich wechselseitig Bedürfnis (repräsentiert jedes das Bedürfnis des andren) und bloß durch das gleiche Quantum Arbeitszeit befriedigtes Bedürfnis. Diese natürliche Verschiedenheit ist der Grund ihrer sozialen Gleichheit, setzt sie als Subjekte des Austauschs. Wäre das Bedürfnis von A dasselbe wie das von B und befriedigte die Ware von A dasselbe Bedürfnis wie die von B, so wäre gar keine Beziehung zwischen ihnen vorhanden, soweit von ökonomischen Beziehungen die Rede (nach der Seite ihrer Produktion hin). Die wechselseitige Befriedigung ihrer Bedürfnisse, vermittelst der stofflichen Verschiedenheit ihrer Arbeit und ihrer Ware, macht ihre Gleichheit zu einer erfüllten sozialen Beziehung und ihre besondre Arbeit zu einer besondren Existenzweise der sozialen Arbeit überhaupt.

Soweit das Geld hereinkömmt, so ist es soweit entfernt, diese Beziehung der Gleichheit aufzuheben, daß es in der Tat ihr realer Ausdruck ist. Zunächst, soweit es als preissetzendes Element, Maß, funktioniert, ist es grade die Funktion des Geldes auch der Form nach die Waren als qualitativ identisch zu setzen, ihre identische soziale Substanz auszudrücken, indem nur quantitative Verschiedenheit stattfindet. In der Zirkulation erscheint dann auch in der Tat die Ware eines jeden als dasselbe; erhält dieselbe gesellschaftliche Form des Zirkulationsmittels; worin alle Besonderheit des Produkts ausgelöscht ist und der Eigentümer jeder Ware Eigentümer der handgreiflich subjektivierten allgemeingültigen Ware wird. Hier gilt im eigentlichen Sinn, daß das Geld *non olet*. Ob der Taler, den einer in der Hand hat, den Preis von Mist oder Seide realisiert hat, ist ihm absolut nicht abzumerken und aller individuelle Unterschied, soweit der Taler als Taler funktioniert, ist in der Hand seines Besitzers ausgelöscht. Diese Auslöschung ist aber eine allseitige, da alle Waren sich in Münze verwandeln. Die Zirkulation setzt jeden in einem bestimmten Moment nicht nur dem andren gleich, sondern als dasselbe und ihre Bewegung besteht darin, daß jedes abwechselnd, die soziale Funktion betrachtet, an die Stelle des andren tritt. In der Zirkulation treten sich nun zwar auch die Austauschenden qualitativ gegenüber als Käufer und Verkäufer, als Ware und Geld, aber einmal wechseln sie die Stelle, und der Prozeß besteht ebenso im Ungleichsetzen wie im Aufheben des Gleichsetzens, so daß das letztere nur formell erscheint. Der Käufer wird Verkäufer, der Verkäufer wird Käufer, und jeder kann nur Käufer werden als Verkäufer. Der formelle Unterschied besteht für alle Subjekte der Zirkulation gleichzeitig als soziale Metamorphosen, durch die [sie] zu passieren haben. Zudem ist die Ware ideell als Preis ebenso gut Geld, wie das ihr gegenüberstehnde Geld. Im Geld als zirkulierendem selbst so, daß es bald in der einen Hand, bald in der andren erscheint, und gleichgültig gegen dies Erscheinen ist, ist die Gleichheit sachlich gesetzt und der Unterschied als ein nur formeller. Jeder erscheint als Besitzer des Zirkulationsmittels dem andren gegenüber, selbst als Geld, soweit der Prozeß des Austauschs betrachtet wird. Die besondre natürliche Verschiedenheit, die in der Ware lag, ist ausgelöscht und wird beständig durch die Zirkulation ausgelöscht.

Wenn wir überhaupt die soziale Beziehung der Individuen innerhalb ihres ökonomischen Prozesses prüfen, müssen wir uns einfach an die Formbestimmungen dieses Prozesses selbst halten. Unterschied aber existiert keiner in der Zirkulation als der von Ware und Geld und sie ist ebenso das beständige Verschwinden desselben. Die Gleichheit erscheint hier als soziales Produkt, wie überhaupt Tauschwert soziales Dasein ist.

Da das Geld nur Realisierung des Tauschwerts ist und entwickeltes Tauschwertsystem Geldsystem; so kann das Geldsystem in der Tat nur die Realisierung dieses Systems der Gleichheit und Freiheit sein.

Im Gebrauchswert der Ware ist die besondre individuelle Seite der Produktion (Arbeit) dem Austausche[r] enthalten; aber in seiner Ware als Tauschwert gelten alle Waren gleichmäßig als Vergegenständlichung der gesellschaftlichen, unterschiedslosen Arbeit schlechthin; ihre Eigentümer als Gleichwürdige, ebenbürtige Funktionäre des gesellschaftlichen Prozesses.

| Soweit das Geld in seiner dritten Funktion erscheint, ist schon früher gezeigt worden, daß es als allgemeines Material der Kontrakte, allgemeines Zahlungsmittel, allen spezifischen Unterschied in den Leistungen aufhebt, sie gleichsetzt. Es setzt alle gleich vor dem Geld, aber das Geld ist nur ihr eigner vergegenständlichter gesellschaftlicher Zusammenhang. Als Materie der Akkumulation

und Schatzbildung, könnte zunächst die Gleichheit aufgehoben scheinen, indem die Möglichkeit eintritt, daß ein Individuum sich mehr bereichert, mehr Titel auf die allgemeine Produktion erwirbt als das andre. Allein keines kann Geld entziehn auf Unkosten des andren. Es kann nur in der Form des Geldes nehmen, was es in der Form der Ware gibt. Das eine genießt den Inhalt des Reichtums, das andre setzt sich in Besitz seiner allgemeinen Form. Wenn das eine verarmt und das andre sich bereichert, so ist das Sache ihrer Willkür, ihrer Sparsamkeit, Industrie, Moral usw. und geht keineswegs aus den ökonomischen Beziehungen, aus den Verkehrsverhältnissen, worin die Individuen in der Zirkulation einander gegenübertreten, selbst hervor. Selbst Erbschaft und dergleichen juristische Verhältnisse, die so entstehnde Ungleichheiten verlängern mögen, tun der sozialen Gleichheit keinen Eintrag. Wenn das ursprüngliche Verhältnis des Individuums A nicht im Widerspruch mit denselben steht, so kann dieser Widerspruch sicher nicht dadurch hervorgebracht werden, daß das Individuum A an die Stelle des Individuums B tritt, es verewigt. Es ist dies vielmehr ein Geltendmachen des sozialen Gesetzes über die natürliche Lebensgrenze hinaus; eine Befestigung derselben gegen die zufällige Wirkung der Natur, deren Einwirkung als solche vielmehr Aufhebung der Freiheit des Individuums wäre. Zudem, da das Individuum in diesem Verhältnis nur die Individuation des Geldes ist, ist es als solches ebenso unsterblich als das Geld selbst. Endlich, ist die Schatzbildende Tätigkeit eine heroische Idiosynkrasie, ein Fanatismus der Ascese, die sich nicht natürlich vererbt wie das Blut. Da nur Äquivalente ausgetauscht werden, muß der Erbe das Geld wieder in Zirkulation werfen, um es als Genuß zu realisieren. Tut er das nicht, so fährt er einfach fort ein nützliches Glied für die Gesellschaft zu sein und ihr nicht mehr zu nehmen, als er ihr gibt. Die Natur der Dinge aber bringt es mit sich, daß die Verschwendung dann, wie Steuart sagt, als »angenehmer leveller« die Ungleichheit wieder ausgleicht, so daß diese selbst als nur verschwindend erscheint.

Der in der Zirkulation entwickelte Tauschwertprozeß respektiert daher nicht nur die Freiheit und Gleichheit, sondern sie sind sein Produkt; er ist ihre reale Basis. Als reine Ideen sind sie idealisierte Ausdrücke seiner verschiednen Momente; als entwickelt in juristischen, politischen und sozialen Beziehungen, sind sie nur reproduziert in andren Potenzen. Dies hat sich auch historisch bestätigt. Nicht nur ist die Dreieinigkeit von Eigentum, Freiheit, und Gleichheit auf dieser Grundlage theoretisch zuerst von den italienischen, englischen, und französischen Ökonomen des 17. und 18. Jahrhunderts formuliert worden. Sie realisierten sich erst in der modernen bürgerlichen Gesellschaft. Die antike Welt, der der Tauschwert nicht als Basis der Produktion diente, die an seiner Entwicklung vielmehr unterging, produzierte eine Freiheit und Gleichheit von ganz entgegengesetztem und wesentlich nur lokalem Gehalt. Andrerseits, da in der antiken Welt im Kreis der Freien wenigstens die Momente der einfachen Zirkulation sich entwickelten, so ist es erklärlich, daß in Rom und speziell dem kaiserlichen Rom, dessen Geschichte eben die Geschichte der Auflösung des antiken Gemeinwesens ist, die Bestimmungen der juristischen Person, des Subjekts des Austauschprozesses, entwickelt wurden, das Recht der bürgerlichen Gesellschaft nach seinen wesentlichen Bestimmungen ausgearbeitet, vor allem aber dem Mittelalter gegenüber als das Recht der entstehenden industriellen Gesellschaft geltend gemacht werden mußte.

Es ergibt sich daher der Irrtum jener Sozialisten, namentlich der französischen, die den Sozialismus als Realisation der von der französischen Revolution nicht entdeckten, sondern historisch in Umlauf geworfnen bürgerlichen Ideen nachweisen wollen, und sich mit der Demonstration abmühen, daß der Tauschwert *ursprünglich* (in der Zeit) oder seinem Begriff nach (in seiner adäquaten Form) ein System der Freiheit und Gleichheit aller, aber verfälscht worden sei durch Geld, Kapital etc. Oder auch, daß die Geschichte bisher noch verfehlte Versuche gemacht habe, sie in der ihrer Wahrheit entsprechenden Form durchzuführen und nun, wie Proudhon z. B., eine Panacee entdeckt haben wollen, wodurch die echte Geschichte dieser Verhältnisse an der Stelle ihrer verfälschten geliefert werden soll. Das Tauschwertsystem und mehr das Geldsystem sind in der Tat das System der Freiheit und Gleichheit. Die Widersprüche aber, die bei tieferer Entwicklung erscheinen, sind immanente Widersprüche, Verwicklungen dieses Eigentums, Freiheit und Gleichheit selbst; die gelegentlich in ihr Gegenteil umschlagen. Es ist ein ebenso frommer wie alberner Wunsch, daß z. B. der Tauschwert aus der Form von Ware und Geld sich nicht zu der Form des Kapitals oder die Tauschwert produzierende Arbeit sich nicht zur Lohnarbeit fortentwickeln soll. Was diese Sozialisten von den bürgerlichen Apologeten unterscheidet, ist auf der einen Seite das Gefühl der Widersprüche des Systems, anderseits der Utopismus, den notwendigen Unterschied zwischen der realen und idealen Gestalt der bürgerlichen Gesellschaft nicht zu begreifen, und daher das überflüssige Geschäft zu übernehmen, den idealen Ausdruck, das verklärte und | von der Wirklichkeit selbst als solches aus sich geworfne reflektierte Lichtbild, selbst wieder verwirklichen zu wollen.

Dieser Auffassung stellt sich von andrer Seite der fade Beweis gegenüber, daß die Widersprüche gegen diese auf Betrachtung der einfachen Zirkulation beruhnde Anschauung, sobald wir zu konkretern Stadien des Produktionsprozesses fortgehn, von der Oberfläche mehr in seine Tiefe herabsteigen, in der Tat bloßer Schein sind. Es wird in der Tat behauptet, und durch *Abstraktion* von der spezifischen Form der entwickelteren Sphären des gesellschaftlichen Produktionsprozesses, der entwickelteren ökonomischen Verhältnisse bewiesen, daß alle ökonomischen Verhältnisse nur andre und andre Namen für immer dieselben Verhältnisse des einfachen Austauschs, Warenaustauschs, und der ihnen entsprechenden Bestimmungen des Eigentums, Freiheit und Gleichheit sind. Aus der Empirie also z. B. wird aufgenommen, daß neben Geld und Ware Tauschwertverhältnisse noch in der Form des Kapitals, des Zinses, der Grundrente, des Arbeitslohn[s] usw. sich vorfinden. Durch den Prozeß einer sehr wohlfeilen Abstraktion, die nach Belieben bald diese bald jene Seite des spezifischen Verhältnisses fallen läßt, wird es reduziert auf die abstrakten Bestimmungen der *einfachen* Zirkulation und so *bewiesen,* daß die ökonomischen Beziehungen, worin sich die Individuen in jenen entwickeltren Sphären des Produktionsprozesses vorfinden, nur die Beziehungen der einfachen Zirkulation sind, usw. Es ist in dieser Art, daß Herr Bastiat seine ökonomische Theodicee, die »*Harmonies économiques*« zusammengeschweißt hat. Im Gegensatz zur klassischen Ökonomie der Steuart, Smith, Ricardo, die die Kraft besitzen die Produktionsverhältnisse in ihrer reinen Form rücksichtslos darzustellen, wird diese ohnmächtige gespreizte Blaufärberei als Fortschritt behauptet. Bastiat ist indes nicht der Erfinder dieser harmonischen Anschauung, sondern hat sie vielmehr von dem Amerikaner Carey entlehnt. Carey, bei dessen Anschauung nur die neue Welt, deren Mitglied er ist, als historischer Hintergrund wirkte, hat in den sehr bändereichen Werken seiner ersten Epoche die ökonomische »Harmonie«, die noch überall Reduktion auf die abstrakten Bestimmung[en] des einfachen Austauschprozesses, dadurch bewiesen, daß er diese einfachen Verhältnisse überall durch den Staat einerseits verfälschen läßt. *An sich* sind die Harmonien da. Innerhalb der nichtamerikanischen Länder aber sind sie durch den Staat, in Amerika selbst durch die entwickeltste Form, worin diese Verhältnisse auftreten, ihre weltmarktliche Realität, in der Form England, verfälscht.* Carey- um sie herzustellen, findet kein andres Mittel als den von ihm denunzierten diabolus, den Staat, schließlich als Schutzengel zur Hülfe zu rufen, an die Pforte des harmonischen Paradieses zu stellen – nämlich Schutzzölle. Da er indes ein Forscher, nicht Belletrist, wie Bastiat ist, mußte er in seinem letzten Werk »[Slavery at home and abroad (?)]« weitergehn. Die Entwicklung Amerikas in den letzten 18 J[ahren] hat seiner harmonischen Anschauung soweit einen Stoß gegeben, daß er nun nicht nur mehr in der äußeren Einwirkung des Staats die Verfälschung der an sich stets noch festgehaltnen »natürlichen« »Harmonien« sieht, sondern im – *Handel*! Bewundrungswürdiges Resultat dies, den Tauschwert als Grundlage der harmonischen Produktion zu feiern, und ihn dann durch die entwickelte Form des Austauschs, den Handel, in seinen immanenten Gesetzen aufheben zu lassen!** Es ist in dieser verzweifelten Form, daß er das dilatorische Urteil ausspricht, daß die Entwicklung des harmonischen Tauschwerts disharmonisch ist.

[...]

---

* Z. B. Es ist harmonisch, wenn innerhalb eines Landes die patriarchalische Produktion der industriellen Platz macht, und der Auflösungsprozeß, der diese Entwicklung begleitet, wird nur nach seiner positiven Seite aufgefaßt. Aber es wird disharmonisch, wenn die englische große Industrie den patriarchalischen oder kleinbürgerlichen Formen fremder nationaler Podukiton ein Ende mit Schrecken macht. Die Konzentration des Kapitals innerhalb eines Landes, und die auflösende Wirkung dieser Konzentration, bieten ihm nur positive Seiten dar. Aber die Wirkungen des konzentrierten englischen Kapitals, was er als das Monopol Englands denunziert, auf andre nationale Kapitalien, ist die Disharmonie selbst.

** Carey ist in der Tat der einzig originelle Ökonom Amerikas, und es gibt seinen Werken die große Bedeutung, daß ihnen stofflich überall die bürgerliche Gesellschaft in ihrer freisten und breitesten Realität zu Grunde liegt. In abstrakter Form spricht er die großen amerikanischen Verhältnisse aus, und zwar im Gegensatz zur alten Welt. Der einzige reale Hintergrund Bastiats ist die Kleinheit der f[ran]z[ö]s[ischen] ökon[omischen] Verhältnisse, die überall ihre langen Ohren aus seinen Harmonien herausstrecken und im Gegensatz zu denen die idealisierten englischen und amerikanischen Produktionsverhältnisse als »Forderungen der praktischen Vernunft« formuliert werden. Carey ist daher reich an selbständigen, sozusagen bona-fide-Forschungen über spezifische ökonomische Fragen. Wo Bastiat ausnahmsweise von seinen kokett geschliffnen Gemeinplätzen zur Betrachtung wirklicher Kategorien herabzusteigen

(f) Verwandlung von Wert resp. Preis der Arbeitskraft in Arbeitslohn

Auf der Oberfläche der bürgerlichen Gesellschaft erscheint der Lohn des Arbeiters als Preis der Arbeit, ein bestimmtes Quantum Geld, das für ein bestimmtes Quantum Arbeit gezahlt wird. Man spricht hier vom Wert der Arbeit und nennt seinen Geldausdruck ihren notwendigen oder natürlichen Preis. Man spricht andrerseits von Marktpreisen der Arbeit, d. h. über oder unter ihrem notwendigen Preis oszillierenden Preisen.

Aber was ist der Wert einer Ware? Gegenständliche Form der in ihrer Produktion verausgabten gesellschaftlichen Arbeit. Und wodurch messen wir die Größe ihres Werts? Durch die Größe der in ihr enthaltnen Arbeit. Wodurch wäre also der Wert z. B. eines zwölfstündigen Arbeitstags bestimmt? Durch die in einem Arbeitstag von 12 Stunden enthaltnen 12 Arbeitsstunden, was eine abgeschmackte Tautologie ist.

Um als Ware auf dem Markt verkauft zu werden, müßte die Arbeit jedenfalls existieren, bevor sie verkauft wird. Könnte der Arbeiter ihr aber eine selbständige Existenz geben, so würde er Ware verkaufen und nicht Arbeit.

Von diesen Widersprüchen abgesehn, würde ein direkter Austausch von Geld, d. h. vergegenständlichter Arbeit, mit lebendiger Arbeit entweder das Wertgesetz aufheben, welches sich grade erst auf Grundlage der kapitalistischen Produktion frei entwickelt, oder die kapitalistische Produktion selbst aufheben, welche grade auf der Lohnarbeit beruht. Der Arbeitstag von 12 Stunden stellt sich z. B. in einem Geldwert von 6 sh. dar. Entweder werden Äquivalente ausgetauscht, und dann erhält der Arbeiter für zwölfstündige Arbeit 6 sh. Der Preis seiner Arbeit wäre gleich dem Preis seines Produkts. In diesem Fall produzierte er keinen Mehrwert für den Käufer seiner Arbeit, die 6 sh. verwandelten sich nicht in Kapital, die Grundlage der kapitalistischen Produktion verschwände, aber grade

---

vorgibt, z. B. in der Grundrente, schreibt er Carey einfach ab. Während der letzte daher hauptsächlich die Widersprüche gegen seine harmonische Anschauung bekämpft, in der Form bekämpft, wie sie von den klassischen engl[ischen] Ökonomen selbst entwickelt sind, plädiert Bastiat gegen die Sozialisten. Die tiefere Anschauung Careys findet in der Ökonomie selbst den Gegensatz, den er als Harmoniker zu bekämpfen hat, während der eitle, rechthaberische Räsonneur ihn bloß außerhalb sieht.

auf dieser Grundlage verkauft er seine Arbeit und ist seine Arbeit Lohnarbeit. Oder er erhält für 12 Stunden Arbeit weniger als 6 sh., d. h. weniger als 12 Stunden Arbeit. Zwölf Stunden Arbeit tauschen sich aus gegen 10,6 usw. Stunden Arbeit. Diese Gleichsetzung ungleicher Größen hebt nicht nur die Wertbestimmung auf. Ein solcher sich selbst aufhebender Widerspruch kann überhaupt nicht als Gesetz auch nur ausgesprochen oder formuliert werden.

Es nützt nichts, den Austausch von mehr gegen weniger Arbeit aus dem Formunterschied herzuleiten, daß sie das eine Mal vergegenständlicht, das andre Mal lebendig ist. Dies ist um so abgeschmackter, als der Wert einer Ware nicht durch das Quantum wirklich in ihr vergegenständlichter, sondern durch das Quantum der zu ihrer Produktion notwendigen lebendigen Arbeit bestimmt wird. Eine Ware stelle 6 Arbeitsstunden dar. Werden Erfindungen gemacht, wodurch sie in 3 Stunden produziert werden kann, so sinkt der Wert auch der bereits produzierten Ware um die Hälfte. Sie stellt jetzt 3 statt früher 6 Stunden notwendige gesellschaftliche Arbeit dar. Es ist also das zu ihrer Produktion erheischte Quantum Arbeit, nicht deren gegenständliche Form, wodurch ihre Wertgröße bestimmt wird.

Was dem Geldbesitzer auf dem Warenmarkt direkt gegenübertritt, ist in der Tat nicht die Arbeit, sondern der Arbeiter. Was letzterer verkauft, ist seine Arbeitskraft. Sobald seine Arbeit wirklich beginnt, hat sie bereits aufgehört, ihm zu gehören, kann also nicht mehr von ihm verkauft werden. Die Arbeit ist die Substanz und das immanente Maß der Werte, aber sie selbst hat keinen Wert.

Im Ausdruck: »Wert der Arbeit« ist der Wertbegriff nicht nur völlig ausgelöscht, sondern in sein Gegenteil verkehrt. Es ist ein imaginärer Ausdruck, wie etwa Wert der Erde. Diese imaginären Ausdrücke entspringen jedoch aus den Produktionsverhältnissen selbst. Sie sind Kategorien für Erscheinungsformen wesentlicher Verhältnisse. Daß in der Erscheinung die Dinge sich oft verkehrt darstellen, ist ziemlich in allen Wissenschaften bekannt, außer in der politischen Ökonomie.

Die klassische politische Ökonomie entlehnte dem Alltagsleben ohne weitere Kritik die Kategorie »Preis der Arbeit«, um sich dann hinterher zu fragen, wie wird dieser Preis bestimmt? Sie erkannte bald, daß der Wechsel im Verhältnis von Nachfrage und Angebot für den Preis der Arbeit, wie für den jeder andren Ware, nichts erklärt außer seinem Wechsel, d. h. die Schwankung der Marktpreise unter oder über eine gewisse Größe. Decken sich Nachfrage und Angebot, so hört, unter sonst gleichbleibenden Umständen, die Preisoszillation auf. Aber dann hören auch Nachfrage und Angebot auf, irgend etwas zu erklären. Der Preis der Arbeit, wenn Nachfrage und Angebot sich decken, ist ihr vom Verhältnis der Nachfrage und Angebot unabhängig bestimmter, ihr natürlicher Preis, der so als der eigentlich zu analysierende Gegenstand gefunden ward. Oder man nahm eine längere Periode der Schwankungen des Marktpreises, z. B. ein Jahr, und fand dann, daß sich ihr Auf und Ab ausgleicht zu einer mittleren Durchschnittsgröße, einer konstanten Größe. Sie mußte natürlich anders bestimmt werden als die sich kompensierenden Abweichungen von ihr selbst. Dieser über die zufälligen Marktpreise der Arbeit übergreifende und sie regulierende Preis, der »notwendige Preis« (Physiokraten) oder »natürliche Preis« der Arbeit (Adam Smith) kann, wie bei andren Waren, nur ihr in Geld ausgedrückter Wert sein. In dieser Art glaubte die politische Ökonomie durch die zufälligen Preise der Arbeit zu ihrem Wert vorzudringen. Wie bei den andren Waren wurde dieser Wert dann weiter durch die Produktionskosten bestimmt. Aber was sind die Produktionskosten – des Arbeiters, d. h. die Kosten, um den Arbeiter selbst zu produzieren oder zu reproduzieren? Diese Frage schob sich der politischen Ökonomie bewußtlos für die ursprüngliche unter, da sie mit den Produktionskosten der Arbeit als solcher sich im Kreise drehte und nicht vom Flecke kam. Was sie also Wert der Arbeit (value of labour) nennt, ist in der Tat der Wert der Arbeitskraft, die in der Persönlichkeit des Arbeiters existiert und von ihrer Funktion, der Arbeit, ebenso verschieden ist wie eine Maschine von ihren Operationen. Beschäftigt mit dem Unterschied zwischen den Marktpreisen der Arbeit und ihrem sog. Wert, mit dem Verhältnis dieses Werts zur Profitrate, zu den vermittelst der Arbeit produzierten Warenwerten usw., entdeckte man niemals, daß der Gang der Analyse nicht nur von den Marktpreisen der Arbeit zu ihrem vermeintlichen Wert, sondern dahin geführt hatte, diesen Wert der Arbeit selbst wieder aufzulösen in den Wert der Arbeitskraft. Die Bewußtlosigkeit über dies Resultat ihrer eignen Analyse, die kritiklose Annahme der Kategorien »Wert der Arbeit«, »natürlicher Preis der Arbeit« usw. als letzter adäquater Ausdrücke des behandelten Wertverhältnisses, verwickelte, wie man später sehn wird, die klassische politische Ökonomie in unauflösbare Wirren und Widersprüche, während sie der Vulgärökonomie eine sichere

Operationsbasis für ihre prinzipiell nur dem Schein huldigende Flachheit bot.

Sehn wir nun zunächst, wie Wert und Preise der Arbeitskraft sich in ihrer verwandelten Form als Arbeitslohn darstellen.

Man weiß, daß der Tageswert der Arbeitskraft berechnet ist auf eine gewisse Lebensdauer des Arbeiters, welcher eine gewisse Länge des Arbeitstags entspricht. Nimm an, der gewohnheitsmäßige Arbeitstag betrage 12 Stunden und der Tageswert der Arbeitskraft 3 sh., der Geldausdruck eines Werts, worin sich 6 Arbeitsstunden darstellen. Erhält der Arbeiter 3 sh., so erhält er den Wert seiner während 12 Stunden funktionierenden Arbeitskraft. Wird nun dieser Tageswert der Arbeitskraft als Wert der Tagesarbeit ausgedrückt, so ergibt sich die Formel: Die zwölfstündige Arbeit hat einen Wert von 3 sh. Der Wert der Arbeitskraft bestimmt so den Wert der Arbeit oder, in Geld ausgedrückt, ihren notwendigen Preis. Weicht dagegen der Preis der Arbeitskraft von ihrem Wert ab, so ebenfalls der Preis der Arbeit von ihrem sog. Wert.

Da der Wert der Arbeit nur ein irrationeller Ausdruck für den Wert der Arbeitskraft, ergibt sich von selbst, daß der Wert der Arbeit stets kleiner sein muß als ihr Wertprodukt, denn der Kapitalist läßt die Arbeitskraft stets länger funktionieren, als zur Reproduktion ihres eignen Werts nötig ist. Im obigen Beispiel ist der Wert der während 12 Stunden funktionierenden Arbeitskraft 3 sh., ein Wert, zu dessen Reproduktion sie 6 Stunden braucht. Ihr Wertprodukt ist dagegen 6 sh., weil sie in der Tat während 12 Stunden funktioniert, und ihr Wertprodukt nicht von ihrem eigenen Werte, sondern von der Zeitdauer ihrer Funktion abhängt. Man erhält so das auf den ersten Blick abgeschmackte Resultat, daß Arbeit, die einen Wert von 6 sh. schafft, einen Wert von 3 sh. besitzt.

Man sieht ferner: Der Wert von 3 sh., worin sich der bezahlte Teil des Arbeitstags, d. h. sechsstündige Arbeit darstellt, erscheint als Wert oder Preis des Gesamtarbeitstags von 12 Stunden, welcher 6 unbezahlte Stunden enthält. Die Form des Arbeitslohns löscht also jede Spur der Teilung des Arbeitstags in notwendige Arbeit und Mehrarbeit, in bezahlte und unbezahlte Arbeit aus. Alle Arbeit erscheint als bezahlte Arbeit. Bei der Fronarbeit unterscheiden sich räumlich und zeitlich, handgreiflich sinnlich, die Arbeit des Fröners für sich selbst und seine Zwangsarbeit für den Grundherrn. Bei der Sklavenarbeit erscheint selbst der Teil des Arbeitstags, worin der Sklave nur den Wert seiner eigenen Lebensmittel ersetzt, den er in der Tat also für sich selbst arbeitet, als Arbeit für seinen Meister. Alle seine Arbeit erscheint als unbezahlte Arbeit. Bei der Lohnarbeit erscheint umgekehrt selbst die Mehrarbeit oder unbezahlte Arbeit als bezahlt. Dort verbirgt das Eigentumsverhältnis das Fürsichselbstarbeiten des Sklaven, hier das Geldverhältnis das Umsonstarbeiten des Lohnarbeiters.

Man begreift daher die entscheidende Wichtigkeit der Verwandlung von Wert und Preis der Arbeitskraft in die Form des Arbeitslohns oder in Wert und Preis der Arbeit selbst. Auf dieser Erscheinungsform, die das wirkliche Verhältnis unsichtbar macht und grade sein Gegenteil zeigt, beruhn alle Rechtsvorstellungen des Arbeiters wie des Kapitalisten, alle Mystifikationen der kapitalistischen Produktionsweise, alle ihre Freiheitsillusionen, alle apologetischen Flausen der Vulgärökonomie.

Braucht die Weltgeschichte viele Zeit, um hinter das Geheimnis des Arbeitslohns zu kommen, so ist dagegen nichts leichter zu verstehn als die Notwendigkeit, die raisons d'être dieser Erscheinungsform.

Der Austausch zwischen Kapital und Arbeit stellt sich der Wahrnehmung zunächst ganz in derselben Art dar wie der Kauf und Verkauf aller andren Waren. Der Käufer gibt eine gewisse Geldsumme, der Verkäufer einen von Geld verschiednen Artikel. Das Rechtsbewußtsein erkennt hier höchstens einen stofflichen Unterschied, der sich ausdrückt in den rechtlich äquivalenten Formeln: Do ut des, do ut facias, facio ut des, und facio ut facias.

Ferner: Da Tauschwert und Gebrauchswert an und für sich inkommensurable Größen sind, so scheint der Ausdruck: »Wert der Arbeit«, »Preis der Arbeit«, nicht irrationeller als der Ausdruck »Wert der Baumwolle«, »Preis der Baumwolle«. Es kommt hinzu, daß der Arbeiter gezahlt wird, nachdem er seine Arbeit geliefert hat. In seiner Funktion als Zahlungsmittel realisiert das Geld aber nachträglich den Wert oder Preis des gelieferten Artikels, also im gegebnen Fall den Wert oder Preis der gelieferten Arbeit. Endlich ist der »Gebrauchswert«, den der Arbeiter dem Kapitalisten liefert, in der Tat nicht seine Arbeitskraft, sondern ihre Funktion, eine bestimmte nützliche Arbeit, Schneiderarbeit, Schusterarbeit, Spinnarbeit usw. Daß dieselbe Arbeit nach einer andren Seite hin allgemeines wertbildendes Element ist, eine Eigenschaft, wodurch sie sich von allen andren Waren unterscheidet, fällt außerhalb des Bereichs des gewöhnlichen Bewußtseins.

Stellen wir uns auf den Standpunkt des Arbeiters, der für zwölfstündige Arbeit z. B. das Wertprodukt sechsstündiger Arbeit erhält, sage 3 sh., so ist für ihn in der Tat seine zwölfstündige Arbeit das Kaufmittel der 3 sh. Der Wert seiner Arbeitskraft mag variieren mit dem Wert seiner gewohnheitsmäßigen Lebensmittel von 3 auf 4 sh., oder von 3 auf 2 sh., oder bei gleichbleibendem Wert seiner Arbeitskraft mag ihr Preis, infolge wechselnden Verhältnisses von Nachfrage und Angebot, auf 4 sh. steigen oder auf 2 sh. fallen, er gibt stets 12 Arbeitsstunden. Jeder Wechsel in der Größe des Äquivalents, das er erhält, erscheint ihm daher notwendig als Wechsel im Wert oder Preis seiner 12 Arbeitsstunden. Dieser Umstand verleitete umgekehrt Adam Smith, der den Arbeitstag als eine konstante Größe behandelt,* zur Behauptung, der Wert der Arbeit sei konstant, obgleich der Wert der Lebensmittel wechsle und derselbe Arbeitstag sich daher in mehr oder weniger Geld für den Arbeiter darstelle.

Nehmen wir andrerseits den Kapitalisten, so will er zwar möglichst viel Arbeit für möglichst wenig Geld erhalten. Praktisch interessiert ihn daher nur die Differenz zwischen dem Preis der Arbeitskraft und dem Wert, den ihre Funktion schafft. Aber er sucht alle Ware möglichst wohlfeil zu kaufen und erklärt sich überall seinen Profit aus der einfachen Prellerei, dem Kauf unter und dem Verkauf über dem Wert. Er kommt daher nicht zur Einsicht, daß, wenn so ein Ding wie Wert der Arbeit wirklich existierte, und er diesen Wert wirklich zahlte, kein Kapital existieren, sein Geld sich nicht in Kapital verwandeln würde.

Zudem zeigt die wirkliche Bewegung des Arbeitslohns Phänomene, die zu beweisen scheinen, daß nicht der Wert der Arbeitskraft bezahlt wird, sondern der Wert ihrer Funktion, der Arbeit selbst. Diese Phänomene können wir auf zwei große Klassen zurückführen. Erstens: Wechsel des Arbeitslohns mit wechselnder Länge des Arbeitstags. Man könnte ebensowohl schließen, daß nicht der Wert der Maschine, sondern der ihrer Operation bezahlt wird, weil es mehr kostet, eine Maschine für eine Woche als für einen Tag zu dingen. Zweitens: Der individuelle Unterschied in den Arbeitslöhnen verschiedner Arbeiter, welche dieselbe Funktion verrichten. Diesen individuellen Unterschied findet man, aber ohne Anlaß zu Illusionen, auch im System der Sklaverei, wo frank und frei, ohne

---

* A. Smith spielt nur zufällig auf die Variation des Arbeitstags an bei Gelegenheit des Stücklohns.

Schnörkel, die Arbeitskraft selbst verkauft wird. Nur fällt der Vorteil einer Arbeitskraft, die über dem Durchschnitt, oder der Nachteil einer Arbeitskraft, die unter dem Durchschnitt steht, im Sklavensystem dem Sklaveneigner zu, im System der Lohnarbeit dem Arbeiter selbst, weil seine Arbeitskraft in dem einen Fall von ihm selbst, in dem andern von einer dritten Person verkauft wird.

Übrigens gilt von der Erscheinungsform, »Wert und Preis der Arbeit« oder »Arbeitslohn«, im Unterschied zum wesentlichen Verhältnis, welches erscheint, dem Wert und Preis der Arbeitskraft, dasselbe, was von allen Erscheinungsformen und ihrem verborgnen Hintergrund. Die ersteren reproduzieren sich unmittelbar spontan, als gang und gäbe Denkformen, der andre muß durch die Wissenschaft erst entdeckt werden. Die klassische politische Ökonomie stößt annähernd auf den wahren Sachverhalt, ohne ihn jedoch bewußt zu formulieren. Sie kann das nicht, solange sie in ihrer bürgerlichen Haut steckt. [. . .]

(g) Einfache Reproduktion

Welches immer die gesellschaftliche Form des Produktionsprozesses, er muß kontinuierlich sein oder periodisch stets von neuem dieselben Stadien durchlaufen. So wenig eine Gesellschaft aufhören kann zu konsumieren, so wenig kann sie aufhören zu produzieren. In einem stetigen Zusammenhang und dem beständigen Fluß seiner Erneuerung betrachtet, ist jeder gesellschaftliche Produktionsprozeß daher zugleich Reproduktionsprozeß.

Die Bedingung der Produktion sind zugleich die Bedingungen der Reproduktion. Keine Gesellschaft kann fortwährend produzieren, d. h. reproduzieren, ohne fortwährend einen Teil ihrer Produkte in Produktionsmittel oder Elemente der Neuproduktion rückzuverwandeln. Unter sonst gleichbleibenden Umständen kann sie ihren Reichtum nur auf derselben Stufenleiter reproduzieren oder erhalten, indem sie die, während des Jahres z. B., verbrauchten Produktionsmittel, d. h. Arbeitsmittel, Rohmateriale und Hilfsstoffe, in natura durch ein gleiches Quantum neuer Exemplare ersetzt, welches von der jährlichen Produktenmasse abgeschieden und von neuem dem Produktionsprozeß einverleibt wird. Ein bestimmtes Quantum des jährlichen Produkts gehört also der Produktion. Von Haus aus für die produktive Konsumtion bestimmt, existiert es großenteils in Naturalformen, die von selbst die individuelle Konsumtion ausschließen.

Hat die Produktion kapitalistische Form, so die Reproduktion. Wie in der kapitalistischen Produktionsweise der Arbeitsprozeß nur als ein Mittel für den Verwertungsprozeß erscheint, so die Reproduktion nur als ein Mittel, den vorgeschoßnen Wert als Kapital zu reproduzieren, d. h. als sich verwertenden Wert. Die ökonomische Charaktermaske des Kapitalisten hängt nur dadurch an einem Menschen fest, daß sein Geld fortwährend als Kapital funktioniert. Hat z. B. die vorgeschoßne Geldsumme von 100 Pfd. St. sich dieses Jahr in Kapital verwandelt und einen Mehrwert von 20 Pfd. St. produziert, so muß sie das nächste Jahr usf. dieselbe Operation wiederholen. Als periodisches Inkrement des Kapitalwerts, oder periodische Frucht des prozessierenden Kapitals, erhält der Mehrwert die Form einer aus dem Kapital entspringenden Revenue.

Dient diese Revenue dem Kapitalisten nur als Konsumtionsfonds oder wird sie ebenso periodisch verzehrt wie gewonnen, so findet, unter sonst gleichbleibenden Umständen, einfache Reproduktion statt. Obgleich letztere nun bloße Wiederholung des Produktionsprozesses auf derselben Stufenleiter, drückt diese bloße Wiederholung oder Kontinuität dem Prozesse gewisse neue Charaktere auf oder löst vielmehr die Scheincharaktere seines nur vereinzelten Vorgangs auf.

Der Produktionsprozeß wird eingeleitet mit dem Kauf der Arbeitskraft für eine bestimmte Zeit, und diese Einleitung erneuert sich beständig, sobald der Verkaufstermin der Arbeit fällig und damit eine bestimmte Produktionsperiode, Woche, Monat usw., abgelaufen ist. Gezahlt wird der Arbeiter aber erst, nachdem seine Arbeitskraft gewirkt und sowohl ihren eignen Wert als den Mehrwert in Waren realisiert hat. Er hat also wie den Mehrwert, den wir einstweilen nur als Konsumtionsfonds des Kapitalisten betrachten, so den Fonds seiner eignen Zahlung, das variable Kapital, produziert, bevor es ihm in der Form des Arbeitslohnes zurückfließt, und er wird nur so lange beschäftigt, als er ihn beständig reproduziert. Daher die im sechzehnten Kapitel unter II. erwähnte Formel der Ökonomen, die das Salair als Anteil am Produkt selbst darstellt. Es ist ein Teil des vom Arbeiter selbst beständig reproduzierten Produkts, das ihm in der Form des Arbeitslohns beständig zurückfließt. Der Kapitalist zahlt ihm den Warenwert allerdings in Geld. Dies Geld ist aber nur die verwandelte Form des Arbeitsprodukts. Während der Arbeiter einen Teil der Produktionsmittel in Produkt verwandelt, rückverwandelt sich ein Teil seines früheren Produkts in

Geld. Es ist seine Arbeit von voriger Woche oder vom letzten halben Jahre, womit seine Arbeit von heute oder vom nächsten halben Jahr gezahlt wird. Die Illusion, welche die Geldform erzeugt, verschwindet sofort, sobald statt des einzelnen Kapitalisten und des einzelnen Arbeiters Kapitalistenklasse und Arbeiterklasse betrachtet werden. Die Kapitalistenklasse gibt der Arbeiterklasse beständig in Geldform Anweisungen auf einen Teil des von der letztren produzierten und von der erstren angeeigneten Produkts. Diese Anweisungen gibt der Arbeiter der Kapitalistenklasse ebenso beständig zurück und entzieht ihr damit den ihm selbst zufallenden Teil seines eignen Produkts. Die Warenform des Produkts und die Geldform der Ware verkleiden die Transaktion.

Das variable Kapital ist also nur eine besondre historische Erscheinungsform des Fonds von Lebensmitteln oder des Arbeitsfonds, den der Arbeiter zu seiner Selbsterhaltung und Reproduktion bedarf und den er in allen Systemen der gesellschaftlichen Produktion stets selbst produzieren und reproduzieren muß. Der Arbeitsfonds fließt ihm nur beständig in Form von Zahlungsmitteln seiner Arbeit zu, weil sein eignes Produkt sich beständig in der Form des Kapitals von ihm entfernt. Aber diese Erscheinungsform des Arbeitsfonds ändert nichts daran, daß dem Arbeiter seine eigne vergegenständlichte Arbeit vom Kapitalisten vorgeschossen wird.* Nehmen wir einen Fronbauer. Er arbeitet mit seinen eignen Produktionsmitteln auf seinem eignen Acker z. B. 3 Tage in der Woche. Die drei andren Wochentage verrichtet er Fronarbeit auf dem herrschaftlichen Gut. Er reproduziert seinen eignen Arbeitsfonds beständig, und dieser erhält ihm gegenüber nie die Form von einem Dritten für seine Arbeit vorgeschoßner Zahlungsmittel. Im Ersatz erhält auch niemals seine unbezahlte Zwangsarbeit die Form freiwilliger und bezahlter Arbeit. Wenn morgen der Gutsherr den Acker, das Zugvieh, die Samen, kurz die Produktionsmittel des Fronbauern sich selbst aneignet, so hat dieser von nun an seine Arbeitskraft an den Fronherrn zu verkaufen. Unter sonst gleichbleibenden Umständen wird er nach wie vor 6 Tage in der Woche arbeiten, 3 Tage für sich selbst, 3 für den Exfronherrn, der jetzt in einen Lohnherrn verwandelt ist. Er wird nach wie vor die Produk-

---

* »Wenn Kapital verwandt wird, um dem Arbeiter seinen Lohn vorzuschießen, fügt es dem Fonds zur Erhaltung der Arbeit nichts hinzu.« (Cazenove in Note zu seiner ed. von Malthus' »Definitions in Polit. Econ.«, London 1853, p. 22.)

tionsmittel als Produktionsmittel vernutzen und ihren Wert auf das Produkt übertragen. Nach wie vor wird ein bestimmter Teil des Produkts in die Reproduktion eingehn. Wie aber die Fronarbeit die Form der Lohnarbeit, nimmt der vom Fronbauer nach wie vor produzierte und reproduzierte Arbeitsfonds die Form eines ihm vom Fronherrn vorgeschoßnen Kapitals an. Der bürgerliche Ökonom, dessen beschränktes Hirn die Erscheinungsform von dem, was darin erscheint, nicht trennen kann, schließt die Augen vor der Tatsache, daß selbst noch heutzutag der Arbeitsfonds nur ausnahmsweise auf dem Erdrund in der Form von Kapital auftritt.

Allerdings verliert das variable Kapital nur den Sinn eines aus dem eignen Fonds des Kapitalisten vorgeschoßnen Wertes, sobald wir den kapitalistischen Produktionsprozeß im beständigen Fluß seiner Erneuerung betrachten. Aber er muß doch irgendwo und irgendwann anfangen. Von unsrem bisherigen Standpunkt ist es daher wahrscheinlich, daß der Kapitalist irgendeinmal durch irgendeine, von unbezahlter fremder Arbeit unabhängige, ursprüngliche Akkumulation Geldbesitzer ward und daher den Markt als Käufer von Arbeitskraft beschreiten konnte. Indes bewirkt die bloße Kontinuität des kapitalistischen Produktionsprozesses, oder die einfache Reproduktion, noch andre sonderbare Wechsel, die nicht nur den variablen Kapitalteil ergreifen, sondern das Gesamtkapital.

Beträgt der mit einem Kapital von 1000 Pfd. St. periodisch, z. B. jährlich, erzeugte Mehrwert 200 Pfd. St. und wird dieser Mehrwert jährlich verzehrt, so ist es klar, daß nach fünfjähriger Wiederholung desselben Prozesses die Summe des verzehrten Mehrwerts = 5 x 200 ist oder gleich dem ursprünglich vorgeschoßnen Kapitalwert von 1000 Pfd. St. Würde der jährliche Mehrwert nur teilweis verzehrt, z. B. nur zur Hälfte, so ergäbe sich dasselbe Resultat nach zehnjähriger Wiederholung des Produktionsprozesses, denn 10 x 100 = 1000. Allgemein: Der vorgeschoßne Kapitalwert, dividiert durch den jährlich verzehrten Mehrwert, ergibt die Jahresanzahl oder die Anzahl von Reproduktionsperioden, nach deren Ablauf das ursprünglich vorgeschoßne Kapital vom Kapitalisten aufgezehrt und daher verschwunden ist. Die Vorstellung des Kapitalisten, daß er das Produkt der fremden unbezahlten Arbeit, den Mehrwert, verzehrt und den ursprünglichen Kapitalwert erhält, kann absolut nichts an der Tatsache ändern. Nach Abfluß einer gewissen Jahreszahl ist der von ihm geeignete Kapitalwert gleich der Summe des während derselben Jahreszahl ohne Äquivalent angeeigneten Mehrwerts und die von ihm verzehrte Wertsumme gleich dem ursprünglichen Kapitalwert. Allerdings behält er in der Hand ein Kapital, dessen Größe sich nicht verändert hat, wovon ein Teil, Gebäude, Maschinen usw., bereits vorhanden war, als er sein Geschäft in Gang brachte. Aber hier handelt es sich vom Wert des Kapitals und nicht von seinen materiellen Bestandteilen. Wenn jemand sein ganzes Besitztum aufgezehrt dadurch, daß er Schulden aufnimmt, die dem Wert dieses Besitztums gleichkommen, so repräsentiert eben das ganze Besitztum nur die Gesamtsumme seiner Schulden. Und ebenso, wenn der Kapitalist das Äquivalent seines vorgeschoßnen Kapitals aufgezehrt hat, repräsentiert der Wert dieses Kapitals nur noch die Gesamtsumme des von ihm unentgeltlich angeeigneten Mehrwerts. Kein Wertatom seines alten Kapitals existiert fort.

Ganz abgesehn von aller Akkumulation verwandelt also die bloße Kontinuität des Produktionsprozesses, oder die einfache Reproduktion, nach kürzerer oder längerer Periode jedes Kapital notwendig in akkumuliertes Kapital oder kapitalisierten Mehrwert. War es selbst bei seinem Eintritt in den Produktionsprozeß persönlich erarbeitetes Eigentum seines Anwenders, früher oder später wird es ohne Äquivalent angeeigneter Wert oder Materiatur, ob in Geldform oder anders, anbezahlter fremder Arbeit.

Wir sahen im vierten Kapitel: Um Geld in Kapital zu verwandeln, genügte nicht das Vorhandensein von Warenproduktion und Warenzirkulation. Es mußten erst, hier Besitzer von Wert oder Geld, dort Besitzer der wertschaffenden Substanz; hier Besitzer von Produktions- und Lebensmitteln, dort Besitzer von nichts als Arbeitskraft, einander als Käufer und Verkäufer gegenübertreten. Scheidung zwischen dem Arbeitsprodukt und der Arbeit selbst, zwischen den objektiven Arbeitsbedingungen und der subjektiven Arbeitskraft, war also die tatsächlich gegebne Grundlage, der Ausgangspunkt des kapitalistischen Produktionsprozesses.

Was aber anfangs nur Ausgangspunkt war, wird vermittelst der bloßen Kontinuität des Prozesses, der einfachen Reproduktion, stets aufs neue produziert und verewigt als eignes Resultat der kapitalistischen Produktion. Einerseits verwandelt der Produktionsprozeß fortwährend den stofflichen Reichtum in Kapital, in Verwertungs- und Genußmittel für den Kapitalisten. Andrerseits kommt der Arbeiter beständig aus dem Prozeß heraus, wie er in ihn eintrat – persönliche Quelle des Reichtums, aber entblößt von allen Mitteln, diesen Reichtum für sich zu verwirklichen. Da vor seinem Eintritt in den Prozeß seine eigne Arbeit ihm selbst entfremdet, dem Kapitalisten angeeignet und dem Kapital einverleibt ist, vergegenständlicht sie sich während des Prozesses beständig in fremdem Produkt. Da der Produktionsprozeß zugleich der Konsumtionsprozeß der Arbeitskraft durch den Kapitalisten, verwandelt sich das Produkt des Arbeiters nicht nur fortwährend in Ware, sondern in Kapital, Wert, der die wertschöpfende Kraft aussaugt, Lebensmittel, die Personen kaufen, Produktionsmittel, die den Produzenten anwenden. Der Arbeiter selbst produziert daher beständig den objektiven Reichtum als Kapital, ihm fremde, ihn beherrschende und ausbeutende Macht, und der Kapitalist produziert ebenso beständig die Arbeitskraft als subjektive, von ihren eignen Vergegenständlichungs- und Verwirklichungsmitteln getrennte, abstrakte, in der bloßen Leiblichkeit des Arbeiters existierende Reichtumsquelle, kurz den Arbeiter als Lohnarbeiter. Diese beständige Reproduktion oder Verewigung des Arbeiters ist das sine qua non der kapitalistischen Produktion.

Die Konsumtion des Arbeiters ist doppelter Art. In der Produktion selbst konsumiert er durch seine Arbeit Produktionsmittel und verwandelt sie in Produkte von höherem Wert als dem des vorgeschoßnen Kapitals. Dies ist seine produktive Konsumtion. Sie ist gleichzeitig Konsumtion seiner Arbeitskraft durch den Kapitalisten, der sie gekauft hat. Andrerseits verwendet der Arbeiter das für den Kauf der Arbeitskraft gezahlte Geld in Lebensmittel: dies ist seine individuelle Konsumtion. Die produktive und die individuelle Konsumtion des Arbeiters sind also total verschieden. In der ersten handelt er als bewegende Kraft des Kapitals und gehört dem Kapitalisten; in der zweiten gehört er sich selbst und verrichtet Lebensfunktionen außerhalb des Produktionsprozesses. Das Resultat der einen ist das Leben des Kapitalisten, das der andern ist das Leben des Arbeiters selbst.

Bei Betrachtung des »Arbeitstags« usw. zeigte sich gelegentlich, daß der Arbeiter oft gezwungen ist, seine individuelle Konsumtion zu einem bloßen Inzident des Produktionsprozesses zu machen. In diesem Fall setzt er sich Lebensmittel zu, um seine Arbeitskraft im Gang zu halten, wie der Dampfmaschine Kohle und Wasser, dem Rad Öl zugesetzt wird. Seine Konsumtionsmittel sind dann bloß Konsumtionsmittel eines Produktionsmittels, seine individuelle Konsumtion direkt produktive Konsumtion. Dies erscheint jedoch als ein dem kapitalistischen Produktionsprozeß unwesentlicher Mißbrauch.

Anders sieht die Sache aus, sobald wir nicht den einzelnen Kapitalisten und den einzelnen Arbeiter betrachten, sondern die Kapitalistenklasse und die Arbeiterklasse, nicht den vereinzelten Produktionsprozeß der Ware, sondern den kapitalistischen Produktionsprozeß in seinem Fluß und in seinem gesellschaftlichen Umfang. – Wenn der Kapitalist einen Teil seines Kapitals in Arbeitskraft umsetzt, verwertet er damit sein Gesamtkapital. Er schlägt zwei Fliegen mit einer Klappe. Er profitiert nicht nur von dem, was er vom Arbeiter empfängt, sondern auch von dem, was er ihm gibt. Das im Austausch gegen Arbeitskraft veräußerte Kapital wird in Lebensmittel verwandelt, deren Konsumtion dazu dient, Muskel, Nerven, Knochen, Hirn vorhandner Arbeiter zu reproduzieren und neue Arbeiter zu zeugen. Innerhalb der Grenzen des absolut Notwendigen ist daher die individuelle Konsumtion der Arbeiterklasse Rückverwandlung der vom Kapital gegen Arbeitskraft veräußerten Lebensmittel in vom Kapital neu exploitierbare Arbeitskraft. Sie ist Produktion und Reproduktion des dem Kapitalisten unentbehrlichsten Produktionsmittels, des Arbeiters selbst. Die individuelle Konsumtion des Arbeiters bleibt also ein Moment der Produktion und Reproduktion des Kapitals, ob sie innerhalb oder außerhalb der Werkstatt, Fabrik usw., innerhalb oder außerhalb des Arbeitsprozesses vorgeht, ganz wie die Reinigung der Maschine, ob sie während des Arbeitsprozesses oder bestimmter Pausen desselben geschieht. Es tut nichts zur Sache, daß der Arbeiter seine individuelle Konsumtion sich selbst und nicht dem Kapitalisten zulieb vollzieht. So bleibt der Konsum des Lastviehs nicht minder ein notwendiges Moment des Produktionsprozesses, weil das Vieh selbst genießt, was es frißt. Die beständige Erhaltung und Reproduktion der Arbeiterklasse bleibt beständige Bedingung für die Reproduktion des Kapitals. Der Kapitalist kann ihre Erfüllung getrost dem Selbsterhaltungs- und Fortpflanzungstrieb der Arbeiter überlassen. Er sorgt nur dafür, ihre individuelle Konsumtion möglichst auf das Notwendige einzuschränken, und ist himmelweit entfernt von jener südamerikanischen Roheit, die den Arbeiter zwingt, substantiellere statt weniger substantieller Nahrungsmittel einzunehmen.

Daher betrachtet auch der Kapitalist und sein Ideolog, der politische Ökonom, nur den Teil der individuellen Konsumtion des Arbeiters als produktiv, der zur Verewigung der Arbeiterklasse erheischt ist, also in der Tat verzehrt werden muß, damit das Kapital die Arbeitskraft verzehre; was der Arbeiter außerdem zu seinem Vergnügen verzehren mag, ist unproduktive Konsumtion. Würde die Akkumulation des Kapitals eine Erhöhung des Arbeitslohns und daher Vermehrung der Konsumtionsmittel des Arbeiters verursachen ohne Konsum von mehr Arbeitskraft durch das Kapital, so wäre das zuschüssige Kapital unproduktiv konsumiert. In der Tat: die individuelle Konsumtion des Arbeiters ist für ihn selbst unproduktiv, denn sie reproduziert nur das bedürftige Individuum; sie ist produktiv für den Kapitalisten und den Staat, denn sie ist Produktion der den fremden Reichtum produzierenden Kraft.

Von gesellschaftlichem Standpunkt ist also die Arbeiterklasse, auch außerhalb des unmittelbaren Arbeitsprozesses, ebensosehr Zubehör des Kapitals als das tote Arbeitsinstrument. Selbst ihre individuelle Konsumtion ist innerhalb gewisser Grenzen nur ein Moment des Reproduktionsprozesses des Kapitals. Der Prozeß aber sorgt dafür, daß diese selbstbewußten Produktionsinstrumente nicht weglaufen, indem er ihr Produkt beständig von ihrem Pol zum Gegenpol des Kapitals entfernt. Die individuelle Konsumtion sorgt einerseits für ihre eigne Erhaltung und Reproduktion, andrerseits durch Vernichtung der Lebensmittel für ihr beständiges Wiedererscheinen auf dem Arbeitsmarkt. Der römische Sklave war durch Ketten, der Lohnarbeiter ist durch unsichtbare Fäden an seinen Eigentümer gebunden. Der Schein seiner Unabhängigkeit wird durch den beständigen Wechsel der individuellen Lohnherrn und die fictio juris des Kontrakts aufrechterhalten.

Früher machte das Kapital, wo es ihm nötig schien, sein Eigentumsrecht auf den freien Arbeiter durch Zwangsgesetz geltend. So war z. B. die Emigration der Maschinenarbeiter in England bis 1815 bei schwerer Strafe verboten.

Die Reproduktion der Arbeiterklasse schließt zugleich die Überlieferung und Häufung des Geschicks von einer Generation zur andren ein. Wie sehr der Kapitalist das Dasein einer solchen geschickten Arbeiterklasse unter die ihm zugehörigen Produktionsbedingungen zählt, sie in der Tat als die reale Existenz seines variablen Kapitals betrachtet, zeigt sich, sobald eine Krise deren Verlust androht.

[...]

Der kapitalistische Produktionsprozeß reproduziert also durch seinen eignen Vorgang die Scheidung zwischen Arbeitskraft und

Arbeitsbedingungen. Er reproduziert und verewigt damit die Exploitationsbedingungen des Arbeiters. Er zwingt beständig den Arbeiter zum Verkauf seiner Arbeitskraft, um zu leben, und befähigt beständig den Kapitalisten zu ihrem Kauf, um sich zu bereichern. Es ist nicht mehr der Zufall, welcher Kapitalist und Arbeiter als Käufer und Verkäufer einander auf dem Warenmarkt gegenüberstellt. Es ist die Zwickmühle des Prozesses selbst, die den einen stets als Verkäufer seiner Arbeitskraft auf den Warenmarkt zurückschleudert und sein eignes Produkt stets in das Kaufmittel des andren verwandelt. In der Tat gehört der Arbeiter dem Kapital, bevor er sich dem Kapitalisten verkauft. Seine ökonomische Hörigkeit ist zugleich vermittelt und zugleich versteckt durch die periodische Erneuerung seines Selbstverkaufs, den Wechsel seiner individuellen Lohnherrn und die Oszillation im Marktpreise der Arbeit.

Der kapitalistische Produktionsprozeß, im Zusammenhang betrachtet oder als Reproduktionsprozeß, produziert also nicht nur Ware, nicht nur Mehrwert, er produziert und reproduziert das Kapitalverhältnis selbst, auf der einen Seite den Kapitalisten, auf der andren den Lohnarbeiter.

(h) Umschlag der Eigentumsgesetze der Warenproduktion in Gesetze der kapitalistischen Aneignung

Früher hatten wir zu betrachten, wie der Mehrwert aus dem Kapital, jetzt wie das Kapital aus dem Mehrwert entspringt. Anwendung von Mehrwert als Kapital oder Rückverwandlung von Mehrwert in Kapital heißt Akkumulation des Kapitals.*

Betrachten wir diesen Vorgang zunächst vom Standpunkt des einzelnen Kapitalisten. Ein Spinner z. B. habe ein Kapital von 10 000 Pfd. St. vorgeschossen, wovon vier Fünftel in Baumwolle, Maschinen etc., das letzte Fünftel in Arbeitslohn. Er produziere jährlich 240 000 Pfd. Garn zum Wert von 12 000 Pfd. St. Bei einer Rate des Mehrwerts von 100 % steckt der Mehrwert im Mehrprodukt oder Nettoprodukt von 40 000 Pfd. Garn, einem Sechstel des Bruttoprodukts, zum Wert von 2000 Pfd. Sterling, den der

---

* »Akkumulation des Kapitals: die Verwendung eines Teiles der Revenue als Kapital.« (Malthus, »Definitions etc.«, ed. Cazenove, p. 11.) »Verwandlung von Revenue in Kapital.« (Malthus, »Princ. of Pol. Econ.«, 2nd ed., Lond. 1836, p. 320.)

Verkauf realisieren wird. Eine Wertsumme von 2000 Pfd. St. ist eine Wertsumme von 2000 Pfd. St. Man riecht und sieht diesem Gelde nicht an, daß es Mehrwert ist. Der Charakter eines Werts als Mehrwert zeigt, wie er zu seinem Eigner kam, ändert aber nichts an der Natur des Werts oder des Geldes.

Um die neu hinzugekommne Summe von 2000 Pfd. St. in Kapital zu verwandeln, wird also der Spinner, alle andern Umstände gleichbleibend, vier Fünftel davon vorschießen im Ankauf von Baumwolle usw. und ein Fünftel im Ankauf neuer Spinnarbeiter, die auf dem Markte die Lebensmittel finden werden, deren Wert er ihnen vorgeschossen hat. Dann fungiert das neue Kapital von 2000 Pfd. St. in der Spinnerei und bringt seinerseits einen Mehrwert von 400 Pfd. ein.

[...]

Insofern der Mehrwert, woraus Zusatzkapital Nr. I besteht, das Resultat des Ankaufs der Arbeitskraft durch einen Teil des Originalkapitals war, ein Kauf, der den Gesetzen des Warenaustausches entsprach, und, juristisch betrachtet, nichts voraussetzt als freie Verfügung auf seiten des Arbeiters über seine eignen Fähigkeiten, auf seiten des Geld- oder Warenbesitzers über ihm gehörige Werte; sofern Zusatzkapital Nr. II usw. bloß Resultat von Zusatzkapital Nr. I, also Konsequenz jenes ersten Verhältnisses; sofern jede einzelne Transaktion fortwährend dem Gesetz des Warenaustausches entspricht, der Kapitalist stets die Arbeitskraft kauft, der Arbeiter sie stets verkauft, und wir wollen annehmen selbst zu ihrem wirklichen Wert, schlägt offenbar das auf Warenproduktion und Warenzirkulation beruhende Gesetz der Aneignung oder Gesetz des Privateigentums durch seine eigne, innere, unvermeidliche Dialektik in sein direktes Gegenteil um. Der Austausch von Äquivalenten, der als die ursprüngliche Operation erschien, hat sich so gedreht, daß nur zum Schein ausgetauscht wird, indem erstens der gegen Arbeitskraft ausgetauschte Kapitalteil selbst nur ein Teil des ohne Äquivalent angeeigneten fremden Arbeitsproduktes ist und zweitens von seinem Produzenten, dem Arbeiter, nicht nur ersetzt, sondern mit neuem Surplus ersetzt werden muß. Das Verhältnis des Austausches zwischen Kapitalist und Arbeiter wird also nur ein dem Zirkulationsprozeß angehöriger Schein, bloße Form, die dem Inhalt selbst fremd ist und ihn nur mystifiziert. Der beständige Kauf und Verkauf der Arbeitskraft ist die Form. Der Inhalt ist, daß der Kapitalist einen Teil der bereits vergegenständlichten fremden Arbeit, die er sich unaufhörlich ohne Äquivalent aneignet, stets wieder gegen größeres Quantum lebendiger fremder Arbeit umsetzt. Ursprünglich erschien uns das Eigentumsrecht gegründet auf eigne Arbeit. Wenigstens mußte diese Annahme gelten, da sich nur gleichberechtigte Warenbesitzer gegenüberstehn, das Mittel zur Aneignung fremder Ware aber nur die Veräußerung der eignen Ware, und letztere nur durch Arbeit herstellbar ist. Eigentum erscheint jetzt auf Seite des Kapitalisten als das Recht, fremde unbezahlte Arbeit oder ihr Produkt, auf Seite des Arbeiters als Unmöglichkeit, sich sein eignes Produkt anzueignen. Die Scheidung zwischen Eigentum und Arbeit wird zur notwendigen Konsequenz eines Gesetzes, das scheinbar von ihrer Identität ausging.

Sosehr die kapitalistische Aneignungsweise also den ursprünglichen Gesetzen der Warenproduktion ins Gesicht zu schlagen scheint, so entspringt sie doch keineswegs aus der Verletzung, sondern im Gegenteil aus der Anwendung dieser Gesetze. Ein kurzer Rückblick auf die Reihenfolge der Bewegungsphasen, deren Schlußpunkt die kapitalistische Akkumulation ist, stelle dies nochmals klar.

Zuerst haben wir gesehn, daß die ursprüngliche Verwandlung einer Wertsumme in Kapital sich durchaus gemäß den Gesetzen des Austausches vollzog. Der eine Kontrahent verkauft seine Arbeitskraft, der andre kauft sie. Der erstre empfängt den Wert seiner Ware, deren Gebrauchswert – die Arbeit – damit an den zweiten veräußert ist. Dieser verwandelt nunmehr ihm bereits gehörende Produktionsmittel mit Hilfe von ihm ebenfalls gehörender Arbeit in ein neues Produkt, das ihm ebenfalls von Rechts wegen gehört.

Der Wert dieses Produkts schließt ein: erstens den Wert der verbrauchten Produktionsmittel. Die nützliche Arbeit kann diese Produktionsmittel nicht verbrauchen, ohne ihren Wert auf das neue Produkt zu übertragen; um aber verkäuflich zu sein, muß die Arbeitskraft imstande sein, in dem Industriezweig, wo sie verwandt werden soll, nützliche Arbeit zu liefern.

Der Wert des neuen Produkts schließt ferner ein: das Äquivalent des Werts der Arbeitskraft und einen Mehrwert. Und zwar deshalb, weil die für einen bestimmten Zeitraum, Tag, Woche etc., verkaufte Arbeitskraft weniger Wert besitzt, als ihr Gebrauch während dieser Zeit schafft. Der Arbeiter aber hat den Tauschwert seiner Arbeitskraft bezahlt erhalten und hat damit ihren Gebrauchswert veräußert – wie das bei jedem Kauf und Verkauf der Fall.

Daß diese besondre Ware Arbeitskraft den eigentümlichen Gebrauchswert hat, Arbeit zu liefern, also Wert zu schaffen, das kann das allgemeine Gesetz der Warenproduktion nicht berühren. Wenn also die in Arbeitslohn vorgeschoßne Wertsumme sich in Produkt nicht bloß einfach wieder vorfindet, sondern um einen Mehrwert vermehrt vorfindet, so rührt dies nicht her aus einer Übervorteilung des Verkäufers, der ja den Wert seiner Ware erhalten, sondern nur aus dem Verbrauch dieser Ware durch den Käufer.

Das Gesetz des Austausches bedingt Gleichheit nur für die Tauschwerte der gegeneinander weggegebenen Waren. Es bedingt sogar von vornherein Verschiedenheit ihrer Gebrauchswerte und hat absolut nichts zu schaffen mit ihrem Verbrauch, der erst nach geschloßnem und vollzognem Handel beginnt.

Die ursprüngliche Verwandlung des Geldes in Kapital vollzieht sich also im genauesten Einklang mit den ökonomischen Gesetzen der Warenproduktion und mit dem daraus sich ableitenden Eigentumsrecht. Trotzdem aber hat sie zum Ergebnis:

1. daß das Produkt dem Kapitalisten gehört und nicht dem Arbeiter;

2. daß der Wert dieses Produkts, außer dem Wert des vorgeschoßnen Kapitals, einen Mehrwert einschließt, der dem Arbeiter Arbeit, dem Kapitalisten aber nichts gekostet hat und der dennoch das rechtmäßige Eigentum des Kapitalisten wird;

3. daß der Arbeiter seine Arbeitskraft forterhalten hat und sie aufs neue verkaufen kann, wenn er einen Käufer findet.

Die einfache Reproduktion ist nur die periodische Wiederholung dieser ersten Operation; jedesmal wird, stets von neuem, Geld in Kapital verwandelt. Das Gesetz wird also nicht gebrochen, im Gegenteil es erhält nur Gelegenheit, sich dauernd zu betätigen.

»Plusieurs échanges successifs n'ont fait du dernier que le représentant du premier.« (Sismondi, l, c. p. 70)

Und dennoch haben wir gesehn, daß die einfache Reproduktion hinreicht, um dieser ersten Operation – soweit sie als isolierter Vorgang gefaßt war – einen total veränderten Charakter aufzuprägen.

»Parmi ceux qui se partagent le revenu national, les uns« (die Arbeiter) »y acquièrent chaque année un nouveau droit par un nouveau travail, les autres« (die Kapitalisten« »y ont acquis antérieurement un droit permanent par un travail primitif.« (Sismondi, l. c. p. 110, 111.)

Das Gebiet der Arbeit ist bekanntlich nicht das einzige, wo die

Erstgeburt Wunder tut.

Es verschlägt auch nichts, wenn die einfache Reproduktion ersetzt wird durch die Reproduktion auf erweiterter Stufenleiter, durch die Akkumulation. Bei jener vermöbelt der Kapitalist den gesamten Mehrwert, bei dieser beweist er seine Bürgertugend durch Verzehrung nur eines Teils, und Verwandlung des Restes in Geld.

Der Mehrwert ist sein Eigentum, er hat nie einem andern gehört. Schießt er ihn zur Produktion vor, so macht er, ganz wie am Tag, wo er zuerst den Markt beschritt, Vorschüsse aus seinem eignen Fonds. Daß dieser Fonds diesmal aus der unbezahlten Arbeit seiner Arbeiter stammt, tut absolut nichts zur Sache. Wird Arbeiter B beschäftigt mit dem Mehrwert, den Arbeiter A produziert hat, so hat erstens A diesen Mehrwert geliefert, ohne daß man ihm den gerechten Preis seiner Ware um einen Heller verkürzt hat, und zweitens geht dies Geschäft den B überhaupt nichts an. Was B verlangt und das Recht hat zu verlangen, ist, daß der Kapitalist ihm den Wert seiner Arbeitskraft zahle.

»Tous deux gagnaient encore; l'ouvrier parce qu'on lui avantçait les fruits de son travail« (soll heißen: du travail gratuit d'autres porté de fruit) »le maître, parce que le travail de cet ouvrier valait plus que le salaire« (soll heißen: produisait plus de valeur que celle de son salaire). (Sismondi, l. c. p. 135.)

Allerdings sieht die Sache ganz anders aus, wenn wir die kapitalistische Produktion im ununterbrochnen Fluß ihrer Erneuerung betrachten und statt des einzelnen Kapitalisten und des einzelnen Arbeiters die Gesamtheit, die Kapitalistenklasse und ihr gegenüber die Arbeiterklasse ins Auge fassen. Damit aber würden wir einen Maßstab anlegen, der der Warenproduktion total fremd ist.

In der Warenproduktion stehn sich nur, voneinander unabhängig, Verkäufer und Käufer gegenüber. Ihre gegenseitigen Beziehungen sind zu Ende mit dem Verfalltag des zwischen ihnen abgeschloßnen Vertrags. Wiederholt sich das Geschäft, dann infolge eines neuen Vertrags, der mit dem vorhergehenden nichts zu tun hat und bei dem nur ein Zufall denselben Käufer mit demselben Verkäufer wieder zusammenbringt.

Soll also die Warenproduktion oder ein ihr angehöriger Vorgang nach ihren eignen ökonomischen Gesetzen beurteilt werden, so müssen wir jeden Austauschakt für sich betrachten, außerhalb alles Zusammenhangs mit dem Austauschakt, der ihm vorherging, wie mit dem, der ihm nachfolgt. Und da Käufe und Verkäufe nur zwischen einzelnen Individuen abgeschlossen werden, so ist es unzulässig, Beziehungen zwischen ganzen Gesellschaftsklassen darin zu suchen.

Wie lang auch die Reihenfolge der periodischen Reproduktionen und vorhergegangnen Akkumulationen, die das heute funktionierende Kapital durchgemacht hat, es bewahrt immer seine ursprüngliche Jungfräulichkeit. Solange bei jedem Austauschakt – einzeln genommen – die Gesetze des Austausches eingehalten werden, kann die Aneignungsweise eine totale Umwälzung erfahren, ohne das, der Warenproduktion gemäße, Eigentumsrecht irgendwie zu berühren. Dieses selbe Recht steht in Kraft wie am Anfang, wo das Produkt dem Produzenten gehört und wo dieser, Äquivalent gegen Äquivalent austauschend, sich nur durch eigne Arbeit bereichern kann, so auch in der kapitalistischen Periode, wo der gesellschaftliche Reichtum in stets steigendem Maß das Eigentum derer wird, die in der Lage sind, sich stets aufs neue die unbezahlte Arbeit andrer anzueignen.

Dies Resultat wird unvermeidlich, sobald die Arbeitskraft durch den Arbeiter selbst als Ware frei verkauft wird. Aber auch erst von da an verallgemeinert sich die Warenproduktion und wird sie typische Produktionsform; erst von da an wird jedes Produkt von vornherein für den Verkauf produziert und geht aller produzierte Reichtum durch die Zirkulation hindurch. Erst da, wo die Lohnarbeit ihre Basis, zwingt die Warenproduktion sich der gesamten Gesellschaft auf; aber auch erst da entfaltet sie alle ihre verborgnen Potenzen. Sagen, daß die Dazwischenkunft der Lohnarbeit die Warenproduktion fälscht, heißt sagen, daß die Warenproduktion, wie sie nach ihren eignen immanenten Gesetzen sich zur kapitalistischen Produktion fortbildet, in demselben Maß schlagen die Eigentumsgesetze der Warenproduktion um in Gesetze der kapitalistischen Aneignung.

Man sah, daß selbst bei einfacher Reproduktion alles vorgeschoßne Kapital, wie immer ursprünglich erworben, sich in akkumuliertes Kapital oder kapitalisierten Mehrwert verwandelt. Aber im Strom der Produktion wird überhaupt alles ursprünglich vorgeschoßne Kapital eine verschwindende Größe (magnitudo evanescens im mathematischen Sinn), verglichen mit dem direkt akkumulierten Kapital, d. h. dem in Kapital rückverwandelten Mehrwert oder Mehrprodukt, ob nun funktionierend in der Hand, die akkumuliert hat, oder in fremder Hand. Die politische Ökonomie stellt das Kapital daher überhaupt dar als »akkumulierten Reichtum« (verwandelten Mehrwert oder Revenue), »der von neuem zur Produktion von Mehrwert verwandt wird«, oder auch den Kapitalisten als »Besitzer des Mehrprodukts«. Dieselbe Anschauungsweise besitzt nur andre Form in dem Ausdruck, daß alles vorhandne Kapital akkumulierter oder kapitalisierter Zins sei, denn der Zins ist ein bloßes Bruchstück des Mehrwerts.

6. [Karl Marx:] Der Kampf um den Normalarbeitstag [1]

Die Grenzen des Arbeitstages

[...]

Der Arbeitstag ist ... keine konstante, sondern eine variable Größe. Einer seiner Teile ist zwar bestimmt durch die zur beständigen Reproduktion des Arbeiters selbst erheischte Arbeitszeit, aber seine Gesamtgröße wechselt mit der Länge oder Dauer der Mehrarbeit. Der Arbeitstag ist daher bestimmbar, aber an und für sich unbestimmt.

Obgleich nun der Arbeitstag keine feste, sondern eine fließende Größe ist, kann er andrerseits nur innerhalb gewisser Schranken variieren. Seine Minimalschranke ist jedoch unbestimmbar. Allerdings, setzen wir die Verlängerungslinie b c, oder die Mehrarbeit, = 0, so erhalten wir eine Minimalschranke, nämlich den Teil des Tags, den der Arbeiter notwendig zu seiner Selbsterhaltung arbeiten muß. Auf Grundlage der kapitalistischen Produktionsweise kann die notwendige Arbeit aber immer nur einen Teil seines Arbeitstages bilden, der Arbeitstag sich also nie auf dies Minimum verkürzen. Dagegen besitzt der Arbeitstag eine Maximalschranke. Er ist über eine gewisse Grenze hinaus nicht verlängerbar. Diese Maximalschranke ist doppelt bestimmt. Einmal durch die physische Schranke der Arbeitskraft. Ein Mensch kann während des natürlichen Tags von 24 Stunden nur ein bestimmtes Quantum Lebenskraft verausgaben. So kann ein Pferd tagaus, tagein nur 8 Stunden arbeiten. Während eines Teils des Tags muß die Kraft ruhen, schlafen, während eines andren Teils hat der Mensch andere physische Bedürfnisse zu befriedigen, sich zu nähren, reinigen, kleiden usw. Außer dieser rein physischen Schranke stößt die Verlängerung des Arbeitstags auf moralische Schranken. Der Arbeiter braucht Zeit zur Befriedigung geistiger und sozialer Bedürfnisse, deren Umfang und Zahl durch den allgemeinen Kulturzustand bestimmt sind. Die Variation des Arbeitstags bewegt sich daher innerhalb physischer und sozialer Schranken. Beide Schranken sind aber sehr elastischer

---

1 [Text nach: K. Marx, Das Kapital, Bd. 1, MEW Bd. 23, S. 246—254, 280—281, 285—287, 294—295, 298, 299—301, 302, 312—313, 315—320.]

Natur und erlauben den größten Spielraum. So finden wir Arbeitstage von 8, 10, 12, 14, 16, 18 Stunden, also von der verschiedensten Länge.

Der Kapitalist hat die Arbeitskraft zu ihrem Tageswert gekauft. Ihm gehört ihr Gebrauchswert während eines Arbeitstags. Er hat also das Recht erlangt, den Arbeiter während eines Tags für sich arbeiten zu lassen. Aber was ist ein Arbeitstag? Jedenfalls weniger als ein natürlicher Lebenstag. Um wieviel? Der Kapitalist hat seine eigne Ansicht über dies ultima Thule, die notwendige Schranke des Arbeitstags. Als Kapitalist ist er nur personifiziertes Kapital. Seine Seele ist die Kapitalseele. Das Kapital hat aber einen einzigen Lebenstrieb, den Trieb, sich zu verwerten, Mehrwert zu schaffen, mit seinem konstanten Teil, den Produktionsmitteln, die größtmögliche Masse Mehrarbeit einzusaugen. Das Kapital ist verstorbne Arbeit, die sich nur vampyrmäßig belebt durch Einsaugung lebendiger Arbeit und um so mehr lebt, je mehr sie davon einsaugt. Die Zeit, während deren der Arbeiter arbeitet, ist die Zeit, während deren der Kapitalist die von ihm gekaufte Arbeitskraft konsumiert. Konsumiert der Arbeiter seine disponible Zeit für sich selbst, so bestiehlt er den Kapitalisten.

Der Kapitalist beruft sich also auf das Gesetz des Warenaustausches. Er, wie jeder andre Käufer, sucht den größtmöglichen Nutzen aus dem Gebrauchswert seiner Ware herauszuschlagen. Plötzlich aber erhebt sich die Stimme des Arbeiters, die im Sturm und Drang des Produktionsprozesses verstummt war:

Die Ware, die ich dir verkauft habe, unterscheidet sich von dem andren Warenpöbel dadurch, daß ihr Gebrauch Wert schafft und größren Wert, als sie selbst kostet. Dies war der Grund, warum du sie kauftest. Was auf deiner Seite als Verwertung von Kapital erscheint, ist auf meiner Seite überschüssige Verausgabung von Arbeitskraft. Du und ich kennen auf dem Marktplatz nur ein Gesetz, das des Warenaustausches. Und der Konsum der Ware gehört nicht dem Verkäufer, der sie veräußert, sondern dem Käufer, der sie erwirbt. Dir gehört daher der Gebrauch meiner täglichen Arbeitskraft. Aber vermittels ihres täglichen Verkaufspreises muß ich sie täglich reproduzieren und daher von neuem verkaufen können. Abgesehn von dem natürlichen Verschleiß durch Alter usw., muß ich fähig sein, morgen mit demselben Normalzustand von Kraft, Gesundheit und Frische zu arbeiten, wie heute. Du predigst mir beständig das Evangelium der »Sparsamkeit« und »Enthaltung«. Nun gut! Ich will wie ein vernünftiger, sparsamer Wirt mein einziges Vermögen, die Arbeitskraft, haushalten und mich jeder tollen Verschwendung derselben enthalten. Ich will täglich nur soviel von ihr flüssig machen, in Bewegung, in Arbeit umsetzen, als sich mit ihrer Normaldauer und gesunden Entwicklung verträgt. Durch maßlose Verlängerung des Arbeitstags kannst du in einem Tage ein größres Quantum meiner Arbeitskraft flüssig machen, als ich in drei Tagen ersetzen kann. Was du so an Arbeit gewinnst, verliere ich an Arbeitssubstanz. Die Benutzung meiner Arbeitskraft und die Beraubung derselben sind ganz verschiedene Dinge. Wenn die Durchschnittsperiode, die ein Durchschnittsarbeiter bei vernünftigem Arbeitsmaß leben kann, 30 Jahre beträgt, ist der Wert meiner Arbeitskraft, den du mir einen Tag in den andren zahlst, $\frac{1}{365 \times 30}$ oder $1/10950$ ihres Gesamtwerts. Konsumierst du sie aber in 10 Jahren, so zahlst du mir täglich $1/10950$ statt $1/3650$ ihres Gesamtwerts, also nur $1/3$ ihres Tageswerts, und stiehlst mir daher täglich $2/3$ des Werts meiner Ware. Du zahlst mir eintägige Arbeitskraft, wo du dreitägige verbrauchst. Das ist wider unsren Vertrag und das Gesetz des Warenaustausches. Ich verlange also einen Arbeitstag von normaler Länge, und ich verlange ihn ohne Appell an dein Herz, denn in Geldsachen hört die Gemütlichkeit auf. Du magst ein Musterbürger sein, vielleicht Mitglied des Vereins zur Abschaffung der Tierquälerei und obendrein im Geruch der Heiligkeit stehn, aber dem Ding, das du mir gegenüber repräsentierst, schlägt kein Herz in seiner Brust. Was darin zu pochen scheint, ist mein eigner Herzschlag. Ich verlange den Normalarbeitstag, weil ich den Wert meiner Ware verlange, wie jeder andre Verkäufer.

Man sieht: Von ganz elastischen Schranken abgesehn, ergibt sich aus der Natur des Warenaustausches selbst keine Grenze des Arbeitstags, also keine Grenze der Mehrarbeit. Der Kapitalist behauptet sein Recht als Käufer, wenn er den Arbeitstag so lang als möglich und womöglich aus einem Arbeitstag zwei zu machen sucht. Andrerseits schließt die spezifische Natur der verkauften Ware eine Schranke ihres Konsums durch den Käufer ein und der Arbeiter behauptet sein Recht als Verkäufer, wenn er den Arbeitstag auf eine bestimmte Normalgröße beschränken will. Es findet hier also eine Antinomie statt, Recht wider Recht, beide gleichmäßig durch das Gesetz des Warenaustausches besiegelt. Zwischen gleichen Rechten entscheidet die Gewalt. Und so stellt sich in der Geschichte der kapitalistischen Produktion die Normierung des Arbeitstags als

Kampf um die Schranken des Arbeitstags dar – ein Kampf zwischen dem Gesamtkapitalisten, d. h. der Klasse der Kapitalisten, und dem Gesamtarbeiter, oder der Arbeiterklasse.

Der Heißhunger nach Mehrarbeit, Fabrikant und Bojar

Das Kapital hat die Mehrarbeit nicht erfunden. Überall, wo ein Teil der Gesellschaft das Monopol der Produktionsmittel besitzt, muß der Arbeiter, frei oder unfrei, der zu seiner Selbsterhaltung notwendigen Arbeitszeit überschüssige Arbeitszeit zusetzen, um die Lebensmittel für den Eigner der Produktionsmittel zu produzieren, sei dieser Eigentümer nun atheniensischer Καλὸς Κ'ἀγαθός, etruskischer Theokrat, civis romanus, normännischer Baron, amerikanischer Sklavenhalter, walachischer Bojar, moderner Landlord oder Kapitalist. Indes ist klar, daß, wenn in einer ökonomischen Gesellschaftsformation nicht der Tauschwert, sondern der Gebrauchswert des Produkts vorwiegt, die Mehrarbeit durch einen engern oder weitern Kreis von Bedürfnissen beschränkt ist, aber kein schrankenloses Bedürfnis nach Mehrarbeit aus dem Charakter der Produktion selbst entspringt. Entsetzlich zeigt sich daher im Altertum die Überarbeit, wo es gilt, den Tauschwert in seiner selbständigen Geldgestalt zu gewinnen, in der Produktion von Gold und Silber. Gewaltsames zu Tod arbeiten ist hier die offizielle Form der Überarbeit. Man lese nur den Diodorus Siculus. Doch sind dies Ausnahmen in der alten Welt. Sobald aber Völker, deren Produktion sich noch in den niedrigren Formen der Sklavenarbeit, Fronarbeit usw. bewegt, hineingezogen werden in einen durch die kapitalistische Produktionsweise beherrschten Weltmarkt, der den Verkauf ihrer Produkte ins Ausland zum vorwiegenden Interesse entwickelt, wird den barbarischen Greueln der Sklaverei, Leibeigenschaft usw. der zivilisierte Greuel der Überarbeit aufgepfropft. Daher bewahrte die Negerarbeit in den südlichen Staaten der amerikanischen Union einen gemäßigt patriarchalischen Charakter, solange die Produktion hauptsächlich auf den unmittelbaren Selbstbedarf gerichtet war. In dem Grade aber, wie der Baumwollexport zum Lebensinteresse jener Staaten, ward die Überarbeitung des Negers, hier und da die Konsumtion seines Lebens in sieben Arbeitsjahren, Faktor eines berechneten und berechnenden Systems. Es galt nicht mehr, eine gewisse Masse nützlicher Produkte aus ihm herauszuschlagen. Es galt nun der Produktion des Mehrwerts selbst. Ähnlich mit der Fronarbeit, z. B. in den Donaufürstentümern.

Die Vergleichung des Heißhungers nach Mehrarbeit in den Donaufürstentümern mit demselben Heißhunger in englischen Fabriken bietet ein besondres Interesse, weil die Mehrarbeit in der Fronarbeit eine selbständige, sinnlich wahrnehmbare Form besitzt.

Gesetzt, der Arbeitstag zähle 6 Stunden notwendiger Arbeit und 6 Stunden Mehrarbeit. So liefert der freie Arbeiter dem Kapitalisten wöchentlich 6×6 oder 36 Stunden Mehrarbeit. Es ist dasselbe, als arbeite er 3 Tage in der Woche für sich und 3 Tage in der Woche umsonst für den Kapitalisten. Aber dies ist nicht sichtbar. Mehrarbeit und notwendige Arbeit verschwimmen ineinander. Ich kann daher dasselbe Verhältnis z. B. auch so ausdrücken, daß der Arbeiter in jeder Minute 30 Sekunden für sich und 30 Sekunden für den Kapitalisten arbeitet usw. Anders mit der Fronarbeit. Die notwendige Arbeit, die z. B. der walachische Bauer zu seiner Selbsterhaltung verrichtet, ist räumlich getrennt von seiner Mehrarbeit für den Bojaren. Die eine verrichtet er auf seinem eignen Felde, die andre auf dem herrschaftlichen Gut. Beide Teile der Arbeitszeit existieren daher selbständig nebeneinander. In der Form der Fronarbeit ist die Mehrarbeit genau abgeschieden von der notwendigen Arbeit. An dem quantitativen Verhältnis von Mehrarbeit und notwendiger Arbeit ändert diese verschiedne Erscheinungsform offenbar nichts. Drei Tage Mehrarbeit in der Woche bleiben drei Tage Arbeit, die kein Äquivalent für den Arbeiter selbst bildet, ob sie Fronarbeit heiße oder Lohnarbeit. Bei dem Kapitalisten jedoch erscheint der Heißhunger nach Mehrarbeit im Drang zu maßloser Verlängerung des Arbeitstags, bei dem Bojaren einfacher in unmittelbarer Jagd auf Frontage.

Die Fronarbeit war in den Donaufürstentümern verknüpft mit Naturalrenten und sonstigem Zubehör von Leibeigenschaft, bildete aber den entscheidenden Tribut an die herrschende Klasse. Wo dies der Fall, entsprang die Fronarbeit selten aus der Leibeigenschaft, Leibeigenschaft vielmehr meist umgekehrt aus der Fronarbeit. So in den rumänischen Provinzen. Ihre ursprüngliche Produktionsweise war auf Gemeineigentum gegründet, aber nicht auf Gemeineigentum in slawischer oder gar indischer Form. Ein Teil der Ländereien wurde als freies Privateigentum von den Mitgliedern der Gemeinde selbständig bewirtschaftet, ein andrer Teil – der ager publicus – gemeinsam von ihnen bestellt. Die Produkte dieser gemeinsamen Arbeit dienten teils als Reservefonds für Mißernten und andre Zufälle, teils als Staatsschatz zur Deckung für die Kosten von Krieg, Religion und andre Gemeindeausgaben. Im Laufe der Zeit usurpierten kriegerische und kirchliche Würdenträger mit dem Gemeindeeigentum die Leistungen für dasselbe. Die Arbeit der freien Bauern auf ihrem Gemeindeland verwandelte sich in Fronarbeit für die Diebe des Gemeindelandes. Damit entwickelten sich zugleich Leibeigenschafts-Verhältnisse, jedoch nur tatsächlich, nicht gesetzlich, bis das weltbefreiende Rußland unter dem Vorwand, die Leibeigenschaft abzuschaffen, sie zum Gesetz erhob. Der Kodex der Fronarbeit, den der russische General Kisselew 1831 proklamierte, war natürlich von den Bojaren selbst diktiert. Rußland eroberte so mit einem Schlag die Magnaten der Donaufürstentümer und den Beifallsklatsch der liberalen Kretins von ganz Europa.

Nach dem »Règlement organique«, so heißt jener Kodex der Fronarbeit, schuldet jeder walachische Bauer, außer einer Masse detaillierter Naturalabgaben, dem sog. Grundeigentümer 1. zwölf Arbeitstage überhaupt, 2. einen Tag Feldarbeit und 3. einen Tag Holzfuhre. Summa summarum 14 Tage im Jahre. Mit tiefer Einsicht in die politische Ökonomie wird jedoch der Arbeitstag nicht in seinem ordinären Sinn genommen, sondern der zur Herstellung eines täglichen Durchschnittsprodukts notwendige Arbeitstag, aber das tägliche Durchschnittsprodukt ist pfiffigerweise so bestimmt, daß kein Zyklope in 24 Stunden damit fertig würde. In den dürren Worten echt russischer Ironie erklärt daher das »Règlement« selbst, unter 12 Arbeitstagen sei das Produkt einer Handarbeit von 36 Tagen zu verstehn, unter einem Tag Feldarbeit drei Tage, und unter einem Tag Holzfuhr ebenfalls das Dreifache. Summa: 42 Frontage. Es kommt aber hinzu die sog. Jobagie, Dienstleistungen, die dem Grundherrn für außerordentliche Produktionsbedürfnisse gebühren. Im Verhältnis zur Größe seiner Bevölkerung hat jedes Dorf jährlich ein bestimmtes Kontingent zur Jobagie zu stellen. Diese zusätzliche Fronarbeit wird für jeden walachischen Bauer auf 14 Tage geschätzt. So beträgt die vorgeschriebne Fronarbeit 56 Arbeitstage jährlich. Das Ackerbaujahr zählt aber in der Walachei wegen des schlechten Klimas nur 210 Tage, wovon 40 für Sonn- und Feiertage, 30 durchschnittlich für Unwetter, zusammen 70 Tage ausfallen. Bleiben 140 Arbeitstage. Das Verhältnis der Fronarbeit zur notwendigen Arbeit, oder 66²/₃ Prozent, drückt eine viel kleinere Rate des Mehrwerts aus als die, welche die Arbeit des englischen Agrikultur- oder Fabrikarbeiters reguliert. Dies ist jedoch nur die gesetzlich vorgeschriebne Fronarbeit. Und in noch »liberalerem« Geist als die englische Fabrikgesetzgebung hat das »Règlement organique« seine eigne Umgehung zu erleichtern gewußt. Nachdem es aus 12 Tagen 54 gemacht, wird das nominelle Tagwerk jedes der 54 Frontage wieder so bestimmt, daß eine Zubuße auf die folgenden Tage fallen muß. In einem Tag z. B. soll eine Landstrecke ausgejätet werden, die zu dieser Operation, namentlich auf den Maispflanzungen, doppelt soviel Zeit erheischt. Das gesetzliche Tagwerk für einzelne Agrikulturarbeiten ist so auslegbar, daß der Tag im Monat Mai anfängt und im Monat Oktober aufhört. Für die Moldau sind die Bestimmungen noch härter.

»Die zwölf Frontage des Règlement organique«, rief ein siegtrunkner Bojar, »belaufen sich auf 365 Tage im Jahr!«

War das Règlement organique der Donaufürstentümer ein positiver Ausdruck des Heißhungers nach Mehrarbeit, den jeder Paragraph legalisiert, so sind die englischen Factory-Acts negative Ausdrücke desselben Heißhungers. Diese Gesetze zügeln den Drang des Kapitals nach maßloser Aussaugung der Arbeitskraft durch gewaltsame Beschränkung des Arbeitstags von Staats wegen, und zwar von seiten eines Staats, den Kapitalist und Landlord beherrschen. Von einer täglich bedrohlicher anschwellenden Arbeiterbewegung abgesehn, war die Beschränkung der Fabrikarbeit diktiert durch dieselbe Notwendigkeit, welche den Guano auf die englischen Felder ausgoß. Dieselbe blinde Raubgier, die in dem einen Fall die Erde erschöpft, hatte in dem andren die Lebenskraft der Nation an der Wurzel ergriffen. Periodische Epidemien sprachen hier ebenso deutlich als das abnehmende Soldatenmaß in Deutschland und Frankreich.

Der jetzt (1867) geltende Factory-Act von 1850 erlaubt für den durchschnittlichen Wochentag 10 Stunden, nämlich für die ersten 5 Wochentage 12 Stunden, von 6 Uhr morgens bis 6 Uhr abends, wovon aber $1/2$ Stunde für Frühstück und eine Stunde für Mittagessen gesetzlich abgehn, also $10^{1}/_{2}$ Arbeitsstunden bleiben, und 8 Stunden für den Samstag, von 6 Uhr morgens bis 2 Uhr nachmittags, wovon $1/2$ Stunde für Frühstück abgeht. Bleiben 60 Arbeitsstunden, $10^{1}/_{2}$ für die ersten fünf Wochentage, $7^{1}/_{2}$ für den letzten Wochentag. Es sind eigne Wächter des Gesetzes bestellt, die dem Ministerium des Innern direkt untergeordneten Fabrikinspektoren, deren Berichte halbjährlich von Parlaments wegen veröffentlicht werden. Sie liefern also eine forlaufende und offizielle Statistik

über den Kapitalistenheißhunger nach Mehrarbeit.
[...]

Es versteht sich zunächst von selbst, daß der Arbeiter seinen ganzen Lebenstag durch nichts ist außer Arbeitskraft, daß daher alle seine disponible Zeit von Natur und Rechts wegen Arbeitszeit ist, also der Selbstverwertung des Kapitals angehört. Zeit zu menschlicher Bildung, zu geistiger Entwicklung, zur Erfüllung sozialer Funktionen, zu geselligem Verkehr, zum freien Spiel der physischen und geistigen Lebenskräfte, selbst die Feierzeit des Sonntags – und wäre es im Lande der Sabbatheiligen – reiner Firlefanz! Aber in seinem maßlos blinden Trieb, seinem Werwolfs-Heißhunger nach Mehrarbeit, überrennt das Kapital nicht nur die moralischen, sondern auch die rein physischen Maximalschranken des Arbeitstags. Es usurpiert die Zeit für Wachstum, Entwicklung und gesunde Erhaltung des Körpers. Es raubt die Zeit, erheischt zum Verzehr von freier Luft und Sonnenlicht. Es knickert ab an der Mahlzeit und einverleibt sie womöglich dem Produktionsprozeß selbst, so daß dem Arbeiter als bloßem Produktionsmittel Speisen zugesetzt werden wie dem Dampfkessel Kohle und der Maschinerie Talg oder Öl. Den gesunden Schlaf zur Sammlung, Erneuerung und Erfrischung der Lebenskraft reduziert es auf so viel Stunden Erstarrung, als die Wiederbelebung eines absolut erschöpften Organismus unentbehrlich macht. Statt daß die normale Erhaltung der Arbeitskraft hier die Schranke des Arbeitstags, bestimmt umgekehrt die größte täglich mögliche Verausgabung der Arbeitskraft, wie krankhaft gewaltsam und peinlich auch immer, die Schranke für die Rastzeit des Arbeiters. Das Kapital fragt nicht nach der Lebensdauer der Arbeitskraft. Was es interessiert, ist einzig und allein das Maximum von Arbeitskraft, das in einem Arbeitstag flüssig gemacht werden kann. Es erreicht dies Ziel durch Verkürzung der Dauer der Arbeitskraft, wie ein habgieriger Landwirt gesteigerten Bodenertrag durch Beraubung der Bodenfruchtbarkeit erreicht.

Die kapitalistische Produktion, die wesentlich Produktion von Mehrwert, Einsaugung von Mehrarbeit ist, produziert also mit der Verlängerung des Arbeitstags nicht nur die Verkümmerung der menschlichen Arbeitskraft, welche ihrer normalen moralischen und physischen Entwicklungs- und Betätigungsbedingungen beraubt wird. Sie produziert die vorzeitige Erschöpfung und Abtötung der Arbeitskraft selbst. Sie verlängert die Produktionszeit des Arbeiters während eines gegebenen Termins durch Verkürzung seiner

Lebenszeit.

Der Wert der Arbeitskraft schließt aber den Wert der Waren ein, welche zur Reproduktion des Arbeiters oder zur Fortpflanzung der Arbeiterklasse erheischt sind. Wenn also die naturwidrige Verlängrung des Arbeitstags, die das Kapital in seinem maßlosen Trieb nach Selbstverwertung notwendig anstrebt, die Lebensperiode der einzelnen Arbeiter und damit die Dauer ihrer Arbeitskraft verkürzt, wird rascherer Ersatz der verschlissenen nötig, also das Eingehen größerer Verschleißkosten in die Reproduktion der Arbeitskraft, ganz wie der täglich zu reproduzierende Wertteil einer Maschine um so größer ist, je rascher sie verschleißt. Das Kapital scheint daher durch sein eignes Interesse auf einen Normalarbeitstag hingewiesen.

[...]

Allerdings zeigt die Erfahrung dem verständigen Beobachter auf der andren Seite, wie rasch und tief die kapitalistische Produktion, die, geschichtlich gesprochen, kaum von gestern datiert, die Volkskraft an der Lebenswurzel ergriffen hat, wie die Degeneration der industriellen Bevölkerung nur durch beständige Absorption naturwüchsiger Lebenselemente vom Lande verlangsamt wird und wie selbst die ländlichen Arbeiter, trotz freier Luft und des unter ihnen so allmächtig waltenden principle of natural selection, das nur die kräftigsten Individuen aufkommen läßt, schon abzuleben beginnen. Das Kapital, das so »gute Gründe« hat, die Leiden der es umgebenden Arbeitergeneration zu leugnen, wird in seiner praktischen Bewegung durch die Aussicht auf zukünftige Verfaulung der Menschheit und schließlich doch unaufhaltsame Entvölkerung so wenig und so viel bestimmt als durch den möglichen Fall der Erde in die Sonne. In jeder Aktienschwindelei weiß jeder, daß das Unwetter einmal einschlagen muß, aber jeder hofft, daß es das Haupt seines Nächsten trifft, nachdem er selbst den Goldregen aufgefangen und in Sicherheit gebracht hat. Après moi le déluge! ist der Wahlruf jedes Kapitalisten und jeder Kapitalistennation. Das Kapital ist daher rücksichtslos gegen Gesundheit und Lebensdauer des Arbeiters, wo es nicht durch die Gesellschaft zur Rücksicht gezwungen wird. Der Klage über physische und geistige Verkümmrung, vorzeitigen Tod, Tortur der Überarbeit, antwortet es: Sollte diese Qual uns quälen, da sie unsre Lust (den Profit) vermehrt? Im großen und ganzen hängt dies aber auch nicht vom guten oder bösen Willen des einzelnen Kapitalisten ab. Die freie Konkurrenz macht die immanenten Gesetze der kapitalistischen Produktion dem einzelnen Kapitalisten gegenüber als äußerliches Zwangsgesetz geltend.

Die Festsetzung eines normalen Arbeitstags ist das Resultat eines vielhundertjährigen Kampfes zwischen Kapitalist und Arbeiter. Doch zeigt die Geschichte dieses Kampfes zwei entgegengesetzte Strömungen. Man vergleiche z. B. die englische Fabrikgesetzgebung unsrer Zeit mit den englischen Arbeitsstatuten vom 14. bis tief in die Mitte des 18. Jahrhunderts. Während das moderne Fabrikgesetz den Arbeitstag gewaltsam abkürzt, suchen ihn jene Statute gewaltsam zu verlängern. Allerdings erscheinen die Ansprüche des Kapitals im Embryozustand, wo es erst wird, also noch nicht durch bloße Gewalt der ökonomischen Verhältnisse, sondern auch durch Hilfe der Staatsmacht sein Einsaugungsrecht eines genügenden Quantums Mehrarbeit sichert, ganz und gar bescheiden, vergleicht man sie mit den Konzessionen, die es in seinem Mannesalter knurrend und widerstrebig machen muß. Es kostet Jahrhunderte, bis der »freie« Arbeiter infolge entwickelter kapitalistischer Produktionsweise sich freiwillig dazu versteht, d. h. gesellschaftlich gezwungen ist, für den Preis seiner gewohnheitsmäßigen Lebensmittel seine ganze aktive Lebenszeit, ja seine Arbeitsfähigkeit selbst, seine Erstgeburt für ein Gericht Linsen zu verkaufen. Es ist daher natürlich, daß die Verlängrung des Arbeitstags, die das Kapital von Mitte des 14. bis Ende des 17. Jahrhunderts staatsgewaltig den volljährigen Arbeitern aufzudringen sucht, ungefähr mit der Schranke der Arbeitszeit zusammenfällt, die in der zweiten Hälfte des 19. Jahrhunderts der Verwandlung von Kinderblut in Kapital hier und da von Staats wegen gezogen wird. Was heute, z. B. im Staate Massachusetts, bis jüngst dem freisten Staate der nordamerikanischen Republik, als Staatsschranke der Arbeit von Kindern unter 12 Jahren proklamiert ist, war in England noch Mitte des 17. Jahrhunderts der normale Arbeitstag vollblütiger Handwerker, robuster Ackerknechte und riesenhafter Grobschmiede [...]

Der Kampf um den Normalarbeitstag.
Zwangsgesetzliche Beschränkung der Arbeitszeit.

Nachdem das Kapital Jahrhunderte gebraucht, um den Arbeitstag bis zu seinen normalen Maximalgrenzen und dann über diese hinaus, bis zu den Grenzen des natürlichen Tags von 12 Stunden zu verlängern, erfolgte nun, seit der Geburt der großen Industrie im letzten Drittel des 18. Jahrhunderts, eine lawinenartig gewaltsame und maßlose Überstürzung. Jede Schranke von Sitte und Natur, Alter und Geschlecht, Tag und Nacht, wurde zertrümmert. Selbst die Begriffe von Tag und Nacht, bäuerlich einfach in den alten Statuten, verschwammen so sehr, daß ein englischer Richter noch 1860 wahrhaft talmudistischen Scharfsinn aufbieten mußte, um »urteilskräftig« zu erklären, was Tag und Nacht sei. Das Kapital feierte seine Orgien.

Sobald die vom Produktionslärm übertölpelte Arbeiterklasse wieder einigermaßen zur Besinnung kam, begann ihr Widerstand, zunächst im Geburtsland der großen Industrie, in England. Während drei Dezennien jedoch blieben die von ihr ertrotzten Konzessionen rein nominell. Das Parlament erließ 5 Arbeits-Akte von 1802 bis 1833, war aber so schlau, keinen Pfennig für ihre zwangsmäßige Ausführung, das nötige Beamtenpersonal usw. zu votieren. Sie blieben ein toter Buchstabe.

»Die Tatsache ist, daß vor dem Akt von 1833 Kinder und junge Personen abgearbeitet wurden (were worked) die ganze Nacht, den ganzen Tag, oder beide ad libitum.«

Erst seit dem Fabrikakt von 1833 – umfassend Baumwoll-, Wolle-, Flachs- und Seidenfabriken – datiert für die moderne Industrie ein Normalarbeitstag. Nichts charakterisiert den Geist des Kapitals besser als die Geschichte der englischen Fabrikgesetzgebung von 1833 bis 1864!

Das Gesetz von 1833 erklärt, der gewöhnliche Fabrikarbeitstag solle beginnen um halb 6 Uhr morgens und enden halb 9 Uhr abends, und innerhalb dieser Schranken, einer Periode von 15 Stunden, solle es gesetzlich sein, junge Personen (d. h. Personen zwischen 13 und 18 Jahren) zu irgendeiner Zeit des Tags anzuwenden, immer vorausgesetzt, daß ein und dieselbe junge Person nicht mehr als 12 Stunden innerhalb eines Tags arbeite, mit Ausnahme gewisser speziell vorgesehner Fälle. Die 6. Sektion des Akts bestimmt, »daß im Laufe jedes Tags jeder solchen Person von beschränkter Arbeitszeit mindestens 1½ Stunden für Mahlzeiten eingeräumt werden sollen«. Die Anwendung von Kindern unter 9 Jahren, mit später zu erwähnender Ausnahme, ward verboten, die Arbeit der Kinder von 9 bis 13 Jahren auf 8 Stunden täglich beschränkt. Nachtarbeit, d. h. nach diesem Gesetz, Arbeit zwischen halb 9 Uhr abends und halb 6 Uhr morgens, ward verboten für alle Personen zwischen 9 und 18 Jahren.

Die Gesetzgeber waren so weit entfernt, die Freiheit des Kapitals in Aussaugung der erwachsenen Arbeitskraft oder, wie sie es nannten, »die Freiheit der Arbeit« antasten zu wollen, daß sie ein eignes System aushecktcn, um solcher haarsträubenden Konsequenz des Fabrikats vorzubeugen.

[...]

Die Fabrikarbeiter, namentlich seit 1838, hatten die Zehnstundenbill zu ihrem ökonomischen, wie die Charter zu ihrem politischen Wahlaufruf gemacht. Ein Teil der Fabrikanten selbst, der den Fabrikbetrieb dem Akt von 1833 gemäß geregelt hatte, überwarf das Parlament mit Denkschriften über die unsittliche »Konkurrenz« der »falschen Brüder«, denen größere Frechheit oder glücklichere Lokalumstände den Gesetzesbruch erlaubten. Zudem, wie sehr immerhin der einzelne Fabrikant der alten Raubgier den Zügel frei schießen lassen mochte, die Wortführer und politischen Leiter der Fabrikantenklasse geboten eine veränderte Haltung und veränderte Sprache gegenüber den Arbeitern. Sie hatten den Feldzug zur Abschaffung der Korngesetze eröffnet und bedurften der Hilfe der Arbeiter zum Siege! Sie versprachen daher nicht nur Verdopplung des Laibes Brot, sondern Annahme der Zehnstundenbill unter dem tausendjährigen Reich des Free Trade. Sie durften also um so weniger eine Maßregel bekämpfen, die nur den Akt von 1833 zur Wahrheit machen sollte. In ihrem heiligsten Interesse, der Grundrente, bedroht, donnerten endlich die Tories entrüstet philanthropisch über die »infamen Praktiken« ihrer Feinde.

So kam der zusätzliche Fabrikakt vom 7. Juni 1844 zustande.

[...]

Man hat gesehn: Diese minutiösen Bestimmungen, welche die Periode, Grenzen, Pausen der Arbeit so militärisch uniform nach dem Glockenschlag regeln, waren keineswegs Produkte parlamentarischer Hirnweberei. Sie entwickelten sich allmählich aus den Verhältnissen heraus, als Naturgesetze der modernen Produktionsweise. Ihre Formulierung, offizielle Anerkennung und staatliche Proklamation waren Ergebnis langwieriger Klassenkämpfe. Eine ihrer nächsten Folgen war, daß die Praxis auch den Arbeitstag der erwachsenen männlichen Fabrikarbeiter denselben Schranken unterwarf, da in den meisten Produktionsprozessen die Kooperation der Kinder, jungen Personen und Frauenzimmer unentbehrlich. Im großen und ganzen galt daher während der Periode von 1844–1847 der zwölfstündige Arbeitstag allgemein und uniform in allen der Fabrikgesetzgebung unterworfenen Industriezweigen.

Die Fabrikanten erlaubten diesen »Fortschritt« jedoch nicht ohne einen kompensierenden »Rückschritt«. Auf ihren Antrieb reduzierte das Unterhaus das Minimalalter der zu verarbeitenden Kinder von 9 Jahren auf 8, zur Sicherung der dem Kapital von Gott und Rechts wegen geschuldeten »additionellen Fabrikkinderzufuhr«.

Die Jahre 1846/1847 machen Epoche in der ökonomischen Geschichte Englands. Widerruf der Korngesetze, die Einfuhrzölle auf Baumwolle und andre Rohmaterialien abgeschafft, der Freihandel zum Leitstern der Gesetzgebung erklärt! Kurz, das tausendjährige Reich brach an. Andrerseits erreichten in denselben Jahren Chartistenbewegung und Zehnstundenagitation ihren Höhepunkt. Sie fanden Bundesgenossen in den racheschnaubenden Tories. Trotz des fanatischen Widerstands des wortbrüchigen Freihandelsheers mit Bright und Cobden an der Spitze ging die so lang erstrebte Zehnstundenbill durch das Parlament.

Der neue Fabrikakt vom 8. Juni 1847 setzte fest, daß am 1. Juli 1847 eine vorläufige Verkürzung des Arbeitstags der »jungen Personen« (von 13 bis 18 Jahren) und aller Arbeiterinnen auf 11 Stunden, am 1. Mai 1848 aber die definitive Beschränkung auf 10 Stunden eintreten solle. Im übrigen war der Akt nur ein amendierender Zusatz der Gesetze von 1833 und 1844.

Das Kapital unternahm einen vorläufigen Feldzug, um die volle Ausführung des Akts am 1. Mai 1848 zu verhindern. Und zwar sollten die Arbeiter selbst, angeblich durch die Erfahrung gewitzigt, ihr eignes Werk wieder zerstören helfen. Der Augenblick war geschickt gewählt.

»Man muß sich erinnern, daß infolge der furchtbaren Krise von 1846/1847 großes Leid unter den Fabrikarbeitern vorherrschte, da viele Fabriken nur für kurze Zeit gearbeitet, andre ganz stillgestanden hatten. Eine beträchtliche Anzahl der Arbeiter befand sich daher in drückendster Lage, viele in Schulden. Man konnte daher mit ziemlicher Gewißheit annehmen, daß sie die längere Arbeitszeit vorziehn würden, um die vergangnen Verluste gutzumachen, vielleicht Schulden abzuzahlen oder ihre Möbel aus dem Pfandhaus zu holen oder verkaufte Habseligkeiten zu ersetzen oder neue Kleidungsstücke sich selbst und ihren Familien zu verschaffen.«

Die Herrn Fabrikanten suchten die natürliche Wirkung dieser

Umstände zu steigern durch eine allgemeine Lohnherabsetzung von 10 %. Dies geschah sozusagen zur Einweihungsfeier der neuen Freihandelsära. Dann folgte weitre Herabsetzung um 8¹/₃ %, sobald der Arbeitstag auf 11, und um das Doppelte, sobald er definitiv auf 10 Stunden verkürzt wurde. Wo es daher irgendwie die Verhältnisse zuließen, fand eine Lohnherabsetzung von wenigstens 25 % statt. Unter so günstig vorbereiteten Chancen begann man die Agitation unter den Arbeitern für Widerruf des Akts von 1847. Kein Mittel des Betrugs, der Verführung und der Drohung wurde dabei verschmäht, aber alles umsonst. Mit Bezug auf das halbe Dutzend Petitionen, worin die Arbeiter klagen mußten über »ihre Unterdrückung durch den Akt«, erklärten die Bittsteller selbst, bei mündlichem Verhör, ihre Unterschriften seien abgenötigt worden. »Sie seien unterdrückt, aber von jemand anders als dem Fabrikakt.« Wenn es aber den Fabrikanten nicht gelang, die Arbeiter in ihrem Sinn sprechen zu machen, schrien sie selbst nur um so lauter in Presse und Parlament im Namen der Arbeiter. Sie denunzierten die Fabrikinspektoren als eine Art Konventskommissäre, die ihrer Weltverbesserungsgrille den unglücklichen Arbeiter unbarmherzig aufopferten. Auch dies Manöver schlug fehl. Fabrikinspektor Leonard Horner stellte in eigner Person und durch seine Unterinspektoren zahlreiche Zeugenverhöre in den Fabriken Lancashires an. Ungefähr 70 % der verhörten Arbeiter erklärten sich für 10 Stunden, eine viel geringere Prozentzahl für 11 und eine ganz unbedeutende Minorität für die alten 12 Stunden.

[...]

Der vorläufige Feldzug des Kapitals war mißglückt, und das Zehnstundengesetz trat am 1. Mai 1848 in Kraft. Unterdes hatte jedoch das Fiasko der Chartistenpartei, deren Führer eingekerkert und deren Organisation zersprengt, bereits das Selbstvertrauen der englischen Arbeiterklasse erschüttert. Bald darauf vereinigte die Pariser Juni-Insurrektion und ihre blutige Erstickung, wie im kontinentalen Europa so in England, alle Fraktionen der herrschenden Klassen, Grundeigentümer und Kapitalisten, Börsenwölfe und Krämer, Protektionisten und Freihändler, Regierung und Opposition, Pfaffen und Freigeister, junge Huren und alte Nonnen, unter dem gemeinschaftlichen Ruf zur Rettung des Eigentums, der Religion, der Familie, der Gesellschaft! Die Arbeiterklasse wurde überall verfemt, in den Bann getan, unter das »loi des suspects« gestellt. Die Herrn Fabrikanten brauchten sich also nicht zu genieren. Sie brachen in offne Revolte aus nicht nur wider das Zehnstundengesetz, sondern wider die ganze Gesetzgebung, welche seit 1833 die »freie« Aussaugung der Arbeitskraft einigermaßen zu zügeln suchte. Es war eine Proslavery Rebellion in Miniatur, während mehr als zwei Jahren durchgeführt mit zynischer Rücksichtslosigkeit, mit terroristischer Energie, beide um so wohlfeiler, als der rebellische Kapitalist nichts riskierte außer der Haut seiner Arbeiter.

[...]

Über ihre ursprüngliche Sphäre griff die Gesetzgebung zuerst hinaus durch den »Printworks' Act« (Gesetz über Kattundruckereien usw.) von 1845. Die Unlust, womit das Kapital diese neue »Extravaganz« zuließ, spricht aus jeder Zeile des Akts! Er beschränkt den Arbeitstag für Kinder von 8 bis 13 Jahren und für Frauenzimmer auf 16 Stunden zwischen 6 Uhr morgens und 10 Uhr abends, ohne irgendeine gesetzliche Pause für Mahlzeiten. Er erlaubt, männliche Arbeiter über 13 Jahre Tag und Nacht hindurch beliebig abzuarbeiten. Er ist ein parlamentarischer Abort.

Dennoch hatte das Prinzip gesiegt mit seinem Sieg in den großen Industriezweigen, welche das eigenste Geschöpf der modernen Produktionsweise. Ihre wundervolle Entwicklung von 1853–1860, Hand in Hand mit der physischen und moralischen Wiedergeburt der Fabrikarbeiter, schlug das blödeste Auge. Die Fabrikanten selbst, denen die gesetzliche Schranke und Regel des Arbeitstags durch halbhundertjährigen Bürgerkrieg Schritt für Schritt abgetrotzt, wiesen prahlend auf den Kontrast mit den noch »freien« Exploitationsgebieten hin. Die Pharisäer der »politischen Ökonomie« proklamierten nun die Einsicht in die Notwendigkeit eines gesetzlich geregelten Arbeitstags als charakteristische Neuerrungenschaft ihrer »Wissenschaft«. Man versteht leicht, daß, nachdem sich die Fabrikmagnaten in das Unvermeidliche gefügt und mit ihm ausgesöhnt, die Widerstandskraft des Kapitals graduell abschwächte, während zugleich die Angriffskraft der Arbeiterklasse wuchs mit der Zahl ihrer Verbündeten in den nicht unmittelbar interessierten Gesellschaftsschichten. Daher vergleichungsweis rascher Fortschritt seit 1860.

[...]

Der Leser erinnert sich, daß die Produktion von Mehrwert oder die Extraktion von Mehrarbeit den spezifischen Inhalt und Zweck der kapitalistischen Produktion bildet, abgesehn von jedweder aus der Unterordnung der Arbeit unter das Kapital etwa entspringenden Umgestaltung der Produktionsweise selbst. Er erinnert sich, daß auf dem bisher entwickelten Standpunkt nur der selbständige und daher gesetzlich mündige Arbeiter als Warenverkäufer mit dem Kapitalisten kontrahiert. Wenn also in unserer historischen Skizze einerseits die moderne Industrie eine Hauptrolle spielt, andrerseits die Arbeit physisch und rechtlich Unmündiger, so galt uns die eine nur als besondre Sphäre, die andre nur als besonders schlagendes Beispiel der Arbeitsaussaugung. Ohne jedoch der spätren Entwicklung vorzugreifen, folgt aus dem bloßen Zusammenhang der geschichtlichen Tatsachen:

Erstens: In den durch Wasser, Dampf und Maschinerie zunächst revolutionierten Industrien, in diesen ersten Schöpfungen der modernen Produktionsweise, den Baumwolle-, Wolle-, Flachs-, Seide-Spinnereien und Webereien wird der Trieb des Kapitals nach maß- und rücksichtsloser Verlängerung des Arbeitstags zuerst befriedigt. Die veränderte materielle Produktionsweise und die ihr entsprechend veränderten sozialen Verhältnisse der Produzenten schaffen erst die maßlose Ausschreitung und rufen dann im Gegensatz die gesellschaftliche Kontrolle hervor, welche den Arbeitstag mit seinen Pausen gesetzlich beschränkt, reguliert und uniformiert. Diese Kontrolle erscheint daher während der ersten Hälfte des 19. Jahrhunderts bloß als Ausnahmegesetzgebung. Sobald sie das Urgebiet der neuen Produktionsweise erobert hatte, fand sich, daß unterdes nicht nur viele andre Produktionszweige in das eigentliche Fabrikregime eingetreten, sondern daß Manufakturen mit mehr oder minder verjährter Betriebsweise, wie Töpfereien, Glasereien usw., daß altmodische Handwerke, wie die Bäckerei, und endlich selbst die zerstreute sog. Hausarbeit, wie Nägelmacherei usw., seit lange der kapitalistischen Exploitation ebensosehr verfallen waren als die Fabrik. Die Gesetzgebung ward daher gezwungen, ihren Ausnahmecharakter allmählich abzustreifen, oder, wo sie römisch kasuistisch verfährt, wie in England, irgendein Haus, worin man arbeitet, nach Belieben für eine Fabrik (factory) zu erklären.

Zweitens: Die Geschichte der Reglung des Arbeitstags in einigen Produktionsweisen, in andren der noch fortdauernde Kampf um diese Reglung, beweisen handgreiflich, daß der vereinzelte Arbeiter, der Arbeiter als „freier" Verkäufer seiner Arbeitskraft, auf gewisser Reifestufe der kapitalistischen Produktion, widerstandslos unterliegt. Die Schöpfung eines Normalarbeitstags ist daher das

Produkt eines langwierigen, mehr oder minder versteckten Bürgerkriegs zwischen der Kapitalistenklasse und der Arbeiterklasse. Wie der Kampf eröffnet wird im Umkreis der modernen Industrie, so spielt er zuerst in ihrem Heimatland, England. Die englischen Fabrikarbeiter waren die Preisfechter nicht nur der englischen, sondern der modernen Arbeiterklasse überhaupt, wie auch ihre Theoretiker der Theorie des Kapitals zuerst den Fehdehandschuh hinwarfen. Der Fabrikphilosoph Ure denunziert es daher als unauslöschliche Schmach der englischen Arbeiterklasse, daß sie »die Sklaverei der Fabrikakte« auf ihre Fahne schrieb gegenüber dem Kapital, das männlich für »vollkommne Freiheit der Arbeit« stritt.

Frankreich hinkt langsam hinter England her. Es bedarf der Februarrevolution zur Geburt des Zwölfstundengesetzes, das viel mangelhafter ist als sein englisches Original. Trotzdem macht die französische revolutionäre Methode auch ihre eigentümlichen Vorzüge geltend. Mit einem Schlag diktiert sie allen Ateliers und Fabriken ohne Unterschied dieselbe Schranke des Arbeitstags, während die englische Gesetzgebung bald an diesem Punkt, bald an jenem, dem Druck der Verhältnisse widerwillig weicht und auf dem besten Weg ist, einen neuen juristischen Rattenkönig auszubrüten. Andrerseits proklamiert das französische Gesetz prinzipiell, was in England nur im Namen von Kindern, Unmündigen und Frauenzimmern erkämpft und erst neuerdings als allgemeines Recht beansprucht wird.

In den Vereinigten Staaten von Nordamerika blieb jede selbständige Arbeiterbewegung gelähmt, solange die Sklaverei einen Teil der Republik verunstaltete. Die Arbeit in weißer Haut kann sich nicht dort emanzipieren, wo sie in schwarzer Haut gebrandmarkt wird. Aber aus dem Tod der Sklaverei entsproß sofort ein neu verjüngtes Leben. Die erste Frucht des Bürgerkriegs war die Achtstundenagitation, mit den Siebenmeilenstiefeln der Lokomotive vom Atlantischen bis zum Stillen Ozean ausschreitend, von Neuengland bis nach Kalifornien. Der allgemeine Arbeiterkongreß zu Baltimore (Aug. 1866) erklärt:

»Das erste und große Erheischnis der Gegenwart, um die Arbeit dieses Landes von der kapitalistischen Sklaverei zu befreien, ist der Erlaß eines Gesetzes, wodurch 8 Stunden den Normalarbeitstag in allen Staaten der amerikanischen Union bilden sollen. Wir sind entschlossen, alle unsre Macht aufzubieten, bis dies glorreiche Resultat erreicht ist.«

Gleichzeitig (Anfang September 1866) beschloß der »Internationale Arbeiterkongreß« zu Genf auf Vorschlag des Londoner Generalrats: »Wir erklären die Beschränkung des Arbeitstags für eine vorläufige Bedingung, ohne welche alle andren Bestrebungen nach Emanzipation scheitern müssen ... Wir schlagen 8 Arbeitsstunden als legale Schranke des Arbeitstags vor.«

So besiegelt die auf beiden Seiten des Atlantischen Meers instinktiv aus den Produktionsverhältnissen selbst erwachsne Arbeiterbewegung den Ausspruch des englischen Fabrikinspektors R. J. Saunders:

»Weitere Schritte zur Reform der Gesellschaft sind niemals mit irgendeiner Aussicht auf Erfolg durchzuführen, wenn nicht zuvor der Arbeitstag beschränkt und seine vorgeschriebne Schranke strikt erzwungen wird.«

Man muß gestehn, daß unser Arbeiter anders aus dem Produktionsprozeß herauskommt, als er in ihn eintrat. Auf dem Markt trat er als Besitzer der Ware »Arbeitskraft« andren Warenbesitzern gegenüber, Warenbesitzer dem Warenbesitzer. Der Kontrakt, wodurch er dem Kapitalisten seine Arbeitskraft verkaufte, bewies sozusagen schwarz auf weiß, daß er frei über sich selbst verfügt. Nach geschlossenem Handel wird entdeckt, daß er »kein freier Agent« war, daß die Zeit, wofür es ihm freisteht, seine Arbeitskraft zu verkaufen, die Zeit ist, wofür er gezwungen ist, sie zu verkaufen, daß in der Tat sein Sauger nicht losläßt, »solange noch ein Muskel, eine Sehne, ein Tropfen Bluts auszubeuten«. Zum »Schutz« gegen die Schlange ihrer Qualen müssen die Arbeiter ihre Köpfe zusammenrotten und als Klasse ein Staatsgesetz erzwingen, ein übermächtiges gesellschaftliches Hindernis, das sie selbst verhindert, durch freiwilligen Kontrakt mit dem Kapital sich und ihr Geschlecht in Tod und Sklaverei zu verkaufen. An die Stelle des prunkvollen Katalogs der »unveräußerlichen Menschenrechte« tritt die bescheidne Magna Charta eines gesetzlich beschränkten Arbeitstags, die »endlich klarmacht, wann die Zeit, die der Arbeiter verkauft, endet und wann die ihm selbst gehörige Zeit beginnt«. Quantum mutatus ab illo!

7. [Karl Marx:] Herrschaft und Arbeit der Oberaufsicht[1]

Kooperation

[...]

Alle unmittelbar gesellschaftliche oder gemeinschaftliche Arbeit auf größrem Maßstab bedarf mehr oder minder einer Direktion, welche die Harmonie der individuellen Tätigkeiten vermittelt und die allgemeinen Funktionen vollzieht, die aus der Bewegung des produktiven Gesamtkörpers im Unterschied von der Bewegung seiner selbständigen Organe entspringen. Ein einzelner Violinspieler dirigiert sich selbst, ein Orchester bedarf des Musikdirektors. Diese Funktion der Leitung, Überwachung und Vermittlung, wird zur Funktion des Kapitals, sobald die ihm untergeordnete Arbeit kooperativ wird. Als spezifische Funktion des Kapitals erhält die Funktion der Leitung spezifische Charaktermale. Zunächst ist das treibende Motiv und der bestimmende Zweck des kapitalistischen Produktionsprozesses möglichst große Selbstverwertung des Kapitals, d. h. möglichst große Produktion von Mehrwert, also möglichst große Ausbeutung der Arbeitskraft durch den Kapitalisten. Mit der Masse der gleichzeitig beschäftigten Arbeiter wächst ihr Widerstand und damit notwendig der Druck des Kapitals zur Bewältigung dieses Widerstands. Die Leitung der Kapitalisten ist nicht nur eine aus der Natur des gesellschaftlichen Arbeitsprozesses entspringende und ihm angehörige besondre Funktion, sie ist zugleich Funktion der Ausbeutung eines gesellschaftlichen Arbeitsprozesses und daher bedingt durch den unvermeidlichen Antagonismus zwischen dem Ausbeuter und dem Rohmaterial seiner Ausbeutung. Ebenso wächst mit dem Umfang der Produktionsmittel, die dem Lohnarbeiter als fremdes Eigentum gegenüberstehn, die Notwendigkeit der Kontrolle über deren sachgemäße Verwendung. Die Kooperation der Lohnarbeiter ist ferner bloße Wirkung des Kapitals, das sie gleichzeitig anwendet. Der Zusammenhang ihrer Funktionen und ihre Einheit als produktiver Gesamtkörper liegen außer ihnen, im Kapital, das sie zusammenbringt und zusammenhält. Der Zusammenhang ihrer Arbeiten tritt ihnen daher ideell als Plan, praktisch als Autorität des Kapitalisten gegenüber, als Macht eines frem-

---

1 [Text nach: Das Kapital Bd. 1, MEW Bd. 23, S. 350—354, und Das Kapital Bd. 3, MEW Bd. 25, S. 397—401.]

den Willens, der ihr Tun seinem Zweck unterwirft.

Wenn daher die kapitalistische Leitung dem Inhalt nach zwieschlächtig ist, wegen der Zwieschlächtigkeit des zu leitenden Produktionsprozesses selbst, welcher einerseits gesellschaftlicher Arbeitsprozeß zur Herstellung eines Produkts, andrerseits Verwertungsprozeß des Kapitals, so ist sie der Form nach despotisch. Mit der Entwicklung der Kooperation auf größrem Maßstab entwickelt dieser Despotismus seine eigentümlichen Formen. Wie der Kapitalist zunächst entbunden wird von der Handarbeit, sobald sein Kapital jene Minimalgröße erreicht hat, womit die eigentlich kapitalistische Produktion erst beginnt, so tritt er jetzt die Funktion unmittelbarer und fortwährender Beaufsichtigung der einzelnen Arbeiter und Arbeitergruppen selbst wieder ab an eine besondre Sorte von Lohnarbeitern. Wie eine Armee militärischer, bedarf eine unter dem Kommando desselben Kapitals zusammenwirkende Arbeitermasse industrieller Oberoffiziere (Dirigenten, managers) und Unteroffiziere (Arbeitsaufseher, foremen, overlookers, contre-maîtres), die während des Arbeitsprozesses im Namen des Kapitals kommandieren. Die Arbeit der Oberaufsicht befestigt sich zu ihrer ausschließlichen Funktion. Bei Vergleichung der Produktionsweise unabhängiger Bauern oder selbständiger Handwerker mit der auf Sklaverei beruhenden Plantagenwirtschaft zählt der politische Ökonom diese Arbeit der Oberaufsicht zu den faux frais de production. Bei Betrachtung der kapitalistischen Produktionsweise identifiziert er dagegen die Funktion der Leitung, soweit sie aus der Natur des gemeinschaftlichen Arbeitsprozesses entspringt, mit derselben Funktion, soweit sie durch den kapitalistischen und daher antagonistischen Charakter dieses Prozesses bedingt wird.* Der Kapitalist ist nicht Kapitalist, weil er industrieller Leiter ist, sondern er wird industrieller Befehlshaber, weil er Kapitalist ist. Der Oberbefehl in der Industrie wird Attribut des Kapitals, wie zur Feudalzeit der Oberbefehl in Krieg und Gericht Attribut des Grundeigentums war.**

---

* Sir James Steuart, überhaupt ausgezeichnet durch offnes Auge für die charakteristisch-gesellschaftlichen Unterschiede verschiedner Produktionsweisen, bemerkt: »Warum vernichten große Manufakturunternehmungen das Hausgewerbe, wenn nicht dadurch, daß sie der Einfachheit der Sklavenarbeit näher kommen?« (»Princ. of Pol. Econ.«, London 1767, v. I, p. 167, 168.)
** Auguste Comte und seine Schule hätten daher in derselben Art die ewige Notwendigkeit von Feudalherrn beweisen können, wie sie dies für die Kapitalherrn getan.

Eigentümer seiner Arbeitskraft ist der Arbeiter, solange er als Verkäufer derselben mit dem Kapitalist marktet, und er kann nur verkaufen, was er besitzt, seine individuelle, vereinzelte Arbeitskraft. Dies Verhältnis wird in keiner Weise dadurch verändert, daß der Kapitalist 100 Arbeitskräfte statt einer kauft oder mit 100 voneinander unabhängigen Arbeitern Kontrakte schließt statt mit einem einzelnen. Er kann die 100 Arbeiter anwenden, ohne sie kooperieren zu lassen. Der Kapitalist zahlt daher den Wert der 100 selbständigen Arbeitskräfte, aber er zahlt nicht die kombinierte Arbeitskraft der Hundert. Als unabhängige Personen sind die Arbeiter Vereinzelte, die in ein Verhältnis zu demselben Kapital, aber nicht zueinander treten. Ihre Kooperation beginnt erst im Arbeitsprozeß, aber im Arbeitsprozeß haben sie bereits aufgehört, sich selbst zu gehören. Mit dem Eintritt in denselben sind sie dem Kapital einverleibt. Als Kooperierende, als Glieder eines werktätigen Organismus, sind sie selbst nur eine besondre Existenzweise des Kapitals. Die Produktivkraft, die der Arbeiter als gesellschaftlicher Arbeiter entwickelt, ist daher Produktivkraft des Kapitals. Die gesellschaftliche Produktivkraft der Arbeit entwickelt sich unentgeltlich, sobald die Arbeiter unter bestimmte Bedingungen gestellt sind, und das Kapital stellt sie unter diese Bedingungen. Weil die gesellschaftliche Produktivkraft der Arbeit dem Kapital nichts kostet, weil sie andrerseits nicht von dem Arbeiter entwickelt wird, bevor seine Arbeit selbst dem Kapital gehört, erscheint sie als Produktivkraft, die das Kapital von Natur besitzt, als seine immanente Produktivkraft. Kolossal zeigt sich die Wirkung der einfachen Kooperation in den Riesenwerken der alten Asiaten, Ägypter, Etrusker usw.

»Es geschah in vergangnen Zeiten, daß diese asiatischen Staaten nach Bestreitung ihrer Zivil- und Militärausgaben sich im Besitz eines Überschusses von Lebensmitteln befanden, die sie für Werke der Pracht und des Nutzens verausgaben konnten. Ihr Kommando über die Hände und Arme fast der ganzen nicht ackerbauenden Bevölkerung und die ausschließliche Verfügung des Monarchen und der Priesterschaft über jenen Überschuß boten ihnen die Mittel zur Errichtung jener mächtigen Monumente, womit sie das Land erfüllten ... In der Bewegung der kolossalen Statuen und der enormen Massen, deren Transport Staunen erregt, wurde fast nur menschliche Arbeit verschwenderisch angewandt. Die Zahl der Arbeiter und die Konzentration ihrer Mühen genügte. So sehn wir mächtige Korallenriffe aus den Tiefen des Ozeans zu Inseln anschwellen und festes Land bilden, obgleich jeder individuelle Ablagerer (depositary) winzig, schwach und verächtlich ist. Die nicht ackerbauenden Arbeiter einer asiatischen Monarchie haben außer ihren individuellen körperlichen Bemühungen wenig zum Werk zu bringen, aber ihre Zahl ist ihre Kraft, und die Macht der Direktion über diese Massen gab jenen Riesenwerken den Ursprung. Es war die Konzentration der Revenuen, wovon die Arbeiter leben, in einer Hand oder wenigen Händen, welche solche Unternehmungen möglich machte. *

Diese Macht asiatischer und ägyptischer Könige oder etruskischer Theokraten usw. ist in der modernen Gesellschaft auf den Kapitalisten übergegangen, ob er nun als vereinzelter Kapitalist auftritt, oder, wie bei Aktiengesellschaften, als kombinierter Kapitalist.

Die Kooperation im Arbeitsprozeß, wie wir sie in den Kulturanfängen der Menschheit, bei Jägervölkern ** oder etwa in der Agrikultur indischer Gemeinwesen vorherrschend finden, beruht einerseits auf dem Gemeineigentum an den Produktionsbedingungen, andrerseits darauf, daß das einzelne Individuum sich von der Nabelschnur des Stammes oder des Gemeinwesens noch ebensowenig losgerissen hat wie das Bienenindividuum vom Bienenstock. Beides unterscheidet sie von der kapitalistischen Kooperation. Die sporadische Anwendung der Kooperation auf großem Maßstab in der antiken Welt, dem Mittelalter und den modernen Kolonien beruht auf unmittelbaren Herrschafts- und Knechtschaftsverhältnissen, zumeist auf der Sklaverei. Die kapitalistische Form setzt dagegen von vornherein den freien Lohnarbeiter voraus, der seine Arbeitskraft dem Kapital verkauft. Historisch jedoch entwickelt sie sich im Gegensatz zur Bauernwirtschaft und zum unabhängigen Handwerksbetrieb, ob dieser zünftige Form besitze oder nicht.*** Ihnen gegen-

---

* R. Jones, »Text-book of Lectures etc.«, p. 77, 78. Die altassyrischen, ägyptischen usw. Sammlungen in London und andren europäischen Hauptstädten machen uns zu Augenzeugen jener kooperativen Arbeitsprozesse.
** Linguet in seiner »Théorie des Lois civiles« hat vielleicht nicht unrecht, wenn er die Jagd für die erste Form der Kooperation und Menschenjagd (Krieg) für eine der ersten Formen der Jagd erklärt.
*** Die kleine Bauernwirtschaft und der unabhängige Handwerksbetrieb, die beide teils die Basis der feudalen Produktionsweise bilden, teils nach deren Auflösung neben dem kapitalistischen Betrieb erscheinen, bilden zugleich die ökonomische Grundlage der klassischen Gemeinwesen zu ihrer besten Zeit, nachdem sich das ursprünglich orientalische Gemeineigentum aufgelöst und bevor sich die Sklaverei der Produktion ernsthaft bemächtigt hat.

über erscheint die kapitalistische Kooperation nicht als eine besondre historische Form der Kooperation, sondern die Kooperation selbst als eine dem kapitalistischen Produktionsprozeß eigentümliche und ihn spezifisch unterscheidende historische Form.

Wie die durch die Kooperation entwickelte gesellschaftliche Produktivkraft der Arbeit als Produktivkraft des Kapitals erscheint, so die Kooperation selbst als eine spezifische Form des kapitalistischen Produktionsprozesses im Gegensatz zum Produktionsprozeß vereinzelter unabhängiger Arbeiter oder auch Kleinmeister. Es ist die erste Änderung, welche der wirkliche Arbeitsprozeß durch seine Subsumtion unter das Kapital erfährt. Diese Änderung geht naturwüchsig vor sich. Ihre Voraussetzung, gleichzeitige Beschäftigung einer größren Anzahl von Lohnarbeitern in demselben Arbeitsprozeß, bildet den Ausgangspunkt der kapitalistischen Produktion. Dieser fällt mit dem Dasein des Kapitals selbst zusammen. Wenn sich die kapitalistische Produktionsweise daher einerseits als historische Notwendigkeit für die Verwandlung des Arbeitsprozesses in einen gesellschaftlichen Prozeß darstellt, so andrerseits diese gesellschaftliche Form des Arbeitsprozesses als eine vom Kapital angewandte Methode, um ihn durch Steigerung seiner Produktivkraft profitlicher auszubeuten.

[...]

Die Arbeit der Oberaufsicht und Leitung entspringt notwendig überall, wo der unmittelbare Produktionsprozeß die Gestalt eines gesellschaftlich kombinierten Prozesses hat und nicht als vereinzelte Arbeit der selbständigen Produzenten auftritt. Sie ist aber doppelter Natur.

Einerseits in allen Arbeiten, worin viele Individuen kooperieren, stellt sich notwendig der Zusammenhang und die Einheit des Prozesses in einem kommandierenden Willen dar, und in Funktionen, die nicht die Teilarbeiten, sondern die Gesamttätigkeit der Werkstatt betreffen, wie bei dem Direktor eines Orchesters. Es ist dies eine produktive Arbeit, die verrichtet werden muß in jeder kombinierten Produktionsweise.

Andrerseits – ganz abgesehn vom kaufmännischen Departement – entspringt diese Arbeit der Oberaufsicht notwendig in allen Produktionsweisen, die auf dem Gegensatz zwischen dem Arbeiter als dem unmittelbaren Produzenten und dem Eigentümer der Produktionsmittel beruhn. Je größer dieser Gegensatz, desto größer die

Rolle, die diese Arbeit der Oberaufsicht spielt. Sie erreicht daher ihr Maximum im Sklavensystem. Sie ist aber auch in der kapitalistischen Produktionsweise unentbehrlich, da hier der Produktionsprozeß zugleich Konsumtionsprozeß der Arbeitskraft durch den Kapitalisten ist. Ganz wie in despotischen Staaten die Arbeit der Oberaufsicht und allseitigen Einmischung der Regierung beides einbegreift: sowohl die Verrichtung der gemeinsamen Geschäfte, die aus der Natur aller Gemeinwesen hervorgehn, wie die spezifischen Funktionen, die aus dem Gegensatz der Regierung zu der Volksmasse entspringen.

Bei den antiken Schriftstellern, die das Sklavensystem vor sich haben, fanden sich in der Theorie, wie es denn in der Praxis der Fall war, beide Seiten der Aufsichtsarbeit ganz ebenso unzertrennlich zusammen wie bei den modernen Ökonomen, die die kapitalistische Produktionsweise als die absolute Produktionsweise ansehn. Andrerseits, wie ich gleich an einem Beispiel zeigen werde, wissen die Apologeten des modernen Sklavensystems ganz ebenso die Aufsichtsarbeit als Rechtfertigungsgrund der Sklaverei zu vernutzen, wie die andren Ökonomen als Grund des Lohnarbeitssystems.

Der villicus zur Zeit Catos:

»An der Spitze der Gutssklavenschaft (familia rustica) stand der Wirtschafter (villicus von villa), der einnimmt und ausgibt, kauft und verkauft, die Instruktionen des Herrn entgegennimmt und in dessen Abwesenheit anordnet und straft ... Der Wirtschafter stand natürlich freier als die übrigen Knechte; die Magonischen Bücher raten, ihm Ehe, Kindererzeugung und eigne Kasse zu gestatten, und Cato, ihn mit der Wirtschafterin zu verheiraten; er allein wird auch Aussicht gehabt haben, im Fall des Wohlverhaltens von dem Herrn die Freiheit zu erlangen. Im übrigen bildeten alle einen gemeinschaftlichen Hausstand ... Ein jeder Sklave, auch der Wirtschafter selbst, erhielt seine Bedürfnisse auf Rechnung des Herrn in gewissen Fristen nach festen Sätzen geliefert, womit er dann auszukommen hatte ... Die Quantität richtete sich nach der Arbeit, weshalb z. B. der Wirtschafter, der leichtere Arbeit hatte als die Knechte, knapperes Maß als diese empfing.« (Mommsen, »Römische Geschichte«, Zweite Auflage, 1856, I, p. 809, 810.)

Aristoteles:

'Ο γὰρ δεσπότης οὐκ ἐν τῷ κτᾶσθαι τοὺς δούλους, ἀλλ' ἐν τῷ χρῆσθαι δούλοις. (Denn der Herr – Kapitalist – betätigt sich als solcher nicht im Erwerb der Sklaven – dem Kapitaleigentum, das

die Macht gibt, Arbeit zu kaufen –, sondern im Benutzen der
Sklaven – der Verwendung von Arbeitern – heute Lohnarbeitern
im Produktionsprozeß.) ῎Εστι δ'αὕτη ἡ ἐπιστήμη οὐδὲν μέγα ἔχουσα
οὐδὲ σεμνόν. (Es ist aber mit dieser Wissenschaft nichts Großes oder
Erhabnes;) ἃ γὰρ τὸν δοῦλον ἐπίστασθαι δεῖ ποιεῖν, ἐκεῖνον δεῖ
ταῦτα ἐπίστασθαι ἐπιτάττειν. (Was nämlich der Sklave zu verrichten
verstehn muß, das soll jener verstehn zu befehlen.) Διὸ ὅσοις ἐξουσία
μὴ αὐτοὺς κακοπαθεῖν, ἐπίτροπος λαμβάνει ταύτην τὴν τιμήν, αὐτοὶ
δὲ πολιτεύονται ἢ φιλοσοφοῦσιν. (Wo die Herren sich selbst damit
zu placken nicht nötig haben, da übernimmt der Aufseher *diese
Ehre*, sie selbst aber treiben Staatsgeschäfte oder philosophieren.)
(Arist. »Respubl.« ed. Bekker, lib. I, 7.)

Daß die Herrschaft, wie im politischen, so im ökonomischen Gebiet, den Gewalthabern die Funktionen des Herrschens auflegt,
d. h. auf ökonomischem Gebiet also, daß sie verstehen müssen, die
Arbeitskraft zu konsumieren – sagt Aristoteles mit dürren Worten
und fügt hinzu, daß kein großes Wesen mit dieser Aufsichtsarbeit zu
machen sei, weshalb der Herr, sobald er vermögend genug ist, die
»Ehre« dieser Plackerei einem Aufseher überläßt.

Die Arbeit der Leitung und Oberaufsicht, soweit sie nicht eine
besondre, aus der Natur aller kombinierten gesellschaftlichen Arbeit hervorgehende Funktion ist, sondern aus dem Gegensatz zwischen dem Eigentümer der Produktionsmittel und dem Eigentümer
der bloßen Arbeitskraft entspringt – sei es nun, daß die letztere mit
dem Arbeiter selbst gekauft wird, wie im Sklavensystem, oder daß
der Arbeiter selbst seine Arbeitskraft verkauft und der Produktionsprozeß daher zugleich als der Konsumtionsprozeß seiner Arbeit
durch das Kapital erscheint –, diese aus der Knechtschaft des unmittelbaren Produzenten entspringende Funktion ist oft genug zum
Rechtfertigungsgrund dieses Verhältnisses selbst gemacht, und die
Exploitation, die Aneignung fremder unbezahlter Arbeit ist ebensooft als der dem Eigentümer des Kapitals gebührende Arbeitslohn
dargestellt worden. Aber nie besser als von einem Verteidiger der
Sklaverei in den Vereinigten Staaten, von einem Advokaten O'Connor auf einem Meeting zu New York, 19. Dez. 1859, unter dem
Panier: »Gerechtigkeit für den Süden.«

»Now, gentlemen«, sagte er unter großem Applaus, »die Natur
selbst hat den Neger zu dieser Knechtschaftslage bestimmt. Er hat
die Stärke und ist kräftig zur Arbeit; aber die Natur, die ihm diese
Stärke gab, verweigerte ihm sowohl den Verstand zum Regieren,

wie den Willen zur Arbeit.« (Beifall). »Beide sind ihm verweigert! Und dieselbe Natur, die ihm den Willen zur Arbeit vorenthielt, gab ihm einen Herrn, diesen Willen zu erzwingen und ihn in dem Klima, wofür er geschaffen, zu einem nützlichen Diener zu machen, sowohl für sich selbst, wie für den Herrn, der ihn regiert. Ich behaupte, daß es keine Ungerechtigkeit ist, den Neger in der Lage zu lassen, worin die Natur ihn gestellt hat; ihm einen Herrn zu geben, der ihn regiert; und man beraubt ihn keines seiner Rechte, wenn man ihn zwingt, dafür auch wieder zu arbeiten und seinem Herrn eine gerechte Entschädigung zu liefern für die Arbeit und Talente, die er anwendet, um ihn zu regieren und ihn für sich selbst und für die Gesellschaft nützlich zu machen.«

Nun muß auch der Lohnarbeiter wie der Sklave einen Herrn haben, um ihn arbeiten zu machen und ihn zu regieren. Und dies Herrschafts- und Knechtschaftsverhältnis vorausgesetzt, ist es in der Ordnung, daß der Lohnarbeiter gezwungen wird, seinen eignen Arbeitslohn zu produzieren und obendrein den Aufsichtslohn, eine Kompensation für die Arbeit der Herrschaft und Oberaufsicht über ihn, »und seinem Herrn eine gerechte Entschädigung zu liefern für die Arbeit und Talente, die er anwendet, um ihn zu regieren und ihn für sich und die Gesellschaft nützlich zu machen.«

Die Arbeit der Oberaufsicht und Leitung, soweit sie aus dem gegensätzlichen Charakter, aus der Herrschaft des Kapitals über die Arbeit entspringt und daher allen auf dem Klassengegensatz beruhenden Produktionsweisen mit der kapitalistischen gemeinsam ist, ist auch im kapitalistischen System unmittelbar und unzertrennbar verquickt mit den produktiven Funktionen, die alle kombinierte gesellschaftliche Arbeit einzelnen Individuen als besondre Arbeit auferlegt. Der Arbeitslohn eines Epitropos oder régisseur, wie er im feudalen Frankreich hieß, trennt sich vollständig vom Profit und nimmt auch die Form des Arbeitslohns für geschickte Arbeit an, sobald das Geschäft auf hinreichend großer Stufenleiter betrieben wird, um einen solchen Dirigenten (manager) zu zahlen, obgleich deswegen unsre industriellen Kapitalisten noch lange nicht »Staatsgeschäfte treiben oder philosophieren«. [...]

Die kapitalistische Produktion selbst hat es dahin gebracht, daß die Arbeit der Oberleitung, ganz getrennt vom Kapitaleigentum, auf der Straße herumläuft. Es ist daher nutzlos geworden, daß diese Arbeit der Oberleitung vom Kapitalisten ausgeübt werde. Ein Musikdirektor braucht durchaus nicht Eigentümer der Instrumente des Orchesters zu sein, noch gehört es zu seiner Funktion als Dirigent, daß er irgend etwas mit dem »Lohn« der übrigen Musikanten zu tun hat. Die Kooperativfabriken liefern den Beweis, daß der Kapitalist als Funktionär der Produktion ebenso überflüssig geworden, wie er selbst, in seiner höchsten Ausbildung, den Großgrundbesitzer überflüssig findet. Soweit die Arbeit des Kapitalisten nicht aus dem Produktionsprozeß als bloß kapitalistischem hervorgeht, also [nicht] mit dem Kapital von selbst aufhört; soweit sie sich nicht auf die Funktion beschränkt, fremde Arbeit zu exploitieren; soweit sie also aus der Form der Arbeit als gesellschaftlicher hervorgeht, aus der Kombination und Kooperation vieler zu einem gemeinsamen Resultat, ist sie ganz ebenso unabhängig vom Kapital, wie diese Form selbst, sobald sie die kapitalistische Hülle gesprengt hat. Sagen, daß diese Arbeit, als kapitalistische Arbeit, als Funktion des Kapitalisten notwendig sei, heißt nichts, als daß sich der Vulgus die im Schoß der kapitalistischen Produktionsweise entwickelten Formen nicht vorstellen kann, getrennt und befreit von ihrem gegensätzlichen kapitalistischen Charakter. Dem Geldkapitalisten gegenüber ist der industrielle Kapitalist Arbeiter, aber Arbeiter als Kapitalist, d. h. als Exploiteur fremder Arbeit. Der Lohn, den er für diese Arbeit beansprucht und bezieht, ist genau gleich dem angeeigneten Quantum fremder Arbeit und hängt direkt ab, soweit er sich der notwendigen Mühe der Exploitation unterzieht, vom Ausbeutungsgrad dieser Arbeit, nicht aber vom Grad der Anstrengung, die diese Exploitation ihm kostet und die er gegen mäßige Zahlung auf einen Dirigenten abwälzen kann. Nach jeder Krisis kann man in den englischen Fabrikbezirken genug Ex-Fabrikanten sehn, die ihre eignen frühern Fabriken jetzt als Dirigenten der neuen Eigentümer, oft ihrer Gläubiger, für einen billigen Lohn beaufsichtigen.

Der Verwaltungslohn, sowohl für den merkantilen wie den industriellen Dirigenten, erscheint vollständig getrennt vom Unternehmergewinn sowohl in den Kooperativfabriken der Arbeiter wie in den kapitalistischen Aktienunternehmungen. Die Trennung des Verwaltungslohns vom Unternehmergewinn, die sonst zufällig erscheint, ist hier konstant. Bei der Kooperativfabrik fällt der gegensätzliche Charakter der Aufsichtsarbeit weg, indem der Dirigent von den Arbeitern bezahlt wird, statt ihnen gegenüber das Kapital zu vertreten. Die Aktienunternehmungen überhaupt – entwickelt mit dem Kreditwesen – haben die Tendenz, diese Verwaltungsarbeit als Funktion mehr und mehr zu trennen von dem Besitz des Kapitals, sei es eignes oder geborgtes; ganz wie mit der Entwicklung der bürgerlichen Gesellschaft die richterlichen und Verwaltungsfunktionen sich trennen von dem Grundeigentum, dessen Attribute sie in der Feudalzeit waren. Indem aber einerseits dem bloßen Eigentümer des Kapitals, dem Geldkapitalisten der fungierende Kapitalist gegenübertritt und mit der Entwicklung des Kredits dies Geldkapital selbst einen gesellschaftlichen Charakter annimmt, in Banken konzentriert und von diesen, nicht mehr von seinen unmittelbaren Eigentümern ausgeliehen wird; indem andrerseits aber der bloße Dirigent, der das Kapital unter keinerlei Titel besitzt, weder leihweise noch sonstwie, alle realen Funktionen versieht, die dem fungierenden Kapitalisten als solchem zukommen, bleibt nur der Funktionär und verschwindet der Kapitalist als überflüssige Person aus dem Produktionsprozeß. [...]

8. [Karl Marx:] Allgemeine Bedingungen der Produktion im Unterschied von den besonderen [1]

[...]
Die Verbeßrung der Transport- und Kommunikationsmittel fällt ebenfalls in die Kategorie der Entwicklung der Produktivkräfte überhaupt. Daß es vom Wert der Produkte abhängen kann, wieweit sie Transportkosten tragen können; daß ferner massenhafter Verkehr nötig ist, um die Transportkosten zu verringern – ein Schiff von 100 Tonnengehalt kann mit denselben Produktionskosten 2 und 100 Tonnen tragen etc. – und um Kommunikationsmittel zu rentieren etc., alles dies gehört nicht hierher. (Indes wird es nötig sein, einen besondren Abschnitt den Kommunikationsmitteln zu widmen, da sie eine Form des capital fixe bilden, die eigne Gesetze der Verwertung hat.) [...]
Indes kommt hier ein Moment hinzu: die *Zirkulationskosten,* die nicht im einfachen Begriff der Zirkulation liegen und uns hier noch nichts angehn. Von den *Zirkulationskosten,* die aus der Zirkulation als ökonomischem Akt – als Produktionsverhältnis, nicht als unmittelbar Produktionsmoment, wie bei den *Transport- und Kommunikationsmitteln* – hervorgehn, kann erst beim Zins und namentlich beim Kredit die Rede sein. Die Zirkulation, wie wir sie betrachten, ist Verwandlungsprozeß, qualitativer Prozeß des Werts, wie er in der verschiednen Form von Geld, Produktions(Verwertungs)prozeß, Produkt, Rückverwandlung in Geld und Surpluskapital erscheint. Soweit innerhalb dieses Verwandlungsprozesses als solchen – in diesem Übergehn aus einer Bestimmung in die andre – neue Bestimmungen sich erzeugen. Die Kosten der Zirkulation sind nicht notwendig eingeschlossen z. B. in dem Übergang von Produkt zu Geld. Sie können = 0 sein.
Insofern indes die Zirkulation selbst Kosten macht, selbst Surplusarbeit erheischt, erscheint sie selbst als in den Produktionsprozeß eingeschlossen. Nach dieser Seite erscheint die Zirkulation als Moment des unmittelbaren Produktionsprozesses. In der unmittelbar auf den Gebrauch gerichteten und nur den Überfluß austau-

---

[1] [Text nach: K. Marx, Grundrisse der Kritik der Pol. Ökonomie (Rohentwurf, 1857—1858), Berlin 1953, S. 422—432.]

schenden Produktion erscheinen die Zirkulationskosten nur für den Überfluß, nicht für Hauptprodukt. Je mehr die Produktion auf dem Tauschwert, daher auf dem Austausch beruht, desto wichtiger werden für sie die physischen Bedingungen des Austauschs – Kommunikations- und Transportmittel. Das Kapital treibt seiner Natur nach über jede räumliche Schranke hinaus. Die Schöpfung der physischen Bedingungen des Austauschs – von Kommunikations- und Transportmitteln – wird also für es in ganz andrem Maße zur Notwendigkeit – die Vernichtung des Raums durch die Zeit. Insofern das unmittelbare Produkt nur massenhaft verwertet werden kann auf fernen Märkten im Maße als die Transportkosten abnehmen und insofern andrerseits Kommunikationsmittel und Transport selbst nur Sphären der Verwertung, der vom Kapital betriebnen Arbeit abgeben können; insofern massenhafter Verkehr stattfindet – wodurch mehr als die notwendige Arbeit ersetzt wird –, ist die Produktion wohlfeiler Transport- und Kommunikationsmittel Bedingung für die auf das Kapital gegründete Produktion und wird *daher* von ihm hergestellt. Alle Arbeit, die erheischt wird, um das fertige Produkt in Zirkulation zu werfen – in ökonomischer Zirkulation befindet es sich erst, sobald es auf dem Markt befindlich ist –, ist vom Standpunkt des Kapitals aus zu überwindende Schranke – wie alle Arbeit, die erheischt ist als *Bedingung* für den Produktionsprozeß (so. z. B. Kosten für Sicherheit des Austauschs etc.). Wasserweg als selbstwandelnder, selbstbewegter Weg der der Handelsvölker κατ' ἐξοχήν. Andrerseits Kommunikationsstraßen fallen ursprünglich dem Gemeinwesen, später lange Zeit den Regierungen anheim, als reine Abzüge an der Produktion, die vom gemeinschaftlichen Surplusprodukt des Landes abgehn, aber keine Quelle seines Reichtums ausmachen, d. h. ihre Produktionskosten nicht decken. In den ursprünglichen asiatischen, self-sustaining Gemeinwesen, einerseits kein Bedürfnis nach Wegen; andrerseits hält der Mangel derselben sie fest in ihrer Abgeschlossenheit und bildet daher ein wesentliches Moment ihrer unveränderten Fortdauer (wie in Indien). Straßenbauten durch Fronarbeit oder, was andre Form ist, durch Steuer, ist zwangsweise Verwandlung eines Teils der Surplusarbeit oder des Surplusprodukts des Landes in Straßen. Damit das einzelne Kapital das übernimmt, d. h. die außer dem unmittelbaren *Produktions*prozeß liegenden Bedingungen desselben herstellt – muß die Arbeit sich verwerten.

Einen bestimmten Weg zwischen A–B vorausgesetzt (Grund und

Boden soll nichts kosten), so enthält | dieser nur ein bestimmtes Quantum Arbeit, also Wert. Ob der Kapitalist oder der Staat ihn bauen läßt, dasselbe. Gewinnt also der Kapitalist hier, indem er Surplusarbeit und darum Surpluswert schafft?[1] Zunächst streife vom Weg, was puzzling ist, ab, und was von seiner Natur als capital fixe herkommt. Denke, der Weg könnte at once verkauft werden, wie ein Rock oder eine Tonne Eisen. Wenn die Produktion des Wegs sage 12 Monate kostet, so sein Wert = 12 Monate. Wenn der general standard of labour so, daß der Arbeiter leben kann sage von 6 Monaten objektivierter Arbeit, so würde er also, wenn er den ganzen Weg baute, 6 Monate Arbeit Surpluswert für sich schaffen; oder es müßte, wenn die Gemeinde den Weg baute, und der Arbeiter nur die notwendige Zeit arbeiten wollte, ein andrer Arbeiter, der 6 Monate arbeitete, zugezogen werden. Der Kapitalist dagegen zwingt den Einen Arbeiter 12 Monate zu arbeiten, und zahlt ihm 6. Der Teil des Werts des Wegs, der seine Surplusarbeit enthält, bildet den Profit des Kapitalisten. Die reale Form, worin das Produkt erscheint, muß absolut nicht stören in der Grundlegung der Werttheorie durch objektivisierte Arbeitszeit. Aber die Frage ist gerade, ob der Kapitalist den Weg verwerten, ob er seinen Wert durch den Austausch realisieren könnte? Diese Frage existiert natürlich bei jedem Produkt, aber sie nimmt bei den allgemeinen Produktionsbedingungen eine besondre Form an. Gesetzt, der Wert des Weges verwerte sich nicht. Er wird aber gebaut, weil er ein notwendiger Gebrauchswert. Wie steht die Sache dann? Hergestellt muß er werden und bezahlt muß er werden – insofern seine Produktionskosten gegen ihn ausgetauscht werden müssen. Er tritt nur in Existenz durch gewisse Konsumtion von Arbeit, Arbeitsmitteln, Rohstoffen etc. Ob die Herstellung durch Fronarbeit oder durch Steuern geschieht, ist dasselbe. Hergestellt wird er aber nur, weil er ein notwendiger Gebrauchswert für die Gemeinde ist, weil sie seiner à tout prix bedarf. Es ist dies allerdings eine Surplusarbeit, die der Einzelne, sei es in der Form der Fronde, sei es in der vermittelten der Steuer über die unmittelbare Arbeit, die notwendig zu seiner Subsistenz ist, tun muß. Aber soweit sie nötig ist, für die Gemeinde,

---

[1] schafft?] *gestr.* Sicher nicht! Woher kommt also hier sein Profit? Das Publikum zahlt ihm Zinsen und Profit. Sofern der Weg der Produktion den Austausch erleichtert, ist er eine Produktivkraft, kein Wert, = Gebrauchswert für den Akt der Produktion.

und für jeden Einzelnen *als Glied* derselben, ist sie keine Surplusarbeit, die er verrichtet, sondern ein Teil seiner *notwendigen* Arbeit, der Arbeit, die notwendig ist damit er sich als *Gemeindeglied* und damit das Gemeinwesen reproduziert, was selbst eine allgemeine Bedingung seiner produktiven Tätigkeit ist. Wäre die Arbeitszeit in der unmittelbaren Produktion ganz konsumiert, (oder, vermittelt ausgedrückt, unmöglich Surplussteuern für diesen bestimmten Zweck zu erheben), so müßte der Weg ungebaut bleiben. Wird die ganze Gesellschaft als Ein Individuum betrachtet, so bestünde die notwendige Arbeit in der Summe aller der besondren Arbeitsfunktionen, die durch die Teilung der Arbeit verselbständigt sind. Das Eine Individuum müßte z. B. soviel Zeit für Ackerbau verwenden, soviel für Industrie, soviel für Handel, soviel zur Herstellung von Instrumenten, soviel, um auf unsren Hammel zurückzukommen, für Wegbau und Kommunikationsmittel. Alle diese Notwendigkeiten lösen sich auf in soviel Arbeitszeit, die auf verschiedne Zwecke gerichtet und in besonderten Tätigkeiten verausgabt werden muß. Wieviel solche Arbeitszeit verwandt werden kann, hinge vom Quantum des Arbeitsvermögens ab (= der Masse der arbeitsfähigen Individuen, die die Gesellschaft konstituieren) und von der Entwicklung der Produktivkraft der Arbeit (der Produktenmasse (Gebrauchswerte), die sie in gegebener Zeit schaffen kann). Der Tauschwert, der Teilung der Arbeit voraussetzt, mehr oder minder entwickelt, nach dem Grad der Austausche selbst, setzt voraus, daß, statt daß das Eine Individuum (die Gesellschaft) verschiedne Arbeiten verrichtet, seine Arbeitszeit in verschiednen Formen anwendet, die Arbeitszeit jedes Individuums nur den notwendigen besondren Funktionen gewidmet ist. Wenn wir von der *notwendigen Arbeitszeit* sprechen, so erscheinen die besondren getrennten Arbeitszweige *als notwendig*. Diese wechselseitige Notwendigkeit ist auf der Grundlage des Tauschwerts durch den Austausch vermittelt und zeigt sich eben darin, daß jede besondre objektivierte Arbeit, jede besonders spezifizierte und materialisierte Arbeitszeit sich gegen das Produkt und Symbol der allgemeinen Arbeitszeit, der objektivierten Arbeitszeit schlechthin, gegen Geld austauscht und so sich gegen jede besondre Arbeit wieder austauschen kann. Diese Notwendigkeit ist eine selbst wechselnde, indem die Bedürfnisse ebensosehr produziert werden, wie die Produkte und die verschiednen Arbeitsgeschicklichkeiten. Innerhalb dieser Bedürfnisse und notwendigen Arbeiten findet ein Mehr oder Minder statt. Je mehr die selbst geschichtlich – durch die Produktion selbst erzeugten Bedürfnisse, die gesellschaftlichen Bedürfnisse – Bedürfnisse, die selbst der offspring der social production und intercourse sind, als *notwendig* gesetzt sind, um so höher ist der wirkliche Reichtum entwickelt. Der Reichtum besteht *stofflich* betrachtet nur in der Mannigfaltigkeit der Bedürfnisse. Das Handwerk selbst erscheint nicht *notwendig* neben der selfsustaining agriculture, die das Spinnen, Weben etc. als häusliches Nebengeschäft betreibt. Beruht aber z. B. die Agrikultur selbst | auf wissenschaftlichem Betrieb – braucht sie Maschinen, chemische durch den Handel hergebrachte Düngungsmittel, Samen aus fernen Ländern etc. und ist dabei – was schon in der Voraussetzung liegt – die ländlich patriarchalische Manufaktur verschwunden, so erscheint Maschinenfabrik, auswärtiger Handel, Handwerk etc. als *Bedürfnis* für die Agrikultur. Der Guano ist ihr vielleicht nur zu beschaffen durch die Ausfuhr von Seidenzeugen. So erscheint die Seidenmanufaktur nicht mehr als Luxusindustrie, sondern als notwendige Industrie für die Agrikultur. Es ist also hauptsächlich und wesentlich dadurch, in diesem Falle dadurch, daß die Agrikultur die Bedingungen ihrer eigenen Produktion nicht mehr in sich, naturwüchsig vorfindet, sondern daß diese als selbständige Industrie außer ihr existiert – und mit ihrem Außer-ihr-Bestehn ist auch der ganze verwickelte Zusammenhang, worin diese fremde Industrie existiert, hereingezogen in den Kreis der Produktionsbedingungen des Ackerbaus – daß, was früher als Luxus erschien, nun notwendig ist und sogenannte Luxusbedürfnisse z. B. als Notwendigkeit für die naturwüchsigste und in der reinsten Naturnotwendigkeit entstandne Industrie erscheinen. Dieses Wegziehn des naturwüchsigen Bodens unter dem Boden jeder Industrie und Verlegen ihrer Produktionsbedingungen – darum die Verwandlung dessen, was überflüssig erschien, in Notwendiges, geschichtlich erzeugte Notwendigkeit – ist die Tendenz des Kapitals. Die allgemeine Grundlage aller Industrien wird der allgemeine Austausch selbst, der Weltmarkt und daher das Ganze der Tätigkeiten, Verkehrs, Bedürfnisse etc., woraus er besteht. *Luxus* ist Gegensatz zum *Naturnotwendigen*. Notwendige Bedürfnisse sind die des Individuums, reduziert selbst auf ein Natursubjekt. Die Entwicklung der Industrie hebt diese Naturnotwendigkeit, wie jenen Luxus auf – in der bürgerlichen Gesellschaft allerdings nur *gegensätzlich,* indem sie selbst wieder nur bestimmten gesellschaftlichen Maßstab als den notwendigen gegenüber dem Luxus setzt. Diese

Fragen über das *System der Bedürfnisse* und *System der Arbeiten*, an welcher Stelle ist es zu behandeln? Wird sich im Verlauf ergeben.

Kehren wir nun zurück zu unsrem Weg. Wenn er überhaupt gebaut werden kann, beweist dies, daß die Gesellschaft die Arbeitszeit (lebendige Arbeit und objektivierte) zu seinem Bau besitzt.* Warum denn, sobald die auf den Tauschwert gegründete Produktion und Teilung der Arbeit eintritt, wird Wegebauen nicht Privatgeschäft von Einzelnen? Und wo es durch Steuern vom Staat betrieben wird, ist es das nicht. D'abord: Die Gesellschaft, die vereinigten Einzelnen mögen die Surpluszeit besitzen, um den Weg zu bauen, aber nur vereinigt. Die Vereinigung ist stets Addition des Teils des Arbeitsvermögens, das jeder Einzelne neben seiner besondren Arbeit auf Wegebau verwenden kann; aber es ist *nicht nur* die Addition. Soweit die Vereinigung ihrer Kräfte ihre *Produktivkraft* vermehrt, ist es keineswegs gesagt, daß sie numerisch das Arbeitsvermögen alle zusammengenommen besäßen – wenn sie nicht *zusammen arbeiteten*, wenn also nicht zu der Summe ihrer Arbeitsvermögen das *Surplus* hinzukäme, das nur durch und in ihrer *vereinigten, kombinierten Arbeit* existiert. Daher das gewaltsame Zusammentreiben des Volks in Ägypten, Etrurien, Indien etc. zu Zwangsbauten und öffentlichen Zwangswerken. Das Kapital bewirkt dieselbe Vereinigung in *andrer* Weise, durch seine Manier des Austauschs mit der freien Arbeit.** *Zweitens:* Die Bevölkerung einerseits mag weit genug entwickelt sein, und die Unterstützung, die sie in Anwendung von Maschinerie etc. findet andrerseits so weit, daß die bloß aus der materiellen, *massenhaften Vereinigung* – und im Altertum ist es immer dieses *massenhafte* Wirken der zusammengezwungnen Arbeit – hervorgehende Kraft überflüssig ist,

---
* Natürlich es ist hier unterstellt, daß sie einem richtigen Instinkt folgt. Sie könnte den Samen aufessen und den Acker brachliegen lassen und Wege bauen. Damit hätte sie nicht die n o t w e n d i g e A r b e i t verrichtet, weil sie sich nicht r e p r o d u z i e r e n würde, nicht erhalten als lebendiges Arbeitsvermögen durch diese Arbeit. Oder die lebendigen Arbeitsvermögen können auch direkt gemordet werden, z. B. wie von Peter I., um Petersburg zu bauen. Derartiges gehört nicht hierher.
** Daß das Kapital es nicht mit der vereinzelten, sondern mit der kombinierten Arbeit zu tun hat, wie es an und für sich schon eine soziale, kombinierte Kraft, ist ein Punkt, der vielleicht schon hier in der allgemeinen Entstehungsgeschichte des Kapitals zu behandeln ist.

und geringere *lebendige Arbeitsmasse* nötig ist *verhältnismäßig.**
Es kann eine besondre Klasse Wegebauer sich bilden, die vom
Staat angewandt wird,** oder ein Teil der gelegentlich unbeschäftigten Bevölkerung wird dazu verbraucht, mit einer Anzahl Baumeister etc, die aber nicht als Kapitalisten arbeiten, sondern als höher gebildete *menials*. (Über das Verhältnis dieser geschickten Arbeit etc. später.) Die Arbeiter sind Lohnarbeiter dann, aber der
Staat verwendet sie nicht als solche, sondern als menial servants.

Damit der Kapitalist nun den Wegbau als Geschäft unternehme,
auf seine Kosten***, sind verschiedne Bedingungen nötig, die alle
damit zusammenfallen, daß die auf das Kapital begründete Produktionsweise schon zu höchster Stufe entwickelt ist. *Erstens: Größe
des Kapitals* selbst vorausgesetzt, des in seiner Hand konzentrierten
Kapitals, um Arbeiten von solcher Dimension und solchem langsamen Umschlag, Verwertung übernehmen zu können. Daher
meist *Aktienkapital,* in welcher Form das Kapital sich durchgearbeitet hat zu seiner letzten Form, worin es nicht nur *an sich* ist,

---

* Je mehr die Produktion noch auf bloßer Handarbeit beruht, Anwendung
der Muskelkraft etc., kurz der körperlichen Anstrengung und Arbeit der Einzelnen, desto mehr besteht die Erhöhung der P r o d u k t i v k r a f t in ihrem
m a s s e n h a f t e n Zusammenarbeiten. Bei dem halbkünstlerischen Handwerk tritt der Gegensatz der Besonderung und Vereinzelung hervor; die Geschicklichkeit der einzelnen, aber unkombinierten Arbeit. Das Kapital in seiner
wahren Entwicklung kombiniert die Massenarbeit mit dem Geschick, aber so
daß die erste ihre physische Macht verliert und das Geschick nicht im Arbeiter,
sondern in der Maschine existiert und der durch wissenschaftliche Kombination
mit der Maschine als Ganzes wirkenden factory. D e r g e s e l l s c h a f t l i c h e G e i s t d e r A r b e i t e r h ä l t e i n e o b j e k t i v e E x i s t e n z
a u ß e r d e n e i n z e l n e n A r b e i t e r n.
** B e i d e n R ö m e r n w a r i n d e r A r m e e e i n e M a s s e — aber
schon vom ganzen Volk geschieden — vorhanden, diszipliniert zur Arbeit,
deren Surpluszeit zugleich dem Staat gehörte; die ihre ganze Arbeitszeit gegen
ein Salär ganz ebenso dem Staate verkauften, ihr ganzes Arbeitsvermögen ganz
so austauschten gegen ein zur Erhaltung ihres Lebens notwendiges Salär, wie
es der Arbeiter mit dem Kapitalisten tut. Dies gilt von der Zeit, wo das römische Heer nicht mehr Bürgerheer, sondern Söldnerheer war. Es ist hier ebenfalls
freier Verkauf der Arbeit auf seiten der Soldaten. Aber der Staat kauft ihn
nicht zum Behuf der Produktion von Werten. Und so, obgleich die Form des
Salärs ursprünglich in den Armeen vorzukommen scheinen kann — ist dies
Soldwesen dennoch wesentlich unterschieden von der Lohnarbeit. Einige Ähnlichkeit dadurch, daß der Staat die Armee verbraucht, um Zuwachs an Macht
und Reichtum zu gewinnen.
*** Wenn der Staat derartige Sachen durch S t a a t s p ä c h t e r betreiben
läßt, so geschieht es vermittelt doch immer durch Fronarbeit oder Steuern.

seiner Substanz nach, sondern gesetzt ist in seiner *Form* als gesellschaftliche Kraft und Produkt. *Zweitens:* Ist von ihm erheischt, daß es *Zinsen,* nicht daß es *Profit* bringt (es kann mehr als Zinsen bringen, das aber nicht nötig). Dieser Punkt hier noch nicht weiter zu untersuchen. *Drittens:* Als Voraussetzung solcher Verkehr – geschäftsmäßiger vor allem –, daß der Weg sich rentiert, d. h. daß der Preis, der verlangt wird für Benutzung des Wegs, so viel Tauschwert für die Produzenten *wert ist* oder eine Produktivkraft liefert, die sie so teuer bezahlen können. *Viertens:* Einen Teil [des] seine Revenue in diesen Artikel der Lokomotion auslegenden genießenden Reichtums. Die Hauptsache bleiben aber die zwei Voraussetzungen: 1) Kapital, verwendbar für diesen Gegenstand in der erheischten Masse, das mit Zins vorliebnimmt; 2) Es muß sich für die produktiven Kapitalien, für das industrielle Kapital verwerten, den Preis für einen Weg zu zahlen. So z. B. die erste Eisenbahn zwischen Liverpool und Manchester; war zu einer Produktionsnotwendigkeit für die Liverpooler cottonbrokers und mehr noch für die Manchester manufacturers geworden.* Das Kapital als solches – sein Dasein gesetzt zu dem nötigen Umfang – wird erst Wege produzieren, sobald die Produktion von Wegen zu einer Notwendigkeit für die Produzenten, speziell für das produktive Kapital selbst geworden ist; eine Bedingung für das *Profitmachen* des Kapitalisten. Dann rentiert sich auch der Weg. In diesen Fällen ist aber schon großer Verkehr vorausgesetzt. Es ist dieselbe Voraussetzung *doppelt:* Auf der einen Seite der Reichtum des Landes hinreichend konzentriert und verwandelt in die Form des Kapitals, um solche Arbeiten als Verwertungsprozesse des Kapitals zu unternehmen; auf der andren Seite die Masse des Verkehrs hinreichend, und die Schranke, die der Mangel an Kommunikationsmitteln bildet, hinreichend gefühlt als solche, damit der Kapitalist den Wert des Wegs (portionsweise und stückweis in der Zeit) als Weg (d. h. seine Benutzung) realisieren kann. Alle *allgemeinen Bedingungen der Produktion,* wie Wege, Kanäle etc., sei es, daß sie die Zirkulation erleichtern oder gar erst möglich machen, oder auch die Produktiv-

---

* Die K o n k u r r e n z kann mehr die Notwendigkeit z. B. der Eisenbahn in einem Lande erzeugen, wo die bisherige Entwicklung seiner Produktivkräfte noch nicht darauf hindrängen würde. Die Wirkung der K o n k u r r e n z u n t e r N a t i o n e n gehört in den Abschnitt vom i n t e r n a t i o n a l e n V e r k e h r. Es zeigen sich hier besonders die zivilisierenden Wirkungen des Kapitals.

kraft vermehren (wie Irrigationen etc. in Asien und übrigens noch in Europa von den Regierungen gebaut), unterstellen, um vom Kapital unternommen zu werden, statt von der Regierung, die das Gemeinwesen als solches repräsentiert, höchste Entwicklung der auf das Kapital gegründeten Produktion. Die Ablösung der *travaux publics* vom Staat und ihr Übergehn in die Domäne der vom Kapital selbst unternommnen Arbeiten, zeigt den Grad an, wozu sich das reelle Gemeinwesen in der Form des Kapitals konstituiert hat. Ein Land, z. B. die United States, kann selbst in produktiver Beziehung die Notwendigkeit von Eisenbahnen fühlen; dennoch kann der unmittelbare Vorteil, | der für die Produktion daraus hervorgeht, zu gering sein, als daß die Auslage anders als *à fonds perdu* erschiene. Dann wälzt das Kapital sie auf die Schultern des Staats, oder, wo der Staat traditionell ihm gegenüber noch eine superiore Stellung einnimmt, besitzt er noch das Privilegium und den Willen die Gesamtheit zu zwingen einen Teil ihrer *Revenu*, nicht ihres Kapitals, in solche allgemein nützliche Arbeiten [zu stecken], die zugleich als *allgemeine* Bedingungen der Produktion erscheinen, und daher nicht als *besondre* Bedingung für irgendeinen Kapitalisten – und solange das Kapital nicht die Form der Aktiengesellschaft annimmt, sucht es immer nur die *besondren* Bedingungen seiner Verwertung, die *gemeinschaftlichen* schiebt es als Landesbedürfnisse dem ganzen Land auf. Das Kapital unternimmt nur *vorteilhafte*, in seinem Sinn vorteilhafte Unternehmungen. Allerdings spekuliert es auch falsch, und *muß*, wie wir so sehen werden, so spekulieren. Es unternimmt dann *Anlagen*, die sich nicht rentieren und erst rentieren, sobald sie *entwertet* sind zu einem gewissen Grade. Daher die vielen Unternehmungen, wo der erste *mise de capital* à fonds perdu ist, die ersten Unternehmer kaputtgehn – und erst in zweiter oder dritter Hand, wo das Anlagekapital durch die *Entwertung* geringer geworden, sich verwerten. Übrigens der Staat selbst und was drum und dran hängt, gehört zu diesen Abzügen von der *Revenu*, sozusagen den *Konsumtionskosten* für den Einzelnen, den *Produktionskosten* für die Gesellschaft. Ein Weg selbst kann die Produktivkräfte so vermehren, daß er einen Verkehr schafft, durch den er sich nun rentiert. Es können Arbeiten notwendig sein und Auslagen, ohne produktiv im Sinn des Kapitals zu sein, d. h. ohne daß die in ihnen enthaltne *Surplusarbeit* durch die Zirkulation, durch den Austausch als *Surpluswert* realisiert wird. Wenn ein Arbeiter z. B. 12 Stunden während des Jahrs täglich an einem Weg arbeitet und die allgemein notwendige Arbeitszeit im Durchschnitt = 6 Stunden, so hat er eine Surplusarbeit von 6 Stunden gearbeitet. Kann aber der Weg nicht verkauft werden zu 12 Stunden, vielleicht nur zu 6, so ist der Wegbau kein Unternehmen für das Kapital, und das Wegbauen keine produktive Arbeit für dasselbe. Das Kapital muß den Weg verkaufen können (Zeitraum und Art des Verkaufens geht uns hier nichts an), so daß die notwendige Arbeit, sowohl wie die Surplusarbeit verwertet wird, oder daß aus dem allgemeinen Fonds der Profite – der Surpluswerte – ein solcher Teil ihm zufällt, als ob es Surpluswert geschaffen. *Dies Verhältnis später beim Profit und der notwendigen Arbeit* zu untersuchen. Die höchste Entwicklung des Kapitals ist, wenn die allgemeinen Bedingungen des gesellschaftlichen Produktionsprozesses nicht aus dem *Abzug der gesellschaftlichen Revenu* hergestellt werden, den Staatssteuern – wo Revenu, nicht Kapital, als labour funds erscheint und der Arbeiter, obgleich er freier Lohnarbeiter ist wie jeder andre, doch ökonomisch in einem andren Verhältnis steht –, sondern aus dem *Kapital als Kapital.* Es zeigt dies den Grad einerseits, worin das Kapital sich alle Bedingungen der gesellschaftlichen Produktion unterworfen, und daher andrerseits, wieweit der gesellschaftliche reproduktive Reichtum *kapitalisiert* ist und alle Bedürfnisse in der Form des Austauschs befriedigt werden; auch die als *gesellschaftlich gesetzten* Bedürfnisse des Individuums, d. h. die, die es nicht als einzelnes Individuum in der Gesellschaft, sondern gemeinschaftlich mit andren konsumiert und bedarf – deren Weise der Konsumtion der Natur der Sache nach eine gesellschaftliche ist –, auch diese durch den Austausch, den individuellen Austausch, nicht nur konsumiert werden, sondern auch produziert. Bei dem oben angegebnen Weg muß der Wegbau so vorteilhaft sein, daß eine bestimmte Arbeitszeit in Weg verwandelt dem Arbeiter sein Arbeitsvermögen grade so reproduziert, als wenn er es in den Ackerbau verwandelte. Der Wert ist bestimmt durch die objektivierte Arbeitszeit, in welcher Form auch immer. Es hängt nun aber von dem Gebrauchswert ab, worin er realisiert ist, ob dieser *Wert* realisierbar ist. Hier ist vorausgesetzt, daß der Weg Bedürfnis für die Gemeinde, daher der Gebrauchswert vorausgesetzt. Andrerseits für das Kapital, damit es den Wegbau unternehme, vorausgesetzt, daß nicht nur die *notwendige Arbeitszeit,* sondern die *Surplusarbeitszeit,* die der Arbeiter arbeitet, bezahlt werde – daher sein Profit. (Durch Schutzzölle, Monopole, Staatszwang erzwingt der

Kapitalist oft diese Bezahlung, wo die einzeln Austauschenden, bei freiem Austausch, *höchstens* die notwendige Arbeit bezahlen würden.) Es ist sehr möglich, daß Surplusarbeitszeit vorhanden ist und nicht bezahlt wird (was ja auch jedem einzelnen Kapitalisten vorkommen kann). *Wo das Kapital herrscht* (ganz wie da, wo Sklaverei und Leibeigenschaft oder Frondienst irgendwelcher Art) *ist die absolute Arbeitszeit des Arbeiters als Bedingung für ihn gesetzt, um die notwendige arbeiten zu dürfen, d. h. um die zur Erhaltung seines Arbeitsvermögens notwendige in Gebrauchswerten für sich realisieren zu können.* In jeder Art Arbeit bringt es dann die Konkurrenz mit sich, daß er die volle Zeit arbeiten muß — also Surplusarbeitszeit. Es kann aber der Fall sein, daß diese Surplusarbeitszeit, obgleich im Produkt enthalten, nicht austauschbar. Für den Arbeiter selbst — mit andren Lohnarbeitern verglichen — ist es Surplusarbeit. Für den Verwender ist es Arbeit, die zwar einen Gebrauchswert für ihn hat, wie z. B. sein Koch, aber keinen Tauschwert, also die ganze Distinktion | von *notwendiger und Surplusarbeitszeit* nicht existiert. Die Arbeit kann notwendig sein, ohne produktiv zu sein. Alle *allgemeinen, gemeinschaftlichen* Bedingungen der Produktion — solange ihre Herstellung durch das Kapital als solches, unter seinen Bedingungen noch nicht geschehn kann — werden daher bestritten aus einem Teil der Revenu des Landes — der Regierungskasse, und die Arbeiter erscheinen nicht als produktive Arbeiter, obgleich sie die Produktivkraft des Kapitals vermehren.

Das Resultat unsrer Abschweifung ist übrigens, daß Produktion von Kommunikationsmitteln, den physischen Bedingungen der Zirkulation, [sich] unter die Kategorie von Produktion des capital fixe rangiert, also keinen besondren case konstituiert. Nur hat sich uns nebenbei die Aussicht eröffnet, die an diesem Punkt noch nicht scharf gezeichnet werden kann, von einem *spezifischen Verhältnis des Kapitals zu den gemeinschaftlichen allgemeinen Bedingungen der gesellschaftlichen Produktion,* im Unterschied zu denen des *besondren Kapitals* und seines *besondren Produktionsprozesses.*

9. [Karl Marx:] Aufhebung der kapitalistischen Produktionsweise innerhalb der kapitalistischen Produktionsweise selbst [1]

(a) Konkurrenz

[[Die Konkurrenz, weil sie historisch als Auflösung von Zunftzwang, Regierungsmaßregelung, innren Zöllen und dergleichen innerhalb eines Landes erscheint, auf dem Weltmarkt als Aufhebung von Absperrung, Prohibition, oder Protektion – kurz historisch erscheint als Negation der dem Kapital vorhergehnden Produktionsstufen eigentümlichen Grenzen und Schranken; weil sie historisch ganz richtig von den Physiokraten als laissez faire, laissez passer bezeichnet und | befürwortet wurde; ist nie auch nach dieser bloß negativen Seite, nach dieser ihrer bloß historischen Seite betrachtet worden, und hat andrerseits zu der noch größren Albernheit geführt, sie als den Zusammenstoß der entfesselten, nur durch ihre eignen Interessen bestimmten Individuen – als Repulsion und Attraktion der freien Individuen in Beziehung aufeinander zu betrachten und so als die absolute Daseinsform der freien Individualität in der Sphäre der Produktion und des Austauschs. Nichts kann falscher sein. 1) Wenn die freie Konkurrenz aufgelöst hat die Schranken früherer Produktionsverhältnisse und -weisen, so muß d'abord betrachtet werden, daß was für sie Schranke, für frühere Produktionsweisen immanente Grenze war, worin sie sich naturgemäß entwickelten und bewegten. Schranken werden diese Grenzen erst nachdem die Produktivkräfte und Verkehrsverhältnisse sich hinreichend entwickelt, damit das Kapital als solches beginnen konnte als das regelnde Prinzip der Produktion aufzutreten. Die Grenzen, die es niederriß, waren Schranken für seine Bewegung, Entwicklung, Verwirklichung. Es hob damit keineswegs alle Grenzen auf, noch alle Schranken; sondern nur die ihm nicht entsprechenden Grenzen, die für es Schranken waren. Innerhalb seiner eignen Grenzen – sosehr sie von einem höhern Gesichtspunkt aus als Schranken der Produktion erscheinen und als solche durch seine eigne historische Entwicklung gesetzt werden – fühlt es sich frei, schrankenlos, d. h. nur durch sich selbst, nur durch seine eignen Lebensbedingungen

---

1 [Text nach: K. Marx, Grundrisse, a.a.O., S. 542—545; Das Kapital Bd. 1, MEW Bd. 23, S. 652—657; Das Kapital Bd. 3, MEW Bd. 25, S. 451—457.]

begrenzt. Ganz wie die zünftige Industrie zu ihrer Blütezeit in der zünftigen Organisation vollständig die Freiheit fand, deren sie bedurfte, d. h. die ihr entsprechenden Produktionsverhältnisse. Sie selbst setzte sie ja aus sich heraus und entwickelte sie als *ihre* immanenten Bedingungen, und daher keineswegs als äußerliche und beengende Schranken. Die historische Seite der Negation des Zunftetc. -wesens von Seite des Kapitals durch die freie Konkurrenz, heißt weiter nichts, als daß das hinreichend erstarkte Kapital durch die ihm adäquate Verkehrsweise die historischen Schranken niederriß, die die ihm adäquate Bewegung genierten und hemmten. Aber die Konkurrenz ist weit entfernt bloß diese historische Bedeutung zu haben oder bloß *dies Negative* zu sein. Die *freie Konkurrenz* ist die Beziehung des Kapitals auf sich selbst als ein andres Kapital, d. h. das reelle Verhalten des Kapitals als Kapital. Die innern Gesetze des Kapitals – die nur als Tendenzen in den historischen Vorstufen seiner Entwicklung erscheinen – werden erst als Gesetze gesetzt; die auf das Kapital gegründete Produktion setzt sich nur in ihren adäquaten Formen, sofern und soweit sich die freie Konkurrenz entwickelt, denn sie ist die freie Entwicklung der auf das Kapital gegründeten Produktionsweise; die freie Entwicklung seiner Bedingungen und seiner als diese Bedingungen beständig reproduzierenden Prozesses. Nicht die Individuen sind frei gesetzt in der freien Konkurrenz; sondern das Kapital ist frei gesetzt. Solange die auf dem Kapital ruhende Produktion die notwendige, daher die angemessenste Form für die Entwicklung der gesellschaftlichen Produktivkraft, erscheint das Bewegen der Individuen innerhalb der reinen Bedingungen des Kapitals als ihre Freiheit; die aber dann auch dogmatisch als solche versichert wird durch beständige Reflexion auf die von der freien Konkurrenz niedergerißnen Schranken. Die freie Konkurrenz ist die reelle Entwicklung des Kapitals. Durch sie wird als äußerliche Notwendigkeit für das einzelne Kapital gesetzt, was der Natur des Kapitals entspricht, [der] auf das Kapital gegründeten Produktionsweise, was dem Begriff des Kapitals entspricht. Der wechselseitige Zwang, den in ihr die Kapitalien aufeinander, auf die Arbeit etc. ausüben (die Konkurrenz der Arbeiter unter sich ist nur eine andre Form der Konkurrenz der Kapitalien), ist die *freie,* zugleich *reale* Entwicklung des Reichtums als Kapital. So sehr ist dies der Fall, daß die tiefsten ökonomischen Denker, wie Ricardo z. B., die absolute Herrschaft der freien Konkurrenz *voraussetzen,* um die adäquaten Gesetze des

Kapitals – die zugleich als die es beherrschenden vitalen Tendenzen erscheinen – studieren und formulieren zu können. Die freie Konkurrenz ist aber die adäquate Form des produktiven Prozesses des Kapitals. Je weiter sie entwickelt ist, um so reiner treten die Formen seiner Bewegung hervor. Was Ricardo z. B. damit, malgré lui, gestanden hat, ist die *historische Natur* des Kapitals und der bornierte Charakter der freien Konkurrenz, die eben nur die freie Bewegung der Kapitalien, d. h. ihre Bewegung innerhalb Bedingungen, die keinen aufgelösten Vorstufen angehören, sondern seine eignen Bedingungen sind. Die Herrschaft des Kapitals ist die Voraussetzung der freien Konkurrenz, ganz wie die römische Kaiserdespotie die Voraussetzung des freien römischen »Privatrechts« war. Solange das Kapital schwach ist, sucht es selbst noch nach den Krücken vergangner oder mit seinem Erscheinen vergehnder Produktionsweisen. Sobald es sich stark fühlt, wirft es die Krücken weg, und bewegt sich seinen eignen Gesetzen gemäß. [Sobald es anfängt sich selbst als Schranke der Entwicklung zu fühlen und bewußt zu werden, nimmt es zu Formen Zuflucht, die, indem sie die Herrschaft des Kapitals zu vollenden scheinen, durch Züglung der freien Konkurrenz, zugleich die Ankündiger seiner Auflösung und der Auflösung der auf ihm beruhenden Produktionsweise sind.] Was in der Natur des Kapitals liegt, *wird* nur reell herausgesetzt, als äußre Notwendigkeit; durch die Konkurrenz, die weiter nichts ist, als daß die vielen Kapitalien die immanenten Bestimmungen des Kapitals einander aufzwingen und sich selbst aufzwingen. Keine Kategorie der bürgerlichen Ökonomie, nicht die erste, z. B. die Bestimmung des Werts, wird daher erst wirklich durch die freie Konkurrenz; d. h. durch den wirklichen Prozeß des Kapitals, der als Wechselwirkung der Kapitalien aufeinander erscheint und aller andren vom Kapital bestimmten Produktions- und Verkehrsverhältnisse. Daher andrerseits die Abgeschmacktheit, die freie Konkurrenz als die letzte Entwicklung der menschlichen Freiheit zu betrachten; und Negation der freien Konkurrenz = Negation individueller Freiheit und auf individueller Freiheit gegründeter gesellschaftlicher Produktion. Es ist eben nur die freie Entwicklung auf einer bornierten Grundlage – der Grundlage der Herrschaft des Kapitals. Diese Art individueller Freiheit ist daher zugleich die völligste Aufhebung aller individuellen Freiheit und die völlige Unterjochung der Individualität unter gesellschaftliche Bedingungen, die die Form von sachlichen Mächten, ja von übermächtigen Sachen

– von den sich beziehenden Individuen selbst unabhängigen Sachen – annehmen. Die Entwicklung dessen, was die freie Konkurrenz ist, ist die einzig rationelle Antwort auf die Verhimmlung derselben durch die Middle-class-Propheten oder ihre Verteufelung durch die Sozialisten. Wenn es heißt, daß innerhalb der freien Konkurrenz die Individuen rein ihrem Privatinteresse folgend das gemeinschaftliche oder rather *allgemeine* Interesse verwirklichen, so heißt das nichts, als daß sie unter den Bedingungen der kapitalistischen Produktion aufeinander pressen und daher ihr Gegenstoß selbst nur die Wiedererzeugung der Bedingungen ist, unter denen diese Wechselwirkung stattfindet. Sobald übrigens die Illusion über die Konkurrenz als die angebliche absolute Form der freien Individualität verschwindet, ist dies ein Beweis, daß die Bedingungen der Konkurrenz, d. h. der auf das Kapital gegründeten Produktion, schon als *Schranken* gefühlt und gedacht werden, und es daher schon *sind* und mehr und mehr werden. Die Behauptung, daß die freie Konkurrenz = letzter Form der Entwicklung der Produktivkräfte und daher der menschlichen Freiheit, heißt nichts, als daß die Middle-class-Herrschaft das Ende der Weltgeschichte ist – allerdings ein angenehmer Gedanke für die Parvenus von vorgestern.]]
[...]

(b) Konzentration und Zentralisation des Kapitals

Im vierten Abschnitt wurde gezeigt, wie die Entwicklung der gesellschaftlichen Produktivkraft der Arbeit Kooperation auf großer Stufenleiter voraussetzt, wie nur unter dieser Voraussetzung Teilung und Kombination der Arbeit organisiert, Produktionsmittel durch massenhafte Konzentration ökonomisiert, schon stofflich nur gemeinsam anwendbare Arbeitsmittel, z. B. System der Maschinerie usw., ins Leben gerufen, ungeheure Naturkräfte in den Dienst der Produktion gepreßt und die Verwandlung des Produktionsprozesses in technologische Anwendung der Wissenschaft vollzogen werden können. Auf Grundlage der Warenproduktion, wo die Produktionsmittel Eigentum von Privatpersonen sind, wo der Handarbeiter daher entweder isoliert und selbständig Waren produziert oder seine Arbeitskraft als Ware verkauft, weil ihm die Mittel zum Selbstbetrieb fehlen, realisiert sich jene Voraussetzung nur durch das Wachstum der individuellen Kapitale oder im Maße, worin die gesellschaftlichen Produktions- und Lebensmittel in das Privateigentum von Kapitalisten verwandelt werden. Der Boden der Warenproduktion kann die Produktion auf großer Stufenleiter nur in kapitalistischer Form tragen. Eine gewisse Akkumulation von Kapital in den Händen individueller Warenproduzenten bildet daher die Voraussetzung der spezifisch kapitalistischen Produktionsweise. Wir mußten sie deshalb unterstellen bei dem Übergang aus dem Handwerk in den kapitalistischen Betrieb. Sie mag die ursprüngliche Akkumulation heißen, weil sie statt historisches Resultat historische Grundlage der spezifisch kapitalistischen Produktion ist. Wie sie selbst entspringt, brauchen wir hier noch nicht zu untersuchen. Genug, sie bildet den Ausgangspunkt. Aber alle Methoden zur Steigerung der gesellschaftlichen Produktivkraft der Arbeit, die auf dieser Grundlage erwachsen, sind zugleich Methoden der gesteigerten Produktion des Mehrwerts oder Mehrprodukts, welches seinerseits das Bildungselement der Akkumulation. Sie sind also zugleich Methoden der Produktion von Kapital durch Kapital oder Methoden seiner beschleunigten Akkumulation. Die kontinuierliche Rückverwandlung von Mehrwert in Kapital stellt sich dar als wachsende Größe des in den Produktionsprozeß eingehenden Kapitals. Diese wird ihrerseits Grundlage einer erweiterten Stufenleiter der Produktion, der sie begleitenden Methoden zur Steigerung der Produktivkraft der Arbeit und beschleunigter Produktion von Mehrwert. Wenn also ein gewisser Grad der Kapitalakkumulation als Bedingung der spezifisch kapitalistischen Produktionsweise erscheint, verursacht die letztere rückschlagend eine beschleunigte Akkumulation des Kapitals. Mit der Akkumulation des Kapitals entwickelt sich daher die spezifisch kapitalistische Produktionsweise und mit der spezifisch kapitalistischen Produktionsweise die Akkumulation des Kapitals. Diese beiden ökonomischen Faktoren erzeugen, nach dem zusammengesetzten Verhältnis des Anstoßes, den sie sich gegenseitig erteilen, den Wechsel in der technischen Zusammensetzung des Kapitals, durch welchen der variable Bestandteil immer kleiner und kleiner wird, verglichen mit dem konstanten.

Jedes individuelle Kapital ist eine größere oder kleinere Konzentration von Produktionsmitteln mit entsprechendem Kommando über eine größere oder kleinere Arbeiterarmee. Jede Akkumulation wird das Mittel neuer Akkumulation. Sie erweitert mit der vermehrten Masse des als Kapital funktionierenden Reichtums seine Konzentration in den Händen individueller Kapitalisten, daher die Grundlage der Produktion auf großer Stufenleiter und der spezifisch kapitalistischen Produktionsmethoden. Das Wachstum des gesellschaftlichen Kapitals vollzieht sich im Wachstum vieler individueller Kapitale. Alle andren Umstände als gleichbleibend vorausgesetzt, wachsen die individuellen Kapitale, und mit ihnen die Konzentration der Produktionsmittel, im Verhältnis, worin sie aliquote Teile des gesellschaftlichen Gesamtkapitals bilden. Zugleich reißen sich Ableger von den Originalkapitalen los und funktionieren als neue selbständige Kapitale. Eine große Rolle spielt dabei unter anderm die Teilung des Vermögens in Kapitalistenfamilien. Mit der Akkumulation des Kapitals wächst daher auch mehr oder minder die Anzahl der Kapitalisten. Zwei Punkte charakterisieren diese Art Konzentration, welche unmittelbar auf der Akkumulation beruht oder vielmehr mit ihr identisch ist. Erstens: Die wachsende Konzentration der gesellschaftlichen Produktionsmittel in den Händen individueller Kapitalisten ist, unter sonst gleichbleibenden Umständen, beschränkt durch den Wachstumsgrad des gesellschaftlichen Reichtums. Zweitens: Der in jeder besondren Produktionssphäre ansässige Teil des gesellschaftlichen Kapitals ist verteilt unter viele Kapitalisten, welche einander als unabhängige und miteinander konkurrierende Warenproduzenten gegenüberstehn. Die Akkumulation und die sie begleitende Konzentration sind also nicht nur auf viele Punkte zersplittert, sondern das Wachstum der funktionierenden Kapitale ist durchkreuzt durch die Bildung neuer und die Spaltung alter Kapitale. Stellt sich die Akkumulation daher einerseits dar als wachsende Konzentration der Produktionsmittel und des Kommandos über Arbeit, so andrerseits als Repulsion vieler individueller Kapitale voneinander.

Dieser Zersplitterung des gesellschaftlichen Gesamtkapitals in viele individuelle Kapitale oder der Repulsion seiner Bruchteile voneinander wirkt entgegen ihre Attraktion. Es ist dies nicht mehr einfache, mit der Akkumulation identische Konzentration von Produktionsmitteln und Kommando über Arbeit. Es ist Konzentration bereits gebildeter Kapitale, Aufhebung ihrer individuellen Selbständigkeit, Expropriation von Kapitalist durch Kapitalist, Verwandlung vieler kleineren in weniger größere Kapitale. Dieser Prozeß unterscheidet sich von dem ersten dadurch, daß er nur veränderte Verteilung der bereits vorhandnen und funktionierenden Kapitale voraussetzt, sein Spielraum also durch das absolute Wachstum des gesellschaftlichen Reichtums oder die absoluten Grenzen der Akkumulation nicht beschränkt ist. Das Kapital schwillt hier in einer

Hand zu großen Massen, weil es dort in vielen Händen verlorengeht. Es ist die eigentliche Zentralisation im Unterschied zur Akkumulation und Konzentration.

Die Gesetze dieser Zentralisation der Kapitale oder der Attraktion von Kapital durch Kapital können hier nicht entwickelt werden. Kurze tatsächliche Andeutung genügt. Der Konkurrenzkampf wird durch Verwohlfeilerung der Waren geführt. Die Wohlfeilheit der Waren hängt, caeteris paribus, von der Produktivität der Arbeit, diese aber von der Stufenleiter der Produktion ab. Die größeren Kapitale schlagen daher die kleineren. Man erinnert sich ferner, daß mit der Entwicklung der kapitalistischen Produktionsweise der Minimalumfang des individuellen Kapitals wächst, das erheischt ist, um ein Geschäft unter seinen normalen Bedingungen zu betreiben. Die kleineren Kapitale drängen sich daher in Produktionssphären, deren sich die große Industrie nur noch sporadisch oder unvollkommen bemächtigt hat. Die Konkurrenz rast hier im direkten Verhältnis zur Anzahl und im umgekehrten Verhältnis zur Größe der rivalisierenden Kapitale. Sie endet stets mit Untergang vieler kleineren Kapitalisten, deren Kapitale teils in die Hand des Siegers übergehn, teils untergehn. Abgesehn hiervon bildet sich mit der kapitalistischen Produktion eine ganz neue Macht, das Kreditwesen, das in seinen Anfängen verstohlen, als bescheidne Beihilfe der Akkumulation, sich einschleicht, durch unsichtbare Fäden die über die Oberfläche der Gesellschaft in größern oder kleinern Massen zersplitterten Geldmittel in die Hände individueller oder assoziierter Kapitalisten zieht, aber bald eine neue und furchbare Waffe im Konkurrenzkampf wird und sich schließlich in einen ungeheuren sozialen Mechanismus zur Zentralisation der Kapitale verwandelt.

Im Maß wie die kapitalistische Produktion und Akkumulation, im selben Maß entwickeln sich Konkurrenz und Kredit, die beiden mächtigsten Hebel der Zentralisation. Daneben vermehrt der Fortschritt der Akkumulation den zentralisierten Stoff, d. h. die Einzelkapitale, während die Ausweitung der kapitalistischen Produktion, hier das gesellschaftliche Bedürfnis, dort die technischen Mittel jener gewaltigen industriellen Unternehmungen schafft, deren Durchführung an eine vorgängige Zentralisation des Kapitals gebunden ist. Heutzutage ist also die gegenseitige Attraktionskraft der Einzelkapitale und die Tendenz zur Zentralisation stärker als je zuvor. Wenn aber auch die relative Ausdehnung und Energie der zentralisierenden Bewegung in gewissem Grad bestimmt ist durch die schon erreichte Größe des kapitalistischen Reichtums und die Überlegenheit des ökonomischen Mechanismus, so hängt doch der Fortschritt der Zentralisation keineswegs ab von dem positiven Größenwachstum des gesellschaftlichen Kapitals. Und dies speziell unterscheidet die Zentralisation von der Konzentration, die nur ein andrer Ausdruck für die Reproduktion auf erweiterter Stufenleiter ist. Die Zentralisation kann erfolgen durch bloße veränderte Verteilung schon bestehender Kapitale, durch einfache Veränderung der quantitativen Gruppierung der Bestandteile des gesellschaftlichen Kapitals. Das Kapital kann hier zu gewaltigen Massen in einer Hand anwachsen, weil es dort vielen einzelnen Händen entzogen wird. In einem gegebnen Geschäftszweig hätte die Zentralisation ihre äußerste Grenze erreicht, wenn alle darin angelegten Kapitale zu einem Einzelkapital verschmolzen wären. In einer gegebnen Gesellschaft wäre diese Grenze erreicht erst in dem Augenblick, wo das gesamte gesellschaftliche Kapital vereinigt wäre in der Hand, sei es eines einzelnen Kapitalisten, sei es einer einzigen Kapitalistengesellschaft.

Die Zentralisation ergänzt das Werk der Akkumulation, indem sie die industriellen Kapitalisten instand setzt, die Stufenleiter ihrer Operationen auszudehnen. Sei dies letztre Resultat nun Folge der Akkumulation oder der Zentralisation; vollziehe sich die Zentralisation auf dem gewaltsamen Weg der Annexion – wo gewisse Kapitale so überwiegende Gravitationszentren für andre werden, daß sie deren individuelle Kohäsion brechen und dann die vereinzelten Bruchstücke an sich ziehn – oder geschehe die Verschmelzung einer Menge bereits gebildeter, resp. in der Bildung begriffner Kapitale vermittelst des glattern Verfahrens der Bildung von Aktiengesellschaften – die ökonomische Wirkung bleibt dieselbe. Die gewachsene Ausdehnung der industriellen Etablissements bildet überall den Ausgangspunkt für eine umfassendere Organisation der Gesamtarbeit vieler, für eine breite Entwicklung ihrer materiellen Triebkräfte, d. h. für die fortschreitende Umwandlung vereinzelter und gewohnheitsmäßig betriebner Produktionsprozesse in ge-

---

* [Zur 4. Aufl. — Die neuesten englischen und amerikanischen »Trusts« streben dies Ziel bereits an, indem sie versuchen, wenigstens sämtliche Großbetriebe eines Geschäftszweigs zu einer großen Aktiengesellschaft mit praktischem Monopol zu vereinigen. — F. E.]

sellschaftlich kombinierte und wissenschaftlich disponierte Produktionsprozesse.

Es ist aber klar, daß die Akkumulation, die allmähliche Vermehrung des Kapitals durch die aus der Kreisform in die Spirale übergehende Reproduktion ein gar langsames Verfahren ist, im Vergleich mit der Zentralisation, die nur die quantitative Gruppierung der integrierenden Teile des gesellschaftlichen Kapitals zu ändern braucht. Die Welt wäre noch ohne Eisenbahnen, hätte sie solange warten müssen, bis die Akkumulation einige Einzelkapitale dahin gebracht hätte, dem Bau einer Eisenbahn gewachsen zu sein. Die Zentralisation dagegen hat dies, vermittelst der Aktiengesellschaften, im Handumdrehn fertiggebracht. Und während die Zentralisation so die Wirkungen der Akkumulation steigert und beschleunigt, erweitert und beschleunigt sie gleichzeitig die Umwälzungen in der technischen Zusammensetzung des Kapitals, die dessen konstanten Teil vermehren auf Kosten seines variablen Teils und damit die relative Nachfrage nach Arbeit vermindern.

Die durch die Zentralisation über Nacht zusammengeschweißten Kapitalmassen reproduzieren und vermehren sich wie die andren, nur rascher, und werden damit zu neuen mächtigen Hebeln der gesellschaftlichen Akkumulation. Spricht man also vom Fortschritt der gesellschaftlichen Akkumulation, so sind darin – heutzutage – die Wirkungen der Zentralisation stillschweigend einbegriffen.

Die im Lauf der normalen Akkumulation gebildeten Zusatzkapitale (s. Kap. XXII, 1) dienen vorzugsweise als Vehikel zur Exploitation neuer Erfindungen und Entdeckungen, überhaupt industrieller Vervollkommnungen. Aber auch das alte Kapital erreicht mit der Zeit den Moment seiner Erneuerung an Haupt und Gliedern, wo es sich häutet und ebenfalls wiedergeboren wird in der vervollkommneten technischen Gestalt, worin eine geringere Masse Arbeit genügte, eine größere Masse Maschinerie und Rohstoffe in Bewegung zu setzen. Die hieraus notwendig folgende absolute Abnahme der Nachfrage nach Arbeit wird selbstredend um so größer, je mehr die diesen Erneuerungsprozeß durchmachenden Kapitale bereits zu Massen angehäuft sind vermöge der zentralisierenden Bewegung.

Einerseits attrahiert also das im Fortgang der Akkumulation gebildete Zuschußkapital, verhältnismäßig zu seiner Größe, weniger und weniger Arbeiter. Andrerseits repelliert das periodisch in neuer Zusammensetzung reproduzierte alte Kapital mehr und mehr früher von ihm beschäftigte Arbeiter. [...]

(c) Aufhebung der kapitalistischen Produktionsweise innerhalb der kapitalistischen Produktionsweise selbst

Die allgemeinen Bemerkungen, wozu das Kreditwesen uns bis jetzt Veranlassung gab, waren folgende:

1. Notwendige Bildung desselben, um die Ausgleichung der Profitrate zu vermitteln, oder die Bewegung dieser Ausgleichung, worauf die ganze kapitalistische Produktion beruht.

II. Verringerung der Zirkulationskosten.

I. Eine Hauptzirkulationskost ist das Geld selbst, soweit es Selbstwert. Es wird in dreifacher Art durch den Kredit ökonomisiert.

A. Indem es für einen großen Teil der Transaktionen ganz wegfällt.

B. Indem die Zirkulation des umlaufenden Mediums beschleunigt wird. Dies fällt zum Teil zusammen mit dem, was unter 2 zu sagen. Einerseits ist nämlich die Beschleunigung technisch; d. h. bei sonst gleichbleibender Größe und Menge der wirklichen, die Konsumtion vermittelnden Warenumsätze verrichtet eine geringere Masse von Geld oder Geldzeichen denselben Dienst. Dies hängt mit der Technik des Bankwesens zusammen. Andrerseits beschleunigt der Kredit die Geschwindigkeit der Warenmetamorphose und hiermit die Geschwindigkeit der Geldzirkulation.

C. Ersetzung von Goldgeld durch Papier.

2. Beschleunigung, durch den Kredit, der einzelnen Phasen der Zirkulation oder der Warenmetamorphose, weiter der Metamorphose des Kapitals, und damit Beschleunigung des Reproduktionsprozesses überhaupt (Andrerseits erlaubt der Kredit, die Akte des Kaufens und Verkaufen: länger auseinanderzuhalten und dient daher der Spekulation als Basis) Kontraktion der Reservefonds, was doppelt betrachtet werden kann: einerseits als Verminderung des zirkulierenden Mediums, andrerseits als Beschränkung des Teils des Kapitals, er stets in Geldform existieren muß.

III. Bildung von Aktiengesellschaften. Hierdurch:

1. Ungeheure Ausdehnung der Stufenleiter der Produktion und Unternehmungen, die für Einzelkapitale unmöglich waren. Solche Unternehmungen zugleich, die früher Regierungsunternehmungen waren, werden gesellschaftliche.

2. Das Kapital, das an sich auf gesellschaftlicher Produktionsweise beruht und eine gesellschaftliche Konzentration von Produktionsmitteln und Arbeitskräften voraussetzt, erhält hier direkt die Form von Gesellschaftskapital (Kapital direkt assoziierter Individuen) im Gegensatz zum Privatkapital, und seine Unternehmungen treten auf als Gesellschaftsunternehmungen im Gegensatz zu Privatunternehmungen. Es ist die Aufhebung des Kapitals als Privateigentum innerhalb der Grenzen der kapitalistischen Produktionsweise selbst.

3. Verwandlung des wirklich fungierenden Kapitalisten in einen bloßen Dirigenten, Verwalter fremdes Kapitals, und der Kapitaleigentümer in bloße Eigentümer, bloße Geldkapitalisten. Selbst wenn die Dividenden, die sie beziehn, den Zins und Unternehmergewinn, d. h. den Totalprofit einschließen (denn das Gehalt des Dirigenten ist, oder soll sein, bloßer Arbeitslohn einer gewissen Art geschickter Arbeit, deren Preis im Arbeitsmarkt reguliert wird, wie der jeder andren Arbeit), so wird dieser Totalprofit nur noch bezogen in der Form des Zinses, d. h. als bloße Vergütung des Kapitaleigentums, das nun ganz so von der Funktion im wirklichen Reproduktionsprozeß getrennt wird, wie diese Funktion, in der Person des Dirigenten vom Kapitaleigentum. Der Profit stellt sich so dar (nicht mehr nur der eine Teil desselben, der Zins, der seine Rechtfertigung aus dem Profit des Borgers zieht) als bloße Aneignung fremder Mehrarbeit, entspringend aus der Verwandlung der Produktionsmittel in Kapital, d. h. aus ihrer Entfremdung gegenüber den wirklichen Produzenten, aus ihrem Gegensatz als fremdes Eigentum gegenüber allen wirklich in der Produktion tätigen Individuen, vom Dirigenten bis herab zum letzten Taglöhner. In den Aktiengesellschaften ist die Funktion getrennt vom Kapitaleigentum, also auch die Arbeit gänzlich getrennt vom Eigentum an den Produktionsmitteln und an der Mehrarbeit. Es ist dies Resultat der höchsten Entwicklung der kapitalistischen Produktion ein notwendiger Durchgangspunkt zur Rückverwandlung des Kapitals in Eigentum der Produzenten, aber nicht mehr als das Privateigentum vereinzelter Produzenten, sondern als das Eigentum ihrer als assoziierter, als unmittelbares Gesellschaftseigentum. Es ist andrerseits Durchgangspunkt zur Verwandlung aller mit dem Kapitaleigentum bisher noch verknüpften Funktionen im Reproduktionsprozeß in bloße Funktionen der assoziierten Produzenten, in gesellschaftliche Funktionen.

Bevor wir weitergehn, ist noch dies ökonomisch Wichtige zu bemerken: Da der Profit hier rein die Form des Zinses annimmt, sind solche Unternehmungen noch möglich, wenn sie bloßen Zins abwerfen, und es ist dies einer der Gründe, die das Fallen der allgemeinen Profitrate aufhalten, indem diese Unternehmungen, wo das konstante Kapital in so ungeheurem Verhältnis zum variablen steht, nicht notwendig in die Ausgleichung der allgemeinen Profitrate eingehn.

Seit Marx obiges schrieb, haben sich bekanntlich neue Formen des Industriebetriebs entwickelt, die die zweite und dritte Potenz der Aktiengesellschaft darstellen. Der täglich wachsenden Raschheit, womit auf allen großindustriellen Gebieten heute die Produktion gesteigert werden kann, steht gegenüber die stets zunehmende Langsamkeit der Ausdehnung des Markts für diese vermehrten Produkte. Was jene in Monaten herstellt, kann dieser kaum in Jahren absorbieren. Dazu die Schutzzollpolitik, wodurch jedes Industrieland sich gegen die andern und namentlich gegen England abschließt und die heimische Produktionsfähigkeit noch künstlich steigert. Die Folgen sind allgemeine chronische Überproduktion, gedrückte Preise, fallende und sogar ganz wegfallende Profite; kurz, die altgerühmte Freiheit der Konkurrenz ist am Ende ihres Lateins und muß ihren offenbaren skandalösen Bankrott selbst ansagen. Und zwar dadurch, daß in jedem Land die Großindustriellen eines bestimmten Zweigs sich zusammentun zu einem Kartell zur Regulierung der Produktion. Ein Ausschuß setzt das von jedem Etablissement zu produzierende Quantum fest und verteilt in letzter Instanz die einlaufenden Aufträge. In einzelnen Fällen kam es zeitweise sogar zu internationalen Kartellen, so zwischen der englischen und deutschen Eisenproduktion. Aber auch diese Form der Vergesellschaftung der Produktion genügte noch nicht. Der Interessengegensatz der einzelnen Geschäftsfirmen durchbrach sie nur zu oft und stellte die Konkurrenz wieder her. So kam man dahin, in einzelnen Zweigen, wo die Produktionsstufe dies zuließ, die gesamte Produktion dieses Geschäftszweigs zu *einer* großen Aktiengesellschaft mit einheitlicher Leitung zu konzentrieren. In Amerika ist dies schon mehrfach durchgeführt, in Europa ist das größte Beispiel bis jetzt der United Alkali Trust, der die ganze britische Alkaliproduktion in die Hände einer einzigen Geschäftsfirma gebracht hat. Die früheren Besitzer der – mehr als dreißig – einzelnen Werke haben für ihre gesamten Anlagen den Taxwert in Aktien erhalten, im ganzen gegen 5 Millionen Pfd.St., die das fixe Kapital des Trusts darstellen. Die technische Direktion bleibt in den bisherigen Händen, aber die geschäftliche Leitung ist in der Hand der Generaldirektion konzentriert. Das Zirkulationskapital (floating capital) im Betrag von etwa einer Million Pfd.St. wurde dem Publikum zur Zeichnung angeboten. Gesamtkapital also 6 Millionen Pfd.St. So ist in diesem Zweig, der die Grundlage der ganzen chemischen Industrie bildet, in England die Konkurrenz durch das Monopol ersetzt und der künftigen Expropriation durch die Gesamtgesellschaft, die Nation, aufs erfreulichste vorgearbeitet. – F. E.

Es ist dies die Aufhebung der kapitalistischen Produktionsweise innerhalb der kapitalistischen Produktionsweise selbst, und daher ein sich selbst aufhebender Widerspruch, der prima facie als bloßer Übergangspunkt zu einer neuen Produktionsform sich darstellt. Als solcher Widerspruch stellt er sich dann auch in der Erscheinung dar. Er stellt in gewissen Sphären das Monopol her und fordert daher die Staatseinmischung heraus. Er reproduziert eine neue Finanzaristokratie, eine neue Sorte Parasiten in Gestalt von Projektenmachern, Gründern und bloß nominellen Direktoren; ein ganzes System des Schwindels und Betrugs mit Bezug auf Gründungen, Aktienausgabe und Aktienhandel. Es ist Privatproduktion ohne die Kontrolle des Privateigentums.

IV. Abgesehen von dem Aktienwesen – das eine Aufhebung der kapitalistischen Privatindustrie auf Grundlage des kapitalistischen Systems selbst ist und in demselben Umfang, worin es sich ausdehnt und neue Produktionssphären ergreift, die Privatindustrie vernichtet –, bietet der Kredit dem einzelnen Kapitalisten, oder dem, der für einen Kapitalisten gilt, eine innerhalb gewisser Schranken absolute Verfügung über fremdes Kapital und fremdes Eigentum, und dadurch über fremde Arbeit. Verfügung über gesellschaftliches, nicht eignes Kapital, gibt ihm Verfügung über gesellschaftliche Arbeit. Das Kapital selbst, das man wirklich oder in der Meinung des Publikums besitzt, wird nur noch die Basis zum Kreditüberbau. Es gilt dies besonders im Großhandel, durch dessen Hände der größte Teil des gesellschaftlichen Produkts passiert. Alle Maßstäbe, alle mehr oder minder innerhalb der kapitalistischen Produktionsweise noch berechtigten Explikationsgründe verschwinden hier. Was der spekulierende Großhändler riskiert, ist gesellschaftliches, nicht *sein* Eigentum. Ebenso abgeschmackt wird die Phrase vom Ursprung des Kapitals aus der Ersparung, da jener gerade verlangt, daß *andre* für ihn sparen sollen. [Wie neuerdings ganz Frankreich anderthalb Milliarden Franken für die Panamaschwindler zusammengespart hat. Wie denn hier der ganze Panamaschwindel genau beschrieben ist, volle 20 Jahre ehe er sich ereignet. – F. E.] Der andren Phrase von der Entsagung schlägt sein Luxus, der nun auch selbst Kreditmittel wird, direkt ins Gesicht. Vorstellungen, die auf einer minder entwickelten Stufe der kapitalistischen Produktion noch einen Sinn haben, werden hier völlig sinnlos. Das Gelingen und Mißlingen führen hier gleichzeitig zur Zentralisation der Kapitale und daher zur Expropriation auf der enormsten Stufenleiter. Die Expropriation erstreckt sich hier von den unmittelbaren Produzenten auf die kleineren und mittleren Kapitalisten selbst. Diese Expropriation ist der Ausgangspunkt der kapitalistischen Produktionsweise; ihre Durchführung ist ihr Ziel, und zwar in letzter Instanz die Expropriation aller einzelnen von den Produktionsmitteln, die mit der Entwicklung der gesellschaftlichen Produktion aufhören, Mittel der Privatproduktion und Produkte der Privatproduktion zu sein, und die nur noch Produktionsmittel in der Hand der assoziierten Produzenten, daher ihr gesellschaftliches Eigentum, sein können, wie sie ihr gesellschaftliches Produkt sind. Diese Expropriation stellt sich aber innerhalb des kapitalistischen Systems selbst in gegensätzlicher Gestalt dar, als Aneignung des gesellschaftlichen Eigentums durch wenige; und der Kredit gibt diesen wenigen immer mehr den Charakter reiner Glücksritter. Da das Eigentum hier in der Form der Aktie existiert, wird seine Bewegung und Übertragung reines Resultat des Börsenspiels, wo die kleinen Fische von den Haifischen und die Schafe von den Börsenwölfen verschlungen werden. In dem Aktienwesen existiert schon Gegensatz gegen die alte Form, worin gesellschaftliches Produktionsmittel als individuelles Eigentum erscheint; aber die Verwandlung in die Form der Aktie bleibt selbst noch befangen in den kapitalistischen Schranken; statt daher den Gegensatz zwischen dem Charakter des Reichtums als gesellschaftlicher und als Privatreichtum zu überwinden, bildet sie ihn nur in neuer Gestalt aus.

Die Kooperativfabriken der Arbeiter selbst sind, innerhalb der alten Form, das erste Durchbrechen der alten Form, obgleich sie natürlich überall, in ihrer wirklichen Organisation, alle Mängel des bestehenden Systems reproduzieren und reproduzieren müssen. Aber der Gegensatz zwischen Kapital und Arbeit ist innerhalb derselben aufgehoben, wenn auch zuerst nur in der Form, daß die

Arbeiter als Assoziation ihr eigner Kapitalist sind, d. h. die Produktionsmittel zur Verwertung ihrer eignen Arbeit verwenden. Sie zeigen, wie, auf einer gewissen Entwicklungsstufe der materiellen Produktivkräfte und der ihr entsprechenden gesellschaftlichen Produktionsformen, naturgemäß aus einer Produktionsweise sich eine neue Produktionsweise entwickelt und herausbildet. Ohne das aus der kapitalistischen Produktionsweise entspringende Fabriksystem könnte sich nicht die Kooperativfabrik entwickeln und ebensowenig ohne das aus derselben Produktionsweise entspringende Kreditsystem. Letztres, wie es die Hauptbasis bildet zur allmählichen Verwandlung der kapitalistischen Privatunternehmungen in kapitalistische Aktiengesellschaften, bietet ebensosehr die Mittel zur allmählichen Ausdehnung der Kooperativunternehmungen auf mehr oder minder nationaler Stufenleiter. Die kapitalistischen Aktienunternehmungen sind ebensosehr wie die Kooperativfabriken als Übergangsformen aus der kapitalistischen Produktionsweise in die assoziierte zu betrachten, nur daß in den einen der Gegensatz negativ, und in den andren positiv aufgehoben ist.

Wir haben bisher die Entwicklung des Kreditwesens – und die darin enthaltene latente Aufhebung des Kapitaleigentums – mit Bezug hauptsächlich auf das industrielle Kapital betrachtet. Wir betrachten in den folgenden Kapiteln den Kredit mit Bezug auf das zinstragende Kapital als solches, sowohl seinen Effekt auf dieses, wie die Form, die er hierbei annimmt; und sind dabei überhaupt noch einige spezifisch ökonomische Bemerkungen zu machen.

Vorher noch dies:

Wenn das Kreditwesen als Haupthebel der Überproduktion und Überspekulation im Handel erscheint, so nur, weil der Reproduktionsprozeß, der seiner Natur nach elastisch ist, hier bis zur äußersten Grenze forciert wird, und zwar deshalb forciert wird, weil ein großer Teil des gesellschaftlichen Kapitals von den Nichteigentümern desselben angewandt wird, die daher ganz anders ins Zeug gehn als der ängstlich die Schranken seines Privatkapitals erwägende Eigentümer, soweit er selbst fungiert. Es tritt damit nur hervor, daß die auf den gegensätzlichen Charakter der kapitalistischen Produktion gegründete Verwertung des Kapitals die wirkliche, freie Entwicklung nur bis zu einem gewissen Punkt erlaubt, also in der Tat eine immanente Fessel und Schranke der Produktion bildet, die beständig durch das Kreditwesen durchbrochen wird. Das Kreditwesen beschleunigt daher die materielle Entwicklung der Produktivkräfte und die Herstellung des Weltmarkts, die als materielle Grundlagen der neuen Produktionsform bis auf einen gewissen Höhegrad herzustellen, die historische Aufgabe der kapitalistischen Produktionsweise ist. Gleichzeitig beschleunigt der Kredit die gewaltsamen Ausbrüche dieses Widerspruchs, die Krisen, und damit die Elemente der Auflösung der alten Produktionsweise.

Die dem Kreditsystem immanenten doppelseitigen Charaktere: einerseits die Triebfeder der kapitalistischen Produktion, Bereicherung durch Ausbeutung fremder Arbeit, zum reinsten und kolossalsten Spiel- und Schwindelsystem zu entwickeln und die Zahl der den gesellschaftlichen Reichtum ausbeutenden wenigen immer mehr zu beschränken; andrerseits aber die Übergangsform zu einer neuen Produktionsweise zu bilden, – diese Doppelseitigkeit ist es, die den Hauptverkündern des Kredits von Law bis Isaak Péreire ihren angenehmen Mischcharakter von Schwindler und Prophet gibt.

(d) Ökonomie, Staat und Gewalt [1]

[...]

Wenn Herr Dühring mit seiner Beherrschung des Menschen durch den Menschen als Vorbedingung der Beherrschung der Natur durch den Menschen im allgemeinen nur sagen will, daß unser gesamter gegenwärtiger ökonomischer Zustand, die heute erreichte Entwicklungsstufe von Ackerbau und Industrie, das Resultat einer sich in Klassengegensätzen, in Herrschafts- und Knechtschaftsverhältnissen abwickelnden Gesellschaftsgeschichte ist, so sagt er etwas, das seit dem »Kommunistischen Manifest« längst Gemeinplatz geworden ist. Es kommt eben darauf an, die Entstehung der Klassen und der Herrschaftsverhältnisse zu erklären, und wenn Herr Dühring dafür immer nur das eine Wort »Gewalt« hat, so sind wir damit genausoweit wie am Anfang. Die einfache Tatsache, daß die Beherrschten und Ausgebeuteten zu allen Zeiten weit zahlreicher sind als die Herrscher und Ausbeuter, daß also die wirkliche Gewalt bei jenen ruht, reicht allein hin, um die Torheit der ganzen Gewaltstheorie klarzustellen. Es handelt sich also immer noch um die Erklärung der Herrschafts- und Knechtschaftsverhältnisse.

---

1 [Text nach: F. Engels, Herrn Eugen Dührings Umwälzung der Wissenschaft, MEW Bd. 20, S. 165—171, 258—265, 273—275.]

Sie sind auf zwiefachem Wege entstanden.

Wie die Menschen ursprünglich aus dem Tierreich – im engern Sinne – heraustreten, so treten sie in die Geschichte ein: noch halb Tiere, roh, noch ohnmächtig gegenüber den Kräften der Natur, noch unbekannt mit ihren eignen; daher arm wie die Tiere und kaum produktiver als sie. Es herrscht eine gewisse Gleichheit der Lebenslage und für die Familienhäupter auch eine Art Gleichheit der gesellschaftlichen Stellung – wenigstens eine Abwesenheit von Gesellschaftsklassen, die noch in den naturwüchsigen, ackerbautreibenden Gemeinwesen der spätern Kulturvölker fortdauert. In jedem solchen Gemeinwesen bestehn von Anfang an gewisse gemeinsame Interessen, deren Wahrung einzelnen, wenn auch unter Aufsicht der Gesamtheit, übertragen werden muß: Entscheidung von Streitigkeiten; Repression von Übergriffen einzelner über ihre Berechtigung hinaus; Aufsicht über Gewässer, besonders in heißen Ländern; endlich, bei der Waldursprünglichkeit der Zustände, religiöse Funktionen. Der gleichen Beamtungen finden sich in den urwüchsigen Gemeinwesen zu jeder Zeit, so in den ältesten deutschen Markgenossenschaften und noch heute in Indien. Sie sind selbstredend mit einer gewissen Machtvollkommenheit ausgerüstet und die Anfänge der Staatsgewalt. Allmählich steigern sich die Produktivkräfte; die dichtere Bevölkerung schafft hier gemeinsame, dort widerstreitende Interessen zwischen den einzelnen Gemeinwesen, deren Gruppierung zu größern Ganzen wiederum eine neue Arbeitsteilung, die Schaffung von Organen zur Wahrung der gemeinsamen, zur Abwehr der widerstreitenden Interessen hervorruft. Diese Organe, die schon als Vertreter der gemeinsamen Interessen der ganzen Gruppe, jedem einzelnen Gemeinwesen gegenüber eine besondre, unter Umständen sogar gegensätzliche Stellung haben, verselbständigen sich bald noch mehr, teils durch die, in einer Welt, wo alles naturwüchsig hergeht, fast selbstverständlich eintretende Erblichkeit der Amtsführung, teils durch ihre, mit der Vermehrung der Konflikte mit andern Gruppen wachsende Unentbehrlichkeit. Wie diese Verselbständigung der gesellschaftlichen Funktion gegenüber der Gesellschaft mit der Zeit sich bis zur Herrschaft über die Gesellschaft steigern konnte, wie der ursprüngliche Diener, wo die Gelegenheit günstig, sich allmählich in den Herrn verwandelte, wie je nach den Umständen dieser Herr als orientalischer Despot oder Satrap, als griechischer Stammesfürst, als keltischer Clanchef usw. auftrat, wieweit er sich bei dieser Verwandlung schließlich auch der

Gewalt bediente, wie endlich die einzelnen herrschenden Personen sich zu einer herrschenden Klasse zusammenfügten, darauf brauchen wir hier nicht einzugehn. Es kommt hier nur darauf an, festzustellen, daß der politischen Herrschaft überall eine gesellschaftliche Amtstätigkeit zugrunde lag; und die politische Herrschaft hat auch dann nur auf die Dauer bestanden, wenn sie diese ihre gesellschaftliche Amtstätigkeit vollzog. Wie viele Despotien auch über Persien und Indien auf- oder untergegangen sind, jede wußte ganz genau, daß sie vor allem die Gesamtunternehmerin der Berieselung der Flußtäler war, ohne die dort kein Ackerbau möglich. Erst den aufgeklärten Engländern war es vorbehalten, dies in Indien zu übersehn; sie ließen die Rieselkanäle und Schleusen verfallen und entdecken jetzt endlich durch die regelmäßig wiederkehrenden Hungersnöte, daß sie die einzige Tätigkeit vernachlässigt haben, die ihre Herrschaft in Indien wenigstens ebenso rechtmäßig machen könnte, wie die ihrer Vorgänger.

Neben dieser Klassenbildung ging aber noch eine andre. Die naturwüchsige Arbeitsteilung innerhalb der ackerbauenden Familie erlaubte auf einer gewissen Stufe des Wohlstands die Einfügung einer oder mehrerer fremden Arbeitskräfte. Dies war besonders der Fall in Ländern, wo der alte Gemeinbesitz am Boden bereits zerfallen oder doch wenigstens die alte gemeinsame Bebauung der Einzelbebauung der Bodenanteile durch die entsprechenden Familien gewichen war. Die Produktion war so weit entwickelt, daß die menschliche Arbeitskraft jetzt mehr erzeugen konnte, als zu ihrem einfachen Unterhalt nötig war; die Mittel, mehr Arbeitskräfte zu unterhalten, waren vorhanden; diejenigen, sie zu beschäftigen, ebenfalls; die Arbeitskraft bekam einen *Wert*. Aber das eigne Gemeinwesen und der Verband, dem es angehörte, lieferte keine disponiblen, überschüssigen Arbeitskräfte. Der Krieg dagegen lieferte sie, und der Krieg war so alt wie die gleichzeitige Existenz mehrerer Gemeinschaftsgruppen nebeneinander. Bisher hatte man mit den Kriegsgefangnen nichts anzufangen gewußt, sie also einfach erschlagen, noch früher hatte man sie verspeist. Aber auf der jetzt erreichten Stufe der »Wirtschaftslage« erhielten sie einen Wert; man ließ sie also leben und machte sich ihre Arbeit dienstbar. So wurde die Gewalt, statt die Wirtschaftslage zu beherrschen, im Gegenteil in den Dienst der Wirtschaftslage gepreßt. Die *Sklaverei* war erfunden. Sie wurde bald die herrschende Form der Produktion bei allen, über das alte Gemeinwesen hinaus sich entwickelnden Völkern, schließlich aber auch eine der Hauptursachen ihres Verfalls. Erst die Sklaverei machte die Teilung der Arbeit zwischen Ackerbau und Industrie auf größerm Maßstab möglich, und damit die Blüte der alten Welt, das Griechentum. Ohne Sklaverei kein griechischer Staat, keine griechische Kunst und Wissenschaft; ohne Sklaverei kein Römerreich. Ohne die Grundlage des Griechentums und des Römerreichs aber auch kein modernes Europa. Wir sollten nie vergessen, daß unsere ganze ökonomische, politische und intellektuelle Entwicklung einen Zustand zur Voraussetzung hat, in dem die Sklaverei ebenso notwendig wie allgemein anerkannt war. In diesem Sinne sind wir berechtigt zu sagen: Ohne antike Sklaverei kein moderner Sozialismus.

Es ist sehr wohlfeil, über Sklaverei und dergleichen in allgemeinen Redensarten loszuziehn und einen hohen sittlichen Zorn über dergleichen Schändlichkeit auszugießen. Leider spricht man damit weiter nichts aus als das, was jedermann weiß, nämlich daß diese antiken Einrichtungen unsern heutigen Zuständen und unsern durch diese Zustände bestimmten Gefühlen nicht mehr entsprechen. Wir erfahren damit aber kein Wort darüber, wie diese Einrichtungen entstanden sind, warum sie bestanden und welche Rolle sie in der Geschichte gespielt haben. Und wenn wir hierauf eingehn, so müssen wir sagen, so widerspruchsvoll und so ketzerisch das auch klingen mag, daß die Einführung der Sklaverei unter den damaligen Umständen ein großer Fortschritt war. Es ist nun einmal eine Tatsache, daß die Menschheit vom Tiere angefangen und daher barbarische, fast tierische Mittel nötig gehabt hat, um sich aus der Barbarei herauszuarbeiten. Die alten Gemeinwesen, wo sie fortbestanden, bilden seit Jahrtausenden die Grundlage der rohesten Staatsform, der orientalischen Despotie, von Indien bis Rußland. Nur wo sie sich auflösten, sind die Völker aus sich selbst weiter vorangeschritten, und ihr nächster ökonomischer Fortschritt bestand in der Steigerung und Fortbildung der Produktion vermittelst der Sklavenarbeit. Es ist klar: solange die menschliche Arbeit noch so wenig produktiv war, daß sie nur wenig Überschuß über die notwendigen Lebensmittel hinaus lieferte, war Steigerung der Produktivkräfte, Ausdehnung des Verkehrs, Entwicklung von Staat und Recht, Begründung von Kunst und Wissenschaft nur möglich vermittelst einer gesteigerten Arbeitsteilung, die zu ihrer Grundlage haben mußte die große Arbeitsteilung zwischen den die einfache Handarbeit besorgenden Massen und den die Leitung der Arbeit, den

Handel, die Staatsgeschäfte, und späterhin die Beschäftigung mit Kunst und Wissenschaft betreibenden wenigen Bevorrechteten. Die einfachste, naturwüchsigste Form dieser Arbeitsteilung war eben die Sklaverei. Bei den geschichtlichen Voraussetzungen der alten, speziell der griechischen Welt konnte der Fortschritt zu einer auf Klassengegensätzen gegründeten Gesellschaft sich nur vollziehn in der Form der Sklaverei. Selbst für die Sklaven war dies ein Fortschritt; die Kriegsgefangnen, aus denen die Masse der Sklaven sich rekrutierte, behielten jetzt wenigstens das Leben, statt daß sie früher gemordet oder noch früher gar gebraten wurden.

Fügen wir bei dieser Gelegenheit hinzu, daß alle bisherigen geschichtlichen Gegensätze von ausbeutenden und ausgebeuteten, herrschenden und unterdrückten Klassen ihre Erklärung finden in derselben verhältnismäßig unentwickelten Produktivität der menschlichen Arbeit. Solange die wirklich arbeitende Bevölkerung von ihrer notwendigen Arbeit so sehr in Anspruch genommen wird, daß ihr keine Zeit zur Besorgung der gemeinsamen Geschäfte der Gesellschaft – Arbeitsleitung, Staatsgeschäfte, Rechtsangelegenheiten, Kunst, Wissenschaft etc. – übrigbleibt, solange mußte stets eine besondre Klasse bestehn, die, von der wirklichen Arbeit befreit, diese Angelegenheiten besorgte; wobei sie denn nie verfehlte, den arbeitenden Massen zu ihrem eignen Vorteil mehr und mehr Arbeitslast aufzubürden. Erst die durch die große Industrie erreichte ungeheure Steigerung der Produktivkräfte erlaubt, die Arbeit auf alle Gesellschaftsglieder ohne Ausnahme zu verteilen und dadurch die Arbeitszeit eines jeden so zu beschränken, daß für alle hinreichend freie Zeit bleibt, um sich an den allgemeinen Angelegenheiten der Gesellschaft – theoretischen wie praktischen – zu beteiligen. Erst jetzt also ist jede herrschende und ausbeutende Klasse überflüssig, ja ein Hindernis der gesellschaftlichen Entwicklung geworden, und erst jetzt auch wird sie unerbittlich beseitigt werden, mag sie auch noch sosehr im Besitz der »unmittelbaren Gewalt« sein.

Wenn also Herr Dühring über das Griechentum die Nase rümpft, weil es auf Sklaverei begründet war, so kann er den Griechen mit demselben Recht den Vorwurf machen, daß sie keine Dampfmaschinen und elektrischen Telegraphen hatten. Und wenn er behauptet, unsre moderne Lohnknechtung sei nur als eine etwas verwandelte und gemilderte Erbschaft der Sklaverei und nicht aus sich selbst (das heißt aus den ökonomischen Gesetzen der modernen

Gesellschaft) zu erklären, so heißt das entweder nur, daß Lohnarbeit wie Sklaverei Formen der Knechtschaft und der Klassenherrschaft sind, was jedes Kind weiß, oder es ist falsch. Denn mit demselben Recht könnten wir sagen, die Lohnarbeit sei nur zu erklären als eine gemilderte Form der Menschenfresserei, der jetzt überall festgestellten, ursprünglichen Form der Verwendung der besiegten Feinde.

Hiernach ist es klar, welche Rolle die Gewalt in der Geschichte gegenüber der ökonomischen Entwicklung spielt. Erstens beruht alle politische Gewalt ursprünglich auf einer ökonomischen, gesellschaftlichen Funktion und steigert sich in dem Maß, wie durch Auflösung der ursprünglichen Gemeinwesen die Gesellschaftsglieder in Privatproduzenten verwandelt, also den Verwaltern der gemeinsam-gesellschaftlichen Funktionen noch mehr entfremdet werden. Zweitens, nachdem sich die politische Gewalt gegenüber der Gesellschaft verselbständigt, aus der Dienerin in die Herrin verwandelt hat, kann sie in zweierlei Richtung wirken. Entweder wirkt sie im Sinn und in der Richtung der gesetzmäßigen ökonomischen Entwicklung. In diesem Fall besteht kein Streit zwischen beiden, die ökonomische Entwicklung wird beschleunigt. Oder aber sie wirkt ihr entgegen, und dann erliegt sie, mit wenigen Ausnahmen, der ökonomischen Entwicklung regelmäßig. Diese wenigen Ausnahmen sind einzelne Fälle von Eroberung, wo die roheren Eroberer die Bevölkerung eines Landes ausrotteten oder vertrieben und die Produktivkräfte, mit denen sie nichts anzufangen wußten, verwüsteten oder verkommen ließen. So die Christen im maurischen Spanien den größten Teil der Berieselungswerke, auf denen der hochentwickelte Acker- und Gartenbau der Mauren beruht hatte. Jede Eroberung durch ein roheres Volk stört selbstredend die ökonomische Entwicklung und vernichtet zahlreiche Produktivkräfte. Aber in der ungeheuren Mehrzahl der Fälle von dauernder Eroberung muß der rohere Eroberer sich der höhern »Wirtschaftslage«, wie sie aus der Eroberung hervorgeht, anpassen; er wird von den Eroberten assimiliert und muß meist sogar ihre Sprache annehmen. Wo aber – abgesehn von Eroberungsfällen – die innere Staatsgewalt eines Landes in Gegensatz tritt zu seiner ökonomischen Entwicklung, wie das bisher auf gewisser Stufe fast für jede politische Gewalt eingetreten ist, da hat der Kampf jedesmal geendigt mit dem Sturz der politischen Gewalt. Ausnahmslos und unerbittlich hat die ökonomische Entwicklung sich Bahn gebrochen – das letzte schlagendste

Beispiel davon haben wir schon erwähnt: die große französische Revolution. Hinge, nach Herrn Dührings Lehre, die Wirtschaftslage und mit ihr die ökonomische Verfassung eines bestimmten Landes einfach von der politischen Gewalt ab, so ist gar nicht abzusehn, warum denn es Friedrich Wilhelm IV. nach 1848 nicht gelingen wollte, trotz seines »herrlichen Kriegsheeres«, die mittelalterlichen Zünfte und andre romantische Marotten auf die Eisenbahnen, Dampfmaschinen und die sich eben entwickelnde große Industrie seines Landes zu pfropfen; oder warum der Kaiser von Rußland, der doch noch viel gewaltiger ist, nicht nur seine Schulden nicht bezahlen, sondern nicht einmal ohne fortwährendes Anpumpen der »Wirtschaftslage« von Westeuropa seine »Gewalt« zusammenhalten kann.

Für Herrn Dühring ist die Gewalt das absolut Böse, der erste Gewaltsakt ist ihm der Sündenfall, seine ganze Darstellung ist eine Jammerpredigt über die hiermit vollzogne Ansteckung der ganzen bisherigen Geschichte mit der Erbsünde, über die schmähliche Fälschung aller natürlichen und gesellschaftlichen Gesetze durch diese Teufelsmacht, die Gewalt. Daß die Gewalt aber noch eine andre Rolle in der Geschichte spielt, eine revolutionäre Rolle, daß sie, in Marx' Worten, die Geburtshelferin jeder alten Gesellschaft ist, die mit einer neuen schwanger geht, daß sie das Werkzeug ist, womit sich die gesellschaftliche Bewegung durchsetzt und erstarrte, abgestorbne politische Formen zerbricht – davon kein Wort bei Herrn Dühring. Nur unter Seufzen und Stöhnen gibt er die Möglichkeit zu, daß zum Sturz der Ausbeutungswirtschaft vielleicht Gewalt nötig sein werde – leider! Denn jede Gewaltanwendung demoralisiere den, der sie anwendet. Und das angesichts des hohen moralischen und geistigen Aufschwungs, der die Folge jeder siegreichen Revolution war! Und das in Deutschland, wo ein gewaltsamer Zusammenstoß, der dem Volk ja aufgenötigt werden kann, wenigstens den Vorteil hätte, die aus der Erniedrigung des Dreißigjährigen Kriegs in das nationale Bewußtsein gedrungne Bedientenhaftigkeit auszutilgen. Und diese matte, saft- und kraftlose Predigerdenkweise macht den Anspruch, sich der revolutionärsten Partei aufzudrängen, die die Geschichte kennt?

[...]

Die Tatsache, daß die gesellschaftliche Organisation der Produktion innerhalb der Fabrik sich zu dem Punkt entwickelt hat, wo sie unverträglich geworden ist mit der neben und über ihr bestehenden

Anarchie der Produktion in der Gesellschaft – diese Tatsache wird den Kapitalisten selbst handgreiflich gemacht durch die gewaltsame Konzentration der Kapitale, die sich während der Krisen vollzieht vermittelst des Ruins vieler großen und noch mehr kleiner Kapitalisten. Der gesamte Mechanismus der kapitalistischen Produktionsweise versagt unter dem Druck der von ihr selbst erzeugten Produktivkräfte. Sie kann diese Masse von Produktionsmitteln nicht mehr alle in Kapital verwandeln; sie liegen brach, und ebendeshalb muß auch die industrielle Reservearmee brachliegen. Produktionsmittel, Lebensmittel, disponible Arbeiter, alle Elemente der Produktion und des allgemeinen Reichtums sind im Überfluß vorhanden. Aber »der Überfluß wird Quelle der Not und des Mangels« (Fourier), weil er es grade ist, der die Verwandlung der Produktions- und Lebensmittel in Kapital verhindert. Denn in der kapitalistischen Gesellschaft können die Produktionsmittel nicht in Tätigkeit treten, es sei denn, sie hätten sich zuvor in Kapital, in Mittel zur Ausbeutung menschlicher Arbeitskraft verwandelt. Wie ein Gespenst steht die Notwendigkeit der Kapitaleigenschaft der Produktions- und Lebensmittel zwischen ihnen und den Arbeitern. Sie allein verhindert das Zusammentreten der sachlichen und der persönlichen Hebel der Produktion; sie allein verbietet den Produktionsmitteln zu fungieren, den Arbeitern, zu arbeiten und zu leben. Einesteils also wird die kapitalistische Produktionsweise ihrer eignen Unfähigkeit zur fernern Verwaltung dieser Produktivkräfte überführt. Andrerseits drängen diese Produktivkräfte selbst mit steigender Macht nach Aufhebung des Widerspruchs, nach ihrer Erlösung von ihrer Eigenschaft als Kapital, nach *tatsächlicher Anerkennung ihres Charakters als gesellschaftlicher Produktivkräfte.*

Es ist dieser Gegendruck der gewaltig anwachsenden Produktivkräfte gegen ihre Kapitaleigenschaft, dieser steigende Zwang zur Anerkennung ihrer gesellschaftlichen Natur, der die Kapitalistenklasse selbst nötigt, mehr und mehr, soweit dies innerhalb des Kapitalsverhältnisses überhaupt möglich, sie als gesellschaftliche Produktivkräfte zu behandeln. Sowohl die industrielle Hochdruckperiode mit ihrer schrankenlosen Kreditaufblähung, wie der Krach selbst durch den Zusammenbruch großer kapitalistischer Etablissements, treiben zu derjenigen Form der Vergesellschaftung größerer Massen von Produktionsmitteln, die uns in den verschiednen Arten von Aktiengesellschaften gegenübertritt. Manche dieser Produktions- und Verkehrsmittel sind von vornherein so kolossal, daß sie,

wie die Eisenbahnen, jede andre Form kapitalistischer Ausbeutung ausschließen. Auf einer gewissen Entwicklungsstufe genügt auch diese Form nicht mehr: der offizielle Repräsentant der kapitalistischen Gesellschaft, der Staat, muß ihre Leitung übernehmen.*
Diese Notwendigkeit der Verwandlung in Staatseigentum tritt zuerst hervor in den großen Verkehrsanstalten: Post, Telegraphen, Eisenbahnen.

Wenn die Krisen die Unfähigkeit der Bourgeoisie zur fernern Verwaltung der modernen Produktivkräfte aufdeckten, so zeigt die Verwandlung der großen Produktions- und Verkehrsanstalten in Aktiengesellschaften und Staatseigentum die Entbehrlichkeit der Bourgeoisie für jenen Zweck. Alle gesellschaftlichen Funktionen des Kapitalisten werden jetzt von besoldeten Angestellten versehn. Der Kapitalist hat keine gesellschaftliche Tätigkeit mehr, außer Revenuen-Einstreichen, Kupon-Abschneiden und Spielen an der Börse, wo die verschiednen Kapitalisten untereinander sich ihr Kapital abnehmen. Hat die kapitalistische Produktionsweise zuerst Arbeiter verdrängt, so verdrängt sie jetzt die Kapitalisten und verweist sie, ganz wie die Arbeiter, in die überflüssige Bevölkerung, wenn auch zunächst noch nicht in die industrielle Reservearmee.

---

* Ich sage, *muß*. Denn nur in dem Falle, daß die Produktions- oder Verkehrsmittel der Leitung durch Aktiengesellschaften *wirklich* entwachsen sind, daß also die Verstaatlichung *ökonomisch* unabweisbar geworden, nur in diesem Falle bedeutet sie, auch wenn der heutige Staat sie vollzieht, einen ökonomischen Fortschritt, die Erreichung einer neuen Vorstufe zur Besitzergreifung aller Produktivkräfte durch die Gesellschaft selbst. Es ist aber neuerdings, seit Bismarck sich aufs Verstaatlichen geworfen, ein gewisser falscher Sozialismus aufgetreten und hier und da sogar in einige Wohldienerei ausgeartet, der *jede* Verstaatlichung, selbst die Bismarcksche, ohne weiteres für sozialistisch erklärt. Allerdings, wäre die Verstaatlichung des Tabaks sozialistisch, so zählten Napoleon und Metternich mit unter den Gründern des Sozialismus. Wenn der belgische Staat aus ganz alltäglichen politischen und finanziellen Gründen seine Haupteisenbahn selbst baute, wenn Bismarck ohne jede ökonomische Notwendigkeit die Hauptbahnlinien Preußens verstaatlichte, einfach um sie für den Kriegsfall besser einrichten und ausnützen zu können, um die Eisenbahnbeamten zum Regierungsstimmvieh zu erziehen und hauptsächlich, um sich eine neue, von Parlamentsbeschlüssen unabhängige Einkommensquelle zu verschaffen — so waren das keineswegs sozialistische Schritte, direkt oder indirekt, bewußt oder unbewußt. Sonst wären auch die königliche Seehandlung, die königliche Porzellanmanufaktur und sogar der Kompanieschneider beim Militär sozialistische Einrichtungen.

Aber weder die Verwandlung in Aktiengesellschaften noch die in Staatseigentum, hebt die Kapitaleigenschaft der Produktivkräfte auf. Bei den Aktiengesellschaften liegt dies auf der Hand. Und der moderne Staat ist wieder nur die Organisation, welche sich die bürgerliche Gesellschaft gibt, um die allgemeinen äußern Bedingungen der kapitalistischen Produktionsweise aufrechtzuerhalten gegen Übergriffe, sowohl der Arbeiter wie der einzelnen Kapitalisten. Der moderne Staat, was auch seine Form, ist eine wesentlich kapitalistische Maschine, Staat der Kapitalisten, der ideelle Gesamtkapitalist. Je mehr Produktivkräfte er in sein Eigentum übernimmt, desto mehr wird er wirklicher Gesamtkapitalist, desto mehr Staatsbürger beutet er aus. Die Arbeiter bleiben Lohnarbeiter, Proletarier. Das Kapitalverhältnis wird nicht aufgehoben, es wird vielmehr auf die Spitze getrieben. Aber auf der Spitze schlägt es um. Das Staatseigentum an den Produktivkräften ist nicht die Lösung des Konflikts, aber es birgt in sich das formelle Mittel, die Handhabe der Lösung.

[An Stelle des Satzes »Auf einer gewissen Entwicklungsstufe genügt auch diese Form nicht mehr; der offizielle Repräsentant der kapitalistischen Gesellschaft, der Staat, muß ihre Leitung übernehmen« wird in der Broschüre folgender Text gegeben:]

Auf einer gewissen Entwicklungsstufe genügt auch diese Form nicht mehr; die inländischen Großproduzenten eines und desselben Industriezweigs vereinigen sich zu einem »Trust«, einer Vereinigung zum Zweck der Regulierung der Produktion; sie bestimmen das zu produzierende Gesamtquantum, verteilen es unter sich und erzwingen so den im voraus festgesetzten Verkaufspreis. Da solche Trusts aber bei der ersten schlechten Geschäftszeit meist aus dem Leim gehn, treiben sie eben dadurch zu einer noch konzentrierteren Vergesellschaftung: Der ganze Industriezweig verwandelt sich in eine einzige große Aktiengesellschaft, die inländische Konkurrenz macht dem inländischen Monopol dieser einen Gesellschaft Platz; wie dies noch 1890 mit der englischen Alkaliproduktion geschehen, die jetzt, nach Verschmelzung sämtlicher 48 großen Fabriken, in der Hand einer einzigen, einheitlich geleiteten Gesellschaft mit einem Kapital von 120 Millionen Mark betrieben wird.

In den Trusts schlägt die freie Konkurrenz um ins Monopol, kapituliert die planlose Produktion der kapitalistischen Gesellschaft vor der planmäßigen Produktion der hereinbrechenden sozialistischen Gesellschaft. Allerdings zunächst noch zu Nutz und Frommen der Kapitalisten. Hier aber wird dieAusbeutung so handgreiflich, daß sie zusammenbrechen muß. Kein Volk würde eine durch Trusts geleitete Produktion, eine so unverhüllte Ausbeutung der Gesamtheit durch eine kleine Bande von Kuponabschneidern sich gefallen lassen.

So oder so, mit oder ohne Trusts, muß schließlich der offizielle Repräsentant der kapitalistischen Gesellschaft, der Staat, die Leitung der Produktion nehmen.

Diese Lösung kann nur darin liegen, daß die gesellschaftliche Natur der modernen Produktivkräfte tatsächlich anerkannt, daß also die Produktions-, Aneignungs- und Austauschweise in Einklang gesetzt wird mit dem gesellschaftlichen Charakter der Produktionsmittel. Und dies kann nur dadurch geschehn, daß die Gesellschaft offen und ohne Umwege Besitz ergreift von den jeder andern Leitung außer der ihrigen entwachsenen Produktivkräften. Damit wird der gesellschaftliche Charakter der Produktionsmittel und Produkte, der sich heute gegen die Produzenten selbst kehrt, der die Produktions- und Austauschweise periodisch durchbricht und sich nur als blindwirkendes Naturgesetz gewalttätig und zerstörend durchsetzt, von den Produzenten mit vollem Bewußtsein zur Geltung gebracht und verwandelt sich aus einer Ursache der Störung und des periodischen Zusammenbruchs in den mächtigsten Hebel der Produktion selbst.

Die gesellschaftlich wirksamen Kräfte wirken ganz wie die Naturkräfte: blindlings, gewaltsam, zerstörend, solange wir sie nicht erkennen und nicht mit ihnen rechnen. Haben wir sie aber einmal erkannt, ihre Tätigkeit, ihre Richtungen, ihre Wirkungen begriffen, so hängt es nur von uns ab, sie mehr und mehr unserm Willen zu unterwerfen und vermittelst ihrer unsre Zwecke zu erreichen. Und ganz besonders gilt dies von den heutigen gewaltigen Produktivkräften. Solange wir uns hartnäckig weigern, ihre Natur und ihren Charakter zu verstehn – und gegen dieses Verständnis sträubt sich die kapitalistische Produktionsweise und ihre Verteidiger –, solange wirken diese Kräfte sich aus trotz uns, gegen uns, solange beherrschen sie uns, wie wir das ausführlich dargestellt haben. Aber einmal in ihrer Natur begriffen, können sie in den Händen der assoziierten Produzenten aus dämonischen Herrschern in willige Diener verwandelt werden. Es ist der Unterschied zwischen der zerstörenden Gewalt der Elektrizität im Blitze des Gewitters und der gebändigten Elektrizität des Telegraphen und des Lichtbogens; der Unterschied der Feuersbrunst und des im Dienst des Menschen wirkenden Feuers. Mit dieser Behandlung der heutigen Produktivkräfte nach ihrer endlich erkannten Natur tritt an die Stelle der gesellschaftlichen Produktionsanarchie eine gesellschaftlich-planmäßige Regelung der Produktion nach den Bedürfnissen der Gesamtheit wie jedes einzelnen; damit wird die kapitalistische Aneignungsweise, in der das Produkt zuerst den Produzenten, dann aber auch den Aneigner knechtet, ersetzt durch die in der Natur der modernen Produktionsmittel selbst begründete Aneignungsweise der Produkte: einerseits direkt gesellschaftliche Aneignung als Mittel zur Erhaltung und Erweiterung der Produktion, andrerseits direkt individuelle Aneignung als Lebens- und Genußmittel.

Indem die kapitalistische Produktionsweise mehr und mehr die große Mehrzahl der Bevölkerung in Proletarier verwandelt, schafft sie die Macht, die diese Umwälzung, bei Strafe des Untergangs, zu vollziehn genötigt ist. Indem sie mehr und mehr auf Verwandlung der großen, vergesellschafteten Produktionsmittel in Staatseigentum drängt, zeigt sie selbst den Weg an zur Vollziehung dieser Umwälzung. *Das Proletariat ergreift die Staatsgewalt und verwandelt die Produktionsmittel zunächst in Staatseigentum.* Aber damit hebt es sich selbst als Proletariat, damit hebt es alle Klassenunterschiede und Klassengegensätze auf, und damit auch den Staat als Staat. Die bisherige, sich in Klassengegensätzen bewegende Gesellschaft hatte den Staat nötig, das heißt eine Organisation der jedesmaligen ausbeutenden Klasse zur Aufrechterhaltung ihrer äußern Produktionsbedingungen, also namentlich zur gewaltsamen Niederhaltung der ausgebeuteten Klasse in den durch die bestehende Produktionsweise gegebnen Bedingungen der Unterdrückung (Sklaverei, Leibeigenschaft oder Hörigkeit, Lohnarbeit). Der Staat war der offizielle Repräsentant der ganzen Gesellschaft, ihre Zusammenfassung in einer sichtbaren Körperschaft, aber er war dies nur, insofern er der Staat derjenigen Klasse war, welche selbst für ihre Zeit die ganze Gesellschaft vertrat: im Altertum Staat der sklavenhaltenden Staatsbürger, im Mittelalter des Feudaladels, in unserer Zeit der Bourgeoisie. Indem er endlich tatsächlich Repräsentant der ganzen Gesellschaft wird, macht er sich selbst überflüssig. Sobald es keine Gesellschaftsklasse mehr in der Unterdrückung zu halten gibt, sobald mit der Klassenherrschaft und dem in der bisherigen Anarchie der Produktion begründeten Kampf ums Einzeldasein auch die daraus entspringenden Kollisionen und Exzesse beseitigt sind, gibt es nichts mehr zu reprimieren, das eine besondre Repressionsgewalt, einen Staat, nötig machte. Der erste Akt, worin der Staat wirklich als Repräsentant der ganzen Gesellschaft auftritt – die Besitzergreifung der Produktionsmittel im Namen der Gesellschaft – ist zugleich sein letzter selbständiger Akt als Staat. Das Eingreifen einer Staatsgewalt in gesellschaftliche Verhältnisse wird auf einem Gebiete nach dem andern überflüssig und schläft dann von selbst ein. An die Stelle der Regierung über Personen tritt die Verwaltung von Sachen und die Leitung von Produktionsprozessen. Der Staat wird nicht »abgeschafft«, *er stirbt ab*. Hieran ist die Phrase vom »freien Volksstaat« zu messen, also sowohl nach ihrer zeitweiligen agitatorischen Berechtigung wie nach ihrer endgültigen wissenschaftlichen Unzulänglichkeit; hieran ebenfalls die Forderung der sogenannten Anarchisten, der Staat solle von heute auf morgen abgeschafft werden.

Die Besitzergreifung der sämtlichen Produktionsmittel durch die Gesellschaft hat, seit dem geschichtlichen Auftreten der kapitalistischen Produktionsweise, einzelnen wie ganzen Sekten öfters mehr oder weniger unklar als Zukunftsideal vorgeschwebt. Aber sie konnte erst möglich, erst geschichtliche Notwendigkeit werden, als die materiellen Bedingungen ihrer Durchführung vorhanden waren. Sie, wie jeder andre gesellschaftliche Fortschritt, wird ausführbar nicht durch die gewonnene Einsicht, daß das Dasein der Klassen der Gerechtigkeit, der Gleichheit etc. widerspricht, nicht durch den bloßen Willen, diese Klassen abzuschaffen, sondern durch gewisse neue ökonomische Bedingungen. Die Spaltung der Gesellschaft in eine ausbeutende und eine ausgebeutete, eine herrschende und eine unterdrückte Klasse war die notwendige Folge der frühern geringen Entwicklung der Produktion. Solange die gesellschaftliche Gesamtarbeit nur einen Ertrag liefert, der das zur notdürftigen Existenz aller Erforderliche nur um wenig übersteigt, solange also die Arbeit alle oder fast alle Zeit der großen Mehrzahl der Gesellschaftsglieder in Anspruch nimmt, solange teilt sich die Gesellschaft notwendig in Klassen. Neben dieser ausschließlich der Arbeit frönenden großen Mehrheit bildet sich eine von direkt-produktiver Arbeit befreite Klasse, die die gemeinsamen Angelegenheiten der Gesellschaft besorgt: Arbeitsleitung, Staatsgeschäfte, Justiz, Wissenschaft, Künste usw. Das Gesetz der Arbeitsteilung ist es also, was der Klassenteilung zugrunde liegt. Aber das hindert nicht, daß diese Einteilung in Klassen nicht durch Gewalt und Raub, List und Betrug durchgesetzt worden und daß die herrschende Klasse, einmal im Sattel, nie verfehlt hat, ihre Herrschaft auf Kosten der arbeitenden Klasse zu befestigen und die gesellschaftliche Leitung umzuwandeln in Ausbeutung der Massen.

Aber wenn hiernach die Einteilung in Klassen eine gewisse geschichtliche Berechtigung hat, so hat sie eine solche doch nur für einen gegebnen Zeitraum, für gegebne gesellschaftliche Bedingungen. Sie gründete sich auf die Unzulänglichkeit der Produktion; sie wird weggefegt werden durch die volle Entfaltung der modernen Produktivkräfte. Und in der Tat hat die Abschaffung der gesellschaftlichen Klassen zur Voraussetzung einen geschichtlichen Entwicklungsgrad, auf dem das Bestehn nicht bloß dieser oder jener bestimmten herrschenden Klasse, sondern einer herrschenden Klasse überhaupt, also des Klassenunterschieds selbst, ein Anachronismus geworden, veraltet ist. Sie hat also zur Voraussetzung einen Höhegrad der Entwicklung der Produktion, auf dem Aneignung der Produktionsmittel und Produkte, und damit der politischen Herrschaft, des Monopols der Bildung und der geistigen Leitung durch eine besondre Gesellschaftsklasse nicht nur überflüssig, sondern auch ökonomisch, politisch und intellektuell ein Hindernis der Entwicklung geworden ist. Dieser Punkt ist jetzt erreicht. Ist der politische und intellektuelle Bankrott der Bourgeoisie ihr selbst kaum noch ein Geheimnis, so wiederholt sich ihr ökonomischer Bankrott regelmäßig alle zehn Jahre. In jeder Krise erstickt die Gesellschaft unter der Wucht ihrer eignen, für sie unverwendbaren Produktivkräfte und Produkte und steht hilflos vor dem absurden Widerspruch, daß die Produzenten nichts zu konsumieren haben, weil es an Konsumenten fehlt. Die Expansionskraft der Produktionsmittel sprengt die Bande, die ihr die kapitalistische Produktionsweise anlegt. Ihre Befreiung aus diesen Banden ist die einzige Vorbedingung einer ununterbrochenen, stets rascher fortschreitenden Entwicklung der Produktivkräfte und damit einer praktisch schrankenlosen Steigerung der Produktion selbst. Damit nicht genug. Die gesellschaftliche Aneignung der Produktionsmittel beseitigt nicht nur die jetzt bestehende künstliche Hemmung der Produktion, sondern auch die positive Vergeudung und Verheerung von Produktivkräften und Produkten, die gegenwärtig die unvermeidliche Begleiterin der Produktion ist und ihren Höhepunkt in den Krisen erreicht. Sie setzt ferner eine Masse von Produktionsmitteln und Produkten für die Gesamtheit frei durch Beseitigung der blödsinnigen Luxusverschwendung der jetzt herrschenden Klasse und ihrer politischen Repräsentanten. Die Möglichkeit, vermittelst der gesellschaftlichen Produktion allen Gesellschaftsgliedern eine Existenz zu sichern, die nicht nur materiell vollkommen ausreichend ist und von Tag zu Tag reicher wird, sondern die ihnen auch die vollständige freie Ausbildung und Betätigung ihrer körperlichen und geistigen Anlagen garantiert, diese Möglichkeit ist jetzt zum erstenmal da, aber sie *ist da.**

Mit der Besitzergreifung der Produktionsmittel durch die Gesellschaft ist die Warenproduktion beseitigt und damit die Herrschaft des Produkts über die Produzenten. Die Anarchie innerhalb der gesellschaftlichen Produktion wird ersetzt durch planmäßige bewußte Organisation. Der Kampf ums Einzeldasein hört auf. Damit erst scheidet der Mensch, in gewissem Sinn, endgültig aus dem Tierreich, tritt aus tierischen Daseinsbedingungen in wirklich menschliche. Der Umkreis der die Menschen umgebenden Lebensbedingungen, der die Menschen bis jetzt beherrschte, tritt jetzt unter die Herrschaft und Kontrolle der Menschen, die nun zum ersten Male bewußte, wirkliche Herren der Natur, weil und indem sie Herren ihrer eignen Vergesellschaftung werden. Die Gesetze ihres eignen gesellschaftlichen Tuns, die ihnen bisher als fremde, sie beherrschende Naturgesetze gegenüberstanden, werden dann von den Menschen mit voller Sachkenntnis angewandt und damit beherrscht. Die eigne Vergesellschaftung der Menschen, die ihnen bisher als von Natur und Geschichte oktroyiert gegenüberstand, wird jetzt ihre eigne freie Tat. Die objektiven, fremden Mächte, die bisher die Geschichte beherrschten, treten unter die Kontrolle der Menschen selbst. Erst von da an werden die Menschen ihre Geschichte

---

* Ein paar Zahlen mögen eine annähernde Vorstellung geben von der enormen Expansionskraft der modernen Produktionsmittel, selbst unter dem kapitalistischen Druck. Nach der neuesten Berechnung von Giffen betrug der Gesamtreichtum von Großbritannien und Irland in runder Zahl:
1814 — 2200 Millionen Pfd. St. = 44 Milliarden Mark
1865 — 6100 Millionen Pfd. St. = 122 Milliarden Mark
1875 — 8500 Millionen Pfd. St. = 170 Milliarden Mark
Was die Verheerung von Produktionsmitteln und Produkten in den Krisen betrifft, so wurde auf dem zweiten Kongreß deutscher Industrieller, Berlin, 21. Februar 1878, der Gesamtverlust allein der *deutschen Eisenindustrie* im letzten Krach auf 455 Millionen Mark berechnet.

mit vollem Bewußtsein selbst machen, erst von da an werden die von ihnen in Bewegung gesetzten gesellschaftlichen Ursachen vorwiegend und in stets steigendem Maße auch die von ihnen gewollten Wirkungen haben. Es ist der Sprung der Menschheit aus dem Reiche der Notwendigkeit in das Reich der Freiheit.

Diese weltbefreiende Tat durchzuführen, ist der geschichtliche Beruf des modernen Proletariats. Ihre geschichtlichen Bedingungen und damit ihre Natur selbst zu ergründen, und so der zur Aktion berufenen, heute unterdrückten Klasse die Bedingungen und die Natur ihrer eignen Aktion zum Bewußtsein zu bringen, ist die Aufgabe des theoretischen Ausdrucks der proletarischen Bewegung, des wissenschaftlichen Sozialismus.

[...]

Indem sich die Gesellschaft zur Herrin der sämtlichen Produktionsmittel macht, um sie gesellschaftlich planmäßig zu verwenden, vernichtet sie die bisherige Knechtung der Menschen unter ihre eignen Produktionsmittel. Die Gesellschaft kann sich selbstredend nicht befreien, ohne daß jeder einzelne befreit wird. Die alte Produktionsweise muß also von Grund aus umgewälzt werden, und namentlich muß die alte Teilung der Arbeit verschwinden. An ihre Stelle muß eine Organisation der Produktion treten, in der einerseits kein einzelner seinen Anteil an der produktiven Arbeit, dieser Naturbedingung der menschlichen Existenz, auf andre abwälzen kann; in der andrerseits die produktive Arbeit, statt Mittel der Knechtung, Mittel der Befreiung der Menschen wird, indem sie jedem einzelnen die Gelegenheit bietet, seine sämtlichen Fähigkeiten, körperliche wie geistige, nach allen Richtungen hin auszubilden und zu betätigen, und in der sie so aus einer Last eine Lust wird.

Dies ist heute keine Phantasie, kein frommer Wunsch mehr. Bei der gegenwärtigen Entwicklung der produktiven Kräfte genügt schon diejenige Steigerung der Produktion, die mit der Tatsache der Vergesellschaftung der Produktivkräfte selbst gegeben ist, die Beseitigung der aus der kapitalistischen Produktionsweise entspringenden Hemmungen und Störungen, der Vergeudung von Produkten und Produktionsmitteln, um bei allgemeiner Teilnahme an der Arbeit die Arbeitszeit auf ein nach jetzigen Vorstellungen geringes Maß zu reduzieren.

Ebensowenig ist die Aufhebung der alten Teilung der Arbeit eine Forderung, die nur auf Kosten der Produktivität der Arbeit durchzuführen wäre. Im Gegenteil. Sie ist eine Bedingung der Produktion selbst geworden durch die große Industrie. »Der Maschinenbetrieb hebt die Notwendigkeit auf, die Verteilung der Arbeitergruppen an die verschiednen Maschinen manufakturmäßig zu befestigen durch fortwährende Aneignung derselben Arbeiter an dieselbe Funktion. Da die Gesamtbewegung der Fabrik nicht vom Arbeiter ausgeht, sondern von der Maschine, kann fortwährender Personenwechsel stattfinden, ohne Unterbrechung des Arbeitsprozesses ... Die Geschwindigkeit endlich, womit die Arbeit an der Maschine im jugendlichen Alter erlernt wird, beseitigt ebenso die Notwendigkeit, eine besondre Klasse Arbeiter ausschließlich zu Maschinenarbeitern zu erziehn.«[1] Während aber die kapitalistische Anwendungsweise der Maschinerie die alte Teilung der Arbeit mit ihren knöchernen Partikularitäten weiter fortführen muß, trotzdem diese technisch überflüssig geworden, rebelliert die Maschinerie selbst gegen diesen Anachronismus. Die technische Basis der großen Industrie ist revolutionär. »Durch Maschinerie, chemische Prozesse und andre Methoden wälzt sie beständig mit der technischen Grundlage der Produktion die Funktion der Arbeiter und die gesellschaftlichen Kombinationen des Arbeitsprozesses um. Sie revolutioniert damit ebenso beständig die Teilung der Arbeit im Innern der Gesellschaft und schleudert unaufhörlich Kapitalmassen und Arbeitermassen aus einem Produktionszweig in den andern. Die Natur der großen Industrie bedingt daher Wechsel der Arbeit, Fluß der Funktion, allseitige Beweglichkeit des Arbeiters ... Man hat gesehn, wie dieser absolute Widerspruch ... im ununterbrochenen Opferfest der Arbeiterklasse, maßlosester Vergeudung der Arbeitskräfte und den Verheerungen gesellschaftlicher Anarchie sich austobt. Dies ist die negative Seite. Wenn aber der Wechsel der Arbeit sich jetzt nur als überwältigendes Naturgesetz und mit der blind zerstörenden Wirkung des Naturgesetzes durchsetzt, das überall auf Hindernisse stößt, macht die große Industrie durch ihre Katastrophen selbst es zur Frage von Leben oder Tod, den Wechsel der Arbeiten und daher möglichste Vielseitigkeit des Arbeiters als allgemeines gesellschaftliches Produktionsgesetz anzuerkennen und seiner normalen Verwirklichung die Verhältnisse anzupassen. Sie macht es zu einer Frage von Leben oder Tod, die Ungeheuerlichkeit einer elenden, für das wechselnde Exploitationsbedürfnis des Kapitals in Reserve gehaltnen disponiblen Arbeiterbevölkerung zu ersetzen durch die absolute Disponibilität des Menschen für wechselnde Arbeitserfordernisse; das Teilindividuum, den bloßen Träger einer gesellschaftlichen Detailfunktion, durch das total entwickelte Individuum, für welches verschiedne gesellschaftliche Funktionen einander ablösende Betätigungsweisen sind.« (Marx, Kapital.)[1] [...]

III. Politische Schriften

Auswahlkriterien für den Teil »Politische Schriften«

Eine Betrachtung der Frühschriften Marx' – so wie sie in diesem Band von H. Reichelt vorgenommen worden ist – kann aufzeigen, wie Marx über eine idealistisch zu nennende frühe Position zur programmatischen Deduktion des Standpunktes materialistischer Geschichtsdarstellung vorstößt. Allerdings bleibt dieser Standpunkt insofern programmatische Forderung, als er die weitgehend »tagespolitisch« vermittelten und nicht zuletzt auch aus Bedürfnissen der Internationalen Arbeiter-Assoziation resultierenden politischen Arbeiten von Marx und Engels nicht durchgängig prägt. Die Aufgabenstellung der Darstellung der »wirklichen Geschichte« ist von Marx zwar mit der »Deutschen Ideologie« formuliert worden; es kann aber gezeigt werden [1], daß die politischen Schriften und journalistischen Arbeiten dieser Aufgabenstellung nicht gerecht werden. So werden in diesen Arbeiten politische Prozesse weitgehend nur mit politischen Kategorien dargestellt; der methodischen Vorgehensweise einer materialistischen Geschichtsschreibung wird damit aber nur beschränkt entsprochen.

In der Einleitung zur Neuauflage von Marx' »Klassenkämpfe in Frankreich 1848 bis 1850« spricht Engels 1895 diese Problematik an: »... Die materialistische Methode wird sich ... nur zu oft darauf beschränken müssen, die politischen Konflikte auf Interessenkämpfe der durch die ökonomische Entwicklung gegebenen, vorgefundenen Gesellschaftsklassen und Klassenfraktionen zurückzuführen und die einzelnen politischen Parteien nachzuweisen als den mehr oder weniger adäquaten politischen Ausdruck dieser selben Klassen und Klassenfraktionen [2].« In dieser Vorgehensweise einer politisch-kritischen Geschichtsdarstellung, die die volle Vermitteltheit des politischen Prozesses als reale, sinnlich faßbare Erscheinung einer besonderen kapitalistischen Gesellschaft (die wieder über Traditionen, Naturgegebenheiten und Klassenverhältnisse mit der Logik des Kapital im allgemeinen vermittelt ist) nicht in den Griff bekommt, sieht Engels den Rückfall hinter den als An-

---

[1] Vgl. meinen Beitrag zur Einleitung dieses Bandes, bes. S. LXXXII ff.
[2] MEW 22, S. 509 f.

spruch formulierten Auftrag und Ansatz materialistischer Geschichtsschreibung. Im Anschluß an die soeben zitierte Aussage führt Engels daher aus: »Es ist selbstredend, daß diese unvermeidliche Vernachlässigung der gleichzeitigen Veränderung der ökonomischen Lage, der eigentlichen Basis aller zu untersuchenden Vorgänge, eine Fehlerquelle sein muß.«

Das Problem wird damit von Engels 1895 bezeichnet. Die Auswahl der Texte, welche in diesem Band der Tagesgeschichte, den Klassenanalysen und den politischen Rezepturen bzw. Strategie-/Taktik-Diskussionen gewidmet sind, bemüht sich, dazu beizutragen, dieses Problem der methodischen Bezüge zwischen den Darstellungsebenen kategorial-logischer und historisch-empirischer Art vorzustellen. Ziel der Auswahl ist es, zu zeigen, daß Marx und Engels mit ihren tagespolitischen Publikationen die Problematik der gesetzmäßigen Vermittlung und der Ableitung politischer Geschehnisse aus dem allgemeinen Begriff des Kapitals nicht mit der Darstellung der empirischen Mannigfaltigkeit des Kapitals im besonderen »versöhnen« können.

Es kann gezeigt werden, daß daraus zwei Auswege resultieren: Zum einen wird auf diese Problematik überhaupt nicht eingegangen, vielmehr wird, mit dem Einsprengsel einiger kategorialer Analogieschlüssen, reale Geschichte als die Geschichte von Klassenkämpfen möglichst differenziert geschildert; zum anderen aber dominieren bisweilen bereits schon vulgärmarxistisch zu nennende Versuche, politische Begebenheiten »auf Wirkungen von in letzter Instanz ökonomischen Ursachen« (F. Engels) zurückzuführen. Als Beispiel für die erstgenannte Verfahrensweise ließe sich der »18. Brumaire« Marx' anführen, den auch Engels immer wieder als exemplarisch bezeichnet; ein Beispiel für die zweite scheinbare Lösung des Problems, Empirie und Theorie miteinander zu »versöhnen«, findet sich am Beispiel der Marx'schen Betrachtung der politischen Auswirkungen des Eisenbahnbaus [3]. – Für die zweite

---

[3] Vgl. etwa Marx' Brief an Danielson vom 10. 4. 1879 (MEW 34, hier bes. S. 373): »... das Aufkommen des Eisenbahnsystems [ermöglichte] in den führenden Ländern des Kapitalismus, ja es trieb sogar mit Notwendigkeit dazu, daß Staaten, in denen der Kapitalismus noch auf wenige Punkte der Gesellschaft beschränkt war, nunmehr in kürzester Zeit ihren kapitalistischen Überbau schufen ...« — Dieser Brief findet sich in diesem Band abgedruckt, S. 525. Vgl. aber Wolfgang Sauer, »Das Problem des deutschen Nationalstaates«, abgedr. in: Hans-Ulrich Wehler (Hrsg.), Moderne deutsche Sozial-

Verdrängung der angedeuteten Problematik stehen auch eine Reihe von kategorialen Analogieschlüssen und interpretatorischen Hilfskonstruktionen (etwa: »Bürgerliche Industrie und bürgerlicher Handel schaffen diese materiellen Bedingungen einer neuen Welt in der gleichen Weise, wie geologische Revolutionen die Oberfläche der Erde geschaffen haben« 4) oder von sehr globalen, nicht mehr ausreichend differenzierenden politischen Prophetien (etwa: »Es erübrigt sich, noch lang und breit von den politischen Folgen zu sprechen, die eine derartige Krise heutzutage zeitigen muß, angesichts des beispiellosen Anwachsens der Zahl der Fabriken in England, der völligen Auflösung seiner offiziellen Parteien, der Verwandlung der gesamten Staatsmaschinerie Frankreichs in ein einziges riesigeshaftes Schwindler- und Börsenjobber-Unternehmen, eines Österreichs, das am Vorabend des Bankrotts steht, angesichts des überall zunehmenden, der Volksrache harrenden Unrechts, der Interessengegensätze unter den reaktionären Mächten selbst und des russischen Eroberungstraumes, der sich wieder einmal vor der Welt enthüllt hat« 5). –

Die Auswahl der Texte verfolgt die Absicht – in Verbindung mit dem entsprechenden Teil der Einleitung zu diesem Band 6 – die methodische Vorgehensweise der tagesgeschichtlichen Analysen von Marx und Engels vorzustellen. Berücksichtigt werden daher

---

geschichte, Köln/Berlin 1966, hier S. 421. — Dort findet sich ein Hinweis darauf, wie die zur Finanzierung des Eisenbahnbaues benötigten Geldmittel »mittelbar zur Unterhöhlung des Systems der politischen Restauration« in Preußen geführt haben. — Vgl. auch Hans Mottek, »Einleitende Bemerkungen — Zum Verlauf und zu einigen Hauptproblemen der industriellen Revolution in Deutschland«, in: ders. u. a., Studien zur Geschichte der industriellen Revolution in Deutschland, Berlin (DDR) 1960, hier S. 36 ff.
Vgl. im übrigen vor allem auch Marx' Bemerkungen über »Die künftigen Ergebnisse der britischen Herrschaft in Indien« (1853 — MEW 9, S. 220—226); a posteriori betrachtet zeigt dieser Aufsatz bes. deutlich, welche überspitzten Hoffnungen Marx an den Aufbau der Eisenbahnen geknüpft hat, im Falle Indiens erweist sich so der kapitalistisch-bürgerliche Fortschritt als noch grausamer als die von Marx angesprochenen »heidnischen Götzen«, die »den Nektar nur aus den Schädeln Erschlagener trinken« wollen, weil nämlich bis heute aus der Zerstörung der traditionellen (»asiatischen«) Ordnung noch nicht die »materiellen Bedingungen einer neuen Welt« freigesetzt worden sind.
4 Karl Marx, »Die künftigen Ergebnisse der britischen Herrschaft in Indien«, 1853, MEW 9, S. 226.
5 Karl Marx, »Die Revolution in China und Europa«, 1853, MEW 9, S. 102.
6 Vgl. Anm. 1.

vor allem klassenanalytische Passagen, die zeigen, wie differenziert
Marx und Engels analysieren, wenn sie tatsächliche Geschichte als
Geschichte von Klassenkämpfen beschreiben wollen. Läßt sich aus
der logischen Darstellung der Akkumulation des Kapitals, so wie
es seinem Begriff entspricht und als allgemeines existiert, beispielsweise eine Zweiteilung der kapitalistischen Gesellschaft in wenige
Kapitalisten und zahlreiche ausgebeutete und enteignete Proletarier ableiten [7], so zeigen die politischen und zeitgeschichtlichen
Arbeiten auf, daß Marx und Engels niemals – oder, genauer, nur
außerordentlich selten – den Reichtum der realen Empirie der
existierenden Klassen unberücksichtigt lassen. So unterscheiden die
politischen Arbeiten zwischen den unterschiedlichsten politischen
und ökonomischen Fraktionen des Kapitals (im besonderen), zwischen Handwerkern, Facharbeitern (einer Arbeiteraristokratie), Industriearbeitern, zwischen Groß-, Mittel-, Kleinbauern und Tagelöhnern und einem Lumpenproletariat [8]. In bezug auf den Staat
im besonderen erkennen Marx und Engels Strategien einer quasi-wohlfahrtsstaatlichen »Bestechung« der Arbeiterschaft, eines Ausspielens des Lumpenproletariats mittels demagogischer Bemühungen
gegen das Proletariat und der innerkapitalistischen Fraktionskämpfe
um die Funktion der Staatsmaschinerie. Derart zeichnen sich die
politischen Schriften durch einen außerordentlichen Reichtum an
Detailhinweisen aus, auch wenn einzelne Arbeiten – vor allem die
Darstellungen der Pariser Commune – nicht zuletzt auch mit agitatorischer Absicht geschrieben werden und den Anteil der revolutionären Arbeiterklasse am geschichtlichen Prozeß überzeichnen [9].

Durch die ausgewählten Texte soll einmal auf diesen Reichtum
der Darstellung hingewiesen werden. Immanent verdeutlichen aber
die Texte gerade dadurch auch die methodische Vorgehensweise.
Transparent wird nämlich, daß Marx und Engels nicht hinlänglich

---

7 Vgl. Karl Marx, Das Kapital, I, 1890[4] (hrsg. v. Friedrich Engels), MEW 23,
23. Kap. (»Das allgemeine Gesetz der kapitalistischen Akkumulation«).
8 Materialien dazu finden sich bes. bei Michael Mauke, Die Klassentheorie
von Marx und Engels, Frankfurt 1970; vgl. auch Heinz Jung, »Zu den klassentheoretischen Grundlagen einer sozialstatistischen Analyse der Klassen- und
Sozialstruktur der BRD«, in: Klassen- und Sozialstruktur der BRD
1950—1970, T. I, Frankfurt 1972, hier bes. S. 11 ff.
9 Vgl. auch die Auseinandersetzung mit Bakunin (MEW 18). Neben Marx'
und Engels' Arbeiten vgl. dazu auch Michael Bakunin, Staatlichkeit und
Anarchie, 1873[1], Berlin 1972 — zur Auseinandersetzung von Marx mit

nach der vermittelten Realität des Kapitals im besonderen in bezug auf die Logik des Kapitals im allgemeinen fragen. Zugängliche Geschichte, so wie sie sich etwa in Form sogenannter »historischer Fakten« vergegenständlicht, wird dementsprechend zu stark als wirkliche Geschichte angesprochen [10]. Die Frage nach den historischen Bewegungsgesetzen wird damit aber nicht so entfaltet, wie dies die reale Einlösung des abstrakt in der »Deutschen Ideologie« formulierten Anspruchs materialistischer Geschichtsschreibung verlangen würde. Beziehungen zwischen »theoretisch-konstruktiven« und »historisch-narrativen« Ausführungen (A. Schmidt) tauchen immer wieder in den politischen und auch ökonomischen Schriften auf, ohne daß aber ihr methodologischer Stellenwert systematisch thematisiert würde. Vor allem unterbleibt die Frage nach dem Verhältnis zwischen der allgemeinen und der besonderen Darstellungsform von Kapitalismus. Aus diesem Mangel resultieren die quasi-vulgär-marxistischen Hinweise, etwa daß die Eisenbahnen fast schon mit der sachgesetzlichen Vernunft einer jetzt technolo-

---

Bakunin vgl. dort auch das Vorw. von Hansjörg Viesel (bes. S. XLII ff., LI ff.).

10 Für Engels (vgl. Anm. 2) reduziert sich die Frage nach dem »inneren Kausalzusammenhang« primär auf arbeitstechnische — beispielsweise auf statistische — Schwierigkeiten, alle »historischen Fakten« zu sammeln; Engels nähert sich damit dem Ideal positivistischer Historiographie an und dürfte entscheidenden Anteil an der Formulierung der Postulate und Intentionen eines »linken Positivismus« bzw. eines »linken Historismus« haben: »Bei der Beurteilung von Ereignissen und Ereignisreihen aus der Tagesgeschichte wird man nie imstande sein, bis auf die letzten ökonomischen Ursachen zurückzugehen. Selbst heute noch, wo die einschlägige Fachpresse so reichlichen Stoff liefert, wird es sogar in England unmöglich bleiben, den Gang der Industrie und des Handels auf dem Weltmarkt und die in den Produktionsmethoden eintretenden Änderungen Tag für Tag derart zu verfolgen, daß man für jeden beliebigen Zeitpunkt das allgemeine Fazit aus diesen mannigfach verwickelten und stets wechselnden Faktoren ziehen kann ... Der klare Überblick über die ökonomische Geschichte einer gegebenen Periode ist nie gleichzeitig, ist nur nachträglich, nach erfolgter Sammlung und Sichtung des Stoffes, zu gewinnen. Die Statistik ist hier notwendiges Hilfsmittel, und sie hinkt immer nach ... « Für den kaum mehr verborgenen Positivismus dieser Aussage spricht auch, daß Engels in keiner Weise thematisiert, wie sehr die Intention einer materialistischen Geschichtsdarstellung auch auf qualitativ neue Methoden zur Darstellung und Erfassung von Empirie angewiesen ist (dazu Jürgen Ritsert, »Vorbemerkung zu Siegfried Kracauer ›The Challenge of Qualitative Content Analysis‹«, AuK, 7, März 1972, S. 49—52). Zur Kritik des »linken Historismus« vgl. auch Eike Hennig, »Industrie und Faschismus«, NPL, 15 (1970), S. 432—449.

gisch marschierenden List der Vernunft den Weg der bürgerlichen Verfassung ebnen. Derartige kategorische Vergewaltigungen der historischen Mannigfaltigkeiten mindern nicht zuletzt auch den politischen Wert der Analysen. (Besonders deutlich zeigt sich dies, wenn man sich vergegenwärtigt, daß diese Art Marx'scher Analysen vor 1933 die Analyse des deutschen Faschismus weitgehend bestimmt hat; sie gipfelte beispielsweise in der folgenschweren Feststellung, Deutschland sei nicht Italien und der Faschismus sei gebunden an die Vorherrschaft der Pferdekraft, während die Dominanz der Maschine gegen den vorindustriellen Faschismus gewissermaßen naturgesetzlich schütze.)

Intention und nicht zuletzt auch politischer Zweck der Textauswahl ist es, Stärken und Schwächen der tagesgeschichtlichen Arbeiten von Marx und Engels transparenter zu machen. So sollen am Beispiel einer Darstellung historischer Mannigfaltigkeiten die Subsumptionen realer Geschichte unter Kategorien des Kapitals im allgemeinen und auch unter solche der besonderen technischen Entwicklung erkennbar werden. Daraus resultiert die Mahnung, daß sich gegenwärtige politische Analysen am Beispiel derjenigen Arbeiten von Marx und Engels orientierten sollten, die historische Mannigfaltigkeit beschreiben. Notwendig aber wäre es auch, die Diskussion der methodologischen Probleme der Darstellung der wirklichen Geschichte ebenfalls aufzunehmen und über das Marx'sche Stadium hinaus zu trüben. Die Textauswahl verfolgt deshalb auch den Zweck, dieses Problem vorzustellen und Materialien auszubreiten, um es diskutieren zu können. Allerdings ist es dazu notwendig, auf die Diskussion der Frühschriften und auf die ökonomischen Schriften ebenfalls einzugehen.

Konkret wird die Auswahl der Texte, die die soeben angetippten Problemebenen vorstellen sollen, dadurch bestimmt, daß sich der entsprechende Teil der Einleitung vor allem mit den politischen Schriften über Frankreich, England und Deutschland auseinandersetzt. Prinzip der Textauswahl ist es gewesen, keine Texte aufzunehmen, zu denen die Einleitung nicht Argumentationen und Fragestellungen enthält. Aus diesem Zweck scheiden die Arbeiten über den amerikanischen Bürgerkrieg, über die englische Kolonialpolitik in Indien und über den Taiping-Aufstand in China aus. Teilweise wird auf diese Texte in der Einleitung und im Register hingewiesen, weil sich nämlich an diesen Arbeiten die bereits angesprochenen Themenstellungen und Problemfelder ebenfalls und gleicherart vorstellen ließen. Berücksichtigt werden die herausragenden Klassenanalysen – nämlich die von Marx über Frankreich und die von Engels über Deutschland. Dementsprechend stehen auch diese Texte im Mittelpunkt der Auswahl; an ihnen lassen sich die angesprochenen Probleme optimal entfalten.

Vor allem enthalten diese Schriften auch längere, in sich wenigstens einigermaßen geschlossene Passagen, die sich mit der Analyse realer Staatssysteme und politischer Prozesse befassen. Es ist nämlich eine der hauptsächlichen Schwierigkeiten, daß sich die politischen Schriften – wie auch, in noch größerem Ausmaß, die ökonomischen – in der Regel nicht mehr so zentral der Analyse des Staates widmen, wie dies etwa für die frühe Arbeitsphase der Auseinandersetzung vor allem auch mit Hegels »Rechtsphilosophie« charakteristisch ist. Ferner machen die herangezogenen Texte deutlich, daß sich Marx und Engels nach den Frühschriften nur noch wenig zur *Theorie des Staates im allgemeinen* äußern (eine der wenigen Ausnahmen findet sich im Bereich der politischen Schriften insbesondere in den entsprechenden Passagen von Marx' »Randglossen zum Programm der Deutschen Arbeiterpartei« von 1875). Vielmehr zeigen diese Texte – etwa der »18. Brumaire« oder »Die Klassenkämpfe in Frankreich« von Marx ebenso wie beispielsweise Engels' Aufsätze über Revolution und Konterrevolution in Deutschland –, daß in den politischen Schriften weniger die Theorie des Staates im allgemeinen, als vielmehr die klassenanalytische Betrachtung besonderer Staaten in ihrer historisch-gesamtgesellschaftlichen Tradition und in einer konkreten politischen und ökonomischen Situation in den Vordergrund tritt.

Zur Darstellung dieser konkret-historischen Politik eines Staates (im besonderen) bedienen sich Marx und Engels der kaum entfalteten Begrifflichkeit der Analyse des Staates im allgemeinen als der historisch durch den Prozeß der Durchkapitalisierung von Gesellschaften vermittelten Besonderung einer politischen Reproduktionsinstitution (eben des Staates) als der illusorischen und widersprüchlichen Vertretung gesellschaftlicher Allgemeinheit in bezug auch Produktionsverhältnisse, die persönliche Freiheit – ja überhaupt: Personwerdung – mit sachlicher Abhängigkeit verbinden. Mit dieser Anknüpfung an einen Begriff des Staates im allgemeinen verbindet sich auch eine Anlehnung an die methodische Vorgehensweise der materialistischen Geschichtsdarstellung, die aber ebenfalls nicht thematisiert wird. Eine Reproduktion Marx'scher Staatsanalyse im Sinne der Konstituierung einer an Marx orientierten Staatstheorie muß daher die beiden Ebenen der Klassenanalyse von realen Staaten und der allgemeinen Theorie des bürgerlichen Staates aufeinander beziehen; sie muß so die methodologischen Leerstellen der Analysen von Marx und Engels systematisch ins Zentrum ihrer Betrachtung rücken. Sie muß letztlich das leisten, was Marx und Engels in ihren politischen Schriften nur noch per Analogieschluß und -bezug angetippt haben, was sie aber unter dem Druck, zu tagespolitischen Ereignissen sich äußern zu wollen und zu müssen (Marx und Engels sind ja ihrem Selbstverständnis nach nicht nur Schreibtischtäter, sondern selbst an der praktischen Verwirklichung der Theorie der revolutionären Arbeiterklasse im Rahmen der Internationalen Arbeiter-Assoziation beteiligt!), durch weitgehend bloß konkretistisch argumentierende Realanalysen überdeckt haben. –

Die Auswahl der Texte orientiert sich an dieser Problemstellung. Sie ist getragen von der Absicht, diese Aufgabenstellung einer Rekonstruktion der Staatstheorie und Klassenanalyse von Staaten in Orientierung an Marx und Engels möglichst umfangreich zu dokumentieren und möglichst einsichtig zu präsentieren.

Eike Hennig

Zur Einführung

FRIEDRICH ENGELS: ZUM TODE VON KARL MARX (1883)[1]

[...]
Marx und ich haben, seit 1845, die Ansicht gehabt, daß *eine* der schließlichen Folgen der künftigen proletarischen Revolution sein wird die allmähliche Auflösung der mit dem Namen *Staat* bezeichneten politischen Organisation. Der Hauptzweck dieser Organisation war von jeher die Sicherstellung, durch bewaffnete Gewalt, der ökonomischen Unterdrückung der arbeitenden Mehrzahl durch die ausschließlich begüterte Minderzahl. Mit dem Verschwinden einer ausschließlich begüterten Minderzahl verschwindet auch die Notwendigkeit einer bewaffneten Unterdrückungs- oder Staatsgewalt. Gleichzeitig aber war es immer unsere Ansicht, daß, um zu diesem und den anderen weit wichtigeren Zielen der künftigen sozialen Revolution zu gelangen, die Arbeiterklasse zuerst die organisierte politische Gewalt des Staates in Besitz nehmen und mit ihrer Hilfe den Widerstand der Kapitalistenklasse niederstampfen und die Gesellschaft neu organisieren muß. Dies ist bereits zu lesen im ›Kommunistischen Manifest‹ von 1848, Kapitel II, Schluß.

Die Anarchisten stellen die Sache auf den Kopf. Sie erklären, die proletarische Revolution müsse damit *anfangen,* daß sie die politische Organisation des Staates abschafft. Aber die einzige Organisation, die das Proletariat nach seinem Siege fertig vorfindet, ist eben der Staat. Dieser Staat mag sehr bedeutender Änderungen bedürfen, ehe er seine neuen Funktionen erfüllen kann. Aber ihn in einem solchen Augenblick zerstören, das hieße, den einzigen Organismus zerstören, vermittelst dessen das siegende Proletariat seine eben eroberte Macht geltend machen, seine kapitalistischen Gegner niederhalten und diejenige ökonomische Revolution der Gesellschaft durchsetzen kann, ohne die der ganze Sieg enden

---

1 [Text nach: MEW Bd. 19, S. 344—345.]

müßte in einer neuen Niederlage und in einer Massenabschlachtung der Arbeiter, ähnlich derjenigen nach der Pariser Kommune.
[...]

KARL MARX/FRIEDRICH ENGELS:
REZENSIONEN AUS DER »NEUEN RHEINISCHEN ZEITUNG.
POLITISCH-ÖKONOMISCHE REVUE«[1]

[...]
Der bürgerliche Staat ist weiter nichts als eine wechselseitige Assekuranz der Bourgeoisklasse gegen ihre einzelnen Mitglieder wie gegen die exploitierte Klasse, eine Assekuranz, die immer kostspieliger und scheinbar immer selbständiger gegenüber der bürgerlichen Gesellschaft werden muß, weil die Niederhaltung der exploitierten Klasse immer schwieriger wird.
[...]
Wer sein Vermögen zu niedrig taxiert, verfällt in Strafe: Die Assekuranzkasse kauft ihm sein Eigentum zum angegebenen Wert ab und provoziert sogar durch Belohnungen die Denunziation. Noch mehr: Wer sein Vermögen lieber gar nicht versichert, wird außerhalb der Gesellschaft stehend, wird direkt vogelfrei erklärt. Die Gesellschaft kann natürlich nicht dulden, daß sich in ihr eine Klasse bildet, die sich gegen ihre Existenzbedingungen auflehnt. Der Zwang, die Autorität, die bürokratische Einmischung, kehren wieder in die Gesellschaft ein.
[...]
Hinter der Abschaffung der Steuer verbirgt sich die Abschaffung des Staats.

Die Abschaffung des Staats hat nur einen Sinn bei den Kommunisten als notwendiges Resultat der Abschaffung der Klassen, mit denen von selbst das Bedürfnis der organisierten Macht einer Klasse zur Niederhaltung der andern wegfällt. In bürgerlichen Ländern bedeutet die Abschaffung des Staats die Zurückführung der Staatsgewalt auf den Maßstab von Nordamerika. Hier sind die Klassengegensätze nur unvollständig entwickelt; die Klassenkollisionen werden jedesmal vertuscht durch den Abzug der proletarischen Überbevölkerung nach dem Westen; das Einschreiten der Staats-

---

1 [Text nach: MEW Bd. 7, S. 288.]

macht, im Osten auf ein Minimum reduziert, existiert im Westen gar nicht. In feudalen Ländern bedeutet die Abschaffung des Staats die Abschaffung des Feudalismus und die Herstellung des gewöhnlichen bürgerlichen Staats. In Deutschland verbirgt sich hinter ihr entweder die feige Flucht aus den unmittelbar vorliegenden Kämpfen, die überschwengliche Verschwindelung der *bürgerlichen* Freiheit zur absoluten Unabhängigkeit und Selbständigkeit des *einzelnen* oder endlich die Gleichgültigkeit des Bürgers gegen jede Staatsform, vorausgesetzt, daß die bürgerlichen Interessen in ihrer Entwicklung nicht gehemmt werden.

[...]

KARL MARX: KRITIK DES GOTHAER PROGRAMMS (1875) [1]

[...]

A. »*Freiheitliche Grundlage des Staats.*«

Zunächst nach II erstrebt die deutsche Arbeiterpartei »den freien Staat«.

Freier Staat – was ist das?

Es ist keineswegs Zweck der Arbeiter, die den beschränkten Untertanenverstand losgeworden, den Staat »frei« zu machen. Im Deutschen Reich ist der »Staat« fast so »frei« als in Rußland. Die Freiheit besteht darin, den Staat aus einem der Gesellschaft übergeordneten in ein ihr durchaus untergeordnetes Organ zu verwandeln, und auch heutig sind die Staatsformen freier oder unfreier im Maß, worin sie die »Freiheit des Staats« beschränken.

Die deutsche Arbeiterpartei – wenigstens, wenn sie das Programm zu dem ihrigen macht – zeigt, wie ihr die sozialistischen Ideen nicht einmal hauttief sitzen, indem sie, statt die bestehende Gesellschaft (und das gilt von jeder künftigen) als *Grundlage* des bestehenden *Staats* (oder künftigen, für künftige Gesellschaft) zu behandeln, den Staat vielmehr als ein selbständiges Wesen behandelt, das seine eignen »*geistigen, sittlichen, freiheitlichen Grundlagen*« besitzt.

Und nun gar der wüste Mißbrauch, den das Programm mit den Worten »*heutiger Staat,* »*heutige Gesellschaft*« treibt, und den noch wüsteren Mißverstand, den es über den Staat anrichtet, an

---

[1] [Text nach: MEW Bd. 19, S. 27—31.]

den es seine Forderungen richtet!

Die »heutige Gesellschaft« ist die kapitalistische Gesellschaft, die in allen Kulturländern existiert, mehr oder weniger frei von mittelaltrigem Beisatz, mehr oder weniger durch die besondre geschichtliche Entwicklung jedes Landes modifiziert, mehr oder weniger entwickelt. Dagegen der »heutige Staat« wechselt mit der Landesgrenze. Er ist ein andrer im preußisch-deutschen Reich als in der Schweiz, ein andrer in England als in den Vereinigten Staaten. »*Der* heutige Staat« ist also eine Fiktion.

Jedoch haben die verschiednen Staaten der verschiednen Kulturländer, trotz ihrer bunten Formverschiedenheit, alle das gemein, daß sie auf dem Boden der modernen bürgerlichen Gesellschaft stehn, nur einer mehr oder minder kapitalistisch entwickelten. Sie haben daher auch gewisse wesentliche Charaktere gemein. In diesem Sinn kann man von »heutigem Staatswesen« sprechen, im Gegensatz zur Zukunft, worin seine jetzige Wurzel, die bürgerliche Gesellschaft, abgestorben ist.

Es fragt sich dann: Welche Umwandlung wird das Staatswesen in einer kommunistischen Gesellschaft untergehn? In andern Worten, welche gesellschaftliche Funktionen bleiben dort übrig, die jetzigen Staatsfunktionen analog sind? Diese Frage ist nur wissenschaftlich zu beantworten, und man kommt dem Problem durch tausendfache Zusammensetzung des Worts Volk mit dem Wort Staat auch nicht um einen Flohsprung näher.

Zwischen der kapitalistischen und der kommunistischen Gesellschaft liegt die Periode der revolutionären Umwandlung der einen in die andre. Der entspricht auch eine politische Übergangsperiode, deren Staat nichts andres sein kann als *die revolutionäre Diktatur des Proletariats*.

Das Programm nun hat es weder mit letzterer zu tun, noch mit dem zukünftigen Staatswesen der kommunistischen Gesellschaft.

Seine politischen Forderungen enthalten nichts außer der aller Welt bekannten demokratischen Litanei: allgemeines Wahlrecht, direkte Gesetzgebung, Volksrecht, Volkswehr etc. Sie sind bloßes Echo der bürgerlichen Volkspartei, des Friedens- und Freiheitsbundes. Es sind lauter Forderungen, die, soweit nicht in phantastischer Vorstellung übertrieben, bereits *realisiert* sind. Nur liegt der Staat, dem sie angehören, nicht innerhalb der deutschen Reichsgrenze, sondern in der Schweiz, den Vereinigten Staaten etc. Diese

Sorte »Zukunftsstaat« ist *heutiger Staat,* obgleich außerhalb »des Rahmens« des Deutschen Reichs existierend.

Aber man hat eins vergessen. Da die deutsche Arbeiterpartei ausdrücklich erklärt, sich innerhalb »des heutigen nationalen Staats«, also ihres Staats, des preußisch-deutschen Reichs, zu bewegen – ihre Forderungen wären ja sonst auch großenteils sinnlos, da man nur fordert, was man noch nicht hat –, so durfte sie die Hauptsache nicht vergessen, nämlich daß alle jene schönen Sächelchen auf der Anerkennung der sog. Volkssouveränität beruhn, daß sie daher nur in einer *demokratischen Republik* am Platze sind.

Da man nicht den Mut hat – und weislich, denn die Verhältnisse gebieten Vorsicht –, die demokratische Republik zu verlangen, wie es die französischen Arbeiterprogramme unter Louis-Philippe und unter Louis-Napoleon taten – so hätte man auch nicht zu der ⟨weder »ehrlichen« noch würdigen⟩ Finte flüchten sollen, Dinge, die nur in einer demokratischen Republik Sinn haben, von einem Staat zu verlangen, der nichts andres als ein mit parlamentarischen Formen verbrämter, mit feudalem Beisatz vermischter und zugleich schon von der Bourgeoisie beeinflußter, bürokratisch gezimmerter, polizeilich gehüteter Militärdespotismus ist, ⟨und diesem Staat obendrein noch zu beteuern, daß man ihm dergleichen »mit gesetzlichen Mitteln« aufdringen zu können wähnt!⟩

Selbst die vulgäre Demokratie, die in der demokratischen Republik das Tausendjährige Reich sieht und keine Ahnung davon hat, daß grade in dieser letzten Staatsform der bürgerlichen Gesellschaft der Klassenkampf definitiv auszufechten ist – selbst sie steht noch berghoch über solcherart Demokratentum innerhalb der Grenzen des polizeilich Erlaubten und logisch Unerlaubten.

Daß man in der Tat unter »Staat« die Regierungsmaschine versteht oder den Staat, soweit er einen durch Teilung der Arbeit von der Gesellschaft besonderten, eignen Organismus bildet, zeigen schon die Worte: »Die deutsche Arbeiterpartei verlangt *als wirtschaftliche Grundlage des Staats:* eine einzige progressive Einkommensteuer etc.« Die Steuern sind die wirtschaftliche Grundlage der Regierungsmaschinerie und von sonst nichts. In dem in der Schweiz existierenden Zukunftsstaat ist diese Forderung ziemlich erfüllt. Einkommensteuer setzt die verschiednen Einkommenquellen der verschiednen gesellschaftlichen Klassen voraus, also die kapitalistische Gesellschaft. Es ist also nichts Auffälliges, daß die Financial Reformers von Liverpool – Bourgeois mit Gladstones Bruder an der Spitze – dieselbe Forderung stellen wie das Programm.

B. »Die deutsche Arbeiterpartei verlangt als geistige und sittliche Grundlage des Staats:

1. Allgemeine und *gleiche Volkserziehung* durch den Staat. Allgemeine Schulpflicht. Unentgeltlichen Unterricht.«

Gleiche Volkserziehung? Was bildet man sich unter diesen Worten ein? Glaubt man, daß in der heutigen Gesellschaft (und man hat nur mit der zu tun) die Erziehung für alle Klassen *gleich* sein kann? Oder verlangt man, daß auch die höheren Klassen zwangsweise auf das Modikum Erziehung – der Volksschule – reduziert werden sollen, das allein mit den ökonomischen Verhältnissen nicht nur der Lohnarbeiter, sondern auch der Bauern verträglich ist?

»Allgemeine Schulpflicht. Unentgeltlicher Unterricht.« Die erste existiert selbst in Deutschland, das zweite in der Schweiz [und] den Vereinigten Staaten für Volksschulen. Wenn in einigen Staaten der letzteren auch »höhere« Unterrichtsanstalten »unentgeltlich« sind, so heißt das faktisch nur, den höheren Klassen ihre Erziehungskosten aus dem allgemeinen Steuersäckel bestreiten. Nebenbei gilt dasselbe von der unter A. 5 verlangten »unentgeltlichen Rechtspflege«. Die Kriminaljustiz ist überall unentgeltlich zu haben; die Ziviljustiz dreht sich fast nur um Eigentumskonflikte, berührt also fast nur die besitzenden Klassen. Sollen sie auf Kosten des Volkssäckels ihre Prozesse führen?

Der Paragraph über die Schulen hätte wenigstens technische Schulen (theoretische und praktische) in Verbindung mit der Volksschule verlangen sollen.

Ganz verwerflich ist eine »*Volkserziehung durch den Staat*«. Durch ein allgemeines Gesetz die Mittel der Volksschulen bestimmen, die Qualifizierung des Lehrerpersonals, die Unterrichtszweige etc., und, wie es in den Vereinigten Staaten geschieht, durch Staatsinspektoren die Erfüllung dieser gesetzlichen Vorschriften überwachen, ist etwas ganz andres, als den Staat zum Volkserzieher zu ernennen! Vielmehr sind Regierung und Kirche gleichmäßig von jedem Einfluß auf die Schule auszuschließen. Im preußisch-deutschen Reich nun gar (und man helfe sich nicht mit der faulen Ausflucht, daß man von einem »Zukunftsstaat« spricht; wir haben gesehn, welche Bewandtnis es damit hat) bedarf umgekehrt der Staat einer sehr rauhen Erziehung durch das Volk.

Doch das ganze Programm, trotz alles demokratischen Geklin-

gels, ist durch und durch vom Untertanenglauben der Lassalleschen Sekte an den Staat verpestet oder, was nicht besser, vom demokratischen Wunderglauben, oder vielmehr ist es ein Kompromiß zwischen diesen zwei Sorten, dem Sozialismus gleich fernen, Wunderglauben.
[...]

KARL MARX AN NIKOLAI FRANZEWITSCH DANIELSON (1879)[1]

[...]
Die Eisenbahnen entstanden zuerst als »couronnement de l'œuvre« in jenen Ländern, in denen die *moderne Industrie am weitesten entwickelt war,* in England, den Vereinigten Staaten, Belgien, Frankreich usw. Ich nenne sie »couronnement de l'œuvre« nicht nur in dem Sinn, daß sie endlich (zusammen mit Dampfschiffen für den Ozeanverkehr und Telegraphen) die *Kommunikationsmittel* waren, die den modernen Produktionsmitteln adäquat sind, sondern auch, weil sie die Grundlage für riesige Aktiengesellschaften abgaben und damit gleichzeitig einen neuen Ausgangspunkt für alle *anderen Arten* von Aktiengesellschaften bildeten, angefangen mit Bankgesellschaften. Mit einem Wort, sie gaben der *Konzentration des Kapitals* einen vorher nie geahnten Anstoß und trugen auch zur Beschleunigung und mächtigen Steigerung der *kosmopolitischen Aktivität des Leihkapitals* bei, das nun die Welt mit einem Netzwerk finanziellen Schwindels und gegenseitiger *Verschuldung,* der kapitalistischen Form »internationaler« Brüderlichkeit, umspannt.

Andererseits ermöglichte das Aufkommen des Eisenbahnsystems in den führenden Ländern des Kapitalismus, ja es trieb sogar mit Notwendigkeit dazu, daß Staaten, in denen der Kapitalismus noch auf wenige Punkte der Gesellschaft beschränkt war, nunmehr in kürzester Zeit ihren kapitalistischen *Überbau* schufen und zu Dimensionen erweiterten, die in völligem Mißverhältnis stehen zum überwiegenden Teil der Gesellschaft, der den Hauptteil der Produktion in den traditionellen Formen betreibt. Es besteht daher nicht der geringste Zweifel, daß in diesen Staaten der Bau von Eisenbahnen die soziale und politische Zersetzung gefördert hat,

---

[1] [Text nach: MEW Bd. 34, S. 372—375.]

wie er in den fortgeschritteneren Staaten die endgültige Entwicklung der kapitalistischen Produktion und damit ihre schließliche Wandlung beschleunigte. In allen Staaten, mit Ausnahme Englands, wurden die Eisenbahngesellschaften durch die Regierungen auf Kosten der Staatskasse bereichert und großgezogen. In den Vereinigten Staaten bekamen sie außer ihrem Profit einen großen Teil des Staatslandes als Geschenk, und zwar nicht nur das zum Bau der Eisenbahnlinien erforderliche, sondern darüber hinaus viele Meilen Land auf beiden Seiten der Linien, mit Wäldern usw. So wurden sie die größten Grundeigentümer, da natürlich die kleinen einwandernden Farmer derart gelegenes Land bevorzugten, um sich bequeme Transportmöglichkeiten für ihre Produkte zu sichern.

Das in Frankreich von Louis-Philippe begründete System, die Eisenbahnen einer kleinen Bande von Finanzaristokraten auszuliefern, ihnen langfristige Eigentumstitel zu gewähren, die Zinsen aus dem Staatssäckel zu garantieren usw. usw. wurde von Louis Bonaparte auf die äußerste Spitze getrieben, dessen Regime sich in der Tat im wesentlichen auf den Handel mit Eisenbahnkonzessionen gründete, wobei er so gnädig war, verschiedenen Konzessionären Kanäle usw. zu schenken.

Aber in Österreich und vor allem in Italien waren die Eisenbahnen eine neue Quelle unerträglicher Staatsverschuldung und Belastung der Massen.

Im allgemeinen gaben natürlich die Eisenbahnen der Entwicklung des auswärtigen Handels einen mächtigen Impuls, doch dieser Handel steigerte in Ländern, die hauptsächlich *Rohprodukte* exportieren, das Elend der Massen. Nicht nur, daß die neuen von den Regierungen zugunsten der Eisenbahnen kontrahierten Schulden die die Massen niederdrückende *Steuerlast* vergrößerten, sondern es kam hinzu, daß seit dem Augenblick, da die gesamte lokale Produktion in kosmopolitisches Gold verwandelt werden konnte, viele *früher billige,* weil größenteils unverkäufliche Waren, wie Obst, Wein, Fisch, Wild usw., sich *verteuerten* und dem Konsum des Volkes entzogen wurden; andrerseits wurde die *Produktion selbst,* ich meine die spezielle *Art des Produkts,* entsprechend ihrer *mehr oder weniger guten Eignung für den Export* verändert, während sie früher hauptsächlich dem Konsum *in loco* angepaßt war. So wurde z. B. in Schleswig-Holstein Ackerland in Weide verwandelt, weil der Export von Vieh profitabler war; gleichzeitig aber wurde die Landbevölkerung vertrieben. All diese Veränderungen waren für den großen Grundeigentümer, den Wucherer, den Kaufmann, die Eisenbahnen, die Bankiers usw. in der Tat sehr vorteilhaft, aber sehr traurig für den wirklichen Produzenten!

Es ist, um damit diesen Brief abzuschließen (die Zeit, ihn zur Post zu bringen, rückt immer näher), unmöglich, wirkliche Analogien zwischen den Vereinigten Staaten und Rußland zu finden. Dort vermindern sich die Regierungskosten täglich, und die Staatsschuld reduziert sich rasch und in jedem Jahr, hier erscheint der Staatsbankrott immer mehr als das unvermeidliche Ende. Dort ist der Staat (wenn auch in höchst infamer Weise zum Vorteil der Gläubiger und auf Kosten des menu peuple) vom Papiergeld losgekommen, hier geht keine Fabrik so gut wie die Papiergeldfabrik. Dort ist die Konzentration des Kapitals und die schrittweise Expropriation der Massen nicht nur Voraussetzung, sondern auch das natürliche (allerdings durch den Bürgerkrieg künstlich beschleunigte) Ergebnis einer beispiellos raschen industriellen Entwicklung, eines Fortschritts in der Agrikultur usw.; Rußland erinnert mehr an die Zeiten Ludwigs XIV. und Ludwigs XV., wo der finanzielle, kommerzielle, industrielle Überbau oder vielmehr die *Fassade* des sozialen Gebäudes wie eine Satire auf den stagnierenden Zustand des Hauptteils der Produktion (Agrikultur) und auf die Not der Produzenten wirkte (obwohl man eine viel solidere Grundlage hatte als in Rußland). Im Tempo des ökonomischen Fortschritts haben die Vereinigten Staaten England jetzt weit übertroffen, wenn sie auch noch, was das Ausmaß des angeeigneten Reichtums angeht, zurückstehen; aber gleichzeitig sind die Massen regsamer und haben größere politische Mittel in den Händen, die Form eines Fortschritts abzulehnen, der sich auf ihre Kosten vollzieht. Ich brauche die Antithesen nicht fortzusetzen.

[...]

Arbeiterklasse und bürgerlicher Staat
(zu berücksichtigen sind auch die Arbeiten über die Pariser Commune)

KARL MARX AN FRIEDRICH BOLTE (1871)[1]

[...]
Das political movement der Arbeiterklasse hat natürlich zum Endzweck die Eroberung der political power für sie, und dazu ist natürlich eine bis zu einem gewissen Punkt entwickelte previous organisation der working class nötig, die aus ihren ökonomischen Kämpfen selbst erwächst.

Andrerseits ist aber jede Bewegung, worin die Arbeiterklasse als *Klasse* den herrschenden Klassen gegenübertritt und sie durch pressure from without zu zwingen sucht, ein political movement. Z. B. der Versuch, in einer einzelnen Fabrik oder auch in einem einzelnen Gewerk durch strikes etc. von den einzelnen Kapitalisten eine Beschränkung der Arbeitszeit zu erzwingen, ist eine rein ökonomische Bewegung; dagegen die Bewegung, ein Achtstunden- etc. *Gesetz* zu erzwingen, ist eine *politische* Bewegung. Und in dieser Weise wächst überall aus den vereinzelten ökonomischen Bewegungen der Arbeiter eine *politische* Bewegung hervor, d. h. eine Bewegung der *Klasse,* um ihre Interessen durchzusetzen in allgemeiner Form, in einer Form, die allgemeine, gesellschaftlich zwingende Kraft besitzt. Wenn diese Bewegungen eine gewisse previous Organisation unterstellen, sind sie ihrerseits ebensosehr Mittel der Entwicklung dieser Organisation.

Wo die Arbeiterklasse noch nicht weit genug in ihrer Organisation fortgeschritten ist, um gegen die Kollektivgewalt, i. e. die politische Gewalt, der herrschenden Klassen einen entscheidenden Feldzug [zu] unternehmen, muß sie jedenfalls dazu geschult werden durch fortwährende Agitation gegen die (und feindselige Haltung zur) Politik der herrschenden Klassen. Im Gegenfall bleibt sie ein Spielball in deren Hand, wie die Septemberrevolution in

---

1 [Text nach: MEW Bd. 33, S. 332—333.]

Frankreich bewiesen hat und wie zu einem gewissen Grad das Spiel beweist, das Herrn Gladstone et Co. noch bis zur Stunde in England gelingt.
[...]

FRIEDRICH ENGELS: DIE TRADE-UNIONS (1881)[1]

[...]
Wir sprachen vom Kampf des Arbeiters gegen das Kapital. Dieser Kampf existiert, was immer die Apologeten des Kapitals auch dagegen sagen mögen. Er wird existieren, solange eine Lohnsenkung das sicherste und bequemste Mittel zur Steigerung des Profits bleibt, ja darüber hinaus, solange das Lohnsystem überhaupt existieren wird. Das bloße Vorhandensein von Trade-Unions beweist diese Tatsache zur Genüge; wenn sie nicht zum Kampf gegen die Übergriffe des Kapitals geschaffen worden sind, wozu sind sie dann geschaffen? Es hat keinen Zweck, ein Blatt vor den Mund zu nehmen. Durch keine noch so schönen Worte kann die häßliche Tatsache verdeckt werden, daß die gegenwärtige Gesellschaft im wesentlichen in zwei große, antagonistische Klassen gespalten ist – auf der einen Seite die Kapitalisten, denen alle Produktionsmittel gehören, auf der anderen Seite die Arbeiter, die nichts besitzen als die eigene Arbeitskraft. Das Arbeitsprodukt der letztgenannten Klasse muß zwischen beiden Klassen geteilt werden, und gerade um diese Teilung tobt ununterbrochen der Kampf. Jede Klasse versucht einen möglichst großen Anteil zu erlangen; und das seltsamste an diesem Kampfe ist, daß die Arbeiterklasse, obwohl sie nur um einen Anteil an ihrem eigenen Produkt kämpft, oft genug beschuldigt wird, sie beraube eigentlich den Kapitalisten!

Ein Kampf zwischen zwei großen Gesellschaftsklassen wird jedoch unvermeidlich zu einem politischen Kampf. So war es mit dem langen Kampf zwischen der Mittel- oder Kapitalistenklasse und der Grundbesitzeraristokratie; so ist es auch mit dem Kampf zwischen der Arbeiterklasse und eben diesen Kapitalisten. In jedem Kampf von Klasse gegen Klasse ist das unmittelbare Ziel, um das gekämpft wird, die politische Macht; die herrschende Klasse ver-

---

1 [Text nach: MEW Bd. 19, S. 258—259.]

teidigt ihre politische Vorherrschaft, das heißt ihre sichere Mehrheit in den gesetzgebenden Körperschaften; die untere Klasse kämpft zuerst um einen Anteil an dieser Macht, später um die ganze Macht, um in die Lage zu kommen, die bestehenden Gesetze entsprechend ihren eigenen Interessen und Bedürfnissen zu ändern. So kämpfte die Arbeiterklasse Großbritanniens jahrelang leidenschaftlich und sogar unter Anwendung von Gewalt für die Volks-Charte, die ihr diese politische Macht geben sollte; sie erlitt eine Niederlage, aber der Kampf hatte auf die siegreiche Mittelklasse einen solchen Eindruck gemacht, daß diese seitdem schon froh war, um den Preis immer neuer Zugeständnisse an das werktätige Volk, einen längeren Waffenstillstand zu erkaufen.

Nun ist in einem politischen Kampf von Klasse gegen Klasse die Organisation die wichtigste Waffe. Und in demselben Maße, wie die bloß politische, die chartistische Organisation zerfiel, in demselben Maße wurde die Organisation der Trade-Unions immer stärker, bis sie jetzt eine solche Stärke erreicht hat, daß sich mit ihr keine ausländische Arbeiterorganisation vergleichen kann. Einige wenige große Trade-Unions, ein bis zwei Millionen Arbeiter umfassend und von den kleineren oder lokalen Verbänden unterstützt, stellen eine Macht dar, mit der jede Regierung der herrschenden Klasse, gleichviel ob Whig oder Tory, rechnen muß.

Entsprechend den Traditionen ihrer Entstehung und Entwicklung hierzulande haben sich diese mächtigen Organisationen bisher fast ausschließlich auf die Funktion beschränkt, bei der Lohn- und Arbeitszeitregelung mitzuwirken und die Abschaffung offen arbeiterfeindlicher Gesetze zu erzwingen. Wie bereits gesagt, taten sie dies mit geradesoviel Erfolg, wie sie mit Recht erwarten durften. Sie erreichten aber noch mehr: Die herrschende Klasse, die die Stärke der Trade-Unions besser kennt als diese selbst, machte ihnen aus freien Stücken Zugeständnisse, die noch darüber hinausgingen. Die Ausdehnung des Wahlrechts auf alle Haushaltungsvorstände durch Disraeli gab mindestens dem größeren Teil der organisierten Arbeiterklasse das Stimmrecht. Hätte er das vorgeschlagen, wenn er nicht angenommen hätte, daß diese neuen Wähler einen eigenen Willen äußern – daß sie künftig nicht mehr liberalen Politikern der Mittelklasse ihre Führung überlassen würden? Wäre er imstande gewesen, das durchzusetzen, wenn das werktätige Volk bei der Leitung seiner riesigen Gewerkschaftsverbände nicht die Fähigkeit zu administrativer und politischer Arbeit bewiesen hätte?

Gerade diese Maßnahme eröffnete neue Perspektiven für die Arbeiterklasse. Sie verschaffte ihr in London und in allen Industriestädten die Mehrheit und setzte sie damit in den Stand, den Kampf gegen das Kapital mit neuen Waffen zu führen, indem sie Männer ihrer eigenen Klasse ins Parlament entsandte. Aber wir müssen leider sagen, daß die Trade-Unions hier ihre Pflicht als Vorhut der Arbeiterklasse vergessen haben. Die neue Waffe befindet sich jetzt seit mehr als zehn Jahren in ihren Händen, aber sie haben sie kaum jemals aus der Scheide gezogen. Sie sollten nicht vergessen, daß sie die Stellung, die sie heute innehaben, nicht auf die Dauer halten können, wenn sie nicht wirklich an der Spitze der Arbeiterklasse marschieren.

[...]

FRIEDRICH ENGELS:
ÜBER DIE POLITISCHE AKTION DER ARBEITERKLASSE [1]

Eigene Aufzeichnung der Rede in der Sitzung der Konferenz am 21. September 1871

Die absolute Abstention in Sachen der Politik ist unmöglich; alle abstinenten Blätter machen auch Politik. Es geht nur darum, wie man sie und was für eine man macht. Im übrigen ist für uns Abstention unmöglich. Die Arbeiterpartei als politische Partei existiert schon in den meisten Ländern. Nicht wir sind es, die sie mit dem Predigen von Abstention ruinieren. Die Praxis des wirklichen Lebens, die politische Bedrückung, der die bestehenden Regierungen die Arbeiter aussetzen – sei es zu politischen, sei es zu sozialen Zwecken –, zwingt die Arbeiter in die Politik, ob sie wollen oder nicht. Ihnen Abstention von der Politik zu predigen, hieße, sie der Bourgeoispolitik in die Arme treiben. Namentlich nach der Kommune von Paris, die die politische Aktion des Proletariats auf die Tagesordnung gesetzt hat, ist politische Abstention ganz und gar unmöglich.

Wir wollen die Abschaffung der Klassen. Was ist das Mittel, um dahin zu gelangen? Die politische Herrschaft des Proletariats. Und jetzt, wo sich alle darüber einig sind, verlangt man von uns, wir

---

1 [Text nach: MEW Bd. 17, S. 416—417.]

sollen uns nicht in Politik mischen! Alle Abstentionisten nennen sich Revolutionäre, und sogar Revolutionäre par excellence. Die Revolution aber ist der höchste Akt der Politik, und wer sie will, muß auch das Mittel wollen – die politische Aktion, welche die Revolution vorbereitet, welche die Arbeiter für die Revolution erzieht und ohne die die Arbeiter am nächsten Tage nach dem Kampf stets von den Favres und Pyats geprellt sein werden. Aber die Politik, auf die es ankommt, muß eine proletarische Politik sein; die Arbeiterpartei darf sich nicht als Schwanz irgendwelcher Bourgeoisparteien, sondern muß sich vielmehr als unabhängige Partei konstituieren, die ihr eignes Ziel, ihre eigne Politik hat.

Die politischen Freiheiten, das Versammlungs- und Assoziationsrecht, die Preßfreiheit, das sind unsre Waffen; und wir sollten die Arme verschränken und Abstention üben, wenn man sie uns nehmen will? Man sagt, jede politische Aktion bedeute, das Bestehende anerkennen. Aber wenn dieses Bestehende uns die Mittel gibt, um gegen das Bestehende zu protestieren, so ist die Anwendung dieser Mittel keine Anerkennung des Bestehenden.

KARL MARX/FRIEDRICH ENGELS:
RESOLUTIONEN DES ALLGEMEINEN KONGRESSES ZU HAAG
VOM 2. BIS 7. SEPTEMBER 1872 [1]

I. Resolution über die Statuten

[...]
Art. 7a – In seinem Kampf gegen die kollektive Macht der besitzenden Klassen kann das Proletariat nur dann als Klasse handeln, wenn es sich selbst als besondere politische Partei im Gegensatz zu allen alten, von den besitzenden Klassen gebildeten Parteien konstituiert.

Diese Konstituierung des Proletariats als politische Partei ist unerläßlich, um den Triumph der sozialen Revolution und ihres höchsten Zieles, der Aufhebung der Klassen, zu sichern.

Die durch den ökonomischen Kampf bereits erreichte Vereinigung der Kräfte der Arbeiterklasse muß in den Händen dieser Klasse auch als Hebel in ihrem Kampf gegen die politische Macht

---

[1] [Text nach: MEW Bd. 18, S. 149.]

ihrer Ausbeuter dienen.

Da die Herren des Bodens und des Kapitals sich ihrer politischen Privilegien stets bedienen, um ihre ökonomischen Monopole zu verteidigen und zu verewigen und die Arbeit zu unterjochen, wird die Eroberung der politischen Macht zur großen Pflicht des Proletariats.

[...]

FRIEDRICH ENGELS:
DIE EUROPÄISCHEN ARBEITER IM JAHRE 1877 (1878)[1]

[...] In den Ländern, mit denen wir uns bisher beschäftigten, ist die Aktion der Arbeiterklasse, obgleich sie ihrem Wesen nach eine politische ist, nicht eng verflochten mit der allgemeinen oder sozusagen offiziellen Politik. Die Arbeiterklasse Deutschlands, Italiens, Belgiens etc. ist noch keine politische Macht im Staate; sie ist eine politische Macht nur im Hinblick auf die Zukunft, und wenn die offiziellen Parteien in einigen dieser Länder, Konservative, Liberale oder Radikale, mit ihr zu rechnen haben, so bloß darum, weil ihr schneller Aufstieg es offensichtlich macht, daß in sehr kurzer Zeit die proletarische Partei stark genug sein wird, um ihren Einfluß fühlbar zu machen. Aber in Frankreich liegt es anders. Die Arbeiter von Paris, unterstützt von denen der großen Provinzialstädte, sind immer seit der großen Revolution eine Macht im Staate gewesen. Sie haben seit beinahe neunzig Jahren das kämpfende Heer des Fortschritts gebildet; bei jeder großen Krisis der französischen Geschichte gingen sie auf die Straßen, bewaffneten sich so gut sie konnten, errichteten Barrikaden und forderten zum Kampf heraus, und ihr Sieg oder ihre Niederlage entschied über Frankreichs Zukunft auf Jahre hinaus. Von 1789 bis 1830 wurden die Revolutionen der Bourgeoisie von den Pariser Arbeitern ausgefochten; sie waren es, die 1848 die Republik erkämpften. Nachdem sie irrtümlich geglaubt hatten, daß diese Republik Befreiung der Arbeit bedeute, wurden sie grausam enttäuscht durch die Niederlage, die ihnen im Juni desselben Jahres beigebracht wurde; sie leisteten auf den Barrikaden dem Staatsstreich Louis-Napoleons 1851 Widerstand und wurden wiederum besiegt; sie fegten im September 1870

---

1 [Text nach: MEW Bd. 19, S. 129—133.]

das überlebte Kaiserreich hinweg, das die bürgerlichen Radikalen anzurühren zu feige waren. Thiers' Versuch im März 1871, ihnen die Waffen wegzunehmen, mit denen sie Paris gegen die feindliche Invasion verteidigt hatten, zwang sie in die Revolution der Kommune und den langen Kampf hinein, der mit ihrer blutigen Ausrottung endete.

Eine nationale Arbeiterklasse, die so seit fast einem Jahrhundert nicht nur bei jeder Krisis in der Geschichte des eigenen Landes eine entscheidende Rolle gespielt, sondern gleichzeitig immer die Vorhut der europäischen Revolution gebildet hat, solch eine Arbeiterklasse kann nicht das verhältnismäßig abgeschiedene Leben führen, das noch das eigentliche Aktionsgebiet der übrigen Arbeiter auf dem Kontinent ausmacht. Eine Arbeiterklasse wie die französische, ist an und durch ihre Geschichte gebunden. Ihre Geschichte, nicht weniger als ihre bewährte entscheidende Kampfkraft hat sie in unlöslicher Weise mit der allgemeinen politischen Entwicklung des Landes verknüpft. Und so können wir keinen Rückblick auf die Aktion der französischen Arbeiterklasse geben, ohne auf die französische Politik im allgemeinen einzugehen.

Ob die französische Arbeiterklasse ihren eigenen Kampf oder den der liberalen, radikalen oder republikanischen Bourgeoisie ausfocht, auf jede Niederlage, die sie erlitt, folgte bisher eine drückende politische Reaktion, die ebenso gewaltsam war wie sie lange andauerte. So schlossen sich an die Niederlagen des Juni 1848 und Dezember 1851 die achtzehn Jahre des bonapartistischen Kaiserreichs; in dieser Zeit war die Presse geknebelt, das Vereins- und Versammlungsrecht unterdrückt und folglich die Arbeiterklasse aller Mittel beraubt, um miteinander Verbindung aufrechtzuhalten und sich zu organisieren. Das unvermeidliche Ergebnis war, daß, als die Revolution im September 1870 ausbrach, die Arbeiter keine anderen Männer in die Ämter einsetzen konnten als jene bürgerlichen Radikalen, die unter dem Kaiserreich die offizielle parlamentarische Opposition gebildet hatten, und die selbstverständlicher Weise die Arbeiter und ihr Land verrieten. Nach der Zerschlagung der Kommune hatte die Arbeiterklasse – in ihrer Kampfkraft auf Jahre hinaus geschwächt – nur das eine unmittelbare Interesse: Die Wiederkehr solch einer erneuten Unterdrückungsperiode zu verhindern, damit sie nicht wieder gezwungen ist, anstatt für ihre eigene unmittelbare Befreiung, erst für eine Ordnung zu kämpfen, die ihr ermöglicht, sich für den endgültigen Befreiungskampf zu rüsten. Jetzt gibt es in Frankreich vier große Parteien: drei monarchistische, die Legitimisten, Orleanisten und Bonapartisten, jede mit ihrem eigenen Kronprätendenten, und die republikanische Partei. Wer von den drei Prätendenten auch auf den Thron steigen würde, er würde in jedem Fall nur die Unterstützung einer kleinen Minderheit des Volkes finden, er würde infolgedessen sich nur auf die Gewalt verlassen können. Daher wäre die Herrschaft der Gewalt, die Unterdrückung aller öffentlichen Freiheiten und persönlichen Rechte, die die Arbeiterklasse zu vermeiden suchen muß, die notwendige Begleiterscheinung jeder monarchistischen Restauration. Auf der anderen Seite ließe die Aufrechterhaltung der bestehenden republikanischen Regierung ihr wenigstens die Aussicht, einen solchen Grad persönlicher und öffentlicher Freiheit zu erlangen, der ihr erlauben würde, eine Arbeiterpresse, eine Agitation durch Versammlungen und eine Organisation als unabhängige politische Partei zu begründen; darüber hinaus würde der Arbeiterklasse die Erhaltung der Republik die Notwendigkeit ersparen, eine besondere Schlacht für ihre künftige Wiedereroberung schlagen zu müssen.

Es war also ein neuer Beweis der hohen instinktiven politischen Intelligenz der französischen Arbeiterklasse, daß, sobald am letzten 16. Mai die große Verschwörung der drei monarchistischen Fraktionen der Republik den Krieg erklärte, die Arbeiter wie ein Mann die Aufrechterhaltung der Republik zu ihrer wichtigsten unmittelbaren Aufgabe machten. Zweifellos handelten sie dabei als der Schwanz der bürgerlichen Republikaner und Radikalen, aber eine Arbeiterklasse, die weder über eine Presse noch über Versammlungsmöglichkeiten, noch über Klubs oder politische Verbände verfügt, was kann sie anderes sein als der Schwanz der bürgerlich-radikalen Partei? Was kann sie anderes tun, um ihre politische Unabhängigkeit zu erlangen, als die einzige Partei zu unterstützen, die verpflichtet ist, dem Volk im allgemeinen und damit auch den Arbeitern solche Freiheiten zu sichern, die ihnen eine unabhängige Organisation gestatten? Manche behaupten, die Arbeiter hätten bei den letzten Wahlen ihre eigenen Kandidaten aufstellen sollen. Aber selbst an solchen Orten, wo sie das mit Erfolg hätten tun können, wo gab es Arbeiterkandidaten, die in ihrer eigenen Klasse bekannt genug waren, um die notwendige Unterstützung zu finden? Nicht umsonst hat die Regierung seit der Kommune so gut Sorge dafür getragen, jeden Arbeiter, der sich auch nur durch private Agitation in seinem eigenen Pariser Bezirk bekannt machte, als Teilnehmer an jenem Aufstand zu verhaften.

Der Sieg der Republikaner bei den Wahlen im letzten November war bezeichnend. Auf ihn folgten noch bezeichnendere Siege bei den nachfolgenden Departements-, Munizipal- und Ergänzungswahlen. Die monarchistische Verschwörung hätte das alles vielleicht nicht durchgehen lassen, aber ihre Hand war gelähmt durch die nicht mißzuverstehende Haltung der Armee. Es gab nicht nur zahlreiche republikanische Offiziere, besonders unter den Subalternoffizieren, sondern, was entscheidender war, die Masse der Soldaten weigerte sich, gegen die Republik zu marschieren. Das war das erste Ergebnis der Heeresreorganisation, durch die die bezahlten Ersatzleute abgeschafft und das Heer in eine wahre Vertretung der jungen Männer aus allen Klassen verwandelt wurde. So brach die Verschwörung in sich zusammen, ohne daß man Gewalt gegen sie hätte anwenden müssen. Und auch das lag sehr im Interesse der Arbeiterklasse, die, noch zu schwach nach dem Aderlaß von 1871, nicht den Wunsch hegen kann, aufs neue ihr Größtes, ihre Kampfkraft zu verschwenden in Kämpfen zugunsten anderer oder verwickelt zu werden in eine Reihe gewaltsamer Zusammenstöße, bevor sie ihre volle Stärke wiedererlangt hat.

Aber dieser republikanische Sieg hat noch eine andere Bedeutung. Er beweist, daß seit 1870 die ländliche Bevölkerung einen großen Schritt vorwärts getan hat. Bisher wurde jeder Sieg, den die Arbeiterklasse in Paris erzielte, kurze Zeit danach zunichte gemacht durch den reaktionären Geist des Kleinbauerntums, das die große Masse der französischen Bevölkerung bildet. Seit dem Anfang dieses Jahrhunderts war das französische Bauerntum bonapartistisch gewesen. Die Zweite Republik, von den Pariser Arbeitern im Februar 1848 eingesetzt, war kassiert worden durch die sechs Millionen bäuerlicher Stimmen, die Louis-Napoleon im folgenden Dezember erhielt. Aber die preußische Invasion von 1870 hat den Glauben an das Kaisertum bei der Bauernschaft erschüttert, und die Wahlen im vergangenen November beweisen, daß die Masse der Landbevölkerung republikanisch geworden ist. Das aber ist eine Veränderung von höchster Wichtigkeit. Es bedeutet nicht nur, daß von nun an jede monarchistische Restauration in Frankreich aussichtslos geworden ist. Es bedeutet auch das Herannahen des Bündnisses zwischen den Arbeitern in den Städten und den Bauern auf dem Lande. Die Kleinbauern, die die große Revolution hervorbrachte, sind nur dem Namen nach Eigentümer des Bodens. Ihre Höfe sind Wucherern verpfändet, ihre Ernte geht hin für die Bezahlung von Zinsen und Rechtsgebühren; der Notar, der Anwalt, der Gerichtsvollzieher, der Auktionator stehen dauernd drohend vor ihren Türen. Ihre Lage ist genauso schlecht wie die der Arbeiter und fast ebenso unsicher. Und wenn diese Bauern sich jetzt vom Bonapartismus der Republik zuwenden, so zeigen sie damit, daß sie eine Besserung ihrer Lage nicht länger von jenen kaiserlichen Wundern erhoffen, wie sie Louis-Napoleon immer versprach und niemals vollbrachte. Thiers' Glaube an die mystischen Heilsmächte, über die ein »Bauernkaiser« verfügte, ist vom Zweiten Kaiserreich grausam zerstört worden. Der Zauber ist gebrochen. Die französische Bauernschaft ist schließlich vernünftig genug gesonnen, um sich nach den wirklichen Gründen der chronischen Not und nach den praktischen Mitteln, sie zu beseitigen, umzuschauen, und wenn sie einmal zu denken anfängt, muß sie bald herausfinden, daß das einzige Heilmittel für sie in einem Bündnis mit der einzigen Klasse liegt, die aus ihrer gegenwärtigen erbärmlichen Lage keinen Nutzen zieht; das ist die Arbeiterklasse in den Städten.

So verächtlich demnach die gegenwärtige republikanische Regierung Frankreichs sein mag, die endgültige Festigung der Republik hat den französischen Arbeitern wenigstens den Boden geschaffen, auf dem sie sich als unabhängige politische Partei organisieren und ihre künftigen Schlachten, nicht zum Vorteil anderer, sondern zu ihrem eigenen, ausfechten können; zugleich den Boden, auf dem sie sich mit der ihnen bisher feindlichen Masse der Bauern verbünden und so künftige Siege nicht bloß wie bisher zu kurzfristigen Triumphen von Paris über Frankreich machen, sondern zu endgültigen Triumphen aller unterdrückten Klassen Frankreichs unter Führung der Arbeiter von Paris und der großen Provinzstädte.

[...]

KARL MARX AN FRANÇOIS LAFARGUE (1866)[1]

[...] Es ist nur zu bedauern, daß solche Regimes wie das napoleonische, die auf der Ermüdung und Ohnmacht der beiden antagonistischen Gesellschaftsklassen beruhen, einigen materiellen Progreß um den Preis der allgemeinen Demoralisierung erkauften. Glücklicherweise kann die Masse der Arbeiter nicht demoralisiert werden. Die manuelle Arbeit ist das große Gegengift gegen jede soziale Infektion.
[...]

---

1 [Text nach: MEW Bd. 31, S. 536.]

*Zur Klassen- und Staatsanalyse in bezug auf Frankreich
(Bonapartismus, Commune)*

KARL MARX:
DIE KLASSENKÄMPFE IN FRANKREICH VON 1848 bis 1850 (1850)[1]

[...] In England findet stets der ursprüngliche Prozeß statt; es ist der Demiurg des bürgerlichen Kosmos. Auf dem Kontinent treten die verschiedenen Phasen des Zyklus, den die bürgerliche Gesellschaft immer von neuem durchläuft, in sekundärer und tertiärer Form ein. Erstens führte der Kontinent nach England unverhältnismäßig mehr aus als nach irgendeinem anderen Land. Diese Ausfuhr nach England hängt aber wieder ab von dem Stand Englands, besonders zum überseeischen Markt. Dann führt England nach den überseeischen Ländern unverhältnismäßig mehr aus als der gesamte Kontinent, so daß die Quantität des kontinentalen Exports nach diesen Ländern immer abhängig ist von der jedesmaligen überseeischen Ausfuhr Englands. Wenn daher die Krisen zuerst auf dem Kontinent Revolutionen erzeugen, so ist doch der Grund derselben stets in England gelegt. In den Extremitäten des bürgerlichen Körpers muß es natürlich eher zu gewaltsamen Ausbrüchen kommen als in seinem Herzen, da hier die Möglichkeit der Ausgleichung größer ist als dort. Andererseits ist der Grad, worin die kontinentalen Revolutionen auf England zurückwirken, zugleich der Thermometer, an dem es sich zeigt, inwieweit diese Revolutionen wirklich die bürgerlichen Lebensverhältnisse in Frage stellen, oder wieweit sie nur ihre politischen Formationen treffen.
[...]
Bei dieser allgemeinen Prosperität, worin die Produktivkräfte der bürgerlichen Gesellschaft sich so üppig entwickeln, wie dies innerhalb der bürgerlichen Verhältnisse überhaupt möglich ist, kann von einer wirklichen Revolution keine Rede sein. Eine solche Revolution ist nur in den Perioden möglich, wo diese *beiden Faktoren,* die *modernen* Produktiv*kräfte* und die *bürgerlichen Produk-*

---

1 [Text nach: MEW Bd. 7, S. 97—98, 36, 33—34.]

tionsformen, miteinander *in Widerspruch* geraten. Die verschiedenen Zänkereien, in denen sich jetzt die Repräsentanten der einzelnen Fraktionen der kontinentalen Ordnungspartei ergehen und gegenseitig kompromittieren, weit entfernt zu neuen Revolutionen Anlaß zu geben, sind im Gegenteil nur möglich, weil die Grundlage der Verhältnisse momentan so sicher und, was die Reaktion nicht weiß, so *bürgerlich* ist. An ihr werden alle die bürgerliche Entwicklung aufhaltenden Reaktionsversuche ebensosehr abprallen wie alle sittliche Entrüstung und alle begeisterten Proklamationen der Demokraten. *Eine neue Revolution ist nur möglich im Gefolge einer neuen Krisis. Sie ist aber auch ebenso sicher wie diese.*
[...]
Die konstituierende Versammlung blieb vielmehr seit den Junitagen die *ausschließliche Vertreterin des Bourgeoisrepublikanismus,* und um so entschiedener kehrte sie diese Seite hervor, je mehr der Einfluß der trikoloren Republikaner außerhalb der Versammlung zusammenbrach. Galt es die *Form* der bürgerlichen Republik behaupten, so verfügte sie über die Stimmen der demokratischen Republikaner, galt es den *Inhalt,* so trennte selbst die Sprechweise sie nicht mehr von den royalistischen Bourgeoisfraktionen, denn die Interessen der Bourgeoisie, die materiellen Bedingungen ihrer Klassenherrschaft und Klassenexploitation bilden eben den Inhalt der bürgerlichen Republik.

Nicht der Royalismus also, der Bourgeoisrepublikanismus verwirklichte sich im Leben und in den Taten dieser konstituierenden Versammlung, die schließlich nicht starb, auch nicht getötet wurde, sondern verfaulte.
[...]
Von der Bourgeoisie wurde das Pariser Proletariat zur Juniinsurrektion *gezwungen.* Schon darin lag sein Verdammungsurteil. Weder sein unmittelbares eingestandenes Bedürfnis trieb es dahin, den Sturz der Bourgeoisie gewaltsam erkämpfen zu wollen, noch war es dieser Aufgabe gewachsen. Der »*Moniteur*« mußte ihm offiziell eröffnen, daß die Zeit vorüber, wo die Republik vor seinen Illusionen die Honneurs zu machen sich veranlaßt sah, und erst seine Niederlage überzeugte es von der Wahrheit, daß die geringste Verbesserung seiner Lage eine *Utopie* bleibt *innerhalb* der bürgerlichen Republik, eine Utopie, die zum Verbrechen wird, sobald sie sich verwirklichen will. An die Stelle seiner, der Form nach überschwenglichen, dem Inhalte nach kleinlichen und selbst noch

bürgerlichen Forderungen, deren Konzession es der Februarrepublik abdringen wollte, trat die kühne revolutionäre Kampfparole: *Sturz der Bourgeoisie! Diktatur der Arbeiterklasse!*

Indem das Proletariat seine Leichenstätte zur Geburtsstätte der *bürgerlichen Republik* machte, zwang es sie sogleich, in ihrer reinen Gestalt herauszutreten als der Staat, dessen eingestandener Zweck ist, die Herrschaft des Kapitals, die Sklaverei der Arbeit zu verewigen. Im steten Hinblick auf den narbenvollen, unversöhnbaren, unbesiegbaren Feind – unbesiegbar, weil seine Existenz die Bedingung ihres eigenen Lebens ist – mußte die von allen Fesseln befreite Bourgeoisherrschaft sofort in den *Bourgeoisterrorismus* umschlagen. Das Proletariat einstweilen von der Bühne beseitigt, die Bourgeoisdiktatur offiziell anerkannt, mußten die mittleren Schichten der bürgerlichen Gesellschaft, Kleinbürgertum und Bauernklasse, in dem Maße, als ihre Lage unerträglicher und ihr Gegensatz gegen die Bourgeoisie schroffer wurde, mehr und mehr sich an das Proletariat anschließen. Wie früher in seinem Aufschwunge, mußten sie jetzt in seiner Niederlage den Grund ihrer Misere finden.

Wenn die Juniinsurrektion überall auf dem Kontinent das Selbstgefühl der Bourgeoisie hob und sie offen in einen Bund mit dem feudalen Königtum gegen das Volk treten ließ, wer war das erste Opfer dieses Bundes? Die kontinentale Bourgeoisie selbst. Die Juniniederlage verhinderte sie, ihre Herrschaft zu befestigen und das Volk auf der untergeordnetsten Stufe der bürgerlichen Revolution halb befriedigt, halb verstimmt, stillstehen zu machen.

Endlich verriet die Juniniederlage den despotischen Mächten Europas das Geheimnis, daß Frankreich unter allen Bedingungen den Frieden nach außen aufrechterhalten müsse, um den Bürgerkrieg nach innen führen zu können. So wurden die Völker, die den Kampf um ihre nationale Unabhängigkeit begonnen hatten, der Übermacht Rußlands, Österreichs und Preußens preisgegeben, aber gleichzeitig wurde das Schicksal dieser nationalen Revolutionen dem Schicksal der proletarischen Revolution unterworfen, ihrer scheinbaren Selbständigkeit, ihrer Unabhängigkeit von der großen sozialen Umwälzung beraubt. Der Ungar soll nicht frei sein, nicht der Pole, nicht der Italiener, solange der Arbeiter Sklave bleibt!

Endlich nahm Europa durch die Siege der Heiligen Allianz eine Gestalt an, die jede neue proletarische Erhebung in Frankreich mit einem *Weltkriege* unmittelbar zusammenfallen läßt. Die neue französische Revolution ist gezwungen, sofort den nationalen Boden zu verlassen und das *europäische Terrain zu erobern,* auf dem allein die soziale Revolution des 19. Jahrhunderts sich durchführen kann.

Erst durch die Juniniederlage also wurden alle Bedingungen geschaffen, innerhalb deren Frankreich die *Initiative* der europäischen Revolution ergreifen kann. Erst in das Blut der *Juniinsurgenten* getaucht, wurde die Trikolore zur Fahne der europäischen Revolution – zur *roten Fahne!*

Und wir rufen: *Die Revolution ist tot! – Es lebe die Revolution!* [...]

KARL MARX:
DER ACHTZEHNTE BRUMAIRE DES LOUIS BONAPARTE (1852)[1]

Die Menschen machen ihre eigene Geschichte, aber sie machen sie nicht aus freien Stücken, nicht unter selbstgewählten, sondern unter unmittelbar vorgefundenen, gegebenen und überlieferten Umständen. Die Tradition aller toten Geschlechter lastet wie ein Alp auf dem Gehirne der Lebenden. Und wenn sie eben damit beschäftigt scheinen, sich und die Dinge umzuwälzen, noch nicht Dagewesenes zu schaffen, gerade in solchen Epochen revolutionärer Krise beschwören sie ängstlich die Geister der Vergangenheit zu ihrem Dienste herauf, entlehnen ihnen Namen, Schlachtparole, Kostüm, um in dieser altehrwürdigen Verkleidung und mit dieser erborgten Sprache die neue Weltgeschichtsszene aufzuführen.

Die soziale Revolution des neunzehnten Jahrhunderts kann ihre Poesie nicht aus der Vergangenheit schöpfen, sondern nur aus der Zukunft. Sie kann nicht mit sich selbst beginnen, bevor sie allen Aberglauben an die Vergangenheit abgestreift hat. Die früheren Revolutionen bedurften der weltgeschichtlichen Rückerinnerungen, um sich über ihren eigenen Inhalt zu betäuben. Die Revolution des neunzehnten Jahrhunderts muß die Toten ihre Toten begraben lassen, um bei ihrem eignen Inhalt anzukommen. Dort ging die Phrase über den Inhalt, hier geht der Inhalt über die Phrase hinaus.

---

[1] [Text nach: MEW Bd. 8, S. 115, 117—118, 120—123, 135, 138—139, 140, 141—142, 148.]

Die Februarrevolution war eine Überrumpelung, eine *Überraschung* der alten Gesellschaft, und das Volk proklamierte diesen unverhofften *Handstreich* als eine weltgeschichtliche Tat, womit die neue Epoche eröffnet sei. Am 2. Dezember wird die Februarrevolution eskamotiert durch die Volte eines falschen Spielers, und was umgeworfen scheint, ist nicht mehr die Monarchie, es sind die liberalen Konzessionen, die ihr durch jahrhundertlange Kämpfe abgetrotzt waren. Statt daß die *Gesellschaft* selbst sich einen neuen Inhalt erobert hätte, scheint nur der *Staat* zu seiner ältesten Form zurückgekehrt, zur unverschämt einfachen Herrschaft von Säbel und von Kutte. So antwortet auf den coup de main vom Februar 1848 der coup de tête vom Dezember 1851. Wie gewonnen, so zerronnen. Unterdessen ist die Zwischenzeit nicht unbenutzt vorübergegangen. Die französische Gesellschaft hat während der Jahre 1848–1851 die Studien und Erfahrungen nachgeholt, und zwar in einer abkürzenden, weil revolutionären Methode, die bei regelmäßiger, sozusagen schulgerechter Entwickelung der Februarrevolution hätten vorhergehn müssen, sollte sie mehr als eine Erschütterung der Oberfläche sein. Die Gesellschaft scheint jetzt hinter ihren Ausgangspunkt zurückgetreten; in Wahrheit hat sie sich erst den revolutionären Ausgangspunkt zu schaffen, die Situation, die Verhältnisse, die Bedingungen, unter denen allein die moderne Revolution ernsthaft wird.

Bürgerliche Revolutionen, wie die des achtzehnten Jahrhunderts, stürmen rascher von Erfolg zu Erfolg, ihre dramatischen Effekte überbieten sich, Menschen und Dinge scheinen in Feuerbrillanten gefaßt, die Ekstase ist der Geist jedes Tages; aber sie sind kurzlebig, bald haben sie ihren Höhepunkt erreicht, und ein langer Katzenjammer erfaßt die Gesellschaft, ehe sie die Resultate ihrer Drang- und Sturmperiode nüchtern sich aneignen lernt. Proletarische Revolutionen dagegen, wie die des neunzehnten Jahrhunderts, kritisieren beständig sich selbst, unterbrechen sich fortwährend in ihrem eignen Lauf, kommen auf das scheinbar Vollbrachte zurück, um es wieder von neuem anzufangen, verhöhnen grausam-gründlich die Halbheiten, Schwächen und Erbärmlichkeiten ihrer ersten Versuche, scheinen ihren Gegner nur niederzuwerfen, damit er neue Kräfte aus der Erde sauge und sich riesenhafter ihnen gegenüber wieder aufrichte, schrecken stets von neuem zurück vor der unbestimmten Ungeheuerlichkeit ihrer eignen Zwecke, bis die Situation geschaffen ist, die jede Umkehr unmöglich macht, und die Verhältnisse selbst rufen:

Hic Rhodus, hic salta!

Hier ist die Rose, hier tanze!

Rekapitulieren wir in allgemeinen Zügen die Phasen, die die französische Revolution vom 24. Februar 1848 bis zum Dezember 1851 durchlaufen hat.

Drei Hauptperioden sind unverkennbar: *die Februarperiode;* 4. Mai 1848 bis zum 28. Mai 1849: *Periode der Konstituierung der Republik* oder *der konstituierenden Nationalversammlung;* 28. Mai 1849 bis zum 2. Dezember 1851: *Periode der konstitutionellen Republik* oder *der legislativen Nationalversammlung.*

Die *erste Periode* vom 24. Februar oder dem Sturze Louis-Philippes bis zum 4. Mai 1848, dem Zusammentritt der konstituierenden Versammlung, die eigentliche *Februarperiode*, kann als der *Prolog* der Revolution bezeichnet werden. Ihr Charakter sprach sich offiziell darin aus, daß die von ihr improvisierte Regierung sich selbst für *provisorisch* erklärte, und wie die Regierung gab alles, was in dieser Periode angeregt, versucht, ausgesprochen wurde, sich für nur *provisorisch* aus. [...] Alle Elemente, die die Revolution vorbereitet oder bestimmt hatten, dynastische Opposition, republikanische Bourgeoisie, demokratisch-republikanisches Kleinbürgertum, sozial-demokratisches Arbeitertum, fanden provisorisch ihren Platz in der Februar-*Regierung.*

Es konnte nicht anders sein.

Die Februartage bezweckten ursprünglich eine Wahlreform, wodurch der Kreis der politisch Privilegierten unter der besitzenden Klasse selbst erweitert und die ausschließliche Herrschaft der Finanzaristokratie gestürzt werden sollte. Als es aber zum wirklichen Konflikt kam, das Volk auf die Barrikaden stieg, die Nationalgarde sich passiv verhielt, die Armee keinen ernstlichen Widerstand leistete und das Königtum davonlief, schien sich die Republik von selbst zu verstehn. Jede Partei deutete sie in ihrem Sinn. Von dem Proletariat, die Waffen in der Hand, ertrotzt, prägte es ihr seinen Stempel auf und proklamierte sie als *soziale Republik*. So wurde der allgemeine Inhalt der modernen Revolution angedeutet, der in sonderbarstem Widerspruch stand zu allem, was mit dem vorliegenden Material, mit der erreichten Bildungsstufe der Masse, unter den gegebenen Umständen und Verhältnisen zunächst unmittelbar ins Werk gesetzt werden konnte. Andrerseits wurde der Anspruch aller übrigen Elemente, die zur Februarrevolution mitgewirkt hatten, anerkannt in dem Löwenanteil, den sie an der Regierung erhielten. In keiner Periode finden wir daher ein bunteres Gemisch von überfliegenden Phrasen und tatsächlicher Unsicherheit und Unbeholfenheit, von enthusiastischerem Neuerungsstreben und von gründlicherer Herrschaft der alten Routine, von mehr scheinbarer Harmonie der ganzen Gesellschaft und von tieferer Entfremdung ihrer Elemente. Während das Pariser Proletariat noch in dem Anblick der großen Perspektive, die sich ihm eröffnet hatte, schwelgte und sich in ernstgemeinten Diskussionen über die sozialen Probleme erging, hatten sich die alten Mächte der Gesellschaft gruppiert, gesammelt, besonnen und fanden eine unerwartete Stütze an der Masse der Nation, den Bauern und Kleinbürgern, die alle auf einmal auf die politische Bühne stürzten, nachdem die Barrieren der Julimonarchie gefallen waren.

Die *zweite Periode* vom 4. Mai 1848 bis Ende Mai 1849 ist die Periode der *Konstituierung, der Begründung der bürgerlichen Republik*. Unmittelbar nach den Februartagen war nicht nur die dynastische Opposition überrascht worden durch die Republikaner, die Republikaner durch die Sozialisten, sondern ganz Frankreich durch Paris. Die Nationalversammlung, die am 4. Mai 1848 zusammentrat, aus den Wahlen der Nation hervorgegangen, repräsentierte die Nation. Sie war ein lebendiger Protest gegen die Zumutungen der Februartage und sollte die Resultate der Revolution auf den bürgerlichen Maßstab zurückführen. Vergebens versuchte das Pariser Proletariat, das den Charakter dieser Nationalversammlung sofort begriff, wenige Tage nach ihrem Zusammentritt, am 15. Mai, ihre Existenz gewaltsam wegzuleugnen, sie aufzulösen, die organische Gestalt, worin der reagierende Geist der Nation es bedrohte, wieder in ihre einzelnen Bestandteile zu zerstreuen. Der 15. Mai hatte bekanntlich kein anderes Resultat, als Blanqui und Genossen, d. h. die wirklichen Führer der proletarischen Partei, für die ganze Dauer des Zyklus, den wir betrachten, vom öffentlichen Schauplatz zu entfernen.

Auf die *bürgerliche Monarchie* Louis-Philippes kann nur die *bürgerliche Republik* folgen, d. h., wenn unter dem Namen des Königs ein beschränkter Teil der Bourgeoisie geherrscht hat, so wird jetzt im Namen des Volks die Gesamtheit der Bourgeoisie herrschen. Die Forderungen des Pariser Proletariats sind utopistische Flausen, womit geendet werden muß. Auf diese Erklärung der konstituierenden Nationalversammlung antwortete das Pariser Proletariat mit der *Juni-Insurrektion,* dem kolossalsten Ereignis in der Geschichte der europäischen Bürgerkriege. Die bürgerliche Republik siegte. Auf ihrer Seite stand die Finanzaristokratie, die industrielle Bourgeoisie, der Mittelstand, die Kleinbürger, die Armee, das als Mobilgarde organisierte Lumpenproletariat, die geistigen Kapazitäten, die Pfaffen und die Landbevölkerung. Auf der Seite des Pariser Proletariats stand niemand als es selbst.

[...]

Mit dieser Niederlage tritt das Proletariat in den *Hintergrund* der revolutionären Bühne. Es versucht sich jedesmal wieder vorzudrängen, sobald die Bewegung eine neuen Anlauf zu nehmen scheint, aber mit immer schwächerem Kraftaufwand und stets geringerem Resultat. Sobald eine der höher über ihm liegenden Gesellschaftsschichten in revolutionäre Gärung gerät, geht es eine Verbindung mit ihr ein und teilt so alle Niederlagen, die die verschiedenen Parteien nacheinander erleiden. Aber diese nachträglichen Schläge schwächen sich immer mehr ab, je mehr sie sich auf die ganze Oberfläche der Gesellschaft verteilen. Seine bedeutenderen Führer in der Versammlung und in der Presse fallen der Reihe nach den Gerichten als Opfer, und immer zweideutigere Figuren treten an seine Spitze. Zum Teil wirft es sich auf *doktrinäre Experimente, Tauschbanken und Arbeiterassoziationen, also in eine Bewegung, worin es darauf verzichtet, die alte Welt mit ihren eigenen großen Gesamtmitteln umzuwälzen, vielmehr hinter dem Rücken der Gesellschaft, auf Privatweise, innerhalb seiner beschränkten Existenzbedingungen, seine Erlösung zu vollbringen sucht, also notwendig scheitert.* Es scheint weder in sich selbst die revolutionäre Größe wiederfinden noch aus den neu eingegangenen Verbindungen neue Energie gewinnen zu können, bis *alle Klassen,* womit es im Juni gekämpft, neben ihm selbst platt darniederliegen.

Die Niederlage der Juni-Insurgenten hatte nun allerdings das Terrain vorbereitet, geebnet, worauf die bürgerliche Republik begründet, aufgeführt werden konnte; aber sie hatte zugleich gezeigt, daß es sich in Europa um andre Fragen handelt als um »Republik oder Monarchie«. Sie hatte offenbart, daß *bürgerliche Republik* hier die uneingeschränkte Despotie einer Klasse über andre Klassen bedeute. Sie hatte bewiesen, daß in altzivilisierten Ländern mit entwickelter Klassenbildung, mit modernen Produktionsbedingungen und mit einem geistigen Bewußtsein, worin alle überlieferten

Ideen durch jahrhundertlange Arbeit aufgelöst sind, *die Republik überhaupt nur die politische Umwälzungsform der bürgerlichen Gesellschaft* bedeutet und nicht ihre *konservative Lebensform,* wie z. B. in den Vereinigten Staaten von Nordamerika, wo zwar schon Klassen bestehn, aber sich noch nicht fixiert haben, sondern in beständigem Flusse fortwährend ihre Bestandteile wechseln und aneinander abtreten, wo die modernen Produktionsmittel, statt mit einer stagnanten Übervölkerung zusammenzufallen, vielmehr den relativen Mangel an Köpfen und Händen ersetzen, und wo endlich die fieberhaft jugendliche Bewegung der materiellen Produktion, die eine neue Welt sich anzueignen hat, weder Zeit noch Gelegenheit ließ, die alte Geisterwelt abzuschaffen.

[...]

Alle Klassen und Parteien hatten sich während der Junitage zur *Partei der Ordnung* vereint gegenüber der proletarischen Klasse, als der *Partei der Anarchie,* des Sozialismus, des Kommunismus. Sie hatten die Gesellschaft »gerettet« gegen »*die Feinde der Gesellschaft*«. Sie hatten die Stichworte der alten Gesellschaft, »*Eigentum, Familie, Religion, Ordnung«,* als Parole unter ihr Heer ausgeteilt und der kontrerevolutionären Kreuzfahrt zugerufen: »Unter diesem Zeichen wirst du siegen!« Von diesem Augenblick, sobald eine der zahlreichen Parteien, die sich unter diesem Zeichen gegen die Juni-Insurgenten geschart hatten, in ihrem eigenen Klasseninteresse den revolutionären Kamfplatz zu behaupten sucht, unterliegt sie vor dem Rufe: »Eigentum, Familie, Religion, Ordnung«. Die Gesellschaft wird ebensooft gerettet, als sich der Kreis ihrer Herrscher verengt, als ein exklusiveres Interesse dem weiteren gegenüber behauptet wird. Jede Forderung der einfachsten bürgerlichen Finanzreform, des ordinärsten Liberalismus, des formalsten Republikanertums, der plattesten Demokratie, wird gleichzeitig als »Attentat auf die Gesellschaft« bestraft und als »Sozialismus« gebrandmarkt. Und schließlich werden die Hohenpriester der »Religion und Ordnung« selbst mit Fußtritten von ihren Pythiastühlen verjagt, bei Nacht und Nebel aus ihren Betten geholt, in Zellenwagen gesteckt, in Kerker geworfen oder ins Exil geschickt, ihr Tempel wird der Erde gleichgemacht, ihr Mund wird versiegelt, ihre Feder zerbrochen, ihr Gesetz zerrissen, im Namen der Religion, des Eigentums, der Familie, der Ordnung. Ordnungsfanatische Bourgeois auf ihren Balkonen werden von besoffenen Soldatenhaufen zusammengeschossen, ihr Familienheiligtum wird entweiht, ihre Häuser werden zum Zeitvertreib bombardiert – im Namen des Eigentums, der Familie, der Religion und der Ordnung. Der Auswurf der bürgerlichen Gesellschaft bildet schließlich die *heilige Phalanx der Ordnung.*

[...]

Am 28. Mai 1849 trat die gesetzgebende Nationalversammlung zusammen. Am 2. Dezember 1851 ward sie gesprengt. Diese Periode umfaßt die Lebensdauer der *konstitutionellen oder parlamentarischen Republik.*

In der ersten französischen Revolution folgt auf die Herrschaft der *Konstitutionellen* die Herrschaft der *Girondins* und auf die Herrschaft der *Girondins* die Herrschaft der *Jakobiner.* Jede dieser Parteien stützt sich auf die fortgeschrittenere. Sobald sie die Revolution weit genug geführt hat, um ihr nicht mehr folgen, noch weniger ihr vorangehn zu können, wird sie von dem kühnern Verbündeten, der hinter ihr steht, beiseite geschoben und auf die Guillotine geschickt. Die Revolution bewegt sich so in aufsteigender Linie.

Umgekehrt die Revolution von 1848. Die proletarische Partei erscheint als Anhang der kleinbürgerlich-demokratischen. Sie wird von ihr verraten und fallengelassen am 16. April, am 15. Mai und in den Junitagen. Die demokratische Partei ihrerseits lehnt sich auf die Schultern der bourgeois-republikanischen. Die Bourgeois-Republikaner glauben kaum fest zu stehn, als sie den lästigen Kameraden abschütteln und sich selbst auf die Schultern der Ordnungspartei stützen. Die Ordnungspartei zieht ihre Schultern ein, läßt die Bourgeois-Republikaner purzeln und wirft sich auf die Schultern der bewaffneten Gewalt. Sie glaubt noch auf ihren Schultern zu sitzen, als sie an einem schönen Morgen bemerkt, daß sich die Schultern in Bajonette verwandelt haben. Jede Partei schlägt von hinten aus nach der weiterdrängenden und lehnt sich von vorn über auf die zurückdrängende. Kein Wunder, daß sie in dieser lächerlichen Positur das Gleichgewicht verliert und, nachdem sie die unvermeidlichen Grimassen geschnitten, unter seltsamen Kapriolen zusammenstürzt. Die Revolution bewegt sich so in absteigender Linie.

[...]

Legitimisten und Orleanisten bildeten die zwei großen Fraktionen der Ordnungspartei. Was diese Fraktionen an ihren Prätendenten festhielt und sie wechselseitig auseinanderhielt, war es nichts andres als Lilie und Trikolore, Haus Bourbon und Haus Orléans, verschiedene Schattierungen des Royalismus, war es überhaupt das Glaubensbekenntnis des Royalismus? Unter den Bourbonen hatte das *große Grundeigentum* regiert mit seinen Pfaffen und Lakaien, unter den Orléans die hohe Finanz, die große Industrie, der große Handel, d. h. *das Kapital* mit seinem Gefolge von Advokaten, Professoren und Schönrednern. Das legitime Königtum war bloß der politische Ausdruck für die angestammte Herrschaft der Herren von Grund und Boden, wie die Julimonarchie nur der politische Ausdruck für die ursurpierte Herrschaft der bürgerlichen Parvenüs. Was also diese Fraktionen auseinanderhielt, es waren keine sogenannten Prinzipien, es waren ihre materiellen Existenzbedingungen, zwei verschiedene Arten des Eigentums, es war der alte Gegensatz von Stadt und Land, die Rivalität zwischen Kapital und Grundeigentum.

[...]

Auf den verschiedenen Formen des Eigentums, auf den sozialen Existenzbedingungen erhebt sich ein ganzer Überbau verschiedener und eigentümlich gestalteter Empfindungen, Illusionen, Denkweisen und Lebensanschauungen. Die ganze Klasse schafft und gestaltet sie aus ihren materiellen Grundlagen heraus und aus den entsprechenden gesellschaftlichen Verhältnissen. Das einzelne Individuum, dem sie durch Tradition und Erziehung zufließen, kann sich einbilden, daß sie die eigentlichen Bestimmungsgründe und den Ausgangspunkt seines Handelns bilden. Wenn Orleanisten, Legitimisten, jede Fraktion sich selbst und der andern vorzureden suchte, daß die Anhänglichkeit an ihre zwei Königshäuser sie trenne, bewies später die Tatsache, daß vielmehr ihr gespaltenes Interesse die Vereinigung der zwei Königshäuser verbot. Und wie man im Privatleben unterscheidet zwischen dem, was ein Mensch von sich meint und sagt, und dem, was er wirklich ist und tut, so muß man noch mehr in geschichtlichen Kämpfen die Phrasen und Einbildungen der Parteien von ihrem wirklichen Organismus und ihren wirklichen Interessen, ihre Vorstellung von ihrer Realität unterscheiden. Orleanisten und Legitimisten fanden sich in der Republik nebeneinander mit gleichen Ansprüchen. Wenn jede Seite gegen die andre die *Restauration* ihres *eignen* Königshauses durchsetzen wollte, so hieß das nichts andres, als daß die *zwei großen Interessen,* worin die *Bourgeoisie* sich spaltet – Grundeigentum und Kapital –, jedes seine eigne Suprematie und die Unterordnung des andern zu restaurieren suchte. Wir sprechen von zwei Interessen der Bourgeoisie, denn das große Grundeigentum, trotz seiner feudalen Koketterie und seines Racenstolzes, war durch die Entwicklung der modernen Gesellschaft vollständig verbürgerlicht.

[...]

Die koalisierten Royalisten [...] verrichten ihr wirkliches Geschäft als *Partei der Ordnung,* d. h. unter einem *gesellschaftlichen,* nicht unter einem *politischen* Titel, als Vertreter der bürgerlichen Weltordnung, nicht als Ritter fahrender Prinzessinnen, als Bourgeoisklasse gegenüber andern Klassen, nicht als Royalisten gegenüber den Republikanern. Und als Partei der Ordnung haben sie eine unumschränktere und härtere Herrschaft über die andern Klassen der Gesellschaft ausgeübt als je zuvor unter der Restauration oder unter der Julimonarchie, wie sie überhaupt nur unter der Form der parlamentarischen Republik möglich war, denn nur unter dieser Form konnten die zwei großen Abteilungen der französischen Bourgeoisie sich vereinigen, also die Herrschaft ihrer Klasse statt des Regimes einer privilegierten Fraktion derselben auf die Tagesordnung setzen. Wenn sie trotzdem auch als Partei der Ordnung die Republik insultieren und ihren Widerwillen gegen sie aussprechen, so geschah das nicht nur aus royalistischer Erinnerung. Es lehrte sie der Instinkt, daß die Republik zwar ihre politische Herrschaft vollendet, aber zugleich deren gesellschaftliche Grundlage unterwühlt, indem sie nun ohne Vermittlung, ohne den Versteck der Krone, ohne das nationale Interesse durch ihre untergeordneten Kämpfe untereinander und mit dem Königtum ableiten zu können, den unterjochten Klassen gegenüberstehn und mit ihnen ringen müssen. Es war Gefühl der Schwäche, das sie vor den reinen Bedingungen ihrer eignen Klassenherrschaft zurückbeben und sich nach den unvollständigern, unentwickelteren und eben darum gefahrloseren Formen derselben zurücksehnen ließ.

Der koalisierten Bourgeoisie gegenüber hatte sich eine Koalition zwischen Kleinbürgern und Arbeitern gebildet, die sogenannte *sozialdemokratische* Partei. Die Kleinbürger sahen sich nach den Junitagen 1848 schlecht belohnt, ihre materiellen Interessen gefährdet und die demokratischen Garantien, die ihnen die Geltendmachung dieser Interessen sichern sollten, von der Konterrevolution in Frage gestellt. Sie näherten sich daher den Arbeitern. Ihre parlamentarische Repräsentation andrerseits, die *Montagne,* während der Diktatur der Bourgeois-Republikaner beiseite geschoben, hatte in der letzten Lebenshälfte der Konstituante durch den Kampf mit Bonaparte und den royalistischen Ministern ihre verlorene Popularität wiedererobert. Sie hatte mit den sozialistischen Führern eine Allianz geschlossen. Februar 1849 wurden Versöhnungsbankette gefeiert. Ein gemeinschaftliches Programm wurde entworfen, gemeinschaftliche Wahlkomitees wurden gestiftet und gemeinschaftliche Kandidaten aufgestellt. Den sozialen Forderungen des Proletariats ward die revolutionäre Pointe abgebrochen und eine demokratische Wendung gegeben, den demokratischen Ansprüchen des Kleinbürgertums die bloß politische Form abgestreift und ihre sozialistische Pointe herausgekehrt. So entstand die *Sozial-Demokratie.* Die neue *Montagne,* das Ergebnis dieser Kombination, enthielt, einige Figuranten aus der Arbeiterklasse und einige sozialistische Sektierer abgerechnet, dieselben Elemente wie die alte Montagne, nur numerisch stärker. Aber im Laufe der Entwicklung hatte sie sich verändert mit der Klasse, die sie vertrat. Der eigentümliche Charakter der Sozial-Demokratie faßt sich dahin zusammen, daß demokratisch-republikanische Institutionen als Mittel verlangt werden, nicht um zwei Extreme, Kapital und Lohnarbeit, beide aufzuheben, sondern um ihren Gegensatz abzuschwächen und in Harmonie zu verwandeln. Wie verschiedene Maßregeln zur Erreichung dieses Zweckes vorgeschlagen werden mögen, wie sehr er mit mehr oder minder revolutionären Vorstellungen sich verbrämen mag, der Inhalt bleibt derselbe. Dieser Inhalt ist die Umänderung der Gesellschaft auf demokratischem Wege, aber eine Umänderung innerhalb der Grenzen des Kleinbürgertums. Man muß sich nur nicht die bornierte Vorstellung machen, als wenn das Kleinbürgertum prinzipiell ein egoistisches Klasseninteresse durchsetzen wolle. Es glaubt vielmehr, daß die *besondern* Bedingungen seiner Befreiung die *allgemeinen* Bedingungen sind, innerhalb deren allein die moderne Gesellschaft gerettet und der Klassenkampf vermieden werden kann. Man muß sich ebensowenig vorstellen, daß die demokratischen Repräsentanten nun alle shopkeepers sind oder für dieselben schwärmen. Sie können ihrer Bildung und ihrer individuellen Lage nach himmelweit von ihnen getrennt sein. Was sie zu Vertretern des Kleinbürgers macht, ist, daß sie im Kopfe nicht über die Schranken hinauskommen, worüber jener nicht im Leben hinauskommt, daß sie daher zu denselben Aufgaben und Lösungen theoretisch getrieben werden, wohin jenen das materielle Interesse und die gesellschaftliche Lage praktisch treiben. Dies ist überhaupt das Verhältnis der *politischen* und *literarischen Vertreter* einer Klasse zu der Klasse, die sie vertreten.

Nach der gegebenen Auseinandersetzung versteht sich von selbst, daß, wenn die Montagne mit der Ordnungspartei forwährend um die Republik und die sogenannten Menschenrechte ringt, weder die Republik noch die Menschenrechte ihr letzter Zweck sind, sowenig wie eine Armee, die man ihrer Waffen berauben will und die sich zur Wehr setzt, auf der Kampfplatz getreten ist, um im Besitz ihrer eignen Waffen zu bleiben.

[...]

In den Junitagen 1848 waren Bourgeoisie und Kleinbürgertum als Nationalgarde mit der Armee gegen das Proletariat vereinigt, am 13. Juni 1849 ließ die Bourgeoisie die kleinbürgerliche Nationalgarde durch die Armee auseinandersprengen, am 2. Dezember 1851 war die Nationalgarde der Bourgeoisie selbst verschwunden, und Bonaparte konstatierte nur dies Faktum, als er nachträglich ihr Auflösungsdekret unterschrieb. So hatte die Bourgeoisie selbst ihre letzte Waffe gegen die Armee zerbrochen, aber sie mußte sie zerbrechen von dem Augenblicke, wo das Kleinbürgertum nicht mehr als Vasall hinter, sondern als Rebell vor ihr stand, wie sie überhaupt alle ihre Verteidigungsmittel gegen den Absolutismus mit eigner Hand zerstören mußte, sobald sie selbst absolut geworden war.

Hier sei nur noch bemerkt, daß die Nationalversammlung unpolitisch handelte, als sie für längere Intervalle von der Bühne verschwand und auf der Spitze der Republik nur noch *eine,* wenn auch klägliche Gestalt erblicken ließ, die Louis Bonapartes, während die Partei der Ordnung zum Skandale des Publikums in ihre royalistischen Bestandteile auseinander- und ihren sich widerstreitenden Restaurationsgelüsten nachging. Sooft während dieser Ferien der verwirrende Lärm des *Parlaments* verstummte und sein Körper sich in die Nation auflöste, zeigte sich unverkennbar, daß nur noch *eins* fehle, um die wahre Gestalt dieser Republik zu vollenden: *seine* Ferien permanent machen und *ihre* Aufschrift: liberté, égalité, fraternité, ersetzen durch die unzweideutigen Worte: Infanterie, Kavallerie, Artillerie!

KARL MARX: DER BÜRGERKRIEG IN FRANKREICH (1871) [1]

[...]
Die Zivilisation und Gerechtigkeit der Bourgeoisordnung tritt hervor in ihrem wahren, gewitterschwangern Licht, sobald die Sklaven in dieser Ordnung sich gegen ihre Herren empören. Dann stellt sich diese Zivilisation und Gerechtigkeit dar als unverhüllte Wildheit und gesetzlose Rache. Jede neue Krisis im Klassenkampf zwischen dem Aneigner und dem Hervorbringer des Reichtums bringt diese Tatsache greller zum Vorschein. Selbst die Scheußlichkeiten der Bourgeois vom Juni 1848 verschwinden vor der unsagbaren Niedertracht von 1871. Der selbstopfernde Heldenmut, womit das Pariser Volk – Männer, Weiber und Kinder – acht Tage lang nach dem Einrücken der Versailler fortkämpften, strahlt ebensosehr zurück die Größe ihrer Sache, wie die höllischen Taten der Soldateska zurückstrahlen den eingebornen Geist jener Zivilisation, deren gemietete Vorkämpfer und Rächer sie sind. Eine ruhmvolle Zivilisation in der Tat, deren Lebensfrage darin besteht: wie die Haufen von Leichen loswerden, die sie mordete, nachdem der Kampf vorüber war!
[...]

KARL MARX:
DER ACHTZEHNTE BRUMAIRE DES LOUIS BONAPARTE (1852) [2]

[...]
Welche Summe von Leidenschaft und Deklamation die Ordnungspartei von der Tribüne der Nationalversammlung herab gegen die Minorität aufwenden mochte, ihre Rede blieb einsilbig wie die des Christen, dessen Worte sein sollen: Ja, ja, nein, nein! Einsilbig von der Tribüne herab wie in der Presse. Fad wie ein Rätsel, dessen Lösung im voraus bekannt ist.

Handelte es sich um Petitionsrecht oder um Weinsteuer, um Preßfreiheit oder um Freihandel, um Klubs oder um Munizipalverfassung, um Schutz der persönlichen Freiheit oder um Regelung

---

1 [Text nach: MEW Bd. 17, S. 355—356.]
2 [Text nach: MEW Bd. 8, S. 152—154, 150—151, 177, 182, 182—183, 183—185, 194—195, 196—207.]

des Staatshaushaltes, das Losungswort kehrt immer wieder, das Thema bleibt immer dasselbe, der Urteilsspruch ist immer fertig und lautet unveränderlich: »*Sozialismus!*« Für *sozialistisch* wird selbst der bürgerliche Liberalismus erklärt, für sozialistisch die bürgerliche Aufklärung, für sozialistisch die bürgerliche Finanzreform. Es war sozialistisch, eine Eisenbahn zu bauen, wo schon ein Kanal vorhanden war, und es war sozialistisch, sich mit dem Stocke zu verteidigen, wenn man mit dem Degen angegriffen wurde.

Es war dies nicht bloße Redeform, Mode, Parteitaktik. Die Bourgeoisie hatte die richtige Einsicht, daß alle Waffen, die sie gegen den Feudalismus geschmiedet, ihre Spitze gegen sie selbst kehrten, daß alle Bildungsmittel, die sie erzeugt, gegen ihre eigne Zivilisation rebellierten, daß alle Götter, die sie geschaffen, von ihr abgefallen waren. Sie begriff, daß alle sogenannten bürgerlichen Freiheiten und Fortschrittsorgane ihre *Klassenherrschaft* zugleich an der gesellschaftlichen Grundlage und an der politischen Spitze angriffen und bedrohten, also »*sozialistisch*« geworden waren. In dieser Drohung und in diesem Angriffe fand sie mit Recht das Geheimnis des Sozialismus, dessen Sinn und Tendenz sie richtiger beurteilt, als der sogenannte Sozialismus sich selbst zu beurteilen weiß, der daher nicht begreifen kann, wie die Bourgeoisie sich verstockt gegen ihn verschließt, mag er nun sentimental über die Leiden der Menschheit winseln oder christlich das Tausendjährige Reich und die allgemeine Bruderliebe verkünden oder humanistisch von Geist, Bildung, Freiheit faseln oder doktrinär ein System der Vermittlung und der Wohlfahrt aller Klassen aushecken. Was sie aber nicht begriff, war die Konsequenz, daß ihr *eignes parlamentarisches Regime,* daß ihre *politische Herrschaft* überhaupt nun auch als *sozialistisch* dem allgemeinen Verdammungsurteil verfallen mußte. Solange die Herrschaft der Bourgeoisklasse sich nicht vollständig organisiert, nicht ihren reinen politischen Ausdruck gewonnen hatte, konnte auch der Gegensatz der andern Klassen nicht rein hervortreten, und wo er hervortrat, nicht die gefährliche Wendung nehmen, die jeden Kampf gegen die Staatsgewalt in einen Kampf gegen das Kapital verwandelt. Wenn sie in jeder Lebensregung der Gesellschaft das *Regime der Unruhe,* ihr eignes Regime, das *parlamentarische Regime* behaupten wollen, dieses Regime, das nach dem Ausdrucke eines ihrer Redner im Kampfe und durch den Kampf lebt? Das parlamentarische Regime lebt von der Diskussion, wie soll es die Diskussion verbieten? Jedes Interesse, jede gesellschaftliche Einrichtung wird hier in allgemeine Gedanken verwandelt, als Gedanken verhandelt, wie soll irgendein Interesse, eine Einrichtung sich über dem Denken behaupten und als Glaubensartikel imponieren? Der Rednerkampf auf der Tribüne ruft den Kampf der Preßbengel hervor, der debattierende Klub im Parlament ergänzt sich notwendig durch debattierende Klubs in den Salons und in den Kneipen, die Repräsentanten, die beständig an die Volksmeinung appellieren, berechtigen die Volksmeinung, in Petitionen ihre wirkliche Meinung zu sagen. Das parlamentarische Regime überläßt alles der Entscheidung der Majoritäten, wie sollen die großen Majoritäten jenseits des Parlaments nicht entscheiden wollen? Wenn ihr auf dem Gipfel des Staates die Geige streicht, was andres erwarten, als daß die drunten tanzen?

Indem also die Bourgeoisie, was sie früher als »*liberal*« gefeiert, jetzt als »*sozialistisch*« verketzert, gesteht sie ein, daß ihr eignes Interesse gebietet, sie der Gefahr des *Selbstregierens* zu überheben, daß, um die Ruhe im Lande herzustellen, vor allem ihr Bourgeoisparlament zur Ruhe gebracht, um ihre gesellschaftliche Macht unversehrt zu erhalten, ihre politische Macht gebrochen werden müsse; daß die Privatbourgeois nur fortfahren können, die andern Klassen zu exploitieren und sich ungetrübt des Eigentums, der Familie, der Religion und der Ordnung zu erfreuen, unter der Bedingung, daß ihre Klasse neben den andern Klassen zu gleicher politischer Nichtigkeit verdammt werde; daß, um ihren Beutel zu retten, die Krone ihr abgeschlagen und das Schwert, das sie beschützen solle, zugleich als Damoklesschwert über ihr eignes Haupt gehängt werden müsse.

[...]

Das Ministerium Barrot-Falloux war das erste und letzte *parlamentarische Ministerium*, das Bonaparte ins Leben rief. Die Entlassung desselben bildet daher einen entscheidenden Wendepunkt. Mit ihm verlor die Ordnungspartei, um ihn nie wieder zu erobern, einen unentbehrlichen Posten für die Behauptung des parlamentarischen Regimes, die Handhabe der Exekutivgewalt. Man begreift sogleich, daß in einem Lande wie Frankreich, wo die Exekutivgewalt über ein Beamtenheer von mehr als einer halben Million von Individuen verfügt, also eine ungeheure Masse von Interessen und Existenzen beständig in der unbedingtesten Abhängigkeit erhält, wo der Staat die bürgerliche Gesellschaft von ihren umfassendsten Lebensäußerungen bis zu ihren unbedeutendsten Regungen hinab, von ihren allgemeinsten Daseinsweisen bis zur Privatexistenz der Individuen umstrickt, kontrolliert, maßregelt, überwacht und bevormundet, wo dieser Parasitenkörper durch die außerordentlichste Zentralisation eine Allgegenwart, Allwissenheit, eine beschleunigte Bewegungsfähigkeit und Schnellkraft gewinnt, die nur in der hülflosen Unselbständigkeit, in der zerfahrenen Unförmlichkeit des wirklichen Gesellschaftskörpers ein Analogon finden, daß in einem solchen Lande die Nationalversammlung mit der Verfügung über die Ministerstellen jeden wirklichen Einfluß verloren gab, wenn sie nicht gleichzeitig die Staatsverwaltung vereinfachte, das Beamtenheer möglichst verringerte, endlich die bürgerliche Gesellschaft und die öffentliche Meinung ihre eignen von der Regierungsgewalt unabhängigen Organe erschaffen ließ. Aber das *materielle Interesse* der französischen Bourgeoisie ist gerade auf das innigste mit der Erhaltung jener breiten und vielverzweigten Staatsmaschine verwebt. Hier bringt sie ihre überschüssige Bevölkerung unter und ergänzt in der Form von Staatsgehalten, was sie nicht in der Form von Profiten, Zinsen, Renten und Honoraren einstecken kann. Andrerseits zwang ihr *politisches Interesse* sie, die Repression, also die Mittel und das Personal der Staatsgewalt, täglich zu vermehren, während sie gleichzeitig einen ununterbrochenen Krieg gegen die öffentliche Meinung führen und die selbständigen Bewegungsorgane der Gesellschaft mißtrauisch verstümmeln, lähmen mußte, wo es ihr nicht gelang, sie gänzlich zu amputieren. So war die französische Bourgeoisie durch ihre Klassenstellung gezwungen, einerseits die Lebensbedingungen einer jeden, also auch ihrer eignen parlamentarischen Gewalt zu vernichten, andrerseits die ihr feindliche Exekutivgewalt unwiderstehlich zu machen.

[...]

Die parlamentarische Republik war mehr als das neutrale Gebiet, worin die zwei Fraktionen der französischen Bourgeoisie, Legitimisten und Orleanisten, großes Grundeigentum und Industrie, gleichberechtigt nebeneinander hausen konnten. Sie war die unumgangliche Bedingung ihrer *gemeinsamen* Herrschaft, die einzige Staatsform, worin ihr allgemeines Klasseninteresse sich zugleich die Ansprüche ihrer besondern Fraktionen wie alle übrigen Klassen der Gesellschaft unterwarf. Als Royalisten fielen sie in ihren alten Gegensatz zurück, in den Kampf um die Suprematie des Grundeigentums oder des Geldes, und der höchste Ausdruck dieses Gegensatzes, die Personifikation desselben, waren ihre Könige selbst, ihre Dynastien. Daher das Sträuben der Ordnungspartei gegen *die Rückberufung der Bourbonen*.

[...]

Die parlamentarische Partei war nicht, nur in ihre zwei großen Fraktionen, jede dieser Fraktionen war nicht nur innerhalb ihrer selbst aufgelöst, sondern die Ordnungspartei im Parlamente war mit der Ordnungspartei *außerhalb* des Parlaments zerfallen. Die Wortführer und die Schriftgelehrten der Bourgeoisie, ihre Tribüne und ihre Presse, kurz die Ideologen der Bourgeoisie und die Bourgeoisie selbst, die Repräsentanten und die Repräsentierten, standen sich entfremdet gegenüber und verstanden sich nicht mehr.

Die Legitimisten in den Provinzen, mit ihrem beschränkten Horizont und ihrem unbeschränkten Enthusiasmus, bezichtigten ihre parlamentarischen Führer, Berryer und Falloux, der Desertion ins bonapartistische Lager und des Abfalls von Heinrich V. Ihr Lilienverstand glaubte an den Sündenfall, aber nicht an die Diplomatie.

Ungleich verhängnisvoller und entscheidender war der Bruch der kommerziellen Bourgeoisie mit ihren Politikern. Sie warf ihnen vor, nicht wie die Legitimisten den ihren, von dem Prinzip abgefallen zu sein, sondern umgekehrt, an unnütz gewordenen Prinzipien festzuhalten.

Ich habe schon früher angedeutet, daß seit dem Eintritt Foulds ins Ministerium der Teil der kommerziellen Bourgeoisie, der den Löwenanteil an Louis-Philippes Herrschaft besessen hatte, daß die *Finanzaristokratie* bonapartistisch geworden war. Fould vertrat nicht nur Bonapartes Interesse an der Börse, er vertrat zugleich das Interesse der Börse bei Bonaparte.

[...]

Die Finanzaristokratie verdammte also den parlamentarischen Kampf der Ordnungspartei mit der Exekutivgewalt als eine *Störung der Ordnung* und feierte jeden Sieg des Präsidenten über ihre angeblichen Repräsentanten als einen *Sieg der Ordnung*. Man muß hier unter der Finanzaristokratie nicht nur die großen Anleihunternehmer und Spekulanten in Staatspapieren verstehn, von denen es sich sofort begreift, daß ihr Interesse mit dem Interesse der Staatsgewalt zusammenfällt. Das ganze moderne Geldgeschäft, die ganze Bankwirtschaft ist auf das innigste mit dem öffentlichen Kredit verwebt. Ein Teil ihres Geschäftskapitals wird notwendig in schnell konvertiblen Staatspapieren angelegt und verzinst. Ihre Depositen, das ihnen zur Verfügung gestellte und von ihnen unter Kaufleute und Industrielle verteilte Kapital strömt teilweis aus den Dividenden der Staatsrentner her. Der ganze Geldmarkt und die Priester dieses Geldmarkts, wenn zu jeder Epoche die Stabilität der Staatsgewalt Moses und die Propheten für sie bedeutet hat, wie nicht erst heute, wo jede Sündflut mit den alten Staaten die alten Staatsschulden wegzuschwemmen droht?

Auch die *industrielle Bourgeoisie* ärgerte sich in ihrem Ordnungsfanatismus über die Zänkereien der parlamentarischen Ordnungspartei mit der Exekutivgewalt. Thiers, Anglès, Sainte-Beuve usw. erhielten nach ihrem Votum vom 18. Januar, bei Gelegenheit der Absetzung Changarniers, von ihren Mandatgebern gerade aus den industriellen Bezirken öffentliche Zurechtweisungen, worin namentlich ihre Koalition mit der Montagne als Hochverrat an der Ordnung gegeißelt wurde. Wenn wir gesehn haben, daß die prahlerischen Neckereien, die kleinlichen Intrigen, worin sich der Kampf der Ordnungspartei mit dem Präsidenten kundgab, keine bessere Aufnahme verdienten, so war andererseits diese Bourgeoispartei, die von ihren Vertretern verlangt, die Militärgewalt aus den Händen ihres eignen Parlaments widerstandslos in die eines abenteuernden Prätendenten übergehn zu lassen, nicht einmal der Intrigen wert, die in ihrem Interesse verschwendet wurden. Sie bewies, daß der Kampf um die Behauptung ihres *öffentlichen* Interesses, ihres eignen *Klasseninteresses,* ihrer *politischen Macht,* sie als Störung des Privatgeschäfts nur belästige und verstimme.

[...]

Wenn der Handel gut ging, wie noch Anfang 1851, tobte die kommerzielle Bourgeoisie gegen jeden parlamentarischen Kampf, damit dem Handel ja nicht der Humor ausgehe. Wenn der Handel schlecht ging, wie fortdauernd seit Ende Februar 1851, klagte sie die parlamentarischen Kämpfe als Ursache der Stockung an und schrie nach ihrem Verstummen, damit der Handel wieder laut werde. Die Revisionsdebatten fielen gerade in diese schlechte Zeit. Da es sich hier um Sein oder Nichtsein der bestehenden Staatsform handelte, fühlte sich die Bourgeoisie um so berechtigter, von ihren Repräsentanten das Ende dieses folternden Provisoriums und zugleich die Erhaltung des Status quo zu verlangen. Es war dies kein Widerspruch. Unter dem Ende des Provisoriums verstand sie gerade seine Fortdauer, das Hinausschieben des Augenblicks, wo es zu einer Entscheidung kommen mußte, in eine blaue Ferne. Der Status quo konnte nur auf zwei Wegen erhalten werden. Verlängerung der Gewalt Bonapartes oder verfassungsmäßiger Abtritt desselben und Wahl Cavaignacs. Ein Teil der Bourgeoisie wünschte die letztere Lösung und wußte seinen Repräsentanten keinen bessern Rat zu geben, als zu schweigen, den brennenden Punkt unberührt zu lassen. Wenn ihre Repräsentanten nicht sprächen, meinten sie, werde Bonaparte nicht handeln. Sie wünschten sich ein Straußenparlament, das seinen Kopf verstecke, um ungesehn zu bleiben. Ein andrer Teil der Bourgeoisie wünschte Bonaparte, weil er einmal auf dem Präsidentenstuhl saß, auf dem Präsidentenstuhl sitzenzulassen, damit alles im alten Geleise bleibe. Es empörte sie, daß ihr Parlament nicht offen die Konstitution brach und ohne Umstände abdankte.

Die Generalräte der Departements, diese Provinzialvertretungen der großen Bourgeoisie, die während der Ferien der Nationalversammlung vom 25. August an tagten, erklärten sich fast einstimmig für die Revision, also gegen das Parlament und für Bonaparte.

Noch unzweideutiger als den Zerfall mit ihren *parlamentarischen Repräsentanten* legte die Bourgeoisie ihre Wut über ihre literarischen Vertreter, über ihre eigne Presse, an den Tag. Die Verurteilungen zu unerschwinglichen Geldsummen und zu schamlosen Gefängnisstrafen durch die Bourgeois-Jurys für jeden Angriff der Bourgeois-Journalisten auf die Usurpationsgelüste Bonapartes, für jeden Versuch der Presse, die politischen Rechte der Bourgeoisie gegen die Exekutivgewalt zu verteidigen, setzten nicht nur Frankreich, sondern ganz Europa in Erstaunen.

Wenn die *parlamentarische Ordnungspartei,* wie ich gezeigt habe, durch ihr Schreien nach Ruhe sich selbst zur Ruhe verwies, wenn sie die politische Herrschaft der Bourgeoisie für unverträglich mit der Sicherheit und dem Bestand der Bourgeoisie erklärte, indem sie im Kampfe gegen die andern Klassen der Gesellschaft alle Bedingungen ihres eignen Regimes, des parlamentarischen Regimes, mit eigner Hand vernichtete, so forderte dagegen die *außerparlamentarische Masse der Bourgeoisie* durch ihre Servilität gegen den Präsidenten, durch ihre Schmähungen gegen das Parlament, durch die brutale Mißhandlung der eignen Presse Bonaparte auf, ihren sprechenden und schreibenden Teil, ihre Politiker und ihre Literaten, ihre Rednertribüne und ihre Presse zu unterdrücken, zu vernichten, damit sie nun vertrauensvoll unter dem Schutze einer starken und uneingeschränkten Regierung ihren Privatgeschäften nachgehen könne. Sie erklärte unzweideutig, daß sie ihre eigne politische Herrschaft loszuwerden schmachte, um die Mühen und Gefahren der Herrschaft loszuwerden.

Und sie, die sich schon gegen den bloß parlamentarischen und literarischen Kampf für die Herrschaft ihrer eignen Klasse empört und die Führer dieses Kampfes verraten hatte, sie wagt jetzt nachträglich das Proletariat anzuklagen, daß es nicht zum blutigen Kampfe, zum Kampfe auf Leben und Tod für sie aufgestanden sei! Sie, die jeden Augenblick ihr allgemeines Klasseninteresse, d. h. ihr politisches Interesse dem borniertesten, schmutzigsten Privatinteresse aufopferte und an ihre Vertreter die Zumutung eines ähnlichen Opfers stellte, sie jammert jetzt, das Proletariat habe seinen materiellen Interessen ihre idealen politischen Interessen geopfert. Sie gebart sich als schöne Seele, die von dem durch Sozialisten irrgeleiteten Proletariat verkannt und im entscheidenden Augenblicke verlassen worden sei. Und sie findet ein allgemeines Echo in der bürgerlichen Welt. Ich spreche natürlich hier nicht von deutschen Winkelpolitikern und Gesinnungslümmeln. Ich verweise z. B. auf denselben »*Economist*«, der noch am 29. November 1851, also vier Tage vor dem Staatsstreich, Bonaparte für die »Schildwache der Ordnung«, die Thiers und Berryer aber für »Anarchisten« erklärt hatte und schon am 27. Dezember 1851, nachdem Bonaparte jene Anarchisten zur Ruhe gebracht hat, über den Verrat schreit, den »ignorante, unerzogne, stupide Proletariermassen an dem Geschick, der Kenntnis, der Disziplin, dem geistigen Einfluß, den intellektuellen Hülfsquellen und dem moralischen Gewicht der mittleren und höheren Gesellschaftsränge« verübt hätten. Die stupide, ignorante und gemeine Masse war niemand anders als die Bourgeoismasse selbst.

[...]

Die *soziale Republik* erschien als Phrase, als Prophezeiung an der Schwelle der Februarrevolution. In den Junitagen 1848 wurde sie im Blute *des Pariser Proletariats* erstickt, aber sie geht in den folgenden Akten des Dramas als Gespenst um. Die *demokratische Republik* kündigt sich an. Sie verpufft am 13. Juni 1849 mit ihren davongelaufenen *Kleinbürgern,* aber im Fliehen wirft sie doppelt renommierende Reklamen hinter sich. Die *parlamentarische Republik* mit der Bourgeoisie bemächtigt sich der ganzen Bühne, sie lebt sich aus in der vollen Breite ihrer Existenz, aber der 2. Dezember 1851 begräbt sie unter dem Angstgeschrei der koalisierten

Royalisten: »Es lebe die Republik!«

Die französische Bourgeoisie bäumte sich gegen die Herrschaft des arbeitenden Proletariats, sie hat das Lumpenproletariat zur Herrschaft gebracht, an der Spitze den Chef der Gesellschaft vom 10. Dezember. Die Bourgeoisie hielt Frankreich in atemloser Furcht vor den zukünftigen Schrecken der roten Anarchie; Bonaparte eskomptierte ihr diese Zukunft, als er am 4. Dezember die vornehmen Bürger des Boulevard Montmartre und des Boulevard des Italiens durch die schnapsbegeisterte Armee der Ordnung von ihren Fenstern herabschießen ließ. Sie apotheosierte den Säbel; der Säbel beherrscht sie. Sie vernichtete die revolutionäre Presse; ihre eigne Presse ist vernichtet. Sie stellte die Volksversammlungen unter Polizeiaufsicht; ihre Salons stehn unter der Aufsicht der Polizei. Sie löste die demokratischen Nationalgarden auf; ihre eigene Nationalgarde ist aufgelöst. Sie verhing den Belagerungszustand; der Belagerungszustand ist über sie verhängt. Sie verdrängte die Jurys durch Militärkommissionen; ihre Jurys sind durch Militärkommissionen verdrängt. Sie unterwarf den Volksunterricht den Pfaffen; die Pfaffen unterwerfen sie ihrem eignen Unterricht. Sie transportierte ohne Urteil; sie wird ohne Urteil transportiert. Sie unterdrückte jede Regung der Gesellschaft durch die Staatsmacht; jede Regung ihrer Gesellschaft wird durch die Staatsmacht erdrückt. Sie rebellierte aus Begeisterung für ihren Geldbeutel gegen ihre eignen Politiker und Literaten; ihre Politiker und Literaten sind beseitigt, aber ihr Geldbeutel wird geplündert, nachdem sein Mund geknebelt und seine Feder zerbrochen ist. Die Bourgeoisie rief der Revolution unermüdlich zu wie der heilige Arsenius den Christen: »Fuge, tace, quiesce! Fliehe, schweige, ruhe!« Bonaparte ruft der Bourgeoisie zu: »Fuge, tace, quiesce! Fliehe, schweige, ruhe!«

Die französische Bourgeoisie hatte längst das Dilemma Napoleons gelöst: »Dans cinquante ans l'Europe sera républicaine ou cosaque.« Sie hatte es gelöst in der »république cosaque«. Keine Circe hat das Kunstwerk der bürgerlichen Republik durch bösen Zauber in eine Ungestalt verzerrt. Jene Republik hat nichts verloren als den Schein der Respektabilität. Das jetzige Frankreich war fertig in der parlamentarischen Republik enthalten. Es bedurfte nur eines Bajonettstichs, damit die Blase platze und das Ungeheuer in die Augen springe.

Warum hat sich das Pariser Proletariat nicht nach dem 2. Dezember erhoben?

Noch war der Sturz der Bourgeoisie erst dekretiert, das Dekret war nicht vollzogen. Jeder ernste Aufstand des Proletariats hätte sie sofort neu belebt, mit der Armee ausgesöhnt und den Arbeitern eine zweite Juniniederlage gesichert.

[...]

Wenn der Sturz der parlamentarischen Republik dem Keime nach den Triumph der proletarischen Revolution in sich enthält, so war ihr nächstes handgreifliches Resultat *der Sieg Bonapartes über das Parlament, der Exekutivgewalt über die Legislativgewalt, der Gewalt ohne Phrase über die Gewalt der Phrase*. In dem Parlamente erhob die Nation ihren allgemeinen Willen zum Gesetze, d. h. das Gesetz der herrschenden Klasse zu ihrem allgemeinen Willen. Vor der Exekutivgewalt dankt sie jeden eignen Willen ab und unterwirft sich dem Machtgebot des fremden, der Autorität. Die Exekutivgewalt im Gegensatz zur Legislativen drückt die Heteronomie der Nation im Gegensatz zu ihrer Autonomie aus. Frankreich scheint also nur der Despotie einer Klasse entlaufen, um unter die Despotie eines Individuums zurückzufallen, und zwar unter die Autorität eines Individuums ohne Autorität. Der Kampf scheint so geschlichtet, daß alle Klassen gleich machtlos und gleich lautlos vor dem Kolben niederknien.

Aber die Revolution ist gründlich. Sie ist noch auf der Reise durch das Fegefeuer begriffen. Sie vollbringt ihr Geschäft mit Methode. Bis zum 2. Dezember 1851 hatte sie die eine Hälfte ihrer Vorbereitung absolviert, sie absolviert jetzt die andre. Sie vollendete erst die parlamentarische Gewalt, um sie stürzen zu können. Jetzt, wo sie dies erreicht, vollendet sie die *Exekutivgewalt*, reduziert sie auf ihren reinsten Ausdruck, isoliert sie, stellt sie sich als einzigen Vorwurf gegenüber, um alle ihre Kräfte der Zerstörung gegen sie zu konzentrieren. Und wenn sie diese zweite Hälfte ihrer Vorarbeit vollbracht hat, wird Europa von seinem Sitze aufspringen und jubeln: Brav gewühlt, alter Maulwurf!

Diese Exekutivgewalt mit ihrer ungeheuern bürokratischen und militärischen Organisation, mit ihrer weitschichtigen und künstlichen Staatsmaschinerie, ein Beamtenheer von einer halben Million neben einer Armee von einer andern halben Million, dieser fürchterliche Parasitenkörper, der sich wie eine Netzhaut um den Leib der französischen Gesellschaft schlingt und ihr alle Poren verstopft, entstand in der Zeit der absoluten Monarchie, beim Verfall des

Feudalwesens, den er beschleunigen half. Die herrschaftlichen Privilegien der Grundeigentümer und Städte verwandelten sich in ebenso viele Attribute der Staatsgewalt, die feudalen Würdenträger in bezahlte Beamte und die bunte Musterkarte der widerstreitenden mittelalterlichen Machtvollkommenheiten in den geregelten Plan einer Staatsmacht, deren Arbeit fabrikmäßig geteilt und zentralisiert ist. Die erste französische Revolution mit ihrer Aufgabe, alle lokalen, territorialen, städtischen und provinziellen Sondergewalten zu brechen, um die bürgerliche Einheit der Nation zu schaffen, mußte entwickeln, was die absolute Monarchie begonnen hatte: die Zentralisation, aber zugleich den Umfang, die Attribute und die Handlanger der Regierungsgewalt. Napoleon vollendete diese Staatsmaschinerie. Die legitime Monarchie und die Julimonarchie fügten nichts hinzu als eine größere Teilung der Arbeit, in demselben Maße wachsend, als die Teilung der Arbeit innerhalb der bürgerlichen Gesellschaft neue Gruppen von Interessen schuf, also neues Material für die Staatsverwaltung. Jedes *gemeinsame* Interesse wurde sofort von der Gesellschaft losgelöst, als höheres, *allgemeines* Interesse ihr gegenübergestellt, der Selbsttätigkeit der Gesellschaftsglieder entrissen und zum Gegenstand der Regierungstätigkeit gemacht, von der Brücke, dem Schulhaus und dem Kommunalvermögen einer Dorfgemeinde bis zu den Eisenbahnen, dem Nationalvermögen und der Landesuniversität Frankreichs. Die parlamentarische Republik endlich sah sich in ihrem Kampfe wider die Revolution gezwungen, mit den Repressivmaßregeln die Mittel und die Zentralisation der Regierungsgewalt zu verstärken. Alle Umwälzungen vervollkommneten diese Maschine statt sie zu brechen. Die Parteien, die abwechselnd um die Herrschaft rangen, betrachteten die Besitznahme dieses ungeheuren Staatsgebäudes als die Hauptbeute des Siegers.

Aber unter der absoluten Monarchie, während der ersten Revolution, unter Napoleon war die Bürokratie nur das Mittel, die Klassenherrschaft der Bourgeoisie vorzubereiten. Unter der Restauration, unter Louis-Philippe, unter der parlamentarischen Republik war sie das Instrument der herrschenden Klasse, so sehr sie auch nach Eigenmacht strebte.

Erst unter dem zweiten Bonaparte scheint sich der Staat völlig verselbständigt zu haben. Die Staatsmaschine hat sich der bürgerlichen Gesellschaft gegenüber so befestigt, daß an ihrer Spitze der Chef der Gesellschaft vom 10. Dezember genügt, ein aus der Fremde herbeigelaufener Glücksritter, auf den Schild gehoben von einer trunkenen Soldateska, die er durch Schnaps und Würste erkauft hat, nach der er stets von neuem mit der Wurst werfen muß. Daher die kleinlaute Verzweiflung, das Gefühl der ungeheuersten Demütigung, Herabwürdigung, das die Brust Frankreichs beklemmt und seinen Atem stocken macht. Es fühlt sich wie entehrt.

Und dennoch schwebt die Staatsgewalt nicht in der Luft. Bonaparte vertritt eine Klasse, und zwar die zahlreichste Klasse der französischen Gesellschaft, die *Parzellenbauern*.

Wie die Bourbons die Dynastie des großen Grundeigentums, wie die Orléans die Dynastie des Geldes, so sind die Bonapartes die Dynastie der Bauern, d. h. der französischen Volksmasse. Nicht der Bonaparte, der sich dem Bourgeoisparlamente unterwarf, sondern der Bonaparte, der das Bourgeoisparlament auseinanderjagte, ist der Auserwählte der Bauern. Drei Jahre war es den Städten gelungen, den Sinn der Wahl vom 10. Dezember zu verfälschen und die Bauern um die Wiederherstellung des Kaiserreichs zu prellen. Die Wahl vom 10. Dezember 1848 ist erst erfüllt worden durch den coup d'état vom 2. Dezember 1851.

Die Parzellenbauern bilden eine ungeheure Masse, deren Glieder in gleicher Situation leben, aber ohne in mannigfache Beziehung zueinander zu treten. Ihre Produktionsweise isoliert sie voneinander, statt sie in wechselseitigen Verkehr zu bringen. Die Isolierung wird gefördert durch die schlechten französischen Kommunikationsmittel und die Armut der Bauern. Ihr Produktionsfeld, die Parzelle, läßt in seiner Kultur keine Teilung der Arbeit zu, keine Anwendung der Wissenschaft, also keine Mannigfaltigkeit der Entwickelung, keine Verschiedenheit der Talente, keinen Reichtum der gesellschaftlichen Verhältnisse. Jede einzelne Bauernfamilie genügt beinahe sich selbst, produziert unmittelbar selbst den größten Teil ihres Konsums und gewinnt so ihr Lebensmaterial mehr im Austausche mit der Natur als im Verkehr mit der Gesellschaft. Die Parzelle, der Bauer und die Familie; daneben eine andre Parzelle, ein andrer Bauer und eine andre Familie. Ein Schock davon macht ein Dorf, und ein Schock von Dörfern macht ein Departement. So wird die große Masse der französischen Nation gebildet durch einfache Addition gleichnamiger Größen, wie etwa ein Sack von Kartoffeln einen Kartoffelsack bildet. Insofern Millionen von Familien unter ökonomischen Existenzbedingungen leben, die ihre Lebensweise, ihre Interessen und ihre Bildung von denen der andern

Klassen trennen und ihnen feindlich gegenüberstellen, bilden sie eine Klasse. Insofern ein nur lokaler Zusammenhang unter den Parzellenbauern besteht, die Dieselbigkeit ihrer Interessen keine Gemeinsamkeit, keine nationale Verbindung und keine politische Organisation unter ihnen erzeugt, bilden sie keine Klasse. Sie sind daher unfähig, ihr Klasseninteresse im eigenen Namen, sei es durch ein Parlament, sei es durch einen Konvent geltend zu machen. Sie können sich nicht vertreten, sie müssen vertreten werden. Ihr Vertreter muß zugleich als ihr Herr, als eine Autorität über ihnen erscheinen, als eine unumschränkte Regierungsgewalt, die sie vor den andern Klassen beschützt und ihnen von oben Regen und Sonnenschein schickt. Der politische Einfluß der Parzellenbauern findet also darin seinen letzten Ausdruck, daß die Exekutivgewalt sich die Gesellschaft unterordnet.

Durch die geschichtliche Tradition ist der Wunderglaube der französischen Bauern entstanden, daß ein Mann namens Napoleon ihnen alle Herrlichkeit wiederbringen werde. Und es fand sich ein Individuum, das sich für diesen Mann ausgibt, weil es den Namen Napoleon trägt, infolge des Code Napoléon, der anbefiehlt: »La recherche de la paternité est interdite.« Nach zwanzigjähriger Vagabundage und einer Reihe von grotesken Abenteuern erfüllt sich die Sage, und der Mann wird Kaiser der Franzosen. Die fixe Idee des Neffen verwirklichte sich, weil sie mit der fixen Idee der zahlreichsten Klasse der Franzosen zusammenfiel.

Aber, wird man mir einwerfen, die Bauernaufstände in halb Frankreich, die Treibjagden der Armee auf die Bauern, die massenhafte Einkerkerung und Transportation der Bauern?

Seit Ludwig XIV. hat Frankreich keine ähnliche Verfolgung der Bauern »wegen demagogischer Umtriebe« erlebt.

Aber man verstehe wohl. Die Dynastie Bonaparte repräsentiert nicht den revolutionären, sondern den konservativen Bauer, nicht den Bauer, der über seine soziale Existenzbedingung, die Parzelle hinausdrängt, sondern der sie vielmehr befestigen will, nicht das Landvolk, das durch eigne Energie im Anschluß an die Städte die alte Ordnung umstürzen, sondern umgekehrt dumpf verschlossen in dieser alten Ordnung sich mitsamt seiner Parzelle von dem Gespenste des Kaisertums gerettet und bevorzugt sehen will. Sie repräsentiert nicht die Auflösung, sondern den Aberglauben des Bauern, nicht sein Urteil, sondern sein Vorurteil, nicht seine Zukunft, sondern seine Vergangenheit, nicht seine modernen Cevennen, sondern seine moderne Vendée.

Die dreijährige harte Herrschaft der parlamentarischen Republik hatte einen Teil der französischen Bauern von der napoleonischen Illusion befreit und, wenn auch nur noch oberflächlich, revolutioniert; aber die Bourgeoisie warf sie gewaltsam zurück, sooft sie sich in Bewegung setzten. Unter der parlamentarischen Republik rang das moderne mit dem traditionellen Bewußtsein der französischen Bauern. Der Prozeß ging vor sich in der Form eines unaufhörlichen Kampfes zwischen den Schulmeistern und den Pfaffen. Die Bourgeoisie schlug die Schulmeister nieder. Die Bauern machten zum ersten Mal Anstrengungen, der Regierungstätigkeit gegenüber sich selbständig zu verhalten. Es erschien dies in dem fortgesetzten Konflikte der Maires mit den Präfekten. Die Bourgeoisie setzte die Maires ab. Endlich erhoben sich die Bauern verschiedener Orte während der Periode der parlamentarischen Republik gegen ihre eigne Ausgeburt, die Armee. Die Bourgeoisie bestrafte sie mit Belagerungszuständen und Exekutionen. Und dieselbe Bourgeoisie schreit jetzt über die Stupidität der Massen, der vile multitude, die sie an Bonaparte verraten habe. Sie selbst hat den Imperialismus der Bauernklasse gewaltsam befestigt, sie hielt die Zustände fest, die die Geburtsstätte dieser Bauernreligion bilden. Allerdings muß die Bourgeoisie die Dummheit der Massen fürchten, solange sie konservativ bleiben, und die Einsicht der Massen, sobald sie revolutionär werden.

In den Aufständen nach dem coup d'état protestierte ein Teil der französischen Bauern mit den Waffen in der Hand gegen sein eignes Votum vom 10. Dezember 1848. Die Schule seit 1848 hatte sie gewitzigt. Allein sie hatten sich der geschichtlichen Unterwelt verschrieben, die Geschichte hielt sie beim Worte, und noch war die Mehrzahl so befangen, daß gerade in den rotesten Departments die Bauernbevölkerung öffentlich für Bonaparte stimmte. Die Nationalversammlung hatte ihn nach ihrer Ansicht am Gehn verhindert. Er hatte jetzt nur die Fessel gebrochen, die die Städte dem Willen des Landes angelegt. Sie trugen sich stellenweise sogar mit der grotesken Vorstellung: neben einem Napoleon ein Konvent.

Nachdem die erste Revolution die halbhörigen Bauern in freie Grundeigentümer verwandelt hatte, befestigte und regelte Napoleon die Bedingungen, worin sie ungestört den eben erst ihnen anheimgefallenen Boden Frankreichs ausbeuten und die jugendliche Lust am Eigentum büßen konnten. Aber woran der französische

Bauer jetzt untergeht, es ist seine Parzelle selbst, die Teilung des
Grund und Bodens, die Eigentumsform, die Napoleon in Frankreich konsolidierte. Es sind eben die materiellen Bedingungen,
die den französischen Feudalbauer zum Parzellenbauer und Napoleon zum Kaiser machten. Zwei Generationen haben hingereicht,
um das unvermeidliche Resultat zu erzeugen: progressive
Verschlechterung des Ackerbaues, progressive Verschuldung
des Ackerbauers. Die »Napoleonische« Eigentumsform, die im
Anfange des neunzehnten Jahrhunderts die Bedingung für die Befreiung und die Bereicherung des französischen Landvolkes war,
hat sich im Laufe dieses Jahrhunderts als das Gesetz ihrer Sklaverei und ihres Pauperismus entwickelt. Und eben dies Gesetz ist die
erste der »idées napoléoniennes«, die der zweite Bonaparte zu behaupten hat. Wenn er mit den Bauern noch die Illusion teilt, nicht
im Parzelleneigentum selbst, sondern außerhalb, im Einflusse sekundärer Umstände die Ursache ihres Ruins zu suchen, so werden
seine Experimente wie Seifenblasen an den Produktionsverhältnissen zerschellen.

Die ökonomische Entwickelung des Parzelleneigentums hat das
Verhältnis der Bauern zu den übrigen Gesellschaftsklassen von
Grund aus verkehrt. Unter Napoleon ergänzte die Parzellierung des
Grund und Bodens auf dem Lande die freie Konkurrenz und die
beginnende große Industrie in den Städten. Die Bauernklasse war
der allgegenwärtige Protest gegen die eben erst gestürzte Grundaristokratie. Die Wurzeln, die das Parzelleneigentum in dem französischen Grund und Boden schlug, entzogen dem Feudalismus
jeden Nahrungsstoff. Seine Grenzpfähle bildeten das natürliche
Befestigungswerk der Bourgeoisie gegen jeden Handstreich ihrer
alten Oberherren. Aber im Laufe des neunzehnten Jahrhunderts
trat an die Stelle des Feudalen der städtische Wucherer, an die
Stelle der Feudalpflichtigkeit des Bodens die Hypothek, an die
Stelle des aristokratischen Grundeigentums das bürgerliche Kapital. Die Parzelle des Bauern ist nur noch der Vorwand, der dem
Kapitalisten erlaubt, Profit, Zinsen und Rente von dem Acker zu
ziehn und den Ackerbauer selbst zusehn zu lassen, wie er seinen
Arbeitslohn herausschlägt. Die auf dem französischen Boden
lastende Hypothekarschuld legt der französischen Bauernschaft
einen Zins auf, so groß wie der Jahreszins der gesamten britischen
Nationalschuld. Das Parzelleneigentum in dieser Sklaverei vom
Kapital, wozu seine Entwicklung unvermeidlich hindrängt, hat die

Masse der französischen Nation in Troglodyten verwandelt. Sechzehn Millionen Bauern (Frauen und Kinder eingerechnet) hausen in Höhlen, wovon ein großer Teil nur eine Öffnung, der andre nur zwei, und der bevorzugteste nur drei Öffnungen hat. Die Fenster sind an einem Haus, was die fünf Sinne für den Kopf sind. Die bürgerliche Ordnung, die im Anfange des Jahrhunderts den Staat als Schildwache vor die neuentstandene Parzelle stellte und sie mit Lorbeeren düngte, ist zum Vampyr geworden, der ihr Herzblut und Hirnmark aussaugt und sie in den Alchimistenkessel des Kapitals wirft. Der Code Napoléon ist nur noch der Kodex der Exekution, der Subhastation und der Zwangsversteigerung. Zu den vier Millionen (Kinder usw. eingerechnet) offizieller Paupers, Vagabunden, Verbrechern und Prostituierten, die Frankreich zählt, kommen fünf Millionen hinzu, die an dem Abgrunde der Existenz schweben und entweder auf dem Lande selbst hausen oder beständig mit ihren Lumpen und ihren Kindern von dem Lande in die Städte und von den Städten auf das Land desertieren. Das Interesse der Bauern befindet sich also nicht mehr, wie unter Napoleon, im Einklange, sondern im Gegensatze mit den Interessen der Bourgeoisie, mit dem Kapital. Sie finden also ihren natürlichen Verbündeten und Führer in dem *städtischen Proletariat*, dessen Aufgabe der Umsturz der bürgerlichen Ordnung ist. Aber die *starke und unumschränkte Regierung* – und dies ist die zweite »idée napoléonienne«, die der zweite Napoleon auszuführen hat – ist zur gewaltsamen Verteidigung dieser »materiellen« Ordnung berufen. Auch gibt dieser »ordre matériel« in allen Proklamationen Bonapartes gegen die aufrührischen Bauern das Stichwort ab.

Neben der Hypothek, die das Kapital ihr auferlegt, lastet auf der Parzelle die *Steuer*. Die Steuer ist die Lebensquelle der Bürokratie, der Armee, der Pfaffen und des Hofes, kurz, des ganzen Apparats der Exekutivgewalt. Starke Regierung und starke Steuer sind identisch. Das Parzelleneigentum eignet sich seiner Natur nach zur Grundlage einer allgewaltigen und zahllosen Bürokratie. Es schafft ein gleichmäßiges Niveau der Verhältnisse und der Personen über der ganzen Oberfläche des Landes. Es erlaubt also auch die gleichmäßige Einwirkung nach allen Punkten dieser gleichmäßigen Masse von einem obersten Zentrum aus. Es vernichtet die aristokratischen Mittelstufen zwischen der Volksmasse und der Staatsgewalt. Es ruft also von allen Seiten das direkte Eingreifen dieser Staatsgewalt und das Zwischenschieben ihrer unmittelbaren Organe hervor. Es erzeugt endlich eine unbeschäftigte Überbevölkerung, die weder auf dem Lande noch in den Städten Platz findet und daher nach den Staatsämtern als einer Art von respektablem Almosen greift und die Schöpfung von Staatsämtern provoziert. Napoleon gab in den neuen Märkten, die er mit dem Bajonette eröffnete, in der Plünderung des Kontinents, die Zwangssteuer mit Zinsen zurück. Sie war ein Stachel für die Industrie des Bauern, während sie jetzt seine Industrie der letzten Hülfsquellen beraubt, seine Widerstandslosigkeit gegen den Pauperismus vollendet. Und eine enorme Bürokratie, wohlgaloniert und wohlgenährt, ist die »idée napoléonienne«, die dem zweiten Bonaparte von allen am meisten zusagt. Wie sollte sie nicht, da er gezwungen ist, neben den wirklichen Klassen der Gesellschaft eine künstliche Kaste zu schaffen, für welche die Erhaltung seines Regimes zur Messer- und Gabelfrage wird. Eine seiner ersten Finanzoperationen war daher auch die Wiedererhöhung der Beamtengehalte auf ihren alten Betrag und Schöpfung neuer Sinekuren.

Eine andre »idée napoléonienne« ist die Herrschaft der *Pfaffen* als Regierungsmittel. Aber wenn die neuentstandene Parzelle in ihrem Einklang mit der Gesellschaft, in ihrer Abhängigkeit von den Naturgewalten und ihrer Unterwerfung unter die Autorität, die sie von oben beschützte, natürlich religiös war, wird die schuldzerrüttete, mit der Gesellschaft und der Autorität zerfallene, über ihre eigne Beschränktheit hinausgetriebene Parzelle natürlich irreligiös. Der Himmel war eine ganz schöne Zugabe zu dem eben gewonnenen schmalen Erdstrich, zumal da er das Wetter macht; er wird zum Insult, sobald er als Ersatz für die Parzelle aufgedrängt wird. Der Pfaffe erscheint dann nur noch als der gesalbte Spürhund der irdischen Polizei – eine andre »idée napoléonienne«. Die Expedition gegen Rom wird das nächste Mal in Frankreich selbst stattfinden, aber im umgekehrten Sinne des Herrn von Montalembert.

Der Kulminierpunkt der »idées napoléoniennes« endlich ist das Übergewicht der *Armee*. Die Armee war der point d'honneur der Parzellenbauern, sie selbst in Heroen verwandelt, nach außen hin den neuen Besitz verteidigend, ihre eben erst errungene Nationalität verherrlichend, die Welt plündernd und revolutionierend. Die Uniform war ihr eignes Staatskostüm, der Krieg ihre Poesie, die in der Phantasie verlängerte und abgerundete Parzelle das Vaterland und der Patriotismus die ideale Form des Eigentumssinnes. Aber die

Feinde, wogegen der französische Bauer jetzt sein Eigentum zu verteidigen hat, es sind nicht die Kosaken, es sind die Huissiers und Steuerexekutoren. Die Parzelle liegt nicht mehr im sogenannten Vaterland, sondern im Hypothekenbuch. Die Armee selbst ist nicht mehr die Blüte der Bauernjugend, sie ist die Sumpfblume des bäuerlichen Lumpenproletariats. Sie besteht großenteils aus Remplaçants, aus Ersatzmännern, wie der zweite Bonaparte selbst nur Remplaçant, der Ersatzmann für Napoleon ist. Ihre Heldentaten verrichtet sie jetzt in den Gems- und Treibjagden auf die Bauern, im Gendarmendienst, und wenn die innern Widersprüche seines Systems den Chef der Gesellschaft des 10. Dezember über die französische Grenze jagen, wird sie nach einigen Banditenstreichen keine Lorbeeren, sondern Prügel ernten.

Man sieht: *Alle »idées napoléoniennes« sind Ideen der unentwickelten, jugendfrischen Parzelle,* sie sind ein Widersinn für die überlebte Parzelle. Sie sind nur die Halluzinationen ihres Todeskampfes, Worte, die in Phrasen, Geister, die in Gespenster verwandelt. Aber die Parodie des Imperialismus war notwendig, um die Masse der französischen Nation von der Wucht der Tradition zu befreien und den Gegensatz der Staatsgewalt zur Gesellschaft rein herauszuarbeiten. Mit der fortschreitenden Zerrüttung des Parzelleneigentums bricht das auf ihm aufgeführte Staatsgebäude zusammen. Die staatliche Zentralisation, deren die moderne Gesellschaft bedarf, erhebt sich nur auf den Trümmern der militärisch-bürokratischen Regierungsmaschinerie, die im Gegensatz zum Feudalismus geschmiedet ward.

Die französischen Bauernverhältnisse enthüllen uns das Rätsel der *allgemeinen Wahlen vom 20. und 21. Dezember,* die den zweiten Bonaparte auf den Berg Sinai führten, nicht um Gesetze zu erhalten, sondern um sie zu geben.

Die Bourgeoisie hatte jetzt offenbar keine andere Wahl, als Bonaparte zu wählen. Als die Puritaner auf dem Konzile von Konstanz über das lasterhafte Leben der Päpste klagten und über die Notwendigkeit der Sittenreform jammerten, donnerte der Kardinal Pierre d'Ailly ihnen zu: »Nur noch der Teufel in eigner Person kann die katholische Kirche retten, und ihr verlangt Engel.« So rief die französische Bourgeoisie nach dem coup d'état: Nur noch der Chef der Gesellschaft vom 10. Dezember kann die bürgerliche Gesellschaft retten! Nur noch der Diebstahl das Eigentum, der Meineid die Religion, das Bastardtum die Familie, die Unordnung die Ordnung!

Bonaparte als die verselbständigte Macht der Exekutivgewalt fühlt seinen Beruf, die »bürgerliche Ordnung« sicherzustellen. Aber die Stärke dieser bürgerlichen Ordnung ist die Mittelklasse. Er weiß sich daher als Repräsentant der Mittelklasse und erläßt Dekrete in diesem Sinne. Er ist jedoch nur dadurch etwas, daß er die politische Macht dieser Mittelklasse gebrochen hat und täglich von neuem bricht. Er weiß sich daher als Gegner der politischen und literatischen Macht der Mittelklasse. Aber indem er ihre materielle Macht beschützt, erzeugt er von neuem ihre politische Macht. Die Ursache muß daher am Leben erhalten, aber die Wirkung, wo sie sich zeigt, aus der Welt geschafft werden.

Aber ohne kleine Verwechselungen von Ursache und Wirkung kann dies nicht abgehn, da beide in der Wechselwirkung ihre Unterscheidungsmerkmale verlieren. Neue Dekrete, die die Grenzlinie verwischen. Bonaparte weiß sich zugleich gegen die Bourgeoisie als Vertreter der Bauern und des Volkes überhaupt, der innerhalb der bürgerlichen Gesellschaft die untern Volksklassen beglücken will. Neue Dekrete, die die »wahren Sozialisten« im voraus um ihre Regierungsweisheit prellen. Aber Bonaparte weiß sich vor allem als Chef der Gesellschaft vom 10. Dezember, als Repräsentanten des Lumpenproletariats, dem er selbst, seine entourage, seine Regierung und seine Armee angehören und für das es sich vor allem darum handelt, sich wohlzutun und kalifornische Lose aus dem Staatsschatze zu ziehn. Und er bestätigt sich als Chef der Gesellschaft vom 10. Dezember mit Dekreten, ohne Dekrete und trotz der Dekrete.

Diese widerspruchsvolle Aufgabe des Mannes erklärt die Widersprüche seiner Regierung, das unklare Hinundhertappen, das bald diese, bald jene Klasse bald zu gewinnen, bald zu demütigen sucht und alle gleichmäßig gegen sich aufbringt, dessen praktische Unsicherheit einen hochkomischen Kontrast bildet zu dem gebieterischen, kategorischen Stile der Regierungsakte, der dem Onkel folgsam nachkopiert wird.

Industrie und Handel, also die Geschäfte der Mittelklasse, sollen unter der starken Regierung treibhausmäßig aufblühn. Verleihen einer Unzahl von Eisenbahnkonzessionen. Aber das bonapartistische Lumpenproletariat soll sich bereichern. Tripotage mit den Eisenbahnkonzessionen auf der Börse von den vorher Eingeweihten. Aber es zeigt sich kein Kapital für die Eisenbahnen. Verpflichtung der Bank, auf Eisenbahnaktien vorzuschießen. Aber die Bank soll zugleich persönlich exploitiert und daher kajoliert werden. Entbindung der Bank von der Pflicht, ihren Bericht wöchentlich zu veröffentlichen. Leoninischer Vertrag der Bank mit der Regierung. Das Volk soll beschäftigt werden. Anordnungen von Staatsbauten. Aber die Staatsbauten erhöhen die Steuerpflichten des Volkes. Also Herabsetzung der Steuern durch Angriff auf die Rentiers, durch Konvertierung der fünfprozentigen Renten in viereinhalbprozentige. Aber der Mittelstand muß wieder ein douceur erhalten. Also Verdoppelung der Weinsteuer für das Volk, das ihn en détail kauft, und Herabsetzung um die Hälfte für den Mittelstand, der ihn en gros trinkt. Auflösung der wirklichen Arbeiterassoziationen, aber Verheißung von künftigen Assoziationswundern. Den Bauern soll geholfen werden. Hypothekenbanken, die ihre Verschuldung und die Konzentration des Eigentums beschleunigen. Aber diese Banken sollen benutzt werden, um Geld aus den konfiszierten Gütern des Hauses Orléans herauszuschlagen. Kein Kapitalist will sich zu dieser Bedingung verstehn, die nicht in dem Dekrete steht, und die Hypothekenbank bleibt ein bloßes Dekret usw. usw.

Bonaparte möchte als der patriarchalische Wohltäter aller Klassen erscheinen. Aber er kann keiner geben, ohne der andern zu nehmen. Wie man zur Zeit der Fronde vom Herzog von Guise sagte, daß er der obligeanteste Mann von Frankreich sei, weil er alle seine Güter in Obligationen seiner Partisanen gegen sich verwandelt habe, so möchte Bonaparte der obligeanteste Mann von Frankreich sein und alles Eigentum, alle Arbeit Frankreichs in eine persönliche Obligation gegen sich verwandeln. Er möchte ganz Frankreich stehlen, um es an Frankreich verschenken, oder vielmehr um Frankreich mit französischem Gelde wiederkaufen zu können, denn als Chef der Gesellschaft vom 10. Dezember muß er kaufen, was ihm gehören soll. Und zu dem Institute des Kaufens werden alle Staatsinstitute, der Senat, der Staatsrat, der gesetzgebende Körper, die Ehrenlegion, die Soldatenmedaille, die Waschhäuser, die Staatsbauten, die Eisenbahnen, der état-major der Nationalgarde ohne Gemeine, die konfiszierten Güter des Hauses Orléans. Zum Kaufmittel wird jeder Platz in der Armee und der Regierungsmaschine. Das wichtigste aber bei diesem Prozesse, wo Frankreich genommen wird, um ihm zu geben, sind die Prozente, die während des Umsatzes für das Haupt und die Glieder der Gesellschaft vom 10. Dezember abfallen. [...]

An den Hof, in die Ministerien, an die Spitze der Verwaltung und der Armee drängt sich ein Haufe von Kerlen, von deren bestem zu sagen ist, daß man nicht weiß, von wannen er kommt, eine geräuschvolle, anrüchige, plünderungslustige Boheme, die mit derselben grotesken Würde in galonierte Röcke kriecht wie Soulouques Großwürdenträger.

[...]

Von den widersprechenden Forderungen seiner Situation gejagt, zugleich wie ein Taschenspieler in der Notwendigkeit, durch beständige Überraschung die Augen des Publikums auf sich als den Ersatzmann Napoleons gerichtet zu halten, also jeden Tag einen Staatsstreich en miniature zu verrichten, bringt Bonaparte die ganze bürgerliche Wirtschaft in Wirrwarr, tastet alles an, was der Revolution von 1848 unantastbar schien, macht die einen revolutionsgeduldig, die andern revolutionslustig und erzeugt die Anarchie selbst im Namen der Ordnung, während er zugleich der ganzen Staatsmaschine den Heiligenschein abstreift, sie profaniert, sie zugleich ekelhaft und lächerlich macht.

[...]

KARL MARX:
ERSTER ENTWURF ZUM »BÜRGERKRIEG IN FRANKREICH« (1871) [1]

[...]

Die verschiedenen Fraktionen der französischen Bourgeoisie waren nacheinander an der *Macht:* die großen Grundbesitzer unter der *restauration* (den alten Bourbonen), die Kapitalisten unter der parlamentarischen Julimonarchie (Louis-Philippe), während ihre bonapartistischen und republikanischen Elemente im Hintergrund wühlten. Ihre Parteifehden und -intrigen wurden selbstverständlich unter dem Vorwand der *öffentlichen Wohlfahrt* ausgetragen, und wenn eine Volksrevolution diese Monarchien beseitigt hatte, entstand eine andere. Das alles änderte sich mit der Republik (vom Februar). Alle Fraktionen der Bourgeoisie verbanden sich in der *Ordnungspartei,* das heißt der Partei der Grundeigentümer

---

1 [Text nach: MEW Bd. 17, S. 516—518.]

und Kapitalisten, sie schlossen sich zusammen, um die ökonomische Unterjochung der Arbeit und die sie stützende Unterdrückungsmaschine des Staates zu behaupten. Im Unterschied zur Monarchie, deren Name schon das Übergewicht der einen Bourgeoisfraktion über die andere, den Sieg der einen Seite und die Niederlage der anderen (den Triumph der einen und die Demütigung der anderen Seite) bezeichnete, war die *Republik* die anonyme Aktienkompanie der vereinigten Bourgeoisfraktionen, aller *Ausbeuter* des Volkes zusammengenommen; und in der Tat umarmten einander Legitimisten, Bonapartisten, Orleanisten, Bourgeoisrepublikaner, Jesuiten und Voltairianer – nicht mehr verborgen unter dem Schirm der Krone, nicht mehr in der Lage, das Volk für ihre Parteifehden zu interessieren, indem sie diese als Kämpfe für das Volkswohl maskierten, nicht mehr einander untergeordnet. Direkter und offener Antagonismus ihrer Klassenherrschaft gegenüber der Emanzipation der produzierenden Massen; *Ordnung* – das ist der Name für die ökonomischen und politischen Bedingungen ihrer Klassenherrschaft und der Knechtung der Arbeit; diese anonyme oder republikanische Form des Bourgeoisregimes – diese Bourgeoisrepublik, diese Republik der *Ordnungspartei* ist das *abscheulichste* aller politischen Regimes. Ihr direktes Geschäft, ihr einziger raison d'être ist, das Volk zu unterdrücken. Sie ist der *Terrorismus* der Klassenherrschaft. Das wird auf folgende Weise erreicht. Das Volk kämpft und macht die Revolution, proklamiert die Republik und schafft Platz für eine Nationalversammlung; dann werden die Bourgeois, deren bekannte republikanische Deklarationen eine Garantie für ihre »Republik« darstellen, von der Mehrheit der Versammlung, die sich aus den besiegten und offenen Feinden der Republik zusammensetzt, in den Vordergrund der Bühne geschoben. Die Republikaner werden mit der Aufgabe betraut, das Volk in die Falle eines Aufstandes zu treiben, um es dann mit Feuer und Schwert niederzuschlagen. Diese Rolle wurde nach der Februarrevolution (bei der Juni-Insurrektion) von der Partei des »National« mit Cavaignac an der Spitze gespielt. Durch ihr Verbrechen gegen die Massen verlieren diese Republikaner dann ihren Einfluß. Sie haben ihre Arbeit getan, und wenn ihnen auch gestattet wird, die *Ordnungspartei* in ihrem allgemeinen Kampf gegen das Proletariat zu unterstützen, so werden sie doch gleichzeitig von der Regierung entfernt, in die letzten Reihen gedrängt und nur »geduldet«. Die vereinigte royalistische Bourgeoisie wird dann zur Stütze der Republik, die wahre Herrschaft der »Ordnungspartei« setzt ein. Da die materielle Kraft des Volkes zeitweilig gebrochen ist, beginnt das Werk der Reaktion – die Liquidierung aller in vier Revolutionen erkämpften Zugeständnisse Schritt für Schritt. Das Volk wird bis zum Wahnsinn gepeinigt, nicht nur durch die Taten der *Ordnungspartei,* sondern auch durch die zynische Unverschämtheit, mit der es als besiegt behandelt wird und mit der in seinem eigenen Namen, im Namen der Republik, diese niedrige Bande es unumschränkt regiert. Selbstverständlich kann diese krampfhafte Form des *anonymen* Klassendespotismus nicht lange währen, kann nur eine Durchgangsphase sein. Die Bande weiß, daß sie auf einem revolutionären Vulkan sitzt. Anderseits setzt, wenn die Partei der Ordnung in ihrem Krieg gegen die Arbeiterklasse vereint ist – in ihrer Eigenschaft als *Ordnungspartei* –, das Intrigenspiel ihrer verschiedenen Fraktionen gegeneinander, jede für die Vorherrschaft ihres Sonderinteresses in der alten Ordnung der Gesellschaft, jede für die Restauration ihres eignen Prätendenten und persönlicher Ambitionen, mit voller Kraft ein, sobald die Herrschaft dieser Partei durch die Zerstörung der materiellen revolutionären Kräfte gesichert (garantiert) scheint. Diese Verbindung des allgemeinen Kriegs gegen das Volk mit der allgemeinen Verschwörung gegen die Republik, verbunden mit den inneren Fehden ihrer Herrscher und ihrem Intrigenspiel, lähmt die Gesellschaft, erregt ihren Widerwillen und verwirrt die Masse der Bourgeoisie, »stört« das Geschäft, hält diese Klasse in einem Zustand chronischer Unruhe. Alle Bedingungen des Despotismus werden unter diesem Regime geschaffen (werden erzeugt), – aber ein Despotismus ohne Ruhe, ein Despotismus mit parlamentarischer Anarchie an der Spitze. Dann hat die Stunde für den coup d'état geschlagen, und die unfähige Bande muß irgendeinem glückbegünstigten Prätendenten Platz machen, der der *anonymen* Form der Klassenherrschaft [ein] Ende macht.

[...]

KARL MARX: DIE HERRSCHAFT DER PRÄTORIANER (1858) [1]

[...]

Ein großer zeitgenössischer Historiker hat uns erzählt, daß über Frankreich – mag man die Tatsache auch noch so sehr verschleiern – seit den Tagen der Großen Revolution immer die Armee verfügt hat. Gewiß haben unter dem Kaiserreich, unter der Restauration, unter Louis-Philippe und während der Republik von 1848 verschiedene Klassen geherrscht. Unter dem Kaiserreich herrschte die Bauernschaft vor, das Kind der Revolution von 1789; unter der Restauration der Großgrundbesitz; unter Louis-Philippe die Bourgeoisie; und die Republik von 1848 erwies sich entgegen der Absicht ihrer Begründer in Wirklichkeit als ein mißlungener Versuch, die Herrschaft zu gleichen Anteilen unter den Anhängern der legitimen Monarchie und den Anhängern der Julimonarchie aufzuteilen. All diese Regimes stützten sich jedoch gleichermaßen auf die Armee. Ist nicht sogar die Verfassung der Republik von 1848 unter dem Belagerungszustand, d. h. unter der Herrschaft des Bajonetts, ausgearbeitet und proklamiert worden? Wurde diese Republik nicht durch General Cavaignac verkörpert? Wurde sie nicht im Juni 1848 und wieder im Juni 1849 durch die Armee gerettet, um schließlich im Dezember 1851 von der gleichen Armee fallengelassen zu werden? Worin besteht also das Neue an dem jetzt offen von Louis Bonaparte verkündeten Regime? Daß er mit Hilfe der Armee regiert? Das taten alle seine Vorgänger seit den Tagen des Thermidor. Doch wenn auch in allen vergangenen Epochen die herrschende Klasse, deren Aufstieg einer spezifischen Entwicklung der französischen Gesellschaft entsprach, ihre ultima ratio gegen ihre Widersacher in der Armee sah, so herrschte nichtsdestoweniger ein spezifisches gesellschaftliches Interesse vor. Im Zweiten Kaiserreich soll das Interesse der Armee selbst vorherrschen. Die Armee soll nicht länger die Herrschaft eines Teiles des Volkes über einen anderen Teil des Volkes aufrechterhalten. Die Armee soll ihre eigene Herrschaft, verkörpert durch ihre eigene Dynastie, über das französische Volk im allgemeinen aufrechterhalten.

Sie soll den *Staat* im Gegensatz zur *Gesellschaft* darstellen.

Man muß nicht glauben, daß Bonaparte sich des gefährlichen Charakters des von ihm versuchten Experiments nicht bewußt ist.

---

[1] [Text nach: MEW Bd. 12, S. 400.]

Indem er sich selbst zum Führer der Prätorianer erklärt, erklärt er jeden prätorianischen Führer zu seinem Konkurrenten.
[...]

KARL MARX: DIE FRANZÖSISCHE ABRÜSTUNG (1859) [1]

[...]
Periodisch die Grenzen Frankreichs zu überschreiten und die unzufriedene Bevölkerung mit kriegerischen Erfolgen zu berauschen, ist eine der Lebensbedingungen des restaurierten Kaiserreichs. Die Rolle des Retters von Frankreich vor einem allgemeinen europäischen Krieg zu spielen, nachdem er es dicht an den Rand eines solchen Krieges geführt hat, ist eine weitere Lebensbedingung für den Mann des Dezember. Nach der durch den Krieg erzwungenen Unterbrechung der industriellen und kommerziellen Geschäfte erscheint der Friede, gleich unter welchen Bedingungen, nicht nur als ein Segen, sondern er besitzt auch den Reiz des Neuen. Die Langeweile, die unter der monotonen Herrschaft des Zuaven und Spions den Frieden zur Last werden läßt, verwandelt sich nach dem durch den Krieg hervorgerufenen Szenenwechsel in lebhafte Freude. Das heftige Gefühl der Demütigung, das auf dem Gemüt des französischen Volkes lastet, wenn es sich seiner Unterwerfung durch einen Abenteurer ohne Charakter, wenn auch nicht ohne Geschicklichkeit, erinnert, wird zur Zeit durch das Schauspiel gemildert, daß ausländische Nationen und ausländische Potentaten sich derselben höheren Gewalt fügen – wenn nicht de facto, so doch wenigstens dem Anschein nach. Die stark beeinträchtigte Produktion erhält jetzt infolge des Gesetzes der Elastizität einen neuen Auftrieb; alle plötzlich abgebrochenen geschäftlichen Transaktionen werden mit verdoppeltem Eifer wieder aufgenommen; die plötzlich gelähmte Spekulation steigt höher an als zuvor. So sichert der Friede im Gefolge eines napoleonischen Krieges der Dynastie erneut eine Lebensfrist, zu deren Erhaltung kurz zuvor der Friedensbruch unumgänglich war. Nach einer gewissen Zeit werden natürlich die alten Zersetzungserscheinungen wieder zu einem neuen Krieg drängen. Der grundlegende Antagonismus zwischen der bürgerlichen Gesellschaft und dem coup d'état wird erneut

---

1 [Text nach: MEW Bd. 13, S. 447—448, 449.]

aufleben; und sobald die innere Auseinandersetzung wieder einen bestimmten Grad der Intensität erreicht hat, muß auf ein neues kriegerisches Zwischenspiel als einzig anwendbares Sicherheitsventil zurückgegriffen werden.

Es ist offensichtlich, daß die Bedingungen, unter denen der »Retter der Gesellschaft« sich selber retten muß, allmählich immer gefährlicher werden.

[...]

Krieg ist die Bedingung, unter der er sich auf dem Throne hält, aber es wird – da er letztlich nur eine Nachahmung Bonapartes ist – wohl immer ein fruchtloser Krieg sein, der, unter falschen Vorwänden angezettelt, Blut und Geld verschlingt und seinen Untertanen keinen Nutzen bringt. So war der Krimkrieg, so der eben zu Ende gegangene. Nur unter solchen Bedingungen kann Frankreich den Vorzug genießen, von diesem Manne beherrscht zu werden. Es muß sozusagen immer aufs neue die Dezembertage aufführen, nur daß der Schauplatz des Blutbades von den Pariser Boulevards in die Ebene der Lombardei oder auf die Halbinsel Krim verlegt wird, und die jämmerlichen Nachkömmlinge der großen Revolution nicht ihre eigenen Landsleute, sondern fremde Völker zu morden haben.

[...]

KARL MARX: DER FRANZÖSISCHE CRÉDIT MOBILIER (1856)[1]

[...]

Man sollte sich daran erinnern, daß Bonaparte seinen coup d'état unter zwei einander diametral entgegengesetzten Vorwänden durchführte: einerseits verkündete er, ihm sei die Sendung aufgetragen, die *Bourgeoisie* und die »materielle Ordnung« vor der roten Anarchie zu retten, die im Mai 1852 losgelassen werden sollte, und andererseits, er müsse die Arbeiterklasse vor dem in der Nationalversammlung konzentrierten Despotismus der Bourgeoisie retten. Außerdem war er persönlich genötigt, seine eigenen Schulden und die des respektablen Mobs der Gesellschaft des Dix Décembre zu bezahlen und sich wie auch diesen auf gemeinsame Rechnung der Bourgeoisie und der Arbeiter zu bereichern. Die Sendung dieses

---

[1] [Text nach: MEW Bd. 12, S. 26—27, 32, 33—34.]

Mannes war, man muß es zugeben, von widerstreitenden Schwierigkeiten erfüllt, war er doch gezwungen, gleichzeitig als Plünderer und als patriarchalischer Wohltäter aller Klassen aufzutreten. Er konnte nicht der einen Klasse geben ohne von der anderen zu nehmen, und er konnte nicht seine eigenen Wünsche und die seiner Anhänger befriedigen, ohne beide zu berauben. Zur Zeit der Fronde galt der Herzog von Guise als der verbindlichste Mann Frankreichs, weil er alle seine Besitzungen in Verbindlichkeiten verwandelt hatte, die im Besitz seiner Parteigänger waren. Ebenso beabsichtigte auch Bonaparte, zum verbindlichsten Manne Frankreichs zu werden durch Umwandlung des gesamten Eigentums und der gesamten Industrie Frankreichs in eine persönliche Verbindlichkeit gegenüber Louis Bonaparte. Frankreich zu stehlen, um Frankreich zu kaufen – das war das große Problem, welches dieser Mann lösen mußte, und in dieser Transaktion, bei der Frankreich genommen wurde, was Frankreich wieder zurückgegeben werden sollte, war nicht die unbedeutendste Seite für ihn der Gewinn, den er und die Gesellschaft des Zehnten Dezember dabei abschöpfen konnten. Wie waren diese gegensätzlichen Ansprüche miteinander zu versöhnen? Wie konnte dieses heikle ökonomische Problem gelöst, wie dieser komplizierte Knoten entwirrt werden? All die vielfältigen vergangenen Erfahrungen Bonapartes wiesen auf die eine große Hilfsquelle, die ihm über die schwierigsten ökonomischen Situationen hinweggeholfen hatte – den Kredit.

[...]

Wir haben von Isaac Péreire gehört, daß eines der Geheimnisse des Crédit mobilier in dem Prinzip bestand, seine Tätigkeit zu vervielfachen und das Risiko zu verringern, indem er sich an allen nur möglichen Unternehmungen beteiligte und sich in der kürzestmöglichen Zeit aus ihnen zurückzog. Was heißt das nun, wenn man es der blumigen Sprache des Saint-Simonismus entkleidet? In größtem Umfang Aktien subskribieren, massenhaft mit ihnen spekulieren, das Agio einstreichen und dann die Aktien so schnell wie möglich wieder loswerden. Börsenspekulation soll also die Basis der industriellen Entwicklung sein, oder, besser gesagt, alle industrielle Tätigkeit soll bloßer Vorwand zur Börsenspekulation werden. Und mit welchem Instrument soll dieses Ziel des Crédit mobilier erreicht werden? Durch welche Mittel soll er in den Stand gesetzt werden, »seine Tätigkeit zu vervielfachen« und »das Risiko zu verringern«? Es sind dieselben Mittel, die Law angewandt hat. Da der Crédit mobilier eine privilegierte Kompanie ist, die die Unterstützung der Regierung genießt und über verhältnismäßig viel Kapital und Kredit verfügt, steht es außer jedem Zweifel, daß die Aktien jedes neuen von ihm gegründeten Unternehmens bei der ersten Emission ein Agio auf der Börse einbringen werden. Er hat genügend von Law gelernt, daß man seinen eigenen Aktionären die neuen Aktien zum Nennwert zuteilt, proportional der Anzahl der Aktien, die sie in der Dachgesellschaft besitzen. Der ihnen damit gesicherte Profit wirkt sich in erster Linie auf den Wert der Aktien des Crédit mobilier selbst aus, während deren hoher Kurs seinerseits den neu auszugebenden Aktien einen hohen Wert sichert. Auf diese Weise erlangt der Crédit mobilier die Verfügungsgewalt über einen großen Teil des verleihbaren Kapitals, das zur Anlage in industriellen Unternehmungen bestimmt ist. [...]

Gemäß seinen Statuten kann der Crédit mobilier nur solche industrielle Unternehmungen begünstigen, die von anonymen Gesellschaften oder Aktiengesellschaften mit beschränkter Verantwortlichkeit betrieben werden. Folglich mußte eine Tendenz entstehen, möglichst viele solcher Gesellschaften zu gründen und ferner allen industriellen Unternehmungen die Form dieser Gesellschaften zu geben. Nun kann nicht geleugnet werden, daß die Anwendung von Aktiengesellschaften auf die Industrie eine neue Epoche im ökonomischen Leben der modernen Nationen kennzeichnet. Einerseits hat dies die produktiven Potenzen der Assoziation offenbart, wie man sie vorher nicht vermutet hatte, und industrielle Gründungen auf einer Stufenleiter ins Leben gerufen, die durch die Anstrengungen einzelner Kapitalisten nicht erreichbar ist. Andererseits darf man nicht vergessen, daß in Aktiengesellschaften nicht die Individuen vereinigt sind, sondern die Kapitalien. Durch diese Manipulation sind Eigentümer in Aktionäre, d. h. in Spekulanten verwandelt worden. Die Konzentration des Kapitals hat sich beschleunigt und, als natürliche Folge, auch der Ruin der Kleinbourgeoisie. Eine Art von Industriekönigen ist entstanden, deren Macht im umgekehrten Verhältnis zu ihrer Verantwortlichkeit steht, sind sie doch nur bis zur Höhe ihrer Aktien haftbar, während sie über das gesamte Kapital der Gesellschaft verfügen. Sie bilden ein mehr oder weniger beständiges Element, während die Masse der Aktionäre einen unaufhörlichen Prozeß der Veränderung ihrer Zusammensetzung durchläuft; und da sie eben

über den ganzen Einfluß und Reichtum der Gesellschaft verfügen, sind sie in der Lage, einzelne rebellische Mitglieder derselben zu bestechen. Unter diesem oligarchischen Direktorium steht eine bürokratische Körperschaft von Geschäftsführern und Agenten für die praktische Arbeit, und unmittelbar unter diesen eine riesige und täglich anschwellende Masse von bloßen Lohnarbeitern, deren Abhängigkeit und Ohnmacht mit den Dimensionen des Kapitals, das sie beschäftigt, wächst, die aber auch in direktem Verhältnis zur abnehmenden Zahl der Repräsentanten dieses Kapitals gefährlicher werden. Es ist das unsterbliche Verdienst Fouriers, diese Form der modernen Industrie unter der Bezeichnung *industrieller Feudalismus* vorausgesagt zu haben. Gewiß konnten ihn weder Herr Isaac Péreire noch Herr Emile Péreire, noch Herr Morny, noch Herr Bonaparte erfinden. Auch vor ihrer Zeit gab es Banken, die industriellen Aktiengesellschaften ihren Kredit gewährten. Was sie erfanden, war eine Aktienbank, die nach dem Monopol der früher zersplitterten und vielfältigen Tätigkeit der privaten Geldverleiher strebte und deren leitendes Prinzip die Gründung einer riesigen Zahl industrieller Gesellschaften sein sollte, nicht zum Zwecke produktiver Kapitalanlagen, sondern einfach um der Spekulationsgewinne willen. Der neue Gedanke, den sie aufgebracht haben, besteht darin, den industriellen Feudalismus der Börsenspekulation tributpflichtig zu machen.
[...]

KARL MARX: ZWEITER ENTWURF ZUM »BÜRGERKRIEG IN FRANKREICH« (1871)[1]

[...]

In dem Maß, wie der Fortschritt der Industrie den Klassengegensatz zwischen Kapital und Arbeit entwickelte, erweiterte und vertiefte, in demselben Maß erhielt die Regierungsmacht mehr und mehr den Charakter einer nationalen Gewalt des Kapitals über die Arbeit, einer politischen Gewalt, dazu organisiert, die soziale Unterdrückung zu erzwingen, den Charakter einer bloßen Maschine der Klassenherrschaft. Im Gefolge jeder Volksrevolution, die einen

---

1 [Text nach: MEW Bd. 17, S. 608—610.]

neuen Fortschritt auf dem Wege (in der Entwicklung) (im Verlauf) des Kampfes der Klassen (Klassenkampfes) bezeichnet, tritt der unterdrückende Charakter der Staatsmacht erbarmungsloser und unverhüllter hervor. Die Julirevolution übertrug die Lenkung der Staatsmaschinerie von dem Grundbesitzer auf den Kapitalisten und damit von dem entfernten auf den unmittelbaren Gegner der Arbeiter. Daher bezieht die Staatsmacht gegenüber der Arbeiterklasse eine klarer ausgedrückte Position der Feindseligkeit und Unterdrückung.

Die Februarrevolution hißt die Fahne der »sozialen Republik« und beweist so von Beginn an, daß die wahre Bedeutung der Staatsmacht enthüllt ist, daß ihr Vorwand – die bewaffnete Gewalt zum Schutz des öffentlichen Wohls, die Verkörperung der allgemeinen Interessen der Gesellschaft zu sein, indem sie sich über die konkurrierenden privaten Interessen erhebe und sie in ihre jeweiligen Sphären verweise – widerlegt ist; daß ihr Geheimnis – nämlich ein Werkzeug des Klassendespotismus zu sein – bloßgelegt ist, daß die Arbeiter die Republik nicht mehr als eine politische Spielart des alten Systems der Klassenherrschaft wollen, sondern als revolutionäres Mittel, um die Klassenherrschaft selbst zu zerbrechen. Angesichts der Drohung der »sozialen Republik« fühlt die herrschende Klasse instinktiv, daß die anonyme Herrschaft der parlamentarischen Republik in eine Aktienkompanie ihrer konkurrierenden Faktionen verwandelt werden kann, während die vergangenen Monarchien schon allein durch ihren Namen den Sieg der einen und die Niederlage der andern Faktion, die Vorherrschaft der Interessen des einen Teils der herrschenden Klasse über die Interessen des andern Teils, des Grundbesitzes über das Kapital – oder des Kapitals über den Grundbesitz – zum Ausdruck bringen. Im Gegensatz zur Arbeiterklasse hat die bisher herrschende Klasse, in welchen spezifischen Formen sie sich die Arbeit der Massen auch aneignen mag, ein und dasselbe *ökonomische* Interesse: die Versklavung der Arbeit aufrechtzuerhalten und ihre Früchte zu ernten, entweder auf direktem Wege als Grundbesitzer und Kapitalist, oder auf indirektem Wege als Staatsparasiten des Grundbesitzers und des Kapitalisten – jene »Ordnung« der Dinge zu erzwingen, in welcher die hervorbringende Masse, die »vile multitude«, als bloße Quelle für den Reichtum und die Herrschaft der »höhern Klassen« dient. Darum schließen sie sich zusammen, die Legitimisten, Orleanisten, Bourgeoisrepublikaner und die bonapartistischen Abenteurer, begierig, sich als Verteidiger des Eigentums – vor allem des von ihnen gestohlenen – zu erweisen, und verschmelzen zur »*Ordnungspartei*«, dem praktischen Ergebnis der vom Proletariat unter den begeisterten Rufen nach der »*sozialen Republik*« durchgeführten Revolution. Die parlamentarische Republik der Ordnungspartei ist nicht nur die Schreckensherrschaft der herrschenden Klasse: die Staatsmacht wird in ihrer Hand das *unverhohlne Werkzeug des Bürgerkriegs* des Kapitalisten und des Grundbesitzers, ihrer Staatsparasiten, gegen die revolutionären Bestrebungen des Hervorbringers.

Unter den monarchischen Regimes werden die Unterdrückungsmaßnahmen und die von den jeweiligen Regierungen verkündeten Grundsätze von den Fraktionen der herrschenden Klassen, die nicht an der Macht sind, vor dem Volk diffamiert; die oppositionellen Kreise der herrschenden Klasse sind bestrebt, das Volk an ihren Parteifehden zu interessieren, indem sie seine eigenen Interessen ansprechen, wobei sie sich in der Pose von Volkstribunen geben, die auf der Wiederherstellung der Volksfreiheiten bestehen. Aber in der anonymen Herrschaft der Republik, in der die Unterdrückungsmethoden der vergangenen Regimes miteinander verschmelzen (die die Werkzeuge der Unterdrückung den Arsenalen aller vergangenen Regimes entnimmt) und erbarmungslos angewandt werden, feiern die verschiedenen Fraktionen der herrschenden Klasse eine Orgie des Renegatentums. Mit zynischer Unverschämtheit bestreiten sie die früher gemachten Versprechungen, treten ihre »sogenannten« Grundsätze mit Füßen, verdammen die Revolutionen, die sie im Namen dieser Grundsätze selbst provoziert haben, und verdammen sogar den Namen der Republik, obgleich nur deren anonyme Herrschaft genügend Raum bietet, sie in den gemeinsamen Kreuzzug gegen das Volk einzubeziehen.

So ist diese grausamste Form der Klassenherrschaft zugleich die abscheulichste und empörendste Form der Klassenherrschaft. Indem sie die Staatsmacht nur als Werkzeug des Bürgerkriegs benutzt, kann sie diese Macht nur behalten, wenn sie den Bürgerkrieg verewigt. Mit parlamentarischer Anarchie an ihrer Spitze, von unaufhörlichen Intrigen jeder Fraktion der Partei der »Ordnung« gekrönt, deren jede die Restauration ihres jeweiligen Lieblingsregimes anstrebt, im offenen Krieg gegen den ganzen Gesellschaftskörper außerhalb ihres eignen engen Kreises – wird die Herrschaft der Partei der Ordnung zur unerträglichsten Herrschaft der Unordnung. Nachdem sie in ihrem Krieg gegen die Masse des Volkes alle Mittel seines Widerstandes gebrochen und es hilflos dem Säbel der vollziehenden Gewalt ausgeliefert hat, wird die Partei der Ordnung selbst und ihre parlamentarische Herrschaftsform durch den Säbel der vollziehenden Gewalt von der Bühne entfernt. Diese parlamentarische Republik der Ordnungspartei kann daher nur ein Zwischenreich sein. Ihr natürliches Ergebnis ist das *Regime des Kaisertums,* ganz gleich das wievielte Kaisertum es sein mag. Die Staatsmacht in der Form des Kaisertums mit dem Säbel als Zepter gibt vor, sich auf die Bauern zu stützen, auf jene große Masse der Produzenten, die scheinbar außerhalb des Klassenkampfes zwischen Arbeit und Kapital stehen; es gibt vor, die Arbeiterklasse zu retten, indem es den Parlamentarismus bricht und mit ihm die direkte Unterwürfigkeit der Staatsmacht unter die herrschenden Klassen; es gibt vor, die herrschenden Klassen zu retten durch die Unterdrückung der arbeitenden Klassen, ohne diese zu beleidigen; es verspricht – wenn auch nicht öffentliches Wohl, so doch wenigstens nationalen Ruhm. Und daher wird es als »Retter der Ordnung« proklamiert. Wie verletzend es auch für den politischen Stolz der herrschenden Klasse und ihrer Staatsparasiten sein mag, das Kaisertum erweist sich als das tatsächlich der Bourgeois-»Ordnung« adäquate Regime, da es allen Orgien ihrer Industrie, allen Schändlichkeiten ihrer Spekulationen und allem überladnen Glanz ihres Lebens vollen Spielraum gibt. Der solcherart scheinbar sich hoch über die bürgerliche Gesellschaft erhebende Staat wird gleichzeitig selbst die Brutstätte aller Fäulnis dieser Gesellschaft. Die äußerste Verrottung dieses Staates und die Verrottung der von ihm zu rettenden Gesellschaft wurde bloßgelegt durch die Bajonette Preußens; aber dieses Regime des Kaisertums ist in einem solchen Grad die unvermeidliche politische Form der »Ordnung«, das heißt der »Ordnung« der Bourgeoisgesellschaft, daß sogar Preußen seinen Mittelpunkt in Paris nur deshalb zu beseitigen schien, um ihn nach Berlin zu verlegen.

Das Kaisertum ist nicht wie seine Vorgänger – die legitime Monarchie, die konstitutionelle Monarchie und die parlamentarische Republik – einfach eine der politischen Formen der Bourgeoisgesellschaft, es ist zugleich ihre prostituierteste, ihre vollendetste und ihre schließliche politische Form. Es ist *die* Staatsmacht der modernen Klassenherrschaft, zumindestens auf dem europäischen Kontinent.

KARL MARX: ZWEITER ENTWURF ZUM »BÜRGERKRIEG IN FRANKREICH« (1871) [1]

[...]

Die erste französische Revolution mit ihrer Aufgabe, der freien Entwicklung der modernen Bourgeoisgesellschaft vollen Spielraum zu geben, mußte alle lokalen, territorialen, städtischen und provinziellen Zwingburgen des Feudalismus hinwegfegen und bereitete so gleichzeitig den gesellschaftlichen Boden für den Überbau einer zentralisierten Staatsmacht mit allgegenwärtigen Organen, die sich nach dem Plan einer systematischen und hierarchischen Teilung der Arbeit verzweigen.

Aber die Arbeiterklasse kann nicht die fertige Staatsmaschinerie einfach in Besitz nehmen und diese für ihren eignen Zweck in Bewegung setzen. Das politische Werkzeug ihrer Versklavung kann nicht als politisches Werkzeug ihrer Befreiung dienen.

Der moderne bürgerliche Staat ist in zwei wichtigen Organen verkörpert, dem Parlament und der Regierung. Die Allmacht des Parlaments hatte während der Periode der Republik der Ordnungspartei, von 1848 bis 1851, ihre eigne Negation hervorgebracht – das zweite Kaisertum –, und das Regime des Kaisertums mit seiner bloßen Posse eines Parlaments, das ist jenes Regime, das jetzt in den meisten großen Militärstaaten des Kontinents in Blüte steht. Die usurpatorische Diktatur des Regierungsapparats, die auf den ersten Blick den Anschein erweckt, daß sie über der Gesellschaft selbst steht, daß sie sich in gleicher Weise über alle Klassen erhebt und alle in gleicher Weise demütigt, ist in Wirklichkeit – wenigstens auf dem europäischen Kontinent – die einzig mögliche Staatsform geworden, in der die aneignende Klasse weiter über die hervorbringende Klasse herrschen kann.

Die Versammlung der Geister aller dahingeschiedenen französischen Parlamente, die noch in Versailles spukt, besitzt keine andere reale Kraft, außer der Regierungsmaschine, wie sie vom zweiten Kaisertum geformt wurde.

Der ungeheure Regierungsparasit, der den Gesellschaftskörper mit dem allgegenwärtigen Netz seiner Bürokratie, seiner Polizei, seiner stehenden Armee, seiner Geistlichkeit und seines Richterstands wie eine Boa constrictor umklammert, datiert seine Geburt

---

[1] [Text nach: MEW Bd. 17, S. 592—595.]

aus den Zeiten der absoluten Monarchie. Die zentralisierte Staatsmacht hatte zu jener Zeit der entstehenden Bourgeoisgesellschaft als eine mächtige Waffe in ihren Kämpfen um die Emanzipation vom Feudalismus zu dienen. Die französische Revolution des 18. Jahrhunderts, mit ihrer Aufgabe, den mittelalterlichen Schutt grundherrlicher, lokaler, städtischer und provinzieller Vorrechte wegzufegen, mußte auch gleichzeitig den gesellschaftlichen Boden von den letzten Hindernissen reinigen, die die volle Entwicklung einer zentralisierten Staatsmacht mit allgegenwärtigen Organen, geschaffen nach dem Plan einer systematischen und hierarchischen Teilung der Arbeit, hemmten. Solcherart trat sie ins Leben unter dem ersten Kaisertum, das selbst wieder erzeugt worden war durch die Koalitionskriege des alten halbfeudalen Europas gegen das moderne Frankreich.

Während der nachfolgenden parlamentarischen Herrschaftsformen – der Restauration, der Julimonarchie und der Republik der Ordnungspartei – wurde die oberste Leitung jener Staatsmaschinerie vermöge der unwiderstehlichen Anziehungskraft ihrer Amtsgewalt, ihrer Einkünfte und ihrer Stellenvergebung einerseits der Zankapfel für die konkurrierenden Fraktionen der herrschenden Klasse; andererseits ging in demselben Maße, wie der ökonomische Fortschritt der modernen Gesellschaft die Reihen der Arbeiterklasse anwachsen ließ, ihr Elend anhäufte, ihren Widerstand organisierte und ihr Streben nach Emanzipation entwickelte, mit einem Wort, wie der moderne Klassenkampf, der Kampf zwischen Arbeit und Kapital, Form und Gestalt annahm, mit der Physiognomie und dem Charakter der Staatsmacht eine auffallende Veränderung vor sich. Die Staatsmacht war immer die Macht zur Behauptung der Ordnung, das heißt der bestehenden Gesellschaftsordnung und daher der Unterordnung und Exploitation der produzierenden Klasse durch die aneignende Klasse gewesen. Aber solange diese Ordnung als unbestreitbare und unumstrittene Notwendigkeit hingenommen wurde, konnte sich die Staatsmacht einen Anschein von Unparteilichkeit geben. Sie hielt die bestehende Unterordnung der Massen als unveränderliche Ordnung der Dinge und gesellschaftliche Tatsache aufrecht, die seitens der Massen ohne Kampf ertragen und von ihren »natürlichen Obern« ohne Besorgnis ausgeübt wurde. Mit dem Eintritt der Gesellschaft selbst in eine neue Phase, die Phase des Klassenkampfes, mußte sich der Charakter ihrer organisierten öffentlichen Gewalt, der Staatsmacht, ebenfalls verändern (ebenfalls eine bestimmte Veränderung durchmachen) und mehr und mehr ihren Charakter als Werkzeug der Klassenherrschaft entwickeln, als die politische Maschine, die die Unterdrükkung der Hervorbringer des Reichtums durch seine Aneigner, die ökonomische Herrschaft des Kapitals über die Arbeit mit Hilfe von Gewalt verewigt. Nach jeder neuen Volksrevolution, die die Leitung der Staatsmaschine von einer Gruppe der herrschenden Klassen auf eine andere übertrug, wurde der unterdrückende Charakter der Staatsmacht stärker entwickelt und rücksichtsloser gebraucht, weil die von der Revolution gegebenen und wie es scheint gesicherten Versprechungen nur durch Anwendung von Gewalt gebrochen werden konnten. Außerdem sanktionierte die durch die aufeinanderfolgenden Revolutionen bewirkte Veränderung die soziale Tatsache, die wachsende Macht des Kapitals, nur politisch, und übertrug daher die Staatsmacht selbst mehr und mehr unmittelbar in die Hände der direkten Gegner der Arbeiterklasse. So übertrug die Julirevolution die Macht aus den Händen der Grundbesitzer in die der großen Fabrikanten (der großen Kapitalisten) und die Februarrevolution in die der vereinigten Fraktionen der herrschenden Klasse, vereinigt in ihrem Gegensatz zur Arbeiterklasse, vereinigt als »Partei der Ordnung«, der Ordnung ihrer eigenen Klassenherrschaft. In der Zeit der parlamentarischen Republik wurde die Staatsmacht schließlich das unverhohlne Werkzeug des Krieges, den die aneignende Klasse gegen die produzierenden Volksmassen führt. Aber als unverhohlnes Werkzeug des Bürgerkriegs konnte sie nur in einer Zeit des Bürgerkriegs benutzt werden, und die Lebensbedingung der parlamentarischen Republik war daher die Verlängerung des offen erklärten Bürgerkriegs, die Negation eben der »Ordnung«, in deren Namen der Bürgerkrieg geführt wurde. Das konnte nur ein krampfartiger, ein Ausnahmezustand der Dinge sein. Er war unmöglich als normale politische Form der Gesellschaft, unerträglich sogar für die Massen der Bourgeoisie. Als daher alle Elemente des Volkswiderstandes zerbrochen waren, mußte die parlamentarische Republik dem zweiten Kaisertum weichen (ihm Platz machen).

Das Kaisertum, das vorgab, sich auf die produzierende Mehrheit der Nation – auf die Bauern – zu stützen, die anscheinend außerhalb des Klassenkampfes zwischen Kapital und Arbeit stehen (den beiden kämpfenden gesellschaftlichen Kräften gleichgültig und feindlich gegenüberstehen), das die Staatsmacht als eine scheinbar über den herrschenden wie den beherrschten Klassen stehende Gewalt ausnutzte, das beiden einen Waffenstillstand auferlegte (die politische und darum revolutionäre Form des Klassenkampfes zum Schweigen brachte), das die Staatsmacht ihrer offenen Form des Klassendespotismus durch Zerbrechen der parlamentarischen Macht, das heißt der direkten politischen Macht der aneignenden Klassen beraubte, – dieses Kaisertum war die einzig mögliche Staatsform, die der alten gesellschaftlichen Ordnung eine Galgenfrist sichern konnte. Die ganze Welt jauchzte ihm daher zu als dem »Retter der Ordnung«, und es war 20 Jahre lang Gegenstand der Bewunderung der Möchtegern-Sklavenhalter in der ganzen Welt. Unter seiner Herrschaft, die zusammenfiel mit der auf dem Weltmarkt durch Kalifornien, Australien und die erstaunliche Entwicklung der Vereinigten Staaten hervorgebrachten Veränderung, setzte eine noch nie dagewesene Periode industrieller Aktivität ein, eine Orgie der Börsenspekulation, Finanzschwindel, Abenteurertum der Aktienkompanien – was alles zur rapiden Zentralisation des Kapitals durch Expropriation der Mittelschicht führte und die Kluft zwischen der Kapitalistenklasse und der Arbeiterklasse erweiterte. Die ganze Schändlichkeit des kapitalistischen Regimes, dessen innewohnender Tendenz voller Spielraum gegeben war, brach ungehemmt hervor. Gleichzeitig eine Orgie schwelgerischer Ausschweifung, überladnen Prunks, ein Pandämonium aller niedern Leidenschaften der »obern Klassen«. Diese schließliche Form der Regierungsmacht war zugleich ihre prostituierteste, eine schamlose Plünderung von Staatsgeldern durch eine Bande von Abenteurern, ein Treibhaus für kolossale Staatsschulden, die Glorie der Prostitution, ein gekünsteltes Leben voller Vorspiegelungen falscher Tatsachen. Die Regierungsmacht mit all ihrem Flitter von oben bis unten im Sumpf erstickend. Der Reifegrad der Verrottung der Staatsmaschine selbst und die Fäulnis des ganzen Gesellschaftskörpers, der unter diesem Regime blühte, wurde bloßgelegt durch die Bajonette Preußens, das selbst vor Begierde brannte, den europäischen Sitz dieses Regimes von Gold, Blut und Schmutz von Paris nach Berlin zu verlegen.

Das war die Staatsmacht in ihrer schließlichen und prostituiertesten Form, in ihrer höchsten und gemeinsten Wirklichkeit, die die Pariser Arbeiterklasse zu überwinden hatte, und von der nur diese Klasse die Gesellschaft befreien konnte. Was den Parlamentarismus betrifft, so war er durch seinen eignen Triumph und durch das Kaisertum umgebracht worden. Alles, was die Arbeiterklasse zu tun hatte, war, ihn nicht wieder ins Leben zu rufen.

Was die Arbeiter zu zerbrechen hatten, war nicht eine mehr oder weniger unvollständige Form der Regierungsmacht der alten Gesellschaft, es war diese Macht selbst in ihrer schließlichen und erschöpfenden Form – das *Kaisertum*. Der gerade Gegensatz des *Kaisertums* war die *Kommune*.

[...]

KARL MARX: DER BÜRGERKRIEG IN FRANKREICH (1871) [1]

[...]

Am Morgen des 18. März 1871 wurde Paris geweckt durch den Donnerruf: »Es lebe die Kommune!« Was ist die Kommune, diese Sphinx, die den Bourgeoisverstand auf so harte Proben setzt?

»Die Proletarier von Paris«, sagte das Zentralkomitee in seinem Manifest vom 18. März, »inmitten der Niederlagen und des Verrats der herrschenden Klassen, haben begriffen, daß die Stunde geschlagen hat, wo sie die Lage retten müssen, dadurch, daß sie die Leitung der öffentlichen Angelegenheiten in ihre eignen Hände nehmen ... Sie haben begriffen, daß es ihre höchste Pflicht und ihr absolutes Recht ist, sich zu Herren ihrer eignen Geschicke zu machen und die Regierungsgewalt zu ergreifen.«

Aber die Arbeiterklasse kann nicht die fertige Staatsmaschinerie einfach in Besitz nehmen und diese für ihre eignen Zwecke in Bewegung setzen.

Die zentralisierte Staatsmacht, mit ihren allgegenwärtigen Organen – stehende Armee, Polizei, Bürokratie, Geistlichkeit, Richterstand, Organe, geschaffen nach dem Plan einer systematischen und hierarchischen Teilung der Arbeit – stammt her aus den Zeiten der absoluten Monarchie, wo sie der entstehenden Bourgeoisgesellschaft als eine mächtige Waffe in ihren Kämpfen gegen den Feudalismus diente. Dennoch blieb ihre Entwicklung gehemmt durch allerhand mittelalterlichen Schutt, grundherrliche und Adelsvorrechte, Lokalprivilegien, städtische und Zunftmonopole und Provinzialverfassungen. Der riesige Besen der französischen Revolution des 18. Jahrhunderts fegte alle diese Trümmer vergangner Zeiten weg und

---

1 [Text nach MEW Bd. 17, S. 335—348.]

reinigte so gleichzeitig den gesellschaftlichen Boden von den letzten Hindernissen, die dem Überbau des modernen Staatsgebäudes im Wege gestanden. Dies moderne Staatsgebäude erhob sich unter dem ersten Kaisertum, das selbst wieder erzeugt worden war durch die Koalitionskriege des alten halbfeudalen Europas gegen das moderne Frankreich. Während der nachfolgenden Herrschaftsformen wurde die Regierung unter parlamentarische Kontrolle gestellt, d. h. unter die direkte Kontrolle der besitzenden Klassen. Einerseits entwickelte sie sich jetzt zu einem Treibhaus für kolossale Staatsschulden und erdrückende Steuern und wurde vermöge der unwiderstehlichen Anziehungskraft ihrer Amtsgewalt, ihrer Einkünfte und ihrer Stellenvergebung der Zankapfel für die konkurrierenden Fraktionen und Abenteurer der herrschenden Klassen – andrerseits änderte sich ihr politischer Charakter gleichzeitig mit den ökonomischen Veränderungen der Gesellschaft. In dem Maß, wie der Fortschritt der modernen Industrie den Klassengegensatz zwischen Kapital und Arbeit entwickelte, erweiterte, vertiefte, in demselben Maß erhielt die Staatsmacht mehr und mehr den Charakter einer öffentlichen Gewalt zur Unterdrückung der Arbeiterklasse, einer Maschine der Klassenherrschaft. Nach jeder Revolution, die einen Fortschritt des Klassenkampfs bezeichnet, tritt der rein unterdrückende Charakter der Staatsmacht offner und offner hervor. Die Revolution von 1830 übertrug die Regierung von den Grundbesitzern auf die Kapitalisten und damit von den entfernteren auf die direkteren Gegner der Arbeiter. Die Bourgeoisrepublikaner, die im Namen der Februarrevolution das Staatsruder ergriffen, gebrauchten es zur Herbeiführung der Junischlächtereien, um der Arbeiterklasse zu beweisen, daß die »soziale« Republik weiter nichts bedeute, als ihre soziale Unterdrückung durch die Republik; und um der königlich gesinnten Masse der Bourgeois und Grundbesitzer zu beweisen, daß sie die Sorgen und die Geldvorteile der Regierung ruhig den Bourgeoisrepublikanern überlassen könnten. Nach dieser ihrer einzigen Heldentat vom Juni blieb den Bourgeoisrepublikanern jedoch nur übrig, zurückzutreten aus dem ersten Glied ins letzte Glied der »Ordnungspartei« – einer Koalition, gebildet aus allen konkurrierenden Fraktionen und Fraktionen der aneignenden Klassen in ihrem jetzt offen erklärten Gegensatz zu den hervorbringenden Klassen. Die angemessene Form ihrer Gesamtregierung war die parlamentarische Republik mit Louis Bonaparte als Präsidenten; eine Regierung des unverhohlnen Klassenterrorismus und der absichtlichen Beleidigung der »vile multitude« (der schoflen Menge). Wenn, wie Thiers sagte, die parlamentarische Republik die Staatsform war, die die Fraktionen der herrschenden Klasse am wenigsten trennte, so eröffnete sie dagegen einen Abgrund zwischen dieser Klasse und dem ganzen, außerhalb ihrer dünngesäten Reihen lebenden Gesellschaftskörper. Die Schranken, die, unter frühern Regierungen, die innern Spaltungen jener Klasse der Staatsmacht noch auferlegt hatten, waren durch ihre Vereinigung jetzt gefallen. Angesichts der drohenden Erhebung des Proletariats benutzte die vereinigte besitzende Klasse jetzt die Staatsmacht rücksichtslos und frech als das nationale Kriegswerkzeug des Kapitals gegen die Arbeit. Aber ihr ununterbrochner Kreuzzug gegen die produzierenden Massen zwang sie nicht nur, die vollziehende Gewalt mit stets wachsender Unterdrückungsmacht auszustatten; er zwang sie auch, ihre eigne parlamentarische Zwingburg – die Nationalversammlung – nach und nach aller Verteidigungsmittel gegen die vollziehende Gewalt zu entblößen. Die vollziehende Gewalt, in der Person des Louis Bonaparte, setzte sie vor die Tür. Der leibliche Nachkomme der Republik der »Ordnungspartei« war das zweite Kaisertum.

Das Kaisertum, mit dem Staatsstreich als Geburtsschein, dem allgemeinen Stimmrecht als Beglaubigung und dem Säbel als Zepter, gab vor, sich auf die Bauern zu stützen, auf jene große Masse der Produzenten, die nicht unmittelbar in den Kampf zwischen Kapital und Arbeit verwickelt waren. Es gab vor, die Arbeiterklasse zu retten, indem es den Parlamentarismus brach und mit ihm die unverhüllte Unterwürfigkeit der Regierung unter die besitzenden Klassen. Es gab vor, die besitzenden Klassen zu retten durch Aufrechterhaltung ihrer ökonomischen Hoheit über die Arbeiterklasse; und schließlich gab es vor, alle Klassen zu vereinigen durch die Wiederbelebung des Trugbilds des nationalen Ruhms. In Wirklichkeit war es die einzige mögliche Regierungsform zu einer Zeit, wo die Bourgeoisie die Fähigkeit, die Nation zu beherrschen, schon verloren und wo die Arbeiterklasse diese Fähigkeit noch nicht erworben hatte. Die ganze Welt jauchzte ihm zu als dem Retter der Gesellschaft. Unter seiner Herrschaft erreichte die Bourgeoisgesellschaft, aller politischen Sorgen enthoben, eine von ihr selbst nie geahnte Entwicklung. Ihre Industrie, ihr Handel dehnten sich zu unermeßlichen Verhältnissen aus; der Finanzschwindel feierte kosmopolitische Orgien; das Elend der Massen hob sich grell ab gegenüber dem schamlosen Prunk eines gleißenden, überladnen und schuftigriechenden Luxus. Die Staatsmacht, scheinbar hoch über der Gesellschaft schwebend, war dennoch selbst der skandalöseste Skandal dieser Gesellschaft und gleichzeitig die Brutstätte aller ihrer Fäulnis. Ihre eigne Verrottung und die Verrottung der von ihr geretteten Gesellschaft wurde bloßgelegt durch die Bajonette Preußens, das selbst vor Begierde brannte, den Schwerpunkt dieses Regimes von Paris nach Berlin zu verlegen. Der Imperialismus ist die prostituierteste und zugleich die schließliche Form jener Staatsmacht, die von der entstehenden bürgerlichen Gesellschaft ins Leben gerufen war als das Werkzeug ihrer eignen Befreiung vom Feudalismus und die die vollentwickelte Bourgeoisgesellschaft verwandelt hatte in ein Werkzeug zur Knechtung der Arbeit durch das Kapital.

Der gerade Gegensatz des Kaisertums war die Kommune. Der Ruf nach der »sozialen Republik«, womit das Pariser Proletariat die Februarrevolution einführte, drückte nur das unbestimmte Verlangen aus nach einer Republik, die nicht nur die monarchische Form der Klassenherrschaft beseitigen sollte, sondern die Klassenherrschaft selbst. Die Kommune war die bestimmte Form dieser Republik.

Paris, der Mittelpunkt und Sitz der alten Regierungsmacht und gleichzeitig der gesellschaftliche Schwerpunkt der französischen Arbeiterklasse, Paris hatte sich in Waffen erhoben gegen den Versuch des Thiers und seiner Krautjunker, diese ihnen vom Kaisertum überkommne alte Regierungsmacht wiederherzustellen und zu verewigen. Paris konnte nur Widerstand leisten, weil es infolge der Belagerung die Armee losgeworden war, an deren Stelle es eine hauptsächlich aus Arbeitern bestehende Nationalgarde gesetzt hatte. Diese Tatsache galt es jetzt in eine bleibende Einrichtung zu verwandeln. Das erste Dekret der Kommune war daher die Unterdrückung des stehenden Heeres und seine Ersetzung durch das bewaffnete Volk.

Die Kommune bildete sich aus den durch allgemeines Stimmrecht in den verschiedenen Bezirken von Paris gewählten Stadträten. Sie waren verantwortlich und jederzeit absetzbar. Ihre Mehrzahl bestand selbstredend aus Arbeitern oder anerkannten Vertretern der Arbeiterklasse. Die Kommune sollte nicht eine parlamentarische, sondern eine arbeitende Körperschaft sein, vollziehend und gesetzgebend zu gleicher Zeit. Die Polizei, bisher das

Werkzeug der Staatsregierung, wurde sofort aller ihrer politischen Eigenschaften entkleidet und in das verantwortliche und jederzeit absetzbare Werkzeug der Kommune verwandelt. Ebenso die Beamten aller andern Verwaltungszweige. Von den Mitgliedern der Kommune an abwärts, mußte der öffentliche Dienst für *Arbeiterlohn* besorgt werden. Die erworbnen Anrechte und die Repräsentationsgelder der hohen Staatswürdenträger verschwanden mit diesen Würdenträgern selbst. Die öffentlichen Ämter hörten auf, das Privateigentum der Handlanger der Zentralregierung zu sein. Nicht nur die städtische Verwaltung, sondern auch die ganze, bisher durch den Staat ausgeübte Initiative wurde in die Hände der Kommune gelegt.

Das stehende Heer und die Polizei, die Werkzeuge der materiellen Macht der alten Regierung einmal beseitigt, ging die Kommune sofort darauf aus, das geistliche Unterdrückungswerkzeug, die Pfaffenmacht, zu brechen; sie dekretierte die Auflösung und Enteignung aller Kirchen, soweit sie besitzende Körperschaften waren. Die Pfaffen wurden in die Stille des Privatlebens zurückgesandt, um dort, nach dem Bilde ihrer Vorgänger, der Apostel, sich von dem Almosen der Gläubigen zu nähren. Sämtliche Unterrichtsanstalten wurden dem Volk unentgeltlich geöffnet und gleichzeitig von aller Einmischung des Staats und der Kirche gereinigt. Damit war nicht nur die Schulbildung für jedermann zugänglich gemacht, sondern auch die Wissenschaft selbst von den ihr durch das Klassenvorurteil und die Regierungsgewalt auferlegten Fesseln befreit.

Die richterlichen Beamten verloren jene scheinbare Unabhängigkeit, die nur dazu gedient hatte, ihre Unterwürfigkeit unter alle aufeinanderfolgenden Regierungen zu verdecken, deren jeder sie, der Reihe nach, den Eid der Treue geschworen und gebrochen hatten. Wie alle übrigen öffentlichen Diener, sollten sie fernerhin gewählt, verantwortlich und absetzbar sein.

Die Pariser Kommune sollte selbstverständlich allen großen gewerblichen Mittelpunkten Frankreichs zum Muster dienen. Sobald die kommunale Ordnung der Dinge einmal in Paris und den Mittelpunkten zweiten Ranges eingeführt war, hätte die alte zentralisierte Regierung auch in den Provinzen der Selbstregierung der Produzenten weichen müssen. In einer kurzen Skizze der nationalen Organisation, die die Kommune nicht die Zeit hatte, weiter auszuarbeiten, heißt es ausdrücklich, daß die Kommune die politische Form selbst des kleinsten Dorfs sein, und daß das stehende Heer auf dem Lande durch eine Volksmiliz mit äußerst kurzer Dienstzeit ersetzt werden sollte. Die Landgemeinden eines jeden Bezirks sollten ihre gemeinsamen Angelegenheiten durch eine Versammlung von Abgeordneten in der Bezirkshauptstadt verwalten, und diese Bezirksversammlungen dann wieder Abgeordnete zur Nationaldelegation in Paris schicken; die Abgeordneten sollten jederzeit absetzbar und an die bestimmten Instruktionen ihrer Wähler gebunden sein. Die wenigen, aber wichtigen Funktionen, welche dann noch für eine Zentralregierung übrigblieben, sollten nicht, wie dies absichtlich gefälscht worden, abgeschafft, sondern an kommunale, d. h. streng verantwortliche Beamte übertragen werden. Die Einheit der Nation sollte nicht gebrochen, sondern im Gegenteil organisiert werden durch die Kommunalverfassung; sie sollte eine Wirklichkeit werden durch die Vernichtung jener Staatsmacht, welche sich für die Verkörperung dieser Einheit ausgab, aber unabhängig und überlegen sein wollte gegenüber der Nation, an deren Körper sie doch nur ein Schmarotzerauswuchs war. Während es galt, die bloß unterdrückenden Organe der alten Regierungsmacht abzuschneiden, sollten ihre berechtigten Funktionen einer Gewalt, die über der Gesellschaft zu stehn beanspruchte, entrissen und den verantwortlichen Dienern der Gesellschaft zurückgegeben werden. Statt einmal in drei oder sechs Jahren zu entscheiden, welches Mitglied der herrschenden Klasse das Volk im Parlament ver- und zertreten soll, sollte das allgemeine Stimmrecht dem in Kommunen konstituierten Volk dienen, wie das individuelle Stimmrecht jedem andern Arbeitgeber dazu dient, Arbeiter, Aufseher und Buchhalter in seinem Geschäft auszusuchen. Und es ist bekannt genug, daß Gesellschaften ebensogut wie einzelne, in wirklichen Geschäftssachen gewöhnlich den rechten Mann zu finden und, falls sie sich einmal täuschen, dies bald wieder gutzumachen wissen. Andrerseits aber konnte nichts dem Geist der Kommune fremder sein, als das allgemeine Stimmrecht durch hierarchische Investitur zu ersetzen.

Es ist das gewöhnliche Schicksal neuer geschichtlicher Schöpfungen, für das Seitenstück älterer und selbst verlebter Formen des gesellschaftlichen Lebens versehn zu werden, denen sie einigermaßen ähnlich sehn. So ist diese neue Kommune, die die moderne Staatsmacht bricht, angesehen worden für eine Wiederbelebung der mittelalterlichen Kommunen, welche jener Staatsmacht erst vorausgingen und dann ihre Grundlage bildeten. – Die Kommunalverfassung ist versehn worden für einen Versuch, einen Bund kleiner Staaten, wie Montesquieu und die Girondins ihn träumten, an die Stelle jener Einheit großer Völker zu setzen, die, wenn ursprünglich durch Gewalt zustande gebracht, doch jetzt ein mächtiger Faktor der gesellschaftlichen Produktion geworden ist. – Der Gegensatz der Kommune gegen die Staatsmacht ist versehn worden für eine übertriebne Form des alten Kampfes gegen Überzentralisation. Besondre geschichtliche Umstände mögen die klassische Entwicklung der Bourgeoisregierungsform, wie sie in Frankreich vor sich gegangen, in andren Ländern verhindert, und mögen gestattet haben, daß, wie in England, die großen zentralen Staatsorgane sich ergänzen durch korrupte Pfarreiversammlungen (vestries), geldschachernde Stadträte und wutschnaubende Armenverwalter in den Städten und durch tatsächlich erbliche Friedensrichter auf dem Lande. Die Kommunalverfassung würde im Gegenteil dem gesellschaftlichen Körper alle die Kräfte zurückgegeben haben, die bisher der Schmarotzerauswuchs »Staat«, der von der Gesellschaft sich nährt und ihre freie Bewegung hemmt, aufgezehrt hat. Durch diese Tat allein würde sie die Wiedergeburt Frankreichs in Gang gesetzt haben. – Die Mittelklasse der Provinzialstädte sah in der Kommune einen Versuch zur Wiederherstellung der Herrschaft, die sie unter Louis-Philippe über das Land ausgeübt hatte und die unter Louis Bonaparte verdrängt wurde durch die angebliche Herrschaft des Landes über die Städte. In Wirklichkeit aber hätte die Kommunalverfassung die ländlichen Produzenten unter die geistige Führung der Bezirkshauptstädte gebracht und ihnen dort, in den städtischen Arbeitern, die natürlichen Vertreter ihrer Interessen gesichert. – Das bloße Bestehn der Kommune führte, als etwas Selbstverständliches, die lokale Selbstregierung mit sich, aber nun nicht mehr als Gegengewicht gegen die, jetzt überflüssig gemachte, Staatsmacht. Es konnte nur einem Bismarck einfallen, der, wenn nicht von seinen Blut- und Eisenintrigen in Anspruch genommen, gern zu seinem alten, seinem geistigen Kaliber so sehr zusagenden Handwerk als Mitarbeiter am »Kladderadatsch« zurückkehrt – nur einem solchen Kopf konnte es einfallen, der Pariser Kommune eine Sehnsucht unterzuschieben nach jener Karikatur der alten französischen Städteverfassung von 1791, der preußischen Städteordnung, die die städtischen Verwaltungen zu bloßen untergeordneten Rädern in der preußischen Staatsmaschinerie erniedrigt. – Die Kommune machte das Stichwort aller Bourgeoisrevolutionen – wohlfeile Regierung – zur Wahrheit, indem sie die beiden größten Ausgabequellen, die Armee und das Beamtentum, aufhob. Ihr bloßes Bestehn setzte das Nichtbestehn der Monarchie voraus, die, wenigstens in Europa, der regelrechte Ballast und der unentbehrliche Deckmantel der Klassenherrschaft ist. Sie verschaffte der Republik die Grundlage wirklich demokratischer Einrichtungen. Aber weder »wohlfeile Regierung« noch die »wahre Republik« war ihr Endziel; beide ergaben sich nebenbei und von selbst.

Die Mannigfaltigkeit der Deutungen, denen die Kommune unterlag, und die Mannigfaltigkeit der Interessen, die sich in ihr ausgedrückt fanden, beweisen, daß sie eine durch und durch ausdehnungsfähige politische Form war, während alle früheren Regierungsformen wesentlich unterdrückend gewesen waren. Ihr wahres Geheimnis war dies: Sie war wesentlich eine *Regierung der Arbeiterklasse,* das Resultat des Kampfs der hervorbringenden gegen die aneignende Klasse, die endlich entdeckte politische Form, unter der die ökonomische Befreiung der Arbeit sich vollziehen konnte.

Ohne diese letzte Bedingung war die Kommunalverfassung eine Unmöglichkeit und eine Täuschung. Die politische Herrschaft des Produzenten kann nicht bestehn neben der Verewigung seiner gesellschaftlichen Knechtschaft. Die Kommune sollte daher als Hebel dienen, um die ökonomischen Grundlagen umzustürzen, auf denen der Bestand der Klassen und damit der Klassenherrschaft ruht. Einmal die Arbeit emanzipiert, so wird jeder Mensch ein Arbeiter, und produktive Arbeit hört auf, eine Klasseneigenschaft zu sein.

Es ist eine eigentümliche Tatsache: Trotz all des großen Geredes und der unermeßlichen Literatur der letzten sechzig Jahre über Emanzipation der Arbeiter – kaum nehmen die Arbeiter irgendwo die Sache in ihre eignen Hände, so ertönen auch sofort wieder die apologetischen Redensarten der Fürsprecher der jetzigen Gesellschaft mit ihren beiden Polen: Kapital und Lohnsklaverei (der Grundbesitzer ist jetzt nur noch der stille Gesellschafter des Kapitalisten), als lebte die kapitalistische Gesellschaft noch im Stande reinster jungfräulicher Unschuld, alle ihre Grundsätze noch unentwickelt, alle ihre Selbsttäuschungen noch unenthüllt, alle ihre prostituierte Wirklichkeit noch nicht bloßgelegt! Die Kommune, rufen sie aus, will das Eigentum, die Grundlage aller Zivilisation, abschaffen! Jawohl, meine Herren, die Kommune wollte jenes Klasseneigentum abschaffen, das die Arbeit der vielen in den Reichtum der wenigen verwandelt. Sie beabsichtigte die Enteignung der Enteigner. Sie wollte das individuelle Eigentum zu einer Wahrheit machen, indem sie die Produktionsmittel, den Erdboden und das Kapital, jetzt vor allem die Mittel zur Knechtung und Ausbeutung der Arbeit, in bloße Werkzeuge der freien und assoziierten Arbeit verwandelt. – Aber dies ist der Kommunismus, der »unmögliche« Kommunismus! Nun, diejenigen Leute aus den herrschenden Klassen, die verständig genug sind, die Unmöglichkeit der Fortdauer des jetzigen Systems einzusehn – und deren gibt es viele –, haben sich zu zudringlichen und großmäuligen Aposteln der genossenschaftlichen Produktion aufgeworfen. Wenn aber die genossenschaftliche Produktion nicht eitel Schein und Schwindel bleiben, wenn sie das kapitalistische System verdrängen, wenn die Gesamtheit der Genossenschaften die nationale Produktion nach einem gemeinsamen Plan regeln, sie damit unter ihre eigne Leitung nehmen und der beständigen Anarchie und den periodisch wiederkehrenden Konvulsionen, welche das unvermeidliche Schicksal der kapitalistischen Produktion sind, ein Ende machen soll – was wäre das andres, meine Herren, als der Kommunismus, der »mögliche« Kommunismus?

Die Arbeiterklasse verlangte keine Wunder von der Kommune. Sie hat keine fix und fertigen Utopien durch Volksbeschluß einzuführen. Sie weiß, daß, um ihre eigne Befreiung und mit ihr jene höhre Lebensform hervorzuarbeiten, der die gegenwärtige Gesellschaft durch ihre eigne ökonomische Entwicklung unwiderstehlich entgegenstrebt, daß sie, die Arbeiterklasse, lange Kämpfe, eine ganze Reihe geschichtlicher Prozesse durchzumachen hat, durch welche die Menschen wie die Umstände gänzlich umgewandelt werden. Sie hat keine Ideale zu verwirklichen; sie hat nur die Elemente der neuen Gesellschaft in Freiheit zu setzen, die sich bereits im Schoß der zusammenbrechenden Bourgeoisgesellschaft entwickelt haben. Im vollen Bewußtsein ihrer geschichtlichen Sendung und mit dem Heldenentschluß, ihrer würdig zu handeln, kann die Arbeiterklasse sich begnügen, zu lächeln gegenüber den plumpen Schimpfereien der Lakaien von der Presse wie gegenüber der lehrhaften Protektion wohlmeinender Bourgeoisdoktrinäre, die ihre unwissenden Gemeinplätze und Sektierermarotten im Orakelton wissenschaftlicher Unfehlbarkeit abpredigen.

Als die Pariser Kommune die Leitung der Revolution in ihre eigne Hand nahm; als einfache Arbeiter zum erstenmal es wagten, das Regierungsprivilegium ihrer »natürlichen Obern«, der Besitzenden, anzutasten, und, unter Umständen von beispielloser Schwierigkeit, ihre Arbeit bescheiden, gewissenhaft und wirksam verrichteten – sie verrichteten für Gehalte, deren höchstes kaum ein Fünftel von dem war, was nach einem hohen wissenschaftlichen Gewährsmann (Professor Huxley) das geringste ist für einen Sekretär des Londoner Schulrats –, da wand sich die alte Welt in Wutkrämpfen beim Anblick der roten Fahne, die, das Symbol der Republik der Arbeit, über dem Stadthause wehte.

Und doch war dies die erste Revolution, in der die Arbeiterklasse offen anerkannt wurde als die einzige Klasse, die noch einer gesellschaftlichen Initiative fähig war; anerkannt selbst durch die große Masse der Pariser Mittelklasse – Kleinhändler, Handwerker, Kaufleute –, die reichen Kapitalisten allein ausgenommen. Die Kommune hatte sie gerettet durch eine weise Erledigung jener immer wiederkehrenden Ursache des Streits unter der Mittelklasse selbst, der Frage zwischen Schuldnern und Gläubigern. Derselbe Teil der Mittelklasse hatte sich 1848 bei der Unterdrückung des Arbeiteraufstandes vom Juni beteiligt; und unmittelbar darauf war er durch die konstituierende Versammlung ohne alle Umstände seinen Gläubigern zum Opfer gebracht worden. Aber dies war nicht der einzige Grund, weswegen er sich jetzt an die Arbeiter anschloß. Er fühlte, daß es nur noch eine Wahl gab: die Kommune oder das Kaisertum, gleichviel unter welchem Namen. Das Kaisertum hatte diese Mittelklasse ökonomisch ruiniert durch seine Verschleuderung des öffentlichen Reichtums, durch den von ihm großgezogenen Finanzschwindel, durch seine Beihülfe zur künstlich beschleunigten Zentralisation des Kapitals und die dadurch bedingte Enteignung eines großen Teils dieser Mittelklasse. Es hatte sie politisch unterdrückt, sie sichtlich entrüstet durch seine Orgien, es hatte ihren Voltairianismus beleidigt durch Überlieferung der Erziehung ihrer Kinder an die »unwissenden Brüderlein«, es hatte ihr Nationalgefühl als Franzosen empört, indem es sie kopfüber in einen Krieg stürzte, der für alle die Verwüstung, die er anrichtete, nur einen Ersatz ließ – die Vernichtung des Kaisertums. In der Tat, nach der Auswanderung der hohen bonapartistischen und kapitalistischen Zigeunerbande aus Paris trat die wahre Ordnungspartei der Mittelklasse hervor als die »Union républicaine«, stellte sich unter die

Fahne der Kommune und verteidigte sie gegen Thiers' absichtliche Entstellungen. Ob die Dankbarkeit dieser großen Masse der Mittelklasse die jetzigen schweren Prüfungen bestehn wird, bleibt abzuwarten.

Die Kommune hatte vollständig recht, als sie den Bauern zurief: »Unser Sieg ist eure Hoffnung!« Von allen den Lügen, die in Versailles ausgeheckt und von den ruhmvollen europäischen Preßzuaven weiterposaunt wurden, war eine der ungeheuerlichsten die, daß die Krautjunker der Nationalversammlung die Vertreter der französischen Bauern seien. Man denke sich nur die Liebe des französischen Bauern für die Leute, denen er, nach 1815, eine Milliarde Entschädigung zahlen mußte! In den Augen des französischen Bauern ist ja schon die bloße Existenz eines großen Grundbesitzers ein Eingriff in seine Eroberungen von 1789. Der Bourgeois hatte 1848 die Bodenparzelle des Bauern mit der Zuschlagsteuer von 45 Centimes auf den Franken belastet, aber er tat es im Namen der Revolution; jetzt hatte er einen Bürgerkrieg gegen die Revolution entzündet, um die Hauptlast der den Preußen bewilligten fünf Milliarden Kriegsentschädigung den Bauern aufzubürden. Die Kommune dagegen erklärte gleich in einer ihrer ersten Proklamationen, daß die wirklichen Urheber des Krieges auch dessen Kosten tragen müßten. Die Kommune würde dem Bauer die Blutsteuer abgenommen, ihm eine wohlfeile Regierung gegeben und seine Blutsauger, den Notar, den Advokaten, den Gerichtsvollzieher und andre gerichtliche Vampire, in besoldete Kommunalbeamte, von ihm selbst gewählt und ihm verantwortlich, verwandelt haben. Sie würde ihn befreit haben von der Willkürherrschaft des Flurschützen, des Gendarmen und des Präfekten; sie würde an Stelle der Verdummung durch den Pfaffen die Aufklärung durch den Schullehrer gesetzt haben. Und der französische Bauer ist vor allem ein Mann, der rechnet. Er würde es äußerst vernünftig gefunden haben, daß die Bezahlung des Pfaffen, statt von dem Steuereinnehmer eingetrieben zu werden, nur von der freiwilligen Betätigung des Frömmigkeitstriebs seiner Gemeinde abhängen solle. Dies waren die großen unmittelbaren Wohltaten, die die Herrschaft der Kommune – und sie nur – den französischen Bauern in Aussicht stellte. Es ist daher ganz überflüssig, hier näher einzugehn auf die verwickelteren wirklichen Lebensfragen, die die Kommune allein fähig und gleichzeitig gezwungen war, zugunsten des Bauern zu lösen – die Hypothekenschuld, die wie ein Alp auf seiner Parzelle lastete, das ländliche Proletariat, das täglich auf ihr heranwuchs, und seine eigne Enteignung von dieser Parzelle, die mit stets wachsender Geschwindigkeit durch die Entwicklung der modernen Ackerbauwirtschaft und die Konkurrenz des kapitalistischen Bodenbaus sich durchsetzte.

Der französische Bauer hatte Louis Bonaparte zum Präsidenten der Republik gewählt, aber die Ordnungspartei schuf das zweite Kaisertum. Was der französische Bauer wirklich bedarf, fing er an, 1849 und 50 zu zeigen, indem er überall seinen Maire dem Regierungspräfekten, seinen Schullehrer dem Regierungspfaffen und sich selbst dem Regierungsgendarmen entgegenstellte. Alle von der Ordnungspartei im Januar und Februar 1850 erlassenen Gesetze waren eingestandene Zwangsmaßregeln gegen die Bauern. Der Bauer war Bonapartist, weil die große Revolution, mit all ihren Vorteilen für ihn, in seinen Augen in Napoleon verkörpert war. Diese Täuschung, die unter dem zweiten Kaisertum rasch am Zusammenbrechen war (und sie war ihrer ganzen Natur nach den Krautjunkern feindlich), dies Vorurteil der Vergangenheit, wie hätte es bestehn können gegenüber dem Appell der Kommune an die lebendigen Interessen und dringenden Bedürfnisse der Bauern?

Die Krautjunker – dies war in der Tat ihre Hauptbefürchtung – wußten, daß drei Monate freien Verkehrs zwischen dem kommunalen Paris und den Provinzen einen allgemeinen Bauernaufstand zuwege bringen würden. Daher ihre ängstliche Eile, Paris mit einer Polizeiblockade zu umgeben und die Verbreitung der Rinderpest zu hemmen.

Wenn sonach die Kommune die wahre Vertreterin aller gesunden Elemente der französischen Gesellschaft war, und daher die wahrhaft nationale Regierung, so war sie gleichzeitig, als eine Arbeiterregierung, als der kühne Vorkämpfer der Befreiung der Arbeit, im vollen Sinn des Worts international. Unter den Augen der preußischen Armee, die zwei französische Provinzen an Deutschland annexiert hatte, annexierte die Kommune die Arbeiter der ganzen Welt an Frankreich.

Das zweite Kaisertum war das Jubelfest der kosmopolitischen Prellerei gewesen, die Hochstapler aller Länder waren auf seinen Ruf herzugestürzt, teilzunehmen an seinen Orgien und an der Ausplünderung des französischen Volks. Selbst in diesem Augenblick noch ist Thiers' rechte Hand Ganesco, der walachische Lump, und seine linke Hand Markowski, der russische Spion. Die Kommune ließ alle Fremden zu zu der Ehre, für eine unsterbliche Sache zu fallen. – Zwischen dem durch ihren Verrat verlornen auswärtigen Krieg und dem durch ihre Verschwörung mit dem fremden Eroberer entzündeten Bürgerkrieg hatte die Bourgeoisie Zeit gefunden, ihren Patriotismus durch die Organisation von Polizeijagden auf die Deutschen in Frankreich zu betätigen. Die Kommune machte einen Deutschen zu ihrem Arbeitsminister. – Thiers, die Bourgeoisie, das zweite Kaisertum hatten Polen immerfort durch laute Verheißungen der Teilnahme getäuscht, während sie in Wirklichkeit es an Rußland verrieten und Rußlands schmutzige Arbeit verrichteten. Die Kommune ehrte die Heldensöhne Polens, indem sie sie an die Spitze der Verteidigung von Paris stellte. Und, um ganz unverkennbar die neue geschichtliche Ära zu bezeichnen, die sie einzuleiten sich bewußt war, warf die Kommune, unter den Augen, hier der siegreichen Preußen, dort der von bonapartistischen Generalen geführten bonapartistischen Armee, das kolossale Symbol des Kriegsruhms nieder, die Vendôme-Säule.

Die große soziale Maßregel der Kommune war ihr eignes arbeitendes Dasein. Ihre besondern Maßregeln konnten nur die Richtung andeuten, in der eine Regierung des Volks durch das Volk sich bewegt. Dahin gehören die Abschaffung der Nachtarbeit der Bäckergesellen; das Verbot, bei Strafe, der bei Arbeitgebern üblichen Praxis, den Lohn herabzudrücken durch Auferlegung von Geldstrafen auf die Arbeiter unter allerlei Vorwänden – ein Verfahren, wobei der Arbeitgeber in einer Person Gesetzgeber, Richter und Vollstrecker ist und obendrein das Geld einsteckt. Eine andre Maßregel dieser Art war die Auslieferung von allen geschlossenen Werkstätten und Fabriken an Arbeitergenossenschaften, unter Vorbehalt der Entschädigung, gleichviel, ob der betreffende Kapitalist geflüchtet war oder aber vorzog, die Arbeit einzustellen.

Die finanziellen Maßregeln der Kommune, ausgezeichnet durch ihre Einsicht und Mäßigung, konnten sich nur auf solche beschränken, die mit der Lage einer belagerten Stadt verträglich waren. In Anbetracht der ungeheuren Diebstähle, begangen an der Stadt Paris durch die großen Finanzkompanien und Bauunternehmer unter Haussmanns Herrschaft, hätte die Kommune ein weit größeres Recht gehabt, ihr Eigentum zu konfiszieren, als Louis Bonaparte das der Familie Orléans. Die Hohenzollern und die englischen Oligarchen, die beide ein gutes Stück ihrer Besitzungen von geraubtem Kircheneigentum herleiten, waren natürlich höchst entrüstet über die Kommune, die aus der Säkularisation nur 8000 Franken profitierte.

Während die Versailler Regierung, sobald sie wieder zu etwas Mut und Stärke gekommen, die gewaltsamsten Mittel gegen die Kommune anwandte; während sie die freie Meinungsäußerung über ganz Frankreich unterdrückte und sogar Versammlungen von Delegierten der großen Städte verbot; während sie Versailles und das übrige Frankreich einer Spionage, weit schlimmer als die des zweiten Kaisertums, unterwarf; während sie durch ihre Gendarmen-Inquisitoren alle in Paris gedruckten Zeitungen verbrannte und alle Briefe von und nach Paris erbrach; während in der Nationalversammlung die furchtsamsten Versuche, ein Wort für Paris zu verlautbaren, niedergeheult wurden in einer, selbst in der Junkerkammer von 1816 unerhörten Weise; während der blutdürstigen Kriegführung der Versailler außerhalb und ihrer Versuche der Bestechung und Verschwörung innerhalb Paris – hätte da die Kommune nicht ihre Stellung schmählich verraten, wenn sie alle Anstandsformen des Liberalismus, wie im tiefsten Frieden, beobachtet hätte? Wäre die Regierung der Kommune der des Herrn Thiers verwandt gewesen, es wäre ebensowenig Veranlassung dagewesen, Ordnungsparteiblätter in Paris wie Kommunalblätter in Versailles zu unterdrücken.

Es war in der Tat ärgerlich für die Krautjunker, daß gerade um die Zeit, wo sie die Rückkehr zur Kirche als einziges Mittel zur Rettung Frankreichs erklärten, die ungläubige Kommune die eigentümlichen Geheimnisse des Nonnenklosters Picpus und der Kirche St. Laurent aufdeckte. Es war eine Satire auf Thiers, daß, während er Großkreuze auf die bonapartistischen Generale regnen ließ für ihre Meisterschaft im Schlachtenverlieren, Kapitulationsunterzeichnen und Wilhelmshöher Zigarettendrehen, die Kommune ihre Generale absetzte und verhaftete, sobald sie der Vernachlässigung ihres Dienstes verdächtig waren. Die Ausstoßung und Verhaftung eines Mitgliedes, das sich unter falschem Namen eingeschlichen und früher in Lyon sechs Tage Gefängnis wegen einfachen Bankerotts erlitten hatte – war sie nicht eine vorbedachte Beleidigung, ins Gesicht geschleudert dem Fälscher Jules Favre, damals noch immer auswärtiger Minister Frankreichs, noch immer Frankreich verkaufend an Bismarck, noch immer Befehle diktierend jener unvergleichlichen belgischen Regierung? Aber in der Tat, die Kommune machte keinen Anspruch auf Unfehlbarkeit, wie dies alle die alten

Regierungen ohne Ausnahme tun. Sie veröffentlichte alle Reden und Handlungen, sie weihte das Publikum ein in alle ihre Unvollkommenheiten.

In jeder Revolution drängen sich, neben ihren wirklichen Vertretern, Leute andern Gepräges vor. Einige sind die Überlebenden früherer Revolutionen, mit denen sie verwachsen sind; ohne Einsicht in die gegenwärtige Bewegung, aber noch im Besitz großen Einflusses auf das Volk durch ihren bekannten Mut und Charakter oder auch durch bloße Tradition. Andre sind bloße Schreier, die, jahrelang dieselben ständigen Deklamationen gegen die Regierung des Tages wiederholend, sich in den Ruf von Revolutionären des reinsten Wassers eingeschlichen haben. Auch nach dem 18. März kamen solche Leute zum Vorschein und spielten sogar in einigen Fällen eine hervorragende Rolle. Soweit ihre Macht ging, hemmten sie die wirkliche Aktion der Arbeiterklasse, wie sie die volle Entwicklung jeder frühern Revolution gehemmt haben. Sie sind ein unvermeidliches Übel; mit der Zeit schüttelt man sie ab; aber gerade diese Zeit wurde der Kommune nicht gelassen.

[...]

KARL MARX:
ERSTER ENTWURF ZUM »BÜRGERKRIEG IN FRANKREICH« (1871)[1]

Der Charakter der Kommune

Die zentralisierte Staatsmaschinerie, die mit ihren allgegenwärtigen und verwickelten militärischen, bürokratischen, geistlichen und gerichtlichen Organen die lebenskräftige bürgerliche Gesellschaft wie eine Boa constrictor umklammert (umstrickt), wurde zuerst in den Zeiten der absoluten Monarchie als Waffe der entstehenden modernen Gesellschaft in ihrem Kampf um die Emanzipation vom Feudalismus geschmiedet. Die grundherrlichen Vorrechte der mittelalterlichen Feudalherren, Städte und Geistlichkeit wurden in Attribute einer einheitlichen Staatsgewalt verwandelt, die die feudalen Würdenträger durch bezahlte Staatsbeamte ersetzte und die Waffen von den mittelalterlichen Gefolgsleuten der Grundbesitzer und den Korporationen der Städtebürger an ein stehendes Heer

---

1 [Text nach: MEW Bd. 17, S. 538—549, 556.]

übertrug; sie setzte an die Stelle der buntscheckigen (parteigefärbten) Anarchie sich befehdender mittelalterlicher Mächte den geregelten Plan einer Staatsmacht mit einer systematischen und hierarchischen Teilung der Arbeit. Die erste französische Revolution mit ihrer Aufgabe, die nationale Einheit zu begründen (eine Nation zu schaffen), mußte jede lokale, territoriale, städtische und provinzielle Unabhängigkeit beseitigen. Sie war daher gezwungen, das zu entwickeln, was die absolute Monarchie begonnen hatte, die Zentralisation und Organisation der Staatsmacht, und den Umfang und die Attribute der Staatsmacht, die Zahl ihrer Werkzeuge, ihre Unabhängigkeit und ihre übernatürliche Gewalt über die wirkliche Gesellschaft auszudehnen, eine Gewalt, die faktisch den Platz des mittelalterlichen übernatürlichen Himmels mit seinen Heiligen einnahm. Jedes geringfügige Einzelinteresse, das aus den Beziehungen der sozialen Gruppen hervorging, wurde von der Gesellschaft selbst getrennt, fixiert und von ihr unabhängig gemacht und ihr in der Form des Staatsinteresses, das von Staatspriestern mit genau bestimmten hierarchischen Funktionen verwaltet wird, entgegengesetzt.

Dieser Schmarotzerauswuchs an der bürgerlichen Gesellschaft, der vorgibt, ihr ideales Ebenbild zu sein, erfuhr seine volle Entwicklung unter der Herrschaft des ersten Bonaparte. Die Restauration und die Julimonarchie fügten ihm nichts hinzu außer einer größeren Arbeitsteilung, die im selben Maße wuchs, wie die Arbeitsteilung innerhalb der bürgerlichen Gesellschaft neue Interessengruppen und infolgedessen neuen Stoff für die Tätigkeit des Staats schuf. In ihrem Kampf gegen die Revolution von 1848 waren die parlamentarische Republik in Frankreich und alle Regierungen Kontinentaleuropas gezwungen, mit ihren Unterdrückungsmaßnahmen gegen die Volksbewegung die Aktionsmittel und die Zentralisation dieser Regierungsgewalt zu stärken. Alle Revolutionen vervollkommneten auf diese Weise nur die Staatsmaschinerie, statt diesen ertötenden Alp abzuwerfen. Die Fraktionen und Parteien der herrschenden Klassen, die abwechselnd um die Herrschaft kämpften, sahen die Besitzergreifung (Kontrolle) (Bemächtigung) und die Leitung dieser ungeheuren Regierungsmaschinerie als die hauptsächliche Siegesbeute an. Im Mittelpunkt ihrer Tätigkeit stand die Schaffung ungeheurer stehender Armeen, einer Masse von Staatsparasiten und kolossaler Staatsschulden. In der Epoche der absoluten Monarchie war die Staatsmaschinerie ein Kampfmittel der modernen Gesellschaft gegen den Feudalismus, dessen Krönung die Französische Revolution war; und unter dem ersten Bonaparte diente sie nicht nur zur Unterdrückung der Revolution und Vernichtung aller Freiheiten des Volkes, sondern auch als ein Werkzeug der Französischen Revolution für den Kampf nach außen, um im Interesse Frankreichs statt feudaler Monarchien mehr oder weniger Staaten nach dem Vorbild Frankreichs auf dem Kontinent zu schaffen. Unter der Restauration und der Julimonarchie wurde sie nicht nur [ein] Mittel der gewaltsamen Klassenherrschaft der Bourgeoisie, sondern auch ein Mittel, das der direkten ökonomischen Ausbeutung eine zweite Ausbeutung des Volkes hinzufügte, indem sie den bürgerlichen Familien alle guten Stellen im Staatsapparat sicherte. In der Zeit des revolutionären Kampfes von 1848 diente sie schließlich als Mittel, diese Revolution zu vernichten und alle Versuche zur Emanzipation der Volksmassen zunichte zu machen. Aber seine letzte Entwicklung erreichte der Schmarotzer Staat erst unter dem Zweiten Kaiserreich. Die Regierungsgewalt mit ihrem stehenden Heer, ihrer alles dirigierenden Bürokratie, ihrer verdummenden Geistlichkeit und ihrer servilen Gerichtshierarchie war von der Gesellschaft selbst so unabhängig geworden, daß ein lächerlich mittelmäßiger Abenteurer mit einer gierigen Bande von Desperados hinter sich genügte, sie zu handhaben. Sie brauchte nicht mehr den Vorwand einer bewaffneten Koalition des alten Europas gegen die moderne Welt, die durch die Revolution von 1789 begründet worden war. Sie trat nicht mehr als ein Mittel der Klassenherrschaft auf, untergeordnet einem parlamentarischen Ministerium oder einer gesetzgebenden Versammlung. Unter ihrer Herrschaft sogar die Interessen der herrschenden Klassen verletzend, deren parlamentarische Komödie sie durch selbstgewählte Corps législatifs und selbstbezahlte Senate ersetzte; in ihrer absoluten Herrschaft sanktioniert durch das allgemeine Wahlrecht und durch die anerkannte Notwendigkeit, die »Ordnung« aufrechtzuerhalten, das heißt die Herrschaft des Grundbesitzers und Kapitalisten über den Produzenten; unter den Fetzen einer Maskerade der Vergangenheit die Orgien der Korruption der Gegenwart und den Sieg der parasitären Gruppe, der Finanzschwindler, verdeckend; die *Ausschweifungen* aller reaktionären Einflüsse der Vergangenheit zulassend – ein Pandämonium der Niedertracht –, so hatte die Staatsmacht ihren letzten und höchsten Ausdruck im Zweiten Kaiserreich gefunden. Auf den ersten Blick schien dies der endgültige Sieg dieser Regierungsgewalt über die Gesellschaft zu sein, in Wirklichkeit war es jedoch die Orgie aller verderbten Elemente dieser Gesellschaft. Den Nichteingeweihten erschien es nur als der Sieg der Exekutive über die Legislative, als die endgültige Niederlage jener Form der Klassenherrschaft, die vorgibt, die Selbstherrschaft der Gesellschaft zu sein, beigebracht [durch] eine andere ihrer Formen, die sich als eine über der Gesellschaft stehende Macht ausgibt. In der Tat aber war es nur die verkommenste und die einzig mögliche Form dieser Klassenherrschaft, die ebenso demütigend für die herrschenden Klassen wie für die arbeitenden Klassen war, die sie durch ihre Klassenherrschaft in Fesseln hielten.

Der 4. September war nur die Wiederherstellung der Republik gegen den grotesken Abenteurer, der sie erdrosselt hatte. Der wahre Gegensatz des *Kaisertums selbst* – das heißt der Staatsmacht, der zentralisierten vollziehenden Gewalt, von der das Zweite Kaiserreich nur die erschöpfende Formel war – war *die Kommune*. Jene Staatsmacht ist in Wirklichkeit die Schöpfung der Bourgeoisie, zuerst als Mittel, den Feudalismus zu zerbrechen, dann als Mittel, die Freiheitsbestrebungen der Produzenten, der Arbeiterklasse, zu unterdrücken. Alle Reaktionen und alle Revolutionen haben nur dazu gedient, diese organisierte Macht – diese organisierte Gewalt zur Versklavung der Arbeit – aus einer Hand in die andere, von einer Fraktion der herrschenden Klassen an die andere zu übertragen. Sie hatte den herrschenden Klassen als Mittel der Unterjochung und der Bereicherung gedient. Sie hatte aus jeder neuen Veränderung neue Kräfte gesogen. Sie hatte als Werkzeug gedient, um jede Volkserhebung niederzuschlagen und die arbeitenden Klassen zu unterdrücken, nachdem sie gekämpft hatten und ausgenutzt worden waren, um die Übertragung der Staatsmacht von einem Teil ihrer Unterdrücker an den andern zu sichern. Daher war die Kommune nicht eine Revolution gegen diese oder jene – legitimistische, konstitutionelle, republikanische oder kaiserliche Form der Staatsmacht. Die Kommune war eine Revolution gegen den *Staat* selbst, gegen diese übernatürliche Fehlgeburt der Gesellschaft; sie war eine Rücknahme des eignen gesellschaftlichen Lebens des Volkes durch das Volk und für das Volk. Sie war nicht eine Revolution, um die Staatsmacht von einer Fraktion der herrschenden Klassen an die andre zu übertragen, sondern eine Revolution, um diese abscheuliche Maschine der Klassenherrschaft selbst zu zerbrechen.

Sie war keiner jener zwerghaften Kämpfe zwischen der Klassenherrschaft in Form der vollziehenden Gewalt und den parlamentarischen Formen der Klassenherrschaft, sondern eine Revolte gegen beide dieser Formen, die einander ergänzen, und von denen die parlamentarische Form nur das betrügerische Anhängsel der vollziehenden Gewalt war. Das Zweite Kaiserreich war die letzte Form dieser Staatsusurpation. Die Kommune war die entschiedene Negation jener Staatsmacht und darum der Beginn der sozialen Revolution des 19. Jahrhunderts. Was daher immer ihr Geschick in Paris, sie wird ⟨ihren Weg um die Welt⟩ machen. Sie wurde von der Arbeiterklasse Europas und der Vereinigten Staaten sogleich als das Zauberwort der Freiheit begrüßt. Der Ruhm und die vorsintflutlichen Taten des preußischen Eroberers schienen nur Trugbilder einer gewesenen Vergangenheit.

Nur die Arbeiterklasse konnte dieses neue Streben durch das Wort »Kommune« formulieren und durch die kämpfende Kommune von Paris einleiten. Sogar der letzte Ausdruck jener Staatsgewalt – das Zweite Kaiserreich – war, wenn es auch den Stolz der herrschenden Klassen demütigte und ihre parlamentarischen Ansprüche auf Selbstregierung hinwegfegte, nur die letztmögliche Form ihrer Klassenherrschaft gewesen. Obwohl das Zweite Kaiserreich sie politisch enteignete, war es die Orgie, unter der alle ökonomischen und sozialen Schändlichkeiten ihres Regimes zur vollen Herrschaft kamen. Die mittlere Bourgeoisie und das Kleinbürgertum waren kraft ihrer ökonomischen Existenzbedingungen davon ausgeschlossen, eine neue Revolution einzuleiten, und gezwungen, dem Weg der herrschenden Klassen zu folgen oder Verbündete der Arbeiterklasse zu werden. Die Bauern waren die passive ökonomische Basis des Zweiten Kaiserreichs, dieses letzten Triumphs eines von der Gesellschaft getrennten und von ihr unabhängigen *Staates*. Nur die Proletarier, von der neuen sozialen Aufgabe entflammt, die sie für die gesamte Gesellschaft zu vollbringen haben, nämlich die Abschaffung aller Klassen und der Klassenherrschaft, waren imstande, das Werkzeug dieser Klassenherrschaft – den Staat –, diese zentralisierte und organisierte Regierungsgewalt zu zerbrechen, der sich anmaßt, Herr statt Diener der Gesellschaft zu sein. Das Zweite Kaiserreich, die letzte Krönung und gleichzeitig die schlimmste Prostituierung des Staates, der den Platz der mittelalterlichen Kirche eingenommen hatte, wurde im aktiven Kampf der herrschenden Klassen, mit passiver Unterstützung der Bauernschaft, gegen die Proletarier geboren. Es war gegen sie ins Leben getreten. Und von ihnen wurde es zerbrochen, nicht als besondre Form der (zentralisierten) Regierungsgewalt, sondern als ihr mächtigster und vollendetster Ausdruck der scheinbaren Unabhängigkeit von der Gesellschaft und daher auch ihre prostituierteste Wirklichkeit, von Kopf bis Fuß mit Schande bedeckt, deren Inbegriff absolute Fäulnis im Innern und absolute Ohnmacht nach außen gewesen ist.

Aber diese eine Form der Klassenherrschaft war nur zusammengebrochen, um die vollziehende Gewalt, die staatliche Regierungsmaschine, zum großen und einzigen Angriffsobjekt der Revolution zu machen.

Der Parlamentarismus in Frankreich war am Ende. Seine letzte Periode und vollste Herrschaft war die parlamentarische Republik von Mai 1848 bis zum coup d'état. Das Kaiserreich, das ihn tötete, war seine eigne Schöpfung. Unter dem Kaiserreich mit seinem Corps législatif und seinem Senat – und in dieser Form wurde es in den Militärmonarchien Preußen und Österreich reproduziert – war der Parlamentarismus eine bloße Farce gewesen, ein bloßes Anhängsel des Despotismus in seiner gröbsten Form. Der Parlamentarismus in Frankreich war also tot, und die Arbeiterrevolution war sicher nicht darauf aus, ihn von den Toten zu erwecken.

Die *Kommune* – das ist die Rücknahme der Staatsgewalt durch die Gesellschaft als ihre eigne lebendige Macht, an Stelle der Gewalt, die sich die Gesellschaft unterordnet und sie unterdrückt; das ist die Rücknahme der Staatsgewalt durch die Volksmassen selbst, die an Stelle der organisierten Gewalt der Unterdrückung ihre eigne Gewalt schaffen; das ist die politische Form ihrer sozialen Emanzipation an Stelle der künstlichen Gewalt (die sich ihre Unterdrücker aneigneten) (ihre eigne Gewalt, den Unterdrückern entgegengesetzt und gegen sie organisiert) der Gesellschaft, von ihren Feinden zu ihrer Unterdrückung gehandhabt. Die Form war einfach wie alles Große. Im Gegensatz zu früheren Revolutionen – wo die für jede historische Entwicklung notwendige Zeit in der Vergangenheit immer verlorenging und wo in den ersten Tagen des Triumphs des Volkes, sobald es seine siegreichen Waffen niedergelegt hatte, diese dann gegen das Volk selbst gerichtet wurden – setzte die Kommune als erstes an die Stelle der Armee die Nationalgarde.

»Zum erstenmal seit dem 4. September ist die Republik von der

Regierung ihrer Feinde befreit ... in der Stadt eine Nationalmiliz, die die Bürger gegen die Macht (die Regierung) verteidigt, *anstatt eines stehenden Heeres, das die Regierung gegen die Bürger verteidigt.«* (*Proklamation* des Zentralkomitees vom 22. März.)

(Das Volk brauchte nur diese Miliz im nationalen Maßstab zu organisieren, um mit dem stehenden Heere Schluß zu machen; das ist die erste ökonomische conditio sine qua non für alle sozialen Verbesserungen, um diese Quelle von Steuern und Staatsschulden und diese ständige Gefahr der Regierungsusurpation durch die Klassenherrschaft – der regulären Klassenherrschaft oder der eines Abenteurers, der vorgibt, alle Klassen zu retten – sofort zu beseitigen.) Das ist gleichzeitig die sicherste Garantie gegen äußere Aggression, die faktisch den kostspieligen Militärapparat in allen andern Staaten unmöglich macht; das ist die Emanzipation des Bauern von der Blutsteuer und davon, die ergiebigste Quelle für alle staatliche Besteuerung und Staatsschulden [zu sein]. Hier schon der Punkt, in dem die Kommune ein *Anreiz für den Bauern* und das erste Wort seiner Emanzipation ist. Die »unabhängige Polizei« wird beseitigt und ihre Rohlinge durch Diener der Kommune ersetzt. Das allgemeine Stimmrecht, bisher entweder für die parlamentarische Sanktion der Heiligen Staatsmacht oder als Spielzeug in der Hand der herrschenden Klassen mißbraucht, vom Volk nur anwendbar, um einmal in vielen Jahren die parlamentarische Klassenherrschaft zu sanktionieren (deren Werkzeuge zu wählen), wird seinem wirklichen Zweck angepaßt: durch die Gemeinden ihre eignen Beamten für Verwaltung und Gesetzgebung zu wählen. Beseitigung der Täuschung, daß Verwaltung und politische Leitung Geheimnisse wären, transzendente Funktionen, die nur den Händen einer ausgebildeten Kaste – Staatsparasiten, hochbezahlten Sykophanten und Sinekuristen in den höheren Stellungen anvertraut werden könnten, die die Gebildeten der Massen aufsaugen und sie in den unteren Stellen der Hierarchie gegen sie selbst kehren. Beseitigung der Staatshierarchie überhaupt und Ersetzung der hochfahrenden Beherrscher des Volkes durch seine jederzeit absetzbaren Diener, der Scheinverantwortlichkeit durch wirkliche Verantwortlichkeit, da sie dauernd unter öffentlicher Kontrolle arbeiten. Bezahlt wie gelernte Arbeiter, 12 Pfund im Monat, das höchste Gehalt nicht über 240 Pfund im Jahr – ein Gehalt, das nach einem hohen wissenschaftlichen Gewährsmann, Professor Huxley, etwas mehr als $1/5$ dessen beträgt, womit ein Angestellter des Londoner Schulrats zufrieden ist. Der ganze Trug von Staatsgeheimnissen und Staatsansprüchen wurde von einer Kommune beseitigt, die überwiegend aus einfachen Arbeitern besteht, die die Verteidigung von Paris organisieren, gegen die Prätorianer Bonapartes Krieg führen, die Versorgung dieser riesigen Stadt sichern, alle die Posten ausfüllen, die bisher zwischen Regierung, Polizei und Präfektur aufgeteilt waren; sie erledigen ihre Arbeit öffentlich, einfach, unter den schwierigsten und verwickeltsten Umständen, und erledigen sie, wie Milton sein »Paradise Lost« schrieb, das heißt für ein paar Pfund; sie handeln vor aller Augen, ohne Ansprüche auf Unfehlbarkeit, ohne sich hinter Kanzleiausflüchten zu verstecken, und sie scheuen sich nicht, Fehler einzugestehen, indem sie sie korrigieren. Sie machen mit einem Schlag die öffentlichen Funktionen – militärische, administrative und politische – zu *wirklichen Arbeiterfunktionen* statt der verborgenen Eigenschaften einer ausgebildeten Kaste; (halten Ordnung in der Unruhe des Bürgerkrieges und der Revolution) (leiten Maßnahmen zur allgemeinen Erneuerung ein). Wie groß die Verdienste der einzelnen Maßregeln der Kommune auch sein mögen, ihre größte Maßregel war die Schaffung der Kommune selbst, die in einem Zeitpunkt geboren wurde, da der äußere Feind vor dem einen Tor stand und der Klassenfeind vor dem andern; und sie beweist durch ihr Dasein ihre Lebenskraft, bestätigt ihre Theorien durch ihre Taten. Ihr Erscheinen war ein Sieg über die Besieger Frankreichs. Das gefangengehaltene Paris nahm sich mit einem kühnen Sprung seine Führung Europas zurück, nicht indem es sich auf die rohe Gewalt stützte, sondern indem es an die Spitze der sozialen Bewegung trat, indem es in sich die Hoffnungen der Arbeiterklasse aller Länder verkörperte.

Wenn alle großen Städte sich nach dem Muster von Paris als Kommunen organisierten, könnte keine Regierung diese Bewegung durch den plötzlichen Vorstoß der Reaktion unterdrücken. Gerade durch diesen vorbereitenden Schritt würde die Zeit für die innere Entwicklung, die Garantie der Bewegung gewonnen. Ganz Frankreich würde sich zu selbsttätigen und sich selbst regierenden Kommunen organisieren, das stehende Heer würde durch die Volksmiliz ersetzt, die Armee der Staatsparasiten beseitigt, die klerikale Hierarchie durch die Schullehrer ersetzt, die Staatsgerichte in Organe der Kommune verwandelt werden; die Wahlen in die nationale Vertretung wären nicht mehr eine Sache von Taschenspielerstücken einer allmächtigen Regierung, sondern der bewußte Ausdruck der organisierten Kommunen; die Staatsfunktionen würden auf einige wenige Funktionen für allgemeine nationale Zwecke reduziert.

Das ist also die *Kommune – die politische Form der sozialen Emanzipation,* der Befreiung der Arbeit von der Usurpation (der Sklaverei) der Monopolisten der Arbeitsmittel, die von den Arbeitern selbst geschaffen oder Gaben der Natur sind. So wie die Staatsmaschine und der Parlamentarismus nicht das wirkliche Leben der herrschenden Klassen, sondern nur die organisierten allgemeinen Organe ihrer Herrschaft, die politischen Garantien, Formen und Ausdrucksweisen der alten Ordnung der Dinge sind, so ist die Kommune nicht die soziale Bewegung der Arbeiterklasse und folglich nicht die Bewegung einer allgemeinen Erneuerung der Menschheit, sondern ihr organisiertes Mittel der Aktion. Die Kommune beseitigt nicht den Klassenkampf, durch den die arbeitenden Klassen die Abschaffung aller Klassen, und folglich aller [Klassenherrschaft] erreichen wollen (weil sie kein Sonderinteresse vertritt. Sie vertritt die Befreiung der »Arbeit«, das heißt der grundlegenden und natürlichen Bedingungen des individuellen und sozialen Lebens, die nur durch Usurpation, Betrug und künstliche Machenschaften von der Minderheit der Mehrheit auferlegt werden kann), aber sie schafft das rationelle Zwischenstadium, in welchem dieser Klassenkampf seine verschiednen Phasen auf rationellste und humaneste Weise durchlaufen kann. Die Kommune kann gewaltsame Reaktionen und ebenso gewaltsame Revolutionen hervorrufen. Sie beginnt die *Befreiung der Arbeit* – ihr großes Ziel –, indem sie einerseits die unproduktive und schädliche Tätigkeit der Staatsparasiten abschafft, die Ursachen beseitigt, denen ein riesiger Anteil des Nationalprodukts für die Sättigung des Staatsungeheuers zum Opfer gebracht wird, und indem sie andererseits die tatsächliche örtliche und nationale Verwaltungsarbeit für Arbeiterlohn durchführt. Sie beginnt daher mit einer unermeßlichen Einsparung, mit ökonomischer Reform ebenso wie mit politischer Umgestaltung.

Wenn die kommunale Organisation einmal im nationalen Maßstab fest errichtet ist, dann wären die Katastrophen, die ihr möglicherweise noch bevorstehen, sporadische Sklavenhalter-Rebellionen, die zwar das Werk des friedlichen Fortschritts für den Augenblick unterbrechen, die Bewegung aber nur beschleunigen würden, weil sie der Sozialen Revolution das Schwert in die Hand geben.

Die Arbeiterklasse weiß, daß sie durch verschiedene Phasen des Klassenkampfes hindurch muß. Sie weiß, daß die Ersetzung der ökonomischen Bedingungen der Sklaverei der Arbeit durch die Bedingungen der freien und assoziierten Arbeit nur das progressive Werk der Zeit sein kann (jene ökonomische Umgestaltung), daß sie nicht nur eine Veränderung der Verteilung erfordern, sondern auch eine neue Organisation der Produktion, oder besser die Befreiung (Freisetzung) der gesellschaftlichen Formen der Produktion in der gegenwärtigen organisierten Arbeit (erzeugt durch die gegenwärtige Industrie) von den Fesseln der Sklaverei, von ihrem gegenwärtigen Klassencharakter, und ihre harmonische nationale und internationale Koordinierung. Die Arbeiterklasse weiß, daß dieses Erneuerungswerk immer wieder aufgehalten und behindert werden wird durch die Widerstände erworbener Anrechte und Klassenegoismen. Sie weiß, daß das gegenwärtige »spontane Wirken der Naturgesetze des Kapitals und des Grundeigentums« nur im Verlauf eines langen Entwicklungsprozesses neuer Bedingungen durch »das spontane Wirken der Gesetze der gesellschaftlichen Ökonomie der freien und assoziierten Arbeit« ersetzt werden kann, so wie das »spontane Wirken der ökonomischen Gesetze der Sklaverei« und das »spontane Wirken der ökonomischen Gesetze der Leibeigenschaft« abgelöst wurde. Aber die Arbeiterklasse weiß zugleich, daß durch die kommunale Form der politischen Organisation sofort große Fortschritte erzielt werden können und daß die Zeit gekommen ist, jene Bewegung für sich selbst und die Menschheit zu bringen.

[...]

Die Kommune (soziale Maßregeln)

Daß die Pariser Arbeiter die Initiative zu der gegenwärtigen Revolution ergriffen haben und in heroischer Selbstaufopferung die Hauptlast in diesem Kampf tragen, ist nichts Neues. Es ist das erstaunliche Merkmal aller französischen Revolutionen! Es ist nur eine Wiederholung der Vergangenheit! Daß die Revolution *im Namen* und offen *für* die Volksmassen, das heißt für die produzierenden Massen, gemacht wird, ist ein Merkmal, das diese Revolution mit allen ihren Vorgängerinnen gemein hat. Ihr neues Merkmal ist, daß das Volk nach der ersten Erhebung nicht die Waffen niedergelegt und seine Macht in die Hände der republikanischen

Marktschreier der herrschenden Klassen übergeben hat, daß es durch die Errichtung der *Kommune* die wirkliche Leitung seiner Revolution in seine eignen Hände genommen und gleichzeitig das Mittel gefunden hat, sie im Fall des Erfolgs in den Händen des Volkes selbst zu halten, indem es die Staatsmaschinerie, die Regierungsmaschine der herrschenden Klassen, durch seine eigne Regierungsmaschine ersetzt. Darin besteht ihr unerhörtes Verbrechen! Arbeiter, die gegen das Regierungsprivileg der obern Zehntausend verstoßen und ihren Willen kundtun, die ökonomische Basis jenes Klassendespotismus zu zerbrechen, der die organisierte Staatsmacht der Gesellschaft in seinem eignen Interesse handhabte!

[...]

Die größte Maßregel der Kommune ist ihr eignes Dasein, ihr Arbeiten und Handeln unter unerhört schwierigen Umständen! Die von der Kommune gehißte rote Fahne krönt in Wirklichkeit nur die Regierung der Arbeiter von Paris! Sie haben als ihr Ziel klar und bewußt die Emanzipation der Arbeit und die Umgestaltung der Gesellschaft proklamiert! Aber der wirklich »soziale« Charakter ihrer Republik besteht nur darin, daß Arbeiter die Pariser Kommune regieren!

[...]

Zur Klassen- und Staatsanalyse in bezug auf Deutschland

FRIEDRICH ENGELS:
DIE DEUTSCHE REICHSVERFASSUNGSKAMPAGNE (1850) [1]

[...]

Die Bourgeoisie herrscht nie in ihrer Gesamtheit; abgesehen von den Kasten des Feudalismus, die sich etwa noch einen Teil der politischen Gewalt aufbewahrt haben, spaltet sich selbst die große Bourgeoisie, sowie sie den Feudalismus besiegt hat, in eine regierende und eine opponierende Partei, die gewöhnlich durch die Bank auf der einen, die Fabrikanten auf der andern Seite repräsentiert werden. Die opponierende, progressive Fraktion der großen und mittleren Bourgeoisie hat dann gegenüber der herrschenden Fraktion mit der Kleinbürgerschaft gemeinsame Interessen und vereinigt sich mit ihr zum gemeinschaftlichen Kampfe.

In Deutschland, wo die bewaffnete Kontrerevolution die fast ausschließliche Herrschaft der Armee, der Bürokratie und des Feudaladels wiederhergestellt hat, wo die Bourgeoisie trotz der noch bestehenden konstitutionellen Formen nur eine sehr untergeordnete und bescheidene Rolle spielt, sind noch viel mehr Motive für diese Allianz vorhanden. Dafür ist die deutsche Bourgeoisie aber auch unendlich zaghafter als die englische und französische, und sowie sich nur die geringste Chance der rückkehrenden Anarchie, d. h. des wirklichen, entscheidenden Kampfes zeigt, tritt sie schaudernd vom Schauplatz zurück.

[...]

KARL MARX/FRIEDRICH ENGELS:
DIE BOURGEOISIE UND DIE KONTERREVOLUTION (1848) [2]

[...]

Man muß die *preußische Märzrevolution* weder mit der *englischen* Revolution von 1648 noch mit der *französischen* von 1789 verwechseln.

1648 war die Bourgeoisie mit dem modernen Adel gegen das

---

1 [Text nach: MEW Bd. 7, S. 113.]
2 [Text nach: MEW Bd. 6, S. 107—108, 108—109.]

Königtum, gegen den feudalen Adel und gegen die herrschende Kirche verbunden.

1789 war die Bourgeoisie mit dem Volke verbunden gegen Königtum, Adel und herrschende Kirche.

Die Revolution von 1789 hatte zum Vorbilde (wenigstens in Europa) nur die Revolution von 1648, die Revolution von 1648 nur den Aufstand der Niederländer gegen Spanien. Beide Revolutionen waren nicht nur der Zeit, sondern auch dem Gehalte nach um ein Jahrhundert ihren Vorbildern voraus.

In beiden Revolutionen war die Bourgeoisie die Klasse, die sich *wirklich* an der Spitze der Bewegung befand. Das *Proletariat* und *die nicht der Bourgeoisie angehörigen Fraktionen des Bürgertums* hatten entweder noch keine von der Bourgeoisie getrennte Interessen oder sie bildeten noch keine selbständig entwickelten Klassen oder Klassenabteilungen. Wo sie daher der Bourgeoisie entgegentreten, wie zum Beispiel 1793 bis 1794 in Frankreich, kämpfen sie nur für die Durchsetzung der Interessen der Bourgeoisie, wenn auch nicht *in der Weise* der Bourgeoisie. Der *ganze französische Terrorismus* war nichts als eine *plebejische Manier,* mit den *Feinden der Bourgeoisie,* dem Absolutismus, dem Feudalismus und dem Spießbürgertum, fertigzuwerden.

Die Revolutionen von 1648 und 1789 waren keine *englischen* und *französischen* Revolutionen, sie waren Revolutionen *europäischen* Stils. Sie waren nicht der Sieg einer *bestimmten* Klasse der Gesellschaft über die *alte politische Ordnung;* sie waren die *Proklamation der politischen Ordnung für die neue europäische Gesellschaft.* Die Bourgeoisie siegte in ihnen; aber der *Sieg der Bourgeoisie* war damals *der Sieg einer neuen Gesellschaftsordnung,* der Sieg des bürgerlichen Eigentums über das feudale, der Nationalität über den Provinzialismus, der Konkurrenz über die Zunft, der Teilung über das Majorat, der Herrschaft des Eigentümers des Bodens über die Beherrschung des Eigentümers durch den Boden, der Aufklärung über den Aberglauben, der Familie über den Familiennamen, der Industrie über die heroische Faulheit, des bürgerlichen Rechts über die mittelaltrigen Privilegien. Die Revolution von 1648 war der Sieg des 17. Jahrhunderts über das 16. Jahrhundert, die Revolution von 1789 der Sieg des 18. Jahrhunderts über das 17. Jahrhundert. Diese Revolutionen drückten mehr noch die Bedürfnisse der damaligen Welt als der Weltausschnitte aus, in denen sie vorfielen, Englands und Frankreichs. [...]

Die deutsche Bourgeoisie hatte sich so träg, feig und langsam entwickelt, daß im Augenblicke, wo sie gefahrdrohend dem Feudalismus und Absolutismus gegenüberstand, sie selbst sich gefahrdrohend gegenüber das Proletariat erblickte und alle Fraktionen des Bürgertums, deren Interessen und Ideen dem Proletariat verwandt sind. Und nicht nur eine Klasse *hinter* sich, ganz Europa sah sie feindlich *vor* sich. Die preußische Bourgeoisie war nicht, wie die französische von 1789, die Klasse, welche die *ganze* moderne Gesellschaft den Repräsentanten der alten Gesellschaft, dem Königtum und dem Adel, gegenüber vertrat. Sie war zu einer Art von *Stand* herabgesunken, ebenso ausgeprägt gegen die Krone als gegen das Volk, oppositionslustig gegen beide, unentschlossen gegen jeden ihrer Gegner einzeln genommen, weil sie immer beide vor oder hinter sich sah; von vornherein zum Verrat gegen das Volk und zum Kompromiß mit dem gekrönten Vertreter der alten Gesellschaft geneigt, weil sie selbst schon zur alten Gesellschaft gehörte; nicht die Interessen einer neuen Gesellschaft gegen eine alte, sondern erneute Interessen innerhalb einer veralteten Gesellschaft vertretend; nicht an dem Steuerruder der Revolution, weil das Volk hinter ihr stand, sondern weil das Volk sie vor sich herdrängte; nicht an der Spitze, weil sie die Initiative einer neuen, sondern nur weil sie die Ranküne einer alten Gesellschaftsepoche vertrat; eine nicht zum Durchbruch gekommene Schichte des alten Staats durch ein Erdbeben auf die Oberfläche des neuen Staats geworfen; ohne Glauben an sich selbst, ohne Glauben an das Volk, knurrend gegen oben, zitternd gegen unten, egoistisch nach beiden Seiten und sich ihres Egoismus bewußt, revolutionär gegen die Konservativen, konservativ gegen die Revolutionäre, ihren eigenen Stichworten mißtrauend, Phrasen statt Ideen, eingeschüchtert vom Weltsturm, den Weltsturm exploitierend – Energie nach keiner Richtung, Plagiat nach allen Richtungen, gemein, weil sie nicht originell war, originell in der Gemeinheit – schachernd mit ihren eigenen Wünschen, ohne Initiative, ohne Glauben an sich selbst, ohne Glauben an das Volk, ohne weltgeschichtlichen Beruf – ein vermaledeiter Greis, der sich dazu verdammt sah, die ersten Jugendströmungen eines robusten Volks in seinem eigenen altersschwachen Interesse zu leiten und abzuleiten – ohn' Aug! ohn' Ohr! ohn' Zahn, ohn' alles – so fand sich die *preußische Bourgeoisie* nach der Märzrevolution am Ruder des preußischen Staates.

[...]

KARL MARX / FRIEDRICH ENGELS: DER PROZESS GEGEN DEN RHEINISCHEN KREISAUSSCHUSS DER DEMOKRATEN.
VERTEIDIGUNGSREDE VON KARL MARX (1849)[1]

[...]
Der Landtag vertrat vor allem das große Grundeigentum. Das große Grundeigentum war wirklich die Grundlage der mittelaltrigen, der *feudalen Gesellschaft*. Die *moderne bürgerliche Gesellschaft, unsre* Gesellschaft, beruht dagegen auf der Industrie und dem Handel. Das Grundeigentum selbst hat alle seine ehemaligen Existenzbedingungen verloren, es ist abhängig geworden von dem Handel und der Industrie. Die Agrikultur wird daher heutzutage industriell betrieben, und die alten Feudalherrn sind herabgesunken zu Fabrikanten von Vieh, Wolle, Korn, Runkelrüben, Schnaps u. dgl., zu Leuten, die mit Industrieprodukten Handel treiben wie jeder andre Handelsmann! Sosehr sie an ihren alten Vorurteilen festhalten mögen, in der Praxis verwandeln sie sich in Bürger, die zu wenigst möglichen Kosten möglichst viel produzieren, die einkaufen, wo am wohlfeilsten einzukaufen, und verkaufen, wo am teuersten zu verkaufen ist. Die Lebens-, die Produktions-, die Erwerbweise dieser Herrn zieht also schon ihre überkommenen hochtrabenden Einbildungen der Lüge. Das Grundeigentum, als das herrschende gesellschaftliche Element, setzt die *mittelaltrige Produktions- und Verkehrsweise* voraus. Der Vereinigte Landtag vertrat diese mittelaltrige Produktions- und Verkehrsweise, die längst aufgehört hatte zu existieren, und deren Repräsentanten, sosehr sie an den alten Privilegien festhalten, ebensosehr die Vorteile der neuen Gesellschaft mitgenießen und ausbeuten. Die neue, bürgerliche, auf ganz andern Grundlagen, auf einer veränderten Produktionsweise beruhende Gesellschaft mußte auch die politische Macht an sich reißen; sie mußte sie den Händen entreißen, welche die Interessen der untergehenden Gesellschaft vertraten, eine politische Macht, deren ganze Organisation aus ganz verschiedenen materiellen Gesellschaftsverhältnissen hervorgegangen war. *Daher die Revolution*. Die Revolution war daher ebensosehr gegen das *absolute Königtum* gerichtet, den höchsten politischen Ausdruck der alten

---

[1] [Text nach: MEW Bd. 6, S. 244—245.]

Gesellschaft, als gegen die *ständische Vertretung,* die eine längst durch die moderne Industrie vernichtete gesellschaftliche Ordnung oder höchstens noch anmaßliche Trümmer der täglich mehr von der bürgerlichen Gesellschaft überflügelten, in den Hintergrund gedrängten, aufgelösten *Stände* repräsentierte. Wie kam man also auf den Einfall, den Vereinigten Landtag, den Vertreter der alten Gesellschaft Gesetze diktieren zu lassen?

Angeblich, um den *Rechtsboden* zu behaupten. Aber, meine Herren, was verstehen Sie denn unter Behauptung des Rechtsbodens? Die Behauptung von Gesetzen, die einer vergangenen Gesellschaftsepoche angehören, die von Vertretern untergegangener oder untergehender gesellschaftlicher Interessen gemacht sind, also auch nur diese im Widerspruch mit den allgemeinen Bedürfnissen befindlichen Interessen zum Gesetz erheben. Die Gesellschaft beruht aber nicht auf dem Gesetze. Es ist das eine juristische Einbildung. Das Gesetz muß vielmehr auf der Gesellschaft beruhn, es muß Ausdruck ihrer gemeinschaftlichen, aus der jedesmaligen materiellen Produktionsweise hervorgehenden Interessen und Bedürfnisse gegen die Willkür des einzelnen Individuums sein. Hier, der Code Napoléon, den ich in der Hand habe, er hat nicht die moderne bürgerliche Gesellschaft erzeugt. Die im 18. Jahrhundert entstandene, im 19. fortentwickelte bürgerliche Gesellschaft findet vielmehr im Code nur einen gesetzlichen Ausdruck. Sobald er den gesellschaftlichen Verhältnissen nicht mehr entspricht, ist er nur noch ein Ballen Papier. Sie können die alten Gesetze nicht zur Grundlage der neuen gesellschaftlichen Entwicklung machen, so wenig, als diese alten Gesetze die alten gesellschaftlichen Zustände gemacht haben.

Aus diesen alten Zuständen sind sie hervorgegangen, mit ihnen müssen sie untergehn. Sie verändern sich notwendig mit den wechselnden Lebensverhältnissen. Die Behauptung der alten Gesetze gegen die neuen Bedürfnisse und Ansprüche der gesellschaftlichen Entwicklung ist im Grund nichts anders als die scheinheilige Behauptung unzeitgemäßer Sonderinteressen gegen das zeitgemäße Gesamtinteresse. *Diese Behauptung des Rechtsbodens* will solche Sonderinteressen als *herrschende* geltend machen, während sie *nicht mehr herrschen;* sie will der Gesellschaft Gesetze aufdrängen, die durch die Lebensverhältnisse dieser Gesellschaft, durch ihre Erwerbsweise, ihren Verkehr, ihre materielle Produktion selbst verurteilt sind, sie will Gesetzgeber in Funktion halten, die nur noch Sonderinteressen verfolgen, sie will die Staatsmacht mißbrauchen,

um gewaltsam die Interessen der Minorität den Interessen der Majorität überzuordnen. Sie tritt also jeden Augenblick in Widerspruch mit den vorhandenen Bedürfnissen, sie hemmt den Verkehr, die Industrie, sie bereitet *gesellschaftliche Krisen* vor, die in *politischen Revolutionen* zum Ausbruch kommen.
[...]

KARL MARX/FRIEDRICH ENGELS: ANSPRACHE DER ZENTRALBEHÖRDE AN DEN BUND VOM MÄRZ 1850 [1]

[...]
Wir sagten Euch, Brüder, schon im Jahre 1848, daß die deutschen liberalen Bourgeois bald zur Herrschaft kommen und ihre neuerrungene Macht sofort gegen die Arbeiter kehren würden. Ihr habt gesehen, wie dies in Erfüllung gegangen ist. In der Tat waren es die Bourgeois, die nach der Märzbewegung 1848 sofort Besitz von der Staatsgewalt ergriffen und diese Macht dazu benutzten, die Arbeiter, ihre Bundesgenossen im Kampfe, sogleich in die frühere unterdrückte Stellung zurückzudrängen. Konnte die Bourgeoisie dies nicht durchführen, ohne sich mit der im März beseitigten feudalen Partei zu verbinden, ohne schließlich sogar dieser feudalen absolutistischen Partei die Herrschaft wieder abzutreten, so hat sie sich doch Bedingungen gesichert, die ihr auf die Dauer durch die Finanzverlegenheiten der Regierung die Herrschaft in die Hände spielen und alle ihre Interessen sicherstellen würden, wäre es möglich, daß die revolutionäre Bewegung schon jetzt in eine sogenannte friedliche Entwicklung verliefe. Die Bourgeoisie würde sogar, um ihre Herrschaft zu sichern, nicht einmal nötig haben, sich durch Gewaltmaßregeln gegen das Volk verhaßt zu machen, da alle diese Gewaltschritte schon durch die feudale Kontrerevolution vollführt sind. Die Entwicklung wird aber diesen friedlichen Gang nicht nehmen. Die Revolution, welche sie beschleunigen wird, steht im Gegenteil nahe bevor, sei es, daß sie hervorgerufen wird durch eine selbständige Erhebung des französischen Proletariats oder durch die Invasion der Heiligen Allianz gegen das revolutionäre Babel.
Und die Rolle, die die deutschen liberalen Bourgeois 1848 gegenüber dem Volke gespielt haben, diese so verräterische Rolle, wird in

---
1 [Text nach: MEW Bd. 7, S. 245—254.]

der bevorstehenden Revolution übernommen von den demokratischen Kleinbürgern, die jetzt in der Opposition dieselbe Stellung einnehmen wie die liberalen Bourgeois vor 1848. Diese Partei, die demokratische, die den Arbeitern weit gefährlicher ist als die frühere liberale, besteht aus drei Elementen.

I. Aus den fortgeschrittensten Teilen der großen Bourgeoisie, die den sofortigen vollständigen Sturz des Feudalismus und Absolutismus als Ziel verfolgen. Diese Fraktion wird vertreten durch die ehemaligen Berliner Vereinbarer, durch die Steuerverweigerer.

II. Aus den demokratisch-konstitutionellen Kleinbürgern, deren Hauptzweck während der bisherigen Bewegung die Herstellung eines mehr oder minder demokratischen Bundesstaats war, wie er von ihren Vertretern, der Linken der Frankfurter Versammlung und später dem Stuttgarter Parlament, und von ihnen selbst in der Reichsverfassungskampagne angestrebt wurde.

III. Aus den republikanischen Kleinbürgern, deren Ideal eine deutsche Föderativrepublik nach Art der Schweiz ist und die sich jetzt rot und sozialdemokratisch nennen, weil sie den frommen Wunsch hegen, den Druck des großen Kapitals auf das kleine, des großen Bourgeois auf den Kleinbürger abzuschaffen. Die Vertreter dieser Fraktion waren die Mitglieder der demokratischen Kongresse und Komitees, die Leiter der demokratischen Vereine, die Redakteure der demokratischen Zeitungen.

[...]

Die kleinbürgerlich-demokratische Partei in Deutschland ist sehr mächtig, sie umfaßt nicht nur die große Mehrheit der bürgerlichen Einwohner der Städte, die kleinen industriellen Kaufleute und die Gewerksmeister; sie zählt in ihrem Gefolge die Bauern und das Landproletariat, solange dies noch nicht in dem selbständigen Proletariat der Städte eine Stütze gefunden hat.

Das Verhältnis der revolutionären Arbeiterpartei zur kleinbürgerlichen Demokratie ist dies: Sie geht mit ihr zusammen gegen die Fraktion, deren Sturz sie bezweckt; sie tritt ihnen gegenüber in allem, wodurch sie sich für sich selbst festsetzen wollen.

Die demokratischen Kleinbürger, weit entfernt, für die revolutionären Proletarier die ganze Gesellschaft umwälzen zu wollen, erstreben eine Änderung der gesellschaftlichen Zustände, wodurch ihnen die bestehende Gesellschaft möglichst erträglich und bequem gemacht wird. Sie verlangen daher vor allem Verminderung der Staatsausgaben durch Beschränkung der Bürokratie und Verlegung der Hauptsteuer auf die großen Grundbesitzer und Bourgeois. Sie verlangen ferner die Beseitigung des Drucks des großen Kapitals auf das kleine durch öffentliche Kreditinstitute und Gesetze gegen den Wucher, wodurch es ihnen und den Bauern möglich wird, Vorschüsse von dem Staat statt von den Kapitalisten zu günstigen Bedingungen zu erhalten; ferner Durchführung der bürgerlichen Eigentumsverhältnisse auf dem Lande durch vollständige Beseitigung des Feudalismus. Um dieses alles durchzuführen, bedürfen sie einer demokratischen, sei es konstitutionellen oder republikanischen, Staatsverfassung, die ihnen und ihren Bundesgenossen, den Bauern, die Majorität gibt, und einer demokratischen Gemeindeverfassung, die die direkte Kontrolle über das Gemeindeeigentum und eine Reihe von Funktionen in ihre Hand gibt, die jetzt von den Bürokraten ausgeübt werden.

Der Herrschaft und raschen Vermehrung des Kapitals soll ferner teils durch Beschränkung des Erbrechts, teils durch Überweisung möglichst vieler Arbeiten an den Staat entgegengearbeitet werden. Was die Arbeiter angeht, so steht vor allem fest, daß sie Lohnarbeiter bleiben sollen wie bisher, nur wünschen die demokratischen Kleinbürger den Arbeitern besseren Lohn und eine gesichertere Existenz und hoffen dies durch teilweise Beschäftigung von seiten des Staates und durch Wohltätigkeitsmaßregeln zu erreichen, kurz, sie hoffen die Arbeiter durch mehr oder minder versteckte Almosen zu bestechen und ihre revolutionäre Kraft durch momentane Erträglichmachung ihrer Lage zu brechen. Die hier zusammengefaßten Forderungen der kleinbürgerlichen Demokratie werden nicht von allen Fraktionen derselben zugleich vertreten und schweben in ihrer Gesamtheit den wenigsten Leuten derselben als bestimmtes Ziel vor. Je weiter einzelne Leute oder Fraktionen unter ihnen gehen, desto mehr werden sie von diesen Forderungen zu den ihrigen machen, und die wenigen, die in Vorstehendem ihr eigenes Programm sehen, würden glauben, damit aber auch das Äußerste aufgestellt zu haben, was von der Revolution zu verlangen ist. Diese Forderungen können der Partei des Proletariats aber keineswegs genügen. Während die demokratischen Kleinbürger die Revolution möglichst rasch und unter Durchführung höchstens der obigen Ansprüche zum Abschlusse bringen wollen, ist es unser Interesse und unsere Aufgabe, die Revolution permanent zu machen, so lange, bis alle mehr oder weniger besitzenden Klassen von der Herrschaft verdrängt sind, die Staatsgewalt vom Proletariat erobert und die

Assoziation der Proletarier nicht nur in einem Lande, sondern in allen herrschenden Ländern der ganzen Welt so weit vorgeschritten ist, daß die Konkurrenz der Proletarier in diesen Ländern aufgehört hat und daß wenigstens die entscheidenden produktiven Kräfte in den Händen der Proletarier konzentriert sind. Es kann sich für uns nicht um Veränderung des Privateigentums handeln, sondern nur um seine Vernichtung, nicht um Vertuschung der Klassengegensätze, sondern um Aufhebung der Klassen, nicht um Verbesserung der bestehenden Gesellschaft, sondern um Gründung einer neuen. Daß die kleinbürgerliche Demokratie während der weiteren Entwicklung der Revolution für einen Augenblick den überwiegenden Einfluß in Deutschland erhalten wird, unterliegt keinem Zweifel. Es fragt sich also, was die Stellung des Proletariats und speziell des Bundes ihr gegenüber sein wird:

1. während der Fortdauer der jetzigen Verhältnisse, wo die kleinbürgerlichen Demokraten ebenfalls unterdrückt sind;

2. im nächsten revolutionären Kampfe, der ihnen das Übergewicht geben wird;

3. nach diesem Kampf, während der Zeit des Übergewichts über die gestürzten Klassen und das Proletariat.

1. Im gegenwärtigen Augenblicke, wo die demokratischen Kleinbürger überall unterdrückt sind, predigen sie dem Proletariat im allgemeinen Einigung und Versöhnung, sie bieten ihm die Hand und streben nach der Herstellung einer großen Oppositionspartei, die alle Schattierungen in der demokratischen Partei umfaßt, das heißt, sie streben danach, die Arbeiter in eine Parteiorganisation zu verwickeln, in der die allgemein sozial-demokratischen Phrasen vorherrschend sind, hinter welchen ihre besonderen Interessen sich verstecken, und in der die bestimmten Forderungen des Proletariats um des lieben Friedens willen nicht vorgebracht werden dürfen. Eine solche Vereinigung würde allein zu ihrem Vorteile und ganz zum Nachteile des Proletariats ausfallen. Das Proletariat würde seine ganze selbständige, mühsam erkaufte Stellung verlieren und wieder zum Anhängsel der offiziellen bürgerlichen Demokratie herabsinken. Diese Vereinigung muß also auf das entschiedenste zurückgewiesen werden. Statt sich abermals dazu herabzulassen, den bürgerlichen Demokraten als beifallklatschender Chor zu dienen, müssen die Arbeiter, vor allem der Bund, dahin wirken, neben den offiziellen Demokraten eine selbständige geheime und öffentliche Organisation der Arbeiterpartei herzustellen und jede Gemeinde

zum Mittelpunkt und Kern von Arbeitervereinen zu machen, in denen die Stellung und Interessen des Proletariats unabhängig von bürgerlichen Einflüssen diskutiert werden. [...] Für den Fall eines Kampfes gegen einen gemeinsamen Gegner braucht es keiner besonderen Vereinigung. Sobald ein solcher Gegner direkt zu bekämpfen ist, fallen die Interessen beider Parteien für den Moment zusammen, und wie bisher wird sich auch in Zukunft diese nur für den Augenblick berechnete Verbindung von selbst herstellen. Es versteht sich, daß bei den bevorstehenden blutigen Konflikten, wie bei allen früheren, die Arbeiter durch ihren Mut, ihre Entschiedenheit und Aufopferung hauptsächlich den Sieg werden zu erkämpfen haben. Wie bisher werden auch in diesem Kampfe die Kleinbürger in Masse sich solange wie möglich zaudernd, unschlüssig und untätig verhalten, um dann, sobald der Sieg entschieden ist, ihn für sich in Beschlag zu nehmen, die Arbeiter zur Ruhe und Heimkehr an ihre Arbeit aufzufordern, sogenannte Exzesse zu verhüten und das Proletariat von den Früchten des Sieges auszuschließen. Es liegt nicht in der Macht der Arbeiter, den kleinbürgerlichen Demokraten dies zu verwehren, aber es liegt in ihrer Macht, ihnen das Aufkommen gegenüber dem bewaffneten Proletariat zu erschweren und ihnen solche Bedingungen zu diktieren, daß die Herrschaft der bürgerlichen Demokraten von vornherein den Keim des Unterganges in sich trägt und ihre spätere Verdrängung durch die Herrschaft des Proletariats bedeutend erleichtert wird. Die Arbeiter müssen vor allen Dingen während des Konfliktes und unmittelbar nach dem Kampfe, soviel nur irgend möglich, der bürgerlichen Abwiegelung entgegenwirken und die Demokraten zur Ausführung ihrer jetzigen terroristischen Phrasen zwingen. Sie müssen dahin arbeiten, daß die unmittelbare revolutionäre Aufregung nicht sogleich nach dem Siege wieder unterdrückt wird. Sie müssen sie im Gegenteil solange wie möglich aufrechterhalten. Weit entfernt, den sogenannten Exzessen, den Exempeln der Volksrache an verhaßten Individuen oder öffentlichen Gebäuden, an die sich nur gehässige Erinnerungen knüpfen, entgegenzutreten, muß man diese Exempel nicht nur dulden, sondern ihre Leitung selbst in die Hand nehmen. Während des Kampfes und nach dem Kampf müssen die Arbeiter neben den Forderungen der bürgerlichen Demokraten ihre eigenen Forderungen bei jeder Gelegenheit aufstellen. Sie müssen Garantien für die Arbeiter verlangen, sobald die demokratischen Bürger sich anschikken, die Regierung in die Hand zu nehmen. Sie müssen sich diese

Garantien nötigenfalls erzwingen und überhaupt dafür sorgen, daß die neuen Regierer sich zu allen nur möglichen Konzessionen und Versprechungen verpflichten – das sicherste Mittel, sie zu kompromittieren. Sie müssen überhaupt den Siegesrausch und die Begeisterung für den neuen Zustand, der nach jedem siegreichen Straßenkampf eintritt, in jeder Weise durch ruhige und kaltblütige Auffassung der Zustände und durch unverhohlenes Mißtrauen gegen die neue Regierung so sehr wie möglich zurückhalten. Sie müssen neben den neuen offiziellen Regierungen zugleich eigene revolutionäre Arbeiterregierungen, sei es in der Form von Gemeindevorständen, Gemeinderäten, sei es durch Arbeiterklubs oder Arbeiterkomitees, errichten, so daß die bürgerlichen demokratischen Regierungen nicht nur sogleich den Rückhalt an den Arbeitern verlieren, sondern sich von vornherein von Behörden überwacht und bedroht sehen, hinter denen die ganze Masse der Arbeiter steht. Mit einem Worte: Vom ersten Augenblicke des Sieges an muß sich das Mißtrauen nicht mehr gegen die besiegte reaktionäre Partei, sondern gegen ihre bisherigen Bundesgenossen, gegen die Partei richten, die den gemeinsamen Sieg allein exploitieren will.

2. Um aber dieser Partei, deren Verrat an den Arbeitern mit der ersten Stunde des Sieges anfangen wird, energisch und drohend entgegentreten zu können, müssen die Arbeiter bewaffnet und organisiert sein. Die Bewaffnung des ganzen Proletariats mit Flinten, Büchsen, Geschützen und Munition muß sofort durchgesetzt, der Wiederbelebung der alten, gegen die Arbeiter gerichteten Bürgerwehr muß entgegengetreten werden. Wo dies letztere aber nicht durchzusetzen ist, müssen die Arbeiter versuchen, sich selbständig als proletarische Garde, mit selbstgewählten Chefs und eigenem selbstgewählten Generalstabe zu organisieren und unter den Befehl, nicht der Staatsgewalt, sondern der von den Arbeitern durchgesetzten revolutionären Gemeinderäte zu treten. Wo Arbeiter für Staatsrechnung beschäftigt werden, müssen sie ihre Bewaffnung und Organisation in ein besonderes Korps mit selbstgewählten Chefs oder als Teil der proletarischen Garde durchsetzen. Die Waffen und die Munition dürfen unter keinem Vorwand aus den Händen gegeben, jeder Entwaffnungsversuch muß nötigenfalls mit Gewalt vereitelt werden. Vernichtung des Einflusses der bürgerlichen Demokraten auf die Arbeiter, sofortige selbständige und bewaffnete Organisation der Arbeiter und Durchsetzung möglichst erschwerender und kompromittierender Bedingungen für die augenblickliche unver-

meidliche Herrschaft der bürgerlichen Demokratie, das sind die Hauptpunkte, die das Proletariat und somit der Bund während und nach dem bevorstehenden Aufstand im Auge zu behalten hat.

3. Sobald die neuen Regierungen sich einigermaßen befestigt haben, wird ihr Kampf gegen die Arbeiter sofort beginnen. Um hier den demokratischen Kleinbürgern mit Macht entgegentreten zu können, ist es vor allem nötig, daß die Arbeiter in Klubs selbständig organisiert und zentralisiert sind. Die Zentralbehörde wird sich, sobald dies irgend möglich ist, nach dem Sturze der bestehenden Regierung nach Deutschland begeben, sofort einen Kongreß berufen und diesem die nötigen Vorlagen wegen der Zentralisation der Arbeiterklubs unter einer im Hauptsitze der Bewegung etablierten Direktion machen. Die rasche Organisation, wenigstens einer provinziellen Verbindung der Arbeiterklubs, ist einer der wichtigsten Punkte zur Stärkung und Entwicklung der Arbeiterpartei; die nächste Folge des Sturzes der bestehenden Regierungen wird die Wahl einer Nationalvertretung sein. Das Proletariat muß hier dafür sorgen:

I. daß durch keinerlei Schikanen von Lokalbehörden und Regierungskommissarien eine Anzahl Arbeiter unter irgendeinem Vorwand ausgeschlossen wird;

II. daß überall neben den bürgerlichen demokratischen Kandidaten Arbeiterkandidaten aufgestellt werden, die möglichst aus Bundesmitgliedern bestehen müssen und deren Wahl mit allen möglichen Mitteln zu betreiben ist. Selbst da, wo gar keine Aussicht zu ihrer Durchführung vorhanden ist, müssen die Arbeiter ihre eigenen Kandidaten aufstellen, um ihre Selbständigkeit zu bewahren, ihre Kräfte zu zählen, ihre revolutionäre Stellung und Parteistandpunkte vor die Öffentlichkeit zu bringen. Sie dürfen sich hierbei nicht durch die Redensarten der Demokraten bestechen lassen, wie z. B., dadurch spalte man die demokratische Partei und gebe der Reaktion die Möglichkeit zum Siege. Bei allen solchen Phrasen kommt es schließlich darauf hinaus, daß das Proletariat geprellt werden soll. Die Fortschritte, die die proletarische Partei durch ein solches unabhängiges Auftreten machen muß, sind unendlich wichtiger als der Nachteil, den die Gegenwart einiger Reaktionäre in der Vertretung erzeugen könnte. Tritt die Demokratie von vornherein entschieden und terroristisch gegen die Reaktion auf, so ist deren Einfluß bei den Wahlen schon im voraus vernichtet.

Der erste Punkt, bei dem die bürgerlichen Demokraten mit den

Arbeitern in Konflikt kommen werden, wird die Aufhebung des Feudalismus sein; wie in der ersten französischen Revolution werden die Kleinbürger die feudalen Ländereien den Bauern als freies Eigentum geben, das heißt das Landproletariat bestehenlassen und eine kleinbürgerliche Bauernklasse bilden wollen, die denselben Kreislauf der Verarmung und Verschuldung durchmacht, worin jetzt der französische Bauer noch begriffen ist.

Die Arbeiter müssen diesem Plane im Interesse des Landproletariats und in ihrem eigenen Interesse entgegentreten. Sie müssen verlangen, daß das konfiszierte Feudaleigentum Staatsgut bleibt und zu Arbeiterkolonien verwandt wird, die das assoziierte Landproletariat mit allen Vorteilen des großen Ackerbaues bearbeitet und wodurch das Prinzip des gemeinsamen Eigentums sogleich eine feste Grundlage mitten in den wankenden bürgerlichen Eigentumsverhältnissen erlangt. Wie die Demokraten mit den Bauern, müssen sich die Arbeiter mit dem Landproletariat verbinden. Die Demokraten werden ferner entweder direkt auf die Föderativrepublik hinarbeiten oder wenigstens, wenn sie die eine und unteilbare Republik nicht umgehen können, die Zentralregierung durch möglichste Selbständigkeit und Unabhängigkeit der Gemeinden und Provinzen zu lähmen suchen. Die Arbeiter müssen diesem Plane gegenüber nicht nur auf die eine und unteilbare deutsche Republik, sondern auch in ihr auf die entschiedenste Zentralisation der Gewalt in die Hände der Staatsmacht hinwirken. Sie dürfen sich durch das demokratische Gerede von Freiheit der Gemeinden, von Selbstregierung usw. nicht irremachen lassen. In einem Lande wie Deutschland, wo noch so viele Reste des Mittelalters zu beseitigen sind, wo so vieler lokaler und provinzialer Eigensinn zu brechen ist, darf es unter keinen Umständen geduldet werden, daß jedes Dorf, jede Stadt, jede Provinz der revolutionären Tätigkeit, die in ihrer ganzen Kraft nur vom Zentrum ausgehen kann, ein neues Hindernis in den Weg lege. – Es darf nicht geduldet werden, daß der jetzige Zustand sich erneuere, wodurch die Deutschen um ein und denselben Fortschritt in jeder Stadt, in jeder Provinz sich besonders schlagen müssen. Am allerwenigsten darf geduldet werden, daß eine Form des Eigentums, die noch hinter dem modernen Privateigentum steht und sich überall notwendig in dies auflöst, das Gemeindeeigentum und die daraus hervorgehenden Streitigkeiten zwischen armen und reichen Gemeinden sowie das neben dem Staatsbürgerrecht bestehende Gemeindebürgerrecht mit seinen Schikanen gegen die Arbeiter sich durch eine sogenannte freie Gemeindeverfassung verewige. Wie in Frankreich 1793 ist heute in Deutschland die Durchführung der strengsten Zentralisation die Aufgabe der wirklich revolutionären Partei.*

Wir haben gesehn, wie die Demokraten bei der nächsten Bewegung zur Herrschaft kommen, wie sie genötigt sein werden, mehr oder weniger sozialistische Maßregeln vorzuschlagen. Man wird fragen, welche Maßregeln die Arbeiter dagegen vorschlagen sollen. Die Arbeiter können natürlich im Anfange der Bewegung noch keine direkt kommunistischen Maßregeln vorschlagen. Sie können aber:

1. die Demokraten dazu zwingen, nach möglichst vielen Seiten hin in die bisherige Gesellschaftsordnung einzugreifen, ihren regelmäßigen Gang zu stören und sich selbst zu kompromittieren sowie möglichst viele Produktivkräfte, Transportmittel, Fabriken, Eisenbahnen usw. in den Händen des Staates zu konzentrieren.

2. Sie müssen die Vorschläge der Demokraten, die jedenfalls nicht revolutionär, sondern bloß reformierend auftreten werden, auf die Spitze treiben und sie in direkte Angriffe auf das Privateigentum verwandeln, so zum Beispiel, wenn die Kleinbürger vorschlagen, die Eisenbahnen und Fabriken anzukaufen, so müssen die

---

* Es ist heute zu erinnern, daß diese Stelle auf einem Mißverständnis beruht. Damals galt es — dank den bonapartistischen und liberalen Geschichtsfälschern — als ausgemacht, daß die französische zentralisierte Verwaltungsmaschine durch die große Revolution eingeführt und namentlich vom Konvent als unumgängliche und entscheidende Waffe bei Besiegung der royalistischen und föderalistischen Reaktion und des auswärtigen Feindes gehandhabt worden sei. Es ist jetzt aber eine bekannte Tatsache, daß während der ganzen Revolution bis zum 18. Brumaire die gesamte Verwaltung der Departements, Arrondissements und Gemeinden aus von den Verwalteten selbst gewählten Behörden bestand, die innerhalb der allgemeinen Staatsgesetze sich mit vollkommner Freiheit bewegten; daß diese der amerikanischen ähnliche, provinzielle und lokale Selbstregierung grade der allerstärkste Hebel der Revolution wurde, und zwar in dem Maß, daß Napoleon unmittelbar nach seinem Staatsstreich vom 18. Brumaire sich beeilte, sie durch die noch bestehende Präfektenwirtschaft zu ersetzen, die also ein reines Reaktionswerkzeug von Anfang an war. Ebensowenig aber, wie lokale und provinziale Selbstregierung der politischen, nationalen Zentralisation widerspricht, ebensowenig ist sie notwendig verknüpft mit jener borniertеn kantonalen oder kommunalen Selbstsucht, die uns in der Schweiz so widerlich entgegentritt und die 1849 alle süddeutschen Föderativrepublikaner in Deutschland zur Regel machen wollten. (Anmerkung von Engels zur Ausgabe von 1885.]

Arbeiter fordern, daß diese Eisenbahnen und Fabriken als Eigentum der Reaktionären vom Staate einfach und ohne Entschädigung konfisziert werden. Wenn die Demokraten die proportionelle Steuer vorschlagen, fordern die Arbeiter progressive; wenn die Demokraten selbst eine gemäßigte progressive beantragen, bestehen die Arbeiter auf einer Steuer, deren Sätze so rasch steigen, daß das große Kapital dabei zugrunde geht; wenn die Demokraten die Regulierung der Staatsschulden verlangen, verlangen die Arbeiter den Staatsbankerott. Die Forderungen der Arbeiter werden sich also überall nach den Konzessionen und Maßregeln der Demokraten richten müssen.

Wenn die deutschen Arbeiter nicht zur Herrschaft und Durchführung ihrer Klasseninteressen kommen können, ohne eine längere revolutionäre Entwicklung ganz durchzumachen, so haben sie diesmal wenigstens die Gewißheit, daß der erste Akt dieses bevorstehenden revolutionären Schauspiels mit dem direkten Siege ihrer eigenen Klasse in Frankreich zusammenfällt und dadurch sehr beschleunigt wird.

Aber sie selbst müssen das meiste zu ihrem endlichen Siege dadurch tun, daß sie sich über ihre Klasseninteressen aufklären, ihre selbständige Parteistellung sobald wie möglich einnehmen, sich durch die heuchlerischen Phrasen der demokratischen Kleinbürger keinen Augenblick an der unabhängigen Organisation der Partei des Proletariats irremachen lassen. Ihr Schlachtruf muß sein: Die Revolution in Permanenz.

London, im März 1850

FRIEDRICH ENGELS: REVOLUTION UND KONTERREVOLUTION IN DEUTSCHLAND (1851) [1]

[...]

Zunächst, welches war der Zustand Deutschlands bei Ausbruch der Revolution?

Die Zusammensetzung der verschiedenen Klassen des Volkes, die die Grundlage eines jeden politischen Organismus bilden, war in Deutschland komplizierter als in irgendeinem anderen Lande. Wäh-

---

[1] [Text nach: MEW Bd. 8, S. 7—13, 27—28.]

rend in England und Frankreich eine mächtige, reiche, in großen Städten und namentlich in der Hauptstadt konzentrierte Bourgeoisie den Feudalismus völlig vernichtet oder wenigstens, wie in dem erstgenannten Lande, auf einige wenige, bedeutungslose äußere Formen reduziert hatte, war dem Feudaladel in Deutschland ein großer Teil seiner alten Privilegien erhalten geblieben. Fast überall herrschte noch das System des feudalen Grundbesitzes. Die Grundherren hatten sogar die Gerichtsbarkeit über ihren Gutsbezirk behalten. Obzwar ihrer politischen Vorrechte, des Rechtes, die Fürsten zu kontrollieren, beraubt, hatten sie doch fast ihre ganzen mittelalterlichen Hoheitsrechte über die Bauernschaft ihrer Ländereien sowie die Steuerfreiheit bewahrt. Der Feudalismus war in manchen Gegenden mehr in Blüte als in anderen, aber außer auf dem linken Rheinufer war er nirgends völlig beseitigt. Dieser seinerzeit außerordentlich zahlreiche und zum Teil sehr reiche Feudaladel galt offiziell als der erste »Stand« im Lande. Er stellte die höheren Staatsbeamten, er besetzte fast ausschließlich die Offiziersstellen in der Armee.

Die Bourgeoisie Deutschlands war bei weitem nicht so reich und konzentriert wie die Frankreichs oder Englands. Die alten Manufakturen Deutschlands waren durch das Aufkommen der Dampfkraft und durch die sich rasch ausbreitende Vorherrschaft der englischen Industrie zugrunde gerichtet worden; die moderneren Industrien, die, unter dem napoleonischen Kontinentalsystem ins Leben gerufen, in anderen Teilen des Landes errichtet worden waren, boten keinen Ausgleich für den Verlust der alten und reichten nicht aus, um einen Kreis an der Industrie Interessierter zu bilden, der stark genug gewesen wäre, Regierungen, die jeder Anhäufung nichtadeligen Reichtums und nichtadeliger Macht argwöhnisch gegenüberstanden, zur Rücksicht auf ihre Bedürfnisse zu zwingen. Während Frankreich seine Seidenindustrie siegreich über fünfzig Revolutions- und Kriegsjahre hinwegbrachte, büßte Deutschland im gleichen Zeitraum fast seine ganze alte Leinenindustrie ein. Überdies waren die deutschen Industriebezirke dünn gesät und weit verstreut; sie lagen tief im Innern des Landes, benutzten für ihre Ein- und Ausfuhr vorwiegend ausländische, holländische oder belgische Häfen und hatten daher wenig oder gar keine gemeinsamen Interessen mit den großen Hafenstädten an der Nord- und Ostsee; vor allem aber waren sie außerstande, große Industrie- und Handelszentren zu bilden wie Paris und Lyon, London und Manchester. Die

Rückständigkeit der deutschen Industrie hatte mannigfaltige Ursachen, aber zwei werden schon zu ihrer Erklärung genügen: die ungünstige geographische Lage des Landes, seine Entfernung vom Atlantischen Ozean, der zur großen Heerstraße des Welthandels geworden war, sowie die ständigen Kriege, in die Deutschland verwickelt war und die vom sechzehnten Jahrhundert an bis auf den heutigen Tag auf seinem Boden ausgefochten wurden. Diese zahlenmäßige Schwäche und namentlich ihre geringe Konzentration machten es der deutschen Bourgeoisie unmöglich, jene politische Machtstellung zu erringen, deren sich die englische Bourgeoisie seit 1688 erfreut und die die französische Bourgeoisie 1789 erobert hat. Und doch war in Deutschland der Reichtum und mit dem Reichtum die politische Bedeutung der Bourgeoisie seit 1815 in ständigem Wachstum begriffen. Die Regierungen waren gezwungen, wenn auch widerwillig, wenigstens ihren unmittelbaren materiellen Interessen Rechnung zu tragen. Man kann sogar mit Recht sagen, daß von 1815 bis 1830 und von 1832 bis 1840 jedes Stückchen an politischem Einfluß, das der Bourgeoisie in den Verfassungen der kleineren Staaten eingeräumt worden war und ihr in den erwähnten beiden Perioden politischer Reaktion wieder entrissen wurde – daß jedes derartige Stückchen durch eine Konzession praktischerer Art aufgewogen wurde. Jede politische Niederlage der Bourgeoisie zog einen Sieg auf dem Gebiete der Handelsgesetzgebung nach sich. Und sicherlich war der preußische Schutzzolltarif von 1818 und die Gründung des Zollvereins für die deutschen Kaufleute und Fabrikherren ein gut Teil mehr wert als das zweifelhafte Recht, in der Kammer des einen oder anderen Duodezstaats Ministern, die über solche Abstimmungen nur lachten, ihr Mißtrauen auszusprechen. So gelangte die Bourgeoisie mit wachsendem Reichtum und zunehmender Ausdehnung ihres Handels bald zu einem Stadium, wo sie sich in der Entfaltung ihrer wichtigsten Interessen durch die politische Verfassung des Landes gehemmt sah: durch dessen kunterbunte Zersplitterung unter sechsunddreißig Fürsten mit gegensätzlichen Bestrebungen und Launen; durch die feudalen Fesseln, die die Landwirtschaft und die mit ihr verbundenen Gewerbe beengten; durch die aufdringliche Überwachung, der eine unwissende, anmaßende Bürokratie alle ihre Geschäfte unterzog. Gleichzeitig führten die Ausdehnung und Festigung des Zollvereins, die allgemeine Einführung der Dampfkraft in den Verkehr, die wachsende Konkurrenz auf dem inneren Markt zur gegenseitigen Annäherung der kommerziellen Klassen der verschiedenen Staaten und Provinzen, zur Ausgleichung ihrer Interessen und zur Zentralisation ihrer Kraft. Die natürliche Folge war der Übergang aller dieser Elemente ins Lager der liberalen Opposition und der siegreiche Ausgang des ersten ernstlichen Kampfes der deutschen Bourgeoisie um politische Macht. Diesen Umschwung kann man von 1840 datieren, von dem Zeitpunkt, zu dem die preußische Bourgeoisie an die Spitze der Bewegung der deutschen Bourgeoisie trat. Wir werden auf diese Bewegung der liberalen Opposition von 1840 bis 1847 später noch zurückkommen.

Die große Masse der Nation, die weder dem Adel noch der Bourgeoisie angehörte, bestand in den Städten aus der Klasse der Kleinbürger und der Arbeiterschaft, auf dem Lande aus der Bauernschaft.

Die Klasse der Handwerker und Kleinhändler ist in Deutschland außerordentlich zahlreich, eine Folge des Umstands, daß die großen Kapitalisten und Industriellen als Klasse in ihrer Entwicklung gehemmt waren. In den größeren Städten bildet sie beinahe die Mehrheit der Bevölkerung, in den kleineren überwiegt sie völlig, da es dort an reicheren Mitbewerbern um den maßgebenden Einfluß fehlt. Dieses Kleinbürgertum, in jedem modernen Staat und bei allen modernen Revolutionen von höchster Bedeutung, ist besonders wichtig in Deutschland, wo es bei den jüngsten Kämpfen meist die entscheidende Rolle gespielt hat. Seine Zwischenstellung zwischen der Klasse der größeren Kapitalisten, Kaufleute und Industriellen, der eigentlichen Bourgeoisie, und dem Proletariat oder der Arbeiterklasse ist für seinen Charakter bestimmend. Es strebt nach der Stellung der Bourgeoisie, aber das geringste Mißgeschick schleudert die Angehörigen des Kleinbürgertums hinab in die Reihen des Proletariats. In monarchistischen und feudalen Ländern bedarf das Kleinbürgertum, um existieren zu können, der Kundschaft des Hofes und des Adels; der Verlust dieser Kundschaft würde es zu einem großen Teil zugrunde richten. In kleineren Städten bildet häufig eine Garnison, eine Kreisregierung, ein Gerichtshof und deren ganzer Anhang die Grundlage seines Wohlstands; entzieht man sie ihm, so ist es um die Krämer, Schneider, Schuhmacher, Schreiner geschehen. Das ewige Hin- und Hergerissensein zwischen der Hoffnung, in die Reihen der wohlhabenderen Klasse aufzusteigen, und der Furcht, auf das Niveau von Proletariern oder gar Paupers hinabgedrückt zu werden; zwischen der Hoffnung, seine

Interessen durch Eroberung eines Anteils an der Leitung der Staatsgeschäfte zu fördern, und der Furcht, durch ungelegene Opposition den Zorn einer Regierung zu erregen, von der seine Existenz völlig abhängt, da sie die Macht hat, ihm die besten Kunden zu entziehen; die Geringfügigkeit seines Besitzes, dessen Unsicherheit im umgekehrten Verhältnis steht zur Größe – all dies macht das Kleinbürgertum äußerst wankelmütig in seinen Anschauungen. Demütig und kriecherisch unterwürfig unter einer starken feudalen oder monarchischen Regierung, wendet es sich dem Liberalismus zu, wenn die Bourgeoisie im Aufstieg ist; sobald die Bourgeoisie ihre eigene Herrschaft gesichert hat, wird es von heftigen demokratischen Anwandlungen befallen, versinkt aber jämmerlich in Furcht und Zagen, sobald die Klasse unter ihm, das Proletariat, eine selbständige Bewegung wagt. Wir werden im weiteren sehen, wie das deutsche Kleinbürgertum abwechselnd aus dem einen dieser Stadien ins andere übergeht.

Die Arbeiterklasse Deutschlands ist in ihrer gesellschaftlichen und politischen Entwicklung ebenso weit hinter der Englands und Frankreichs zurück wie die deutsche Bourgeoisie hinter der Bourgeoisie jener Länder. Wie der Herr, so der Knecht. Die Entwicklung der Existenzbedingungen für ein zahlreiches, starkes, konzentriertes und intelligentes Proletariat geht Hand in Hand mit der Entwicklung der Existenzbedingungen für eine zahlreiche, wohlhabende, konzentrierte und mächtige Bourgeoisie. Die Arbeiterbewegung selbst ist niemals unabhängig, sie trägt niemals ausschließlich proletarischen Charakter, solange nicht alle die verschiedenen Teile der Bourgeoisie, namentlich ihr fortschrittlichster Teil, die großen Fabrikherren, die politische Macht erobert und den Staat ihren Bedürfnissen entsprechend umgestaltet haben. Dann ist der Augenblick gekommen, wo der unvermeidliche Konflikt zwischen Fabrikherren und Lohnarbeitern in drohende Nähe rückt und nicht länger hinausgeschoben werden kann, der Augenblick, wo sich die Arbeiterklasse nicht länger mit trügerischen Hoffnungen und niemals erfüllbaren Versprechungen abspeisen läßt, wo endlich das große Problem des neunzehnten Jahrhunderts, die Aufhebung des Proletariats, mit voller Klarheit und in seinem wahren Lichte in den Vordergrund rückt. Nun wurde aber in Deutschland die große Masse der Arbeiterklasse nicht von jenen modernen Industriefürsten beschäftigt, von denen Großbritannien so prachtvolle Exemplare aufweist, sondern von kleinen Handwerksmeistern, deren ganze Arbeitsweise lediglich ein Überbleibsel aus dem Mittelalter ist. Und wie zwischen einem großen Baumwoll-Lord und einem kleinen Flickschuster oder Schneidermeister ein himmelweiter Unterschied besteht, genau so weit voraus sind die aufgeweckten Fabrikarbeiter eines modernen Babylon der Industrie den schüchternen Schneider- oder Schreinergesellen eines kleinen Landstädtchens, deren Lebensverhältnisse und Arbeitsmethoden sich von denen ihrer Zunftgenossen vor fünfhundert Jahren nur wenig unterscheiden. Die natürliche Begleiterscheinung des allgemeinen Fehlens moderner Lebensverhältnisse und moderner industrieller Produktionsweisen war ein fast ebenso allgemeines Fehlen moderner Ideen, und daher ist es nicht verwunderlich, wenn ein großer Teil der arbeitenden Klassen bei Ausbruch der Revolution den Ruf nach sofortiger Wiederherstellung der Zünfte und der mittelalterlichen privilegierten Handwerkerinnungen erhob. Zwar bildete sich unter dem Einfluß der Industriebezirke, wo das moderne Produktionssystem vorherrschte, und infolge der Möglichkeiten gegenseitigen Verkehrs und geistiger Entwicklung, die das Wanderleben zahlreicher Arbeiter mit sich brachte, ein starker Kern von Elementen, deren Ideen über die Emanzipation ihrer Klasse bedeutend klarer waren und mit der praktischen Wirklichkeit und der historischen Notwendigkeit weit besser in Einklang standen, aber sie bildeten nur eine kleine Minderheit. Wenn die aktive Bewegung der Bourgeoisie von 1840 datiert werden kann, so nimmt die der Arbeiterklasse ihren Anfang mit den Erhebungen der schlesischen und böhmischen Fabrikarbeiter im Jahre 1844, und wir werden bald Gelegenheit haben, einen Überblick zu gewinnen über die verschiedenen Stadien, die diese Bewegung durchlief.

Schließlich gab es noch die große Klasse der kleinen Landwirte, die Bauernschaft, die mit ihrem Anhang von Landarbeitern die große Mehrheit des ganzen Volkes darstellt. Aber diese Klasse zerfiel selbst wieder in verschiedene Schichten. Da waren, erstens, die wohlhabenderen Landwirte, die in Deutschland als Groß- und Mittelbauern bezeichnet werden, die Eigentümer mehr oder weniger umfangreicher Wirtschaften sind und von denen jeder über die Dienste mehrerer Landarbeiter verfügt. Für diese Klasse, die zwischen den steuerfreien feudalen Grundherren einerseits, den Kleinbauern und Landarbeitern andrerseits stand, war aus leicht begreiflichen Gründen ein Bündnis mit der antifeudalen städtischen Bourgeoisie die natürlichste Politik. Dann gab es, zweitens, die freien

Kleinbauern, die im Rheinland vorherrschten, wo der Feudalismus den wuchtigen Schlägen der großen französischen Revolution erlegen war. Ähnliche unabhängige Kleinbauern gab es auch da und dort in anderen Provinzen, wo es ihnen gelungen war, die feudalen Lasten, die ehedem auf ihren Grundstücken ruhten, mit Geld abzulösen. Diese Klasse war jedoch nur dem Namen nach eine Klasse von freien Bauern, da ihre Wirtschaft gewöhnlich in so hohem Grade und unter so drückenden Bedingungen mit Hypotheken belastet war, daß nicht der Bauer, sondern der Wucherer, der das Geld vorgestreckt, der wirkliche Eigentümer des Landes war. Drittens, die feudalen Hintersassen, die nicht leicht von ihrem Stück Land vertrieben werden konnten, die aber eine ewige Pacht zu entrichten oder auf ewig eine gewisse Menge Arbeit für den Gutsherrn zu leisten hatten. Endlich die Landarbeiter, deren Lage auf vielen großen Gütern genau die gleiche war wie die derselben Klasse in England und die ausnahmslos als arme, unterernährte Sklaven ihrer Herren lebten und starben. Die drei letztgenannten Klassen der Landbevölkerung, die freien Kleinbauern, die feudalen Hintersassen und die Landarbeiter, hatten sich vor der Revolution über Politik nie viel Kopfzerbrechen gemacht; aber es ist ohne weiteres klar, daß dieses Ereignis ihnen einen neuen Weg voll der glänzendsten Aussichten eröffnen mußte. Ihnen allen bot die Revolution Vorteile, und war die Bewegung erst einmal ordentlich im Gange, so stand zu erwarten, daß sich ihr der Reihe nach alle anschließen würden. Gleichzeitig aber ist es ebenso klar und durch die Geschichte aller modernen Länder gleichermaßen bestätigt, daß die Landbevölkerung niemals selbständig eine erfolgreiche Bewegung zustande bringen kann; denn sie ist über ein zu großes Gebiet verstreut, und es hält schwer, unter einem erheblicheren Teil eine Verständigung zu erzielen; den Anstoß muß ihr die Initiative der aufgeweckteren und beweglicheren Bevölkerung geben, die in den Städten konzentriert ist.

Die vorstehende gedrängte Skizze der wichtigsten Klassen, aus denen sich bei Ausbruch der jüngsten Bewegung die deutsche Nation zusammensetzte, wird bereits genügen, um den Mangel an äußerem Zusammenhang und innerer Übereinstimmung sowie die offenkundigen Widersprüche, die dieser Bewegung das Gepräge gaben, zu einem großen Teil zu erklären. Wenn so verschiedenartige, so gegensätzliche, so merkwürdig sich durchkreuzende Interessen heftig aufeinanderprallen; wenn diese sich gegenseitig bekämpfenden Interessen in jedem Bezirk, in jeder Provinz verschieden gemischt sind; wenn es vor allem kein großes Zentrum im Lande gibt, kein London, kein Paris, dessen Entscheidung so viel Gewicht hat, daß nicht der gleiche Zwist in jeder Gegend immer wieder von neuem durchgefochten zu werden braucht: was kann man da anders erwarten, als daß der Kampf sich in eine Menge unzusammenhängender Einzelkämpfe auflöst, in denen ungeheuer viel Blut, Energie und Kapital aufgewendet wird und die trotz alledem ohne ein entscheidendes Ergebnis bleiben?

Die politische Zerstückelung Deutschlands in drei Dutzend mehr oder minder bedeutende Fürstentümer erklärt sich gleichfalls aus dieser Vielfalt und Verworrenheit der Elemente, aus denen sich die Nation zusammensetzt und die wiederum in jeder Gegend verschieden sind. Wo es keine Gemeinsamkeit der Interessen gibt, da kann es auch keine Gemeinsamkeit der Ziele, geschweige des Handelns geben. Der Deutsche Bund ist allerdings auf ewige Zeiten für unauflösbar erklärt worden; und doch haben der Bund und sein Organ, der Bundestag, niemals die deutsche Einheit repräsentiert. Das Höchstmaß von Zentralisation, zu dem man es in Deutschland je gebracht hat, war die Gründung des Zollvereins; dadurch sahen sich auch die Staaten an der Nordsee gezwungen, eine eigene Zollvereinigung zu bilden, während Österreich sich auch weiterhin hinter seiner besonderen Zollmauer verschanzte. Deutschland konnte zufrieden sein, daß es für alle praktischen Zwecke nur mehr in drei selbständige Mächte zerfiel, statt wie vorher in sechsunddreißig. An der aus dem Jahre 1814 stammenden unumschränkten Oberhoheit des russischen Zaren änderte sich dadurch natürlich nichts.

[...]

London, September 1851

[...]

Kurz zusammengefaßt war dies der Zustand Preußens und der kleineren deutschen Staaten zu Ende des Jahres 1847: Die Bourgeoisie, im Bewußtsein ihrer Kraft, war entschlossen, nicht länger die Fesseln zu tragen, mit denen ein feudaler und bürokratischer Despotismus ihre kommerziellen Geschäfte, ihre industrielle Leistungsfähigkeit, ihr gemeinsames Handeln als Klasse einengte; ein Teil der adligen Grundherren war so weit zu reinen Warenproduzenten geworden, daß sie die gleichen Interessen wie die Bourgeoisie hatten und mit ihr gemeinsame Sache machten; das Kleinbürgertum war unzufrieden, murrte über die Steuern, über die Hindernisse, die seiner gewerblichen Tätigkeit in den Weg gelegt wurden, hatte aber kein bestimmtes Reformprogramm, das seine Stellung in Staat und Gesellschaft zu sichern imstande war; die Bauernschaft war hier bedrückt durch feudale Lasten, durch Geldverleiher, Wucherer und Advokaten; das arbeitende Volk in den Städten, ebenfalls erfaßt von der allgemeinen Unzufriedenheit, haßte gleichermaßen die Regierung wie die großen industriellen Kapitalisten und war immer mehr durch sozialistische und kommunistische Ideen angesteckt; kurz, eine heterogene oppositionelle Masse, getrieben von den verschiedensten Interessen, aber mehr oder minder unter der Führung der Bourgeoisie, in deren vorderster Reihe wiederum die preußische Bourgeoisie, namentlich die der Rheinprovinz, marschierte. Auf der anderen Seite Regierungen, die in vieler Hinsicht uneinig waren, voll Mißtrauen gegeneinander, besonders aber gegenüber Preußen, auf dessen Schutz sie doch angewiesen waren; in Preußen eine Regierung, aufgegeben von der öffentlichen Meinung, aufgegeben sogar von einem Teil des Adels, gestützt auf ein Heer und eine Bürokratie, die von Tag zu Tag mehr mit den Ideen der oppositionellen Bourgeoisie verseucht und von ihrem Einfluß erfaßt wurden – eine Regierung zu alledem, ohne einen Pfennig Geld im buchstäblichen Sinne des Wortes und nicht in der Lage, auch nur einen Groschen zur Deckung ihres wachsenden Defizits aufzutreiben, ohne sich auf Gnade oder Ungnade der oppositionellen Bourgeoisie auszuliefern. Wo hätte sich die Bourgeoisie jemals in einer gänzenderen Position befunden in ihrem Kampf um die Macht gegen die bestehende Regierung?

London, September 1851

FRIEDRICH ENGELS: DIE PREUSSISCHE MILITÄRFRAGE UND DIE DEUTSCHE ARBEITERPARTEI (1865)[1]

[...]

Die preußische Bourgeoisie, die als der entwickeltste Teil der ganzen deutschen Bourgeoisie hier ein Recht hat, diese mit zu repräsentieren, fristet ihre politische Existenz durch einen Mangel an Mut, der in der Geschichte, selbst dieser wenig couragierten

---

1 [Text nach: MEW Bd. 16, S. 56—57, 64—65, 66—77.]

Klasse, seinesgleichen nicht findet und nur durch die gleichzeitigen auswärtigen Ereignisse einigermaßen entschuldigt wird. Im März und April 1848 hatte sie das Heft in der Hand; aber kaum begannen die ersten selbständigen Regungen der Arbeiterklasse, als die Bourgeoisie sofort Angst bekam und sich unter den Schutz derselben Bürokratie und desselben Feudaladels zurückflüchtete, die sie eben noch mit Hülfe der Arbeiter besiegt hatte.

Die Bourgeoisie hat nur zwei Wege, sich politische Macht zu verschaffen. Da sie eine Armee von Offizieren ohne Soldaten ist und sich diese Soldaten nur aus den Arbeitern schaffen kann, so muß sie entweder sich die Allianz der Arbeiter sicherstellen oder sie muß den ihr nach oben gegenüberstehenden Mächten, namentlich dem Königtum, die politische Macht stückweise abkaufen. Die Geschichte der englischen und französischen Bourgeoisie zeigt, daß kein anderer Weg existiert.

Nun hatte die preußische Bourgeoisie – und zwar ohne allen Grund – alle Lust verloren, eine aufrichtige Allianz mit den Arbeitern zu schließen. Im Jahre 1848 war die, damals noch in den Anfängen der Entwickelung und Organisation begriffene, deutsche Arbeiterpartei bereit, für sehr billige Bedingungen die Arbeit für die Bourgeoisie zu tun, aber diese fürchtete die geringste selbständige Regung des Proletariats mehr als den Feudaladel und die Bürokratie. Die um den Preis der Knechtschaft erkaufte Ruhe schien ihr wünschenswerter als selbst die bloße *Aussicht* des Kampfes mit der Freiheit. Seitdem war dieser heilige Schrecken vor den Arbeitern bei den Bürgern traditionell geworden, bis endlich Herr Schulze-Delitzsch seine Sparbüchsenagitation begann. Sie sollte den Arbeitern beweisen, daß sie kein größeres Glück haben könnten, als zeitlebens, und selbst in ihren Nachkommen, von der Bourgeoisie industriell ausgebeutet zu werden; ja daß sie selbst zu dieser Ausbeutung beitragen müßten, indem sie durch allerhand industrielle Vereine sich selbst einen Nebenverdienst und damit den Kapitalisten die Möglichkeit zur Herabsetzung des Arbeitslohns verschafften.

[...]

Die Courage der Bourgeoisie in politischen Dingen steht immer in genauem Verhältnis zu der Wichtigkeit, die sie in dem gegebenen Land in der bürgerlichen Gesellschaft einnimmt. In Deutschland ist die soziale Macht der Bourgeoisie weit geringer als in England und selbst in Frankreich; sie hat sich weder mit der alten Aristokratie alliiert, wie in England, noch diese mit Hülfe der Bauern und Arbeiter vernichtet wie in Frankreich. Die Feudalaristokratie ist in Deutschland noch immer eine Macht, eine der Bourgeoisie feindliche und obendrein mit den Regierungen verbündete Macht. Die Fabrikindustrie, die Basis aller sozialen Macht der modernen Bourgeoisie, ist in Deutschland weit weniger entwickelt als in Frankreich und England, so enorm auch ihre Fortschritte seit 1848 sind. Die kolossalen Kapitalansammlungen in einzelnen Ständen, die in England und selbst Frankreich häufig vorkommen, sind in Deutschland seltener. Daher kommt der kleinbürgerliche Charakter unserer ganzen Bourgeoisie. Die Verhältnisse, in denen sie lebt, die Gesichtskreise, die sie sich bilden kann, sind kleinlicher Art; was Wunder, daß ihre ganze Denkweise ebenso kleinlich ist! Woher soll da der Mut kommen, eine Sache bis aufs Äußerste durchzufechten? Die preußische Bourgeoisie weiß sehr gut, in welcher Abhängigkeit sie, für ihre eigene industrielle Tätigkeit, von der Regierung steht. Konzessionen und Verwaltungskontrolle drücken wie ein Alp auf sie. Bei jeder neuen Unternehmung kann die Regierung ihr Schwierigkeiten in den Weg legen. Und nun gar auf dem politischen Gebiet! Während des Konflikts über die Militärfrage kann die Bourgeoiskammer nur verneinend auftreten, sie ist rein auf die Defensive verwiesen; indessen geht die Regierung angreifend vor, interpretiert die Verfassung auf ihre Weise, maßregelt die liberalen Beamten, annulliert die liberalen städtischen Wahlen, setzt alle Hebel der bürokratischen Gewalt in Bewegung, um den Bürgern ihren Untertanenstandpunkt klarzumachen, nimmt tatsächlich eine Position nach der anderen und erobert sich so eine Stellung, wie sie selbst Manteuffel nicht hatte. Inzwischen geht das budgetlose Geldausgeben und Steuererheben seinen ruhigen Gang, und die Armeereorganisation gewinnt mit jedem Jahr ihres Bestehens neue Stärke. Kurz, der in Aussicht stehende endliche Sieg der Bourgeoisie erhält von Jahr zu Jahr einen revolutionäreren Charakter, und die täglich sich mehrenden Detailsiege der Regierung auf allen Gebieten erhalten mehr und mehr die Gestalt vollendeter Tatsachen. Dazu kommt eine von Bourgeoisie wie Regierung vollständig unabhängige Arbeiterbewegung, die die Bourgeoisie zwingt, entweder den Arbeitern sehr fatale Konzessionen zu machen oder gefaßt zu sein, im entscheidenden Augenblick ohne die Arbeiter agieren zu müssen. Sollte die preußische Bourgeoisie unter diesen Umständen den Mut haben, auszuharren bis aufs Äußerste? Sie müßte sich seit 1848 wunderbar verbessert haben – in ihrem eignen Sinn –, und die Kompromißsehnsucht, die sich in der Fortschrittspartei seit Eröffnung dieser Session tagtäglich ausseufzt, spricht nicht dafür. Wir fürchten, die Bourgeoisie wird auch diesmal keinen Anstand nehmen, sich selbst zu verraten.

[...]

»Welches ist nun die Stellung der Arbeiterpartei zu dieser Armeereorganisation und zu dem daraus entstandenen Konflikt zwischen Regierung und bürgerlicher Opposition?«

Die arbeitende Klasse gebraucht zur vollen Entfaltung ihrer politischen Tätigkeit ein weit größeres Feld, als es die Einzelstaaten des heutigen zersplitterten Deutschlands darbieten. Die Vielstaaterei wird für das Proletariat ein Bewegungshindernis sein, aber nie eine berechtigte Existenz, ein Gegenstand des ernsthaften Denkens. Das deutsche Proletariat wird nie sich mit Reichsverfassungen, preußischen Spitzen, Trias und dergleichen befassen, außer um damit aufzuräumen; die Frage, wieviel Soldaten der preußische Staat braucht, um als Großmacht fortzuvegetieren, ist ihm gleichgültig. Ob die Militärlast durch die Reorganisation sich etwas vermehrt oder nicht, wird der Arbeiterklasse, *als Klasse,* wenig ausmachen. Dagegen ist es ihr durchaus nicht gleichgültig, ob die allgemeine Wehrpflicht vollständig durchgeführt wird oder nicht. Je mehr Arbeiter in den Waffen geübt werden, desto besser. Die allgemeine Wehrpflicht ist die notwendige und natürliche Ergänzung des allgemeinen Stimmrechts; sie setzt die Stimmenden in den Stand, ihre Beschlüsse gegen alle Staatsstreichversuche mit den Waffen in der Hand durchzusetzen.

Die mehr und mehr konsequente Durchführung der allgemeinen Wehrpflicht ist der einzige Punkt, der die Arbeiterklasse Deutschlands an der preußischen Armeereorganisation interessiert.

Wichtiger ist die Frage: Wie sich die Arbeiterpartei zu stellen hat bei dem daraus entstandenen Konflikt zwischen Regierung und Kammer?

Der moderne Arbeiter, der Proletarier, ist ein Produkt der großen industriellen Revolution, welche namentlich in den letzten hundert Jahren in allen zivilisierten Ländern die ganze Produktionsweise, zuerst der Industrie und nachher auch des Ackerbaus, total umgewälzt hat und infolge deren an der Produktion nur noch zwei Klassen beteiligt sind: die der Kapitalisten, welche sich im Besitz der Arbeitshülfsmittel, der Rohmaterialien und der Lebensmittel befinden, und die der Arbeiter, welche weder Arbeitshülfsmittel noch Rohmaterialien, noch Lebensmittel besitzen, sondern sich diese letzteren mit ihrer Arbeit von den Kapitalisten erst kaufen müssen. Der moderne Proletarier hat also direkt nur mit *einer* Gesellschaftsklasse zu tun, die ihm feindlich gegenübersteht, ihn ausbeutet: mit der Klasse der Kapitalisten, der Bourgeois. In Ländern, wo diese industrielle Revolution vollständig durchgeführt ist, wie in England, hat der Arbeiter wirklich auch nur mit Kapitalisten zu tun, denn auch auf dem Lande ist der große Gutspächter nichts als ein Kapitalist; der Aristokrat, der nur die Grundrente seiner Besitzungen verzehrt, hat mit dem Arbeiter absolut keine gesellschaftlichen Berührungspunkte.

Anders in Ländern, wo diese industrielle Revolution erst in der Durchführung begriffen ist, wie in Deutschland. Hier sind aus den früheren feudalen und nachfeudalen Zuständen noch eine Menge gesellschaftlicher Elemente haftengeblieben, welche, um uns so auszudrücken, das gesellschaftliche Mittel (medium) trüben, dem sozialen Zustand Deutschlands jenen einfachen, klaren, klassischen Charakter nehmen, der den Entwicklungsstand Englands auszeichnet. Wir finden hier in einer sich täglich mehr modernisierenden Atmosphäre und unter ganz modernen Kapitalisten und Arbeitern die wunderbarsten vorsündflutlichen Fossilien lebendig umherwandeln: Feudalherren, Patrimonialgerichte, Krautjunker, Stoßprügel, Regierungsräte, Landräte, Innungen, Kompetenzkonflikte, Verwaltungsstrafmacht usw. Und wir finden, daß im Kampf um die politische Macht alle diese lebenden Fossilien sich zusammenscharen gegen die Bourgeoisie, die, durch ihren Besitz die mächtigste Klasse der neuen Epoche, im Namen der neuen Epoche ihnen die politische Herrschaft abverlangt.

Außer der Bourgeoisie und dem Proletariat produziert die moderne große Industrie noch eine Art Zwischenklasse zwischen beiden, das Kleinbürgertum. Dies besteht teils aus den Resten des früheren halbmittelalterlichen Pfahlbürgertums, teils aus etwas emporgekommenen Arbeitern. Es findet seine Stellung weniger in der Produktion als in der Verteilung der Waren; der Detailhandel ist sein Hauptfach. Während das alte Pfahlbürgertum die stabilste, ist das moderne Kleinbürgertum die am meisten wechselnde Klasse der Gesellschaft; der Bankerott ist bei ihm eine Institution geworden. Es nimmt teil durch seinen kleinen Kapitalbesitz an der Lebenslage der Bourgeoisie, durch die Unsicherheit seiner Existenz an der des Proletariats. Widerspruchsvoll wie sein gesellschaftliches Dasein ist seine politische Stellung; im allgemeinen jedoch ist die »reine Demokratie« sein korrektester Ausdruck. Sein politischer Beruf ist der, die Bourgeoisie in ihrem Kampf gegen die Reste der alten Gesellschaft und namentlich gegen ihre eigene Schwäche und Feigheit voranzutreiben und diejenigen Freiheiten erkämpfen zu helfen – Preßfreiheit, Vereins- und Versammlungsfreiheit, allgemeines Wahlrecht, lokale Selbstregierung –, ohne welche, trotz ihrer bürgerlichen Natur, eine schüchterne Bourgeoisie wohl fertig werden kann, ohne welche die Arbeiter aber nie ihre Emanzipation erobern können.

Im Laufe des Kampfes zwischen den Resten der alten, vorsündflutlichen Gesellschaft und der Bourgeoisie kommt überall irgendeinmal der Moment, wo beide Kämpfenden sich an das Proletariat wenden und seine Unterstützung nachsuchen. Dieser Moment fällt gewöhnlich mit demjenigen zusammen, in dem die Arbeiterklasse selbst anfängt, sich zu regen. Die feudalen und bürokratischen Repräsentanten der untergehenden Gesellschaft rufen den Arbeitern zu, mit ihnen auf die Aussauger, die Kapitalisten, die einzigen Feinde des Arbeiters, loszuschlagen; die Bourgeois weisen die Arbeiter darauf hin, daß sie beide zusammen die neue Gesellschaftsepoche repräsentieren und daher jedenfalls der untergehenden *alten* Gesellschaftsform gegenüber gleiches Interesse haben. Um diese Zeit kommt dann die Arbeiterklasse allmählich zum Bewußtsein, daß sie eine eigene Klasse mit eigenen Interessen und mit einer eigenen unabhängigen Zukunft ist; und damit kommt die Frage, die nacheinander in England, in Frankreich und in Deutschland sich aufgedrängt hat: Wie hat sich die Arbeiterpartei gegenüber den Kämpfenden zu stellen?

Dies wird vor allem davon abhängen, was die Arbeiterpartei, d. h. derjenige Teil der arbeitenden Klasse, welcher zum Bewußtsein der gemeinsamen Interessen der Klasse gekommen ist, im Interesse der Klasse für Ziele erstrebt?

Soweit bekannt, stellen die avanciertesten Arbeiter in Deutschland die Forderung: Emanzipation der Arbeiter von den Kapitalisten durch Übertragung von Staatskapital an assoziierte Arbeiter, zum Betrieb der Produktion für gemeinsame Rechnung und ohne Kapitalisten; und als Mittel zur Durchsetzung dieses Zwecks: Eroberung der politischen Macht durch das allgemeine, direkte Wahlrecht.

Soviel ist nun klar: Weder die feudal-bürokratische Partei, die man kurzweg die *Reaktion* zu nennen pflegt, noch die liberal-radikale Bourgeoispartei wird geneigt sein, diese Forderungen freiwillig zuzugestehen. Nun wird aber das Proletariat eine Macht von dem Augenblick an, wo sich eine selbständige Arbeiterpartei bildet, und mit einer Macht muß man rechnen. Beide feindliche Parteien wissen das und werden also im gegebenen Augenblicke geneigt sein, den Arbeitern scheinbare oder wirkliche Konzessionen zu machen. Auf welcher Seite können die Arbeiter die größten Zugeständnisse erwirken?

Der reaktionären Partei ist bereits die Existenz von Bourgeois und Proletariern ein Dorn im Auge. Ihre Macht beruht darauf, daß die moderne gesellschaftliche Entwickelung wieder totgemacht oder wenigstens gehemmt werde. Sonst verwandeln sich allmählich alle besitzenden Klassen in Kapitalisten, alle unterdrückten Klassen in Proletarier, und damit verschwindet die reaktionäre Partei von selbst. Die Reaktion will, wenn sie konsequent ist, allerdings das Proletariat aufheben, aber nicht dadurch, daß sie zur Assoziation fortschreitet, sondern indem sie die modernen Proletarier wieder in Zunftgesellen und ganz oder halb leibeigene bäuerliche Hintersassen zurückverwandelt. Ist unsern Proletariern mit einer solchen Verwandlung gedient? Wünschen sie sich wieder unter die väterliche Zucht des Zunftmeisters und des »gnädigen Herrn« zurück, wenn so etwas möglich wäre? Sicherlich nicht. Es ist ja gerade erst die Lostrennung der arbeitenden Klasse von all dem früheren Scheinbesitz und den Scheinprivilegien, die Herstellung des nackten Gegensatzes zwischen Kapital und Arbeit, die überhaupt die Existenz einer einzigen großen Arbeiterklasse mit gemeinsamen Interessen, einer Arbeiterbewegung, einer Arbeiterpartei möglich gemacht hat. Und dazu ist eine solche Zurückschraubung der Geschichte eine reine Unmöglichkeit. Die Dampfmaschinen, die mechanischen Spinn- und Webstühle, die Dampfpflüge und Dreschmaschinen, die Eisenbahnen und elektrischen Telegraphen und die Dampfpressen der Gegenwart lassen keinen solchen absurden Rückschritt zu, im Gegenteil, sie vernichten allmählich und unerbittlich alle Reste feudaler und zünftiger Zustände und lösen alle von früher überkommenen kleinen gesellschaftlichen Gegensätze auf in den einen weltgeschichtlichen Gegensatz von Kapital und Arbeit.

Dagegen hat die Bourgeoisie gar keine andere geschichtliche Stellung, als die erwähnten riesenhaften Produktivkräfte und Verkehrsmittel der modernen Gesellschaft nach allen Seiten hin zu vermehren und aufs höchste zu steigern, durch ihre Kreditassoziationen auch die Produktionsmittel, welche aus früheren Zeiten mit überliefert sind, namentlich den Grundbesitz, sich in die Hände zu spielen, alle Produktionszweige mit modernen Hülfsmitteln zu betreiben, alle Reste feudaler Produktionen und feudaler Verhältnisse zu vernichten und so die ganze Gesellschaft zurückzuführen auf den einfachen Gegensatz einer Klasse von Kapitalisten und einer Klasse von besitzlosen Arbeitern. In demselben Maße, wie diese Vereinfachung der gesellschaftlichen Klassengegensätze stattfindet, wächst die Macht der Bourgeoisie, aber in noch größerem Maße wächst auch die Macht, das Klassenbewußtsein, die Siegesfähigkeit des Proletariats; nur durch diese Machtvergrößerung der Bourgeoisie bringt es das Proletariat allmählich dahin, die Majorität, die überwiegende Majorität im Staate zu werden, wie es dies in England bereits ist, aber noch keineswegs in Deutschland, wo Bauern aller Art auf dem Lande und kleine Meister, Kleinkrämer usw. in den Städten ihm noch die Stange halten.

Also: Jeder Sieg der Reaktion hemmt die gesellschaftliche Entwickelung, entfernt unfehlbar den Zeitpunkt, wo die Arbeiter siegen können. Jeder Sieg der Bourgeoisie über die Reaktion dagegen ist nach einer Seite hin zugleich ein Sieg der Arbeiter, trägt zum endlichen Sturz der Kapitalistenherrschaft bei, rückt den Zeitpunkt näher heran, wo die Arbeiter über die Bourgeoisie siegen werden.

Man nehme die Stellung der deutschen Arbeiterpartei 1848 und jetzt. Es gibt in Deutschland noch Veteranen genug, die an den ersten Anfängen der Gründung einer deutschen Arbeiterpartei vor 1848 mitgewirkt, die nach der Revolution an ihrem Ausbau halfen, solange die Zeitverhältnisse es erlaubten. Sie alle wissen, welche Mühe es kostete, selbst in jenen aufgeregten Zeiten eine Arbeiterbewegung zustande zu bringen, sie im Gange zu halten, reaktionär-zunftmäßige Elemente zu entfernen, und wie die ganze Sache nach ein paar Jahren wieder einschlief. Wenn jetzt eine Arbeiterbewegung sozusagen von selbst entstanden ist, woher kommt das? Daher, weil seit 1848 die große Bourgeoisindustrie in Deutschland unerhörte Fortschritte gemacht, weil sie eine Masse kleiner Meister und sonstiger Zwischenleute zwischen dem Arbeiter und dem Kapitalisten gestellt, kurz, ein bedeutendes Proletariat da geschaffen hat, wo es früher nicht oder nur in geringem Maße bestand. Eine

Arbeiterpartei und Arbeiterbewegung ist durch diese industrielle Entwickelung eine Notwendigkeit geworden.

Damit ist nicht gesagt, daß nicht Momente eintreten können, wo es der Reaktion geraten erscheint, den Arbeitern Konzessionen zu machen. Aber diese Konzessionen sind stets ganz eigener Art. Sie sind nie politischer Natur. Die feudal-bürokratische Reaktion wird weder das Stimmrecht ausdehnen noch die Presse, das Vereins- und Versammlungsrecht befreien, noch die Macht der Bürokratie beschränken. Die Konzessionen, die sie macht, sind stets direkt gegen die Bourgeoisie gerichtet und derart, daß sie die politische Macht der Arbeiter durchaus nicht vermehren. So wurde in England das Zehnstundengesetz für die Fabrikarbeiter gegen den Willen der Fabrikanten durchgeführt. So wäre von der Regierung in Preußen die genaue Einhaltung der Vorschriften über die Arbeitszeit in den Fabriken – welche jetzt nur auf dem Papier bestehen –, ferner das Koalitionsrecht der Arbeiter usw. zu fordern und möglicherweise zu erlangen. Aber es ist bei allen diesen Konzessionen von seiten der Reaktion [fest]stehend, daß sie erlangt werden ohne irgendeinen Gegendienst von seiten der Arbeiter, und mit Recht, denn indem die Reaktion den Bourgeois das Leben sauer macht, hat sie schon ihren Zweck erreicht, und die Arbeiter sind ihr keinen Dank schuldig, danken ihr auch nie.

Nun gibt es noch eine Art von Reaktion, welche in letzter Zeit großen Erfolg gehabt hat und bei gewissen Leuten sehr in Mode kommt; es ist die Art, welche man heutzutage Bonapartismus nennt. Der Bonapartismus ist die notwendige Staatsform in einem Lande, wo die Arbeiterklasse, auf einer hohen Stufe ihrer Entwickelung in den Städten, aber an Zahl überwogen von den kleinen Bauern auf dem Lande, in einem großen revolutionären Kampf von der Kapitalistenklasse, dem Kleinbürgertum und der Armee besiegt worden ist. Als in Frankreich in dem Riesenkampfe vom Juni 1848 die Pariser Arbeiter besiegt waren, hatte sich zugleich die Bourgeoisie an diesem Siege vollständig erschöpft. Sie war sich bewußt, keinen zweiten solchen Sieg ertragen zu können. Sie herrschte noch dem Namen nach, aber sie war zu schwach zur Herrschaft. An die Spitze trat die Armee, der eigentliche Sieger, gestützt auf die Klasse, aus der sie sich vorzugsweise rekrutierte, die kleinen Bauern, welche Ruhe haben wollten vor den Städtekrawallern. Die Form dieser Herrschaft war selbstredend der militärische Despotismus, ihr natürlicher Chef der angestammte Erbe desselben, Louis Bonaparte.

Gegenüber den Arbeitern wie den Kapitalisten zeichnet sich der Bonapartismus dadurch aus, daß er sie verhindert, aufeinander loszuschlagen. Das heißt, er schützt die Bourgeoisie vor gewaltsamen Angriffen der Arbeiter, begünstigt ein kleines friedliches Plänkelgefecht zwischen beiden Klassen und entzieht im übrigen den einen wie den andern jede Spur politischer Macht. Kein Vereinsrecht, kein Versammlungsrecht, keine Preßfreiheit; ein allgemeines Wahlrecht unter solchem bürokratischen Druck, daß Oppositionswahlen fast unmöglich sind; eine Polizeiwirtschaft, wie sie selbst in dem polizierten Frankreich bisher unerhört war. Daneben wird ein Teil der Bourgeoisie wie der Arbeiter direkt *gekauft*; der eine durch kolossale Kreditschwindeleien, wodurch das Geld der kleinen Kapitalisten in die Tasche der großen gelockt wird; der andere durch kolossale Staatsbauten, die neben dem natürlichen, selbständigen Proletariat ein künstliches, imperialistisches, von der Regierung abhängiges Proletariat in den großen Städten konzentrieren. Endlich wird dem Nationalstolz geschmeichelt durch scheinbar heroische Kriege, die aber stets mit hoher obrigkeitlicher Erlaubnis Europas gegen den jeweiligen allgemeinen Sündenbock geführt werden und nur unter solchen Bedingungen, daß der Sieg von vornherein gesichert ist.

Das höchste, was unter einer solchen Regierung für die Arbeiter wie für die Bourgeoisie herauskommt, ist, daß sie sich vom Kampfe ausruhen, daß die Industrie sich – unter sonst günstigen Umständen – stark entwickelt, daß also die Elemente eines neuen und heftigeren Kampfes sich ausbilden und daß dieser Kampf ausbricht, sobald das Bedürfnis eines solchen Ruhepunktes nicht mehr existiert. Es wäre die höchste Höhe der Torheit, mehr zu erwarten für die Arbeiter von einer Regierung, die gerade bloß dazu existiert, die Arbeiter gegenüber der Bourgeoisie im Zaume zu halten.

Kommen wir nun auf den uns speziell vorliegenden Fall. Was kann die Reaktion in Preußen der Arbeiterpartei bieten?

Kann diese Reaktion der Arbeiterklasse einen wirklichen Anteil an der politischen Macht bieten? – Unbedingt nein. Erstens ist es in der neueren Geschichte, weder Englands noch Frankreichs, je vorgekommen, daß eine reaktionäre Regierung dies getan hätte. Zweitens handelt es sich in dem gegenwärtigen Kampf in Preußen ja gerade darum, ob die Regierung alle wirkliche Macht in sich vereinigen oder sie mit dem Parlament teilen soll. Und die Regierung wird wahrlich nicht alle Mittel aufbieten, der Bourgeoisie die Macht zu entreißen, bloß um diese Macht nachher dem Proletariat zu schenken!

Die Feudalaristokratie und die Bürokratie können ihre wirkliche Macht in Preußen behalten auch ohne parlamentarische Vertretung. Ihre traditionelle Stellung am Hof, in der Armee, im Beamtentum garantiert ihnen diese Macht. Sie dürfen sogar keine besondere Vertretung wünschen, denn Adels- und Beamtenkammern, wie Manteuffel sie hatte, sind heutzutage auf die Dauer in Preußen doch unmöglich. Sie wünschen daher auch die ganze Kammerwirtschaft zum Teufel.

Dagegen können Bourgeoisie und Arbeiter eine wirkliche geregelte politische Macht nur durch parlamentarische Vertretung ausüben; und diese parlamentarische Vertretung ist nur dann etwas wert, wenn sie mitzureden und mitzubeschließen hat, mit anderen Worten, wenn sie »den Knopf auf dem Beutel« halten kann. Das ist ja aber gerade, was Bismarck eingestandenermaßen verhindern will. Wir fragen: Ist es das Interesse der Arbeiter, daß dies Parlament aller Macht beraubt werde, dies Parlament, in das sie selbst durch Erringung des allgemeinen, direkten Wahlrechts einzutreten und worin sie einst die Majorität zu bilden hoffen? Ist es ihr Interesse, alle Hebel der Agitation in Bewegung zu setzen, um in eine Versammlung zu kommen, die schließlich doch nichts zu sagen hat? Sicherlich nicht.

Wenn nun aber die Regierung das bestehende Wahlgesetz umstieße und das allgemeine, direkte Wahlrecht oktroyierte? Ja, *wenn! Wenn* die Regierung einen solchen bonapartistischen Streich machte und die Arbeiter gingen darauf ein, so hätten sie ja damit schon von vornherein der Regierung das Recht zuerkannt, durch eine neue Oktroyierung, sobald es ihr beliebte, das allgemeine, direkte Wahlrecht auch wieder aufzuheben, und was wäre da das ganze allgemeine, direkte Wahlrecht wert?

Wenn die Regierung das allgemeine, direkte Wahlrecht oktroyierte, so würde sie es von vornherein so verklausulieren, daß es eben kein allgemeines, direktes Wahlrecht mehr wäre.

Und was selbst das allgemeine, direkte Wahlrecht angeht, so braucht man nur nach Frankreich zu gehen, um sich zu überzeugen, welche zahmen Wahlen man damit zustande bringen kann, sobald man eine zahlreiche stupide Landbevölkerung, eine wohlorganisierte Bürokratie, eine gut gemaßregelte Presse, durch Polizei hinreichend niedergehaltene Vereine und gar keine politischen Versammlungen hat. Wieviel Vertreter der Arbeiter bringt denn das allgemeine, direkte Stimmrecht in die französische Kammer? Und doch hat das französische Proletariat vor dem deutschen eine weit größere Konzentration und eine längere Erfahrung im Kampf und in der Organisation voraus.

Dies bringt uns noch auf einen andern Punkt. In Deutschland ist die Landbevölkerung doppelt so stark wie die Städtebevölkerung, d. h. es leben ²/₃ vom Ackerbau, ¹/₃ von der Industrie. Und da der große Grundbesitz in Deutschland die Regel und der kleine Parzellenbauer die Ausnahme ist, so heißt das mit andern Worten: daß, wenn ¹/₃ der Arbeiter unter dem Kommando des Kapitalisten stehn, so stehn ²/₃ *unter dem Kommando des Feudalherrn*. Die Leute, weche in einem fort über die Kapitalisten herfallen, aber gegen die Feudalen kein Wörtchen des Zorns haben, mögen sich dies zu Gemüte führen. Die Feudalen beuten in Deutschland doppelt soviel Arbeiter aus wie die Bourgeois; sie sind in Deutschland ganz ebenso direkte Gegner der Arbeiter wie die Kapitalisten. Das ist aber noch lange nicht alles. Die patriarchalische Wirtschaft auf den alten Feudalgütern bringt eine angestammte Abhängigkeit des ländlichen Tagelöhners oder Häuslers von seinem »gnädigen Herrn« zuwege, die dem Ackerbauproletarier den Eintritt in die Bewegung der städtischen Arbeiter sehr erschwert. Die Pfaffen, die systematische Verdummung auf dem Lande, der schlechte Schulunterricht, die Abgeschlossenheit der Leute von aller Welt tun den Rest. Das Ackerbauproletariat ist derjenige Teil der Arbeiterklasse, dem seine eignen Interessen, seine eigne gesellschaftliche Stellung am schwersten und am letzten klarwerden, mit andern Worten, derjenige Teil, der am längsten ein bewußtloses Werkzeug in der Hand der ihn ausbeutenden, bevorzugten Klasse bleibt. Und welche Klasse ist dies? In Deutschland nicht die Bourgeoisie, sondern der *Feudaladel*. Nun hat selbst in Frankreich, wo doch fast nur freie, grundbesitzende Bauern existieren, wo der Feudaladel aller politischen Macht längst beraubt ist, das allgemeine Stimmrecht die Arbeiter nicht in die Kammer gebracht, sondern sie fast ganz davon ausgeschlossen. Was würde das Resultat des allgemeinen Stimmrechts in Deutschland sein, wo der Feudaladel noch eine wirkliche soziale und politische Macht ist und wo zwei Ackerbautagelöhner auf einen industriellen Arbeiter kommen? Die Bekämpfung der feudalen und bürokratischen Reaktion – denn beide sind bei uns jetzt untrennbar – ist in Deutschland gleichbedeutend mit dem Kampf für geistige und politische Emanzipation des Landproletariats – und solange das Landproletariat nicht in die Bewegung mit hineingerissen wird, solange kann und wird das städtische Proletariat in Deutschland nicht das geringste ausrichten, solange ist das allgemeine, direkte Wahlrecht für das Proletariat keine Waffe, sondern ein *Fallstrick*.

Vielleicht wird diese sehr offenherzige, aber nötige Auseinandersetzung die Feudalen ermutigen, für das allgemeine, direkte Wahlrecht aufzutreten. Um so besser.

Oder sollte die Regierung nur deswegen die Presse, das Vereinsrecht, das Versammlungsrecht der bürgerlichen Opposition gegenüber verkümmern (wenn überhaupt an den jetzigen Zuständen noch viel zu verkümmern ist), um den Arbeitern ein Geschenk mit einer freien Presse, freiem Vereins- und Versammlungsrecht zu machen? In der Tat, geht nicht die Arbeiterbewegung ruhig und ungestört ihren Gang?

Da liegt ja gerade der Hase im Pfeffer. Die Regierung *weiß*, und die Bourgeoisie weiß auch, daß die ganze jetzige deutsche Arbeiterbewegung nur *geduldet* ist, nur so lange lebt, wie es der Regierung *beliebt*. Solange der Regierung damit gedient ist, daß diese Bewegung besteht, daß der bürgerlichen Opposition neue, unabhängige Gegner erwachsen, solange wird sie diese Bewegung dulden. Von dem Augenblick an, wo diese Bewegung die Arbeiter zu einer selbständigen Macht entwickelt, wo sie dadurch der Regierung gefährlich wird, hört die Sache sofort auf. Die Art und Weise, wie den Fortschrittlern die Agitation in Presse, Vereinen und Versammlungen gelegt worden ist, möge den Arbeitern zur Warnung dienen. Dieselben Gesetze, Verordnungen und Maßregeln, welche da in Anwendung gebracht worden sind, können jeden Tag gegen sie angewandt werden und ihrer Agitation den Garaus machen; sie werden es, sobald diese Agitation gefährlich wird. Es ist von der höchsten Wichtigkeit, daß die Arbeiter in diesem Punkte klarsehen, daß sie nicht derselben Täuschung verfallen wie die Bourgeoisie unter der Neuen Ära, wo sie ebenfalls nur *geduldet* war, aber bereits im Sattel zu sein glaubte. Und wenn jemand sich einbilden sollte, die jetzige Regierung würde die Presse, das Vereinsrecht und Versammlungsrecht von den jetzigen Fesseln befreien, so gehörte er eben zu den Leuten, mit denen nicht mehr zu sprechen ist. Und ohne Preßfreiheit, Vereins- und Versammlungsrecht ist keine Arbeiterbewegung möglich.

Die bestehende Regierung in Preußen ist nicht so einfältig, daß sie sich selbst den Hals abschneiden sollte. Und wenn es dahin käme, daß die Reaktion dem deutschen Proletariat einige politische Scheinkonzessionen hinwerfen sollte, um es damit zu ködern – dann wird hoffentlich das deutsche Proletariat antworten mit den stolzen Worten des alten Hildebrandsliedes:

»Mit gêrû scal man geba infâhan, ort widar orte.«

Mit dem Speere soll man Gabe empfangen, Spitze gegen Spitze.

Was die *sozialen* Konzessionen betrifft, die die Reaktion den Arbeitern machen könnte – Verkürzung der Arbeitszeit in den Fabriken, bessere Handhabung der Fabrikgesetze, Koalitionsrecht usw. –, so beweist die Erfahrung aller Länder, daß die Reaktion solche Anträge stellt, ohne daß die Arbeiter ihr das geringste als Entgelt zu bieten haben. Die Reaktion hat die Arbeiter nötig, die Arbeiter aber nicht die Reaktion. Solange die Arbeiter also in ihrer eignen selbständigen Agitation auf diesen Punkten bestehen, so können sie darauf rechnen, daß der Moment eintreten wird, wo reaktionäre Elemente dieselben Forderungen aufstellen, bloß um die Bourgeoisie zu schikanieren; und damit gewinnen die Arbeiter Erfolge gegenüber der Bourgeoisie, ohne der Reaktion irgendwelchen Dank schuldig zu sein.

Wenn aber die Arbeiterpartei von der Reaktion nichts zu erwarten hat als kleine Konzessionen, die ihr ohnehin zufließen, ohne daß sie darum betteln zu gehen braucht – was hat sie dann von der bürgerlichen Opposition zu erwarten?

Wir haben gesehen, daß Bourgeoisie und Proletariat beides Kinder einer neuen Epoche sind, daß sie beide in ihrer gesellschaftlichen Tätigkeit darauf hinarbeiten, die Reste des aus früherer Zeit überkommenen Gerümpels zu beseitigen. Sie haben zwar unter sich einen sehr ernsten Kampf auszumachen, aber dieser Kampf kann erst ausgefochten werden, wenn sie einander allein gegenüberstehen. Erst dadurch, daß der alte Plunder über Bord fliegt, wird »klar Schiff zum Gefecht« gemacht – nur daß diesmal das Gefecht nicht zwischen zwei Schiffen, sondern an Bord des einen Schiffs zwischen Offizieren und Mannschaft geschlagen wird.

Die Bourgeoisie kann ihre politische Herrschaft nicht erkämpfen, diese politische Herrschaft nicht in einer Verfassung und in Gesetzen ausdrücken, ohne gleichzeitig dem Proletariat Waffen in die Hand zu geben. Gegenüber den alten, durch Geburt unterschiedenen Ständen muß sie die Menschenrechte, gegenüber dem Zunftwesen die Handels- und Gewerbefreiheit, gegenüber der bürokratischen Bevormundung die Freiheit und die Selbstregierung auf ihre Fahne schreiben. Konsequenterweise muß sie also das allgemeine, direkte Wahlrecht, Preß-, Vereins- und Versammlungsfreiheit und Aufhebung aller Ausnahmsgesetze gegen einzelne Klassen der Bevölkerung verlangen. Dies ist aber auch alles, was das Proletariat von ihr zu verlangen braucht. Es kann nicht fordern, daß die Bourgeoisie aufhöre, Bourgeoisie zu sein, aber wohl, daß sie ihre eigenen Prinzipien konsequent durchführe. Damit bekommt das Proletariat aber auch alle die Waffen in die Hand, deren es zu seinem endlichen Siege bedarf. Mit der Preßfreiheit, dem Versammlungs- und Vereinsrechte erobert es sich das allgemeine Stimmrecht, mit dem allgemeinen, direkten Stimmrecht, in Vereinigung mit den obigen Agitationsmitteln, alles übrige.

Es ist also das Interesse der Arbeiter, die Bourgeoisie in ihrem Kampfe gegen alle reaktionären Elemente zu unterstützen, *solange sie sich selbst treu bleibt*. Jede Eroberung, die die Bourgeoisie der Reaktion abzwingt, kommt, unter dieser Bedingung, der Arbeiterklasse schließlich zugut. Diesen richtigen Instinkt haben die deutschen Arbeiter auch gehabt. Sie haben, mit vollem Recht in allen deutschen Staaten überall für die radikalsten Kandidaten gestimmt, die Aussicht zum Durchkommen hatten.

Aber wenn nun die Bourgeoisie sich selbst untreu wird, ihre eigenen Klasseninteressen und die daraus folgenden Prinzipien verrät?

Dann bleiben den Arbeitern zwei Wege übrig!

Entweder die Bourgeoisie gegen ihren Willen voranzutreiben, sie soweit möglich zu zwingen, das Wahlrecht auszudehnen, die Presse, die Vereine und Versammlungen zu befreien und damit dem Proletariat ein Gebiet zu schaffen, auf dem es sich frei bewegen und sich organisieren kann. Dies haben die englischen Arbeiter seit der Reformbill von 1832, die französischen Arbeiter seit der Julirevolution 1830 getan und gerade durch und mit dieser Bewegung, deren nächste Ziele rein bürgerlicher Natur waren, ihre eigene Entwicklung und Organisation mehr als durch irgendein anderes Mittel gefördert. Dieser Fall wird immer eintreten, denn die Bourgeoisie, bei ihrem Mangel an politischem Mut, wird sich von Zeit zu Zeit überall untreu.

Oder aber, die Arbeiter ziehen sich ganz von der bürgerlichen Bewegung zurück und überlassen die Bourgeoisie ihrem Schicksale. Dieser Fall trat in England, Frankreich und Deutschland nach dem Scheitern der europäischen Arbeiterbewegung von 1848 bis 1850 ein. Er ist nur möglich nach gewaltsamen und momentanen fruchtlosen Anstrengungen, nach denen die Klasse Ruhe bedarf. Im gesunden Zustand der Arbeiterklasse ist er unmöglich; er käme ja einer vollständigen politischen Abdankung gleich, und deren ist eine ihrer Natur nach mutige Klasse, eine Klasse, die nichts zu verlieren und alles zu gewinnen hat, auf die Dauer unfähig.

Selbst in dem äußersten Fall, daß die Bourgeoisie, aus Furcht vor den Arbeitern, sich unter der Schürze der Reaktion verkriechen und an die Macht der ihr feindlichen Elemente um Schutz gegen die Arbeiter appellieren sollte – selbst dann wird der Arbeiterpartei nichts übrigbleiben, als die von den Bürgern verratene Agitation für bürgerliche Freiheit, Preßfreiheit, Versammlungs- und Vereinsrecht trotz der Bürger fortzuführen. Ohne diese Freiheiten kann sie selbst sich nicht frei bewegen; sie kämpft in diesem Kampf für ihr eigenes Lebenselement, für die Luft, die sie zum Atmen nötig hat.

Es versteht sich von selbst, daß in allen diesen Fällen die Arbeiterpartei nicht als der bloße Schwanz der Bourgeoisie, sondern als eine durchaus von ihr unterschiedene, selbständige Partei auftreten wird. Sie wird der Bourgeoisie bei jeder Gelegenheit ins Gedächtnis rufen, daß die Klasseninteressen der Arbeiter denen der Kapitalisten direkt entgegengesetzt und daß die Arbeiter sich dessen bewußt sind. Sie wird ihre eigene Organisation gegenüber der Parteiorganisation der Bourgeoisie festhalten und fortbilden und mit der letzteren nur unterhandeln wie eine Macht mit der andern. Auf diese Weise wird sie sich eine achtunggebietende Stellung sichern, die einzelnen Arbeiter über ihre Klasseninteressen aufklären und bei dem nächsten revolutionären Sturm – und diese Stürme sind ja jetzt von so regelmäßiger Wiederkehr wie die Handelskrisen und Äquinoktialstürme – zum Handeln bereit sein.

Daraus folgt die Politik der Arbeiterpartei in dem preußischen Verfassungskonflikt von selbst:

die Arbeiterpartei vor allem organisiert erhalten, soweit es die jetzigen Zustände zulassen;

die Fortschrittspartei vorantreiben zum *wirklichen* Fortschreiten, soweit das möglich; sie nötigen, ihr eigenes Programm radikaler zu machen und daran zu halten; jede ihrer Inkonsequenzen und Schwächen unnachsichtlich züchtigen und lächerlich machen;

die eigentliche Militärfrage gehen lassen, wie sie geht, in dem Bewußtsein, daß die Arbeiterpartei auch einmal ihre eigene, *deutsche* »Armeereorganisation« machen wird;

der Reaktion aber auf ihre heuchlerischen Lockungen antworten: »Mit dem Speere soll man Gabe empfangen, Spitze gegen Spitze.«

FRIEDRICH ENGELS: VORBEMERKUNG
[ZUR 2. AUFLAGE »DER DEUTSCHE BAUERNKRIEG«] (1870) [1]

[...]
»Wer profitierte von der Revolution von 1525? Die *Fürsten*. – Wer profitierte von der Revolution von 1848? Die *großen* Fürsten, Östreich und Preußen. Hinter den kleinen Fürsten von 1525 standen, sie an sich kettend durch die Steuer, die kleinen Spießbürger, hinter den großen Fürsten von 1850, hinter Östreich und Preußen, sie rasch unterjochend durch die Staatsschuld, stehn die modernen großen Bourgeois. Und hinter den großen Bourgeois stehn die Proletarier.«

Es tut mir leid, sagen zu müssen, daß in diesem Satz der deutschen Bourgeoisie viel zuviel Ehre erwiesen wurde. Die Gelegenheit haben sie gehabt, sowohl in Östreich wie in Preußen, die Monarchie »rasch durch die Staatsschuld zu unterjochen«; nie und nirgends ist diese Gelegenheit benutzt worden.

Östreich ist durch den Krieg von 1866 der Bourgeoisie als Geschenk in den Schoß gefallen. Aber sie versteht nicht zu herrschen, sie ist ohnmächtig und unfähig zu allem. Nur eins kann sie: gegen die Arbeiter wüten, sobald diese sich regen. Sie bleibt nur noch am Ruder, weil die *Ungarn* sie brauchen.

Und in Preußen? Ja, die Staatsschuld hat sich allerdings reißend vermehrt, das Defizit ist in Permanenz erklärt, die Staatsausgaben wachsen von Jahr zu Jahr, die Bourgeois haben in der Kammer die Majorität, ohne sie können weder Steuern erhöht noch Anleihen aufgenommen werden – aber wo ist ihre Macht über den Staat? Noch vor ein paar Monaten, als wieder ein Defizit vorlag, hatten sie die beste Position. Sie konnten bei nur *einiger* Ausdauer hübsche Konzessionen erzwingen. Was tun sie? Sie sehen es als eine genügende Konzession an, daß die Regierung *ihnen erlaubt*, ihr an 9 Millionen, nicht für *ein* Jahr, nein *jährlich* und für alle Folgezeit zu Füßen zu legen.

---

[1] [Text nach: MEW Bd. 16, S. 394—400.]

Ich will die armen »Nationalliberalen« in der Kammer nicht mehr tadeln, als sie verdienen. Ich weiß, sie sind von denen, die hinter ihnen stehn, von der Masse der Bourgeoisie im Stich gelassen. Diese Masse *will* nicht herrschen. Sie hat 1848 noch immer in den Knochen.

Weshalb die deutsche Bourgeoisie diese merkwürdige Feigheit entwickelt, darüber unten.

Im übrigen hat sich obiger Satz vollständig bestätigt. Seit 1850 immer entschiedeneres Zurücktreten der Kleinstaaten, die nur noch als Hebel für preußische oder östreichische Intrigen dienen, immer heftigere Kämpfe zwischen Östreich und Preußen um die Alleinherrschaft, endlich die gewaltsame Auseinandersetzung von 1866, wonach Österreich seine eignen Provinzen behält, Preußen den ganzen Norden direkt oder indirekt unterwirft und die drei Südweststaaten vorläufig an die Luft gesetzt werden.

Für die deutsche Arbeiterklasse ist bei dieser ganzen Haupt- und Staatsaktion nur dies von Bedeutung:

Erstens, daß die Arbeiter durch das allgemeine Stimmrecht die Macht erlangt haben, in der gesetzgebenden Versammlung sich direkt vertreten zu lassen.

Zweitens, daß Preußen mit gutem Beispiel vorangegangen ist und drei andre Kronen von Gottes Gnaden verschluckt hat. Daß es *nach* dieser Prozedur noch dieselbe unbefleckte Krone von Gottes Gnaden besitzt, die es sich vorher zuschrieb, das glauben selbst die Nationalliberalen nicht.

Drittens, daß es in Deutschland nur noch *einen* ernsthaften Gegner der Revolution gibt – die preußische Regierung.

Und viertens, daß die Deutsch-Östreicher sich jetzt endlich einmal die Frage vorlegen müssen, was sie sein wollen: Deutsche oder Östreicher? Wozu sie lieber halten wollen – zu Deutschland oder zu ihren außerdeutschen transleithanischen Anhängseln? Daß sie eins oder das andre aufgeben müssen, war schon lange selbstredend, ist aber immer von der kleinbürgerlichen Demokratie vertuscht worden.

Was die sonstigen wichtigen Streitfragen von wegen 1866 betrifft, die seitdem bis zum Überdruß zwischen den »Nationalliberalen« einerseits und der »Volkspartei« andrerseits verhandelt werden, so dürfte die Geschichte der nächsten Jahre beweisen, daß diese beiden Standpunkte sich nur deshalb so heftig befehden, weil sie die entgegengesetzten Pole einer und derselben Borniertheit sind.

An den gesellschaftlichen Verhältnissen Deutschlands hat das Jahr 1866 fast nichts geändert. Die paar bürgerlichen Reformen – gleiches Maß und Gewicht, Freizügigkeit, Gewerbefreiheit usw., alles in den der Bürokratie angemessenen Schranken – erreichen noch nicht einmal das, was die Bourgeoisie andrer westeuropäischer Länder längst besitzt, und lassen die Hauptschikane, das bürokratische Konzessionswesen, unberührt. Für das Proletariat werden ohnehin alle Freizügigkeits-, Indigenats-, Paßaufhebungs- und andre Gesetze durch die landläufige Polizeipraxis ganz illusorisch gemacht.

Was viel wichtiger ist als die Haupt- und Staatsaktion von 1866, das ist die Hebung der Industrie und des Handels, der Eisenbahnen, Telegraphen und ozeanischen Dampfschiffahrt in Deutschland seit 1848. Soweit dieser Fortschritt auch hinter dem gleichzeitig in England, selbst in Frankreich gemachten zurücksteht, für Deutschland ist er unerhört und hat in zwanzig Jahren mehr geleistet, als sonst ein ganzes Jahrhundert tat. Deutschland ist erst jetzt ernstlich und unwiderruflich in den *Welthandel* hineingezogen worden. Die Kapitalien der Industriellen haben sich rasch vermehrt, die gesellschaftliche Stellung der Bourgeoisie hat sich dementsprechend gehoben. Das sicherste Kennzeichen industrieller Blüte, der *Schwindel*, hat sich in reichem Maße eingestellt und Grafen und Herzöge an seinen Triumphwagen gekettet. Deutsches Kapital baut jetzt russische und rumänische Eisenbahnen – möge ihm die Erde leicht sein! –, statt daß noch vor fünfzehn Jahren deutsche Bahnen bei englischen Unternehmern betteln gingen. Wie ist es da möglich, daß die Bourgeoisie sich nicht auch politisch die Herrschaft erobert hat, daß sie sich so feig gegen die Regierung benimmt?

Die deutsche Bourgeoisie hat das Unglück, daß sie nach beliebter deutscher Manier zu spät kommt. Ihre Blütezeit fällt in eine Periode, wo die Bourgeoisie der andern westeuropäischen Länder politisch schon im Niedergang begriffen ist. In England hat die Bourgeoisie ihren eigentlichen Repräsentanten, Bright, nicht anders in die Regierung bringen können als durch eine Ausdehnung des Stimmrechts, die in ihren Folgen der ganzen Bourgeoisherrschaft ein Ende machen muß. In Frankreich, wo die Bourgeoisie als solche, als Gesamtklasse, nur zwei Jahre, 1849 und 1850, unter der Republik geherrscht hat, konnte sie ihre soziale Existenz nur fristen, indem sie ihre politische Herrschaft an Louis Bonaparte und die Armee abtrat. Und bei der so unendlich gesteigerten Wechselwirkung der drei fortgeschrittensten europäischen Länder ist es heutzutage nicht mehr möglich, daß in Deutschland die Bourgeoisie sich die politische Herrschaft gemütlich einrichtet, wenn diese sich in England und Frankreich überlebt hat.

Es ist eine Eigentümlichkeit gerade der Bourgeoisie gegenüber allen früheren herrschenden Klassen: in ihrer Entwicklung gibt es einen Wendepunkt, von dem an jede weitere Steigerung ihrer Machtmittel, vorab also ihrer Kapitalien, nur dazu beiträgt, sie zur politischen Herrschaft mehr und mehr unfähig zu machen. *»Hinter den großen Bourgeois stehn die Proletarier.«* In demselben Maß, wie die Bourgeoisie ihre Industrie, ihren Handel und ihre Verkehrsmittel entwickelt, in demselben Maß erzeugt sie Proletariat. Und an einem gewissen Punkt – der nicht überall gleichzeitig oder auf gleicher Entwicklungsstufe einzutreten braucht – beginnt sie zu merken, daß dieser ihr proletarischer Doppelgänger ihr über den Kopf wächst. Von dem Augenblick an verliert sie die Kraft zur ausschließlichen politischen Herrschaft; sie sieht sich um nach Bundesgenossen, mit denen sie, je nach Umständen, ihre Herrschaft teilt oder denen sie sie ganz abtritt.

In Deutschland ist dieser Wendepunkt für die Bourgeoisie bereits 1848 eingetreten. Und zwar erschrak die deutsche Bourgeoisie damals nicht so sehr vor dem deutschen wie vor dem französischen Proletariat. Die Pariser Junischlacht 1848 zeigte ihr, was sie zu erwarten habe; das deutsche Proletariat war gerade erregt genug, um ihr zu beweisen, daß auch hier die Saat für dieselbe Ernte schon im Boden stecke; und von dem Tage an war der politischen Aktion der Bourgeoisie die Spitze abgebrochen. Sie suchte Bundesgenossen, sie verhandelte sich an sie um jeden Preis – und sie ist auch heute noch keinen Schritt weiter.

Diese Bundesgenossen sind sämtlich reaktionärer Natur. Da ist das Königtum mit seiner Armee und seiner Bürokratie, da ist der große Feudaladel, da sind die kleinen Krautjunker, da sind selbst die Pfaffen. Mit allen diesen hat die Bourgeoisie paktiert und vereinbart, nur um ihre liebe Haut zu wahren, bis ihr endlich nichts mehr zu schachern blieb. Und je mehr das Proletariat sich entwickelte, je mehr es anfing sich als Klasse zu fühlen, als Klasse zu handeln, desto schwachmütiger wurden die Bourgeois. Als die wunderbar schlechte Strategie der Preußen bei Sadowa über die, wunderbarerweise noch schlechtere, der Östreicher siegte, da war es schwer zu sagen, wer froher aufatmete – der preußische Bourgeois, der bei

Sadowa mitgeschlagen war, oder der östreichische.

Unsre großen Bürger handeln 1870 noch gradeso, wie die Mittelbürger von 1525 gehandelt haben. Was die Kleinbürger, Handwerksmeister und Krämer betrifft, so werden sie sich immer gleichbleiben. Sie hoffen in das Großbürgertum sich emporzuschwindeln, sie fürchten ins Proletariat hinabgestoßen zu werden. Zwischen Furcht und Hoffnung werden sie während des Kampfes ihre werte Haut salvieren und nach dem Kampf sich dem Sieger anschließen. Das ist ihre Natur.

Mit dem Aufschwung der Industrie seit 1848 hat Schritt gehalten die soziale und politische Aktion des Proletariats. Die Rolle, die die deutschen Arbeiter heute in ihren Gewerkvereinen, Genossenschaften, politischen Vereinen und Versammlungen, bei den Wahlen und im sogenannten Reichstag spielen, beweist allein, welche Umwälzung Deutschland in den letzten zwanzig Jahren unvermerkt erlitten hat. Es gereicht den deutschen Arbeitern zur höchsten Ehre, daß *sie allein* es durchgesetzt haben, Arbeiter und Vertreter der Arbeiter ins Parlament zu schicken, während weder Franzosen noch Engländer dies bis jetzt fertig brachten.

Aber auch das Proletariat ist der Parallele mit 1525 noch nicht entwachsen. Die ausschließlich und lebenslänglich auf den Arbeitslohn angewiesene Klasse bildet noch immer bei weitem nicht die Mehrzahl des deutschen Volkes. Sie ist also auch auf Bundesgenossen angewiesen. Und diese können nur gesucht werden unter den Kleinbürgern, unter dem Lumpenproletariat der Städte, unter den kleinen Bauern und den Ackerbautaglöhnern.

Von den *Kleinbürgern* haben wir schon gesprochen. Sie sind höchst unzuverlässig, ausgenommen wenn man gesiegt hat, dann ist ihr Geschrei in den Bierkneipen unermeßlich. Trotzdem gibt es unter ihnen sehr gute Elemente, die sich den Arbeitern von selbst anschließen.

Das *Lumpenproletariat,* dieser Abhub der verkommenen Subjekte aller Klassen, der sein Hauptquartier in den großen Städten aufschlägt, ist von allen möglichen Bundesgenossen der schlimmste. Dies Gesindel ist absolut käuflich und absolut zudringlich. Wenn die französischen Arbeiter bei jeder Revolution an die Häuser schrieben: Mort aux voleurs! Tod den Dieben! und auch manche erschossen, so geschah das nicht aus Begeisterung für das Eigentum, sondern in der richtigen Erkenntnis, daß man vor allem sich diese Bande vom Hals halten müsse. Jeder Arbeiterführer, der diese

Lumpen als Garde verwendet oder sich auf sie stützt, beweist sich schon dadurch als Verräter an der Bewegung.

Die *kleinen Bauern* – denn die größeren gehören zur Bourgeoisie – sind verschiedener Art. Entweder sind sie *Feudalbauern* und haben dem gnädigen Herrn noch Frondienste zu leisten. Nachdem die Bourgeoisie versäumt hat, was ihre Schuldigkeit war, diese Leute von der Fronknechtschaft zu erlösen, wird es nicht schwer sein, sie zu überzeugen, daß sie nur noch von der Arbeiterklasse Erlösung zu erwarten haben.

Oder sie sind *Pächter*. In diesem Fall existiert meist dasselbe Verhältnis wie in Irland. Die Pacht ist so hoch getrieben, daß der Bauer mit seiner Familie bei Mittelernten nur eben knapp leben kann, bei schlechten Ernten fast verhungert, die Pacht nicht zahlen kann und dadurch ganz von der Gnade des Grundbesitzers abhängig wird. Für solche Leute tut die Bourgeoisie nur dann etwas, wenn sie dazu gezwungen wird. Von wem sollen sie Heil erwarten, außer von den Arbeitern?

Bleiben die Bauern, welche ihren *eigenen kleinen Grundbesitz* bewirtschaften. Diese sind meistens so mit Hypotheken belastet, daß sie vom Wucherer ebenso abhängen wie die Pächter vom Grundherrn. Auch ihnen bleibt nur ein knapper und noch dazu wegen der guten und schlechten Jahre äußerst unsicherer Arbeitslohn. Sie können am allerwenigsten von der Bourgeoisie etwas erwarten, denn sie werden ja grade von den Bourgeois, den wuchernden Kapitalisten ausgesogen. Aber sie hängen meist sehr an ihrem Eigentum, obwohl es in Wirklichkeit nicht ihnen gehört, sondern dem Wucherer. Dennoch wird ihnen beizubringen sein, daß sie nur dann vom Wucherer befreit werden können, wenn eine vom Volk abhängige Regierung die sämtlichen Hypothekenschulden in eine Schuld an den Staat verwandelt und dadurch den Zinsfuß erniedrigt. Und dies kann nur die Arbeiterklasse durchsetzen.

Überall wo mittlerer und großer Grundbesitz herrscht, machen die *Ackerbautaglöhner* die zahlreichste Klasse auf dem Lande aus. Dies ist in ganz Nord- und Ostdeutschland der Fall, und *hier* finden die Industriearbeiter der Städte ihre *zahlreichsten und natürlichsten Bundesgenossen*. Wie der Kapitalist dem industriellen Arbeiter, so steht der Grundbesitzer oder Großpächter dem Ackerbautaglöhner gegenüber. Dieselben Maßregeln, die dem einen helfen, müssen auch dem andern helfen. Die industriellen Arbeiter können sich nur befreien, wenn sie das Kapital der Bourgeois, d. h. die Rohprodukte

Maschinen und Werkzeuge und Lebensmittel, welche zur Produktion erforderlich sind, in das Eigentum der Gesellschaft, d. h. in ihr eignes, von ihnen gemeinsam benutztes verwandeln. Ebenso können die Landarbeiter nur aus ihrem scheußlichen Elend erlöst werden, wenn vor allem ihr Hauptarbeitsgegenstand, das Land selbst, dem Privatbesitz der großen Bauern und noch größeren Feudalherren entzogen und in gesellschaftliches Eigentum verwandelt und von Genossenschaften von Landarbeitern für ihre gemeinsame Rechnung bebaut wird. Und hier kommen wir auf den berühmten Beschluß des Baseler internationalen Arbeiterkongresses: daß die Gesellschaft das Interesse habe, das Grundeigentum in gemeinsames, nationales Eigentum zu verwandeln. Dieser Beschluß ist gefaßt worden hauptsächlich für die Länder, wo großes Grundeigentum und, damit zusammenhängend, Bewirtschaftung großer Güter besteht und auf diesen großen Gütern ein Herr und viele Taglöhner. Dieser Zustand ist aber im ganzen und großen in Deutschland noch immer vorherrschend, und daher war der Beschluß, nächst England, *grade für Deutschland höchst zeitgemäß*. Das Ackerbauproletariat, die Landtaglöhner – das ist die Klasse, aus der sich die Armeen der Fürsten der großen Masse nach rekrutieren. Das ist die Klasse, die jetzt die große Menge der Feudalherren und Junker kraft des allgemeinen Stimmrechts ins Parlament schickt; das ist aber auch die Klasse, die den industriellen Arbeitern der Städte am nächsten steht, die mit ihnen dieselben Lebensbedingungen teilt, die sogar noch tiefer im Elend steckt als sie. Diese Klasse, die ohnmächtig ist, weil sie zersplittert und zerstreut ist, deren verborgene Macht Regierung und Adel so gut kennen, daß sie absichtlich die Schulen verkommen lassen, damit sie nur ja unwissend bleibe, diese Klasse lebendig zu machen und in die Bewegung hineinzuziehen, das ist die nächste, dringendste Aufgabe der deutschen Arbeiterbewegung. Von dem Tage an, wo die Masse der Landtaglöhner ihre eigenen Interessen verstehen gelernt hat, von dem Tage an ist eine reaktionäre, feudale, bürokratische oder bürgerliche Regierung in Deutschland unmöglich.

FRIEDRICH ENGELS: ZUR WOHNUNGSFRAGE (1872/73) [1]

[...]

Der Staat ist nichts als die organisierte Gesamtmacht der besitzenden Klassen, der Grundbesitzer und Kapitalisten gegenüber den ausgebeuteten Klassen, den Bauern und Arbeitern. Was die einzelnen Kapitalisten (und diese kommen hier allein in Frage, da in dieser Sache auch der beteiligte Grundbesitzer zunächst in seiner Eigenschaft als Kapitalist auftritt) nicht wollen, das will auch ihr Staat nicht. Wenn also die *einzelnen* Kapitalisten die Wohnungsnot zwar beklagen, aber kaum zu bewegen sind, ihre erschreckendsten Konsequenzen oberflächlich zu vertuschen, so wird der *Gesamt*kapitalist, der Staat, auch nicht viel mehr tun. Er wird höchstens dafür sorgen, daß der einmal üblich gewordene Grad oberflächlicher Vertuschung überall gleichmäßig durchgeführt wird. Und wir haben gesehen, daß dies der Fall ist.

Aber, kann man einwenden, in Deutschland herrschen die Bourgeois noch nicht, in Deutschland ist der Staat noch eine, in gewissem Grade unabhängig über der Gesellschaft schwebende Macht, die eben deshalb die Gesamtinteressen der Gesellschaft repräsentiert und nicht die einer einzelnen Klasse. Ein *solcher* Staat kann allerdings manches, was ein Bourgeoisstaat nicht kann; von ihm darf man auch auf sozialem Gebiet ganz andere Dinge erwarten.

Das ist die Sprache der Reaktionäre. In Wirklichkeit aber ist auch in Deutschland der Staat, wie er besteht, das notwendige Produkt der gesellschaftlichen Unterlage, aus der er herausgewachsen ist. In Preußen – und Preußen ist jetzt maßgebend – besteht neben einem immer noch starken, großgrundbesitzenden Adel eine verhältnismäßig junge und namentlich sehr feige Bourgeoisie, die sich bisher weder die direkte politische Herrschaft, wie in Frankreich, noch die mehr oder weniger indirekte, wie in England, erkämpft hat. Neben beiden Klassen aber besteht ein sich rasch vermehrendes, intellektuell sehr entwickeltes und sich täglich mehr und mehr organisierendes Proletariat. Wir finden also hier neben der Grundbedingung der alten absoluten Monarchie: dem Gleichgewicht zwischen Grundadel und Bourgeoisie, die Grundbedingung des modernen Bonapartismus: das Gleichgewicht zwischen Bourgeoisie und Proletariat. Sowohl in der alten absoluten, wie in der modernen

---

1 [Text nach: MEW Bd. 18, S. 257—260.]

bonapartistischen Monarchie aber liegt die wirkliche Regierungsgewalt in den Händen einer besondern Offiziers- und Beamtenkaste, die sich in Preußen teils aus sich selbst, teils aus dem kleinen Majoratsadel, seltener aus dem großen Adel, zum geringsten Teil aus der Bourgeoisie ergänzt. Die Selbständigkeit dieser Kaste, die außerhalb und sozusagen über der Gesellschaft zu stehen scheint, gibt dem Staat den Schein der Selbständigkeit gegenüber der Gesellschaft.

Die Staatsform, welche sich in Preußen (und nach seinem Vorgang in der neuen Reichsverfassung Deutschlands) aus diesen widerspruchsvollen gesellschaftlichen Zuständen mit notwendiger Konsequenz entwickelt hat, ist der Scheinkonstitutionalismus; eine Form, die sowohl die heutige Auflösungsform der alten absoluten Monarchie, wie die Existenzform der bonapartistischen Monarchie ist. In Preußen verdeckte und vermittelte der Scheinkonstitutionalismus von 1848 bis 1866 nur die langsame Verwesung der absoluten Monarchie. Seit 1866 und namentlich seit 1870 aber geht die Umwälzung der gesellschaftlichen Zustände und damit die Auflösung des alten Staats vor aller Augen und auf kolossal wachsender Stufenleiter vor sich. Die rasche Entwicklung der Industrie und namentlich des Börsenschwindels hat alle herrschenden Klassen in den Strudel der Spekulation hineingerissen. Die 1870 aus Frankreich importierte Korruption im großen entwickelt sich mit unerhörter Schnelligkeit. Strousberg und Péreire ziehen den Hut voreinander. Minister, Generale, Fürsten und Grafen machen in Aktien trotz der geriebensten Börsenjuden, und der Staat erkennt ihre Gleichheit an, indem er die Börsenjuden massenweise baronisiert. Der Landadel, seit langem als Rübenzuckerfabrikant und Branntweinbrenner industriell, hat die alten soliden Zeiten längst hinter sich und schwellt mit seinen Namen die Listen der Direktoren aller soliden und unsoliden Aktiengesellschaften. Die Bürokratie verachtet mehr und mehr den Kassendefekt als einziges Mittel der Gehaltsaufbesserung; sie läßt den Staat laufen und macht Jagd auf die weit einträglicheren Posten in der Verwaltung industrieller Unternehmungen; die noch im Amt bleiben, folgen dem Beispiel ihrer Vorgesetzten, spekulieren in Aktien oder lassen sich bei Eisenbahnen usw. »beteiligen«. Man ist sogar berechtigt anzunehmen, daß auch die Lieutenants in mancher Spekulation ihr Händchen haben. Kurz, die Zersetzung aller Elemente des alten Staats, der Übergang der absoluten Monarchie in die bonapartistische ist in vollem Gang, und mit der nächsten großen Handels- und Industriekrisis bricht nicht nur der gegenwärtige Schwindel, sondern auch der alte preußische Staat zusammen.*

Und dieser Staat, dessen nichtbürgerliche Elemente sich täglich mehr verbürgern, soll »die soziale Frage« lösen oder auch nur die Wohnungsfrage? Im Gegenteil. In allen ökonomischen Fragen verfällt der preußische Staat mehr und mehr der Bourgeoisie; und wenn die Gesetzgebung seit 1866 auf ökonomischem Gebiet nicht noch mehr den Interessen der Bourgeoisie angepaßt worden ist, als dies geschehen, an wem liegt die Schuld? Hauptsächlich an der Bourgeoisie selbst, die erstens zu feig ist, um ihre Forderungen energisch zu vertreten, und die zweitens sich gegen jede Konzession sträubt, sobald diese Konzession gleichzeitig dem drohenden Proletariat neue Waffen in die Hand gibt. Und wenn die Staatsgewalt, d. h. Bismarck, sich ein eignes Leibproletariat zu organisieren versucht, um damit die politische Tätigkeit der Bourgeoisie im Zaume zu halten, was ist das anders, als ein notwendiges und wohlbekanntes bonapartistisches Mittelchen, das gegenüber den Arbeitern zu nichts verpflichtet, als zu einigen wohlwollenden Redensarten und höchstens zu einem Minimum von Staatshülfe bei Baugesellschaften à la Louis Bonaparte?

[...]

FRIEDRICH ENGELS: VORBEMERKUNG [ZUR 3. AUFLAGE »DER DEUTSCHE BAUERNKRIEG«] (1874) [1]

[...]

Was nach Sadowa und der Teilung Deutschlands richtig war, bestätigt sich auch nach Sedan und der Errichtung des heiligen deutschen Reichs preußischer Nation. So wenig vermögen »welterschütternde« Haupt- und Staatsaktionen der sogenannten großen

---

* Was auch heute, 1886, noch den preußischen Staat und seine Grundlage, die in den Schutzzöllen besiegelte Allianz von Großgrundbesitz und industriellem Kapital zusammenhält, ist lediglich die Angst vor dem seit 1872 riesig an Zahl und Klassenbewußtsein gewachsenen Proletariat. *[Anmerkung von Engels zur Ausgabe von 1887.]*

[1] [Text nach: MEW Bd. 18, S. 512—517.]

Politik an der Richtung der geschichtlichen Bewegung zu ändern.

Was dagegen diese Haupt- und Staatsaktionen vermögen, das ist, die Geschwindigkeit dieser Bewegung beschleunigen. Und in dieser Beziehung haben die Urheber obiger »welterschütternder Ereignisse« unfreiwillige Erfolge gehabt, die ihnen selbst sicher höchst unerwünscht sind, die sie aber wohl oder übel in den Kauf nehmen müssen.

Schon der Krieg von 1866 erschütterte das alte Preußen in seinen Grundfesten. Es hatte bereits Mühe gekostet, nach 1848 das rebellische industrielle – bürgerliche wie proletarische – Element der Westprovinzen wieder unter die alte Zucht zu bringen; indes, es war gelungen, und das Interesse der Junker aus den Ostprovinzen war, nächst dem der Armee, wieder das herrschende im Staat. 1866 wurde fast ganz Nordwestdeutschland preußisch. Abgesehen von dem unheilbaren moralischen Schaden, den die preußische Krone von Gottes Gnaden nahm, indem sie drei andere Kronen von Gottes Gnaden verschluckte, verlegte sich jetzt der Schwerpunkt der Monarchie bedeutend nach Westen. Die fünf Millionen Rheinländer und Westfalen wurden verstärkt, zunächst durch die 4 Millionen direkt und sodann durch die 6 Millionen indirekt, durch den Norddeutschen Bund, annektierter Deutschen. Und 1870 kamen dazu noch die 8 Millionen Südwestdeutschen, so daß nun im »neuen Reich« den $14^{1}/_{2}$ Millionen Altpreußen (aus den sechs ostelbischen Provinzen, darunter obendrein 2 Millionen Polen) an 25 Millionen gegenüberstanden, die dem altpreußischen Junkerfeudalismus längst entwachsen waren. So verschoben gerade die Siege der preußischen Armee die ganze Grundlage des preußischen Staatsgebäudes; die Junkerherrschaft wurde mehr und mehr selbst der Regierung unerträglich. Aber gleichzeitig hatte die reißend schnelle industrielle Entwicklung den Kampf zwischen Junkern und Bourgeois verdrängt durch den Kampf zwischen Bourgeois und Arbeitern, so daß auch im Innern die gesellschaftlichen Grundlagen des alten Staats eine vollständige Umwälzung erfuhren. Die seit 1840 langsam verwesende Monarchie hatte zur Grundbedingung gehabt den Kampf zwischen Adel und Bourgeoisie, worin sie das Gleichgewicht erhielt; von dem Augenblick, wo es darauf ankam, nicht mehr den Adel gegen das Andrängen der Bourgeoisie, sondern alle besitzenden Klassen gegen das Andrängen der Arbeiterklasse zu schützen, mußte die alte absolute Monarchie völlig übergehen in die eigens zu diesem Zweck herausgearbeitete Staatsform: *die bonapar-*

tistische Monarchie. Ich habe diesen Übergang Preußens zum Bonapartismus bereits an einem andern Ort auseinandergesetzt (»Wohnungsfrage«, 2. Heft, S. 26 ff.). Was ich dort nicht zu betonen hatte, was aber hier sehr wesentlich, ist, daß dieser Übergang der *größte Fortschritt* war, den Preußen seit 1848 gemacht, so sehr war Preußen hinter der modernen Entwicklung zurückgeblieben. Es war eben noch immer ein halbfeudaler Staat, und der Bonapartismus ist jedenfalls eine moderne Staatsform, die die Beseitigung des Feudalismus zur Voraussetzung hat. Preußen muß sich also entschließen, mit seinen zahlreichen feudalen Resten aufzuräumen, das Junkertum als solches zu opfern. Natürlich geschieht dies in der mildesten Form und nach der beliebten Melodie: Immer langsam voran! So z. B. in der vielberühmten Kreisordnung. Sie hebt die feudalen Privilegien des einzelnen Junkers auf seinem Gut auf, aber nur, um sie als Vorrechte der Gesamtheit der großen Grundbesitzer für den ganzen Kreis wiederherzustellen. Die Sache bleibt, nur wird sie aus dem feudalen in den bürgerlichen Dialekt übersetzt. Man verwandelt den altpreußischen Junker zwangsweise in etwas wie einen englischen Squire, und er brauchte sich gar nicht so sehr dagegen zu sträuben, denn der eine ist so dumm wie der andere.

Somit hat also Preußen das sonderbare Schicksal, seine bürgerliche Revolution, die es 1808–1813 begonnen und 1848 ein Stück weitergeführt, Ende dieses Jahrhunderts in der angenehmen Form des Bonapartismus zu vollenden. Und wenn alles gut geht und die Welt fein ruhig bleibt und wir alle alt genug werden, so können wir es vielleicht im Jahr 1900 erleben, daß die Regierung in Preußen wirklich alle feudalen Einrichtungen abgeschafft hat, daß Preußen endlich auf dem Punkt ankommt, wo Frankreich 1792 stand.

Abschaffung des Feudalismus, positiv ausgedrückt, heißt Herstellung bürgerlicher Zustände. In demselben Maß, wie die Adelsprivilegien fallen, verbürgert sich die Gesetzgebung. Und hier stoßen wir auf den Kernpunkt des Verhältnisses der deutschen Bourgeoisie zur Regierung. Wir sahen, daß die Regierung *genötigt* ist, diese langsamen und kleinlichen Reformen einzuführen. Aber der Bourgeoisie gegenüber stellt sie jede dieser kleinen Konzessionen dar als ein den Bourgeois gebrachtes *Opfer,* ein der Krone mit Mühe und Not abgerungenes Zugeständnis, wofür sie, die Bourgeois, nun auch wieder der Regierung etwas zugestehen müßten. Und die Bourgeois, obwohl ziemlich klar über den Sachverhalt, gehn auf diese Täuschung ein. Daraus ist denn jener stillschweigende Vertrag entstanden, der die stumme Grundlage aller Reichstags- und Kammerdebatten in Berlin bildet: Einerseits reformiert die Regierung die Gesetze im Schneckengalopp im Interesse der Bourgeoisie, beseitigt die feudalen und aus der Kleinstaaterei entstandenen Hindernisse der Industrie, schafft Münz-, Maß- und Gewichtseinheit, Gewerbefreiheit usw., stellt dem Kapital durch die Freizügigkeit die Arbeitskraft Deutschlands zur unbeschränkten Verfügung, begünstigt Handel und Schwindel; andrerseits überläßt die Bourgeoisie der Regierung alle wirkliche politische Macht, votiert Steuern, Anleihen und Soldaten und hilft alle neuen Reformgesetze so abfassen, daß die alte Polizeigewalt über mißliebige Individuen in voller Kraft bleibt. Die Bourgeoisie erkauft ihre allmähliche gesellschaftliche Emanzipation mit dem sofortigen Verzicht auf eigene politische Macht. Natürlich ist der Hauptbeweggrund, der der Bourgeoisie einen solchen Vertrag annehmbar macht, nicht Furcht vor der Regierung, sondern Furcht vor dem Proletariat.

So jämmerlich indes unsere Bourgeoisie auch auf politischem Gebiet auftritt, so ist nicht zu leugnen, daß sie in industrieller und kommerzieller Beziehung endlich einmal ihre Schuldigkeit tut. Der Aufschwung der Industrie und des Handels, auf den in der Einleitung zur zweiten Ausgabe hingewiesen wurde, hat seitdem sich mit noch weit größerer Energie entwickelt. Was in dieser Beziehung im rheinisch-westfälischen Industriebezirk seit 1869 geschehen, ist für Deutschland geradezu unerhört und erinnert an den Aufschwung in den englischen Fabrikdistrikten im Anfang dieses Jahrhunderts. Und in Sachsen und Oberschlesien, in Berlin, Hannover und den Seestädten wird es ebenso sein. Wir haben endlich einen Welthandel, eine wirklich große Industrie, eine wirklich moderne Bourgeoisie; wir haben dafür aber auch einen wirklichen Krach gehabt und haben ebenfalls ein wirkliches, gewaltiges Proletariat bekommen.

Für den zukünftigen Geschichtsschreiber wird in der Geschichte Deutschlands von 1869 bis 1874 der Schlachtendonner von Spichern, Mars-la-Tour und Sedan, und was daranhängt, weit weniger Bedeutung haben als die anspruchslose, ruhig, aber stetig fortschreitende Entwicklung des deutschen Proletariats. Gleich 1870 trat eine schwere Prüfung an die deutschen Arbeiter heran: die bonapartistische Kriegsprovokation und ihre natürliche Wirkung: der allgemeine nationale Enthusiasmus in Deutschland. Die deutschen sozialistischen Arbeiter ließen sich keinen Augenblick irremachen. Nicht eine Regung von nationalem Chauvinismus trat bei ihnen hervor.

Mitten im tollsten Siegestaumel blieben sie kalt, verlangten »einen billigen Frieden mit der Französischen Republik und keine Annexionen«, und selbst der Belagerungszustand konnte sie nicht zum Schweigen bringen. Kein Schlachtenruhm, kein Gerede von deutscher »Reichsherrlichkeit« zog bei ihnen; ihr einziges Ziel blieb die Befreiung des gesamten europäischen Proletariats. Man darf wohl sagen: einer so schweren, so glänzend bestandenen Probe sind die Arbeiter keines anderen Landes bisher unterworfen worden.

Auf den Belagerungszustand des Krieges folgten die Hochverrats-, Majestäts- und Beamtenbeleidigungsprozesse, die stets sich steigernden Polizeischikanen des Friedens. Der »Volksstaat« hatte in der Regel drei bis vier Redakteure gleichzeitig im Gefängnis, die andern Blätter im Verhältnis. Jeder einigermaßen bekannte Parteiredner mußte mindestens einmal im Jahr vor Gericht, wo er fast regelmäßig verurteilt wurde. Ausweisungen, Konfiskationen, Auflösungen von Versammlungen folgten hintereinander hageldicht. Alles umsonst. An die Stelle jedes Verhafteten oder Ausgewiesenen trat alsbald ein anderer; für jede aufgelöste Versammlung berief man zwei neue und ermüdete die Polizeiwillkür an einem Ort nach dem andern durch Ausdauer und genaues Einhalten der Gesetze. Alle Verfolgungen bewirkten das Gegenteil des beabsichtigten Zweckes; weit entfernt, die Arbeiterpartei zu brechen oder auch nur zu beugen, führten sie ihr nur stets neue Rekruten zu und befestigten die Organisation. In ihrem Kampf mit den Behörden wie mit den einzelnen Bourgeois zeigten sich die Arbeiter überall als die intellektuell und moralisch Überlegenen und bewiesen namentlich in ihren Konflikten mit den sogenannten »Arbeitgebern«, daß sie, die Arbeiter, jetzt die Gebildeten und die Kapitalisten die Knoten sind. Und dabei führen sie den Kampf vorwiegend mit einem Humor, der der beste Beweis ist, wie sehr sie ihrer Sache sicher und ihrer Überlegenheit sich bewußt sind. Ein so geführter Kampf, auf geschichtlich vorbereitetem Boden, muß große Resultate liefern. Die Erfolge der Januarwahlen stehen bisher einzig da in der Geschichte der modernen Arbeiterbewegung, und das Erstaunen, das sie in ganz Europa hervorriefen, war vollständig gerechtfertigt.

Die deutschen Arbeiter haben vor denen des übrigen Europas zwei wesentliche Vorteile voraus. Erstens, daß sie dem theoretischsten Volk Europas angehören und daß sie sich den theoretischen Sinn bewahrt haben, der den sogenannten »Gebildeten« Deutschlands so gänzlich abhanden gekommen ist. Ohne Vorausgang der deutschen Philosophie, namentlich Hegels, wäre der deutsche wissenschaftliche Sozialismus – der einzige wissenschaftliche Sozialismus, der je existiert hat – nie zustande gekommen. Ohne theoretischen Sinn unter den Arbeitern wäre dieser wissenschaftliche Sozialismus nie so sehr in ihr Fleisch und Blut übergegangen, wie dies der Fall ist. Und welch ein unermeßlicher Vorzug dies ist, zeigt sich einerseits an der Gleichgültigkeit gegen alle Theorie, die eine der Hauptursachen ist, weshalb die englische Arbeiterbewegung, trotz aller ausgezeichneten Organisation der einzelnen Gewerke, so langsam vom Flecke kommt, und andererseits an dem Unfug und der Verwirrung, die der Proudhonismus in seiner ursprünglichen Gestalt bei Franzosen und Belgiern, in seiner durch Bakunin weiter karikierten Form bei Spaniern und Italienern angerichtet hat.

Der zweite Vorteil ist der, daß die Deutschen in der Arbeiterbewegung der Zeit nach ziemlich zuletzt gekommen sind. Wie der deutsche theoretische Sozialismus nie vergessen wird, daß er auf den Schultern Saint-Simons, Fouriers und Owens steht, dreier Männer, die bei aller Phantasterei und bei allem Utopismus zu den bedeutendsten Köpfen aller Zeiten gehören und zahllose Dinge genial antizipierten, deren Richtigkeit wir jetzt wissenschaftlich nachweisen – so darf die deutsche praktische Arbeiterbewegung nie vergessen, daß sie auf den Schultern der englischen und französischen Bewegung sich entwickelt hat, ihre teuer erkauften Erfahrungen sich einfach zunutze machen, ihre damals meist unvermeidlichen Fehler jetzt vermeiden konnte. Ohne den Vorgang der englischen Trade-Unions und der französischen politischen Arbeiterkämpfe, ohne den riesenhaften Anstoß, den namentlich die Pariser Kommune gegeben, wo wären wir jetzt?

Man muß den deutschen Arbeitern nachsagen, daß sie die Vorteile ihrer Lage mit seltnem Verständnis ausgebeutet haben. Zum erstenmal, seit eine Arbeiterbewegung besteht, wird der Kampf nach seinen drei Seiten hin – nach der theoretischen, der politischen und der praktisch-ökonomischen (Widerstand gegen die Kapitalisten) – im Einklang und Zusammenhang und planmäßig geführt. In diesem sozusagen konzentrischen Angriffe liegt gerade die Stärke und Unbesiegbarkeit der deutschen Bewegung.

Einerseits durch diese ihre vorteilhafte Stellung, andererseits durch die insularen Eigentümlichkeiten der englischen und die gewaltsame Niederhaltung der französischen Bewegung sind die deutschen Arbeiter für den Augenblick in die Vorhut des proletarischen

Kampfes gestellt worden. Wie lange die Ereignisse ihnen diesen Ehrenposten lassen werden, läßt sich nicht vorhersagen. Aber solange sie ihn einnehmen, werden sie ihn hoffentlich so ausfüllen, wie es sich gebührt. Dazu gehören verdoppelte Anstrengungen auf jedem Gebiet des Kampfes und der Agitation. Es wird namentlich die Pflicht der Führer sein, sich über alle theoretischen Fragen mehr und mehr aufzuklären, sich mehr und mehr von dem Einfluß überkommener, der alten Weltanschauung angehöriger Phrasen zu befreien und stets im Auge zu behalten, daß der Sozialismus, seitdem er eine Wissenschaft geworden, auch wie eine Wissenschaft betrieben, d. h. studiert werden will. Es wird darauf ankommen, die so gewonnene, immer mehr geklärte Einsicht unter den Arbeitermassen mit gesteigertem Eifer zu verbreiten, die Organisation der Partei wie der Gewerksgenossenschaften immer fester zusammenzuschließen. Wenn auch die im Januar abgegebenen sozialistischen Stimmen schon eine hübsche Armee repräsentieren, so machen sie doch bei weitem noch nicht die Majorität der deutschen Arbeiterklasse aus; und so ermutigend auch die Erfolge der Propaganda unter der ländlichen Bevölkerung sind, so bleibt doch gerade hier noch unendlich viel zu tun. Es gilt also nicht zu ermatten im Kampf, es gilt dem Feinde eine Stadt, einen Wahlkreis nach dem andern zu entreißen; vor allem aber gilt es, sich den echt internationalen Sinn zu wahren, der keinen patriotischen Chauvinismus aufkommen läßt und der jeden neuen Schritt in der proletarischen Bewegung mit Freuden begrüßt, einerlei von welcher Nation er ausgeht. Wenn die deutschen Arbeiter so vorangehen, so werden sie nicht gerade an der Spitze der Bewegung marschieren – es ist gar nicht im Interesse dieser Bewegung, daß die Arbeiter irgendeiner einzelnen Nation an ihrer Spitze marschieren –, aber doch einen ehrenvollen Platz in der Schlachtlinie einnehmen; und sie werden gerüstet dastehen, wenn entweder unerwartet schwere Prüfungen oder gewaltige Ereignisse von ihnen erhöhten Mut, erhöhte Entschlossenheit und Tatkraft erheischen.

Friedrich Engels

London, den 1. Juli 1874

Zur Analyse der englischen Bourgeoisie und Arbeiterklasse

KARL MARX:
DIE WAHLEN IN ENGLAND — TORIES UND WHIGS (1852)[1]

[...]
Die Tories galten bis 1846 als die Hüter der Traditionen Old Englands.
[...]
Das Jahr 1846 enthüllte in ihrer ganzen Nacktheit die *materiellen Klasseninteressen,* die die *reale Basis* der Torypartei bilden. Das Jahr 1846 riß das Löwenfell herunter, das nur die Tradition zu einem ehrwürdigen gemacht hatte und hinter dem sich die Klasseninteressen der Tories so lange verborgen gehalten. Das Jahr 1846 verwandelte die Tories in *Protektionisten.* Tory, das war ihr geweihter Name, Protektionist ihr profaner; Tory, das war ihr politischer Kampfruf, Protektionist ihr ökonomischer Notschrei; hinter dem Tory schien eine Idee, ein Prinzip zu stehen, hinter dem Protektionisten aber steht ein Interesse. Und was protegieren diese Protektionisten? Ihre eigenen Revenuen, die Rente aus ihrem eigenen Grundbesitz. So sind denn die Tories im Grunde Bourgeois genau wie alle übrigen; denn wo wäre der Bourgeois, der nicht die Protektion seines eigenen Geldbeutels zum Prinzip erhebt? Sie unterscheiden sich von den andern Bourgeois so wie sich die Grundrente vom kommerziellen oder industriellen Profit unterscheidet. Die Grundrente ist ihrem Wesen nach konservativ, der Profit Ausdruck des Fortschritts; die Grundrente ist dem Wesen nach national, der Profit kosmopolitisch; die Grundrente glaubt an die Staatskirche, der Profit ist Dissenter von Geburt.

Durch die Abschaffung der Korngesetze im Jahre 1846 wurde lediglich eine längst vollzogene Tatsache, eine in den Elementen der englischen Gesellschaft längst bewirkte Veränderung anerkannt – namlich die Unterordnung der Interessen des Grundeigentums unter die Interessen des Geldes, des Grundeigentums unter den Handel, der Landwirtschaft unter die Industrie, des platten Landes unter die Stadt. Kann man an dieser Tatsache noch zweifeln, wo doch in England die Landbevölkerung zur Stadtbevölkerung im Verhältnis von eins zu drei steht?

---

1 [Text nach: MEW Bd. 8, S. 336, 337—338.]

Die materielle Grundlage der Macht der Tories war die Grundrente. Die Grundrente wird reguliert durch die Preise für Nahrungsmittel. Die Preise für Nahrungsmittel aber wurden durch die Kornzölle künstlich in der Höhe gehalten. Durch die Abschaffung der Kornzölle wurden die Preise für Nahrungsmittel zum Sinken gebracht, dadurch wiederum die Grundrente herabgedrückt, und mit der fallenden Grundrente brach die reale Grundlage zusammen, auf der die politische Macht der Tories beruhte.

Was also führen die Tories jetzt im Schilde? Sie wollen eine politische Macht aufrechterhalten, deren gesellschaftliche Grundlage zu existieren aufgehört hat. Und wie können sie das erreichen? Durch nichts Geringeres als eine *Konterrevolution,* d. h. durch eine Reaktion seitens des Staates gegen die Gesellschaft. Mit Gewalt wollen sie jene Einrichtungen und jene politische Macht erhalten, die dem Untergang geweiht waren von dem Augenblick an, als die städtische Bevölkerung die ländliche um das Dreifache überragte. Ein solches Unterfangen aber muß notwendig mit ihrem eignen Untergang enden; es muß die soziale Entwicklung Englands beschleunigen und sie zuspitzen, es muß eine Krise herbeiführen.

[...]

KARL MARX: DIE CHARTISTEN [1]

London, Dienstag, 10. August 1852

Tories, Whigs, Peeliten, kurz, alle bis jetzt von uns behandelten Parteien gehören mehr oder weniger der Vergangenheit an. Die Partei, die die *moderne englische Gesellschaft,* jenes England, das den Weltmarkt beherrscht, *offiziell repräsentiert,* ist die der Freihändler (der Manchestermänner, der Parlaments- und der Finanzreformer). Sie sind die Partei der selbstbewußten Bourgeoisie, des industriellen Kapitals, das seine soziale Macht auch als politische Macht ausnutzen und die letzten arroganten Reste der Feudalgesellschaft ausrotten will. Diese Partei wird geführt von dem aktivsten und energischsten Teil der englischen Bourgeoisie, von den *Fabrikanten.* Was sie verlangen, ist die völlige, unverhüllte Vorherrschaft der Bourgeoisie, ist die offene, offiziell vollstreckte Unterwerfung der ganzen Gesellschaft unter die Gesetze der modernen Bour-

---

1 [Text nach: MEW Bd. 8, S. 342—344.]

geoisproduktion und unter die Herrschaft jener Männer, die diese
Produktion leiten. Sie verstehen unter Freihandel die ungehemmte
Bewegung des von allen politischen, nationalen und religiösen Fesseln befreiten Kapitals. Der Grund und Boden soll verkäufliche
Ware und seine Ausbeutung den allgemeinen Gesetzen des Warenverkehrs unterworfen sein. So wie es Garn- und Baumwollfabrikanten gibt, soll es Nahrungsmittelfabrikanten, aber keine Grundherren geben. Kurz, es sollen keine wie auch immer gearteten politischen oder sozialen Einschränkungen, Bestimmungen oder Monopole geduldet werden, es sei denn, sie entsprängen »den ewigen
Gesetzen der politischen Ökonomie«, d. h. den Bedingungen, unter
denen das Kapital produziert und distribuiert. Die Losung im
Kampfe dieser Partei gegen die alten englischen Einrichtungen,
jenen Produkten eines überalteten, im Schwinden begriffenen Stadiums der sozialen Entwicklung, lautet: *Produziere, so billig du
kannst, und räume auf mit den faux frais der Produktion* (das heißt
mit allen überflüssigen, unnötigen Produktionskosten). Und diese
Losung wendet sich nicht nur an die einzelne Privatperson, sondern
vor allem an *die ganze Nation*.

Das Königtum mit seinem »barbarischen Glanz«, seiner Hofhaltung, seiner Zivilliste und seinem Lakaientroß – gehören nicht auch
sie nur zu den faux frais der Produktion? Die Nation kann auch
ohne Königtum produzieren und austauschen: also fort mit dem
Thron! Die Sinekuren des Adels, das Oberhaus – faux frais der
Produktion. Das große stehende Heer – faux frais der Produktion!
Faux frais auch die Kolonien; faux frais die Staatskirche mit ihrem
Reichtum, der Beute aus Plünderung und Bettelei! Sollen doch die
Geistlichen frei miteinander konkurrieren, und soll doch jeder
ihnen das bezahlen, was seinen Bedürfnissen entspricht! Der ganze
umständliche Apparat der englischen Gesetzgebung, mit seinem
Court of Chancery – faux frais der Produktion. Faux frais ebenfalls
die nationalen Kriege: England kann fremde Nationen billiger ausbeuten, wenn es in Frieden mit ihnen verkehrt.

Diese Kämpen der britischen Bourgeoisie, diese Manner der
Manchesterschule sehen eben in jeder Einrichtung Old Englands
eine Maschinerie, die ebenso kostspielig wie nutzlos ist und die keinen anderen Zweck erfüllt, als die Nation daran zu hindern, soviel
wie möglich und so billig wie möglich zu produzieren und ihre Produkte frei auszutauschen. Ihr letztes Wort ist notwendigerweise die
Bourgeoisrepublik, in der die freie Konkurrenz auf allen Gebieten

unumschränkt herrscht und in der nur jenes *Minimum* an Regierungsgewalt übrigbleibt, das unerläßlich ist für die äußere und innere Administration der allgemeinen Klasseninteressen und Geschäfte der Bourgeoisie, wobei auch dieses *Minimum* so einfach, so sparsam wie nur möglich organisiert sein soll. In anderen Ländern hieße eine solche Partei eine *demokratische*. Sie ist aber notgedrungen revolutionär und betreibt in letzter Instanz, mehr oder weniger bewußt, die gänzliche Auflösung Old Englands als aristokratisches Land. Ihr nächstes Ziel jedoch ist eine Parlamentsreform, die in ihre Hände jene gesetzgeberische Gewalt legt, die man für eine derartige Revolution braucht.

Die britischen Bourgeois sind keine leicht erregbaren Franzosen. Wenn sie eine parlamentarische Reform durchsetzen wollen, so machen sie deshalb noch keine Februarrevolution. Im Gegenteil. Als sie 1846 durch die Abschaffung der Korngesetze einen großartigen Sieg über die Landaristokratie errungen hatten, beschieden sie sich damit, die materiellen Vorteile aus diesem Siege einzuheimsen, versäumten aber, die notwendigen politischen und ökonomischen Konsequenzen daraus zu ziehen und gaben so den Whigs die Möglichkeit, sich wieder in den Besitz ihres ererbten Regierungsmonopols zu setzen. In all den Jahren von 1846 bis 1852 machten sie sich lächerlich durch ihr Kampfgeschrei: Großzügige Grundsätze und praktische (lies: *kleine*) Maßnahmen. Und warum das alles? Weil sie bei jeder gewaltsamen Bewegung an die *Arbeiterklasse* appellieren müssen. Ist aber die Aristokratie ihr schwindender Gegner, so ist die Arbeiterklasse ihr aufkommender Feind. Lieber aber wollen sie mit dem schwindenden Gegner paktieren, als den heranwachsenden Feind, dem die Zukunft gehört, durch Konzessionen stärken, die von mehr als nur scheinbarer Bedeutung sind. Darum suchen sie jeden heftigen Zusammenstoß mit der Aristokratie zu vermeiden; aber die historische Notwendigkeit und die Tories treiben sie voran. Sie müssen notgedrungen ihre Mission erfüllen und Old England, das England der Vergangenheit, zerschmettern. Von dem Augenblick aber, wo sie die politische Macht für sich allein erobert haben, wo politische Macht und ökonomische Herrschaft in ihren Händen vereint sind und der Kampf gegen das Kapital sich daher nicht mehr von dem Kampfe gegen die bestehende Regierung unterscheidet – genau von diesem Augenblick datiert *die soziale Revolution in England*.

Wenden wir uns nun den *Chartisten* zu, dem politisch aktiven

Teil der britischen *Arbeiterklasse*. Die sechs Punkte der *Charte,* für die sie kämpfen, enthalten weiter nichts als die Forderung des *allgemeinen Wahlrechts* und jener Bedingungen, ohne die das allgemeine Wahlrecht für die Arbeiterklasse illusorisch wäre – z. B. geheime Abstimmung, Diäten für die Parlamentsmitglieder, alljährliche allgemeine Wahlen. Das allgemeine Wahlrecht ist aber für die Arbeiterklasse Englands gleichbedeutend mit politischer Macht; denn das Proletariat bildet dort die große Majorität der Bevölkerung und hat sich in langem, wenn auch versteckt geführtem Bürgerkrieg zum klaren Bewußtsein seiner Klassenlage durchgerungen. Ja sogar die ländlichen Distrikte Englands kennen keine Bauern mehr, sondern nur Grundherren, kapitalistische Unternehmer (Pächter) und Lohnarbeiter. Das Durchsetzen des allgemeinen Wahlrechts wäre daher in England in weit höherem Maße eine Errungenschaft sozialistischen Inhalts als irgendeine Maßnahme, die auf dem Kontinent mit dieser Bezeichnung beehrt worden ist.

Hier wäre ihr unvermeidliches Ergebnis *die politische Herrschaft der Arbeiterklasse.*

[...]

STICHWORTVERZEICHNIS

Mit diesem Stichwortverzeichnis wird keineswegs der Anspruch auf Vollständigkeit verbunden. Es kommt nicht darauf an, alle in der MEW bzw. in dieser Textauswahl enthaltenen Textstellen anzuführen, sondern lediglich darauf, einige Hinweise zu geben, die im Zusammenhang mit dieser (unter spezifischen Gesichtspunkten vorgenommenen, nämlich auf die Staatstheorie von Marx und Engels bezogene) Textauswahl von Bedeutung sein könnten.

Ziffern in [eckigen] Klammern verweisen auf den jeweiligen Marx-Engels-Werke-(MEW)-Band (Bde. 1–35, Berlin 1956–67), den Ergänzungsband I (Erster Teil) (Schriften, Manuskripte, Briefe bis 1844, Berlin 1967) sowie auf das Werk: Karl Marx, Grundrisse der Kritik der politischen Ökonomie (Rohentwurf), Berlin 1953. Danach folgen die entsprechenden Seitenverweise. **Fettgedruckte** Ziffern verweisen auf die in unserer Ausgabe enthaltenen Texte.

Akkumulation, ursprüngliche: [3] 50–61, **167–179**, 76–77, **194–196**; [19] 197, 214; [23] 652, **480**, 742–747, **361–366**, 751–753, **366** bis **369**, 778–779, **373–374**, 782, **374–375**, 787, **377–378**; [Grundrisse] 373, **317**, 401–405, **347–351**, 406–407, **352–353**.

Arbeiterbewegung: [4] 35, **223**, 40–41, **223–224**, 49, **228–229**, 140 bis 141, **235–237**, 143, 180–182, **237–239**, 306, 317, **240**, 338, **241**, 338–339, **241–242**, 340–341, **243–244**, 352, **248**, 352–353, **248–249**, 368–369, 372–375, **249–252**, 379, 396–397, **252–253**, 416, 417, 470–472, 472–474, **257–258**, 474–475, 481–482, 502 bis 503; [5] 128; [6] 107, **614–615**, 538; [7] 18, 20, 79, 88, 117, 234–242, 244–254, **619–628**, 288, 412; [8] 10, **634–635**, 228; [9] 170, 258, 346, 448, 536; [10] 117–118, 125–126; [11] 97, 135–138, 182–183, 225, 267, 640; [12] 657–658; [15] 454–455; [16] 12–13, 19, 65, 66–78, 149, 151–152, 196–197, 199, 240, 329, 389, 398–400, **652–658**; [17] 269–270, 277, 287–288, 300, 319, 335–362, 416–417, **531–532**, 421–422, 432–433, 440, 536–537, 541, 632, 652; [18] 32–34, 149, **532–533**, 160, 295, 299–301, 476 bis 477, 496, 630; [19] 104, 129–133, **533–537**, 228, 258–259, **529–531**, 279; [20] 265, **507**; [23] 294, **448**, 300, **450–451**, 302, **451–452**, 313, **452**, 319, 320, **455**; [28] 382–383, **261–262**, 508,

580; [31] 241, 445, 536, **538**, 568; [32] 354, 414-415, 542, 568 bis 569, 610, 667, 669, 675; [33] 12, 16, 39, 62, 64, 123, 205-206, 209, 328, 332, 591, 615, 628, 641-642;[34] 45, 126, 130, 281, 320 bis 321, 378, 382, 404, 408, 413, 425-426, 445, 475-476, 482 bis 483; [35] 237, 270.

Arbeitsteilung: [3] 21-23, **143-145**, 24-39, **145-162,** 45-49, **162** bis **166,** 49-68, **166-187,** 69-77, **187-196,** 325, **211,** 326, **211** bis **212,** 340-341, **213-215,** 347, **217,** 423-424, **219-220,** 462-464, 465-466, 466-467, 467-469, 539-540, **221-222**; [4] 150-151, 152-154, 154-155, 155, 157, 338, **241;** [6] 544; [8] 197, **563**; [17] 277; [18] 300, 634; [19] 29, **522-523,** 212, 225; [20] 150, 168, **496,** 262, **504-505,** 273-274, **507-508**; [21] 28, **271,** 59, **275,** 68, **282,** 111, **292,** 156-170, **298-313**; [23] 351, **457,** 652, **480** bis **481**; [27] 454-457; [29] 192; [Grundrisse] 425, **469**, 427, **471**, 846, 905, **407-408**, 911, **408-409**.

Außenpolitik: [3] 21, **143**, 56-60, **173-178**, 318, 326, **210-211, 211-212**; [4] 163-164, 306, 340, **243**, 367, 396-397, **252-253**, 416, 417, 456, 457, 463-464, **254-255**, 465-466, 466-467, **256** bis **257**, 479; [5] 202; [7] 97, **539**; [9] 96, 225; [11] 103, 180; [12] 172, 419; [13] 447, 611; [14] 514; [15] 4-5, 9, 178-181, 326-327, 334; [28] 398-399; [29] 11; [30] 547; [33] 34; [34] 210.

Bauern: [2] 580, **140-141**; [3] 189, **203**; [4] 46-48, **226-228**, 48, **228**, 53-56, **231-234**, 372-373, **249-251**, 507-508; [6] 538, 544; [7] 18, 29, 33, **540-541**, 43, 87, 246, **620-621**, 411; [8] 9, **631**, 11, 198-201, **564-568**; [10] 445; [11] 180, 640; [12] 400, **576** bis **577**, 417, 591; [14] 512; [15] 5, 180; [16] 74, 386, 399, **657**; [18] 557-559, 563, 590; [19] 102; [23] 352, **457**, 354, **459**, 752, **366**, 756, 784, **376**; [29] 603-604; [30] 6; [31] 270; [32] 51; [35] 171; [Grundrisse] 408, **354**, 873, **402**.

Bonapartismus: [7] 49, 104, 252, **627**; [8] 140, 176; [11] 126, 180; [12] 26, **578-579**, 400, **576-577**, 417, 657; [13] 598; [14] 513; [15] 4-5, 181, 326; [16] 71; [17] 337, **590**, 517, **574-575**; [18] 259, **660**, 503; [21] 167, **310**; [28] 202; [29] 303, 310, 575-577; [31] 208, 235, 270, 568; [32] 209; [33] 39, 78, 162; [34] 121, 316, 373, **526**.

Budget: [4] 339-340, **242-243**; [6] 544; [7] 13, 78, 285, 476-477; [9] 81; [10] 418, 453; [11] 40; [15] 193; [18] 299; [31] 55.

Bürokratie: [1] 246-250, **31-35**, 251-252, **35**, 263-265, **37-39**, 275-277, **45-47**, 282-285, **50-55**; [2] 541-542, **135-137**, 580 bis 581, **140-141**; [3] 176-178, **198-201**; [4] 44-45, **224-226**, 46-48,

STICHWORTVERZEICHNIS

226–228, 50–51, **229–231**, 53–56, **231–234**; [6] 192, 253; [8] 196, **563,** 202, **569**; [11] 638; [12] 658; [15] 192; [16] 56, **636–637,** 397; [18] 259, **660**; [21] 166, **309**; [31] 446; [35] 266.

Demokratie: [1] 230–233, **25–28,** 234, **28–29,** 345–346, **74–76,** 352–355, **76–80,** 356–358, **80–83,** 360–370, **83–93,** 481, **118–119,** 570–572, **121–122,** 591–592, **127–129**; [2] 121, **129–130,** 123 bis 124, **130–131,** 129, **133,** 444–445, 578–580, **138–141,** 612–613, **142–143**; [3] 537, **220–221**; [4] 35, **223,** 317, **240,** 372–374, **249** bis **252,** 379–380, 392, 396–397, **252–253,** 481–482, 502–503; [5] 136, 202, 249, 333, 406; [7] 43, 87, 285; [8] 176; [9] 17; [11] 127; [16] 56, **636–637,** 70, 149; [17] 390, 592, **585**; [19] 29, **523**; [20] 158; [21] 76, **286,** 104, **288–289,** 116, **298,** 159, **302,** 164, **307,** 167, **310**; [30] 292, 298, 300; [32] 360, 599; [34] 402; [Grundrisse] 152, **380,** 902, **404–405,** 904, **406,** 911, **409,** 915 bis 916, **413–414**.

Despotie, orientalische (asiatische Produktionsweise): [9] 128, 132, 221; [10] 441; [15] 514; [18] 563, 567; [20] 150, 168, **496**; [23] 353, **458–459**; [25] 397, **461**; [28] 259, **260,** 267; [32] 42; [Grundrisse] 376–377, **320–322,** 378, **322,** 382, **327,** 386, **331,** 392, **337,** 394, **339,** 396, **342,** 423–424, **466–468**.

Deutschland: [1] 313–327, **59–74,** 378–391, **93–108,** 395, **111,** 407 bis 408, **116–117**; [2] 580–581, **140–141**; [3] 176–180, **198–202**; [4] 33–34, **222–223,** 40–41, **223–224,** 44–45, **224–226,** 46–48, **226–228,** 48, **228,** 49, **228–229,** 50–51, **229–231,** 53–56, **231–234,** 337–338, **240–241,** 346, **244–245,** 347, **245–246,** 351, **247–248,** 352, **248,** 352–353, **248–249,** 372, **249,** 374, **251–252,** 379–380, 417, 457, 487, 492–493, 502–503, 504–505, **259–260**; [5] 202, 332–335; [6] 5, 195, 252, 294, 330; [8] 5–28; [11] 638; [12] 656; [13] 612; [15] 178–181; [16] 64, **637–638,** 74, **647,** 396; [18] 258, **659–660,** 589–593; [31] 240; [32] 608, 659; [33] 39; [35] 266, 283, 450.

Diktatur des Proletariats: [4] 180–182, **237–239,** 317, **240,** 338 bis 339, **241–242,** 341, **243–244,** 372–375, **249–252,** 379, 392, 396 bis 397, **252–253,** 416, 417, 474–475, 479, 481–482; [7] 33, **541,** 89; [17] 416, 433, **531**; [18] 160, 268, 300; [19] 28, **522**; [27] 507–508; [28] 508.

Fabrikgesetze: [4] 471; [6] 193, 195; [7] 234; [11] 219; [15] 454; [16] 71, 75, 149, 239; [18] 255, 299; [23] 253–254, **444–445,** 280–281, **445–446,** 286–287, **447,** 294–295, **447–449,** 298, **449,** 299–301, **449–451,** 302, **451–452,** 312, **452,** 315, **452–453**; [32]

541; [33] 332, **528**; [34] 274, 423; [Grundrisse] 623-624, **394** bis **396**.

England: [1] 395, **111**, 397-399, **111-113**, 400-402, **113-116**, 570 bis 572, **121-122**, 572, **122-123**, 573, **123-124**, 574-575, **124** bis **125,** 577- 579, **125-127**, 591-592, **127-129**; [2] 589-590; [3] 45 bis 46, **162-163**, 50-61, **167-179**, 62-63, **179-181**, 73, **191-192**; [4] 35, **223**, 46-48, **226-228**, 50-51, **229-231**, 340, **242-243**, 341, **243**, 341-342, **243-244**, 353, **249**, 367, 372, **249**, 374, **251-252**, 379, 464, **255-256**, 502; [5] 432; [7] 19, 79, 97, **539**, 210, 240, 294; [8] 215-218, 336-341; [9] 98, 127, 192; [10] 589, 597; [11] 40, 44, 75, 95, 179, 200; [12] 403, 503; [15] 9, 317; [16] 386 bis 388, 396; [17] 632, 652; [18] 255, 258, **659**, 496; [19] 197; [23] 287, **447**, 294, **448**, 300, **450**, 316-317, **453-454**, 744, **364**, 778, **374**, 779, **374**, 783, **375**, 784, **376**, 787, **378**; [27] 453-456, 458; [28] 398-399; [29] 11; [32] 379, 659, 667; [34] 372, **525**; [Grundrisse] 390, **335**, 844-848, 874, **403**.

Feudalismus: [Erg. I] 417, **14**, 418, **14**, 419, **15-16**; [1] 116-119, **6-10**, 125-126, **10-11**, 130, **11-12**, 138, **12**, 230-233, **25-28**, 234, **28-29**, 241-242, **29-30**, 246-250, **31-35**, 263-265, **37-39**, 269, **41-42**, 270-272, **42-44**, 279-285, **47-55**, 297-298, **56-57**, 303 bis 305, **57-59**, 313-327, **51-74**, 550-557; [3] 24-25, **145-147**, 50 bis 53, **167-170**, 64-66, **182-189**, 76-77, **194-196**, 160, **197**, 203, 204; [4] 130, 140-141, **235-237**, 163, 181, **238**, 339-340, **242** bis **243**, 341-342, **243-244**, 346, **244-245**, 347, **245-246**, 367-368, **462-465**, **253-256**, 467, 502-503, 504-506, **259-260**, 506-508; [5] 249; [6] 192, 253, 254; [7] 113, **619**, 251, **626**, 288, **520-521**, 343, 479; [8] 7, **628-629**, 201, **567**; [16] 67, **640**, 74, **647**, 397; [17] 561; [18] 290, 291, 589; [19] 102, 211, 227, 488; [20] 97; [23] 593, **425**, 743, **363**, 745, **364-365**, 784, **376**; [27] 453-455, 461; [29] 89; [31] 452; [Grundrisse] 390, **335**, 873, **402-403**.

Finanzaristokratie: [4] 340, **243**; [6] 195, 253; [7] 12-15, 76-77, 240, 286, 434; [8] 120-121, **547-548**, 131, 182, **557-558**; [11] 95; [12] 33, **580**, 686; [17] 595, **588**; [21] 161, **304**, 162, **305**, 170, **313**; [23] 752, **367**, 783, **375**; [25] 401, **465**, 454, **489**; [32] 360; [34] 373, **526**.

Frankreich: [1] 313-327, **59-74**, 360-370, **83-93**, 378-391, **93-108**, 401-402, **114-116**, 407-408, **116-117**, 481, **118-119**; [3] 189, **203**; [4] 33-35, **222-223**, 40-41, **223-224**, 44-45, **224-226**, 46-48, **226-228**, 341, **243**, 341-342, **243-244**, 353, **249**, 367, 372, **249**, 374, **251-252**, 379, 464, **255-256**, 502; [5] 127, 133,

449, 455; [6] 108, **614–616**, 244, 253–254; [7] 12, 77; [11] 127, 179; [12] 657; [13] 447–449, 611; [14] 514; [15] 4–5, 379; [16] 74, 397; [17] 167–171, 187; [18] 258, **659–660**; [19] 194; [28] 302–303; [29] 309–310; [32] 659; [34] 372, **525**. [Grundrisse] 390, **335**, 845, **398**, 847, **399–400**, 848, **401**.

Freihandel: [3] 60, 178; [4] 367–368, 416, 456, 457; [6] 192, 195, 244, **617**; [7] 97, **539**; [8] 339, 477; [9] 258; [11] 75; [12] 142; [15] 4–5, 329; [23] 300, **450**, 317, **454**; [25] 451, **486**; [Grundrisse] 426, **471**, 847, **399–400**.

Gemeinde, Gemeinwesen: [3] 21–23, **143–145**, 24–39, **145–162**, 50–62, **167–180**, 65–68, **183–187**, 70–77, **188–196**, 539–540, **221–222**; [4] 462, **253**; [6] 253; [9] 132, 221, 223; [18] 563; [19] 474; [20] 150; [21] 36–38, **271–274**, 58–62, **274–278**, 63, **278 bis 279**, 64–68, **279–282**, 75, **285–286**, 104–106, **288–290**, 115, **296**; [23] 252, **442–443**, 254, **444**; [28] 259, 260, **500–501**, 268; [32] 197; [Grundrisse] 137, **379**, 232, **393–394**, 375–415, **319–361**, 453, 904, **406–407**, 905, **408**.

Geschichtsauffassung, materialistische: [1] 345–346, **74–76**, 378 bis 391, **93–108**; [3] 26–39, **147–162**, 46–49, 163–166, 49–50, **166**, 69–70, **187–188**, 72–77, **190–196**; [4] 130, 140–141, **235–237**, 143, 339–340, **242–243**; [13] 8–9, **265–266**; [17] 599; [18] 276–277; [19] 102, 208; [20] 88, 99–100, 165–171, **493–499**; [21] 27–28, **270–271**, 169–170, **312–314**, 300–302, 267–269; [31] 466–467; [34] 171.

Gewerkschaften: [2] 430–437; [3] 344, **244–245**; [4] 180–182, **237 bis 239**, 470–471, 473–474, **257–258**; [7] 234; [9] 346; [16] 71, 196–197, 398; [18] 33, 496; [19] 258–259, **529–531**; [23] 269 bis 270; [32] 570, 669, 675; [33] 328; [35] 237.

Grundeigentum: [1] 303–305, **57–59**; [3] 24–25, **145–147**, 35, **157**, 50–60, **167–178**, 61–62, **179–180**, 65–66, **183–185**, 76–77, **194 bis 196**; [4] 44–45, **224–226**, 46–48, **226–228**, 53–56, **231–234**, 368; [6] 192, 195, 252; [8] 7, **629**, 131, 139, **549**, 178; [11] 182, 638; [12] 400, **576–577**, 685; [13] 7; [18] 257, **659**, 293; [19] 194, 476; [21] 162, **305**; [23] 752, **367**; [28] 259, **260**; [32] 42, 543; [Grundrisse] 375, **319**, 378, **322**, 379, **322–324**, 383, **328**, 393, **338**, 396, **340–341**, 397, **342**, 399, **345**.

Ideologie: [3] 26–27, **147–149**, 30–39, **152–162**, 46–49, **163–166**, 49–50, **166**, 62–64, **180–182**, 69–70, **187–188**, 74–76, **192–195**, 167, **198**, 176–180, **198–202**, 227–228, **205**, 229, **205–206**, 271, **206–207**, 274, **207**, 311–313, **207–210**, 316–317, **210**, 340–341,

213–215, 347, **217**, 405, **217–218**; [4] 130, 143, 387–388, 465–466, 471–472, 472, 477; [7] 49–50, 76, 89, 235, 286; [8] 116, 139, **599**; [13] 8–9, **265–266**, 471, [19] 103, 189–191, 192, 208; [20] 82, 99–100; [21] 302, **269**; [23] 562, **421**; [27] 453–454, 459–461; [28] 507; [Grundrisse] 161, **389**, 911, **408–409**, 915–916, **413 bis 414**.

Industrie, große: [3] 54–61, **171–179**, 62, **180**, 66–68, **184–187**, 69–77, **187–196**; [4] 130, 140–141, **235–237**, 180–182, **237–239**, 341–342, 347, **245–246**, 367–369, 373–275, **250–252**, 392, 456, 457, 463–464, **254–255**, 465–466, 467–469, 472–474, **257–258**, 504–506, **259–260**, 506–508; [6] 195, 253, 545; [7] 20, 211; [8] 8, **629–630**; [9] 130, 171; [11] 638; [15] 317; [16] 69, 151; [18] 255, 307, 559, 592; [19] 103, 193, 197, 207, 211, 212, 216, 217, 218, 227; [20] 150, 154, 169, **497**, 274, **508**; [21] 75, **286**, 158, **300**; [23] 294, **448**, 315, **453**, 652, **480–481**, 785, **397**; [25] 453, **487–488**, 456, **491**; [34] 372–373, **525–526**, 451–452; [35] 450; [Grundrisse] 374, **318**, 397, **342–343**, 426, **470**, 428, **472**, 846.

Irland: [9] 127; [16] 387–388; [32] 209, 379, 414, 543, 667; [35] 171.

Italien: [4] 504–505, 259–260; [5] 202, 435; [9] 127; [14] 513; [15] 180; [23] 744, **363–364**, 782, **347**; [29] 575.

Kirche: [1] 447, 449; [7] 343–344; [8] 202–203, **569**; [9] 192; [16] 74, 397; [17] 517, **574**; [18] 590; [19] 194, 482–485; [21] 171, **314**; [32] 543.

Kleinbürgertum: [4] 44–45, **224–226**, 46–48, **226–228**, 48, **228**, 50 bis 51, **229–231**, 53–56, **231–234**, 372–373, 387–388, 492, 504 bis 506, **259–260**, 506–508; [6] 538, 544; [7] 13, 29, 33, **541**, 43, 87, 113, **614**, 235, 247, **620**, 413; [8] 9, **631**; [16] 67, **640**, 71, **644**, 398; [34] 407.

Kolonien: [4] 367, 463–464, 254–255; [9] 225; [10] 468; [15] 333; [23] 354, **459**, 779, **373–374**, 782, **374**, 785, **377**; [27] 458; [29] 360; [35] 357; [Grundrisse] 393, **338–339**.

Kommunismus: [2] 541–543, 135–138; [3] 34–39, **156–162**, 66–77, **184–196**, 229, **205–206**; [4] 374–375, **251–252**, 481–482; [7] 89; [17] 343, **596–597**; [18] 300; [19] 21, 28, 226, 228; [20] 264, **507**; [28] 384, **262**, 508; [34] 328; [Grundrisse] 387, **332**.

Konkurrenz: [1] 400–402, **113–116**; [2] 127–128, **132–133**, 129 bis 131, **133–135**; [3] 46–48, **163–166**, 57–59, **174–176**, 62, **180**, 163 bis 164, **198**, 203, **204**, 316–317, **210**, 339, **212–213**, 340–341,

213–215, 342, 215, 344–345, 215–217; [4] 44–45, 224–226, 50 bis 51, 229–231, 53–56, 231–234, 150–151, 162, 163, 163–164, 180, 237, 338, 241, 341–342, 243–244, 348, 246, 367–369, 374 bis 375, 251–252, 396, 252, 416, 456, 457, 463–465, 254–256, 467–469, 256–257, 470–471, 473–474, 258, 506–508; [6] 195, 253; [9] 97, 130; [19] 211, 212; [20] 150; [23] 286, 446–447, 654 bis 655, 482–484; [25] 453, 488; [27] 457–460; [35] 170; [Grundrisse] 429, 473, 432, 476, 542–545, 477–480.

Korngesetze: [2] 578, **125–126**, 589–590; [7] 236, 294; [8] 337, **668**; [9] 448; [11] 95, 200, 218; [12] 170, 404; [15] 454; [23] 298, **449**, 300, **450**; [28] 501.

Kredit: [4] 342, **244**; [6] 192; [7] 25; [8] 183, **558**; [12] 23, 27, **579**; [13] 174; [15] 5; [16] 69, 71, 198; [19] 220; [20] 154, 259, **500**; [23] 655, **484**, 782–785, **374–377**; [25] 401, **465**, 451–457, **486** bis **492**; [27] 456; [29] 304.

Kriege: [2] 129–131, **133–135**, 542–543, 136–138; [3] 23–24, **145**, 56–60, **173–178**, 64–65, **182–183**; [4] 416, 479; [5] 127, 202, 332–335, 412; [7] 19, 79, 343, 480–481; [10] 545; [11] 179, 182; [12] 419, 655; [13] 447; [14] 515; [15] 9, 181, 326–327, 329 bis 338, 339–347, 524–526; [16] 72; [17] 107, 108, 109, 131, 167, 186–187, 268–270, 277–278, 327; [18] 525; [20] 155; [21] 112, **293**, 157, **299**; [23] 779, **373–374**, 785, **377**; [29] 575–577; [30] 255, 287; [31] 270; [33] 41, 61, 140, 319; [34] 431; [35] 357; [Grundrisse] 377, **321**, 378, **322**, 380, **324**, 384, **328**.

Krisen: [4] 456, 467–469, 470–471, 473–474, **298**; [6] 5–6, 192, 245, **618–619**; [7] 98, **539**, 293; [8] 174, 338, **669**; [9] 191; [10] 450; [11] 44, 75, 96, 182, 640; [12] 53; [14] 513; [15] 9, 524; [16] 204; [18] 290–295; [19] 218–219, 221; [20] 258–259, **499** bis **500**, 263, **505–506**; [21] 170, **313**; [25] 453, **487–488**; [28] 303; [29] 605; [31] 375; [34] 296, 319; [35] 175; [Grundrisse] 139, **380**.

Liberalismus: [2] 578–580, **138–141**; [3] 176–180, **198–202**, 189, **203**, 203, **204**; [4] 352–353, **248–249**, 379–380; [6] 254; [7] 36, 88, 245, **620**, 252; [8] 154, **555**; [9] 448; [11] 219; [12] 504, 657; [17] 347, **602**; [18] 256, 291, 294; [23] 769, **370–371**; [32] 207, 542; [34] 320, 335; [35] 283, 357; [Grundrisse] 542, **477**.

Militär (Militarismus): [2] 541–543, **135–138;** [3] 24–25, **145–146**, 64–65, **182–183**; [4] 352, 353, **248–249**; [5] 127, 412; [7] 93, 478 bis 479; [8] 142, **552**, 148, **552**, 203, 569–570; [9] 159; [10] 326 bis 327; 459, 597; [11] 181; [12] 400, **576–577**, 417, 658; [15] 192;

[16] 44, 56, **636–637**, 61, 66, **639**, 71, 199, 397; [17] 106, 168 bis 171; [18] 292; [19] 29, **523**, 485–486; [20] 155–159; [21] 104, **288–289**, 159, **302**; [29] 192, 303, 310; [30] 255; [32] 209, 609; [34] 316.

Monarchie: [1] 282, **50–51**, 570–572, **121–122**, 572, **122–123**, 573, **123–124**, 574–575, **124–125**, 577–579, **125–127**; [2] 121, **129** bis **130**, 131, **135**, 580–581, **140–141**; [3] 178, **199**, 318, **210–211**; [4] 33–34, 35, **222–223**, 40–41, **223–224**, 181, **238**, 338–339, **241** bis **242**, 339–340, **242–243**, 340–341, **243**, 341–342, **243–244**, 343, **244**, 346, **244–245**, 347, **245–246**, 348, **247**, 349, **247**, 351, **247–248**, 352, **248**, 352–353, **248–249**, 368, 379–380, 457, 464, **255–256**, 502–503, 504–506, **259–260**, 506–508; [5] 449; [6] 5, 106–108, 192, 254; [7] 12, 29, 94; [8] 121, **546**; [10] 437, 469; [12] 400, **576–577**, 614; [16] 394; [17] 106, 324, 336, **589**, 555; [18] 258, **659–660**, 290, 513, **662**; [Grundrisse] 873, 874, **402** bis **404**.

Monopol: [2] 578–579, **138–139**; [3] 58–60, **175–178**; [4] 163, 163 bis 164, 180, **237**, 339–340, **242–243**, 341–342, **243–244**; [7] 343; [9] 148, 153, 258; [19] 220–221, 225, 228; [20] 146, 152, 258 bis 259, **499–500**; [21] 162, **305**, 167, **310**; [23] 249, **441**, 653–657, **481–485**; [25] 452–454, **487–489**; [27] 457–460; [34] 424; [Grundrisse] 428, **472**, 430, **474**, 431, **475**, 845, **398–399**.

Nation(-alismus): [3] 36, **158–159**, 50–68, **167–187**, 69–74, **187** bis **193**; [4] 396–397, **252–253**, 456, 457, 463–464, **254–255**, 466, 466–467, **256–257**, 470–471, 479, 504–506, **259–260**, 506–508; [5] 333–335; [7] 79; (10) 444, 458; [11] 180; [12] 658; [16] 72; [17] 132, 319, 558–559; [18] 589; [31] 240; [32] 668; [33] 11, 39, 40; [34] 105; [35] 269–272, 282–284.

Österreich: [4] 50–51, **167–168**, 504–506, **259–260**, 506–508; [5] 333–335, 445; [8] 29; [10] 103; [11] 127, 640; [12] 656; [14] 515; [15] 178; 180.

Parlament(-arismus): [1] 570–572, **121–122**, 572, **122–123**, 573, **123–124**, 574–575, **124–125**, 577–579, **125–127**, 591–592, **127** bis **129**; [2] 131, **135**, 578–580, **138–141**; [3] 318, **210–211**; [4] 368; [6] 5–7, 7–8, 244–245, **617–619**, 253; [7] 13, 18–19, 29, 211, 294; [8] 135, 146, 173, 215, 354–357; [9] 153, 230, 448; [10] 117, 126; [11] 44, 96, 136, 138, 201, 218–219, 225, 268; [12] 169, 403, 629–630, 654; [15] 9, 192; [16] 12, 72–73; [17] 543, **608**, 545, **610**, 592, **585**; [18] 496; [19] 104, 279; [23] 254, **445**, 294, **449**, 298, **449**, 312, 452, 768–769, **369–371**; [28] 501,

535; [29] 11, 414; [31] 55, 240, 568; [32] 542; [33] 83; [34] 413; [35] 171.

Partei, proletarische: [2] 612–613, **142–143**; [4] 143, 180–182, **237 bis 239**, 317, **240**, 341, **243–244**; 396–397, **252–253**, 470–471, 472–474, **257–258**, 474–475; [7] 248–249, **621–622**, 252, **626 bis 627**; [8] 228; [16] 66–68, **639–641**, 70, **643**; [17] 416, **531**, 422; [18] 149, **532–533**, 299; [19] 29, **523–524**, 277; [21] 168, **311**; [34] 127, 128; [35] 221, 366.

Parteienwesen, bürgerliches: [1] 570–572, **121–122**, 572, **122–123**, 573, **123–124**, 574–575, **124–125**, 577–579, **125–127**; [2] 578 bis 580, **138–140**; [4] 352–353, **248–249**; [7] 43, 79, 88, 93, 246, **620–621**, 461; [8] 140, **547**; [16] 65, 68–69, **642–643**; [17] 337, 517–518, **574–575**, **590–591**, 554, 609–610, **583–584**; [19] 279.

Preußen: [Erg. I] 409–410, **12–14**; [1] 395, **111**, 407–408, **116–117**; [4] 33–34, **222–223**, 44–45, **224–226**, 46–48, **226–228**, 48, **228**, 49, **228–229**, 50–51, **229–231**, 53–56, **231–234**, 352, **248**, 352 bis 353, 248–249; [5] 333–335; [6] 106–109, 195; [7] 117; [8] 27, **635–636**; [11] 638; [12] 613, 640, 655; [14] 515; [15] 178–181; [16] 44; [17] 105; [18] 258, **659–660**, 290; [31] 240; [32] 360, 609; [33] 31.

Polen: [4] 417; [5] 202, 332–335; [16] 198; [18] 526; [35] 270; [Grundrisse] 373, **317**.

Privateigentum: [1] 125–126, **10–11**, 130, **11–12**, 138, **12**, 241–242, **29–30**, 303–305, **57–59**, 313–316, **59–61**, 556–557, 566–567; [2] 37–38, 123–124, **130–131**, 127–128, **132–133**, 129–131, **133–135**; [3] 21–23, **143–145**, 24–39, **145–162**, 45–49, **162–166**, 49–68, **166–187**, 69–77, **187–196**; [4] 140–141, **235–237**, 337–338, **240 bis 241**, 339–340, **242–243**, 341–342, **243–244**, 343, **244**, 368, 373–375, **249–252**; [6] 192, 195, 244, **617**; [7] 252, **626**; [16] 67, **640**, 69–70, **642–643**, 399, **658**; [18] 257, **659**; [20] 146, 150; [21] 68, **282**, 77, **287**, 105, **290**, 112, **293**, 162, **305**, 170, **313 bis 314**; [23] 252, **443**, 353, **458–459**, 652, **480**; [Grundrisse] 375, **319–320**, 378, **323**, 379, **324**, 380, **325**, 383, **328**, 385, **330**, 902, **405**.

Recht: [1] 116–119, **6–10**, 120–121, 138, **12**, 149–150, 313–316, **59–62**; [2] 123–124, **130–131**, 404–405, 443–445; [3] 21–23, **143–145**, 24–26, **145–147**, 31–34, **153–156**, 50, **167**, 59–64, **176 bis 182**, 72–73, **190–192**, 163–164, **198**, 190–191, **203**, 303–304, **207**, 311–313, **207–210**, 346, **217**, 539–540, **221–222**; [4] 130, 140–141, **235–237**, 467, 472–473, **257–258**, 477; [5] 406; [6] 5,

7-8, 244-245, **617-619**, 254; [7] 17, 41, 43, 88, 498; [8] 142, **552**, 173, 222; [10] 469; [11] 95, 136; [12] 685; [13] 8-9, **265** bis **266**; [16] 18, 71, 75, 76-78; [17] 390, 416, **531-532**; [18] 276 bis 277; [19] 20-21, 190, 211, 486; [20] 96, 98; [21] 59-61, **275** bis **278**, 65, **279**, 70-71, **283-284**, 74-75, **284-286**, 105, **289-290**, 106, 113-116, **294-298**, 157, **299**, 167, **310**, 301-302, **267-269**; [23] 249, **440-441**, 562, **421**, 610, **433**, 613, **436**, 769, **371**; [31] 473; [34] 418; [35] 270, 425; [Grundrisse] 152-161, **380-389**, 381, **325**, 401, **346**, 413, **359**, 903, **405-406**, 911-912, **409-410**.

Reformismus: [5] 449; [6] 545; [7] 43, 76, 285-286; [8] 140-141; [11] 180, 202, 225, 239; [12] 658; [16] 74, 396; [17] 576-577; [18] 256, 497; [19] 279; [31] 294, 568; [32] 207; [33] 389; [34] 335, 423-424.

Religion: [1] 352-355, **76-80**, 356-358, **80-83**, 378-391, **93-108**, 447; [3] 26-27, **147-149**, 30-34, 152-156, 539-540, **221-222**; [4] 464-465, **255**, 472, **258**; [7] 343; [10] 444; [13] 9, **266**; [18] 300, 590; [20] 96; [Grundrisse] 384, **328**.

Republik: [1] 230-233, **25-28**, 279, **47**, 282-285, **52-55**, 325-327, 352-355, **72-74**, 573, **123-124**, 574-575, **124-125**, 577-579, **125-127**, 591-592, **127-129**; [2] 121, **129-130**, 123-124, **130** bis **131**, 578-581, **138-141**; [3] 537, **220-221**; [4] 33-34, **222-223**, 35, **223**, 40-41, **223-224**, 44-45, **224-226**, 46-48, **226-228**, 50 bis 51, **229-231**, 53-56, **231-234**, 341, **243**, 341-342, **243-244**, 343, **244**, 368, 464, **255-256**, 487; [5] 133; [7] 17, 18-19, 29, 36, **540**, 43, 76; [8] 121, **546-547**, 146, 176, 194, **560-561**; [17] 227 bis 278, 338, **592**, 517, **574-575**, 554, 599, 632; [18] 290; [19] 29, **523**, 190; [20] 482; [21] 76, **287**, 116, **298**, 167, **310**; [30] 295, 298; [31] 446; [32] 599; [33] 57, 105; [34] 282.

Revolution, proletarische: [1] 378-391, **93-108**, 407-408, **116-117**, 481, **118-119**; [2] 129-131, **133-135**, 612-613, **142-143**; [3] 47 bis 48, **165-166**, 66-77, **187-196**; [4] 33-34, **222-223**, 40-41, **223 224**, 140-141, **235-237**, 180-182, **237-239**, 317, **240**, 338 bis 339, **241-242**, 352, **248**, 352-353, **248-249**, 367-369, **372** bis 375, **249-252**, 379-380, 396-397, **252-253**, 416, 417, 467-469, 470-472, 472-474, **257-258**, 474-475, 479, 481-482, 487, 492 bis 493, 502-503; [5] 133, 202; [7] 19, 20, 33-34, **540-542**, 79, 89, 98, **539-540**, 254, **627-628**, 481; [8] 118, **545**; [13] 9, **266**; [16] 70, 152, 197; [17] 319, 362, 416, **532**, 433, 536-537, 541, **606-607**; [18] 160; [19] 228; [29] 360; [33] 205; [34] 171; [35] 161, 381-382.

Rußland: [5] 202, 332–335; [9] 17; [10] 589; [11] 180; [12] 591; [13] 611; [18] 556–567; [30] 548; [32] 659; [34] 162–163; [35] 270; [Grundrisse] 846.

Schulgesetze: [4] 317, **240**, 387; [6] 546; [16] 74; [17] 339, **593**; [19] 30–31, **524**; [34] 452.

Schutzzölle: [1] 381–382, **98**; [3] 56–60, **173–178**; [4] 53–56, **231** bis **234**, 306, 343, **244**, 457, 506–508; [7] 88; [8] 8–9, **629–630**, 337, **668–669**; [9] 148; [15] 329, 330; [18] 559; [23] 752, **367**, 779, **374**, 785, **377**; [25] 453, **488**; [34] 424; [35] 170, 238, 323, 450; [Grundrisse] 431, **475–476**, 846, 918, **416**.

Sklaverei: [1] 315–316, **61–63**, 556–557, **119–120**; [2] 123–124, **130–131**; [3] 22–23, **144–145**, 23–24, 32, **159**, 61, **179–180**; [4] 458–459, 462–463, **253–256**; [5] 202; [7] 43; [10] 125; [12] 591, 655; [15] 179, 317, 327, 329–338, 338–347, 524–526, 553; [16] 18, 197; [18] 300; [19] 493–494; [20] 150, 167–168, **494–496**; [21] 58, **274**, 61, **277**, 65, **279**, 75, **285**, 111–116, **292–298**, 157, **299**, 159, **301–302**, 163, **306**, 170, **313–314**; [23] 250, **441**, 318, **454**, 352, **458**, 354, **459**, 562, **420–421**, 564, **422–423**, 743, **362** bis **363**, 787, **377–378**; [25] 397, **461**, 399, **462–463**; [30] 6, 270; [32] 51; [Grundrisse] 194, **391**, 199, **392–393**, 232, **393–394**, 381, **326**, 389, **334**, 391, **336**, 392–393, **337–338**, 395, **340**, 399, **345**.

Sozialdemokratie: [16] 204, 329; [17] 268; [18] 267; [19] 16, 23 bis 24; [31] 279; [33] 388, 589; [34] 126, 399, 402, 406, 407, 423, 441; [35] 237.

Sozialgesetzgebung: [1] 395, **111**, 397–399, **111–113**, 400–402, **113** bis **116**; [2] 324–325, 404–405; [4] 306, 387–388; [6] 253, 545; [7] 18–19, 30, 50, 88; [16] 70–71, 72, 74–75, 396; [18] 256, 259 bis 260, **661**, 514, **663**; [32] 360; [34] 108, 335, 423–424; [Grundrisse] 624, **395–396**.

Sozialismus (als Theorie und Bewegung): [4] 143, 180–182, **237** bis **239**, 341, **244**, 396–397, **252–253**, 474–475, 481–482; [7] 29, 88, 89; [8] 153, **554**; [17] 558, 633; [18] 50, 308, 344, 516, **665** bis **666**, 529, 630, 634–635, 636; [19] 16, 23–24, 31, **525**, 208, 211, 224, 228, 344, **519**; [20] 99, 146–147, 265, **507**; [28] 579 bis **580**; [29] 432; [30] 298; [31] 451, 452; [32] 675; [33] 332, **528**, 388; [34] 125–129, 498–499; [35] 169, 237; [Grundrisse] 168, 844, **397**, 916, **414**.

Sozialismus (als Übergangsgesellschaft): [4] 181–182, **238–239**, 317, **240**, 372–375, **249–252**, 379, 396–397, **252–253**, 416, 417, 472 bis 474, **257–258**, 479, 481–482, 502–503; [19] 20–21, 28, **522**

bis **523**, 223, 226, 344, **519**; [20] 99, 260–262, **503–505**, 264, **507**, 273–274, **507–509**; [21] 77, **287**, 168, **311**; (25) 454, **489**, 456, **490–491**; [28] 508; [34] 129, 328, 452.

Staat: [1] 352–355, **76–80**, 356–358, **80–83**, 378–379, **93–95**, 400 bis 402, **113–116**, 556–557, **119–120**; [2] 101, **129**, 121, **129–130**, 123–124, **130–131**, 127–128, **132–133**, 129–131, **133–135**; [3] 33–34, **155–156**, 36, **158**, 37–38, **159–161**, 62, **180**, 69, **187**, 72 bis 77, **190–196**, 311–313, **207–210**, 340–341, **213–215**, 537, **220–221**; [4] 180–182, **237–239**, 337, **240–241**, 338, **241**, 338 bis 339, **241–242**, 339–340, **242–243**, 348, **246–247**, 464, **255–256**, 482; [5] 136; [6] 193, 253; [7] 76, 105, 288, **520–521**; [10] 349; [12] 400, **576–577**; [13] 7, 8–9, **265–266**; [17] 541, **607**, 556, **612–613**, 592, **585**; [18] 257–260, **659–661**, 276, 308, 513, **662** bis 663; [19] 27–28, **521–522**, 190, 222, 228, 344–345, **519–520**; [20] 152, 168, **496**, 259, 260–261, **499–503**, 586–587, 590; [21] 28, **271**, 106, **290**, 107, **290**, 113–116, **294–298**, 164–168, **307** bis **312**, 300–302, **267–269**; [23] 779, **374**; [27] 452; [32] 360; [33] 388; [34] 128, 282; [35] 170; [Grundrisse] 139, **380**, 379, **323** bis **324**, 383, **328**, 384, **329**, 430, **474**, 845, 917, 918, **415–416**.

Staatsmonopole: [3] 58–60, **175–178**; [4] 340, 243; [9] 96; [19] 221; [20] 259; [25] 452, **487**; [35] 156–157, 170, 323.

Staatsschulden, Steuern: [1] 275–277, 45–47; [3] 50, **167**, 62, **180**, 340–341, **213–215**, 342, **215**, 344–345, **215–217**; [4] 33–34, **222** bis **223**, 44–45, **224–226**, 46–48, **226–228**, 50–51, **229–231**, 53 bis 56, **231–234**, 340, 343, 348, **296–297**, 349, **247**, 368, 464, **255–256**, 507–508; [5] 432; [6] 254–255, 538, 544; [7] 13, 78, 253, **628**, 285, 288, **520–521**; [8] 202, **572**, 476–477; [10] 104, 417, 453; [11] 40, 180; [12] 36, 591; [13] 174; [15] 124; [16] 198, 394, 395; [17] 327; [18] 558; [19] 30, **523**; [21] 166, **309**; [23] 779, **374**, 782–785, **374–377**; [30] 291; [31] 55; [32] 197; [34] 373, **526**, 374, **527**, 418; [35] 156; [Grundrisse] 427, 428, **471** bis **472**, 415, 874, **403–404**.

Staatsvernunft (Idee des vernünftigen Staats beim frühen Marx): [Erg. I] 409–410, **12–14**, 417, **14**, 418, **14**, 419, **15–16**; [1] 57–62, 95, **5**, 103, **5–6**, 104, **6**, 125–126, **10–11**, 130, **11–12**, 138, **12**, 141–142, 147, 203–209, **16–23**, 213, **23**, 222, **23–24**, 224–225, **24**, 227, **24–25**, 230–233, **25–28**, 234, **28–29**, 240–241, **29**, 241 bis 242, **29–30**, 246–250, **31–35**, 251–252, **35**, 253, **36**, 260, **36** bis **37**, 263–265, **37–39**, 266–268, **39–41**, 269, **41–42**, 270–272, **42–44**, 275–277, **45–47**, 279–285, **47–55**, 295–296, **55–56**, 297

bis 298, **56–57**, 303–305, **57–59**, 313–327, **59–74**, 345–346, **74**
bis **76**, 352–355, **76–80**, 356–358, **80–83**, 360–370, **83–93**.
Stadt: [3] 21–23, **143–145**, 24–25, 145–146, 50–63, 167–181, 76
bis 77, **194–196**; (4) 339, **241–242**, 346, **244–245**, 347, **245–246**,
368–369, 463–464, **254–255**; [6] 253; [7] 344; [9] 170, 448; [10]
440; [19] 102, 103, 215; [20] 152, 276–277; [21] 112, **293**, 161,
304, 171, **314**; [23] 743, **362**, 745, **364–365**; [35] 237; [Grundrisse] 378, **323**, 381, **326**, 382, **327**, 383, **328**, 394, **339**, 405, **351**,
410, **356**, 411, **357**, 486.
Terrorismus der bürgerlichen Herrschaft: [1] 14–15, 397–399, **111**
bis **113**, 400–402, **113–116**, 570–572, **121–122**; [2] 324–325, 404
bis 405, 430, 443–444, 491; [4] 141, **237**, 180–182, **237–239**, 372,
249–250, 416, 417, 469, 472–473, **257–258**; [5] 127, 249, 406,
457; [6] 107, **615**; [7] 78, 88, 92–93, 245, **619**; [8] 135, **548**, 194,
560–561; [17] 288, 355–356, **553**, 360–361, 517, **574**, 554, 562,
593–594, **586–587**, 652; [19] 344, **519**; [20] 263, **506**; [21] 170,
313–314; [23] 302, **451–452**, 779, **374**; [32] 669; [33] 58.
Vereinigte Staaten von Amerika: [4] 342, **243–244**, 374, **251–252**;
[7] 434; [8] 122, **547**; [11] 95, 180; [15] 317, 326, 327, 329–338,
339–347, 524–526, 552; [17] 652; [19] 29, **522**; [21] 166, **309**;
[23] 287, **447**, 318–319, **454–455**, 784–787, **376–377**; [25] 454,
489; [28] 507; [30] 255; [31] 445; [34] 372, 374, 375, **625–627**;
[35] 156; [Grundrisse] 430, **474**, 844, 845, 846, 847, 917, 918,
415–416.
Wahlrecht: [1] 325–327, **72–74**, 352–355, **76–78**, 574–575, **124** bis
125, 577–579, **125–127**, 591–592, **127–129**; [2] 578–581, **138**
bis **141**; [3] 33–34, **155–156**, 537, **220–221**; [4] 35, **223**, 40–41,
223–224, 368, 387; [5] 406; [7] 43, 49, 93–94, 104; [8] 120, 158,
215–218, 222, 354–357; [10] 414; [11] 268; [16] 68, 73, 204,
328–329; [17] 288, 554; [18] 496; [19] 259, **530**; [28] 501; [30]
300; [31] 53, 67–68, 208, 279, 445; [32] 207, 542; [33] 615.
Zentralismus: [3] 537, 220–221; [4] 44–45, **224–226**, 53–56, **231**
bis **234**, 153, 347, **245**, 368–369, 396–397, **252–253**, 466–467,
256–257, 470–471, 481, 503, 504–506, **259–260**, 506–508; [7] 87;
[8] 13, 204, **572**; [9] 129; [17] 539, **604**, 561; [29] 310; [33] 5.

Michail Bakunin

Staatlichkeit und Anarchie und andere Schriften

Herausgegeben und
eingeleitet von
Horst Stuke

Ullstein Buch 2846

Aus dem Inhalt:
Horst Stuke: Vorwort und Einleitung · Michail Bakunin: Werke (1866–1871)
Der Sozialismus; Die Prinzipien der Revolution; Beiträge zur Genfer Zeitung »Egalité«; Das Knutogermanische Kaiserreich und die soziale Revolution; Drei Vorträge vor den Arbeitern des Tals von St. Imier im Schweizer Jura u. a.
Staatlichkeit und Anarchie (1873; erstmals aus dem Russischen übersetzt) ·
Briefe (1847–1875), u. a. an Herzen, Marx, Ogarjow) · Bibliographie

ein Ullstein Buch

Georg Wilhelm Friedrich Hegel

Phänomenologie des Geistes

Mit einem Nachwort von Georg Lukács

Ullstein Buch 2762

Aus dem Inhalt:
Text der Erstausgabe (1870) mit den Varianten der »Werke« (1832/1841) und der Ausgabe von Johannes Hoffmeister (1952, 6. Auflage). Nachwort von Georg Lukács. Hegels Selbstanzeige. Rezensionen von Karl Joseph Windischmann und Karl Friedrich Bachmann. Texte von Karl Marx und Rudolf Haym. Bibliographie. Vergleichendes Inhaltsverzeichnis der wichtigsten Ausgaben.

ein Ullstein Buch

Georg Wilhelm Friedrich Hegel

Grundlinien der Philosophie des Rechts oder Naturrecht und Staatswissenschaft im Grundrisse

Herausgegeben und eingeleitet von Helmut Reichelt

Ullstein Buch 2929

Dieser Band enthält den Text nach der Erstausgabe von 1821 mit den Varianten der Ausgaben von Eduard Gans, Johannes Hoffmeister und Eva Moldenhauer/Karl Markus Michel; Hegels mündliche Zusätze anhand von Vorlesungsnachschriften und eigenhändigen Aufzeichnungen; Hegels eigenhändige Notizen in seinem Handexemplar; Texte zur Rezeptions- und Wirkungsgeschichte

ein Ullstein Buch

Heinrich Heine

Beiträge zur deutschen Ideologie

Mit einer Einleitung
von Hans Mayer

Ullstein Buch 2822

Aus dem Inhalt:
Zur Geschichte der Religion
und Philosophie
in Deutschland (1834)
Die romantische Schule
(1832 bis 1835)
Der Schwabenspiegel (1838)
Ludwig Börne:
Eine Denkschrift (1839)
Einleitung zu »Kahldorf
über den Adel in Briefen an
den Grafen M. von Moltke«
(1831)
Zeitgenössische
Rezensionen und Stellungnahmen.

ein Ullstein Buch

Karl Marx

Das Kapital

Kritik der
politischen Ökonomie

Band I:
Der Produktionsprozeß
des Kapitals
Mit einem Geleitwort
von Karl Korsch
Ullstein Buch 2806

Band II:
Der Zirkulationsprozeß
des Kapitals
Mit einer Leseanleitung
von Rudolf Hickel
Ullstein Buch 2805

Band III:
Der Gesamtprozeß der
kapitalistischen Produktion
Mit einem Nachwort
von Harald Gerfin und
Rudolf Hickel
Ullstein Buch 2807

ein Ullstein Buch

Franz Mehring

Die Lessing-Legende

Ullstein Buch 2854

Inhalt
Rainer Gruenter: Einleitung.
Franz Mehring: Die Lessing-Legende (Text nach der 2. Auflage mit den Varianten des Erstdruckes in der »Neuen Zeit« und der Erstausgabe). Anhang: Über den historischen Materialismus. Texte zur Wirkungsgeschichte von Franz Mehring, Friedrich Engels, August Sauer, Paul Ernst, Ferdinand Lassalle, Paul Rilla und Georg Lukács.
Bibliographie. Erklärung der Fremdwörter und fremdsprachigen Ausdrücke.
Personenregister.
Editorischer Hinweis.

ein Ullstein Buch

Anton
Semjonowitsch
Makarenko

Ein
pädagogisches
Poem
»Der Weg
ins Leben«

Mit einer Einführung
von Oskar Anweiler

Ullstein Buch 2871

A. S. Makarenkos
»Pädagogisches Poem« –
1925–35 entstanden und auch
unter dem Titel »Der Weg
ins Leben« veröffentlicht –
zählt zu den klassischen
Werken sozialistischer
Pädagogik. Makarenko
wurde 1920 beauftragt, die
Organisation eines Jugend-
Kollektivs für Rechtsverletzer
aufzubauen. In romanhafter
Form wird berichtet, wie
das Kollektiv entsteht, wie die
Prinzipien herausgearbeitet
werden, wie durch mensch-
lichen Zusammenhalt die
Gruppenmitglieder aus ihrer
chaotischen Wirklichkeit
herauswachsen.

ein Ullstein Buch

Friedrich Nietzsche

Werke in fünf Bänden

Herausgegeben
von Karl Schlechta

ein Ullstein Buch

Werke I
Ullstein Buch 2907
Geburt der Tragödie / Unzeitgemäße Betrachtungen /
Menschliches, Allzumenschliches

Werke II
Ullstein Buch 2908
Morgenröte / Die fröhliche Wissenschaft / Also sprach Zarathustra

Werke III
Ullstein Buch 2909
Jenseits von Gut und Böse /
Götzendämmerung /
Ecce Homo / Der Antichrist u. a.

Werke IV
Ullstein Buch 2910
Aus dem Nachlaß der
Achtziger Jahre / Briefe

Werke V
Ullstein Buch 2911
Anhang (Zeit- und Lebenstafel, Philologischer Nachbericht, Anmerkungen
zu den Briefen) / Index /
Bibliographie

Ludwig August von Rochau

Grundsätze der Realpolitik

angewendet auf die staatlichen Zustände Deutschlands

Herausgegeben von
Hans-Ulrich Wehler

Ullstein Buch 2915

ein Ullstein Buch

Ludwig August von Rochau, liberaler Publizist und Historiker, hat mit seinen »Grundsätzen« einen klassischen Text der liberalen politischen Theorie vorgelegt, der als Zeugnis der realistischen und zugleich liberalen politischen Reflexion aufzufassen ist. Mit den Erfahrungen und Erkenntnissen der nachrevolutionären Zeit versuchte er, Hoffnungen und Einsichten, aber auch Illusionen und Trugschlüsse zu formulieren, immer das seit jeher liberale Ziel im Auge, die nationale Einigung – den Nationalstaat – zu erkämpfen.